绍興年鉴 2022

总第23卷

绍兴市地方志编纂室　编

方志出版社
Publishing House of Local Records

《绍兴年鉴》编辑部

《绍兴年鉴(2022)》撰稿人员

包小琴	蔡 莉	陈 安	陈 峰	陈 杰	陈 娟	陈 挺	陈 燕	陈 英
陈 莹	陈丹莹	陈海英	陈家楠	陈菊芬	陈莉芳	陈梦家	陈仕清	陈杨军
陈祎婷	陈幼良	成立虹	程团结	戴东飞	第 尔	丁奇超	董 冬	董 华
方植榆	冯玉科	傅 江	傅亮微	傅一群	甘恬骅	高 卉	高崇高	高银舒
葛 斐	龚 宁	顾莉莉	顾逸仙	郭 蒙	韩文强	韩子婵	何国良	何江涛
何淑敏	何毓勤	洪荼梅	胡 琼	胡栋彬	胡桂兰	胡梦婕	胡银松	黄 亮
黄亚丽	蒋洪敏	蒋如根	蒋晓雯	金 晶	金 凯	金国东	金珂珂	金明洋
孔 亮	劳益瑾	李 斌	李 峰	李 俊	李 萍	李 强	李国栋	李剑敏
李明月	李煜科	李志祥	林 啸	林怡莲	刘 岩	刘张聪	陆小丰	罗慧婷
罗琼璐	骆立年	吕 琳	吕玉博	马麒飞	马榕辉	马文杰	马雅琴	马月夏
茅华华	孟菲菲	孟详东	孟欣依	孟宇婕	孟泽铭	倪晓雪	聂志群	平仕伟
祁一鸣	钱佳敏	裘慧冬	任 坤	茹一戈	桑文钧	单 轲	单雯瑶	单巡天
赏 燕	邵小刚	邵越莉	沈建潮	沈雨峰	沈越聪	沈运涛	施加乐	石聪聪
石珊珊	史永军	斯持恒	斯校坤	宋 冰	宋佳丽	隋秀龙	孙 洁	孙璐易
孙奇峰	孙雅萍	汤 媛	汤力扬	汤汶龙	陶 俊	童 珂	屠冰洁	屠志萍
汪海兰	王 佳	王 怡	王华祥	王凌霞	王倩颖	王赛栋	邬 彬	吴 帆
吴 浩	吴焕苗	吴诗意	吴雅玲	吴钟祥	伍媛媛	肖冰卿	邢 海	徐 慧
徐露洁	徐梦蝶	徐若飞	徐一平	徐泽炜	许江枫	许奇超	许卫卫	闫树立
严成刚	杨 丹	杨 鑫	杨铁生	叶城波	余 珍	余昌龙	余欢君	俞凯怡
俞鹏炯	俞雅萍	袁 野	詹林芳	张 苗	张 涛	张 挺	张 莹	张 涌
张国萍	张科成	张立伟	张卓杰	章 杰	章 燕	章菲菲	章利丰	章烨晓
赵 锷	赵纯青	赵国庆	赵斯敏	赵永刚	褚米兰	周 斌	周益人	周亦文
朱华忠	朱立元	朱秋怡	朱舒瑶	朱思敏	朱小强	朱晓颖	朱雪峰	朱燕平
朱祖德	诸永波							

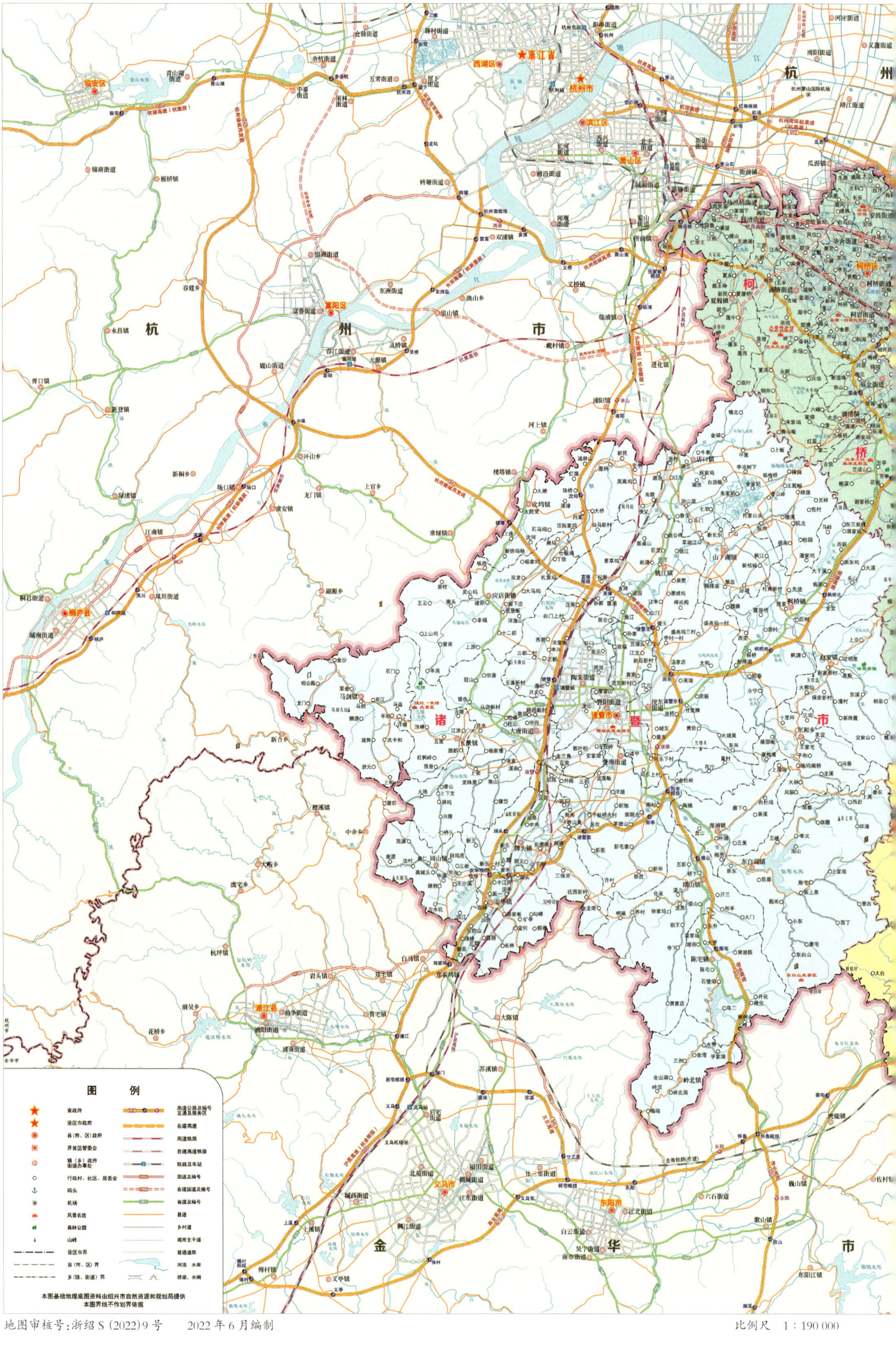

杭州市
诸暨市
柯桥区
金华市
浙江省
杭州市
西湖区
滨江区
萧山区
临安区
富阳区
桐庐县
浦江县
义乌市
东阳市
图例
省政府
设区市政府
县(市、区)政府
开发区管委会
镇(乡)政府
街道办事处
行政村、社区、居委会
码头
机场
风景名胜
森林公园
山峰
设区市界
县(市、区)界
乡(镇、街道)界
高速公路及编号
互通及服务区
在建高速
高速铁路
在建高速铁路
铁路及车站
国道及编号
在建国道及编号
省道及编号
县道
乡村道
城市主干道
普通道路
河流 水库
桥梁、水闸
本图基础地理底图资料由绍兴市自然资源和规划局提供
本图界线不作划界依据

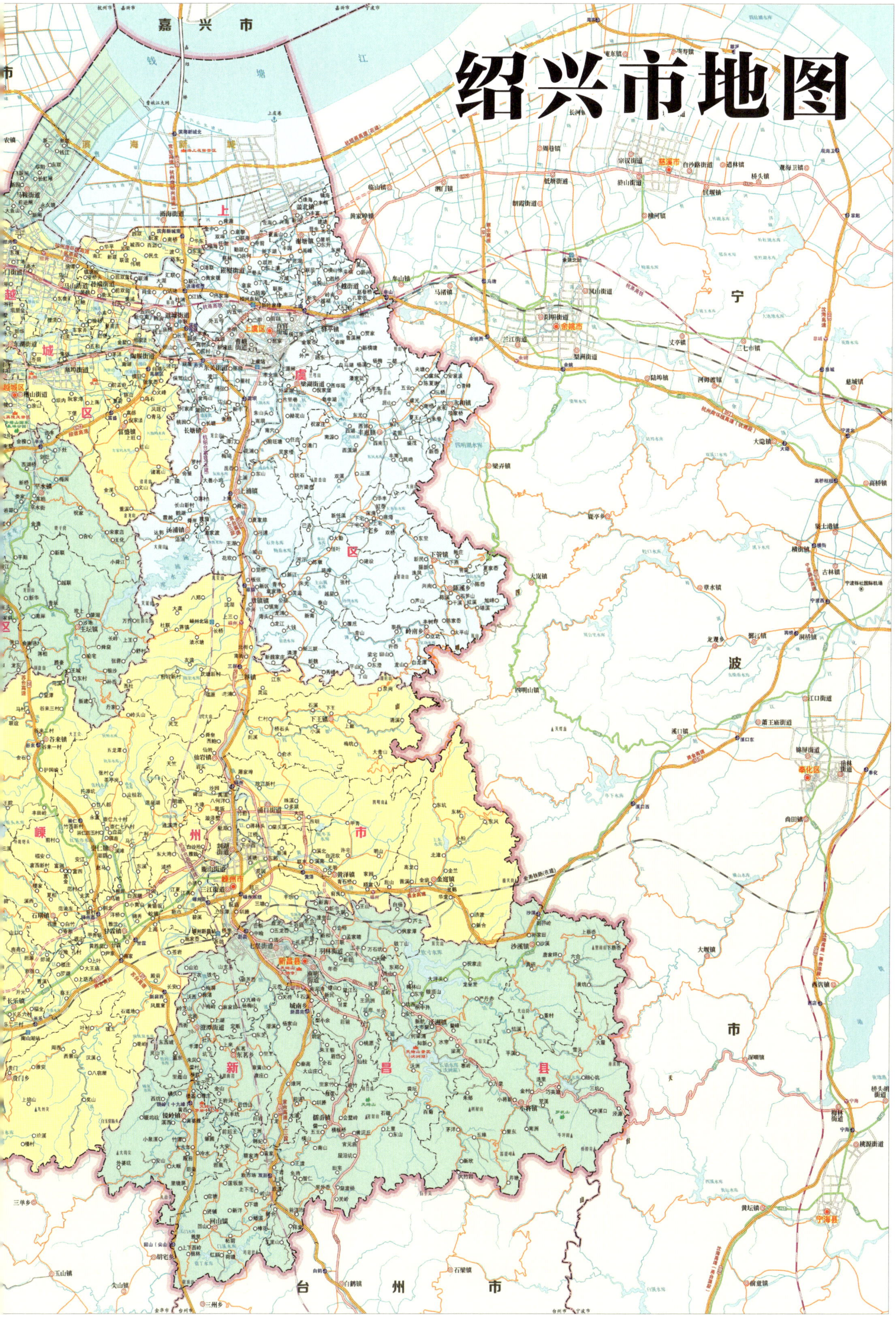

绍兴市自然资源和规划局　浙江有色勘测规划设计有限公司　联合编制

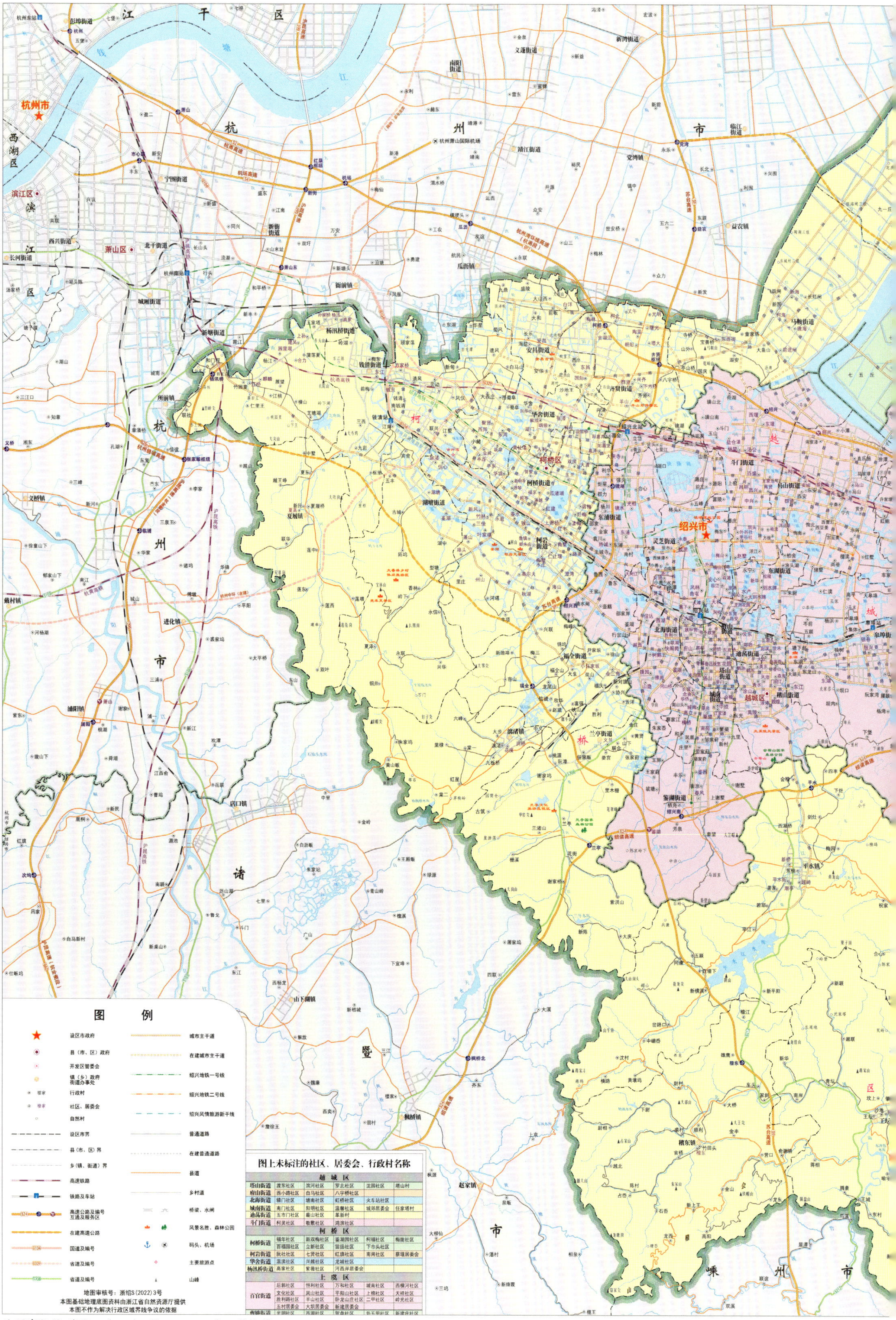

越城区					
塔山街道	渡东社区	滨河社区	罗北社区	沈园社区	塔山村
府山街道	西小路社区	白马社区	八字桥社区		
北海街道	镇门社区	塘南社区	虹桥社区	火车站社区	
城南街道	南门社区	阳明社区	温馨社区	城郊居委会	任家塔村
迪荡街道	五市门社区	蕺山社区	革新村		
斗门街道	柯灵社区	敬敷社区	鸿滨社区		
柯桥区					
柯桥街道	福年社区	新双梅社区	鉴湖园社区	柯福社区	梅龍社区
	百福园社区	立新社区	笛扬社区	下市头社区	
柯岩街道	阮社社区	七贤社区	红旗社区	南周社区	蔡堰居委会
华舍街道	温渎社区	兴越社区	龙城社区		
杨汛桥街道	高家社区	紫薇社区	河西岸居委会		
上虞区					
百官街道	后郭社区	恒利社区	万和社区	城南社区	西横河社区
	文化社区	凤山社区	平阳山社区	上棉社区	天祥社区
	胜利路社区	羊山社区	卧龙山庄社区	二甲社区	岭光社区
	五村居委会	大坝居委会	新建居委会		

地图审核号：浙绍 S (2022) 9 号　　2022 年 6 月编制　　比例尺　1 : 100 000

绍兴市市区图

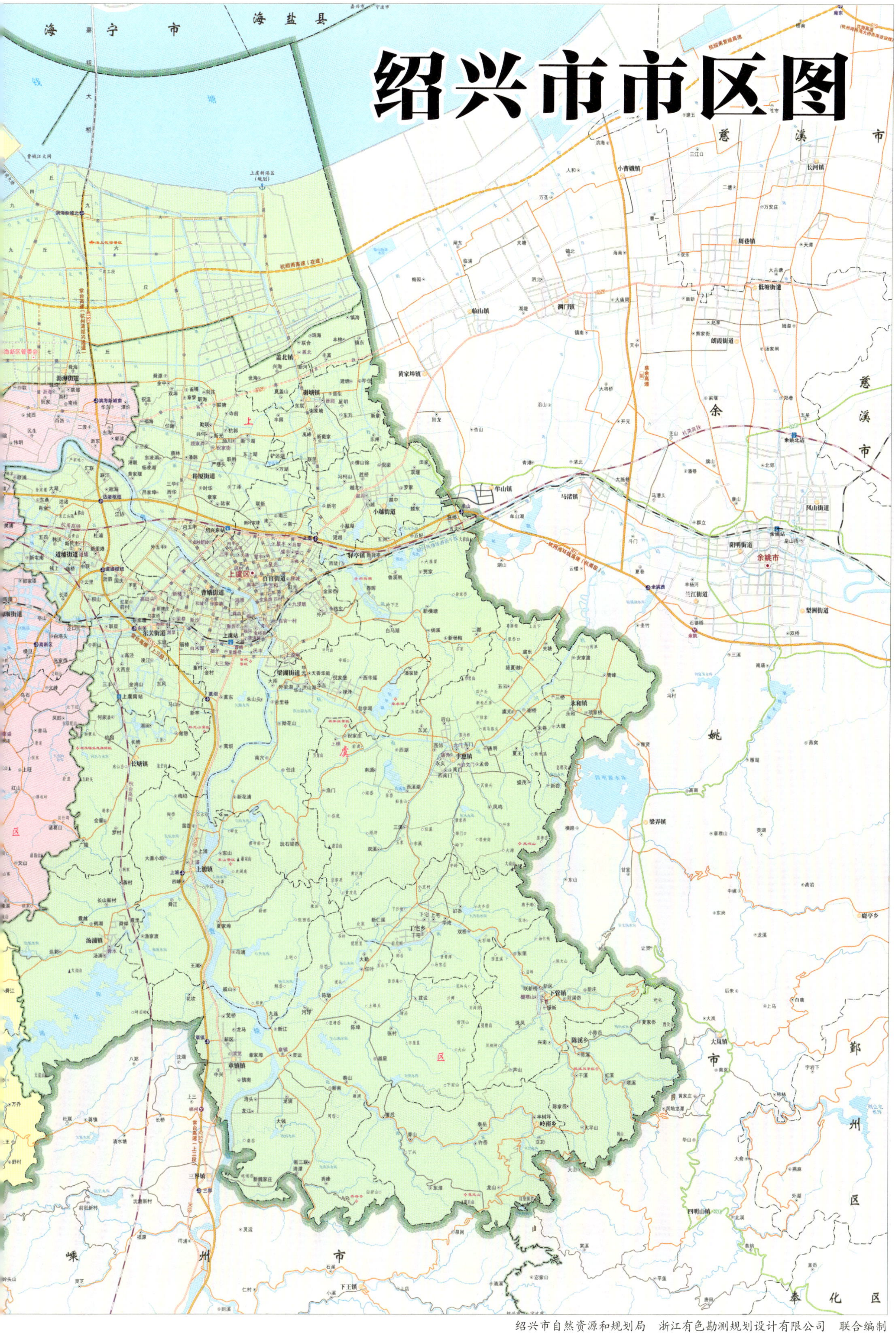

绍兴市自然资源和规划局　浙江有色勘测规划设计有限公司　联合编制

编辑说明

一、《绍兴年鉴(2022)》以马克思列宁主义、毛泽东思想、邓小平理论、“三个代表”重要思想、科学发展观、习近平新时代中国特色社会主义思想为指导，坚持辩证唯物主义和历史唯物主义的立场、观点和方法，如实记录全面贯彻中共十八大、十九大精神，统筹推进“五位一体”总体布局，协调推进“四个全面”战略布局，扎实推进五大发展理念和省委“八八战略”在绍兴的实践。

二、《绍兴年鉴》旨在全面、系统地记载本行政区域自然、经济、政治、文化、社会等方面的基本情况，为社会各界了解绍兴、研究绍兴、建设绍兴提供基本资料。《绍兴年鉴(2022)》是公开出版以来的第23卷。

三、《绍兴年鉴(2022)》收录范围，以绍兴市现有行政区划为界，记述时限为2021年1月1日至2021年12月31日。个别条目追溯至往年。

四、《绍兴年鉴(2022)》除特载、专记、附录采用综合性文章外，其余均采用分类编辑法，按类目、分目、条目三个层次编排，主要记述形式为条目。体裁有述、记、图、表、录。

五、《绍兴年鉴(2022)》采用法定计量单位。所记数据除国家统计部门正式公布的之外，均由供稿单位提供并审核。由于统计方法或口径不同，不同部门提供的同项数据或有不一致的，以统计部门公布的数据为准。表格中数据因四舍五入等因素，分数据之和与合计数不一定相等。

城市荣誉

首批全国历史文化名城

中国优秀旅游城市

全国科教兴市先进市

全国科技进步先进市

全国双拥模范城市

国家环境保护模范城市

国家园林城市

全国社会治安综合治理工作优秀市

中国人居环境奖和联合国人居奖

全国无偿献血先进市

国土资源节约集约模范市

国家森林城市

全国文明城市

国家卫生城市

中国品牌经济城市

中国黄酒之都

东亚文化之都

平安中国建设示范市

数说绍兴

总面积 8279 平方千米

年平均气温 18.7℃

年降水 1576.8 毫米

年日照时数 1618.7 小时

空气质量优良天数比例 93.4%

PM2.5 浓度年均值 27 微克 / 立方米

全市Ⅰ—Ⅲ类水比例 100%

县级及以上饮用水水源水质达标率 100%

常住人口 533.7 万人

总户籍人口 446.85 万人

人口自然增长率 -1.65‰

城镇登记失业率 2.02%

地区生产总值 6795 亿元

三次产业结构比 3.3：47.5：49.2

财政总收入 955 亿元

一般公共预算收入 604 亿元

一般公共预算支出 714 亿元

私营企业 242293 家

个体工商户 451316 户

三次产业就业人员总数 330 万人

规模以上工业企业 4944 家

规模以上工业企业总产值 8399.93 亿元

AAA 级以上旅游景区 58 处

农林牧渔业增加值 230 亿元

工业增加值 2697.16 亿元

建筑业总产值 4881 亿元

固定资产投资增长率 12.3%

社会消费品零售总额 2477 亿元

进出口总额 2993 亿元

货物运输总量 1.96 亿吨

旅客运输总量 837.2 万人

民用汽车保有量 181.7 辆

专利授权量 38293 件，其中发明专利授权量 4137 件

研究与试验发展经费支出占地区生产总值比例 2.87%

公共图书馆 7 个，藏书量 829 万册

文化馆（站）、博物馆 156 个

全国重点文物保护单位 32 处

国家级非物质文化遗产名录 26 项

国家湿地公园 2 个，国家森林公园 5 个

城镇常住居民人均可支配收入 73101 元

农村常住居民人均可支配收入 42636 元

上市公司 92 家

各类医疗卫生机构 2864 个，其中医院 101 个

基本养老保险参保人数 368.93 万人

基本医疗保险参保人数 479.41 万人

城镇失业保险参保人数 136.87 万人

养老机构 121 个、儿童福利机构 4 个

（市统计局／提供）

2021 年 12 月 29 日，中共绍兴市委社会建设委员会成立仪式在市行政中心举行。市委书记盛阅春（左），市委副书记、代市长施惠芳（右）共同为“中共绍兴市委社会建设委员会”揭牌（袁　云／摄）

2021 年 2 月 1 日，中国人民政治协商会议浙江省绍兴市第八届委员会第五次会议在绍兴大剧院开幕(袁　云 / 摄)

2021 年 2 月 2 日，绍兴市第八届人民代表大会第六次会议在绍兴大剧院开幕(袁　云 / 摄)

2021 年 7 月 1 日,绍兴市四套班子集体收看庆祝中国共产党成立 100 周年大会电视直播(袁　云 / 摄)

2021 年 6 月 30 日,绍兴市领导在市行政中心接见市“两优一先”代表(袁　云 / 摄)

2021 年 6 月 30 日，绍兴市领导集体参加庆祝中国共产党成立一百周年活动，在中共绍兴历史展陈重温党在绍兴的奋斗历程(袁　云 / 摄)

2021 年 6 月 29 日，“百年风华 逐梦前行”——绍兴市庆祝中国共产党成立 100 周年文艺演出在绍兴大剧院举行(袁　云 / 摄)

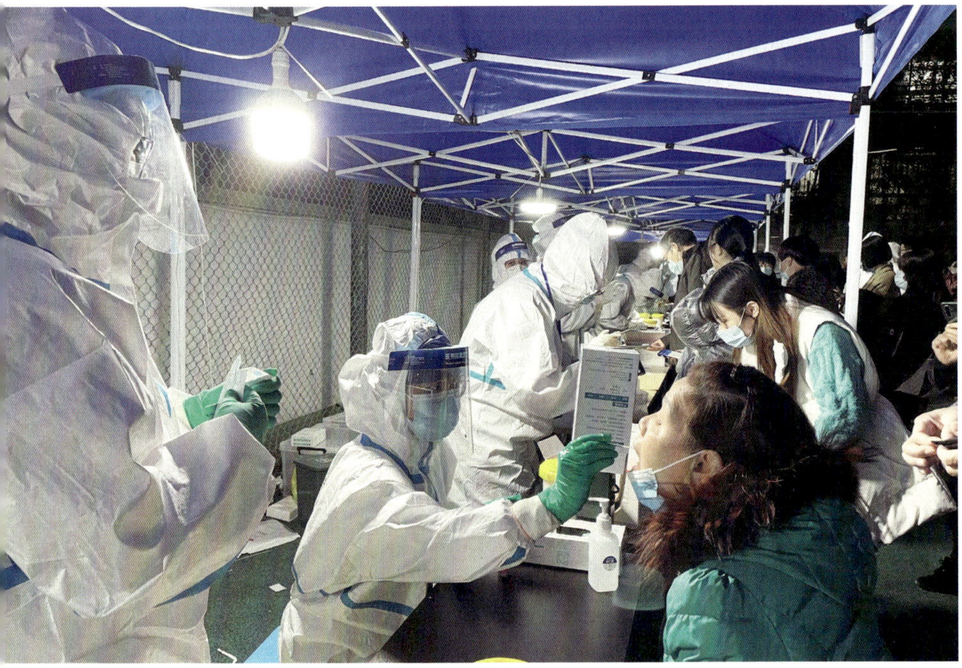

2021 年 12 月，上虞区突发新冠肺炎疫情，连夜开展核酸检测（上虞区卫健局 / 提供）

疫情防控爱心物资第一时间运送到上虞区（朱胜钧 / 摄）

上虞区突发新冠肺炎疫情期间，绍兴市口腔医院第二支部党员赴上虞参与疫情防控（市口腔医院 / 提供）

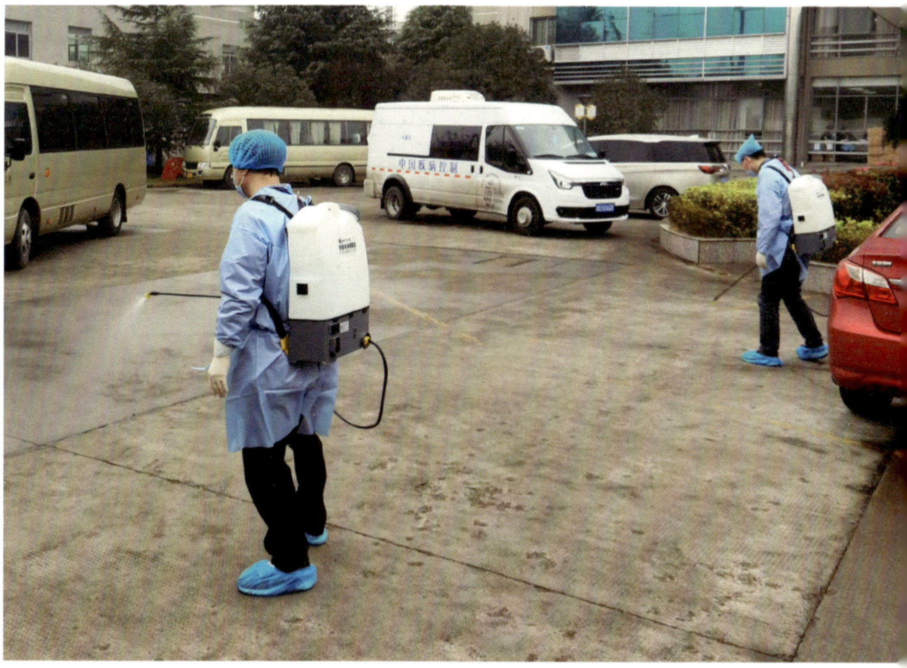

上虞区突发新冠肺炎疫情期间，防疫人员及时开展环境消杀工作（市疾控中心 / 提供）

上虞区突发新冠肺炎疫情期间，流调工作人员按照“更快、更准、更全”要求争分夺秒开展流调工作（上虞区卫健局 / 提供）

2021 年 12 月 15 日，镜湖新区凤林路防疫隔离点板房连夜施工（袁　云 / 摄）

2021 年 12 月 25 日，参加 2022 年全国研究生招生考试（初试）的考生进入新冠疫情防疫管控区——越城区皋埠街道东湖考场（袁　云 / 摄）

2021 年 12 月 27 日，越城区皋埠街道全面解封（袁　云 / 摄）

2021 年 2 月 26 日，市委召开全市数字化改革大会（袁　云 / 摄）

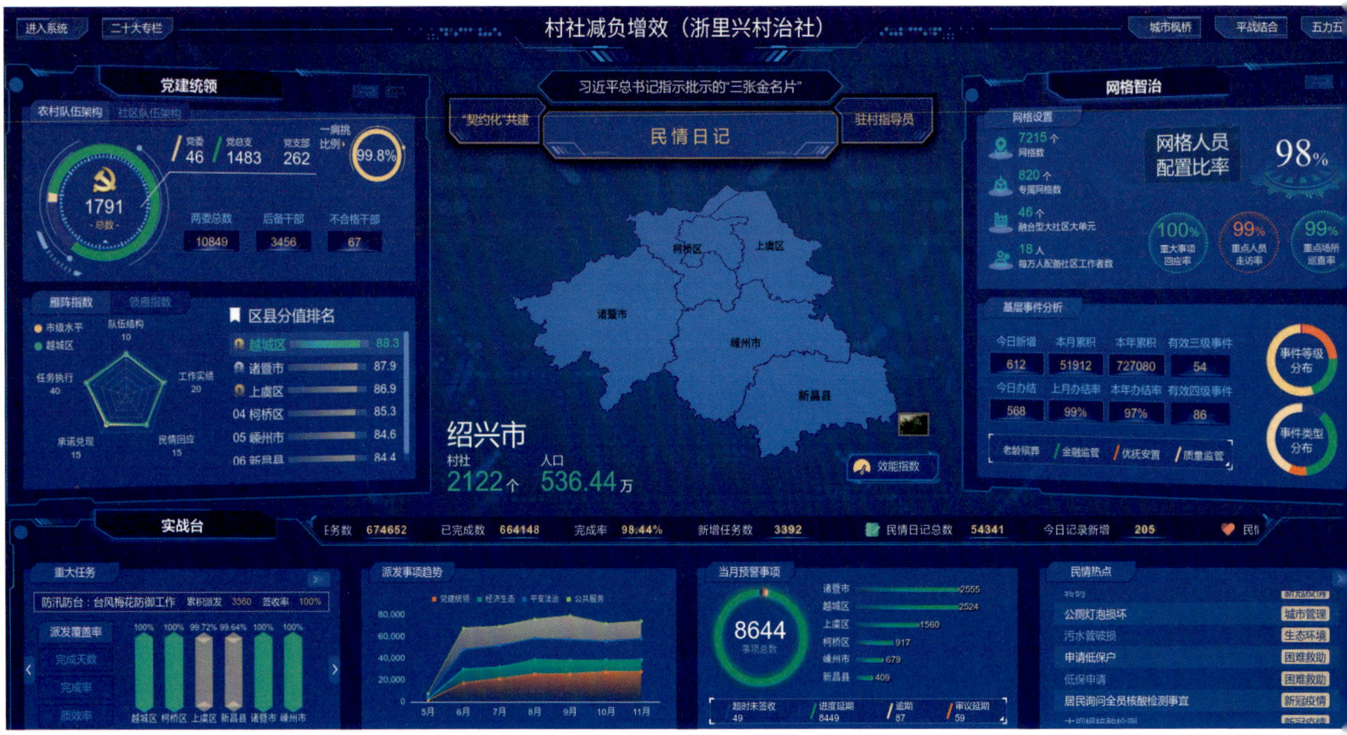

2021 年，绍兴市数字化改革成果——村社减负增效（浙里兴村治社）驾驶舱（市委组织部 / 提供）

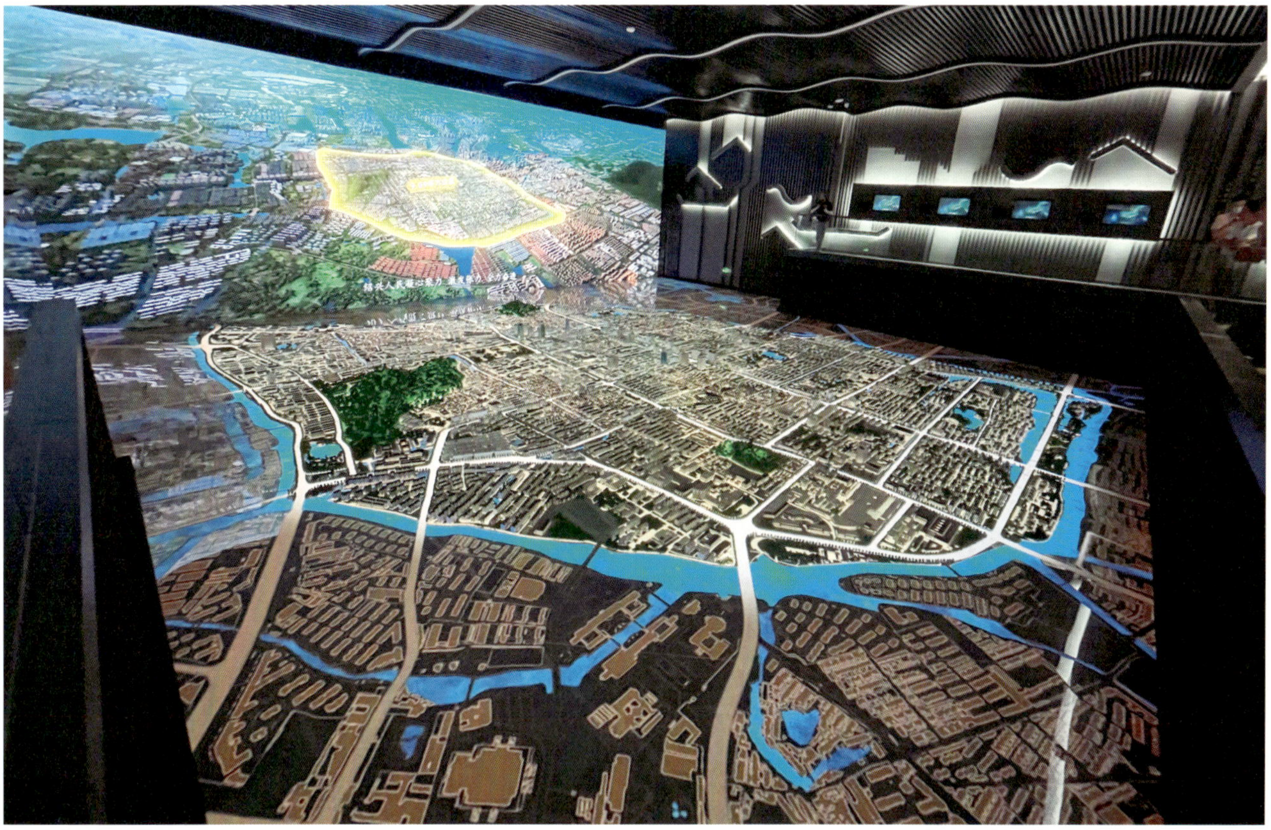

2021 年，绍兴市数字化改革成果——数字古城信息管理平台（市委改革办 / 提供）

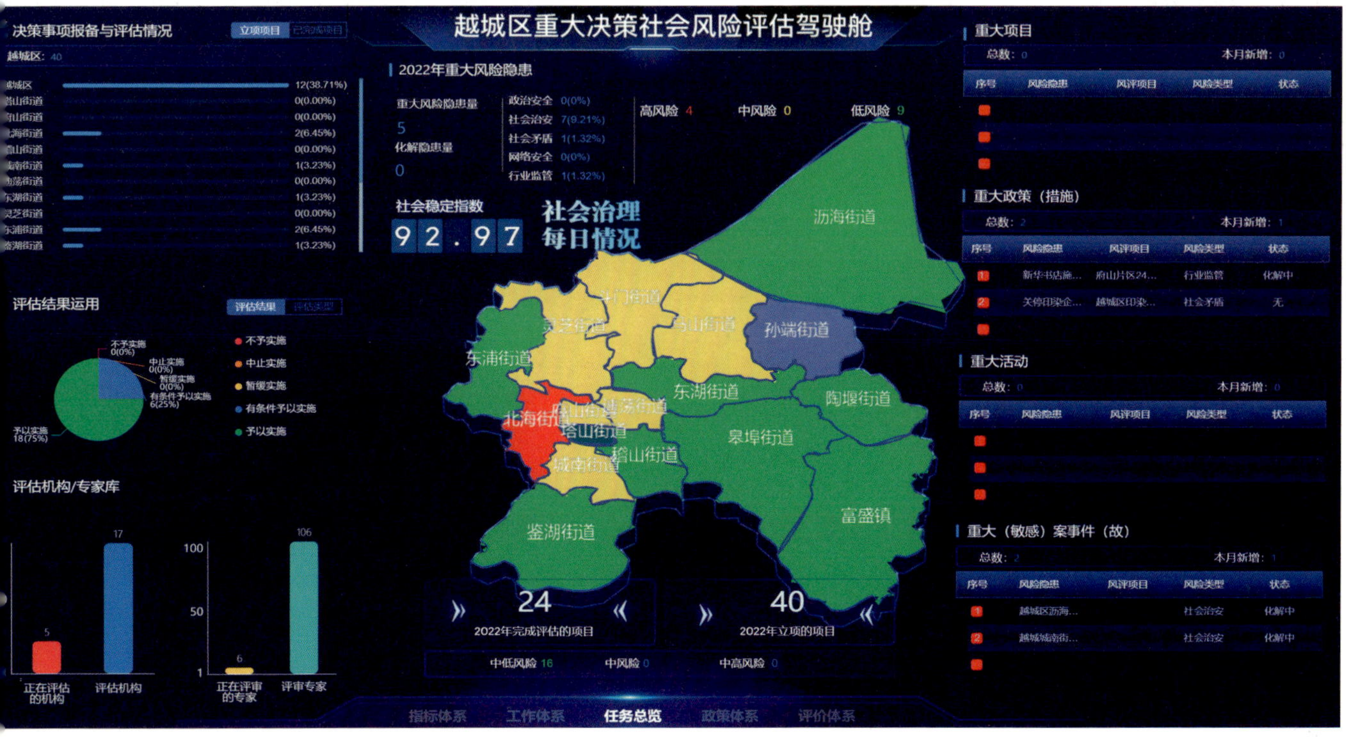

2021 年，绍兴市数字化改革成果——重大决策社会风险评估应用驾驶舱（市委改革办 / 提供）

2021 年 3 月 31 日,“东亚文化之都 · 中国绍兴活动年”开幕式上,国家文化和旅游部副部长张旭(前左)为绍兴授牌(袁　云 / 摄)

2021 年 8 月 4 日,“汉风唐韵——敦煌绍兴历史文物展、灿若星辰——‘东亚文都’联合文献海报展”开展(市文广旅游局 / 提供)

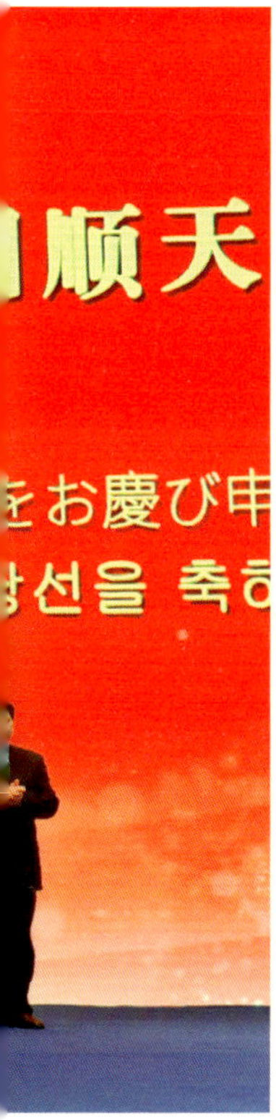

2021 年 3 月 31 日,“东亚文都　绍兴有戏”城市戏曲经典荟萃演出在绍兴大剧院举行(袁　云 / 摄)

2021 年 12 月 7 日,“东亚文化之都 · 中国绍兴活动年”闭幕式上,绍兴(右二)、西安、济南三市获文化和旅游部表扬信(袁　云 / 摄)

徐渭诞辰500周年纪念
暨徐渭故里开放仪式

① 2021 年 5 月 19 日，绍兴市举行徐渭 500 周年诞辰纪念暨徐渭故里开放仪式（袁　云 / 摄）

② 2021 年 5 月 19 日，“畸人青藤——徐渭书画作品展”开展（袁　云 / 摄）

③ 2021 年 5 月 19 日，“畸人青藤——徐渭书画作品展”（市文旅集团 / 提供）

"把你的名字擦亮"纪念鲁迅先生诞辰140周年
征文颁奖活动

三味书屋

纪念鲁迅先生诞
CELEBRATION OF THE 140th ANNIVERS

①2021 年 9 月 23 日,“把你的名字擦亮”纪念鲁迅先生 140 周年诞辰征文颁奖活动举行(市文旅集团 / 提供)

②2021 年 9 月 24 日,鲁迅长孙、鲁迅文化基金会会长周令飞为绍兴鲁迅小学新开园的“百草园”揭幕,并在“三味书屋”为学生上第一课(袁　云 / 摄)

③2021 年 9 月 25 日,纪念鲁迅先生 140 周年诞辰纪念活动“鲁奖作家鲁迅故乡行”采风活动举行(市文旅集团 / 提供)

纪念王阳明诞辰550周
系列活动
4
2021 陽明心
Conference on Wang Yang-mi

1 2021年10月30日，以“阳明心学与东亚文化”为主题的2021阳明心学大会开幕（章　斌/摄）

2 2021年10月30日，“稽山论道——阳明心学与东亚文化”对话举行（袁　云/摄）

3 “东亚阳明文化旅游电子地图”在2021阳明心学大会上发布（袁　云/摄）

2021 年 12 月 24 日，杭绍台高速柯岩互通至鉴湖枢纽段通车（市交通局 / 提供）

2021 年 12 月 24 日，杭甬高速孙端互通建成启用（市交通局 / 提供）

杭甬运河美丽航道建设（市交通局 / 提供）

2021 年 11 月 26 日，杭台铁路试运行(市交通局 / 提供)

2021 年 9 月 10 日，杭州 2022 年第 19 届亚运会倒计时一周年绍兴主题活动在市奥体中心举行(袁　云 / 摄)

杭州2022年
届亚运会倒计时一周年
One-Year Countdown
e 19th Asian Games Hangzhou 2022
亚运绍兴 越来越好
Shaoxing 2022

2021 年 5 月 12 日，“最美浙江人 · 最美家庭” 发布活动在越城区王家葑村举行（市妇联 / 提供）

2021 年 9 月 30 日，“走进红色文化 走进美丽乡村 走进特色产业” 活动在越城区坡塘云松村举行（市网信办 / 提供）

2021 年 7 月 28 日，绍兴市举行“老兵永远跟党走”绍兴市最美退役军人事迹报告会（市退役军人事务局 / 提供）

2021 年 7 月，绍兴市 2021 年大中学生暑期社会实践出征仪式暨新青年下乡活动在柯桥区棠棣村举行（团市委 / 提供）

2021 年 6 月，柯桥区市民体验绍兴轨道交通 1 号线（章　斌 / 摄）

2021年12月2日，市领导接见2021年东京残奥会、全国残运会获奖运动员、教练员代表(袁 云/摄)

2021年5月26日，“迎亚运、展风采”绍兴市第十一届老年人运动会在越城区体育馆开幕(何 雯/摄)

2021 年 4 月 24 日，2021 长三角橄榄球超级联赛暨青少年橄榄球校际联赛在越城区绍兴博雅学校举行（章　斌 / 摄）

2021 年 10 月 30 日，中国 · 绍兴龙舟邀请赛在越城区迪荡湖玛德游艇码头开赛（袁　云 / 摄）

1 越城区孙端街道（市建设局／提供）
2 柯桥区兰亭街道（市建设局／提供）
3 上虞区小越街道（市建设局／提供）
4 诸暨市枫桥镇（市建设局／提供）
5 嵊州市三界镇（市建设局／提供）

新昌县澄潭街道（石　磊/摄）

魁星閣

目录

特载

专记

大事记

市情概要

中国共产党绍兴市委员会

绍兴市人民代表大会

绍兴市人民政府

中国人民政治协商会议绍兴市委员会

中共绍兴市纪律检查委员会 绍兴市监察委员会

民主党派·工商联

群众团体

法 治

军 事

农 业

工　业

建筑业

信息业

商贸流通·商务服务业

节 会

交通运输

进出口贸易

金融业

开发区

区域合作·对口支援

水资源利用与管理

生态环境

城乡建设与管理

教 育

科学技术

卫生健康

体　育

社会事务

人 物

区 市 县

附 录

索 引

中共绍兴市委关于深入学习贯彻习近平总书记“七一”重要讲话精神奋力打造浙江高质量发展建设共同富裕示范区市域范例的决议

（2021 年 7 月 7 日　中国共产党绍兴市第八届委员会第十次全体会议通过）

中国共产党绍兴市第八届委员会第十次全体会议，深入学习贯彻习近平新时代中国特色社会主义思想，深入学习贯彻习近平总书记在庆祝中国共产党成立 100 周年大会上的重要讲话精神，深入学习贯彻习近平总书记关于共同富裕的重要论述精神，就全面贯彻落实《中共中央国务院关于支持浙江高质量发展建设共同富裕示范区的意见》《浙江高质量发展建设共同富裕示范区实施方案(2021—2025 年)》作出系统部署，审议并原则通过《绍兴奋力打造浙江高质量发展建设共同富裕示范区市域范例行动方案(2021—2025 年)》。

全会指出，习近平总书记“七一”重要讲话，贯通我们党的过去、现在和未来，全面回顾了我们党成立一百年来走过的辉煌历程，高度评价了我们党为实现中华民族伟大复兴作出的不朽功绩，系统概括了伟大建党精神，深刻总结了我们党百年奋斗的宝贵经验，科学指明了以史为鉴、开创未来的前进航向，向全体党员发出了新的时代号召。高屋建瓴、气势磅礴，思想深刻、内涵丰富，是通篇闪耀着马克思主义真理光芒的光辉文献，是中华民族伟大复兴的战略指引，是推进党的建设新的伟大工程的思想武器，具有重大的政治意义、理论意义、历史意义和实践意义。

全会强调，各地各部门要把学习贯彻习近平总书记“七一”重要讲话精神作为当前和今后一个时期的首要政治任务，持续兴起学习贯彻热潮，进一步引导全市上下深刻认识实现中华民族伟大复兴是贯穿我们党百年奋斗历程的主题，更加自觉地坚守党的初心使命，切实学出绝对忠诚的政治本色；深刻认识马克思主义是我们立党立国的根本指导思想，是我们党的灵魂和旗帜，更加自觉地加强理论武装，切实学出坚定不移的理想信念；深刻认识伟大建党精神是我们党的精神之源，更加自觉地弘扬党的光荣传统，切实学出坚贞不渝的精神品格；深刻认识人民立场是我们党的根本政治立场，更加自觉地践行党的群众路线，切实学出更加深厚的为民情怀；深刻认识我们党领导人民在各个历史时期创造的伟大成就和全面建成小康社会的里程碑意义，更加自觉地用伟大成就鼓舞斗志、激发动力，切实学出一往无前的自信底气；深刻认识百年党史就是一部自我革命史，更加自觉地加强党的全面领导和全面加强党的建设，切实学出全面从严的政治自觉；深刻认识实现共同富裕是中华民族伟大复兴的重要标志，更加自觉地扛起加快实现“四个率先”的重大使命，切实学出坚定清醒的赶考自觉。

全会指出，要把学习贯彻习近平总书记“七一”重要讲话精神，与学习贯彻习近平总书记关于共同富裕的重要论述紧密结合起来，与贯彻落实中央的《意见》和省委十四届九次全会部署紧密结合起来，深刻认识我市奋力打造浙江高质量发展建设共同富裕示范区市域范例的重大意义，切实增强责任感使命感，以实际行动和显著成果彰显绍兴担当、创造实践样本。要遵循经济社会发展规律，准确把握绍兴所处的历史方位、拥有的现实基础和未来的发展趋势，找准突破口和发力点，形成符合绍兴实际的战略路径，一年接着一年干、一个台阶接着一个台阶迈进，不断展现奋力打造浙江高质量发展建设共同富裕示范区市域范例的阶段性成效。要坚持尽力而为、量力而行，找准路径、久久为功，协同推进做大“蛋糕”与分好“蛋糕”、锻长长板与补齐短板、物质富裕与精神富有、全域繁荣与区域均衡、党的领导与社会参与，切实提高发展的协调性、政策的精准性和工作的协同性，让共同富裕的道路越走越宽广。

全会指出，奋力打造浙江高质量发展建设共同富裕示范区市域范例，要坚持以习近平新时代中国特色社会主义思想为指导，深入学习贯彻习近平总书记“七一”重要讲话精神，贯彻落实党的十九大，十九届二中、三中、四中、五中全会精神和省委十四届九次全会部署，坚持稳中求进工作总基调，坚持以人民为中心的发展思想，立足新发展阶段、贯彻新发展理念、构建新发展格局，围绕忠实践行“八八战略”、奋力打造“重要窗口”、加快实现“四个率先”，紧扣推动共同富裕和促进人的全面发展，以满足人民日益增长的美好生活需要为根本目的，以改革创新为根本动力，以解决地区差距、城乡差距和收入差距问题为主攻方向，奋力打造产业创新升级、经济繁荣度充分彰显的市域范例，全域一体协同、城乡融合度充分彰显的市域范例，文化守正创新、精神富足度充分彰显的市域范例，生态全域美丽、环境宜居度充分彰显的市域范例，收入均衡增长、生活富裕度充分彰显的市域范例，服务优质共享、保障实现度充分彰显的市域范例，治理高效协同、社会和谐度充分彰显的市域范例，数字赋能未来、数智牵引度充分彰显的市域范例。要按照“每年有新突破、5 年有大进展、15 年基本建成”的安排压茬推进，不断把共同富裕美好图景变为绍兴实景。到 2025 年，奋力打造浙江高质量发展建设共同富裕示范区市域范例取得明显实质性进展，打造形成一批具有引领效应、富有绍兴特色的重大成果。到 2035 年，高质量发展取得更大成就，基本实现共同富裕，率先探索建设共同富裕美好社会。

全会强调，“十四五”时期是我市率先走出争创社会主义现代化先行省市域发展之路的关键期，也是奋力打造浙江高质量发展建设共同富裕示范区市域范例的第一程，必须迈好第一步、展现新气象。当前，要紧紧围绕共同富裕的重点难点问题，着力在“增强三大动能、缩小三大差距、提升三大品质”上先行突破。要聚焦质量效益，打造更具引领力的产业集群、更具承载力的平台体系、更具竞争力的企业梯队，在全面增强产业动能上先行突破。聚焦自立自强，实施创新平台“提能造峰”行动、创新基础“源头攀高”行动、创新人才“提质增量”行动、创新生态“共建共享”行动，在全面增强创新动能上先行突破。聚焦能级量级，大力提升开放平台集成协同优势、外贸产业国际竞争优势、重大项目集群招引优势，在全面增强开放动能上先行突破。聚焦一体协同，深入推进杭绍甬一体协同、全市域一体协同、大市区一体协同发展，在全面缩小地区差距上先行突破。聚焦互融互促，做强现代农业，打造乡村振兴“五星 3A”升级版，持续壮大村级集体经济，全面提升城镇发展水平，深化宅基地制度改革试点，在全面缩小城乡差距上先行突破。聚焦“扩中”“提低”，完善创业就业促进体系，提升劳动者创业能力和职业技能，扩大中等收入群体规模，增强低收入群体增收能力，优化居民收入结构，完善社会保障体系，在全面缩小收入差距上先行突破。聚焦优质共享，全力打造教育强市，建设更高水平“健康绍兴”，扩大养老托育服务有效供给，健全住房保障体系，打造“三生三宜”美丽家园，在全面提升公共服务品质上先行突破。聚焦守正创新，守护红色根脉传承红色基因，深入挖掘传统文化时代价值，打造文化产业发展高地，提升文化体育旅游服务能力，营造新时代社会文明良好风尚，在全面提升文化文明品质上先行突破。聚焦和谐和睦，构建多维立体的法治建设格局，健全“四治融合”的基层治理体系，完善风险闭环管控的大平安机制，在全面提升社会治理品质上先行突破。

全会强调，要把学习贯彻习近平总书记“七一”重要讲话精神成果，转化为加强对奋力打造浙江高质量发展建设共同富裕示范区市域范例全面领导的具体措施，奋力推动共同富裕美好图景梯次展开、加快呈现、全面落地。要构建党建统领、整体智治的领导机制，组建市委、市政府高质量发展推动共同富裕领导小组，根据省委部署成立社会建设委员会，确保政策措施直达基层一线、目标指标高质量完成。构建组织坚强、能力过硬的保障机制，更好发挥基层党组织战斗堡垒作用、党员先锋模范作用。构建数字赋能、改革破题的推进机制，以体系化规范化推进数字化改革，破除实现共同富裕的体制机制障碍。构建争先创优、大抓落实的工作机制，形成全速争先、全域争先、全员争先的奋斗局面。构建民情通达、社会参与的评价机制，充分激发全体人民的积极性、主动性、创造性，形成扎实推动共同富裕的磅礴力量。全市党员要以推动共同富裕的实际行动坚决响应习近平总书记和党中央号召，奋力走好新的赶考之路，交出更加优异的时代答卷。

全会号召，紧密团结在以习近平同志为核心的党中央周围，干在实处、走在前列、勇立潮头，率先走出争创社会主义现代化先行省市域发展之路，奋力打造浙江高质量发展建设共同富裕示范区市域范例，为书写更加辉煌的绍兴篇章不懈奋斗！

（市委办公室 / 提供）

绍兴奋力打造浙江高质量发展建设共同富裕示范区市域范例行动方案（2021—2025 年）

为深入贯彻习近平新时代中国特色社会主义思想，认真学习习近平总书记在庆祝中国共产党成立 100 周年大会上的重要讲话精神，贯彻落实习近平总书记关于共同富裕的重要论述精神，全面落实《中共中央国务院关于支持浙江高质量发展建设共同富裕示范区的意见》和《浙江高质量发展建设共同富裕示范区实施方案（2021—2025 年）》，忠实践行“八八战略”、奋力打造“重要窗口”、加快实现“四个率先”，率先走出争创社会主义现代化先行省市域发展之路，奋力打造浙江高质量发展建设共同富裕示范区市域范例，特制定“十四五”时期行动方案如下。

一、总体目标

坚持党的全面领导、以人民为中心、共建共享、改革创新、系统观念“五大工作原则”，以满足人民日益增长的美好生活需要为根本目的，以数字化改革为重要手段，以改革创新为根本动力，以解决地区差距、城乡差距和收入差距问题为主攻方向，持续打好以“两业经”“双城计”“活力城”为重点的高质量发展组合拳，加快破解发展不平衡不充分问题，着力构建在高质量发展中扎实推动共同富裕的体制机制，到 2025 年，奋力打造浙江高质量发展建设共同富裕示范区市域范例取得明显实质性进展，形成一批具有辨识度的阶段性标志性成果。

——奋力打造产业创新升级、经济繁荣度充分彰显的市域范例。现代产业体系基本确立，创新动力更加激发，服务和融入新发展格局的能力持续提升，人均地区生产总值超过 15 万元、达到中等发达经济体水平，全员劳动生产率达到 22 万元 / 人以上。现代产业体系更富竞争力，数字经济与实体经济、现代服务业与先进制造业深度融合，数字经济核心产业增加值占地区生产总值比重达到 10%，战略性新兴产业增加值占规上工业增加值比重达到 44%。创业创新动能充分释放，经济活力充分迸发，新时代“名士之乡”人才高地和高水平创新型城市初步建成，人才资源总量达到 165 万人，研发经费支出占地区生产总值比重达到 3.3%。

——奋力打造全域一体协同、城乡融合度充分彰显的市域范例。现代城市体系不断完善，全市域协同发展、大市区融合发展、主城区联动发展深入推进，市区、诸暨、嵊新三大组群均衡发展态势更加明显，人均地区生产总值最高最低倍差缩小到 1.54 以内，地区人均可支配收入最高最低倍差缩小到 1.22 以内。新型城镇化高质量推进，乡村振兴战略深入实施，城乡发展差距持续缩小，未来社区、未来乡村新社区建设高水平推进，常住人口城镇化率达到75%，城乡居民收入倍差缩小到 1.7 以内。

——奋力打造文化守正创新、精神富足度充分彰显的市域范例。城市文化体系有效重塑，社会主义核心价值观深入人心，物质文明与精神文明协同推进，历史文化与现代文明相映生辉，新时代文化高地的辨识度与影响力全面提升。文化事业与文化产业协调发展，公共文化服务体系更加完善，“15 分钟品质文化生活圈”“15 分钟文明实践服务圈”覆盖率 100%，每万人拥有公共文化设施面积达到 2000 平方米，居民综合阅读率达到 92.5%，文明好习惯养成实现率达到 91%，社会诚信度不断提升，文化产业增加值占地区生产总值比重达到 7.5%。

——奋力打造生态全域美丽、环境宜居度充分彰显的市域范例。自然生态体系持续优化，全市域生态颜值和环境品质不断提高，“稽山鉴水”生态本底有效保护，生产生活方式绿色转型成效显著，全市域建成“无废城市”，“绿水青山就是金山银山”转化通道不断拓展，生态产品价值实现机制全面推行，建成国家生态文明建设示范市，$PM_{2.5}$ 平均浓度稳定控制在 29 微克 / 立方米以下，城市空气质量优良天数比例保持在 90% 以上，县控以上地表水断面水质达到或好于Ⅲ类水体比例保持 100%，生活垃圾分类覆盖面达到 100%。

——奋力打造收入均衡增长、生活富裕度充分彰显的市域范例。实现更加充分更高质量创业就业，居民人均可支配收入达到 8.1 万元、与人均地区生产总值之比达到 54% 左右，劳动报酬占地区生产总值比重稳步提升，收入差距持续缩小，财富分配更加合理，中等收入群体规模不断扩大、结构持续优化，家庭年可支配收入 10 万—50 万元、20 万—60 万元的群体比例均高于全省平均，率先基本形成以中等收入群体为主的橄榄型社会结构。

——奋力打造服务优质共享、保障实现度充分彰显的市域范例。社会保障体系更加完善，数字化、多样化、品质化、个性化公共服务供给更加丰富便利，人的全生命周期需求普遍得到更高水平满足，基本建成“15 分钟公共服务圈”，每千人拥有婴幼儿照护设施托位达到 4.5 个，普惠性幼儿园在园幼儿占比达到 95%，高等教育毛入学率达到 66.5%，儿童平均预期受教育年限达到 15.5 年，每千人口拥有执业（助理）医师数达到 4.3 人，人均预期寿命达到 83 岁，每万名老年人口拥有持证养老护理员数达到 25 人，住房保障体系更加完善，低保标准稳步提高。

——奋力打造数字赋能未来、数智牵引度充分彰显的市域范例。数字化改革对共同富裕的“船”和“桥”作用充分发挥，率先形成与数字变革时代相适应的生产方式、生活方式、治理方式，数字基础设施全省领先，数据要素高速流动，数智赋能持续显现，数字孪生技术广泛应用，数字空间、物理空间、社会空间融合贯通，政务服务“一网通办”率达到 90% 以上，全面建成“掌上办事之市”“掌上办公之市”“掌上治理之市”。

——奋力打造治理高效协同、社会和谐度充分彰显的市域范例。坚持发展新时代“枫桥经验”，党建统领的整体智治体系基本建成，平安绍兴、法治绍兴、清廉绍兴一体推进，活力和秩序有机统一的现代社会基本形成，共建共治共享的社会治理格局更加完善，律师万人比达到 4.5 人，亿元生产总值生产安全事故死亡率、万人成讼率逐年下降，全面从严治党成效度达到 97.5 以上，群众获得感幸福感安全感认同感更加充实、更有保障、更可持续。

二、主要任务

（一）加快探索发展动能转换市域之路，奋力打造高质量智造强市

1. 全力建设更具引领力的创新型城市。深入实施人才强市创新强市首位战略，大力锻造以自立自强为内核的创新发展新动能。大力推进创新平台“提能造峰”，加快绍兴科创大走廊十大标志性工程和百项千亿元重点项目建设，高水平建设镜湖科技城、滨海科技城，加快建设鉴湖科技城、曹娥江科创走廊、G60 创新港、艇湖未来科创城，积极推动新昌创建国家级高新区，加强与 G60、杭州城西、宁波甬江科创走廊深度合作，加快提升全市域创新平台能级。大力推进创新基础“源头攀高”，积极引进大院名校共建研究院，加快建设绍芯集成电路、鉴湖现代纺织、曹娥江新材料等高能级实验室（技术创新中心），深化省级军民融合创新示范区建设，加快推进高新技术企业、科技型中小企业“双倍增”，支持龙头企业牵头组建创新联合体，积极探索新型产学研协同创新，推广科技重大项目“揭榜挂帅”“赛马制”等组织方式，攻克一批关键核心技术，加快在优势领域形成创新策源能力。大力推进创新人才“提质增量”，统筹实施“鲲鹏行动”计划、国家和省级引才计划、“名士之乡”英才计划和特支计划、青年才俊“奔越”等引才计划，高水平办好“名士之乡”人才峰会、招才引智“春秋专列”等引才活动，全面优化人才创新创业全生命周期服务，积极支持绍兴滨海新区人才管理改革试验区建设，打造全市“人才特区”和科技新区。大力推进创新生态“共建共享”，全市域推广新昌全面创新改革 2.0 版，打造以“科技大脑 + 未来实验室”为核心的重大应用场景，积极构建“产学研用金、才政介美云”十联动全域创新生态圈，完善科技投入机制，健全科技金融服务体系，加快国家知识产权强市建设，每万人高价值

发明专利拥有量达 11.5 件。[责任单位:市科技局、市发改委、市委人才办、市人力社保局、市金融办、市市场监管局等;各区、县(市),滨海新区(以下各地和滨海新区均作为责任单位,不再列出)]

2. 全力构建更富竞争力的现代产业体系。坚定不移念好"两业经",大力锻造以质量效益为导向的产业发展新动能。深入推进传统产业改造提升 2.0 版,加快纺织印染、化工、金属加工等重点传统产业数字化、绿色化、服务化、国际化发展,深化印染、化工产业跨区域集聚提升"后半篇文章",五大印染组团全面投产达效,圆锦新材料、杭州湾海洋新材料等重大化工集聚项目加快开工建设,黄酒、珍珠等历史经典产业振兴发展,全面重塑传统产业核心竞争力。推进建筑产业绿色化集成化发展,打造国家首批装配式建筑示范城市。推进智能制造五年提升行动,促进新一代信息技术与制造业深度融合,建成 10 个智能制造产业群体、100 家省级智能工厂,实现规上企业智能化改造全覆盖。加快培育壮大新兴产业,制定实施新兴产业"新三年行动计划",全面推进"双十双百"集群制造行动,紧盯高端装备、电子信息、现代医药、新材料等重点领域和人工智能、航空航天等新兴领域深化全产业链精准招商,培育一批"蓝海产业"。深入实施数字经济"一号工程"2.0 版,推进数字经济五年倍增计划,深化"5G+ 工业互联网"应用,加快建设一批"产业大脑 + 未来工厂"核心业务多跨应用场景。全面实施标准引领、质量领先、品牌领军工程,深化国家标准化综合改革试点,建成国家检验检测高技术集聚区(浙江)绍兴园区。积极推进现代服务业创新发展,深入开展国家先进制造业和现代服务业深度融合试点,培育壮大"服务业 + 数字化""服务业 + 制造业""服务业 + 名人文化"等新业态新模式,打造一批现代服务业创新发展区。大力构建"2+7+N"产业平台体系,全力打造以绍兴滨海新区为重点的牵引性战略平台,加快建设集成电路、高端生物医药、先进高分子材料"万亩千亿"新产业平台,积极培育智能装备、数智安防等新平台,支持诸暨、嵊州创建国家级开发区,推进开发区(园区)全域治理,集中力量打造"千亿级规模、百亿级税收"高能级平台。(责任单位:市经信局、市发改委、市建设局、市市场监管局、市投资促进中心等)

3. 全力培育更有创造力的市场主体。全面落实民营企业发展促进条例,激发市场主体创业创新创造活力,更好发挥企业在培育中等收入群体、促进共同富裕上的作用。积极实施企业"长高长壮"培育行动,建立全链条、递进式、闭环化、数字型培育管理体系,聚焦链主型企业、上市企业,实行"一链一策""一企一策",培育一批具有生态主导力和核心竞争力的标杆企业。大力实施新一轮"越商名家"成长行动、"品质越商提升工程"和"越商青蓝接力工程",形成既有"顶天立地"龙头企业、又有"铺天盖地"中小企业的雁阵式现代企业梯队。深化国资国企联动改革,稳步推进混合所有制改革,切实强化国有资本推动共同富裕战略功能。深入开展专业市场优化升级行动,加快推进中国轻纺城等专业市场转型升级,高质量打造现代商品市场示范市。大力完善要素市场化配置体制机制,深化"亩均论英雄"改革,探索"楼均论英雄"改革,全面提升要素配置效率。迭代完善"1+9"政策体系,建好用好"越快兑"2.0 平台,依法平等保护民营企业产权和企业家权益,加大反垄断和反不正当竞争执法力度,形成政府有为、市场有效、企业有感的亲清政商关系,打造营商环境最优市。(责任单位:市经信局、市金融办、市工商联、市国资委、市商务局、市税务局、市发改委、市市场监管局等)

4. 全力打造更强驱动力的发展引擎。积极融入新发展格局,大力发展高水平开放型经济,充分发挥投资关键性作用和消费基础性作用,全力打造更多新增长点。坚持以重大开放平台牵引开放型经济跃迁升级,全面推进绍兴综合保税区、跨境电商综试区、市场采购贸易方式试点三大国家级开放平台互促互补、融合发展,建立健全中国(浙江)自贸区绍兴联动创新区建设机制,持续释放重大平台集成叠加效应。全面融入"一带一路"建设,主动加强与沿线国家合作,积极创建"一带一路"综合服务基地,着力培育数字贸易、进口商品免税店等新业态新模式,争创国家级进口贸易促进创新示范区。大力实施新一轮扩大有效投资行动,推进"两新一重"建设,全力抓好省市县长项目工程,加快建设"项目管家"多跨应用场景,打造最佳投资目的地。创新投融资体制机制,积极参与基础设施领域不动产投资信托基金试点,扩大重大项目境外融资,着力探索重大项目混合所有制改革。积极抢抓消费升级机遇,集成完善鼓励消费的政策体系,科学布局物流网络,加快推进现代商贸特色镇、商贸发展示范村和高品质步行街建设,加大农贸市场改造提升力度,不断完善消费设施体系和现代流通体系。大力发展夜间经济、网红经济、直播带货等消费新业态,争创数字生活新服务先行市和高品质消费体验区。积极发展本土特色消费,全力打响绍兴菜系品牌,深入挖掘老字号品牌内在价值和市场潜力,不断扩大特色产品知名度美誉度。(责任单位:市商务局、绍兴海关、市发改委、市市场监管局等)

(二)加快探索全域一体协同市域之路,奋力打造高水平均衡样板

5. 着力推进网络型大城市建设。坚持不懈唱好"双城计",主动接轨长三角一体化发展和浙江省"四大建设",深化"融杭联甬接沪",实施亚运城市行动计划,加快提升城市能级和功能品质。深入推进杭绍甬一体协同发展,全面参与沪杭甬湾区经济创新区建设,加快建设杭绍临空经济一体化发展示范区绍兴片区、萧诸绿色发展先导区、嵊新奉特别合作区等一体化合作先行区,积极探索完善跨区域合作开发新机制。深入推进全市域一体化发展,积极推动柯诸、虞嵊、嵊新边界区域联动发展,支持诸暨实施"杭绍同城"战略、嵊州建设"四港"联动枢纽节点城市、嵊新区域打造义甬舟中部战略枢纽,不断提高市区、诸暨、嵊新组群之间的紧密度。深入推进大市区协同发展,持续推动越城(滨海新区)、柯桥、上虞三区相向融合,科学布局区域融合性功能性项目,不断增强市区辐射带动能力,抱团提升在大湾区建设中的竞争力。深化主城区联动发展,对照"一线城市"标准打造城市核心功能,全力推进镜湖新区国际化品质新城建设,打

造绍兴大城市核心区和中央活力区，对标世界文化遗产标准加强古城保护利用，打造世界级古城IP。深入推进重大互联互通交通项目建设，加快建设金甬铁路、杭绍台高铁、杭诸城际、城市轨道交通、杭绍甬高速、杭州中环绍兴段、柯诸高速、智慧快速路等重大工程，加快推进市域铁路建设，打造“市域30分钟、杭甬30分钟、上海60分钟”交通圈。（责任单位：市发改委、市交通运输局、市自然资源和规划局、市建设局、镜湖新区开发办、市名城办等）

6. 着力推进城乡一体化发展。全面实施以人为核心、高质量为导向、面向现代化的新型城镇化战略，加快形成资源要素双向流动、城乡互促共进新格局。高质量推进美丽县城和美丽城镇建设，深化诸暨县城新型城镇化国家级试点，建设一批省级小城市试点，加快千年古城古镇复兴。积极推动农业转移人口全面融入城市，深化户籍制度改革，全面取消落户限制，完善“人地钱挂钩”激励性配套政策，健全新型居住证制度，打通建档立卡低收入农户落户通道，合理引导农业人口向城市有序转移。大力发展现代农业，积极构建现代农业产业体系、生产体系和经营体系，加强粮食生产功能区和现代农业园区建设，全面构建以家庭农场、农民合作社、农业龙头企业、社会化服务组织等为主体的新型经营主体队伍，落实最严格的耕地保护制度，遏制耕地“非农化”、严格管控“非粮化”。高标准打造“五星3A”升级版，加快推动城市现代基础设施和市政公用设施向农村延伸，健全城乡一体化的农村公共基础设施规划、建设、管护机制，全面提升美丽乡村建设水平。深入推进新时代乡村集成改革，深化全国宅基地制度改革整市试点，探索宅基地所有权、资格权、使用权“三权分置”，建立集体经营性建设用地入市增值收益分配机制，创新农民建房“一件事”服务，提升农村土地资源利用效率。持续壮大村级集体经济，组建强村公司，完善“两进两回”机制，鼓励社会资本参与经营村庄美丽资源，推广“抱团”“飞地”等合作模式，因地制宜建设农村创业创新园、小微企业园，不断增强村集体经济发展内生动力，持续实现强村富民。精准开展东西部协作、对口支援、对口合作，推进山海协作产业园、产业飞地等合作模式，打造山海协作和对口工作升级版。（责任单位：市发改委、市建设局、市公安局、市农业农村局、市自然资源和规划局、市交通运输局、市水利局、绍兴电力局、市公用事业集团等）

7. 着力建设共同富裕现代化基本单元。聚焦以人为核心的共同富裕，全方位塑造城乡居民现代化生活基本图景，推动宏观向微观落实落细落地。全域推进城市未来社区建设，大力开展“三化九场景”推进行动，加快创建一批省级、市级未来社区，迭代升级“智慧物业”等多跨应用场景，构建完善未来社区智慧服务平台。按照未来社区理念推进城市有机更新，加快完成老旧小区改造提升，大力推进城中村改造和邻里中心建设，深化住宅小区综合治理，打造一批美丽宜居温馨小区样板。全域推进乡村新社区建设，全面实施《绍兴市村庄规划建设条例》，深入推进农村人居环境提升工程，不断推动村庄生态化有机更新，加快打造一批引领品质生活、彰显水乡韵味、和谐和睦和美的乡村振兴先行村和示范性乡村新社区。（责任单位：市发改委、市建设局、市农业农村局等）

8. 着力推动更高质量的创业就业。坚持以创业促进就业，实施更加积极的创业就业政策，持续扩大创业机会和就业规模，优化创业就业结构和形态，以创业就业保障增收致富。加快完善创业促进就业机制，深化创业精准服务，高质量建设各类创业孵化基地和平台，大力支持新业态创业，加强财税、金融、产业、培训、社保等政策与就业政策综合集成，促进多渠道灵活创业就业。强化重点群体就业帮扶，引导和鼓励高校毕业生到新兴产业、中小微企业和基层就业，加强就业困难人员培训、托底安置和帮扶，健全完善失业实名制动态管理和分类精准帮扶机制，确保零就业家庭动态清零。深化构建和谐劳动关系，建设完善“越安薪”执法监管应用系统，打造最安心就业城市。大力提升创业就业能力，深入实施“精英越匠”提升规划、“金蓝领”技能提升行动和“千万农民素质提升工程”，完善面向全体劳动者的终身职业技能培训制度，不断夯实增收致富的能力基础。（责任单位：市人力社保局、市农业农村局、市教育局、市总工会等）

9. 着力探索收入分配制度改革。坚持效率优先、兼顾公平，围绕“扩中”“提低”目标，加快形成以中等收入群体为主体的橄榄型社会结构。健全扶持中等收入群体后备军发展政策体系，加大人力资本投入，激发技能人才、科研人员、小微创业者、高素质农民等重点群体增收潜力，多措并举减轻中等收入家庭在教育、医疗、养老、育幼、住房等方面的支出压力，加快扩大中等收入群体规模。健全工资合理增长机制，优化国有企业工资总额决定机制，深入推进事业单位绩效工资改革，健全最低工资标准与经济增长、社会平均工资增长联动机制，完善个体工商户发展政策制度，拓展从业人员增收空间。积极优化居民收入结构，大力拓宽居民财产性收入渠道，规范发展财富管理行业和创新金融产品，丰富居民可投资金融产品，支持企业实施灵活多样的股权激励和员工持股计划，全力补齐居民收入短板。深入推进经济薄弱村帮扶工作，大力促进低收入群体加快增收，实施农民收入万元新增工程，推动城乡低收入群体精准识别机制见效落地，确保共同富裕“不落一户、不落一人”。（责任单位：市人力社保局、市发改委、市科技局、市国资委、市市场监管局、市金融办、市农业农村局、市民政局等）

10. 着力增强美丽绍兴成色。坚持低碳绿色导向，持续优化自然生态体系，高标准打好污染防治持久战，加快走出生态塑韵的发展之路。积极推动经济社会全面绿色低碳转型，贯彻落实碳达峰碳中和实施意见，率先开展全域能效综合创新，推广分布式光伏等清洁能源，深化排污权、用能权、用水权、碳排放权等资源要素市场化交易，探索发展森林碳汇，确保完成节能降碳减排目标任务。大力探索生态价值实现、考核和补偿机制，开展生态系统生产总值(GEP)核算试点，加快完善生态保护和环境治理成效与财政转移支付相挂钩的机制，优化对重点生态功能区和曹娥江、浦阳江流域等生态补偿机制。大力改善生态环境质量，深化“三线一单”+区域环评+环境标准+碳评准入制度改革，全面推进“清新空气示范区”“污水零直排区”和全域“无废城市”、全域国家森林城市建设以及土壤污染源头管控、禁塑限塑、垃圾分类处理等工作，推进“绿水青山就是金山银山”实践创新基地建设，创建成为国家生态文明建设示范市。加大生态保护力度，建设“稽山鉴水”生态功能区，系统推进湿地资源涵养、矿山生态修复、生态景观改造，切实保护生物多样性。（责任单位：市生态环境局、市发改委、市自然资源和规划局、市财政局、市水利局、市农业农村局、市综合执法局等）

（三）加快探索服务优质共享市域之路，奋力打造高感知幸福家园

11. 率先构建育儿友好型社会。制定实施率先构建育儿友好型社会的实施方案，大力构建多元化、包容性的育儿服务体系。落实一对夫妻可以生育三个子女政策，适当延长生育妇女产假，鼓励创新弹性工作方式。支持发展普惠性婴幼儿照护机构，实现城镇小区就近幼托服务全覆盖、镇乡（街道）婴幼儿照护服务机构全覆盖。加大学前教育投入，建立完善学前教育成本分担机制，率先实现养育补贴全域全员覆盖，力争国家级学前教育普及普惠县（市、区）全覆盖。加大农村幼儿园优先、优质和普惠发展力度，加快推进设施落后、基础薄弱幼儿园改造提升。（责任单位：市卫生健康委、市人力社保局、市教育局等）

12. 大力推进教育现代化。围绕构建活力、和谐、品质的高质量现代教育体系，以学段、校际、区域、师生、校园内外的共同成长促进人的全面发展。探索“教育大脑＋智慧学校”，迭代升级“互联网＋教育”，构建未来教育场景。全面推进新时代城乡义务教育共同体建设，推动基础教育优质普惠均衡发展，实现6个区、县（市）全部达到全国义务教育优质均衡县创建标准，省教育现代化县（市、区）、省现代化学校创建率均居全省前列。减轻义务教育阶段学生作业负担，规范管理校外培训机构。推动普通高中多样化特色化发展，完善普通教育与职业教育双向互通机制，推动职业教育产教深度融合。大力提升高等教育发展水平，全面实施名校、名院、名所、名师引进工程和名学科、名专业建设工程，加快绍兴文理学院更名设置绍兴大学，积极推进滨海高教园区规划建设，力争在绍高校数达到14所（含研究生院），在校生数达到13.5万人。构建覆盖城乡、开放便捷的终身学习公共服务体系，更好满足群众多样化学习需求。（责任单位：市教育局、市人力社保局、市科技局等）

13. 打造更高水平健康绍兴。牢固树立大卫生大健康理念，优化医疗卫生资源配置，增强医疗卫生综合服务能力，为群众提供全方位全周期健康服务。推进“健康大脑＋智慧医疗”，迭代升级“互联网＋医疗健康”新服务，全面推广“5G+智慧医疗”服务新模式，率先推进实施健康多跨应用场景，使人人享有便捷智能的卫生健康服务。深化县域医共体和城市医联体建设，加快推进国科大附属肿瘤医院绍兴院区、邵逸夫医院绍兴院区、浙二医院绍兴院区、省人民医院绍兴院区、镜湖医院、市妇幼保健院等重大项目建设，促进优质医疗资源有效扩容、均衡布局、精准下沉和互动融合。加快建设强大的公共卫生体系，实施医疗卫生服务“网底”工程，全面提升镇乡、社区医疗卫生机构能力，优化传染病和突发公共卫生事件监测系统，完善联防联控、群防群控、精密智控机制，提高公共卫生突发事件应对能力。实施名院、名科建设“双强”工程，推进高端卫生人才引育计划，每千人口拥有执业（助理）医师数达到4.3人。深化“三医联动”“六医统筹”改革，推进医疗服务价格调整、医保支付等重点领域和关键环节联动改革，打造综合医改先行区。加快推进中医药传承创新发展，实现中医特色服务专病专科、中医适宜技术全覆盖，争创中医药综合改革先行区。实施公共体育服务惠民计划，实现城市和行政村社区“15分钟健身圈”全覆盖，高标准协办好亚运会赛事，举办好绍兴马拉松等大型赛事，深化国家体育消费试点城市建设，争创全国首批全民运动健身模范市。（责任单位：市卫生健康委、市医保局、市体育局等）

14. 建设老年友好型社会。落实积极应对人口老龄化国家战略，持续提升老年人生活品质和生命质量。加快养老服务智慧化建设，打造数字化养老服务场景，确保每个区、县（市）智慧养老院达到2所。大力发展健康养老新业态新模式，鼓励社会力量兴办养老服务机构，积极招引国内外优质养老资源和品牌，打造新型康养联合体。完善养老护理员教育培训、技能认定和信用管理制度，每万名老年人口拥有持证养老护理员数提高到25人。健全长期照护保障体系，探索解决失能失智老人护理难题。推进居住小区生活设施适老化建设和改造，加快养老服务功能延伸，形成以居家为基础、社区为依托、机构充分发展、医养有机结合的多层次养老服务体系。建立健全老龄人力资源开发机制，发展银发经济。（责任单位：市民政局、市人力社保局、市卫生健康委、市医保局等）

15. 深入实施安居工程。坚持“房住不炒”，完善房地产市场调控长效机制，促进房地产市场平稳健康发展。加快构建以公租房、保障性租赁住房为主体的住房保障体系，改革完善住房公积金政策机制，探索利用集体经营性建设用地、企事业单位自有闲置土地、产业园区配套用地和存量闲置房屋改建等方式，多途径有效解决低收入困难群众和新市民住房问题，确保完成建设（筹集）保障性租赁住房3万套（户）。改善农村居民住房条件和居住环境，探索建立农村低收入群众基本住房安全保障机制，常态化推进危旧房改造，确保群众居住安全。（责任单位：市建设局、市公积金管理中心、市财政局、市自然资源和规划局、市农业农村局等）

16. 构筑公平可靠社会保障体系。健全覆盖全民、统筹城乡、公平统一、可持续的多层次社会保障体系，织密扎牢社会保障网。实施全民参保计划，促进灵活就业人员、新业态从业人员参加社会保险。强化养老保险城乡统筹，完善城乡居民基本养老保险养老金增长机制，建立与养老金水平挂钩的调整机制，逐步缩小不同人群养老金待遇差距，探索基本养老保险、企业年金、个人商业养老保险“三支柱”模式，确保基本养老保险参保率达到99%以上。推进异地社保服务办理提质扩面，完善职工养老保险跨地区转移衔接和城乡养老保险制度衔接办法。加快构建多层次医疗保障体系，深入推进基本医保市级统筹省级试点，积极发展商业补充医疗保险，大力推广“越惠保”，稳步提高医疗救助比例和封顶线。（责任单位：市人力社保局、市医保局等）

17. 打响“大爱绍兴”品牌。积极发展公益慈善红十字事业，创新社会救助服务模式，构建兜底有力的综合救助格局。加快建设“社会组织＋慈善公益”综合性平台，创新“互联网＋慈善”“指尖公益、链上公益”等模式，支持发展“道德银行”“爱心超市”等互助载体，加快区、县（市）慈善总会转型成为枢纽型、服务型、行业性慈善组织。完善分类分层救助保障制度，推进基本生活救助模式向“物质＋服务”转变，加强社会救助与社会保险、社会福利制度有效衔接，鼓励和引导社会力量参与社会救助工作。完善低保标准动态调整机制，多渠道筹措资金兜底，实现低保对象应保尽保。切实保障农村妇女、困残儿童等特殊群体合法权益，实施孤困儿童基本生活养育标准动态调整，进一步健全残疾人保障和服务体系。深化退役军人全生命周期管理保障“一件事”改革省级试点，切实加强困难退役军人帮扶援助。（责任单位：市民政局、市红十字会、市妇联、市残联、市退役军人事务局等）

（四）加快探索精神富足富有市域之路，奋力打造高标识文明之城

18. 传承弘扬城市精神品格。推动学习贯彻习近平新时代中国特色社会主义思想走深走心走实，坚持把“历史＋人文”作为城市发展的灵魂和支撑，大力弘扬社会主义核心价值观，加快推进优秀传统文化创造性转化和创新性发展。围绕守好红色根脉，巩固深化“不忘初心、牢记使命”主题教育成果，持续加强党史学习教育，深入实施铸魂工程、溯源工程、走心工程，建好用好“越讲越响”宣讲平台，加快市和区、县（市）级媒体深度融合改革，打造新型移动传播矩阵。围绕打造文化“金名片”，传承弘扬大禹文化、孝德文化、唐诗文化、阳明文化、师爷文化、书法文化、黄酒文化、越剧文化、绍剧文化、清廉文化等特色文化，高水平办好兰亭书法节、公祭大禹陵典礼等重大文化节会活动，积极支持越剧申遗，持续打响历史文化名城和“东亚文化之都”品牌。围绕讲好绍兴故事，实施亚运文化名城展示行动，推进古越文明解码工程，深入挖掘绍兴历史文化丰富内涵，推出一批有深度、可转化的研究成果，积极开展文化对外交流活动，创新传播方式，充分展示特色鲜明的“江南风”和“国际范”气质。（责任单位：市委宣传部、市新闻传媒中心、市委党史室、市社联等）

19. 打造文商旅融合发展样板。聚焦绍兴深厚文化优势，运用市场手段，做好“文化＋”文章，切实把文化资源厚度转化为产业发展高度。高标准建设绍兴文创大走廊，串珠成链打造浙东唐诗之路文化带、浙东运河文化带、古越文明文化带，深入推进大运河国家文化公园、“古城项目群”等建设，全域打造诗路文化带精华地。大力实施文化产业倍增计划，积极培育数字出版、游戏动漫、创意设计、演艺游乐等新兴文化业态，推动文旅＋美丽乡村、文旅＋工业、文旅＋康养、文旅＋体育等融合发展，着力打造千亿级文化产业集群。大力发展文化旅游产业，全力打造古城、戏曲、研学游等特色文旅产品，培育发展“沉浸式”文旅消费，迭代升级智慧文旅平台，加快建设全国文化和旅游消费试点城市、国家全域旅游示范区，着力打造最佳旅游目的地城市。（责任单位：市委宣传部、市文广旅游局、市发改委、市名城办、市文旅集团等）

20. 提升公共文化服务品质。着眼满足人民日益增长的精神文化生活需要，丰富高品质文化产品和服务供给，持续提高城乡基本公共文化服务均等化水平。实施重大文化设施建设工程，建成新大剧院、新博物馆、新美术馆等一批新时代绍兴文化地标，支持各地建设文化中心等标志性文化项目。实施文化惠民工程，鼓励社会力量参与公共文化服务体系建设，健全支持开展群众性文化活动机制，提升“绍兴有戏”等公共文化服务载体，深化全民阅读活动，不断丰富群众精神文化生活，实现“15 分钟品质文化生活圈”全覆盖。推进公共文化数字化应用转型，建好用好农村文化礼堂、城市书房，推广“智慧礼堂”等应用场景。实施文化文艺精品战略，完善市演艺集团运营机制，集聚培育更多名家大师，创作一批彰显辨识度、影响力的精品力作。（责任单位：市委宣传部、市文广旅游局、市文联等）

21. 创建全域文明示范城市。深入实施《绍兴市文明行为促进条例》，高标准推进新时代文明实践中心全覆盖，高质量创建全域全国文明城市。大力实施全民人文素养提升行动，深化“越文明”系列活动，广泛开展文明单位、文明家庭、文明校园系列创建，探索实行文明积分制，推动养成“礼让斑马线”“制止餐饮浪费”“实行垃圾分类”等文明好习惯，形成适应新时代要求的文明风尚、行为规范。持续开展以劳动创造幸福为主题的宣传教育，大力弘扬劳动精神、劳模精神、工匠精神，厚植勤劳致富、共同富裕的文化氛围。开展和谐创建活动，健全志愿服务体系，推动形成我为人人、人人为我的良好社会氛围。（责任单位：市文明指导中心等）

（五）加快探索公平正义和谐市域之路，奋力打造高品质美好社会

22. 坚持发展新时代“枫桥经验”。以迎接“枫桥经验”60 周年纪念大会为总抓手，大力推动新时代“枫桥经验”体系化、全域化、指标化、实体化、数字化，推动新时代“枫桥经验”从乡村治理走向城乡治理、从局部治理走向全域治理、从基层治理走向市域治理，打造全国市域社会治理现代化标杆城市。坚持以党建引领带动市域社会治理现代化提质增效，迭代升级“一中心、四平台、一网格”县域社会治理体系，完善贯通市、县、镇、村四级社会治理数字化指挥体系，加快构建党建统领的“四治融合”城乡基层社会治理体系。大力推进诉源治理工作，完善社会矛盾纠纷多元预防调处化解综合机制，推动行政调解、司法调解、人民调解、行业调解“多调合一”，完善基层民主协商制度、领导干部接访下访等制度，建立民情智慧感知体系。建立健全社会心理服务机制，培育健康向上的社会心态。扎实推进数字法治综合应用建设，推广“智慧检察监督平台”等多跨应用场景和“枫桥警务——越警管家”“乡里乡亲”等“微治理”典型，着力构建市域社会线上线下同步治理体系。推动镇（街、乡）纪检监察工作规范化建设再跃升，强化自上而下专责监督和自下而上群众监督相结合的基层纪检监察监督，深化推广基层公权力监督平台，着力打造基层监督“绍兴版”。健全完善“一肩挑”后村社治理体系，提升基层治理现代化水平。（责任单位：市委政法委、市委组织部、市信访局、市司法局、市公安局、市纪委监

委等）

23. 加快法治绍兴建设。全面贯彻实施《法治绍兴建设规划》，全面推进科学立法、严格执法、公正司法、全民守法，建设更高水平法治社会。坚持立法与改革相衔接，建立健全推动共同富裕的地方法规规章政策体系。加快建设法治政府，深化依法行政，健全“开门决策”机制，实施“大综合一体化”行政执法体制改革，加快构建全覆盖的政府监管体系和全闭环的行政执法体系。深化司法体制综合配套改革，全面推进以审判为中心的刑事诉讼制度改革，持续优化政法机关一体化办案协作机制，加快完善行刑有效衔接，着力构建上下贯通、内外结合、系统完备、规范高效的执法司法制约监督体系，努力形成监督合力。深入开展“法润绍兴”行动，高质量实施“八五”普法规划，加强农村（社区）法律服务，力争全市 30% 村（社区）达到省级民主法治村（社区）标准。深入实施信用建设“531X”工程，加快推进“信用＋社会治理”省级试点，积极争创社会信用体系建设示范城市。（责任单位：市人大常委会法工委、市司法局、市委政法委、市综合执法局、市检察院、市中级人民法院、市公安局、市发改委等）

24. 深化平安绍兴建设。坚持把保护人民生命安全摆在首位，完善风险闭环管控大平安机制，健全重大决策社会风险评估机制，出台《绍兴市重大决策社会风险评估条例》，切实防范化解重大风险隐患，打造全国最具安全感城市。全力推进平安创建“护鼎加星”，有效整合资源力量，开展高标准、宽领域、多层面的“枫桥式”系列平安建设。完善情指行合成作战体系，常态化机制化开展扫黑除恶斗争，构建全民反诈大格局，积极创建国家禁毒示范城市。筑牢经济安全防线，建立健全维护产业链供应链安全有效机制，保持良好金融生态。构建高效统一的粮食储备、流通和供应安全保障体系，落实国家种子安全战略，深入推进国家食品安全示范城市创建，强化农产品质量安全源头治理和进口冷链食品安全监管。构建“大安全、大应急、大减灾”体系，严格落实安全生产责任制，完善“遏重大、控较大”工作机制，加强重点“人、车、路、企”综合治理，开展安全风险隐患排查和自然灾害风险普查，提升风险监测预警预报能力和应急救援协同能力，全力打造“15 分钟救援圈”。实施网络生态“瞭望哨”工程，常态化开展“净网”行动，推动线上线下一体化治理，打造安全清朗网络空间。（责任单位：市委政法委、市公安局、市应急管理局、市经信局、市金融办、市发改委、市市场监管局、市农业农村局、市委网信办等）

三、保障措施

25. 坚持和加强党的全面领导。坚持以政治建设为统领，建立健全党总揽全局、协调各方的全面领导制度体系，切实把党的领导贯穿推动共同富裕全过程各领域各环节。积极构建党建引领共同富裕新格局，统筹推进农村、城市、“两新”等各领域基层党组织建设，探索创新全域党建联盟等方式，更好发挥基层党组织战斗堡垒作用和党员先锋模范作用。常态化实行县级领导班子成员包乡走村，推进干部队伍系统性重塑，提升领导推进现代化建设和共同富裕的能力水平。纵深推进清廉绍兴建设，坚持全面从严治党主体责任和监督责任同向发力，深化完善“四责协同”机制，健全权力运行体系和监督体系，不断巩固和扩大巡视巡察工作成果，驰而不息纠“四风”、树新风，全市域深化清廉单元建设，“五廉并举”打造清廉文化高地，巩固发展风清气正的政治生态。（责任单位：市委办公室、市委组织部、市纪委监委等）

26. 全面深化数字化改革。深入实施数字绍兴建设行动，全方位、系统性重塑市域治理体系和治理能力。按照“1+5+2”工作体系，建设一体化智能化公共数据平台，完善“四横四纵”体系，迭代优化“浙里办”“浙政钉”绍兴站点两大终端。聚焦党政机关整体智治、数字政府、数字经济、数字社会、数字法治五个综合应用，打造一批重大多跨应用场景。推进数字化改革理论体系和制度规范体系建设。提升网络安全整体能力，确保数据安全。（责任单位：市委改革办、市委办公室、市政府办公室、市经信局、市发改委、市委政法委、市大数据局、市委网信办等）

27. 建立联动协同大抓落实体系。市委、市政府建立主要领导任组长的高质量发展推动共同富裕领导小组，办公室设在市发改委，实行常态化实体化专班运作。市委成立社会建设委员会，下设办公室，统筹协调全市社会建设和社会改革工作。建立健全清单化推进机制，制定重点任务清单、突破性抓手清单、重大改革清单，明确任务责任，实行闭环管理。压实各地各部门工作责任，完善工作机制，推动各项任务系统集成、精准施策、一抓到底。充分发挥人大、政协以及各民主党派、工商联、无党派人士的积极作用，强化工会、共青团、妇联、科协、侨联等人民团体引领服务联系群众功能，进一步凝聚共识、拧成合力。充分激发全体人民促进共同富裕的积极性、主动性、创造性，旗帜鲜明鼓励勤劳致富、率先致富，先富带后富、先富帮后富，走共建共治共享的共同富裕之路。（责任单位：市委改革办、市发改委、市委宣传部、市委统战部、市人大常委会办公室、市政协办公室、市总工会、团市委、市妇联等）

28. 构建比学赶超争先创优机制。鼓励和支持各地各部门按照共同富裕导向，聚焦重点领域，研究出台相关配套政策。强化向上对接，结合自身特色优势，积极申报改革试点，努力形成更多可复制可推广的标志性成果、普遍性经验。鼓励各地创新突破，比学赶超，干事创业，争先创优。不断完善容错纠错、澄清保护机制，推动“两个担当”良性互动。（责任单位：市委改革办、市发改委、市委组织部等）

29. 建立健全督查考评奖惩体系。结合“八八战略”实施综合评估，坚持定量与定性、客观评价与主观评价相结合，科学设立评价体系和目标指标体系，全面反映共同富裕工作成效。充分发挥考核指挥棒作用，将推动共同富裕有关工作任务纳入目标责任制考核。建立定期督查机制，创新督查方式，根据督查完善激励问责机制。（责任单位：市委改革办、市发改委、市委组织部、市纪委监委、市统计局、绍兴调查队等）

附件（略）

（市委办公室／提供）

专记

绍兴市开展党史学习教育工作纪实

根据中央“学党史、悟思想、办实事、开新局”的总体部署和省委“守好红色根脉、扛起五大历史使命”的工作要求，绍兴市深入学习贯彻习近平总书记在党史学习教育动员大会上的重要讲话精神，以守好“红色根脉”、争当“五个模范”为目标，把党史学习教育与各项中心工作有机融合、一体推进。党史学习教育工作被省巡回指导组评价为组织领导“示范性”强、学习宣传“覆盖面”广、主题宣传“感染力”足、三为实践“服务度”深、资源挖掘“绍兴味”浓，并得到了中央第五巡回指导组高度肯定。“三驻三服务”等相关做法被推荐到省里，并以省党史学习教育领导小组办公室的名义在学习强国平台专题刊发。

一、提高政治站位，强化顶层设计

市委始终把党史学习教育作为贯穿全年的一项重大政治任务，按照中央、省委各项决策部署，强化顶层设计、系统谋划和整体推进，确保各个阶段有目标有重点，各个层面有任务有特点。

1. 完善工作机制。成立市党史学习教育领导小组，抽调精干力量组建工作专班并进行实体化运作，建立学习教育的目标体系、执行体系、责任体系和评估体系，组建 11 个市级巡回指导组和教育、国资、财政、卫健等 4 个系统巡回指导组。市委召开全省党史学习教育部署会、制定全市开展党史学习教育实施方案，常委会先后 3 次专题研究部署党史学习教育工作，全市 81 个县处级以上党组织在 1 周内全部完成动员部署，各级基层党组织结合实际制定实施方案，确保学习教育组织有力、整体推进、落实到位。

2. 强化过程督导。制订出台党史学习教育巡回指导工作量化考评办法，推动学习任务清单化、学习内容具体化、学习进度可视化和学习成效可量化。依托市、县两级巡回指导组对开展“忆越地英烈、悟红色真理”专题学习、“越讲越响——万场宣讲迎党庆”专题宣讲、“不忘初心学党史、‘四个率先’建新功”专题宣传教育、“我为群众办实事、我为企业解难题、我为基层减负担”专题实践活动等“五大专题活动”情况进行全程督导和量化赋分，确保做到“规定动作”到位、“自选动作”出彩。

3. 实现闭环管理。开发升级并启用“绍兴市党史教育智汇平台”和“绍兴市党史学习教育填报系统”，建立以定期报送、实时展示、动态追踪为核心的数字化多跨协同场景。围绕省巡回指导组 7 次进驻指导和“深入学习习近平总书记‘七一’重要讲话精神 扎实推进‘三为’专题实践活动”专项督导反馈意见，第一时间制订整改落实方案，印发问题清单实行对账销号制度，并通过督查指导实现闭环管理机制，确保反馈整改件件有回应、各项工作月月有提升。

二、坚持以上率下，突出学习重点

紧扣总书记“七一”重要讲话和党的十九届六中全会精神主题主线，坚持以上率下，突出重点、创新形式组织好党史学习教育，学深悟透《习近平在浙江》《习书记指导绍兴谱写新时期“胆剑篇”》等特色学习材料，用好 171 处本地红色文化遗址遗迹和 40 家革命历史类爱国主义教育基地等本土红色资源。

1. 坚持示范带动。注重发挥领导干部关键少数的“头雁效应”，市委理论学习中心组以“七一”重要讲话和六中全会精神专题读书班、绍兴论坛报告会等形式开展专题学习 17 场次，市领导开展“沿着红色足迹学党史”现场教学 3 场，示范带动各级党组织就地就近组织“听党话、跟党走”红色研学活动 2000 多场次。市委主要领导先后围绕“七一”重要讲话等主题作专题党课宣讲 4 次，带头落实双重组织生活制度，为全体党员示范打样。各基层党组织共召开组织生活会 17195 场，实现 100% 全覆盖。全市 8.1 万余名党员干部参与“之江杯”六中全会精神知识竞赛共 41.7 万余人次。

2. 坚持分类推进。聚焦老党员、流动党员、农村党员、“两新”组织党员、青少年等“特殊群体”，通过打造理论课堂、红色讲堂、田间课堂等多种形式，实现党员学习全覆盖。针对老党员利用“银领五星”学习社等开展“党史百年天天读”打卡活动。“老兵讲党史”入选全省《党史学习教育百法百例》。排摸“两新”党组织 6148 个，“两新”党员 82000 余名，以落实专人联系等形式组织开展学习教育，切实做到全员覆盖。把握青少年特别是“00 后”群体特点，创新开展“迎接党庆走读绍兴”“跟着总书记学百年党史”“书香共青团・季送好书”等系列活动，累计参与学习 186 万余人次。

3. 用活红色资源。深挖周恩来纪念馆、俞秀松故居、梁柏台故居等全市 171 处红色文化遗址遗迹和 40 余家革命历史类爱国主义教育基地的红色资源，组织研学活动，赓续红色血脉。组织"百年回眸——绍兴市庆祝中国共产党成立100周年主题文学艺术"作品展、"立心铸魂——红色精神谱系中的绍兴基因"图片展、"我是绍兴人——周恩来与故乡绍兴"等各类党史主题展12场次，参观人数超过42万人次。同时，用好老干部、老模范等"红色资源"，组建"五老"宣讲团，用他们生动鲜活的亲历为广大党员干部群众讲述党史故事、革命故事、英雄故事，点亮红色资源之"魂"。

三、创新宣传宣讲，凝聚思想共识

深入挖掘蕴藏在古越大地的红色资源，利用媒体平台、网络阵地、主题宣讲、文艺展演、展览展陈等形式宣传展示在百年峥嵘岁月中涌现出的先进典型、特色案例和全市上下沿着总书记指示批示精神一张蓝图绘到底、一以贯之抓落实的生动实践和丰硕成果，进一步提升学习教育的浓厚氛围。

1. 主题宣讲走深出新。深入开展"越讲越响——万场宣讲迎党庆"活动，发挥"台门汇""小柯开讲""虞声嘹亮"等宣讲品牌作用，广泛组织党史宣讲进企业、进机关、进校园等"六进"活动，组建党史宣讲团387支，宣讲员6156人，开展宣讲16555场次，其中"8090"青年宣讲9378场次，每名党员至少接受1场宣讲教育。党史宣讲被省级以上媒体报道80余篇（次），其中《"00后"女孩说书：用绍兴评话讲红色故事》等内容在《新华每日电讯》等中央主流媒体大篇幅宣传报道。组织开展"六讲六做"市域大宣讲、全市青年理论宣讲大赛暨微型党课大赛、"百年华诞正青春·永葆初心再出发"——"越讲越响"主题宣讲展演、"开学第一课——共同富裕"在绍高校百场青年理论主题宣讲等系列活动。《发展新时代枫桥经验》等9个党史主题的青年微宣讲视频在"天目新闻"录用展播，《骆根土："枫桥经验"的实践者》入选"学习强国"全国平台庆祝中国共产党成立100周年微纪录片展播（全国共100个）。

2. 舆论宣传持续升温。市县两级媒体充分运用"报、台、网、端"多维平台载体，开设"先行者的风景——建党百年全媒体新闻行动""奋斗百年路 启航新征程·学党史 悟思想 办实事 开新局""党史学习教育'三为'专题实践"等专题专栏，共推出相关报道7800余篇，在省级以上媒体刊播1600余篇，其中《浙江绍兴：红色之声响彻古越大地》《解决"急难愁盼"再升级 绍兴市启动"党员在身边 温暖千万家"活动》等多篇稿件在"三报一刊"等中央媒体专版刊发。截至目前，市级编印党史学习教育工作简报157期，被省级工作简报录用信息42条次，"枫桥经验"助推"三为"实践等2篇信息被中央工作简报刊发。

3. 文艺宣传浓墨重彩。发挥红色资源和红色文化的独特优势，推出越剧现代戏《核桃树之恋》，由8名梅花奖得主共同演绎的越剧版《没有共产党就没有新中国》，广播剧《音乐家任光》，文学作品《宣言：俞秀松、汪寿华传》等一大批党史文艺精品，开展"百年回眸——绍兴市献礼中国共产党成立100周年文学艺术展""庆祝建党百年'绍兴有戏'演出月"等活动，制作《百年纪事》《后浪》等融媒体党史故事作品。2部文艺作品在央广中国之声播出，《核桃树之恋》成为全国唯一一部晋京演出的越剧作品。市直机关以"合唱＋合诵、线上云展演"方式精选100首红色歌曲，组织58个机关党组织、15000余人次赴红色地标、美丽乡村和重点工程开展"云歌诵会"，让百年党史"声"入人心。

4. 线上宣传亮点纷呈。发挥融媒体优势，整合媒体矩阵资源深入开展线上主题宣传，大力提升党史学习教育的知晓度、影响力和覆盖面。利用"抖IN绍兴"平台，组织网络达人推出党史学习教育作品20多个，举办网络达人红色街头艺术周活动31场，现场参与群众达3万多人次，关注量超128万。结合绍兴百年党史推出100个"百年纪事"系列短视频，累计阅读量超百万。"越牛新闻"推出"短视频＋图文直播"《越牛直播｜初心如磐，来自绍兴的表白》，聚焦全市党员干部群众收看"七一"庆祝大会盛况，点击量超18.2万人次。

四、深化"三为"实践，砥砺初心使命

将"三为"实践活动贯穿党史学习教育始终，以推进市域数字化改革为总牵引，以全面打造"三驻三服务"2.0版为主抓手，切实推动解决一批群众、企业和基层最关心最直接最现实的问题，有力增强人民群众的获得感、幸福感和安全感。

1. 聚焦"共同富裕"，服务群众办实事。截至2021年底，市县两级"三为"专题实践活动清单586项［其中市级清单146项，区、县（市）清单440项］、"群众不满意的小事"清单148项、"六个一批"重点民生事项30项，均已100%完成。抗击新冠肺炎疫情期间，在"越牛新闻""百观新闻"等客户端推出"上虞战'疫'""战疫求助"等服务平台，打造群众诉求第一通道，累计发现、转交、办理各类诉求903条，相关做法得到省委袁家军书记和省委政法委王昌荣书记肯定表扬。

2. 聚焦"数字赋能"，服务企业解难题。以数字化改革为契机，推行"越快兑"惠企政策兑现平台，综合集成工业、服务业、开放型经济等九大产业1000多项政策，实现扶持政策"一网发布"、奖补申请"一网受理"、政策兑现"一网智办"，全市23.6万户企业用户通过"企业码"，申领率居全省第一。开展"数智赋能"提效率、"利企惠企"促发展、"机制创新"破难题等行动，全市502家规上企业完成智能化改造，上云企业累计超4.1万家，目标完成率173%，居全省第一。市经信局牵头升级打造产业人才聚能平台，成功入选全省首批数字经济系统多跨应用场景"揭榜挂帅"项目——"浙里工程师"。

3. 聚焦"契约共建"，服务基层减负担。结合契约化共建、网格化管理等模式，探索主城区"15分钟文明实践服务圈"建设，据不完全统计，全市已有在职党员进社区报到255668人次，领办微心愿71350个，开展志愿服务19874场。全力推进"15分钟政务服务圈"建设，建成市级服务大厅1个，县级服务大厅16个，镇级服务中心103个，村级服务中心2088个，76%的省定民生事项在乡镇（街道）便民服务中心可办。主动破解驻村、驻社、驻企服务的工作堵点，共优化调整"三驻干部"2500余人次，建立各类服务团101个，"三驻干部"依托小管家系统共解决各类问题35517个，办结率97.2%。

五、坚持学用结合，彰显教育实效

全市党员干部坚持在知行合一、学思悟践上下功夫，不断从党史学习教育中汲取思想张力和实践伟力，真正把学习成效转化为忠实践行“八八战略”，奋力打造“重要窗口”的磅礴动能。

1. 坚决打赢疫情防控阻击战遭遇战。面对突如其来的新冠疫情，全市上下深入学习贯彻习近平总书记关于疫情防控工作的重要讲话和重要指示精神，从严从紧抓好疫情防控工作。在中央、省委的直接领导下，通过省、市6000余名医护工作者日夜奋战，全市5万余名党员干部、基层工作人员和志愿者共同努力，上虞区提前实现“村社清零”目标，社会生产生活秩序迅速得到恢复。扎实推进疫情防控后半篇文章，探索建立“动态清零”精密智控机制，突出平战结合、扁平化管理，精准稳妥推进复工复产各项工作，确保全面夺取疫情防控和复工复产的全面胜利。《人民日报》、央视《新闻联播》等央媒在头版等报道绍兴市党员干部群众众志成城投身疫情防控工作情况。

2. 奋力推进共同富裕示范地建设。把党史学习与推进乡村振兴、产业转型升级、“7张问题清单”整改等工作紧密结合起来，优化《绍兴奋力打造浙江高质量发展建设共同富裕示范区市域范例行动方案》。以“闲置农房激活”2.0版为抓手引入项目5136个，促进村集体、农民年增收3.19亿元、5.88亿元，带动就业2.88万人。全市等级幼儿园、普惠性幼儿园在园儿童覆盖面分别为100%、94%，教育优质均衡示范乡镇创建率90%以上。推进生活困难老年人家庭适老化改造2000户以上。实现全域农村公路等级化率、列养率双100%，率先提出并实现“村村通公交”。

3. 扎实推进数字化改革。聚焦“152”工作体系，紧扣双月节点目标，以重大需求、多跨场景应用、改革任务“三张清单”为抓手，体系化规范化推进数字化改革。“越快兑”“文明轻骑兵”“校食安2.0”等应用得到省委省政府主要领导批示肯定；“浙里兴村共富”“人才管家”等应用得到省委领导批示肯定；“智慧编办”“绍兴古城信息管理”“非法营运车辆监管应用”等应用得到中央部委肯定或全国推广；困难群众救助“一件事”、南丰社区“健康小屋”等被《人民日报》、央视《新闻联播》等媒体报道。

（市党史学习教育领导小组办公室/提供）

绍兴市数字化改革工作纪实

数字化改革是浙江省委立足新发展阶段、贯彻新发展理念、构建新发展格局的重大举措，是“八八战略再深化、改革开放再出发”的责任担当，也是一场事关发展全局、涵盖生产力到生产关系的全方位变革。2021年是改革突破争先之年，也是数字化改革元年，自2月18日吹响全省数字化改革号角以来，绍兴广大干部在市委市政府的正确领导下，认真学习贯彻习近平总书记关于全面深化改革的重要论述精神，深入贯彻落实全省数字化改革工作部署和袁家军书记在历次推进会和有关调研时的重要讲话精神，聚焦体系构架迭代升级，紧扣双月节点目标，按照“大场景、小切口”的思路和需求分析、多跨场景、改革突破“三张清单”的方法，体系化规范化推进数字化改革，一幕幕的改革生动场景正开辟巨大的价值新空间、释放澎湃的社会新动能，撬动和促进了经济高质量发展、社会高效能治理。

一、深化改革理念，塑造变革能力持续增强

数字化改革作为浙江省迄今为止推动的最复杂的一项集成创新系统工程，面对一片“新蓝海”，没有现成的“参照物”，全市干部自2021年2月26日在全省率先召开数字化改革动员大会以来，边学边干，边干边学，对数字化改革的理解从碎片化、政务信息化等粗浅的理解逐步深入为重要的政治任务、第一责任，已经牢固树立起“不抓数字化改革就是失责”的责任感；从对数字化改革可以等一等、缓一缓的理解逐步深入为刻不容缓、时不我待的使命，全市上下已经牢固树立起抓数字化改革就是抓经济社会发展的全局观，已经逐步形成数字化改革浪潮下领跑竞跑的蔚然之风，改革战线的干部更是扛起了光荣使命、高举改革大旗，当好坚定旗手，深刻把握数字化改革定义特征和本质属性，按照全省统一的话语体系、系统跑道、方法路径，推动制度重塑、流程再造、系统重塑，“一把手”扑下身子，勇做“弄潮儿”，创新工作方法；党员干部甘做“老黄牛”，善做“破冰者”，转变理念、革新思维、磨砺斗志、提升能力，在摸爬滚打中披荆斩棘，融化体制坚冰，在加班加点中创造改革成果，全体改革人数字化思维、数字化理念、数字化认知不断增强，对现代化的把握能力、引领能力、驾驭能力进一步增强，越改越有劲、越改越自信、越改越坚定，不断增强了政治判断力、政治领悟力和政治执行力。

二、搭建体系构架，重大改革需求持续梳理

构建“152”体系并迭代升级为“1512”“1612”体系，形成“平台+大脑”“系统+跑道”的改革构建，推动各地各系统围绕规定动作统一行动，在大框架内创新创造，在具体跑道中梳理需求、谋划应用，按照V字模型理论，深入推进核心业务梳理和重大任务拆解，聚焦重点难点堵点，坚持问题导向和需求导向，梳理一批绍兴所需、群众所盼、未来所向的重大需求，组织智库专家开展数字化改革需求分析专题研究，征集到改革“金点子”427条，按照数字化改革“需求—场景—改革”推进机制，双月动态摸排数字化改革需求，迭代更新“三张清单”，印发全市数字化改革“定义集S_0”。市县两级门户和公共数据平台全面建成，率先在“浙里办”上线绍兴城市频道，实现数字资源一体统配、智能组件共建共享，累计归集数据548.89亿条，市级部门共享接口592个，开放数据

8.71亿条。对准跑道，推动省里已上线的“浙里应急处突”“浙里惠企政策直通车”等46个重大应用全面贯通落地，强化“预防青少年新型违法犯罪”等应用的贯通谋划，打通一地创新、全省共享的全域贯通路径。以“浙里兴村共富”和“县乡一体、条抓块统”改革省级试点工作为抓手，推动组织重塑、制度迭代，探索“162”与“141”对接贯通。

三、健全体制机制，管用招数打法持续升级

“不谋全局者，不足谋一域”。在数字化改革大局中，市委深改委统揽全局、把舵定向，为全市数字化改革指明方向路径，建立完善的组织领导机制，成立市数字化改革领导小组，坚持双月召开全市数字化改革领导小组例会，市委改革办牵头抓总，夯基垒台、立柱架梁，组建实体化运作的工作专班，坚持每月市县数改办主任例会，已分别召开数字化改革领导小组会议6次、市县数改办主任例会3次，第一时间传达学习中央、省委相关精神，把握全省数字化改革最新部署要求，快节奏、加速度推进数字化改革各项工作。建立完善项目管理机制，印发《改革工作要点》《改革工作重点任务清单》，印发《数字化改革重点多跨场景应用“一本账 S_0S_1”目录的通知》，编制重大应用“一本账 S_0S_1”，分别入选项目96个、116个，进行动态管理和刚性执行，推动“一地创新、全市共享”。出台《关于建立健全“精确施策、精准指导、精细服务”机制的实施方案》的通知，加强统筹协调和督查服务，建立完善综合评价机制，加强过程性考核，开展专项督查，构建数字化改革考核指标体系。定期印发数字化改革提醒函、作战图、晾晒台，推送“领跑者”规范流程，健全例会点名排名机制、督导约谈机制等一揽子招数打法，全市比学赶超，争先进位的氛围日益浓厚。

四、突出实战实效，硬核改革成果持续涌现

数字化改革突破深水区、啃下硬骨头，形成了一批具有绍兴味、改革味的应用成果、理论成果和制度成果。成功争取省级试点或揭榜项目136个，其中市级层面75个，县级层面61个；新增上线应用182个，其中市级57个，县级125个。上省例会2次，省动态刊发4则。在“三大成果”上，应用成果方面：“越快兑”“文明轻骑兵”“校食安2.0”等应用得到省委省政府主要领导批示肯定；“浙里兴村共富”“人才管家”等应用得到省委领导批示肯定；“智慧编办”“绍兴古城信息管理”“非法营运车辆监管应用”等应用得到中央部委局办肯定或全国推广；困难群众救助“一件事”、南丰社区“健康小屋”等被《人民日报》、央视“新闻联播”等中央媒体报道；大渡未来社区文化多跨场景应用、电机产业大脑在省例会上做经验交流；“浙里工程师”“区块链＋商保理赔”“浙里产学研联动”“校食安”等应用被省数改办简报刊发。理论成果方面：《绍兴市努力打造“智能＋”政务服务新场景》在国务院《政府职能转变和“放管服”改革简报》刊发，越城区《深耕社区党建“契约化”共建 引领基层治理现代化》在中央政研室(中央改革办)《党建要报》刊载，并得到省委省政府主要领导批示肯定。诸暨市《创新推进新时代文明实践中心建设》、新昌县《探索县域创新驱动发展新路径》被中央改革办《改革情况交流》刊发推广。编制绍兴市重大应用定义集。制度成果方面：制定出台《市领导主抓直管多跨场景应用实施方案》，明确党政领导、人大政协主要领导及相关市领导分别主抓1—2个重点多跨场景应用。制定出台《首席数据官制度》《绍兴市数字化改革一体化政务网络安全监管平台对接规范》等一批制度规范，明确数据管理、组件开发等职责，高质量建设一体化智能化公共数据平台。

（市委改革办／提供）

2021“东亚文化之都·中国绍兴活动年”纪实

绍兴历史悠久，文脉绵延不断，历代名人辈出，是传承中华文脉的名城，也是东亚文明交流互鉴的重要城市，更是展示文化自信的“重要窗口”，素有“山清水秀之乡、历史文物之邦、名人荟萃之地”的盛誉。“东亚文化之都”是一张融合东方文化精粹、释放深厚文化活力的国际文化城市名片。2020年9月，文化和旅游部对2021年“东亚文化之都”候评城市进行终审，绍兴得分名列第一；2020年12月，中日韩三国共同发布2021年“东亚文化之都”当选城市，绍兴市与敦煌市、日本北九州市、韩国顺天市共同当选。

2021年3月31—12月7日，绍兴市举办以“文脉千年、寻梦绍兴”为主题的2021“东亚文化之都·中国绍兴活动年”活动。活动年期间，绍兴市围绕发挥文化底蕴和文旅资源优势，有序开展10大系列100多项活动，高规格举办中国兰亭书法节、中国美术高峰论坛、中国黄酒节、公祭大禹陵典礼、鲁迅诞辰140周年、徐渭诞辰500周年等活动。活态呈现大禹文化、阳明文化、鲁迅文化、书法文化、黄酒文化等“金名片”。围绕文化交流互鉴，举办以“阳明心学与东亚文化”为主题的2021阳明心学大会，组织“东亚文明与通识教育”为主题的元培峰会，开展中日韩工商大会暨“对话绍兴”合作洽谈会、中日韩书法交流展等活动，推进不同文明之间的交流交融，向世界全方位展示绍兴的独特文化魅力。

回顾“东亚文化之都·中国绍兴活动年”的举办，绍兴市以“政府主导，社会参与，内外交融，共建共享”为原则，克服疫情影响，多措并举，统筹推进各项活动。

一、加强机制建设，加大合作交流互动

在文化和旅游部、省文化和旅游厅指导下，绍兴市委、市政府高度重视，成立“东亚文化之都·中国绍兴活动年”领导小组，统筹谋划部署。“东亚文化之都·中国绍兴活动年”注重多元互动，探索推进东亚文化之都城市之间的合作交流机制建设。在绍兴活动年启动仪式上，明确“东

亚文化之都”工作机制，形成“文都”城市之间的连接机制。先后举办“东亚文化之都”城市市长论坛、“东亚文化之都”城市经典戏曲节目汇演、“东亚文化之都”城市创建交流活动、中国绍兴活动年闭幕式等活动，形成《中国“东亚文化之都”城市“绍兴倡议”》等一系列成果。绍兴与敦煌市签署战略合作协议，在公共服务、节庆活动、遗产保护传承利用等领域加强交流与合作，联合开展“绍兴·敦煌文献交流展”“诗路·丝路——绍兴、敦煌两地汉唐文物文献展”等交流活动。

二、注重活态呈现，弘扬文化当代价值

“东亚文化之都·中国绍兴活动年”坚持“以文为媒、以文兴城”理念，以“文脉千年、寻梦绍兴”为主题，采用“10+X”模式，推出“风韵越州”“风流越士”“风源心学”“风味越酿”等十大系列100余项活动，活态展示大禹文化、王阳明文化、鲁迅文化、黄酒文化、书法文化五张“金名片”，挖掘弘扬历史文化的当代价值，融合时下绍兴文旅文化创新元素，精雕细琢，突显绍兴文化特色。如“风韵越州”篇章，以历史为依托，展示“历史＋人文”的古城风貌，聚焦提升城市文化魅力，促进古城文化优势转化，将“5·18”国际博物馆日、中日韩三地城市博物馆之间的交流互动、公祭大禹陵典礼暨《东亚禹迹图》绘编活动、宋韵文化节等活动串联起来，既展示绍兴风韵，又与日、韩等国互动交融，体现了绍兴大禹文化、宋韵文化的内涵。“风流越士”篇章，重点以纪念徐渭诞辰500周年、纪念鲁迅诞辰140周年等系列活动为载体，开展鲁迅戏剧展演、故乡对话大会、中日韩学生同上一堂《故乡》课等活动，以故乡和乡愁为纽带，共话东亚文化与世界文化的“精神故乡”。通过丰富多彩的活动，展示绍兴名人文化、越地文献精粹，展示绍兴保护、发展、利用、转换、激活优秀文化的成果，展示绍兴文化的强大引领力。

三、深化对外交流，助推绍兴文旅国际化

一直以来，绍兴致力于以传统文化为根基，兼修文化“内功”与“走出去”，依托“东亚文化之都”“金名片”，在全市范围内举办形式多样、内容丰富的经典活动的基础上，着力建设文旅内聚外联的开放之城，提升绍兴在东亚乃至全球的知名度。实施文化“走出去”战略。建立东南亚推广中心等文化旅游推广中心，并依托这些平台，组织浙江绍剧艺术研究院、绍兴小百花越剧团等专业剧团，到东亚各国开展传统戏剧巡演，传播中国戏曲文化；依托兰亭书法学院，兰亭书会首尔、东京研究院等，积极开展中日韩书艺交流和展览，加强东亚文化文明交流互鉴；开通绍兴文旅国际网，系统化、全方位向世界展示绍兴这座东方水城、历史名城的独特风采。参与国际交流活动。绍兴与敦煌市、日本北九州市、韩国顺天市市长分别以视频的形式相互参加活动年城市的启动仪式和闭幕式，四座城市市长还共同签订了《“东亚文化之都”活动年城市2021共同宣言》。参加在日本北九州市举办的第二届“东亚文化之都”城市峰会，与东盟文化之都、欧洲文化之都城市共同讨论文化工作。同时，克服疫情影响，承办由文化和旅游部主办、日本国土交通省协办的第二届中日旅游论坛，这是中国首次举办该论坛。在论坛上发布《中日旅游“绍兴宣言”》，助推绍兴旅游国际化。

四、吸引社会参与，打造合作新平台

绍兴活动年系列活动得到了社会各界的高度关注和广泛参与。市委宣传部、市文旅集团等联合国际儒联、中国书协、中国美协等组织，举办阳明心学大会、中国兰亭书法节、中国美术高峰论坛等活动，组织公祭大禹陵典礼、徐渭诞辰500周年、鲁迅诞辰140周年纪念活动；教育局、农业农村局、商务局、黄酒集团等有关单位高规格举办了中国黄酒节、元培峰会、中日韩工商大会、中国茶业博览会、中非经贸合作发展绍兴峰会等活动；越城、柯桥、诸暨、嵊州等地举办宋韵文化节、国际纺织品艺术博览会、西施文化节、中国越剧艺术节等活动。同时，还推出“东亚文化之都”社会化项目，面向社会公开选评活动项目，吸引社会力量共同参与。入选的10个项目内容涉及活动组织、视频制作、专题宣传、衍生品设计等方面，投入财政资金99万元，带动社会资金1000多万元，有效扩大活动的社会参与面和影响力。

五、加大宣传力度，提升城市国际影响力

据初步统计，2021年有关绍兴“东亚文化之都”的重点报道近万条，涉及《人民日报》、新华社、中新社等媒体500余家次，涉及境外媒体100余家次，形成一批《东亚文化之都，绍兴文化高质量发展的生动实践》等单条阅读量超100万的爆款产品。创新打造“国内新媒体宣传＋海外推广”全矩阵宣推平台，绍兴文旅国内新媒体矩阵，推文1000余条，总阅读浏览量突破5000万。正式上线“shaoxing，the very best of china（最中国，在绍兴）”海外新媒体矩阵（涵盖Facebook、Twitter、Instagram、YouTube四大主流海外社交媒体平台），成为展示绍兴城市国际形象的重要窗口和交流平台。围绕绍兴“东亚文化之都”五张“金名片”制作一批短视频，制作形成中英日韩四国语种向国内外新媒体多个平台开展投放，获得广泛关注。

“东亚文化之都·中国绍兴活动年”活动虽已落下帷幕，但绍兴参与“东亚文化之都”建设的行动永不停步，参与国际文化交流互鉴的行动永不落幕。绍兴将继续在国家文化和旅游部的指导下，立足城市厚重的地域文化富矿，坚持把文化作为绍兴城市最不可磨灭的、最不可模仿的标识品牌来打造，继续放大“东亚文化之都”品牌效应，以更加宽阔的视野，推动绍兴文化“走出去”，与世界对话、与时代共鸣。

（市文广旅游局/提供）

绍兴综合保税区建设工作纪实

综合保税区是海关特殊监管区域的一种类型，是指经国务院批准设立在中华人民共和国关境内，实施封闭监管，以保税加工、保税物流和保税服务为基本功能并赋予配套的特定税收、监管政策的特定功能区，具有"境内关外、三税三免"的特点(保税、退税、免税；免许可证、免配额管理、免外汇核查)，是国内目前开放程度最高、政策最优惠、功能最齐全的特殊监管区域。

绍兴综合保税区历经7轮申建，本轮申建于2019年2月启动。2020年9月10日，国务院正式批复设立绍兴综保区。绍兴综保区规划位于绍兴滨海新区袍江片区，四至范围：东至越兴路、西至陶畈江，南至群贤路，北至于越路，总规划面积1.72平方千米，分两期建设，一期91.07公顷，二期81公顷，计划总投资57.79亿元，其中一期市政配套和海关监管设施工程计划投资11.5亿元。主要建设海关办公区、主次卡口、海关围网、巡逻道、查验区等海关监管设施。

绍兴综保区以"对外开放量级提升的引擎区、国际国内双循环重要节点的承载区，综合保税模式创新的示范区、数字赋能智美一体的样板区、城市功能品质提升的体验区"为主要目标，着力建设绍兴跨境电商集聚中心、绍兴进口商品展示贸易集聚中心、"绍兴制造"出口贸易集聚中心、绍兴外向型加工制造研发中心、绍兴国际开放交流中心，围绕集成电路、生物医药两大"万亩千亿"产业平台，以"高端制造+新型服务贸易"为业态，大力招引优质企业和重大项目，充分展现城市型综保区特色，打造长三角乃至全国先进制造业的战略枢纽，成为袍江区域能级品质提升引爆点、绍兴对外开放新引擎。

绍兴综保区建设发展过程中，主要面临以下困难。(一)建设时间紧。根据海关总署有关文件要求，绍兴综保区必须在国务院批准设立之日起1年内申请验收。在这有限的时间里，绍兴综保区要建造5.3千米道路、4座桥梁，还有通关大楼、查验场、检疫场、围网、内外卡口、信息系统的软硬件设施等，任务非常繁重，时间非常紧迫。(二)标准要求高。海关总署《综合保税区基础和监管设施设置规范》，就隔离围墙、卡口、查验场地、监管仓库、道路系统、监控设施、检验检疫场地、信息化管理系统等多个方面，逐一明确了建设验收指标。市委市政府主要领导对综保区建设发展寄予厚望，要求务必"一次性通过封关验收"。(三)发展基础弱。绍兴综保区是从零起步、从无到有，没有任何基础，缺少精通综保区建设运营的人才，只能摸着石头过河，边学习、边探索、边建设、边发展。

绍兴综保区自2021年1月5日正式开工以来，滨海新区围绕"2021年9月通过验收"目标，以时不我待、只争朝夕的责任感、紧迫感，全力推进综保区一期市政道路工程3个标段、一期海关监管设施工程、海关信息化系统工程建设，切实营造了争速争先、决战决胜的竞赛氛围。(一)百日攻坚抢进度。为确保6月底一期工程全面竣工，滨海新区开展工程建设"百日攻坚"施工竞赛活动。一是4个标段的施工单位之间开展以进度、质量、安全为主要评价指标的施工竞赛，掀起抢时间、抓进度、强质量、保安全的施工热潮。二是2家监理单位之间开展以工程质量监管、施工进度抓促为主的监理竞赛，切实担当起监理职责，督查施工进度，保障施工质量。三是综保公司监督审计部、工程管理部进驻各标段，督促各施工单位、监理单位认真履职，按计划抢抓进度、确保质量。(二)多方沟通提标杆。一是与周边综保区沟通，先后多次考察上海、杭州、苏州、宁波、温州、义乌等综保区，借鉴建设运营方面的先进经验做法，不断拓展眼界视野，提升思维层次。二是与海关部门沟通，先后多次拜访杭州海关，对绍兴综保区的设计方案进行反复论证，争取海关系统大力支持。三是与市级相关部门沟通，协调相关市级部门积极对上沟通，掌握部委、省厅验收具体要求，并及时对设计建设方案进行优化调整。(三)"一企一策"招项目。根据"边规划、边建设、边招商"的总体思路，深入开展招商引资，争取外向型加工制造、研发设计、外贸进出口、跨境电商、物流分拨等重点企业集聚发展。一是突出核心产业。瞄准集成电路、生物医药、先进高分子材料三大"万亩千亿"新产业平台，开展招商引资，推进集成电路产业园、高端制造产业园2个保税加工制造项目落地。二是优化惠企服务。与拟入区企业沟通，详细了解企业经营发展存在的困难和问题，协调多方资源予以解决。2021年5月，综保区内科迪华公司在杭州海关支持下，提前进口价值1.02亿元的自用设备，免税1300万元，成为浙江省综保区"提前适用政策"首个案例。三是着眼多元发展。利用综保区、跨境电商综试区、市场采购贸易试点三大"国家级"平台及自贸区联动创新区政策叠加优势，拓展综保区新的发展业态。区内企业综庆国际贸易公司，在省市外管局的大力支持下，完成全省自贸区联动创新区"新型离岸国际贸易"首单交易，交易金额175万美元。(四)创新模式添动力。一是合作共赢模式。与国内首家综保区——苏州工业园区综保区建立战略合作关系，由苏州工业园综保区运营单位派驻2名建设运营管理人才，常驻绍兴综保区指导工作，帮助绍兴综保区明确发展方向、制定发展方案、梳理发展举措，并在建设、招商、运营领域进行深层次的培训指导，帮助提升综保区业务开展能力。二是信息互通模式。与温州综保区、义乌综保区等省内新获批综保区结成互助对子，互通发展信息，派员实地观摩两地预验收工作流程，详细了解两地迎接预验收的经验做法，有效运用到绍兴综保区建设发展之中，为做好验收准备打下坚实基础。2021年6月底，一期市政基础设施工程和海关监管设施工程全面完工，7月28日市政府向省政府申请验收，9月8日省政府向海关总署申请验收，11月17日顺利通过省级八部门联合预验收，12月2日顺利通过国家八部委联合验收，实现了全省首个"当年开工、当年竣工、当年验收"的综保区，跑出了在"一片白地"上建设综保区的"绍兴速度"。

回顾绍兴综保区的建设，有以下经验启示。

（一）要强化大局意识，以最强合力推进综保区建设。绍兴综保区申建工作经过了13年的努力、7轮的申建，成功获批来之不易。绍兴综保区作为全市改革开放的重要载体和平台，承担着引领全市外向型经济发展的重要使命，必须坚持全市一盘棋，举全市之力共同推进。市委市政府主要领导高度重视综保区建设，多次听取汇报、多次现场调研指导、多个场合提及，市级有关部门主动提供帮助、指导、协调，为顺利推进综保区建设提供坚强后盾。综保区本身“境内关外”的特殊性决定了它的每一步都离不开海关的支持、帮助、审核，滨海新区积极主动加强与海关的联系对接，得到海关对综保区建设的建议和指导。同时，滨海新区自觉当好综保区建设主力军，党工委专题研究综保区建设工作，切实统一思想、明确目标，第一时间完成机构组建，抽调骨干力量充实到综保区干部队伍，各相关部门全力配合、协同作战，确保市委市政府重大决策部署落到实处。

（二）要强化争先意识，以最快速度推进工程建设。综保区一期工程建设验收时间紧、任务重、标准要求高，必须对标一流、加压奋进，做到与时间赛跑，以最高标准、最快速度推进工程建设。自开工建设以来，滨海新区按照“一次建设、一次验收、一次达标、一次运行”的要求倒排工期，将每一建设环节测算精确到日，并通过任务书形式下达给施工和监理单位，督促各施工、监理单位严密施工组织，制定计划进度表，落实具体责任人，细化每周工程机械、施工人员需求量，进行挂图作战、挂号销号，确保了建设工作紧锣密鼓开展。按照“边建设、边审批”的工作思路，经发、规建、招商、质安监管、投资服务等部门协调作战，全力配合综保区建设，对部分不影响后续施工的审批事项实行容缺办理，以超常规的态势，确保综保区建设发展各项工作齐头并进。

（三）要强化改革意识，以最优模式推进管理运营。绍兴综保区起步较晚、基础薄弱，要在全国众多综保区中脱颖而出、占得一席之地，必须勇于先行先试，大胆探索实践。新区牢牢把握新形势下综保区建设的新要求，积极探索推进管理运营工作。在管理体制上，成立综保区管委会，与滨海新区管委会实行“一套班子，两个牌子”，下设综保办、服务促进中心，综保公司作为其直属企业，实体化运营并负责综保区的相关工作。在运营模式上，积极到周边综保区考察学习，借鉴综保区建设发展先进经验，结合绍兴综保区位于中心城区的区位优势，选择最符合绍兴综保区实际的发展方向和运营模式。

（四）要强化服务意识，以最佳环境吸引项目落地。综保区未来发展如何，关键看项目、看企业。一方面要坚持边建设边招商的思路，充分发挥集成电路、生物医药两大“万亩千亿”产业平台优势，积极开展平台招商、精准招商，大力招引科技含量高、辐射带动强、质量效益好的优质项目；另一方面要突出全覆盖、全天候、无差别、数字化、低成本，以政府数字化转型为突破，聚焦“一件事一次办”，纵深推进流程再造，促进项目高效落地开工投产，持续打造最优营商环境，切实吸引外向型加工制造、外贸进出口、跨境电商等优质企业到综保区集聚发展。

（综保区管理办公室／提供）

绍兴市抗击新冠肺炎疫情工作纪实

2021年，绍兴市认真贯彻习近平总书记关于疫情防控的重要讲话和批示指示精神，全面落实国家和省决策部署，坚定不移实施“外防输入、内防反弹”总策略和“动态清零”总方针，构建平战快速转换体制机制，狠抓疫情防控能力建设和实战演练，强化疫情社会面管理和监测预警，全年疫情防控总体有序有效，众志成城打赢了“12·7”上虞输入性新冠肺炎疫情遭遇战，为全省疫情防控机制迭代升级贡献绍兴经验。

一、细致严密扎牢常态化疫情防控网

（一）坚持“三清一管好”，抓外防输入闭环管控机制落地。创新并细化落实“三清一管好”机制，实行社区联防联控“三四五”工作法，即各镇（街）开展“三清”全面摸排，确保人员底数清、动态变化清、信息比对清；落实“四控”居家观察，控行动、控症状、控情绪、控增量，切实“管好”重点人员；形成“五好”机制保障，做到责任压实好、上下对接好、主动服务好、宣传引导好、自身防护好。抓实区域协查管控，常态做好涉疫地区（包括境外）到绍返绍人员、健康码异常者、时空伴随者、密切接触者等相关人员的摸排分析、研判推送、核查管控和督查反馈。建立完善入境人员来绍返绍闭环转运工作机制。坚持抓好火车站、长途汽车客运站等交通枢纽外防输入管控。落实“三证齐全”进口冷链食品批批检等举措，全力构筑物防“环绍护城河”。

（二）坚持“三情”联动，抓社会面疫情防控管理机制落地。组建工作专班，运行信息发布、宣传动员、热点回应、辟谣打谣、信息交办等机制，统筹把控“疫情、舆情、社情”，全面加强公众引导提醒，及时回应群众关注，密集开展正能量传播。密切关注疫情形势，及时通过各类媒体发布紧急通知，提醒相关人员主动申报告知、严格健康监测、落实个人防护、尽快接种疫苗，并动态发布国内重点地区到绍返绍人员健康管理工作提示240余期。强化重大项目、重点企业复工指导，制订企业返岗复工疫情防控工作指引。圆满完成市两会、公祭大禹陵、中高考等30余次重大会议活动的防疫保障与指导。

（三）坚持“四早”原则，抓多点灵敏触发监测预警机制落地。率先高标准建成发热门诊（诊室），健全医疗机构发热门诊（诊室）“哨点”网络，基层“哨点”建设走在全省前列，并在全省推广。强化医疗机构院感防控、首诊负责和可疑患者闭环管理，实施最严预检分诊。常态化落实人、物、环境风险监测，进一步细化明确密接、次密接、隔离场所外环境等20类核酸检测“应检尽检”对象，分类实施不同频次的核酸检测，全市累计检测样本487.93万

份。在全省率先启动省外来绍返绍人员全员核酸检测，实行“愿检尽检＋综合服务＋政府买单”，积极落细“四早”原则，筑牢疫情防控关键防线。

（四）坚持块抓条保，抓疫苗接种全民免疫屏障机制落地。第一时间成立市、县两级疫苗接种工作专班，印发《绍兴市新冠病毒疫苗居民免费接种工作方案》，细化疫苗接种总体目标和时序安排。实行领导包干制、块抓条保制、进度通报制、责任考核制，压实各方责任，确保“应接尽接”。成立市、县两级疑似异常反应诊断专家组和市级鉴定专家组，细化落实现场组织、接种禁忌摸排、异常反应处置、医疗救治等工作方案，新增预防接种工作人员5612名，总数达6800名；新增接种点23个，总数达140个；设接种台共568台，增配冷链运输、储存设施设备。新冠疫苗全面接种以来，在省内率先完成18周岁以上人口第一剂次等3轮接种任务，脱漏率持续保持全省最低水平。

二、快速坚决打赢上虞新冠肺炎疫情歼灭战

2021年12月7日，上虞区报告首例新冠肺炎核酸检测阳性病例。我市在国家、省的关心支持下，全市各级党员干部不分昼夜、硬核作战，打好省委书记袁家军创新提出的“溯、隔、封、检、治、清”防控组合拳，累计集中隔离2.7万余人，用10天时间实现社区清零，12月底前实现动态清零、全面解封，累计报告处置阳性病例387例，有关工作得到国务院副总理孙春兰和省委、省政府主要领导充分肯定。

（一）主要过程

12月7日，上虞区报告首例确诊病例后，省委书记袁家军多次作出批示指示，要求采取果断措施，切实遏制疫情蔓延。市委书记、市级指挥长盛阅春和副市长、市级副指挥长俞流江、胡敏于12月7日上午率市指挥部相关工作组立即赶赴上虞区，迅速启动应急机制，完成联防联控机制的平战转换，市、区两级指挥部实行合署办公、扁平化管理。12月8日、9日，时任省委常委、常务副省长陈金彪，副省长成岳冲相继到上虞区检查防疫工作，提出处置意见。12月10日，省委书记袁家军召开省新型冠状病毒性肺炎疫情防控工作领导小组扩大会议，听取防疫工作汇报，部署防疫工作任务。12月11日，省委调整上虞区委主要领导，由副市长陶关锋兼任上虞区委主要领导。12月17—19日，中共中央政治局委员、国务院副总理孙春兰到绍兴指导疫情防控工作。12月16—20日，国家卫生健康委副主任、国家疾控局局长王贺胜到绍兴检查指导。省委书记袁家军、时任代省长王浩多次到绍兴检查指导，时任省委常委、政法委书记王昌荣到上虞区蹲点指挥。国家、省、市、区四级联动，构建形成“区负主责、省市支撑、国家督导”的工作体系，有效遏制疫情，实现战局的根本性扭转。12月31日，上虞区解除全区封控区、管控区、防范区临时封闭管控措施，疫情应急响应等级从Ⅰ级调整为Ⅱ级。

（二）主要做法

一是及时封控防外溢。12月7日，接到上虞疫情报告后，市防控领导小组迅速启动提级指挥。12月8日凌晨，百官街道和曹娥街道采取了临时封控。随着疫情进展，12月11日，上虞区实施全域交通管控，管控后没有发生一例阳性病例外溢。上虞区成立由区领导领衔的工作专班全面接管社区，聚合社区、网格力量，开展地毯式人员清底，建立困难特殊群众情况、实住人员基本情况、实住人员健康监测情况、驻点人员健康监测情况、卡点进出人员情况“五本台账”，并动态调整中高风险地区范围，发布社区疫情管控“十不准”，累计投入2.9万名机关干部、国企干部职工、社区干部、网格员等，充实基层管控力量。同时，把党旗插到疫情防控最前线。通过实施大考大赛，出台“关心关爱十条”，发动各级党组织、广大党员干部亮旗争先，全市累计组织2万余个党组织、20万余名党员干部投身抗疫。

二是协同流调快管控。按照“更快、更准、更全”要求，专门组建精密智控分析研判五大战队50个作战小组，创新“三同”“三快”工作法（同行、同住、同环境，数据研判快、深度研判快、支撑保障快），公安流调和疾控流调协同，落实人员管控，第一时间精准研判，流转推送密接、次密接人员数据，累计发现密接16383人、次密接13608人。快速落实转运工作，成立密接人员转运专班，形成包含一个总指挥、两名总协调、三个工作小组组成的“123”密接人员转运工作体系，实施3班2运转，累计派出密接人员转运车辆1947车次。

三是高效隔离防扩散。优化转运隔离专班，理顺相关工作机制，通过“市内统筹、周边支持、征建并举”，共计征用全市2.5万余间隔离用房，及时建设应急隔离板房4万余间。出台隔离场所规范管理办法和操作规程指南，加强隔离场所外围安保和内部规范管理，强化人员、物资、垃圾闭环管理，对次密接人员通过门磁、封条采取居家隔离硬管控，严防交叉感染。上虞区当日最大转运量由1056人提高到4957人，共有371例确诊病例从集中隔离和居家隔离人员中发现，占病例总数的95.9%。

四是全员检测细筛查。在省卫生健康委支持下，全市日最大核酸检测能力达到50万管。不断优化核酸样本采集、转运、检测、报告流程，分类制定“三区”采样方案，对封控区、重点区域样本实行优先检测。截至12月27日，上虞区累计完成全区7轮、封控区15轮全员核酸检测，共检测849.5万人次。

五是全力救治保健康。12月16日，将所有新冠阳性感染者全部转运至绍兴文理学院附属医院集中治疗，省卫生健康委支持派驻14名省级专家接管重症病房。同时，指派4名市级专家分别入驻上虞区人民医院和区妇保院指导，组建由74名专家构成的救治团队，全力保障日常医疗需求。未发生1例危重症死亡病例。

六是对口支援保民生。构建扁平化运行保障体系，建立省、市、县三级联动和全市所有区、县（市）与上虞区6个封控管控镇街“一对一”对口保供机制，设立应急保供24小时热线电话，累计向上虞调拨各类防疫物资841.1万件，完成六批107.1万份民生物资对口保供任务。

七是有序复工稳发展。开展“无疫小区”创建，10天时间实现社区清零目标。及时制定企业复工复产方案和防疫指引，开发“上虞场所码”“通行码”，畅通人流、车流、物流，实施网上申报审核，分批分类帮助企业复工复产。

（市新冠肺炎疫情防控工作领导小组办公室／提供）

大事记

1月

1日 国家税务总局诸暨市税务局开出全省第一张排污权出让收入电子完税证明，标志着绍兴市四项非税收入划转工作平稳过渡。自1日起，水土保持补偿费、地方水库移民扶持基金、防空地下室易地建设费、排污权出让收入四项政府非税收入项目划转由税务部门征收。

同日 华夏金石学馆开馆仪式在诸暨市举行。该馆位于诸暨五泄江文化生态公园内，建筑面积6000余平方米，投资1.2亿元，由主楼金石学馆和附楼图书馆组成。

4日 浙江省委副书记、省长郑栅洁到诸暨市开展社区和企业“三服务”活动。

5日 绍兴综合保税区一期项目举行开工仪式，市委书记马卫光宣布开工，市委副书记、市长盛阅春致辞。绍兴综保区一期工程规划面积91.07公顷，总投资11.2亿元。

同日 浙江农业之最委员会办公室公布2020年度浙江农业之最——粮油亩产挑战赛结果，嵊州市甘霖镇过永华家庭农场生产的鲜食春甜玉米以亩产1250.95千克，获玉米项目挑战赛第一名。

7日 市委召开常委会会议暨市新冠肺炎疫情防控工作领导小组会议，全面部署绍兴市冬春季疫情防控工作。市委书记、市疫情防控工作领导小组第一组长马卫光主持会议并讲话。

同日 绍兴市首款定制型商业补充医疗保险“越惠保”上线。

8日 市委召开经济工作会议，全面贯彻中共十九届五中全会、中央经济工作会议和省委十四届八次全会、省委经济工作会议精神，研究部署2021年经济工作重点任务和打造“三驻三服务”2.0版工作。市委书记马卫光主持会议并讲话，市委副书记、市长盛阅春作工作部署。

同日 八届市委第十轮巡察工作动员部署会召开。八届市委第十轮巡察设立6个巡察组，对4家单位党组织开展常规巡察，对2家单位党组织开展“巡视带巡察”上下联动巡察。

9日 市委书记马卫光和市委副书记、市长盛阅春分别到越城区、柯桥区检查冬春季新冠肺炎疫情防控工作。

同日 市新型冠状病毒性肺炎疫情防控工作领导小组发布《关于加强冬春季及春节期间新冠肺炎疫情防控工作的通告》。

15日 绍兴市高校课程思政建设联盟成立大会暨课程思政工作交流会在市行政中心举行。12所在绍高校自愿加入组建的绍兴市高校课程思政建设联盟（以下简称“联盟”）正式成立。联盟理事会审议通过《绍兴市高校课程思政建设联盟章程》，绍兴文理学院当选理事长单位。

19日 嵊州市交通运输局向浙江人力宝科技有限公司颁发了绍兴市首张网络货运道路运输经营许可证。

25日 绍兴综合保税区国内地区代码“33066”、关区代码“2964”、海关统计经济区划代码“33069961”实施。

26日 浙江省文物局公布全省第一批革命文物名录。绍兴市有55处不可移动革命文物和369件（套）可移动革命文物入选名录。

27日 市红十字会、市新闻传媒中心联合发起“绍兴的春节礼包”公益活动，为留在绍兴过年的外来建设者家人送温暖。

28日 绍兴市演艺集团有限责任公司揭牌仪式在绍兴工人文化宫举行。公司为市属大型国有文化企业，下设绍兴市演出有限公司、绍兴大剧院管理经营有限公司、绍兴越剧艺术发展有限公司、浙江绍剧艺术研究院、绍兴市演艺研究院、绍兴市文物有限公司、规划中的新绍兴大剧院及新组建的绍兴市歌舞剧院、绍兴市越剧团等单位。

2月

1—4日 中国人民政治协商会议绍兴市第八届委员会第五次会议在绍兴大剧院举行。会议听取并审议批准市政协主席魏伟代表市政协第八届常务委员会所作的工作报告和市政协副主席华小洋代表市政协第八届常务委员会所作的提案工作情况报告，完成选举事项。

2—5日 绍兴市第八届人民代表大会第六次会议在绍兴大剧院举行。会议听取和审议绍兴市人民政府工作报告，审查和批准绍兴市国民经济和社会发展第十四个五年规划和二〇三五年远景目标纲要，审查和批准绍兴市2020年国民经济和社会发展计划执行情况的报告及2021年国民经济和社会发展计划，审查绍兴市2020年全市和市级预算执行情况的报告及2021年全市和市级预算草案，批准绍兴市2020年市级预算执行情况的报告和2021年市级预算，听取和审议绍兴市人民代表大会常务委员会工作报告，听取和审议绍兴市中级人民法院工作报告，听取和审议绍兴市人民检察院工作报告，票决绍兴市人民政府2021年度民生实事项目，完成选举事项。

2021 年 2 月 19 日，市委“三先三创”暨抓落实工作会议召开　（袁　云 / 摄）

3 日　越城区举行重大决策社会风险评估工作试点启动仪式。该区是绍兴市唯一、全省率先的省级重大决策社会风险评估工作试点区。

4 日　全市首个以人才为主题的开放式公园——绍兴柯桥人才公园开园。公园占地面积约 10 万平方米，总投资 5000 万元。

5 日　八届市政府九次全体会议召开。

同日　绍兴市政府与天津大学共建天津大学浙江国际创新设计与智造研究院合作协议签约仪式举行。项目选址袍江片区洋泾湖科创园。

19 日　市委召开“三先三创”暨抓落实工作会议。市委书记马卫光出席会议并讲话，市委副书记、市长盛阅春主持会议。会议通报表彰 2020 年度有关先进集体和个人。上虞区、滨海新区、市科技局、市自然资源和规划局、市生态环境局、市文旅集团、市黄酒集团等单位做表态发言。

20 日　从郑州东站始发、载有 170 名外来务工人员的 G1961 次列车抵达绍兴北站，这是 2021 年全省开行的首趟就业返岗专列。

同日　浙江省发改委公布全省第一批 11 个千年古城复兴试点名单。上虞区丰惠镇入选名单。

24 日　市委召开全市农村工作会议暨农村宅基地制度改革试点动员部署会，全面启动农村宅基地制度改革试点。市委书记马卫光出席会议并讲话，市委副书记、市长盛阅春主持会议。

28 日　绍兴市开行的第 20 趟复工复产专列 G2187 次火车抵达杭州东站。接返来自贵州、四川、湖南、河南和安徽等地的务工人员 2695 人。

3 月

1 日　杭州电子科技大学集成电路科学与工程学院（杭电绍兴校区）项目签约仪式在市行政中心举行。项目位于绍兴集成电路产业园区内（滨海新区）。

同日　绍兴、宁波、舟山、台州四地公安机关推出“圈内通办”便民举措。符合条件的群众可以在四市范围内任一户籍窗口申请办理三大类 33 项业务。

同日　嵊州市基层医疗卫生机构医疗服务价格调整开始实施，涉及 727 项服务，其中下调 592 项，上调 135 项。嵊州市在全省率先实施基层医疗卫生机构医疗服务价格改革。

3 日　绍兴“人才码”开通，通过扫码或亮码，可享受类别认定、“一件事”专区、关键小事、双创服务、生活服务五大应用场景共 38 个大项 70 个小项的人才专属服务。

8 日　浙江省人民政府发文表彰省第 22 届水利“大禹杯”竞赛活动优胜单位。诸暨市获金杯奖，系第五次获金杯奖。

10 日　绍兴市首条区域型动态公交——“越巴士·云公交”微 0002 路在越城区试运营。“云公交”可满足乘客“开始一公里”和“最后一公里”的公交出行需求。

同日　绍兴市全面开放新冠病毒疫苗免费接种预约。

16 日　全市党史学习教育动员部署会召开。市委书记、市党史学习教育领导小组组长马卫光在会上做讲话。会议以视频形式召开，各区、县（市）设分会场。

17 日　浙江省以视频形式举行扩大有效投资重大项目集中开工仪式。绍兴市分会场设在市行政中心，市委书记马卫光在分会场向省主会场报告标志性开工项目及重大项目开工情况。仪式上，全市 48 个重大项目集中开工，总投资 826 亿元。

同日　全市数字化改革领导小组第一次会议召开，听取绍兴市数字化改革工作进展情况汇报，讨论审议有关方案，研究部署下阶段工作。

24 日　浙江省委书记袁家军到绍兴指导学习贯彻全国两会精神，考察数字化改革、中央生态环保督察整改和政法队伍教育整顿工作。

26 日　上虞区与嵊州市首条公交 922 路开通。上虞公交 922 路从原终点站——杭家站延伸至嵊州市三界站，结束了上虞、嵊州两地不通公交的历史。

同日　诸暨市与浙江大学合作共建新时代“枫桥经验”研究院的重大项目之一——新时代“枫桥经验”指数项目启动新闻发布会在浙江大学举行。

26—29 日　嵊州市举办“弘越传世”——纪念越剧诞辰 115 周年暨第 20 届嵊州·中国民间越剧节。

30 日　全省建设平安浙江工作暨扫黑除恶专项斗争总结表彰会在杭州举行。会上，绍兴市被授予平安牌，连续 13 年成功创建平安市，平安考核排名全省第 4。上虞区、嵊州市被授予平安金鼎，越城区、柯桥区、诸暨市、新昌县被授予平安牌。绍兴市实现区（市、县）平安金鼎满堂红。

31 日　以“文脉千年·寻梦绍兴”为主题的 2021 年“东亚文化之都·中国绍兴活动年”启动。开幕式上，绍兴市被授予“东亚文化之都”纪念牌。12 月 7 日，“东亚文化之都・中国绍兴活动年”闭幕式在越城区举行。

同日 市委副书记、市长盛阅春会见前来参加2021“东亚文化之都・中国绍兴活动年”开幕式的日本驻沪总领事矶俣秋男一行。

3月31日至4月1日 香港特区政府驻上海经济贸易办事处主任蔡亮、香港特区政府驻浙江联络处主任廖凤娴一行8人到绍兴访问，并考察浙江七色彩虹印染有限公司、德琪（浙江）医药科技有限公司、歌礼药业（浙江）有限公司、黄酒集团等企业。

4月

1日 市委召开全市巡察工作会议暨八届市委第十一轮巡察工作动员部署会。八届市委第十一轮巡察设立5个巡察组，对5家单位党组织进行常规巡察，合并巡察9家单位党组织，对1家单位党组织进行提级巡察，回访检查8家单位党组织。

2日 绍兴市在越城区府山革命烈士纪念碑前广场隆重举行“清明祭英烈”活动。绍兴市领导马卫光、盛阅春、谭志桂、魏伟、陈澄等参加。

6日 浙江大学医学院附属第二医院与柯桥区人民政府合作协议签约仪式举行，共建浙江大学医学院附属第二医院柯桥院区。

8日 市委理论学习中心组开展党史学习教育。省人大常委会原副主任、省文史馆馆长王永昌做题为“难忘的教诲、殷切的期望”的主题报告。

9日 浙江省清廉文史研究（绍兴）基地揭牌仪式在绍兴清廉馆举行。

12日 2021中国茶叶大会暨第十五届新昌大佛龙井茶文化节开幕式在新昌县沃洲镇西山茶场举行。该届大会至5月中旬结束。

14日 第三十七届兰亭书法节开幕式暨第七届中国书法兰亭奖颁奖仪式在兰亭景区天章寺广场举行。该届书法节还举行“笔墨纸砚”文房用具文创展销会、纸上金石——《兰亭序》拓片精品展、越中金石大展等活动，至11月结束。

15日 浙江省人民医院、越城区人民政府共建浙江省人民医院越城院区战略合作协议暨浙江省人民医院、中国移动通信集团浙江有限公司、越城区人民政府战略合作协议签约仪式举行。项目位于越城区人民东路与敬宾路交叉口西南侧，按三级甲等综合性医院标准建设。

同日 “中国天气”助力美丽中国建设资源发布会在绍兴举行。绍兴市获“最受关注的天气预报城市——宜居宜游”称号。

16日 党史学习教育省委宣讲团报告会在绍兴举行。

18日 斯凯孚（SKF）新昌球轴承生产基地及研发中心启动仪式在新昌县举行。

19日 由中国先秦史学会、绍兴市人民政府主办，以“夏文化与中国古代文明”为主题的中国・大禹陵首届夏文化学术峰会召开。

20日 2021年公祭大禹陵典礼在绍兴大禹陵祭祀广场举行。典礼包括现场祭祀和网上公祭。

22日 由柯桥区人民法院研发的全国首个“版权AI智审”系统发布。

23日 嵊州市民周儒良向嵊州市图书馆捐赠文澜阁版《四库全书》仪式在嵊州宾馆举行。

24日 由省科协、省经信厅、省社科联、省工商联、浙报集团、绍兴市委市政府主办，以“科技引领数字赋能——科技创新助力制造业高质量发展”为主题的科创之江百人会成立大会暨浙江省全球先进制造业基地建设科学家企业家智库圆桌会在柯桥区举行。

24—25日 全国营造林标准化技术委员会2021年年会暨标准审定会在海南召开。会上，由嵊州编制的国家林业行业标准《玉兰嫁接苗培育技术规程》通过全国标审会专家组评审。嵊州市是玉兰的发源地、主产地。

26日 全市建设平安绍兴工作暨扫黑除恶专项斗争总结表彰会议举行。市委书记、市委建设平安绍兴领导小组组长马卫光出席会议并讲话，市委副书记、市长盛阅春主持会议。

同日 绍兴市产权交易有限公司暨浙江产权交易所绍兴分中心揭（授）牌成立。这是全省第一家省、市、县三级垂直整合的企业国有产权交易平台。

27日 全市制造业高质量发展推进会暨开发区（园区）全域治理动员会召开。市委书记马卫光出席会议并讲话，市委副书记、市长盛阅春主持会议。

同日 柯桥区召开未来之城和杭绍临空经济一体化发展示范区绍兴片区重大战略规划汇报会。杭绍临空经济一体化发展示范区绍兴片区包括钱清、杨汛桥、华舍3个街道，辐射区安昌、齐贤、马鞍3个街道，总面积约305平方千米。

28日 越城区举行沥海街道揭牌仪式，仪式的举行标志着原上虞区沥海街道正式整建制划转，沥海街道成为越城区第17个乡镇（街道）。

同日 全省农村文化礼堂2.0版建设暨新时代文明实践中心建设工作现场会在柯桥区召开。

29日 绍兴市召开庆祝“五一”国际劳动节大会。会上，宣读表彰59名2021年“新时代浙江工匠”，向党龄超过50年的劳模代表颁发纪念奖杯。

30日 2021中国（绍兴）茶叶博览会在越城区迪荡湖公园开幕。绍兴市被中国茶叶流通协会授予“中国茶产业协同发展示范市”称号。

同日 浙江富润数字科技股份有限公司董事会披露《浙江富润数字科技股份有限公司第九届董事会第九次会议决议公告》，发布《“枫桥经验”与企业治理规范》。这是全国上市公司中首家将“枫桥经验”引入企业治理的企业。

5月

1日 绍兴市实施机动车驾驶人文明交通守法激励办法。

6—8日 2021中国绍兴柯桥国际纺织品面辅料博览会（春季）在中国轻纺城国际会展中心举行。

同日 “我为群众办实事”——全市“党员在身边　温暖千万家”活动启动仪式举行。

7日 全国政法队伍教育整顿中央

第七督导组到绍兴开展调研督导。

同日 省党史学习教育第一巡回指导组进驻绍兴，召开工作会议听取绍兴市党史学习教育工作汇报。

同日 中国科协名誉主席、中科院院士韩启德出席绍兴文理学院第十七届“卓越奖学金”、第一届“树人奖”颁奖典礼并讲话，与夫人袁明一起为获奖师生颁奖。

12日 2020年度“最美浙江人·最美家庭”发布活动暨浙江省家庭家教家风巡讲活动启动仪式在越城区鉴湖街道王家葑村文化礼堂举行。

同日 2021年浙江省“5·12”全国防灾减灾日主题活动在绍兴大禹陵广场举行。

同日 中国首个腺病毒载体新冠疫苗在越城区、诸暨市上市。

14日 广西壮族自治区百色市委书记周异决率党政代表团到绍兴考察。

15日 梁柏台与中华苏维埃共和国法制建设学术研讨会在市人民检察院举行。会上，梁柏台法律思想研究中心成立。

15—17日 以“注智赋能、科创绍兴”为主题的首届浙江(绍兴)机床展暨国际智能制造及工业机器人展览会在中国轻纺城国际会展中心举行。

17日 绍兴市第七次全国人口普查主要数据发布。2020年，绍兴市常住人口5270977人，与2010年第六次全国人口普查的4912239人相比，10年共增加358738人，增长7.30%，年平均增长率0.71%。

18日 全省建设新时代美丽浙江暨中央环境保护督察整改推进大会在杭州召开。会上，绍兴市获2020年度浙江省“五水共治”(河长制)工作优秀市“大禹鼎”银鼎，获2020年度美丽浙江建设(生态文明示范创建行动计划)工作考核优秀市称号。

同日 全省“万亩千亿”新产业平台建设现场推进会在绍兴召开。

同日 绍兴市跨境电子商务学院成立仪式在绍兴职业技术学院举行。

19日 “全国美术高峰论坛·绍兴”徐渭诞辰500周年纪念活动举行。

同日 徐渭诞辰500周年纪念暨徐渭故里开放仪式举行。

同日 浙江绍兴、安徽阜阳警务合作签约暨浙皖新生儿落户“跨省通办”首发仪式在绍兴市公安局上虞区分局举行。

20日 绍兴市与沃尔玛(中国)投资有限公司投资合作框架协议签约仪式举行，沃尔玛旗下的山姆会员商店落户绍兴。

21日 2021年全国百强城市全面发展战略研讨会在北京召开。由华顿经济研究院编制的“2021年中国百强城市排行榜”发布，绍兴成功实现“重返全国城市综合经济实力30强”目标，列第29位。

同日 2021中国(绍兴)集成电路产业创新发展学术峰会在越城区举行。

同日 “新发展格局下的长三角一体化绍兴论坛”在绍兴文理学院举行。北京大学新结构经济学研究院院长、首席经济学家林毅夫作“比较优势、竞争优势与区域一体化”的主题演讲。

24—26日 以“新挑战 新变革 新机遇”为主题的第四届中日韩工商大会暨“对话绍兴”经贸合作洽谈会举行。

25日 省发改委、省建设厅公布浙江省2021年未来社区创建名单，绍兴市的越城外滩社区、柯桥大渡社区、上虞南丰社区列入整合提升类创建名单；诸暨袁家社区、新昌新民社区被列入拆除重建类创建名单。

26日 “迎亚运、展风采”——绍兴市第十一届老年人运动会在越城区举行开幕式。运动会从4月开始至10月底结束。

同日 新疆博尔塔拉蒙古自治州、河南许昌市与绍兴市三地市场监督管理局医疗器械跨区域监管联盟成立仪式在绍兴举行。

28日 以“人才协同产业 数字创赢未来”为主题的第三届绍兴人力资源发展大会举行。

31日 浙江省经信厅发布《2021年产业集群(区域)新智造试点名单》，绍兴市6个区、县(市)全部入选试点名单，入选数列全省第一位，新智造试点实现全市域覆盖。

同日 新昌未来科技馆开馆。该馆由新昌县人民政府指导建造并提供场馆，上海掌门科技集团捐资建设，主馆建筑面积3794平方米。

6月

2日 绍兴市首个“碳中和”生态修复警示教育基地在新昌县沃洲镇黄坛村东山地长诏林场揭牌。

4日 绍兴市诗路文化带建设推进会召开。市委书记马卫光出席会议并讲话，市委副书记、市长盛阅春主持会议。

5日 新疆阿克苏地委副书记、行署专员尼牙孜·阿西木率领党政代表团到绍兴考察。

同日 由浙江大学、浙江工业大学、浙江财经大学等省内12所高校组成的浙江省高校文艺评论联盟在绍兴成立。

7日 全市建设新时代美丽绍兴暨中央生态环境保护督察整改工作推进大会召开。市委书记马卫光出席会议并讲话，市委副书记、市长盛阅春主持会议。

同日 绍兴滨海新区管委会与西安电子科技大学举行合作签约仪式，共建宽禁带半导体国家工程研究中心绍兴分中心、开展微电子技术专业人才培养。

同日 绍兴市在全省率先发放电子版浙江省居住证。

8—11日 第二届中国—中东欧国家博览会暨国际消费品博览会在宁波举办。会上，中国(浙江)自由贸易试验区绍兴联动创新区正式获授牌，标志着自贸区绍兴联动创新区启动运作。获批的联动创新区实施范围119.86平方千米，涵盖3个片区。其中，环杭州湾片区76.24平方千米，包括滨海新区区块、柯桥区区块、上虞区区块；诸暨片区20.06平方千米，包括诸暨经济开发区区块、诸暨现代环保装备高新技术产业园区区块；嵊新片区23.56平方千米，包括嵊州经济开发区区块、新昌经济开发区区块。

10日凌晨 诸暨市出现百年一遇高强度、短时间、突发性极端天气，平均雨量60.5毫米，是诸暨有气象记录以来的最强降水。极端天气造成人员伤亡和财产损失。

同日 国务院公布第五批国家级非物质文化遗产代表性项目名录，绍派伤寒(传统医药类项目)、绍兴舜王庙会(民俗类项目)入选。

11 日 绍兴市乡村振兴局揭牌仪式在市农业农村局举行。

同日 中国作家协会公布2021年新会员名单，绍兴市的于太封、陈虹焱、边凌涵、刘汉杰、蒋立波入选。其中，于太封、陈虹焱是绍兴网络作家首次入选中国作协。

同日 浙江省首个数字化全流程场景应用——“职业技能培训券”在东浦成人文化技术学校“花雕制作”班正式应用。

12 日 正威嵊州5G新材料科技城项目签约仪式在嵊州市举行。项目总投资150亿元，是目前为止嵊州历史上最大的工业投资项目。

同日 2021年新疆阿克苏地区重点项目——阿瓦提县鲁迅中学（初中）动工，是绍兴市对口援疆指挥部在受援地投资建设的第3所以“鲁迅”冠名的学校。

15 日 全市碳达峰碳中和工作推进会召开。市委书记马卫光出席会议并讲话，市委副书记、市长盛阅春主持会议。

同日 浙江省科学技术奖励大会在杭州召开。会上，新昌县被授予2020年度“科技创新鼎”称号，上虞区、新昌县获2020年度市县党政领导科技进步目标责任制考核优秀单位称号。

同日 绍兴市人大代表联络总站启动投用。联络总站设在绍兴饭店永和庄园。

16 日 中国（浙江）自由贸易试验区绍兴联动创新区正式获授牌。获批的联动创新区实施范围119.86平方千米。

16—17 日 市委书记马卫光率市党政代表团到四川省乐山市考察。签署《深化绍乐东西部协作和交流合作框架协议》等。

17 日 中国轻纺城首个外商专营区在中国轻纺城股份集团下属的坯布市场正式开业。

18 日 由浙江省人民检察院、省司法厅和浙江大学主办的“百年党史中的梁柏台”座谈会在新昌县举行。

24 日 市八届人大常委会第三十八次会议听取市监察委员会关于开展整治群众身边不正之风和腐败问题工作情况的报告。这是党中央作出地方监委向本级人大常委会报告专项工作的决策部署以来，市人大常委会首次听取市监委专项工作报告。

24—25 日 市八届人大常委会召开第三十八次会议。审议并表决通过《绍兴黄酒保护和发展条例》。

25 日 浙江绍兴瑞丰农村商业银行股份有限公司在上海证券交易所主板上市，股票简称“瑞丰银行”，代码“601528”。

27 日 绍兴集成电路“万亩千亿”新产业平台党群服务中心启用，系全省首个“万亩千亿”新产业平台党群服务中心，是全省跨区域、跨部门、跨层级“三跨式”契约化党建共建的首次探索。

28 日 全国“两优一先”表彰大会在北京人民大会堂举行。绍兴市柯桥区张晓鸿获“全国优秀共产党员”称号，刘建明获“全国优秀党务工作者”称号，诸暨市枫桥镇枫源村党总支和越城区府山街道越都社区党委获“全国先进基层党组织”称号。

同日 杭州都市区轨道交通“互联互通”项目集中通车仪式举行，绍兴地铁1号线柯桥段、杭州地铁8号线、杭海城际铁路三线同时发车。

同日 阿里云创新研究中心、华为5G+鲲鹏创新中心、百度阿波罗创新中心、海康威视智能视觉中心等8家数字经济企业及创新中心集体入驻绍兴市城投数字经济产业园。

29 日 “百年风华　逐梦前行”——绍兴市庆祝中国共产党成立100周年主题晚会在绍兴大剧院举行。

同日 市委召开全市提升党员干部队伍推进现代化建设新能力暨区（市、县）领导班子换届工作会议。市委书记马卫光出席会议并讲话。

30 日 市领导集体参加庆祝中国共产党成立百年活动，重温中国共产党在绍兴的奋斗历程。

同日 市委理论学习中心组举行“共同富裕”专题学习会。

7月

1 日 浙江省庆祝中国共产党成立100周年大会在嘉兴举行。会上，绍兴市有18名党员获“省优秀共产党员”称号、17名党务工作者获“省优秀党务工作者”称号、29个基层党组织获“省先进基层党组织”称号。大会在市、县设分会场。

2 日 恒信农商银行向绍兴中成热电有限公司发放绿色金融贷款6000万元，这是全省首笔碳排放权抵押贷款。

同日 中国科学院古脊椎与古人类研究所举行“张弥曼星”小行星命名宣布会，国际编号347336号的小行星正式命名为“张弥曼星”。张院士是第四位拥有“同名小行星”的绍籍院士。

5 日 柯桥水务集团电焊工丁卫松获正高级工程师职务任职资格，成为浙江省首位技工获评正高职称者。

7 日 市委八届十次全体（扩大）会议召开。审议通过《中共绍兴市委关于深入学习贯彻习近平总书记关于共同富裕重要论述奋力打造浙江高质量发展建设共同富裕示范区市域范例的决议（草案）》《绍兴奋力打造浙江高质量发展建设共同富裕示范区市域范例行动方案（2021—2025年）（草案）》。

同日 浙江新中港热电股份有限公司在上海证券交易所上市，股票简称“新中港”，代码“605162”。

7—8 日 安徽省六安市委副书记、市长潘东旭率党政代表团到绍兴考察。

8 日 市长盛阅春会见欧洲国家驻沪领事团。

13 日 省委省政府健康浙江建设领导小组办公室发布2020年健康浙江建设考核结果的通报，绍兴市及下辖6个区、县（市）全部获优秀等次。绍兴市连续三年实现健康浙江建设考核“满堂红”。

14 日 全市政法队伍教育整顿暨平安护航建党100周年维稳安保总结大会召开。市委书记马卫光出席会议并讲话，市委副书记、市长盛阅春主持会议。

15 日 “绍兴古城保护日”主题活动暨绍兴古城信息展示中心开馆仪式举行。

同日 诸暨市山下湖镇广山村早稻新品种“舜达135”百亩示范方，经浙江省农业厅实割测产验收，平均亩产704.2千克，通过农业农村部超级稻认定第一年验收。

16 日 安徽省安庆市委书记张祥安率党政代表团到绍兴学习考察。

16—18 日 由北京大学元培学院

主办，以"东亚文明与通识教育的视野"为主题的2021·绍兴元培峰会举行。

19日 工信部中小企业局公布第三批"专精特新"小巨人企业名单，绍兴市18家企业入选名单。

22日 浙江省防指第6号台风"烟花"防御工作视频会议召开。省会议后，绍兴市防指召开第6号台风"烟花"防御工作视频会议，市委书记马卫光出席并讲话。

23日 绍兴市公安局研发的"枫桥指数"评估上线，并发布半年度"枫桥指数"。这是新时代"枫桥经验"数字化改革场景应用后的第一次指数发布。

26日 浙江省委副书记、省长郑栅洁在绍兴检查指导防汛防台工作。

27日 浙江省委书记袁家军在宁波、绍兴检查指导防汛救灾工作。

29日 八届市政府十次全体会议召开。

29日 枫桥学院启用仪式暨第三届全国政法短视频研讨活动在诸暨市举行。

30日 农行绍兴分行向浙江春晖环保能源股份有限公司发放1000万元的市场碳排放配额(CEA)抵押贷款。这是国有大型商业银行全国首单碳排放配额抵押贷款。

29—30日 建设浙江大花园十大名山公园走进雁荡山暨魅力名山·智治赋能论坛活动在雁荡山举行。会上，公布首批大花园耀眼明珠名单，新昌AAAAA级景区城入选。

31日 嵊州市政府、宁波市镇海中学合作举办镇海中学嵊州分校签约仪式在嵊州举行。

8月

1日 上虞区启动浙江省居住证互认转换制度。

6日 绍兴市第八届人民代表大会常务委员会第三十九次会议通过《关于促进和保障高质量发展建设共同富裕示范区市域范例的决定》。

同日 嵊州籍著名越剧表演家王文娟逝世。

9日 绍兴市政府与浙江能源集团有限公司签订战略合作框架协议，共同推动实现绍兴能源经济高质量发展。

11日 市委举行第二届法律顾问聘任仪式，6位法律专家受聘担任市委法律顾问。

13日 全省高质量发展建设共同富裕示范区重大项目集中开工活动。以视频形式举行，绍兴市分会场设在市行政中心。绍兴市参加集中开工项目37个，总投资826亿元。

同日 "绍芯之光"第16届中国研究生电子设计竞赛全国总决赛举行线上开幕式。经初赛，共有427支队伍晋级全国总决赛。

17—18日 浙江省委副书记、省长郑栅洁到绍兴滨海新区、新昌县和嵊州市调研工业高质量发展情况。

18日 绍兴市制定并实施全省首个《农贸市场疫情防控工作指引(暂行)》。

23日 2021年浙江省节能宣传周启动仪式在绍兴举行。启动仪式上，绍兴市发布全域能效综合创新行动方案。

30日 绍兴籍运动员蒋裕燕获东京残奥会女子50米蝶泳S6级金牌。

是月 绍兴市对1254个原革命老区村进行重新调整认定，共调整确认543个革命老区村(居、社区)。其中，越城区7个、上虞区191个、诸暨市284个、嵊州市47个、新昌县14个。

9月

2日 绍兴籍运动员蒋裕燕获东京残奥会女子400米自由泳S6级冠军。

6日 绍兴市启动以"汇集慈善力量 助力共同富裕 共建大爱绍兴"为主题的"慈善一日捐"活动。此次活动在9—10月开展。

9日 由市委组织部、市农业农村局主办的中国·绍兴首届"乡村人才振兴"全球创新创业大赛启动仪式举行。

10日 "亚运绍兴，越来越好"——迎亚运倒计时一周年活动绍兴主题启动仪式在绍兴奥体中心举行。

12日 民革绍兴市第十三次代表大会举行。会议审议并通过民革绍兴市第十二届委员会工作报告。选举产生民革绍兴市第十三届委员会，选举余利明为主任委员。

13日 民建绍兴市第十次代表大会举行。会议审议并通过民建绍兴市第九届委员会工作报告。选举产生民建绍兴市第十届委员会，选举陈德洪为主任委员。

14日 农工党绍兴市第十二次代表大会举行。会议审议并通过农工党绍兴市委会工作报告。选举产生农工党绍兴市第十二届委员会，选举徐泳为主任委员。

15—16日 民进绍兴第八次代表大会举行。会议审议并通过民进绍兴市第七届委员会工作报告。选举产生民进绍兴市第八届委员会，选举华小洋为主任委员。

15—16日 九三学社绍兴市第九次代表大会举行。会议审议并通过九三学社绍兴市第八届委员会工作报告。选举产生九三学社绍兴市第九届委员会，选举张宪疆为主任委员。

17日 民盟绍兴市第十二次代表大会召开。会议审议并通过民盟绍兴市第十一届委员会工作报告。选举产生民盟绍兴市第十二届委员会，选举凌芳为主任委员。

17—18日 新华社、人民网、中新社、《中国日报》等20家媒体代表参加"跟着唐诗游绍兴"活动。

18日 全市科技创新大会召开。市委书记马卫光出席会议并讲话，市委副书记、市长盛阅春主持会议。

同日 绍兴市人民政府办公室印发《绍兴市切实解决老年人运用智能技术困难实施方案》。

23日 绍兴市—那曲市对口支援座谈会在绍兴召开，对接新发展阶段对口支援和交流合作工作。

同日 西藏自治区那曲市委副书记、市长才仁郎公率党政代表团到绍兴开展回访活动。

同日 绍兴市举行大院名校集成电路成果对接会。活动采取"线上线下"结合模式，共征集69项科技成果和62项企业需求。

24日 清廉主题文艺汇演暨"清白

泉”杯第三届全国清廉诗歌散文大赛颁奖活动在蓝天大剧院举行。

同日 2021年大师对话——故乡对话大会举行。

25日 纪念鲁迅先生诞辰140周年活动开幕式举行。

同日 以“才聚绍兴 智创未来”为主题的2021中国绍兴“名士之乡”人才峰会开幕式举行。

同日 2021中国民营企业500强峰会在湖南长沙举行。会上，发布“2021中国民营企业500强”“2021中国制造业民营企业500强”“2021中国服务业民营企业100强”榜单。绍兴市有11家企业入围民营企业500强，12家企业入围民营企业制造业500强，1家企业入围民营企业服务业100强。

同日 在第五届全国茶业职业技能竞赛——茶叶加工（绿茶）竞赛总决赛中，嵊州市徐杰获第一名，被授予“全国技术能手”称号。

28日 中国中小城市发展指数研究课题组、国信中小城市指数研究院发布“2021年中国中小城市高质量发展指数研究成果”。绍兴市的柯桥区、上虞区、越城区入选全国综合实力百强区榜，柯桥区位居榜单第10；诸暨市、新昌县入选全国综合实力百强县市榜。

29日 市区化工产业跨区域集聚提升项目开工仪式在上虞区举行。总投资217亿元的7个项目同时开工。

30日 市党政军领导与社会各界代表在府山革命烈士纪念碑前隆重举行向革命烈士敬献花篮仪式。

同日 市八届人大常委会第四十次会议通过《关于开展第八个五年法治宣传教育的决议》。

同日 诸暨零碳工厂装备制造基地开工建设，项目总投资10亿元。这是全国首个零碳工厂装备制造基地。

10月

1日 《绍兴黄酒保护和发展条例》施行。

同日 绍兴市调整全市县级公立医院3331项医疗服务价格，实现全市公立医院医疗服务价格统一。

8日 经省文旅厅核定，国庆假期，绍兴市共接待游客118.32万人次，较2019年同期恢复90.01%，实现旅游收入10.02亿元，较2019年同期恢复81.28%。

10日 绍兴市秋瑾研究会、绍兴名城景区发展有限公司在绍兴大通学堂举行纪念辛亥革命110周年活动。

11日 浙江省委副书记、代省长王浩到绍兴检查指导企业生产、市场升级和产业发展工作。

同日 浙江省总工会发布第一批浙江省产业工人思想政治教育基地名单，绍兴劳模工匠馆、梁焕木纪念馆入选。

12日 绍兴市发布《关于加快推进慈善事业高质量发展的实施意见》。

同日 2021第六届中国设计智造大奖颁奖典礼在柯桥区东方米兰国际时尚发布中心举行。

13日 市级民主党派、工商联负责人和无党派代表人士读书会举行。市委书记马卫光出席开班式并讲话。

14日 绍兴市举行2021年度惠企“1+9”政策上线新闻发布会，通报2021年度政策修订情况及新版绍兴市经济高质量发展产业政策兑现系统运行情况。

15日 浙江省委书记袁家军到绍兴调研经济运行情况，并主持召开经济形势分析座谈会。

16日 以“廉史镜鉴、德风千秋”为主题的中国（上虞）廉德文化研讨会在上虞区举行。上虞被中国伦理学会授予“中国廉德文化之乡”称号，这是迄今为止全国首个“中国廉德文化之乡”。

18日 首届绍兴东西部协作仪陇班在绍兴技师学院（筹）绍兴市职教中心正式开班。

19—20日 河南省南阳市党政代表团到绍兴考察，举行绍兴、南阳友好城市签约仪式。

20日 第七届中国曲艺绍兴（柯桥）高峰论坛在柯桥区举行。

23日 第十届中国医药生物技术论坛暨第二届绍兴生命健康产业峰会在绍兴滨海新区开幕。

同日 市长盛阅春会见出席第三届中非经贸合作发展绍兴峰会的非洲国家官员。

23—24日 以“携手共发展 越非同前行”为主题的第三届中非经贸合作发展绍兴峰会举办。

26日 以“数字赋能 绿色共生”为主题的2021第四届布商大会在柯桥区举行。

27日 文化和旅游部、国家发展改革委、财政部发布第二批国家文化和旅游消费试点城市名单，绍兴市入选试点名单。

同日 “绍兴印象——2021外国驻沪总领馆官员走进浙江”活动举行。

29日 中央农村工作领导小组办公室、中央宣传部、民政部、司法部、国家乡村振兴局公布第二批全国乡村治理示范村镇名单。绍兴市柯桥区齐贤街道齐贤村、上虞区小越街道倪梁村、新昌县澄潭街道梅渚村、诸暨市山下湖镇枫江村、嵊州市崇仁镇赵马村入选名单。

29—31日 以“阳明心学与东亚文化”为主题的2021阳明心学大会举行。

是月 2021年是辛亥革命110周年，绍兴是辛亥革命的重要策源地，光复会的大本营在绍兴，辛亥革命的“绍兴基因”深厚悠远。其间，绍兴市以多种形式开展纪念活动。绍兴市秋瑾研究会、绍兴名城景区发展有限公司在大通学堂举行纪念活动，越城区陶堰街道在陶成章故居开展“我与我的祖辈”纪念活动；徐锡麟、陶成章后人分别在绍兴市热诚小学（徐锡麟创办）徐锡麟纪念堂、陶成章故居参加纪念活动。

11月

3日 2020年国家科技奖励大会在北京人民大会堂举行。绍兴诸暨的蔡衰强获国家技术发明奖二等奖、朱苗勇和骆建军获国家技术进步奖二等奖。

5日 全市农业高质量发展大会召开。市委副书记、市长盛阅春出席会议并讲话。

7日 2021中国国际黄酒产业博览会暨第27届绍兴黄酒节开幕式在绍兴市奥体中心举行。

16—19 日 迪拜世博会“浙江周·绍兴城市主题日”活动举行。

18 日 中国工程院公布 2021 年增选院士名单，嵊州籍能源储运科学家郑津洋教授当选中国工程院院士。

19 日 浙江大学绍兴研究院签约仪式在绍兴举行。研究院落户越城区、滨海新区。

23 日 市委召开全市领导干部会议，宣布省委关于市委主要领导调整的决定。盛阅春任中共绍兴市委书记。

25—26 日 发挥人民政协专门协商机构作用理论研讨会暨中国人民政协理论研究会第三届第三次会议在绍兴召开。

26—27 日 全国人大常委会副委员长沈跃跃到绍兴宣讲中共十九届六中全会精神，并调研妇女工作。

27 日 全国妇联在绍兴举行加强家庭家教家风建设工作推进会现场考察。全国人大常委会副委员长、全国妇联主席沈跃跃率 31 个省(自治区、直辖市)和新疆生产建设兵团妇联主席、全国妇联相关部门负责同志考察“枫桥经验”陈列馆、枫桥镇枫源村，参观“越地女儿”以家为本参与基层社会治理工作展等。

27—29 日 吉林省辽源市委书记柴伟率党政代表团到绍兴开展交流合作活动。

28 日 中华全国妇女联合会公布 2021 年度全国最美家庭名单。绍兴市越城区裘怿钊家庭、诸暨市周建琴家庭、新昌县俞伯忍家庭入选。

29 日 市委八届十一次全体会议召开，审议通过《关于召开中国共产党绍兴市第九次代表大会的决议(草案)》。

12 月

1 日 《绍兴市居家养老服务条例》施行。

2 日 市委书记盛阅春接见参加东京残奥会和全国第十一届残运会的绍兴运动员、教练员代表。

同日 绍兴市举行粮食安全应急演练。

8 日 《绍兴市人民代表大会常务委员会关于修改〈绍兴市水资源保护条例〉的决定》于 2021 年 11 月 25 日经浙江省第十三届人民代表大会常务委员会第三十二次会议批准。新修正的《绍兴市水资源保护条例》正式施行。

同日 绍兴市召开新冠肺炎疫情防控工作新闻发布会。通报疫情防控工作情况。启动应急响应，开展流调溯源、隔离管控、核酸检测等工作，并对涉及场所落实环境采样检测及消杀等措施。

同日 浙江省疫情防控领导小组副组长、省委常委、常务副省长陈金彪到上虞区集中隔离点、封控小区检查指导疫情处置和防控工作。

9 日 绍兴市启动突发公共卫生事件 1 级应急响应。

10 日 绍兴市启用新冠病毒性肺炎救治定点医院(绍兴文理学院附属医院)。

11 日 浙江省委书记袁家军视频连线督战绍兴市上虞区疫情防控工作。

12 日 市委书记盛阅春蹲点上虞协调指挥疫情防控工作。

13 日 浙江省委副书记、代省长、省新型冠状病毒肺炎疫情防控工作领导小组组长王浩到上虞区检查指导疫情防控工作。

14 日 浙江省委书记、省新型冠状病毒肺炎疫情防控工作领导小组第一组长袁家军到上虞区督导检查疫情防控各项工作部署落实情况。

16 日 国家卫健委副主任、国家疾病预防控制局局长王贺胜到上虞区检查指导疫情防控工作。

17—18 日 中共中央政治局委员、国务院副总理孙春兰到绍兴调研指导疫情防控工作。

17—19 日 浙江省委书记、省新冠肺炎疫情防控工作领导小组第一组长袁家军分别在绍兴和上虞主持召开会议，深入学习贯彻习近平总书记关于疫情防控的重要讲话和重要指示精神，全面落实孙春兰副总理在绍兴调研指导疫情防控的各项要求，就做好下一步疫情防控工作进行研究部署。省委副书记、代省长、省新冠肺炎疫情防控工作领导小组组长王浩等出席会议。

20 日 浙江省委书记、省新冠肺炎疫情防控工作领导小组第一组长袁家军在绍兴主持召开全省疫情防控视频会议。省委副书记、代省长、省新冠肺炎疫情防控工作领导小组组长王浩等出席会议。

同日 浙江省委常委会在绍兴召开会议，深入学习贯彻习近平总书记关于新冠肺炎疫情防控工作的重要讲话和重要指示精神，传达学习贯彻孙春兰副总理在绍兴调研指导疫情防控工作讲话精神，研究部署当前浙江省疫情防控重点工作和下一步常态化疫情防控工作。省委书记袁家军主持会议并讲话。

21 日 市委常委扩大会议召开，学习贯彻中共中央政治局委员、国务院副总理孙春兰在绍兴调研指导时的讲话精神。

同日 浙江省委书记、省新冠肺炎疫情防控工作领导小组第一组长袁家军到上虞检查调研疫情防控工作，看望慰问一线干部群众，并在上虞区疫情防控指挥部主持召开座谈会，听取有关情况汇报，研究部署下一步重点工作。

22 日 绍兴市突发公共卫生事件应急响应调整为 2 级。

23 日 水利部公布 2021 年度国家水土保持示范名单，新昌县入选。

25 日 绍兴市召开新一届区、县(市)领导班子集体谈话会。

25—27 日 第五期全国“公安楷模”云发布活动在北京举行，诸暨市公安局枫桥派出所获“公安楷模”称号。

27 日 全省数字化改革工作推进会在杭州召开。会上，由绍兴市牵头参与建设的电机产业大脑、知识产权在线项目入选全省数字化改革十大标志性成果典型案例。

29 日 中共绍兴市委社会建设委员会揭牌仪式在市行政中心举行。

同日 市八届人大常委会召开第四十二次会议，经过审议、表决补选盛阅春同志为省十三届人民代表大会代表；决定任命施惠芳为绍兴市人民政府副市长，代理市长职务。

31 日 上虞区全域解封。绍兴市解除公共卫生事件应急 2 级响应。

市情概要

自然地理

【位置与面积】 绍兴市位于浙江省中北部、杭州湾南岸。东连宁波市，南临台州市和金华市，西接杭州市，北隔钱塘江与嘉兴市相望，位于北纬 29°13′35″至 30°17′57″、东经 119°53′03″至 121°13′37″之间，属亚热带季风气候，温暖湿润，四季分明。全境域东西长 130.68 千米，南北宽 119.83 千米，海岸线长 40 千米，陆域总面积 8279.07 平方千米，市区面积 2965.05 平方千米。全市建成区面积 394.31 平方千米，其中市区建成区面积 251.24 平方千米。

【地形地貌】 绍兴市全境处于浙西山地丘陵、浙东丘陵山地和浙北平原三大地貌单元的交接地带，地势南高北低，形成群山环绕、盆地内含、平原集中的地貌特征，地形骨架呈“山”字形。地貌可概括为“四山三盆二江一平原”，而在面积分配上，表现为“七山一水两分田”，全境地势由西南向东北倾斜而下，最高点为位于诸暨境内海拔 1194.1 米的会稽山脉主峰东白山，最低点为海拔 3.1 米的诸暨“湖田”地区，中部多为海拔 500 米以下的丘陵地和台地。北部平原地表地貌比较单调，但地下空间比较复杂，发育了分布较复杂的淤泥层、软土层和硬土层，为地表建筑提供了多样的建设基础。地质上，境内以纵贯市域的江山—绍兴拼合带（柯桥区平水镇至诸暨市璜山一线）为界，西北部和东南部分属扬子准地台、华南褶皱系这两个一级构造单元，分属江南（西北区）和华南（东南区）两个地层区。由于历史上经历了大量的地质活动，留下了丰富而比较齐全的地质结构。境内的西北区自中元古界至新生界第四系地层发育较齐全，有大量沉积层出现；东南区以中生界和新生界地层为主，火成岩发育，地层缺失较多。绍兴市全境地质构造属于元古界、古生界、中生界和新生界的各个地质时期，在境内大部分都有露头。绍兴市境内有平原、盆地、丘陵、山地、台地五种地表地貌。

（市自然资源和规划局／提供）

【气候】 绍兴属典型的亚热带季风气候。雨量充沛，气候湿润。全市年平均雨量约 1400 毫米，但降水年际变化大，市区最多雨量为 2012 年的 2003.2 毫米，最少雨量为 1967 年的 911 毫米，最多年降水与最少年降水相差一倍以上。3—9 月为多雨月份，峰值为 6 月和 8 月；空间上北部较多，南部较少。年平均气温 17.4℃，1 月最冷，7 月最热，极端最低气温 −13.4℃（1977 年 1 月 5 日），极端最高气温 44.1℃（2013 年 8 月 11 日），平均终霜日在 3 月 25 日，初霜日在 11 月 16 日，无霜期 236 天。年平均日照时数约 1729 小时，7、8 月日照时数最多，2 月日照时数最少。因山脉、湖泊、地势等不同地形地貌影响，局地性小气候资源丰富。受西风带和东风带双重天气系统的频繁影响，绍兴市是浙江省气象灾害多发地区之一，台风、暴雨、寒潮、大雪、低温冰冻、大风、冰雹、雷电、高温热浪、干旱、大雾、连阴雨、霜冻、道路结冰、灰霾等 10 多种灾害性天气都会发生。同时暴雨影响时，易引发流域洪涝、小流域山洪、山体滑坡、泥石流等气象次生、衍生灾害。

（市气象局／提供）

【河流湖泊】 绍兴市河流众多，主要分属钱塘江水系和甬江水系。属钱塘江水系的主要有曹娥江、浦阳江和壶源江，属甬江水系的为姚江支河。全市共有大小河流 7032 条，总长度 11009.08 千米，其中省级河道 3 条（钱塘江、曹娥江、浦阳江），总长 218.076 千米，水域面积 187.028 平方千米；市级河道 22 条，总长 460.504 千米，水域面积 46.095 平方千米；县级河道 65 条，总长 653.271 千米，水域面积 40.473 平方千米。境内有湖泊、蓄滞洪区 26 个，水域面积 44.626 平方千米。

（市水利局／提供）

【土壤】 绍兴市境内土壤类型多，分布复杂，性态特征各异，土质良好，且多宜农业利用。从类型上讲，除了地带性的红壤、黄壤以外，还广布着隐域性的水稻土、潮土、盐土和紫色土、石灰土、中基性火山岩土、粗骨土、石质土、新积土等 9 个土类。全市土壤共划分为 11 个土类、21 个亚类、65 个土属、101 个土种。丰富的土壤资源为农林牧副渔全面发展和各种名、优、特产品的生产提供有利条件。

（市地方志编纂室／提供）

【动植物】 绍兴地处中亚热带区域，动植物资源较为丰富。有过记录的野生动物近 480 种，其中鸟类 354 种，两爬类（两栖类爬行类）72 种，兽类 50 余种，其中国家一级重点保护动物 17 种，国家二级重点保护动物 83 种。有自然植被 153 科、449 属、879 种，其中自然植被分布有阔叶林、针叶林、灌木林、混交林、竹林和盐生等 6 类，全市森林覆盖率 55.18%。人工植被主要有粮油作物、经济作物和观赏植物等三大类。其中，粮油、经济作物品种分别超过 100 种；蔬菜作物有 33 类、128 种；观赏花卉有 120 多种、240 余属、800 多个品种。绍兴市有国家重点保护野生植物一级 3 种、二级 16 种。

【森林资源】 据 2020 年森林资源"一张图"年度监测，绍兴市现有林地面积 46.81 万公顷，其中森林面积 45.64 万公顷，竹林面积 8.39 万公顷，森林覆盖率 55.18%。全市活立木蓄积 2338.51 万立方米，其中森林蓄积 2279.36 万立方米，疏林蓄积 0.14 万立方米，散生木蓄积 23.16 万立方米，四旁树蓄积 35.85 万立方米。乔木林单位面积蓄积量 4.79 米^3/亩，其中天然乔木林 5.06 立方米/亩，人工乔木林 3.47 立方米/亩。

（市自然资源和规划局/提供）

【土地资源】 绍兴市有各类土地总面积 827907 公顷。其中，农用地 662949 公顷，占 80.1%；建设用地 122440 公顷，占 14.8%；未利用地 42518 公顷，占 5.1%。农用地面积中，耕地 123137 公顷，占土地总面积的 14.9%；园地 96349 公顷，占土地总面积的 11.6%；林地 392417 公顷，占土地总面积的 47.4%；其他农用地 51046 公顷，占土地总面积的 6.2%。建设用地面积中，城镇村及工矿用地 104526 公顷，占土地总面积的 12.6%；交通运输用地（扣除农村道路）14652 公顷，占土地总面积的 1.8%；水利设施用地 3262 公顷，占土地总面积的 0.4%。

（市自然资源和规划局/提供）

【水资源】 2021 年，绍兴市总水资源量 101.70 亿立方米，比历年平均（63.02 亿立方米）多 61.4%，比 2020 年多 29.7%。其中，地表水资源量 99.02 亿立方米，占总水资源量的 97.4%；地下水资源量 2.68 亿立方米，占总水资源量的 2.6%。全市 19 座大中型水库年末蓄水总量 5.48 亿立方米，比 2020 年年末增加 36.6%，占正常库容的 64.0%。人均水资源量 1905.6 立方米。全市总用水量 17.48 亿立方米，比 2020 年增加 0.8%。万元地区生产总值用水量（可比价）、万元工业增加值用水量（可比价）分别为 27.0 立方米和 18.3 立方米，较 2020 年分别下降 7.3% 和 4.6%，用水效率提升。

（市水利局/提供）

【矿产资源】 绍兴市境内矿产总体呈北东—南西向长条状分布，形成三条成矿带：在中间的江绍拼合带，形成了浙江省最有前景的贵金属和有色金属成矿带；北侧在江南古陆基底上形成的古生代沉降带和中生代岩浆活动，生成以漓渚矽卡岩型为重点的黑色金属矿床和寺坞岭多金属矿以及以应店街等地的寒武系石煤和石灰岩；南东侧元古界变质基底，是寻找贵金属和多金属矿床有前景的地区。另外，中生代火山岩分布区提供了石料矿产和萤石。境内能源矿产有褐煤、泥煤、石煤、地热等；金属矿产主要有铁、铜、铅锌、金银等；非金属矿主要有萤石、硅藻土、石灰岩、瓷石土、高岭土、花岗石、大理石、玄武岩、叶蜡石等；水汽矿产已发现矿泉水水源地多处。

（市自然资源和规划局/提供）

历史沿革

【市名演变】 夏称於越，亦称大越，简称越。春秋时期，於越民族以今绍兴一带为中心建国，称越国。秦王政二十五年（前 222），降越君，称会稽郡。东晋称会稽国，南朝复设会稽郡，并置东扬州。隋开皇九年（589）改置吴州。大业元年（605）起称越州，此后越州与会稽郡名称交替使用。南宋高宗赵构取"绍奕世之宏休，兴百年之丕绪"之意，于公元 1131 年改元绍兴，升越州为绍兴府，是为绍兴名称之由来，并沿用至今。

【政区沿革】 绍兴从新石器时代中期的小黄山文化开始，至今已有约 9000 年历史。越国古都建于公元前 490 年，距今已有 2500 多年建城史。

据史载：大禹治水告成，在境内茅山会集诸侯，计功行赏，死后葬于此山，因更名茅山曰"会稽"，是为会稽名称之由来。春秋时期，於越民族以今绍兴一带为中心建立越国，成为春秋列国之一。战国初，越王勾践大败吴国，越国疆域拓展至江淮地区。至周显王三十六年（前 333），楚威王兴兵败越，尽取故吴地并至浙江，越始"服朝于楚"，而诸越邦国尚存。

秦王政二十五年（前 222），定江南，降越君，以吴越地置会稽郡，治吴县（今苏州市）。秦始皇二十六年（前 221），全国统一，实行郡县制，会稽郡先后辖山阴等二十余县，其中在今浙江境内有山阴、诸暨、上虞、余姚、句章、鄮、鄞、乌伤、太末、钱塘、余杭、由拳、乌程、海盐等县。

西汉元封五年（前 106），全国置十三州刺史部，督察各郡，会稽郡受督于扬州刺史部，并增辖剡、余暨两县，时会稽郡领二十六县，属今浙江境内的有十八县。东汉永建四年（129），分会稽郡置吴郡，今钱塘江以南仍为会稽郡，治山阴，时辖山阴、诸暨、余暨、上虞、始宁、剡、余姚、鄮、鄞、句章、章安、永宁、乌伤、太末、东冶等县。

三国时，会稽郡隶属于吴，治山阴。魏黄初二年（221），会稽郡领县增至三十一县，其中增今属浙江境内的有吴宁、丰安、长山、遂昌、新安、定阳、临海、南始平、罗阳、松阳十县，增今属福建境内的有建安、汉兴、昭武、南平、东安、侯官六县。吴太元二年（252），再增永康、武义、建平三县，并改上虞县为侯国。吴太平二年（257）、永安三年（260）、宝鼎元年（266），先后分会稽郡置临海、建安、东阳三郡，会稽郡辖山阴、上虞侯国和诸暨、余姚、永兴、始宁、剡、鄮、鄞、句章八县。

西晋太康二年（281），以会稽地封于骠骑将军孙秀，以郡为国，称会稽国，所辖县数不变。

南朝宋永初二年（421），复设会稽郡，置东扬州。南朝陈永定年间（557—559），会稽郡析山阴置会稽县，两县同城而治，治山阴，时辖十一县。

隋开皇九年（589），省郡县，废会稽郡，改东扬州为吴州，并山阴、永兴、上虞、始宁为会稽县，并余姚、鄞、鄮入句章县，设吴州总管府，治会稽县，辖会稽、诸暨、剡、句章四县，总管原东扬州诸郡。隋大业元年（605），废吴州，以原吴州境置越州，治会稽。大业三年（607），复为会稽郡。

唐武德四年（621），以剡置嵊州，并析置剡城县，析句章之余姚置姚州，析句章之鄞置鄞州。改会稽郡为越州，治会稽，辖会稽、诸暨、剡城三县和嵊州、姚州、鄞州三州。同时置越州总管府，驻会稽县，管越、嵊、姚、鄞、松、绸、衢、漖、丽、严、婺十一州。武德七年(624)，废姚州为余姚县，析会稽立山阴县。改越州总管为越州都督府，督越、嵊、鄞、丽、婺五州。景云二年(711)，天下分为二十四都督府以统属州，越州定为中都督府，所督不足十州，隶属于江南道。开元二十六年(738)，析县置明州。乾元元年(758)，废越州中都督府，置浙江东道节度使驻越州，辖越、睦、衢、婺、台、明、处、温八州。乾宁三年(896)，钱镠平董昌，号越州为东府。

北宋熙宁七年(1074)，设两浙东路驻越州，辖越、婺、衢、明、台、处、温州。旋即并入两浙路，九年复分，十年复合。南宋建炎四年(1130)，宋高宗驻跸越州，下诏从公元1131年正月起改元绍兴，并升越州为绍兴府。府治设山阴，辖山阴、会稽、诸暨、萧山、余姚、上虞、嵊县、新昌八县。元至元十三年(1276)，改绍兴府为绍兴路，辖县和治所均不变。元至正二十六年(1366)，复置绍兴府，治山阴，辖八县。

清设浙江省，省府之下置杭嘉湖、宁绍台、金衢严、温处四道，绍兴府隶属宁绍台道，辖县未变。宣统三年(1911)，并山阴、会稽为绍兴县。

民国元年(1912)2月，废府、州、厅旧制，实行省、县两级制，原绍兴府辖县均直属浙江省军政府。民国3年(1914)于省县间设会稽道，治宁波，时辖地相当于绍兴、宁波、台州三府。民国16年(1927)取消道制，原绍兴府七县直属于省。民国24年(1935)置绍兴行政督察区，专员公署驻绍兴县，辖绍兴、上虞、余姚、嵊县、新昌、诸暨、萧山七县。民国25年(1936)，改绍兴为第三行政督察区，其驻地、辖县不变。民国37年(1948)，更名为第二行政督察区，专员公署驻余姚，辖十四县(改萧山为省直属，增辖鄞县、慈溪、定海、镇海、奉化、象山、宁海、四明八县)。

1949年5月，绍兴全境解放。6月，设为浙江省第十专区，辖绍兴、上虞、嵊县、新昌、诸暨、萧山六县，余姚划归第二专区(宁波)。10月，改为绍兴专区，并析绍兴县城区置绍兴市，析绍兴县置会稽县，时辖一市七县。1952年1月，撤销绍兴专区，原所辖绍兴、诸暨、萧山三县及绍兴市改由省政府直属，上虞、嵊县、新昌划属宁波专区。1953年2月，省辖诸暨县划入金华专区，省辖绍兴市、绍兴县划入宁波专区；5月，绍兴市复为省辖，委托宁波专署代管。1957年8月，省辖萧山县划归宁波专区；9月，诸暨县由金华专区划归宁波专区。1958年1月，撤新昌县并入嵊县。1959年1月，萧山县由宁波专区划归杭州市。1961年12月，复置新昌县。1962年12月，撤绍兴市并入绍兴县。1964年9月，复设绍兴专区，驻绍兴县，辖绍兴、上虞、嵊县、新昌、诸暨五县。1968年5月，改名绍兴地区，并成立绍兴地区革命委员会。1978年9月，改名绍兴地区行政公署。1983年7月，撤销绍兴地区，改设省辖绍兴市，置越城区，下辖越城区、绍兴县、上虞县、嵊县、新昌县、诸暨县。

1989年9月，所辖诸暨县改设诸暨市(县级市)。1992年8月，所辖上虞县改设上虞市(县级市)。1995年12月，所辖嵊县改设嵊州市(县级市)。

2013年，国务院批复同意绍兴市调整部分行政区划：撤销绍兴县，设立绍兴市柯桥区；撤销上虞市，设立绍兴市上虞区；将原绍兴县的孙端镇、陶堰镇、富盛镇划归越城区管辖。绍兴市从原来的“一区五县(市)”调整为“三区三县(市)”，市区面积扩大至2959平方千米。

（市地方志编纂室／提供）

行政区划

【概况】 至2021年年末，绍兴市辖越城区、柯桥区、上虞区、诸暨市、嵊州市、新昌县，有49个镇、7个乡、47个街道、1587个行政村、555个社区(居)。其中，越城区有1个镇、16个街道，201个行政村，151个社区(居)；柯桥区有5个镇、11个街道、214个行政村、125个社区(居)；上虞区有10个镇、3个乡、7个街道、281个行政村、82个社区(居)；诸暨市有17个镇、1个乡、5个街道、397个行政村、118个社区(居)；嵊州市有10个镇、1个乡、4个街道、241个行政村、48个社区(居)；新昌县有6个镇、2个乡、4个街道、253个行政村、31个社区(居)。

2021年各区、县(市)地名命名、更名统计表

表1

类别／区域	建筑物及住宅区（个）	道路（条）	桥梁及其他（座）
越城区	60	24	11
柯桥区	17	17	1
上虞区	16	44	0
诸暨市	25	29	2
嵊州市	12	14	0
新昌县	18	9	0
合　计	148	137	14

2021年各区、县(市)地名标志设置统计表　　单位：块

表2

类别／区域	门（楼）牌	路牌	其他	小计
越城区	33715	225	0	33940
柯桥区	860	156	0	1016
上虞区	5666	20	0	5686
诸暨市	5695	183	0	5878
嵊州市	1448	178	0	1626
新昌县	7154	128	0	7282
合　计	54538	890	0	55428

2021年绍兴市镇(乡、街道)及村社区调整情况表

表3

区域 \ 类别	镇		乡		街道		行政村		(社区)居委会	
	2020年	2021年	2020年	2021年	2020年	2021年	2020年	2021年	2020年	2021年
越城区	1	1	—	—	15	16	201	201	151	151
柯桥区	5	5	—	—	11	11	214	214	124	125
上虞区	10	10	3	3	8	7	281	281	78	82
诸暨市	17	17	1	1	5	5	397	397	116	118
嵊州市	10	10	1	1	4	4	241	241	47	48
新昌县	6	6	2	2	4	4	253	253	31	31
合计	49	49	7	7	47	47	1587	1587	547	555

【行政区域界线变更后续工作】 2021年，绍兴市按照省政府《关于绍兴市越城区和上虞区部分行政区域界线变更的批复》文件精神，推进越城区和上虞区部分行政区域界线变更的后续主要工作。4月，完成沥海街道揭牌仪式，明确行政区划代码。6月，全面完成所涉18个市级部门和越城区、上虞区合计31大项1527条相关职责的划转；完成53家规上工业企业、4507家各类市场主体、24个村(居)和5.6万名常住人口的管理服务职能交接工作。10月，完成越城区和上虞区行政区域界线勘定工作。完成勘界协议书、协议书附图、界桩成果表等成果资料并经越城区政府和上虞区政府盖章确认。经勘定，沥海街道行政区域面积40.6平方千米，越城区和上虞区行政区域界线长度由61.77千米变更为86.89千米，涉及越城区4个镇(街)和上虞区5个镇(街)，界桩个数由原来的3个增至4个。

【清理整治不规范地名】 2021年，绍兴市开展不规范道路地名标志清理整治工作，排查出涉及整改地名标志的道路107条、整改地名标志878块。

【“党史中的浙江地名——绍兴篇”系列实践活动】 2021年，绍兴市民政局组织开展地名故事征集、红色地名党课教育、摄影比赛、制作微电影等活动，共收到红色地名微视频2个、红色地名故事116个、红色地名照片800余张。甄选100个具有代表性的“红色地名”，举办“党史中的浙江地名·绍兴篇”展览活动。6月25日，开展仪式在诸暨市枫桥镇枫源村举行。

(市民政局/提供)

人口

【概况】 至2021年年末，绍兴市有户籍人口总户数1655770户，总户籍人口4468479人，其中男性2219069人，女性2249410人，分别占总户籍人口的49.66%和50.34%，性别比为98.65(女=100)，平均每户2.70人，总户籍人口比2020年减少7948人，年增长-1.78‰；全市省外迁入15231人，省内迁入5908人，迁往省外6258人，迁往省内15411人，人口机械增长-530人，机械增长率-0.12‰；全市出生登记25879人，死亡注销33232人，自然增长-7353人，自然增长率-1.64‰；按公安部新的统计口径统计，全市城镇人口2305603人，占总户籍人口的51.60%；全市总户籍人口按年龄段分布构成为：0—17岁630607人、18—34岁841088人、35—59岁1775839人、60岁及以上1220945人，分别占总人口的14.11%、18.82%、39.74%、27.32%。市区总户籍人口2244248人，其中越城区829078人，柯桥区698109人，上虞区717061人；县户籍人口2224231人，其中诸暨市1079524人，嵊州市714469人，新昌县430238人。

【流动人口管理】 至2021年末，全市共登记流动人口1774800人，其中越城区407202人，柯桥区640960人，上虞区212954人，诸暨市376862人，嵊州市80011人，新昌县56811人。

(市公安局/提供)

年度主要天气气候事件

【年均气温创新高，高温日数偏少】 2021年，绍兴市平均气温18.7℃，较常年平均高1.3℃，较2020年高0.3℃，创历史新高。高温天气出现较早，5月即出现三天全市大范围高温天气，但夏季高温热浪不明显，其中6月几乎没有高温，8月高温也偏少，9—10月“秋老虎”持续发威。全年高温日数31天，较常年少2天，其中≥38℃的高温日数全市平均仅1天。

【“烟花”久滞慢消，过程雨量破纪录】 2021年，第6号台风“烟花”具有路径复杂移速慢、影响时间长、过程总雨量大等特点。“烟花”是首个在省内两次登陆的台风，对绍兴市的风雨影响达7天，全市过程面雨量331毫米，破绍兴市影响台风降雨纪录，单站最大嵊州金庭镇牛团仓867毫米，位列全省第三，也打破绍兴市影响台风单站降水纪录，全市大部分地区风雨影响致灾强度等级为特重。

【极端暴雨天气多，小时雨强破极值】 2021年汛期尤其是6—8月，全市频繁出现短时暴雨天气达52次，小时雨强动辄50毫米以上，其中6月9日夜里至10日凌晨，诸暨市西北部出现百年一遇短时大暴雨，最大小时雨强为姚江祝园95.8毫米，破历史纪录，引发山洪、山体滑坡、泥石流等次生灾害。8月11日，越城区阳明中学站最大小时雨强99.4毫米，再破历史极值。全市共发布暴雨红色预警信号26条，超过过去10年总和。

【春季强对流频发，雷暴大风影响重】 2021春季，绍兴市强对流天气频发，其中4月30日夜里上虞区、柯桥区和越城区东部出现大风天气，并伴有小冰雹，全市有38站出现8级以上大风，最大为上虞本站11级；5月10日夜飑线横扫全市，有124站出现8级以上大风，4站出现11级大风，最大为新昌安顶山茶场12级；5月14日夜，诸暨北部、柯桥南部和上虞中部再次出现强雷电、短时强降水、大风等强对流天气，全市45个站出现8级以上大风，最大为柯桥平水站12级。全市多地受灾，影响严重。

【双峰拉尼娜效应，寒潮频现冰冻多】 2021年是历史上少有的双峰型拉尼娜事件(1951年以来仅出现5次)的次年，北方干冷空气活动异常频繁，寒潮频次4次之多，创2011年以来最多纪录，低温冰冻较严重。年初跨年寒潮致1月1日全市各地最低气温在-6℃—-8℃，2021年元旦成为有气象记录以来的最冷元旦。

【中间虽涝两头旱，水库供水压力大】 2021年，柯桥区、诸暨市、嵊州市年降水量均创历史最多纪录，其余县市也排名靠前，但全年各月分布极不均匀，总体夏季异常偏多、春秋冬三季偏少，造成绍兴市2021年初冬春连旱、2021年末冬季又旱，对水库供水造成不利影响。气象部门全年共开展人工增雨作业53次，发射火箭弹326枚。

【梅雨特征不典型，梅期偏短雨量多】 2021年，绍兴市6月10日入梅，7月5日出梅，梅期25天，梅雨量全市平均283.4毫米，比常年偏多近2成，梅期长度比常年偏少5天，梅汛期间强降雨呈现分散性、局地性、极端性等特征。入梅后，出现3轮强降雨过程，分别在6月10—13日、6月17—20日、6月26—7月4日。梅雨不典型，多为午后雷阵雨天气，3轮强降雨过程之间间隔时间较长，其中第三轮过程多伴有短时强降水、雷雨大风等强对流天气。

【盛夏罕见"倒黄梅"，多地受灾影响重】 2021年8月9—17日，绍兴市出现盛夏季节罕见的连续降雨天气，强降雨持续时间长、范围广，并频繁出现短时暴雨或大暴雨，引发城市内涝、山体滑坡、树木水稻倒伏等次生灾害，其中嵊州市灾害影响最为严重。全市平均雨量237毫米，是历史同期的5倍左右，创历史极值。

【"灿都"路径复杂，东部出现大暴雨】 受2021年第14号台风"灿都"影响，绍兴市部分地区出现暴雨，局部特大暴雨。全市平均雨量86毫米，其中上虞124毫米、有11站超过200毫米，3站超过300毫米，最大为嵊州金庭镇牛团仓334毫米，最大小时雨强为新昌小将镇南天门42毫米。全市28站出现8级以上大风，最大为嵊州仙岩镇白岩10级。

【入秋时间特别迟，史上最热国庆节】 2021年10月16日，绍兴市才完成夏、秋两季的转换，是有气象记录以来入秋时间(连续5天日平均气温小于22℃)最迟的一年(通常在9月下旬入秋)。国庆假期，全市出现持续晴热高温天气，平均气温26.5℃，较常年20.9℃高，为有气象记录以来最热的国庆假期。

(市气象局/提供)

年度经济社会发展简况

【经济建设】 2021年，绍兴市统筹经济社会发展和推进疫情防控，统筹发展和安全，取得新成效。实现地区生产总值6795亿元，增长8.7%，实现经济高质量发展"全年红"。深化传统产业改造提升，推动越城区印染、化工企业跨区域搬迁集聚，实施数字经济"一号工程"2.0版；推进"双十双百"集群制造行动、智能制造五年提升行动，省产业集群新智造试点实现县域全覆盖，新增市级智能工厂7家、数字化车间46个。推进绍兴科创大走廊建设，加快镜湖科技城、绍芯集成电路等科创平台和实验室建设，引进浙大绍兴研究院，成立全市研究院联盟，新增省级新型研发机构36家，加快国家知识产权强市建设，推进国家和省级引才计划等重大人才工程，办好"名士之乡"人才峰会、招才引智"春秋专列"、乡村人才振兴大赛等系列人才活动，在全省率先建设滨海新区人才管理改革试验区，成立人才发展有限公司，国家人才计划入选数居全省第二位；"鲲鹏行动"计划顶尖人才引进实现零的突破，新增就业大学生14.2万人。提升制造业平台能级。三大"万亩千亿"新产业平台产值突破1000亿元，3个国字号开发区全国排名大幅提升，获批杭绍临空经济一体化发展示范区绍兴片区，开展开发区(园区)工业全域治理，整治低效企业514家，新增省级小微企业园18个。推进高水平对外开放，加快建设综保区、跨境电商综试区、市场采购贸易等国家级开放平台，综保区一期通过国家验收，获批浙江自贸区联动创新区，出口总额增长15.4%。推动企业"长高长壮"，全面落实减税降费政策，为企业减负275.5亿元；新增上市公司9家，培育"隐形冠军"企业117家、"专精特新"企业27家。新引进50亿元以上项目13个、100亿元以上项目4个；"市县长项目"开工入库率79.3%；固定资产投资增长11.7%。

【政治建设】 2021年，中共绍兴市委切实加强自身建设，带头学懂弄通做实习近平新时代中国特色社会主义思想。坚定不移践行"两个维护"，围绕深入学习贯彻中共十九届六中全会精神，召开全市领导干部会议、开展集体现场教学并重温入党誓词、召开贯彻落实省委"六讲六做"大宣讲活动动员部署会，收看中央宣讲团报告会，召开专题学习会、市委常委扩大会议，持续兴起学习宣传贯彻热潮；常态化落实习近平总书记对绍兴工作重要指示批示精神"四张清单"，开展"六讲六做"大宣讲活动，持续强化政治监督、政治巡察、政治素质考核，坚定不移做"两个确立"忠诚拥护者、"两个维护"示范引领者。开展党史学习教育，纵深推进"五大专题活动"，深入研讨习近平总书记"七一"重要讲话精神以及《习近平在浙江》采访实录、《习近平科学思维方法在浙江的探索与实践》等，自觉学党史、悟思想、办实事、开新局，以争当"五个模范"的姿态落实好省委"九学九新"目标任务。高标准做好县乡领导班子换届工作，聚焦新时期好干部标准和省委"五项标准"要求，探索实施"五察五识"

考察法，选优配强县乡领导班子，加强干部队伍梯队建设；深化“两个担当”良性互动，常态化开展澄清正名工作，2021 共澄清正名 39 人次。提升基层党建工作质量，坚持基层党建引领基层治理，完善社区党建“契约化”共建“1+5”集成工作体系，撬动引领城市基层党建全面建强、整体提升；创新推动“五星 3A”跃迁升级，在成功创建 1404 个“五星达标村”、151 个“3A 示范村”基础上，确定首批 13 个乡村振兴先行村。驰而不息正风肃纪反腐，狠抓中央八项规定精神落实，深化整治形式主义、官僚主义，持续做好基层减负工作，查处“四风”问题 255 个、处理 350 人，给予党纪政务处分 236 人；坚定一体推进“三不”的战略定力，处置问题线索 4783 件，立案 1632 件，给予党纪政务处分 1444 人；深入开展政法队伍教育整顿，推进 217 个顽瘴痼疾问题整改销号。深化清廉绍兴建设，制定加强对“一把手”和领导班子监督“五张责任清单”和 19 项配套制度，推动各级领导干部自觉接受监督、主动开展监督；创造性运用新时代“枫桥经验”深化镇乡（街道）纪检监察工作规范化建设，开展重复检举控告件集中治理。全市纪检信访举报量、检举控告量、重复举报量，较 2020 年下降 24.3%、29.3%、16.1%。建立健全抓党建带全局机制，构建党建统领的整体智治体系，深入开展全省“七张问题清单”贯通应用试点，以“七张问题清单”整改带动党建全域提升、发展全域提质。

【文化建设】 2021 年，绍兴市进一步厚植城市内涵特质，在人文生态上争做样板。坚持人文为魂、生态塑韵，持续擦亮历史文化名城和东亚文化之都“金名片”，绘好全市域“美丽图”。实施新时代文化绍兴工程，推进“一廊三带”建设。实施“宋韵文化传世工程”，加快兰亭文化旅游度假区、黄酒小镇、珍珠小镇等重大文旅平台和项目建设，办好公祭大禹陵典礼、兰亭书法节、阳明心学大会、纪念徐渭诞辰 500 周年、纪念鲁迅诞辰 140 周年、“东亚文化之都 · 中国绍兴活动年”、中日旅游论坛等重大文化活动，打响“运河文化”“诗路文化”“古越文化”品牌。入选国家文化和旅游消费试点城市，获评全国首批研学旅游目的地城市。发展文化事业，深入实施文化惠民工程，推进城市公共文化服务体系建设三年行动，制定实施名人故居激活三年行动计划，开展宋六陵、王阳明新建伯府遗址等考古发掘工作，“浙东考古基地”落户绍兴。深化全域文明创建，完善基层公共文化服务网络，推广诸暨市新时代文明实践中心先行试验区建设经验，打造“15 分钟文明实践服务圈”。

【社会建设】 2021 年，绍兴市坚持财政支出向民生领域倾斜，完成十方面民生实事。落实稳岗稳企稳就业举措，开发上线“越安薪”应用，推进“无欠薪”行动，城镇新增就业 25.6 万人。完成医保基金信用监管国家试点，基本医保市级统筹试点经验全省推广。推进教育现代化，精准落实义务教育“双减”政策，市聋哑学校易地新建工程完工，绍兴技师学院、龙山书院建设推进，浙江金融职业学院绍兴校区启动建设，杭州电子科技大学集成电路科学与工程学院（杭电绍兴校区）签约落户。深化县域医共体、城市医联体改革，争取国务院公立医院综合改革激励，国家级临床重点专科实现零突破，诸暨市人民医院和中医医院晋升为三甲医院，推进镜湖医院、市妇保院、市中医院等项目建设，国科大肿瘤医院绍兴院区、浙大邵逸夫医院绍兴院区、省人民医院越城院区、浙大二院柯桥院区等 4 家省级医院落户。绍兴市通过国家卫生城市复审。绍兴市运动员在东京残奥会和全国残运会上创历史最好成绩，全运会金牌数居全省第 4 位。出台《绍兴市居家养老服务条例》，新增乡镇（街道）居家养老中心 16 家，完成生活困难老年人家庭适老化改造 2683 户，老旧小区加装电梯 309 台；加强对困难群体的帮扶力度，残疾人、红十字和慈善事业不断发展。

坚持发展全过程人民民主，加强重点领域创制性立法，推进《绍兴黄酒保护和发展条例》等 4 个立法项目，围绕市委重大决策部署打好视察、调研、询问、审议、督查“组合拳”，开展“局长代表面对面”等活动，全面推进“八五”普法工作。支持政协依法依章程履行职责，承办发挥人民政协专门协商机构作用理论研讨会，举行市政协专题监督性常委会会议等，创新协商民主实践，打造“请你来协商”“有事好商量”“委员三走进”“民生议事堂”等特色履职品牌。推进统战工作，以各民主党派市级组织换届为契机加强参政党建设，出台全省首个《宗教活动场所建设与管理规范》地方标准，加强民营经济代表人士队伍建设，构建市县乡三级乡贤组织网络，做好港澳工作。坚持和发展新时代“枫桥经验”，扎实开展政法队伍教育整顿，做好平安护航建党百年维稳安保工作，深入实施“十大牵引性项目”，首创“枫桥指数”评价体系，创新开展“主官办信”工作。全市三级政府主要负责人共阅办信访件 2.9 万余件，办结率 98.8%，常态化开展扫黑除恶斗争，平稳处置独立学院转设引发的风险。绍兴市被命名为平安中国建设示范市；诸暨市被命名为平安中国建设示范县，并被授予“长安杯”。全力防范化解金融、隐性债务、房地产市场等风险，不良贷款率降至 0.78%，市本级、新昌县存量隐性债务清零，恒大集团等房企风险稳妥处置；打好“遏重大控较大”攻坚战，生产安全事故起数下降 10.9%，群众安全感持续保持高位。落实党管武装政治责任，加强国防后备力量建设，推进国防动员体制改革落地。

【生态文明建设】 2021 年，绍兴市持续深化生态文明建设，推进碳达峰碳中和，制定实施碳达峰行动方案和年度工作计划。深化全域能效综合创新试点，推进能耗双控“百日攻坚”等行动，创建清华长三角碳中和实验室，开展低碳工业园区建设和“零碳”体系试点，加快园区循环低碳改造，切实遏制“两高”项目盲目发展。启动国家级生态文明建设示范市创建，全面完成第一轮中央生态环保督察反馈问题整改销号，抓好第二轮中央生态环保督察反馈问题、长江经济带生态环境问题整改落实工作，588 件交办信访件销号率 99.7%，曹娥江嵊州段污水入河问题整改深入推进。推动“河湖长制”提档升级，加快工业区“污水零直排区”建设，县级以上饮用水水源地水质达标率 100%，再夺“大禹鼎”银鼎。开展空气质量巩固提升行动，$PM_{2.5}$ 浓度下降至 27 微克 / 立方米，空气质量优良天数比例 93.2%，率先完成全国“无废城市”试点，全域推进“无废城市”建设。

（市委办公室 / 提供）

中国共产党绍兴市委员会

综　述

【概况】 2021年，中共绍兴市委认真学习贯彻习近平新时代中国特色社会主义思想，全面贯彻落实中央和省委、省政府各项决策部署，紧紧围绕忠实践行"八八战略"、奋力打造"重要窗口"主线，聚焦聚力"五个率先"，统筹经济社会发展和疫情防控，推动绍兴发展取得新成效。

深入开展党史学习教育，把党史作为最好的教科书、营养剂，深化《习近平在浙江》等学习研讨，开展全覆盖轮训，大力开展"三为"实践活动，增强党史学习教育感染力、实效性。精心组织庆祝建党百年系列活动，"跟着总书记学党史"等活动，为2.7万余名老党员颁发"光荣在党50年"纪念章。把学习贯彻中共十九届六中全会精神作为党史学习教育重要内容之一。召开市委专题学习会、"六讲六做"动员部署会；市委常委会带头开展现场教育，集体学习六中全会精神，参观中共绍兴历史展，瞻仰周恩来"风范园"，带头下基层开展宣讲，持续推动六中全会精神入脑入心。

把推动共同富裕作为推进现代化先行的重大实践，扎实推动共同富裕实践活动。组建市委社会建设委员会，作出《中共绍兴市委关于深入学习贯彻习近平总书记"七一"重要讲话精神　奋力打造浙江高质量发展建设共同富裕示范区市域范例的决议》《绍兴奋力打造浙江高质量发展建设共同富裕示范区市域范例行动方案(2021—2025年)》，加快构建"五大体系"，制定"四张清单"，推进诸暨市打造精神文明高地等省级试点；突出乡村这个重点难点，成立乡村振兴局，召开农业高质量发展大会，实施"科技强农、机械强农"行动，全面整治耕地"非农化""非粮化"，高标准推进13个乡村振兴先行村创建工作，粮食总产量稳居全省第二位；深入实施全国宅基地制度改革整市试点，探索构建新型农民住房保障体系。至年末，城乡居民收入分别达到7.3万元左右和4.2万元左右，分别较2020年增长9.5%左右和10.5%左右，低收入农户收入增长13%左右。

2021年12月2日，市委书记盛阅春(左)赴诸暨市宣讲党的十九届六中全会和省委十四届十次全会精神 (市委宣传部/提供)

把数字化改革作为全面深化改革总抓手，全面推进数字化建设。建立健全协同联动的工作推进机制，以"三张清单"和"一本账"为抓手，体系化规范化构建"152"工作体系，182个应用上线运行，"越快兑"等应用上下贯通。抓好重大应用开发建设，争取省级试点136个，"浙里兴村(治社)共富"被省数字化改革《领跑者》刊发推广，"重大决策社会风险评估"、执行"一件事"等6个应用入围省改革突破奖候选名单，"一照通用"等18个应用获评省"最佳应用"，"智慧编办""绍兴古城信息管理""非法营运车辆监管"分别获中央机构编制委员会办公室、住房城乡建设部、交通运输部推广，"人才管家""无废城市"等应用在全省推广；扎实推进数字化改革成果展绍兴展区布展工作。全面启动"县乡一体、条抓块统"县域整体智治改革。

在党中央、国务院亲切关怀下，在省委、省政府直接指挥下，市联防联控指挥部沉着应对本地疫情短时间内多点突袭而至、多代传播的严峻形势，靠前指挥、果断决策，迅速扭转疫情初期上虞防控工作的被动局面。锁定"奋战一星期、村社早清零"和"12月底前实现动态清零"目标，迭代升级防控工作体系和机制，全力组织快检测、快流调、快编组、快转运、快隔离，仅用10天时间实现社区清零，至12月31日上虞全域解封、全市动态清零，创造了疫情防控工作中的"绍兴速度"，得到国务院工作组和省委、省政府高度肯定。全市各级各部门特别是上虞区的党员干部、医护人员、公安干警、武警官兵和社区工作者、志愿者，弘扬伟大抗疫精神，齐心协力、不分昼夜、硬核作战，涌现了以崔煜忠、楼建勇为代表的一批先进典型，为打赢疫情防控遭遇战发挥了重要作用。

【庆祝中国共产党成立100周年】 2021年是中国共产党成立100周年。中共绍兴市委统筹安排、精心组织、强化宣传，在全社会营造浓厚热烈的庆祝氛围。7月1日上午8时，庆祝中国共产党成立100周年大会在北京隆重举行，中共中央总书记、国家主席、中央军委主席习近平在大会上作重要讲话。绍兴市委第一时间制发通知，要求全市各级各部门各党组织切实做好大会收听收看工作，并组织市领导及相关市级部门负责人200余人集中收看大会盛况，认真学习聆听习近平总书记重要讲话。7月1日下午，根据省委统一部署，绍兴市委组织四套班子领导和相关部门参加浙江省庆祝中国共产党成立100周年大会，认真学习习近平总书记在庆祝中国共产党成立100周年大会上的重要讲话精神，学习省委庆祝大会和省委书记袁家军重要讲话精神。7月2日上午，绍兴市委召开市委常委会会议，专题学习贯彻习近平总书记在庆祝中国共产党成立100周年大会上的重要讲话、浙江省庆祝中国共产党成立100周年大会精神，研究部署贯彻落实意见。7月5日下午至6日上午，绍兴市委组织学习习近平总书记在庆祝中国共产党成立100周年大会上的重要讲话精神专题读书班，深入学习领会习近平总书记在庆祝中国共产党成立100周年大会上的重要讲话精神，强化守好"红色根脉"，扛起"五大历史使命"的政治担当，切实把党史学习教育的成果转化为忠实践行"八八战略"、奋力打造"重要窗口"，加快实现"四个率先"、高质量发展建设共同富裕示范区的思想自觉和实干之力。

绍兴市县两级党报及都市类报纸在7月1日、2日套红。《绍兴日报》于"七一"当日头版编排"一心向党"主题版面，推出跨版《越过百年》；7月2日建党百年盛典特别报道刊发习近平总书记讲话全文、庆祝大会侧记及大会在绍兴市"两优一先"代表中引发热烈反响、绍兴市各地干部群众认真收听收看大会直播等多篇相关报道；7月3日起陆续刊登习近平总书记重要讲话在全市广大干部群众中引发热烈反响系列报道。

在"七一"前后，绍兴市委组织市领导集体瞻仰中共绍兴第一个地方党组织成立旧址、参观中国共产党绍兴历史展并带领新入中国共产党党员代表举行入党宣誓仪式、"建党百年　初心如磐"——长三角红色档案珍品展、"壮丽的航程"绍兴市庆祝中国共产党成立100周年主题晚会等活动。

同时，各地各单位结合实际，开展丰富多彩、生动活泼的纪念中国共产党成立100周年活动。

【市领导集中调研】 2021年1月5—6日，市四套班子领导马卫光、盛阅春、谭志桂、魏伟、陈澄等，集中调研绍兴市重点项目建设情况，踏看全市6个区、县(市)的18个重点项目，与企业家深入交流，详细了解项目建设推进情况，并听取企业意见建议。5日，市领导先后调研越城区的医疗器械产业创新服务综合体、长电科技(绍兴)、浙江芯测半导体显鋆一期、集成电路设计产业园(东园)项目，上虞区的杭州湾上虞经开区医药产业园、康龙化成(绍兴)医药中间体、晶盛机电产业园一期项目，柯桥区的杭州湾数智港、东盛慧谷科创园、旅悦总部项目。6日，市领导先后调研嵊州市的长鸿全生物降解新材料产业园、图森木业、陌桑现代茧业功能性蛋白质纤维建设项目，新昌县的美力科技先进复合材料汽车零部件制造产业园、远信热风拉幅定形机智能化工厂、十九峰旅游综合体项目，诸暨市的重组人源胶原蛋白原料及终端产品、数智安防产业基地、珍珠数字产业项目。

【年度综合考评】 2021年，绍兴市聚焦"四个率先"，突出"三先三创"，起草制定《2021年度工作目标责任制考核办法》《2021年度工作目标责任制考核细则》。牵头制定2021年6个区、县(市)和96个市级部门(单位)年度重点工作清单。强化过程监测、推动数字化考核，线上线下相结合开展考核指标动态跟踪，组织实施对2020年度区、县(市)和市级部门(单位)的工作目标责任制考核工作，3个区、县(市)和36个市级部门(单位)被评为年度工作优秀单位。

【接待工作】 2021年，绍兴市共接待来宾612批次8358人次。其中，接待警卫任务17批次283人次；接待部级以上(含副部级)194批次1662人次；接待党政代表团22批次405人次；服务保障大型活动(周、节)19批次。

（市委办公室／提供）

重要会议

【市委会议】 2021年，市委召开全体会议2次，即市委八届十次全体(扩大)会议和市委八届十一次全体会议。

中共绍兴市委八届十次全体(扩大)会议　2021年7月7日在市区召开。会议坚持以习近平新时代中国特色社会主义思想为指导，深入学习贯彻习近平总书记在庆祝中国共产党成立100周年大会上的重要讲话精神，全面贯彻落实中共十九大和十九届二中、三中、四中、五中全会精神，按照《中共中央国务院关于支持浙江高质量发展建设共同富裕示范区的指导意见》、省委十四届九次全会部署，进一步动员全市各级党组织和党员干部，不忘初心、牢记使命，以党的百年历史为新起点，率先走出争创社会主义现代化先行省市域发展之路，奋力打造浙江高质量发展建设共同富裕示范区的市域范例。审议通过《中共绍兴市委关于深入学习贯彻习近平总书记关于共同富裕重要论述奋力打造浙江高质量发展建设共同富裕示范区市域范例的决议(草案)》《绍兴奋力打造浙江高质量发展建设共同富裕示范区市域范例行动方案(2021—2025年)(草案)》。市委书记马卫光主持并讲话。

中共绍兴市委八届十一次全体会议　2021年11月29日在市区召开。市委副书记陈澄作《关于召开中国共产党绍兴市第九次代表大会的决议(草案)》的说明，审议通过《关于召开中国共产党绍兴市第九次代表大会的决议(草案)》。市委书记盛阅春主持。

【市委常委会会议】 2021 年，市委召开常委会会议 45 次。

1 月 7 日会议　传达学习省委常委会会议精神，听取绍兴市贯彻落实意见汇报，传达学习全省民营经济统战工作会议精神，听取绍兴市贯彻落实意见汇报，传达学习贯彻省委副书记、省长郑栅洁在绍开展 "三服务" 活动时的讲话精神，传达学习贯彻省委常委、组织部部长黄建发在绍开展 "三服务" 活动时的讲话精神，听取关于 2020 年全市食品药品安全工作情况汇报，听取《关于加快推进绿色建筑和新型建筑工业化发展的实施意见》起草情况汇报，听取关于绍兴市 2021 年经营性土地出让计划安排情况汇报，听取关于 2021 年度市县评比达标表彰和通报表扬项目申报情况汇报。

1 月 11 日会议　研究有关人事议题。

1 月 19 日会议　传达学习贯彻习近平总书记在省部级主要领导干部学习贯彻中共十九届五中全会精神专题研讨班开班式上的重要讲话精神，传达学习全国疫情防控工作电视电话会议精神，听取绍兴市贯彻落实意见汇报，听取市人大常委会、市政府、市政协、市中级人民法院、市检察院党组工作汇报，听取关于市人大常委会、市政府、市中级人民法院、市检察院提交市八届人大六次会议的工作报告稿起草情况和 2021 年市政府民生实事候选项目情况，市政协常委会提交市政协八届五次会议的工作报告稿和 2021 年度市委市政府市政协协商工作计划起草情况汇报，听取关于《绍兴市国民经济和社会发展第十四个五年规划和二〇三五年远景目标纲要草案》起草情况汇报，听取关于绍兴市 2020 年国民经济和社会发展计划执行情况与 2021 年国民经济和社会发展计划草案情况汇报，听取关于 2021 年全市基础设施、服务业重点建设项目和市级政府(国企、平台)投资项目计划编制情况汇报，听取《关于 2020 年全市和市级预算执行情况及 2021 年全市和市级预算草案的报告》有关情况汇报，听取关于《市人大常委会 "十四五" 期间立法规划(草案)》和《市人大常委会 2021 年立法计划(草案)》情况汇报，听取关于 2021 年市两会各套组织机构名单编制情况汇报，研究有关人事议题。

1 月 22 日会议　传达学习贯彻中央农村工作会议、省委农村工作会议精神，传达学习贯彻中央政法工作会议、省委政法工作会议精神，传达学习贯彻《中华人民共和国档案法》主要精神，传达学习浙江省文学艺术界联合会第九次代表大会精神，听取绍兴市贯彻落实意见汇报，听取市纪委监委、市委组织部、市委宣传部、市委统战部、市委政法委 2020 年工作完成情况及 2021 年重点工作安排汇报，听取关于全市信访工作情况汇报，听取关于《深化生态文明示范创建 高水平建设新时代美丽绍兴规划纲要(2020—2035 年)》起草情况汇报，听取关于 2020 年度全市 "企业评部门、群众评行风" 工作情况汇报。

1 月 31 日会议　研究有关人事议题。

2 月 7 日会议　传达学习十九届中央纪委五次全会、省纪委十四届六次全会精神，听取绍兴市贯彻落实意见及市纪委八届六次全会会议方案和工作报告(草稿)起草情况汇报，传达学习中央巡视组巡视浙江省情况反馈会精神，听取绍兴市贯彻落实意见汇报，传达学习中央第三生态环境保护督察组督察浙江省情况反馈会精神，听取绍兴市贯彻落实意见汇报，传达学习全国、全省安全生产电视电话会议精神，听取绍兴市贯彻落实意见及 2020 年全市安全生产工作情况汇报，听取《绍兴市农村宅基地制度改革整市试点实施方案》起草情况汇报，听取关于 2020 年度全市表彰奖励、通报表扬评选结果情况汇报，听取关于 2020 年度工作目标责任制考核及国企和金融机构考核情况、科技进步目标责任制考核情况、人才工作目标责任制考核情况、市直机关先进基层党组织考评情况汇报，研究有关人事议题，交流市委常委 1 月份工作完成情况和 2 月份重点工作安排。

2 月 18 日会议　传达学习贯彻习近平总书记在中央政治局第二十七次集体学习时的重要讲话精神，传达学习贯彻全国宣传部长会议、全省宣传思想工作会议精神，传达学习贯彻全省数字化改革大会精神，听取市总工会党组、团市委、市妇联党组 2020 年工作完成情况及 2021 年重点工作安排汇报，听取关于《绍兴市加快推进集成电路产业发展若干政策(试行)》起草情况汇报。

2 月 26 日会议　传达学习贯彻习近平总书记在党史学习教育动员大会上的重要讲话精神和《中共中央关于在全党开展党史学习教育的通知》精神，传达学习中央单位巡视工作调研座谈会、《关于加强巡视巡察上下联动的意见》主要精神，听取绍兴市贯彻落实意见汇报，传达学习省委落实中央巡视组反馈意见整改工作动员部署会精神，听取《市委落实中央巡视反馈问题整改工作方案》起草情况汇报，听取关于《落实省委省政府党风廉政建设责任制检查反馈意见整改责任分工方案》汇报，听取关于《市委常委会 2021 年工作要点》起草情况汇报，听取关于 2021 年全国五一劳动奖和全国工人先锋号评选推荐名单汇报，交流市委常委 2 月工作完成情况和 3 月重点工作安排，传达全国市县乡领导班子换届工作电视电话会议精神，传达中纪委机关、中组部、国家监委《关于严肃换届纪律加强换届风气监督的通知》精神。

3 月 2 日会议　传达学习贯彻习近平总书记在全国脱贫攻坚总结表彰大会上的重要讲话精神，传达学习全省党史学习教育动员部署会精神，听取绍兴市贯彻落实意见汇报，传达学习贯彻省委书记袁家军在未来社区试点建设工作座谈会上的重要讲话精神，传达学习全国、全省政法队伍教育整顿动员部署会精神，听取绍兴市贯彻落实意见汇报，传达学习全省统战部长会议精神，听取绍兴市贯彻落实意见汇报，听取关于加强绍兴市红色文化遗产保护利用情况汇报，听取《关于推动 "五星达标、3A 争创" 迭代升级全面建设乡村振兴先行市、美丽中国示范区的实施意见》起草情况汇报。

3 月 26 日会议　传达学习贯彻习近平总书记在中央政治局第二十八次集体学习时重要讲话精神，传达学习贯彻习近平总书记在中央党校(国家行政学院)中青年干部培训班开班式上的重要讲话精神，传达学习贯彻省委书记袁家军在绍调研时的讲话精神，传达学习全国、全省新冠病毒疫苗接种工作电视电话会议精神，听取绍兴市贯彻落实意见汇报，传达学习十四届省委第十二轮巡视暨巡察指导督导工作动员部署会精神，听取绍兴市贯彻落实意见汇报，传达学习贯彻省委常委、政法委书记王昌荣在绍调研时的讲话精神，听取关于2021年市政府重大行政决策事项建议目录的情况汇报，听取关于2020年度市本级行政奖励项目申报情况汇报。

4月2日会议　传达学习全国扫黑除恶专项斗争总结表彰大会、全省建设平安浙江工作暨扫黑除恶专项斗争总结表彰会议精神，听取绍兴市贯彻落实意见汇报，听取《关于坚决打赢控较大遏重大生产安全事故攻坚战的实施意见》起草情况汇报，听取关于《绍兴市2021年“五水共治”（河湖长制）工作实施方案》起草情况汇报，听取关于《2021年督查检查考核年度计划》起草情况汇报，听取关于建立党员领导干部党支部工作联系点的情况汇报，交流市委常委3月工作完成情况和4月重点工作安排，听取关于市级部门和区、县（市）领导班子、市管干部2020年度考核等次建议汇报。

4月9日会议　传达学习贯彻“牢记重要嘱托，建设‘重要窗口’”专题交流会精神，传达学习全国、全省老干部局长会议精神，听取绍兴市贯彻落实意见汇报，传达学习《浙江省党委（党组）意识形态工作责任制实施细则》主要精神，听取绍兴市贯彻落实意见汇报，传达学习全省制造业高质量发展大会精神，听取绍兴市贯彻落实意见汇报，传达学习第十七次全省检察工作会议精神，听取绍兴市贯彻落实意见汇报，传达学习全省乡镇领导班子换届工作部署会精神，听取绍兴市高质量做好乡镇领导班子换届工作有关情况汇报，听取关于2021年度市委、市政府和市级有关单位与市各民主党派、工商联及无党派人士政党协商实施计划的情况汇报，听取关于2021年度重点工作清单起草情况汇报，听取关于《绍兴市国企改革三年行动实施方案》起草情况汇报，听取关于在全市干部队伍中开展“争先进位、率先发展”赛比活动实施方案汇报，研究有关人事议题。

4月16日会议　传达学习习近平总书记对深化东西部协作和定点帮扶工作的重要指示精神，听取绍兴市贯彻落实意见汇报，传达学习习近平总书记对打击治理电信网络诈骗犯罪工作的重要指示精神，听取绍兴市贯彻落实意见汇报，听取关于2020年度“社会治理突出贡献奖”评选情况汇报，研究有关人事议题。

4月23日会议　传达学习习近平总书记对职业教育工作的重要指示精神，听取绍兴市贯彻落实意见汇报，传达学习全省高速公路公安交通管理体制调整工作电视电话会议精神，听取绍兴市贯彻落实意见汇报，听取关于进一步完善全市道路交通管理工作机制的情况汇报，听取关于《全面加强危险化学品安全生产工作的实施意见》起草情况汇报，听取关于绍兴市城市轨道交通一期建设中期评估和第二期建设规划汇报，听取关于《绍兴市镜湖开发集团有限公司改组及实体化运作实施方案》起草情况汇报，听取关于全市一季度经济形势和社会稳定形势汇报，传达学习贯彻省委办公厅、省政府办公厅《关于在各市县建立新闻媒体舆论监督曝光问题督促整改机制的通知》精神，研究关于《今日聚焦》曝光曹娥江嵊州段污水入河问题整改工作。

4月29日会议　听取关于曹娥江嵊州段污水入河问题追责问责情况汇报，研究有关人事议题。

4月30日会议　传达学习省委法治浙江建设工作会议精神，听取绍兴市贯彻落实意见汇报，传达学习贯彻省委书记袁家军在省宣传思想文化工作领导小组会议上的讲话精神，传达学习贯彻全省农村文化礼堂2.0版暨新时代文明实践中心建设工作现场会精神，传达学习《2020年度全省各级党委（党组）落实意识形态工作责任制综合情况的通报》《关于2020年度绍兴市委意识形态工作责任制落实情况重点检查的反馈意见》精神，听取绍兴市贯彻落实意见汇报，听取关于2020年度全市落实意识形态工作责任制检查情况汇报，传达学习2021年度省委政法委员会第二次全体（扩大）会议、省扫黑除恶领导小组（扩大）会议精神，听取市贯彻落实意见汇报，传达学习构筑“党建＋信访”工作体系暨全省信访重点工作推进会精神，听取绍兴市贯彻落实意见汇报，听取关于《市委党的建设工作领导小组2021年工作要点》起草情况汇报，交流市委常委4月工作完成情况和5月重点工作安排。

5月12日会议　传达学习贯彻省委专题学习会精神，传达学习贯彻省数字化改革多跨场景重大改革需求研讨会暨市委书记工作例会精神，传达学习贯彻省推动长江经济带发展领导小组会议精神，传达学习提升党员干部队伍推进现代化建设新能力暨市县乡领导班子换届工作会议精神，听取绍兴市贯彻落实意见汇报。

5月28日会议　传达学习贯彻习近平总书记在中央政治局第二十九次集体学习时的重要讲话精神，传达学习贯彻省党政代表团赴京沪学习考察情况和省委常委会会议精神，传达学习全省建设新时代美丽浙江暨中央生态环境保护督察整改工作推进大会精神，听取绍兴市贯彻落实意见汇报，传达学习全省碳达峰碳中和工作推进会精神，听取绍兴市贯彻落实意见汇报，传达学习全省知识产权保护大会精神，听取绍兴市贯彻落实意见汇报，传达学习全省“万亩千亿”新产业平台建设现场推进会精神，听取绍兴市贯彻落实意见汇报，传达学习贯彻省委常委、省纪委书记、省监委主任许罗德在绍调研时的讲话精神，听取市级民主党派地方组织换届工作计划汇报，交流市委常委5月工作完成情况和6月重点工作安排，听取有关案件情况汇报。

6月4日会议　传达学习贯彻《中国共产党机要密码工作条例》精神，传达学习贯彻中共中央、国务院《关于新时代加强和改进思想政治工作的意见》精神，传达学习贯彻中央办公厅《关于当前意识形态领域形势的通报》精神，传达学习贯彻中央办公厅《党委（党组）网络意识形态工作责任制实施细则》精神，传达学习贯彻2021年度长三角地区主要领导座谈会和省委常委会会议精神，传达学习贯彻全省建设法治浙江决议实施15周年座谈会精神，传达学习贯彻全省平安护航中国共产党成立100周年工作推进会精神，通报有关事项。

6月7日会议　传达学习省委常委会会议关于独立学院转设事件精神，研究绍兴市贯彻落实意见。

6月23日会议　传达学习全国巡视工作会议暨十九届中央第七轮巡视动员

部署会精神，听取绍兴市贯彻落实意见汇报，传达学习全省深化纪检监察派驻机构改革工作推进会精神，听取绍兴市贯彻落实意见汇报，听取关于制定《绍兴黄酒保护和发展条例》情况汇报，听取关于绍兴市优秀共产党员、绍兴市优秀党务工作者和绍兴市先进基层党组织推荐工作情况汇报，听取关于县级班子换届实施意见起草情况汇报，研究有关人事议题。

7月2日会议　传达学习贯彻习近平总书记在庆祝中国共产党成立100周年大会上的重要讲话精神，传达学习贯彻浙江省庆祝中国共产党成立100周年大会精神，传达学习贯彻《中共中央关于加强对“一把手”和领导班子监督的意见》精神，传达学习贯彻《中国共产党组织工作条例》精神，传达学习《统计违纪违法责任人处分处理建议办法》和省两办有关通知精神，听取绍兴市贯彻落实意见汇报，听取关于《2021年度工作目标责任制考核办法》起草情况汇报，听取关于《绍兴市区户外广告和招牌设置管理规定》起草情况汇报，交流市委常委6月工作完成情况和7月重点工作安排。

7月6日会议　传达学习贯彻《论党的宣传思想工作》精神，传达学习贯彻习近平总书记在中国科学院第二十次院士大会、中国工程院第十五次院士大会、中国科协第十次全国代表大会上的重要讲话精神，传达学习贯彻中共中央《关于全面加强新时代少先队工作的意见》精神，传达学习全省新业态、新就业群体党建工作试点部署会精神，听取绍兴市贯彻落实意见汇报，传达学习全省清理规范公务员工资津贴补贴工作会议精神，听取绍兴市贯彻落实情况汇报，听取关于市委八届十次全会方案、报告和《绍兴奋力打造浙江高质量发展建设共同富裕示范区市域范例行动方案(2021—2025年)》起草情况汇报。

7月16日会议　传达学习贯彻习近平总书记在中国共产党与世界政党领导人峰会上的主旨讲话重要精神，传达学习贯彻习近平总书记在中央政治局第三十次集体学习时的重要讲话精神，传达学习贯彻习近平总书记在中央政治局第三十一次集体学习时的重要讲话精神，传达学习贯彻习近平总书记在“七一勋章”颁授仪式上的重要讲话精神，传达学习贯彻习近平总书记在《中共中央办公厅关于贯彻新发展理念专项督查调研的情况报告》上的重要批示精神，传达学习贯彻《中共中央组织部关于对山西等10个省(自治区)市县乡换届风气督查情况的通报》精神，传达学习贯彻县(市、区)委书记工作交流会精神，听取关于开展聘任制公务员工作情况汇报。

8月2日会议　传达学习贯彻习近平总书记对防汛救灾工作的重要指示精神，传达学习省委书记袁家军、省长郑栅洁在绍兴检查指导防台防汛和救灾工作时的讲话精神，传达学习贯彻省委学习习近平总书记“七一”重要讲话精神专题读书班精神，传达学习贯彻省委高质量发展建设共同富裕示范区领导小组第一次会议精神，传达学习贯彻山区26个县跨越式高质量发展暨山海协作工程推进会精神，听取关于全市半年度政治生态情况汇报，研究下一步全面从严治党工作，听取关于绍兴市党史学习教育阶段性推进工作情况汇报，听取关于全市半年度经济形势和社会稳定形势汇报，听取关于聘请市委法律顾问情况汇报，听取《绍兴市人民代表大会常务委员会关于促进和保障高质量发展建设共同富裕示范区市域范例的决定》起草情况汇报，听取关于制定《绍兴市居家养老服务条例》情况汇报，交流市委常委7月工作完成情况和8月重点工作安排。

8月9日会议　传达学习贯彻习近平总书记在中央政治局第三十二次集体学习时的重要讲话精神，传达学习习近平总书记关于疫情防控工作重要指示、李克强总理批示和全国疫情防控工作电视电话会议精神，听取绍兴市贯彻落实意见汇报，传达学习贯彻习近平总书记在西藏考察时的重要讲话精神，传达学习省代表团赴西藏学习考察有关情况，传达学习贯彻《中共浙江省委印发贯彻落实〈中共中央关于加强对“一把手”和领导班子监督的意见〉的十三项实施意见的通知》精神，传达学习贯彻全省统一战线暑期读书会精神，传达学习贯彻全省香港专项工作会议精神，传达学习贯彻全省组织系统学习习近平总书记“七一”重要讲话精神暨推进干部队伍干部工作系统性重塑建设变革型组织专题培训会精神，传达学习省委办公厅《关于当前我省意识形态领域形势的通报》和省纪委机关、省委宣传部《关于7起意识形态领域典型问题案例的通报》精神，听取关于《当前绍兴市意识形态领域形势的通报》起草情况汇报，听取《关于深化教育教学改革全面推进义务教育高质量发展的实施意见》起草情况汇报，听取关于《加快首台套产品发展的实施方案》起草情况汇报，听取《中共绍兴市人大常委会党组关于做好全市县乡两级人民代表大会换届选举工作的意见》起草情况汇报，听取有关案件情况汇报。

8月20日会议　传达学习贯彻习近平总书记在中央财经委员会第十次会议上的重要讲话精神，传达学习贯彻习近平总书记对档案工作的重要批示精神，传达学习贯彻省委副书记、省长郑栅洁在绍调研时的讲话精神，传达学习贯彻省委市级领导班子换届考察动员部署会精神，听取关于全市未成年人思想道德建设工作情况汇报，研究有关人事议题。

8月22日会议　传达中央对周江勇涉嫌严重违纪违法进行纪律审查和监察调查的决定以及省委常委会会议精神。

9月1日会议　传达学习贯彻习近平总书记在青海考察时的重要讲话精神，传达学习省代表团赴青海、新疆学习考察的有关情况，传达学习贯彻长三角三省一市主要负责同志专题视频会议精神，传达学习贯彻全省数字化改革工作推进会精神，传达学习贯彻省委文化工作会议精神，传达学习贯彻全省集中交流干部集体谈话会精神，传达学习贯彻全省政协主席暑期读书会暨宣传思想工作会议精神，传达学习贯彻省政协主席葛慧君在绍调研时的讲话精神，传达学习贯彻省委副书记黄建发在绍调研时的讲话精神，传达学习全省“双减”工作会议精神，听取绍兴市贯彻落实意见汇报，传达学习贯彻中组部《关于规范干部信息公开工作的意见》精神，交流市委常委8月工作完成情况和9月重点工作安排，研究有关民主党派市委会换届人事议题。

9月7日会议　研究有关人事议题。

9月17日会议　传达学习贯彻习近平

总书记在中央党校(国家行政学院)中青年干部培训班开班式上的重要讲话精神，传达学习习近平总书记在中央民族工作会议上的重要讲话精神以及省委民族工作会议精神，听取绍兴市贯彻落实意见汇报，传达学习贯彻习近平总书记在2021年中国国际服务贸易交易会全球服务贸易峰会上的致辞精神，传达学习贯彻习近平总书记在中央全面深化改革委员会第二十一次会议上的重要讲话精神、关于统计工作的重要讲话重要指示批示精神以及《防范和惩治统计造假弄虚作假重要文件选编》精神，传达学习十四届省委第十三轮巡视动员部署会、巡察指导督导工作总结及意见反馈会精神，听取绍兴市贯彻落实意见汇报，听取关于“1+9”政策修订情况汇报，听取《关于全面推行林长制实施办法》起草情况汇报，听取关于《加强行政服务中心建设实施方案》起草情况汇报，听取《关于在全市开展法治宣传教育的第八个五年规划(2021—2025年)》起草情况汇报，听取《绍兴市人民代表大会常务委员会关于开展第八个五年法治宣传教育的决议》起草情况汇报。

9月18日会议　研究有关人事议题。

9月22日会议　传达学习贯彻习近平总书记致中国质量(杭州)大会贺信的重要精神，传达学习《中共中央办公厅国务院办公厅关于印发〈国家网络空间安全战略〉的通知》精神，听取绍兴市贯彻落实意见汇报，传达学习《中共中央办公厅印发〈关于加强地方人大对政府债务审查监督的意见〉的通知》和省委常委会会议精神，听取绍兴市贯彻落实意见汇报，传达学习袁家军书记在省委常委会听取“双减”工作汇报后的讲话精神，听取绍兴市贯彻落实意见汇报，研究有关人事议题。

9月30日会议　传达学习贯彻习近平总书记致2021年世界互联网大会乌镇峰会贺信的重要精神，传达学习中共浙江省委办公厅《关于市、县(市、区)党委落实巡察工作主体责任的实施意见》精神，听取绍兴市贯彻落实意见汇报，传达学习《中共浙江省委认真学习贯彻〈关于进一步加强家庭家教家风建设的实施意见〉的通知》精神，听取绍兴市贯彻落实意见汇报，听取《关于加快推进慈善事业高质量发展的实施意见》起草情况汇报，交流市委常委9月工作完成情况和10月重点工作安排。

10月14日会议　传达学习贯彻习近平总书记在纪念辛亥革命110周年大会上的重要讲话精神，传达学习贯彻习近平总书记在中央人才工作会议上的重要讲话以及省委常委会会议精神，传达学习贯彻省委书记袁家军在省委理论学习中心组专题学习会上的讲话精神，传达学习贯彻全省基层党建工作会议精神，传达学习海洋强省建设推进会精神，听取绍兴市贯彻落实意见汇报，传达学习省委常委会会议和全省能耗双控电视电话会议精神，听取绍兴市贯彻落实意见汇报，传达学习贯彻省委副书记、代省长王浩在绍调研时的讲话精神，传达学习贯彻省委常委、常务副省长陈金彪在绍调研时的讲话精神，听取关于“大综合一体化”行政执法改革工作情况汇报，研究有关人事议题。

10月19日会议　传达学习贯彻习近平总书记在中央人大工作会议上的重要讲话及省委常委会会议精神，传达学习贯彻习近平总书记在中央政治局第三十三次集体学习时的重要讲话精神，传达学习贯彻省委书记袁家军在绍调研时的讲话精神，听取关于《绍兴市城市轨道交通管理条例》制定情况汇报，听取关于《绍兴市水资源保护条例》修改情况汇报。

10月28日会议　传达学习贯彻习近平总书记在中央政治局第三十四次集体学习时的重要讲话精神，传达学习贯彻习近平总书记对老龄工作的重要指示精神，传达学习贯彻县(市、区)委书记工作交流会精神，传达学习贯彻全省体育工作会议精神，传达学习贯彻省委副书记黄建发在绍调研时的讲话精神，听取关于《绍兴市深化“五水共治”碧水行动计划(2021—2025年)》起草情况汇报，听取关于《绍兴市网络预约出租汽车经营服务管理实施细则》修订情况汇报，听取关于全市三季度经济形势和社会稳定形势汇报。

11月24日会议　传达学习贯彻全国加强换届风气监督工作电视电话会议及中组部关于查处四川省自贡市自流井区严重违反换届纪律问题的通报精神，听取《中共绍兴市人大常委会党组关于绍兴市人民代表大会换届选举工作有关问题的意见》起草情况汇报，听取《关于绍兴市第九届政协人事安排工作的意见》起草情况汇报，听取区、县(市)政协委员扩大规模建议方案汇报，研究有关人事议题。

11月29日会议　听取关于市第九次党代会筹备工作情况汇报，研究有关人事议题。

12月1日会议　传达学习贯彻习近平总书记重要文章《扎实推动共同富裕》精神，传达学习贯彻习近平总书记在参观国家“十三五”科技创新成就展时的重要讲话精神，传达学习贯彻习近平总书记在第四届中国国际进口博览会开幕式上的主旨演讲精神，传达学习贯彻《关于规范领导干部廉洁从政从业行为进一步构建亲清政商关系的意见》精神，传达学习《中共浙江省委办公厅关于印发加强对“一把手”和领导班子监督“五张责任清单”的通知》精神，听取绍兴市加强对“一把手”和领导班子监督“五张责任清单”和19项配套制度起草情况汇报，传达学习贯彻新一届县(市、区)党政正职集体谈话会精神，传达学习贯彻省人大常委会贯彻中央人大工作会议精神部署会暨全省各级人大常委会主任学习会精神，传达学习贯彻全省深化“千万工程”建设新时代美丽乡村现场会精神，传达学习全省民营经济领域践行“两个健康”助力高质量发展建设共同富裕示范区动员部署会精神，听取绍兴市贯彻落实意见汇报，传达学习省青年工作联席会议第三次全体会议精神，听取《绍兴市中长期青年发展规划(2021—2025年)》落实情况及下一步工作汇报，听取关于《绍兴市突发公共卫生事件应急办法》起草情况汇报，听取关于《绍兴市产业基金管理办法》修订情况汇报，听取关于2021年市本级营职及以下转业军官安置建议方案汇报，交流市委常委11月工作完成情况和12月重点工作安排。

12月6日会议　传达学习贯彻习近平总书记在第三次“一带一路”建设座谈会上的重要讲话精神，传达学习贯彻习近平总书记致首届中国网络文明大会贺信精神以及中共中央办公厅、国务院办公厅《关于加强网络文明建设的意见》精神，听取绍兴市贯彻落实意见汇报，传达学习贯彻中央军民融合发展委员会第五次、第六次全体会议精神，传达学习全国人大常委会副委员长、全国妇联主席沈跃跃在绍兴调研时的讲话以及全国加强家庭家教家风建设工作推进会精神，听取绍兴市贯彻落实意见汇报，传达学习全省纵深推进清廉机关、模范机关建设工作会议精神，听取绍兴市贯彻落实意见及市直机关党建工作情况汇报，听取《中共绍兴市委2021年度落实全面从严治党主体责任报告》起草情况汇报，研究全面从严治党工作，听取市委常委会其他成员履行“一岗双责”情况汇报，听取省委巡察指导督导反馈问题整改进展情况和年度巡察工作情况汇报，研究有关巡察工作。

12月15日会议　传达学习贯彻中央经济工作会议以及全省领导干部会议精神，传达学习贯彻省委书记袁家军，省委副书记、代省长王浩在上虞检查指导疫情防控工作时的讲话精神，通报绍兴市新冠肺炎疫情防控工作情况，研究部署下一步工作。

12月21日会议　传达学习贯彻中共中央政治局委员、国务院副总理孙春兰在全国新冠肺炎疫情防控工作电视电话会议上的讲话和在绍兴调研指导疫情防控时的讲话精神，以及省委书记袁家军，省委副书记、代省长王浩在绍兴指导疫情防控工作时的讲话精神和省委常委会会议精神，听取绍兴市新冠肺炎疫情防控工作情况汇报，研究部署下一步工作。

12月28日会议　研究有关人事议题。

12月31日会议　传达学习贯彻习近平总书记在中国文联第十一次全国代表大会中国作协第十次全国代表大会开幕式上的重要讲话精神，传达学习贯彻习近平总书记对党史学习教育的重要指示精神，传达学习贯彻平安中国建设表彰大会精神，传达学习贯彻省委经济工作会议精神，传达学习省委人才工作会议精神，听取绍兴市贯彻落实意见汇报，传达学习高质量推进中国(浙江)自由贸易试验区建设大会精神，听取绍兴市贯彻落实意见汇报，传达学习省有关任务部署会精神，听取绍兴市贯彻落实意见汇报，传达学习贯彻省委组织部《关于进一步压实主体责任预防和严肃查处干部调配造谣传谣行为的通知》精神，听取关于2022年度市县评比达标表彰和通报表扬项目申报情况汇报，听取关于绍兴市“七张问题清单”工作情况及下步工作建议汇报，听取关于市委八届十二次全体(扩大)会议方案、报告及《中共绍兴市委八届十二次全会关于深入学习贯彻党的十九届六中全会精神 坚定不移做“两个确立”忠诚拥护者“两个维护”示范引领者的决议》起草情况汇报，听取关于《绍兴市出席中国共产党第二十次代表大会代表推荐工作实施方案》《绍兴市出席中国共产党浙江省第十五次代表大会代表选举工作实施方案》起草情况汇报，交流市委常委2021年12月工作完成情况和2022年1月重点工作安排，听取关于中共绍兴市第九届委员会、市纪律检查委员会人事安排原则意见汇报，听取关于市委提名到区、县(市)、驻绍部队和市级部门参选市第九次党代会代表人选建议方案汇报，听取关于绍兴市先进基层党组织、优秀共产党员、担当作为好干部推选情况汇报。

（市委办公室 / 提供）

市委重要决策和部署

【深化生态文明示范创建工作】 2021年4月2日，市委、市政府印发《深化生态文明示范创建高水平建设新时代美丽绍兴规划纲要(2020—2035年)》。纲要从现实基础和面临形势、战略定位与目标指标、构建集约高效绿色的美丽国土空间、形成绿色循环低碳高质量发展的美丽现代经济、守护自然和谐共生的美丽生态环境、打造宜居宜业宜游的美丽幸福家园、弘扬具有古越韵味的美丽生态文化、完善科学高效完备的美丽治理体系、保障措施9个方面作出部署，认真审视和把握作为“一带一路”、长江经济带、长三角一体化、亚运会城市圈等国家和区域多个发展战略惠及城市优势，加快推动生态文明建设健康发展，努力在浙江“重要窗口”全面展示绍兴山水的颜值之美和气质之美。

【制定中长期青年发展规划】 2021年5月28日，市委、市政府印发《绍兴市中长期青年发展规划(2021—2025年)》。规划从总体思路、主要任务、重点工程、保障措施四个方面作出部署，不断提升绍兴对

生态镜湖　（胡卓君 / 摄）

青年的吸引力、凝聚力和承载力，增强青年对绍兴发展的参与度、创新力和贡献力，在忠实践行“八八战略”，奋力打造“重要窗口”，加快实现“四个率先”，率先走出争创社会主义现代化先行省的市域发展之路的新征程中担当新使命、展现新作为。

【打造浙江高质量发展建设共同富裕示范区市域范例】 2021年7月7日，中国共产党绍兴市第八届委员会第十次全体会议通过《关于深入学习贯彻习近平总书记“七一”重要讲话精神 奋力打造浙江高质量发展建设共同富裕示范区市域范例的决议》。决议强调要深刻认识绍兴市奋力打造浙江高质量发展建设共同富裕示范区市域范例的重大意义，切实增强责任感使命感，以实际行动和显著成果彰显绍兴担当、创造实践样本。同时，要按照“每年有新突破、5年有大进展、15年基本建成”的安排压茬推进，不断把共同富裕美好图景变为绍兴实景；要紧紧围绕共同富裕的重点难点问题，着力在“增强三大动能、缩小三大差距、提升三大品质”上先行突破；要把学习贯彻习近平总书记“七一”重要讲话精神成果，转化为加强对奋力打造浙江高质量发展建设共同富裕示范区市域范例全面领导的具体措施，奋力推动共同富裕美好图景梯次展开、加快呈现、全面落地。

7月27日，市委、市政府印发《绍兴奋力打造浙江高质量发展建设共同富裕示范区市域范例行动方案(2021—2025年)》。方案指出：到2025年，绍兴市奋力打造浙江高质量发展建设共同富裕示范区市域范例取得明显实质性进展，形成一批具有辨识度的阶段性标志性成果。主要内容包括奋力打造产业创新升级、经济繁荣度充分彰显的市域范例；奋力打造全域一体协同、城乡融合度充分彰显的市域范例；奋力打造文化守正创新、精神富足度充分彰显的市域范例；奋力打造生态全域美丽、环境宜居度充分彰显的市域范例；奋力打造收入均衡增长、生活富裕度充分彰显的市域范例；奋力打造服务优质共享、保障实现度充分彰显的市域范例；奋力打造数字赋能未来、数智牵引度充分彰显的市域范例；奋力打造治理高效协同、社会和谐度充分彰显的市域范例。

【深化医疗保障制度改革】 2021年8月4日，绍兴市委、市政府印发《关于深化医疗保障制度改革的实施意见》，提出8个方面意见，包括确定总体目标；建设公平医保，推进医疗保障制度统一持续；建设精准医保，推进多层次医疗保障协调发展；建设赋能医保，推进医药服务供给侧改革协同高效；建设数字医保，推进医疗保障公共服务便捷优质；建设绩效医保，推进医疗保障运行机制稳健高效；建设法治医保，推进医保治理和监管依法有序；加强组织领导，推进医疗保障制度改革平稳有序。

（市委办公室／提供）

组织工作

【概况】 2021年，全市组织部门以习近平新时代中国特色社会主义思想为指导，践行新时代党的建设总要求和新时代党的组织路线，聚焦数字赋能，持续守正创新，推进干部队伍干部工作系统性重塑、党建引领基层治理系统性重塑、人才队伍人才工作系统性重塑、组工干部组工队伍系统性重塑，为绍兴率先走出现代化先行省市域发展之路、奋力打造共同富裕示范区市域范例提供组织保证。

全市发展中国共产党员9500余名。至年末，全市有中国共产党员37.3万余名，其中女党员11.6万余名，45岁以下党员15.5万余名。有基层党组织2.1万余个，其中，乡镇党委56个，街道党工委47个，行政村党组织1587个，国有企业党组织1000余个，事业单位党组织2300余个，机关党组织2300余个。引进“鲲鹏计划”人才实现“零的突破”，入选国家级领军人才数量居全国同类城市前列，新引进大学生14.2万人，其中硕博士6213人，城市人才吸引力指数居全国第24位。全市组织系统获省委领导批示8次，《人民日报》《光明日报》《新华每日电讯》《中国组织人事报》等媒体大篇幅刊发绍兴市经验做法50余篇次。

【市县乡换届工作】 2021年，中共绍兴市委组织部以市县乡换届为契机，按照政策要求优化干部队伍年龄、性别、党派、专业、学历、经历结构，系统重塑班子结构功能，新提任(进一步使用)干部55人；不再继续提名32人；留任干部86人；市县之间和县域之间交流干部49人，本地区四套班子间转岗24人。人事调整后，6个区、县(市)党外干部、女干部均达到配备要求。党政领导班子中配备40岁左右干部29人，其中“85后”干部6人；全日制大学以上学历57人，占到总数的60%；具有镇(街)正职经历的49人，超过50%的配备要求。全市乡镇班子中，35岁以下班子成员和党政正职分别达到36.9%、26.8%，其中“90后”班子成员97人、党政正职9人。加强换届纪律宣传教育和换届风气监督指导，全市印发“十严禁”换届纪律提醒卡近7万张，观看教育警示片3.5万余人次，签订严守换届纪律承诺书3万余人次，对区、县(市)开展换届风气巡回督查6次。

【印发绍兴市人才发展“十四五”规划】 2021年5月，绍兴市政府印发《绍兴市人才发展“十四五”规划》。规划包括发展背景、总体思路、主要任务、重点工程、重大平台、体制机制改革、服务保障、组织实施等8个部分。提出到2025年，要建设一支数量充足、结构优良、充满活力的高层次、高素质、专业化人才队伍，初步建成人才引领优势、创新策源优势、产业创新优势和创新生态优势显著的新时代“名士之乡”人才高地和高水平创新型城市，为率先走出智造强市、高效循环、城市发展、整体智治之路提供强大人才支撑的主要目标。

【深化“两个担当”良性互动机制】 2021年，市委组织部以“争先进位、率先发展”为主题在全市分层分级开展赛比活动，每季度确定不同主题，组织开展市级部门和区、县(市)实绩比拼、镇(街)书记工作交流会、年轻干部成长训练营同台晒比等，三批20余个市级部门和5个区、县(市)成为优胜单位，并在《绍兴日报》等媒体宣传发布，30名镇(街)党委书记在会上做典型发言。选树担当作为先进典型，启动疫情期间“担当作为好干部”评选，30名表现突出的干部得到表彰，近年来省、市两级67名表彰对象中，已有33人得到提任或进一步使用。健全容错纠错机制，完善澄清保护机制，对基层一线党员干部加强分析研判，强化信访举报甄别核查，严厉打击诬告陷害行为。

【培养选拔优秀年轻干部】 2021年，市委组织部启动浙大等知名高校“稽山鉴水”计划，经量化赋分、综合比选等环节招录优秀博士9人，面试浙大青年干部人才6人，充实高层次、高学历年轻干部储备。抓好《绍兴市优秀年轻干部“增素质、增数量”三年行动方案》十条具体举措落实，紧盯换届等年轻干部配备要求，对各地各部门年轻干部配备情况进行半年度通报。全市“80后”县处级干部数量上升至90余人。乡镇换届中，乡镇党政正职中配备“90后”9人，占总数8%，班子成员中配备“90后”97人，占总数12.6%，其中配备“95后”4人。

【公务员（选调生）招录工作】 2021年，市委组织部组织实施2021年全市各级机关单位公开招录公务员工作，招录公务员652人，其中录用研究生学历公务员数量较往年增长超300%，占比达20%。省内率先实施由市级统筹推出面向优秀社区干部考录公务员工作。面向知名高校开展定向选调、选聘工作，录用选调生135人，选聘生30人。

【庆祝建党百年系列评选表彰工作】 2021年，市委组织部组织开展全国、省“两优一先”推荐工作，2名个人被评为全国优秀共产党员（全国优秀党务工作者），2个基层党组织被评为全国先进基层党组织；35名个人被评为全省优秀共产党员（全省优秀党务工作者），29个先进基层党组织被评为全省先进基层党组织。评选表彰全市优秀共产党员、优秀党务工作者、先进基层党组织各100个。开展“光荣在党五十年”纪念章颁发工作，27456名老党员获纪念章。

【基层党组织疫情防控大考大赛】 2021年，绍兴市在抗击突发新冠肺炎疫情防控一线组建临时党支部498个，建立党员先锋队1867支，调配各级下沉力量9万余名，20余万名党员干部冲在一线，7000余名驻村驻社驻企干部下沉一线，帮助群众、企业解决“急难愁盼”问题3万多个。推出“双八条”关爱举措，180万元市管党费下拨村（社）。65名个人、32个集体受到省委组织部表彰，一批先进典型上榜省“群英谱”，1623名个人、293个集体受到市县表扬。

【迭代升级“五星3A”创建】 2021年，绍兴市以先行村建设探索乡村振兴新路径，在13个先行试点村组建市场主体，推动村级经营性收入平均增长2倍。推进“强帮扶、促共富”行动，实质化运作强村公司，新增129个“消薄”项目，全面消除年经营性收入20万元以下行政村，年经营性收入超30万元以上行政村达到93.5%。把乡村人才纳入全市“招才引智”体系，推出高层次就业岗位60个，与中国农业大学等科研院校开展人才科技合作项目9个；举办首届“乡村人才振兴”全球创新创业大赛；启动建设乡村人才创业园、孵化基地12个，摸排推选全市乡村人才典型人物240人。

2021年12月，市直机关党员赶赴上虞参与疫情防控　　（市直机关工委/提供）

【打造“契约化”共建2.0版】 2021年，市委组织部以党建引领社区“契约化”共建为核心，系统梳理社区互联互动运行、区域大党委、支部建在小区上、“红色物业”、未来社区党建统领应用场景等内容，构建“契约化”共建“1+5”工作体系。6个区、县（市）全覆盖推行“契约化”共建，动员734家非公企业、689家社会组织、924家机关事业单位参与社区共建，4万余名机关事业党员参与“两地报到、双岗服务”，近5000名退休党员参与社区服务。

【“三驻三服务”2.0版】 2021年，绍兴市以“我为群众办实事”实践活动为契机，深入实施“三驻三服务”2.0版。将单独派驻、集成式派驻、区域类派驻有机结合起来，推动服务模式从干部单打独斗向组团派驻和共建单位参与“共建共治共享”拓展，形成“个体＋组团”的服务大格局，全市共建成服务团队91个，有效放大服务能级。同时，迭代升级“三驻三服务”小管家系统，完善分级分类快速流转机制，实现进程实时可看、情况全程可溯、结果及时反馈，构建“办实事”“解难题”的精密智控体系。全市“三驻干部”累计记录民（企）情日记33.4万篇，解决问题10.7万余个，回应率和办结率分别达到100%、99.4%，相关工作先后4次获省委领导批示肯定。

【新业态、新就业群体党建】 2021年，绍兴市优化互联网企业行业党委力量，市县全覆盖组建快递物流行业党委，新建党组织29个、流动党员党支部47个。推进关爱基金和示范型、标准型、简便型“三型”新就业群体服务中心（站点）建设，募集关爱基金1035.5万元，建设示范型中心26

个、标准型平台189个、简便型站点342个。发动快递员、外卖送餐员、网约车司机组建“反诈宣传队”“爱心车队”“急救志愿队”30余支，推动新就业群体深度融入基层治理。

【全省首个直播电商党支部成立】 2021年7月2日，诸暨市山下湖镇珠宝直播电商党支部成立，成为全省首个直播电商党支部。新成立的珠宝直播电商党支部由各直播基地平台党员、入驻平台直播间的党员共15人组成。

【搭建产才融合发展平台】 2021年，绍兴市建设印染、集成电路、袜业、珍珠、伞艺、厨具、轴承等特色产业工程师协同创新中心，在省内率先实现产业工程师协同创新中心建设地区全覆盖，入驻工程师1835人，相关工作获工信部、省委省政府领导批示肯定，入选2021全国人才工作最佳案例，《人民日报》、央视《新闻联播》等作专题报道。与浙江理工大学合作推行研究生“1+2”联合培养机制，96名专业硕士入驻36家头部企业，攻克技术难题260多个，帮助节约成本5200余万元。全国首推集成电路、黄酒产业人才服务专项计划，制定142项工作清单，“一月一主题”“一业一政策”“一企一画像”破解人才难题52项。成立绍兴市研究院联盟，建立领导联系服务、研究院成果展示等工作机制，搭建集资源共享、优势互补、交流合作等功能于一体的“一站式”服务平台。

【人才发展体制机制改革】 2021年，绍兴市在省内率先启动建设滨海新区人才管理改革试验区，赋予“引育留用管”20条自主权，制定高层次人才“编制池”、医疗保健等实施细则5个，通过“免评审”“双聘制”“举荐制”引进人才46人，认定重大招商项目高层次人才12人。迭代实施《关于加快建设新时代“名士之乡”人才高地的若干政策(人才新政4.0版)》，构建从海外人才到本土人才、博士后到专科高职的闭环扶持体系，配套75项实施细则，在“越快兑”上线颗粒度事项140项，实现人才政策“一网通办”。持续打好“投、贷、保、险、板”金融服务组合拳，为人才所在企业提供担保增信1.99亿元、融资19.8亿元。

【举办第12届“名士之乡”人才峰会】 2021年9月，绍兴市举办以“才聚绍兴 智创未来”为主题的2021中国·绍兴“名士之乡”人才峰会。该届峰会包括开幕式及“群贤集——走进绍兴、青春赋——筑梦绍兴、思想荟——引领绍兴、创享季——共建绍兴”四大篇章16项系列活动。(详见P183)

【人才引进】 2021年，绍兴市组织首届“万亩千亿”新产业人才全球创新创业大赛、第六届海内外高层次人才创新创业大赛等重点人才活动100余场，持续开行招才引智专列，打响青年人才创业最温暖城市品牌。迭代升级“名士之乡”英才计划，推出A+类人才项目和“七类人才直通车”，探索数字化评审，第24批评选领军型团队7个、创新创业人才111人。启动实施“名士之乡”特支计划，构建与英才计划相并行的高层次人才激励体系，首批遴选192人。年内，引进“鲲鹏计划”人才1人、入围答辩1人，自主申报入选国家引才计划84人、特支计划4人，省级引才计划50人、特支计划12人、领军型创新创业团队6个、海外工程师63人。

至年末，全市累计引进入选国家引才计划325人、省级引才计划249人、“名士之乡”英才计划1270人。

【组织系统数字化改革工作】 2021年，市委组织部推动打造具有绍兴辨识度和普遍应用意义的系列多跨场景，获2021年度全市“改革开放创新发展突出贡献奖”攻坚创新领域数字化改革先进集体，浙里兴村治社获评2021年度浙江省改革突破奖，“浙里工程师”被列入省级揭榜挂帅项目，浙里兴村治社、人才管家、干部选拔任用“智能辅助”被列入省数字组工“三张清单”一本账和首批全省组织系统重点培育多跨应用场景目录，干部教育“整体智训”“智慧考场”被列入省级试点项目。其中，“浙里工程师”场景应用于2021年8月以印染产业为试点上线运行，吸引16711名工程师入驻，入驻企业258家，发布高质量成果73项、累计服务企业385家次；人才管家上线应用91项，在线办理事项4.1万件，“绍兴人才码”入库105.8万人，实现人才服务“一码全享”、人才政策“一键智兑”、人才事项“一件联办”。

【“浙里兴村治社”应用】 2021年，绍兴市牵头开发推广的“浙里兴村治社”应用，自上而下构建理事明责、议事决策、干事创业、督事守纪、评事定绩、以事识人的任务落地闭环，自下而上构建民情触发、民情处置、民情分析、民情评价、民情榜单的民呼我为闭环，实现村级事项一口归集、任务一贯到底、监管一览无余、民情一网感知、干事一屏掌控、评价一体联动的集成改革，下乡进村事项分别减少40%、16%。通过“浙里兴村治社”应用有效流转涉村事项5.7万余件，办理群众实事7500余件，该应用获评2021年度省改革突破奖。

(市委组织部/提供)

宣传工作

【概况】 2021年，绍兴市宣传思想文化工作坚持以习近平新时代中国特色社会主义思想为指导，紧紧围绕庆祝中国共产党成立100周年这条主线，各项工作有序推进并取得一定成效，为高质量发展建设共同富裕示范区市域范例提供了强大的思想力量、精神支撑和文化引领。

【思想理论学习】 2021年，中共绍兴市委宣传部制定《2021年绍兴市委理论学习中心组学习计划》《2021年全市党员干部理论学习教育意见》，组织市委中心组学习19场，市级部门中心组开放式学习800余场，举办“越讲越响”理论宣讲活动47892场次，其中青年宣讲13305场次，组织庆祝中国共产党成立100周年理论研讨活动，编撰《忠实践行“八八战略”，奋力打造“重要窗口”研究(绍兴篇)》等一批理论研究成果，推动党的创新理论“飞入寻常百姓家”。“台门汇”“小柯开讲”等一批宣讲团获全省基层理论宣讲突出集体。全市“学习强国”学员总数稳定在23.3万人。

2021 年 11 月 25 日，市委召开全市贯彻落实省委“六讲六做”大宣讲活动动员部署会

（市委宣传部 / 提供）

【党史学习教育】 2021 年，市委宣传部做好全市党史学习教育领导小组办公室工作，组建工作专班并实体化运作，建立党史宣讲宣传数字化管理平台，构建学习教育的目标、执行、责任和评估四大体系。组织全市县处级以上理论中心组专题学习 200 余场次。开展党史主题宣讲 16555 场次，其中“8090”青年宣讲 9378 场次，每名党员至少接受 1 场宣讲教育。全市 171 处红色文化遗址遗迹和 40 家革命历史类爱国主义教育基地打造成为党史现场教学基地，举办红色研学系列活动 2000 多场次，“跟着总书记学百年党史”等活动参与党员超过 200 万人次。全面深化基层党建“契约化”“三驻三服务”2.0 版等“三为”创新实践，累计解决群众、企业和基层实际问题 3.1 万余个，办结率超过 97%。

【意识形态巩固】 2021 年，市委宣传部制订党委（党组）意识形态工作责任制清单，健全意识形态工作分析、报告、检查等工作机制，做好省委对市委意识形态工作责任制落实情况重点检查工作，推动全市各级党委（党组）严格落实意识形态工作主体责任。上虞区入选全省意识形态工作责任制综合试点。制定《绍兴市打造安全清朗网络空间三年行动方案》，建立全市网络安全应急指挥中心，完善网络舆情风险闭环管控工作机制，迭代升级网络生态“瞭望哨”工程，清理属地网络平台各类违法违规信息 600 多条，约谈 17 家网站和自媒体负责人。组织开展“净网”“秋风”“护苗”等五大专项行动，查处“扫黄打非”刑事案件 25 起，成功挂牌督办重大案件 9 起。

【舆论宣传加强】 2021 年，绍兴市级财政安排 3000 万元专项资金支持市级媒体融合发展，推动“越牛新闻”客户端 3.0 版本升级，实现装机量突破 600 万台，日活量稳定在 15 万人左右。诸暨“西施眼”APP 获全省“十佳 APP”称号。推出“党史学习教育”“共同富裕”等专题专栏 40 余个，刊发各类新闻报道 3.8 万余篇，阅读量 10 万人次以上作品达 66 条。其中，党史学习教育报道阅读量超过 1100 万人次，“百年纪事”短视频阅读量超百万人次。获省级以上新闻奖和重大主题报道奖 56 件。“兰亭书法学院”“中国·绍兴英文网”“抖 IN 绍兴”等外宣项目有序推进，“兰亭书法学院”“古城保护”等典型做法被新华社以内参形式上报中央。在中央级媒体刊播报道 2 万余篇（条），省级媒体刊播报道 5.3 万余篇（条），国庆网红街头演艺受众 90 万人次，全网阅读量 2000 万人次。

【文化事业繁荣】 2021 年，绍兴市全面实施绍兴文化研究工程，扎实推进《绍兴大典》编纂工作。与国家部委、机构等联合举办兰亭书法节、公祭大禹陵典礼、徐渭诞辰 500 周年、鲁迅诞辰 140 周年、阳明心学大会、“东亚文化之都”绍兴年、宋韵文化节等系列重大节会，开展庆祝中国共产党成立 100 周年文艺演出、“百年回眸”等系列活动，“东亚文化之都”工作得到文化和旅游部的表彰并颁发证书。其中公祭大禹陵典礼网上同步祭祀达 20 余万人次，阳明心学大会网上收看 400 万人次，徐渭书画作品展等观展人数超 16 万人次，6 成以上为外地观众，居当月全国博物馆热搜榜第三位。深化国有文艺院团改革，组建市演艺集团，加强文艺精品创作，《王阳明》《家国情》等 4 部作品在中央广播电视总台播出，越剧电影《李慧娘》获中国电视金鹰奖提名，电视纪录片《我住江之头》被列入中宣部“纪录中国”工程和广电总局“记录新时代”支持项目，在央视一套播出。越歌《永远的船娘》入选庆祝中国共产党成立 100 周年“百年百首”全国优秀新创歌曲，原创越剧现代戏《核桃树之恋》被列为全国建党百年优秀舞台艺术作品进京展演唯一剧目，并获中国戏剧节优秀剧目奖，全市成年居民综合阅读率 91.71%，居全省第二位。印发《绍兴市名人故居激活三年行动计划》，青藤书屋拓展工程、海棠文苑工程顺利竣工，徐渭艺术馆顺利开馆，新传媒大楼、浙东运河博物馆、绍兴博物馆（新馆）、绍兴美术馆、民间博物馆等文化地标进展顺利。“绍兴有戏”“越乡莲歌”“行走乡村 · 文化润乡”“越读越有味 · 全民读好书”等文化惠民品牌活动深入推进，农村文化礼堂实现全市域 500 人以上行政村覆盖，全省文化礼堂 2.0 暨新时代文明实践中心建设工作现场会在绍兴市召开。全民阅读工作得到省委宣传部领导批示肯定。

【文化融合加快】 2021 年，绍兴市编制完成《绍兴市文化产业发展“十四五”规划》《绍兴市文化产业发展“十四五”规划三年行动计划(2021—2023)》，制定 2021 年度文化体制改革工作计划和文化产业发展指数指标体系，培育一批旗舰型、龙头型文化企业和“专精特新”小微文化企业，构建文产发展整体规划体系。加快文创大走廊、浙东运河文化带、浙东唐诗之路文化带和古越文明文化带等“一廊三带”建设，推进 104 个文创大走廊重点文化产业项目，完成投资 160 亿元。柯桥“诗 e 柯桥”数字诗路文化体验馆正式开馆，成为浙江诗路文化带上第一座数字化的诗路文化体验馆。至年末，兑现政策资金

2021 年 12 月 8 日，“行走乡村，文化润乡”主题活动成果汇报展在柯桥古镇笛里广场举办

（市文联 / 提供）

650 万元，新增入选省重点文化企业和成长型企业 13 家、省重点文化产业园区和创意街区 5 家，创历史新高。绍兴市入选 2021 研学旅行十大热门城市、全国第二批国家文化和旅游消费试点城市。

【文明创建长效】 2021 年，绍兴市制定《2021 全国文明城市创建常态长效工作实施方案》，常态化推进文明城市创建工作，完成全省城市文明指数测评。新昌县入围新一轮全国文明城市（县级）创建周期提名城市。全市域拓展新时代文明实践建设，完善“文明实践指数”工作机制，建成市、县、镇三级实践站（所、点）2000 余个，诸暨市新时代文明实践中心建设经验先后被中央改革办和中央文明办简报刊发，省委书记袁家军两次作出批示肯定，得到中宣部领导肯定。全面深化公民思想道德建设，出台深化家庭家风家教实施方案，推动“垃圾分类、公筷公勺”等“文明好习惯”养成行动，开展道德模范推荐和身边好人选树，进一步营造文明新风尚。全市上榜省道德模范 2 例、中国好人 4 例、浙江好人 21 例，1 人获“全国岗位学雷锋标兵”称号。

【数字工程推进】 2021 年，市委宣传部制定《宣传文化系统数字化改革工作方案》，按照整体智治、数字文化政务、数字文化服务、数字文化产业、数字文明实践等五大模块，梳理完成核心业务和重大任务“四个体系”“两单两表”任务清单，上线试运行市级宣传文化数字党政、数字社会展示页面，推进智慧礼堂管理、理论学习平台、文明大走廊建设等一批多跨协同应用场景建设。绍兴市农村文化礼堂多跨协同 2.0 版纳入《首批全省宣传文化系统重点应用场景目录》《绍兴市数字化改革重大应用“一本账”S_0》。

（市委宣传部 / 提供）

统战工作

【概况】 2021 年，绍兴市统一战线以习近平总书记关于加强和改进统一战线工作的重要思想为指引，学习宣传贯彻《中国共产党统一战线工作条例》，以庆祝中国共产党成立 100 周年为契机，开展“同心跟党走”系列工程，进一步加强党对统一战线的领导，持续巩固大统战工作格局。《中国统一战线》杂志连续两次刊登绍兴统战工作的经验做法。宗教活动场所标准化建设的做法被中国新闻网等媒体报道宣传。承办“侨创浙里·智汇绍兴”侨资企业“面对面”交流活动等省级现场会 3 个。柯桥“石榴红家园”数字化改革被列入全省统战系统“浙里石榴红”重点培育应用场景。

【学习宣传贯彻《中国共产党统一战线工作条例》】 2021 年，绍兴市召开市委理论学习中心组会议，专题学习《中国共产党统一战线工作条例》（简称《条例》）。分级分类开展培训，将《条例》学习纳入党校（行政学院）“领导干部政治能力进修班”“党外干部培训班”“民营经济人士政治引领培训班”等主体班次。组织民主党派、非公经济、民族宗教等统一战线成员开展学习《条例》。开展基层统战“大走访大调研大宣讲”活动，宣传解读《条例》内涵，为贯彻落实《条例》各项规定奠定坚实基础。

【提升多党合作制度效能】 2021 年，绍兴市按照“五个一”政党协商模式，先后开展政府工作报告征求意见、民主党派市级组织换届工作等专题协商 9 次，提出的各类意见建议均得到有效落实反馈。深入实施政府部门和民主党派对口联系制度。市级各民主党派与市政府 28 个部门建立了对口联系。全市近百名民主党派成员担任法院、检察院等司法机关和教育、监察、税务等政府部门的特约人员。

【民主党派基层组织标准化建设全覆盖】 2021 年，绍兴市持续推进绍兴市民主党派基层组织标准化建设，“党外人士之家”（党外人士服务中心）实现区、县（市）全覆盖并全部建成启用。

【创新推进民族工作】 2021 年，绍兴市推进“民族 e 家亲”应用场景建设，被列入省民族工作领域综合应用场景“揭榜挂帅”试点单位。举办全市铸牢中华民族共同体意识培训班，在绍兴文理学院、市社院、大禹纪念馆、宣侠父故居等开展铸牢中华民族共同体意识理论研究基地和教育基地培育工作。诸暨市大唐街道柱山小学获第八批全国民族团结进步示范区示范单位。培优浙江医药股份有限公司等民营企业。扎实推进“双百村结对行动”，做好项目帮扶与资金拨付，助力高质量发展建设共同富裕示范区。

【宗教领域和谐稳定】 2021 年，绍兴市研究制定全省第一个宗教场所市级地方性标准规范《宗教活动场所建设与管理标准》，提升宗教活动场所管理水平，推进宗教团体建设，形成了可复制、可推广的宗教活动场所标准化建设样板。指导开展“多彩浙江 · 民间民俗”浙江 · 上虞孝文化节等活动，组织开展“五教同心行·奋进新时代”——绍兴市宗教界代表人士宗教中国化研修班和“再走革命路·寻源中国化”主题调研活动。

【助推民营经济高质量发展】 2021年，绍兴市以《贯彻落实〈关于加强新时代浙江民营经济统战工作的实施意见〉责任分工》为抓手，进一步形成民营经济统战工作合力。探索建立商会党组织统战工作联络员制度，建立51名联络员队伍，指导联络员做好党建和民营经济统战工作。举办民营经济人士政治引领培训班，组织参加全省“勇担新使命·奋斗新征程”综合素质和管理能力提升培训班，举办“重温革命历史·学史力行助共富”主题活动。3位民营企业出资人和1位个体工商户被推荐为浙江省新时代中国特色社会主义事业优秀建设者人选。加大对新生代企业家教育培养力度，制定《绍兴市新生代企业家传承导师制》，开展“组织一次师生见面、开展一次谈心交流、走访一次学员企业、解决一个发展难题、参与一次主题活动”活动。落实政府部门与工商联对口联系制度，畅通政企沟通交流渠道，协调解决企业发展中遇到的瓶颈问题，助推民营企业发展。

【海外统战工作】 2021年，绍兴市搭建全球引才网络，在美国、加拿大、日本、新西兰新建4个市级海外引才联络站，吸引更多海内外英才会聚绍兴；扎实推进“侨商大厦”项目的落地，依托“海燕集结行动”“侨创浙里·智汇绍兴”等活动载体，支持侨界人才创新创业。进一步凝聚侨商群体和侨界人才，完成侨商协会换届工作和新侨人才联谊会换届工作，市侨商协会获全国侨联系统助力脱贫攻坚先进集体，柯桥区兰亭街道“侨胞之家”获全国侨联系统优秀“侨胞之家”称号。新增嵊州越剧艺术学校、诸暨海亮教育园、柯桥区非物质文化遗产馆等第二批浙江省华侨国际文化交流基地。

【《天南地北绍兴人》专栏开播】 2021年5月，市委统战部在绍兴电视台新闻综合频道推出《天南地北绍兴人》专栏，专题讲述绍兴市各领域乡贤人物风采，在抖音“抖IN绍兴”公众号、微信视频号和“越牛”新闻客户端等平台同步推送。

【举办“同心跟党走·迈向新征程”主题晚会】 2021年6月16日，绍兴市统一战线在绍兴大剧院举行“同心跟党走·迈向新征程”庆祝中国共产党成立100周年主题晚会。晚会由“肝胆相照百年路”“千帆竞发争风流”“同心共圆中国梦”篇章组成，融合文艺表演、现场采访、视频连线等表现形式，回顾绍兴统一战线在中国共产党领导下走过的历程。全市800余名统一战线成员观看晚会演出。

【承办“侨创浙里·智汇绍兴”侨资企业“面对面”交流活动】 2021年6月29—30日，由省委统战部主办，市委统战部、市归国华侨联合会、省侨商会联合承办的“侨创浙里·智汇绍兴”侨资企业“面对面”交流活动在绍兴举办。活动采取现场互动、国际视频连线等形式，宣介解读人才新政、企业培育、金融支持等方面政策，来自24个国家和地区的100余名侨商、侨界科技人士代表与省、市有关部门代表参加。

2021年6月23日，绍兴市新生代企业家“同心跟党走　迈向新征程”主题活动举行

（市委统战部/提供）

【承办“亲情中华·为你讲故事”网上夏令营——浙江绍兴营活动】 2021年7月2—15日，由中国侨联主办，省侨联、市侨联、绍兴文理学院艺术学院、海亮教育管理集团共同承办的“亲情中华·为你讲故事”网上夏令营浙江绍兴营活动举办。夏令营以“越生活·烟火水乡”“越城·巧夺天工”“越魂·线条的艺术”“越匠心·‘戏’说中华”4次直播课及课外活动的形式，让433名海外华裔青少年借互联网了解绍兴美景和中华文化。

【举行2021绍兴市第二届“海燕集结行动”】 2021年8月3—6日，绍兴市第二届“海燕集结行动”活动举行。活动以“海燕集结激扬青春，创新创业筑梦年华”为主题，包含筑梦课堂、拓展联谊、导师面授、实地参观等环节，帮助海外留学人员了解绍兴人才创新创业环境，来自美国、英国、澳大利亚、俄罗斯等国家和地区的25名绍兴籍海外留学人员参加活动。

【协助民主党派市委会做好换届工作】 2021年9月12—17日，绍兴6个民主党派市级组织相继召开代表大会，选举产生新一届领导班子。新一届民主党派市委会领导班子成员共29人，平均年龄49.1岁，比上届下降1岁；女性9名，占总数的31%；硕士及以上学历11人，比上届增加7.9个百分点；中高级职称19人，占总数的66%。综合素质、年龄结构、知识结构和代表性等进一步优化。

【举行市级民主党派、工商联负责人和无党派人士读书会】 2021年10月12—13日，市级民主党派、工商联负责人和无党派人士读书会在绍兴市委党校举行。读书会安排“当前宏观国际形势与发展热

2021 年 11 月，全省数字化改革成果展绍兴展区布展 （市委改革办\提供）

点解析”“新时代中国特色社会主义参政党建设”专题辅导，引领绍兴市各民主党派成员和无党派人士夯实思想政治基础，提高履职尽责能力。各民主党派市委会主委、副主委，市工商联主席、党组书记、副主席，无党派代表人士等130余人参加。

（市委统战部/提供）

改革工作

【概况】 2021 年，绍兴市以数字化改革为总抓手，扎实推进年度十大重点改革项目，引领撬动各领域各方面改革，取得了阶段性成效。争取省级试点或揭榜项目136 个，其中市级 75 个、县级 61 个。“无废城市”、上虞区“电机产业大脑 + 未来工厂”、诸暨市执行“一件事”综合集成改革获评 2021 年度省改革突破奖银奖，浙里兴村共富应用获评铜奖，并在省《领跑者》刊发。

【健全改革推进机制】 2021 年，绍兴市不断健全完善改革推进机制。召开市委深改委会议 2 次，审议通过涉及改革的17 个方案和议题。召开市数字化改革领导小组全体（扩大）会议 5 次，听取数字化应用演示 42 项次。举办为期 15 天的数字化改革推进“整体智治”专题研讨班。完善项目领衔机制，市委市政府领导领衔推进 10 个年度重点突破改革项目，每季度通报项目进展情况。制定实施《市领导主抓直管多跨场景应用实施方案》，明确党政领导、人大、政协主要领导及相关领导各牵头谋划推进 1—2 个重点多跨场景，带动全市上下形成“一把手”亲自抓、示范干、作表率的数字化改革工作良好氛围。

【数字化改革理论成果】 2021 年，绍兴市取得一批数字化改革理论成果。其中，《绍兴市努力打造“智能 +”政务服务新场景》在国务院《政府职能转变和“放管服”改革简报》刊发，越城区《深耕社区党建“契约化”共建 引领基层治理现代化》在中央政研室（中央改革办）《党建要报》刊载，诸暨市《创新推进新时代文明实践中心建设》、新昌县《探索县域创新驱动发展新路径》被中央改革办《改革情况交流》刊发推广，嵊州市“枫桥式”协同治理等应用被《人民日报》、央视《新闻联播》等媒体报道。形成《数字化改革需求专题研究报告》《重大应用定义集 S_0》等理论成果。

【数字化改革制度成果】 2021 年，绍兴市印发全市数字化改革重点多跨场景应用“一本账 S_0”（共 96 项）、定义集 S_0。市政府常务会议审议通过《绍兴市市级政务信息化项目管理办法》补充条款，将“多跨场景应用”、省数字化改革要求落地贯通项目和一体化智能化公共数据平台支撑项目等 3 类涉数字化改革项目纳入政务信息化项目统筹管理。制定《首席数据官制度》《数字化改革一体化政务网络安全监管平台对接规范》等一批制度规范。

【省数字化改革成果展绍兴展区布展工作】 2021 年 11 月 5 日，市委改革办召开省数字化改革成果展布展动员部署会，启动绍兴展区布展工作。会后，对布展大纲和设计方案进行多轮修改完善，系统展示 30 个市级特色应用和 42 个县级典型应用，彰显绍兴味、数字味、改革味。绍兴展区运用宣传片 + 应用视频 + 数字沙盘模式，联动展示数字化改革工作的总体情况及创新做法，场景化展现绍兴一年来所取得的“硬核”成果，生动展现“数智绍兴、越改越好”。

【开发区（园区）工业全域治理工作】 2021年，绍兴市以存量工业用地治理为落脚点，以“低散乱污”企业用地和集体工业用地整治为突破口，以亩均税收 5 万元以下企业为重点，落实“低散乱污”和低效企业等闭环式治理企业 3242 家。至年末，全市省级以上工业园区从 3 个缩减为 1 个，省级以下工业园区从 281 个整合到 24 个；新增小微园 25 个，累计 95 个。绍兴综保区（一期）创造“当年开工、当年竣工、当年验收”的“绍兴速度”，绍兴滨海新区列入首批省高能级战略平台培育名单，三大“万亩千亿”新产业平台产值突破 1000 亿元，3 个国家级经开区挺进全国前 80 强。开发区（工业园区）整合提升入选 2021 年中国改革 50 佳典型案例。

【传统产业改造提升综合改革】 2021年，绍兴市作为全省唯一的传统产业改造提升综合改革试点，深入践行“腾笼换鸟、凤凰涅槃”理念，实施传统制造业改造提升 2.0 版、“双十双百”集群制造（培育）行动，创造性推进跨区域集聚传统产业，将越城区印染和化工企业分别搬迁至柯桥和上虞的集聚区，引进投资千亿级的荣盛集团石化新材料产业链项目、投资208 亿元的圆锦新材料项目、投资 110 亿元的国科控股新材料产业链项目等重大项目。推进集成电路、高端生物医药、先进高分子材料三大省“万亩千亿”新产业平台建设，集成电路平台评价连续两年居全省第二位、高端生物医药平台评价居全省第三位。

【推进宅基地制度改革】 2021年,绍兴市作为全国新一轮农村宅基地制度改革3个整市试点之一,先行先试宅基地整合、退出、利用机制建立和宅基地使用权抵押制度改革,探索宅基地“三权分置”实现形式,全面开展农村宅基地基础信息调查,编制“多规合一”的村庄规划。加快构建城乡一体的住房产权体系,对市区集体建设用地基准地价、农用地基准地价开展评估。开发建设宅基地数字管理(交易)系统。

【加速融杭联甬接沪】 2021年,绍兴市全面参与沪杭甬湾区经济创新区和杭州湾产业协同发展带建设。杭绍台铁路、轨道交通1号线柯桥段建成通车,浙江大学绍兴研究院、杭州电子科技大学绍兴院区等重点合作项目和浙江大学医学院附属邵逸夫医院、中国科学院大学附属肿瘤医院、浙江大学医学院附属第二医院、浙江省人民医院等4家省级医院绍兴院区落户。首批47项长三角通办事项上线运行、100个政务服务事项实现杭绍甬三地可办。“打造国家级IC产业新高地”“共同打造杭绍临空经济一体化发展示范区”案例入选全省长三角一体化发展第一批最佳实践。

【推进“县乡一体,条抓块统”改革】 2021年,绍兴市推进“县乡一体、条抓块统”改革试点,制定全市域改革实施方案,各区、县(市)制定出台具体改革工作方案。深化基层治理“一件事”集成改革,试点上线运行校外培训机构监管执法、流动人口及出租房管理、危旧房安全管理、瓶装液化石油气安全监管等跨部门、跨领域、跨层级的“基层事务一件事”20余件。“建强做实乡镇(街道)综合信息指挥室”做法在全省推广。

【全域推进“无废城市”建设】 2021年,绍兴市以点带面开展完成“无废细胞”(无废单位)建设,浙江医药有限公司昌海生物分公司、新和成药业有限公司创建成首批省级“无废工厂”。10个相关项目入选国家“无废城市”建设模式和案例推广。推进“河湖长制”提档升级,空气质量优良天数、$PM_{2.5}$浓度、水质达标率等指标持续改善。

【深化人才发展体制机制改革】 2021年,绍兴市在省内率先启动建设滨海新区人才管理改革试验区,成立绍兴市研究院联盟,赋予“引、育、留、用、管”20条自主权,制定高层次人才“编制池”、医疗保健等实施细则5个,通过“免评审”“双聘制”“举荐制”引进人才46人,认定重大招商项目高层次人才12人。发布人才新政4.0版,构建从海外人才到本土人才、博士后到专科高职的闭环扶持体系,配套75项实施细则,在“越快兑”上线颗粒度事项140项,实现人才政策“一网通办”。持续打好“投、贷、保、险、板”金融服务组合拳,为人才企业提供担保增信1.99亿元、融资19.8亿元。2021年,省“鲲鹏行动”计划人才实现零的突破,新增大学生就业10.5万人,入选国家引才计划84人,居全国同类城市第二位。

【“数字检察监督平台”经验做法】 2021年,绍兴市在全国率先创建数字检察监督平台,通过“典型个案分析—案发规律梳理—数据共享归集—数据碰撞比对—类案线索研判—移送线索核查—开展精准监督—跟踪督促落实—推动社会治理”的路径,成功对虚假诉讼浪费司法资源和损害社会公信、保险理赔诈骗乱象冲击保险市场秩序等23个在浙江省乃至全国具有系统性、普遍性、突出性的问题开展类案监督,助推法律监督模式从被动监督到主动监督转变,实现“办一案、牵一串、治一片”效果。

【推进新时代文明实践中心试点】 2021年,绍兴市实现辖下6个区、县(市)新时代文明实践中心建设全覆盖,诸暨市、越城区、嵊州市列入全国试点,上虞区列入省级试点。诸暨市创新推出八大“越”系列行动,文明实践典型做法被中改办、中央文明办予以单篇专题刊发,入选浙江省高质量发展建设共同富裕示范区精神文明高地首批试点。

(市委改革办/提供)

网信工作

【概况】 2021年,绍兴市委网信办坚持以习近平新时代中国特色社会主义思想特别是习近平总书记关于网络强国的重要思想为指导,坚守主阵地,筑牢网络安全屏障,统筹推进网络信息化工作,为加快建设高水平网络大城市、奋力打造新时代共同富裕地,率先走出争创社会主义现代化先行省的市域发展之路贡献网信力量。

【习近平新时代中国特色社会主义思想网上宣传】 2021年,绍兴市各级新闻网站持续深化“春风又绿江南岸 一步一履总关情”专题专栏,集纳推送《习近平在浙江》系列报道及相关稿件。推出“党史学习教育”“推进共同富裕 打造市域范例”等180余个专题专栏,刊发、转载各类新闻报道9.5万余篇,总点击量超1亿人次。

【中国共产党成立100周年重大主题宣传】 2021年,绍兴市各级新闻网站紧扣建党100周年重大主题,开设“胸怀千秋伟业 恰是百年风华”“‘中国共产党的故事——习近平新时代中国特色社会主义思想在浙江的实践’专题宣介会”“共同富裕”等专题。开展“会飞的好声音”宣传活动,创制一批符合互联网传播规律的短视频产品,推出“主播说政事”“专家评热事”“百姓聊故事”“青年说潮事”“我来讲党史”五个板块,创新策划推出一批具有鲜明绍兴特色的网络内容作品,讲好绍兴践行习近平新时代中国特色社会主义思想的好故事,累计推出作品159篇,全网阅读量达800余万人次。

【绍兴市第十二届网络文化主题活动】 2021年6月,由市委宣传部、市委网信办、市互联网行业党委、市新闻传媒中心联合举办的绍兴市第十二届网络文化主题活动暨“绍兴民宿大赏”网络传播系列活动举办。该届活动以“百年华诞 精彩越网”为主题,围绕党史学习教育、共同富裕、乡村振兴、文化旅游等内容,在

2021 年 6 月 18 日，绍兴市第十二届网络文化主题活动暨“绍兴民宿大赏”网络传播系列活动启动仪式举行
（市网信办 / 提供）

线上线下开展丰富多彩的网络文化主题活动。

【“抖 IN 绍兴”城市宣传活动】 2021 年，市委网信办“抖 IN 绍兴”城市宣传活动为载体，做好“东亚文化之都”“公祭大禹陵”“兰亭书法节”“徐渭大展”等重大活动的网络宣传报道，打造鲁迅故里、徐渭艺术馆、迎恩门风情水街为重点的网红打卡点，累计归集视频超 5.2 万个，播放量达 82 亿人次。持续开展网红街头艺术活动，演出 73 场次，《新华每日电讯》专题报道绍兴市创新党史学习教育宣传载体开展网络达人红色街头艺术周活动。打造鲁迅故里街头艺术一条街，演出 82 场次，受众达 90 万人次，得到人民网、新华网、《光明日报》等 20 余家媒体关注，全网阅读量达 2000 万人次。

【网络综合治理】 2021 年，绍兴市深入推进依法治网工作，组建依法治网体系建设专项工作小组，印发《关于加快依法治网体系建设的实施方案》，梳理重点任务清单 37 项。印发《绍兴市互联网执法“分业分层监管、联合联动执法”实施细则（试行）》，建立网信部门牵头多部门联合联动执法工作机制。新建网信、市场监管联合执法所。实现市、县网信办执法主体资格与执法人员资质全覆盖。制定网上事项权责清单，制定《绍兴市互联网用户公众账号信息服务管理办法》《绍兴市互联网违法和不良信息举报受理处置一体化机制建设实施方案》。

【防范网络风险】 2021 年，市委网信办联合统战、公安、市场监管、教育等部门积极开展“青少年网络沉迷防治”“防范网络订餐安全风险”“整治网上违规评选评奖”等 42 个网络生态专项整治工作。

【互联网行业党建工作】 2021 年，绍兴市互联网行业党建扎实推进，两次召开互联网行业党建工作推进会，组织开展绍兴市互联网企业党组织“四学四强”主题实践活动，通过集体学习、专题讲座、主题党日、专题研讨等方式，组织全市互联网企业党员 2000 余人次参加学习讨论，推动互联网行业党建工作制度化、规范化。

【网络安全防护】 2021 年，市委网信办制定《护航中国共产党建党 100 周年庆祝活动网络安全检查工作方案》，组织 8 家网络安全支撑单位，对全市 38 家重点部门（单位）进行现场专项检查。联合开展“护网 2021”网络安全攻防演习，发现多处重大网络安全隐患，第一时间督促有关单位落实整改。以政务系统和水电、交通、医疗、物联网等系统为主要目标，发现多处网络安全隐患，并督促完成整改。部署涉疫系统远程技术检测，安排技术支撑人员对涉疫相关网站和系统开展 24 小时远程监测，对抗疫期间可能出现的涉疫重要数据泄露、失泄密、“钓鱼”攻击等网络安全问题发出风险提示，强化防范手段和安全意识，确保数据安全。

【数字化改革网络安全工作】 2021 年，市委网信办召开全市网络安全工作推进会，印发《关于加强网络安全整体能力建设的行动方案》。落实《数字化改革网络安全工作实施方案》，坚持“四个同步”（同步规划、同步建设、同步使用、同步退网）。开展“绍兴市网络安全宣传周”活动，通过报刊、电台、电视台、“两微一端”等传播渠道，发动全民广泛参与网络安全宣传教育。

【推进信息化工作】 2021 年，绍兴市加快推进数字化改革“1+5”系统建设。市县两级公共数据平台和一体化门户界面全面建成，绍兴市网络强省综合评价指标全省排名前列。贯彻《绍兴市服务和培育互联网企业的实施意见》，进一步服务和培育市互联网企业，助力数字经济“一号工程”，推动绍兴经济高质量发展。开展“绍兴市成长型互联网企业（涉文化产业类）”评选工作，首批选树 8 家。

（市委网信办 / 提供）

编制工作

【概况】 2021 年，中共绍兴市委机构编制委员会办公室立足新时代机构编制工作职责，突出“深化改革、整体智治、提质提效”目标，加快构建现代化党政机构职能体系和机构编制配置管理体系，为绍兴实现“五个率先”提供坚强体制机制保障。“智慧编办”1.0 版纳入全省编办系统第一批“典型应用”清单，中央编办、省委编办向全国、全省宣传推广智慧编办的“绍兴经验”。绍兴市中小学教职工编制全面达到国家基本标准。

至年末，市委编办完成市委工作机关、市政府各部门及派出机构机构调整 19 项、行政编制调整 162 名、领导职数调整 52 名。完成市属事业单位机构调整 21 项、事业编制调整 379 名、领导职数调整 71 名。审核区、县（市）党委、政府工作部门及副科级以上行政机构设置和调整 34 项。审核区、县（市）相当于副科级以上事

2021 年 4 月 23 日，“智慧编办”1.0 版正式上线运行 （市委编办／提供）

业单位的机构设置和调整事项 9 个。审核人民团体机关编制调整 16 名。督促相关区、县（市）完成十四届省委第九轮、第十一轮巡视发现的机构编制问题整改。核准用编计划 1614 名，办理出（入）编 2491 人次，信息变更 16306 人次。核准编外用工使用计划 799 名，办理编外用工增加 648 人次，减少 660 人次，信息变更 429 人次。

监督指导全市并负责市属事业单位登记管理工作，全年共设立登记 11 家，变更登记 112 家，注销登记 18 家市属事业单位法人证书。完成 247 家市属事业单位的年度报告公示工作。对 10 家市属事业单位开展法人公示信息“双随机”抽查。指导全市并负责市属党政群机关、事业单位网上名称管理和统一社会信用代码赋码工作，全年共设立登记 1 家，变更登记 32 家，注销登记 5 家市属党政群机关统一社会信用代码证书。

【清理规范开发区（园区）管理机构】 2021 年，除 2 个平台尚在筹建外，绍兴市全面完成开发区（园区）管理机构清理规范。开发区（园区）管理机构数由 13 个精简到 6 个、内设机构数由 123 个精简到 40 个、领导职数由 88 个精简到 32 个、编制数由 258 个精简到 141 个，精简比例分别为 54%、67%、64%、45%。

【综合行政执法改革】 2021 年，市委编办按照“1+8”（即综合执法 + 市场监管、生态环境、交通运输、文化市场、农业农村、应急管理、自然资源、卫生健康）总体框架全面构建“大综合一体化”行政执法体系。重新制定绍兴市综合行政执法支队“三定”方案。市、县两级综合行政执法局增挂综合行政执法指导办公室牌子。落实省统一目录（2020 年）明确的 473 项综合执法划转事项。至年末，全市监管事项认领率、行政检查事项整体覆盖率均达 100%。

【构建县、镇、村三位一体履责体系】 2021 年，市委编办紧扣“县乡一体、条抓块统”改革，推动构建县、镇、村三位一体履责体系，实现权责清单、“属地管理”责任清单、村（居）工作事项清单“三单”有机衔接融合。以基层治理“一件事”集成改革为依托，推进柯桥区、诸暨市清单场景化集成运用试点，完成柯桥区、诸暨市“属地管理”20 个高频事项、5 个最佳应用案例汇编。

【助力“名士之乡”人才高地建设】 2021 年，市委编办坚持“党管人才、政策创新、平台升级”要求，助力全市人才工作建设。调整优化市科技局、经信局人才工作职能，分别增挂科技人才处、人才工作处牌子；建立滨海人才管理改革试验区高层次人才“编制周转池”；设立绍兴滨海科技创新服务中心；牵头组建绍兴市研究院联盟，推动研究院协同发展；服务绍芯实验室、天津大学浙江国际创新设计与智造研究院、大禹研究院等设立运行工作。

【事业单位章程管理】 2021 年，市委编办全面开展事业单位章程管理工作，选择机关辅助类、窗口服务类、技术支撑类、文化行业类、中小学校类、幼儿园类、乡镇（街道）所属等 7 类事业单位试点先行、分类指导、递次推进，完成全市 871 家科教文卫行业所属事业单位章程制定任务。

【机构编制绩效评估试点】 2021 年，市委编办在市建设局、市科技局试点开展绩效评估，对局机关及所属事业单位职能履行、机构运行、人员编制使用等机构编制执行情况和使用效益进行综合评估，形成 2+N 份评估报告，并将评估结果与机构编制调整有效联动，提升部门运行整体效能。推进“党政机构运行质效评估”省定试点，拟订“政府部门（机构）运行质效评估”试点工作方案，梳理形成 65 项部门指标、56 项县级指标的质效评估要素。

【“智慧编办”1.0 版正式运行】 2021 年 4 月 23 日，由市委编办开发建设的“智慧编办”1.0 版正式上线运行。系统汇聚内部五大业务系统数据、外部九大部门 25 类基础数据，建成 1 个智控中心、四大功能平台和 45 项应用场景。

【沥海街道区划调整】 2021 年 4 月 27 日，市委编办全面完成沥海街道范围内上虞区区属派驻相关行政事业单位、沥海街道所属行政事业单位整建制划转至越城区，成建制划转行政事业机构 10 家，划转行政事业编制 424 名、人员 668 名。

【社会建设委员会设立】 2021 年 11 月 26 日，绍兴市、县两级党委全面设立社会建设委员会，核增专职副主任和相关内设机构，核增行政事业编制 20 名。

（市委编办／提供）

台湾事务

【概况】 2021 年，绍兴市贯彻落实习近平总书记关于对台工作的重要论述，不断推进绍台融合发展。至年末，新增台资企业 18 家，增资项目 10 个，合同台资 9954.95

万美元，实到台资 1744 万美元。在北京、上海、深圳等地开展台资招引活动 8 次，赴台企开展“三服务”90 余次，协调化解涉台纠纷 2 起。举办“东亚文都·千年古城”绍台文化交流系列等活动 10 余场。

【在绍台商新春活动】 2021 年 2 月 8—10 日，绍兴市举办“就地过年·情谊相连”在绍台商 2021 年新春活动。其间，市台资企业协会青委会及在绍台企绍兴旺可餐饮管理有限公司为绍兴医护、防疫、环卫一线人员送去 2000 杯“春天的第一杯奶茶”。在绍台商新春座谈会上，在绍台商与台湾亲朋好友云端连线互送新春祝福。

【“碧茗香茶连两岸”茶文化交流活动】 2021 年 5 月 13 日，2021“东亚文都·千年古城”绍台文化交流系列活动之“茶香”（“碧茗香茶连两岸”茶文化线上交流）活动在新昌融媒体中心演播厅和南投县农会会议室同时举行，来自台湾南投的茶农茶商和新昌县的茶业工作者 50 余人，共话“中国茶”年轻化发展。

【“品梅酒·醉绍兴·酒香两岸”酒文化交流活动】 2021 年 5 月 14 日，2021“东亚文都·千年古城”绍台文化交流系列活动之“酒香”（“品梅酒·醉绍兴·酒香两岸”酒文化线上交流）活动在绍兴市工业设计基地和南投县信义乡农会梅子梦工厂举行，两地酒业与文创人士 100 余人参与活动。

【“墨香两岸·笔绘一家”绍台书法作品联展】 2021 年 5 月 18 日，2021“东亚文都·千年古城”绍台文化交流系列活动之“墨香”（“墨香两岸·笔绘一家”绍台书法作品联展）活动在绍兴市文化馆举行，绍台两地书画家的 120 余幅作品参加展览，吸引数百位书画艺术爱好者到场观看，并通过 VR（虚拟现实）网上展厅方式，在台湾 LINE、脸书等社交媒体传播。

【首届绍台两地青年篮球友谊赛】 2021 年 8 月 14 日，由市台谊会青委会、市台协会青委会主办的首届绍台两地青年篮球友谊赛在绍兴举行，20 余名绍台青年参加比赛。两岸青年“以球会友”，共话“两岸一家亲”。

【台企台商爱心助学公益行活动】 2021 年 9 月 18 日，“两岸同心·聚爱同行——在绍台企台商爱心助学公益行”活动在越城区马山街道举行。活动现场，市台湾同胞投资企业协会、慈济慈善事业基金会和两岸集成电路创新产业园等三家机构为孤困儿童捐赠善款和爱心书籍，捐款金额超 15 万元，爱心款全部用于马山街道 15 位孤困儿童的生活与教育。

【先进超薄功率元件玻璃面板建设项目开工】 2021 年 9 月 29 日，以“两岸共携手，共创‘芯’未来”为主题的先进超薄功率元件玻璃面板建设项目开工仪式在绍兴综合保税区举行。项目总投资 7 亿元，占地 6.07 公顷，建筑面积 10 万平方米。

【敏实生物农业示范园项目签约】 2021 年 9 月 30 日，绍兴滨海新区管委会与敏实控股有限公司举行敏实生物农业示范园项目签约仪式。项目投资 3 亿美元，将打造从种子到健康食品的一、二、三产业融合的全产业链、农文旅融合发展的海峡两岸乡村振兴基地暨现代生物农业示范园。市委、市政府主要领导，省台办主要领导等出席签约仪式。

2021 年 5 月 13 日，“碧茗香茶连两岸”2021 绍台茶文化云交流活动举行（市台办 / 提供）

【绍台“非遗”（手工艺）云交流活动】 2021 年 10 月 13 日，由绍兴市海峡两岸经济文化交流协会、台湾大中华产业协会等联合主办的“两岸匠心话传承”2021 绍台“非遗”（手工艺）云交流活动在绍兴市图书馆举行，绍台两地 100 余人参加了线上线下活动。

【台商台企招商推介活动广东专场】 2021 年 11 月 19—21 日，市台办组织开展绍兴“万亩千亿”产业平台台商台企招商推介活动广东专场。其间，参观考察添好公益制品（深圳）有限公司、东莞台升集团、深圳两岸文创梦想公园等台企，拜访全国台企联名誉会长、全国台企联监事长，与东莞市台商投资企业协会、台湾客家总商会等 60 余名台商座谈交流。

（市台办 / 提供）

机关党建

【概况】 2021 年，绍兴市直机关党建工作坚持以习近平新时代中国特色社会主义思想为指导，对标对表新时代机关党建使命任务和“走在前、作表率”要求，扎实开展党史学习教育，大力推进“清廉机关、模范机关”建设，全面深化“五星示范、双优引领”创建，推动机关党建工作再上新台阶。组织集中学习教育培训 18 次，培训 3500 余人次。命名全市“清廉机关、模范机关”工作先进单位 40 个，表彰市直机关“两优一先”130 个。

至年末，有市直机关工委直属党组织 75 个，机关基层党组织 630 个，其中机关党委 53 个（直属机关党委 42 个），机关党总支 38 个（直属机关党总支 14 个），党支部 539 个（直属党支部 19 个）。市直机关有党员 10356 名。其中，在职党员 7675 名，占 74.11%；离退休党员 2664 名，占 25.72%，其他 17 名，占 0.16%。

【党史学习教育】 2021年，市直机关工委围绕庆祝中国共产党成立一百周年，在市直机关推进党史学习教育。举办“万名党员学理论”学习达人赛活动，3.8万余人次参加线上初赛，100名“学习达人”和10个先锋党组织开展现场比拼；组建“党员的模样”先进事迹报告团，举办10场报告会，2400余名党员接受教育，在线收看超30万人次；举办“云歌诵会”，精选19个节目进行现场录制，“学习强国”“越牛新闻”等平台观看量达25万余人次；开展“百堂党课送基层”活动，组织机关党员干部赴基层讲党课，宣讲党的创新理论，累计宣讲822场次；启动第六轮市级部门(单位)与社区结对共建工作，促成96个市级部门与101个社区开展结对共建，9000余名机关党员全员到社区报到，开展为民服务。

【组织市直机关党组织参与疫情防控】 2021年12月，在上虞区突发新冠肺炎疫情时，市直机关工委坚持党建引领，迅速组织600余名机关党员支援抗疫一线。成立突击队临时党委，下设46个临时支部，发布党建指引、志愿指南和行动守则，建立协同体系，组织“在党旗下奋战”主题活动，开展“重温入党誓词 全力冲刺清零”主题党日活动，引导党员、队员提振抗疫必胜的决心。在临时党委和前线指挥部的统一指挥下，突击队统分结合，配合做好密接人员排查、核酸检测、区域管控、人员转运等重点工作，涌现一批先进典型。获评市“担当作为好干部”8名，市优秀共产党员8名，市先进基层党组织6个，138名个人和8个集体受到市委组织部表扬。

【“清廉机关、模范机关”建设】 2021年，市直机关工委学习贯彻习近平总书记“7·9”重要讲话精神，按照“红色根脉强基工程”和纵深推进清廉绍兴建设部署，纵深推进清廉机关模范机关建设，着力打造机关党建标志性成果。以“五星双优”为基础性指标，综合运用目标责任制考核、党员违规违纪等相关数据，建立“双建”工作评价体系，命名一批全市“双建”工作先进单位。4个机关单位获评省“双建”工作先进集体。

2021年，市直机关工委组织开展“越读荟”活动 （市直机关工委／提供）

【学习教育工作】 2021年，市直机关工委把学习贯彻习近平新时代中国特色社会主义思想作为首要任务，分层分类推进理论武装。在党员领导干部层面，加强对党组(党委、工委)理论学习中心组的指导管理，按照五年全覆盖要求，组织开展巡听旁听工作。在机关党员层面，用好用活“周一夜学”“夜学讲坛”等学习平台，开展“知绍兴、爱绍兴、为绍兴”系列教育。在青年党员层面，创设“越学越明——越读荟”学习教育平台，建立传帮带机制，实施“理论学习＋实地考察＋实践历练”新模式，174名青年党员参加10场专题学习教育。

【服务中心大局工作】 2021年，市直机关工委深化“三促三提升”工作机制，建成第三批党员教育活动联系点21个，助推乡村振兴先行村建设；举办“机关党建展风景”活动，挖掘、培育党建业务深度融合项目50个，开展网上宣传推荐和比拼，命名最佳项目、优秀项目各10个；高质量完成市委交办的重点工作，发挥机关党员示范带头作用。

【党组织建设工作】 2021年，市直机关工委推进“五星双优”迭代升级，优化成效标准，2021年市直机关五星级党组织达98%以上。实施党支部建设提升工程2.0版，开展“先锋支部”评选，落实“三会一课”、主题党日等各项制度，做好党费收缴、党员发展、党组织换届等基础性工作，共发展党员210名。深化党务干部培训“六学”法，举办专职党务干部、党支部书记、党员发展对象等培训班7场次，500余人次接受党性教育和业务培训。揭榜省直机关工委“双建”驾驶舱建设，被确定为试点单位；启动智慧党建系统升级改造工作，并列入全市数字化改革重点多跨场景应用“一本账 S_0”目录。

【机关纪检工作】 2021年，市直机关工委推动完善四责协同机制，修订年度机关纪委工作责任清单，实行机关纪检工作月提示制度，督促机关纪委监督执纪。加强对机关纪委换届、补选人员资格审查、把关，围绕机关纪委的职能定位和作用发挥进行业务辅导，提升机关纪检干部履职能力。贯彻中央八项规定及实施细则精神和省委、市委实施办法，落实“1+X”监督机制，加大明察暗访和公开曝光的频率和力度，组织6次集中明察暗访，对42个部门和场所进行检查。

【机关群团工作】 2021年，市直机关工委组织实施“共建共富·凝心行动”，运用劳模工匠馆、职工书屋、活动联系点等职工文化阵地，开展“劳动创造幸福”主题宣讲进机关、“越读荟”“越讲越响·青年说”和“越地女儿”宣讲、职工读书月等宣传教育活动。牵头开展市直部门“越惠保”参保工作，干部职工参保率80%以上。走访慰问困难职工，发放慰问金10万元。开展市直机关劳模体检、疗休养、慰问等工作，合作参与“越牛相亲汇”交友联谊活动，为适婚青年牵线搭桥。举办市直机关羽毛球、乒乓球、篮球、围棋、钓鱼等“迎亚运”系列体育比赛，开展“四季有你”暖心活动，累计2500余人次参与活动。

（市直机关工委／提供）

信访工作

【概况】 2021年，全市信访系统坚持和发展新时代“枫桥经验”，围绕高水平建设市域治理现代化示范市的目标，深化“党建＋信访”工作体系，开展“化解重点案件、化解重复案件，提升矛调中心质效”专项行动，全年来信、走访、网上总量较近三年平均值同比分别下降29%、41%和15%，初次来信、走访、网上化解率分别达93%、96%、97%。

【明确职责履行主体责任】 2021年，市信访局和市委组织部联合出台各级各部门党组织信访工作责任清单。以《各级各部门（单位）信访工作“十条责任清单”》推动工作从“突击”转向“常态”，以《村级组织信访工作“十条负面清单”》推动责任从“末端”转向“源头”。两张清单落实情况纳入县、镇、村三级主职领导述职内容，录入干部大监督信息系统，与领导班子、领导干部及村级组织综合考评、评先评优相挂钩，作为衡量基层党建“五星”系列创建的一项重要标准。“党建＋信访”体系建设做法在构筑“党建＋信访”工作体系暨全省信访重点工作推进会上做典型交流。

【落实事项办理闭环机制】 2021年，绍兴市全面实行信访办理“2211”机制、“主官办信访”机制、政务热线服务质效指数评价机制，并将信访突出问题作为“七张问题清单”之一予以交办，压实信访工作政治责任，倒逼属地党委推进“事要解决”，全年全市按期受理率、按期办结率、回访核实率均99.9%以上。

【开展纠纷化解攻坚行动】 2021年，绍兴市全力推进信访积案化解、重复访治理，提升矛调中心质效专项行动。市委主要领导亲自挂帅，市四套班子领导包片督导、包案化解、下访接访；多措并举推动积案、重复案“事心双解”；发挥矛调中心在解决越级访、重复访的主阵地、主战场作用。专项行动期间，国家级重复信访事项化解率98%。

【打造常态问责监督格局】 2021年，绍兴市开展信访工作中涉嫌失职失责问题线索移送工作、事权单位信访工作专项巡察工作。同时，强化信访部门监督职责，重抓重复信访特别是到市以上走访事项的倒查工作，推行提示预警单、政策问询函、信访事项督办函和改进工作建议、完善政策建议、问责建议的“一单、两函、三建议”工作制度，逐步建立信访工作责任党、政、群“大监督”局面。

2021年5月，上虞区社会治理中心 （田 瑶／摄）

【完善智能平台建设】 2021年，绍兴市发挥数字技术在信访和矛盾纠纷化解中的促进作用，强化信访业务数字化应用场景建设，迭代升级信访信息智能分析系统，依托信息系统基本实现日常业务智慧化、数字化办理。探索信访业务智能辅助系统建设，开发智能办理、回复、督办、考核等功能，提升信访事项办理智能化、规范化、标准化水平，构建全渠道数字政务知识库，信访工作政务服务水平得到全面提升。

（市信访局／提供）

老干部工作

【概况】 至2021年底，全市有离休干部446人，市委老干部局管理的离休干部135人，其中市直离休干部共123人，省部代管7人、来绍兴安置5人。市直离休干部中：党政机关31人，事业单位39人，企业单位53人。有副市级以上离退休干部52人（其中离休干部3名、正市级离退休干部7人）。

获评全国优秀老干部工作者1人、全省老干部工作先进集体5家、全省先进老干部工作者12人。

【庆祝建党百年系列活动】 2021年，绍兴市组织开展离退休干部庆祝建党百年系列活动。联动举办“共忆党史、共话初心”老战士老干部老先进老专家座谈会、“光荣在党50年”纪念章颁发仪式、“百年回眸、百个故事”云接力、“红色基因永相传”主题党日活动等；开展“颂百年党史·话百年成就”主题创作展，向老干部征集具书法、诗歌、铜雕等红色作品藏品近2000余件，以“云上展览＋实体展览”的方式展出。

【离退休干部党支部规范化建设】 2021年，绍兴市启动“银领五星”离退休干部党支部规范化建设“三年争创”行动，明确“党建星、示范星、阵地星、服务星、关爱星”五方面标准和全市离退休干部党支部全覆盖达标目标。命名首批“示范支部”21个，“规范支部”84个。

【市级机关干部集体荣休仪式】 2021年

10月11日,绍兴市举办"庆建党百年·续岁月荣光"市级机关干部集体荣休仪式。市四套班子领导为退休干部代表颁授光荣退休纪念章,为离退休干部"银领五星"示范支部和离退休干部党支部建党百年主题党日活动"十佳"(优秀)案例授牌(证)等。

【深化"乐活驿站"试点建设】 2021年,绍兴市出台《关于开展"乐活驿站"试点建设的方案》,明确"设立达人工作室、举办银尚艺术节、开通乐活扶助站、建立银龄互助团、开办家门口学堂和开设康养服务平台""六个一"建设标准。在全市范围内推进惠老综合体建设试点,柯桥区、新昌县开展三级"乐活驿站""乐龄乐活、乐享乐为"银辉工程试点工作。至年末,全市13个试点全部通过建设标准并正式命名。此外,有37个单位被确定为第二批市级"乐活驿站"建设单位。

【"家门口老年大学"建设】 2021年,绍兴市启动新建老年大学(老干部活动中心)项目建设,规划建筑面积近5万平方米。深化"家门口老年大学"建设,探索"五邻社+老年教学"办学新模式。举行"家门口老年大学"推进会暨集中授牌仪式。全市建成"家门口老年大学"128所,开设班级400余个,在册学员总数近2万人次。依托老年大学等阵地开展"银龄跨越数字鸿沟"行动,携手银行、公安等开设"防电信欺诈""线上支付"等课程和志愿帮扶活动,累计400余场次,1.5万人次接受培训。

(市委老干部局/提供)

党史编研

【概况】 2021年,中共绍兴市委党史研究室以习近平新时代中国特色社会主义思想为指导,深入贯彻落实全国、全省党史和文献部门主要负责人会议精神,及中央、省委和市委党史学习教育动员部署会要求,聚焦中国共产党成立100周年,扎实推进各项庆祝活动,服务党史学习教育活动,全面推进"存史、资政、育人"各项工作。

中国共产党地方历史三卷编写有序推进,市本级完成《中国共产党绍兴历史》(第三卷)资料稿编写。围绕庆祝中国共产党成立100周年,全市党史系统开展系列纪念活动。其中,市委党史室组织开展建设一组教育设施、举办一场图片展览、开办一个党史专栏、拍摄一部百集短视频、组织一轮知识竞赛、开展一次荐书活动、命名一批党史教育基地、撰写一篇纪念文章等"十个一"活动。累计向"学习强国"学习平台报送信息300余篇,在"红色文物故事"全国平台刊发29篇,"浙里学史"省级平台刊发36篇。

市委党史室"深化习近平总书记指示研究 以党建引领绍兴基层治理"课题入选中央党史和文献研究室宣传专项引导资金项目,《立足本职,服务中心,创新方法载体,深化党史资政工作》入选全省19个党史创新案例。

【参与党史学习教育】 2021年,市委党史室主动服务党史学习教育,选派2名干部参加市级党史学习教育活动工作专班;组建党史宣讲队伍,开列宣讲"菜单",2名干部入选市委党史学习教育宣讲团,累计开展党史专题宣讲80余场;为30余个部门(单位)开展党史学习教育提供资料。

【史志工作数字化改革工作】 2021年,市委党史室认真梳理核心业务,开发"掌上绍兴史志"小程序,在"浙政钉"上线,上架绍兴地方史志书籍32种,3200万余字。继续实施史志资料数字化项目,完成数字化加工约7万页(张)。

2021年6月30日,中共绍兴历史展陈完成布展并对外开放 (俞建华/摄)

【印发绍兴市党史和地方志工作规划】 2021年9月,市委办公室印发《绍兴市2021—2025年党史和地方志工作规划》。提出深入开展习近平新时代中国特色社会主义思想在绍兴实践的研究阐释,推出一批具有一定影响的研究成果;持续深化史志研究,高质量推进全市史志基本著作编写出版工作,推出一批有深度、有特色的专题研究成果;即时跟进中共十八大以来历史研究,不断提升史志工作服务党委政府工作大局的质量和水平;广泛开展史志宣传教育,在党史、新中国史、改革开放史、社会主义发展史学习教育中发挥重要作用;组织开展党史重大纪念活动,重点做好庆祝中国共产党成立100周年有关工作;加强红色资源的保护开发利用,传承红色基因,守好"红色根脉";加大史志资料征集力度,进一步提升史志资源的数字化水平;加强史志队伍建设,坚持"开门办史",增强工作合力,努力打造史志研究高地。

【完成中共绍兴历史展陈布展】 2021年3—6月,市委党史室与市名城办联合建设、布展中共绍兴历史展陈。展陈分"革命壮歌""建设洪流""改革春潮""时代新篇"篇章,展出520余幅图片,以视频、图文、实物等形式全面展示绍兴百年党史的恢宏历程。中共绍兴历史展陈位于越城区府山公园内,布展面积1180平方米。至年末,共接待130余个团队参观学习。

【建设中共绍兴(党、团)地方支部成立地广场】 2021年3—6月,市委党史室与市文旅集团联合建设中共绍兴(党、团)地方支部成立地广场。广场位于越城区府山公园西北麓,面积520平方米,广场上建有浮雕墙,雕刻着中共绍兴(党、团)地方支部领导绍兴人民开展革命的事迹,浮雕墙边建有仓颉亭。1923年7月,绍兴历史上第一个中共支部——中共绍兴(党、团)地方支部在府山西北麓的仓颉祠诞生。

【举办"立心铸魂——红色精神谱系中的绍兴基因"图片展】 2021年6月29—10月7日,由市委党史研究室、市文广旅游局主办的"立心铸魂——红色精神谱系中的绍兴基因"图片展览在绍兴市博物馆展出。图片展围绕"红船精神""抗战精神""抗美援朝精神"等7个主题,立体展示百年党史中的绍兴英雄典型,全面凸显绍兴人民在百年奋斗史中的主体地位。该展还在有关单位进行巡展,共7万余人次观看展出。

6月29日,"立心铸魂——红色精神谱系中的绍兴基因"图片展暨"红色书架"集中授牌仪式在绍兴博物馆举行。

【拍摄推出百集短视频——"百年纪事"】 2021年,市委党史室与市委组织部、市委宣传部、市新闻传媒中心推出100集新媒体短视频——"百年纪事",聚焦绍兴党史100个经典瞬间,生动再现党的百年光辉历程。3月23日起,在"越牛新闻"客户端上线发布。视频在"学习强国"平台,"绍兴组工""绍兴史志""绍兴文明"微信公众号,"绍兴发布""越牛新闻"微博,"越牛新闻"抖音号、视频号,绍兴网、绍兴史志网等平台同步发布,累计点击量487.5万人次。12月,"看,《共产党宣言》首译本传入绍兴"获全国党史故事短视频展播(党史事件类作品)三等奖。

【"庆祝建党100周年绍兴党史知识竞赛"活动】 2021年6月,市委党史室、浙江越牛传媒有限公司组织开展"庆祝建党100周年绍兴党史知识竞赛"线上答题活动,10万余人次参与答题。

【组织召开纪念绍兴著名党史人物系列座谈会】 2021年,市委党史室与市新闻传媒中心等单位联合召开"传承红色基因 共创美好生活——纪念绍兴著名党史人物系列座谈会"3场。5月20日,"传承红色基因 共创美好生活——学习宣侠父烈士座谈会"在诸暨市店口镇侠父村举行。6月22日,"传承红色基因 共创美好生活——学习梁柏台烈士座谈会"在新昌县沃洲镇银顶山村举行。9月30日,"传承红色基因 共创美好生活——纪念绍兴著名党史人物何云烈士座谈会"在上虞区永和镇举行。

【深化推广"红色书架"党建品牌】 2021年,市委党史室结合开展党史学习需求,进一步加大"红色书架"党建品牌推广范围和力度,擦亮党史育人金名片,全年推广红色书架120家,累计赠书1.6万余册,红色书架累计达到157家。

【党史教育基地建设】 2021年,市委党史室加强革命遗址保护利用,命名第三批市级党史教育基地19家,累计建成市级党史教育基地39家。全市新增省级党史教育基地2家,累计建成省级党史教育基地11家。

【创办"绍兴史志"微信公众号】 2021年8月,市委党史室创办"绍兴史志"微信公众号。至年末,累计推送史志信息88条。

(市委党史室/提供)

党校教育

【概况】 2021年,市委党校围绕建党百年重大主题,精心组织党史学习教育,推进"六讲六做"大宣讲活动,持续创新教育培训模式,巩固科研咨政基础,改善提升办学服务保障,各项工作取得新成效。

至年末,完成主体班次44期、学员8955人,形成办班参阅报告11期;举办东西部扶贫协作、对口城市合作、援疆援藏援青等社会培训班次172期、学员15785人,持续开展在职研究生学历教育。

组织立项校级课题45项。获省、市课题立项27项,其中省规划课题2项、国家信访局理论研究项目课题1项、省委统战部等部门联合招标课题1项、全省党校系统中国特色社会主义理论体系研究中心第23批规划课题8项、全省党校系统2021年度"高质量发展建设共同富裕示范区典型案例"重点专项课题1项、全省党校系统"共同富裕看浙江"重点专项课题2项、市哲学社科重点课题12项(重大课题3项)。

12项成果在省级层面获奖。其中,获2021红船论坛(第四届)征文活动一等奖1项,二等奖1项;1项成果入围省庆祝中国共产党成立100周年论文,是绍兴地区唯一入选成果;9项成果在全省党校(行政学院)系统理论研讨会上获奖,成绩列同类党校第一名;4项成果在市第18届哲学社会科学优秀成果评比中获奖,其中一等奖1项;7项成果在第八届"绍兴社科智库论坛"征文获奖,其中一等奖3项,二等奖3项。编辑出版《新时代伟大工程的绍兴探索》《绍兴蓝皮书:2021年绍兴发展研究报告》等书籍,在学术期刊公开发表论文17篇;形成26项咨政成果,获市级以上领导批示11项13人次。

市委党校创建成浙江省园林式单位,连续第七次获全省党校(行政学院)系统科研工作优秀奖,被评为2021年度市级部门(单位)工作目标责任制考核优秀单位、2021年度市直机关"五星双优"党组织。《学习时报》以《绍兴市委党校探索"雁行模式"推进高质量发展》为题作专版报道。

【发布校院"十四五"发展规划】 2021年3月,《中共绍兴市委党校(绍兴市行政学院)绍兴市社会主义学院"十四五"发展规划》(简称《规划》)发布实施。《规划》提出,校院建设实现更高质量、更具特色、更有影响,综合实力位居全国地市级校院"第一方阵"前列的目标。

【创新实施党史学习教育"十个一"举措】 2021年,市委党校扎实开展党史学习教育,创新实施"十个一"举措,即一支"红色布道者"主题宣讲队伍、一场主题党课竞赛、一轮党史专题师资培训、一部本土党建著作、一期《绍兴研究》专刊、一个党报"求是轩"专栏、一场主题学术研讨

2021 年 7 月 7 日，绍兴市党校系统庆祝中国共产党成立 100 周年学术研讨会暨新书发行仪式举行

（市委党校 / 提供）

会、一个《学习时报》专版、一台主题文艺汇演和一个党性教育主题馆。同时，组织开展党校“红色布道者”进企业、进农村、进机关、进校园、进社区、进网络活动，送教阿瓦提干部群众，先后宣讲 200 余场、受众 3 万余人。4 人入选市委党史学习教育宣讲团。组织 80 多名党员干部多次深入基层、企业、群众开展调研、走访、宣讲。

【创建“名士乡·胆剑魂”党性教育品牌】 2021 年，市委党校在教育中突出“绍兴味”，围绕具有辨识度、吸引力、影响力的“名士乡·胆剑魂”党性教育品牌开展系列活动。组织开发“中国共产党百年为人民谋幸福的实践探索”“中国共产党百年理论创新与启示”等 5 门党史百年总讲系列课程；迭代升级“浙籍先进知识分子的建党贡献与红船精神”“周恩来精神及其时代价值”等专题课程；推出“不忘初心：中国共产党人的百年奋斗史”音乐党课；举办全市党校系统“迎党庆、守初心、铸精品”专题党课竞赛，以赛促学推出“秀松常青 初心永恒”“梁柏台与中国共产党局部执政的奠基”等 10 门党性教育课程，深掘地方红色资源，提高教学吸引力和感染力。党性教育品牌建设经验做法在全省党校系统教学改革研讨会上作交流，并刊发于《干部教育研究》。

【举行知行馆开馆仪式】 2021 年 9 月 28 日，市委党校举行党性教育主题馆——知行馆开馆仪式。知行馆总投资近 1000 万元，面积 1055 平方米。全馆由序篇、真知篇、坚信篇、笃行篇和尾篇五个部分组成，使用先进的数字技术，让学员有更多的沉浸式、互动式体验。

【深化精品课程建设】 2021 年，市委党校持续推进“用学术讲政治”教学改革，深化精品课程建设，实施“一人一精品，一室(中心)一样板”工程。杨宏翔教授的“学习习近平同志考察调研绍兴经济发展讲话精神推进绍兴高质量发展”、徐琪副教授的“《共产党宣言》与中国道路”2 门课程入选省干部教育培训好课程；《新时代“枫桥经验”现场教学教程》《党性教育必修课》2 本教材入选浙江省干部教育培训好教材。

【举行新书发行仪式暨党校系统理论研讨会】 2021 年 7 月 7 日，市委党校举行《新时代伟大工程的绍兴探索》新书发行仪式暨全市党校系统“庆祝中国共产党成立 100 周年”理论研讨会。省委党校副校长徐明华出席会议并致辞。市县党校、结对社区稽山街道东江社区、绍兴图书馆、绍兴市新华书店、绍兴市人文图书代表等 120 余人参加。

由市委党校编写的《新时代伟大工程的绍兴探索》，回顾新时代党的政治建设、思想建设、组织建设、作风和纪律建设、制度建设在绍兴的生动实践和有益探索。

【2021 年绍兴发展研究报告出版】 2021 年 11 月，由市委党校组织编写的《绍兴蓝皮书——2021 年绍兴发展研究报告》由国家行政管理出版社出版发行。该书立足绍兴发展实际，涵盖经济建设、政治建设、文化建设、社会建设、生态文明建设和党的建设六大领域，设立市域篇、县域篇、改革篇 3 个篇章 26 个专题。

【举办“高质量发展建设共同富裕示范区市域范例”智库论坛】 2021 年 11 月 18 日，市委党校举办全市党校系统“高质量发展建设共同富裕示范区市域范例”智库论坛，共收到市、县党校征文 47 篇，评出 12 篇获奖文章，在《绍兴研究》分批刊发。

【推进全市党校系统大学科组建设】 2021 年，市委党校牵头组建成立全市党校系统哲学与社科、经济学、党史党建、公共管理与法学、文化与统战等五大学科组，旨在以学科组建设为抓手，整合团队资源，通过开展学术教研活动和跨学科交流活动，逐步形成具有比较优势和地方党校特色、推动教研咨联动发展、满足干部教育培训需要的学科体系。

【开辟“求是轩”专栏】 2021 年，市委党校在《绍兴日报》理论版开辟“求是轩”专栏。年内，累计刊发本校教研人员深度解读阐释党的思想理论和中央、省市重大决策部署的理论文章 39 篇。

【举办庆祝建党 100 周年系列活动】 2021 年，市委党校举办庆祝中国共产党成立 100 周年系列活动。举行“迎党庆、守初心、铸精品”专题党课竞赛、庆祝中国共产党成立 100 周年文艺汇演、趣味运动会、书画摄影主题展览、悦读节等活动。拍摄党校“十三五”发展专题宣传片《鸿雁同风起 直上九万里——绍兴市委党校探索“雁行模式”推进高质量发展》、党校教职工专题宣传片《微微·少年》。

【党校室内体育馆建成投用】 2021 年 9 月 10 日，市委党校投资约 900 万元建设的室内体育馆举行竣工仪式。体育馆依照标准训练场新建，面积 1660 平方米，有篮球、羽毛球、乒乓球、台球等运动场地。

（中共绍兴市委党校 / 提供）

绍兴市人民代表大会

综　述

【市人大机构概况】 2021 年，绍兴市第八届人大常委会有组成人员 41 人，其中主任 1 人，副主任 7 人，秘书长 1 人，委员 32 人。市八届人大设法制委员会、监察和司法委员会、财政经济委员会、教育科技文化卫生委员会、民族宗教外事侨务委员会、农业与农村委员会、城乡建设与环境资源保护委员会、社会建设委员会等 8 个专门委员会，常委会设有办公室、研究室 2 个办事机构和法工委、监察司法工委、财经工委、教科文卫工委、民侨工委、农经工委、城建环保工委、社会建设工委、代表工委等 9 个工作委员会。

【市人大常委会工作】 2021 年，市人大常委会深入学习贯彻习近平新时代中国特色社会主义思想，全面落实市委各项决策部署，履行宪法和法律赋予的职责，召开常委会会议 8 次、主任会议 19 次，听取和审议"一府一委两院"专项工作报告 38 个，作出决议决定 7 项，较好发挥了地方国家权力机关的作用，为绍兴经济社会高质量发展、打造"共同富裕示范区市域范例"作出应有贡献。

【"智汇民情系统"数字化平台建设】 2021 年，市人大常委会贯彻全省数字化改革的理念、原则和要求，探索利用大数据与人工智能技术，构建一体化、全方位、现代化的"智汇民情系统"数字化平台。平台汇集多领域民生数据，打造可视化动态社情监测板块，绘制民情数据图谱，构建民情信息热力图、趋势图，实时动态了解民情趋势，更精确识别群众诉求、了解民意变化，更全面掌握民情特点。实现热点民情"一屏掌控"、群众呼声"一览无余"、民生期盼"一督到底"，达到数字赋能人大工作，精准服务代表履职，创新民生监督机制，服务党委咨询决策改革目标。

2021 年，市人大"智汇民情系统"数字化平台　（市人大常委会办公室 / 提供）

市人大及其常委会

【市八届人大六次会议】 2021 年 2 月 2—5 日，绍兴市第八届人民代表大会第六次会议在绍兴召开，会议应到代表 423 人，实到代表 390 人。会议听取和审议绍兴市人民政府工作报告，审查和批准关于绍兴市国民经济和社会发展第十四个五年规划和二〇三五年远景目标纲要，绍兴市 2020 年国民经济和社会发展计划执行情况与 2021 年国民经济和社会发展计划、2020 年全市和市级财政预算执行情况及 2021 年全市和市级财政预算。听取和审议绍兴市人民代表大会工作报告、绍兴市中级人民法院工作报告、绍兴市人民检察院工作报告。依法选举金辉、朱建和为绍兴市第八届人民代表大会常务委员会副主任；胡仲飞、杨娣为绍兴市第八届人民代表大会常务委员会委员。表决通过绍兴市第八届人民代表大会有关专门组成委员会组成人员，票决产生 2021 年度绍兴市人民政府年度民生实事项目。

【市人大常委会会议】 2021 年，绍兴市人民代表大会常务委员会召开常委会会议 8 次（市人大常委会第三十五次至四十二次会议），作出决议决定 7 项，依法任免国家机关工作人员 79 人次。

市八届人大常委会第三十五次会议 1 月 21 日召开。会议由市人大常委会主任谭志桂主持，副主任杨文孝、丁晓燕、王继岗、孙云耀、傅陆平、王水君和秘书长袁立江及委员共 34 人出席会议。列席会议的有市政府副市长邵全卯，市纪委副书记、市监委副主任朱建和，市中级人民法院副院长周剑敏，市检察院副检察长钱武生，市委组织部、市委宣传部、市信访局、市府办、市发改委、市公安局、市财政局、市卫生健康委、市机关服务中心等主要负责人，市人大机关副局级以上领导等。会议听取审议市人大常委会秘书长袁立江所作的关于市八届人大六次会议筹备工作情况的报告。审议市八届人大六次会议各套名单方案，表决通过市八届人大六次会议列席人员的建议名单。听取审议市人大常委会副秘书长、研究室主任朱耿才所作的市人大常委会工作报告（送审稿）起草说明，表决同意市人大常委会工作报告稿提交市八届人大六次会议审议。征求对“一府两院”工作报告稿，“十四五”规划和二〇三五年远景目标纲要草案、计划报告稿、预算报告稿和市政府2021年度民生实事候选项目的意见。

市八届人大常委会举行第三十六次会议　2月1日召开。会议由市人大常委会主任谭志桂主持，副主任杨文孝、丁晓燕、王继岗、孙云耀、傅陆平、王水君和秘书长袁立江及委员共35人出席会议。会议听取审议市人大常委会市人大常委会代表资格审查委员会副主任委员、代表工委主任俞锦宾所作的关于部分代表的代表资格变动情况的说明。审议杨文孝同志关于要求辞去市八届人大常委会副主任职务的报告，作出《关于接受杨文孝请求辞去绍兴市第八届人民代表大会常务委员会副主任职务的决定》。

市八届人大常委会第三十七次会议　4月15—16日召开。会议分别由市人大常委会主任谭志桂、副主任王继岗主持，副主任丁晓燕、孙云耀、傅陆平、王水君、金辉、朱建和和秘书长袁立江及委员共35人出席会议。列席会议的有市政府副市长邵全卯，市纪委副书记、市监委副主任吴海洋，市中级人民法院副院长周剑敏，市检察院检察长翁跃强，市委组织部、市府办、滨海新区、市发改委、市经信局、市科技局等22个部门、单位主要负责人，各区、县（市）人大常委会领导，部分市人大代表，市人大机关副局级以上领导等。会议听取审议副市长邵全卯所作的关于高水平创新型城市建设工作情况报告。听取审议市司法局局长黄文刚受市政府委托所作的关于2015—2020年法治政府建设情况的报告。听取审议市生态环境局局长方林苗受市政府委托所作的关于2020年全市生态环境状况和生态环境保护目标完成情况的报告。听取审议市民政局局长吴绍庆受市政府委托所作的关于《绍兴市居家和社区养老服务条例（草案）》的说明，审议《绍兴市居家和社区养老服务条例（草案）》，审议市人大社会建设委员会关于《绍兴市居家和社区养老服务条例（草案）》的审议报告。听取审议市人大常委会代表资格审查委员会副主任委员、代表工委主任俞锦宾所作的关于调整代表资格审查委员会组成人员的议案（草案）的说明，审议调整代表资格审查委员会组成人员的议案（草案），审议通过关于调整代表资格审查委员会组成人员的决定。听取审议市政府副市长邵全卯、市中级人民法院副院长周剑敏、市检察院检察长翁跃强、市人大常委会主任谭志桂所作的有关人事任免议案的提请报告，通过有关人事任免事项。

市八届人大常委会举行第三十八次会议　6月14—15日召开。会议分别由市人大常委会主任谭志桂、副主任傅陆平主持，副主任丁晓燕、王继岗、孙云耀、王水君、金辉、朱建和和秘书长袁立江及委员共36人出席会议。列席会议的有市委常委、市纪委书记、市监委主任陈灿，市政府副市长陶关锋、邵全卯，市中级人民法院院长唐学兵、副院长胡坚，市检察院检察长翁跃强、副检察长钱武生，市委组织部、市委政法委、市府办、滨海新区、市发改委等23个部门、单位主要负责人，各区、县（市）人大常委会领导，部分市人大代表，市人大机关副局级以上领导等。会议听取审议市委常委、市纪委书记、市监委主任陈灿所作的关于开展整治群众身边不正之风和腐败问题专项工作情况的报告。听取副市长陶关锋所作的关于《绍兴市城市轨道交通管理条例（草案）》的说明，审议《绍兴市城市轨道交通管理条例（草案）》，审议市人大城建环资委员会关于《绍兴市城市轨道交通管理条例（草案）》的审议报告。听取审议市教育局局长姚国海受市政府委托所作的关于全市职业教育工作情况的报告。听取审议市发改委主任何坚刚受市政府委托所作的关于全市粮食安全保障和种子工作情况的报告。听取审议市人大法制委员会主任委员胡仲飞所作的关于《绍兴黄酒保护和发展条例（草案）》审议结果的报告和关于《绍兴黄酒保护和发展条例（草案修改稿）》修改情况的说明，表决通过《绍兴黄酒保护和发展条例（表决稿）》，并依法提请省人大常委会批准。听取审议市人大常委会代表资格审查委员会副主任委员、代表工委主任俞锦宾所作的关于个别代表的代表资格的报告，表决通过该报告。听取审议市政府副市长陶关锋，市委常委、市纪委书记、市监委主任陈灿，市中级人民法院院长唐学军，市人大常委会主任谭志桂所作的有关人事任免议案的提请报告，通过有关人事任免事项。

市八届人大常委会举行第三十九次会议　8月5—6日召开。会议分别由市人大常委会主任谭志桂、副主任王水君主持，副主任丁晓燕、王继岗、孙云耀、傅陆平、金辉、朱建和和秘书长袁立江及委员共36人出席会议。列席会议的有市委副书记、市长盛阅春，市政府副市长陈德洪、胡敏，市政协副主席、市财政局局长吕丙，市纪委副书记、市监委副主任孙建焕，市中级人民法院院长唐学兵、副院长骆锦勇，市检察院检察长翁跃强、副检察长周慧娟，市委组织部、市府办、滨海新区、市民宗局、市发改委、市经信局等20个部门、单位的主要负责人，各区、县（市）人大常委会领导，部分市人大代表，市人大机关副局级以上领导等。会议听取审议市委副书记、市长盛阅春所作的关于上半年全市经济工作基本情况和下半年经济工作重点安排的报告，审议关于2021年上半年绍兴市国民经济和社会发展计划执行情况的报告、关于绍兴市2021年1—6月财政预算执行情况的报告。听取副市长陈德洪所作的关于《绍兴市水资源保护条例修正案（草案）》起草情况的说明，审议《绍兴市水资源保护条例修正案（草案）》，审议市人大农业与农村委员会关于《绍兴市水资源保护条例修正案（草案）》的审议报告。听取审议市政协副主席、市财政局局长吕丙受市政府委托所作的关于2020年市级财政决算（草案）的报告，审议市人力资源和社会保障局、市综合行政执法局2020年度部门决算，审议并表决通过关于批准绍兴市2020年市级财政决算的决议。听取审议市审计局局长金水法受市政府委托所做的关于2020年度市级预算执行和其他财政收支的审计工作报告。听取审议市委统战部副部长、市民宗局局长何国梁受市政府委托所做的关于《浙江省宗教事务条例》贯彻执行情况的报告，审议市人大常委会执法检查组关于《浙江省宗教事务条例》执法检查情况的报告。听取审议市人大法制委员会主任委员、常委会法工委主任胡仲飞所做的关于《绍兴市居家和社区养老服务条例(草案)》审议结果的报告和关于《绍兴市居家养老服务条例(草案修改稿)》修改情况的说明，表决通过《绍兴市居家养老服务条例》，并依法提请省人大常委会批准。听取审议市人大财经委员会主任委员、常委会财经工委主任楼灿忠所做关于《绍兴市人民代表大会常务委员会关于促进和保障高质量发展建设共同富裕示范区市域范例的决定》的说明，表决通过该决定。听取审议市检察院检察长翁跃强所做的有关人事任免议案的提请报告，通过有关人事任免事项。

市八届人大常委会举行第四十次会议　9月30日召开。会议分别由市人大常委会主任谭志桂、副主任金辉主持，副主任丁晓燕、王继岗、孙云耀、傅陆平、王水君、朱建和和秘书长袁立江及委员共36人出席会议。列席会议的有市政府副市长俞流江，市纪委副书记、市监委副主任孙建焕，市中级人民法院院长唐学兵，市检察院副检察长丁飞，市委组织部、市委宣传部、市府办等8个部门、单位的主要负责人，各区、县(市)人大常委会领导，市人大机关副局级以上领导等。会议听取审议市政府副市长俞流江所做的关于法治宣传教育工作“七五”总结和“八五”部署情况的报告，听取审议市人大监察和司法委员会主任委员、常委会监察司法工委主任石春法所做的《关于开展第八个五年法治宣传教育的决议(草案)》的说明，表决作出相关《决议》。听取审议市人大常委会主任谭志桂、市政府副市长俞流江和市检察院副检察长丁飞所做的有关人事任免议案的提请报告，通过有关人事任免事项。

市八届人大常委会举行第四十一次会议　10月28—29日召开。会议分别由市人大常委会主任谭志桂、副主任朱建和主持，副主任丁晓燕、王继岗、孙云耀、傅陆平、王水君、金辉和秘书长袁立江及委员共36人出席会议。列席会议的有市委常委、市政府常务副市长杜旭亮，副市长陶关锋，市纪委副书记、市监委副主任孙建焕，市中级人民法院院长唐学兵、副院长周剑敏，市检察院代理检察长程曙明、副检察长丁飞，市府办、滨海新区、市发改委、市司法局等15个部门、单位的主要负责人，各区、县(市)人大常委会领导，部分市人大代表，市人大机关副局级以上领导等。会议听取审议市委常委、市政府常务副市长杜旭亮所做的关于2020年度全市国有资产管理情况的综合报告。听取审议市政务服务办公室主任周巍所做的关于打造“越满意”政务服务品牌营造最优营商环境的报告。听取审议市政府副秘书长、办公室主任闾小锋所做的关于市八届人大六次会议以来代表建议办理工作情况的报告。听取审议市政协副主席、市财政局局长吕丙所做的关于提请审议2021年市级财政预算调整的议案和关于提请审议2021年市级新增地方政府债务限额的议案，审议并表决通过关于同意调整2021年市级财政预算的决议和关于批准2021年市级新增地方政府债务限额的决议。听取审议市人大法制委员会主任委员、常委会法工委主任胡仲飞所做的关于《绍兴市城市轨道交通管理条例(草案)》审议结果的报告和关于《绍兴市城市轨道交通管理条例(草案修改稿)》修改情况的说明，表决通过《绍兴市城市轨道交通管理条例》，并依法提请省人大常委会批准。听取审议市人大法制委员会主任委员、常委会法工委主任胡仲飞所做的关于《绍兴市水资源保护条例修正案(草案)》审议结果的报告和关于《绍兴市水资源保护条例修正案(草案修改稿)》修改情况的说明，表决通过关于修改《绍兴市水资源保护条例》的决定，并依法提请省人大常委会批准。审议绍兴市选举产生的部分省人大代表履职情况的报告。听取审议市中级人民法院院长唐学兵和市检察院代理检察长程曙明所做的有关人事任免议案的提请报告，通过有关人事任免事项。会议传达学习中央人大工作会议精神。

市八届人大常委会举行第四十二次会议　12月29日召开。会议分别由市人大常委会主任谭志桂、副主任丁晓燕主持，副主任王继岗、孙云耀、傅陆平、王水君、金辉、朱建和和秘书长袁立江及委员共37人出席会议。列席会议的有市政府副市长邵全卯，市纪委副书记、市监委副主任孙建焕，市中级人民法院副院长周剑敏，市检察院代理检察长程曙明，市委组织部、市府办、市审计局等5个部门的主要负责人，市人大机关副局级以上领导等。会议听取审议市审计局局长金水法所做的关于2020年度市级预算执行和其他财政收支审计查出问题整改情况的报告。听取审议市人大法制委员会主任委员、法工委主任胡仲飞所做的关于2021年度规范性文件备案审查情况的报告。审议关于接受平燕同志辞去浙江省第十三届人民代表大会代表职务的议案、关于补选盛阅春为浙江省第十三届人民代表大会代表的议案，审议通过关于接受平燕辞去浙江省第十三届人民代表大会代表职务请求的决议，补选盛阅春为浙江省第十三届人民代表大会代表。审议盛阅春要求辞去绍兴市人民政府市长职务的请求，决定接受盛阅春辞去绍兴市人民政府市长职务，报绍兴市人民代表大会会议备案。听取审议市政府副市长邵全卯、市中级人民法院副院长周剑敏和市检察院代理检察长程曙明所做的有关人事任免议案的提请报告，通过有关人事任免事项。听取审议市人大常委会主任谭志桂所做的提出决定绍兴市人民政府代理市长的议案，决定施惠芳为绍兴市人民政府代理市长。

立法和监督

【概况】 2021年，市人大常委会加强重点领域创制性立法，自觉坚持立法决策与改革决策相衔接，同步启动《绍兴黄酒保护和发展条例》《绍兴市居家养老服务条例》《绍兴市城市轨道交通管理条例》《绍兴市水资源保护条例(修改)》4部立法项目。其中,《绍兴黄酒保护和发展条例》《绍兴市居家养老服务条例》已完成二审并经省人大常委会批准通过,《绍兴市城市轨道交通管理条例》《绍兴市水资源保护条例(修改)》有序推进。

【法规实施成效跟踪监督】 2021年,市人大常委会开展《绍兴市文明行为促进条例》等立法后评估,持续开展《绍兴古城保护利用条例》贯彻实施情况检查,上下协同联动开展《浙江省宗教事务条例》《浙江省粮食安全保障条例》等执法检查,推动法规实施情况跟踪监督体系化和常态化。

【备案审查扩面】 2021年,市人大常委会首次将两院的规范性文件纳入备案审查范围,并对市政府报送的16件规范性文件、市中级人民法院、市检察院报送的4件规范性文件和上虞区人大报送的3件决议决定,主动进行逐一审查。

【围绕经济高质量发展开展监督】 2021年,市人大常委会听取和审议高水平创新型城市建设工作情况、建筑业高质量发展情况、推动科技创新和建筑业高质量发展。对跨境电商综试区、综保区、市场采购贸易方式试点等三大经济开放平台开展专题视察,推动抓平台稳外贸行动。开展政务服务工作专题调研,审议打造"越满意"政务服务品牌,推动营造最优营商环境。围绕《浙江省数字经济促进条例》贯彻情况进行调研,助推"数字经济"一号工程。

【围绕公共财政运行开展监督】 2021年,市人大常委会加强对预算决算审查监督,认真审议预算执行和其他财政收支审计、财政决算草案审查、国有资产管理情况、财政决算等报告。审议人力社保局、综合执法局部门决算情况,保障重点项目政策落实,提高资金使用效率。常态化开展重点项目预算监督,对政府重大投资项目和重点部门项目预算开展跟踪监督,提高项目预算编制执行精准度。组织做好半年度经济工作调研,审议上半年经济社会发展、计划执行和财政预算执行情况,就创新改革、产业提升、建设等方面提出审议意见。

【围绕城市能级提升开展监督】 2021年,市人大常委会开展亚运会绍兴场馆建设专题视察,听取亚运筹办工作进展情况汇报,确保亚运城市行动计划顺利推进;专题视察古城保护利用条例贯彻执行情况、"一廊三带"建设情况,推动城市文化体系重塑。

【围绕生态环境持续改善开展监督】 2021年,市人大常委会开展环境状况和环境保护目标任务完成情况专题询问,并首次采用市、县、乡三级"视联网"视频会议形式进行,实现环境报告制度审议、监督、询问"组合拳"创新,助力生态文明建设先行示范。组织开展会稽山古香榧群保护法、固体废物污染环境防治法执法检查,审议环境资源审判工作情况,推动实质性环境保护举措落实落地。

2021年,市人大常委会组织开展《绍兴古城保护利用条例》贯彻实施情况检查

(市人大常委会办公室/提供)

【围绕缩小城乡差距开展监督】 2021年,市人大常委会听取新时代美丽乡村建设情况汇报,连续两年审议农村宅基地制度改革试点工作情况,提出压实工作责任、注重统筹推进、抓实基础工作等意见,助力乡村振兴和城乡共同发展。

人事任免

【概况】 2021年,市人大常委会任命79人次,决定任命15人次,决定免去15人次,任命23人次,免去26人次,其中决定任命市人民政府组成人员15人次,任命市人大专门委员会副主任委员1人次、常委会工作机构主任副主任2人次,任命市监察委员会副主任、委员4人次,任命市中级人民法院副院长、审判委员会委员、审判员、庭长、副庭长11人次,任命市人民检察院检察委员会副检察长、委员4人次。决定免去市人民政府组成人员15人次,免去市人大常委会工作机构副主任2人次,免去市监察委员会副主任、委员4人次,免去市中级人民法院副院长、审判委员会委员、审判员、庭长11人次,免去市人民检察院副检察长、检察委员会委员、检察员9人次。

【市八届人大常委会第三十七次会议通过】 2021年4月26日,市八届人大常委会第三十七会议,决定任命杜旭亮为绍兴市人民政府副市长,决定免去徐国龙的绍兴市人民政府副市长职务。

【市八届人大常委会第三十八次会议通过】 2021年6月25日,市八届人大常委会第三十八次会议,决定任命胡敏为绍兴市人民政府副市长,决定免去顾涛的绍

2021 年 12 月，市人大常委会主任谭志桂（右）向代理市长施惠芳（左）颁发任命书

（市人大常委会办公室 / 提供）

兴市人民政府副市长职务。

【市八届人大常委会第四十二次会议通过】 2021 年 12 月 29 日，市八届人大常委会举行第四十二次会议，决定任命：施惠芳为绍兴市人民政府副市长。决定免去：杜旭亮的绍兴市人民政府副市长职务。

人大代表工作

【概况】 绍兴市第八届人民代表大会实选代表 425 名，至 2021 年 2 月 2 日，市八届人民代表大会实有代表 424 名，八届人大五次会议以来补选代表 28 名，减少代表 19 名。

【代表议案建议办理】 在市八届人大六次会议期间，市人大代表共提出建议 249 件，全部办理完毕。其中，办理结果满意 245 件，基本满意 4 件；办理工作满意 248 件，基本满意 1 件，满意基本满意率 100%。

【深化开展“局长·代表面对面”活动】 2021 年，市人大常委会以获得第二届“浙江人大与时俱进奖”优秀奖为起点，以局长、“两官”进代表联络站联系代表为主要抓手，深化开展“局长·代表面对面”活动。在扩面方面，做到市县两级与民生有关的所有政府部门（其中市本级 59 个）全覆盖、市县两级人民法院和检察院全覆盖、所有镇（街）人大代表联络站全覆盖。在提质方面，坚持问题导向，健全完善问题收集、梳理、流转、协调、解决、督办、反馈等机制，市县两级局长、“两官”共进站收集各类问题事项 746 件，解决 617 件，出台相关政策举措 59 项。

2021 年市人大代表重点建议一览表

表 4

领办领导	案号	代表（提案人）	案由
盛阅春	202	孔令鸟	关于推进绍兴“专精特新”和单项冠军企业扶持政策的建议
	246	王越明	关于进一步完善一府两院联动机制，担当作为助推破产资产快速处置再利用的建议
徐国龙	24	宋金才	关于进一步优化绍兴营商环境的建议
	215	张尚明	关于进一步规范提升村级义务消防队建设的建议
顾　涛	86	蔡珊瑛	“研学赋能，产业振兴”——关于在疫情常态化下加快研学旅行发展的建议
	145	张志华	关于加大对村级卫生室建设力度的建议
陈德洪	55	戚伯芳	关于推进“污水零直排区”建设的建议
	118	钱伟平	关于优化及推进农村宅基地的流转和开发利用的建议
邵全卯	9	胡柏刻	关于加大数字经济建设扶持力度的建议
	160	吕春雷	关于我市固体废物资源化利用推进工作的建议
俞流江	176	娄华勤	关于推进我市智慧交通建设的建议
	189	陈炎根	关于加强行政争议实质性化解，有效降低行政诉讼败诉率的建议
陶关锋	99	单国君	关于加快出台我市地下空间开发利用管理办法的建议
	188	孔令鸟	关于统一整治小区外墙脱落问题的建议

（市人大常委会办公室 / 提供）

绍兴市人民政府

综　述

【概况】 2021年，绍兴市人民政府坚持以习近平新时代中国特色社会主义思想为指导，全面贯彻中国共产党第十九次代表大会和十九届历次全会精神，按照省委、省政府和市委各项决策部署，紧紧围绕忠实践行“八八战略”、奋力打造“重要窗口”主题主线，聚焦聚力“五个率先”，统筹推进疫情防控和经济社会发展，统筹发展和安全，克难攻坚、砥砺奋进，完成了市八届人大六次会议确定的目标任务，共富示范扎实启动、智造强市全面发力、创新活力有效释放、改革动力不断增强、城市品质加快提升、生态文明积极推进、民生福祉切实改善、社会稳定持续向好。

绍兴市人民政府坚持全面从严治党，狠抓政府自身建设，扎实开展“六讲六做”，推动党史学习教育走深走实。依法接受人大监督，自觉接受民主协商，办理人大代表建议233件、政协提案413件。强化府院、府检联动，加大行政败诉问责力度，法治政府考核排名进位。开展政法队伍教育整顿，深化综合行政执法改革。深入推进“三驻三服务”，打造“越阳光”政务公开品牌，为基层解决问题5000余个、为企业减负275.5亿元，8个事项获省政府督查激励。严格落实中央八项规定精神，享乐主义、奢靡之风有效遏制，干部作风进一步转变。

全年实现地区生产总值6795亿元、增长8.7%；完成财政总收入954.7亿元、一般公共预算收入603.8亿元，增长11.9%和11.1%；城乡居民人均可支配收入73101元和42636元，增长9.6%和10.2%。

【市政府机构概况】 2021年，绍兴市人民政府设置绍兴市人民政府办公室及31个工作部门。市政府由市长、副市长、秘书长和市政府工作部门的主任、局长组成。市政府统筹推进经济建设、政治建设、文化建设、社会建设、生态文明建设“五位一体”总体布局，协调推进全面建成小康社会、全面深化改革、全面依法治国、全面从严治党“四个全面”战略布局，依法履行本区域经济调节、市场监管、社会管理和公共服务职能。

【政务信息公开】 2021年，绍兴市人民政府门户网站公开政府信息15424条。其中，市政府及市府办文件71个，市政府及市级部门规范性文件163个；人事信息235条；政策解读144个。回应社会关切，做好专题发布，发布疫情防控信息622条、民生实事信息40条、常务会议信息19条、环保督查信息16条、规划专题信息151条，人大建议182条、政协提案277条、两会信息112条，意见征集153件，直播新闻发布会13期，公开征集公众意见170件。

全年编辑出版人民政府公报12期，总计公开市政府、市府办及部门规范性文件140个，依托市政府门户网站做好电子公报线上线下同步公开。

全市各级行政机关共办理答复信息公开申请1938件，发生行政复议173件、行政诉讼127件。

【建议提案办理】 2021年，市政府系统会办省人大代表建议2件，主办市人大代表建议233件、市政协提案413件，办理工作共涉及4个区、县（市）和45个政府部门。所有建议提案都在规定期限内办结，按时办结率100%。市政府办公室会同市政协提案委员会对25件提案的“二次答复”工作进行“回头看”督查，促进建议提案得到再落实、再解决。

【政务督查】 2021年，完成市政府181项重点工作、216个市级政府（市直国有企业）投资项目、重点工业项目开工和投产情况的督查督办，形成《督查通报》28期。完成市政府会议纪要、会议备忘共344项工作的督查督办，形成《督查通报》6期。

【民生实事】 2021年，绍兴市政府民生实事涉及交通便民“一件事”集成改革、全民健身场地设施建设、重点人群疾病预防工程、提升卫生应急综合保障能力、生活困难老人家庭适老化改造、“智安校园”建设、提升公共法律服务水平、校园食品安全智治行动、“绿色出行、品质交通”提升行动、垃圾分类及再生资源回收体系建设等10方面，共30个子项，各项目于2021年12月底前全面完成，市人大常委会对2021年度市政府民生实事项目完成情况总体表示满意。

市政府重要会议

【市政府全体会议】 2021年，绍兴市人民政府召开全体会议2次，即八届市政府第九次、第十次全体会议。

八届市政府九次全体会议　2月5日举行。主要任务是聚焦“四个率先”，全面贯彻市委八届九次全体（扩大）会议和市两会部署要求，分解落实《政府工作报告》任务，动员政府系统广大干部以奋发有为的精神状态、科学高效的行事方法、务实进取的工作作风，迅速投入到推动

"十四五"开好局、起好步上来，努力在建设"重要窗口"中展现更多亮丽风景，以优异成绩庆祝中国共产党成立100周年。市长盛阅春讲话。常务副市长徐国龙部署全年政府重点工作。副市长顾涛、陈德洪、邵全卯、俞流江、陶关锋，秘书长王芬祥参加。

会议指出，2021年是"十四五"规划开局之年，是全面建设社会主义现代化国家新征程开启之年，要以"进入新发展阶段、贯彻新发展理念、构建新发展格局"为基本遵循，在千载难逢的机遇与严峻复杂的挑战面前，切实增强识变之智、应变之方、求变之勇，倍加珍惜伟大时代、耀眼舞台、难得历程，激发"想干事"的使命、提升"想干事"的底气、拓宽"想干事"的视野，攻坚克难、奋力拼搏，为绍兴加快重返城市综合经济实力全国"三十强"作出更大贡献。

会议强调，面对艰巨繁重的任务，要持续优化"干成事"的理念方法，一步一个脚印推动工作高效落实、目标变为现实。要提高"统"的能力，善于用联系观点、系统思维，加强统筹谋划、整体智治、资源整合，着力打破时空限制、提升工作实效、放大发展成效。要增强"争"的胆识，以"与强者比"的勇气敢于争，以"唯快不破"的信念快去争，以"钉钉子"的韧劲盯着争，积极抢抓各类"窗口期"，持续彰显优势、创造胜势。要优化"促"的机制，聚焦前沿处、险要关，坚持以干促上、攻坚促进，最大限度汇聚合力，不断攻克瓶颈障碍。要鼓足"破"的勇气，坚持生成性学习，激发创造性张力，主动向难题冲锋、向惯例宣战、向常规开刀，倒逼走出"舒适区"、闯出新路子。要掌握"借"的本领，依托战略、平台、龙头等稀缺的注意力资源，做好借势借力、借梯登高、借鸡生蛋文章，为发展引注不竭的源头活水。要强化"实"的作风，大力推行清单化落实、专班化运作、标准化考核，切实提升政府执行力，为顺利完成全年目标任务提供坚实支撑。

会议要求，在一失万无的考验下，必须牢牢守住"不出事"的底线红线。要看清风险，建立健全闭环管控体系，坚决守护一方平安；要勤补短板，锻造长板，持续提高整体发展水平；要守牢底线，压实从严治党主体责任，始终坚持秉公用权、廉洁从政，珍视自身平安、珍惜单位形象。

会后，市政府全体班子成员还赴周恩来风范园，缅怀总理的丰功伟绩，重温入党誓词，激励初心使命，接受了一次深刻的党性锤炼。

八届市政府十次全体会议　7月29日举行。主要任务是深入学习习近平总书记在庆祝中国共产党成立100周年大会上的重要讲话精神，全面落实省委十四届九次全体（扩大）会议、市委八届十次全体（扩大）会议部署，回顾总结上半年工作，研究推进下一阶段重点任务，动员政府系统广大干部咬定目标、攻坚克难，奋力交出高质量发展高分报表，加快打造共同富裕示范区市域范例。市长盛阅春讲话。常务副市长杜旭亮主持。副市长陈德洪、邵全卯、俞流江、胡敏、陶关锋，秘书长王芬祥参加会议。

会议指出，2021年以来，面对错综复杂的宏观形势，全市上下认真贯彻落实中央、省、市各项决策部署，坚持稳中求进总基调，持续打好高质量发展组合拳，巩固拓展疫情防控和经济社会发展成果，主要指标保持强劲增长态势，成功重返城市综合经济实力全国"三十强"，向庆祝中国共产党成立100周年交出了优异答卷，为推进高质量发展、打造共同富裕示范区市域范例奠定了扎实基础。

会议强调，2021年是"十四五"开局之年，也是建设共同富裕示范区的"第一程"。全市政府系统要自觉扛起"四个率先"新使命，坚持问题导向、目标导向，全面对标"三张清单"、重点工作和提质提标要求，着力在"赶"上下功夫，精准施策，真抓实干，推动争先创优；要积极抢抓战略性机遇，围绕产业高质量发展、城市高能级攀升、经济高水平开放等重大课题，着力在"谋"上做文章，探索拓展新空间、锻造新动能的有效路径；要正视创新改革、平台发展、城市管理中的堵点难点痛点，着力在"破"上强攻坚，加快扫清瓶颈障碍，不断注入高质量发展"源头活水"；要对照评价体系、考核要求和实际需求，找准共同富裕、疫情防控、生态环境、平安创建及法治政府建设的短板弱项，着力在"补"上求实效，使锻长长板与补齐短板协同推进，进一步提升发展成色；要紧盯上级最新战略动向、发展方向、政策导向，着力在"争"上见行动，最大限度争取要素保障、政策支持、试点入选，切实用足用好发展红利。

会议强调，事业发展，关键在人。政府系统广大干部要始终保持奋进者姿态，坚持生成性学习，激发创造性张力，打造变革型政府，推动治理体系和治理能力现代化。要在实践中锤炼政治品格，践行为民宗旨，增强争先意识，提升协同水平，坚守从政底线，为推进高质量发展、打造共同富裕示范区市域范例提供坚强保障。

【市政府常务会议】 2021年，市政府召开常务会议19次，即八届市政府第九十次常务会议至一百零八次常务会议，其中，第九十次至一百零七次由盛阅春市长主持，第一百零八次由杜旭亮常务副市长主持。

八届市政府第九十次常务会议　1月4日召开。会议听取市建设局局长毛红卫《关于加快推进绿色建筑和新型建筑工业化发展的实施意见》起草情况的汇报；听取市医保局局长裘凯音《关于促进商业补充医疗保险发展进一步完善多层次医疗保障体系的实施方案》起草情况的汇报；听取市自然资源和规划局副局长王立新关于绍兴市2021年经营性土地出让计划安排情况的汇报；听取市人力社保局局长黄奇凡关于2021年度市县评比达标表彰和通报表扬项目申报情况的汇报；听取市市场监管局局长王永明关于2020年全市食品药品安全工作情况的汇报和关于《绍兴市知识产权保护行动计划》起草情况的汇报；听取市经信局局长何坚刚关于《绍兴市加快推进集成电路产业发展若干政策（试行）》起草情况的汇报；听取市教育局局长姚国海关于《绍兴市加快学前教育优质普惠发展第四轮行动计划（2021—2023年）》起草情况的汇报；听取市教育局局长姚国海关于《绍兴市推进教育现代化建设五大创建行动计划（2021—2025年）》起草情况的汇报；听取市发改委主任金辉关于《绍兴市人民政府与重庆市渝中区人民政府战略合作框架协议》起草情况的汇报；听取市卫生健康委主任王宏达关于《绍兴市人民政府与浙江大学共建浙江大学医学院附属绍兴医院协议》起草情况的汇报。

八届市政府第九十一次常务会议 1月14日召开。会议听取市交通运输局局长张永明关于柯桥至诸暨高速公路项目建设模式的情况汇报；听取市生态环境局局长方林苗关于《深化生态文明示范创建高水平建设新时代美丽绍兴规划纲要(2020—2035年)》起草情况的汇报和关于绍兴市大气污染防治工作的情况汇报；听取市道安办副主任、市治堵办主任丁松勇关于2020年全市城乡道路平安畅通提升行动成效和《2021年道路交通管理“精治”工程方案》起草情况的汇报；听取市发改委主任金辉关于《绍兴市国民经济和社会发展第十四个五年规划和二〇三五年远景目标纲要草案》起草情况的汇报；听取市金控公司董事长孙永国关于市重点产业股权投资基金参股二期人才基金的情况汇报；听取市发改委主任金辉关于2021年全市基础设施、服务业重点建设项目和市级政府(平台)投资项目计划编制情况的汇报；听取市发改委主任金辉《关于绍兴市2020年国民经济和社会发展计划执行情况与2021年国民经济和社会发展计划草案的报告》起草情况的汇报；听取市司法局局长黄文刚关于绍兴市人民政府2021年立法工作计划编制情况的汇报；听取市教育局副局长马成永关于《绍兴市人民政府与北京大学元培学院战略合作协议》起草情况的汇报；听取市文广旅游局局长何俊杰关于《国家图书馆与绍兴市人民政府战略合作协议》起草情况的汇报；听取市财政局局长吕丙《关于2020年全市和市级预算执行情况及2021年全市和市级预算草案的报告》有关情况的汇报；听取市政府副秘书长、办公室主任闾小锋关于2021年市政府民生实事候选项目情况汇报，并书面审议了《政府工作报告》。

八届市政府第九十二次常务会议 2月6日召开。会议听取市发改委主任金辉关于2020年度“经济发展突出贡献奖”表彰奖励评选推荐工作的情况汇报；听取市农业农村局局长王浩萍《关于推动“五星达标、3A争创”迭代升级 全面建设乡村振兴先行市、美丽中国示范区的实施意见》起草情况的汇报；听取市农业农村局局长王浩萍《关于人才赋能现代化美丽乡村 全面建设乡村人才振兴先行市的实施意见》起草情况的汇报和关于《绍兴市农村宅基地制度改革整市试点实施方案》起草情况的汇报和关于全国安全生产电视电话会议、省委常委会“遏重大”工作部署及全省安全生产暨消防工作电视电话会议精神传达和2020年度全市安全生产工作情况的汇报；听取市建设局局长毛红卫关于2020年度全市美丽城镇建设突出贡献集体和个人推荐评选工作的情况汇报；听取市科技局局长王辉关于2020年科技进步目标责任制考核情况的汇报；听取市生态环境局局长方林苗关于2020年生态文明建设突出贡献集体和个人评选推荐工作的情况汇报；听取市政府副秘书长、镜湖新区开发办主任赵建国关于镜湖新区部分政府投资项目投资概算调整的情况汇报；听取市政府副秘书长、大数据局局长何建关于2020年度数字化赋能市域治理现代化突出贡献集体和个人评选推荐工作的情况汇报；听取市农业农村局局长王浩萍关于2020年度乡村振兴工作突出贡献集体和个人评选推荐工作情况的汇报；听取市交通运输局局长张永明关于2020年绍兴市高水平建设“四好农村路”及示范乡镇考核工作的情况汇报；听取滨海新区管委会常务副主任胡文炜关于明确绍兴健康新城控股有限公司体制机制的情况汇报。

八届市政府第九十三次常务会议 3月4日召开。会议听取市应急管理局局长黄立枫《关于坚决打赢遏重大控较大生产安全事故攻坚战的实施意见》起草情况的汇报；听取市体育局局长吴海明关于《绍兴市建设国家体育消费试点城市工作方案》起草情况的汇报；听取市水利局局长张宪疆关于全市供水保障及节水工作的情况汇报；听取市科技局局长王辉关于《绍兴市人民政府与天津大学共同组建天津大学浙江国际创新设计与智造研究院合作协议》起草情况的汇报；听取滨海新区管委会常务副主任胡文炜关于《合作共建杭州电子科技大学集成电路科学与工程学院(杭电绍兴校区)项目合作框架协议》起草情况的汇报；听取市政务服务办主任周巍关于《绍兴市推进政务服务“跨省通办”“全省通办”工作实施方案》起草情况的汇报。

八届市政府第九十四次常务会议 3月19日召开。会议听取市自然资源和规划局局长陈伟军关于绍兴市2020年土地例行督察情况的汇报；听取市应急管理局局长黄立枫关于《坚持和发展新时代“枫桥经验”加强基层应急管理体系和能力建设实施办法》起草情况的汇报；听取市水利局局长张宪疆关于《绍兴市小型水库系统治理工作方案》起草情况的汇报；听取市农业农村局局长王浩萍《关于开展新一轮村级集体经济巩固提升行动的实施意见(2021—2022年)》起草情况的汇报和关于《绍兴市生猪养殖市内跨区域调剂补偿实施办法(试行)》起草情况的汇报；听取市水利局局长张宪疆关于《绍兴市2021年“五水共治”(河湖长制)工作实施方案》起草情况的汇报；听取市政府副秘书长、办公室主任闾小锋关于2021年市政府重大行政决策事项建议目录的情况汇报和关于市政府领导牵头领办市两会建议提案工作的情况汇报；听取市人力社保局局长黄奇凡关于2020年度市级部门行政奖励项目申报情况的汇报；进行集体学法活动，由浙江省财政厅总预算局局长张远东解读《预算法实施条例》。

八届市政府第九十五次常务会议 4月1日召开。会议听取市气象局局长王德鸿关于《绍兴市人民政府与华风气象传媒集团有限责任公司战略合作协议》起草情况的汇报；听取市民政局和市司法局关于《绍兴市居家和社区养老服务条例(草案)》起草及审核修改情况的汇报；听取市国资委主任孙君关于《绍兴市国企改革三年行动实施方案》起草情况的汇报；听取市经信局局长何坚刚关于全省制造业高质量发展大会精神传达及绍兴市贯彻落实意见的情况汇报；听取市政务服务办主任周巍关于贯彻落实《浙江省人民政府关于进一步加强工程建设项目招标投标领域依法治理的意见》的汇报；听取市科技局局长王辉关于《绍兴市科技企业“双倍增”行动计划(2021—2025年)》起草情况的汇报；听取市教育局局长姚国海关于对绍兴市第一中学引进的 2 名特级教师待遇予以“一事一议”的汇报；听取市城投集团总经理陈秋新关于 S308 省道（二环西路智慧快速路）改造工程投资概算调整的汇报；听取市教育局局长姚国海关于全省儿童青少年近视综合防控工作推进视频会议精神传达及绍兴市 2021 年近视防控工作要点的汇报。

八届市政府第九十六次常务会议　4 月 19 日召开。会议听取市轨道交通集团董事长赵定国关于绍兴市城市轨道交通第二期建设规划的情况汇报；听取市应急管理局局长黄立枫关于《全面加强危险化学品安全生产工作的实施意见》起草情况的汇报；听取市公安局常务副局长丁松勇关于全省高速公路公安交通管理体制调整工作电视电话会议精神传达及绍兴市贯彻落实意见的汇报和关于《道路交通管理工作领导小组建设方案》起草情况的汇报；听取市政府副秘书长、镜湖新区开发办主任赵建国关于《绍兴市镜湖开发集团有限公司改组及实体化运作实施方案》起草情况的汇报；听取市体育局局长吴海明关于拟引进高水平田径教练员刘海涛、蔡民的汇报；听取市城投集团董事长朱志祥关于绍兴市奥林匹克体育场馆工程——游泳馆投资概算调整的汇报；进行集体学法活动，由省建设厅城建处副处长蒋智勇解读《浙江省生活垃圾管理条例》。

八届市政府第九十七次常务会议　5 月 10 日召开。会议听取市人力社保局局长黄奇凡关于做好被征地农民参加基本养老保险衔接工作的汇报；听取市医保局局长裘凯音关于学习贯彻《医疗保障基金使用监督管理条例》《浙江省医疗保障条例》的汇报；听取市司法局局长黄文刚关于《绍兴市行政执法与刑事司法衔接工作规范》起草情况及实施方案的汇报；听取市人力社保局局长黄奇凡关于《绍兴市人力资源和社会保障事业发展“十四五”规划》编制情况的汇报和关于《绍兴市服务业“十四五”发展规划》编制情况的汇报；以及关于《绍兴市社会信用体系建设“十四五”规划》编制情况的汇报；听取市发改委主任何坚刚关于《绍兴市重大建设项目“十四五”规划》编制情况的汇报；听取市水利局局长张宪疆关于《绍兴市水安全保障“十四五”规划》编制情况的汇报。

八届市政府第九十八次常务会议　5 月 27 日召开。会议听取市发改委主任何坚刚关于全省“万亩千亿”新产业平台建设现场推进会精神传达和绍兴市贯彻落实意见的汇报；听取市文旅集团董事长缪智勇关于书圣故里南入口整体改造提升项目推进工作的情况汇报；听取市市场监管局局长王永明关于全省知识产权保护大会精神传达和绍兴市贯彻落实意见的汇报；听取市生态环境局局长方林苗关于全省建设新时代美丽浙江暨中央生态环境保护督察整改工作推进会精神传达和绍兴市贯彻落实意见的汇报；听取市应急管理局局长黄立枫关于浙江省安全生产大排查大整治专项行动部署会会议精神传达和绍兴市贯彻落实意见的汇报；听取市发改委主任何坚刚关于全省碳达峰碳中和工作推进会会议精神传达和绍兴市贯彻落实意见的汇报；听取市文广旅游局局长何俊杰关于《绍兴市文化和旅游“十四五”规划》编制情况的汇报；听取市教育局局长姚国海关于《绍兴市教育事业发展“十四五”规划》编制情况的汇报；听取市卫生健康委主任王宏达关于《绍兴市卫生健康事业发展“十四五”规划》编制情况的汇报和关于《绍兴市突发公共卫生事件应急管理“十四五”规划》编制情况的汇报；听取市农业农村局局长王浩萍关于《绍兴市农业农村高质量发展“十四五”规划》编制情况的汇报；听取市民政局局长吴绍庆关于《绍兴市民政事业发展“十四五”规划》编制情况的汇报。

八届市政府第九十九次常务会议　6 月 8 日召开。会议听取市金控公司董事长孙永国关于市重点产业基金出资参与组建普华震元大健康基金的情况汇报；听取市交通运输局局长张永明关于《绍兴市轨道交通 1 号线柯桥段运营管理暂行办法》起草情况的汇报；听取市交通运输局局长张永明和市司法局局长黄文刚关于《绍兴市城市轨道交通管理条例（草案）》起草及审核修改情况的汇报；听取市市场监管局局长王永明《关于改革和完善市域药品安全治理与高质量发展体系的意见》起草情况的汇报；听取市发改委主任何坚刚关于《深化绍乐东西部协作和交流合作框架协议》的情况汇报；听取市民政局局长吴绍庆关于新修订的《中华人民共和国未成年人保护法》主要精神传达及绍兴市贯彻落实意见的汇报；听取市应急管理局局长黄立枫关于《绍兴市应急管理“十四五”规划》编制情况的汇报；听取市金融办主任夏九英关于《绍兴市金融业发展“十四五”规划》编制情况的汇报；听取市生态环境局局长方林苗关于《绍兴市生态环境保护“十四五”规划》编制情况的汇报；听取市委宣传部副部长魏建东关于《绍兴市文化产业发展“十四五”规划》编制情况的汇报；进行集体学法活动，由省市场监管局食品生产处副处长毛林燕解读《中华人民共和国食品安全法》。

八届市政府第一百次常务会议　6 月 25 日召开。会议听取市文广旅游局局长何俊杰关于全市文物安全工作的情况汇报；听取市医保局局长裘凯音《关于深化医疗保障制度改革的实施方案》起草情况的汇报；听取市安委办主任黄立枫关于省安委办约谈精神及绍兴市贯彻落实意见的汇报和关于全国安全生产电视电话会议精神及全市上半年安全生产工作情况的汇报；听取市建设局局长毛红卫关于《2021 年绍兴市房地产市场调控评价考核办法》起草情况的汇报；听取市市场监管局副局长李东海关于《绍兴市知识产权质押融资政策性风险补偿管理办法》起草情况的汇报；听取市发改委主任何坚刚关于《绍兴市人民政府与浙江省能源集团有限公司战略合作框架协议》起草情况的汇报；听取市综合执法局局长王奇洲关于《绍兴市区户外广告和招牌设置管理规定》起草情况的汇报和关于《绍兴市城市管理“十四五”规划》编制情况的汇报；听取市名城办主任徐觉民关于《绍兴市古城保护利用“十四五”规划》编制情况的汇报；听取市交通运输局局长张永明关于《绍兴市综合交通运输发展“十四五”规划》编制情况的汇报；听取市市场监管局副局长李东海关于《绍兴市质量发展“十四五”规划》编制情况的汇报；听取市科技局局长王辉关于《绍兴市科技创新“十四五”发展规划》编制情况的汇报；听取市委政法委副书记朱建刚关于《绍兴市市域社会治理现代化“十四五”规划》编制情况的汇报。

八届市政府第一百零一次常务会议　7月14日召开。会议听取市文广旅游局局长何俊杰关于《绍兴市名人故居激活三年行动计划(2021—2023年)》起草情况的汇报；听取市自然资源和规划局副局长王立新关于要求补充2021年度市区经营性用地出让计划地块的情况汇报；听取市委宣传部副部长魏建东关于鲁迅先生诞辰140周年系列纪念活动合作协议书起草情况的汇报；听取市科技局局长王辉关于全省科学技术奖励大会精神传达及绍兴市贯彻落实意见的汇报；听取市经信局局长孙君关于《加快首台套产品发展的实施方案》起草情况的汇报；听取市教育局局长姚国海关于《深化教育教学改革全面提高义务教育质量的实施意见》起草情况的汇报；听取市财政局局长吕丙关于2020年市级财政决算情况、2021年上半年财政预算执行情况的汇报；听取市水利局副局长王建勇、市司法局局长黄文刚关于《绍兴市水资源保护条例修正案(草案)》起草及审核修改情况的汇报；听取市发改委主任何坚刚关于《绍兴市能源“十四五”规划》编制情况的汇报和关于《绍兴市人口发展“十四五”规划》编制情况的汇报；听取市商务局局长钱肖华关于《绍兴市商务发展“十四五”规划》编制情况的汇报和关于《绍兴市电子商务发展“十四五”规划》编制情况的汇报。

八届市政府第一百零二次常务会议　7月30日召开。会议听取市政务服务办主任周巍关于《加强行政服务中心建设实施方案》起草情况的汇报；听取副市长陶关锋关于近期国家、省有关房地产工作会议精神的传达；听取副市长胡敏关于省政府疫情防控工作会议精神的传达；听取市文广旅游局局长何俊杰关于引进李龙彬、李军强两名考古紧缺专业人才的情况汇报；听取市农业农村局局长王浩萍关于《坚决制止耕地“非农化”防止耕地“非粮化”稳定发展粮食生产实施方案》起草情况的汇报；听取市治水办(河湖长办)常务副主任张宪疆关于《2021年度绍兴市“五水共治”(河湖长制)工作考核评价指标及评分细则》起草情况的汇报；听取市经信局局长孙君关于《绍兴市开发区(园区)工业全域治理行动方案》起草情况的汇报和关于《绍兴市工业发展“十四五”规划》起草情况的汇报；进行集体学法活动，由浙江省公共资源法治研究中心执行主任尹剑斌解读中国招投标法律制度。

八届市政府第一百零三次常务会议　8月20日召开。会议听取市委副书记、市长盛阅春传达学习贯彻省政府主要领导在绍调研时的讲话精神；听取市金融办主任夏九英关于《政府性融资担保机构体系改革发展实施方案》起草情况的汇报；听取市医保局局长裘凯音关于做好2022年全市城乡居民基本医疗保险参保缴费工作有关情况的汇报和关于《绍兴市县级以上公立医院医疗服务价格改革方案》起草情况的汇报；听取市自然资源和规划局局长陈伟军《关于全面推行林长制实施办法》起草情况的汇报和关于《绍兴市区城市地下综合管廊建设专项规划(修编)》起草情况的汇报；听取市卫生健康委主任王宏达传达全国医改工作电视电话会议精神及听取绍兴市贯彻落实意见的汇报；听取市发改委主任何坚刚《关于建立健全重大项目推进工作机制的意见》起草情况的汇报和关于《绍兴市全域能效综合创新行动方案(2021—2025年)》起草情况的汇报；听取市农业农村局局长王浩萍关于《绍兴市“五星达标、3A争创”迭代升级专项资金筹措和使用实施办法》起草情况的汇报；进行集体学法活动，由市中级人民法院三庭庭长秦善奎解读中国知识产权法律法规。

八届市政府第一百零四次常务会议　8月27日召开。会议听取市发改委主任何坚刚关于“1+9”政策修订情况的汇报；听取市人防办主任王凯《关于全面推进人防工程产权制度综合改革的实施意见》起草情况的汇报；听取市卫生健康委主任王宏达关于绍兴市贯彻落实《关于优化生育政策促进人口长期均衡发展的决定》和全国优化生育政策电视电话会议精神的情况汇报；听取市司法局副局长李仲辉《关于在全市开展法治宣传教育第八个五年规划(2021—2025年)》起草情况的汇报；听取市经信局局长孙君关于《绍兴市智能制造五年提升行动方案》起草情况的汇报；听取市农业农村局局长王浩萍、市科技局局长王辉关于全省农业高质量发展大会、农业科技大会精神传达及绍兴市贯彻落实意见的汇报；听取市财政局局长吕丙关于《绍兴市本级政府债务管理情况报告》起草情况的汇报。

八届市政府第一百零五次常务会议　9月22日召开。会议听取市防控办常务副主任王宏达关于疫情防控有关文件、会议精神传达及绍兴市贯彻落实意见的汇报；听取市交通运输局局长张永明关于《绍兴市亚运城市绿色与智慧交通年建设行动方案》起草情况的汇报；听取市应急管理局局长黄立枫关于《绍兴市较大生产安全事故责任追究暂行办法》起草情况的汇报；听取市发改委主任何坚刚关于全省进一步推进能耗“双控”和坚决遏制“两高”项目盲目发展电视电话会议精神传达及绍兴市和各区、县(市)贯彻落实意见的汇报；听取市公安局常务副局长丁松勇关于给优秀见义勇为人员申报记功及贯彻落实《浙江省人民政府办公厅关于进一步加强见义勇为人员权益保障工作的若干意见》的情况汇报；听取市民政局局长吴绍庆关于《加快推进慈善事业高质量发展的实施意见》起草情况的汇报；听取市综合执法指导办主任王奇洲关于成立市“大综合一体化”行政执法改革专班的情况汇报；听取市科协主席张荣社关于《绍兴市人民政府与中国国际科技交流中心战略合作框架协议》起草情况的汇报；听取市公安局党委专职副书记施昌新关于要求解决古丽米热·阿木东、伊力亚·沙拉木两名维吾尔语特殊人才购房补贴的情况汇报。

八届市政府第一百零六次常务会议　10月22日召开。会议听取市治水办(河湖长办)常务副主任张宪疆关于《绍兴市深化“五水共治”碧水行动计划(2021—2025年)》起草情况的汇报；听取市水利局局长张宪疆关于《绍兴市市级重要水域名录》编制情况的汇报；听取市生态环境局局长方林苗关于《绍兴市贯彻落实第二轮中央生态环境保护督察报告整改方案》起草情况和迎接2021年省委生态环境保护专项督察工作的情况汇报；听取市司法局局长黄文刚关于2021年法治绍兴（法治政府）建设进展情况及下一步工作打算的汇报；听取市医保局局长裘凯音关于《绍兴市基层医疗服务价格改革试点实施方案》起草情况的汇报；听取市公安局副局长章松青关于全省打击治理电信网络新型违法犯罪工作推进会精神传达及绍兴市贯彻落实意见的情况汇报；听取市安委办主任黄立枫关于调整市安全生产委员会及其专业委员会的情况汇报；听取市交通运输局局长张永明关于《绍兴市网络预约出租汽车经营服务管理实施细则》修订情况的汇报；听取绍兴电力局局长黄武浩关于《绍兴市人民政府与国网浙江省电力有限公司战略合作框架协议》起草情况的汇报；听取市建设局局长毛红卫关于《绍兴市城乡基础设施建设"十四五"规划》起草情况的汇报；听取市卫生健康委主任王宏达关于《绍兴市突发公共卫生事件应急办法》起草情况的汇报；听取市财政局副局长邢玉清《关于2020年度全市国有资产管理情况的综合报告》起草情况的汇报和关于调整2021年市级财政预算情况和市级2021年地方政府债务限额有关情况的汇报。

八届市政府第一百零七次常务会议　11月5日召开。会议听取市发改委主任何坚刚、市政务服务办主任周巍关于"1+9"政策兑现工作推进情况的汇报；听取市发改委主任何坚刚关于《绍兴市人民政府与清华长三角研究院共建"清华碳中和实验室"框架协议》起草情况的汇报；听取市科技局副局长王洪海关于《绍兴市人民政府与上海交通大学全面合作协议》起草情况的汇报；听取市财政局局长吕丙关于《绍兴市产业基金管理办法》修订情况的汇报；听取团市委书记赵浪平关于省青年工作联席会议第三次全体会议精神传达及绍兴市贯彻落实意见的汇报；听取市应急管理局局长黄立枫关于《绍兴市应急管理综合行政执法改革实施方案》起草情况的汇报；听取市金融办主任夏九英关于《绍兴市人民政府与农业发展银行浙江省分行专项合作框架协议》起草情况的汇报；听取市政府副秘书长、大数据局局长何建关于《市级政务信息化项目管理办法》修订情况的汇报。

八届市政府第一百零八次常务会议　11月30日召开。会议听取市交通运输局局长张永明关于《绍兴市深化农村公路管理养护体制改革实施意见》起草情况的汇报；听取市安委办主任黄立枫关于2021年安全生产巡查工作情况的汇报；听取市发改委主任何坚刚关于《绍兴市个人诚信分管理办法（试行）》起草情况的汇报；听取市体育局局长钱勇军关于《绍兴市公共体育设施建设和管理办法》起草情况的汇报；听取市交投集团董事长张永春关于杭绍台高速公路镜湖兴越路互通和福全枢纽设计变更仲裁的情况汇报；听取市人力社保局调研员俞有灿关于建议给市体育局等单位和赵美华等行政奖励有关情况的汇报。

（市政府办公室／提供）

发展和改革工作

【概况】 2021年，绍兴市发展和改革委员会坚决贯彻落实中央、省、市各项决策部署，围绕"'四个率先'开好局、'十四五'起好步"目标，凝心聚力谋发展，全力以赴抓落实。《绍兴市国民经济和社会发展第十四个五年规划和二〇三五年远景目标纲要》印发实施，明确"率先走出争创社会主义现代化先行省的市域发展之路"和"四个率先"战略目标，引领全市"十四五"高质量发展。全市30个市级重点专项规划、25个一般专项规划完成编制。绍兴市会同杭州市、宁波市编制形成《杭绍一体化合作先行区建设方案》《甬绍一体化合作先行区建设方案》，印发《绍兴市落实〈唱好杭州、宁波"双城记"五年行动计划〉推进杭绍甬一体化发展"四个重大"工作清单》。

绍兴市获三、四季度全省投资"赛马"激励，绍兴市发改委获2021年浙江省扩大有效投资工作先进集体，绍兴医保行业信用监管场景入选全省信用数字化改革应用场景十大示范案例，《新昌县高质量打造共同富裕县域标杆高水平建设大花园典型示范》被评选为第二批全省大花园示范县建设优秀典型案例（绿色发展类）。绍兴柯桥经济技术开发区列入2021年省级先进制造业和现代服务业融合发展试点区域名单，浙江医药股份有限公司、浙江自立高温科技股份有限公司入选2021年省级先进制造业和现代服务业融合发展试点名单。

【印发《绍兴市国民经济和社会发展第十四个五年规划和二〇三五年远景目标纲要》】 2021年2月18日，绍兴市人民政府印发《绍兴市国民经济和社会发展第十四个五年规划和二〇三五年远景目标纲要》。纲要主要阐明了全市经济社会发展的战略意图，明确政府工作重点，引导规范市场主体行为，是政府履行经济调节、市场监管、社会管理、公共服务、生态环境保护等职能的重要依据，是全市人民的共同愿景。纲要提出，"十四五"时期绍兴经济社会发展的战略目标是忠实践行"八八战略"，奋力打造"重要窗口"，加快实现"四个率先"，率先走出争创社会主义现代化先行省的市域发展之路。纲要提出，到二〇三五年的远景目标是基本建成社会主义现代化强市，彰显"重要窗口"的绍兴风景，成为社会主义现代化先行省的市域样本。

【印发《甬绍一体化合作先行区建设方案》】 2021年7月，绍兴市与宁波市共同印发《甬绍一体化合作先行区建设方案》。方案提出，围绕"甬绍联动"发展导向，聚焦设施互联先行，深化科创、开放、文旅、生态、公共服务五个领域的合作，助推甬绍两市构建全方位、宽领域、多层次的联动发展格局。明确两市重点打造前湾新区—滨海新区高端产业协作联动区、甬绍四明山生态文旅休闲体验区和义甬舟开放大通道甬绍合作先行区三大联动区块，将甬绍一体化合作先行区打造成长三角南翼现代化都市区连绵带、甬绍高质量发展的重要增长极。

【印发《杭绍一体化合作先行区建设方案》】 2021年8月，绍兴市与杭州市共同印发《杭绍一体化合作先行区建设方案》。方案提出，未来五年，绍兴与杭州将围绕萧东—柯西、萧南—诸北两个板块，以临空经济一体化发展为重点打造杭绍一体化合作先行区，总规划面积约1080平方千米。明确生态环境共保、临空经济共育、现代纺织共链、产业赋能共推、交通设施共联、服务同城共享六大工程，全面推进杭绍一体化合作先行区实现同城化。

【印发社会信用体系建设“十四五”规划】 2021年5月12日，绍兴市人民政府印发《绍兴市社会信用体系建设“十四五”规划》。规划包括发展背景、总体要求、重点任务、保障措施等4个部分。提出要全力打造“信用绍兴”升级版，运用信用建设“531X”工程先进理念、方法和成果，进一步完善社会信用体系的基本框架和运行机制，加快构建体系完备、机制健全、运转有序、奖惩有度的社会信用体系，为率先走出争创社会主义现代化先行省的市域发展之路提供有力信用支撑。

【印发开发区(园区)高质量发展总体方案】 2021年5月31日，市委办公室、市政府办公室印发《绍兴市开发区(园区)高质量发展总体方案》，明确绍兴市开发区(园区)的总体目标、推进路径、重点任务、保障体系等内容。方案提出，到2021年底，全市开发区(园区)形成“2+7+N”平台体系，即绍兴滨海新区、杭绍临空经济一体化发展示范区绍兴片区两个市本级平台；各区、县(市)整合提升后的7个平台；若干个特色化基础平台，包括特色小镇、小微企业园、创业创新园等。力争到2025年全市3个平台入选未来五年全省20个左右“千亿级规模、百亿级税收”高能级战略平台。该方案是推动绍兴市开发区(园区)在质量变革、效率变革、动力变革中走在前列的重要举措。

【印发培育发展新兴产业新三年行动计划】 2021年8月19日，市发改委印发《绍兴市培育发展新兴产业新三年行动计划(2021—2023年)》。行动计划提出，争取到2023年，电子信息产业、现代医药产业、新材料产业、高端装备产业综合实力显著增强，产值规模突破4800亿元，年均增长12%左右；前瞻布局以氢能、人工智能、海洋经济等为重点的前沿技术领域未来产业，基本形成“4+X”的发展体系。同时，印发《2021年度绍兴市培育发展新兴产业重点项目清单》。

【印发生命健康产业发展“十四五”规划】 2021年3月17日，绍兴市生命健康产业发展推进小组办公室印发《绍兴市生命健康产业发展“十四五”规划》。规划提出，要把绍兴市打造成长三角知名、国内外有一定影响力的“现代医药制造基地”“健康养生养老福地”，形成千亿级以上的现代化生命健康产业集群目标；提出到2025年产业规模突破1500亿元，生命健康产业增加值占地区生产总值7%以上，成为国民经济重要支柱产业。该规划是绍兴市出台的第一个“十四五”专项规划。

【印发加快推进“万亩千亿”新产业平台建设实施意见】 2021年5月10日，市发改委印发《绍兴市加快推进“万亩千亿”新产业平台建设实施意见》。意见提出，坚持“五大高地”战略导向和系统观念，突出标志性项目带动、领军型企业引领，大力实施“产业创新提质、环境优化跃升、平台联动智治、品牌蝶变升级”四大行动，力争将“万亩千亿”新产业平台打造成为绍兴市制造业高质量发展的示范工程的总体要求和目标，明确产业创新提质行动、环境优化跃升行动、平台联动智治行动、品牌蝶变升级行动等主要任务。

【制定审批改革实施方案】 2021年7月，市政府办公室印发《绍兴市企业投资低风险小型项目审批“最多15个工作日”改革实施方案》。方案明确了改革目标、实施范围、主要任务、保障措施和免责情形，通过进一步压减事项、环节、时间、材料、费用，实现企业投资低风险小型项目全过程审批“最多15个工作日”。同时，制定了企业投资低风险小型项目审批事项和审批环节清单。

【印发年度基础设施重点建设项目计划】 2021年1月，市发改委印发《2021年全市基础设施重点建设项目计划》。计划确定，全年安排实施333个基础设施重点项目，总投资4578.9亿元，其中，2021年度计划投资900.7亿元。按类别分：安排综合交通网项目42个，总投资1960.3亿元，年度计划投资301.7亿元；现代水利网项目24个，总投资162.9亿元，年度计划投资30.3亿元；城乡设施网项目184个，总投资1935.2亿元，年度计划投资423.4亿元；公共服务网项目83个，总投资520.6亿元，年度计划投资145.3亿元。按性质分：安排新建项目99个，总投资1188.6亿元，年计划投资211.4亿元；续建项目234个，总投资3390.3亿元，年计划投资689.3亿元。

【重大基础设施综合管理】 2021年，市发改委牵头推进绍兴市城市轨道交通二期建设规划报批工作，轨道交通二期建设规划通过省发改委初审。建成杭绍台高速铁路，绍兴市境内113千米，投资约196亿元。推进金甬铁路绍兴段建设。绍兴至上虞市域铁路、杭州至诸暨、绍兴至嵊州新昌市域铁路被列入国家发改委发布的《长江三角洲地区多层次轨道交通规划》，其中，杭州至诸暨、绍兴至嵊州新昌市域铁路为远期布局项目。

【持续优化提升营商环境】 2021年，绍兴市落实优化营商环境“10+N”便利化行动2.0，推进商事登记制度改革，开展“证照分离”改革第三方评估。优化纳税服务流程，实现“十税合一”“主税附加税合并申报”全市覆盖，纳税次数压减至4次，增值税普通发票电子化率99.38%。促进跨境贸易便利化，鼓励“陆改水”“散改集”，完成集装箱港口吞吐量9万标箱。深化“亩均论英雄”改革，负面清单以外工业投资项目100%“标准地”出让，全年出让266宗、690.67公顷。

【企业债券发行规模居全省前列】 2021年，绍兴市把握“直通车”政策机遇，加快推动企业债券申报发行。共发行企业债券13只，总规模122.9亿元，居全省第二位，其中，“21绍交专项债01”是绍兴市发行的首个社会领域专项债，“21

上虞绿色债 01”是绍兴市发行的首个绿色债券。

【多个平台被列入省开发区(园区)名单】 2021 年 5 月 19 日,省政府办公厅公布《浙江省开发区(园区)名单(2021 年版)》,全省开发区(园区)总数整合为 134 个。绍兴滨海新区、杭绍临空经济一体化发展示范区绍兴片区、绍兴柯桥经济技术开发区、杭州湾上虞经济技术开发区、浙江上虞曹娥江经济开发区、浙江诸暨经济开发区、诸暨现代环保装备高新技术产业园区、浙江嵊州经济开发区、新昌高新技术产业园区等 9 个开发区(园区)入选省级目录。

【全省“万亩千亿”新产业平台现场推进会】 2021 年 5 月 18 日,全省“万亩千亿”新产业平台建设现场推进会在绍兴市越城区召开。(详见 P152)

【争取专项债券发行和资金补助】 2021 年,绍兴市共发行专项债券项目 78 个,发行金额 183.74 亿元。5 个项目被列入中央预算内投资计划,争取补助资金共 1.28 亿元;14 个项目争取省公建项目资金补助 1.9 亿元。

【价格管理】 2021 年,市发改委落实重要民生商品保供稳价举措,实现蔬菜等重要民生商品市场价格总体平稳。完成绍兴市轨道交通票价与优惠政策、市生态公益性公墓莲花墓穴销售价格、全市义务教育阶段学科类校外培训收费、课后服务收费等民生定价工作;建立全市非居民生活垃圾(含厨余垃圾)处理计量、阶梯与差别化收费制度,实现市区(三区)收费标准统一。深化资源领域价格机制改革,实现供暖季非居民用气(4.69 元 / 立方米)全省最低价格;平均降低大工业用电价格每千瓦时 5.2 分,为企业减负 13.62 亿元;出台非居民用水超定额累进加价制度;调整越城区、柯桥区非居民污水处理费。推进城镇供水供电供气行业收费清理规范工作。

【数字社会系统建设取得阶段性成果】 2021 年,绍兴市数字社会系统建设围绕“顶层设计 + 增量开发 + 迭代升级”总体思路,阶段性成果多点开花。绍兴数字社会门户共计上架应用 55 项,“文明轻骑兵”获省委书记、省长批示,柯桥大渡社区文化场景与“一照通用”应用被评为省数字社会最佳应用,上虞南丰社区落地健康服务、“困难群众救助一件事”“一照通用”“搬家一件事”“医学检查结果互认”等获央视《新闻联播》、《人民日报》、人民网、中国新闻网等报道。

2021 年,柯桥区大渡社区智慧服务平台 (市发改委 / 提供)

【建立月度门户监测晾晒机制与应用路演发现机制】 2021 年,市发改委开展涉及数字社会系统建设的培训交流会、座谈对接会 30 余场次,举办场景路演 7 场,印发任务交办单 10 期,发送监测报告 6 期,实现各应用场景高质量落地。“实践—理论—实践”闭环实现螺旋式上升,形成《“搬家一件事”综合应用操作指南》《绍兴市交通事故保险车辆理赔互信机制实施办法》等系列理性制度。

【承接创新数字社会系统建设省级重大应用】 2021 年,绍兴市承担创新省级重大应用,实现 50 项“关键小事”全上线,其中“医学检查结果互认共享”实现全市 31 家二级以上医院 273 项检查结果互认。

【培育绍兴特色数字社会特色应用】 2021 年,绍兴市整合多部门公共资源,实现平台共用、信息共享,培育建设绍兴特色应用。完成“绍兴古城”“军人 e 家”“搬家一件事”“5G+ 云急救”“校食安”“一照通用”等口碑型首创应用建设。

(市发改委 / 提供)

财 政

【概况】 2021 年,绍兴市实现财政总收入 954.71 亿元,增长 11.9%。市区完成财政总收入 645.55 亿元,增长 14.1%,高于全市增幅 2.2 个百分点,对全市的增收贡献率为 78.4%。

服务经济。全市打通财政支付系统与“越快兑”平台,实现“1+9”政策高效直兑,提升兑付时效 80%,全年累计兑现政策资金 48.30 亿元。全市争取地方政府债券 335.24 亿元,其中新增债券 196.74 亿元,列全省第三位,带动有效投资 865.7 亿元。全市设立总规模 387.6 亿元的产业基金,合作子基金 65 只,投资项目 402 个,引导 1410.12 亿元社会资本投向数字经济、医药健康产业、高端装备制造等重点产业发展领域。

在全省率先完成基本养老保险全省统筹和失土农民社会保险改革财政工作,统筹全市基本养老保险资金 45.2 亿元,保障被征地农民养老保障地方待遇 2.6

亿元，稳步提高居民养老基础养老金、居民医保财政补助标准和最低生活保障标准。全市教育支出146.2亿元，重点用于义务教育经费保障、夯实基础设施建设，落实教育“双减”政策，明确课后服务费用财政承担20%比例，保障“空调进教室”“明眸亮睛”“智安校园”等民生实事工程。健全公立医院和基层医疗卫生机构基本建设、设备购置、人才培养、信息化建设等财政投入政策，助推市妇保院、市中医院等11家综合性医院建设。制定支持公立医院高质量发展扶持政策，推进公立医院综合预算管理落实公共卫生机构防疫设施设备、医疗机构疫情防控纾困政策资金保障。支持绍兴美术馆、绍兴博物馆、运河博物馆等重大文化设施建设，推动城乡一体“15分钟品质文化生活圈”建设。

【一般公共预算收支】 2021年，绍兴市一般公共预算收入603.8亿元，完成预算的102.9%，增长11.1%，占财政总收入的63.2%。全市一般公共预算支出714.5亿元，完成预算的99.5%，增长7.1%，其中教育、医疗、社保、文化、科技、农林水等民生支出527.92亿元，占一般公共预算支出的73.9%。市区一般公共预算收入406.62亿元，完成预算的102.6%，增长11.8%；一般公共预算支出445.39亿元，完成预算的100.3%，增长7.9%。各区、县(市)一般公共预算收入保持增长，分地区由高到低依次为越城区(19.8%)、嵊州市(13.5%)、上虞区(13.0%)、诸暨市(10.9%)、柯桥区(7.2%)、新昌县(2.8%)。全市及市区一般公共预算收支平衡。

【政府性基金收支】 2021年，绍兴市政府性基金收入1154.77亿元，完成预算的98.9%，增长38.4%；政府性基金支出1166.77亿元，完成预算的99.6%，增长23.6%。市区政府性基金收入844.6亿元，增长49.1%；政府性支出877.91亿元，增长37.7%。全市及市区政府性基金收支平衡。

【国有资本经营收支】 2021年，绍兴市国有资本经营收入6.48亿元，完成预算的147%，增长189.2%。国有资本经营支出6.48亿元，完成预算的147%，增长189.2%，其中：市区国有资本经营收入1.5亿元，增长13.4%；国有资本经营支出1.5亿元，增长13.4%。全市及市区国有资本经营预算执行收支平衡。

【社会保险基金收支】 2021年，企业职工基本养老保险开始实行省级统筹，基金预算由省统一编制。绍兴市社会保险基金收入251.41亿元，完成预算的109.6%，增长9.8%；社会保险基金支出211.47亿元，完成预算的105.8%，增长11.2%。市区社会保险基金收入192.87亿元，增长16.8%；社会保险基金支出159.21亿元，增长13.7%。全市及市区社会保险基金收支平衡。

【组织财政收入】 2021年，绍兴市进一步健全完善财税协同机制。制定《绍兴市财政税务部门协同机制办法》，建立联席会议、协调沟通等工作机制。开展行业税收分析，对制造业、房地产业、上市公司等税源现状和趋势进行专项分析。制定《关于进一步建立健全地方财源培育机制的指导意见》，提高收入质量、亩均税收水平、电税比水平和上市公司本地税收贡献率。

【加快数字赋能】 2021年，绍兴市推进预算管理一体化系统省级试点，在全省率先完成全市域数据归集、上线运行并成功运用于2022年预算编制，实现资金从预算安排源头到使用末端全过程顺向可查、逆向可溯。推动以“浙里办票”为载体的电子票据改革，全市基层医疗机构实现医疗电子票据100%全覆盖，覆盖数量列全省第二位。柯桥区财政打造的“浙里基财智控”场景，入选全省数字化改革重大应用“一本账 S_1”目录。上虞区财政创新探索“区块链+医疗理赔”数字化应用场景。

【深化财政改革】 2021年，绍兴市深入推进全口径预算改革，将市级部门(单位)事业收入、经营收入等非财政拨款收入全面纳入预算管理，建立存量资金定期清理盘活机制，盘活存量资金81.6亿元，盘活房产、土地等资产38.7亿元。依托“互联网+”技术，对全市2021年16个民生项目开展事前绩效评估，调整优化绩效目标86个。开展“1+9”政策绩效评价，提出撤销建议64条、调整建议62条。实施“数字化自评+问题化报告”部门综合绩效报告试点，评价成果应用于2022年预算编制。开展历史项目结(决)算清理，全市346个历史遗留项目的结(决)算工作提前一年完成，为政府新增固定资产289亿元。在全省率先建立EPC规范管理长效机制，审定总投资260.97亿元的22个在建EPC项目预算，节约资金3.5亿元。

【强化财政监管】 2021年，绍兴市完善市属国有金融企业监管，将全市国有金融企业纳入统计监测范围，全面及时掌握企业财务状况及资产质量情况；将市属国有金融企业风险管理开展情况作为企业年度经营业绩考核的重要维度，健全风险防范和应急处置机制。加大财政监督检查力度，完善财会监督协同机制，落实“1+X”专项监督，开展财政法规政策执行、预决算公开、扶贫资金、信息化项目等专项检查，进

2021年绍兴市一般公共预算收支情况表

表5

地区		收入		支出	
		总额（万元）	增幅（%）	总额（万元）	增幅（%）
市区	市本级	662079	10.3	961085	15.3
	越城区	931684	19.8	866927	10.2
	柯桥区	1471416	7.2	1329160	2.5
	上虞区	1001046	13.0	1296759	7.1
诸暨市		1002043	10.9	1191055	1.2
嵊州市		520270	13.5	802139	11.1
新昌县		449491	2.8	697870	8.1
合计		6038029	11.1	7144995	7.1

一步规范部门(单位)资金使用和管理。

【推进政府采购支持绿色建材全国试点】 2021年,绍兴市开展全国首个绿色建材集采工作,完成集中采购品种3个,节支率45%。制定《绿色建筑和绿色建材政府采购基本要求》,发布绿色建材应用率计算技术细则。运用区块链技术,对总投资242亿元的62个试点项目进行质量管控溯源。

(市财政局/提供)

税 务

【概况】 2021年,绍兴市税务部门累计组织税费收入1458.3亿元,比2020年增长33.2%。其中,税收收入863.4亿元,增长12.1%,中央级税收372.2亿元,增长12.9%,地方级税收491.2亿元,增长11.5%,税收规模居全省第5位;社保费(含职业年金)收入371.9亿元,增长23.4%;非税收入223.0亿元,增长8.62倍。

【车辆购置税网办提速】 2021年,绍兴市税务系统车购税网办率99.66%,列全省第一位,基本实现"网上能办,大厅窗口不办"的目标。至年末,实体窗口从最多时的14个压缩到1个,临聘人员从最多时的15人减少到3人,窗口人流量下降95%以上。

【药品零售电子票据升级】 2021年,绍兴市税务系统优化电子普通发票开具体验感和便捷度,市税务局联合市医保局建设"云药房",实现医保系统销售药品时,电子普通发票开具时间由原来的3分钟大幅缩短到5秒。同时,在每个药品零售企业配备税务和"网格化专员",为药店开票保驾护航,实现全市药品零售一体化开票功能全域覆盖。

【税务网络安全防护】 2021年,绍兴市、县税务部门两级中心机房采用模块化布局、IDC托管等方式实现改造升级,利用智慧网管系统、机房环境监控系统等,实时监控机房设备、网络、温湿度、UPS等运行情况。完成市、县、所三级网络59个网络节点双设备、双运营商线路部署,部分单位实现全光网络联网。推进基层税务所(分局)的"小机房"规范化改造,确保网络与设备安全运行。

2021年绍兴市分税种收入情况一览表

表6

税 种	金额(万元)	税 种	金额(万元)
增值税	3686875	土地增值税	614208
消费税	150138	房产税	242580
企业所得税	1850435	车船税	51872
个人所得税	658867	烟叶税	51
车辆购置税	218284	耕地占用税	79122
资源税	5457	契税	628777
城镇土地使用税	110907	环境保护税	4559
城市维护建设税	249379	其他税收收入	2167
印花税	80568		
合计	8634246		

2021年绍兴市分区、县(市)税收收入情况

表7

地 区	金额(万元)	地 区	金额(万元)
越城区局	1484685	嵊州市	708493
柯桥区	1975585	新昌县	668232
上虞区	1597139	滨海新区	108546
诸暨市	1398639	市本级(一、二分局)	692927
合计	8634246		

【税收社会化治理专题会议】 2021年1月28日,全市税务系统召开"全力推进税收社会化治理,优化税收执法,全力营造最优营商环境"专题会议。会议提出,全市税务系统要全面树立税收共治的工作理念,聚焦"精确执法、精细服务、精准监管、精诚共治",夯实征管基础,优化税收征管方式,提升税收综治能力。诸暨市税务局、上虞区税务局、柯桥区税务局、市税务局税收风险管理局作交流发言。市税务局领导班子成员,市税务局相关科室及派出机构副股级以上干部,各区、县(市)局领导班子成员,相关股室及派出机构副股级以上干部参加会议。

【税务系统岗位练兵验收考试】 2021年8月1日,根据2021年浙江省税务系统"庆百年、强本领、跟党走"岗位大练兵、业务大比武安排,绍兴市税务局在浙江邮电职业技术学院(滨海校区)组织开展岗位练兵验收考试。练兵验收考试设"税务办案法制技能""社保非税征管技能"两项内容,全市系统183名考生参加。杭州市税务局监考人员在绍兴考点进行交叉监考。

【《关于进一步深化税收征管改革的意见》落实工作专题会议】 2021年8月10日,绍兴市税务局召开《关于进一步深化税收征管改革的意见》(简称《意见》)落实工作专题会议。会议传达浙江省委办公厅、浙江省人民政府办公厅印发的《关于进一步深化税收征管改革的实施方案》主要精神和市委书记马卫光批示精神,并就贯彻落实作出部署。市税务局党委书记、局长、《意见》落实领导小组组长边宏庆,市税务局党委委员、副局长、《意见》落实领导小组办公室主任金东海,市税务局相关部门主要负责人参加会议。

(市税务局/提供)

人力资源管理

【概况】 2021年,绍兴市人力社保局坚持以忠实践行"八八战略"、奋力打造"重

要窗口”绍兴风景、加快实现“五个率先”、高质量发展建设共同富裕示范区市域范例为主题主线，立足工作职责，主动服务中心，创造性地抓好稳定就业、人才引育、社会保障、劳动关系等工作，顺利完成各项目标任务。

新增就业大学生 14.2 万人，建立省级博士后科研工作站 23 家，引进培养博士后科研人员 123 名，完成技能培训 24.01 万人次，新增高技能人才 3.54 万人。浙江新和成工作站取得博士后独立招收培养资格。新增城镇就业 27.181 万人，城镇登记失业率 2.02%，21.2 万名城镇失业人员实现再就业，其中 2.86 万名就业困难人员实现再就业。评选认定市级创业孵化示范基地 7 家。获评第四批省级创业示范基地 2 家。新认定区级高质量就业社区(村)52 个，省级高质量就业社区(村)25 个。完成创业担保贷款余额 1.13 亿元，直接扶持创业 2670 人，实现创业带动就业 7526 人，给予承办银行发放创业奖补 26.89 万元。

组织各类考试 40 余项，计 343878 人次。其中，公务员录用笔试 60592 人次、公务员录用面试 422 人次、事业单位公开招聘笔试 25484 人次、资格类考试 79522 人次、计算机应用能力电子化考试 1170 人次、继续教育考试 173688 人次、各类委托考试 3000 人次左右。

劳动监察机构共受理各类举报投诉案件 1402 件，为 2452 名劳动者追发劳动报酬 2577.79 万元，做出行政处罚案件 38 件，罚款金额 77.31 万元。各级仲裁机构立案受理劳动人事争议案件 4983 件，结案件 5122 件，涉案金额 1.52 亿元，调解结案 2829 件，结案率 95.6%、调解成功率 88.7%、网络办案率 38.7%。绍兴市获省 2020 年度市级政府保障农民工工资支付工作考核 A 等次。

【完善人力社保体制机制】 2021 年，市人力社保局与市财政联合印发《绍兴市职业技能等级认定补贴实施办法(试行)》《绍兴市小微企业吸纳高校毕业生社保补贴办理实施办法》《关于做好延续实施部分减负稳岗扩就业政策有关工作的通知》，与市对口办、市财政局、市农业农村局联合印发《进一步加强东西部劳务协作促进稳定就业的通知》，进一步完善职业技能等级认定、小微企业吸纳高校毕业生社保补贴、就业创业、失业补助、精准对接就业等政策措施。完成 4.0 版人才新政修订，人才政策兑付时间减少 331 个工作日。成立名士乡人才发展有限公司、人力资源服务协会。全市新增人力资源服务机构 97 家。

【3 个项目获省人社厅试点】 2021 年，市人力社保局开发建设的“人才管家”“劳动欠薪智能监管应用”“职业培训券全流程应用”3 个项目获省人社厅试点，并上线推广。“人才管家”项目列入全省数字化改革应用“一本账”，上线应用 91 项，浏览量 181 万人次，领取“绍兴人才码”9.6 万人，经办 2.1 万件次；“劳动欠薪智能监管应用”系统归集 16 个部门(单位)55 类 96.8 万条数据，设计运行 20 余套预警规则；全市累计发放职业培训券 110 余万张，开展用券培训 19500 人次，涉及补贴金额 740 万余元。

【事业单位管理】 2021 年，全市新聘事业工作人员 2360 名，其中博士 126 名、硕士 773 名。健全事业单位岗位管理，完成全市 333 家事业单位岗位设置的审核审批，办理 733 家事业单位的 5611 人岗位晋升晋级。

【人才引智春秋季专列】 2021 年，绍兴市开展招才引智春秋季专列驻点引才、高校行、海外招才活动，走访对接高校 469 家，高校外科研、人力资源机构 341 家次，开展线上线下对接活动 790 场，推广应用高校毕业生“绍兴青年码”，实现“码上招聘会、码上投简历”。至年末，申领青年码 2.2 万个。

【专业技术人员管理】 2021 年，全市新晋升专业技术职务 29556 人，其中高级以上 2757 人。全市 20 家单位开展职称社会化评定工作试点，评审、认定中初级专业技术职务 2100 人。浙江新和成研究院获评第六届全国专业技术人才先进集体。

【“金蓝领”技能人才招引活动】 2021 年，市人力社保局赴江西、云南、天津等地开行“金蓝领”技能人才招引专列，举办对接座谈会 30 余场、专场招聘会 10 场，招引技能人才 5000 余人。

【保障企业用工】 2021 年，绍兴市人力社保部门举办“就业大篷车进乡镇”活动 58 场，组织 596 家次缺工企业招聘农村富余劳动力，达成就业意向 1126 人次；开展“劳务协作不止步提升就业‘加速度’”服务保障企业用工攻坚行动，开发 2.0 版劳动力余缺调剂平台，深入四川等传统劳务输出地开展劳务对接，举办劳务协作活动 42 场次。2 月 20 日，开行全省首趟接返

2021 年 2 月 20 日，绍兴市开行接返务工人员专列　　（市人力社保局/提供）

务工人员专列，并相继开行贵州等5省20趟就业专列，接返务工人员2695人。

【绍兴市人力资源市场工资价位信息发布】 2021年8月，绍兴市人力保社局发布《2021年人力资源市场工资价位及2020年度人工成本信息》，发布全日制就业人员职位工资价位382个，其中管理职能类职位31个、专业技术类职位105个、职业技能类职位246个；12个行业门类职位工资价位586个；16个制造业行业大类职位工资价位690个，基本覆盖行业中比较普遍、从业者较多的职位。参加抽样的职工平均工资较2020年度上涨5.6%。

【绍兴市最低工资标准调整】 2021年8月1日起，绍兴市最低月工资标准调整为每人每月2070元，非全日制工作的最低小时工资标准调整为20元。

【"就业援助"专项行动】 2021年，全市人力社保部门累计向8.83万名就业困难人员发放灵活就业社保补贴2.36亿元，落实公益性岗位补贴312.47万元，向6.22万人发放失业补贴8339.69万元。开展"数字就业困难人员"帮扶工作，通过公益性岗位安置就业困难人员114人，确保零就业家庭动态清零。

【东西部劳务协作】 2021年，绍兴市承办浙江省与甘肃省劳务协作活动，20家企业提供用人岗位3670个，进场1972人，其中脱贫人员227人，达成就业意向82人。组织开展"绍乐携手 共同富裕"东西部劳务协作线上招聘会，线上收看9764人次，参与互动75人次，收到简历34份。

【职业技能提升行动】 2021年，全市累计开展职业技能培训24.01万人次。新增全国技术能手10人，入选浙江杰出工匠6人，入选浙江工匠59人，入选浙江青年工匠184人。新增省技能大师工作室2家，评选"特支计划"高技能拔尖人才15人，新建绍兴市技能大师工作室20家。3年累计使用培训资金5.02亿元，占专账资金总额的69.1%。

2021年5月，浙江省建设领域劳资专管员职业技能大赛在柯桥区举行
（市人力社保局／提供）

【与四川仪陇合办东西协作职业教育班】 2021年，绍兴市采用政校企联合培养的模式，在绍兴技师学院开设"仪陇班"，采用"2+3"办学模式，在仪陇当地学习2年后到绍兴就读，1年后注册为高级工班学生。10月18日，首届绍兴东西部协作仪陇班正式开班。

【"万亩千亿"新产业创业创新系列赛】 2021年4—10月，首次举办中国·绍兴"万亩千亿"新产业创业创新系列赛事。426个优质项目入围，数字经济、生物医药、高分子材料3个系列赛共24个项目在人才峰会上颁奖。

组织绍兴选手参加第三届马兰花全国创业培训讲师大赛浙江分赛省级选拔赛，获得SYB赛道第一名并代表浙江参加全国大赛；举办2021年大学生创业创新大赛，共77个项目角逐决赛。

【数字化劳动仲裁庭建设】 2021年，绍兴市本级建成数字化仲裁庭，进一步规范庭审，依托办案平台实现网络庭审、远程调解等应用提升调解仲裁服务水平。诸暨市示范庭改造升级为互联网仲裁庭，并在店口建立数字化派出庭。

【开展职业技能竞赛】 2021年，全市举办91场职业技能竞赛，其中市级职业技能竞赛60场（一类竞赛16场，二类竞赛44场），区、县（市）举办职业技能竞赛31场，11000余名选手参赛，产生绍兴市技术能手100人。新增全国技术能手10人，创历史新高。浙江工业职业技术学院入选第46届世界技能大赛数控车项目中国集训基地。

（市人力社保局／提供）

自然资源管理

【概况】 2021年，绍兴市自然资源管理部门坚守"守护好绿水青山、保障好高质量发展"初心使命，履行规划引领、要素保障、资源保护、生态文明建设等重大职责，各项工作取得新成绩。争取新增建设用地指标1606.67公顷。完成低效用地再开发697公顷，盘活存量建设用地834.27公顷，消化批而未供土地550.67公顷，处置闲置土地77公顷。出让"标准地"691公顷，为29宗司法处置工业用地设定产出标准。完成做地1050公顷，完成经营性用地出让金720亿元，其中市区501亿元。

完成"百千万"永久基本农田集中连片整治项目9个（1800公顷）的选址、设计和立项，整治区总规模2453.33公顷。建设用地复垦立项215个，完成验收86.67公顷。完成乡村全域土地综合整治与生态修复工程项目10个，废弃矿山修复项目15个。2020年，土地例行督察发现的182个问题全部完成整改。化解省厅下发信访积案117件，化解率100%。柯桥区漓渚镇全域土地综合整治试点、上虞区上浦镇全域土地综合整治试点、嵊州市崇仁镇全域土地综合整治试点列入全国试点。完成6个县级地质灾害风险普查和6个乡镇(街道)风险调查,启动5个乡镇(街道)风险调查;新建12处专群结合监测点、18处其他专业监测点,累计建成64处地质灾害专业监测点。完成地质灾害综合治理40处,成功避让地质灾害16起,避免伤亡人数77人。

累计办理不动产登记业务438051件,提供查询服务228206人次。实现不动产登记电子证书(证明)应用全覆盖,累计生成电子证书99430本,电子证明98381本。累计解决不动产登记历史遗留问题294个(宗),涉及3336套房产和5146人。绍兴市自然资源和规划局上虞分局和柯桥分局不动产登记窗口获评“2021年浙江省不动产登记成绩突出集体”。

2021年,开展地质灾害防治知识进文化礼堂活动　（市自然资源和规划局/提供）

【“田长制”模式获自然资源部通报推广】 2021年,绍兴市的全市域建立实施永久基本农田保护“田长制”模式作为政策创新、成效明显的耕地保护举措被自然资源部通报推广(全国仅三家)。绍兴市自2018年启动永久基本农田保护“田长制”工作以来,已在3095个村(社区)建立田长—网格长—网格员的网格化管理机制,守住192353.33公顷耕地保有红线。

【“三调”成果通过省级验收】 2021年,绍兴市累计完成78.61万个图斑调查任务,经3轮国家内外业核查,完成第三次全国国土调查工作(简称“三调”)任务。“三调”成果发布工作依程序进行。第三次全国国土调查2018年9月启动。

【首宗自然资源确权登记公告】 2021年2月,嵊州市自然资源和规划部门发布省级试点项目——浙江南山湖国家森林公园自然资源所有权首次登记的公告,划定自然资源登记单元1个,确权登记面积12.05平方千米,全民所有的自然资源首次获得登记确认。至年末,全市完成自然公园、水库、河流等20个重点自然资源项目确权登记公告登簿前工作。

【举办2021年绍兴市促进杭绍甬同城化发展城市推介会】 2021年3月1日,2021年绍兴市促进杭绍甬同城化发展城市推介会以线上线下组合方式举行。市委书记马卫光出席推介会,绍兴市委副书记、市长盛阅春致辞。会上,播放绍兴城市宣传片,发布《绍兴城市价值和人居价值的逻辑》报告,介绍绍兴市推进杭绍甬同城化发展实施情况、综合交通建设情况、镜湖核心区建设情况以及绍兴市土地市场和2021年重点推介地块情况。市领导徐国龙、陆维、金辉、陶关锋等参会。

【公布市区存量住宅用地项目信息】 2021年5月始,市自然资源和规划局在局官网公布市区存量住宅用地信息,包括存量住宅用地宗数、土地面积、已成交未动工土地面积及已动工未竣工土地面积(含已许可销售)等。

【获全国首批天然富硒土地认证】 2021年8月,中国地质学会印发《关于公布首批天然富硒土地的通知》,认定30个地块为全国首批天然富硒土地。“越城区富盛镇青马村—凤旺村—义峰村天然富硒地块”入选首批名单,并获自然资源部中国地质调查局和中国地质学会联合颁发的具有统一编号的天然富硒土地标识授权使用证书。该地块有无公害富硒土地315.98公顷,硒平均含量0.477毫克/千克。

【首笔探矿权使用费征收入库】 2021年9月18日,绍兴市完成矿产资源专项收入划转税务部门征收后的首笔探矿权使用费征收入库——浙江冰川灵泉饮料有限公司探矿权使用费6710元。根据《关于将国有土地使用权出让收入、矿产资源专项收入、海域使用金、无居民海岛使用金四项政府非税收入划转税务部门征收》规定,国有土地使用权出让收入、矿产资源专项收入、海域使用金、无居民海岛使用金自7月1日后由税务部门征收。

【完成城市地质安全风险“一张图”】 2021年12月,绍兴市自然资源和规划部门完成覆盖“三区”(越城区、柯桥区、上虞区),汇集城市地面沉降、路面塌陷、岩溶、浅层气、采空区、暗河暗浜等地质安全问题的“一张图”图册。同时,首次对五处亚运场馆建设区域开展风险排查并制定相应防范措施。

（市自然资源和规划局/提供）

退役军人事务

【概况】 2021年,绍兴市退役军人事务工作坚持全心全意为退役军人服务的初心和使命,坚持以“思想政治引领为魂、贯彻落实保障法为根、推进数字化改革为要、推动充分就业为本、加强拥军优属为基”理念,完成省下达退役军人及家属安置任务和2021年进绍安置军队转业干部进行适应性培训工作,持续开展信息采集和光荣牌悬挂，开展“六必访”“三服务”活动，发放慰问金（慰问品）6697.91 万元，绍兴市退役军人事务工作走在全省前列。

退役军人全生命周期管理保障“一件事”服务办理纳入省退役军人事务厅试点和全市数字化改革“一本账”“坚持和发展新时代‘枫桥经验’，打造退役军人全生命周期管理保障金名片”被市委依法治市办列为法治绍兴建设“十大案例”之一。周兵三、盛文斌被授予浙江省第二届“最美退役军人”称号，绍兴市退役军人事务局被绍兴市委市政府评为 2021 年度工作目标责任制考核优秀单位，“崇军记忆馆”被命名为绍兴市第十一批爱国主义教育基地。

【退役军人事务系统开展党史学习教育】 2021 年，绍兴市退役军人事务局开展“党史军史我来读”“心得体会我来讲”“英烈事迹我来传”活动和“老兵永远跟党走”系列活动。设立“崇军大讲堂”，聘请“崇军宣讲员”，成立“崇军宣讲团”，开展“崇军大宣讲”活动 100 余场。“老兵讲党史”入选省党史学习教育百法百例。市退役军人服务中心建设“崇军记忆馆”，接待社会各界参观考察 850 余人次，被绍兴市委市政府命名为第十一批爱国主义教育基地。

【退役军人全生命周期数字化管理】 2021 年，绍兴市退役军人事务局制定退役军人全生命周期管理保障办事、服务“两张清单”和数字化改革工作方案，在“浙政钉”服务端、治理端上线“军人 e 家”应用，在电脑端建设“军人 e 家”管理系统。至年末，“浙里办”“军人 e 家”访问量 7.5 万人次，“浙政钉”“军人 e 家”和治理大脑“军人 e 家”管理系统在市县乡村四级管理保障体系贯通率 95% 以上，共享数据 50 万余条，办理申请事项 1000 余件。“军人 e 家”管理系统纳入省厅试点和全市数字化改革“一本账”。

【开展“服务保障能力提升年”活动】 2021 年，绍兴市退役军人事务局组织开展“服务保障能力提升年”活动，争取创建“以奖代补”资金 54 万元，申报全国“示范型”服务站 1427 个、全省“枫桥式”服务站 185 个、全市“双示范型”服务站 19 个，明确基层退役军人服务中心（站）“轮值站长”592 名。

【举行老兵永远跟党走·最美退役军人事迹报告会】 2021 年 7 月 28 日，绍兴市举行老兵永远跟党走·最美退役军人事迹报告会。会上，发布 10 名 2021 年度绍兴市“最美退役军人”；发布绍兴市“越州兵锋”退役军人志愿服务品牌，为 6 个区、县（市）退役军人志愿服务队授旗；傅旺特、庄园、朱学佩作先进事迹报告，罗萍宣讲革命烈士陈安芳英烈故事；“光荣在党 50 年”退役军人老党员、“最美退役军人”、退役士兵代表重温入党誓词。市委退役军人事务工作领导小组成员单位相关领导，各区、县（市）政府分管退役军人工作领导，部分人大代表、政协委员，相关局办、部分基层退役军人服务站负责人，“最美退役军人”、退役军人老党员、2021 年退役士兵代表等 200 余人参加会议。

【退役军人参加就业创业大赛】 2021 年 9 月 26 日，绍兴市在浙江东盛慧谷科技有限公司举办“东盛杯”退役军人就业创业大赛，评选出一等奖 3 名，二、三等奖和优胜奖各 6 名。11 月 3 日，在省退役军人第二届“建行杯”创业创新大赛决赛中，绍兴市“半导体显示国产化关键镀膜装备项目”获“新兴产业”二等奖，“新军旅文化产业园项目”获“传统产业及生活服务业”二等奖，“小茶苗撬动大格局的‘三牛精神’践行者项目”获“现代农业”优胜奖。

【退役士兵返乡欢迎仪式暨就业专场招聘活动】 2021 年 10 月 16 日，绍兴市举行 2021 年退役士兵返乡欢迎仪式暨就业专场招聘活动。全市 207 家企业提供就业岗位，多人在现场与招聘单位达成就业意向。

【优抚褒扬】 2021 年，绍兴市退役军人事务局组织“听英烈事迹·激爱国热情”宣讲活动 100 余场，开展烈士纪念日向烈士纪念碑敬献花篮仪式。开展“为烈士寻亲”活动，为诸暨籍烈士黄章水、徐正海找到亲人。清明节期间，全市有 90 余万人次参与网上祭英烈活动。

【关爱退役军人协会成立】 2021 年，绍兴市越城区、嵊州市成立关爱退役军人协会并设立关爱基金，筹集资金 400 万余元，与退役军人低保家庭进行结对帮扶。

【军休工作】 2021 年，绍兴市切实保障军休干部的政治待遇和生活待遇，全市 60 周岁以上军休干部纳入智慧养老服务，实现市、县两级军休管理机构管理人员“浙军休”APP 安装全覆盖。

（市退役军人事务局／提供）

2021 年 10 月 16 日，绍兴市、县两级举行 2021 年退役士兵返乡欢迎仪式暨就业专场招聘活动

（市退役军人事务局／提供）

应急管理

【概况】 2021年，绍兴市应急管理系统深入学习习近平新时代中国特色社会主义思想，抓深抓实党史学习教育，围绕“平安护航建党百年”主线，对标“重要窗口”和“应急管理体系和能力现代化”，力抓安全生产形势持续稳定，力推应急管理工作向好发展。年内，全市共发生各类生产安全事故69起、死亡57人，较2019年和2020年两年平均数分别下降20.7%、20.3%；发生较大事故3起。

全市消防救援部门接处警9954次，营救人员1156人，抢救保护财产近1.36亿元，完成抗击台风“烟花”防汛救灾、“11·14”绍兴四海氨纶火灾等重大救援任务。全市发生火灾543起，全口径统计死亡11人（其中，火灾事故死亡6人，生产安全事故死亡3人，刑事纵火案件死亡2人），受伤1人，直接经济损失2634.68万元。与2020年相比，火灾起数下降31.66%，死亡人数增加4人。建成1个市级和6个县级应急储备库，实现“一库归集、一图可视、一令调拨、一码追踪”，形成“市内1小时、区县半小时”保障圈。

【应急管理责任体系建设】 2021年，绍兴市健全完善市安委会组成设置，增设市安委会常务副主任，由常务副市长担任；完善“1+8”（在市安委会下，设置道路交通、农业、危化品、消防、建设、工矿、旅游、城市运行8个安全专业委员会）市级安委会组织体系架构，压实行业安全管理职责。构建基层应急管理“1+X”责任体系，打造“枫桥式”基层应急管理体系和能力建设先行区。全市103个乡镇（街道）完成应急管理办（站）建设，其中单设37个、挂牌66个；越城区、柯桥区、上虞区、嵊州市乡镇（街道）全部建立应急管理委员会。上虞区构建“五个一”标准化应急管理体系建设做法得到省委领导批示肯定。

【安全生产目标责任制考核】 2021年，绍兴市安委办组织市级相关部门对签订年度安全生产和消防工作目标管理责任书的6个区、县（市）和31市级部门（单位）进行考核。诸暨市、新昌县和市发改委、市教育局等10个部门（单位）被考评为优秀单位，越城区、柯桥区、上虞区、嵊州市和市民宗局、市经信局等21个市级部门（单位）考评为良好单位。

【安全生产巡查】 2021年8—9月，绍兴市安委会组织开展第二轮安全生产巡查，分3个巡查组，对诸暨市、嵊州市、新昌县及市发改委、市自然资源和规划局、市生态环境局、市农业农村局、市市场监管局、市综合执法局、市产业集团、市文旅集团、市公用事业集团开展巡查，并延伸巡查10个县级部门（单位）、8个乡镇（街道）。其间，巡查组对111名党政领导干部开展巡查谈话，明察暗访企业95家；形成巡查反馈意见12份，反馈问题471条。

【重大问题隐患实行挂牌督办】 2021年，绍兴市统筹加强道路交通、建设施工、消防、城市运行等重点行业领域的综合监管。对安全生产重大安全隐患实行省、市、县三级挂牌督办，提请省安委办挂牌督办省级重大隐患单位5家，发文挂牌督办市级重大隐患652处，指导市级专委办挂牌督办67处，督导区、县（市）挂牌督办县级重大安全隐患616处。

【推进“三个年”活动】 2021年，绍兴市应急管理局推进“遏重大、控较大”攻坚战，深化推进隐患排查治理年、基层基础加强年、火灾事故压降年（“三个年”）活动，组织开展沿街店铺消防安全、工业厂房架空连廊安全、工贸企业燃气储存设施、污水泵站（罐池）围墙等设施安全、瓶装燃气安全、小餐饮燃气使用安全等专项整治，完成327项年度工作任务。

【企业安全风险管控体系建设】 2021年，绍兴市推进企业安全风险管控体系建设，编制行业模板11个、园区模板1个，全市加工制造类小微企业风险管控体系覆盖率79.65%，其他行业覆盖率72%。

【危险化学品行业安全监管】 2021年，绍兴市实施危险化学品生产企业分级分类管理，推进涉爆车间改造提升，量化涉爆车间“机械化换人、自动化减人”标准，实施“涉爆车间严控3人以下”行动，引导推动人员识别定位、微通道反应等智能工艺技术入企。全市累计改造车间291个、减少作业人员306人，其中28个车间实现“无人化”，实现3人以上涉爆车间“清零”。

2021年绍兴市各地生产安全事故情况表

表8

项目 地区	道路（水上）运输		工矿商贸				合 计				较大事故	
			建设施工		其 他							
	事故（起）	死亡（人）	事故（起）	死亡（人）	事故（起）	死亡（人）	事故（起）	均比（%）	死亡（人）	均比（%）	事故（起）	死亡（人）
合 计	46	32	11	10	12	15	69	−20.70	57	−20.30	3	10
越城区	9	9	8	7	7	7	24	33.30	23	31.40	0	0
柯桥区	3	7	2	2	1	1	6	−25.00	10	17.60	1	4
上虞区	5	3	0	0	1	3	6	−36.80	6	9.10	2	6
诸暨市	15	7	0	0	1	2	16	−33.30	9	−47.10	0	0
嵊州市	5	1	1	1	2	2	8	−33.30	4	−52.90	0	0
新昌县	9	5	0	0	0	0	9	−33.30	5	−60.00	0	0

【危化品行业智慧化监管】 2021年，绍兴市在危化品行业推进先进技术应用，强化智慧化监管。引进康宁公司在上虞区召开G5新品全球发布会；微反应器工业化投用9家、在建1家、研发阶段9家；已建成浙江化安、浙江龙盛、浙江闰土、浙江医药、新和成、皇马等6个企业风险评估实验室。引进中科院新材料创新中心、中国工程院"院士港湾"、天津大学绍兴研究院、龙盛研究院等高端科研机构和创新项目落户杭州湾上虞经济开发，建成"4+2"智慧监管服务平台，实现化工企业全时、全网、全线监管。化工自动化控制系统运维5S店投用，化工企业DCS集散控制系统改造实现全覆盖。

【涉爆粉尘企业整治】 2021年，绍兴市应急管理部门开展涉爆粉尘企业全面整治工作，183家涉爆粉尘企业完成除尘系统改造和涉尘场所视频监控，消除粉尘爆炸风险。发现整改问题隐患928条，淘汰落后工艺设备7处，改造除尘系统106套，责令停产停业整顿13家，处罚金38.2万元，8家有10个以上工位的企业完成一体机改造。

【加强矿山安全监管】 2021年，绍兴市应急管理部门推进尾矿库"一库一策"治理，8座尾矿库100%完成在线监测。平铜新尾矿库、兰亭尾矿库闭库工程分别于8月28日、9月8日进场施工，漓铁集团下庄一号尾矿库和矿冶厂尾矿库正式启动尾砂回采销库。

【开展污水池清理作业、制冷企业专项整治】 2021年，绍兴市应急管理部门开展污水池清理作业、涉氨制冷企业安全生产专项整治，排查设污水池企业353家、制冷企业26家，立案处罚22起、停产整顿2家。

【开展安全生产专项执法行动】 2021年，绍兴市紧盯事故易发多发、投诉举报集中、产能技术落后等重点领域和企业，相继开展危险化学品生产经营(带仓储)企业"雷霆1号"、印染(有限空间)企业"雷霆2号"、村级工业集聚点入驻企业"雷霆3号"专项执法行动。年内，共执法检查企业3486家次，查处安全生产违法案件1180起，罚款3802.8万元，分别较2020年增加132%和94%。

【推进安全生产领域"行刑衔接"】 2021年，市安委办牵头建立安全生产"行刑衔接"(行政执法与刑事司法衔接)工作联席会议制度，研究制订"重大伤亡现实危险"判定标准，规范证据转化体系，开发案件办理流转应用程序。至年末，全市应急管理部门移送行刑衔接(除事故外)案件15起，其中危险作业罪11起，判决4起。其中，柯桥区陈某某未取得瓶装燃气经营许可证从事经营活动涉嫌危险作业罪案系全国危险作业首判案。

【安全生产责任保险】 2021年，绍兴市矿山、危险化学品、烟花爆竹、交通运输、建筑施工、民用爆炸物品、金属冶炼、渔业生产8大高危行业领域生产经营单位、在建工程安责险投保率100%，全行业领域安责险投保企业(项目)超过3000家(个)，覆盖从业人员20万人，保费规模16.55亿元。

【企业员工安全培训】 2021年，绍兴市继续推进企业员工安全大培训。在省网络学院定制诸暨市培训专题，开展职业院校落实就业学生入职安全培训等形式，提高培训针对性，拓展培训覆盖面。年内，全市通过线上线下形式，完成培训11万人。

【安全生产宣传教育】 2021年，绍兴市应急管理部门在安全生产宣传教育中坚持部门联动、层层发动、社会推动，开展企业安全承诺践诺、农村公益电影、社区安全志愿者行动、小学校园"小绘画、大安全"绘画比赛等形式多样的访谈、体验活动，推进安全宣传"五进"活动；开展"大手小手安全同行"安全体验研学活动，公开招募30组亲子组合，集中赴市级宣教体验馆开展消防安全、交通安全、高空逃生、地铁逃生等"沉浸式"安全体验；结合"遏重大、控较大"攻坚战、"平安护航建党百年"安全隐患大排查大整治专项行动，在绍兴新闻综合频道《今日焦点》栏目集中曝光区、县(市)和重点行业领域安全生产隐患，通过"越牛新闻"App、"绍兴应急管理"微信公众号等平台二次传播，扩大警示曝光力度。

【安全生产考试】 2021年，绍兴市危险化学品、非煤矿山和烟花爆竹企业负责人、安全管理人员和特种作业人员参加安全生产考试32798人，合格发证26018人，整体合格率79.33%。开展现场巡考10场、视频巡检86场，处理作弊16人、取消成绩5人。

【制定安全生产考试点管理评价方案】 2021年8月24日，绍兴市应急管理局印发《安全生产考试点管理评价方案》。方案对40项管理事项进行量化，对考试点实行过程管理、年度评价和分级管理，评价等级与考试场租费、准考项目增设等要素挂钩，推进考试点标准化建设。

【汛期灾情】 2021年汛期(4月15—10月15日)，绍兴市平均降水量1413毫米，比常年同期多58.3%。受台风及强对流天气影响，受灾范围广，局部地区损失较重，共受灾24.2万人，因灾死亡4人，房屋倒损3133间(其中倒塌966间)，农作物受灾2.19万公顷，直接经济损失18.19亿元。

【台风灾情】 2021年汛期，第6号台风"烟花"和第14号台风"灿都"先后影响绍兴市。其中，6号台风"烟花"先后两次登陆浙江，对绍兴市影响时长为6天(7月22日8时至28日8时)，全市面雨量331毫米，破影响绍兴市的台风纪录。全市受灾人口20万余人，紧急转移安置人口5.35万人，农作物受灾19557.29公顷，房屋倒塌或受损798间，直接经济损失12.09亿元。

【台风防御】 2021年，台风"烟花""灿都"影响绍兴期间，市防汛防旱指挥部在7月24日13时启动防台风Ⅰ级应急响应，组织区、县(市)及应急、气象、水利等部门会商研判、视频连线12次，发布山洪灾害预警10次、地质灾害气象风险预警52次。预腾水利设施库容，绍兴平原水位预排至

2021 年 7 月，柯桥区战狼救援队参与台风“烟花”救援工作　（市应急管理局 / 提供）

1989 家、危化品使用企业 2285 家，核定重大风险 651 项、较大风险 23293 项、一般风险 77026 项。建成投用市级“遏重大、控较大”应用，至年末，累计接入重大风险预警 158186 项，化解 152272 项，化解率 96.3%。建成投用市级安责险共保体线上风控中心。

【第二轮安全生产综合治理行动】 2021 年，绍兴市组织开展第二轮安全生产综合治理三年行动集中攻坚阶段工作，完成 146 项年度工作任务。各级各专业安委办累计派出各类督查检查组 4183 个，排查各类安全生产隐患 81861 项，全部落实整改；责令停产整顿企业 595 家，约谈警示企业 527 家。

3.62 米，曹娥江大闸候潮排水 10.1 亿立方米，汤浦水库预泄至建库以来最低起调水位 27.38 米，大中型水库拦蓄洪水 2.65 亿立方米。统筹调度全市武警、消防救援、乡镇综合救援队伍、社会救援队伍等应急力量参与抢险救援，累计出动人员 3782 人次，处置险情 350 处，解救或疏散群众 5435 人次。

【“台风”灾后重建工作】 2021 年，绍兴市因台风“烟花”“灿都”影响停工的 1626 个在建工地、108 家停运景区，经评估有序复工、开放，中断的 51 条电力主线、1 条省道、31 条县道以及 746 处通信基站抢修恢复，停运的 1 条地铁线路、911 条公交线路、204 条客运线路、815 辆危货车辆及时恢复运营。在农业保险理赔基础上，对受灾早稻和市级蔬菜基地分别给予每亩 200 元、100 元的政府财政补助，发放补助资金 1021.3 万元。

【森林防火灭火工作】 2021 年，绍兴市制定《绍兴市森林防灭火指挥部工作规则》，调整市森防指成员单位，明确成员单位工作职责。开展野外火源治理和违规用火行为专项治理，累计派出督（检）查组 149 个，参与执法检查人员 2913 人次，督改火灾隐患 337 个，制止违规行为 886 人次，行政处罚 29 人次。市森防指办联合铁塔绍兴分公司开展森林火灾高位监控点位的调研规划，印发《绍兴市重点林区高位监控全覆盖建设方案》，规划建设高位监控探头 123 个，落实资金 1480 万元，建成 113 个、筹建 11 个。加强森林防火宣教力度，在进山入口、林区、墓区等区域设立固定、流动岗哨 567 处，组织巡山护林员、森防志愿者、社会救援队伍开展巡防宣传 1.7 万人次。

【避灾安置场所建设】 2021 年，绍兴市新建规范化避灾安置场所 295 个。至年末，累计建设避灾安置场所 1758 个，其中规范化避灾安置场所 1170 个，规范化率 66.55%。创建省级综合减灾示范村（社区）5 个。

【应急救援】 2021 年，绍兴市完成市级“1+61”（1 个全市总体预案、61 个专项应急预案）应急预案体系建设，市县两级预案完成率 99%，操作手册修编完成率 90% 以上；开展“十、百、千”应急预案演练；组建 25 个重点乡镇基层综合应急救援队伍和危险化学品、城市消防、医疗卫生等 11 支地面航空专业救援队伍。

【应急管理工作数字化建设】 2021 年，绍兴市建成应急管理综合指挥平台，甄别工业企业 5.73 万家，集成录入日常管理、转型升级、设施改造等全过程信息数据，打造全市工业企业安全底数“数据池”。融合企业安全风险普查数据，通过工艺、危险源等数据比对识别重点监管企业

【安全生产大排查大整治行动】 2021 年，绍兴市组织开展“平安护航建党百年”安全生产大排查大整治。共排查企业 32777 家，排查问题隐患 28112 个，全部落实整改；挂牌督办隐患 134 个，实施停业停产整顿 203 家，立案调查 2169 个，实施行政处罚 2078 家，罚款 6999.88 万元，追究刑事责任 124 起、129 人；挂牌督办省、市两级暗访检查发现的问题隐患 243 处。融合推进企业安全生产风险普查，核查道路交通、危险化学品、涉海涉渔、工矿、消防、旅游、城市运行、建设施工等 8 个重点行业领域共 79165 家企业（单位）。

【开展“七张问题清单”有限空间安全生产攻坚整治先行地区建设】 2021 年，浙江省应急管理厅确定柯桥区为绍兴市的“七张问题清单”有限空间安全生产攻坚整治先行地区试点单位，围绕问题、需求、改革“三张清单”，在柯桥区 113 家印染企业试点有限空间安全“智治”新模式。通过物联感知设备部署，实现有限空间数字化、立体化、可视化空间管理。柯桥区共安装、升级门禁系统 207 处，设置视频监控 1026 路，安装气体检测装置 372 个。实施有限空间标准化防护、制度化管理和规范化监管，重塑有限空间作业审批管理流程，编制有限空间风险清单、风险分级清单和管控清单“三张清单”，实行分级分类管理。113 家印染企业完成有限空间

2021 年 9 月 2 日，全省深化基层应急管理体系和能力建设现场会在上虞区召开

（市应急管理局 / 提供）

安全生产标准化建设。建立有限空间数字孪生应用场景，实现有限空间的日常巡检、风险辨识从线下人工实地进入转为线上数字化巡检。自监管平台投用至 2021 年底，预警并处置异常事件 239 起。

【全省深化基层应急管理体系和能力建设现场会召开】 2021 年 9 月 2 日，全省深化基层应急管理体系和能力建设现场会在上虞区召开。会上，通报 2021 年以来全省基层应急管理体系和能力建设工作情况，宁波、上虞等 8 个市县局做交流发言。与会人员现场考察上虞区东关街道应急管理办及共享装备库；云参观宁波市鄞州区下应街道应急管理中心、绍兴市柯桥区基层应急管理体系建设情况。省应急管理厅厅长凌志峰到会并讲话。

【"15 分钟应急救援圈"建设】 2021 年，绍兴市 56 个"15 分钟应急救援圈"站点全部投用。各站点按"谁建设，谁管理"原则，承担消防巡查，组织火灾扑救，指导开展安全教育培训、预案制定和逃生避灾演练，承担防汛抗台、地质灾害、地震等自然灾害和工贸企业、矿山、水上运输、道路交通、山岳救援、森林防灭火等应急救援职能，严格执行 24 小时执勤制度，实行"准军事化"管理。绍兴市自 2019 年启动"15 分钟应急救援圈"建设。

【危险化学品"低、小、散"专项整治】 2021 年，绍兴市应急管理部门组织开展危险化学品"低、小、散"专项整治，查实非法违法"小化工"30 家并立案查处，罚款 342.1 万元，罚没非法收入 108.5 万元，通过"行刑衔接"追究刑事责任案件 10 起。开展危化品储存、使用、运输环节专项整治，检查危化品物流企业、港口、库（堆）场、码头等危化品储存场所 1196 家次，发现隐患 3241 条；34 家重点使用企业完成"安全评价 + 整改确认"。

【市应急管理行政执法队挂牌成立】 2021 年 11 月 22 日，绍兴市应急管理综合行政执法队挂牌成立。市应急管理局党委书记、局长黄立枫出席挂牌仪式并揭牌。根据《中共绍兴市委机构编制委员会办公室关于同意绍兴市安全生产监察支队更名的批复》，同意绍兴市安全生产监察支队更名为绍兴市应急管理行政执法队。

【开展自然灾害综合风险普查】 2021 年，绍兴市组织开展第一次全国自然灾害综合风险普查，普查期自 2020 年 3 月至 2022 年 6 月。成立以常务副市长为组长，市政府副秘书长、市应急管理局局长、市财政局分管领导为副组长，27 个成员单位分管领导为成员的领导小组。市普查办建立工作专班，建立全市自然灾害综合风险与减灾能力调查评估指标体系。至年末，共获取应急普查总数据 19906 条，外业质检核查数据 3249 条。

【应急管理部督导组到绍开展专项执法督导】 2021 年 4 月 27 日，应急管理部安全生产执法和工贸安全监督管理局到绍兴开展工贸行业专项执法督导。检查督导组到喜临门酒店家具有限公司、浙江乐祥铝业有限公司、浙江万安科技股份有限公司查看除尘系统安全运行、铝加工（深井铸造）车间安全管理等情况，对企业落实安全生产主体责任 20 项要点、铝加工（深井铸造）以及涉燃爆粉尘企业执法检查重点事项的自查自改情况进行检查，随机抽查企业主要负责人、安全管理人员、岗位操作员工安全生产应知应会知识掌握情况。省应急管理厅领导陪同调研。

【与宁波市签约建立应急救援合作机制】 2021 年 1 月 29 日，绍兴市应急管理局与宁波市应急管理局在宁波签订《应急救援合作机制协议》，正式建立甬绍应急救援合作机制。按照合作协议，双方建立信息互通、资源共享、救援协同、共训共练四项机制，并明确每年至少召开一次工作联席会议。双方联合签署《甬绍危化品应急救援力量指挥调度实施方案》。

【举行 2021 年危化品事故应急救援演练】 2021 年 8 月 17 日，2021 年绍兴市危化品事故应急救援演练在浙江昌海制药有限公司举行。演练模拟浙江昌海制药有限公司一车间在动火作业时一甲苯储罐发生泄漏并起火事故。通过实战演练提高危化品突发事故应急处置能力，健全完善"企业先期处置、部门联动救援、专家辅助决策"体系。市应急管理局、市经信局、市公安局、市生态环境局、市卫健委、市气象局、市消防救援支队等部门相关负责人在市指挥部观摩演练并参加点评会商。

【市社会应急力量协会揭牌成立】 2021 年 3 月 23 日，绍兴市社会应急力量协会揭牌成立，为全省首家地市级社会救援协会组织。协会共有会员 52 名，其中应急专家 20 名。

【医药化工行业环保安全与高质量发展第二期研讨会】 2021 年 10 月 21 日，由市生态环境局、市应急管理局、市环保服务经济高质量发展工作领导小组办公室主办的医药化工行业环保安全与高质量发展第二期研讨会在上虞区举行。蒋磊、朱剑秋、粟镇宇、徐志东等专家分别就"建设项目全过程安全管理""建设项目全过程环保管理”“环保设施安全”“医药化工企业工程设计阶段的理念分析”做专题培训。市、区生态环境局、市应急管理局负责人、市环保服务经济高质量发展工作领导小组成员及医药化工企业代表等150人参加研讨会。

【“1·7”瓶装液化石油气泄漏爆燃事故】 2021年1月7日17时17分，绍兴市上虞区曹娥街道小陈小吃店发生一起瓶装液化石油气泄漏爆燃较大事故，造成3人死亡，直接经济损失约255万元。

【“5·14”污水池坍塌事故】 2021年5月14日19时17分，位于绍兴市越城区斗门街道江中路的绍兴市跃进印染有限公司污水处理池（一沉池）发生坍塌，造成1人死亡，1人受伤。未造成次生事故及环境污染。

【绍兴市消防救援事业发展“十四五”规划印发】 2021年6月，市发改委、市消防救援支队联合印发《绍兴市消防救援事业发展“十四五”规划》（简称《规划》）。《规划》在科学分析绍兴市“十三五”消防工作的基本情况基础上，提出在“十四五”期间，要加快构建与绍兴城市经济社会发展水平相匹配、相适应的公共安全火灾防控体系，有效遏制火灾事故，全市年度火灾10万人口死亡率控制在0.045以内，坚决杜绝重特大火灾尤其是群死群伤火灾事故发生，有效遏制较大亡人火灾事故发生，全力确保绍兴城市安全运行和群众安居乐业的发展目标，明确了工作重点和主要任务。

【消防安全隐患综合治理】 2021年，绍兴市消防救援部门紧盯“防大火、压总量、提本质、建长效”目标，推动工业企业消防安全综合治理统筹纳入“全域治理”“一厂多租”等专项整治。年内，联合开展3轮次消防领域风险督导，完成45694家消防领域风险企业（单位）普查。检查单位1.37万家，罚款2102万元，临时查封214处，责令停止施工、停止使用或停产停业379家，行政拘留135人。五项指标与2020年相比，分别上升64%、126%、71%、44%和65%。

2021年10月15日，市消防支队获全省第二届“火焰蓝”全员岗位大练兵比武竞赛团体第二名（余昌龙/摄）

【消防安全标准化建设】 2021年，全市完成10家宗教场所标准化创建，建成15个大型商业综合体示范标杆，安装1140套高层建筑梯控和智慧消防系统。

【消防安全教育培训】 2021年，绍兴市消防救援部门开展“消防安全进百镇上千课入万家”活动和“消防安全明白人百千万”培育工程。普及“越消云”在线培训平台，纳入市委政法委一码管理，持续推行“消防安全管理员”认证制，相关工作经验在全省火灾防范工作例会上做经验交流。至年末，全市102个镇街、1473个重点单位、18760个小微企业均培育1名消防安全“明白人”。“消防安全明白人百千万”培育工程获绍兴市新时代文明实践志愿服务项目大赛优秀项目。

【开展消防安全宣传教育“五进”活动】 2021年，市消防救援支队在全市乡镇街道、企业单位、学校医院、社区农村、大型商业综合体、广场等地开展50场消防安全“大篷车”巡回宣传活动，全力推进建设消防宣传“五进”工作试点200余个。

【沿街店铺“三色”分级监管】 2021年3月12日，绍兴市在诸暨启动沿街商铺安全隐患专项整治试点，对沿街商铺采取“红黄绿”三色分级动态监管。至年末，全市消防救援部门累计排查沿街店铺6.3万家，督改隐患19584家，清理违规住人1282处。各区、县（市）均出台沿街商铺消防安全专项整治标准，实行三色分级监管。沿街商铺“三色”分级监管模式被省消防救援总队在全省推广。

【越城消防一体化智治平台上线运行】 2021年11月10日，越城消防一体化智治平台上线运行，互联互通越城区街道四个平台和数字消防系统。平台自运行以来，报警反馈35358次，接收警情13132次，实施监管3421次，比人工现场检查多发现隐患8000多处，提前处置有效火警56次，历史街区安装区域未发生一起成灾火灾事故。平台纳入省委改革办“浙里基层治理四平台”应用跑道。

【抗击台风“烟花”】 2021年8月15日，受强降雨的影响，嵊州、新昌等地受灾严重，市消防救援支队第一时间组织力量实施救援，并调派上虞救援力量到嵊州增援处置，营救、转移、疏散被困人员373人。

【创建“枫桥式”消防队站】 2021年9月2日，市消防救援支队召开打造“枫桥式”消防队站主题工作研讨会，决定诸暨市消防救援大队枫桥综合应急消防救援站为“枫桥式”消防队站创建试点队站，探索“小火不出村、中火不出镇、大火不出县”基层治理新模式。至年末，全市22个镇街成立消防安全委员会，80个镇街成立消防工作站，30个镇街开展委托（授权）执法，79名消防文员进驻镇街一线履职。

【"11·14"绍兴四海氨纶火灾】 2021年11月14日，绍兴市柯桥区安昌街道浙江四海氨纶纤维有限公司建筑工地发生火灾。接警后，市消防救援支队调集柯桥、越城、上虞、诸暨等地消防力量赶赴现场处置，共疏散救出16名被困人员，无人员伤亡。

【建立全省首个大队级"微融站"】 2021年11月12日，浙报集团融媒共享联盟绍兴消防工作站成立，在全省建立首个大队级"微融站"，推行"1+7"（即1个工作站和7个微融站）融媒宣传模式，开展越剧说消防、师爷说消防等活动，用全媒体方式传播绍兴消防正能量、好声音。

【消防队伍建设】 2021年，全市建立地震救援、抗洪抢险、化工灭火等18支专业救援队专业队，组建7个大队级机器人编队。提升化工救援大队救援水平，配发27台消防机器人，17辆机器人运输车。开展专业培训、资质认证和实战练兵，85人取得舟艇和摩托艇驾驶证，3人获SDI潜水员初级证书，28人获ERE高角度双绳救援技术1级资格证书。

市消防救援支队获全省首届消防行业职业技能大赛团体第一名、全省政工岗位比武团体第一名，全省专职消防队伍技能竞赛团体第一名，第二届"火焰蓝"全员岗位练兵比武团体第二名，连续第9年获全市"企业评部门、群众评行风"第一名。市消防救援支队被市委市政府授予综合治理突出贡献奖，5个集体、10名个人荣记全市消防安全三等功。

（市消防救援支队/提供）

审 计

【概况】 2021年，绍兴市审计机关完成审计项目156个，其中审计项目135个，专项审计调查项目21个。查出主要问题金额44.26亿元，其中违规金额1.15亿元，损失浪费金额13万元，管理不规范金额43.10亿元。审计发现非金额计量问题1859个，出具审计报告和专项审计调查报告279篇。审计处理处罚金额10.57亿元。移送司法机关、纪检监察机关和有关部门处理事项58起，移送处理人员104人。审计促进整改落实有关问题金额11.89亿元，审计后挽回（避免）损失8392万元。审计提出建议599条，被采纳582条。推动被审计单位制定整改措施330项、建立健全规章制度74项，提交审计信息261篇，被批示、采用审计信息192篇。向社会公告审计结果148篇。

绍兴市本级2017年至2019年政府投资项目监理情况专项审计调查项目、绍兴市柯桥区村级集体经济发展情况专项审计调查项目获省审计厅优秀审计项目一等奖；绍兴市支持实体经济健康发展政策落实情况专项审计调查项目、绍兴市柯桥区大气污染防治情况专项审计调查项目、绍兴市越城区重点支出项目投资绩效情况专项审计调查项目获省审计厅表彰审计项目。

【审计成果运用】 2021年，绍兴市审计局编印《审计提醒您》、《党政部门、乡镇（街道）、国有企业领导人员履行经济职责重点风险防范清单》、《审计专报（信息）》等多种成果运用载体，推动《风险清单》《审计提醒您》等刊物进党校、进部门、进国企、进基层。《审计专报（信息）》获市领导批示57次；信息累计被上级采用84篇次，被国办采用2篇，获省领导批示6次，其中1篇信息获省委主要领导批示。编发《审计提醒您》20期，获市县领导批示4次。发放《风险防范清单》1000余本。

【审计数字化改革】 2021年8月23日，绍兴市审计局上线点亮市审计局专题门户，完成进度位列全省审计机关前列。组建协助配合"七张问题清单"应用工作专班，推动省级清单问题销号7个，市级清单问题办结23个，推动各区、县（市）及部门（单位）制定、修订38项制度机制，拓展22项整改举措。参与浙江省审计整改一体化智能管理系统开发建设，获自主创新模块全省"赛马"第一名。

【印发《审计机关促进打造高质量发展建设共同富裕示范区市域范例实施方案》】 2021年8月20日，市委审计委员会办公室印发《绍兴市审计机关促进打造高质量发展建设共同富裕示范区市域范例的实施方案(2021—2025年)》（简称《方案》）。《方案》提出，到2025年，绍兴市要全力构建与促进打造共同富裕示范区市域范例相适应的"集中统一、全面覆盖、权

2021年绍兴市审计工作一览表

表9

审计机关	完成审计项目（个）	审计查出主要问题金额（万元）	审计发现非金额计量问题（个）	审计期间整改金额（万元）	出具审计报告和审计调查报告（篇）	审计处理情况		审计促进整改落实有关问题资金（万元）	审计提出建议（条）	提交审计信息（篇）
						审计处理处罚金额（万元）	移送处理事项（件）			
绍兴市本级	27	160574	537	118148	46	14038	18	50858	88	40
越城区审计局	8	16536	85	2059	13	14470	6	6761	28	0
柯桥区审计局	27	25985	345	4289	40	20676	17	22656	84	133
上虞区审计局	30	66837	254	22624	67	9621	4	5882	98	32
诸暨市审计局	26	63904	177	60	44	42583	3	28824	154	29
嵊州市审计局	22	47853	314	12046	36	3851	7	3851	81	23
新昌县审计局	16	60894	147	50679	33	521	3	80	66	4
合　计	156	442583	1859	209905	279	105760	58	118912	599	261

2021 年 3 月 1 日，绍兴市委审计委员会第四次会议召开 （市审计局 / 提供）

威高效”的审计监督体系的目标，并围绕推动重大政策精准落实、财政资金高效使用、民生福祉稳步提升、重大项目“争先竞跑”、领导干部履职尽责、审计效能全域增强等 6 个方面，设置了具体指标。

【市委审计委员会第四次会议】 2021 年 3 月 1 日，绍兴市委审计委员会第四次会议召开。市委书记、市委审计委员会主任马卫光主持会议并讲话。会议传达学习全国、全省审计工作会议及省委审计委员会第五次会议精神，听取 2020 年及“十三五”时期全市审计工作情况、2020 年度市管领导干部经济责任审计情况、接受书记市长经济责任及自然资源资产审计有关准备情况的汇报，研究部署 2021 年审计工作。会议审议并原则通过《中共绍兴市委审计委员会成员单位工作协调制度》、《中共绍兴市委审计委员会办公室审计工作重大事项督察督办办法》、2021 年审计项目计划。

【市委审计委员会第五次会议】 2021 年 8 月 26 日，绍兴市委审计委员会第五次会议召开。市委书记、市委审计委员会主任马卫光主持会议并讲话。会议传达学习上级审计委员会会议精神，听取 2021 年度新增审计项目情况的汇报、市党政主要领导经济责任及自然资源资产审计总体情况和整改工作的汇报，研究部署审计整改工作。

【全市审计工作会议】 2021 年 3 月 25 日，绍兴市审计局召开 2021 年全市审计工作会议。会议传达学习习近平关于审计工作的重要指示批示和省委、市委审计委员会有关会议精神，总结回顾 2020 年全市审计工作情况，部署 2021 年审计工作。会上，通报表彰全市审计机关“最美审计人”、综合工作考核优秀单位、内审工作考核优秀单位、市级优秀审计项目。全市审计机关 190 余名干部参加会议。

【市党政主要领导干部经济责任及自然资源资产任中审计专题会议】 2021 年 5 月 13 日，绍兴市召开市党政主要领导干部经济责任及自然资源资产任中审计专题会议，对审计反映问题后续对接协调整改等工作进行研判部署，市领导盛阅春、杜旭亮及相关部门（单位）主要负责人参加会议。

【印发《绍兴市审计工作发展“十四五”规划》】 2021 年 6 月 8 日，绍兴市委审计委员会办公室、市发展和改革委员会、市审计局联合印发《绍兴市审计工作发展“十四五”规划》。该规划围绕“十四五”时期绍兴审计事业发展主要目标，提出政策落实跟踪审计、财政审计、企业和金融审计、公共投资审计、民生审计、自然资源和生态环境审计、领导干部经济责任审计等七大主要任务，提出建立完善党领导审计工作的制度机制、建立审计统筹工作机制、完善审计质量控制机制、深化审计成果运用机制、建立大数据审计工作机制等五大工作体系，是浙江省市级审计机关首个发布的“十四五”规划。

【市级预算执行和全市其他财政收支的审计工作报告】 2021 年 8 月 5 日，受绍兴市政府委托，市审计局向市八届人大常委会第三十九次会议作《2020 年度市级预算执行和全市其他财政收支的审计工作报告》。工作报告显示，2020 年市级预算执行情况总体良好。财政运行企稳向好，管理体制逐步完善，财政政策加力提效，制定规模化助企纾困政策，在保障打赢疫情防控阻击战中充分发挥财政职能作用。市各级各部门贯彻落实各项重大决策部署，国有企业改革进度较快，科创平台建设稳中向好，乡村振兴战略加快实施。全市兑现减税降费政策资金 275 亿元，惠及全市企业 95.96 万家，保障民生支出态度鲜明，全市民生支出 497.69 亿元，占总支出比重的 74.6%。

【经济责任审计工作联席会议 2021 年度全体会议】 2021 年 11 月 24 日，市经济责任审计工作联席会议 2021 年度全体会议召开。会议传达学习全国、全省经济责任审计工作联席会议、市委审计委员会第四次、第五次全体会议精神，审议并原则通过《绍兴市党政主要领导干部和国有企事业单位主要领导人员离任经济事项交接办法》，总结回顾了 2021 年工作等。市经济责任审计工作联席会议成员单位及联席会议办公室组成人员参加会议。

（市审计局 / 提供）

外事工作

【概况】 2021 年，市外办聚集地方外事“两个服务”，以数字化改革提升国际交往和外事治理能力，推进涉外安全体系建设，深化“最多跑一次”改革，举办“海外领事保护宣传月”活动，各项工作取得新成绩。

至年末，全市接待来访团组 17 批 300 余人次。受理领事认证 78 批 153 份，因私签证 27 批 31 人次，APEC 商务旅行卡 27 人次，涉外文书翻译 68 份。处理驻华使领馆照会 19 起，涉外案事件 26 起，处理海外领保事件 14 起。

绍兴市与 27 个国家的 54 个城市结

好，与 33 个国外城市签订发展友好交流关系备忘录。

【重要来访】 2021 年，绍兴市接待重要来访 9 批次。

3 月 24—25 日，马里驻华大使迪迪埃·达科等 4 人到绍兴，考察绍兴市李氏纺织品有限公司、绍兴新建纺织有限公司、嵊州加佳控股集团。副市长顾涛会见并接待。

3 月 31 日，日本驻沪总领馆大使级总领事矶俣秋男等 4 人，韩国驻华大使馆公使衔参赞兼文化院院长金辰坤等 2 人到绍兴参加 2021 "东亚文化之都·中国绍兴活动年" 开幕式活动。市长盛阅春会见日本客人和在绍兴日商代表。韩国客人在绍兴期间参观鲁迅故里。

4 月 2—4 日，阿富汗驻华大使贾维德·卡依姆等 3 人到绍兴访问考察。副市长顾涛会见并接待。在绍兴期间，访问团与市外办、市商务局、市公安局等部门就在绍阿富汗人生活工作情况及领事服务、经贸往来情况、友城结好等事项进行座谈交流；到诸暨市考察中国坚果炒货食品产业园；看望在柯桥的阿富汗人。

5 月 29 日，奥地利驻沪总领馆领事福玛丽等 2 人到绍兴考察新昌万丰奥特控股集团。

7 月 8—9 日，欧洲国家驻沪领事团一行 9 人到绍兴访问。市长盛阅春会见并接待。在绍兴期间，领事团一行参观考察大禹陵景区；与市外办、市商务局、市文广旅游局等部门和近 30 家绍兴企业就投资、贸易、旅游等合作展开座谈交流。

7 月 12 日，尼日利亚驻沪总领事奇梅齐耶·奥科马·奥古等一行 3 人到绍兴访问。访问团就在绍尼日利亚籍商人亡故、遗体保存及处置等与市民政局、市公安局、柯桥区外办进行座谈交流，并就事件处理意向达成一致意见。

7 月 15—16 日，加拿大安大略省驻中国首席代表、加拿大驻华大使馆参赞宋毅军，加拿大驻沪总领馆商务官员孔亮到绍兴访问新昌万丰奥特控股集团。

12 月 5 日，日本驻华大使馆参赞笈田雅树、日本驻沪总领馆领事田代翔太到绍兴访问，参加中日旅游论坛暨 2021 "东亚文化之都·中国绍兴活动年" 闭幕式。

2021 年 5 月 22 日，"绍兴印象——国际友人美丽乡村行" 主题活动举办 （市外办 / 提供）

【友协群团改革】 2021 年，各区、县（市）基本完成友协群团改革，明确设立友协机关和 "三定" 方案，增设专职人员，为提升民间交流与合作水平提供组织保障。

【境外入绍兴人员新冠疫情防控工作】 2021 年，市外办构建 "从国门到小门" 全闭环防控链条，督促属地政府落实入境人员在入境地隔离 14 天后到绍闭环转运工作，执行信息日报制和市县工作核查反馈机制，定期开展自查和检查；配合市台办做好重要客商自上海浦东国际机场入境后直接到绍兴隔离闭环转运工作。牵头推进 "浙外防" 体系建设，全市 160 个境外企业（项目）纳入平台日常管理，定期推送疫情风险预警，及时回应处理境外企业诉求，绍兴市境外浙企服务智控得分保持全省前列。与市商务局常态化做好疫情期间外国人来华 "快捷通道" 工作，全市申办邀请函 653 人，获得来华签证 293 人，入境 264 人。加强对在绍兴外籍人员疫情防控和疫苗接种政策宣传，全市已接种外籍人员 2652 人。

【第三届国际绿茶大会暨第 22 届越乡龙井茶文化节举行】 2021 年 4 月 15—17 日，由联合国粮农组织政府间茶叶工作组、国际茶叶委员会、中国国际茶文化研究会、中国茶叶学会和中国食品土畜进出口商会联合主办的第三届国际绿茶大会暨第 22 届越乡龙井茶文化节在嵊州市举行。来自摩洛哥、几内亚、马里、欧盟、塞内加尔、多哥、墨西哥等 10 个国家（地区）的 11 名驻华使领馆官员受邀参会。

【"绍兴印象——国际友人美丽乡村行" 主题活动】 2021 年 5 月 22 日，市外办与市友协联合举办 "绍兴印象——国际友人美丽乡村行" 主题活动。来自 24 个国家的近 60 位绍兴市荣誉市民，在绍兴外商、外国专家、外籍教师、留学生代表等，到诸暨市枫源村、新长乐村参观村容村貌，调研新农村综合农业园，体验藤编、珍珠加工等活动。

【邀请国际友人参加中日韩工商大会】 2021 年 5 月 24—26 日，以 "新挑战 新变革 新机遇" 为主题的第四届中日韩工商大会暨 "对话绍兴" 经贸洽谈会举行。中国公共外交协会副主席刘碧伟、前中国驻日本大阪大使衔总领事李天然及 40 多家在华重点日资企业代表 60 余人受邀参加活动，日本友城西宫市市长石井登志郎线上参会并发表演讲。

【参加 2021 中国—中东欧国家市长论坛】 2021 年 6 月 8—9 日，由全国友协、宁波市政府主办的 2021 中国—中东欧国家市长论坛在宁波举行，市长盛阅春受邀参会，并以 "促进地方经济发展举措" 为主题，与参会人员分享绍兴经验与做法。

【召开全市外办主任会议】 2021 年 7 月 20 日下午，全市外办主任会议召开。会议总结交流上半年工作，安排部署下半年重点工作及境外疫情防控。各区、县（市）外办负责人及部分在绍兴高校外事处处长参会并作交流发言。

【举办全市外事工作培训班】 2021年7月20—22日，市外办组织的全市外事工作培训班在市委党校举行。邀请从事国际形势和外交政策研究的专家、省外办资深干部等，宣讲习近平外交思想和总体国家安全观，解读因公出国（境）“一件事”系统操作、海外安全及领事保护等。市级部门（单位）外事干部、各区、县（市）外办负责人及外事科科长、市外办业务处室及下属事业单位负责人等近90人参加培训。

【向苏瓦市寄送防疫物资】 2021年8月5日，在全国友协、省友协指导支持下，市友协向疫情严重的国际友城斐济苏瓦市寄送一次性医用外科口罩3万只、防护服1020套。

【召开2021年市友协会长会议】 2021年9月16日，市友协召开会长会议。会议听取市友协上半年工作情况及下半年重点安排，审议通过胡敏副市长为市友协常务副会长，杨红萍为常务理事的提议。市友协会长谭志桂、常务副会长陆维、余利明及执行副会长陈皆烨参加了会议。副市长胡敏及各区、县（市）友协会长列席会议。

【举办2021在绍国际友人中秋茶话会】 2021年9月16日，市友协举办在绍国际友人中秋茶话会。与会人员观看“绍兴印象——国际友人美丽乡村行”活动视频，在绍国际友人、市友协海外理事代表作发言。绍兴市荣誉市民代表、在绍国际友人代表和市友协常务理事、海外理事代表近100人参加。

【“绍兴印象——2021外国驻沪总领馆官员走进浙江”活动】 2021年10月26—28日，由省外办、绍兴市政府主办的“绍兴印象——2021外国驻沪总领馆官员走进浙江”活动在绍兴举行。来自委内瑞拉、斐济、西班牙、波兰、爱尔兰和奥地利等14个国家的20位驻沪总领馆官员（其中总领事9人）应邀参加。代表团考察上虞区E游小镇、卧龙集团数字工厂、柯桥区国兰农场，与卧龙集团进行座谈交流；参观古城信息展示中心、大禹纪念馆、周恩来祖居，观看“沈园之夜”专场演出。市委常委、常务副市长杜旭亮会见代表团一行。

【参加第22届中日韩友好城市交流大会】 2021年11月4—5日，由全国友协联合日韩民间组织共同举办的第22届中日韩友好城市交流大会，以线上线下结合方式在韩国首尔举办。大会围绕“后疫情时代地方政府的努力与作用”主题开展交流研讨。中国人民对外友好协会会长林松添作“后疫情时代地区经济振兴”主旨发言。市外办主任金莉受邀参会。

【参加2021大邱国际水城论坛】 2021年11月30—12月1日，2021大邱国际水城论坛在韩国大邱举行，会议以线上形式进行，10多个国际城市和组织应邀参加。副市长陈德洪受邀参会，并和与会专家围绕绍兴平原河网水治理经验和方案进行分享探讨，并对参会城市提出的诸多可行性意见和建议表示感谢。

（市外办/提供）

国有资产监管

【概况】 2021年，绍兴市国资监管工作以国资国企高质量发展为主线，全面深化国有企业改革，进一步增强国有经济竞争力、创新力与抗风险能力，着力提高国资监管和服务企业水平，各项工作取得实效。市管国有企业当年计划投资290亿元，涉及城市轨道交通1号线等171个项目，其中，亿元以上项目45个。

至年末，11家市管国有企业（含手工业联社）资产总额1913.74亿元，较2020年增长17.9%；所有者权益791.6亿元，增长11.4%；营业总收入184.97亿元，增长22.1%；固定资产投资额222.34亿元，增长25.4%。

【编制《绍兴市国企改革三年行动实施方案(2020—2022年)》】 2021年，绍兴市人民政府国有资产监督管理委员会贯彻落实中央、省、市关于国有企业改革的各项重大决策部署，牵头编制绍兴市国企改革三年行动实施方案。5月，市委办公室、市政府办公室联合印发《绍兴市国企改革三年行动实施方案(2020—2022年)》，明确国企改革目标任务、时间表和路线图，推动重点领域改革实现新突破。

【优化国有资本布局结构】 2021年，市国资委把握服务区域经济发展、城市运行和民生保障的功能定位，引导市属国有资本向关系民生、基础设施建设运营、公共服务等方面集中。市国资运营公司由功能类调整为竞争类；全面完成全民所有制企业公司制改革；平稳推进平铜集团改革，加大僵尸企业和低效无效资产的清理退出力度，促进国企降本增效。至年末，共清理注销僵尸、壳体企业12家。

【推进混合所有制改革】 2021年，市国资委支持企业通过多种形式引进非公资本，支持、鼓励企业继续与处于行业领先的民营资本合资合作，实现优势互补、共同发展。制定《绍兴市市管企业混合所有制改革操作指引》，明确深入推进市管企业混合所有制改革的目标方向、原则要求和实施路径。

至年末，市管国有企业及下属企业共组建混合所有制企业126户（含参股企业），整体混改面40.13%。新增混合所有制企业10户。

【加大资本运作力度】 2021年，市国资委把提高国有资产证券化水平作为深化国企改革的主攻方向，把上市工作纳入企业年度工作内容。支持市公用事业集团下属浙江水联环科集团有限公司开展上市前期工作；利用“古越龙山”“浙江震元”2家国有上市公司，指导黄酒集团、震元股份公司推动资本运作，提升市属国有资产证券化水平。

【推动国资国企数字化改革】 2021年8月，市国资委印发《绍兴市国资国企数字化改革行动方案(2021—2025年)》。方案明确“十四五”时期绍兴市国资国企数字化改革的重点工作和关键任务，围绕深度融入和全面参与全市“1+5+2”数字化工作体系与全省国资国企数字化改革重点任务。要求到2025年底，打造5个以上在行业领域内具有示范效应的产业数字化项目，有力推动数字经济发展和国资国企治理能力提升。至年末，90%市管企业完成框架搭建，部分已上线运行。

【推进经营性国有资产统一监管】 2021年，市国资委加快推进市属经营性国有资产集中统一监管。至年末，市本级已明确脱钩方式的64家企业全部纳入统一监管，完成率100%。合计移交资产59.62亿元，净资产49.44亿元，基本形成以直接监管为主体的国资监管“全覆盖”格局。

【加强国资监管风险管控】 2021年，市国资委推进“两审计一监督”模式，扎实开展年度国资专项审计，强化国企内部审计监督，健全巡察、审计问题整改落实机制。制定《关于加强全市国有企业债务风险管控工作的实施意见》《绍兴市市管企业违规经营投资资产损失责任追究移送办理工作制度》，完善责任追究工作体系建设，强化资产负债约束管理和资产损失监督管理。

【探索新激励机制】 2021年，市国资委结合市管企业实际，研究制定《绍兴市国有企业中长期激励机制的指导意见》。意见按照突出考核导向，强化激励效应的原则，组织实施对11家市管企业2020年度主要经济指标、重点工作、综合评价等考核，并根据经营业绩专项审计报告形成2020年度市管企业经营业绩考核结果及负责人薪酬核定建议。

【组建全省首家省、市、县三级垂直整合的企业国有资产交易平台】 2021年，市国资委推进要素市场重组整合，组建全省首家省、市、县三级联动的全省统一规范的企业国有资产交易平台，助力要素市场化配置改革。至年末，累计挂牌项目187宗，成交金额1.38亿元。

【加强基层党组织建设】 2021年，市国资委组织开展国资系统第三轮“五星双强”创建工作，29家企业通过“五星双强”验收；完成56个党组织换届工作；对老党员、困难党员群众进行慰问，各级慰问达286人次，慰问金支出51万余元。

【国企人才招引工作】 2021年，市国资委引导国有企业开展海外高端人才招引工作，引进申报国家相关部委人才计划人才和省级人才计划人才5名，是多年来市管国企人才工作的首次。制定《2021年度市管国有企业人才工作考核办法》。

【继续推进清廉国企建设】 2021年，市国资委制定《绍兴市市管企业“清廉国企”建设“八大行动”任务和责任清单》，明确40项工作任务，落实责任主体，抓紧抓实各项重点工作，确保市管企业“清廉国企”建设继续走在全省前列。开展国企领域突出问题专项治理，成立专项整治工作领导小组，建立工作机制，明确工作任务和职责分工，加强对市管企业和区、县(市)国资办的督促指导。持续推进第三轮“清廉国企”创建，完成对17家企业的验收工作。至年末，累计有79家企业创建为“清廉国企”。

（市国资委/提供）

综合执法

【概况】 2021年，绍兴市持续深化综合行政执法工作法治化、数字化改革，不断提升综合执法水平，改善执法队伍形象。至年末，全市综合行政执法系统共办理执法案件30.98万件，处罚金额16289.31万元。“枫桥式”执法中队规范化建设被评选为全省综合行政执法改革2020年度“最佳实践”项目之一。

【构建全覆盖监管体系和全闭环行政执法体系】 2021年，市综合行政执法部门开展监管事项认领工作，梳理形成全市执法监管事项目录清单。至年末，市本级应认领监管事项10005项，整体认领率、事项覆盖率均为100%。梳理开展综合执法事项划转工作，起草《绍兴市新增综合行政执法事项统一目录》，涉及16个主管部门278项执法事项。根据“机构全撤销，事项分步走”工作原则，将民宗、经信、体育、建设、人力社保、民政、水利等11个部门587项执法事项纳入地方扩展事项之中。

【《绍兴市区户外广告和招牌设置管理规定》印发】 2021，市综合行政执法局起草制定被列为2021年度市政府重大行政决策事项之一的《绍兴市区户外广告和招牌设置管理规定》。8月，市政府办公室印发《绍兴市区户外广告和招牌设置管理规定》。规定包括指导思想、总体要求、具体内容和工作要求四部分，自2021年10月1日起施行，各县(市)参照执行。

【全市基层综合行政执法改革现场观摩会召开】 2021年8月4日，市综合执法局组织召开全市基层综合行政执法改革现场观摩会，现场观摩上虞区崧厦街道、诸暨市店口镇和嵊州市黄泽镇省级基层综合执法改革试点，交流全市基层综合行政执法改革工作。市本级和各区、县(市)综合行政执法局、执法中队相关人员共150余人参会。

【全面深化综合行政执法体制改革】 2021年，绍兴市推进“大综合一体化”综合行政执法改革，成立以市政府分管领导为组长，编办、司法和综合执法三部门为组长级成员单位，涵盖全市26个市级部门的绍兴市“大综合一体化”改革专班，并实体化运作。印发《绍兴市“大综合一体化”行政执法改革专班工作方案》《绍兴市“大综合一体化”行政执法改革行动计划(2021—2022年)》，梳理形成36项全市2021年“大综合一体化”行政执法改革工作任务清单。建立健全“1+2+9”执法改革配套机制，筑牢综合执法改革基础。

【推进基层综合执法改革省级试点】 2021年，绍兴市全力推进省政府赋权后上虞崧厦街道、诸暨店口镇、嵊州黄泽镇三个基层综合执法改革省级试点工作，以乡镇名义向社会公告行政处罚事项，发挥基层首创精神，立足协同、一体、规范、智慧，探索出契合基层、行之有效的“四化治理”绍兴模式。自2021年3月，三个省级试点单位相对集中行使行政处罚权以来，已办理一般程序行政处罚案件 300 件，罚款 131.04 万元。诸暨市枫桥、牌头、次坞、山下湖、璜山、应店街、姚江、安华和新昌县澄潭等 9 个镇乡（街道）正式成立基层综合行政执法队。

【完善执法机制】 2021 年，绍兴市通过完善联席会议、案件移送、联合执法、执法协助、执法督查、信息共享、事项清单管理、常态化执法争议协调、行政执法与刑事司法有效衔接等协同机制，筑牢综合执法工作基石。同时，制定全市综合行政执法领域自由裁量基准，推进行政执法“三项制度”标准化建设。

【强化联合执法】 2021 年，绍兴市贯彻落实省政府关于全面推行“综合查一次”制度，在建筑渣土、燃气监管、垃圾分类、“双减”等重点工作落实跨部门联合执法机制，共查处重点领域违法行为 5059 起、处罚款 3283.7 万元，分别增长 85.2%、206.9%。

【执法平台应用工作】 2021 年，绍兴市综合行政执法部门开通省统一行政处罚系统使用权限，实现省统一行政处罚系统和市级执法部门自建系统同步运行，应用率 95.6%。开展“互联网 + 监管”工作，认领建设领域 533 项监管事项，“互联网 + 监管”平台事件处置率 117.32%，其中风险事件处置率 100%，各项数据均达到省、市任务要求。

【探索开发执法特色场景】 2021 年，绍兴市综合行政执法部门开展多跨协同系统研发和场景应用，“智慧城管和综合执法一体化平台建设”项目纳入省数字法治“一本账”试点项目；研发市“两法通”（行政执法、刑事司法）“两法”衔接信息分析研判平台，拓展执法监督方式。

【执法规范化建设】 2021 年，绍兴市全面落实市综合行政执法规范化建设三年行动方案，全市 83 个基层规范化中队建设实现全覆盖，17 个基层中队创建省级“枫桥式”中队工作强势推进，柯桥区齐贤中队、上虞区崧厦和曹娥中队、诸暨市枫桥和店口中队、嵊州市黄泽中队等规范化样板中队初步成形。综合行政执法力量向一线下沉，下沉比例 87.3%，超额完成省定 80% 要求。组织开展全市系统法制业务理论测试、执法比武竞赛和新招录执法人员执法证考前培训，2021 年全市系统参加执法证考试 84 人，通过 83 人，通过率 98.8%，市本级执法证持证率超过 95%。实施高频事项“教科书式”执法，针对新划转事项编制 20 个办案模板。对全市系统 60 起行政执法案卷进行抽查互检及“十佳案件”评选，提高依法行政水平与能力。

2021 年，“智慧城管和综合执法一体化平台”　（市综合行政执法局 / 提供）

【开展“贴心式”信用修复月活动】 2021 年 1 月，市综合行政执法局组织开展 2021 年度“贴心式”信用修复月活动，共修复 45 家失信企业。

（市综合执法局 / 提供）

市场监管

【概况】 2021 年，全市新增市场主体 10.06 万户，比 2020 年下降 0.98%，注册资本（金）1920 亿元，下降 6.34%。其中，企业（含内资企业、外资企业和农民专业合作社）3.06 万户，下降 2.54%，注册资本 1815 亿元，下降 6.78%；个体工商户 6.99 万户，下降 0.29%，出资总额 105 亿元，增长 1.94%。至年末，全市市场主体总量 68.07 万户，注册资本（金）18156 亿元，分别增长 3.87%、9.01%。其中，企业（含内资企业、外资企业和农民专业合作社）总量 22.94 万户，注册资本总额 17604 亿元，分别增长 6.92%、8.96%；个体工商户总量 45.13 万户，出资总额 561 亿元，分别增长 2.38%、10.87%。

新增“个转企”2346 家（其中“转公司”比例为 93.52%），新增小微企业 27280 家。

新申请国内注册商标 31188 件，核准 30497 件，累计有效商标注册量 166676 件，增长 18.44%。新申请地理标志证明商标 3 件。至年末，全市拥有驰名商标 83 件，省级专业商标品牌基地 20 个，省级商标品牌示范区、县（市）4 个，省级商标品牌示范乡镇（街道）6 个，省级商标品牌示范企业 45 个。全市专利授权量 38293 件，其中发明专利授权量 4137 件，增长 15.5%。有效发明专利 16758 件，万人有效发明拥有量 31.8 件。

绍兴市列国家知识产权保护 2020 年工作行政绩效考核第三名，连续两年列全国同类城市第一名。绍兴市人民政府获评“2018—2020 年浙江省市场环境建设成绩突出集体”。绍兴新设小微企业环境满意度位居全省第一（《浙江省新设小微企业活力指数报告（2018—2020 年）》）。绍兴市 28 件作品在省第二十二届“金桂杯”广告创意大赛中获奖，其中金奖 1 件、银奖 3 件、铜奖 8 件，市市场监督管理局连续 8 届获组织奖。

【探索知识产权纠纷处理“枫桥经验”】 2021 年，绍兴市按照“能调不裁、能裁不诉”原则，构建人民调解、行政调解、行政裁决和司法审判相结合的大保护、快保护工作格局，探索知识产权纠纷处理“枫桥经验”。成功调解张某电商茶叶商标侵权案，该类案件常规周期由2个月缩短至7天左右；“绍兴弘信风机有限公司恶意注册商标案”入选全省2021年“知识产权保护十大典型案例”；“华为商标纠纷案”入选2021年全省人民调解优秀案例，是唯一入选的知识产权类纠纷调解案件。

【知识产权质押融资破百亿元】 2021年，绍兴市市场监督管理局印发《绍兴市知识产权质押融资政策性补偿管理办法》，构建“财政贴息＋政府补偿”支撑体系，推动专利权等无形资产向金融资本转化，实现“知产”变“资产”“专利”变“红利”。知识产权质押融资额连续两年保持4倍增长，2021年首次突破100亿元，达117.12亿元，受惠企业300余家。

【广告监管】 2021年，绍兴市市场监督管理局以“违法违规商业营销宣传集中整治行动”为主线，开展广告专项整治行动17次。至年末，全市共监测传统媒体和互联网广告145138条次，发现涉嫌违法线索29条，查处广告违法案件309起，罚没款291万元。

【商标品牌保护】 2021年，绍兴市商标品牌创建、保护工作取得新成绩。浙江绍兴中国轻纺城东升路市场、诸暨华东国际珠宝城入选“第一批省级知识产权保护规范化市场”。“诸暨第一百货”通过第二批国家级知识产权保护规范化市场续延审查。绍兴市市场监督管理局上报的“关于商业广告中使用分开排列的五环是否侵犯奥林匹克标志专有权问题”请示件得到国家知识产权局批复并抄送其他省市，对相关案件查办具有指导意义。

【“互联网＋监管”三位一体国家级试点工作】 2021年，绍兴市作为“互联网＋‘监管＋风险＋信用’”三位一体国家级试点，由绍兴市市场监督管理局牵头，35个行政执法部门和6个区、县(市)政府联合推动执法监管平台建设，实现掌上执法平台使用100%覆盖。至年末，全市通过“互联网＋监管”三位一体平台开展执法检查100015户次，掌上执法检查率100%；设置“双随机”任务3125个，其中各部门发起并有执行任务的3086个“双随机”任务中，设置应用信用规则的“双随机”任务2879个，应用信用规则率93.32%；参与跨部门抽查任务614个，跨部门监管率19.64%。

【完成国家级重点专项试点课题报告】 2021年，绍兴市市场监督管理局、国家药品监督管理局高级研修院联合开展绍兴市国家重点专项“食品安全突发事件及重大事件应急演练及应急保障决策系统研究”试点工作。形成《绍兴市食品安全应急管理基层体系能力构建》课题验证报告，报告入选《食品安全应急管理能力构建：云南、绍兴实验基地研究》成果，并作为应急管理优秀实证案例出版成果入选中共中央党校图书和文化馆馆藏。

【校园食品安全智治行动】 2021年，绍兴市市场监督管理局打造“1+2+3+N”(即1个智能调度中心、2个协同治理应用、3个主体管理系统、N项应用子场景)为核心的校园食安智治应用2.0版本，构建“省、市、县、校”四级贯通，“政府、学校、企业、家长”四侧打通的多跨协同集成体系。对接“浙食链”等10个业务系统平台，建成8个应用系统、36个应用场景，运用智能设备及物联装置32类共96套。实现1160家学校食堂(含高校)“互联网＋阳光厨房”全覆盖；省政府民生实事工程任务完成率100%；全市903家中小学和幼儿园食堂、15家校园食材配送公司和3家校外集体供餐单位达到校园食安智治建设和应用标准，市政府民生实事工程任务完成率225.8%。

校园食安智治应用入选2020年度“浙江省市场监管系统改革创新案例”，获评2021年度全国食品安全智慧监管“十大优秀案例”。

【“阳光餐饮”工作】 2021年，绍兴市市场监督管理局推进网络餐饮“一件事”集成改革，推动网络餐饮“阳光厨房”建设，实现“后厨加工公开化”。打造“管理全方位、后厨全阳光、要素全集成、数据全应用、风险全闭环、信息全公开”的餐饮街区，推动后厨改造提升、“阳光厨房”建设、放心餐饮店创建；推行“一店一码”，落实商家资质、日常检查、抽检、行政处罚、投诉举报等信息公示，引导街区入网餐饮商户使用“外卖封签”。至年末，全市建成网络餐饮“阳光厨房”7200余家，建成“阳光餐饮”示范街区4条。

【食品安全抽检监测】 2021年，绍兴市市场监督管理局抽检食品20908批次，

2021年，市市场监管局、市教育局联合调研学校食堂食安管理数字驾驶舱应用

(市市场监管局/提供)

完成率103.30%，发现不合格（问题）食品392批次，不合格（问题）率1.87%。建立“背靠背”制度，制定《绍兴市食品安全抽检任务承检机构考核管理办法（试行）》，全省首创《食品安全抽检工作评价细则》。落实核查处置“五个到位”，办结国、省抽核查处置案98件，办结率和按时办结率均为100%。

【食品添加剂专项整治】 2021年，绍兴市市场监督管理局对食品非法添加和滥用食品添加剂违法行为开展专项整治。出动执法人员1844人次，检查经营户1812家，发现存在突出问题或风险隐患的经营户20家，取缔无证经营户1家。

【保健食品治理】 2021年，绍兴市市场监督管理局印发《2021年绍兴市保健食品行业专项治理工作实施方案》，在省内率先完成保健食品生产企业“特殊食品风险智控应用场景”“浙食链”“阳光工厂”三大平台接入。至年末，9家在产保健食品生产企业已上链产品90种、396批次。

与市公安局联合印发联动执法协作机制实施意见，完善“稽查＋公安”办案机制；制定《绍兴市市场监督管理局违法案件线索移交和处置暂行办法》，探索建立“监管＋稽查”衔接机制，全市办理保健食品行政案件48起，移送公安25起，涉案金额52万余元，罚没款111.43万元。

【药品安全监管】 2021年，绍兴市市场监督管理局坚持日常监管、专项检查和飞行检查“三位一体”监管模式，共检查药品经营企业2522家次，排查整治风险点654个。开展医疗美容机构特殊用药品、药品批发企业药品销售渠道、特殊药品经营使用、互联网药品销售、中药代煎服务药品质量监管和基层医疗机构药品质量管理等专项整治。市级飞行检查药品经营企业24家，发现缺陷136项，其中主要缺陷56项，一般缺陷80项。

【“三防三化”应用场景建设】 2021年，绍兴市市场监督管理局以原料药企业为重点，推进物防设施标准化、技防手段数字化、人防措施制度化（“三防三化”），遏制仪表设备“磨损、变形、开裂”和“证书失效、开关失灵”（“三损两失”）。7月，在上虞区先行开展试点工作，试点企业新增智能化监控设备76套，实现关键参数实时监控预警。11月9日，在上虞区召开全市原料药生产企业安全生产“三防”试点工作现场会，并在全市25家原料药生产企业中推进“三防三化”应用场景建设。

【实施中药生产企业“五个一”工程】 2021年，绍兴市在中药生产企业中实施“五个一”工程（安排1个董事长、组织1个团队、精选1个品种、研究1个标准、出台1个政策），实施“普通饮片提质、精制饮片示范、国际标准引领”三步走战略，促进特色中药产品传承创新和中药质量提升。至年末，全市中药生产企业申报各类专利33项；申报科技项目2项，实现2018年以来零的突破；制定作为国内首个优先级最高的毒性药材ISO国际质量标准；建设中药材种植基地221个；完成103个品种的精制饮片质量评价标准研究工作；基本解决紫苏品种变异，以及其所导致的有效成分挥发油含量下降影响产品疗效的问题。

【生物医药“五一〇”服务行动】 2021年，绍兴市市场监督管理局深化“三服务”活动，在“十四五”期间开展绍兴市生物医药“五一〇”（连续五年，每年办好产业帮扶十件实事）服务行动。2021年“十件事”包括医疗器械跨区域监管联盟建设、规范药品经营企业不合格药品处置、协调解决药品生产企业原料药销售GMP符合性证明事项、鼓励引导药品零售连锁创新健康发展、现场检查指导企业加强药品生产质量管理、“组团服务”开展医疗器械质量体系管理规范指导、召开全市药品生产企业培训会、召开全市化妆品生产企业和备案人注册人培训会、医药企业CNAS申报技术指导、中药农残检测帮扶。至年末，开展帮扶208次，出动人员458人次，涉及企业72家，为企业创造直接经济价值8000万元，涉及产值6.7亿元。

【化妆品安全监管】 2021年，绍兴市市场监督管理局受理化妆品投诉133件，立案85起，罚没款83万元。在化妆品生产和流通领域，接受省级飞行检查5次，组织市级飞行检查13次，完成国家级、省级规定抽检任务198批次，完成市级和区、县（市）级抽检270批次，抽检合格率100%。不良反应事件报告数101份/百万人，共534份。以美容美发、进口化妆品、母婴用品等为重点，组织“线上净网线下清源”专项整治；开展儿童化妆品专项检查，共移送案件线索85条。建成化妆品“百千万”示范经营单位160家、示范商场18家、示范街1条。

【特种设备安全监管】 2021年，绍兴市市场监督管理局聚焦重点工程起重机械、大型游乐设施、公众聚集场所电梯等重点特种设备安全，开展“护航建党百年”、亚运“百日攻坚”、燃气安全等专项检查行动。全市出动检查人员19671人次，检查企业10436家，消除事故隐患1796个，发出监察指令书389份，立案处罚139起，罚没款557.6万元。

【特种设备智慧监管】 2021年，绍兴市市场监督管理局推进特种设备安全全周期“一件事”集成改革，深化“浙江特种设备在线”系统应用，全市“智慧电梯”数量4104台，高风险隐患处置率保持100%，新增浙产和在用特种设备赋码100%，高风险隐患处置率100%，电梯扫码维保率98%以上。督促16007家企业应用特种设备使用安全分类评价标准、1970家企业应用特种设备重大风险日志，在线开展特种设备安全风险自控、隐患自改。

【电动自行车综合治理集成改革】 2021年，绍兴市市场监督管理局依托“浙江e行在线”数字化平台，推行“一码统管、以芯智控”数字化治理模式，推动电动自行车全生命周期流程再造、管理重构和制度重塑。至年末，全市排查电动车及电池销售、维修、回收单位2400余家，组织开展培训2000余人次，发放宣传资料1500余份。1400余家电动车生产、销售、维修单位完成“浙江e行在线”线上注册。开展电动自行车集中赋码20250个、电池赋码23124个，发放数字牌照3814个，累计出动执法人员 2965 人次，查处案件 61 起。

【涉企收费专项治理】 2021 年，绍兴市市场监督管理局深化转供电价格专项整治，查实应退多收电费 3309.27 万元，已完成清退电费 2998.23 万元，立案查处 2 起，罚没款 8.12 万元，惠及企业、个体工商户 14574 家（户）；开展行业协会商会收费检查，对 90 家协会进行专项检查，检查覆盖面 21.5%，共计降低（减免）收费金额 680.01 万元，惠及终端会员单位 1740 家；开展水电气等公用事业价格检查，对全市 11 家管道燃气经营企业全覆盖检查，整改规范 5 家，立案处罚 4 家，清退多收价款 100.56 万元，罚没款 28.26 万元；推进商业银行收费检查，市本级开展商业银行领域"双随机"检查任务 2 家，清退违规费用 122 万余元。

【公平竞争审查】 2021 年，绍兴市调整公平竞争审查工作联席会议制度，由副市长担任召集人，增设市国资委等 7 家成员单位。遴选绍兴市公平竞争审查专家人才库成员 44 名。至年末，审查增量文件 1295 件，其中修改调整 6 件、使用例外原则 1 件；清理评估存量文件 1063 件，其中废止修订 92 件、使用例外原则 2 件；组织开展滥用行政权力排除、限制竞争政策措施交叉检查，抽查单位 16 家；依托公平竞争审查专家库开展公平竞争、审查担查评审，对市级部门和相关区、县（市）20 个政策文件进行专项评审。

【打击传销】 2021 年，绍兴市市场监管工作联席会议办公室印发《2021 年绍兴市打击网络传销专项行动工作方案》，按照"灭存量、堵增量、防风险"工作目标，打击网络传销违法犯罪活动，共立案查处传销案件 7 件，办结 5 件，罚没金额 300 余万元，摸排传销线索 40 条，相关部门处置传销举报投诉 80 件，开展打击传销宣传 830 次，清理网络有害信息 11 条。

【国家检验检测高技术服务业集聚区建设】 2021 年，国家检验检测高技术服务业集聚区（绍兴园区）有机构 135 家（其中，滨海核心区 49 家，占 36.3%），年总营业收入 8.93 亿元（滨海核心区 4.03 亿元，占 45.1%）。园区引进主营业务收入过亿元检验检测机构 3 家，其中深检集团（浙江）质量技术服务有限公司和必维（达诚）检测技术服务有限公司取得实验室资质许可证书（CMA），省食药院安评中心取得实验动物使用许可证，3 家机构均正常对外开展业务，深检集团（浙江）公司 2021 年业务额 3000 万元。

【农贸市场改造提升】 2021 年，全市创建省放心农贸市场 55 家、"五化"市场 46 家、星级文明规范市场 78 家。其中，放心农贸市场覆盖率 68%，提前一年完成省政府目标。全市投入 25860 万元用于农贸市场改造提升和长效管理，其中财政资金 8900 余万元。

【"双随机、一公开"检查】 2021 年，绍兴市市场监督管理局完成"双随机"抽查任务 1280 个，抽查检查对象 25633 户次，任务完成率、到期任务完成率、抽查事项率、检查结果公示率、掌上执法率均为 100%。发起并执行任务数 979 个，设置应用信用规则的"双随机"任务 925 个，应用信用规则率 94.48%（省定应用信用规则率指标为 60% 以上）。牵头开展市场监管领域部门联合"双随机"监管。各地各部门参与跨部门抽查任务总数 614 个，跨部门监管率 19.64%（省定跨部门监管率为 10% 以上）。

【成立省电子取证中心（绍兴）分中心】 2021 年 7 月，绍兴市市场监督管理局按照"分级协作、属地为主，条块联动、系统集成"的思路，全省首创"浙江省市场监管电子取证中心（绍兴）分中心"，集成取证、固证、存证、出证四个管理模块，为网络执法提供技术支撑。绍兴市获省市场监管执法第三届"网剑杯"电子数据取证比武竞赛团体一等奖。

【"网剑"专项行动】 2021 年，绍兴市市场监督管理局构建"1+3+N"（1 个以"智慧调度"为核心的监管平台；构建数据办、网监分局、电子取证中心 3 个专门机构；推动农产品"双体系"、校园食品安全、特种设备安全、银商合作等 N 个平台建设。）集成模式和"五统一"[食品监管、药械化监管、知识产权（专利）保护、价格与反不正当竞争、质量技术监督]执法联动机制，全域布局网络定向监测，探索平台经济监管新路子。检查各类网站、网店 8717 个，督促网络交易平台删除违法商品信息 230 条，责令整改网站 277 个，提请关闭网站 31 个，责令停止平台服务的网店 29 个，立案查处网络违法案件 153 件。

【"放心消费在绍兴"行动】 2021 年，绍兴市出台《2021 年全域推进放心消费建设工作方案》《关于进一步深化全域推进放心消费建设工作的意见》，发展放心消费单位 14579 家、无理由退货承诺单位 6443 家、

2021 年 11 月，绍兴市获全省市场监管执法第三届"网剑杯"电子数据取证比武竞赛团体一等奖
（市市场监管局 / 提供）

放心工厂 4251 家，均超额完成省政府下达任务的 121.49%、123.90% 和 114.89%。建成放心消费街区（商圈）24 条、消费维权站（点）193 个、放心消费乡村 6 个。

市场监督管理部门共受理投诉举报 49132 件，咨询 6502 件，举报投诉总量比 2020 年减少 8.47%，为消费者挽回经济损失 1702.54 万元。培育消费维权 ODR（在线调解）企业 381 家，推动消费纠纷多元化解，实现小事不出店（企业）。

【获省、市质量奖】 2021 年，全市新增省政府质量奖企业 1 家，累计达 7 家，总数居全省第二位；新增市级质量奖企业 5 家，累计 53 家。修订完善《绍兴市市级表彰奖励项目（质量类）推荐办法》，将获奖企业数从不超过 3 家改为不超过 5 家，扩大奖项企业覆盖面。

【首批赋"浙食链"溯源码食品上市】 2021 年 3 月 15 日，绍兴市首批赋"浙食链"溯源码食品，包括绍兴女儿红酿酒有限公司生产的绍兴女儿红老酒，绍兴元祖酿酒有限公司生产的精酿米酒、鲜酿米酒，绍兴尚农食品有限公司生产的草莓干、芒果干等食品，在联华华商、物美超市正式上线。

【实现知识产权保险"零突破"】 2021 年 4 月 14 日，中国太平洋财产保险股份有限公司绍兴中心支公司，向浙江古纤道新材料股份有限公司签发全市首单专利执行保险合同，为企业拥有的"万向机械手"发明专利提供 26 万元的专利维权额度保障，实现绍兴市知识产权保险"零突破"。

【成立医疗器械跨区域监管联盟】 2021 年 5 月 26 日，博尔塔拉蒙古自治州（新疆维吾尔自治区）、许昌市（河南省）、绍兴市（浙江省）市场监管局医疗器械跨区域监管联盟成立。监管联盟以振德医疗作为监管服务试点，以医疗器械注册人制度联合监管为基点，依托"互联网 + 监管"数字平台，实现监管信息的互通互联。在联盟成立的基础上，建设医疗器械跨省（自治区）监管应用，该应用场景被纳入绍兴市数字化改革重点多跨场景应用"一本账 S_0"。

2021 年 5 月 26 日，医疗器械跨区域监管联盟签约仪式举行 （市市场监管局 / 提供）

【《校园食品安全智慧化建设与管理规范》地方标准发布】 2021 年 9 月 1 日，绍兴市市场监督管理局发布《校园食品安全智慧化建设与管理规范》地方标准。标准围绕校园食品安全智慧化发展的现实需要，以实现校园食品安全"全周期管控、全链条贯通、全过程防控、全社会共治、全方位应用"为目标，从总体架构、主体管理、智慧共治等方面，规范全市校园食品安全智慧化建设和管理工作。

【制订质量发展三年行动计划】 2021 年 10 月，绍兴市印发《绍兴市质量发展三年行动计划（2021—2023 年）》。计划提出，要以构建质量治理体系为总目标，着力提升质量治理能力、质量创新能力、综合质量竞争能力。要开展标准引领、品牌领军、质量基础设施提升、质量管理水平提升、知识产权活力激发、科技创新能力提升、质量监管创新、特色质量文化体系建设、质量主体社会责任强化等 13 项工程，制定 43 项具体任务并列出年度工作目标，确保质量提升工作落在实处。

【上榜"中国商品市场十大数字化领跑者"】 2021 年 10 月 22 日，在第 12 届中国商品市场峰会上，"中国商品市场十大数字化领跑者"榜单首次发布，绍兴中国轻纺城（网上轻纺城）、诸暨华东国际珠宝城上榜。

（市市场监管局 / 提供）

数据资源管理

【概况】 2021 年，绍兴市围绕"152"（"1"即一体化智能化公共数据平台；"5"即 5 个综合应用，分别是党政机关整体智治综合应用、数字政府综合应用、数字经济综合应用、数字社会综合应用和数字法治综合应用，包含"产业大脑 + 未来工厂""城市大脑 + 未来社区"等核心业务场景；"2"即数字化改革的理论体系和制度规范体系）工作体系，推进一体化智能化公共数据平台建设，为全方位各领域数字化改革提供有力支撑。开展"浙里办"城市频道、数字孪生、IRS 对接等 10 个省级试点建设任务，试点数量居全省前列。省定 912 工程任务全面完成，真替真用水平位居全省前列。全市政务信息系统网络安全等级保护率提升至 79%，市级政务外网核心网络全面提升至 40G。

【一体化智能化公共数据平台建设】 2021 年，绍兴市推进一体化智能化公共数据平台建设，并于 8 月实现市县平台落地贯通。绍兴市公共数据平台、政务云被列入与省一体化资源系统（IRS）对接首批试点，其中 5 个案例入选省 IRS 使用优秀案例。柯桥区智慧交通应用案例在 2021 世界互联网大会乌镇峰会浙江省"一体化数字资源系统"专题发布会上推介。新增"浙政钉"应用 106 个，比 2020 年增加 200%。

【"浙里办"绍兴城市频道上线运行】 2021年6月19日，作为"浙里办""城市频道"的首批上线试点城市，绍兴"城市频道"上线运行。绍兴市民能足不出户享受预约接种疫苗、高考查分、申请安装ETC(电子不停车收费)、查询各类商品价格等近40个日常服务。"浙里办"App绍兴"城市频道"上线，标志着绍兴数字服务由政务服务向城市生活、未来社区、数字乡村等领域延伸。至年末，新增"浙里办"应用67个，比2020年增加223%，"浙里办"绍兴"城市频道"注册用户380万人，日活跃用户23万人次。

【数字孪生省级试点工作】 2021年，绍兴市柯桥区印染行业有限空间安全智治、上虞区杭州湾智慧园区监管平台作为全省首批10个试点应用顺利完成省级验收。诸暨市公路路网运行管理应用建设入选全省第二批数字孪生应用试点。

【智能组件共建共享】 2021年，全市上架应用组件18个，完成统一组件申请与关联工作应用系统210套。绍兴市、柯桥区分别入选组件目录梳理和组件共建共享省级试点。其中，视频解析组件累计识别过车数据920万余条，支撑智慧城管、无废城市信息化系统等应用。柯桥区网格电子栅栏组件支撑退役军人服务、数字乡村、未来社区、基层治理四平台等场景，共建共享良好态势逐步形成。

【数字化改革门户迭代优化】 2021年，"数字绍兴"门户集成五大领域综合应用、6个区县门户、跨领域跨地域查阅搜索、重大任务进展情况的"一屏概览"、多跨协同优秀应用集成展示、数字化改革工作动态更新、领导批示任务实时跟进反馈、工作安排"一屏查看"、一体化智能化公共数据平台核心指标展示等9大功能。无废城市、浙里人才管家、"浙里工程师"等14个门户集成上线应用被评为全省数字化改革门户优秀应用，"数字绍兴"门户建设总体水平居全省前列。

【数据共享开放】 2021年，绍兴市大数据发展管理局累计申请数据共享3145批次，共享满足率98.7%，分钟级数据共享需求满足率79.3%，数据共享平均审批时间缩短至2天。累计开放数据集、接口760个，开放数据6.4亿条。综合利用省平台回流数据、市平台本源数据开展数据仓建设，市、县两级共建数据仓116个。

【数据管理规范化建设】 2021年，绍兴市大数据发展管理局印发《绍兴市公共数据资源管理工作指南》，对全市公共数据资源管理规范作出规定；印发《绍兴市数字化改革一体化政务网络安全监管平台对接规范》，规范市、县两级网络安全监管平台对接；印发《绍兴市公共数据共享平台对接规范(试行)》等6个文件，规范县级公共数据平台与市公共数据平台各子系统对接。

【疫情防控工作数据支撑】 2021年12月，上虞突发新冠肺炎疫情，绍兴市大数据局迭代更新"绍兴市疫情防控动态综合应用"，实现数据平台整合、综合应用关联、"五色图""三区图"可视化决策，参与抗疫全流程管理。相关做法被省精密智控平台建设充分吸收。

【市大数据发展管理局党组成立】 2021年4月，经市委批准，绍兴市大数据发展管理局党组正式成立，何建任党组书记。

【绍兴市第三届公共数据开放创新应用大赛举行】 2021年7月30日，2021年浙江数据开放创新应用大赛(绍兴赛区)暨绍兴市第三届公共数据开放创新应用大赛(七大领域)初赛结束。本次大赛收到来自全国众多企业、社会组织大数据从业者、爱好者提交的87份参赛作品。数"治"社区、身后服务"白"宝箱、秒响应等项目列绍兴赛区前10位，获参加2021年浙江数据开放创新应用大赛资格。

【印发《绍兴市首席数据官制度》】 2021年6月，市数字化改革领导小组办公室印发《绍兴市首席数据官制度》，鼓励全市各级党政机关、法院、检察院、民主党派、工商联、人民团体、国有企业及其他单位(部门)设立首席数据官，推动部门落实公共数据主体责任，提升市域治理科学化、精准化和协同化水平。至年末，市级部门71家单位、区、县(市)级400余家单位设立首席数据官。首席数据官是指本单位(部门)中统筹管理公共数据资源、组建资源和应用资源的第一责任人，也是统筹建设多跨场景应用的技术把关人。

（市大数据局／提供）

行政审批服务（公共资源交易）

【概况】 2021年，绍兴市围绕国务院"放管服"改革、省数字化改革，持续优化代办帮办机制、拓面延伸跨区域通办，完善交易监管体系、推进平台规范建设。依托行政审批服务和公共资源交易平台，打造"越满意"政务服务品牌。

全市完成行政审批服务办件量2727万件，即办件2351万件，代办件29.7万件。

全市公共资源交易平台完成交易项目5409项(笔、宗)，成交金额1245.82亿元，其中，建设项目372.97亿元、政府采购54.41亿元、产权交易15.67亿元、土地公开出让802.78亿元。增效节资191.02亿元。

【"15分钟政务服务圈"建设】 2021年，绍兴市印发《关于做好2021年度"15分钟政务服务圈"重点工作的通知》，建成"示范型""标准型"便民服务站1117个，占全市行政村总数的53.5%，平均可办高频事项达98项；健全首问责任制、一次性告知制、AB岗、错时延时、预约办理5项服务运行机制，选优配强基层代办员4225名，其中红色代办员2777名，创新组建"背包警务队""微跑管家团"等服务团队，提供代办29.7万件，群众满意率达99.6%。有关工作获国务院"放管服"改革专报(121期)、省"竞跑者"专刊(2021年12月31日版)点赞。

【跨区域通办】 2021年，绍兴市出台《绍兴市推进政务服务"跨省通办""全省通办"工作实施方案》，市、县两级政务服务大厅开设"跨省通办"专窗，市本级与贵州省六盘水市政务服务中心推出51项"跨

2021 年 11 月 25 日，绍兴集成电路产业园（高新区块）排污专线工程招标代理（造价咨询）“不见面”开标现场

（市政务用服务办／提供）

省通办”事项，全市点对点“跨省通办”合作区域 26 个；完善专窗系统服务，承接 53 个“长三角”一网通办事项；依托政务服务 2.0 平台抓好“全省通办”事项落地应用。

【交易数字化】 2021 年，绍兴市建设全市公共资源交易服务“一张网”，梳理完成 4 项一级任务、15 项二级任务、38 项三级任务；按照 V4.1 标准，对接省专家库 2.0 和投标保证保险业务系统；汇集全市主体信息 4624 条，各类交易数据集 34272 条；全流程电子交易应用率 82.12%。

【“越快兑”迭代升级】 2021 年，绍兴市政务服务办公室重构“越快兑”惠企政策兑现平台，保障政策落地。平台涵盖 10 大类产业，纵贯市县镇三级，细化上线 725 项市定政策和 662 项区、县（市）特色政策；最大限度“减时间、减材料、减环节”，事项的承诺兑付时间平均减少 9.9 天，申报材料平均减少 2.4 件，审批环节平均减少 2.2 个；构建“直兑、即兑、快兑”体系，全市超 30% 事项纳入“直兑”，实现“资金自己找上门”；融合集成“浙里办—浙里营商”“企业码”“人才码”，多样申报途径为用户提供“越快兑”一条龙服务。平台全年为 14417 个企业（个人）提供政策兑现服务，收到申报 66374 件，办结 62979 件，网上兑现 33.73 亿元；收到用户评价 1525 次，满意率 99.6%，相关做法获省政府主要领导批示肯定。

【招投标领域依法治理】 2021 年，绍兴市政务服务办公室贯彻落实省政府 5 号文件、省建设厅 5 号文件，推进招标文件示范文本应用，全面落实公示制度，完成招标文件公示 176 件，公示率 100%。加强招投标开评标综合监督，保障重点项目交易的规范有序。对 24 家存在违规行为的相关市场主体进行约谈，对 3 家存在不良行为的投标企业按规定处理。

【首例政府采购支持绿色建材项目完成采购】 2021 年 9 月 23 日，受绍兴市财政局委托，绍兴市公共资源交易中心完成“绍兴市财政局政府采购支持绿色建材促进建筑品质提升试点项目 LED 消防应急灯采购项目”批量集中采购工作，助力推进“政府采购支持绿色建材促进建筑品质提升”全国试点工作。该项目预算金额 956 万元，最终以 388.4921 万元中标，中标平均下浮率 59.4%。该项目是绍兴市首例政府采购支持绿色建材促进建筑品质提升试点项目。

（市政务服务办／提供）

统　计

【概况】 2021 年，绍兴市统计部门认真落实市委、市政府决策部署，以高质量发展、竞争力提升、现代化先行和共同富裕示范为中心，围绕中心、服务大局，坚持数据质量管控，深化统计数字化改革，夯实基层统计基础，加强统计执法检查和统计普法宣传，为绍兴经济社会发展提供精准有力的统计保障。

【加强常规统计调查核算工作】 2021 年，绍兴市统计部门严把入库关，全年月度审核确认入库单位 1855 家，退库单位 1030 家，为各项统计调查提供坚实的名录支撑。组织农业、工业、服务业等国民经济各行业以及能源、消费、投资、社会、科技、文化等领域常规统计调查。完成 2020 年度地区生产总值核算及 2021 年各季度地区生产总值统一核算，继续保持市、县两级地区生产总值总量、结构和增幅的基本衔接。开展 2020 年数字经济核心产业、文化产业、健康产业、体育产业、海洋经济、三新经济、所有制经济核算工作，以全面准确反映产业经济发展情况。编制完成 2019 年度全市自然资源资产负债表。

【深化数据质量管控体系】 2021 年，绍兴市统计局继续深化工业、投资、建筑业、服务业、贸易等数据审核“三级预警”工作，分类落实派单查询、电话核实、现场走访等措施，筑牢数据质量“第一道防线”。工业专业加大基础数据的纵向对比和横向关联审核，每月通过平台查询约 2000 条，查询企业 1000 多家，并对全市 6000 家工业企业的营业收入、工业总产值与税务部门的纳税申报表应税销售额进行比对。扎实开展防范和惩治统计造假、弄虚作假专项行动，在全市统计系统部署落实“十项举措”，对数据采集、数据汇总、数据报送、数据核算等环节实行全流程管控。

【提升统计服务保障】 2021 年，绍兴市统计局聚焦聚力高质量发展，围绕工业、投资、房地产、服务业、外贸等领域，深入开展“三服务”、相关调研和分析研究工作，共组织全局性调研 5 次、分线调研 20 余次，加强统计分析，及时做出预测预警。

报送“两办”信息194条，撰写统计信息、统计分析、统计专报72篇，《外贸企业对2021年优化营商环境的期盼》等信息素材被国办录用，得到国务院领导批示。配合市委、市政府、市发改委做好共同富裕、“十四五”目标等指标体系设计，研商相关经济指标，提出高质量意见建议。主动参与市领导重大课题研究，为“五个率先”等课题提供参谋和数据支撑。

2021年9月22日，绍兴市第十二届中国统计开放日活动在柯桥区明珠广场举办

（市统计局/提供）

【统计数字化改革工作】 2021年，绍兴市统计局根据市委改革办和省统计局数字化改革总体要求，因地制宜谋划多跨协调项目。至年末，已确立“农数惠”“共同富裕”数据库等重点建设项目，并列入省统计局试点清单。“数据浙江”平台运维平稳，已加载报表524份，发布459份；加载指标28631个，发布24901个。党政整体智治系统“现代化先行”模块展示上线运行。利用信访和互联网平台，共享经济数据，回应群众呼声，提高统计数据的透明度和共享率。

【开展社情民意调查】 2021年，绍兴市统计局依托CATI系统和“浙江民调在线”网络平台，自主开展“绍兴居民出游意愿”“绍兴市近期新冠疫情防控”“绍兴市生活垃圾分类”等调查9项。联合市级相关部门开展“老旧小区改造满意度测评”“群众改革工作满意度”“卫生状况评议”等调查4项，为相关部门科学决策提供参考依据。

【常态化开展统计法“六进”活动】 2021年，绍兴市统计部门实施以领导干部为关键、统计干部为重点、统计调查对象为主体、社会公众为目标的精细化普法的常态化统计法“六进”活动。制定《绍兴市统计法治宣传教育第八个五年规划》，建立《中华人民共和国统计法》进党校长效机制。结合统计开放日、《中华人民共和国统计法》颁布纪念日、庆祝中国共产党成立100周年等契机，集中组织开展形式多样的群众性统计法治宣传活动，营造依法统计社会氛围。

【举办第十二届中国统计开放日活动】 2021年9月22日，由绍兴市统计局、国家统计局绍兴调查队主办，柯桥区统计局、国家统计局柯桥调查队承办，各区、县（市）统计局协办的绍兴市第十二届“中国统计开放日”活动启动仪式，在柯桥区明珠广场举办。在活动现场，对2020年14家市级诚信单位进行授牌，开展文艺表演和现场有奖竞答活动。开放日活动在“绍兴统计”“绍兴调查”公众号直播，吸引18.7万名网民观看。

【统计执法检查】 2021年，绍兴市统计部门围绕提升统计数据质量核心，加大统计数据常态化核查、随机抽查、重点检查等执法力度，对违反统计法的企业严格依照统计法律法规严肃处理，对统计失信行为和统计违法行为进行通报曝光，提高统计执法威慑力。至年末，共对492个单位（项目）开展统计执法检查，承办统计违法案件48件，罚款总额66.67万元，认定并公示统计一般失信企业5家，通报曝光1起。首次实现各区、县（市）检查专业全覆盖。

【夯实基层统计基础】 2021年，绍兴市统计部门深化完善统计基层基础建设制度体系，以企业统计人员“以奖代补”政策为重点，推动落实《深入推进统计基层基础建设的若干意见》。至年末，共评定2020年度企业统计人员合格等次9788人，优秀等次3032人，发放奖励资金2700余万元，有效激励激发一线统计人员的积极性、主动性和责任心。

【完成第七次人口普查资料开发】 2021年，绍兴市统计部门向社会公众发布市、县两级人口普查公报，开展普查数据解读，合理引导社会预期。以人口普查数据为基准，修订2011—2019年常住人口及城镇化率历史数据。配合相关部门及时调整“十四五”规划相关人均指标目标值。开展先进表彰、技术业务文章评选、普查资料分析培训工作，配合省局做好普查课题研究招标工作。组织编写《绍兴市第七次人口普查报告书》，编印《绍兴市第七次人口普查年鉴(2020)》。

（市统计局/提供）

中国人民政治协商会议绍兴市委员会

综　述

【市政协组织机构概况】 至2021年末，政协绍兴市第八届委员会设置有办公室、研究室、提案委员会、经济委员会、人口资源环境委员会、教科卫体委员会、社会法制和民族宗教委员会、文化文史和学习委员会、港澳台侨委员会、农业和农村委员会、委员工作委员会。政协绍兴市委员会是中国人民政治协商会议浙江省绍兴市地方委员会，主要职能是政治协商、民主监督和参政议政。

【中国人民政协理论研究会第三届理事会第三次会议在绍兴召开】 2021年11月25—26日，发挥人民政协专门协商机构作用理论研讨会暨中国人民政协理论研究会第三届理事会第三次会议在绍兴市召开。会议学习贯彻中共十九届六中全会精神，围绕“发挥人民政协专门协商机构作用”开展深入研讨。全国政协副主席兼秘书长、中国人民政协理论研究会会长李斌出席并讲话。省政协主席葛慧君、市委书记盛阅春分别致辞。吉林省政协主席江泽林，中国人民政协理论研究会副会长金学峰、刘佳义、陈惠丰、魏海生，省政协副主席周国辉，市政协主席魏伟等参加。

【庆祝建党百年书画展】 2021年6月17—25日，由市政协办公室主办、市墨华书画协会承办、绍兴博物馆协办的“百年辉煌　千秋伟业”——庆祝中国共产党成立100周年书画展在绍兴博物馆展出，114幅作品参展。书画展是市政协庆祝中国共产党成立100周年“同心向党”系列活动之一。

【市委第二巡察组巡察市政协机关党组工作动员会召开】 2021年5月14日，市委第二巡察组巡察市政协机关党组工作动员会召开。市委巡察工作领导小组成员、市纪委常委、市委巡察办主任陈可到会并讲话，市委第二巡察组组长何学松就巡察工作作动员讲话，市政协党组成员、机关党组书记、秘书长王旭波主持会议并代表市政协机关党组作表态发言。

重要活动

【概况】 2021年，市政协以习近平新时代中国特色社会主义思想为指导，全面贯彻落实中共中央和省委、市委决策部署，忠实践行“八八战略”、奋力打造“重要窗口”，立足人民政协性质定位，坚持发扬民主和增进团结相互贯通、建言资政和凝聚共识双向发力，主动担当作为，勤勉履职尽责，为推动绍兴经济社会高质量发展和协商民主体系建设作出新的贡献。

市政协印发《政协委员会客厅“五比一创”活动实施方案》，全市6家省政协委员会客厅围绕“五比一创”开展学习宣讲、凝心聚力、思想引领活动，持续提升影响力。全年共开展委员会客厅活动37场，累计创建省政协委员会客厅6个。

继续推进“同心教育基地”创建工作，依托“同心教育基地”开展学习宣讲、思想引领活动，在促进委员更好传承先贤精神、增强责任担当等方面发挥了积极作用，影响不断扩大。

按照“不建机构建机制”的原则，指导各区、县（市）政协在乡镇（街道）创建“民生议事堂”平台，推进政协协商向基层延伸，助力提升基层社会治理。

制定《关于扎实推进“六个有”民生议事堂建设的实施意见》，全市民生议事堂分别开展各具特色的协商活动，助推解决一批群众关切的民生实事，有关工作得到省政协主席葛慧君批示肯定。

2021年2月3日，市政协八届五次会议举行“请你来协商——率先走出面向全国、走向全球的高效循环之路”专题界别协商会

（市政协办公室／提供）

2021 年绍兴市政协委员视察调研活动一览表

表 10

日　期	视察调研内容
1 月 24 日	调研"绍兴文创大走廊建设"
3 月 3 日、5 日	调研中央环保督察反馈整改情况和嵊新水资源综合利用项目推进情况
3 月 11 日、16 日	赴新昌、嵊州和柯桥调研"办好'家门口'的每一所学校，推进义务教育优质均衡发展"课题
3 月 11 日	赴诸暨、柯桥、越城调研中央环保督察反馈问题整改落实情况
3 月 15 日	赴柯桥区、越城区视察调研民生实事推进情况
3 月 23 日	调研农村宅基地制度改革试点工作
3 月 30 日	视察调研"0—3 岁婴幼儿托育服务工作"
4 月 9 日、13 日、14 日	赴柯桥、诸暨、越城区调研农村宅基地制度改革试点先行镇的工作情况
4 月 9 日	调研我市"15 分钟应急救援圈"建设工作
4 月 9 日	调研印染化工产业"跨域整合"推进情况
4 月 23 日	开展"发挥侨村侨乡优势，全面推进乡村振兴"视察活动
4 月 27 日	调研我市仲裁工作
5 月 7 日	视察"高质量推进综合保税区建设"
5 月 7 日	赴上虞区、滨海新区、镜湖新区视察调研我市经济社会发展情况
5 月 10—13 日	赴丽水、温州开展"打好侨牌 助推双循环"课题调研
6 月 10 日	视察调研港澳台和外资企业
6 月 15—18 日	赴上海虹口、嘉定和江苏省常州、泰州考察古城历史街区保护和利用工作
8 月 9 日	视察黄酒产业发展情况
8 月 11 日	赴上虞视察水利设施
8 月 12 日	赴上虞区调研曹娥江科创走廊
8 月 19 日	赴柯桥区调研无障碍社区创建工作
9 月 16 日	调研数字乡村建设
10 月 20 日	视察"强化食品药品安全工作"
10 月 21 日	赴柯桥区专题视察融资担保体系建设情况
11 月 11 日	赴嵊州市、新昌县调研重点工业项目

嵊州村嫂政协委员会客厅被省政协评为全省唯一一家市县政协委员牵头的五星级政协委员会客厅，绍兴越文化和上虞乡贤文化政协委员会客厅被评为四星级政协委员会客厅。绍兴越文化政协委员会客厅在全省政协委员会客厅工作推进会上做经验介绍。

【推进委员读书活动】 2021 年，市政协深化完善书香政协委员读书活动体系，建立时政、百科、地方 3 个读书群，分别由市政协主席会议成员、专委会主任和各区、县（市）政协主席轮值担任群主，围绕《习近平在浙江》采访实录、"跟着总书记学党史"等，线上线下结合，常态化开展学习讨论活动。8 月 15—9 月 14 日，市政协轮值省政协"崇学书院"市县群，2000 多名委员参加学习交流发言，参与率 96.7%，累计发帖 5 万余条，居全省各地市政协前列。

绍兴市书香政协委员读书活动做法，先后在全国政协委员读书经验交流会、省政协委员读书工作交流会做工作经验介绍。

2021 年 2 月 23 日，市政协举行"书香政协·知行合一"委员读书活动

（市政协办公室／提供）

【市政协委员“三同心”专题活动暨“同心教育基地”授牌仪式举行】 2021年3月25日，绍兴市政协委员同心向党、同心爱党、同心跟党系列活动暨第二批“同心教育基地”授牌仪式在诸暨市枫桥镇举行。市政协主席魏伟向第二批“同心教育基地”授牌并讲话。市政协委员们参观枫桥镇金善宝院士纪念馆、农工党浙江革命活动史料陈列馆，听取相关情况介绍。

【全市政协民生议事堂现场会召开】 2021年11月8日，全市政协民生议事堂现场会在柯桥区召开。市政协主席魏伟参加会议并讲话。市政协副主席冯建荣主持会议，各区、县(市)政协作交流发言。与会人员考察柯桥街道政协工委民生议事堂。

2021年1月18日，市政协开展送医疗、送文化、送温暖、送科技、送法律“五下乡”活动

(市政协办公室/提供)

【举办“知行论坛”】 2021年，市政协共举办“知行论坛”4期：第十六期“知行论坛”听取“中国共产党与中国道路的百年探索”专题辅导，第十七期“知行论坛”听取市发改委和市经信局负责人关于重大关切问题的情况通报会，第十八期“知行论坛”听取市委宣传部和市文广旅游局负责人关于重大关切问题的情况通报会，第十九期“知行论坛”听取中共浙江省委党校马克思主义研究院院长李涛教授的“当前台海局势与国家战略安全研究”专题报告。

【开展“五下乡”“爱心社”等活动】 2021年，市政协持续优化“五下乡”“爱心社”平台，会同越城区政协、柯桥区政协，组织界别委员分别到越城区鉴湖街道坡塘村、柯桥区平水镇剑灶村，开展送医疗、送文化、送温暖、送科技、送法律“五下乡”活动。组织“百名委员进山村”活动等，慰问困难群众198户。帮助新昌县沃洲镇东宅村开展美丽乡村建设项目。帮助嵊州市谷来中学建设多媒体阅读室。完成马寅初故居的学习环境优化项目。开展庆祝建党百年华诞系列慰问活动，在越城区、柯桥区、上虞区、诸暨市、新昌县走访慰问农村老党员和低收入困难群众187人。

【全市政协主席读书会】 2021年8月3日，市政协举行全市政协系统党的建设工作交流会暨政协主席读书会。会议深入学习贯彻习近平总书记“七一”重要讲话精神，贯彻落实关于加强政协系统党的建设有关要求，学习贯彻全国政协宣传思想工作座谈会、省委十四届九次全会和市委八届十次全会精神，广泛凝聚起打造高质量发展建设共同富裕示范区市域范例的强大合力。市政协主席魏伟主持会议并讲话，市政协主席会议成员和各区、县(市)政协主席等参会并做交流发言。

市政协常委会工作

【概况】 2021年，市政协常委会强化党的创新理论武装，突出理论学习“第一主题”，推动学习贯彻习近平新时代中国特色社会主义思想和习近平总书记重要文章、重要讲话、指示批示精神入脑入心。认真学习贯彻中共十九届六中全会、中央经济工作会议和省委、市委全会精神，有力引导各党派团体和各族各界人士忠诚拥护“两个确立”、不断增强“四个意识”、坚定“四个自信”、做到“两个维护”。坚持围绕中心、服务大局，紧扣市委市政府决策部署和中心工作，深入调研协商、积极建言献策、广泛凝聚共识，充分释放专门协商机构潜能效能，努力以高质量履职助力高质量发展。

年内，举行市政协党组理论学习中心组学习会12次、党组会议21次、主席会议专题学习6次。举行专题政治协商会议和专题议政性常委会会议3次、“请你来协商”专题协商8次、“有事好商量”民生实事协商7次、重点提案办理协商14次，开展专项集体民主监督6项。市政协报送的参政议政材料获市委、市政府主要领导批示26件次。

【开展党史学习教育】 2021年，市政协常委会深入学习贯彻中央和省委、市委部署要求，认真开展市政协及其机关党史学习教育。精心组织“同心向党”系列活动。主席会议成员带头深入基层开展“忆越地英烈、悟红色真理”专题学习活动，“学习‘七一’重要讲话、发扬伟大建党精神、展现新的担当作为”主题活动与“我为群众办实事”专题实践活动等。组织全市政协系统开展“主席专题宣讲、界别学习座谈、委员线上交流”学习宣讲活动。围绕学习贯彻中共十九届六中全会精神，特别是中共中央关于党的百年奋斗重大成就和历史经验的决议，开展专题宣讲、界别座谈和委员线上学习，激发市政协各参加单位、广大委员和机关党员干部坚定理想信念、守好红色根脉、奋力争先创优。

【服务助力经济社会高质量发展】 2021年，市政协常委会坚持围绕中心、服务大局，紧扣市委市政府决策部署和中心工作，深入调研协商、积极建言献策、广泛凝聚共识，充分释放专门协商机构潜能效能，努力以高质量履职助力市委市政府科学决策、有效施政。全年共举行专题政治协商会议和专题议政性常委会会议 3 次、“请你来协商”专题协商 8 次、“有事好商量”民生实事协商 7 次、重点提案办理协商 14 次，开展专项集体民主监督 6 项。市委市政府主要领导在政协报送的参政议政材料上批示 26 件次。

【服务共同富裕示范区市域范例建设】 2021 年，市政协常委会深入学习贯彻习近平总书记关于共同富裕重要论述和市委部署要求，制定落实市政协关于服务助推高质量发展建设共同富裕示范区市域范例的意见。围绕中共绍兴市委八届十次全会重大决策部署，召开专题议政性常委会会议开展政治协商，就缩小“三大差距”、深化改革、提升公共服务水平等提出意见建议。围绕推进农村宅基地制度改革试点、“万亩千亿”新产业平台建设、村级集体经济发展等开展专题调研。在上虞乡贤文化等委员会客厅举行“我与示范区建设”主题恳谈活动，组织全市政协委员开展网络议政，广泛凝聚共识合力。

【全力助推“五个率先”】 2021 年，市政协常委会认真落实《市委市政府市政协 2021 年度协商工作计划》，聚焦聚力市委市政府中心工作，分别举行界别协商会、专题议政性常委会会议，提出协商意见。提升“请你来协商”平台工作质效和影响力，围绕加强再生资源回收利用、全力打造长三角文化高地、古城历史街区保护利用与打好“侨”牌、助推双循环建设等举行 9 场专题协商活动，市委市政府领导分别参加，每期协商报告建议得到积极采纳。

【持续助力改善民生】 2021 年，市政协常委会围绕省、市民生实事，先后聚焦交通便民“一件事”集成改革、生活垃圾精准分类、生活困难老人家庭适老化改造等主题，举行 7 场协商活动。围绕办好家门口的每一所学校、0—3 岁婴幼儿托育服务、15 分钟应急救援圈等，分别开展调研协商，市政府相关部门对协商建议进行认真研究落实。

【推动市委市政府决策部署贯彻落实】 2021 年，市政协常委会充分发挥协商式监督优势，围绕嵊新水资源综合利用及污水协同处理，开展持续跟踪监督；聚焦中央环保督察反馈问题整改落实和推进生态文明建设，首次举行专题监督性常委会会议。围绕大走廊创新带建设、“万亩千亿”新产业平台建设、“三位一体”农合联改革等重点工作，举行专项集体民主监督。有针对性地开展省、市、县三级政协联动监督，齐心协力助推相关工作落到实处。

【推进政协协商民主建设】 2021 年，市政协常委会牢牢把握新时代人民政协的职责使命和履职工作的中心环节，拓展载体形式，深化实践探索，不断完善双向发力平台，努力将专门协商机构制度优势转化为治理效能。首创实施《委员会客厅基本运行规范（试行）》，重点围绕“五比一创”主题，深入开展学习宣讲、凝心聚力、思想引领活动，积极扩大同心教育基地影响。在金善宝院士纪念馆、农工党浙江革命活动史料陈列馆创设第二批同心教育基地，促使委员更好传承先贤精神，增强责任担当。

组织在绍省、市、县三级政协委员，持续开展以走进重点项目、重点工程、重点企业为主要内容的“聚焦高质量·委员三走进”活动，围绕重大产业投资项目推进、全民健康与全民健身深度融合等主题，视察重点项目、骨干企业。强化“委员三走进”活动的思想政治引领作用，先后聚焦中央和省委、市委全会精神、习近平总书记“七一”重要讲话精神、打造共同富裕示范区市域范例等开展系列学习宣讲，广泛凝聚共识合力。

【全面推进民生议事堂建设】 2021 年，市政协常委会根据省政协统一部署，按照“不建机构建机制”的原则，在全市乡镇（街道）层面推进“民生议事堂”平台建设。召开现场会，制定出台“六个有”（有场所、有人员、有计划、有活动、有保障、有成效）实施意见，指导各区、县（市）政协民生议事堂建设各项工作，分别开展各具特色的协商活动，着力促进政协协商与基层协商相衔接、与社会治理相结合，推动协商民主广泛多层制度化发展。

【加强政协自身建设】 2021 年，市政协常委会坚持从严从实，推进提质增效，着力提升与高质量履职相匹配的能力水平，努力发挥政协工作整体优势。深入学习贯彻全国、全省政协系统党的建设工作经验交流会议精神，坚持以政治建设为统领，全面推进政协党的各项建设。发挥好政协党组在政协工作中的领导作用，健全完善政协党的组织体系、领导体制和工作机制，持续推进“两个全覆盖”。坚定不移落实全面从严治党、“一岗双责”和意识形态工作主体责任。积极支持市委第二巡

2021 年 10 月 14 日，市政协召开八届二十六次常委会会议，专题协商讨论“率先走出人文为魂、生态塑韵的城市发展之路”课题 （市政协办公室 / 提供）

察组对市政协机关党组开展巡察工作，指导督促机关党组认真配合做好相关工作。

健全发挥党员委员先锋模范作用工作机制，党员委员的履职意识、履职成果进一步增强，较好形成“一名党员一面旗”的履职导向。进一步完善“三把尺子量履职”委员履职管理模式，委员履职考评平均分实现高位“四连增”。完善落实教育培训，全面提升委员理论素养和履职能力。加强机关各项建设，健全工作落实闭环管理机制，不断提高机关履职保障和服务水平。市政协坚决响应市委号召，主动调整履职重点，及时动员全市政协组织、广大委员和机关干部，积极投身疫情防控遭遇战阻击战歼灭战。

【政协工作数字化改革】 2021年，市政协常委会着力推进数字政协建设。认真学习贯彻全省、全市数字化改革大会精神，加快数字政协建设，建好用好浙政钉“绍兴政协·掌上履职”“绍兴政协·委员通”App等数字政协平台。围绕共同富裕、百年党史等主题，组织开展在绍省、市、县三级政协委员云上履职和读书交流活动，推进多跨场景应用，丰富网络议政、远程协商手段，加快数字化改革与深化政协履职实践融合叠加。

市政协及其常委会会议、主席会议

【概况】 至2021年末，政协绍兴市第八届委员会共有委员429人。召开全体会议1次、常委会会议6次、主席会议17次。

【市政协八届五次会议】 2021年2月1—4日，政协绍兴市第八届委员会第五次会议在绍兴市区举行。魏伟代表市政协常委会做工作报告。华小洋代表市政协常委会做提案工作情况报告。会议通过《中国人民政治协商会议绍兴市第八届委员会第五次会议决议》《政协绍兴市第八届委员会提案审查委员会关于八届五次会议提案审查情况的报告》，大会补选政协绍兴市第八届委员会副主席1名，听取11位委员的大会发言。市委书记马卫光、市

2021年2月4日，政协绍兴市第八届委员会第五次会议举行闭幕会

（市政协办公室／提供）

长盛阅春等分别参加联组讨论活动和专题界别协商会。市政协八届五次会议与会的中共党员参加市两会中共党员大会。

【市政协常委会会议】 2021年，绍兴市政协共召开常委会会议6次，即绍兴市八届政协第二十一次、第二十二次、第二十三次、第二十四次、第二十五次、第二十六次常委会会议。

绍兴市八届政协第二十一次常委会会议　1月21日召开。会议审议《政府工作报告》（征求意见稿）、《绍兴市“十四五”规划和二〇三五年远景目标纲要》（征求意见稿）；审议通过召开市政协八届五次会议的有关事宜；审议通过有关人事事项。

绍兴市八届政协第二十二次常委会会议　2月4日召开。会议听取市政协八届五次会议各组讨论情况汇报，通过大会提案审查报告（草案）、大会决议（草案），通过副主席候选人名单、大会选举办法和总监票人、监票人名单。

绍兴市八届政协第二十三次常委会会议　4月27日召开。会议深入学习贯彻落实习近平生态文明思想，协商监督绍兴市生态文明建设情况；审议通过有关人事事项。

绍兴市八届政协第二十四次常委会会议　7月2日召开。会议传达学习习近平总书记在庆祝中国共产党成立100周年大会上的重要讲话精神；围绕即将召开的市委八届十次全会重大决策开展专题政治协商；审议通过有关人事事项。

绍兴市八届政协第二十五次常委会会议　8月17日召开。会议协商讨论“率先走出‘腾笼换鸟’、凤凰涅槃的智造强市之路”课题；审议通过《政协绍兴市委员会协商工作规则》。

绍兴市八届政协第二十六次常委会会议　10月14日召开。会议协商讨论“率先走出人文为魂、生态塑韵的城市发展之路”课题；审议通过《关于服务助推绍兴打造高质量发展建设共同富裕示范区市域范例的意见》；审议通过有关人事事项。

【市政协主席会议】 2021年，绍兴市政协召开主席会议17次。即绍兴市八届政协第五十六次至七十二次主席会议。

绍兴市八届政协第五十六次主席会议　1月13日召开。会议审议市政协八届五次会议常委会工作报告（草案）和提案工作情况报告（草案）；听取各室委2020年工作总结和2021年工作思路汇报。

绍兴市八届政协第五十七次主席会议　1月20日召开。听取全市党风廉政建设和反腐败工作情况通报；审议召开市政协八届五次会议的有关事项；审议有关人事事项；审议通过召开市政协八届二十一次常委会会议的有关事宜。

绍兴市八届政协第五十八次主席会议　2月3日召开。会议听取关于补选市政协常务委员会组成人员的候选人名单和选举办法等情况说明，决定把常务委员候选人名单（草案）、大会选举办法（草案）和总监票人、监票人名单（草案）提交大会各讨论组酝酿审议。

绍兴市八届政协第五十九次主席会

议 2月4日召开。会议听取市政协八届五次会议秘书处所作的关于各组讨论情况的汇报;审议大会提案审查报告(草案)、大会决议(草案)、常务委员会组成人员候选人名单(草案)、选举办法(草案)、总监票人和监票人名单(草案),拟提交市政协常委会会议审议通过。

绍兴市八届政协第六十次主席会议 2月25日召开。会议学习贯彻全省数字化改革大会精神和省政协专题会议精神;审议通过《2021年市政协工作要点》;研究2021年市政协重点工作月度分解安排;审议通过新增省政协委员会客厅申报名单;审议通过市政协第二批同心教育基地名单;审议通过新当选的八届市政协副主席分工安排。

绍兴市八届政协第六十一次主席会议 3月29日召开。会议传达贯彻省委书记袁家军在绍调研时的讲话精神;传达贯彻全国、全省新冠病毒疫苗接种工作电视电话会议精神;听取重点调研课题工作方案汇报;研究确定市政协八届五次会议重点提案及协办和督办安排;听取重点关切问题通报:"深入学习习近平总书记关于总体国家安全观的重要论述"。

绍兴市八届政协第六十二主席会议 4月21日召开。会议传达学习省数字化改革第一次工作例会精神,审议通过《"绍兴数字政协"建设实施方案》;审议通过市政协专项集体民主监督实施方案;审议通过《关于为民主党派和无党派人士在政协更好发挥作用创造条件的若干意见》;审议通过《市政协委员参与立法协商工作办法(试行)》;审议有关人事事项;审议通过召开市政协八届常委会第二十三次会议的有关事项。

绍兴市八届政协第六十三次主席会议 5月31日召开。会议交流学习习近平总书记关于推动共同富裕的重要论述精神和省委专题学习会精神的体会;审议《关于生态文明建设的民主监督情况报告》;审议《关于办好家门口的每一所学校,推进义务教育优质均衡发展的意见建议》。

绍兴市八届政协第六十四次主席会议 6月29日召开。会议传达学习全省数字化改革工作推进会精神、"浙江数字政协"建设工作推进会精神,研究"绍兴数字政协"建设工作;审议《关于推进农村宅基地制度改革整市试点工作的意见建议》;审议通过召开市政协八届二十四次常委会会议的有关事宜;审议有关人事事项。

绍兴市八届政协第六十五次主席会议 7月22日召开。会议听取关于市政协和各区、县(市)政协提案工作情况的汇报;听取"三位一体"农合联改革专项集体民主监督情况报告;审议《政协绍兴市委员会协商工作规则(草案)》;审议通过召开市政协八届二十五次常委会会议的有关事项。

绍兴市八届政协第六十六次主席会议 8月30日召开。会议集体学法(《中华人民共和国数据安全法》);听取《绍兴市中长期青年发展规划(2021—2025年)》情况通报;审议《关于打好"侨"牌,助力双循环的有关建议》。

绍兴市八届政协第六十七次主席会议 9月24日召开。会议传达学习习近平总书记在中央民族工作会议上的重要讲话精神、在中央全面深化改革委员会第二十一次会议上的重要讲话精神、在中央党校(国家行政学院)中青年干部培训班开班式上的重要讲话精神;听取绍兴市友城工作情况通报;审议《关于加强古城历史街区古建筑保护利用的建议》;审议《"万亩千亿"新产业平台建设民主监督情况报告》;审议通过召开市政协八届二十六次常委会会议有关事项。

绍兴市八届政协第六十八次主席会议 9月26日召开。会议审议有关人事事项。

绍兴市八届政协第六十九次主席会议 10月13日召开。会议审议《关于服务助推绍兴打造高质量发展建设共同富裕示范区市域范例的意见(草案)》;审议有关委员增补事项。

绍兴市八届政协第七十次主席会议 10月26日召开。会议听取市中级人民法院今年以来工作情况通报;听取市检察院今年以来工作情况通报;传达学习全省政协委员会客厅工作推进会精神,研究贯彻落实工作;审议《关于进一步打造高质量在绍省政协委员会客厅的意见》;审议《全力打造长三角文化高地的几点建议》。

绍兴市八届政协第七十一次主席会议 11月22日召开。会议听取市政协八届五次会议以来政府口重点提案办理情况、课题协商意见及社情民意领导批示落实情况、2021年政府重点民生实事完成情况的通报;审议大走廊创新带建设专项集体民主监督报告;审议"大综合一体化"行政执法改革专项集体民主监督报告;审议市政协关于深入开展委员读书工作的实施方案;听取"发挥人民政协专门协商机构作用"理论研讨会暨中国人民政协理论研究会第三届理事会第三次会议承办工作情况。

绍兴市八届政协第七十二次主席会议 12月28日召开。会议传达学习中央经济工作会议精神、省委经济工作会议精神;听取各专委会本届以来工作情况及明年工作建议汇报;学习贯彻市委批转的关于九届政协人事安排工作的意见;审议《关于政协绍兴市第九届委员会规模和界别设置的决定(草案)》;审议通过召开市政协八届二十七次常委会会议有关事项。

协商议政

【概况】 2021年,市政协以全体会议为龙头,综合运用专题议政性常委会会议、专题协商、对口协商、界别协商和提案办理协商,构筑优化高效的协商议政格局,开展多种协商议政活动,积极建言献策,汇聚共识力量。

年内,召开专题政治协商会议、专题议政性常委会会议、"聚焦高质量·委员三走进""请你来协商""有事好商量"民生实事协商活动等24场次。

【组织专题政治协商会议】 2021年2月2日,市政协组织委员围绕政府工作报告和"十四五"规划纲要,就发展数字经济、做大现代服务业、培育新业态新模式、繁荣文化事业和文化产业、打响区域性农产品公共品牌等方面协商讨论。7月2日,市政协召开八届二十四次常委会会议,围绕即将召开的市委八届十次全会重大决策开展专题政治协商。

【组织专题议政性常委会会议】 2021年

8月17日，市政协召开八届二十五次常委会会议，专题协商讨论“率先走出腾笼换鸟、凤凰涅槃的智造强市之路”课题。10月14日，市政协召开八届二十六次常委会会议，专题协商讨论“率先走出人文为魂、生态塑韵的城市发展之路”课题。

【举办“请你来协商”活动】2021年，市政协高质量建设“请你来协商”综合平台，更好发挥政协专门协商机构作用。围绕“率先走出面向全国、走向全球的高效循环之路”“率先走出全域覆盖、上下贯通的整体智治之路”“再生资源回收利用体系建设”“义务教育优质均衡发展”“农村宅基地制度改革整市试点”“打好侨牌 助推双循环建设”“古城历史街区保护和利用”“全力打造长三角文化高地”等议题，采取会场与现场并举、线上与线下融合、“请进来”与“走出去”结合等方式，举办8场“请你来协商”活动。及时整理形成协商意见建议，经主席会议审议后报送市委市政府。

【举办“聚焦高质量·委员三走进”活动】2021年，市政协开展“聚焦高质量·委员三走进”活动4场。第一场活动以“重大产业投资项目推进”为主题，视察柯桥古镇保护利用项目、柯桥区杭州至绍兴城际铁路项目轻纺城站、绍兴国际会展中心项目、东盛慧谷产业创新服务综合体项目；第二场活动以“建设‘三大文化带’”为主题，视察宋六陵考古现场、浙东考古基地、云门寺相关项目、唐诗驿站和鲁镇社戏剧场；第三场活动以“全面提升公共服务品质，共建共同富裕美好社会”为主题，视察上虞区南丰未来社区、上虞区体育公园北进南拓工程、浙大邵逸夫医院绍兴院区项目；第四场活动以“推进数字乡村建设”为主题，视察浙江雾耕农业科技有限公司、上虞区盖北镇野藤葡萄园和再生资源回收中心等。

【举办“有事好商量”民生实事协商活动】2021年，市政协坚持协商为民、协商于民，聚焦事关民生重大问题和群众身边的“关键小事”，开展“交通便民‘一件事’集成改革”“生活垃圾分类处理”“生活困难老人家庭适老化改造”“绿色出行、品质交通”“守护舌尖上的安全”“红十字‘救’在群众身边”“有事好商量”回音回访7场面对面协商活动，助推省市民生实事落实落地。

民主监督

【概况】2021年，市政协发挥协商式监督的特色与优势，助推中央大政方针和市委市政府决策部署政策落实。开展精准监督、联动监督和专项监督。围绕生态文明建设、“‘万亩千亿’新产业平台建设情况”“三位一体”农合联改革推进情况、“大走廊创新带建设”等开展6次专项集体民主监督。

【聚焦生态文明建设开展专项集体民主监督】2021年2月下旬到3月上旬，市政协围绕第二轮中央生态环境保护督察反馈问题，特别是生态环境保护中存在的明显短板和亟待解决的突出生态环境问题，组织政协委员成立两个民主监督小组开展监督检查、调研视察等活动，首次召开专题监督性常委会会议，形成《生态文明建设专项集体民主监督情况报告》，经审议，报市委、市政府。

【开展“三位一体”农合联改革推进情况专项集体民主监督】2021年6月初到7月上旬，市政协组织政协委员成立民主监督小组，到市供销总社、省农信联社绍兴办事处、越城区、上虞区和诸暨市进行调研督查，踏看市、县两级产业农合联组建情况，农村电商和“丰收驿站”运营情况，召开由属地供销社、农商银行及市、县产业农合联理事长等参加的座谈会，形成《“三位一体”农合联改革推进情况专项集体民主监督报告》。

【开展“‘万亩千亿’新产业平台建设情况”专项集体民主监督】2021年7月，市政协经济委组织相关委员成立民主监督小组，通过上门走访、实地考察、座谈交流等形式，到市级有关部门、新产业平台及部分企业(创新中心、研究院)，调研了解绍兴市“万亩千亿”新产业平台建设情况和存在的困难问题，形成《“‘万亩千亿’新产业平台建设情况”专项集体民主监督报告》。

【开展“大走廊创新带建设”专项集体民主监督】2021年，市政协通过发挥委员主体作用、联动各区、县(市)政协相关专委会的力量，实地走访和调研大走廊创新带科创园区、高校研究院等建设情况，针对绍兴大走廊科创建设存在的问题，形成《大走廊创新带建设专项集体民主监督报告》。

【开展“大综合一体化”行政执法改革推进情况专项集体民主监督】2021年8月份以来，市政协专门成立民主监督小组，通过视察市综合执法局智慧城管与综合执法一体化平台，对绍兴市“大综合一体化”行政执法改革推进情况开展专项集体民主监督。形成“大综合一体化”行政执法革民主监督情况报告。

【开展“嵊新水资源综合利用及污水协同处理工作”专项集体民主监督】2021年，市政协继2019年12月、2020年7月对“嵊新水资源综合利用及污水协同处理工作”开展第一阶段、第二阶段民主监督的基础上，于2021年8—9月进行第三阶段跟踪监督，形成《市政协“嵊新水资源综合利用及污水协同处理工作”民主监督情况续报》，报送市委、市政府。

（市政协办公室／提供）

中共绍兴市纪律检查委员会 绍兴市监察委员会

综　述

【概况】 2021 年，绍兴市各级纪检监察机关坚持稳中求进总基调，围绕“十四五”开好局起好步，充分发挥监督保障执行、促进完善发展作用，纪检监察工作高质量发展取得显著成效。省委书记袁家军在“牢记重要嘱托，建设‘重要窗口’”专题交流会上，对绍兴市创造性发展运用新时代“枫桥经验”走出基层纪检监察监督新路径的做法予以充分肯定。据全省第三方民意调查结果显示，2021 年绍兴市全面从严治党成效度 99.1%，继续位居全省前列。

至 2021 年末，绍兴市纪委、市监委有内设机构 18 个，纪检监察干部 89 人，正科级全额拨款事业单位 1 个，纪检监察干部 12 人；市纪委派驻机构 23 个，派驻纪检监察干部 115 人；全市共有市属国有企业设立纪委（监察专员办）12 个，纪检监察人员 48 人。区、县（市）纪委监委 6 个，纪检监察干部 348 人；区县市纪委监委派驻机构 69 个，派驻纪检监察干部 355 人；乡镇（街道）纪（工）委 103 个，纪检监察干部 313 人。

2021 年 2 月 8 日，中国共产党绍兴市第八届纪律检查委员会第六次全体会议召开

（市纪委、监委 / 提供）

【市纪委八届六次全会】 2021 年 2 月 8 日，绍兴市纪委召开第八届纪律检查委员会第六次全体会议。会议深入学习贯彻习近平新时代中国特色社会主义思想，全面贯彻落实中共十九大和十九届二中、三中、四中、五中全会精神，按照十九届中央纪委五次全会、省纪委十四届六次全会和市委八届九次全会的部署，总结 2020 年纪检监察工作，部署 2021 年任务。全会审议通过陈灿代表市纪委常委会所作的《奋力推动新时代纪检监察工作高质量发展　为“十四五”开好局起好步提供坚强保障》工作报告。

【开展党史学习教育】 2021 年，绍兴市纪委常委会坚持把党史学习教育作为贯穿全年的重大政治任务，深入学习贯彻习近平总书记在庆祝中国共产党成立 100 周年大会上的重要讲话精神，用好“4+2+1”学习书目，创设具有“绍兴味”“纪检味”的系列活动载体，领导干部和支部书记带头讲授党课 72 场次，开展学党史主题党日活动 22 次，结合深化“三服务”，推进“我为群众办实事”实践活动，深入企业、村居走访，帮助协调解决基层关切问题，有力推动党史学习教育走深走实。

监督执纪问责

【概况】 2021 年，绍兴市纪委、市监委以政治建设为统领，坚持在学思践悟中坚定正确政治方向、在强化政治监督中推动重大决策部署落地见效、在严明纪律规矩中提升干部执行力，一体推进不敢腐、不能腐、不想腐，反腐败斗争压倒性胜利持续巩固拓展。高标准落实中央八项规定及其实施细则精神，查处“四风”问题 285 起，处理 400 人，其中党纪政务处分 247 人。处置问题线索 5267 件，立案 1700 件，给予党纪政务处分 1637 人，移送司法机关处理 47 人；运用“四种形态”处理 5694 人次，其中第一、第二种形态占 90.8%。

【政治监督工作】 2021 年，绍兴市纪委、市监委聚焦贯彻落实习近平总书记重要讲话和对绍兴工作重要指示批示精神，动

2021 年绍兴市查处违反中央八项规定精神问题情况表

表 11

时期	项目	总计	级别				问题类型											
							形式主义、官僚主义问题					享乐主义、奢靡之风问题						
													违规吃喝					
			省部级	厅局级	县处级	乡科级及以下	贯彻党中央重大决策部署有令不行、有禁不止，或者表态多调门高、行动少落实差，脱离实际、脱离群众，造成严重后果	在履职尽责、服务经济社会发展和生态环境保护方面不担当、不作为、乱作为、假作为，严重影响高质量发展	在联系服务群众中消极应付、冷硬横推、效率低下，损害群众利益，群众反映强烈	文山会海反弹回潮，文风会风不实不正，督查检查考核过多过频、过度留痕，给基层造成严重负担	其他	违规收送名贵特产和礼品礼金	违规公款吃喝	违规接受管理和服务对象等宴请	违规操办婚丧喜庆	违规发放津补贴或福利	公款旅游以及违规接受管理和服务对象等旅游活动安排	其他
2021 年 1 月至 12 月	查处问题数	285			7	278		147	6	—		68	4	14	2	29	6	9
	处理人数	400			18	382		231	6	—		69	4	26	2	43	10	9
	党纪政务处分人数	247			6	241		131	4	—		51	4	17	1	27	5	7
备注	享乐主义、奢靡之风"其他"问题包括：违规配备和使用公车、楼堂馆所问题、提供或接受超标准接待、组织或参加用公款支付的高消费娱乐健身等活动、接受或提供可能影响公正执行公务的健身娱乐等活动、违规出入私人会所、领导干部住房违规																	

态完善"四张清单"，梳理形成 50 项任务，常态化督查问责。围绕长三角一体化、数字化改革、杭州亚运会筹备、"双碳""双减"等重大决策部署，开展专项监督。高质量做好中央巡视反馈问题整改和监督工作，监督发现问题 82 个，推动完善制度 109 项，中央巡视组移交的 340 件初次检举控告件全部报结。聚焦市县乡领导班子集中换届，认真回复党风廉政意见 41 批 1502 人次，联动开展换届风气巡回督查，保障换届工作平稳有序推进。协助市委出台加强对"一把手"和领导班子监督的 19 项制度，细化制定"五张责任清单"，明确纵深推进清廉绍兴建设责任分工。

【疫情防控监督工作】 2021 年，绍兴市纪委、市监委构建应急指挥、专班运行的工作体系，发挥"四级联动"机制优势，形成全员全链条的疫情防控监督闭环。在上虞突发新冠肺炎疫情期间，统筹全市监督力量，组建"1+7+2"督导检查队伍，确保该静的区域迅速静下来，该管的人坚决管到位。全市出动监督检查组 4716 个，发现问题和薄弱点 6674 个，督促完成整改 6592 个。制定疫情防控工作追责问责"十条"，从严从快查处疫情防控责任落实不到位、平战转换不及时、组织保障不得力等问题 38 起，问责处理 55 人，通报 12 起 20 人。

【一体化推进正风肃纪反腐】 2021 年，绍兴市纪委、市监委始终保持正风肃纪反腐高压态势，强化监督执纪问责，以零容忍态度减存量遏增量。探索"室组地"联合办案新模式，高质量办理上级指定管辖案件。深化国企、金融、供销等领域专项整治，加强追逃追赃和跨境腐败治理工作，坚决防范各类风险隐患。坚持从严从快、提级办理、通报曝光，严肃查处曹娥江嵊州段污水入河背后不担当不作为问题，对包括 8 名市管干部在内的 22 名相关人员进行追责问责。多措并举培树新风正气，推动构建亲清政商关系，规范领导干部廉洁从政从业行为，指导加强村规民约建设，上下联动推进移风易俗。坚持"三个区分开来"，加大力度打击诬告陷害行为，为 47 名党员干部澄清正名，充分激发干事创业精气神。做好受处分干部回访教育工作，推动从"有错"到"有为"的转变。

【探索公权力大数据监督应用建设】 2021 年，绍兴市纪委、市监委坚持创造性发展运用新时代"枫桥经验"，深化乡镇（街道）纪检监察工作规范化建设，抓住数字化改革契机，打造基层公权力监督平台 2.0，率先开发建设"监督一点通"平台，推进"清白码"工程，用看不见的数字化消除监督死角盲区，建立"一肩挑"后村干部监督机制，探索开展村级监察联络站片区协作，不断织密基层监督网络。全市乡镇（街道）纪（工）委、监察办通过日常监督发现问题 3671 个，处置问题线索 3271 件，运用片区协作办理留置案件 8 件，党纪政务处分 1164 人。以规范约束行政权力为重点，构建监督数字化多跨协同场景，2 项监督应用场景被纳入省公权力大数据监督应用"一本账 S_0"。

【维护群众利益】 2021 年，绍兴市纪委、市监委深入推进漠视侵害群众利益 15 个专项治理，查处群众身边腐败和作风问题 259 起 343 人，其中党纪政务处分 212 人。常态化开展"惩腐打伞"工作，查处涉黑涉恶腐败及"保护伞"案件 28 起 29 人，其中党纪政务处分 7 人，移送司法机关 1 人。推进扶贫领域腐败和作风问题治理，查处 27 人，其中党纪政务处分 23 人。用好纪检监察检举举报平台，共接收信访举报 2702 件次，检举控告 1629 件次，重复举报 523 件次，农村涉纪信访 863 件次，分别下降 23.82 %、28.62%、14.96%、40.97%。

（市纪委、监委／提供）

巡察工作

【概况】 2021年，绍兴市委巡察机构坚持以习近平新时代中国特色社会主义思想为指导，全面贯彻巡视工作方针，精准落实政治巡察要求，巡察工作呈现高质量发展态势。至2021年8月，市本级提前完成八届市委巡察全覆盖任务，共巡察党组织134个。高质量做好省委巡察指导督导反馈问题整改工作，对反馈的6方面16个问题，制定83项具体整改措施，做到清单管理、对账销号。

【开展八届市委第十、第十一、第十二轮巡察】 2021年，绍兴市委巡察机构围绕"三个聚焦"，组织开展八届市委第十、第十一、第十二轮巡察，对22家单位党组织开展常规巡察，对4家单位党组织开展提级巡察，对58家单位党组织落实巡察整改情况开展回访检查，发现问题869个，移送问题线索31条。

【开展供销系统回访检查和涉粮问题专项巡察】 2021年，绍兴市委巡察机构根据省委统一部署，采取市县联动方式，开展供销社党组织巡察整改回访检查和全市涉粮问题专项巡察，其中涉粮问题专项巡察发现问题123个，移送问题线索6条，市本级发现问题45个，移送问题线索4条。

【做实巡察整改工作】 2021年，绍兴市委巡察机构着力打通监督、整改、治理全链条，压紧压实被巡察党组织整改主体责任。纪检监察机关、组织部门切实履行巡察整改日常监督责任，推动整改常治长效。市委有关领导带头约谈6家被巡察党组织主要负责人。持续深化"双反馈"工作机制，对巡察发现的问题，既向被巡察单位党组织反馈，也向被巡察单位的分管市领导反馈，全年共反馈20人次。至年末，市委巡察整改共问责处理党员干部517人，其中党纪政务处分17人，移送司法机关6人，挽回经济损失2182.17万元。

【推进巡察信息化建设】 2021年，绍兴市委巡察机构全面推广应用"金纪三期"巡视巡察单机系统、网络版巡察平台和巡察问题整改督查信息系统。配齐配强巡察信息化专业人才，市本级在市纪检监察信息服务中心增挂市巡察数据信息中心牌子。

【提升区、县(市)巡察工作规范化水平】 2021年，绍兴市委巡察机构加强对区、县(市)巡察工作的指导督导，建立健全报备机制，开展专项检查、蹲点调研，扎实推动巡察向基层延伸。6个区、县(市)共巡察党组织487个，巡察村(社区)2131个，发现问题39509个，移交问题线索948件，处理党员干部13189人，其中党纪政务处分478人，移送司法机关41人。

（市委巡察办/提供）

2021年4月1日，全市巡察工作会议暨八届市委第十一轮巡察工作动员部署会召开

（市委巡察办/提供）

宣传教育

【概况】 2021年，绍兴市纪委、市监委以党史学习教育为契机，深入学习贯彻习近平总书记关于"三不"一体推进重要论述精神，以"清白泉"品牌为引领，丰富拓展"五廉并举"清廉文化建设体系，把清廉文化贯穿清廉单元建设全过程，打造全市域清廉建设范例。相关工作得到上级纪委监委的高度肯定，并被写入绍兴市国民经济和社会发展"十四五"规划，成为绍兴推动全面从严治党向纵深发展的一个重要载体。

新编《戏》《海棠忆》《梁柏台》等反映清廉村居、清廉家风建设的戏剧作品20余部，创作《胆剑歌》等清廉歌曲，开展"越地清风廉戏联唱"等群众性清廉主题活动1300余场，辐射50万余人次。

绍兴清廉馆累计接待参观5.6万人次；新建浙东清风馆、大东山清风馆、梁柏台红色教育基地，改造提升周恩来风范园、一钱太守纪念馆、甄完故里、尉家台门等清廉教育基地；协调开通"清白泉"城市公交专线，建设杭绍台高速崇仁服务区清廉文化展区，打造"红、廉、诗"新时代清风廉路，参观者60万余人次。线上清廉图书馆浏览量点击数超1000万人次。

【深化"三个年"活动】 2021年，绍兴市纪委、市监委开展全市纪检监察干部"强素质增本领"活动，线上线下相结合组织全员培训，共培训3600余人次。加强年轻干部培养，召开青年干部座谈会暨专题读书会，实行"一对一"导师帮带，分批次安排年轻干部到实务岗位实践锻炼。抓住市县乡领导班子集中换届契机，树立正确用人导向，严把干部入口关，着力优化纪检监察队伍结构。注重严管厚爱，从严从实加强日常管理，强化"八小时以外"的监督，锻造过硬纪检监察铁军。

【"清白泉"杯第三届全国清廉诗歌散文大赛】 2021年1月20—4月20日，由绍兴市纪委、市监委和绍兴市委宣传部主办的“清白泉”杯第三届全国清廉诗歌散文大赛举行。共收到来自全国各地的作品近6000件，遵循“题材新、构思巧、立意高、语言精、视角好、弘扬主旋律、凝聚正能量”的原则，评出获奖作品62件。9月24日，举办“清白泉”杯第三届全国清廉诗歌散文大赛颁奖活动，中国作协党组成员、书记处书记、副主席吉狄马加参加活动并致辞。9月25日，举办《“清白泉”杯全国清廉诗歌散文大赛获奖作品选》新书发布会及清廉雅集。

2021年6月26日，“诗路·清风”——新时代清风廉路图主题展首展活动在省科协举行

（袁　云/摄）

【浙江省清廉文史研究绍兴基地揭牌】 2021年4月8日，浙江省清廉文史研究（绍兴）基地在绍兴清廉馆挂牌成立。省人大常委会原副主任、省文史馆馆长王永昌，市委书记马卫光为基地揭牌。市领导魏伟、陈灿、陆维、冯建荣等参加。

【“新时代清风廉路图”在杭州展出】 2021年6月26日，由中国美院、绍兴市纪委联合主办的“诗路·清风”——新时代清风廉路图主题展在省科协会堂开展。展出的“新时代清风廉路图”长达100多米，包含100余个清廉地标、173位清廉人物、45位诗路人物、326座重要建筑等，全景式展现全市域诗路节点上的清风廉韵。

【《浙江清廉思想史·绍兴卷》出版】 2021年9月25日，省文史研究馆、绍兴市纪委联合编撰、浙江人民出版社出版的《浙江清廉思想史·绍兴卷》在绍兴“清白泉·鉴水吟”清廉主题文化活动上正式发布。《浙江清廉思想史·绍兴卷》设9章，内容包括舜禹事迹与越地文明、古越之治与廉以兴国、清廉观的多元交汇与越地范式、山水清雅与人格廉洁、世事的涉入与超越、理学的观审与全性的实现、良知的澄明与生命的意义、清廉的制度性诉求及其实践、现代政治与廉政制度等方面，是省内首部清廉思想专著。

【《新时代基层监督的“枫桥经验”》出版】 2021年9月，浙江大学和绍兴市纪委、市监委联合课题组编著的《新时代基层监督的“枫桥经验”》由中央党校出版。本书包括中国特色社会主义监督制度下的基层监督、新时代“枫桥经验”与基层监督的内在逻辑、绍兴样本：探索自上而下专责监督与自下而上群众监督相结合的基层纪检监察监督新路径、绍兴创造性发展运用新时代“枫桥经验”加强基层监督的作用发挥、清廉文化与基层监督治理的融合创新、绍兴基层监督探索实践的当代意义等6章，分析在基层监督领域运用“枫桥经验”的内在逻辑，展现了中国特色社会主义监督制度的优越性。

（市纪委、监委/提供）

民主党派·工商联

综　述

【概况】 至2021年末，绍兴市有民主党派6个，即民革、民盟、民建、民进、农工党、九三学社，另有致公党浙江省直属绍兴支部。民主党派成员总数5309名，其中民革618名、民盟987名、民建1037名、民进746名、农工党1150名、九三学社771名；各党派市委会机关行政编制4名至6名，各设1名专职副主委（副处级），其中民革5名、民盟4名、民建6名、民进4名、农工党4名、九三学社5名。绍兴市工商联吸收会员企业1369家，至2021年末，有工商联会员企业55585家。

【民主党派、工商联履职情况】 2021年，全市各民主党派、工商联共形成调研报告200余篇，重要意见建议877条；在市八届政协会议上，提交集体提案60件。政协委员中的民主党派成员向各级政协提交个人提案555件。有172人次参加市委、市政府召开的各类协商会、通报会、谈心会95次。党派成员中的特约人员认真行使民主监督职责，参与执法监督、行风效能评议活动241人次。各民主党派、工商联发挥各自优势，积极服务社会，发动成员为社会公益事业、光彩事业、赈灾救灾捐款累计7535.51万元。组织开展下基层活动233次。

（市委统战部／提供）

民革绍兴市委会

【概况】 2021年，中国国民党革命委员会绍兴市委员会（简称民革绍兴市委会）领导和组织全市党员积极参与政党协商、民主监督、参政议政，助贫脱困，文化交流等活动，各项工作取得新成绩。至年末，民革绍兴市委会有基层委5个，总支2个，基层支部27个，党员618人，其中2021年新发展党员33人。民革市委会被民革中央评为全国组织工作先进集体、全国助力脱贫攻坚工作先进集体，绍兴市级部门2021年工作目标责任制考核优秀。9个民革基层组织、20名党员获民革浙江省委会年度单项表彰，李蕊、姜青获评浙江民革“伯乐奖”，俞岚入选浙江民革年度“骄傲人物”。

民革绍兴市委会结合学习贯彻中国共产党十九届六中全会精神与学习中共中央总书记习近平系列重要讲话精神，以学习中共党史与开展民革党史教育为主线，实现党史学习教育全覆盖。民革绍兴市委会获评民革中央庆祝中国共产党成立100周年网络知识竞赛优秀组织奖。

在绍兴市政协八届五次全会上，民革市委会提交集体提案10件，界别提案2件，其中《融入新格局，铸造金扁担，聚力推进滨海新区战略主平台建设》做大会发言，获市委书记批示，4件提案由市委书记、常务副市长及分管副市长领办。民革党员中的各级人大代表、政协委员在省、市、县（区、市）两会期间提交建议、提案75件。报送各类社情民意信息189篇。其中，民革中央录用8篇，得到省领导批示3篇（获省主要领导批示1篇），1篇获市委书记和市长批示并进入决策程序。4篇调研报告被由民革中央、浙江省政协主办的“深化农村改革 推进乡村振兴”第四届莫干山会议录用。

民革绍兴市委会在换届后调整内设机构设置，搭建由经济与科技工作委员会、社会与法制工作委员会、农业与农村工作委员会、城建与人资环工作委员会、祖统联谊工作委员会、文教卫体工作委员会、社会服务工作委员会、老龄工作委员会、妇女工作委员会、青年工作委员会等10个专委会组成的工作架构。在全市民革组织中开展“一支部一课题一服务”活动。民革柯桥区基层委党员之家获评全

2021年9月12日，中国国民党革命委员会绍兴市第十三次代表大会举行

（民革绍兴市委会／提供）

国优秀党员之家，民革绍兴市委会市直四支部获评全国第二批“示范支部”。民革绍兴市委会作为省内三个地市代表之一向民革中央作基层组织和党员之家建设工作专题汇报。

民革绍兴市委举办“台海形势报告会”“墨香两岸·笔绘一家”绍台书画作品联展、“两岸匠心话传承”2021 绍台“非遗”（手工艺）线上文化交流活动等。市委会撰写的信息《加快推进马山街道姚家埭姚启圣故居（老宅）修缮保护工作的建议》获市委、市政府主要领导批示；《疫情常态化下制造业台资企业发展现状及对策建议》《针对复杂形势，加强两岸青年高校工作》被民革中央采纳，并报送中央统战部、全国政协。

【民革绍兴市第十三次代表大会召开】2021 年 9 月 12 日，民革绍兴市第十三次代表大会举行，出席大会代表 175 名。会议表彰民革绍兴市委会 2017—2021 年度先进集体、先进个人，通过题为《赓续初心、砥砺奋进，谱写新时代参政党地方组织新篇章》的民革绍兴市第十二届委员会工作报告，选举产生由 19 名委员组成的民革绍兴市第十三届委员会，选举余利明为主任委员，俞平、刘国铭、范里、邵国利为副主任委员，范里兼任秘书长。

【“作风建设年”活动】2021 年，民革绍兴市委会根据民革中央的统一部署，开展作风建设年活动。领导班子深入基层，领衔联系支部调研课题，定期听取党员意见建议；处级以上领导干部、新任市委委员赴清廉馆、甄完故里等廉政教育基地开展廉政警示现场教育；监督委员会对民革市委会换届进行全过程监督，有关工作在省委会监督委员会的重点督查中获肯定；开展机关“零差错”活动，完善日常管理制度、梳理办文办会流程、规范工作标准、落实落细工作责任，被民革中央评为民革全国机关工作先进集体。

【绍台书画作品联展】2021 年 5 月 18 日，民革绍兴市委会、绍兴市海峡两岸经济文化交流协会等单位联合举办的绍台书画作品联展在绍兴市文化馆举行。本次活动以“墨香两岸·笔绘一家”为主题，汇聚了绍台两岸 100 余位书画名家的作品，展示了两岸同根同源的文化根脉。

【举办纪念辛亥革命 110 周年系列活动】为纪念辛亥革命 110 周年，民革绍兴市委会开展了“缅怀先辈风范，传承革命精神”系列活动。组织党员代表开展“清明祭先烈”活动，祭扫绍兴“辛亥三杰”纪念场馆；班子领导开展“观故居，走多党合作之路”活动，参观民革前辈纪念场馆，重温民革优良传统；所属各基层组织先后开展“探访红色足迹”活动，组织全市民革党员参观红色纪念场馆、爱国主义教育基地；邀请专家学者作“辛亥革命与绍兴”主题讲座等。

（民革绍兴市委会 / 提供）

民盟绍兴市委会

【概况】2021 年，中国民主同盟绍兴市委员会（简称民盟绍兴市委会）以习近平新时代中国特色社会主义思想为引领，全面贯彻落实中共十九大和十九届历次全会精神，对标“四新”“三好”，加强思想政治建设，积极参政议政，开展社会服务活动。新发展盟员 37 名，平均年龄 38.35 岁。至年末，民盟绍兴市委会有基层委员会 7 个、支部基层委员会 15 个，盟员 987 人。其中，大学以上学历占 85%，具有副高以上职称占 42.4%，中上层人士占 86.4%，在职盟员占 76.9%。民盟绍兴市委会被民盟中央授予“民盟思想政治建设和宣传工作先进集体”“民盟成立 80 周年纪念活动先进单位”称号，被省委会授予“社会服务工作先进集体”称号。市委会机关被评为 2021 年度工作目标责任制考核优秀单位。杨曙方被中共中央、国务院授予“全国脱贫攻坚先进个人”称号，沈定庵被中国文联、中国书协授予“中国文联终身成就书法家”称号。

民盟绍兴市委会坚持把深入学习领会习近平新时代中国特色社会主义思想作为参政党建设的首要政治任务，持续深入学习中共十九届六中全会、中共中央总书记习近平在庆祝中国共产党成立 100 周年大会上的重要讲话精神和丁仲礼主席在中国民主同盟成立 80 周年纪念大会上的讲话要求。领导班子理论学习中心组充分发挥领学、促学作用，逢会首学，深化自学，并通过专题讲座、座谈交流等形式，推动形成学习热潮。建强用好 5 家传统教育基地，深入开展中国特色社会主义伟大成就和多党合作宝贵经验的宣传教育。浙江越秀外国语学院盟员之家等 5 个盟员之家入选省委会五星级盟员之家。2 篇理论文章分获民盟省委会 2021 年度参政党理论研究课题一等奖、三等奖。

向市政协八届五次会议提交团体提案 12 件，个人提案 24 件；向市人大八届六次会议提交 5 件个人建议。李仲辉代表民盟市委会在市政协八届五次会议上做题为“关于印染化工企业搬迁后镜湖袍江区域加快腾笼换鸟的建议”的大会发言，《加快产业数字化改造，力促我市制造业高

2021 年 9 月 16—17 日，中国民主同盟绍兴市第十二次代表大会召开

（民盟绍兴市委会 / 提供）

质量发展》作为大会书面发言材料。8件提案被列为重点提案，其中5件由5位市领导领办，4件提案被评为优秀提案。牵头、参与省级课题5项。开展市委会重点课题申报立项工作，申报课题48个，立项27个。提交"直通车"材料《重返城市综合经济实力"30强"后争先进位的潜力与隐忧》，获市委主要领导批示。提交社情民意信息253件，其中国家级录用2件，省级录用142件，市政协录用45件。1篇论文获2021年民盟中央法治论坛优秀论文。

制定《全市各基层组织盟务工作年度考评办法》，加强全市各基层组织盟务工作的评价管理。指导基层组织开展换届工作，至7月，完成全部基层组织换届。组织市直各基层组织负责人开展新一届各基层组织负责人业务培训。5个基层组织创建成省委会"双十佳"基层组织。4人参加省级民主党派中青班，2人参加省委会参政议政主题研讨班，12人参加市委统战部举办的相关培训班。

聚集乡村振兴，从教育、产业、治理等方面入手推进嵊州谷来基地建设，基地列入省委会首批助力乡村振兴社会服务基地。持续深化东西部协作帮扶，开展支教助学"惠风行动"，向四川省乐山市马边民主中学提供帮扶资金10万元，选派优秀盟员教师开展送教活动。持续推进支教、送医、送文化等社会服务项目。如民盟同心·名医服务站开展惠民义诊服务，受益群众400余人次；在省级平台推出8堂主旨云课；市民盟艺术团到基层派出所、康复院、社区、农村开展慰问演出10余次。

【开展党史盟史学习主题教育】 2021年，民盟绍兴市委会围绕中国共产党成立100周年、中国民主同盟成立80周年，深入开展党史盟史学习主题教育，开展"纪念""初心""榜样"三大系列教育活动。举办"红旗颂歌"主题交响音乐会、"光荣与梦想 翰墨庆华诞"主题书画展、"诗文话民盟"创作征文、"共话初心"朗读会、"红歌唱初心"音乐党史课等活动；组织市直基层组织主委赴嘉兴南湖革命纪念馆、沈钧儒纪念馆开展"走基地、悟初心"活动；参观传统教育基地，感受红船精神。嵊州市基层委员会、浙江越秀外国语学院总支、上虞区基层委员会、新昌县基层委员会创作原创爱盟歌曲MV等5部高品质微电影，民盟绍兴市委会获民盟中央"庆祝民盟80周年微视频宣传工作优秀集体"称号。

【召开民盟绍兴市第十二次代表大会】 2021年9月16—17日，中国民主同盟绍兴市第十二次代表大会在绍兴召开，出席大会代表167名。会议审议通过题为《坚定不移跟党走 聚力奋进新时代 为打造浙江高质量发展建设共同富裕示范区市域范例而努力奋斗》的工作报告。选举产生民盟绍兴市第十二届委员会。第十二届委员会由21名委员组成，委员平均年龄46岁。选举凌芳为主任委员，陈国芬、李仲辉、单磊为副主任委员，陈国芬兼任秘书长。

【召开十一届届期工作评议和民主推荐会议】 2021年7月21日，民盟绍兴市委会召开十一届届期工作评议和民主推荐会议。民盟市委会主委凌芳代表十一届委员会领导班子做述职报告，市委会领导班子成员结合五年来的履职情况，分别进行口头届期工作述职。与会人员对领导班子建设及工作、领导班子成员述职进行民主评议，书面推荐新一届市委会主委、副主委及委员。十一届市委会委员，市委会内部监督工作负责人，市委会下属各部（室、委）主要负责人，各基层委员会（总支、市直支部）主要负责人，部分老领导，机关全体干部参加会议，省委会副主委、监督委员会主任徐燕峰代表民盟省委会做动员讲话。

（民盟绍兴市委会/提供）

民建绍兴市委会

【概况】 2021年，中国民主建国会绍兴市委员会（简称民建绍兴市委会）领导和组织全市会员积极参与政治协商、民主监督、参政议政、开展社会服务，各项工作取得新成绩。至年末，民建绍兴市委会有基层组织52个，其中越城区、柯桥区、诸暨市、嵊州市、新昌县设基层委员会，上虞区设支部、市直支部18个；有会员1037人，其中2021年新增会员46人，会员平均年龄35.9岁，大专以上学历占89.3%，经济界人士占85.9%，有各级人大代表和政协委员160人。

民建绍兴市委会以庆祝中共建党百年为契机，深入开展中共党史学习教育，印发《关于开展中共党史学习教育的通知》。邀请民建省委会副主委、浙江金融职业学院院长郑亚莉作专题宣讲辅导。组织征文、书画展等系列活动，在市文化馆开展书画展览活动。开展"一起来读史"专题活动。市委会获省委会2021年度理论研究工作先进集体三等奖，2篇理论研究成果获省委会2021年度理论研究成果三等奖。市委会获省委会2021年度浙江民建网站先进集体三等奖、对外新闻宣传先进集体三等奖。

2021年，民建绍兴市委会召开第十次代表大会，选举产生第十届委员会。完成嵊州市基层委员会、柯桥区基层委员会、市直新华支部换届，上虞区支部主委增补，市直综合支部、镜湖支部主委、副主委、委员增补，市直越州支部委员增补。

民建绍兴市委会在政协绍兴市八届五次会议和绍兴市八届人大六次会议上，提交集体提案8件，大会发言材料2件，委员个人提案30件，代表建议3件。大会发言《关于金融支持全市科创企业发展的建议》获市委书记批示。《发展高质量职业教育为我市现代产业体系建设赋能的建议》集体提案被市政协列为重点办理提案。《关于加快出台我市地下空间管理办法的建议》由副市长领办。在市政协年度考评中，民建绍兴市委会1件集体提案，3件个人提案被评为优秀提案。编发社情民意信息302篇，获上级录用及各级领导批示236篇次，全国政协录用1篇，民建中央录用23篇，省级信息部门录用18篇、民建浙江省委会录用108篇。其中4篇信息获省委、省政府主要领导批示4次。5篇参政议政成果获省委会2021年度参政议政优秀成果，其中《关于在浙江率先成立RCEP大数据研究院的建议》等2篇调研课题获一等奖。市委会获省委会信息工作先进集体二等奖、市委系统信息工作一等奖、市政协系统反映社情民意信息

2021 年 9 月，中国民主建国会绍兴市第十次代表大会召开　（民建绍兴市委会 / 提供）

二等奖。参与民建中央关于“围绕构建全国统一市场打通国内循环关键堵点”专项课题、民建省委会关于“加强数字化监管体系建设”等重点课题、市委统战部关于民生实事工程专项民主监督“垃圾分类及再生资源回收体系建设”调研课题。参加民建中央“形成统一大市场畅通国内大循环”“下半年经济形势分析及建议”高层次专题研讨会。编印《2020—2021 年参政议政调研成果集》。

民建绍兴市委会向新昌县儒岙镇南山村拨付结对帮扶资金 10 万元。组织 10 个支部连续 7 年联合开展走进社区街道公益服务。其中，越城区基层委累计捐赠各类救援设备、防疫物资、教育图书及现金近 60 万元；柯桥区基层委联合区慈善总会和区红十字会设立“柯桥民建·生命关爱”基金，项目初始资金 100 万元；诸暨市基层委会员企业家投入资金 600 余万元，支持家乡教育事业、关爱百岁老人、抗日老兵以及特困户；嵊州市基层委持续打响“民建·红十字公益救生装备”品牌，联合统战部赴青田开展“山海协作”交流活动，定向助学捐款 6 万元；新昌县基层委做优“送医下乡”特色服务品牌，累计助医服务 100 多人次；绍兴民建书画院持续开展“迎春送文化下乡”活动。民建各级组织和会员在疫情防控工作中累计捐款 87 万余元，捐赠各类防控物资 460 余万元。在建党百年庆诞前夕慰问抗美援朝战役、对越自卫反击战的退役老兵；协助省民建企业家协会到绍兴举办“双招双引”主题推介会。

新昌县基层委员会、柯桥区基层委员会被评为浙江民建为全面建成小康社会作贡献成绩突出集体；会员企业丰岛控股集团国家级农业产业化基地被评为浙江民建助力共同富裕实践基地；会员吴代君被评为“2021 年浙江民建参政议政年度人物”；王国庆、朱军伟、刘伯福、孙越峰、袁向东、黄勇、黄震、傅双利 8 名会员被评为浙江民建为全面建成小康社会作贡献成绩突出个人。

【履职能力建设年活动】 2021 年，民建绍兴市委会贯彻落实《关于加强中国特色社会主义参政党建设的意见》等文件精神，印发《民建绍兴市委会履职能力建设年实施方案》，向省委会上报题为《以数字化思维助力高质量建言》等履职能力建设经验谈综述 3 篇，分别在“浙江民建”公众号、省委会《履职能力建设年工作简报》上刊录。

【召开民建绍兴市委会九届七次全体（扩大）会议】 2021 年 2 月 27 日，民建绍兴市委会九届七次全体（扩大）会议在绍兴饭店召开。会议学习传达中共十九届五中全会精神、《中国共产党统一战线工作条例》、民建浙江省九届七次全会精神和中共绍兴市委、市政府有关会议精神。会议通过由市委会主委、市政府副市长陈德洪作题为《砥砺奋进阔步行　当好“重要窗口”建设的实践者、参与者、维护者》工作报告。审议通过市委会九届七次监督委员会工作报告，表彰 2020 年度民建全国、省、市各类先进集体和个人，聘请浙江图胜数字科技有限公司董事长李文龙博士为民建绍兴市第九届委员会特聘专家。

【召开民建绍兴市第十次代表大会】 2021 年 9 月 12—13 日，中国民主建国会绍兴市第十次代表大会在绍兴饭店召开。会议认真学习习近平总书记在庆祝中国共产党成立 100 周年大会上的重要讲话，审议并通过民建绍兴市第九届委员会工作报告。选举产生民建绍兴市第十届委员会，选举陈德洪为主任委员，单国君、邵德夫、唐国忠、肖冬红为副主任委员。单国君兼任秘书长。新一届市委会平均年龄 47.8 岁，女性 6 人，占 28.6%，全部具有大专以上学历，其中具有研究生以上学历或硕士以上学位 6 人，占 28.6%；具有中高级职称 10 人，占 47.6%。

【民建益德助学基金建立】 2021 年 9 月 24 日，“民建益德助学基金”捐赠仪式在绍兴文理学院举行。该基金是民建会员企业——浙江益德环境科技有限公司，通过绍兴市慈善总会捐赠给绍兴文理学院的留本基金，基金规模 1000 万元，计划在 2021 年至 2030 年，每年捐赠 30 万元息金定向用于绍兴文理学院土木工程学院家庭经济困难学生救助、优秀学生奖励和支持相关体育运动等项目。在捐赠仪式上，民建绍兴市直镜湖支部副主委、浙江益德环境科技有限公司董事长赵建明、市慈善总会秘书长陈仁荣、绍兴文理学院教育基金会理事长陈立共同签订三方协议。

（民建绍兴市委会 / 提供）

民进绍兴市委会

【概况】 2021 年，中国民主促进会绍兴市委员会（简称民进绍兴市委会）以民进“反映社情民意信息”主题年工作为中心，加强自身队伍建设，提高履职能力和自身素质，积极参政议政，开展社会服务活动，取得成效。至年末，民进绍兴市委会有基层委员会 5 个，支部 38 个，会员 746 名，其中 2021 年新会员 39 名。民进绍兴市委会获民进全国“反映社情民意信息工作先进集体”称号、民进全省“参政议政工作先进单位”称号。越城区基层委获民进全国“反映社情民意信息工作先进集体”称号。柯桥区基层委获民进全国“社会服务暨脱贫攻坚工作先进集体”称号。会员任雁、周伟俊等获民进全国“反映社情民意信息工作先进个人”。会员谢卫、张飞军获民进全国“社会服务暨脱贫攻坚工作先进个人”称号。上虞区基层委、市直机关支部获民进全省“优秀基层组织”。诸暨市基层委主委吴国强、市直医卫支部主委章程获民进全省“优秀基层组织负责人”称号。

民进绍兴市委会围绕学习中国共产党党史，开展多种形式的主题教育活动。组织会员开展“不忘初心跟党走”“寻访红色足迹、追忆峥嵘岁月”“从红色基因中汲取强大信仰力量”党史学习教育活动；参加省委会“多党合作·民进记忆”“民进与中共合作关系研究”主题征文活动，其中12篇研究成果入选省委会《历史的选择》文集；30多名会员参加全市各级统一战线庆祝中国共产党成立100周年“同心跟党走·迈向新征程”主题活动。

民进绍兴市委会围绕政府重点工作和民生实事，开展“明眸亮睛”“有事好商量”等民主监督和政治协商活动。向市政协八届五次会议提交12件集体提案。其中，3件提案分别列为市领导领办、市政协重点和市政协优秀提案。会内区级以上人大代表共提交建议案20件，政协委员共提交提案80件。其中，3件委员提案列为市政协重点提案，10件委员提案列为市政协、区政协优秀提案。《企业反映“专精特新企业培育”获得感不足亟待引起关注》等4篇信息被全国政协采用。《基层反映小学四年级下册美术教材“卢沟桥”配图张冠李戴建议及时纠正》等8篇信息被民进中央采用。《教辅资料惊现朝鲜战争错误表述，错误史观否定抗美援朝正义性》等24篇信息被省委会采用。反映社情民意信息工作位列全市政协系统第二名。高质量完成10次政党协商党。

民进绍兴市委会以提升“开明”社会服务品牌为重点，开展助学、扶贫、医疗下乡、文化下乡、乡村振兴等多种社会公益活动。举办“高考志愿填报”公益讲座、社区义诊、敬老服务、送戏送春晚等公益活动50多场；结对越城区马山镇车家弄村，建成多功能运动场；发挥上虞春晖中学教育资源优势，结对龙山学校和中塘中学；助力新昌县小将镇五埠村乡村振兴，开展“送医送福送温暖”等活动；2名会员前往四川马边开展乡村助学活动，捐款2万多元并捐赠200套校服；5位会员企业家签订民进全省消费扶贫承诺书，累计消费37万余元。

【召开民进绍兴市第八次代表大会】 2021年9月15—16日，中国民主促进会绍兴市第八次代表大会在绍兴市召开。160名代表出席会议。会议审议并通过民进绍兴市委会主委华小洋代表民进绍兴市第七届委员会做工作报告；选举产生由19名委员组成的民进绍兴市第八届委员会；大会表彰民进绍兴市第四届功勋会员、民进绍兴市2016—2021年先进会员。

在民进绍兴市第八届委员会第一次全体会议上，华小洋当选主任委员，吴勤波、胡云进、章颖芳、王晶晶当选副主任委员；会议任命吴勤波兼任秘书长，表决通过民进绍兴市第八届委员会监督委员会组成人员名单，胡云进任监督委员会主任。

2021年9月15日，中国民主促进会绍兴市第八次代表大会召开（民进绍兴市委会／提供）

【完成市直支部换届工作】 2021年3月11—29日，市直12个支部相继召开换届会议，选举产生了新一届支部领导班子和支部监督员。市委会专职副主委兼秘书长吴勤波、市委会监督委员会委员、市委会组织处负责人参加会议。

【建成周建人历史资料陈列馆】 2021年，民进绍兴市委会积极推进周建人历史资料陈列馆建设。周建人历史资料陈列馆依托绍兴鲁迅纪念馆，在全国重点文物保护单位——周家新台门（鲁迅故居）内布展。展览以时间为序，从“自学成才、投身教育”“传播科学、践行民主”“积极从政、赤诚为民”三个视角，结合照片、实物、绘画、雕塑、视频、互动等形式，立体反映周建人一生的思想发展轨迹，介绍周建人在传播科学、关心教育、支持革命、服务人民等方面的贡献。

【绍兴民进企业家联谊会举行中秋茶话会】 2021年9月17日，绍兴民进企业家联谊会中秋茶话会在绍兴市维也纳酒店举行。会议邀请天津大学教授、博士生导师王国彪做题为《工业机器人创新技术与智造》的讲座。市政协副主席、民进绍兴市委会主委华小洋，绍兴民进企联会会长冯琴，常务副会长兼秘书长孟建新，副会长杨炯明、苏忠合、徐继承、金荣标、谢卫、林作溪等与30余位理事参加茶话会。

（民进绍兴市委会／提供）

农工党绍兴市委会

【概况】 2021年，中国农工民主党绍兴市委员会(简称农工党绍兴市委会)领导和组织全市党员及所联系的知识分子积极参与政治协商、民主监督、参政议政,开展社会服务活动,各项工作取得新成绩。至年末,农工党绍兴市委会有县级委员会2个、基层委员会5个、总支委员会3个、支部委员会46个、支部1个,党员总数1150名,其中女党员578名。农工党浙江革命活动史料陈列馆接待13批280人次,被授予绍兴市"同心教育基地"称号。

农工党绍兴市委会坚持理论学习中心组学习活动,专题学习习近平在庆祝中国共产党成立100周年大会上的重要讲话,认真学习中共十九届六中全会精神,学习浙江省委会、绍兴市委统战部关于换届工作的意见,以及中央国务院、浙江省委统战部等关于高质量发展建设共同富裕示范区的意见和要求。

农工党绍兴市委会在市两会上提交市委会集体提案9件。大会发言《推动我市义务教育更高水平优质均衡发展的建议》获中共绍兴市委书记马卫光批示,被列为重点提案。《关于完善财政扶持政策绩效评估体系实现政策闭环管理的建议》(集体提案)、《发挥科技力量 深化"健康码"及健康大数据应用,助力公共卫生治理现代化》(王健)、《关于健全和完善应对突发公共卫生事件社会心理危机干预机制的建议》(钱建军)、《关于提升绍兴地市级医院核心竞争力的建议》(王晓玲)被评为优秀提案。

农工党绍兴市委会广泛开展社会服务工作,努力巩固和打造社会服务品牌。在农工党脱贫攻坚工作总结表彰大会上,绍兴市委员会、嵊州市委员会获"农工党中央脱贫攻坚先进集体",党员许风、袁庆、周涛勇获"农工党中央脱贫攻坚先进个人"称号。嵊州贵门乡社会服务基地被省委会授予"农工党浙江省委会社会服务基地"称号。市委会赴结对帮扶的新昌殿前村开展"喜迎百年华诞,助力共同富裕"健康咨询和调研。开展2021年环境与健康宣传周活动,全市各级组织共为700余名群众提供服务,发放健康知识宣传资料1000余份。全市190余名农工党党员奋战在医疗救助及抗疫救灾阵地一线,全市党员为疫情防控捐款7.4万元,捐赠4万只口罩、20桶消毒液、后勤保障物资150箱。王吉玲、朱小勇被评为抗疫"绍兴好人"。

【庆祝中国共产党成立100周年】 2021年,农工党绍兴市委会组织全市各级组织开展"学四史,讲多党合作史""同心同行"经典传唱、"同心同行,礼赞百年"短视频制作、"照片里的故事"、理论党史征文及体会文章征集等系列庆祝活动。与农工党浙江省委会共同主办"百年奋斗 新程启航"书画展绍兴巡展。组织党员参观"建党百年 初心如磐"长三角红色档案珍品展。由农工党诸暨市委会排练的情景剧《风雨故园》,代表绍兴参加省委会汇演,并被选送参演浙江省统一战线庆祝中国共产党成立100周年经典传唱活动。嵊州党员捐赠《四库全书》,献礼中共百年华诞,柯桥区基层委等多个基层组织开展主委讲党课等专题活动。

2021年9月13日,中国农工民主党绍兴市第十二次代表大会开幕 (马 亮/摄)

【基层组织换届】 2021年6月25日,农工党绍兴市委会召开十一届十一次全体(扩大)会议,传达学习省委会关于换届工作意见精神和市各民主党派座谈会纪要精神,动员部署市委会2021年换届工作,正式启动市委会换届工作。上半年,市直所有基层组织完成换届工作。7月,嵊州市委会完成换届。

【召开中国农工民主党绍兴市第十二次代表大会】 2021年9月13—14日,中国农工民主党绍兴市第十二次代表大会在绍兴咸亨酒店举行。大会选举产生农工党绍兴市第十二届委员会。第十二届委员会由21名委员组成,委员平均年龄45.8岁。徐泳当选第十二届委员会主任委员,周萍、黄旭东、王健、钱建军当选为副主任委员,黄旭东兼任秘书长。

(农工党绍兴市委会/提供)

九三学社绍兴市委会

【概况】 2021年,九三学社绍兴市委员会(简称九三学社绍兴市委),围绕市委决策部署,深入调查研究,致力参政为民,抓好自身建设,各项工作取得新成效。获九三学社全省参政议政工作二等奖、机关建设先进集体。全年发展新社员34名,平均年龄36.79岁。至年末,九三学社绍兴市委有基层委(委员会)6个、支社30个,社员771人。

以学习中共党史为重点,开展形式多样的主题学习活动。组织全体委员开展重温"'五一口号'不忘初心跟党走"座谈会,举行"同心·同行"庆祝中国共产党成立100周年书画摄影展,参观中国共产党绍兴历史展;参与金善宝院士纪念馆、陈建功故居的史料搜集和设计布展工作;利用"一刊、一站、一号"等宣传阵地开展宣传教育,传播"九三声音";选送歌曲《我的祖国》参加社中央线上文艺展演,选送书法摄影作品参加社省委庆祝中国共产

2021 年 9 月 15—16 日，九三学社绍兴市第九次代表大会胜利召开

（九三学社绍兴市委 / 提供）

党 100 周年书画摄影展，分获九三学社浙江省委两项优秀组织奖。

重点调研课题《关于加快我省集成电路产业高质量发展的建议》被社省委选入省政协大会集体提案。在市政协八届五次会议上，提交集体提案 10 件。其中，大会发言《关于推进绍兴科创大走廊建设的建议》得到市委书记批示；集体提案《关于加强我市危化品全生命周期风险管控的建议》被列为重点提案。区（县）基层组织在两会上提交大会发言 3 件，集体提案 8 件。社内省、市、区（县）三级人大代表和政协委员共提交建议 19 件，提案 75 件。全年社市委领导共参加各类协商座谈会、情况通报会、意见征求会 9 次。全年上报社情民意信息 214 件。其中，全国政协录用 5 篇，社中央录用 7 篇，省委统战部录用 2 篇，省政协录用 4 篇，社省委录用 84 篇，市政协录用 39 篇。王挺社员获九三学社中央 2021 年度信息工作贡献奖。

组织开展形式多样的健康普及进基层及结对助村、助企、助学活动。九三学社绍兴市委联合市科协赴嵊州黄泽镇开展“三下乡”活动，委派医卫界社员赴越城区社区为居民送去健康讲座；社红十字志愿服务队慰问 10 户困难家庭，连续第二年结对帮扶新昌县儒岙镇官元庙村；社市人民医院委员会赴新昌县中医院开展义诊，两次赴北海小学开展“新冠疫情下我们的个人防护”主题讲座，赴嵊州市三界镇清水塘村开展助学活动；社柯桥区基层委与社浙江省农科院委员会结对，在平水镇小舜江村建立社会服务基地；社上虞区基层委在上虞区梁湖街道新花浦村设立社会服务基地，经常性开展结对帮扶活动。

【召开九三学社绍兴市第九次代表大会】 2021 年 9 月 15—16 日，九三学社绍兴市第九次代表大会在市区召开，出席会议代表 147 名。会议审议通过题为《同心同向，砥砺奋进，为率先走出争创社会主义现代化先行省市域发展之路贡献力量》的九三学社绍兴市第八届委员会工作报告，选举产生九三学社绍兴市第九届委员会，选举张宪疆为主任委员，王佳、涂智高、陈巍、袁敏为副主任委员。涂智高兼任秘书长。

【助力上虞抗击新冠疫情】 2021 年 12 月，上虞区突发新冠肺炎疫情，九三学社绍兴市委组织全市各级组织和广大社员积极助力疫情防控，特别是医卫界社员积极投身病人救治、核酸检测等工作。九三学社绍兴市委及下属各级组织和社员累计捐款 10.67 万元，捐赠消毒灯 10 台、口罩及手消液 25 箱、棉大衣 150 件、防护服 2500 套。

【全国政协副主席、社中央常务副主席邵鸿来绍调研】 2021 年 3 月 30 日，全国政协副主席、社中央常务副主席邵鸿，社中央副主席赖明就中共中央委托的“促进国家科技创新平台建设　推动我国科技自立自强”课题到绍兴调研。

【社省委副主委叶正波来绍开展专项民主监督调研】 2021 年 6 月 30 日，省政协常委、九三学社浙江省委员会副主委叶正波率队到绍兴市柯桥区开展“深化‘县乡一体、条抓块统’改革，提升县域整体智治水平”专项民主监督调研。监督调研组走访柯桥区综合智治服务中心、柯岩街道社会治理综合服务中心，了解“县乡一体、条抓块统”改革相关工作推进情况。

【召开八届十七次全体（扩大）会议】 2021 年 6 月 28 日，九三学社绍兴市委召开八届十七次全体（扩大）会议。会上，传达学习中共浙江省委十四届九次全体（扩大）会议精神，讨论《九三学社绍兴市委员会 2021 年换届工作实施方法（草案）》；丁晓燕做换届动员讲话，通报上半年工作并部署下半年工作；邀请市委党史研究室二级调研员赵玲华做题为《绍兴籍早期共产党人与初创时期的中国共产党》的讲座。

【举行领导班子届末述职评议和民主推荐会议】 2021 年 7 月 19 日，九三学社绍兴市委举行八届十八次全体（扩大）会议暨领导班子届末述职评议和民主推荐会议，丁晓燕主委代表八届委员会领导班子做述职报告，领导班子成员分别进行个人述职，接受与会人员评议。参会人员对九三学社绍兴市第九届委员会委员候选人建议名单进行民主推荐。会后，与会人员参观中国共产党绍兴历史展陈。

【基层组织换届工作】 2021 年 5 月 16 日、5 月 21 日、5 月 28 日、6 月 25 日，社上虞区基层委、社柯桥区基层委、社新昌县基层委、社越城区基层委分别召开代表大会，完成换届。至此，全市基层组织换届工作全部完成。

【开展“重温‘五一口号’，不忘初心跟党走”活动】 2021 年 4 月 28 日，九三学社绍兴市委开展“重温‘五一口号’，不忘初心跟党走”活动。参观金善宝院士纪念馆、“枫桥经验”展览馆和“枫桥经验”发源地枫源村，并召开座谈会。会上，社市委老领导沙振球、陆景林回顾社市委发展历程；7 位基层组织代表围绕学党史、悟思想、办实事、开新局等进行交流发言。社省委、社市委领导,社市委老领导,社市委委员、基层组织负责人共40人参加活动。

【举行“同心·同行”庆祝中国共产党成立100周年书画摄影展】 2021年5月8—15日,九三学社绍兴市委员会“同心·同行”庆祝中国共产党成立100周年书画摄影展在越城区“非遗”展示馆举行,展览由九三学社绍兴文澜书画院承办。展出23位九三学社社员的书画、摄影等作品50余件。

【举办“同心同向 携手前进”庆祝中国共产党成立100周年主题运动会】 2021年6月20日,九三学社绍兴市委员会“同心同向 携手前进”——庆祝中国共产党成立100周年主题运动会在浙江工业职业技术学院体育馆举行。6个基层委(委员会)、8个市直支社,共9支队伍、150余名社员参赛。运动会充分展示社员们团结协作、积极进取、奋发向上的精神风貌。

(九三学社绍兴市委会/提供)

绍兴市工商业联合会

【概况】 2021年,绍兴市工商业联合会(绍兴市总商会)主动作为、靠前服务,牢牢把握“两个健康”(民营经济健康发展、民营经济领域人士健康成长)工作主题,以“奔跑的工商联”为主旋律,全力推进民营经济高质量发展,奋力打造绍兴民营经济人士“温馨之家”。

团结民营经济人士永远跟党走,在全市民营经济领域全面组织开展党史学习教育活动,开展献礼中国共产党成立100周年活动等;指导民营企业和商会组织增强责任意识,组成党员突击队助力基层一线抗疫,累计捐赠超4000万元。

共建民营经济人士“温馨之家”,推进“温馨之家”规范化建设。全市工商联系统干部累计走访商会、企业1452家次,收集汇总问题425项,协调、反映、解决166项。探索建立“企业家参与、企业家谋划、企业家评判”工作机制。

助力民营经济高质量发展,开展“亲清直通车·政企恳谈会”21场,217位民营企业家参与,收集、反馈、落实意见建议252件。深化与建行绍兴分行合作,为会员企业提供精准服务。开展“‘走企连心金融助力’三服务”活动,走访对接企业233家,协助科技型中小微企业解决融资53亿元。制定《绍兴市清廉民营企业建设工作方案》《清廉民企创建评价标准》等工作机制,探索商会“党建+清廉建设”新模式,新和成有限公司在全省清廉民企推进会上做典型交流。成立建行绍兴分行科技企业服务支行,为首批8家科技型企业授信1.6亿元。

推动市内外商会改革与发展,成立中共绍兴市工商联社会组织委员会,指导全市工商联系统商协会和民营企业开展党建工作。引领在外越商助力家乡建设,会员企业近几年累计回乡投资额超50亿元。在重庆、南京、郑州、西安等地设立绍兴重点商会人才工作站,为企业引进员工300余人次。多家商会获评全省百家示范商会、全国全省“四好”商会。

助力打造共同富裕示范区市域范例,开展以“推进乡村振兴,助力共同富裕”为主题的工商联界别政协委员活动。拓宽民营企业履行社会责任的通道,加强与结对地区(四川省乐山市)交流合作,参与全市域“帮促共富”党建联盟,引导知名越商、商会组织开展产业、人才、项目等对接,助力跨越式发展。

市工商联获2020年度绍兴市红十字“博爱贡献奖”。天津绍兴商会会长、绍兴市政协工商联界别委员张秀燕获“全国脱贫攻坚先进个人”荣誉称号。

【企业入围2021中国民营企业500强】 2021年9月25日,在湖南长沙举行的2021中国民营企业500强峰会上发布2021年中国民营企业500强榜单。绍兴市的海亮集团有限公司、祥生实业集团有限公司、浙江中成控股集团有限公司等11家民营企业入围500强,入围数量居全省第四位。其中海亮集团以1964.21亿元入围前30强。

【企业入围浙江民营企业社会责任100家领先企业榜单】 2021年12月28日,省工商联首次发布“浙江民营企业社会责任领先企业”,绍兴市的三花控股集团有限公司、万丰奥特控股集团有限公司、天洁集团有限公司等17家企业上榜,上榜数居全省前列。

【企业入围2021浙江民营企业200强榜单】 2021年12月22日,省工商联发布“2021浙江民营企业200强、研发投入100强、就业100强”榜单。绍兴市32家企业入围“民营企业200强”,入围数量居全省第三位;16家企业入围“研发投入100强”,入围数量居全省第三位;23家企业入围“就业100强”,入围数量居全省第二位。

【举办“同心助共富”主题培训】 2021年12月4日,全市工商联系统围绕“同心助共富”开展主题培训活动。培训由现场调研、座谈交流两部分组成。现场调研阶段,参训人员考察绍兴至味食品有限公司、平水镇王化片区党建联盟总部、小舜江村红色岭下党史馆。在共同富裕座谈会上,参训人员认为企业家作为先富的一部分,有责任也有热情参与全面推进共同富裕示范区建设。市县两级工商联负责人、商会负责人以及市工商联全体机关干部参加。

【第二届“浙江商会周”主题活动】 2021年10月25—29日,第二届“浙江商会周”活动期间,市工商联组织22个市直属商会和6个区、县(市)工商联举办形式多样的活动。10月29日,市工商联围绕“商会,让企业更有力”的活动主题,召开“我为商会建设献一计”主题座谈会。该座谈会围绕“浙江商会周”开展活动情况,交流加强会员企业凝聚力、完善政企对接机制、促进商会合作交流、充分发挥商会平台服务作用、积极履行社会责任、参与共同富裕示范区建设等工作情况。

【全国工商联到绍调研民营企业参与养老产业情况】 2021年10月28日,全国工商联扶贫与社会服务部一级巡视员姜建静率调研组到绍兴,专题调研民营企业参与养老产业情况。调研组先后到柯桥区社会福利中心、柯桥街道下市头社区居家养老服务照料中心和越城区太和晨颐养老中心，考察生活、娱乐和医疗保健等养老服务设施，了解养老服务机构运营模式。省工商联副主席元成茂陪同调研。

【召开全市清廉民企建设工作交流会】 2021年9月10日，市委统战部、市工商联联合召开全市清廉民企建设工作交流会。会上，通报全市清廉民企建设工作推进情况，部署下阶段工作；市司法局、越城区工商、新昌县工商联、卧龙控股集团有限公司、富润控股集团、亿厦建设集团股份有限公司、中国轻纺城乐清商会等做交流发言；6个区、县（市）建行行长分别与对应区、县（市）企业代表签署《廉洁伙伴协议》。市纪委、市委统战部、市工商联领导，市清廉民企建设工作成员单位分管负责人，建行绍兴分行相关负责人，各区、县（市）有关部门、企业及商会负责人参加会议。

【全省"奔跑的工商联"互学互促交流活动举行】 2021年9月9日，省工商联互学互促第四交流小组在绍兴开展2021年度全省"奔跑的工商联"互学互促交流活动。会上，乐清市、德清县、义乌市、椒江区、越城区工商联交流工作经验和优秀案例。省工商联互学互促第四交流小组到盛洋科技有限公司、越城区皋埠商会开展调研。市工商联全体机关干部，各区、县（市）工商联驻会班子成员，直属商会负责人参加活动。

【"百所联百会"启动仪式】 2021年7月28日，市工商联与市司法局、市律师协会联合举行"百所联百会"启动仪式。在仪式上，市工商联、市司法局、市律协签订"百所联百会"战略合作框架协议，市工商联所属7家商会代表与相关律师事务所签订商会法律顾问合同，实现市直属商会法律顾问全覆盖；市工商联聘请12名知名律师为法律顾问团成员，市律协成立绍兴市民营企业法律宣讲团。市县两级司法局、工商联相关领导，市律协班子成员，有关商会及律师代表近90人参加仪式。

【拓展法律精准服务】 2021年，市工商联、司法局联合开展"百所联百会"专项行动，推进工商联及所属商会建立法律顾问制度全覆盖。帮助深圳绍兴商会、金蝉布艺等多家商会和企业协调解决法律纠纷。市工商联联合市、县两级人民法院，建立"商会调解＋司法确认"机制，在越城区设立"商会工作室"，发挥商会参与化解涉企纠纷作用，提高涉企纠纷非诉讼解决率。至年末，调解案件超50起，涉案标的近千万元。

【举办庆祝建党100周年越商风采展】 2021年6月29日，市工商联在迪荡世贸广场举办"红心向党　实业报国"优秀越商风采展，展示绍兴市民营经济人士爱国敬业、守法经营、创业创新、回报社会的生动实践。风采展为期一个月，在各区、县（市）巡回展出。

【全国工商联到绍调研民营企业信用体系建设】 2021年6月10日，全国工商联经济部副部长、一级巡视员罗力率调研组到绍兴，专题调研民营企业信用体系建设情况。调研组考察浙江梅轮电梯股份有限公司、中国轻纺城跨境电商产业园、中国轻纺城乐清商会，并召开专题座谈会。省工商联副主席林建良参加调研。

【"清廉民企"建设工作推进会召开】 2021年5月26日，绍兴市召开"清廉民企"建设工作推进会。会议总结回顾近年来绍兴清廉民营企业建设工作，部署下阶段工作。会上，宣读清廉民企承诺书、与会民营经济代表签署创建清廉民企承诺书。市工商联（总商会）七届常委、市纪委派驻市委统战部纪检监察组、市清廉民企建设工作成员单位领导、各区、县（市）委统战部、工商联领导；市直属商会会长、商会党组织负责人、秘书长等参加会议。

【全国工商联民企社会责任课题组到绍调研】 2021年5月17日，全国工商联民营企业社会责任课题组主任林彬率调研组到绍兴，开展中国民营企业履行社会责任专题调研。调研组走访纳诺科技有限公司、卧龙控股集团有限公司；召开民营企业社会责任专题座谈会，听取绍兴在组织引导民营企业履行社会责任方面的工作情况报告。省工商联一级巡视员赵小敏，市委常委、统战部部长叶卫红参加调研。

【入围2020年度浙江省"民企最满意银行"】 2021年3月，中国人民银行杭州中心支行、省工商业联合会联合通报2020年度浙江省"万家民企评银行"活动结果。中国工商银行绍兴分行、中国建设银行绍兴分行、绍兴银行入围"民企最满意银行"市级机构，绍兴恒信农村商业银行、绍兴瑞丰农村商业银行、上虞农村商业银行、嵊州农村商业银行、新昌浦发村镇银行入围"民企最满意银行"县级机构。

【市工商联七届二次执委会议召开】 2021年3月19日，市工商联（总商会）在市区召开七届二次执委会议。会议深入学习十九届五中全会精神和习近平总书记关于做好新时代民营经济统战工作重要指示以及全国、全省民营经济统战工作会议精神，围绕着力打造民营经济人士"温馨之家"主题部署全市工商联系统2021年度工作。会议表彰2020年度全市工商联系统先进单位、全市工商联系统专项工作先进单位、绍兴市"四好商会"和2020年度市工商联执常委履职先进个人，审议通过有关人事事项及《绍兴市工商联（总商会）七届执行委员会委员履职公约（试行）》。

【2020年度绍兴市民营企业高质量发展30强】 2021年2月19日，市委"三先三创"暨抓落实工作会议召开。会上，华汇工程设计集团股份有限公司、振德医疗用品股份有限公司、浙江中成控股集团有限公司等30家"2020年度绍兴市民营企业高质量发展30强"企业受表彰。

【成立中共绍兴市工商联社会组织委员会】 2021年，市工商联贯彻落实《中国共产党统一战线工作条例》等精神，以"商会党建全覆盖"专项行动为抓手，指导全市工商联系统商协会和民营企业开展党建工作，实现商会党建科学化、制度化、规范化。7月，中共绍兴市工商联社会组织委员会成立。

（市工商联／提供）

群众团体

绍兴市总工会

【概况】 2021年，绍兴市总工会以习近平新时代中国特色社会主义思想为指导，贯彻省委、市委党的群团工作会议精神，落实主责主业，服务中心大局，履行工会组织的政治职责和基本职能。

加强职工技能素质培训，推进中国劳动关系学院长三角学院实体化运作，常态化开展送教进企等职工技能素质培训203期，直接培训职工1.7万人次，带动各级工会培训职工10万余人次；持续推进"农民工求学圆梦"三年专项行动，资助483名产业工人接受学历继续教育，资助1000余名职工实现职业技能等级提升。举办市级技能竞赛69场、承办省级技能竞赛3场，组织全市各类技能竞赛活动1000余场次；命名市级重点工程立功竞赛示范项目27个。

深化基层单位民主管理，深入实施"民主管理推进年"活动，引导5490家企事业单位职工源头参与企业民主管理。排查化解矛盾纠纷131起，化解率100%，开展劳动用工法律体检179次，发放法律书籍9万余册，提供法律咨询服1300余人次；深化"工会+法院"劳动争议多元化解机制，推进工会工作室进驻矛调中心，受理劳动争议案件677起，成功化解562起，化解率83%，涉案金额2700万余元。聚焦职工"急难愁盼"问题，开展温馨服务，发放帮扶资金300万余元；补助3600余名一线职工疗休养；资助引导基层工会举办"爱心托班"68期次；建设"妈咪暖心小屋"66家；举办相亲交友活动24场次。

推进新时代产业工人队伍建设改革工作提质扩面，制定规划，新增682家非公企业为试点单位，开展市级产改专项督查、评估，完成省级产改专项督查，有关做法得到省总工会肯定。推进数字化改革工作，推出职工医疗互助保障一站式结算系统、越行证等多跨应用场景，方便职工办事。一项创新成果获"浙江省首届工会改革创新十佳成果"奖。

年内，新建基层工会648家，新增会员52987名；动态更新8554家工会组织、111.12万名会员信息。新增全国职工书屋2家、便利型阅读站点4个、劳模书架8个、省级职工书屋5家。成功推评全国五一劳动奖状4个、全国五一劳动奖章3个、全国工人先锋号5个、浙江工匠59名。绍兴劳模工匠馆、梁焕木纪念馆被评为第一批浙江省产业工人思想政治教育基地。劳模工匠馆建设获评"浙江省第一届工会改革创新十佳成果"。市总工会的《绍兴市实现市、区(县)、镇街三级职工文化阵地全覆盖》《绍兴劳模工匠馆当好新时代劳模精神劳动精神工匠精神的记录者和传播者》入围浙江省工会改革创新项目。嵊州市爱德小学吕群芳被中华全国总工会评选为"阅读学习成才女职工"。

2021年3月28日，绍兴市"我心向党·劳动创造幸福"主题宣传教育活动启动仪式举行（市总工会/提供）

【开展"我心向党·劳动创造幸福"主题宣传教育活动】 2021年，市总工会结合纪念中国共产党成立100年、党史学习教育活动，会同市委宣传部等6个部门，组织实施10个方面27项系列主题活动。其中，组织劳模工匠宣讲团开展"五进"宣讲674场次，受众职工超20万人；"劳模工匠开学第一课"活动被中央电视台、新华网等多家中央媒体报道；拍摄专题公益宣传片2部，开展职工大合唱等各类主题文体比赛13场，带动各级工会开展寓教于乐主题文体活动1000余场；建设命名劳动教育基地25家。

【印发助力打造共同富裕示范区市域范例实施方案】 2021年8月，市总工会印发《关于助力打造浙江高质量发展建设共同富裕示范区市域范例的实施方案(2021—2025年)》，实施"共建共富·凝心、赋能、建功、携手、和谐、暖心、强基"七大行动，助力打造共同富裕示范区市域范例。围绕"凝心"行动，持续推进"劳动创造幸福""中国梦·劳动美"主题宣传教育，深化职工文化阵地建设。围绕"赋能"行动，持续推动产业改革提质拓面，力争到2025

年实现规上企业产业改革全覆盖，并向中小微企业稳步推进。围绕“建功”行动，每年安排不少于500万元资金，专项用于组织开展职工劳动技能竞赛等活动，激发创业激情。围绕“携手”“和谐”“暖心”“强基”等行动，健全困难职工精准帮扶机制，深化工会“四季帮扶”工作品牌，助力构建新时代社会大救助体系。建立“职工提出—职工参与—职工评价—职工得益”服务项目机制，不断提高广大职工在发展建设共同富裕示范区市域范例中的获得感。

【深化“三服务”工作】 2021年，市总工会结合“我为群众办实事”活动，不断深化“三服务”。组织59名机关干部赴企业开展“当一周工人，体工会初心”活动；落实为企业减负政策，减免返还工会经费1.67亿元；选派4名干部参与上虞区抗击突发新冠肺炎疫情，拨付专项慰问金170万余元。

【举办庆祝“五一”国际劳动节大会】 2021年4月29日，绍兴市庆祝“五一”国际劳动节大会在绍兴市文化中心举行。会前，绍兴市委书记马卫光，市委副书记、市长盛阅春，市委副书记陈澄看望全国五一劳动奖、全国工人先锋号和“新时代浙江工匠”获奖者、获奖集体代表并合影。会议宣读表彰59名2021年“新时代浙江工匠”，向党龄超过50年的劳模代表颁发纪念奖杯。

【举办产业工人队伍建设改革工作现场推进会】 2021年4月1日，绍兴市产业工人队伍建设改革工作现场推进会暨市推进产业工人队伍建设改革工作协调小组会议在柯桥区召开。会议总结全市产业工人队伍建设改革试点工作情况，研究部署2021年产业工人队伍建设改革重点任务，并表彰2020年度相关先进。市领导陈澄、傅陆平、陈德洪参加会议，区领导诸剑明代表柯桥区做产改工作交流发言。会前，与会人员参观浙江精工钢结构集团有限公司。

【“户外职工爱心驿站”授牌】 2021年6月29日，市总工会“户外职工爱心驿站”

2021年4月1日，2021年全市产业工人队伍建设改革工作现场推进会暨市推进产业工人队伍建设改革工作协调小组会议召开 （市总工会／提供）

授牌暨揭牌仪式在中国邮政集团公司绍兴市分公司举行。“户外职工爱心驿站”主要以环卫、市政、出租车、公交车、交通管理、邮政、快递外卖行业的从业人员为服务对象，依托银行网点、超市卖场、购物中心、环卫站点等场所及职工服务中心、镇街党群服务中心、社区服务站等单位设立，按照有场所标识、人员服务、配套设施、保障措施的“四有”标准进行规范创设。至年末，新增“户外职工爱心驿站”96家，累计179家，服务职工超7.36万人次。

【一线工人获评正高级职称】 2021年7月5日，省经信厅发布正高级工程师职务任职资格名单，绍兴柯桥水务集团排水有限公司焊工丁卫松入选，成为省工程技术领域高技能人才与工程技术人才职业发展贯通以来，首位获评正高级职称的技术工人。

【获全国职工优秀技术创新优秀成果奖】 2021年11月，绍兴柯桥水务集团焊接技术创新团队研发的窨井盖开启器获第六届全国职工优秀技术创新优秀成果奖，是绍兴市唯一入选奖项。窨井盖开启器可以在不损伤窨井盖的前提下，单人快速（约2分钟）开启因为挤压变形或因井圈与井盖之间杂质过多导致卡死、人力无法开启的各种窨井盖，降低工作强度，缩短工作时间。该装置填补1项国内空白，取得3项国家实用新型专利。

【全市首家普惠型职工子女托育中心成立】 2021年11月，全市首家普惠型职工子女托育中心——绍兴市妇幼保健院“绿城·奇妙园”职工托育中心成立。该托育中心面积260余平方米，设活动室、保健室、母婴室、配餐间等，实行7:30—17:30的全日托模式。

【开展“工会进万家·新就业形态劳动者温暖行动”服务月活动】 2021年11月，市总工会组织开展“工会进万家·新就业形态劳动者温暖行动”服务月活动，通过送思想文化、送身心健康、送平安保障、送温暖关爱、送工作岗位、送技能提升的“六送”活动，引导全社会关心关爱新就业形态劳动者，把“我为群众办实事”实践活动落到实处。市总工会以“劳动创造幸福百场宣讲”为载体，面向新就业形态劳动者开展宣讲，至年末，累计开展专场宣讲活动超过200场次，受益职工超过5万人次。会同市人社局、共青团市委等单位联合举办绍兴市职工网络直播大赛、绍兴市保安员职工职业技能竞赛、市健康管理师职工职业技能竞赛、市美容师职工职业技能竞赛等，对累计超过600名新就业形态劳动者开展安全培训、营销能力提升培训等，切实助力新就业形态劳动者技能素质提升。

【市首届健身排舞、广场舞比赛顺利举行】 2021年11月27日，以“健康赢未来”为主题的绍兴市首届健身排舞、广场舞比赛在市职工之家举行。比赛设广场舞和排舞两大类，来自全市各行各业的 15 支代表队参赛。绍兴天然气投资有限公司的《永恒的记忆》获广场舞特等奖。绍兴公用工程建设有限公司的《粉墨登场》获排舞项目特等奖。

【全国首个职工安全文化建设研讨会召开】 2021 年 9 月 9 日，全国首个职工安全文化建设研讨会在绍兴市总工会召开，是市工会系统践行“枫桥经验”的新探索。会上，讨论《关于开展职工安全文化建设示范企业（试点）的意见》《职工安全文化建设示范企业（试点）规范（试行）》，听取专家和基层工会的意见和建议。

【10 人获“全国技术能手”称号】 2021 年 7 月，人力资源社会保障部对在第 45 届世界技能大赛、中华人民共和国第一届职业技能大赛及 2019—2020 年度各类职业技能竞赛中取得优异成绩的 1603 名选手授予“全国技术能手”称号。绍兴市 10 人喜获“全国技术能手”称号：任城龙（上虞区技工学校）、朱静斌（上虞区技工学校）、夏鲁锋（上虞区技工学校）、苏允（上虞区技工学校）、刘辉标（浙江宝业现代建筑工业化制造有限公司）、徐浩松（嵊州市科男竹编厂）、张如松（新昌技师学院）、周建弟（浙江古越龙山绍兴酒股份有限公司）、胡晓华（浙江古越龙山绍兴酒股份有限公司）、金一鸣（浙江古越龙山绍兴酒股份有限公司）。

【组建全市快递行业工会联合会】 2021 年 4 月，绍兴市快递行业工会联合会第一届委员会第一次会议暨成立大会在绍兴职工之家举行，选举产生市快递行业工会联合会第一届委员会、经费审查委员会、女职工委员会班子。市快递行业工会联合会是继市集成电路、生物医药、高端装备行业工会联合会之后组建的第 4 家行业工会联合会，首批会员单位 27 家，涵盖会员 4000 余名。市总工会党组书记、副主席陈泉标为绍兴市快递行业工会联合会授牌。

（市总工会／提供）

2021 年 4 月 25 日，绍兴市快递行业工会联合会正式成立　　（市总工会／提供）

共青团绍兴市委员会

【概况】 2021 年，共青团绍兴市委以“让青年遇见更好的共青团”为建设目标，多项工作领跑全省共青团。开展“枫桥式”基层团组织建设，推进 4 个全国、6 个省级试点创建工作；以数字化改革为抓手，推出“红领巾争章”“浙里团干 E 码通”等应用场景；团市委助力共同富裕项目获评 2021 年第三次市级部门（单位）和区、县（市）“争先·率先”实绩比拼优胜，“青春助力市域社会治理工作”在团省委全会上交流发言；组织 492 支青年突击队、4577 人参与疫情防控工作；制定青年中长期发展规划，首次发布绍兴青年民生实事项目，牵头成立浙江青年人才工作站（北京站）；微信传播指数（WCI）长期保持全省地市级团委第一位；相关工作被《新华每日电讯》《光明日报》等各级媒体报道 200 余篇次；诸暨市检察未成年人司法保护中心被最高人民检察院、中国共产主义青年团中央委员会确定为全国未成年人检察工作社会支持体系示范建设单位。“厕所革命”——解决家村低保“空巢”老人“如厕难”项目获第五届中国青年志愿服务公益创业赛铜奖，赵信获第十三届中国青年志愿者优秀个人奖，“红枫义警”群众性社会自治项目获第十三届中国青年志愿者优秀项目奖。

至年末，全市有中国共产主义青年团团员 24.41 万人，团组织 13572 个。

【青年理论宣讲品牌建设】 2021 年，共青团绍兴市委组织开展全市青年理论宣讲大赛暨微型党课大赛、“百年华诞正青春·永葆初心再出发”绍兴市庆祝中国共产党成立 100 周年主题宣讲展演、“党课开讲啦”绍兴主场活动暨绍兴市“时代新人说”新型党课、“万名书记讲团课”等活动。至年末，开展青年宣讲 12758 场次，其中党史学习教育专题宣讲 4240 场。谢震业的微党课《超越自己》入选中央电视台“你好新时代”奥运主题作品展播，20 部作品入选“浙里潮音”浙江省青少年线上学习平台。

【开展团干部作风建设三年行动】 2021 年，共青团绍兴市委以“大学习、大调研、大整改、大落实”为主线，持续推进全面从严治团，深入开展团干部作风建设三年行动。举办“新时代团干部新形象”专题研讨、“我的共青岁月”老团干交流分享活动，梳理团干部问题清单、实事清单，发动“我为青年做件事”主题实践活动。

【启动“枫桥式”基层团组织建设】 2021 年，共青团绍兴市委制定《关于开展“枫桥式”基层团组织建设的实施意见》，打造“让青年满意”的青春战斗堡垒。实施意见提出，要充分运用新时代“枫桥经验”基本精神，打造一批政治性、先进性、群众性不断增强的“枫桥式”基层团组织。

【引导青年参政议政】 2021年，共青团绍兴市委组织开展“共青团与人大代表、政协委员面对面”主题调研、“青春议政”青少年模拟政协提案征集活动，市、县两级开展倾听活动12场，形成相关调研报告7篇，在同级人大、政协提交议案提案13项。《“网络主播”青年的职业发展研究——以绍兴市为例》被中国共产主义青年团中央委员会评为“地市级优秀调研报告”，《关于发挥职校技能社会公用化，培养农村老人新技能》被中国共产主义青年团中央委员会评为“优秀模拟政协提案”。

【组织青年投身共同富裕示范区建设实践】 2021年，全市共青团系统深化青年创新创业、青工职业技能提升和“青年人才留绍”等行动，组织青年投身共同富裕示范区建设实践。在省“创青春”青年创新创业大赛上获2项金奖及总冠军；在全省范围内较早成立市级快递行业团工委，1人获第三届全国邮政业职业技能竞赛第一名；牵头成立浙江青年人才工作站(北京站)，连续5年举办“家燕归巢”大学生暑期进机关、企业实习活动，累计建设青年见习实习基地265个，发布各类青年实习就业岗位2392个。

【第三届“绍兴青年五四奖章”选树】 2021年3月，团市委组织开展第三届“绍兴青年五四奖章”选树活动。共收到99名推荐个人和51个推荐集体，经资格审查、初评、复评、征求意见、公示等环节，李浩、李军配、李柳萌、陈巍、郑垚被授予“绍兴青年五四奖章”称号，绍兴市公安局督察(民意感知)中心、“越牛新闻”团队、中芯绍兴IGBT研发团队、越城区消防救援大队、浙江越秀外国语学院青年志愿服务队被授予“绍兴青年五四奖章集体”称号。

【庆祝中国共产党成立100周年主题团日活动】 2021年4月28日，绍兴市“不忘初心跟党走　青春共筑中国梦”庆祝中国共产党成立100周年主题团日活动在绍兴市第一中学报告厅举行。活动中，表彰第三届“绍兴青年五四奖章”、第三届“绍兴青年五四奖章”提名奖、“最美绍兴人·青春榜样”获得者。市委副书记、政法委书记陈澄等市领导出席活动并接见全市各界优秀青年代表。

2021年4月28日，绍兴市“不忘初心跟党走　青春共筑中国梦”庆祝中国共产党成立100周年主题团日活动在绍兴市第一中学报告厅举行　　(团市委/提供)

【团中央“中国青年五四奖章”获奖者(集体)事迹分享会举行】 2021年6月2日，团中央“永远跟党走　奋进新时代”——“中国青年五四奖章”获奖者(集体)事迹分享会在浙江越秀外国语学院举办。每日互动股份有限公司董事长方毅、杭州技师学院教师蒋应成、嘉兴市公安局人民警察培训学校副校长柯荣亮等各级“青年五四奖章”获得者参与分享。

【“我在窗口写青春”青牛论坛举办】 2021年8月26日，守好红色根脉·助力乡村振兴“我在窗口写青春”青牛论坛在越城区富盛镇乌石村文化礼堂举行。绍兴市“金牛奖”获得者、“青牛奖”候选人、农村创业青年代表等60多人参加。活动现场发布越城区“红色青春振兴路”乡村振兴旅游路线。11月，绍兴农村创业青年王园园获2021年浙江省青春助力乡村振兴带头人“青牛奖”。

【实施公益诉讼志愿观察员制度】 2021年，共青团市委与市检察院签订公益诉讼志愿观察员工作合作协议，诸暨市、嵊州市被省检察院、团省委确定为省级公益诉讼志愿观察员制度试点地区。嵊州市被省检察院确定为公益诉讼志愿观察员制度优秀试点地区。“整治机动车非法改装行政公益诉讼案”作为团检协作5个典型案例之一在全省推介。

【“名校学子绍兴行”活动】 2021年7月19—22日，共青团绍兴市委、北京大学元培学院举办“在高质量发展建设共同富裕示范区市域范例中的青年担当”主题团日活动。来自北京大学元培学院的50名师生在柯桥区棠棣村、诸暨市枫桥镇开展为期4天的实践调研。

【绍兴市少工委八届三次全委(扩大)会议召开】 2021年4月9日，绍兴市少工委八届三次全委(扩大)会议暨《中共中央关于全面加强新时代少先队工作的意见》专题培训会召开。会上审议通过关于市少工委委员卸职递补、增补的确认案，通过市少工委八届三次全委(扩大)会工作报告。市少工委、市少先队工作学会及各区、县(市)少先队工作者和少先队辅导员代表等110余人参会。在培训会上，中央团校教授陆士桢就《中共中央关于全面加强新时代少先队工作的意见》做专题辅导。

【2021年绍兴市红领巾才艺大赛】 2021年8月6—19日，共青团绍兴市委、绍兴市少工委、绍兴市新闻传媒中心联合举办的绍兴市红领巾才艺大赛暨绍兴市红领巾学院少儿艺术团招募活动举行。比赛

分戏曲组、舞蹈组、合唱组等6个赛事。60名少先队员获得一等奖，91名少先队员获得二等奖，163名少先队员获得三等奖，194名少先队员获得优秀奖。根据双向选择择优录取原则，录取部分选手为绍兴市红领巾学院少儿艺术团社团成员，免费参加培训。

【绍兴市少先队庆祝建党100周年主题队日活动】 2021年，团市委市少工委在市文化馆剧场举行“高举队旗跟党走，红色基因代代传”庆祝中国共产党成立100周年主题队日活动。市委副书记、政法委书记、市少工委名誉主任陈澄参加活动并讲话。活动以红色宣讲为主线，包含“让历史告诉未来”“一路走来一路歌”“让榜样点燃梦想”“百年传奇我接力”等篇章。

【构建助力“双减”立体服务模式】 2021年，团市委、市青少年活动中心推出“多彩生活，快乐实践”特色主题研学活动、“为企带娃”“进企带娃”公益托管、“团团陪你过新年”“乐在振德，欢乐暑假”托管活动，创设“托管送到家”服务等，初步形成“定向长效＋流动循环”的助力学校课后托管服务模式。

【共青团绍兴市委八届五次全委（扩大）会议召开】 2021年8月12—13日，共青团绍兴市八届五次全委（扩大）会议暨全市团干部学习贯彻习近平总书记“七一”重要讲话精神专题培训班召开。市委常委、常务副市长杜旭亮出席会议并讲话。团市委书记赵浪平代表共青团绍兴市委第八届委员会作题为《深入学习贯彻“七一”重要讲话精神　在奋力打造共同富裕示范区市域范例的青春实践中彰显青春担当》的报告，会议传达习近平总书记“七一”重要讲话精神、市委八届十次全体（扩大）会议和团省委十四届九次全委（扩大）会议精神。会议审议通过《关于组织开展“我在窗口写青春”绍兴青年助力高质量发展建设共同富裕示范区市域范例先锋行动的决定》《共青团绍兴市委常务委员会工作规则》。

（团市委／提供）

绍兴市妇女联合会

【概况】 2021年，绍兴市妇女联合会围绕中心大局做活引领，聚焦主责主业做实联系，立足妇女儿童家庭做优服务，团结凝聚广大妇女为加快建设网络大城市、全力打造共同富裕地贡献力量。1个集体获2021年度全国三八红旗集体，2个集体获全国维护妇女儿童权益先进集体，2名个人获全国维护妇女儿童权益先进个人，5家单位创建成全国巾帼文明岗，2名个人评为全国巾帼建功标兵，23家单位创建成省巾帼文明岗，11名个人评为省巾帼建功标兵，3户家庭评为全国“最美家庭”，9户家庭评为浙江“最美家庭”，8户家庭评为浙江“绿色家庭”。市妇联获2021年度全市工作目标责任制考核优秀单位、2021年度健康绍兴建设突出贡献集体。市妇联权益部评为全国维护妇女儿童权益先进集体。上虞区妇联获全国妇联系统先进集体称号。

【全国妇联在绍兴举行加强家庭家教家风建设工作推进会现场考察】 2021年11月27日，全国妇联在绍兴举行加强家庭家教家风建设工作推进会现场考察。全国人大常委会副委员长、全国妇联主席沈跃跃率31个省（自治区、直辖市）和新疆生产建设兵团妇联主席、全国妇联相关部门负责同志考察“枫桥经验”陈列馆、枫桥镇枫源村，参观“‘越地女儿’以家为本参与

2021年绍兴市获“全国维护妇女儿童权益先进集体和先进个人”情况表

表12

奖项名称	获奖单位（姓名）	所在单位（地区）
全国维护妇女儿童权益先进集体	绍兴市妇女联合会权益部	—
	绍兴市越城区人民法院	—
全国维护妇女儿童权益先进个人	曹　俊	柯桥区柯桥街道办
	沈　波	上虞区人民检察院

2021年绍兴市获“2021年度全国三八红旗集体”情况表

表13

奖项名称	获奖单位
2021年度全国三八红旗集体	绍兴市新闻传媒中心（越牛新闻团队）

2021年绍兴市获“全国巾帼文明岗”“全国巾帼建功标兵”情况表

表14

奖项名称	名称（姓名）	所在单位（地区）
全国巾帼文明岗	浙江上虞农村商业银行股份有限公司杭州湾新区支行营业部	—
	浙江绍兴嵊新高速公路有限公司甘霖收费站	—
	国家税务总局绍兴市越城区税务局驻区政务办窗口	—
	诸暨市富润老年康乐中心护理部	—
	绍兴市柯桥区行政服务中心	—
全国巾帼建功标兵	应利君	绍兴市人民医院
	庄　园	诸暨市吾欣公益发展服务中心

2021年绍兴市获“全国最美家庭”情况表

表15

奖项名称	姓　名	所在单位（地区）
全国最美家庭	裘怿钊家庭	越城区府山街道
	周建琴家庭	诸暨市暨阳街道
	俞伯忍家庭	新昌县南明街道

基层社会治理工作展”等。全国妇联党组书记、副主席、书记处第一书记黄晓薇，全国妇联副主席、书记处书记蔡淑敏，全国妇联书记处书记、党组成员赵雯等参加。

【沈跃跃在绍和妇女群众一起学习中共十九届六中全会精神】2021年11月26—27日，全国人大常委会副委员长、全国妇联主席沈跃跃到绍兴宣讲中共十九届六中全会精神。在绍兴期间，沈跃跃就妇女在推进共同富裕、科技创新、乡村振兴、基层治理和新业态新就业群体党群建设中的作用，以及妇联在引领服务联系、家庭家教家风建设中的好做法、好经验进行调研。副省长王文序，省妇联主席王文娟等领导参加相关活动。

【开展庆祝中国共产党成立100周年妇女群众宣教活动】2021年，市妇联组织开展“越地女儿心向党 迈步奋进新时代”群众性主题宣传教育活动和全市妇联系统“六讲六做”宣讲活动。组建百名“越地女儿”宣讲团，开设百个“越地女儿”大讲堂，推出百名“越地女儿向党告白”专题报道，开展百个巾帼文明岗岗位争先，构建万名“越地女儿”志愿服务格局，线上线下开展宣讲1960余场，覆盖妇女群众96.9万人次。依托巾帼爱国主义教育基地、党史学习教育基地，开展“我的妈妈是党员”“红色剪纸忆党史”等活动。新华网、《中国妇女报》等主流媒体宣传推介信息212篇次。

【“最美浙江人·最美家庭”发布活动举行】2021年5月12日，由省委宣传部、省妇联主办的“传承的意义——2020年度‘最美浙江人·最美家庭’发布活动暨浙江省家庭家教家风巡讲活动启动仪式”在绍兴市越城区鉴湖街道王家葑村举行。发布2020年度100户浙江“最美家庭”。省、市相关领导出席活动。

【举办沪杭甬绍女企业家论坛】2021年6月16日，以“融杭联甬接沪”为主题的沪杭甬绍四地女企业家论坛在绍兴举行。其间，四地女企业家协会会长签署沪杭甬绍女企业家协会战略合作伙伴框架协议。市人大、市政府、市政协领导，市级有关部门领导和沪杭甬绍女企业家代表共150余人参加活动。

【打造“数智妇联”】2021年，市妇联推动“工作上网”“数据上云”，打造“数智妇联”。召开全市妇联系统数字化改革座谈会，举办数字化改革专题培训，开展数字化改革金点子征集活动。建设妇联机关整体智治系统，点亮妇联专题门户。设计开发市、县、镇、村四级妇联执委“四必访”管理平台。指导新昌县“教子有方一键通”“‘浙’里有爱零家暴”应用场景设计，支持柯桥区在齐贤街道开展“平安家庭”数字化联动平台试点工作，妇女维权工作纳入“浙律动”小程序。

【开展“越好家”家庭家教家风建设深化工程】2021年，市妇联健全市县镇村“最美家庭”四级联创机制，寻找“最美家庭”等特色家庭11256户。建立好家庭关爱礼遇机制，成立由200余家成员单位组成的“最美家庭礼遇联盟”。开展“颂党恩传家风”家庭家教家风主题宣传月活动。拍摄宣传片《越地家风》，编印《越地家规》《越地家力量》《“越地女儿”以家为本参与基层社会治理案例集》。

【发布绍兴市妇女和儿童发展“十四五”规划】2021年9月，绍兴市人民政府发布《绍兴市妇女发展“十四五”规划》《绍兴市儿童发展“十四五”规划》。《绍兴市妇女发展“十四五”规划》确定8大优先发展领域和6项重点实事项目。提出到2025年，绍兴妇女事业发展水平走在全省前列，妇女事业发展成为展示“重要窗口”绍兴风景以及高质量发展建设共同富裕示范区市域范例的重要组成部分。

【召开市政府妇女儿童工作委员会(全体)扩大会议】2021年6月24日，市政府妇女儿童工作委员会召开全体(扩大)会议。市委常委、常务副市长、市政府妇儿工委主任杜旭亮出席会议并讲话，市妇联代表市政府妇儿工委作报告。市政府妇儿工委办公室做市妇女儿童发展“十四五”规划编制情况说明。市政府妇儿工委全体委员、联络员，各区、县(市)政府妇儿工委主任、妇儿办主任和专职副主任参加会议。

【举办首届“越地女儿”活动周】2021年3月3—10日，市妇联举办首届“越地女儿”活动周。活动周期间，举行社会治理“她”力量——“越地女儿”参与基层社会治理主题报告会，“最美家庭”事迹展、女性社会组织参与基层社会治理项目征集发布、越地女儿追梦印记·“妈妈的味道”三八市集等系列活动，线下参与3200余人次，线上参与17万余人次。

3月3日，由市妇联、市委宣传部、市委政法委联合主办的社会治理“她”力量——“越地女儿”参与基层社会治理主

2021年3月3日，社会治理“她”力量——“越地女儿”参与基层社会治理主题报告会举行
（市妇联/提供）

题报告会在绍兴市文化中心举行。各区、县(市)围绕“越地女儿”参与基层社会治理做主题报告。会上,表彰绍兴市抗击新冠肺炎疫情全国三八红旗手、全国三八红旗集体、抗击新冠肺炎疫情浙江省三八红旗手(集体)等先进个人和集体;“越地女儿”参与基层社会治理指导实践展示中心揭牌。

【印发全域打造“枫桥式妇女之家”实施意见】 2021年8月,市妇联印发《关于全域打造“枫桥式妇女之家”的实施意见》。提出开展“枫桥式妇女之家”全域推进三年计划,明确“五有”(有领雁、有场所、有制度、有活动、有记录)、“五亮”(亮妇联标识、亮组织架构、亮人员身份、亮服务清单、亮活动内容)建设标准,下发《妇女议事会工作指南》,完善妇女议事会制度。

【创设“越地女儿”以家为本参与基层社会治理“12345”工作法】 2021年,市妇联创造性运用新时代“枫桥经验”,将家庭家教家风建设融入基层社会治理主题,创设“越地女儿”以家为本参与基层社会治理“12345”工作法。该工作法围绕家庭家教家风建设融入基层社会治理1个主线,依托指导实践展示中心和枫桥式妇女之家2个平台,统领妇联执委、巾帼志愿者、女性社会组织3支队伍,融合4类必访,实施家庭建设5项综合行动。

【全国首推“妇”字号“双减”课后服务】 2021年,市妇联利用妇女儿童家庭服务中心等阵地和资源优势,在全国妇联系统率先推出学生周末托管服务。举办以“让家庭与‘双减’同行”为主题的家庭家教家风巡讲,推进百堂家庭教育公益课堂进家长学校,提供200多堂课程菜单。推动全市村(社区)基础型儿童之家建设,命名125个市县两级示范型儿童之家,在519个村(社区)儿童之家开展课后服务。

【全省首推“双证计划”】 2021年,市妇联、市人力社保局联合实施家庭教育指导员专项能力培训,在全省率先启动家庭教育指导员、婚姻家庭辅导员“双证计划”。至年末,各区、县(市)共1037人参加家庭教育指导员培训,725人获人力社保部门认证的专项能力证书,婚姻家庭辅导员培训累计超8000人。

【实施创业创新巾帼行动】 2021年,市妇联、市委组织部印发《“越地女儿”六项行动助力“五星达标、3A争创”迭代升级方案》,巾帼助力乡村振兴。深化“越地女儿”创业追梦之旅,33家女性创业站点纳入工会疗休养基地。培育巾帼创业创新基地27个,各级妇联开展育婴员、家政服务等职业技能培训,惠及妇女2.67万人次。吸引巾帼新农人、女创客、网络达人加入乡村振兴女性人才队伍。举办新生代女企业家座谈会,梳理25条意见建议,对接11个相关部门研究解决。

【巾帼力量助力疫情防控】 2021年12月,市妇联印发《关于组织动员各级妇联组织和妇女群众助力疫情防控工作的通知》,集结全市2万余名妇联干部、执委、巾帼志愿者参与抗疫工作。组织发动爱心女企业家积极捐款捐物达500余万元,通过“爱心娘子军”民间公益组织,将3900件羽绒服、10万片暖宝宝、3300双棉袜、4500盒自热米饭等抗疫保暖物资送往上虞区、越城区防疫一线。联合相关单位开通24小时心理热线,推出防疫心理关爱平台,开展政策解读、心理疏导800余次。

【首个市直国有企业妇联成立】 2021年10月22日,市文化旅游集团有限公司召开第一次妇女代表大会,成立市直首家国有企业妇联。大会选举产生陈亚娟等9名市文旅集团妇女联合会第一届执行委员会委员。市文旅集团妇女联合会第一届执行委员会第一次全体会议召开,陈亚娟当选主席,徐艳芳、陈慧当选副主席。

【市直首家机关事业单位妇联成立】 2021年11月18日,绍兴市新闻传媒中心(传媒集团)妇女联合会成立暨第一次妇女代表大会举行。大会审议并通过了选举办法和委员候选人建议名单等,选举产生中心(集团)妇联第一届执行委员会委员。在执委一届一次会议上选举产生主席1名、副主席2名、委员7名。魏璐芳当选为中心(集团)妇联第一届执行委员会主席。这是绍兴市直机关事业单位成立的首家妇联。

【成立市快递物流行业妇工委】 2021年12月9日,绍兴市成立市快递物流行业妇工委。行业妇工委设主任1名,副主任2名、委员4名,张剑担任第一届妇工委主任,韦莎莎、沈梦瑶担任妇工委副主任。

【举办“越地女儿”直播创业营】 2021年11月5日,由市妇联牵头组织的“越地女儿”直播创业营开营,来自绍兴文理学院、浙江越秀外国语学院、绍兴职业技术学院的近50名学生参加首期创业营。直播创业营共3期,面向在绍女大学生和社会女性开展公益技能培训,搭建学习成长平台,提供直播实践机会。

(绍兴市妇女联合会/提供)

绍兴市科学技术协会

【概况】 2021年,绍兴市科学技术协会围绕党委政府和上级科协工作部署,坚持“四为服务”的职责定位,加强对科技社团的政治引领,为绍兴高质量发展提供科技和人才支撑,推进绍兴市科学技术事业长足发展。绍兴滨海新区成为“科创中国”浙江省级创新基地,柯桥区成为“科创中国”浙江省级试点区,“竺可桢故居”入选首批中国科协科学家精神培育基地。新确定绍兴市“科技先锋岗”34个。至年末,绍兴市科学技术协会有区、县(市)科协6个,市直开发区科协1个,市级学(协)会48个、研究会48个和企业事业单位科协478个。

【市科协七届五次全委会召开】 2021年4月14日,绍兴市科协七届五次全委会召开。市委常委、组织部部长王琴英出席会议并讲话,市科协党组书记、主席张荣社主持会议并向市科协七届五次全委会做《工作报告》。会议期间,举行“银龄跨越数字鸿沟”科普专项行动启动暨科技志愿服务队授旗仪式,通报2020年度绍兴市青年科技英才,确认市科协七届九次常委

2021 年 4 月 14 日，绍兴市科学技术协会七届五次全委会议召开　（市科协 / 提供）

会通过的新增补委员、常委人选（增补凌秀凤、宋增民、马彩君、陈旭东、马国勇、冯玉科为市科协第七届委员会委员、常委）。

【"一家三站"建设】 2021 年，市科协继续推进院士之家、院士工作站、专家工作站、博士创新站"一家三站"建设和学会服务站建设。新建院士领衔工作站 7 家，专家工作站 24 家，市级博士创新站 11 家，柔性引进中外籍院士 14 名，国家级领军人才 22 名。新建省级以上学会服务站 5 家。至年末，院士之家已到访院士 73 人次，其中 35 位院士带项目入家，接待市级以上考察调研 23 次，承接举办交流活动 29 场次。

【2019—2020 市自然科学优秀论文评选】 2021 年，市科协组织开展 2019—2020 年度绍兴市自然科学优秀论文评选工作，收到参评论文 233 篇，终评产生一等奖 5 篇，二等奖 10 篇，三等奖 20 篇。《Drinfel'd-Sokolov-Wilson 方程的相容 Riccati 展开和有理解》（第一作者：任博，绍兴文理学院）、《多功能 Nb_2O_5-TiO_2 复合金属氧化物材料对有毒物质 1，2- 二氯乙烷的吸附 / 催化燃烧性能研究》（第一作者：杨鹏，绍兴文理学院）、《桥梁结构真实模态的智能化识别》（第一作者：陈永高，浙江工业职业技术学院）、《交联万古霉素的新型细胞外基质支架通过多重抗菌作用治疗骨感染》（第一作者：方斌，绍兴市中心医院）、《基于高斯 - 分类混合聚类方法的水稻区域化肥减施潜力研究》（第一作者：张耿苗，诸暨市农业技术推广中心）获一等奖。

【市级学会规范化建设】 2021 年，绍兴市科协继续推动市级学会标准化建设，确定 AAAAA 级学会 5 家，AAAA 级学会 8 家，AAA 级学会 5 家，党建示范学会 2 家，科技服务示范学会 3 家。完成市级学会年检 45 家，更新规范市级学会党建工作小组 48 家。

【科创之江百人会成立大会】 2021 年 4 月 24 日，以"科技引领数字赋能——科技创新助力制造业高质量发展"为主题的科创之江百人会成立大会暨浙江省全球先进制造业基地建设科学家企业家智库圆桌会在柯桥区举行。（详见 P153）。

【第十届中国药物毒理学年会】 2021 年 5 月 21—24 日，2021 年（第十届）药物毒理学年会在越城区举行。年会除主会场，还设置药物研究指导原则分会场、安全药理研究分会场、新药安评政策法规分会场、药物毒性评价分会场、中药与天然药物分会场、青年论文交流分会场等 6 个分会场。共收录会议论文 563 篇、大会报告 14 项、分会场报告 113 项。开幕式上，刘昌孝、刘良、王海南等院士专家围绕中药研发的监管科学与重要临床询证医学、《国家药监局关于促进中药传承创新的实施意见》政策解读等内容做报告。其间，举行"'药'您同行·携手共赢"项目路演暨"柯桥英才"生物医药专场评审会等活动。800 余位专家学者参加年会。

【第十五届全国正电子谱学会议】 2021 年 5 月 13—15 日，由中国核物理学会正电子谱学专业委员会主办的第十五届全国正电子谱学会议开幕式在绍兴永和庄园会议中心举行。中国科学院院士赵政国作了题为 *Status of high energy physics with accelerators* 的主旨报告。来自全国高校和科研院所的 160 余名专家学者参会。

【第十四届"院士专家绍兴行"活动】 2021 年 9 月 25 日，第十四届"院士专家绍兴行"活动举行。会上，举行市人民政府与中国国际科技交流中心战略合作框架协议签约，"科创中国"浙江创新基地省级试点县（市、区）平台授牌。在"院士专家绍兴行"活动中，10 余位院士专家前往"科创中国"浙江省级创新基地滨海新区和省级试点区柯桥区开展考察调研。

【"弘扬科学家精神"主题宣传】 2021 年 5 月，在全国科技活动周期间，绍兴市举办"我和我的祖国——中国科学家精神"主题展暨 VR 全景数字展，接待团队 70 余批次、观看人数 1.8 万余人次。举办"弘扬科学家精神"专题报告，线上线下听众 2.3 万余人次。"不忘初心学党史、弘扬科学家精神"微信有奖竞答活动，参与答题 2.5 万余人次。

【全省企业科协负责人培训班举办】 2021 年 10 月 21—22 日，2021 年全省企业科协负责人培训班在绍兴举办。会上，省委党校仲帅、工信部人才交流中心薛冰、湖南省企业科协联合会理事长彭英分别做《奋力走好心新的赶考之路——贯彻习近平总书记"七一"讲话精神》《数字经济时代下的模式创新》《紧密联合 协同共创 服务高质量科创高地建设——湖南省企业科协联合会工作实践》报告；进行典型经验交流分享、企业科协现场教学活动。参会学员考察越城医疗器械产业创新服务综合体、华汇工程设计集团。全省企业科协相关负责人 100 余人参加培训。

（市科协 / 提供）

绍兴市社会科学界联合会

【概况】 2021 年，全市社科界坚持以习近平新时代中国特色社会主义思想为指导，围绕中心工作，各项工作取得新发展。年内，共立项哲学社会科学规划课题 197 项，完成市委、市政府委托调研报告 32 个，出版《绍兴社科智库文选(2020)》。组织高校社联、社科研究基地出版研究成果 45 本、专著 16 部，指导科研基地主持开展横向课题研究 82 项。编印《社科要报》20 期，其中市领导批示 11 期。组织实施绍兴市第 18 届哲学社会科学优秀成果奖评审。组织各类学术研讨、学术沙龙、学术讲座和交流活动 100 余场次；深耕宣讲品牌，汇集宣讲课题 200 余项，累计开展讲座 1000 余场。编发《绍兴学刊》6 期，在绍兴社科网、“社科越读”微信平台发布信息 650 余条。5 家社科研究基地、10 家科普基地被命名为市级社科示范基地；命名第五批市级社科普及基地 15 个。市社联获浙江省社联综合优秀单位。

至年末，绍兴市社会科学界联合会有下属学会、协会、研究会 42 家，有在绍高校社联 9 家，区(县、市)社联 6 家，市级社科研究基地 22 家，科普基地县级 162 家、市级 78 家、省级 21 家。

【地方特色智库建设】 2021 年，绍兴市有市级社科特色智库 5 家，分别是绍兴市越商研究院、绍兴市区域经济发展研究院、绍兴市网络舆情研究院、社科院智库、大公法律研究院等。年内，绍兴市社科特色智库为党委政府提供及时有效的咨询和研判报告 8 个。

【大禹农耕文化与乡村振兴战略论坛举行】 2021 年 4 月 18—20 日，由市社联、浙江大禹文化发展基金会主办的大禹农耕文化与乡村振兴战略论坛在绍兴开元大禹(姒姓禹裔村址)举行。浙江大学公共政策研究院执行院长金雪军做“数字经济与乡村振兴”演讲，李振基、高源、胡删、贺勇等专家学者分别就大禹农耕文化与绿水青山，中国传统农耕方法与绿色有机，生态环境，公益性农产品市场等课题交流学术成果。李永鑫、邱志荣等介绍大禹农耕文化理论要点，分析大禹治水与越文化传承。来自国内有关大学、科研机构、农场、农业企业、生态、有机产品等专业协会及其他有关团体共 100 余人参加论坛。

2021 年 4 月 18—20 日，大禹农耕文化与乡村振兴战略论坛举行　（市社联 / 提供）

【第八届绍兴社科智库论坛举办】 2021 年 5 月 27 日，由市社联、浙江工业大学之江学院共同举办的“长三角一体化与绍兴城市能级提升”绍兴市域现代化发展研讨会在之江学院举办。研讨会上，范剑勇、范从来、秦诗立、鲍健强、李生校等专家学者分别做主题报告。省、市、区社联领导，浙江工业大学之江学院领导和社科界、论文作者代表等 120 余人参加论坛。

【市社科理论界庆祝中国共产党成立 100 周年座谈会】 2021 年 6 月 24 日，绍兴市社科理论界庆祝中国共产党成立 100 周年座谈会在市区召开。与会人员聚焦“守好红色根脉　展示‘绍兴风景’”主题进行了座谈研讨。市社科院、在绍高校、党校、社科特色智库、社科研究基地、社科新人、青年理论征文作者、媒体记者代表等 30 位专家学者参加座谈会。

【庆祝“胆剑精神”重要讲话 17 周年研讨会】 2021 年 8 月 24 日，由市社联、柯桥区委宣传部共同主办的“弘扬胆剑精神赋能共同富裕”——庆祝“胆剑精神”重要讲话 17 周年研讨会在平水镇剑灶村举行。研讨会上，专家学者围绕“胆剑精神在新时代的意义与价值”主题，展开讨论。来自省、市、区的文化学者、专家参加研讨会。

【市社科院智库成员聘任仪式举行】 2021 年 9 月 29 日，绍兴市社科院智库成员聘任仪式暨绿色经济发展研究学术成果研讨会在市区召开。聘任仪式上，5 位资深专家和 48 位社科青年学者被聘为新一届顾问和研究员，并颁发聘书；新受聘的 3 位研究中心主任介绍各中心建设情况及未来目标，5 位研究员代表结合自身研究方向，围绕如何根据地方实际开展应用性研究交流发言。市社联领导、市级有关部门代表、在绍高校专家学者代表、社科特色智库代表、市“社科新人”代表、绿色经济发展研究领域学者和企业家代表共 60 余人参加仪式。

【第六届绍兴文化峰会】 2021 年 9 月 25—26 日，由中国鲁迅研究会、市社联、绍兴文理学院、乐山师范学院、浙江省鲁迅研究会共同主办的第六届绍兴文化峰会纪念鲁迅诞辰 140 周年暨“鲁迅与现代文化价值重建”国际学术研讨会在市区举行。研讨会收到论文 120 余篇。在研讨会上，黄乔生、朴宰雨、寇志明、黄健、王嘉良等 12 位中外专家围绕研讨会主题做交流发言。省、市社联领导和来自中国鲁迅研究会、中国鲁迅研究会、省鲁迅研究会、北京鲁迅博物馆、中国鲁迅研究会、绍兴文理学院、乐山师范学院等的专家，在绍高校和科研机构的代表、绍兴文理学院师生代表、媒体记者等共 100 余人参加研讨会。

【明清越地名人学术思想研讨会】 2021年10月23日，由绍兴文理学院主办、越文化研究院承办的明清越地名人学术思想研讨会在市区举行。研讨会上，吴震、彭国翔、钱明、何俊、何诗海、翟奎凤、钱茂伟、潘承玉等专家学者做主题报告和论文交流。省、市社联领，来自复旦大学、浙江大学、绍兴文理学院等的专家教授以及校师生代表参加会议。

【举办2021年度社团秘书长暨党建联络员培训班】 2021年12月2—3日，市社联在市委党校举办2021年度社团秘书长暨党建联络员培训班。市社联党组成员、副主席蔡立峰参加培训班并做开班动员，钱顺明、何信恩应邀做专题讲座。全市社联所属42家学会（研究会）秘书长和党建联络员参加培训。

（市社联／提供）

绍兴市文学艺术界联合会

【概况】 至2020年末，绍兴市文学艺术界联合会组织广大文艺工作者围绕重要历史节点、全市发展大局，参与重大节会活动、重要惠民服务、突发疫情防控工作等，扶持出版《百年回眸》文学作品集、《百年回眸——绍兴市庆祝中国共产党成立100周年主题美术书法（篆刻）摄影优秀作品集》、《鲁迅故乡作家文库（第三辑）》、《兰丛新放——首届绍兴新故事征文大赛优秀作品选》等，推动绍兴文艺高质量发展。

至年末，绍兴市文联有团体会员23家，其中市级文艺家协会16家，区、县（市）文联6家，行业文联1家。市级文艺家协会有会员5823人，其中国家级会员601人，省级会员1866人。

【庆祝中国共产党成立100周年文艺活动】 2021年，绍兴市文联策划开展"百年回眸——绍兴市庆祝中国共产党成立100周年主题文学艺术作品展"、红色经典剧（曲）目全市巡演、"我把党来比母亲"空中故事会、"我的妈妈是党员"主题拍摄、红色经典作品有声党史诵读（柯桥区）、"红色惠民摄影"（诸暨市）、"红歌献给党"颂唱（新昌县）等主题展览和活动80余场次。

【参与重大节会活动】 2021年，绍兴市文联参与、承办"全国美术高峰论坛暨徐渭诞辰500周年纪念"、纪念鲁迅先生诞辰140周年、第三十七届兰亭书法节"百人百幅庆百年"等重要文化节会活动。各团体会员参与举办中国艺术产业发展论坛、第七届曲艺高峰论坛、第十三届亚洲色彩论坛·柯桥设计峰会、"青藤不朽"纪念徐渭诞辰500周年特展、"欣于所遇"2021东亚文化之都中日韩书法邀请展、绍兴乐山书画作品联展、"会稽万古"越中金石拓片展、"西施杯·印象诸暨"全国歌词原创作品大赛、嵊州十年"全家福"摄影展等。

【以艺抗疫】 2021年，绍兴市文联组织全市文艺工作者、爱好者开展主题创作，完成2000余件以宣传防疫要求、展示抗疫速度、体现抗疫成果为主题的文艺作品，通过"文艺绍兴"等微信公众号连续编发50余期。

【文艺助推乡村振兴】 2021年，绍兴市文联推进"行走乡村·文化润乡"主题活动，开展巡演巡展、文艺支教、讲座辅导、采风拍摄等活动600余场，受益群众5万余人次。已形成书法门诊乡村行、曲艺"节日不打烊"、诸暨"一个村庄一首诗"、嵊州和美全家福拍摄等50多个文艺志愿服务项目和服务团队。主题活动年度汇报展览在柯桥古镇举行，展出美术、书法（篆刻）、摄影、纪录片（短视频）、诗词楹联作品近300件。主题活动作为全市公共文化服务载体，被列入绍兴市国民经济和社会发展第十四个五年规划。

【文艺创作成果丰富】 2021年，绍兴市文艺创作成果丰富，150余人次入选省级以上奖项。其中，1人入选2020年度国家艺术基金青年艺术创作人才资助项目（舞台艺术表演类）；1人入选中国文联2021年度青年文艺创作扶持计划；1件作品获第十一届"小荷风采"全国少儿舞蹈展演"小荷之星"最高奖；1人获浙江省第七届青年歌唱家大赛美声组铜奖；1人获钢琴组铜奖；1人作品入选第28届中国摄影艺术展览；1件作品入选第四届全国青年摄影大展；1件作品获浙江省优秀文学作品奖(2018—2020)；1人获第五届浙江戏剧奖金桂表演奖；1人获"陆维钊奖"浙江省第九届中青年书法篆刻展优秀作品奖；1件作品获第31届浙江电视牡丹奖（电视动画片类）；4件作品获第八届浙江民间文艺"映山红奖"；1部诗集获2020年度浙江文化艺术发展基金资助；另有7人（件）作品、专著获省级文艺重要奖项（立项）、入选扶持计划；《核桃树之恋》（越

2021年，市文联组织开展摄影双年展活动 （市文联／提供）

剧）入选中宣部“庆祝中国共产党成立100周年优秀舞台艺术作品展演”；《永远的船娘》入选中国音协“百年百首”全国优秀新创歌曲；《山“花”烂漫外婆坑》入选“百年风华筑伟业”浙江电视专题片十佳优秀作品。

【文艺“双年计划”首期展赛】 2021年，绍兴市文联组织完成绍兴文艺“双年计划”首期各项展赛。活动吸引5200余人次参赛，累计收到参赛作品7476件。“双年计划”推动全市40岁及以下青年文艺人才的快速集聚和成长，推动优秀文艺作品的产生。

【文联组织建设】 2021年，绍兴市文联指导市级14个文艺家协会完成换届。其中，市民间文艺家协会、市民间工艺美术家协会合并为市民间文艺家协会；市音乐舞蹈家协会更名为市音乐家协会，成立市舞蹈家协会。越城区文联指导斗门、鉴湖、府山、东湖、马山街道成立乡镇一级文联。

（市文联／提供）

绍兴市残疾人联合会

【概况】 2021年，绍兴市按照《中华人民共和国残疾人保障法》及党和国家有关其他残疾人工作的方针、政策，编制《绍兴市残疾人事业发展“十四五”规划》，搭建“绍兴市数字残联技术服务系统”，全市6个区、县（市）实现残疾人证和残疾人按比例就业两个事项“跨省通办”，落实“两项补贴”政策，开展省级无障碍社区创建，完成省政府助残民生实事项目等工作取得实效。

残疾人康复工作。推进残疾儿童定点康复机构规范化建设，完成27家“残疾人之家”提升改造，6家残疾儿童定点康复机构规范化提升；全面开展残疾人基本康复、家庭医生签约服务；开展0—6岁残障儿童抢救性康复工作，开展残疾儿童早期干预试点，完成残疾儿童抢救性康复439人，辅助器具适配服务1866人。持证精神残疾人免费服药覆盖率100%。绍兴康复医院成立全市首个“互联网+”远程康复管理中心。

残疾人职业培训和就业。通过抖音直播、非物质文化“灰汤粽”制作、小笼包制作、盲人电脑培训等方式，全年培训残疾人1974人次，完成年度任务114%。开展“2021年就业帮扶真情相助就业援助月”专项服务行动，组织13场线下线上集中招聘活动，新增残疾人就业1941人，完成任务数的250%；47名应届大学毕业生实现100%就业。完成1名党政机关公务员、2名事业单位人员、2名国有企业人员单招单考招录工作。建立持证残疾人“一人一档”数字信息库，辖内所有区、县（市）同步实现残疾人证、残疾人按比例就业两个事项“跨省通办”。

残疾人助学帮扶。为127名残疾大学生累计减免学费、住宿费等费用147万元；向1400名残疾学生或残疾人家庭子女提供助学金400万元；向300名有需求的持证适龄残疾儿童提供送教上门服务。

残疾人文体宣传工作。承办第十届全国残疾人艺术汇演（东部片区），参加省第九届残疾人文艺汇演，举办市第九届残疾人文艺汇演。“绍兴残联”微信公众号连续3年获全省市级残联传播指数综合排名第一。绍兴籍运动员蒋裕燕、余钦权等在东京残奥会、全国残运会取得历史最好成绩。

残疾人合法权益维护。全市投入400余万元推进两项省政府助残民生实事项目，投入900余万元完成10个省级无障碍社区创建和846户困难残疾人家庭无障碍改造。累计发放困难残疾人生活补贴27928人次，资金7392.49万元；累计发放重度残疾人护理补贴55017人次，资金12519.75万元。处理残疾人信访368件次，办结率100%，残疾人群体整体稳定。“柯桥区‘全链条’无障碍建设项目”入选省首批促进残疾人共同富裕先行试点项目。

至年末，全市入中残联档案库持证残疾人11.09万人。有残联机构110个，其中市级残联1个，区、县（市）残联6个，乡镇（街道）残联103个。有助残社会组织26个，残疾人康复机构11个，残疾人托养服务机构100个，特殊教育普通高中（部、班）1个。有地市级残疾人专题广播节目1个、电视手语栏目1个。市县两级公共图书馆共设立盲文及盲文有声读物阅览室7个，有残疾人艺术团6个。

绍兴市残联获评2017—2020年全国群众体育先进集体、绍兴市政府集体二等功、2021年度绍兴市工作目标责任制考核优秀单位。诸暨市残工委获评全国残疾人工作先进单位，嵊州市三界镇专职委员陈钢获评全国残疾人工作先进个人。绍兴柯桥街道大渡社区被授予“创建全国无障碍环境达标市县村镇”称号。绍兴市残疾人康复训练中心、越城区残工委、上虞区丰惠镇残联获评省政府残工委“十三五”期间工作成绩突出集体；丁玲、

庆“六一”2021年彩虹桥幼儿园美食节活动举行，市领导慰问残疾儿童 （市残联／提供）

倪灵东、裘移风、杨小凡、沈彪、蒋淮鑫、叶树青、王丽受省政府残工委表彰。

【编制残疾人事业发展“十四五”规划】 2021年11月1日，绍兴市人民政府残疾人工作委员会发布《绍兴市残疾人事业发展“十四五”规划》。规划提出到2025年，绍兴市在残疾人家庭人均可支配收入年均增长、困难残疾人生活补贴覆盖率、重度残疾人护理补贴覆盖率等14个方面的发展指标，围绕提升残疾人组织队伍建设、提升残疾人社会保障质量、提升残疾人康复服务精准度等10个重点任务。

【全市残疾人工作会议召开】 2021年3月11日，全市残疾人工作会议暨市残联第七届主席团第四次全体会议以视频会议形式召开。会议总结2020年和“十三五”绍兴市残疾人工作，部署2021年和“十四五”工作任务。副市长陈德洪出席会议并讲话，市政府副秘书长孟志军主持会议，市残联党组书记、理事长王少军做工作报告。市残联第七届主席团市直委员和市政府残工委成员单位分管负责人在主会场参加会议；各区、县（市）政府分管领导、第七届主席团委员、残联干部以及2020年荣获全国、全省残联系统各类先进的代表在分会场参加会议。

【中国残联党组成员、副理事长相自成到绍兴调研】 2021年4月15日，中国残联党组成员、副理事长相自成到绍兴调研座谈“枫桥经验”、专门协会、专职委员等工作，并到诸暨市“枫桥经验”陈列馆参观学习。中残联、省残联、市残联有关人员和绍兴市、诸暨市领导陪同调研和座谈。

【首届全市盲人电脑培训班】 2021年4月18日，绍兴市盲协组织首届全市盲人电脑培训班，开展计算机基础办公软件和盲用软件的实操实训，并就在线盲人医疗按摩考试进行专题讲解。辖内6个区、县（市）的20余名盲人学员参加培训学习。

【“千针布百 匠心驻足”公益活动】 2021年4月21日，市残疾人创业就业孵化基地开展“千针布百 匠心驻足”公益活动，孵化基地创业项目中诞生的首个商标“千针布百”揭幕。“千针布百”品牌创始人张奇奇向30余名残疾人捐赠3D定制的手工布鞋。6月25日，通过“红心永向党，奋进新征程”主题活动，向149名离休干部赠送手工制作的布鞋。

【市第九届残疾人文艺汇演】 2021年5月8日，由市残联、市教育局、市民政局、市文广旅游局主办，柯桥区残联承办的“奋斗百年路·启航新征程”绍兴市第九届残疾人文艺汇演在柯桥区文化中心举行。88位残疾人艺术人才的43个文艺节目参加汇演，评出一等奖6名、二等奖6名、三等奖10名。绍兴市人大、政协领导和主办单位负责人、柯桥区领导、残疾人和残疾人工作者代表等200余人参加。

【我心向党——庆建党百年“无臂七子”百幅书画作品展】 2021年5月11日，绍兴市无臂书画家陈伟强、丁京华与其他五位“中国无臂七子”在浙江图书馆举行“我心向党——庆建党百年‘无臂七子’百幅书画作品展”开展仪式暨纪录电影《无臂七子》首映仪式。省残联、省文旅厅、省文联和、市残联有关领导参加开展式。在开展仪式上，由上虞华歆文化公司投资拍摄的反映残疾人自强自立的电影纪录片《无臂七子》首映。

【全市康复维权工作暨业务培训会召开】 2021年6月11日，市残联召开全市康复维权会议，部署残疾人康复、维权工作，开展残疾儿童康复和无障碍建设专题培训。培训会上，浙江大学建筑设计研究院无障碍研究所设计顾问方舟围绕城市道路、公共场所、信息交流无障碍等方面的技术标准和规范做主题讲座；市残联康复维权部专家戚金飞对残疾儿童康复规范团体标准进行解读；市康复中心副主任医师张佩红讲解康复机构前沿发展的定位和方向。市残联、各区、县（市）残联领导与相关业务处室负责人，残障儿童定点康复机构提升工作负责人，创建省级无障碍所在镇街和社区负责人等参加工作会议、培训。

【“残疾人之家”管理人员培训班举办】 2021年7月6—7日，市残联在绍兴文理学院召开绍兴市“残疾人之家”管理人员培训班暨2021年度教就和劳服工作推进会。省残联教就部一级主任科员严明、绍兴文理学院附属医院护理部主任马乐娟围绕“残疾人之家”政策解读及规范化建设的工作要点、医养护一体的残疾人康复护理要点等问题，对学员进行培训。培训期间，学员到越城区塔山街道、府山街道“残疾人之家”参观学习。各区、县（市）和乡镇（街道）残联及“残疾人之家”机构负责人共70余人参加培训。在2021年度教就和劳服工作推进会上，各区、县（市）残联交流汇报工作、存在问题。

【残疾儿童康复管理和专业技术人员规范化培训班】 2021年9月10—12日，市残联在诸暨市融爱学园康复中心举办2021年绍兴市残疾儿童康复管理和专业技术人员规范化培训班。浙江康复医疗中心（青苹果学园）启音科副主任李萍、中国教师发展基金会教育康复专家指导委员会委员周红省、绍兴市康复医学会理事戚金飞、华东师范大学教育学部康复科学系实践导师宋阳、台湾职能（作业）治疗师何家慧等专家，围绕听障儿童康复、脑性瘫痪儿童康复服务团体标准、自闭症儿童的社交能力训练、感觉统合教学技术等，对学员进行培训。在培训期间，市内残疾儿童定点康复机构教师围绕康复问题进行分享与交流；学员对《浙江省残疾儿童定点康复机构建设与服务评估标准（2021年版）释义》开展分组研讨。对考核合格的学员颁发培训证书。

【绍兴市孤独症人士及亲友协会成立】 2021年8月31日，绍兴市孤独症人士及亲友协会成立暨第一次代表会议召开。会议通过《绍兴市孤独症人士及亲友协会管理办法（暂行）》，选举产生市孤独症人士及亲友协会第一届领导班子。郭敏燕当选协会主席，巩文珍、赵灵芳、林敏静当选协会副主席，吕恬吉当选协会秘书长。10月11日，市孤独症人士及亲友协会推出官方公众号“绍兴市孤协”。

【蒋裕燕获东京残奥会冠军】 2021年东京残奥会期间，绍兴籍运动员蒋裕燕多次打破世界纪录，获女子50米蝶泳S6、女子400米自由泳S6级金牌，女子100米仰泳S6银牌，女子100米自由泳S7级铜牌的佳绩。

【全国第十一届残运会暨第八届特奥会获佳绩】 2021年10月28日，全国第十一届残运会暨第八届特奥会比赛结束，绍兴籍运动员夺得14枚金牌、3枚银牌、4枚铜牌。其中，蒋裕燕打破女子50米蝶泳S6、女子100米仰泳S6、女子100米自由泳S6、女子400米自由泳S6、女子4×50米自由泳接力、女子4×50米混合泳接力6项世界纪录。

【市残联参与东西部协作】 2021年10月18—22日，市残联党组书记、理事长王少军带队到四川省乐山市、峨边县开展东西部协作工作，向乐山市残联捐助资金5万元和价值40万元的助听设备，向峨边县残联捐助资金10万元和价值10.37万元的羽绒服等爱心物资。

（市残联/提供）

绍兴市红十字会

【概况】 绍兴市红十字会围绕"三救、三献"[重大自然灾害和突发事件应急救援、人道救助、应急救护培训；造血干细胞和人体器官（遗体、组织）捐献、无偿献血宣传]、人道传播、红十字青少年等工作职责，以"保护人的生命和健康、维护人的尊严"为主题，以打造"群众身边的红十字会"为目标，坚持数字赋能，全力参与基层治理、文明实践，落实全面普及救护培训、创新拓展人道救助项目、全域提升"博爱家园"品质、开展"枫桥式""三救"系列创建工作、打造生命关爱高地等重点任务，探索建立红十字助力共同富裕的体制机制。

至年末，绍兴市级设红十字总队，县级设分队，重点乡镇（街道）设小队，部分中心村配备红十字救援员，一体化组织指挥网络基本形成。有红十字救援队伍6支，一线骨干队员267名，其中党员骨干队员100余名，二线志愿者605名，全部具有专业救援技能。开展救灾救援行动200次，出动队员2697人次，受益群众21165人次。全市完成救护员取证培训25942人，普及培训289381人。为258个村（社区）配备急救箱、急救包、轮椅、担架等救护用品258套。增设AED122台，达到每万人配置1.15台。红会系统开展志愿服务966场次，服务人群330618人次。市红十字会应急救援总队获第四届省红十字应急救护比赛第一名；市红十字应急救援总队、上虞区红十字户外救援队、新昌县红十字户外救援队获评河南省防汛救灾优秀志愿服务组织；新昌县红十字户外救援队获评省红十字救援工作成绩突出集体。队员沈来生、何晖获评河南省防汛救灾优秀志愿者，队员徐鑫彪、韩军获评省红十字救援工作成绩突出个人，队员徐益江获评省志愿服务最美志愿者。

全市新增造血干细胞捐献志愿登记742人，完成年度目标任务的128%，实现捐献8例。器官（遗体、组织）捐献志愿登记4993例，完成年度目标任务的152.63%，实现器官捐献19例，遗体（组织）捐献43例。无偿献血53483人次1749.38万毫升。

制定《绍兴市学校红十字会规范化建设实施细则》。全市每个中心校以上学校培训红十字师资累计达到1.72名，开发中小学教师应急救护培训课程，纳入教师继续教育体系。全市4.3万名高一新生参加应急救护普及培训，10余所学校组织开展救护技能比赛。巩固"师爱行""旅游服务之星"救助项目，救助20人；设立"护苗行动"未成年人关爱项目。组织红十字青少年参加总会红十字知识竞赛、应急救护技能比赛等。

全市红会系统接受捐赠款物7396.06万元，支出5296.42万元，救助困难群众59233人次，其中市本级接受捐赠款物1061.52万元，支出517.54万元，救助困难群众15631人次。重点开展"炉峰慈联·大病救助""博爱送万家"等救助项目。继续开展腾讯"9·9"公益日互联网筹资活动，设立"互助器材'救'在身边""公共场所AED配置"等6个项目，募集爱心款164.11万元，居全省首位。动员振德医疗用品股份有限公司向湖北省英山捐赠100万元防疫物资；向四川省乐山市投入帮扶款物264.94万元。开通线上线下捐赠通道，设立"绍兴的春节礼包""抗击台风、河南水灾"等项目，募集款物138.8万元。

【"数字红会"建设全省领先】 2021年，绍兴市红十字会围绕"捐赠、救助"服务流程，打造数据实时共享、信息及时互通、审核一体推进、多跨智能集成、服务显著提升的一体化智能化捐赠救助数字化应用场景，打通"浙里办"入口通道，以生态链概念建设"越红公益平台"。实现90%以上的捐赠者与受捐者线上精准对接；工作端实现审核审批流，90%以上表单实现线上流转；实现公益一码通办、智慧管理，上"码"项目4个以上，捐赠资金100%实现网上公开，线上救助申请"一天办结"。一体化智能化捐赠救助数字化应用场景1.0版入选省红十字会首批"揭榜挂帅"项目和市数字社会重点多跨场景应用"一本账"。

【红十字系统参与新冠肺炎疫情防控】 2021年，绍兴市县两级红十字会开通15条捐赠专线，组织300余人次志愿者参与接待服务捐赠工作，累计接受捐赠款物4222.2万元，每日在"越牛新闻"、市红十字会官网发布爱心榜，做到账目清楚、公开透明。组织专门车辆运输100余次，调拨防疫类生活类物资200余万件。市红十字会指导区、县（市）6支红十字救援队成立临时党支部、组建防控突击队，累计出勤325次，出动人员2276人次，搬运装卸物资1000余万件，消杀公共环境10万余平方米。

【"博爱家园"建设】 2021年，绍兴市、县两级红十字会打造集生命安全体验、文化传播、"三救三献"知识宣传及名师工作室于一体的"人道公益会客厅"，全市建设5个。乡镇（社区）一级按"五有"（有组织队伍、有工作服务载体、有人道救助和慰问活动、有红十字文化阵地、有创新性工

2021 年 10 月 29 日，绍兴市人道公益会客厅启用　　（市红十字会／提供）

作）标准开展博爱家园项目建设，全市新申报 42 个，其中 5 个项目纳入总会级试点，2 个项目纳入省级试点，省级试点数列全省第一。

【救护培训"六进"活动】 2021 年，绍兴市红十字会系统依托 54 个应急救护培训基地，12 个 AAA 以上旅游景区救护站，3 个生命教育体验馆，常态化普及全民应急救护知识和技能。全市完成救护员取证培训 19162 人，普及培训 256665 人，累计普及率全省第一位。打造应急救护培训名师工作室，录制精品课程，开设"云"课堂，组织骨干师资不定期开展线上直播教学。救护培训纳入中小学教师继续教育、高中（中职）军训线上线下课程，累计每个中心校以上学校拥有红十字师资达到 1.72 名。培育"校园应急救护培训实践工作坊""博爱医务室"建设等。

【创建"红十字校园应急救护工作坊"】 2021 年，绍兴市红十字会依托研学基地、志愿服务驻地等培育具有红十字辨识度的校外红十字青少年社会实践基地，结合衔接教育、军训、博爱日、法定假期等，充分发挥阵地资源优势，零距离接触"三救三献"，促进人道理念传播、加强救护技能训练。

【"校园'5·8'红十字博爱周"宣传活动】 2021 年第 74 个"5·8"世界红十字日期间，全市红十字会系统组织红十字青少年参加总会红十字知识竞赛、应急救护技能比赛，承办全省"探索人道法"主题培训班。举办"永远跟党走，青春与博爱同行"红十字青少年夏令营活动。开展"生命乐章致敬捐献""毕业季 献热血"等公益活动。

【市红十字会首次主办应急救援专题技能培训】 2021 年 7 月 6—12 日，绍兴市红十字会联合中国登山协会主办的初级山地救援技术培训班在上虞区红十字户外救援队队部举办。培训按照"理论授课与实践操作、基地实践与野外实战"结合的模式，安排搜索基础理论、救援现场评估和安全管理、地形图判读与应用、对讲机通信原理及使用规范等理论知识和固定绳技术、下降技术、一对一救援技术、伤员固定与担架搬运等专项技能操作，来自全市红十字应急救援队的 20 余名骨干队员参加培训。这是市红十字会首次主办的应急救援专题技能培训。

【全省红十字青少年工作会议召开】 2021 年 11 月 22—23 日，全省红十字青少年工作会议在绍兴市召开，省红十字会党组成员、秘书长余新荷出席会议并讲话。会上，对 2021 年度获浙江省红十字工作成绩突出的学校进行表彰，向绍兴职业技术学院、绍兴市塔山中心小学等 7 所学校颁发荣誉证书。来自全省红十字系统、教育系统的 7 名代表分别做交流发言，其中绍兴市红十字代表设区市红十字会做典型经验交流发言。省教育厅、各市红十字会、教育局和县（市、区）红十字会相关负责人等 130 余人参加会议。会议期间，参会人员实地考察绍兴职业技术学院、绍兴市塔山中心小学、绍兴市越城区皋埠中学的红十字工作。

（市红十字会／提供）

法 治

政法与综治

【概况】 2021年，绍兴市政法机关按照中央、省委和市委部署，维护政治安全、社会安定、人民安宁，形成了一批具有绍兴辨识度的政法工作标志性成果，为绍兴建设高水平网络大城市、打造新时代共同富裕地，率先走出争创社会主义现代化先行省的市域发展之路提供保障。绍兴市创建成“平安中国建设示范市”，数字法治改革成效列浙江省“第一方阵”。

市域社会治理能力建设。建成并启用枫桥学院，成立浙江新时代枫桥经验研究院，举办第三届“枫桥经验”高端峰会。被中央政法委赋予“政治引领”“防范化解社会治安风险”2个分类试点，印发《坚持和发展新时代“枫桥经验”更高水平推进市域社会治理现代化的实施意见》《创建全国市域社会治理现代化试点合格城市工作方案》，编制《绍兴市域社会治理现代化“十四五”规划》。培育“越警管家”“三师三员”乡贤回归、未成年人文身治理等社会治理品牌，构建党组织统一领导、政府依法履责、基层民主协商、各类组织积极协同、群众广泛参与、自治法治德治智治融合的基层治理体系。

“平安绍兴”建设。打击网络黑客攻击违法犯罪活动成效获公安部主要领导批示肯定；25起命案、56起五类恶性案件全破，命案积案攻坚绩效列全省第一位；全年交通事故死亡数比2019年下降16.7%；消防安全风险闭环管控成效列全省同类地区第一位。2021年度全市平安建设群众安全感满意率比2020年上升9.25%，防范电信网络诈骗知识知晓率上升5.74%，平安建设群众参与率上升8.17%。

执法司法规范化建设。全市人民法院收案数连续三年“负增长”，一审民商事收案数降幅全省第一位，有关工作方法和经验获省高院主要领导批示肯定并在全省推广。市检察院推动出台全国首个文身行业管理规范和非标油多部门闭环治理方案，获最高检察院主要领导批示肯定。市公安局“无诈社区”创建活动获公安部领导批示肯定，“大越商”保护体系帮助经营者挽回经济损失5.21亿元。市委政法委牵头推进“简案快办”改革，得到省委政法委主要领导批示肯定。中级人民法院与柯桥区共同推出全国首个“版权AI智审”。诸暨市、新昌县入选全省首批法治浙江（法治政府）建设示范县（市、区）。

2021年7月14日，全市政法队伍教育整顿暨“平安护航建党100周年”维稳安保总结大会召开 （袁　云/摄）

【数字法治改革】 2021年，绍兴市开发和迭代具有绍兴特色的“一中六分”场景应用体系，发挥市域社会治理综合指挥中心对数字法治改革的支撑作用。建立场景应用报送审核机制，迭代形成52个应用的全市数字法治系统重点场景应用培育清单 S_0（S是指数字化改革，0表示版本号）。39个场景应用被上级部门列为试点或推广。全民反诈平台、“安心码”协同应用等19个场景应用被确定为全省“一本账 S_1”（指数字化改革项目一本账，S是指数字化改革，1表示版本号）中数字法治系统的试点子场景。重大决策社会风险评估、重点场所网格管理平台、枫桥经验矛调应用3个应用成为省委政法委揭榜认领项目，情指行合成作战平台、智慧检察监督平台、执行一件事、平安创建一单一码4个项目被省委政法委纳入最佳实践案例培育清单。整体上线数智案管“质量评查”应用、版权AI智审等42个应用，其中预防青少年新型违法犯罪、浙里“执行一件事”、重大决策社会风险评估3个应用被评选为全省数字法治好应用。浙里预防青少年新型违法犯罪应用2个子场景已实现市县贯通，被评为全省数字化改革最佳应用，入围改革突破奖候选名单。智慧民意感知系统得到省委主要领导批示肯定。市检察院的数字检察监督平台得到最高检察院主要领导的肯定，并在全国推广。绍兴市数字法治改革整体成效在全省考核排名中位列第四。

【政法队伍教育整顿】 2021年1—6月，绍兴市开展政法队伍教育整顿工作，教育引导政法干警强化固本培元，永葆忠诚干净担当政治本色。在教育整顿中，印发《绍兴市政法系统常态化整治顽瘴痼疾工作意见》，并在《绍兴日报》等媒体上刊登顽瘴痼疾专项整治内容，接受社会监督；制定学习教育、制约监督、能力素质提升等长效制度500多项；233名政法干警主动向组织说明问题；运用“四种形态”处理处分干警210人，3名干警被采取留置措施。6月，绍兴市政法队伍教育整顿通过验收。7月14日，召开绍兴市政法队伍教育整顿暨平安护航中国共产党成立100周年维稳安保总结大会，市委书记马卫光出席会议并讲话，市委副书记、市长盛阅春主持会议，市领导谭志桂、魏伟、陈澄等参加。会上，一批模范政法基层集体、模范政法干警、优秀政法党建品牌和优秀政法改革案例受到表彰。绍兴市政法队伍教育整顿工作得到省委、省政法委主要领导和中央督导组、省委驻点指导组肯定。

【曹娥江流域生态环境司法保护协作机制启动仪式】 2021年3月30日，曹娥江流域生态环境司法保护协作机制启动仪式在绍兴市上虞区举行。省高院副院长朱新力出席仪式并讲话，绍兴市委副书记、政法委书记陈澄，市中院党组书记、院长唐学兵，上虞区委副书记、区长金进富致辞。市委副秘书长徐建璋、市人大常委会监察和司法工作委员会主任石春法、省高院环境资源庭负责人钱建军出席仪式。市中院副院长王惠中主持仪式。会上，曹娥江流经的9家基层法院签署生态环境保护司法协作协议，成立环境资源审判咨询专家库。朱新力、陈澄、唐学兵、金进富为曹娥江流域生态修复基地揭牌。绍兴、宁波、金华、台州四地市的9家基层人民法院及绍兴市县两级自然资源、公安、检察、水利、环保、农业农村等部门负责人参加启动仪式。

【《绍兴市域社会治理现代化“十四五”规划》发布】 2021年7月8日，市发改委、市委政法委印发《绍兴市市域社会治理现代化“十四五”规划》，明确“十四五”时期绍兴市推进市域社会治理现代化面临的基本形势、目标愿景、实施路径、重点任务、重点项目等内容，是推进绍兴市市域社会治理现代化的重要依据，是绍兴市社会治理领域的第一个专项规划。

【枫桥学院启用仪式暨第三届政法短视频研讨活动】 2021年7月29日，由浙江省委政法委、绍兴市委、浙江日报报业集团主办的“枫景无限好”——枫桥学院启用仪式暨第三届政法短视频研讨活动在诸暨市枫桥镇举行。省委常委、政法委书记王昌荣讲话，绍兴市委副书记、市长盛阅春，浙江日报报业集团党委书记、社长唐中祥致辞。绍兴市委副书记、政法委书记陈澄，绍兴市委常委、诸暨市委书记沈志江，绍兴市副市长、公安局局长俞流江参加。在活动现场，举行2020—2021年度浙江政法抖音号、头条号十佳名单颁奖仪式。枫桥学院建筑面积6.7万平方米，建设有教学楼、干部心理素质提升中心、科研楼、综合楼、图书馆、体育馆等。

【全市诉源治理工作现场推进会召开】 2021年10月11日，全市诉源治理工作现场推进会在绍兴枫桥学院召开。市委副书记、政法委书记陈澄，省高级人民法院副院长李章军出席会议并讲话，市领导俞流江、唐学兵、程曙明参加。会上，诸暨市委、越城区检察院、柯桥区公安分局、诸暨市人民法院做诉源治理工作经验交流。市公安局、市中级人民法院、市检察院、市信访局、市司法局、绍兴银保监分局分别就创新加强诉源治理工作做部署。与会人员考察调研诸暨市矛调中心、诸暨市浣东街道东盛社区和枫桥法庭。市级相关部门主要以及分管负责人，各区、县(市)委副书记、政法委书记，县级相关部门主要以及分管负责人参加会议。

【召开第二次执法监督联席会议】 2021年11月23日，市委政法委召开执法监督联席会议第二次会议，专题会商研究拒执犯罪打击工作、机动车辆查控延伸服务点建设等议题。市委政法委副书记徐金泉主持会议，市中级人民法院、市检察院、市公安局、市司法局分管领导及联络员参加会议。在联席会议上形成《关于构建拒执犯罪打击闭环工作机制的若干意见》《关于加强机动车辆查控延伸服务点建设的协作意见》。

【绍兴市获全国平安建设最高荣誉】 2021年12月15日，平安中国建设表彰大会在北京举行。会上，平安中国建设140个先进集体、129名先进个人受到表彰，授牌命名60个平安中国建设示范市和160个平安中国建设示范县，授予73个市县“长安杯”。其中，绍兴市被授牌命名为平安中国建设示范市；诸暨市被授牌命名为平安中国建设示范县；诸暨市获“长安杯”。2017年以来，绍兴市坚持“大平安”理念不动摇，从更深层次、更广领域、更高水平上统筹谋划推进平安绍兴建设；坚持“枫桥经验”“五化”提升，打造“枫桥经验”全市域升级版；坚持以人民为中心的发展思想，以创新举措、超常力度推动解决群众最恨最怨最烦的问题；坚持把防范化解重大风险作为主线，全力守住平安稳定底线；坚持共建共治共享，着力构建“横向到边、纵向到底”的社会治理格局；坚持推进社会治理数字化变革，不断提升平安建设智能化水平。成功实现平安大市“十三连冠”，区、县(市)实现“平安金鼎”满堂红，其中有三个区、县(市)实现“一星级平安金鼎”。

（市委政法委/提供）

法治政府建设

【概况】 2021年，绍兴市认真贯彻落实中共十九大、十九届历次全会和中央全面依法治国工作会议精神，贯彻落实《法治绍兴建设规划(2021—2025年)》，一体推进法治绍兴、法治政府、法治社会建设，开展法治绍兴(法治政府)建设“补短迎考攻坚行动”，提升法治建设短板，法治绍兴(法治政府)建设取得新成效。

诸暨市、新昌县获评法治浙江(法治政

府)示范县(市),诸暨市获评省推荐争创全国法治政府示范县(市)。越城区孙端街道、柯桥区安昌街道、上虞区崧厦街道、诸暨市枫桥镇、嵊州市三界镇、新昌县儒岙镇被列入全省法治化综合改革试点乡镇(街道)。柯桥区纺织产业知识产权“全链条”保护、上虞区法治保障集体土地征收项目获省2021年度县乡法治政府建设“最佳实践”称号。绍兴市开展未成年人文身治理、绍兴市非法营运车辆数字化监管系统和省市场监管局打造平台经济监管“浙江实践”被省委依法治省办认定为2021年度有辨识度有影响力法治建设成果。绍兴市司法局被评为“七五”全国普法工作依法治理创建活动先进单位,新昌县普法办被评为“七五”全国普法工作先进单位。

【宣传贯彻习近平法治思想】 2021年,绍兴市把习近平法治思想贯彻落实到法治政府建设全过程和各方面,习近平法治思想列入各级各部门重点学习内容。年内,市政府常务会议集体学法5次。组织开展习近平法治思想宣讲“七进”活动,组建1个市级宣讲团、3个县级宣讲团、12支宣讲队伍,累计宣讲2096场。

【行政立法】 2021年,绍兴市制定出台《绍兴市居家养老服务条例》《绍兴市城市轨道交通管理条例》2部地方性法规,制定首部政府规章《绍兴市柴油动力移动源排气污染防治规定》,完成《绍兴市水资源保护条例》修正。2021年,绍兴市司法局牵头起草《绍兴市人民政府2021年立法计划》,含各类地方性法规项目15件,政府规章项目3件。30家基层司法所列为政府行政立法联系点。

【行政复议】 2021年,全市各级行政复议机关累计受理并审结行政复议案件760件(含旧存),纠错率18.9%,调撤率48.3%。编制行政复议“白皮书”,开展行政复议“以案治本”行动,梳理2019年以来全市复议纠错案件、败诉案件和行政复议意见书(建议书),实现“一案一剖析”。实现“复议调撤率逐年上升,复议纠错率、复议后败诉率双下降”局面。

【完善“两法衔接”机制】 2021年,绍兴市政府第97次常务会议审议通过《绍兴市完善行政执法与刑事司法衔接机制工作实施方案》《绍兴市行政执法与刑事司法衔接工作规范》。市“两法衔接”工作专班梳理形成19个部门234项移送标准,制定《两法衔接格式文本(试行)》。开发上线“两法衔接”信息分析研判平台,至年末,全市337个部门(单位)全部开通账号,平台汇聚行政执法案件36863件。绍兴市被确定为全省首批行政执法和刑事司法衔接平台试点地区。

【全面落实政务公开】 2021年,绍兴市发布市政府信息公开社会评议制度、责任追究制度等,印发《政府信息公开部分规定汇总》。开展政策文件集中统一公开和行政规范性文件解读工作,全面梳理公开绍兴撤地建市以来的行政规范性文件。编制完成《依申请公开规范答复指南》,编印《绍兴市政务信息依申请公开典型案例选编(2018—2020年)》。

【探索构建执法监督新体系】 2021年,全市司法行政系统利用浙江省行政执法监督平台主动发现和处置涉嫌违法的行政执法线索,实现2047个问题案件线索100%清零,在省内率先实现全部案件问题线索清零。制定《绍兴市行政执法职责争议协调处理制度》,全市各行政机关之间行政执法职责争议纳入法治化管理轨道。推行轻微违法行为告知承诺制,制发《关于开展“多领域实施免罚清单模式”的通知》,市级“免罚清单”包含行政处罚事项114项。

【加强行政规范性文件全流程管理】 2021年,绍兴市司法局审核各类政策文件101个,提出意见建议257条;审查行政规范性文件241个,发现存在违法或不当情形文件19个;开展“烦企扰民”规定、涉及行政处罚内容的行政规范性文件专项清理,梳理全市规范性文件和制度规定共计3799件。废止市政府及市政府办公室行政规范性文件25个、政策性文件85个。

【出台绍兴市“八五”普法规划】 2021年10月,中共绍兴市委 绍兴市人民政府转发《中共绍兴市委宣传部绍兴市司法局关于在全市开展法治宣传教育的第八个五年规划(2021—2025年)》。规划由8个部分组成,提出到2025年,法律知识深入传播,公民法治意识和法治素养全面提升,普法依法治理工作扎实推进,社会主义法治文化融合发展,数字普法成效明显,法治宣传教育工作的系统性、均衡性、精准性显著增强,全民参与的社会大普法格局有效形成,办事依法、遇事找法、解决问题用法、化解矛盾靠法的法治环境显著优化。

【发布《法治绍兴建设规划(2021—2025年)》】 2021年5月,中共绍兴市委全面依法治市委员会发布《法治绍兴建设规划(2021—2025年)》。规划提出,到2025年,规划明确的任务得到全面落实,全市经济建设、政治建设、文化建设、社会建设、生态文明建设以及党的建设法治化水平全面提升,人民群众合法权益得到充分保障,法治绍兴建设社会满意度不断提高,一批法治建设示范区、县(市)率先建成,形成与数字时代相适应的现代法治体系。

【纪念“法治浙江”建设“十五周年”活动】 2021年是浙江省委作出关于建设“法治浙江”决定“十五周年”,绍兴市举办“十三五”法治绍兴建设成果展、习近平法治思想专题讲座、推送法治类电视节目等系列活动纪念活动。其中,在4月21日举行绍兴市纪念法治浙江建设“十五周年”活动启动仪式,市委副书记、政法委书记、市委依法治市办主任陈澄出席启动仪式并讲话。

【《绍兴黄酒保护和发展条例》施行】 2021年7月30日,经浙江省第十三届人民代表大会常务委员会第三十次会议批准,全国第一部针对黄酒保护和发展作出规范的地方性法规《绍兴黄酒保护和发展条例》(简称《条例》)正式施行。《条例》共6章32条,围绕绍兴黄酒保护和发展,对法规适用范围,部门职责、行业协会作用和企业责任,绍兴黄酒酿制工艺和品质要求、历史文化和知识产权保护,黄酒产业的创新发展，监督管理以及法律责任等具体问题作出系统全面的规定。此外，《条例》规定每年农历立冬所在周为绍兴黄酒周。

【安昌“法治小镇”建设】 2021年，绍兴市推进柯桥区安昌街道全省“法治小镇”（法治化综合改革试点）建设，实现全域社会矛盾调处中心全覆盖、信访积案全化解。安昌镇33.33公顷征地33万平方米拆迁“无遗留户、无信访人、无拆迁案”。

（市司法局/提供）

2021年5月13日，全市公安机关深入推进打击治理跨境赌博工作视频会议召开

（市公安局/提供）

公　安

【概况】 2021年，绍兴市公安机关坚持发展新时代“枫桥经验”，全面构建大数据驱动下的现代警务体系，统筹推进疫情防控和维护安全稳定工作，圆满完成各项目标任务。年内，共接报刑事治安警情87.14万余起，刑事立案2.19万余起，其中传统侵财发案比2019年下降34.85%，25起命案、56起五类案件、24起“两抢”案件全破；增配市、县两级反恐办专职副主任3名、事业编工作人员2名，实现暴恐案事件“零发生”；妥善处置涉稳风险212起；全口径交通事故死亡389人；化解信访积案388起，其中公安部交办91起、省公安厅交办244起，化解率分别为95.6%、94.9%，信访总量同比前三年平均数下降30.5%。59项工作得到上级推广、批示肯定，特别是现代警务体系得到公安部孙新阳、刘钊、林锐等部领导，袁家军、王昌荣、王成国等省领导肯定。在2021年度省厅综合实绩评估中，位列全省第三（同类地区第二），获优秀等次；市级机关工作目标责任制考核中，位列全市96个单位第一名；在省厅组织的基层民警评议工作中，市局机关为全省唯一满分。经第三方测评，群众安全感达97.85%、对公安队伍认可度达97.42%。全市公安机关收到群众锦旗582面、表扬信148封，“12389”投诉同比下降77.53%。全市共有1个集体、2名个人荣立一等功，8个集体、21名个人荣立二等功，50个集体、200名个人荣立三等功，涌现出全国公安二级英模杨叶峰、张勇根、周贤人，个人一等功梁晓丽、史炜等一大批先进典型。

【参与防控疫情】 2021年，绍兴市公安机关坚持“外防输入、内防扩散”总策略，常态开展疫情防控。在上虞区突发疫情期间，梯次投入4896名警力（累计95578人次），抓好大数据流调、区域封控、社会面稳控等工作，全域封控期间未发生一起阳性病例外溢。防疫工作得到省、市领导肯定。

【网络空间治理】 2021年，绍兴市公安机关做强市网络与信息安全信息通报中心，全省首建网络舆情中心、公安网信联合约谈室，着力打造清朗安靖的网络环境。年内，发现整改重点行业单位网站等安全漏洞3525个，预警处置雇凶杀人等网约犯罪86起73人，打击网络犯罪嫌疑人4435名。公安部在绍兴市开展黑客犯罪全国专项会战，侦破廖某有等人非法获取计算机信息系统案件得到国务委员、公安部部长赵克志批示肯定。

【优化营商环境】 2021年，市公安局制定护航绍兴建设共同富裕示范区市域范例行动20条措施，深化企业、市场警官制，构建“大越商”协同联动保护体系，落实“11087”优商护企举措，迭代上线“警企云”数字化企业风险监测平台，全面优化营商环境。年内，共建成为企服务专区（站）14个、在外越商警企联络室7个，侦办经济犯罪案件795起，抓获境外逃犯18人，挽回经济损失5.21亿元。梳理调整全市601名三级河湖警长，常态督查27条市级片区河道和32个市级湖库工作。

【开展“雷霆”专项行动】 2021年，绍兴市公安机关开展以打击突出犯罪为主要内容的“雷霆”专项行动。开展打击行动13项，采取刑事强制措施14502人，其中侦办往恶势力犯罪集团方向案件42起267人，分别打击处理黄赌毒、食药环、跨境网络赌博、涉枪犯罪嫌疑人1997人、1011人、2869人34人。市公安局刑侦支队被评为全国公安机关扫黑除恶专项斗争成绩突出集体。

【实施人口惠民工程】 2021年，绍兴市公安机关深化户籍制度改革，全国首推新生儿落户、身份证首申跨省通办和电子居住证“一指办理”，实现33个户籍业务事项“四市通办”。年内，共核发电子居住证3.6万余本、网上签注5.2万余人次，办理新生儿落户等通办事项7918件。

【编制市社会治安防控体系建设“十四五”规划】 2021年6月23日，绍兴市人民政府印发《绍兴市社会治安防控体系建设“十四五”规划》。规划以“十四五”时期全面建成点线面结合、网上网下结合、人防物防技防心防结合、打防管控结合的社会治安防控体系为目标，提出聚焦市域治理，全力坚持发展新时代“枫桥经验”；聚焦现代警务，全力突破改革瓶颈；聚焦网络安全，全力加强网络治理；聚焦风险防控，全力推进闭环管理；聚焦公共安全，全力提升监管能力；聚焦突出犯罪，全力提升打击水平；聚焦公平正义，全力促进执法规范；聚焦数字赋能，全力推进科技兴警；聚焦固本强基，全力做大活水源头等九大重点任务。并列出“十四五”时期19项重大改革清单和51项重大项目清单，是省内市级公安机关首个发布的防控体系建设“十四五”规划。

2021年4月7日，全市打击治理电信网络新型违法犯罪工作部署会召开（市公安局／提供）

【争创全国治安防控体系示范城市】2021年，全市公安机关以争创全国治安防控体系示范城市为牵引，推进51项创建任务及49项“一圈七网”（即环绍封控圈，路面防控网、城乡社区防控网、人事物防控网、公共安全网、网络防控网、智慧防控网、心防工程网）任务建设，加强公安派出所建设，收官巡特警、公安基层所队营房建设三年规划。新建智安小区758个、校园694个、景区25家；扩充巡特警警力至2487人，培养无人机“飞手”（无人机操控员）587名；无案村或降发案村占比82.6%。

【争创全国禁毒示范城市】2021年，绍兴市公安机关组织开展“净边2021”“云战”“雷霆”等涉毒打击专项行动，研发“枫云”智慧禁毒平台，加强禁毒社会化宣传。侦办涉毒案件73起749人，打击成效列全省同类地区第一位，涉毒“2·13”专案获公安部通令嘉奖。

【深化“枫桥式”全域创建】2021年，绍兴市公安机关印发加强新时代公安派出所能力建设等文件，全省首创“枫桥指数”评价体系（该评价体系被评为全国智能化建设智慧警务优秀奖），创新“三长同台、三警同创、三星同评”“晒比”机制，统筹推进“枫桥式”公安派出所、交警中队等十大创建，推动“枫桥警务”模式从农村向城市、网下向网上、派出所向警种拓展。诸暨市枫桥派出所被评为全国“公安楷模”，越城区府山派出所以全省第一名的成绩入选全国第二批全国“枫桥式公安派出所”，5个派出所进入全省“枫桥式公安派出所”30强。诸暨交警大队被评为全国100个公安机关成绩突出交警大队，5个交警中队被授予全省“枫桥式交警中队”称号。

【推动警务工作融入基层社会治理】2021年，绍兴市公安机关制定《关于推动警务工作融入基层社会治理体系的指导意见》，推进警源治理警网协同，全面融入基层社会治理大格局。年内，189名派出所警力融入镇村矛调中心，建成联勤警务站20个，分流非警务警情11万余起，“一警情三推送”化解矛盾纠纷2.6万起，“民转刑”命案同比下降41.67%；推动全市2054个村社主职干部兼任治保调解主任，引导义警组织、行业协会等7.5万名力量投身社会治理。

【“三件事”列入市政府年度十大民生实事】2021年，绍兴市公安机关创新推出交通事故处理“一件事”集成改革、车辆检测“一件事”集成改革和“智安校园”建设，并被列入市政府年度十大民生实事。实行车辆检测“一件事”，推出“交钥匙”等优质服务，车检时间缩短至原来的1/3；实行轻微物损交通事故处置“一件事”，推动全市26家保险公司建立保险互信机制，应用“事故快处e点通”平台，轻微物损事故自处率、自撤率达到99%、60%以上，交通受影响时间缩减逾8分钟，平均车检时间缩短20分钟。市公安局、市教育局联合制定《绍兴市“智安校园”建设指南》，全覆盖推进“智安校园”建设，共建成756家“智安校园”，实现全量采集、实时分析、提前预警等智能化应用，及时预警处置校园风险隐患。共建成“治安校园”695家。

【完善市、县、镇、村四级反诈体系】2021年，绍兴市公安机关在全省率先成立市县两级涉网犯罪侦查队伍，打击处理电信网络诈骗犯罪嫌疑人2878名，比2020年上升9.93%，预警提醒潜在受害人84万余人（次），实现电信诈骗案件月发“八连降”。

【实施道路交通“精治”工程】2021年，全市公安机关按照《2021年道路交通管理“精治”工程方案》，推动成立市、县两级道路交通管理工作领导小组办公室，开展道路交通“精治”工程及危化品车辆“铁拳”整治行动，研发应用“越安行”重点车辆管控平台，落实重点企业、车辆、驾驶员等户籍化管理。完成13处堵点、53处挂牌事故多发点段治理，现场查处道路交通违法行为120万起，交通事故全口径亡人数比2019年下降16.7%。

【实施人口管理惠民工程】2021年，绍兴市公安机关在全国首推新生儿落户、身份证首申跨省通办和电子居住证“一指办理”，实现33个户籍业务事项“四市通办”（四市：宁波、绍兴、舟山、台州），推进公民身份信息变更“一件事”改革。

【完善现代警务组织体系】2021年，绍兴市公安机关继续完善以情指行一体化为“大脑”、大部门大警种制改革为“躯干”及派出所警务机制、刑侦体制、街（路）面网格勤务机制改革等为“手脚”的现代警务组织体系。现代警务体系被纳入公安部首期改革培训班课程。市公安局情指行合成作战中心被评为全国公安机关情报信息工作成绩突出集体、“110”工作突出集体；社区民警对依靠对象、重点人员熟悉率为97%、100%；全市专业打击队打击犯罪占比72.3%；“110”接处警首波警力8分钟内到达率75.44%。

【全面推进公安工作数字化改革】 2021年，绍兴市公安机关坚持技术、机制、体制“三轮驱动”，全面推进数字化改革，共有18个项目进入全省“一本账 S_1”，16个项目进入全市“一本账 S_0”，公安部5次刊发绍兴市公安局改革经验。“安心码”协同应用获全国公安机关基层技术革新奖第一名；严重精神障碍管理服务应用列入全省数字化改革重大应用；“越安行”获全省数字政府系统最佳应用；“阅卷精灵”获评全省公安数改典型案例最佳应用；新昌县公安局“一照通用”应用入选全省数字社会第二批最佳应用；“安心码”协同应用获公安部全国基层技术革新奖决赛第一名。

【完善网上网下服务机制】 2021年，绍兴市公安机关实体化运行市、县两级网上办事服务中心，完成公安部“一网通办”试点，打造线下“15分钟”办事圈，为群众提供优质便捷公安服务。年内，高频民生事项网办率达84.17%，月均办件超35万件，全市110个公安服务窗口全部实现“一窗通办”，群众对公安服务窗口满意率保持在99.5%以上。“枫桥警务—越警管家”服务平台建设经验得到省政府主要领导批示肯定。

【深化智慧警务建设】 2021年，绍兴市公安机关投入4.7亿元建设信息化项目，开展公2021年1—12月，全口径交通事故亡人数同比2019年下降26.36%，各类危化品车辆交通违法查处数同比上升112%。共视频监控建设一体化改革，迭代一体化智能化情指行合成作战平台，建设大数据实验室。

【完善智慧民意感知体系】 2021年，绍兴市公安机关深化智慧民意感知体系，建成局长、所(队)长直通车，对来公安机关报过案、办过事的群众开展全量访评、闭环整改。年内，发送访评短信171.3万余条、电话访评106.6万余人次，整改不满意工单14969件，民意满意综合指数保持在97.5%以上。智慧民意感知体系做法得到省公安厅主要领导批示肯定。

【实施执法公信力提升年活动】 2021年，绍兴市公安机关紧扣执法公信力提升这一关键，制定执法制度51个，深化执法办案管理中心、执法智慧监督管理平台建设，研发“阅卷精灵”模型。年内，进执法办案管理中心办理涉刑人员占比90%以上，刑事案件办理周期缩短28.2%，简案快办比2020年上升20.5%，行政复议下降58.3%，实现行政诉讼零败诉、行政复议零撤变。案件首访满意率98%以上。

【推进基础设施建设】 2021年，绍兴市公安机关共投入8.84亿元，全面推进重点基建项目建设。年内，市强制隔离戒毒所、舜江源森林派出所项目顺利完工，市局业务技术用房、特警训练基地、警校改造提升工程、车驾管中心、高速应急救援中心等项目顺利推进，32个基层所队建设项目完工，剩余28个项目全部列入当地政府年度投资项目计划。

【全面打造绍兴公安铁军】 2021年，绍兴市公安机关深入实施优秀年轻干部培养、人才队伍建设、先进典型培育队伍“三大工程”，强化全警实战八大专项练兵活动，坚持严管厚爱队伍，致力打造绍兴公安铁军。年内，扩充人才队伍至1114人，打造专家工作室12个，6人被推荐为部级专家；“一人一策”培育国家级典型10人；开展政治能力、体能训练等八大练兵活动；反恐、警卫、监管、机要等警种比武列全省第一位。经第三方测评，2021年，绍兴群众安全感97.85%、对公安队伍认可度97.42%。

【“枫桥指数”数字化评估平台上线发布仪式】 2021年，绍兴市公安局举行“枫桥指数”数字化评估平台上线发布仪式。市公安局按照“一网打尽、两端应用、三级评估”思路，建立以忠诚、稳定、安全、亲民、公正、幸福6个核心指数、30个二级指数和110个三级指数为评价内容的评估体系，精准评估量化创建成效，打造具有辨识度的“枫桥指数”数字化评估场景应用。评估平台实现了对基层警务工作的数字化赋分、可视化预警和动态化评估，标志着绍兴市创建“枫桥式公安派出所”进入数字智治2.0时代。

【涉网犯罪侦查支队成立】 2021年2月4日，绍兴市公安局涉网犯罪侦查支队(电信网络新型违法犯罪研究中心)成立，标志着绍兴公安打防涉网犯罪进入了新的阶段，这也是全省首个专职打击电信网络

2021年2月4日，绍兴市公安局涉网犯罪侦查支队成立 (市公安局/提供)

新型违法犯罪的侦查支队。

【制定绍兴市轨道交通安全检查的指导性意见】 2021年6月20日，绍兴市公安局、市交通运输局联合印发《关于绍兴市轨道交通安全检查的指导性意见》。意见针对绍兴市轨道交通安全检查工作形势，对轨道交通运营单位在企业职责、安检工作站（点）设置及设备（人员）配备、安检工作程序、禁（限）带物品处理、安检特别处理等方面提出具体要求。

（市公安局／提供）

检 察

【概况】 2021年，绍兴市检察机关坚持以习近平新时代中国特色社会主义思想为指导，贯彻落实《中共中央关于加强新时代检察机关法律监督工作的意见》，围绕全市发展大局，忠实履行法律监督职能，多项工作全省领先。

监督立案、撤案176件，纠正漏捕、漏诉151人，经监督立案、纠正漏诉被判处十年以上有期徒刑22人。发挥认罪认罚从宽制度在化解社会矛盾、促进罪犯改造上的优势，适用率89.22%，确定刑量刑建议采纳率99.05%，上诉率逐步下降。监督社区矫正人员收监执行53人。实体化运作派驻公安执法办案中心检察官办公室工作，实现20%检察官办理75%普通刑事案件目标。完善刑事司法与行政执法间的衔接配合，推进市域社会治理现代化。

制定《民事检察信访矛盾防范化解工作规定（试行）》。推动虚假诉讼治理从民间借贷向保险理赔诈骗、劳资纠纷等领域延伸，提出抗诉和再审检察建议247件，"五步法"虚假诉讼监督经验被最高检工作简报刊发。开展民事执行监督专项检查，细化新增22个监督要点，监督方式优先选择再审检察建议。柯桥区检察院办理的涉公民代理类案监督案入选最高检典型案例。

推动召开第二次府检联席会议，共商行政执法与刑事司法衔接、土地执法领域"裁执分离"非诉执行工作等议题。受理行政裁判结果监督案件37件，同步做好息诉罢访，对审判活动违法和审执人员违法问题发出检察建议17件。开展土地执法查处领域非诉执行专项监督，发出检察建议73件。实质性化解征地拆迁、工伤认定等行政争议32件。越城区检察院创新运用《检察释明书》引导申请人服判息诉工作被《法治日报》报道，上虞区检察院办理的朱某某与某街道办事处强制拆迁检察监督案入选最高检优秀案例。

建立公益诉讼指挥中心。加大重点领域案件办理力度，拓展安全生产、公共卫生、文物和文化遗产保护等新领域。越城区检察院起诉全省首例公共安全领域刑事附带民事公益诉讼案，获法院当庭判决支持；嵊州市检察院联合共青团嵊州市委制定实施办法，探索推进公益诉讼志愿观察员制度，全省公益诉讼检察宣传形象大使聘任仪式在嵊州市召开。

从严从快批捕、起诉性侵未成年人等犯罪149人，立案监督21人，提出抗诉4件。对涉轻罪的未成年人不批捕、不起诉185人。诸暨市检察院研发的未成年人违法犯罪预防数字化治理平台"星海守望"被省委政法委推广，获评政法智能化建设智慧检务创新案例；上虞区检察院办理的吴某某等9人掩饰、隐瞒犯罪所得案入选最高检、教育部联合发布的在校学生涉"两卡"犯罪典型案例。

一年内，29个案件入选最高人民检察院典型案例、全省精品案例或优秀案例，74个集体或个人获评省级以上荣誉，数字检察、未成年人文身治理等工作获最高检和省、市委主要领导批示肯定，法律监督、司法为民等工作成效被《人民日报》等媒体报道。

【民营企业司法保护工作】 2021年，绍兴市检察机关严厉打击侵犯企业权益犯罪，起诉合同诈骗、敲诈勒索等186人，办理损害企业利益的民事诉讼监督、执行监督25件；制定《对涉企轻罪案件宽缓化办理促进企业健康发展的若干意见》被全省转发推广，对涉案企业犯罪嫌疑人不批捕45人、不起诉158人；举办"以变促新以新促升——以更优检察产品服务保障民营经济高质量发展"为主题的检察开放日，倾听民营企业诉求和检察护航民营经济发展的意见建议。

【知识产权检察保护工作】 2021年，绍兴市检察机关办理侵犯知识产权案件78件146人。绍兴市检察院和诸暨市、嵊州市检察院分别成立知识产权检察办公室。诸暨市检察院办理的孙某假冒注册商标、李某某等人销售假冒注册商标的商品案入选全省知识产权保护典型案例；柯桥区检察院开展绍兴黄酒品牌文化保护专项监督，起诉一外省酒厂冒充"绍兴黄酒"生产、销售伪劣产品、假冒注册商标案，为绍兴黄酒产业发展保驾护航。

【涉案企业合规改革】 2021年，由绍兴市检察院牵头，会同市司法局、市工商联、市国资委、市财政局等24家单位联合印发《关于开展涉案企业合规建设工作建立第三方监督评估机制的实施办法（试行）》《涉案企业合规第三方监督评估组织运行规则（试行）》《涉案企业合规第三方监督评估机制专业人员选任管理办法（试行）》等三项工作意见。绍兴市成为省内第一批建立涉案企业合规第三方监督评估机制的地级市。

【数字检察工作】 2021年，绍兴市检察机关将大数据赋能法律监督，融入社会治理大格局，最高检主要领导到绍兴调研时，对绍兴数字检察创新工作给予"大数据助力检察工作高质量发展，大有可为！"批示，并提出"继续当好数字检察建设排头兵"的要求。持续抓好"数字检察监督平台"迭代提档，研发上线车辆保险理赔诈骗、利用工商投诉敲诈勒索、"空壳公司"涉税犯罪等31个类案监督子模块，均被纳入最高检全国大数据检察监督平台，绍兴被确定为全国检察机关研发创新基地。

【未成年人文身治理工作】 2021年，市检察院助推制定全国首个文身行业地方规范《绍兴市文身行业管理规范（试行）》，相关工作方法获最高人民检察院、省委主要领导肯定，获评省2021年度有辨识度有影响力法治建设成果，相关做法被央视《守护明天》栏目专题报道。由最高人民

2021 年 3 月 31 日，全国推进未成年人文身治理研讨会在绍兴举行 （市检察院 / 提供）

检察院第九检察厅主办，浙江省检察院、绍兴市检察院承办的推进未成年人文身治理研讨会在绍兴举行，会上，绍兴市检察院就未成年人文身治理作专题介绍。

【创建梁柏台红色检察文化品牌】 2021 年，绍兴市检察机关以梁柏台红色检察文化品牌作为红色文化、法治文化、检察文化研究的重要引领，将梁柏台红色文化与检察工作深度融合，以深厚的检察文化为绍兴检察工作高质量发展提供强有力支撑。"百年党史中的梁柏台"座谈会在新昌县召开，最高检主要领导出席座谈会并讲话。绍兴市检察院"梁柏台红色检察文化"获评全国检察机关十佳文化品牌，系浙江省检察机关唯一入选的文化品牌。

【发布全省首个认罪认罚从宽制度工作白皮书】 2021 年 3 月，绍兴市检察院发布《绍兴市检察机关开展认罪认罚从宽制度工作白皮书》，总结全市检察机关认罪认罚工作基本情况、思路举措和经验做法，系统梳理工作的制度性成果，系全省检察机关首次发布认罪认罚从宽制度工作"白皮书"。

【发布扫黑除恶专项斗争工作白皮书】 2021 年 4 月，绍兴市检察院发布《绍兴市检察机关开展扫黑除恶专项斗争工作白皮书》。数据显示，2018—2020 年，全市共批捕涉黑恶犯罪 411 件 1362 人，起诉 298 件 1710 人，在绍兴市范围内移送"套路贷"等涉黑恶及"保护伞"线索 55 批，经公安机关查实后逮捕 80 人，帮助全省、全国排查并移送"套路贷"线索 290 余批，发出检察建议 32 件，促进重点地区、重点行业和领域加强监督管理。

【首次发布十大法律监督案例】 2021 年 5 月，绍兴市检察院举行新闻发布会，通报全市检察机关 2020 年度法律监督工作情况，发布 2020 年十大法律监督案例。案例涵盖刑事、民事、行政和公益诉讼"四大检察"领域。其中，刑事案例 3 件，如柏某等人组织、领导黑社会性质组织、拐卖妇女、儿童案；民事案例 2 件，如柳某等人"套路贷"虚假诉讼系列监督案；行政案例 1 件，如陈某诉某行政机关土地登记纠纷申请监督案；公益诉讼案例 2 件，如非标油污染大气行政公益诉讼案；涉未成年人案例 2 件，如未成年人文身治理专项监督案。系绍兴市检察机关首次公开发布法律监督案例。

【加强新时代检察机关法律监督工作会议召开】 2021 年 8 月，绍兴市委召开加强新时代检察机关法律监督工作会议，深入学习贯彻习近平法治思想，贯彻落实习近平总书记对政法工作的重要指示精神，传达学习贯彻《中共中央关于加强新时代检察机关法律监督工作的意见》。会议指出，全市检察机关要高标准推进法律监督各项工作，传承红色基因，坚持围绕中心、服务大局，建立健全法律监督体系，深化检察领域数字化改革，切实加强检察队伍建设，为绍兴市率先走出争创社会主义现代化先行省市域发展之路、奋力打造高质量发展建设共同富裕示范区市域范例提供坚强法治保障。各级党委(党组)要加强对检察工作的领导，支持检察机关依法独立公正行使检察权，及时研究解决检察工作中存在的重大问题。各级各部门要自觉支持配合检察机关开展法律监督，为检察工作顺利开展创造有利条件、营造良好环境，合力推动新时代检察机关法律监督工作取得更大成效。浙江省检察院党组书记、检察长、绍兴市委书记等领导出席会议并讲话。

（市检察院 / 提供）

法 院

【概况】 2021 年，全市各级人民法院在市委、市政府以及省高院的坚强领导下，克服新冠肺炎疫情常态化的影响，忠诚履职、敢闯敢试，各项工作成果显著。

新收各类案件 114442 件，办结 113576 件(含旧存，下同)，较 2019 年分别下降 11.92%、13.99%，收结案均列全省第六位。其中，市中级人民法院新收各类案件 9487 件，办结 9508 件，分别下降 16.41%、13.61%。

一审审结刑事案件 5338 件 8657 人。其中，涉黑恶案件 54 件 165 人。始终保持反腐败高压态势，审结杭州市政府办公厅原一级巡视员何美华、金华市原市委常委、常务副市长陈晓受贿案等职务犯罪案件 43 件。诸暨法院审结的谢彭等以比特币形式收取毒资的贩卖毒品案入选全国十大毒品犯罪典型案例；越城法院审结全省首例危害公共安全刑事附带民事公益诉讼案件。

一审审结民事案件 26673 件。其中，家事纠纷案件 5357 件，审结 5198 件，调撤 3275 件，调撤率 63%。完善家事诉讼中心工作机制，发布妇女儿童权益保护十大典型案例。市中院与共青团绍兴市委签署合作协议，建立社会回访观护体系，

2021 年 6 月 2 日，诸暨市人民法院开展巡回审判活动　　（市中级人民法院 / 提供）

保护涉家事纠纷未成年人合法权益。充分发挥司法裁判的规则引领和价值导向作用，上虞法院审结全省首例高空抛物案，有效警示高空抛物行为；诸暨法院审结入住酒店意外摔倒致残索赔案，审判结果明确提倡公平，反对弱者明显获利、强者活该担责，引起社会强烈反响；新昌法院妥善审结小区地上车位权属争议案，用公正裁判树立行为规则，引导公众科学合理维权。

一审审结商事案件 31316 件。个人债务集中清理工作取得成效，全国人大常委会委员徐绍史来浙调研时专门听取市中院经验汇报并予以肯定。着力打造民间借贷协同治理绍兴样板，重点监控审查前期梳理出的职业放贷人所涉案件，构建立审执协作、刑民交叉配合、上下级联动的工作模式，民间借贷收案在前两年连续下降的基础上同比再降 9.42%。

推进行政争议实质性化解，促成和解撤诉 483 件，上升 36%。行政案件一审败诉率下降 3.5%。增设人民法庭 6 个，29 家人民法庭主动融入基层社会治理，创建新时代现代化“枫桥式”人民法庭。

一线办案法官年人均结案 316.66 件，高出全省法院平均 1.89 件。“八个排头兵”指标体系考核名列全省第一位，获上级批示肯定 40 余次。获市级以上扫黑除恶先进集体和个人 12 个，1 名个人获全国扫黑除恶专项斗争领导小组和中组部嘉奖。审结的“红通人员”姚锦旗案入选全国法院十大案件（全省唯一一例），并写入最高法院人代会工作报告。

14 篇案例分析获全国法院系统 2021 年度优秀案例分析奖，是全省获奖数量最多的地区法院之一。1 篇裁判文书获 2021 年全国环境资源审判优秀业务三等奖。2 篇案例入选全省法院“十篇最佳案例分析”，3 篇案例入选“二十篇优秀案例分析”。

越城区人民法院获“全国维护妇女儿童权益先进集体”，新昌县人民法院刑事审判庭副庭长王优明被授予“全国优秀法官”称号。

【全域数字法院建设】 2021 年，绍兴市两级人民法院围绕“全域数字法院”重大改革目标和任务，全力推进质效提升、制度变革、管理再造、行为重塑。执行“一件事”改革获评省改革突破奖银奖、全省数字法治好应用。其中，柯桥区人民法院发布全国首个“版权 AI 智审”系统，上虞区人民法院上线“执行一站通平台”，诸暨市人民法院上线“府院智破系统智慧协同平台”，嵊州市人民法院开展省高院“防范和打击虚假诉讼智能监管项目”试点，新昌县人民法院上线“审限智管系统”。

【破产审判“绍兴模式”】 2021 年，绍兴市两级人民法院建立健全“深化府院联动、案件繁简分流、规范管理人履职、破产审判数字化改革”四大破产机制，发布《绍兴市优化营商环境办理破产便利化行动方案》，探索形成破产审判“绍兴模式”。在省高院发布的 2020 年浙江法院破产审判工作报告中，绍兴多项成效及指标位居全省前列，2 个案例入选全省十大典型案例。至年末，全市法院审结破产案件 297 件，预重整 5 件，盘活土地 130.97 公顷，处置各类房产 141 万平方米，补偿安置职工 1451 人；受理“执转破”案件 306 件。10 月 16 日，“中国破产法论坛·建筑企业重整法律问题专题研讨会”在诸暨市召开。

【探索“预重整”的绍兴模式】 2021 年，绍兴市克服单独由法院“预重整”或政府预重整的弊端，首创府院联动助力“预重整”模式，制定《府院联动推进企业“预重整”工作纪要（征求意见稿）》，为庭外重组提供依据。政府支持、法院指导、企业自主、管理人参与的“预重整”模式初步形成，并在诸暨市人民法院办理的浙江越美国际轻纺商贸城有限公司预“预重整”、柯桥区人民法院审理的浙江兴鑫置业有限公司“预重整”案等案件中成功实践。

【“共享法庭”建设】 2021 年，绍兴市印发《关于在全市法院深入推进“枫桥式人民法庭”建设的实施意见》《关于扎实开展枫桥式人民法庭特色亮点培育工作擦亮“枫桥经验”金名片的意见》，召开全市人民法庭工作会议暨“共享法庭”建设推进会，试点开发“共享法庭”治理端。至年末，已建成“共享法庭”1480 家，其中，镇街 100 家，村社 1321 家，特设 59 家。实现诉前调解 962 件，在线诉讼 712 次，法治教育 187 场 3954 人。

8 月 31 日，绍兴首批“共享法庭”在越城区塔山街道水沟营社区、斗门街道荷湖村、富盛镇金溪村设立。9 月，越城区人民法院滨海法庭在孙端商会设立“共享法庭”，这是全市首个行业“共享法庭”。

【诉源治理“绍兴模式”】 2021 年，绍兴市继续坚持“党委领导、自治为主、各方参与、法治保障”的诉源治理“绍兴模式”。

至年末，全市人民法院一审民商事案件收案数6万件，实现连续三年“负增长”，一审民商事收案数降幅居全省第一位。诸暨市人民法院收案数从全省第一位降至第七位。依托矛调中心调解纠纷2万余件，2900件进入诉讼或行政复议，调解成功率87.3%。全市6个“天平调解”团队参与化解纠纷6万余件，试点经验在全省法院诉源治理工作会议上推广。

【“天平调解”试点工作】 2021年，绍兴市作为全省唯一“天平调解”试点地区，围绕“矛盾纠纷10%由县级矛调中心解决、30%由乡镇解决、60%由村社解决”目标，选任组建6个“天平调解”组织入驻矛调中心。至年末，“天平调解”组织参与化解纠纷86405件。法院诉前纠纷化解率42.26%，诉前化解纠纷自动履行率68.98%。在全省法院诉源治理工作会议上，省高级人民法院对绍兴“天平调解”试点经验进行全省推广。

【营造高效透明的政务环境】 2021年，绍兴市中级人民法院推进行政争议实质性化解，促成和解撤诉483件，上升36%。建立败诉案件通报分析制度，每周向市委依法治市办通报败诉案件情况，推动健全行政争议化解党政主导机制，行政案件一审败诉率下降3.5%。与市司法局联合印发《关于进一步推进行政机关负责人出庭应诉工作的若干意见》，推进行政机关负责人出庭率上升2.3%，达95.7%。连续十年发布《行政审判白皮书》，常态化召开府院联席会议。

【持续优化诉讼服务水平】 2021年，绍兴市中级人民法院推动诉讼服务领域“互联网+”解纷模式全场景应用，采取“非诉—诉讼—履行”一体化运行的线上解纷闭环管理，诉前线上自主受理纠纷6万件，调解成功1.1万件，时限内响应度100%，诉前纠纷进入诉讼仅占29.5%。依托24小时法院，与全市两级法院诉讼服务中心和三级矛调中心互联互通，实现“不打烊”诉讼服务跨域共享，2021年自助立案621件，诉讼材料中转2024份，查询案件信息2447次。

【执行“绍兴模式”】 2021年，全市法院执行收案5.86万件，执结5.87万件，分别上升13.4%、10%；执行到位金额119亿元，上升4.4%。法院系统联合公安检察机关，构建拒执罪打击闭环机制，移送拒执犯罪254件，上升34%；判处刑罚151件162人，分别上升45%、32%。绍兴执行模式在最高法院“服务保障长三角一体化发展第一次联席会议”上做交流发言。2021年9月8日，市中级人民法院召开新闻发布会，展示执行“一件事”改革成果，全市两级6地380余个单位和部门间，线上执行成为常态，个案平均执行天数减少11天，委托评估拍卖平均天数减少20天，在全省率先实现内外网系统数据基本联通、协作网络全市域基本覆盖、高频协作事项基本线上办理，“一网通全市、一键达全域、一屏管全程”的多跨高效协同体系初步成形。至2021年末，全市法院在线办理协作事项4.2万次，完成跨域事项协作8500余次，联审后拍卖成交1266件，成交金额52.53亿元，办理权证925本，执行结案平均用时减少13天。执行“一件事”改革入选全省多跨场景重大应用清单，在全市数字化改革领导小组会议、全省数字化改革推进会、全省“全域数字法院”改革推进会上做演示交流，省高院专门发文推广。虚假诉讼智能识别等7个重点项目被列为国家级、省级试点。

2021年，诸暨市的“天平调解”工作室开展调解工作　　（市中级人民法院/提供）

【服务创新绿色发展】 2021年，市中级人民法院在全国法院系统率先出台地区性司法服务保障碳达峰碳中和工作的意见，生态司法保护的前瞻性和精准度不断提升。新昌县审结全市首例危害国家重点保护植物罪案件，并创新适用修复性司法，发出第一份补植令；诸暨市揭牌运行全国首个珍珠行业知识产权保护中心；新昌县获批知识产权纠纷案件管辖权；嵊州市知识产权司法保护服务中心暨宁波知识产权法庭嵊州巡回审判点揭牌运行，并成立全省首家“知识产权共享法庭”，为辖区经济社会发展提供有力司法保障。

【曹娥江流域生态环境司法保护协作机制启动仪式举行】 2021年3月30日，曹娥江流域生态环境司法保护协作机制启动仪式在绍兴市上虞区举行。曹娥江流经的9家基层法院签署生态环境保护司法协作协议，聘任清华大学陈吕军等专家为环境资源审判咨询“智库”，曹娥江流域生态修复基地揭牌。绍兴、宁波、金华、台州等4地市的9家基层人民法院，绍兴市两级自然资源、公安、检察、水利、环保、农业农村等部门参加仪式，共商司法护航曹娥江流域生态环境建设。

【发布全国首个“版权AI智审”系统】 2021年4月22日，柯桥区人民法院“版权AI智审”项目发布仪式在鉴湖大酒店举行。现场发布“版权AI智审”项目，宣布“版权 AI 智审”项目被列为“浙江全域数字法院”改革重点任务，柯桥区人民法院与之江学院、区市场监管局签订《柯桥区知识产权司法行政数字化协作应用协议》。现场还连线正在开庭的花样版权权属、侵权纠纷案庭审现场，展示“版权 AI 智审”系统的实际应用情况。这是全国首个“版权 AI 智审”系统。

【全省首个镇级社会矛盾纠纷综合预防中心揭牌】 2021 年 9 月 17 日，省内首个镇级社会矛盾纠纷综合预防中心在嵊州市金庭镇正式揭牌。绍兴市中级人民法院党组书记、院长唐学兵，嵊州市委副书记、政法委书记裘建勇，绍兴市中级人民法院党组成员、副院长胡坚参加仪式。

【“中国破产法论坛——建筑企业重整法律问题专题研讨会”举行】 2021 年 10 月 16 日，“中国破产法论坛——建筑企业重整法律问题专题研讨会”在诸暨市枫桥学院举行。论坛围绕建筑企业破产重整案件模式及其投资人招募、工程款及特殊债权冲突处理等法律问题开展研讨。来自全国各地高校科研机构、法院系统、政府部门、律师行业、建筑企业和金融系统近 200 人参加。

【省高院第六期“浙知沙龙”举办】 2021 年 11 月 19 日，由省高级人民法院主办的第六期“浙知沙龙”在上虞区 e 游小镇举行，探讨网络游戏知识产权保护问题。来自国内法院、相关行政机关代表和知识产权专家学者、网络游戏企业代表等 40 余人通过线上、线下方式参加会议。省高级人民法院党组成员、副院长许惠春参会并致辞。

【召开审判辅助事务集约化改革动员部署会】 2021 年 11 月 22 日，绍兴市中级人民法院召开审判辅助事务集约化改革动员部署会。会议贯彻落实浙江“全域数字法庭”改革推进会精神，动员全院干警深入参与审判辅助事务集约化改革。市中级人民法院党组书记、院长唐学兵出席会议并做作动员讲话。部分部门负责人就做好下一步工作作表态发言。

（市中级人民法院 / 提供）

司法行政

【概况】 2021 年，绍兴市司法局坚持党对司法行政工作的绝对领导，加强数字化改革，加快建设覆盖城乡、便民高效、均衡普惠的公共法律服务体系，全面提升法治化营商环境。坚持和发展新时代“枫桥经验”，完善大普法格局，创新调解工作机制，提升“枫桥式”司法所创建质效，全力打好维稳安保攻坚战。创建市级民主法治村（社区）268 家，省级民主法治村（社区）98 家，省级民主法治村（社区）创建数位居全省第一；至年末，有省级“枫桥式”司法所 12 家，市级“枫桥式”司法所 47 家；有“法治带头人”6250 人，“法律明白人”20066 人，“尊法学法守法用法示范户”16403 户。

【法治宣传】 2021 年，绍兴市守法普法协调小组印发 2021 年普法依法治理工作要点和普法责任清单，举办学习贯彻习近平法治思想直播宣讲活动，录制《师爷说法》8 期，开展市管领导干部和公务员学法用法考试，参考率和通过率均为 100%。

【调解工作】 2021 年，全市各类人民调解组织调处矛盾纠纷 35534 件，调处成功率 98.56%。嵊州市探索“融调解”手机终端应用，累计线上调解矛盾纠纷 238 件，调处协同流转信访纠纷 114 件。至年末，全市有省级金牌调解工作室 10 家，专职人民调解员 1000 余人，兼职人民调解员 12197 名，全科 + 专科调解专家库成员 300 余名。上虞区人民调解服务标准化试点入选国家标准委第七批社会管理和公共服务综合标准化试点项目；知识产权纠纷调解组织、涉拘留所调解组织实现全市域覆盖，柯桥区知识产权纠纷调解经验做法刊登在司法部《人民调解》杂志。

【法律援助】 2021 年，全市法律援助机构解答法律咨询 23747 批次，其中为农民工、老年人、未成年人等弱势群体提供咨询 12520 人次，办理法律援助案件 4122 件，挽回经济损失 7310 万元。

【戒毒管理】 2021 年，绍兴市九里强制隔离戒毒所在全省戒毒系统率先启动维稳安保一级响应，制发《绍兴市九里强制隔离戒毒所重大活动维稳安保工作等级响应规范》，实现连续 25 年安全稳定。制定《绍兴市九里强制隔离戒毒所 2021 年“智慧戒毒”建设方案》，构建“1 中心 +6 平台 +6 系统”的智慧戒毒体系。注册“同心渡”特色品牌商标，提升戒毒管理、戒毒治疗、教育矫正、戒毒康复水平，全年戒毒成功 75 人，新增 22 人。至年末，全市在所在册戒毒人员 43 人。

【社区矫正】 2021 年，绍兴市召开市矫

2021 年，柯桥区湖塘司法所开展“法护青春”青少年户外法治课堂 （市司法局 / 提供）

正委第二次全体成员会议和市矫正办第一次会议，开展《中华人民共和国社区矫正法》宣传，承办"全省第四个宪法宣传周暨社区矫正中心开放日"主题宣传活动，举办全市社区矫正"中华红色经典诵读"比赛，越城区社区矫正中心通过司法部"部级智慧社区矫正中心"验收。至年末，全市在册社区矫正对象 2952 人。

【仲裁工作】 2021 年，绍兴仲裁院受理各类民商事仲裁案件 1051 件，涉案争议标的额 14.33 亿元，结案率 82.21%，其中和解调解率 52.04%，裁决率 15.51%，撤回率 32.45%；平均办案时间 25 天，无被法院撤销或不予执行案件。

【司法鉴定】 2021 年，绍兴市司法鉴定机构承办司法鉴定案件 11775 件，在公共法律服务中心累计提供咨询 5166 件、检查 2571 件。"12348"浙江法网累计提供司法鉴定在线预约服务 1661 件。全年办理公证、司法鉴定许可初审 21 件，司法鉴定重大事项申报(反馈)46 件，公证、司法鉴定信访投诉案件 32 件次。

【公共法律服务平台建设】 2021 年，绍兴市司法局迭代升级全市在线即时法律咨询服务平台，由市一级承担在线咨询即时服务，实现 365 天 ×24 小时在线即时服务。优化各县级矛调中心法律服务实体平台，建立法律咨询、法律援助、人民调解、公证、司法鉴定、仲裁等"一站式"服务。加强与入驻矛调中心其他部门窗口的联动，推动落实"一事一评、随单评价"机制。

【"枫桥式"司法所创建】 2021 年，绍兴市司法局开展"枫桥式"司法所省市创建双驱提档创新工程，新增柯桥区司法局稽东司法所、上虞区司法局崧厦司法所和永和司法所、诸暨市司法局店口司法所、嵊州市司法局三界司法所、新昌县司法局儒岙司法所等 6 家省级"枫桥式"司法所。诸暨市司法局枫桥司法所被评为省"枫桥式"司法所创建工作示范所。

2021 年，群众通过智能终端设备体验在线法律服务 （市司法局 / 提供）

【"法雨春风"法律服务爱民实践活动】 2021 年，绍兴市司法局开展"法雨春风"法律服务"三民三提高"爱民实践活动，对 2630 件现行有效行政规范性文件及制度规定开展专项清理工作。建立 2488 个市场主体法律顾问服务网格，为企业提供法律咨询服务 53.7 万次。在省内率先实施公司律师扩面试点行动，7 家企业建立公司律师制度。制定《绍兴市打造一流法治化营商环境实施方案》，提出 32 项工作目标和任务。

【普及公共法律服务智能终端设备】 2021 年，绍兴市公共法律服务智能终端设备普及项目被列为全市年度十大民生实事之一。至 11 月底，配置法律服务智能终端设备 167 台，在全省率先实现公共法律服务中心、站和全国民主法治村(社区)公共法律服务点全覆盖，超额完成民生实事项目内要求的 99 台自助终端机投放数。

【组织国家统一法律职业资格考试】 2021 年，绍兴市司法局组织开展 2020 年度国家统一法律职业资格考试和法律职业资格证书申领工作。第一批国家法律职业资格申请人员 384 人，符合资格条件 383 人；第二批申请人员 130 人，符合资格条件 130 人。2021 国家统一法律职业资格考试绍兴考区报名考生 1712 人，471 人通过考试，通过率 27.5%。

【"律动·浙里"数字化项目】 2021 年，绍兴市柯桥区司法局推出"律动·浙里"数字化项目，建设线上"公共法律服务大厅"。至年末，"律动·浙里"已入驻浙里办，列入全省数字化改革重大应用"一本账 S_1"目录，应用注册量近 4 万人，日均点击量过万人次，群众满意度 100%。

【执法资格管理】 2021 年，全市 1853 名执法人员通过考试取得执法证，其中综合执法系统和乡镇(街道)执法人员 1234 人，占比 66.59%。至年末，综合执法系统和乡镇(街道)有持证执法人员 5444 名，占全市总行政执法人员的 39.08%。

【政法队伍教育整顿】 2021 年，绍兴司法行政系统全面推进政法队伍教育整顿工作，整治顽瘴痼疾和一些突出问题，出台 6 项长效机制规范对外业务流程，选树司法行政系统"全市政法百佳"21 个。

（市司法局 / 提供）

军事

绍兴军分区

【概况】 2021年，绍兴军分区党委以习近平新时代中国特色社会主义思想和习近平强军思想为引领，坚定不移举旗铸魂，聚焦打赢练兵备战，从严从紧正风肃纪，全面建设呈现稳步推进、进中向好的态势。认真学习习近平主席“七一”重要讲话、中共十九届六中全会精神，抓好省军区“嘉兴集训”精神落地，完成党委班子1周理论培训和8次研讨交流。开展党史学习教育，组织宣讲辅导、主题党日、学习先进事迹等活动。构建“五个在线”平台，推动民兵思想政治教育难题突破，深化“四反”工作军地协调机制落实。修订完善方案预案，编精编实任务分队，有效提升依案行动能力。推动柯桥、干休所军事职业教育先行，初步形成可学经验。完成民兵专业分队基地化轮训。编建充实基干民兵力量，队伍结构不断优化。全程把牢兵员征集“六道关口”，大学毕业生征集比例持续攀升。推动民兵建设“十四五”规划精神落实。推进上虞区“智慧动员中心”建设试点工作。推动后备力量基层规范化建设落实。组织完成第四届中学生军体运动会。

【省军区首长到绍检查指导】 2021年12月20日，省军区少将政治委员到绍兴检查指导抗疫工作，听取绍兴军分区关于疫情防控工作情况汇报，并到上虞区鸿雁社区民兵值勤点和训练基地民兵备勤点开展慰问。

11月22—23日，省军区少将政治委员率工作组一行5人，对军分区进行检查调研，听取工作汇报，与班子成员谈心谈话，查看机关建设情况；对柯桥区人武部全面建设情况和巡视巡察反馈问题整改情况进行检查督导；对部机关、柯岩街道军人之家和东方山水国防教育基地现地检查指导。

【市委召开议军会议暨国防动员委员会全体会议】 2021年12月31日，中共绍兴市委召开专题议军会议。市委书记、军分区党委第一书记盛阅春主持会议并讲话。会上，学习习近平强军思想、省委议军会议精神，总结回顾绍兴市党管武装和国防动员工作，研究部署下阶段任务；审议通过《关于加强军人军属荣誉体系建设，激励广大官兵建功军营荣耀家乡的指导意见》，人武部党委第一书记述职，宣读新任人武部党委第一书记任职决定，表彰绍兴市第二届“十大最美民兵”；嵊州市、上虞区做交流发言。市委常委，市人大常委会主任，市政协主席，军分区党委常委，动员处、保障处处长，市国防动员委员会成员单位、区（县、市）人武部领导参加会议。

【军分区召开八届五次党委全体（扩大）会议】 2021年1月21—22日，绍兴军分区召开八届五次党委全体（扩大）会议。中共绍兴市委书记、军分区党委第一书记马卫光出席会议并讲话。会上，军分区党委书记代表军分区党委常委做党委工作报告，军分区党委副书记做讲话，表彰2020年度各项工作先进单位和个人。军分区党委委员、全体机关干部，各区、县（市）人武部部长、政治委员、副部长、军事科科长、政工科科长、后勤科科长、干休所协理员等出席会议。

【军分区召开八届六次党委全体（扩大）会议】 2021年8月13日，绍兴军分区召开党委八届六次全体（扩大）会议。会上，深入学习贯彻习主席“七一”重要讲话精神，传达省军区党委十二届八次全体（扩大）会议精神，总结分析年初以来建设形势，部署年底前重点工作。军分区党委书记代表军分区党委常委会做工作报告，军分区党委副书记做讲话。军分区党委委员、全体机关干部，各区、县（市）人武部部长、政治委员、副部长、军事科科长、政工科科长、保障科科长及干休所协理员等参加会议。

【绍兴军分区发布2021年“八一光荣榜”】 2021年8月1日，绍兴军分区在《绍兴日报》专版发布“八一光荣榜”，公布绍兴籍官兵自2020年4月至2021年3月在部队立功受奖名单和事迹介绍。受表彰的有荣获个人二等功7人，荣获个人三等功139人。

【组织开训动员部署】 2021年1月4日，绍兴军分区依令组织战备等级越级转进，在野外条件下依托指挥方舱（箱组）组织开训动员。军分区、人武部两级机关及勤务保障分队，并带动半数以上专武干部以及7支民兵战备值班分队，计350余人参训，强化开训即开战的意识。

【开展师团党委班子暨干部队伍理论培训】 2021年9月24—27日，绍兴军分区组织开展师团党委班子暨干部队伍理论培训。重点学习习主席关于政治能力建设、加强党的领导和党的建设的有关重要论述；学习省军区首长“嘉兴集训”重要讲话；完成应知应会知识书面作业、案例作业、抽问抽考和心理辅导等内容。培训会上，对民兵网络思想政治教育体系进行动员部署。

【组织第 23 期专武干部集训】 2021 年 4 月 25—30 日，绍兴军分区依托市国防动员训练中心，分 4 个阶段组织全市第 23 期专武干部集训，完成人民战争理论、安全形势、征兵工作、识图用图、要图标绘、军事教学法、分队行动组织指挥、轻武器射击等 16 个课目训练。

【组织防汛抗台】 2021 年 7 月 22—28 日，绍兴军分区组织防抗第 6 号台风“烟花”行动，落实防台风救灾备勤力量 2491 人，转移群众 12600 余人，完成抗台任务。

【参与抗击突发新冠肺炎疫情】 2021 年 12 月，绍兴军分区参与做好抗击上虞区突发新冠疫情工作，统筹各地组织民兵参加抗疫行动，重点负责 59 个路口及物资供应点和 17 个集中隔离点保障任务。军分区本级机关实施全封闭管理。相关经验做法被省军区转发。

【“五星级”乡镇(街道)武装部评比】 2021 年，绍兴军分区按照《关于组织 2021 年度镇乡(街道)武装部“评星挂牌”量化考评的通知》精神，对 33 个拟评五星级乡镇(街道)武装部开展复评验收，评定 28 个单位为 2021 年度五星级基层武装部。

【后勤重点行业领域整肃治理】 2021 年，绍兴军分区对财务、军需能源、运输投送、军事设施建设、后勤领域军民融合和后勤资产管理等 6 个重点行业进行清查治理。查验票据 936 张、社会化保障合同协议 7 份、现地印证零星工程 12 个、比对核查实物油料账目 58 笔、调查询问经办人 42 名、走访供应商 15 个，梳理整改具体问题 17 个。

（绍兴军分区／提供）

武警绍兴支队

【概况】 武警绍兴支队组建于 1983 年 1 月，主要担负看守目标执勤及维稳处突、反恐突击、抢险救援、联勤巡逻等任务。2021 年，武警绍兴支队党委坚持以习近平新时代中国特色社会主义思想和习近平强军思想为指导，坚决贯彻中央军委、武警部队和总队党委决策部署，围绕争创全面过硬先进支队目标，完成各项任务，实现连续 29 年执勤无事故、连续 24 年安全无事故。

【思想政治建设】 2021 年，武警绍兴支队开展“传承红色基因、担当强军重任”主题教育和党史学习教育，组织“理论武装强化季”活动，不断夯实官兵思想理论基础。组织开展“四会”政治教员评比竞赛，提升政治教员理论水平。举办“唱忠诚组歌、颂伟大祖国”等系列文化活动。在军队和国家级媒体刊稿 212 篇，支队被总队评为新闻报道先进单位。

【战备执勤】 2021 年，武警绍兴支队全面贯彻“十六字”执勤思路，高标准实现执勤目标绝对安全。定期开展“魔鬼周”极限训练和群众性大练兵活动，激发官兵争先创优热情。严格落实战备力量体系建设要求，突出敏感期战备工作，战备软硬件建设进一步提高，完成多批次城市联勤武装巡逻任务。

【基层建设】 2021 年，武警绍兴支队坚持贯彻武警部队、总队党委 1 号文件精神，持续深化集训成果，运用“三上三下”模式审定“一队一策”和开展按纲理思路网上会操，提升抓建基层精细度。组织开展“三学一做”“三抓一当”活动，提升官兵能力素质。探索运用“枫桥经验”创建平安中队，夯实部队建设发展根基。

【后勤建设】 2021 年，武警绍兴支队持续推进“六型”后勤建设，大力加强支队“一组五队”应急保障力量建设，开展“一长五员”各类培训 8 期 50 余人次，29 人取得职业证书。累计投入 151 万余元用于基层营房维修、生活设施完善等民生工程。

【参与联合反恐演习】 2021 年 2 月 9 日，支队联合绍兴市公安特警支队组织联合反恐演习。演习全程按照“启动应急响应机制、快速机动到位、组织现场处置、全面总结讲评”等步骤，围绕武力突击、围堵封控等内容进行。参演双方指挥员密切协同、沉着应对，部队与地方公安力量协同配合能力得到加强。

【参与抢险救援】 2021 年 6 月 10 日凌晨，诸暨市遭遇有气象记录以来最强降水。支队立即启动抗洪抢险应急预案，先后派出官兵驰援受灾一线。经过 10 多个小时连续奋战，参战官兵共搜救转移被困群众 800 多人，搜索排查受灾区域房屋数十间，消除各类险情 10 余处，清理受损道

2021 年，绍兴武警支队官兵参与抗洪抢险　（绍兴武警支队／提供）

路淤泥垃圾 2500 余方，清整民房 43 间。

【参与抗击台风“烟花”】 2021 年 7 月 24 日傍晚 6 点 50 分，受台风“烟花”及持续强降雨影响，柯桥区夏履镇夏东村积水严重，32 名村民被困。支队官兵闻令而动，星夜驰援一线，转移被困村民。自担负抗击台风任务以来，支队参与绍兴市内各类抢险救灾任务，共转移受困群众 256 人，搬运各类物资 2 吨，清理土方、垃圾 3000 余立方米，解除险情 10 余处，受到驻地政府和群众的广泛赞誉。CCTV-7《国防军事早报》《正午国防军事》，新华社、中国新闻网、中国网等 10 余家媒体对绍兴武警支队的抢险救援工作进行报道。

【参与疫情防控阻击战】 2021 年 12 月，上虞区突发新冠肺炎疫情。支队抽组人员驰援上虞展开防疫作战，连续奋战 10 昼夜，完成核酸检测点警戒封控、外围道路武装巡逻、防疫物资接收分发和核酸检测样本箱押运等任务，协同地方政府顺利实现社会面疫情清零目标。

（绍兴武警支队 / 提供）

人民防空

【概况】 2021 年，绍兴市人民防空工作坚持“以战领建，规划融合”思路，积极探索“人防 +”改革，系统谋划人防工程建设和城市地下空间开发利用，一体推进人民防空教育和应急演练，完成年度各项目标。绍兴市被省人防办赋予全市域人防宣传教育场所建设先行示范省级试点任务，人防工作列入市委党管武装考核内容。市人防办获“年度全省人防工作先进单位”荣誉称号，塔山人防综合体被评为“全省人民防空改革创新项目”。至年末，全市新竣工结建防空地下室 97 个，新增地下停车位 1 万余个，新审批防空专业队或医疗救护工程 8 个。开展防空警报试鸣 2 次，鸣响率 100%，覆盖率 98% 以上。

【“智慧人防”建设】 2021 年，绍兴市人防数字化改革工作取得新成果，“智慧人防”三大核心业务全部上线，并被第一批纳入绍兴市“数字政府”综合应用。“人防工程开发利用”场景承建任务列入省数字化改革“一本账 S_1”跑道。

2021 年 7 月，绍兴市组织开展人防队伍点验工作 （市人防办 / 提供）

【制定《绍兴市全面推进人防工程产权制度综合改革的实施意见》】 2021 年 8 月 27 日，绍兴市人民政府召开常务会议，审议并原则通过全面推进人防工程产权制度综合改革的实施意见。9 月，绍兴市人民政府办公室印发《关于全面推进人防工程产权制度综合改革的实施意见》，提出全市域分层次推进人防工程产权制度综合改革，以人防工程产权国有化为改革突破口，建立所有权归属明晰、使用权流转有序、经营权灵活自主，战备、经济、社会效益有机统一的人防工程建设管理创新模式的目标。实施意见自 2021 年 10 月 20 日起施行。

【中央国家机关人防办到绍调研】 2021 年 7 月 20—21 日，中央国家机关人防办学习调研组到绍兴市人防办开展考察调研。调研组围绕绍兴市人民防空规划体系建设情况、重要目标防护能力建设情况、“智慧人防”建设应用情况、人防工程开发利用及维护管理情况，组织开展座谈交流，实地走访人防工程。

【全市人防指挥部指挥长会议召开】 2021 年 7 月 20 日，全市人民防空指挥长会议在上虞区人防应急指挥中心召开。会议通报表彰 2020 年度省、市人民防空工作先进单位和先进个人，总结 2020 年以来市人防指挥部工作，部署市人防指挥部有关工作。市人防指挥部指挥长、副指挥长，35 个成员单位领导，6 个区、县（市）人防指挥部指挥长、副指挥长参加会议。

【人防宣传教育】 2021 年，全市党校教育点、人防学校教育孵化点、冠友众谷青创园区人防（民防）宣传教育示范点等十大人防宣教场所建设任务基本完成。迭代升级人防宣传“五进”工作，在绍兴昌安实验学校建立人防学校教育孵化点，在冠友众谷青创园区建成人防进企业示范点，在柯桥区福全街道徐山村建设人防文化村。以塔山早期人防工程为点，优化参观线路，提升内部环境，做精“地下之旅”活动，让党员干部、学生、市民、媒体通过走进“人防故事”，增强国防观念。在“绍兴人防”微信公众号等平台，推送民防知识文章 832 篇次。人防教育已覆盖全市中学 97 所、小学 109 所、学生 59.4 万人。

【人防队伍建设】 2021 年，绍兴市继续加强人防专业救援力量建设。根据“三年达标、二年提高”的队伍整组行动，按照城镇户籍人口 1‰增长率，根据 2020 年第七次全国人口普查绍兴市城镇人口 3743366 人标准，整组人防专业队。市人防指挥部组织市本级和越城区、柯桥区、上虞区人防专业队参与全省人防专业队伍点验拉动。人防应急救援队在“6·10”诸暨特大暴雨抢险救灾、台风“烟花”防御期间，出动救援队伍 17 支、610 余人次，投入装备 73 台、车辆 80 余辆，疏散转移被困群众 310 余人。

（市人防办 / 提供）

农业

综述

【概况】 2021年，绍兴市围绕高质量推进乡村振兴和共同富裕，大力实施乡村振兴战略，坚持农业农村优先发展，扎实推进"农业双强"行动，加快农业农村现代化步伐，全力推进农业高质高效、乡村宜居宜业、农民富裕富足，推动粮食增产保供、现代产业发展、美丽乡村建设、农村改革发展等取得明显成效。

实现农林牧渔业总产值341亿元、增加值230亿元，分别增长3.5%、2.6%；农村居民人均可支配收入42636元，增长10.2%；低收入农户人均可支配收入18472元，增长13.3%。村集体经济年经营性收入20万元以下行政村、家庭人均收入9000元困难农户现象全面消除。

【发展现代农业】 2021年，绍兴市梯次建成国家级农业产业强镇2个、省级现代农业园区4个、省级特色农业强镇9个、省级示范性农业全产业链6条。基本建成茶叶、水稻、菊花、兰花四大品种园，越城区绍鸭、柯桥区日铸茶、柯桥区兰花、上虞区杨梅、诸暨市樱桃、新昌县中药材等6个农产品优势区被认定为省级特色农产品优势区。完成农业种养殖业类产业项目、农产品加工和农旅结合类产业项目"双十大"项目投资10.57亿元。开展绿色优质农产品建设，新增绿色食品34个，绿色优质农产品认证率58.84%。

【实施农业"双强"行动】 2021年，绍兴市召开全市农业高质量发展大会，制定"1+1+X"政策体系，发布农业科技、农业机械重大需求榜单20项，推进黄酒糯稻新品种培育、新型农作制度创新，建立金融服务"三农"推动建设共同富裕示范区联合体，加快中科院、敏实集团等"双强"（科技强农、机械强农）重大项目落地，"双强"储备项目入库56个，总投资32亿元。

2021年11月5日，绍兴市农业高质量发展大会召开 （市农业农村局/提供）

【市农业高质量发展大会召开】 2021年11月5日，绍兴市召开农业高质量发展大会。会上，播放全市科技强农、机械强农优秀实践案例视频，发布农业科技、农业机械"揭榜挂帅"名单，举行"农业双强"项目签约仪式，成立绍兴金融服务农业农村共同富裕联合体。

【拓展乡村旅游】 2021年，绍兴市发展乡村旅游、休闲农业等新产业新业态，实现接待游客1100万人次，直接经营收入9.3亿元，游客购物收入2.8亿元。东山励志精品线路等6条线路入选全省休闲农业与乡村旅游精品线路，柯桥区、新昌县入选全国区域特色美丽茶乡；柯桥区湖塘街道香林村入选全国乡村旅游重点村。

【抓好粮食稳产增产】 2021年，绍兴市粮食播种面积12.31万公顷，总产量79.3万吨，创六年新高，均居全省第二位。"舜达135"示范方平均亩产704.2千克，攻关田最高亩产732.5千克，通过农业农村部超级稻认定第一年验收。开展耕地"非粮化"情况排查，整治优化"非粮化"面积9266.67公顷。新建高标准农田7593.33公顷，改造提升高标准农田2080公顷，累计建成高标准农田14.33万公顷。绍兴市代表浙江省接受农田建设补助资金绩效评价，获农业农村部、财政部肯定。

【全省农田建设工作现场会召开】 2021年10月19—20日，2021全省农田建设工作现场会在绍兴市上虞区召开。会议总结全省高标准农田建设成效，对实施新一轮高标准农田建设规划和下阶段农田建设和管理工作重点进行部署。会上，上虞区农业农村局向与会代表介绍高标准农田建设管理工作经验。省农业农村厅、省发展改革委、省自然资源厅、省水利厅以及各市、县（市、区）农业农村局的代表参加会议，绍兴市、湖州市、杭州市萧山区、宁波市鄞州区、嘉兴海盐县、衢州市衢江区等做典型发言。会前，与会人员参观上虞区崧厦街道祝温村粮食生产功能区管护项目、曹娥街道朱山头片区高标准农田建设项目、梁湖街道新花浦村高标准农田改造提升项目。

【抓实“菜篮子”保供】 2021年，绍兴市坚持“六化”（标准化、绿色化、规模化、循环化、数字化、基地化）引领，推进12家新建猪万头以上规模猪场建设，新增产能45.6万头，存栏和能繁母猪分别新增7.81万头和1.19万头；全市生猪存栏54.97万头，其中能繁母猪5.14万头，分别上升16.15%、7.51%。全年蔬菜播种面积5.21万公顷，产量161.59万吨；水产养殖面积21445公顷，实现水产品总产量127407吨，增长3.54%。

【农业工作应对台风“烟花”】 2021年，绍兴市积极做好台风“烟花”防御工作，加大对农业农村工作的财政补助力度，市县两级财政对受灾的早稻每亩各补助100元，对受灾的市级“菜篮子”基地每亩各补助50元，共发放财政补助资金1021.3万元。发挥农业生产灾后保险理赔作用，建立农业保险重大自然灾害快速理赔机制，发挥农业保险保障作用。

【深化宅基地制度改革】 2021年，绍兴市农业农村部门制定农村宅基地整合、退出和利用、宅基地农户资格权跨村实现等8个制度，起草宅基地管理办法、资格权认定等6个制度。20个先行镇实施改革试点项目30个，王坛镇资格权跨村实现完成第一拍；全面推进宅基地基础信息调查；谋划建设全市农村宅基地数字化管理服务系统、交易系统，推进农村“人、地、房”信息一体化管理。深化“闲置农房激活”，引入开发建设项目1711个，吸引社会资本22.08亿元，激活闲置农房2744幢、101.23万平方米。《诸暨市探索农村住房保障制度的做法和经验》在农业农村部《宅基地改革与管理》2021年第23期刊登。绍兴市深化宅基地制度改革工作多次获农业农村部领导批示肯定。

【推进乡村人才振兴】 2021年，绍兴市创新“人才＋项目＋资金”模式，引进培育高学历、高技能乡村振兴人才600余名；乡村人才纳入“名士之乡”扶持体系，评选乡村振兴“领雁人才”103名。绍兴市在国家人才振兴促进共同富裕高峰论坛上做交流发言。

【中国·绍兴首届“乡村人才振兴”全球创新创业大赛举办】 2021年9—11月，由市委组织部、市农业农村局主办的中国·绍兴首届“乡村人才振兴”全球创新创业大赛举办。（详见P185）

【绍兴市农村创业创新大赛举办】 2021年7月15日，由市农业农村局主办，柯桥区农业农村局承办，以“人才创业创新、推动共同富裕”为主题的绍兴市农村创业创新大赛（全省农村创业创新大赛绍兴赛区选拔赛）在柯桥区棠棣村乡村振兴实训基地举行。“沐格山居”精品民宿、乡村持续引流之花海项目获初创组一等奖；鲜花全产业链经营模式、三个月亮美好生活主题村落获成长组一等奖。

【“数字乡村”建设】 2021年，绍兴市农业农村部门推进上虞区“四季仙果”、新昌县茶产业等农业产业大脑建设工作，其中“新昌县茶叶产业大脑”列入省第一批农业产业大脑建设先行单位。至年末，建成省级数字农业工厂（牧场、渔场）13家，带动种养基地数字化改造45个；新昌县“茶叶一件事”对接省“浙农码”平台，全市农业农村领域“浙农码”赋码量超10万个；推进低收入农户帮促数字化系统、农村集体经济数字管理系统等省级场景应用扩面上线。

【推进乡村共同富裕】 2021年，绍兴市实施低收入农户同步基本现代化行动，落实“一户一策一干部”精准帮扶制度，全面开展低收入农户医疗补充政策性保险，并实现“理赔直付”；出台新一轮村级集体经济巩固提升行动的实施意见（2021—2022年）和金融支持行动方案，建立全市333个年经营性收入30万元以下相对薄弱村名录库，实施村级集体经济“消薄”增收项目129个，全年投资8.98亿元，增加集体经营性收入5379.71万元。

【提高乡村善治水平】 2021年，绍兴市开展侵占农村集体资产资源问题集中治理和农村集体“三资”管理领域腐败突出问题专项治理行动，对2022个村（社）开展专项治理，通过规范合同增加村集体收入6042.09万元。上虞区小越街道倪梁村等5个村上榜第二批全国乡村治理示范村，全市累计有全国乡村治理示范村9个。

【2021中国（绍兴）茶叶博览会举办】 2021年4月30日，以“绍兴茶，典籍里的故园茶”为主题的2021中国（绍兴）茶叶博览会举行。该届博览会有50家企业参展，当日客流量2000余人次，线上浏览量10.17万人次，实现销售约350万元。中国国际茶文化研究会会长周国富宣布开幕。中国茶叶流通协会会长、全国茶叶标准化技术委员会主任委员王庆，市委副书记、市长盛阅春致辞。在开幕式上，发布“2021中国茶叶企业产品品牌价值20强”榜单，相关电商直播平台与绍兴市茶叶区域公共品牌签约并开启直播专场；绍兴市被中国茶叶流通协会授予“中国茶产业协同发展示范市”称号，绍兴市与浙江大学物联网产业研究院签订绍兴茶产业数字化发展合作协议。

【市政府召开会议研究农业“双强”工作】 2021年10月12日，市委副书记、市长盛阅春主持召开专题会议，研究部署农业“双强”（科技强农、机械强农）工作。会议听取市农业农村局关于农业“双强”“1+1+X”政策体系建设、市农科院助力“双强”工作、黄酒专用糯稻品种培育及基地建设、农作制度创新、区域性农机服务组织布局、农业“双强”项目等工作情况。会议指出，实施“双强行动”是提高农业生产效率的关键之举，是提升农业效益和促进农民增收的重要手段。要在种业攻关、绿色种养、农机服务上出实招，健全政策扶持，强化要素保障，推动资源向农业“双强”领域倾斜，确保重点工作早显实效。

【市委召开农村工作会议】 2021年2月24日，市委召开全市农村工作会议暨农

2021 年 6 月 11 日，绍兴市乡村振兴局挂牌　　（市农业农村局 / 提供）

村宅基地制度改革试点动员部署会。市委书记马卫光参加会议并讲话，市委副书记、市长盛阅春主持会议。会上，部署农村宅基地制度改革试点工作，通报 2020 年度市乡村振兴战略实绩考核结果，柯桥区、上虞区、诸暨市山下湖镇、嵊州市崇仁镇、新昌县澄潭街道、越城区鉴湖街道坡塘村做交流发言。会议以视频形式举行，各区、县（市）设分会场。

【实行“三项制度”助推驻村指导员发挥实效】 2021 年，绍兴市农业农村局以驻村成果为评价核心，对驻村指导员进行综合考评，激发驻村指导员能动性。实行驻村工作清单制，全面推行“一村一员一清单”制度，年中汇报工作进展，年底亮晒完成实绩；实行问题解决“管家”制，全面应用“三服务”小管家系统，形成“小事村级解决、大事镇街（部门）解决、难事领导解决”机制；实行考勤考核绩效制，建立派驻村指导员到村进驻日签到备查制度，完善指导员任期内年度考核和任期考核，探索实施不合格驻村指导员“召回”制度。至年末，全市驻村指导员开展政策宣讲 309653 场次，走访农户 278212 户次，排解问题 20494 个。

绍兴市获评 2019—2020 年度全省农村工作指导员工作成绩突出单位，12 人获评先进个人。

【绍兴市乡村振兴局挂牌】 2021 年 6 月 11 日，绍兴市乡村振兴局正式挂牌。市政府副市长陈德洪，市政府副秘书长孟志军出席挂牌仪式，市农业农村局党委书记、局长王浩萍主持仪式。

【举行重大农业植物疫情应急预案演练】 2021 年 4 月 23 日，绍兴市动物植物疫病疫情防控指挥部在柯桥区漓渚镇组织召开全市重大农业植物疫情应急预案演练暨防控现场会。演练模拟因花木交易人为传播红火蚁疫情，及时启动农作物生物灾害Ⅲ级应急预案，使该重大农业植物疫情突发事件得到有效处置。市防控指挥部有关成员单位，区、县（市）防控指挥部办公室、植物检疫机构以及专业防控队伍等 70 余人参加了演练。

【中非稻米价值链研讨会召开】 2021 年 6 月 8—10 日，中非稻米价值链研讨会在绍兴召开。研讨会采取线上线下结合方式，就中国与非洲稻米价值链发展、中国水稻育种和生产技术研究、稻米储备和加工、稻米质量与市场、稻米产后减损和供应链、国别投资案例介绍和分享、国有和私营企业推动非洲稻米价值链建设等主题展开研讨。来自中国政府、学界、私企和世界组织、非洲国家大使馆、驻京非洲联盟、水稻育种和研究机构以及农业“走出去”企业等代表参加会议。

【2021 年中国农民丰收节绍兴庆丰收活动】 2021 年 9 月 23 日，“庆丰收、感党恩、奔共富”2021 年中国农民丰收节绍兴庆丰收活动在诸暨市枫桥镇杜黄新村举行。（详见 P182）

种植业

【概况】 2021 年，绍兴市加大政策扶持力度，巩固提升粮食产能，引导优质稻米产业化开发、病虫害绿色防控、农作制度创新示范，着力推进粮食生产转型升级，提高粮食生产效益，保障粮食安全和农民增收。全市种植业实现产值 232.97 亿元。获“浙江好稻米”优质奖产品 1 个；评选 2021 年度绍兴市“越乡好稻米”产品 6 个。

至 2021 年 12 月绍兴市农产品地理标志登记产品情况表

表 16

序号	县　级	商　标	注册人 / 所有人	类　别	商品 / 服务	注册时间	注册号
1	柯桥区	同康竹笋	绍兴县同康竹笋专业合作社	林产品	竹笋	2011 年	AGI00608
2	柯桥区	绍兴兰花	柯桥区兰花协会	花卉	花卉	2015 年	AGI01751
3	诸暨市	诸暨短柄樱桃	诸暨市特产站	水果	水果	2017 年	AGI01288
4	嵊州市	嵊州香榧	嵊州市香榧产业协会	干果	干果	2018 年	AGI02467
5	柯桥区	平水日铸茶	绍兴市柯桥区茶叶产业协会	茶叶	茶叶	2019 年	AGI02540

续表 16

序号	县 级	商 标	注册人 / 所有人	类 别	商品 / 服务	注册时间	注册号
6	诸暨市	枫桥香榧	诸暨市香榧博物馆(诸暨市林业科学研究所)	香榧	香榧	2019 年	AGI02545
7	新昌县	大佛龙井	新昌县名茶协会	茶叶	茶叶	2020 年	AGI02850
8	上虞区	二都杨梅	绍兴市上虞区二都杨梅协会	水果	水果	2020 年	AGI02853
9	嵊州市	嵊州桃形李	嵊州市剡溪果业协会	水果	水果	2020 年	AGI02855
10	上虞区	丁宅水蜜桃	绍兴市上虞区丁宅四季仙果休闲协会	水果	水果	2020 年	AGI03138
11	上虞区	上虞觉农翠茗茶	绍兴市上虞区农业技术推广中心	茶叶	茶叶	2020 年	AGI03129
12	上虞区	上虞野藤葡萄	绍兴市上虞区盖北镇事业综合服务中心	水果	水果	2021 年	AGI03335

至 2021 年 12 月绍兴市精品绿色农产品基地汇总情况表

表 17

序号	基地名称	地 址	主营产品	三品一标认证情况	基地规模	资金投入
1	浙江省农村发展集团上虞有限公司生产基地	上虞区海涂九六一丘	蔬菜	注册“农发”商标,大葱、甘蓝等产品已认证绿色食品,产量分别为 400 吨、300 吨	373.33 公顷	1500 万元
2	绍兴柯桥宏大蔬菜瓜果专业合作社基地	柯桥区兰亭镇联合村	蔬菜	注册“菜源康”“菜源丰”“古越菜园”等商标,普通白菜、南瓜、瓠瓜已认证无公害农产品,产量分别为 100 吨、180 吨、100 吨	33.33 公顷	325 万元
3	绍兴印山农业开发有限公司基地	柯桥区兰亭街道里木栅村	茶叶	注册“越国印山”商标,“平水日铸茶”通过绿色食品认证,产量 0.6 吨	33.33 公顷	800 万元
4	绍兴柯桥东方茶业有限公司基地	柯桥区平水镇若耶青山自然村	茶叶	注册“东方日铸红”“斗丘御茶”商标,绿茶通过无公害农产品认证,产量 26 吨。“东方日铸红”红茶和“平水日铸茶”通过绿色食品认证,产量 2 吨	26.67 公顷	703 万元
5	绍兴市若耶源乡村旅游发展有限公司基地	柯桥区平水镇若耶村	茶叶	注册“若耶”商标,绿茶通过无公害农产品认证,产量 0.8 吨,“平水日铸茶”申报绿色食品通过一审审核。产量 3.5 吨	24.07 公顷	500 万元
6	绍兴市柯桥区宋御茶业有限公司基地	柯桥区平水镇平阳村	茶叶	使用“御茶村”商标,产品已获绿色食品、无公害农产品认证,产量 200 吨	95.24 公顷	58.67 万元
7	绍兴市柯桥区秦望茶叶专业合作社基地	柯桥区平水镇剑灶村	茶叶	注册“秦望”商标,“平水日铸茶”通过绿色食品认证,产量 3.5 吨	14 公顷	500 万元
8	绍兴市柯桥区玉龙茶业有限公司基地	柯桥区稽东镇车头村	茶叶	注册“越红”“稽山暮春”商标,产地通过无公害农产品认证,“越红”红茶和平水日铸茶通过绿色食品认证,产量分别为 2 吨、4 吨	62.33 公顷	3000 万元
9	绍兴日铸茶业有限公司基地	柯桥区平水镇王化村	茶叶	注册“日铸”“越东黄金”“凌霜红茶”等商标,产地通过无公害农产品认证,日铸牌平水日铸茶通过绿色食品认证,产量 0.82 吨	6.67 公顷	24.35 万元
10	绍兴柯桥寺山茶业有限公司基地	柯桥区平水镇王化五一自然村	茶叶	注册“埃玛尖”“越地”“寺山”等商标,产品通过绿色食品认证,寺山红茶和寺山绿茶通过绿色食品认证,产量分别为 1.88 吨、0.6 吨	21.27 公顷	125 万元
11	绍兴市柯桥区顺源茶业有限公司基地	柯桥区稽东镇尉村	茶叶	注册“万年湾”商标,产地通过无公害认证,“平水日铸茶”通过绿色食品认证,产量 6 吨	30 公顷	200 万元
12	绍兴市柯桥区大越山农有机茶专业合作社基地	柯桥区王坛镇舜皇村	茶叶	注册“大越山农”商标,获得有机食品证书,产量 8.5 吨。“平水日铸茶”申报绿色食品,产量 8 吨	18.67 公顷	458 万元
13	绍兴木客村茶业有限公司	柯桥区兰亭街道兰亭村	茶叶	注册“木客村”商标,产地通过无公害农产品认证,“平水日铸茶”申报绿色食品,已通过一审审核,产量 12 吨	34.53 公顷	268 万元
14	绍兴市柯桥区王坛镇丹家茶叶专业合作社	柯桥区丹家村	茶叶	注册“丹家”商标,产地通过无公害农产品认证,“平水日铸茶”申报绿色食品认证。产量 20 吨	75 公顷	20 万元
15	绍兴市虞舜茶业有限公司基地	上虞区梁湖街道坳花山村	茶叶	注册“老百官”“熙敬”商标,绿茶产品已认证无公害产品,产量 5 吨	13.47 公顷	20 万元
16	绍兴上虞华绿大棚蔬菜专业合作社基地	上虞区崧厦镇西华大棚园区	茄子、番茄	注册“五甲”商标,“五甲”番茄、黄瓜、茄子、辣椒等产品已认证绿色产品,产量 5 吨;无公害产地认证面积 34.5 公顷	19 公顷	300 万元
17	绍兴上虞横塘富硒杨梅专业合作社基地	上虞区驿亭镇白马湖村	杨梅及其他水果	注册“虞舜 + 拼音”商标,二都杨梅产品已认证绿色食品,产量 50 吨	57.8 公顷	137 万元
18	绍兴上虞真山杨梅专业合作社基地	上虞区驿亭镇杨梅村	杨梅及其他水果	注册“富栖真山”商标,二都杨梅产品已认证绿色食品,产量 30 吨	34.20 公顷	137 万元
19	绍兴市上虞裕润农村科技有限公司基地	上虞区梁湖街道古里巷村	水果、蔬菜	注册“神印农科”商标,葡萄、杨梅等产品已认证绿色食品,产量分别为 184 吨、27 吨	66.67 公顷	1497 万元

续表 17

序号	基地名称	地　址	主营产品	三品一标认证情况	基地规模	资金投入
20	绍兴上虞晶梅杨梅专业合作社基地	上虞区驿亭镇二都村	杨梅	注册“晶梅”商标，杨梅等产品已认证绿色食品，产量100吨	53.33公顷	45万元
21	绍兴上虞张家岙杨梅专业合作社基地	上虞区驿亭镇二都村	杨梅	注册“张家岙”商标，杨梅等产品已认证绿色食品，产量150吨	40.47公顷	20万元
22	绍兴市上虞石窟庙杨梅专业合作社	上虞区丰惠镇虞东村	杨梅	注册“岙口”商标，杨梅等产品已认证无公害产品，产量35吨	26.67公顷	200万元
23	绍兴鑫和生态农业综合开发有限公司基地	上虞区丰惠镇陈夏谢村童贯岙	蓝莓、杨梅	注册“虞园一品”商标，蓝莓、杨梅等产品已认证绿色食品，产量分别为18吨、36吨	26.67公顷	50万元
24	绍兴市上虞鸿发生态农业发展有限公司基地	上虞区丰惠镇三溪村	蓝莓、猕猴桃、樱桃	注册“蓝珍珠”商标，蓝莓、葡萄等产品已认证无公害农产品，产量分别为30吨、330吨	35.20公顷	2560万元
25	绍兴市南野生态农业有限公司基地	上虞区丁宅乡丁宅村	各类水果	注册“碧玉佳人”商标，桃子产品已认证无公害农产品，产量70吨	26.67公顷	50万元
26	绍兴市天香茶叶有限公司基地	上虞区梁湖街道吴家楼村	茶叶	注册“CHAIyaH+图形”商标，天香翠茗、天香龙井绿茶已获绿色食品认证，产量2吨	22.20公顷	800万元
27	绍兴上虞舜宝茶业有限公司基地	上虞区章镇镇陈埠村	茶叶	注册“舜宝”商标，“舜宝”翠茗、舜宝龙井、舜宝仙豪绿茶已认证绿色食品，产量1.3吨	14.47公顷	80万元
28	浙江喜盈天农业开发有限公司基地	诸暨市暨南街道凤仪村	猕猴桃	注册“喜盈天”商标，猕猴桃已认证绿色食品，产量350吨	66.73公顷	710万元
29	诸暨市大门果蔬专业合作社基地	诸暨市璜山镇大门村	蓝莓、刺葡萄	注册“大门+DAMEN”商标，蓝莓产品已认证绿色食品认证，产量70吨	43.33公顷	810万元
30	浙江老何农产品开发有限公司基地	诸暨市赵家镇工业区	香榧	注册“枫桥老何”商标，“枫桥老何”香榧已认证绿色食品，产量350吨	312公顷	1820万元
31	浙江省诸暨绿剑茶业有限公司基地	诸暨市同山镇绿剑村	绿茶、红茶	注册“绿剑+LUJIAN+图形”商标，绿剑茶(绿茶)已认证绿色食品，产量5吨	93.33公顷	1820万元
32	诸暨市赵家明乐果业专业合作社基地	诸暨市赵家镇花明泉村	樱桃、香榧	注册“五鹫山”商标，樱桃产品已认证绿色食品，产量50吨	16.67公顷	205万元
33	诸暨市可甜家庭农场基地	诸暨市璜山镇姚王村	桃	注册“翠溪湾”商标，可甜鲜桃已认证绿色食品，产量80吨	20公顷	310万元
34	嵊州市华堂观夏果木专业合作社基地	嵊州市金庭镇华堂村	嵊州桃形李	注册“羲之牌”商标，李子产品已认证无公害农产品，产量60吨	33.33公顷	55万元
35	嵊州市甘霖镇陈明果蔬专业合作社基地	嵊州市甘霖镇罗湖村罗村	桃	注册“姚姆山”商标，桃子产品已认证绿色食品，产量200吨	13.33公顷	300万元
36	嵊州市山娃子香榧专业合作社基地	嵊州市谷来镇王院村	嵊州香榧	注册“想食榧榧”商标，嵊州香榧已认证绿色食品，产量15吨	66.67公顷	1300万元
37	嵊州市黄泽镇石隆山家庭农场基地	嵊州市黄泽镇渔溪村孟高俱进路116号	翠冠蜜梨、桃、樱桃	注册“石隆山”商标，翠冠蜜梨、樱桃、桃产品已认证绿色食品，产量350吨	23.33公顷	350万元
38	浙江飞翼生态农业有限公司基地	嵊州市三界镇杜联村	绿色蔬菜、有机蔬菜	南瓜、白菜、黄瓜、番茄、瓠瓜、杨梅等已认证绿色食品，合计产量171吨；其他还有玉米、豆类蔬菜等被认定为有机农产品	253.33公顷	20000万元
39	嵊州市一杯香茶业专业合作社基地	嵊州市贵门乡贵门村	龙井茶	注册“隔尘香”商标，龙井茶已被认定为绿色食品。产量12吨	33.33公顷	30万元
40	嵊州市泉岗名茶开发有限公司基地	嵊州市下王镇泉岗村	前岗煇白茶叶	注册“前岗”商标，前岗煇白(绿茶)已认证为绿色食品。产量8吨	40公顷	2000万元
41	新昌县荣越蓝莓专业合作社基地	新昌县沙溪镇新宅村	蓝莓	注册“天姥蓝”商标，蓝莓产品已认证为绿色食品，产量100吨	17.33公顷	1359万元
42	新昌县来益生态农业发展有限公司	新昌县澄潭街道坑下村	葡萄、番茄、芦笋	注册“来益”商标，葡萄产品已认证为绿色食品，产量120吨。其农业园获良好农业规范认证证书	33.33公顷	3563万元
43	浙江省新昌县澄潭茶厂基地	新昌县澄潭镇大桥路22号	茶叶	注册“府燕尔”商标。大佛龙井已认证为绿色食品，产量10吨	23.80公顷	3003万元

【粮食】 2021年，绍兴市粮食播种面积12.31万公顷，其中早稻1.35万公顷、单季晚稻5.4万公顷、连作晚稻1.35万公顷、小麦0.86万公顷、玉米0.6万公顷、大豆1.02万公顷、其他杂豆0.33万公顷、马铃薯0.28万公顷、番薯0.66万公顷、其他旱粮作物0.46万公顷。粮食总产量79.29万吨，其中早稻8.99万吨、单季晚稻43.12万吨、连作晚稻9.2万吨、小麦3.67万吨、玉米2.87万吨、大豆3.08万吨、其他杂豆0.91万吨、马铃薯1.19万吨、番薯4.09万吨、其他旱粮作物2.17万吨。

【茶叶】 2021年，绍兴市茶叶生产实现稳中有增、稳中提质，茶叶总产量4.23万吨，增长 0.8%；总产值 33.51 亿元，增长 0.2%，其中名优茶产量 1.46 万吨，产值 30.66 亿元，增长 1.76%。

【蔬菜】 2021 年，绍兴市蔬菜产量总体形势稳定，基本满足市场供应。播种面积 5.21 万公顷(78.12 万亩)，比 2020 年减少 2.68%；产量 161.59 万吨，减少 0.79%；产值 45.52 亿元，增长 1.31%。主要种植绿叶菜类、瓜菜类、根菜类、茄果类等 13 个品类 36 种作物。

【水果】 2021 年，绍兴市水果生产稳中有升，果园种植面积 2.08 万公顷，其中园林水果总产量 25.3 万吨，增长 8.17%；实现总产值 22.3 亿元，增加 8.33%。其中桃、梨、李类传统本地水果收购价格涨势显著。

【中药材】 2021 年，绍兴市中药种植面积 3327 公顷，产量 0.62 万吨，减少 4.25%；产值 3.14 亿元，减少 5.77%。受市场变化和自然灾害影响，铁皮石斛、白术、白及、益母草等草本药材种植规模有所下降。

【花卉】 2021 年，绍兴市花卉(包括鲜切花和盆栽植物)种植面积 1330.33 公顷，增长 0.1%，销售额 2.87 亿元，下降 3.41%，其中鲜切花类(包括鲜切花和鲜切叶)种植面积 998.66 公顷，增加 0.85%，销售额 1.199 亿元，增加 3.85%；盆栽植物类种植面积 241.33 公顷，下降 2.09%，销售额 1.557 亿元，下降 10.05%。

【全市早稻绿色高产高效创建现场会召开】 2021 年 7 月，绍兴市粮油作物技术推广中心召开 2021 年全市早稻绿色高产高效创建暨新品种展示现场观摩会。会议交流 2021 年早稻生产特点、水稻绿色高产高效创建及早稻新品种示范展示工作，讨论 2022 年早稻新品种布局思路，推荐“中早 39”“舜达 135”为绍兴市早稻主要品种，搭配“甬籼 15”“金早 47”，扩大“中组 143”“中组 18”和“中组 53”等新品种试种示范。参会代表实地观摩诸暨市枫桥镇杜黄新村“中组 53”、姚江镇草湖江口村“中组 18”“中组 143”和《省粮油产业技术团队项目》诸暨市山下湖镇广山村示范方现场。各区、县(市)农技推广中心粮油分管主任、种子管理部门负责人、种子公司经理以及相关业务线骨干等 30 余人参会。

【全市晚稻新品种展示现场观摩会召开】 2021 年 10 月 14 日，绍兴市粮油作物技术推广中心在嵊州市召开全市晚稻新品种展示暨绿色高产高效创建现场观摩会。会议交流 2021 年粮食生产形势，并就晚稻生产特点、水稻绿色高产高效创建、晚稻新品种展示示范工作等进行交流。参会代表观摩嵊州市良种场晚稻新品种展示示范现场。各区、县(市)农技推广中心粮油分管主任、种子管理部门负责人、种子公司经理以及相关业务线骨干等 30 余人参会。

【绍兴市瓜菜新品种现场观摩培训会召开】 2021 年 6 月 3 日，绍兴市农科院、市粮油作物技术推广中心、市经济作物技术推广中心联合召开的绍兴市瓜菜新品种现场观摩培训会在市农业科学研究院五和基地举行，其中现场观摩(品鉴)培训会在越城区方圆观光农业园举行。参会人员参观种植大棚，听取品种特色、种植技术、田间及市场表现讲解，并进行咨询与交流。种博会展示瓜菜新品种 297 个(番茄品种 59 个、辣椒品种 41 个、茄子品种 15 个、西瓜品种 55 个、甜瓜品种 77 个、南瓜品种 16 个、瓠瓜品种 15 个、丝瓜品种 6 个、黄瓜品种 7 个、苦瓜品种和节瓜品种各 3 个)，展示种质资源 36 份，其中中国南瓜 24 份，观赏南瓜 12 份。各区、县(市)粮油作物技术推广中心、经济作物技术推广中心相关负责人、种子经销商、各地瓜菜种植户等 100 余人参会。

林 业

【概况】 2021 年，绍兴市以林业现代化建设和高质量发展为主线，以建立“林长制”为总抓手，完成林业发展“十四五”规划编制，较好完成各项目标任务。绍兴市通过“国家森林城市”复评，全市森林覆盖率 55.18%，2021 年 11 月，《浙江绍兴会稽山国家森林公园总体规划》获省林业局批复。上虞区谢塘镇、诸暨市应店街镇、嵊州市谷来镇创建成省级森林城镇，越城区富盛镇董溪村等 23 个行政村被评为“一村万树”示范村。

完成国土绿化面积 1346.67 公顷，完成计划任务的 107.9%；完成森林质量精准提升面积 4566.67 公顷，完成率 107.3%；完成造林面积 1313.33 公顷；森林蓄积量 2399.30 万立方米，林地保有量 46.81 万公顷。累计参与义务植树八大尽责形式活动 298.1 万人次，植树 396.9 万株(含折算株数)，义务植树尽责率 87.5%。确定“十四五”期间林木采伐年限额 116620 立方米。

实现林业产值 421.2 亿元，增长 10.2%。新增油茶种植面积 139.4 公顷，完成良种改造 66.6 公顷，抚育面积 523.3 公顷，油茶总产量 738 吨。诸暨市禾兮中药材种植林下经济示范基地创建成国家级林下经济示范基地，浙江禾兮中药材股份有限公司芍药基地创建成省级林下道地中药材种植基地；新增省级康养基地 1 家、森林人家 11 个、省级森林氧吧 12 家；浙江梦丽宏竹木有限公司新增为省级林业重点龙头企业。“金树油”亚麻籽油、“舜水”仙豪等 13 个森林产品获第 14 届义乌国际森博会优质林产品金奖，木(竹)雕作品《青山绿水之江山图》获“中工杯”创新设计大赛金奖。

绍兴市汤浦水库有限公司、柯桥区夏履镇双叶村、上虞区驿亭镇春晖村、嵊州市古来镇王院村和新昌县镜岭镇竹谭村创建成省级生态文化基地；绍兴花满棠自然教育基地、中国香榧博物馆、十九峰狐巴巴自然教育基地创建成省自然教育学校(基地)。

整合优化 23 个自然保护地(自然保护区 2 个、森林公园 16 个、湿地公园 4 个、地质公园 1 个)；野生动物疫源疫病测报率 100%，护林员基层网格管理覆盖率 100%；诸暨市香榧国家林木种质资源库入选国家级种质资源库，新增种质资源 20 份；嵊州玉兰新品种研究所培育的红运玉兰等 8 个品种获国家林草局植物新品种证书。

绍兴市自然资源和规划局(绍兴市林业局)被评为“森林浙江”建设工作突出

贡献集体、浙江省生态文化建设突出贡献集体。市林业局、柯桥林业分局被国家林草局确定为全国森林防火无人机市级和县级示范单位。

【制定森林美化彩化健康化实施意见】 2021年6月，绍兴市绿化与湿地保护委员会绿化办公室印发《关于开展森林美化彩化健康化建设(2021—2025年)的实施意见》，明确“十四五”期间，绍兴市重点实施战略储备林、美丽生态廊道和健康森林三大建设，到2025年，全市实施森林质量精准提升工程2.33万公顷。

【制定林下经济增收帮扶工程实施方案】 2021年12月，绍兴市自然资源和规划局制定《“千村万元”林下经济增收帮扶工程实施方案(2021—2025)》，提出到2025年打造林下经济发展示范村50个以上、林下经济示范基地1000公顷以上的目标。

【会稽山古香榧群保护】 2021年，市人大常委会开展《绍兴会稽山古香榧群保护规定》执法检查，市人民政府发布《关于公布绍兴会稽山古香榧群保护范围及核心区界线的通告》。市财政安排995万元专项资金，开展“稽山古榧”品牌推广。成立绍兴市古香榧品牌管理中心，注册“稽山古榧”区域公共品牌，培育“隋榧”“唐榧”“宋榧”“明榧”等子品牌，壮大“稽山古榧”子品牌库；在柯桥区、诸暨市、嵊州市授权3家香榧企业生产经营“稽山古榧”品牌下的“隋榧”产品。

诸暨市投入香榧森林公园建设及古树保护资金570万元，完善古香榧群周边旅游景观及保护设施。嵊州市制定《2021年加快国土绿化美化行动推进现代林业发展的政策意见》，投入45万元用于实施白雁坑国家地质公园古香榧群保护项目和谷来省级香榧森林公园白蚁防治项目。柯桥区制定实施古树名木一树一策保护方案，由专业人员对稽东镇2株树势衰弱的古香榧树进行救护。

【“林长制”工作全面推进】 2021年，绍兴市在省内率先制定《关于全面推行林长制的实施办法》，明确“森林扩面、林分提质、林业增效、绿色共享”总目标，提出建立“督促协调在市、责任落实在县、组织实施在乡、保护发展在村”的市、县、乡、村四级绍兴“林长制”格局，实施“绿肺固碳、绿屏增韵、绿林提质、绿政惠民、绿伞防护、绿网强基、绿盾护林”七大工作任务，发布“林长制”年度工作任务清单。相关工作方法在省全面推行林长制工作视频会议上做典型发言。

【林业防灾减灾】 2021年，全市林业部门累计出动巡查管护人员1.1万人次，巡护里程20万余千米，森林火灾受害率0.0014‰。完成松材线虫病除治14413.33公顷，清理枯死松树19万株，完成率分别为100.42%、105.6%；完成有害生物监测面积141.76万公顷，监测覆盖率100%。新建森林防灭火高位探头123个，建成投运汤浦水库应急指挥调度中心；推广使用“防火码”，并升级防火码2.0，启用“防火码”App，国有林场和国有重点森林经营单位主要出入口及重点部位设置“防火码”61个，启用率100%。

2021年10月19日，“稽山古榧”区域公共品牌发布会举行 （市林业局／提供）

【林业执法监督】 2021年，全市有2019—2020年森林督查案件(含即时检测)296件，完成销号293件，16件历史遗留案件(2013—2017年)全部完成销号。查结林业行政处罚案件71件，其中盗伐、滥伐林木13件，毁坏林木林地12件，违法使用林地32件，违反野生动物保护案件12件，违反森林草原防火法规1件，其他林业行政案件1件。

【林业改革创新】 2021年，绍兴市深化林权制度改革，全市林地流转率9.25%，比2020年增长0.64%。其中，诸暨市流转集体林地833.33公顷，完成林权抵押贷款金额1600多万元。全市17.03万公顷生态公益林实现政策性火灾保险全覆盖，推行香榧高温干旱气象指数险、香榧采摘意外险，林业投保面积增长率0.32%，投保率38.84%。新昌县为3800余株古树名木投保公众责任险，嵊州市实施香榧授信贷款2亿元。

【发布“稽山古榧”区域公共品牌】 2021年10月19日，绍兴市举行“稽山古榧”区域公共品牌发布会。发布活动上，首次推出“稽山古榧”品牌宣传片、榧道表演及“隋榧”产品。“稽山古榧”以品牌化、标准化、规范化建设促进香榧提质增效工作，被省自然资源厅列入2021年度基层创新案例，被评为2021年度绍兴市政府“做一件有意义的事”十佳案例。

［市自然资源和规划局(林业局)／提供］

畜牧业

【概况】 2021年，绍兴市全力推进生猪产能恢复等工作，新建万头猪场6家。累计建设畜禽粪污处理密闭式发酵罐25个，畜禽粪污资源化利用和无害化处理率92%以上。至年末，生猪存栏54.97万头，出栏70.62万头；牛存栏9227头，出栏2462头；羊存栏8.15万只，出栏6.76万只；家禽存栏547.17万只，出栏1655.9万只。肉类总产量10.19万吨，禽蛋产量2.21万吨，牛奶产量2.13万吨。创建成国家级畜禽养殖标准化示范场1家、省级美丽牧场7家、数字牧场4家。

【畜产品安全监管】 2021年，绍兴市继续加强畜禽屠宰行业监管，开展打击生猪屠宰违法行为、"瘦肉精"整治专项执法检查等行动。构建屠宰日常巡查制度，加强疫情期间屠宰监管，组织屠宰企业"两项制度"（非洲猪瘟自检和官方兽医派驻制度）落实情况检查、非洲猪瘟能力比对，实施屠宰环节病死猪无害化处理补助专项检查，核实屠宰环节年度病害猪无害化处理情况。打击生猪私屠滥宰和生猪产品违规调运等行动，强化畜禽产品监督抽检。至年末，共监督抽检猪肉猪肝产品30批次，禽肉50批次，禽蛋70批次，检测不合格4批次，监督抽检合格率97.33%；办理畜禽屠宰等违法案件35起，结案35起，移送公安机关追究刑事责任15人。

【饲料与兽药管理】 至2021年末，绍兴市有饲料和饲料添加剂生产企业35家，兽药经营企业78家，兽药生产企业7家（年产值超亿元企业4家），兽药产品全部实行二维码追溯管理。

【重大动物疫病防控】 2021年，绍兴市加快推进"浙农牧养殖管理码"扩面，在631家规模猪场实现赋码"全覆盖"基础上，向其他畜禽规模场扩面。至年末，规模畜禽养殖场基本完成赋码。3家工业化病死动物无害化处理场完成监控探头安装、车载GPS配备，并对接"省数字畜牧应用平台"。无害化处置病死猪15.72万头，其中专业化处置14.07万头。柯桥区、嵊州市兽医机构完成2P+实验室改造升级，6个兽医机构实验室全部实现非洲猪瘟检测资质省级授权，并在省兽医机构实验室检测能力比对中全部合格。

【举办重大动物疫情应急演习】 2021年11月25日，绍兴市动物植物疫病疫情防控指挥部举办重大动物疫情应急演习和动物防疫相关法律知识培训。在应急演习环节，参会人员观摩模拟处置突发高致病性禽流感疫情的各环节要点，学习应对方案；在法律知识培训环节，参会人员学习《中华人民共和国生物安全法》《中华人民共和国动物防疫法》《生猪屠宰管理条例》《浙江省动物防疫条例》等法律法规要点。6个区、县（市）防治动物疫病指挥部办公室主任，畜牧兽医机构负责人及动物防疫分管负责人，11个市级指挥部成员单位相关负责人及市农业农村局相关人员参加培训。

【布鲁氏菌病风险排查】 2021年，绍兴市开展牛、羊布鲁氏菌病风险排查工作。共排查奶牛场1家、种羊场1家、规模化羊场25家、散养户48家、交易市场1家，检测样品6342份，其中牛4316份，羊2026份，均为阴性。发放《牛羊布病防控与净化知识问答》宣传手册200份。

（市农业农村局／提供）

渔 业

【概况】 2021年，绍兴市渔业工作以深化供给侧结构性改革为主线，以绿色发展为导向，以改革创新为动力，抓健康养殖示范场建设，减少渔业面源污染，助推渔业产业转型升级；推进现代渔业技术集成创新与示范推广工作；强化新型渔业主体培育，实施品牌战略推进现代渔业企业发展；扎实推进水产养殖互助保险服务，渔业发展质量、效益和渔民收入水平不断提高。

至年末，有水产养殖面积21445公顷，其中水域养殖18317公顷，稻田养殖面积3128公顷。实现水产品总产量127407吨，比2020年增长3.54%；渔业产值362677万元，增长14.56%。

【海洋捕捞】 2021年，绍兴市有海洋捕捞渔船19艘，总功率228.72千瓦，分布在越城区，作业区域为钱塘江绍兴段水域。实现海洋捕捞产量725吨，比2020年增加4.47%。捕捞主要品种为甲壳类、鱼类、贝类，以蟹、虾、梭鱼、鲻鱼、贝类等为主，主要作业方式为张网、刺网和其他渔具捕捞。

【淡水捕捞】 2021年，绍兴市有内陆机动捕捞渔船605艘，总功率5098千瓦；非机动捕捞渔船703艘；捕捞区域为全市所有允许渔业捕捞生产的内陆公共水域。全年实现淡水捕捞产量10597吨，比2020年减少28.48%。捕捞主要品种为鲫鱼、鲤鱼、餐条鱼、河虾、鲢鱼、鳙鱼等常规鱼虾。

【淡水养殖】 2021年，绍兴市实现淡水养殖产量116085吨，比2020年增长8.26%，其中青鱼、草鱼、鲢鱼、鳙鱼、鲫鱼、鳊鱼等常规鱼养殖产量71384吨，占养殖产量的61.5%；名特优新水产品产量44701吨，占养殖产量的38.5%。

【2021年水生生物增殖放流行动】 2021年，绍兴市农业农村局在镜湖梅山江、曹娥江等主要水系流域增殖放流鲢鱼、鳙鱼、草鱼、黄尾密鲴等9436.03万尾，放流活动有效补充市内相关水域渔业资源，为保障渔业资源生态平衡，促进渔业增效、渔民增收起到积极作用。从2016年至2021年，全市累计放流水生生物苗种7.1亿尾。

【打击钱塘江非法捕捞专项行动】 2021年2月，绍兴市农业农村局联合公安部门，集中市和"三区"农业综合行政执法人员，组织开展打击钱塘江非法捕捞专项行动。重点对涉渔"三无"船舶、违禁渔具使用、非法捕捞活动以及海洋渔船安全等进行执法检查。专项行动期间，清缴违规渔具（岸捕鳗苗网等）53张，查获非法捕捞案件2起，现场发现并整改海洋渔船隐患4处。

（市农业农村局／提供）

工 业

综 述

【概况】 2021年，绍兴市坚定不移走“工业立市、智造强市”之路，工业经济在恢复性增长的基础上持续巩固向好，呈现“稳进提质、赶超进位”态势，展现“转型不失速、发展高质量”的良好韧性与定力。

全市实现规上工业总产值8457.9亿元，比2020年增长19.3%；实现规模以上工业增加值1934.1亿元，增长15.8%，分别高于全国、全省6.2个、2.9个百分点，两年平均增速10.2%，超过疫情前水平；制造业增加值占地区生产总值比重37.9%，提高2.5个百分点，拉动地区生产总值增长4.3个百分点，对地区生产总值增长的贡献率达到48.7%。工业用电393.62亿千瓦时，增长14.43%。1—12月，全市规模以上工业用能企业能耗总量1570.92万吨标煤，能耗增速7.6%，单位工业增加值能耗降低率7.1%。全市规模以上工业35个行业大类中，25个行业增加值比2020年增长；18个行业两年平均增速在10%及以上。增加值总量前十位行业中，金属制品业、通用设备制造业、纺织业增加值分别增长83.5%、27.6%、22.2%；两年平均分别增长49.9%、18.9%、10.1%。传统产业与新兴产业增加值占比调整为52.6∶47.4，形成多元发展、多极支撑的现代产业体系。

全市4598家规上工业企业实现营业收入7739.3亿元，增长21.2%，利税797.6亿元，增长13.8%，其中利润586.3亿元，增长13.3%；规模以上工业营业收入利润率7.6%，列全省第4位。全市规模以上工业企业全员劳动生产率30.7万元/人，高于全省水平；每百元营业收入中成本83.5元，均好于全国、全省水平。实现自营出口总额426.7亿美元，增长23.9%；5个最大的出口贸易国家分别为美国、越南、印度、印度尼西亚、阿联酋，5种主要出口商品是纺织纱线织物及制品、机电产品、服装及衣着附件、钢材、文化产品，分别增长37.36%、8.37%、13.96%、196.9%、10.14%。

工业投资处于高位增长、持续进位的“上升通道”，全年完成工业投资547.5亿元，增长22.4%，分别高于全国、全省11个百分点、4.6个百分点，增速居全省第一位；工业技改投资294亿元，增长28.5%，高于全省14.6个百分点，增速居全省第二位。2021年，全市引进5亿元以上项目78个、50亿元以上项目15个、100亿

2021年绍兴市传统产业主要指标数据一览表

表18

行业＼项目	规上企业数（家）	增加值		出口交货值		新产品产值	
		总量（亿元）	增速（%）	总量（亿元）	增速（%）	总量（亿元）	增速（%）
规上工业	4598	1934.1	15.8	922.3	15.3	3461.9	30.2
八大传统产业	2603	1027.6	9.4	537.3	19.6	1885.4	30.4
五大传统产业	2381	932.1	7.8	435.0	17.3	1688.6	31.4
1. 纺织	1641	507.6	19.5	263.6	12.7	724.8	32.4
印染	203	217.1	37.1	41.5	8.3	215.1	20.6
织造	850	173.5	8.3	108.8	8.4	214.5	41.9
服装服饰	388	41.4	5.9	84.9	8.9	72.6	13.7
化纤	200	75.7	14.2	28.4	63.9	222.5	44.3
2. 金属加工	366	139.9	14.0	63.8	52.1	403.1	47.8
3. 化工	359	270.9	−17.7	106.7	13.8	554.7	21.1
4. 黄酒	11	13.1	−1.4	0.9	−13.5	6.0	−15.7
5. 珍珠	4	0.5	−32.2	0.06	239.6	0.04	34.9
6. 电机	101	27.1	3.7	41.4	29.9	116.0	24.7
7. 厨具	25	38.2	35.3	31.7	19.2	36.8	4.9
8. 轴承	96	30.2	31.2	29.2	45.3	44.0	36.4

2021年绍兴市四大新兴产业主要指标数据一览表

表19

项目 / 行业	规上企业数（家）	增加值		出口交货值		新产品产值	
		总量（亿元）	增长（%）	总量（亿元）	增长（%）	总量（亿元）	增长（%）
医药制造业	94	117.3	11.2	92.9	−9.2	212.2	8.9
数字经济核心产业制造业	233	149.0	17.2	84.0	4.6	452.2	39.8
高端装备制造业	929	326.6	15.3	181.1	7.7	788.1	33.7
新材料	561	316.6	−10.3	127.6	6.3	823.3	32.5

2021年绍兴市规模以上工业企业主要工业产品总量一览表

表20

主要产品产量	1—12月	增长（%）	主要产品产量	1—12月	增长（%）
饲料(吨)	625309	5.8	水泥(万吨)	1058	3.8
精制茶(吨)	101192	−1.8	平板玻璃(万重量箱)	831.27	−0.7
纱(吨)	184306	11.9	钢材(吨)	2116415	−5.6
布(万米)	132786	17.7	铜材(吨)	340591	−9.6
印染布(万米)	2467990	8.9	金属切削(成形)机床(台)	18823	26.1
无纺布(吨)	68829	−6.2	数控机床(台)	12303	20.4
领带(万条)	1587	−19.3	滚动轴承(万套)	104025	34.1
袜子(万双)	292345	19.8	风机(台)	763111	19.1
服装(万件)	30649	2.0	自行车(两轮脚踏＋电动)(辆)	1749	−93.3
家具(件)	8108097	44.0	交流电动机(万千瓦)	2829	10.8
机制纸及纸板(吨)	799177	6.7	太阳能电池(千瓦)	27111	−89.1
纸制品(吨)	1118380	80.7	家用燃气灶具(台)	1722166	0.6
染料(吨)	660291	4.5	灯具及照明装置(万套、万台、万个)	17830	−4.6
合成纤维聚合物(吨)	1103396	−8.2	集成电路(万块)	197013	22.3
化学药品原药(吨)	146517	29.7	汽车仪器仪表(万台)	81	−20.5
中成药(吨)	5158	12.4	黄酒(千升)	335585	20.0
化学纤维(吨)	4235950	0.6	伞类制品(万把)	9507	17.8
塑料制品(吨)	1677565	10.2	珍珠饰品(万元)	3641	31.1

2021年全市及市区规模以上工业主要经济指标一览表

表21

项目 / 区域	企业数（家）	工业增加值		营业收入		利润总额		利税总额		出口交货值	
		累计（亿元）	增长（%）	累计（亿元）	增长（%）	累计（亿元）	增长（%）	累计（亿元）	增长（%）	累计（亿元）	增长（%）
合计	4598	1934.1	15.8	7739.3	21.2	586.3	13.3	797.6	13.8	922.3	15.3
市区	2549	1331.3	14.9	5068.3	19.6	395.0	9.6	544.2	11.1	581.2	11.6
越城区	592	364.4	12.7	1339.4	21.1	80.6	−1.9	114.1	−1.2	246.0	8.4
柯桥区	1186	517.8	19.6	1965.9	21.0	152.1	24.4	224.1	23.6	135.3	25.1
上虞区	771	449.1	11.5	1763.0	16.8	162.3	4.2	206.0	6.6	199.9	7.5
诸暨市	1121	314.9	21.4	1554.9	26.2	86.6	31.9	118.6	31.5	161.5	26.2
嵊州市	619	130.6	11.6	525.6	19.8	31.7	62.0	48.8	40.9	56.2	11.6
新昌县	309	157.3	14.0	590.4	23.8	73.0	1.5	86.0	−0.4	123.3	22.5
滨海新区	527	314.9	12.9	1259.6	21.3	74.7	−2.3	105.6	−2.0	227.0	8.5

2021 年 1—12 月绍兴市工业指标在浙江省排序情况表

表 22

项目 地区	规上工业增加值		工业用电		自营出口		出口交货值		新产品产值	
	绝对值（亿元）	增速（%）	绝对值（亿千瓦时）	增速（%）	绝对值（亿美元）	增速（%）	绝对值（亿元）	增速（%）	绝对值（亿元）	增速（%）
浙江	20248.1	12.9	3767.5	14.2	4661.2	28.4	15272.6	24.5	37823.6	30.5
杭州	4100.1	10.6	442.9	8.4	719.3	35.1	2387.0	25.6	6812.3	22.6
宁波	4865.0	11.9	674.7	11.9	1179.7	27.7	4075.4	21.1	7574.4	26.3
温州	1319.6	10.1	293.0	15.7	315.1	16.5	776.4	17.4	2549.0	21.3
嘉兴	2594.5	14.0	489.9	13.6	433.5	32.1	2428.2	29.8	6391.9	38.4
湖州	1245.6	13.3	248.3	14.1	209.9	41.9	897.6	25.9	2928.8	33.1
绍兴	1934.1	15.8	393.6	14.4	426.7	23.9	922.3	15.3	3461.9	30.2
金华	1198.3	21.3	311.0	18.9	824.1	24.1	1456.9	34.3	2638.5	49.7
衢州	517.9	13.8	160.5	11.6	48.9	33.3	218.4	37.9	861.1	37.1
舟山	543.7	18.8	97.6	51.5	119.6	41.3	337.9	31.3	1528.5	70.9
台州	1453.9	12.4	259.8	15.7	340.0	33.5	1580.3	21.0	2388.4	18.4
丽水	364.2	15.0	85.5	15.6	44.5	2.9	192.2	26.1	688.8	26.0
位次	4	3	4	6	5	9	6	11	4	6

元以上项目 5 个；共实施亿元以上重点工业项目 474 个，计划总投资 3654 亿元，当年实际投资 480 亿元，其中 10 亿元以上“1521”重大工业项目 77 个、计划总投资 2593 亿元、当年实际投资 237 亿元，重点项目实现完工投产 103 个。新兴产业投资成为主力军。2021 年，全市新兴产业项目合计完成投资 308.1 亿元，占全部项目的 64.2%；新引进的 5 亿元以上重大产业项目，主要集中于电子信息、高端装备、现代医药、新材料等新兴产业。

【传统制造业改造提升水平指数居全省首位】 2021 年，绍兴市传统制造业改造提升水平指数居全省第一位。重点传统制造业实现规上增加值 1322.34 亿元，比 2020 年增长 13.6%；珍珠、黄酒等经典产业转型升级取得实效。开创性实施产业“跨域整合”，实现印染、化工两大重点传统产业“一园式”改造提升。越城区 47 家印染企业已有 33 家正式关停退出，5 大印染组团项目中 4 个组团顺利投产，腾退土地 265.33 公顷，净节约土地 221.67 公顷，转移能耗指标 85 万吨标煤、排污指标 12.8 万吨；35 家化工企业中有 21 家整合成 18 个项目搬迁至上虞区，已全部落地建设，腾退土地 414.8 公顷，净节约土地 20.67 公顷。

【新兴产业发展加速】 2021 年，绍兴市完成新兴产业增加值 759.0 亿元，比 2020 年增长 17%，占规模以上工业增加值的比重为 39.2%；完成高新技术产业增加值 1119 亿元，增长 13.8%；完成装备制造业增加值 640 亿元，增长 31.0%。高端装备制造、生物医药、电子信息、新材料四大新兴产业占规模以上工业增加值的比重为 47.4%。

从区、县（市）情况看，完成新兴产业增加值最多的是柯桥区，为 205.2 亿元，完成高新技术产业增加值最多的是上虞区，为 303 亿元，完成装备制造业增加值最多的是诸暨市，为 157.2 亿元。

全市战略性新兴产业、高技术制造业分别拉动规上工业增加值增长 6.6 个百分点、1.8 个百分点，上虞先进高分子新材料产业群、越城集成电路产业群入选全省首批 12 个“新星”产业群。

【印发《绍兴市工业发展“十四五”规划》】 2021 年 9 月，市发改委、市经信局联合印发《绍兴市工业发展“十四五”规划》。规划提出，到 2025 年，绍兴工业总

2021 年 3 月 11 日，嵊州市西格玛科技有限公司首批碳纤维新材料出炉现场（张亮宗／摄）

产值突破1.4万亿元，其中规上工业产值突破万亿元，年均增长7%以上；工业增加值达到3600亿元以上，其中规上工业增加值达到2200亿元以上，年均增长7.2%以上。到2035年，建成全面迈入数字新时代、高度发达的智造强市，打造深度融入新发展格局、全球布局的先进制造业基地，形成以若干世界级制造业集群和标志性产业链为支撑的现代产业体系，涌现一批拥有自主可控核心技术、高质量产品服务、高价值国际品牌、现代化管理能力的世界级一流企业，产业生态更趋完善，永续发展空间充足，营商环境国际一流，成为长三角乃至全球制造业价值链高端环节不可或缺的重要一翼的总体目标。

【印发智能制造五年提升行动方案】 2021年9月，市政府办公室印发《绍兴市智能制造五年提升行动方案(2021—2025年)》。方案提出，到2025年，全市智能制造基础支撑显著增强，5G、大数据、云计算、人工智能等新一代信息技术与制造业融合程度进一步深化，智能制造新模式广泛应用，智能制造水平显著增强。力争完成建设10个智能制造示范集群、10家省级"未来工厂"、100家省级智能工厂(数字化车间)、100家市级智能工厂、1000个市级数字化车间等5个目标，实现规模以上企业智能化改造全覆盖。

【企业智能化改造工作】 2021年，绍兴市完成企业智能化改造1011家，累计推动1574家重点企业开展智能化改造，完成投资427亿元，提前完成三年行动777家目标任务；实施重点智能化改造项目341个，完成投资86亿元，累计实施项目1340个，涉改行业由13个传统产业扩展到集成电路、生物医药等33个细分领域，基本实现行业全覆盖。2021年9月，《人民日报》专版刊发绍兴智能化改造做法和成效。

【智能制造产业集群建设】 2021年，绍兴市新增国家级智能制造示范工厂1家，省级未来工厂1家，省级智能工厂(数字化车间)10家，市级智能工厂(数字化车间)50个，累计建成市级以上智能工厂23家、数字化车间108个。3家企业入选工信部智能制造优秀场景名单，入选数居全省第一位；规上制造业机器人密度由2020年的210.2台/万人上升至235台/万人。全市6个区、县(市)全部入选省级新智造集群(区域)试点。

【印发制造业企业"长高长壮"行动方案】 2021年9月，市政府办公室印发《绍兴市制造业企业"长高长壮"行动方案》。方案提出，到2023年，力争全市工业增加值达到2800亿元以上，规上制造业增加值率达到23%以上，规上制造业全员劳动生产率提高到25万元/人以上，规上制造业营业收入利润率达到8%以上的目标任务，以及实施集群育企、项目蓄力、创新强基、数智赋能、品牌提质、管理对标、出海拓市、上市并购八大行动。通过三年培育，基本形成具有绍兴特色和标识度的制造业企业"长高长壮"培育体系，培育一批具有生态主导力和核心竞争力的"链主型"企业。

【形成"长高长壮"企业培育梯队】 2021年，绍兴市按照制造业企业"长高长壮"行动方案，遴选987家企业，建立"起跑库""加速库""冲刺库"3个梯度培育库，通过政策支持、精准服务、动态培育，推动入库企业"长高长壮"、提档升级、加快跃升。至年末，新增国家级单项冠军企业(产品)2家、专精特新"小巨人"企业18家、省级"隐形冠军"企业10家。累计培育国家级单项冠军企业(产品)13家、专精特新"小巨人"企业27家，省级"雄鹰企业"11家、"隐形冠军"企业27家。拥有100亿元以上工业企业14家、50亿元以上工业企业24家。"长高长壮"培育企业以21.8%的企业家数贡献全市营业收入的65.7%、税收收入的62.2%。

【企业上市扩容】 2021年，绍兴市新增上市企业9家，分别是：浙江泰坦股份有限公司(证券简称"泰坦股份")、浙江迎丰科技股份有限公司(证券简称"迎丰科技")、浙江春晖智能控制股份有限公司(证券简称"春晖智控")、浙江绍兴瑞丰农村商业银行股份有限公司(证券简称"瑞丰银行")、浙江新中港清洁能源股份有限公司(证券简称"新中港")、浙江新柴股份有限公司(证券简称"新柴股份")、国邦医药集团股份有限公司(证券简称"国邦医药")、远信工业股份有限公司(证券简称"远信工业")、浙江盛泰服装集团股份有限公司(证券简称"盛泰集团")。至年末，绍兴有上市企业92家，总数居全国地级市第三位。

【小微企业培育】 2021年，绍兴市以高水平建设国家创新型城市为目标，重点抓好科技型小微企业培育，健全高新技术和科技型小微企业"微成长、小升高、高壮大"梯度培育机制。新增小微企业2.73

2021年6月25日，浙江绍兴瑞丰农村商业银行股份有限公司在上海证券交易所上市

(柯桥区府办/提供)

万家，在册小微企业 20.4 万家，认定省级科技型中小企业 1138 家。

【加大工业经济发展扶持力度】 2021 年，绍兴市构建 "1+9" 民营经济高质量发展政策体系，制定《绍兴市加快推进工业经济高质量发展若干政策》《加快推进工业经济高质量发展若干政策操作细则》，建设政策兑现 "越快兑" 平台，打通政策服务 "最后一公里"。推进工业经济发展的政策拆解成 29 个主项、119 个子项（颗粒度），除涉密政策外，111 个子项已全部上线，其中直兑 57 项、即兑 4 项、快兑 50 项，全年共兑现政策资金 12.79 亿元。

【企业创新能力提升】 2021 年，在全市规模以上工业企业中产生研发费用的有 3849 家，占规模以上工业企业总数的 83.8%，较 2020 年提高 8.7 个百分点。规模以上工业研发费用占营业收入比重的 3.4%，连续两年居全省首位。规模以上工业新产品产值增长 30.2%，对规模以上工业总产值增长的贡献率为 58.5%，新产品产值率 40.9%，提高 3.4 个百分点。至年末，全市拥有国家级工业设计中心 1 家、国家级企业技术中心 15 家、拥有省级制造业创新中心 2 家、省级工业设计中心 12 家、省级产业创新服务综合体 16 家、省级重点实验室 5 家、省级重点企业研究院、省级企业研究院 151 家、省级高新技术企业研发中心 568 家。

【人才引进】 2021 年，全市新引进中外籍院士 35 人、国家级领军人才 84 人，居全省第二位，其中工信领域国家领军人才 73 人，超过北上广等一线城市，居全国城市第一位。累计集聚省级以上领军人才 850 人，新增就业大学生 14.2 万名。特色产业工程师协同创新中心、民营企业聚才平台建设入选 2021（第五届）全国人才工作创新最佳案例和优秀案例。

【开发区（园区）全域治理动员会召开】 2021 年 4 月 27 日，全市制造业高质量发展推进会暨开发区（园区）全域治理动员会召开。市委书记马卫光出席会议并讲话，市委副书记、市长盛阅春主持。会上，宣读 2020 年度获省级及以上荣誉的制造业企业名单、2020 年度全市领先集群（产业链）名单、2021 年度全市开发区（园区）全域治理的试点名单。市经信局、市自然资源和规划局、越城区、上虞区、三花智能控制股份有限公司、浙江圆锦新材料有限公司、浙江鸿大印染集团有限公司做表态发言。

【印发开发区（园区）工业全域治理行动方案】 2021 年 9 月，市政府办公室印发《绍兴市开发区（园区）工业全域治理行动方案》，明确 "2+7+N" 平台总体架构，建立定期督报和 "红黄绿" 三色管理机制，搭建 "一码管地" 数字化应用和 "园区管家" 智慧集成应用系统。争取到 2023 年，全市开发区（园区）工业全域治理取得阶段性成效，成为全省工业全域治理示范市、开发区（园区）改革提升 2.0 版先行地。

【全面启动开发区（园区）工业全域治理】 2021 年，绍兴市启动以整合提升为核心的开发区（园区）工业全域治理。至年末，已启动 1045 个治理地块（面积 1772.33 公顷，治理企业 3242 家）的分类治理，10 个试点镇街完成治理各类违法违规企业 1663 家，完成治理亩均 5 万元以下低效企业 842 家，全部工业亩均税收从 15.78 万元提高到 18.12 万元，比 2020 年增长 14.8%；累计盘活工业用地 720.2 公顷，利用腾退土地引进项目 147 个，总投资 324.51 亿元。新增小微企业园 33 家，累计 138 家，累计入驻企业 4717 家，新增三星级小微企业园 16 个，五星级园区 1 家，四星级园区 1 家，省级数字化园区 5 家。

【绿色制造体系建设】 2021 年，绍兴市创建市级绿色工厂 46 家，市级绿色园区 1 个；创建市级节水型企业 43 家。92 家企业入选 2020 年度浙江省清洁生产审核验收合格名单，53 家企业入选 2020 年度浙江省节水型企业名单。在工信部公布的第六批绿色制造名单中，绍兴市新增 3 家国家级绿色工厂、13 只国家级绿色设计产品。至年末，累计创建国家级绿色工厂 15 家，国家级绿色设计产品 28 个，国家级绿色供应链管理企业 1 家，国家级绿色园区 1 个，国家级绿色设计示范企业 3 家；省级绿色工厂 13 家，市级绿色工厂 115 家和绿色园区 6 个。

【绍兴市列中国百强城市榜第 29 位】 2021 年 5 月，2021 年中国百强城市排行榜在北京发布，绍兴以综合得分 50.97 分列榜单第 29 位，位次较 2020 年再进 2 位，实现 "重返全国城市综合经济实力 30 强" 目标。

【省 "万亩千亿" 新产业平台现场会召开】 2021 年 5 月 18 日，全省 "万亩千亿" 新产业平台建设现场推进会在绍兴市召开。省委常委、常务副省长陈金彪出席会议并讲话。会议由省政府副秘书长周日星主持。会上，举行第三批 "万亩千亿" 新产业培育平台授牌仪式、标志性项目和产业基金签约仪式，绍兴市 3 个产业项目在会上签约，滨海新区高端生物医药平台与省民企联合投资、省金控公司达成产业基金战略合作。绍兴市在会上做交流发言。

2021 年 5 月 18 日，浙江省 "万亩千亿" 新产业平台建设现场推进会召开（市发改委 / 提供）

省发展改革委、经信厅、科技厅、财政厅、自然资源厅、地方金融监管局等省级有关单位，11个设区市，20个"万亩千亿"新产业平台及所在县(市、区)政府、发展改革部门负责人参会。

【"万亩千亿"产业平台发展】 2021年5月28日，在第三届绍兴人力资源发展大会开幕式上，绍兴市发布三大"万亩千亿"产业发展蓝图，提出按照"一产业1000亿"目标，全速全力培育三大"万亩千亿"级产业集群。至年末，三大平台规模突破1000亿元，占全市战略性新兴产业比重超30%。绍兴集成电路产业平台、绍兴滨海新区高端生物医药产业平台分获省13个"万亩千亿"新产业平台2020年度评价结果的第二、第三名。

【发布培育发展新兴产业三年行动计划】 2021年8月，市发改委发布《绍兴市培育发展新兴产业三年行动计划(2021—2023年)》。行动计划提出，到2023年，电子信息产业产值达到800亿元，现代医药产业产值达到600亿元，新材料产业产值达到2000亿元，高端装备产业产值达到1400亿元目标。部署做大电子信息产业、做优现代医药产业、做精新材料产业、做强高端装备产业以及布局谋划未来产业的"4+X"重点任务。

【第六届中国设计智造大奖颁奖典礼举行】 2021年10月12日，由省人民政府支持，中国美术学院、绍兴市人民政府主办的2021第六届中国设计智造大奖颁奖典礼在柯桥区东方米兰国际时尚发布中心举行。副省长王文序，中国美术学院党委书记金一斌，市委副书记、市长盛阅春出席颁奖盛典。此次颁奖典礼揭晓年度获奖佳作327项，包括产业组"金、银、铜奖"和概念组"明日之星奖""设计新锐奖"等奖项。

2021年10月12日，中国设计智造大奖颁奖典礼在柯桥区东方米兰国际时尚发布中心举行
(柯桥区府办/提供)

【绍兴工业设计大赛举办】 2021年6—9月，由绍兴市经信局主办，绍兴市工业设计协会、绍兴工业基地承办的第八届中国(绍兴)工业设计大赛举行。本次大赛设产品设计、创意设计两个通用奖项和数字创意设计专项奖。共收到国内作品955件，其中浙江省内作品425件，省外作品530件，绍兴本地参赛作品302件。经初赛、决赛，37件作品获金银铜奖。

【企业参加上海进博会】 2021年11月，第四届中国国际进口博览会在上海开幕。绍兴800余家企业组成采购团参加博览会，涵盖服务贸易、汽车、技术装备、消费品、医疗器械及医药保健、食品及农产品等六大类行业。绍兴黄酒、同山烧、绍兴菜、丝绸、棕编等老字号及"非遗"企业参加人文交流活动。

【新增省级商业秘密保护基地】 2021年11月，省市场监督管理局公布2021年浙江省商业秘密保护基地名单。绍兴市成功创建省级商业秘密保护示范基地10个，其中新昌万丰航空特色小镇被评为省商业秘密保护示范区，太极集团浙江东方制药有限公司等9家企业被评为省商业秘密保护示范指导站(点)。

【科创之江百人会成立大会举行】 2021年4月24日，由省科协、省经信厅、省社科联、省工商联、浙报集团、绍兴市委、市政府共同主办，以"科技引领数字赋能——科技创新助力制造业高质量发展"为主题的科创之江百人会成立大会暨浙江省全球先进制造业基地建设科学家企业家智库圆桌会在绍兴市柯桥区举行。会上，举行科创之江百人会揭牌仪式，聘请杨玉良、苏纪兰等18位知名学者专家为百人会首批顾问，发布科学企业家、浙江科技经济融合案例、"科创中国"装备制造领域先导技术榜单，发布科技经济融合发展趋势报告。杨玉良院士做主旨报告，举行科技赋能先进制造业基地建设跨界对话。省委常委、组织部部长黄建发出席会议并做讲话，市委书记马卫光致辞。

【绍兴高端制造亮相中东欧博览会】 2021年6月8—11日，第二届中国—中东欧国家博览会暨国际消费品博览会在宁波举行。绍兴市10余家企业携"绍兴高端制造"参展，展品涵盖纺织、机械、家居等品类。同时，4个外资项目在展会上与绍兴企业签约，总投资4.9亿美元。

【新增省级企业技术中心】 2021年12月8日，省经信厅公布2021年(第28批)浙江省企业技术中心的企业名单。绍兴市的浙江海圣医疗器械股份有限公司企业技术中心、浙江东进新材料有限公司企业技术中心、晨辉婴宝儿童用品有限公司企业技术中心、浙江华才检测技术有限公司企业技术中心、万丰镁瑞丁新材料科技有限公司企业技术中心、浙江捷昌线性驱动科技股份有限公司企业技术中心等6家企业上榜。至年末，全市已累计建成省级以上企业技术中心107家。

【企业上榜浙江本土民营跨国公司50强】 2021年12月，省商务厅公布2021

年浙江本土民营跨国公司经营50强榜单。绍兴市的海亮集团、三花控股集团、卧龙控股集团、阳光照明电器集团、盛泰服装集团、龙盛集团、万丰奥特控股集团等7家企业上榜，上榜数量居全省第三位。

【新增省级中小企业公共服务示范平台】 2021年6月，省经信厅公布2021年度浙江省中小企业公共服务示范平台名单。绍兴市的诸暨富润科创商务服务中心有限公司、绍兴共创知识产权服务有限公司、绍兴中纺联检验技术服务有限公司、绍兴市冠友众谷园区管理有限公司4家企业上榜。至年末，全市累计培育国家级中小企业公共服务示范平台5家，省级中小企业公共服务示范平台4家。

【中小企业发展基金(绍兴)成立】 2021年3月26日，中小企业发展基金(绍兴)成立仪式在绍兴举行。市委副书记、市长盛阅春致辞。国家中小企业发展基金总经理曲大伟，中芯国际执行董事、首席财务官高永岗，中信证券投资有限公司总经理方浩等出席。中小企业发展基金(绍兴)是国家中小企业发展基金设立的首批子基金之一，基金总规模36亿元，由国家中小企业发展基金、中芯晶圆、中信证券、中信建投、绍兴市重点产业股权投资基金以及滨海集成电路产业基金共同出资组建，并委托基金管理公司中芯聚源进行专业化管理。

【制造强国建设战略咨询委员会专家组到绍考察】 2021年7月20日，中国工程院原院长周济，第三届全国政协经济委员会副主任、国家制造强国建设战略咨询委员会副主任苏波等30余位专家组成的考察组到绍兴，考察省传统制造业改造提升示范区建设情况。考察组到卧龙集团、浙江龙盛研究院、杭州湾产业协同创新中心、蓝印时尚小镇、迎丰股份等企业调研。

纺织制造业

【概况】 2021年，绍兴市纺织行业(含纺织业、纺织服饰业、化纤制造业等)1641家规模以上企业实现销售产值2036.5亿元，其中，纺织业销售产值1243.6亿元，纺织服装、服饰业销售产值200.1亿元，化学纤维制造业销售产值592.8亿元；实现营业收入1863.4亿元、利税193.6亿元、利润126.7亿元；从业人员22.2万人。浙江宝纺印染有限公司、浙江红绿蓝纺织印染有限公司、浙江富润印染有限公司、浙江迎丰科技股份有限公司、绍兴飞亚印染有限公司、浙江华孚色纺有限公司、浙江灏宇科技有限公司入围中国印染行业协会发布的2021年度印染企业30强，分列第8、15、16、19、22、27、30位。

2021年绍兴市纺织行业规模以上企业主要产品产量一览表

表23

产品	单位	产量	产品	单位	产量
化学纤维	万吨	423.60	领带	万条	1587.04
纱	万吨	18.43	服装	亿件	3.06
布	亿米	13.28	袜子	亿双	29.23
印染布	亿米	246.80			

【首个印染组团投产】 2021年10月31日，浙江七色彩虹印染组团项目在柯桥经济技术开发区印染聚集区投产，这是越城区印染行业搬迁集聚首个投产的印染组团项目。七色彩虹印染组团由七色彩虹、华绅纺织品整理、独树印染3家公司整合而成，是落户柯桥经济技术开发区印染聚集区的5个印染组团之一。项目占地5.267公顷，具有年产1万吨纱线、10.68万吨印染布的生产能力。

【全国首个纺织行业"快维中心"启用】 2021年9月，中国绍兴柯桥(纺织)知识产权快速维权中心通过国家知识产权局验收，全国首家纺织行业知识产权快速维权中心投入使用。"快维中心"围绕柯桥区纺织行业需求，提供集专利、商标、版权、商业秘密于一体的知识产权全门类保护。同时，引入多家知识产权公共服务机构、市场化服务机构，为企业提供知识产权质押融资、知识产权托管等服务。

【第四届世界布商大会】 2021年10月26—29日，以"数字赋能·绿色共生"为主题的2021第四届世界布商大会在绍兴市柯桥区举行。该届大会包括主题大会、全球知名企业圆桌会议、平行论坛、2021第二十三届中国绍兴柯桥国际纺织品博览会(秋季)、全国知名企业产品展示馆、国际进口面料展、2021柯桥时尚周(秋季)、"柯桥优选"品牌展、2021中国绍兴柯桥

2021年10月，市区印染企业跨域集聚提升首个印染组团——七色彩虹建成投产

(柯桥区府办/提供)

2021 年 10 月 26 日，第四届世界布商大会主题大会召开　　（柯桥区府办 / 提供）

国际纺织贸易服务展览会等活动。10 月 26 日，第四届世界布商大会主题大会举行。中国纺织工业联合会会长孙瑞哲做《“数字赋能·绿色共生”—百年变局下，全球纺织产业发展新方向》主旨演讲。会上还举行 2021 世界布商“互联共生可持续发展”视频发布、“中意未来时尚创新中心”揭牌仪式、“30·60”中国纺织服装碳中和加速行动发布仪式等活动。大会以线上线下模式召开。

【第 23 届中国绍兴柯桥国际纺织品博览会（秋季）】 2021 年 10 月 26—28 日，第 23 届中国绍兴柯桥国际纺织品博览会（秋季）在柯桥区举行。纺博会设 1315 个标准展位，展览面积 2.6 万平方米，40 多万款纺织面料、纺织辅料（原料）、家用纺织品等参展，并以“数字纺博”为主题开设线上云直播。

【第十五届中国·大唐国际袜业博览会】 2021 年 10 月 28—30 日，以“大唐袜业·温暖有你”为主题的第十五届中国·大唐国际袜业博览会在诸暨国际商贸城举办。博览会设潮流袜品展区、纱线及原辅材料展区、袜业智能装备展区，近 400 个展位，展览面积 1 万平方米，参展商近 200 家，进出口贸易商近 300 家。同期举办第二届“大唐杯”国际袜业机械装备大赛、全国“十佳优秀纱线供应商”评选、云上袜博会、人才创业鹊桥会等多项活动。

装备制造业

【概 况】 2021 年，绍兴市装备制造业 1599 家规模以上企业完成销售产值 2201 亿元。其中，金属制品业完成销售产值 204.6 亿元，通用设备制造业完成销售产值 575.5 亿元，专用设备制造业完成销售产值 367.5 亿元，汽车制造业完成销售产值 147.4 亿元，电气机械和器材制造业完成销售产值 630 亿元，其他装备制造业完成销售产值 256.3 亿元；实现营业收入 2171.6 亿元、利税 214.5 亿元，其中利润 159.9 亿元。

【日发纺机获国家科技进步二等奖】 2021 年 11 月 3 日，2020 年度国家科学技术奖励大会在人民大会堂举行。浙江日发纺机技术有限公司与浙江理工大学共同完成的“高性能无缝纬编智能装备创制及产业化”项目获 2020 年度国家科学技术进步奖二等奖。获奖成果已实现产业化，应用在“日发纺机”生产销售的电脑无缝针织内衣机上，实现针织设备智能化控制以及车间设备、产品、人员、订单的协同管理，最新的高速机型同比原有系列机型编织速度提升 30% 以上。

【首届浙江（绍兴）机床展举行】 2021 年 5 月 15—17 日，由市商务局、贸促会绍兴市委会、上海华墨展览集团有限公司联合主办，以“注智赋能、科创绍兴”为主题的 2021 浙江（绍兴）机床展暨国际智能制造及工业机器人展览会在中国轻纺城国际会展中心举行，是机床展系列展会首次落地绍兴。展览分数控机床展区、工业机器人展区、激光切割展区和动力传动与控制技术展区，设展位 800 余个，面积 15000 平方米。日本马扎克、海天精工、国盛集团、精功机器人等国内外近 300 家机床制造企业参展，绍兴有 4 家企业参展，展示了智能工厂、金属切削机床、冲压设备、工业机器人等高精尖技术与设备。展会期间，还开展中国（绍兴）智能制造产业发展论坛、机床用户企业与机床展商采购对接会、制造技术讲座和新产品推荐等活动。

【首届绍兴国际纺织机械智能制造展览会举办】 2021 年 10 月 26—28 日，由中国机械国际合作股份有限公司、市商务局、贸促会绍兴市委会、中国国际商会绍兴商会主办，以“智能纺织，赋能未来”为主题的首届绍兴国际纺织机械智能制造展览会在中国轻纺城国际会展中心举办。展览会面积 11000 平方米，参展企业 150 余家，其中绍兴企业 40 余家，设立 600 个展位。展会吸引 2500 余家单位 8000 多人参展，线上受众突破 5 万人次，配套 4 场论坛及主题活动，意向成交额 2 亿元。

【全国首个零碳工厂装备制造基地开工建设】 2021 年 9 月 30 日，全国首个零碳工厂装备制造基地——诸暨零碳工厂装备制造基地开工建设。基地由杭州锅炉集团投资，西子（诸暨）新能源装备有限公司具体实施，总投资 10 亿元。项目定位为“零碳工厂制造者”，为制造业企业提供零碳装备。基地建成后也是零碳工厂，生产过程所需用电，全部采用风光氢核储能技术解决，生产过程闭环零排放。

【斯凯孚新昌球轴承生产基地及研发中心举行启动仪式】 2021 年 4 月 18 日，斯凯孚新昌球轴承生产基地及研发中心举行启动仪式。斯凯孚球轴承新昌生产基地及研发中心项目是斯凯孚在中国投资建设的最大球轴承生产基地，2018 年 7 月开工建设，总用地面积约 13 万平方米，总投资 5.96 亿元。

【嵊州厨具企业成功研发“电燃”烹饪灶】 2021 年，浙江板川电器有限公司研发的“全电烹饪灶”（电燃灶）面世。“电燃灶”已申请技术专利 12 项。

食品制造业

【概况】 2021 年，绍兴市食品制造行业 75 家规模以上企业完成销售产值 110.0 亿元，实现营业收入 106.1 亿元，利税 13.1 亿元，其中利润 8.8 亿元。其中，农副食品加工业完成销售产值 45.2 亿元，利润 1.3 亿元；食品制造业完成销售产值 12.6 亿元，利润 0.3 亿元；酒、饮料和精制茶制造业完成销售产值 52.2 亿元，利润 7.2 亿元。

【发布“稽山古榧”区域公共品牌】 2021 年 10 月 19 日，“稽山古榧”区域公共品牌发布会在绍兴举行。在发布活动上，推出“稽山古榧”品牌宣传片和榧道表演。

【获国内制茶最高级别赛事金奖】 2021 年 9 月 23—25 日，全国茶业职业技能竞赛茶叶加工（绿茶）竞赛在湖北省五峰土家族自治县举行，19 个省市的 150 名制茶高手参加。浙江华发茶业有限公司徐杰获总分第一名，被授予全国技术能手称号。

【获 2021 中国食品工业协会科学技术奖】 2021 年 12 月 17—18 日，2021 全国食品工业科技进步大会暨“中国食品工业协会科学技术奖”颁奖仪式在河南郑州国际会展中心举行。由新昌县群星茶业有限公司、中国农业科学院茶叶研究院、浙江大学茶学系完成的“龙井茶分段加工技术”，会稽山绍兴酒股份有限公司、绍兴市食品药品检验研究院完成的“提高黄酒的愉悦度关键技术研究”项目获二等奖。

石化制造业

【概况】 2021 年，绍兴市 189 家规模以上石油化工企业完成销售产值 784.1 亿元，实现营业收入 749.1 亿元，实现利税 113.1 亿元，其中利润 90.1 亿元。其中占行业比重 99.9% 的化学原料及化学制品业完成销售产值 783.8 亿元，营业收入 748.8 亿元，利润 90.0 亿元。

【市区化工产业跨区域集聚提升项目开工】 2021 年 9 月，绍兴市在上虞区举行市区化工产业跨区域集聚提升项目开工仪式。7 个涵盖化纤、医药、精细化工等领域的项目集中开工，总投资 217 亿元。

【龙盛集团入选国家技术创新示范企业】 2021 年 11 月 22 日，工信部发布 2021 年国家技术创新示范企业名单，浙江龙盛集团股份有限公司入选。至年末，全市累计 5 家企业获此称号。

医药制造业

【概况】 2021 年，绍兴市 94 家规模以上医药制造企业完成销售产值 306.5 亿元，实现营业收入 306.3 亿元，实现利税 69.3 亿元，其中利润 58.3 亿元。新和成控股集团有限公司、振德医疗用品股份有限公司、浙江医药股份有限公司、京新控股集团有限公司入选 2020 年度中国医药工业百强榜，居第 28 位、47 位、52 位和 76 位。

【第十届中国医药生物技术论坛召开】 2021 年 10 月 23 日，以“促进技术创新、加速成果转化”为主题的第十届中国医药生物技术论坛暨第二届绍兴生命健康产业峰会在越城区举行。（详见 P183）

【《绍兴市生物医药产业发展“十四五”规划》发布】 2021 年 12 月 31 日，市经信局发布《绍兴市生物医药产业发展“十四五”规划》。规划提出，力争到 2025 年，生物医药产业规模突破 1000 亿元，营业收入利润率 20% 左右；产业结构更加完善，创新能力有效提升，产业环境持续优化，建成长三角区域有一定影响力的生物医药产业集群，成为国民经济重要支柱产业，打响绍兴“生物医药制造基地”新名片、“生物医药创新转化高地”新品牌的总体目标。

【德琪医药绍兴生产基地落成】 2021 年 5 月 13 日，德琪医药有限公司绍兴生产基地落成仪式在滨海新区生命健康科技产业园举行。生产基地面积约 16300 平方米，配备 1 条符合国际 GMP 标准的固体制剂商业化包装生产线，建立物料和产品检验 QC 实验室，并同步设置符合 GMP 要求的仓储空间。

【全口服抗丙肝病毒方案纳入医保目录】 2021 年 12 月 3 日，国家医疗保障局召开新闻发布会，公布 2021 年国家医保药品目录调整结果，74 种药品新增进入目录，11 种药品调出目录。位于绍兴滨海新区的歌礼药业（浙江）有限公司自主研发的全口服直接抗丙肝病毒方案进入目录。该治疗方案对基因 I 型非肝硬化丙型肝炎病毒感染者治愈率达 99%。

【绍兴干细胞与再生医学创新中心揭牌仪式举行】 2021 年 9 月 29 日，以“创导细胞科技　服务生命健康”为主题的绍兴干细胞与再生医学创新中心揭牌仪式暨第一届生物医药与细胞技术先进性论坛在越城区复旦科技园举行。绍兴干细胞与再生医学创新研究中心落户在复旦科技园绍兴创新中心，是滨海新区联手艾可泰科（浙江）控股有限公司打造的集产、学、研一体的细胞应用基地。在第一届生物医药与细胞技术先进性论坛上，专家学者们围绕干细胞生物学等主题进行讨论交流。

第一届生物医药与细胞技术先进性论坛设置课题演讲和圆桌对话环节，张毅、张叔人等专家学者，分别就“干细胞对一型糖尿病的临床研究”“异体免疫细胞治疗肿瘤的研究与发展”“ADC 制药以及偶联药当下的技术与趋势”等课题进行分享。

冶金制造业

【概况】 2021 年，绍兴市 159 家规模以上冶金制造业企业完成销售产值 768.7 亿元、营业收入 970.5 亿元，实现利税 33.1 亿元，其中利润 25 亿元。其中，黑色金属冶炼及压延加工业实现销售产值 119.6 亿元，营业收入 120.9 亿元，利润 5.8 亿元；有色金属冶炼及压延加工业实现销售产值 649.1 亿元，营业收入 849.6 亿元，利润 19.2 亿元。主要产品中，钢材产量 211.6 万吨，铜材产量 34.1 万吨。

【海亮集团与中国有色集团签署战略合作协议】 2021 年 5 月 8 日，海亮集团与中国有色集团签订战略合作协议。双方依托各自优势，通过强强联合、资源共享，共同在海外资源开发、有色金属智能制造、新材料研发等领域开展合作。

建筑材料制造业

【概况】 2021 年，绍兴市非金属矿物制品业 194 家规模以上企业完成销售产值 350.8 亿元，营业收入 362.9 亿元；实现利税 51.3 亿元，其中利润 38.2 亿元。全市规模以上企业生产水泥 1058 万吨，增长 3.8%；生产平板玻璃 831.3 万重量箱，增长 -0.7%。

【印发散装水泥、预拌混凝土和预拌砂浆"十四五"规划】 2021 年 5 月，市商务局印发《绍兴市散装水泥、预拌混凝土和预拌砂浆"十四五"发展规划(2021—2025)》。规划提出，到 2025 年，实现散装水泥、预拌混凝土、预拌砂浆提质增效成果显著，强化标准化生产，"三位一体"发展体系更加科学完善，产业结构更加合理。散装水泥供应率达到 85%，行业整体清洁化生产水平进一步提升等总体目标。

【全国绿色建材产品认证及推广应用交流大会举行】 2021 年 7 月 29—30 日，由绿色建材产品认证技术委员会主办的全国绿色建材产品认证及推广应用交流大会在绍兴开元大酒店举行。(详见 P 165)

工艺美术及其他制造业

【概况】 2021 年，绍兴市规模以上轻工企业完成营业收入 3301.4 亿元，实现利税 398.9 亿元，其中利润 284.6 亿元。其中，皮革、毛皮、羽毛及其制品和制鞋业完成销售产值 8.1 亿元，营业收入 7.6 亿元，利润 0.2 亿元；木材加工和水、竹、藤、棕、草制品业完成销售产值 5.9 亿元，营业收入 5.7 亿元，利润 0.3 亿元；家具制造业完成销售产值 69.5 亿元，营业收入 71.5 亿元，利润 6.9 亿元；造纸及纸制品业完成销售产值 91.1 亿元，营业收入 86 亿元，利润 6.6 亿元；印刷和记录媒介复制业完成销售产值 68.8 亿元，营业收入 68.1 亿元，利润 5 亿元；文教、工美、体育和娱乐用品制造业完成销售产值 199.4 亿元，营业收入 187.3 亿元，利润 10.1 亿元。

【工艺美术作品获奖】 2021 年 4 月 29—5 月 3 日，2021 中国(温州)工艺美术精品博览会在温州国际会展中心举行。绍兴市工艺美术行业协会组织嵊州、新昌、柯桥、越城等会员单位的 160 多件作品参展参评，69 件作品获"快鹿杯"工艺美术创新设计大奖赛金奖、银奖、铜奖和优秀奖。

【庆祝建党百年华诞工艺美术主题作品展】 2021 年 7 月 9—11 日，由市委人才办、市经信局、市社保局、省工艺美术行业协会主办，绍兴市工艺美术行业协会承办的"匠心向党、共筑辉煌"庆祝建党百年华诞——浙江(绍兴)工艺美术主题作品展在绍兴城市广场举办。省内 240 多位工艺美术大师的 800 多件作品参展，涵盖越窑青瓷、根雕、会稽铜镜、花雕、石雕、玉雕、剪纸、蜡染、竹编等 80 多个种类。308 件作品获庆祝中国共产党成立 100 周年 2021 年浙江(绍兴)工艺美术主题作品展(雕刻组)金奖、银奖、铜奖。

【市工艺美术大师评选首增实操环节】 2021 年 11 月 27 日，由市经信局、市人力社保局主办，市工艺美术行业协会承办的第四届绍兴市工艺美术大师候选人技艺实操考评在绍兴伟丰文化产业园举行。参评第四届绍兴市工艺美术大师的 54 位候选人开展现场技艺实操，主要包括工艺雕塑、工艺绘画、工艺书法、工艺制作技法等展示。评委根据参选人申报材料、作品展示、现场技艺实操等量化考评，投票评选出第四届绍兴市工艺美术大师 46 位。

【喜临门蝉联中国床垫行业品牌力第一名】 2021 年 4 月 20 日，中国品牌评级机构 Chnbrand 公布 2021 年(第十一届)中国品牌力指数 SM (C-BPI®)品牌排名和分析报告，喜临门获床垫类第一品牌。这是喜临门第 9 次获中国床垫行业品牌力第一名。

【珍珠行业知识产权保护中心成立】 2021 年 4 月 21 日，珍珠行业知识产权保护中心在诸暨市山下湖镇华东珠宝城成立。该中心主要负责调处珍珠行业知识产权矛盾纠纷，探索知识产权纠纷行政调解协议的司法确认工作；提供知识产权相关法律、政策咨询等服务；定期对珍珠企业、经营户开展知识产权申报及行政、司法保护专项培训；指导国家级知识产权保护规范化培育市场创建工作；接受、移送知识产权侵权违法线索等。

【伞艺产业工程师协同创新中心启用】 2021 年 9 月 23 日，上虞伞艺产业工程师协同创新中心在伞艺小镇举行启用仪式。协同创新中心位于上虞区崧厦街道伞艺小微企业园 1 号楼，拥有伞业大脑、新品发布、便企服务、品牌直播间、伞艺工坊、IP 授权合作、户外产品展示、众创空间等功能区块，引入大师设计工作室、省级伞件产品质量检验中心、3D 打印、电商直播基地、网红电商学院等项目，首批入驻工程师 186 名。

(市经信局 / 提供)

黄酒制造业

【概况】 2021 年，全市黄酒企业完成黄酒产量 49.73 万千升，实现产值 51 亿元，完成销售量 34.63 万千升，销售额 51.67 亿元，实现利润总额 7.48 亿元；完成出口

1852 万美元。浙江古越龙山绍兴酒股份有限公司获 2021 年度“浙江省人民政府质量奖”。浙江古越龙山绍兴酒股份有限公司、会稽山绍兴酒股份有限公司、浙江塔牌绍兴酒有限公司成为杭州 2022 年第 19 届亚运会、残运会官方指定黄酒供应商。

绍兴市黄酒行业协会启动“绍兴酒”国际商标注册工作，启动修订 GB/T17946-2008 地理标志产品绍兴酒（绍兴黄酒）国家标准工作。市黄酒行业协会获开展职业技能等级（黄酒二级、一级“酿酒师”，黄酒二级、一级“品酒师”）认定资格。

至年末，全市有取得 SC 认证的黄酒酿造企业 79 家，从业人员 8427 人。有规模以上黄酒生产企业 14 家，占全国同行业规上企业的 14.29%。规模以上企业总资产 106.46 亿元，占全国同行业的 43.2%。14 家规上企业完成黄酒销售额 47.62 亿元，占全国规上黄酒企业的 37.44%、全省的 70% 以上。

【市黄酒行业协会完成换届】 2021 年 1 月 23 日，绍兴市黄酒行业协会换届大会在绍兴饭店举行。经选举，产生绍兴市黄酒行业协会第五届理事会，徐明光当选会长，孙爱保当选常务副会长。

【黄酒企业首次组团参加“中国酒博会”】 2021 年 4 月 9—12 日，第 16 届“中国酒博会”在泸州国际会展中心举行。市黄酒行业协会组织授权使用“绍兴黄酒”证明商标和国家地理标志保护的 14 家黄酒生产企业组团参会。本次酒博会首次增设绍兴黄酒馆展区。4 月 9 日，作为第十六届中国国际酒业博览会活动之一的中国绍兴黄酒馆开馆仪式在国内综合馆（D 馆）举行，绍兴黄酒生产企业共同发出“越酒行天下，抱团再出发”宣言。

【黄酒产业创新服务综合体投用】 2021 年 4 月，浙江省绍兴黄酒产业创新服务综合体大楼整体改造工程完工，并对外开放。综合体是由市政府申报，中国绍兴黄酒集团有限公司为建设依托单位的省级创新服务平台。综合体提供的主要创新、服务功能包括：黄酒产品检测、黄酒品质提升、黄酒基础研究、黄酒新产品设计开发、黄酒文化和品牌宣传、黄酒人才传承培养、黄酒绿色智能化产区建设等。

【推进黄酒和红茶首次跨界合作】 2021 年 5 月 12 日，正山堂红茶全国经销商大会在湖北恩施巴东召开，市黄酒行业协会组织古越龙山等黄酒企业参加大会。会上，市黄酒行业协会与正山堂茶业商定联合推出“名茶名酒”礼盒装，借助“正山堂”经销网络，宣传推广绍兴黄酒。

【打击仿冒绍兴黄酒不法行为】 2021 年 7 月 19 日，柯桥区人民法院对张某某等 6 人涉嫌假冒注册商标罪，生产、销售伪劣产品罪，销售假冒注册商标的商品罪案件予以宣判，最高执行刑期 9 年，合计罚款 172 万元，切实打击仿冒绍兴黄酒的不法行为。

自 2010 年始，被告人张某某委托陆某（另案处理）的南通某公司大肆印刷有“绍兴老酒”等注册商标的包装彩盒。2014 年左右，被告人张某某和孙某某通过掺杂不得添加的添加剂等，生产劣质配制酒冒充“绍兴老酒”“绍兴特黄”等黄酒并对外销售。其间，张某某和孙某某为“傍大牌”，特意赶至绍兴市注册了绍兴市某某酒业有限公司、绍兴高新区某某酒类经营部等空壳公司，用于掩饰其异地生产、异地销售的非法目的，又雇用被告人黄某某等人推销、送货上述劣质酒。

【省人大常委会通过《绍兴黄酒保护和发展条例》】 2021 年 7 月 30 日，省第十三届人民代表大会常务委员会第三十次会议通过关于批准《绍兴黄酒保护和发展条例》的决定。条例自 2021 年 10 月 1 日起施行。

【首款区块链黄酒上链】 2021 年 8 月 25 日，“藏新酒 · 喝老酒”为主题的会稽山数字酒庄上链发布暨“人民 · 新国货”授牌仪式在浙江绍兴会稽山黄酒产业园举行。会稽山数字酒庄采用区块链技术与传统产业融合模式，使实体黄酒拥有“数字身份证”，享有原厂直供、原厂智能仓储、原厂发货、馈赠转让、一键质押、防伪保险、在线提货等多元化服务，成为在线可移动、可追溯、可保真、可交易的数字化产品。

【全国黄酒品酒师大赛举行】 2021 年 11 月 8 日，全国黄酒品酒师大赛暨 2021 届品酒技能竞赛在绍兴举行，来自国内 6 省市的 54 名选手参赛。竞赛由理论知识考试、实际操作考核两部分组成。李智慧、孔祥伟、关斌、马洋洋、刘彩霞、毛瑛瑛、黄媛媛、阮慧明、毛国芳、朱晓庆获大赛前十名。大赛第 4—7 名的选手获“全国黄酒行业酿酒技术能手”称号，冠、亚、季军分获 1 万元、8000 元、5000 元奖金。按成绩排名前三位的非国评委选手获增补国家级黄酒评酒委员名额。

【获批省级“非遗”代表性传承人】 2021 年 11 月 22 日，省文化和旅游厅印发《关

2021 年，古越龙山 · 沈永和第 358 代酒药接种　（市黄酒协会 / 提供）

于公布第六批浙江省非物质文化遗产代表性传承人的通知》，由市黄酒行业协会推荐的徐岳正、孙国昌，被确定为绍兴黄酒酿制技艺代表性传承人。

【中国绍兴黄酒集团有限公司】 2021年，浙江古越龙山绍兴酒股份有限公司成功发行非公开发行A股股票，募集专项资金9.59亿元用于黄酒产业园建设。新设24家品鉴馆和专卖店，并开展与“浙旅投”“钟薛高”“京广传媒”等品牌合作。举行古越龙山·沈永和第358代酒药接种仪式、“红心向党·国酿传承”黄酒集团国营70年等活动。浙江古越龙山绍兴酒股份有限公司获批国家级博士后工作站。“古越龙山”以443.07亿元品牌价值蝉联亚洲品牌500强，古越龙山“好酒不上头”绍兴酒（银青版）获2020年度“青酌奖”（黄酒类）酒类新品奖。

中国绍兴黄酒集团有限公司获2021年度绍兴市经济发展突出贡献奖、“十三五”中国酒业科技突出贡献奖、“绍兴市慈善事业突出贡献奖集体”称号、全市“争先进位·率先发展”优胜单位称号，入选“2021年度中国酒业百强榜”。徐岳正获评第三届“中国酿酒大师”，周建弟、胡晓华、金一鸣获2019—2020年度“全国技术能手”称号。

【会稽山绍兴酒股份有限公司】 2021年，会稽山绍兴酒股份有限公司首开“会稽山1743”黄酒吧，与“古茗”开展跨界合作开发黄酒奶茶，举办封坛节、数字酒庄上链发布会、酒种传承仪式、打造会稽山风云IP等活动。利用抖音、天猫等主流平台开展直播带货，打造《人生酒馆》《话说黄酒》融媒体节目，多维度、全方位开展黄酒营销。上线国内首个黄酒区块链产品。

“国潮兰亭黄酒”获中国酒类新品“青酌奖”，“八道酿料酒”获“全国糖酒会明星新品奖”，数字酒庄黄酒获2021第八届中国（绍兴）工业设计大赛金奖，1743黄酒晋级2021长三角特色“伴手礼”和浙江特色伴手礼名录。会稽山黄酒博物馆入选绍兴市第三批中小学研学实践教育基地。

会稽山绍兴酒股份有限公司入选“2021年度中国酒业百强榜”“‘十三五’浙江省商贸百强”“‘十三五’中国酒业科技优秀企业”“绍兴市智能化工厂”。“会稽山”获“人民·新国货”优选品牌。傅祖康获评第三届“中国酿酒大师”，毛国芳获“全国酿酒行业技术能手”。“提高黄酒的愉悦度关键技术研究”项目获中国食品工业协会科技进步二等奖。

【浙江塔牌绍兴酒有限公司】 2021年，浙江塔牌绍兴酒有限公司举办2021“塔牌绍兴酒”吉祥物全球创意设计大赛、2021第二届中国塔牌本酒节暨2015本原酒发布会、开酿节等活动，代表绍兴黄酒企业参加首届中国国际消费品博览会浙江馆商展。

塔牌绍兴酒有限公司入选《中国酒业》杂志“2021年度中国酒业百强榜”、柯桥区工业企业100强、“中国轻工业传统黄酒酿造工程技术研究中心”。塔牌黄酒文化中心被认定为第三批“浙江省华侨国际文化交流基地”。“2013塔牌本原酒”入选“2020年度中国酒业推荐产品”，获2020年度“青酌奖”酒类新品（黄酒类）称号。茅来根获评第三届“中国酿酒大师”。

【绍兴女儿红酿酒有限公司】 2021年，绍兴女儿红酿酒有限公司参加春季全国糖酒商品交易会并举办女儿红喜宴秀，公布女儿红“结构蓄能计划、红府喜宴计划、女儿红·云链接计划”。举行女儿红第102代酒药接种仪式。“女儿红·进界”上市。

“女儿红老酒正红”获2020年度“青酌奖”（黄酒类）酒类新品奖。胡志明获“大国工匠”称号。

【中粮孔乙己酒业有限公司】 2021年，中粮孔乙己举办“元气满满 新春元宵国潮文化展”“锦鳞游正式发售·沪尚蜀都Party”限量发售、“黄中皇”上市15周年庆典、“闲倾一盏玉墨飞——周名德&王依雅双人展”“延月梳风——丘挺作品展”等活动，推出特别版——《繁空录——徽宗皇后冠》作品黄酒、特别版——《明月松间》作品黄酒、特别版——《延月》作品黄酒等。

中粮孔乙己酒业有限公司入选“中央广播电视总台品牌强国工程TOP品牌”，成为海南博鳌国宾馆、上海合作组织国际投资贸易博览会2021年会指定用酒，第四届世界顶尖科学家论坛唯一指定黄酒。“锦鳞游”获2021第八届中国（绍兴）工业设计国际邀请赛优秀奖，孔乙己“茴”字酒、锦鳞游获浙江省2021年酒类优秀新品奖。金建江获评“新时代浙江工匠”。

（市黄酒行业协会／提供）

电力工业

【概况】 至2021年末，绍兴电网共有110千伏及以上变电站202座，变电容量5818.80万千伏安，线路5710.44千米。其中，1000千伏线路14.37千米；800千伏变电所1座，容量800万千伏安；500千伏变电站7座，容量1675万千伏安，线路1107.52千米；220千伏变电站37座，容量1728万千伏安，线路2132.46千米；110千伏变电站157座，容量1615.80万千伏安，线路2456.09千米。

2021年，全市全社会用电量515.79亿千瓦时，增长13.76%，其中，工业用电量393.54亿千瓦时，增长14.41%；城乡居民生活用电量54.95亿千瓦时，增长5.09%。全市售电量484.25亿千瓦时，增长13.49%。全市线损率2.45%，增长0.13个百分点。全市供电最高负荷919.82万千瓦，增长12.%。城市综合电压合格率99.99%，城市供电可靠率99.99%。农网综合电压合格率99.9%，农网供电可靠率99.98%。

绍兴电力局通过全国文明单位复评，越城供电分公司团支部获“全国五四红旗团支部”称号，变电检修室城区变电运检班获2020年度“国家电网有限公司工人先锋号”称号，QC成果《JBL－(H)型并沟线夹安装限位辅助装置的研制》在第46届国际质量管理小组会议上获金奖，《电网企业基于大数据的全产业链一体化信用管理》获全国企业管理现代化创新成果二等奖，《变压器不停电滤油补油运检

2021年绍兴市各区、县(市)用电情况表

表24

区　域	用电量（亿千瓦时）	占总量比例（%）	同比增长（%）	工业用电量（亿千瓦时）	同比增长（%）	居民用电量（亿千瓦时）	同比增长（%）
越城区	90.10	17.47	12.89	58.67	11.17	11.48	5.83
柯桥区	178.41	34.59	12.55	153.08	12.63	10.91	7.45
上虞区	73.82	14.31	10.60	56.08	10.52	7.82	5.95
诸　暨	107.63	20.87	16.45	80.89	18.77	13.75	4.14
嵊　州	35.20	6.83	16.73	22.42	21.44	6.84	3.33
新　昌	26.77	5.19	15.22	18.52	19.71	4.15	1.64
全地区	515.79	100.00	13.76	393.54	14.41	54.95	5.09

2021年绍兴市用电分类情况表

表25

分　类	用电量（亿千瓦时）	占总量比例（%）	同比增长（%）
全社会用电量	515.79	100.00	13.76
一、行业用电合计	460.84	89.35	14.89
（一）按产业分			
1. 第一产业	2.57	0.50	10.76
2. 第二产业	400.88	77.72	14.54
3. 第三产业	57.38	11.13	17.58
（二）按行业分			
农、林、牧、渔业	3.25	0.63	9.31
工业	393.54	76.30	14.41
建筑业	7.61	1.48	22.22
交通运输、仓储和邮政业	6.00	1.16	20.82
信息传输、软件和信息技术服务业	4.19	0.81	14.64
批发和零售业	14.12	2.74	17.84
住宿和餐饮业	3.52	0.68	16.25
金融业	0.91	0.18	11.58
房地产业	9.97	1.93	19.9
租赁和商务服务业	1.66	0.32	21.36
公共服务及管理组织	16.06	3.11	16.51
二、城乡居民生活用电合计	54.95	10.65	5.09
1. 城镇居民	27.22	5.28	-3.61
2. 乡村居民	27.73	5.38	15.3

技术与应用》获国家电网有限公司科技进步二等奖，数字产品“浙里绿税”入选浙江省数字经济系统“第一批优秀地方特色应用”。倪钱杭获“全国技术能手”“国家电网有限公司优秀培训师”称号，何贝获“浙江省优秀共产党员”“浙江杰出工匠”称号。

【电网建设】 2021年，全市电力系统累计完成电网投资21.82亿元，投产110千伏及以上变电容量89万千伏安、线路长度226.26千米。建成杭绍台东关、嵊州牵引站等重大工程，打通九里至渡东220千伏线路，实现220千伏及以上双环网。110千伏横江变获国家电网有限公司输变电优质工程银奖。

【电网安全运行】 2021年，绍兴电力局动态优化电网运行方式，推进安全生产专项整治，完成抗击台风“烟花”、极端强对流天气突袭下安全供电保障。开展国内首次500千伏导地线联合融冰演练、绍兴市处置大面积停电应急演练。全市电网运行总体平稳。

【开展电力服务活动】 2021年，绍兴电力部门推出低压24小时装表接电、“水电气”一柜办、优化营商环境一问一答“口袋书”等服务。全省首家取消B类及以上网格计划停电，不停电区域面积1040平方

2021年12月7日，国网绍兴供电公司开展国内首次导地线联合融冰演练　（齐　斌/摄）

千米，惠及客户159万人。发布“乡村振兴电力民生指数”、开发环保电监测等数据产品，开展铁塔共享、全面推广“供电+能效”等服务，变配电设施托管用户414家。实施代理购电业务，推动2.2万余家工商业用户入市交易。

【推动能源绿色转型】 2021年，绍兴电力局配合开展能耗“双控”工作，实行“网格+预算”精准用能管理，限电不限民用电。累计建成投运光伏容量138兆瓦，发电9.98亿千瓦时，等效减碳79.58万吨。试运营“云储能”交易平台，投运新昌“光储充”电站。联合市税务局打造“浙里绿税”评价体系，联合人行绍兴市中心支行建立银行绿色能源金融工作机制。

【省内首家发布“乡村振兴电力民生指数”】 2021年3月17日，绍兴电力局在全省首家制定发布“乡村振兴电力民生指数”评价标准，并在新昌进行试点，纳入《新昌县能源电力支撑服务乡村振兴行动计划》。“乡村振兴电力民生指数”由乡村幸福用电指数、乡村产业发展指数、乡村绿色用能指数等13个大数据因子综合评估组成。以行政村为单位，对供电可靠性、电压合格率、电网建设、产业及行业电量等各类评价因子开展均比、同比、户比等多维度分析，建立差异化指数分析模型，为开展乡村振兴决策提供科学的电力评价依据。

【“光明馆”入选中央企业红色资源网络展览】 2021年6月，绍兴电力局建成电力展馆——“光明馆”。该馆以周恩来同志1939年为绍兴电力题词“前途光明”为主题，分“源、流、桥、塔、帆”五个板块，展现绍兴电力百年历程。8月，“光明馆”入选国资委“百年峥嵘　初心见证”中央企业红色资源网络展览，是全省电力系统唯一入选单位。

【用电负荷创历史新高】 2021年7月13日13时16分，绍兴地区全社会用电负荷919.82万千瓦，较2020年最高值增长12%，创历史新高。

【全市首个“光储充”一体化充电站投用】 2021年8月9日，绍兴市首个利用废旧电池“光储充”一体化充电站——十九峰电动汽车充电站投入使用。该充电站位于新昌十九峰景区，由光伏系统、储能系统以及充电桩三大系统组成，总投资约170万元，占地300平方米，共有11个停车位，设8台60千瓦单枪式快充充电桩。

【市能源大数据中心成立】 2021年8月13日，市发改委与国网绍兴供电公司联合发文，成立绍兴市能源大数据中心，由国网绍兴供电公司负责运营。

【抗疫保供电工作】 2021年12月，在抗击绍兴突发新冠肺炎疫情期间，绍兴电力局累计完成7个核酸检测气膜实验室、15个临时集中隔离点送电任务，累计投运高压电缆29.48千米、变压器126台；运用无人机、机器人等智能化设备对全市91个防疫点、43个重要用户保电巡视、重点工程工地照明；利用“网上国网”线上保障抗疫用电需求，依托“用电监测云助手”数字产品，实时监测酒店式隔离点、封控区居民漏电情况。

（绍兴电力局/提供）

建筑业

综　述

【概况】 2021年，绍兴市在碳达峰碳中和背景下，发挥"建筑强市"优势，通过制定政策、扶持企业发展、构建平台、加快人才培育等方式，持续推进建筑业低碳转型，建筑业企业经营呈现多元化，建筑工业化发展速度持续加快。完成建筑业总产值4881.3亿元，比2020年增长7.9%，其中省内产值2779.8亿元，增长20.5%。新开工装配式建筑1008.24万平方米，增长7.6%，占新建建筑比例32.7%。

2021年12月2日，推进新型建筑工业化发展联席会议签约仪式在绍兴职业技术学院召开

（市建设局／提供）

【2021城市建设与建筑业发展鉴湖峰会】 2021年9月23日，以"历史建筑保护传承和现代建筑创新发展"为主题的2021城市建设与建筑业发展鉴湖峰会在绍兴阳明酒店举行。（详见P183）

【全市建筑领域碳达峰碳中和工作现场会召开】 2021年12月6日，绍兴市建设局组织召开全市建筑领域碳达峰碳中和工作现场会议。会议邀请省建筑设计研究院院长朱鸿寅解读《绍兴市建筑领域碳达峰行动方案（讨论稿）》，部署建筑领域碳达峰行动相关工作，讲解《浙江省建筑节能与绿色建筑工作考核办法》内容及考核要求。市建设局领导、相关处室和各区、县（市）建设行政主管部门科技线分管领导、科室负责人等30余人参会。

【全市政府采购支持绿色建材促进建筑品质提升试点工作会议召开】 2021年1月25日，全市政府采购支持绿色建材促进建筑品质提升试点工作会议在市行政中心召开。会上，市财政局、市建设局，越城区政府、柯桥区政府、上虞区政府、诸暨市政府、嵊州市政府、新昌县政府，镜湖开发办做表态发言；市政府常务副市长徐国龙围绕如何做好政府采购支持绿色建材促进建筑品质提升试点做出工作部署。财政部国库司、住建部标准定额司负责人以视频连线方式，对绍兴政府采购支持绿色建材促进建筑品质提升试点工作进行点评。各区、县（市）政府领导、市级有关部门负责人，各项目单位负责人，各区、县（市）财政和建设部门主要负责人，"筑采云"合作方代表参加现场会议。

【发布《工程渣土路用技术指南（试行）》】 2021年12月，市建设局发布《工程渣土路用技术指南（试行）》。相比国家、行业等标准，该指南更贴合绍兴实际，可操作性强，对指导工程渣土在绍兴地区道路中的应用，推动建筑垃圾资源化，保护生态环境助力碳减排，提升城市大宗固废管理水平具有积极意义。自此，绍兴市工程渣土、废弃泥浆、拆除垃圾等三类建筑垃圾的资源化利用均有技术指南。

【推进新型建筑工业化发展联席会议召开】 2021年12月2日，由杭州市建筑业协会、宁波市建筑业协会、绍兴建筑产业现代化发展联盟共同发起，以"部门联动、多地联合、共同提高、合作共赢"为主题的三市推进新型建筑工业化发展联席会议在绍兴职业技术学院召开。会上，签署《关于搭建杭州、宁波、绍兴三市新型建筑工业化合作框架备忘录》。

（市建设局／提供）

行业发展

【概况】 至2021年末，全市有建筑业企业2127家，其中特级企业21家，占全省1/4，总承包一级企业146家。培育宝业集团、精工钢构、亚厦股份、华汇设计、建业幕墙及浙江勤业6家全国首批国家级装配式建筑产业基地，入选数占全省总数1/4。实现建筑业增加值532亿元，占全市GDP的7.8%；全市建筑业完成税收64.4亿元，增长2.5%，占全市税收收入的7.5%。

2021年绍兴市施工总承包特级企业一览表

表26

序号	企业名称	序号	企业名称
1	浙江中成建工集团有限公司	12	浙江舜江建设集团有限公司
2	长业建设集团有限公司	13	中鑫建设集团有限公司
3	浙江环宇建设集团有限公司	14	浙江海滨建设集团有限公司
4	禹天建设有限公司	15	浙江中富建筑集团股份有限公司
5	浙江鼎盛交通建设有限公司	16	浙江舜杰建筑集团股份有限公司
6	浙江宝业建设集团有限公司	17	五洋建设集团股份有限公司
7	中设建工集团有限公司	18	华升建设集团有限公司
8	浙江勤业建工集团有限公司	19	浙江展诚建设集团股份有限公司
9	浙江天工建设集团有限公司	20	浙江八达建设工程集团有限公司
10	中厦建设集团有限公司	21	华汇建设集团有限公司
11	中程建工集团有限公司		

【建筑工程创优夺杯】 2021年，绍兴市建筑企业获国家级奖项38个，其中鲁班奖9个(参建9个)、国优工程14个(总承包2个，参建12个)；省级94个，其中钱江杯10个，浙江省市政金奖1个，白玉兰杯等其他省级奖项83个。

(市建设局/提供)

建筑市场管理

【概况】 2021年，绍兴市以施工企业信用管理办法为抓手，持续加强建筑市场管理，落实"绍兴市实名制管理公共服务平台"建设，强化施工、监理队伍管理，推进建筑工人实名制、全过程工程咨询工作，严把建材准用关，全力保障工程质量。

【企业信用评价】 2021年8月，市建设局印发《绍兴市施工企业信用管理办法(试行)》，组织重点建筑业企业实地调研，召开由市建协副会长单位及各区、县(市)建筑业协会会长单位的座谈会等，加强对建筑企业的信用管理。年内，开展建筑企业管理系统试运行，对939家建筑业企业进行试评价。

【建筑业资质管理】 2021年，绍兴市将建筑业企业资质审批纳入省政务2.0系统，采用不见面线上审批模式，共上报省建设厅68家，审批155家，退回资质市级认定事项256件；劳务资质实行备案制，完成备案450家。建筑业管理部门开展批后监管，通过诚信平台复查企业155家，实地核查39家，责令限期整改23家。

【工程领域保证金制度改革】 2021年，绍兴市继续落实《关于进一步优化建设工程民工工资保证金管理制度的通知》，推进民工工资保证金"保函替缴"制度。8月，市建设局印发《关于进一步明确合同履约及民工工资保证保险承保机构的通知》，明确建设工程民工工资保证保险参保企业如由保险机构出具保单的，应选择绍兴市建筑产业保险共保体进行投保。至年底，全市已办理保函总金额8900万元，减轻企业资金周转压力。

【全过程工程咨询服务】 2021年，市建设局起草完善《全市城镇老旧小区改造建设中开展全过程工程咨询的指导意见》，充分发挥全过程工程咨询服务在老旧小区改造中的支撑作用。至年末，全市有全过程工程咨询项目59个，其中，越城区塔山街道、城南街道、稽山街道等老旧小区改造建设工程均采取全过程工程咨询服务模式。

【建筑工人实名制管理】 2021年，市建设局对原有"绍兴市实名制管理公共服务平台"进行升级改造，分项目、企业、人员三个维度，PC(个人计算机)端、手机端两种应用模式，实现对市内建设工程项目基本信息、实名制信息及"六项制度"落实情况，企业基本信息、信用评价信息及所属各建设工程项目情况，人员基本信息、欠薪黑名单信息及建设工程项目从业经历等进行全方位监管。11月初，"绍兴市实名制管理公共服务平台"完成初验。至年末，平台有建设工程4083个，其中2358个已完工，1335个在建；共登记建筑工人519543人，日均考勤人数超过5万人。

在国务院根治拖欠农民工工资工作领导小组办公室考核组对绍兴进行的抽查中(抽查镜湖新区在建项目1个、上虞区2个、柯桥区2个)，绍兴实名制考勤工作取得更新率95%以上的好成绩。

【全省建设领域劳资专管员职业技能大赛举行】 2021年5月24—25日，以"践行百年初心，护航百姓'安薪'"为主题的全省建设领域劳资专管员职业技能大赛在绍兴市柯桥区举行。比赛分电子台账核查、理论竞赛、操作技能竞赛和知识竞赛4部分，来自全省11个市的11支代表队、220名选手参加比赛。宁波队获团体一等奖，绍兴队、台州队获团体二等奖。

建筑现场管理

【概况】 2021年，绍兴市围绕《关于坚决打赢遏重大控较大生产安全事故攻坚战的实施方案》，以确保"市直工程安全生产形势平稳"为目标，以防范遏制较大事故、杜绝重特大事故为重点，进一步强化重大风险源管控，提升安全生产标准化水平，推进数字化监管平台建设和应用，全力消除事故隐患，营造安全稳定、和谐有序的良好环境。

【安全生产监管体系建设】 2021年，市建设局制定《绍兴市建设工程施工安全生产标准化管理优良工地考评实施办法》《绍兴市超过一定规模的危险性较大分部分项工程专项施工方案论证专家库管理办法》《绍兴市建筑施工质量安全标准化三年行动实施方案》《关于推进建筑施工领域安全生产责任保险制度的实施意见》等文件，从工程创优、方案论证、标准化提升等方面完善绍兴市建筑施工领域安全生产监管体系，提升建设工程品质和本质安全水平，助推安全生产多元共治。

【快速路工程安全监管】 2021年，市建设局对大型构配件起重吊装、基坑开挖、高大支模架等危大工程实施精准管控，规范智慧快速路工程起重吊装作业，每月完善“网格化、常态化、清单化”动态风险管控清单，实时掌握工程进度和主要风险。至年末，共开展日常安全巡查260人次，下发安监工作通知书34份、限期整改通知书65份、停工整改通知书21份。

【轨道交通工程安全监管】 2021年，市建设局针对深基坑、盾构始发与接收、大型起重吊装、盾构穿越既有河道、建(构)筑物、管线等关键节点实施重点盯防，逐级分层监管。至年末，共开展日常安全巡查1000余人次，发出安监工作通知书17份，整改单80份，停工单20份；开展起重机械检查3次，检查各类起重机械300余台次，发现并消除隐患1000余个，现场清退起重机械设备20余台，责令暂停使用起重机械设备50余台。

【建筑工程施工质量监管】 2021年，市建设局组织开展全市违规海砂和“瘦身”钢筋专项排查整治，共检查预拌混凝土企业53家，工程项目724个，钢筋976批次，均未发现问题；开展预制管桩质量排查整治，共排查工程项目222个，预制管桩2428批次，不合格管桩清退出工地4批次；开展预拌混凝土施工质量专项抽查，抽查项目12个，延伸检查预拌混凝土企业(场站)10家，41组抽检样品中不合格2组。

2021年，市建筑业管理部门开展建筑工程施工质量监管 （市建设局/提供）

【工程质量检测监管平台管理】 2021年，市建设局推进绍兴市建设工程质量检测监管平台运行，重点抽查复核检测合同录入不及时、留样和试验不规范、检测报告声明内容不符合、混凝土抗压强度检测异常等问题，共抽查检测机构9家，通报批评2家。

【建设工程质量检测机构管理】 2021年，市建设局结合“质量月”活动，开展全市建设工程质量检测机构专项检查，共抽查检测机构12家，发现问题68个，开具整改督办单12份。

【建筑工程优质项目及标化工地评选】 2021年，市建设局开展“兰花杯”评选，评出优质项目59个，其中，市政公用工程优质项目4个，优质房建(电力、交通)工程13个(房建5个、电力2个、交通6个)，园林绿化工程优质奖25个，园林绿化养护优质奖17个。绍兴市儿童福利院迁建工程等69项工程获市级标化工地称号。

开展工程项目省级评选推荐工作，共推荐省级工法项目80个，钱江杯(优质工程)工程项目6个，省标化工地26个。

【施工现场扬尘治理】 2021年，市建设局印发《2021年度全市建设工程文明施工管理赛比活动实施办法》《绍兴市建设系统2021年环境空气质量巩固提升工作方案》《绍兴市建设系统2021年环境空气质量巩固提升工作考核办法》等文件，考评建筑工地文明施工及降噪减尘情况。年内，全市共有833个项目参赛，其中通报表扬项目37个，批评项目25个。至年末，全市开展巡查检查3118次，检查工地6470个，处罚48起，处罚金额118.4万元。

【建筑施工领域参与疫情防控】 12月13—19日，绍兴市有29家建筑企业共23944名工人连续7天参与隔离房建设，共建设隔离房39435套，交付15698套，圆满完成建设任务。

落实建筑工地守好“小门”工作，组建工作专班，分组对在建工地实行每日制全覆盖督查。印发《停工建筑工地十条管控指引》，推动项目管理人员入驻工地、菜品配送不下降、每日发放生活费等措施的落实，确保停工建筑工地工人生活稳定。

（市建设局/提供）

产业创新

【概况】 2021年，绍兴市持续推进建筑产业创新发展，以制度建设、平台建设和队伍建设为抓手，发挥装配式建筑示范城市引领作用，稳妥推动建筑产业现代化。

培育省第二批建筑工业化示范基地8家，省建筑产业现代化示范企业11家。《绍兴市建筑产业现代化发展研究报告》获2021年度全省住房城乡建设系统优秀调研成果奖。

【建筑节能工作】 2021年，绍兴市实施绿色建筑312项，建筑面积1937.27万平方米。其中，实施二星级以上绿色建筑214项，建筑面积1356.87万平方米；实施三星级以上绿色建筑60项，建筑面积193.73万平方米。完成既有公共建筑节能改造15.12万平方米，完成可再生能源建筑应用295.7万平方米，超额完成年度建筑节能考核目标任务。

【勘察质量数字化监管】 2021年，绍兴市全面深化勘察质量信息化监管试点工作，市勘察专委会开展每周一次飞行检查，对检查中存在违规问题的企业，采取项目报备熔断机制措施。开展城市轨道交通工程勘察设计质量检查，落实建设单位会同勘察单位、设计单位及图审机构组织开展勘察设计及结构安全回头看。

【图审机构监管】 2021年，绍兴市开展对图审机构的审查质量、服务效率监管，施工图审查工业建筑98项、186.54万平方米，民用建筑41项、179.86万平方米，市政工程22项、工程概算9.01亿元，节能审查202项、建筑面积1207.73万平方米。

【装配式建筑】 2021年，绍兴市新开工装配式建筑项目面积1008.24万平方米，钢结构装配式住宅项目面积58.26万平方米，钢结构农房面积2.204万平方米，分别完成省建设厅下达年度目标任务的126.0%、145.7%、110.2%。装配式建筑占新建建筑面积的32.7%。

【绿色建材全国试点工作】 2021年，绍兴市成立绿色建材全国试点工作专班，确定九大类新建、续建工程项目，共62个项目作为首批试点，项目总投资254.4亿元，其中2021年计划投资72.2亿元。组织全市69家代表性绿色建材企业先后召开3轮11场座谈会，探讨建立适用于绍兴且具有本地特色的《绍兴市绿色建筑和绿色建材政府采购基本要求》（六大类）。建立服务绍兴、辐射全国的“绍兴市绿色建材采信应用与数据监管服务平台”，组织符合条件的绿色建材生产企业申报产品入库。至年末，全市近90家建材生产企业超200种建材产品申报入库。召开绿色建材研发检测平台建设工作座谈会，加快研发市场需求的绿色建材产品。

2021年10月29日，浙江省装配式建筑职业技能竞赛现场 （市建设局/提供）

【建筑产业工人培育】 2021年，绍兴完成装配式建筑产业工人培训、考核、鉴定250余人次。举办市第二届建筑BIM（信息模型）工程师技能竞赛和“环宇筑友杯”绍兴市第四届装配式建筑职业技能竞赛，选拔优秀“建筑工匠”参加“东部建材杯”第四届浙江省装配式建筑职业技能竞赛，并取得佳绩。至年末，全市建筑领域累计获国家级比赛一等奖1个、优胜奖2个，省级比赛一等奖6个，“浙江金蓝领”5个、“浙江省装配式建筑技术能手”19人。

【全国绿色建材产品认证及推广应用交流大会举行】 2021年7月29—30日，由绿色建材产品认证技术委员会主办，市建设局、市财政局、市经信局、市市场监管局、中国建筑材料工业规划研究院承办的全国绿色建材产品认证及推广应用交流大会在绍兴开元大酒店举行。交流会上，“全国绿色建材认证（评价）标识管理信息平台”正式上线，住建部科技与产业化发展中心、市财政局、市建设局共同签署“政府采购绿色建材试点项目碳减排实施路径研究”的合作协议。会议期间，还举行绍兴市建筑行业绿色建筑高层次人才技术培训会和全国绿色建材产品认证技术培训研讨会。

【全省首个居民住宅小区工程电气设计技术导则发布】 2021年10月，市建设局发布《绍兴市居民住宅小区工程电气设计技术导则（试行）》，按照节约集约、绿色低碳、数字赋能原则统一设计标准，助力电力部门提升项目前期设计服务质量，受到项目建设单位、设计单位和电力部门好评。

【在2021年浙江省装配式建筑职业技能竞赛中获佳绩】 2021年10月29—30日，以“培养大国工匠，装配高品质建筑”为主题的“东部建材杯”第四届浙江省装配式建筑职业技能竞赛在台州成功举行。绍兴参赛队再创佳绩：获3个一等奖（总计4个）、4个二等奖（总计8个）、6个三等奖（总计12个）的优异成绩。其中，浙江宝业现代建筑工业化制造有限公司获生产环节模具组装一等奖，浙江绿筑集成科技有限公司获预制钢构件装配一等奖，浙江宝业建设集团有限公司获预制构件套筒灌浆一等奖，这3家企业将代表浙江省参加全国装配式建筑职业技能大赛。此外，17位获“浙江省装配式建筑技术能手”称号的参赛选手中，绍兴有10人入选，占比超过50%，6名“浙江金蓝领”称号获得者中绍兴有3人，占比50%。

（市建设局/提供）

信息业

综　述

【概况】 2021年，绍兴市深入实施数字经济“一号工程”，坚持产业数字化和数字产业化两轮驱动，全力推进数字经济系统建设，取得阶段性成效。受下游应用市场拉动，电子信息产业迎来发展风口，行业景气度持续处于高位区间，数字产业迎来快步发展。实现数字经济核心产业制造业增加值149亿元，比2020年增长17.2%。

“浙里工程师”“多杆合一”“产业链预警”“产业链金融”等4个应用入选全省数字化改革试点；新昌县“轴承产业原材料集采”、上虞区“电机产业供应链金融”入选全省首批24个数字经济系统多跨场景应用推广目录；6个产业集群（区域）入选省新智造试点，实现区域试点全覆盖，入选数居全省第一位；化工、织造印染、电机、轴承、生物医药等5个行业入选全省产业大脑建设试点，入选数与杭州并列第二位，“电机产业大脑”成为全省首家上线运行的产业大脑。规上制造业机器人密度为235台/万人，比2018年提高68.3%。

新增94家国家两化融合管理体系贯标试点企业，卧龙电气入选国家工业互联网试点示范项目（全省唯一），喜临门离散型制造业5G+工业互联网平台创新应用、捷昌线驱微特电机行业工业声纹质检创新应用入选工信部2021年工业互联网平台创新领航应用案例。迎丰科技入选国家智能制造试点示范工厂揭榜单位，上风高科、全兴精工、梅轮电梯上榜国家智能制造优秀场景，龙盛集团入选国家技术创新示范企业。

新增5G基站5049个，累计建成12652个；新增省级行业云平台5个，建成首个省级区域数据中心——中国电信云计算绍兴中心。“5G+工业互联网”平台体系基本成形，打造5G在工业领域、商贸领域应用场景40个。

【“企业码”应用推广】 2021年，绍兴市在全省率先启动“企业码”绍兴专区建设和应用，成为全省最早领码“全覆盖”、最高应用活跃度、最早创设“驻企服务”应用、最早获得省级创新应用试点的地市，得到省委、省政府领导肯定，并在全省推广。至年末，绍兴企业码专区共上线政务服务、市场服务、特色服务、区县专区等四大板块38个应用。“驻企服务”应用获全省第二届企业码应用场景创新大赛一等奖，并在2021年世界互联网大会企业码专馆中做专题介绍。

【全省产业大脑建设动员大会暨企业码应用推广会召开】 2021年4月23日，省经信厅在绍兴召开全省产业大脑建设动员大会暨企业码应用推广会。会上，省经信厅、11个设区市经信局和中控技术签订化工产业大脑共建协议；首批省级重点工业互联网平台企业举行授牌仪式；产业大脑、企业减负应用场景进行现场演示。绍兴市、杭州市、宁波市、湖州市、卧龙集团交流工作经验。省经信厅、绍兴市领导，省经信厅有关处室负责人，各市、县（市、区）经信局相关负责人及部分化工园区管委会负责人和相关企业代表等近300人参加会议。

【“数字赋能·共赢未来”e游小镇高质量发展大会举行】 2021年4月23日，由中国音像与数字出版协会指导，上虞区委、区政府主办的“数字赋能·共赢未来”e游小镇高质量发展大会召开。会上，进行中国音像与数字出版协会与e游小镇重大战略合作揭牌仪式、北京共享丝路研究院数字文化研究中心落地仪式、长三角数文基金和明观基金签约仪式等。“一带一路”数字文化研究论坛以及数字e术节——“数字山水”雅集同步举办。

e游小镇连续3年入选省级特色小镇“亩均效益”领跑者，累计引进数字经济企业743家，集聚创客8600余名，形成完整的“文漫影游”数字产业链。

【企业入选省级示范】 2021年10月，省经信厅公布2021年省级新一代信息技术与制造业融合发展试点示范企业名单。绍兴小轩窗布业有限公司、浙江金蝉布艺股份有限公司、浙江迎丰科技股份有限公司等10家企业入选2021年省级新一代信息技术与制造业融合发展试点示范企业（个性化定制）名单，绍兴欧艾迪医疗科技有限公司、绍兴电力设备有限公司、浙江东进新材料有限公司等10家企业入选2021年省级新一代信息技术与制造业融合发展试点示范企业（网络协同制造）名单。

（市经信局/提供）

集成电路产业

【概况】 2021年，绍兴市集成电路产业链依旧保持较高增长，实现产值405.7亿元，比2020年增长49.0%；实现利润41.7亿元，增长97.9%。特别是芯片制造、半导体材料、半导体装备等领域表现抢眼，产值分别增长 114.9%、90.2% 和 55.8%。绍兴中芯等链主企业增势迅猛，绍兴中芯 2021 年累计出芯片超 100 万片，月产攀升至 10 万片。

【中国・绍兴集成电路产业联盟启动仪式】 2021 年 7 月 13 日，由市委人才工作领导小组办公室、市经信局、市科协、越城区政府、滨海新区管委会主办，以“聚力绍‘芯’，共谋未来”为主题的中国绍兴集成电路产业联盟启动仪式暨院士专家论坛“对话绍‘芯’”活动举行。此次活动包括绍兴市集成电路行业协会成立大会、联盟启动仪式暨院士专家论坛“对话绍‘芯’”活动。启动仪式上，公布中国・绍兴集成电路产业联盟理事长团和首批专家智库名单。中国・绍兴集成电路产业联盟新任理事长梁新夫代表联盟发布《绍兴集成电路产业发展倡议书》。吴汉明院士围绕“中国芯——后摩尔时代的产教融合”作主旨报告。业内专家学者、技术行家、企业负责人、国内高校科研院所嘉宾代表以及相关投资基金和服务机构代表等近 150 人参加活动。

【市集成电路行业协会成立】 2021 年 7 月 13 日，在中国绍兴集成电路产业联盟启动仪式暨院士专家论坛“对话绍‘芯’”活动上，绍兴市集成电路行业协会正式揭牌成立。通过各项法定程序审议通过了协会章程草案，选举产生会长、副会长、秘书长名单。中芯绍兴总经理赵奇当选第一届会长，长电绍兴总经理梁新夫、浙江晶盛机电董事长曹建伟，绍兴宏邦电子总经理何纪法当选执行会长，芯空间科技发展（绍兴）有限公司总工程师王鸿龙当选协会秘书长，绍兴市数字经济促进会秘书长张小彬当选执行秘书长。

【印发集成电路产业发展扶持政策】 2021 年 3 月，绍兴市人民政府办公室印发《绍兴市加快推进集成电路产业发展若干政策（试行）》。政策共 7 部分 13 条，主要涉及财税政策、金融支持、投资补助、人才扶持等。与以往政策相比，新政策更加着眼于为头部企业提供服务的集成电路中小企业的普惠政策，通过加大扶持力度、营

2021 年 6 月 28 日，长电绍兴 300 毫米集成电路中道先进封装生产线项目一期主体工程结顶

（滨海新区管委会 / 提供）

造氛围，吸引更多中小企业入驻绍兴，完善集成电路产业链。6 月，《绍兴市加快推进集成电路产业发展若干政策（试行）实施细则》发布。

【首次开展绍兴市集成电路企业认定】 2021 年 11 月，市经信局组织召开绍兴市集成电路企业认定专家评审会，这是绍兴市首次开展集成电路企业认定。省集成电路业专家组成的评审组，对越城区以外的申报企业进行综合评审认定。绍兴知乐电子科技股份有限公司（设计）、绍兴芯动半导体有限公司（设计）、浙江兰特普光电子技术有限公司（封装）、绍兴埃瓦科技有限公司（设计）、浙江晶越半导体有限公司（材料）认定为 2021 年绍兴市集成电路企业。

（市经信局 / 提供）

电子信息产品制造业

【概况】 2021 年，绍兴市有规模以上电子信息制造业企业 233 家，比 2020 年增加 39 家，实现产值 701.4 亿元，比 2020 年增长 32%；实现增加值 149 亿元，增长 17.2%，低于全省同行业 2.8 个百分点，但高于全市面上工业增速 2.3 个百分点。其中，1—11 月，规上电子信息制造业实现增加值 136.3 亿元，增长 22.9%，高于全省同行业 1.9 个百分点；12 月受本地疫情影响，增加值减少 21.1%，影响 2021 全年整体增长。

【重大电子信息项目进展】 2021 年，全市实施重点电子信息项目 23 个，计划总投资 751.6 亿元，年度计划投资 85.3 亿元，实际完成投资 85.6 亿元，超额完成任务，重点项目形象进度大幅超过计划节点。中芯绍兴项目实施一期扩产改造，产能达到 10 万片 / 月；长电绍兴项目完成主体厂房结顶；最成中日韩高端半导体产业园项目，试产线 5N8~6N4 等级别高纯铝填补国内高纯铝提纯技术空白，一期厂房主体钢架结构建设完成 80%；盛吉盛半导体精密加工零部件项目完成厂房租赁、装修改造，部分产品已投产。

（市经信局 / 提供）

无线电管理

【概况】 2021 年，绍兴市无线电管理局完成无线电管理行政许可审批 240 件。其中无线电频率指配行政许可审批 10 件，指配频率 15 个（对）；无线电台呼号指配行政许可审批 33 件，核发无线电台识别码 33 个；无线电台（站）设置和变更审批 79 件，新设计变更台站 23239 个，其中公众移动通信基站扇区 22625 个（含电信基站扇区 2732 个、移动基站扇区 14786 个、联通基站扇区 5107 个）。办理无线

电注销审批 137 件。无线电台(站)注销 22272 个(对);无线电行政许可延续审批 22 件,注销过期许可 137 件。完成全市 50 家设台单位的无线电频率占用费收缴工作,共计收费 20.44 万元。

完成国家监测月报任务。全年累计开展固定监测 17000 多小时,外出监测约 480 小时,行程 15000 多千米。利用各类固定监测站对 87—108 兆赫调频广播频段、407—806 兆赫电视广播频段进行频率标注工作,各站共计完成频率标注 301 个。全年累计受理用户干扰申诉 20 起,主动发现不明信号 9 起,干扰查处率 100%。其中黑广播 8 起、公众移动通信干扰 16 起,对讲机 5 起。

2021 年绍兴市无线电台站设施情况表

单位:个

表 27

无线电业务			台站数量
广播电台		声音	13
		电视	6
		差转	22
甚高频、特高频电台		固定、陆地电台	50
		移动电台	613
蜂窝移动通信系统	GSM	基站	7847
		移动台	4737400
	CDMA2000	基站	1711
		移动台	1395990
	WCDMA	基站	2743
		移动台	574400
	TD-LTE (TDD)	基站	9645
		移动台	4400000
	TD-LTE (FDD)	基站	8275
		移动台	1307590
无线数据电台			17
卫星地球站	地球站(天线直径≤ 4.5 米)		2
	地球站(天线直径 >4.5 米)		0
	移动站		0
业余电台			49

注:1. 无线电台站(蜂窝移动通信系统基站及移动台除外)数据来源浙江政务服务网无线电台站数据库。

2. 蜂窝移动通信系统基站及移动台数据来源运营商上报统计数据,移动台即手机终端,其中部分手机支持多种通信系统,移动台数据存在重复统计情况。

【无线电监管工作】 2021 年,绍兴市无线电管理部门完成行政处罚案件 5 起,没收无线电发射设备 20 台,共计罚款 22000 元。开展频率台站年报自检工作,收到频率自检报告 49 份,台站年检报告 103 份,提交率 100%。开展频率、台站年度报告专项检查,完成频率年报专项检查 45 份,台站年报专项检查 198 份。联合市市场监管局对绍兴颐高电子城、国脉电子城等无线电发射设备销售市场和杭一电器、航芯科技等 4 家无线电发射企业开展销售和生产领域"双随机"检查。开展"双随机"监督检查,对 12 家单位(个人)开展"双随机"检查,发现问题 1 起,已立案查处。开展频率使用率评价和许可自查互查等,完成频率使用率评价 22 份,许可自检报告 37 份。

【无线电管理赋能产业发展】 2021 年,市无线电管理局到相关企业开展走访 8 次,其中联合走访 4 次,召开座谈会 4 次,协助 1 家企业完成无线电销售备案。对接绍兴智慧快速路项目,全面收集项目建设用频需求,开展车联网无线电管理相关政策、技术要求等宣传和指导工作。

【全省首个实现众包节点全市域覆盖】 2021 年,市无线电管理局推进众包智能化移动监测节点的补点覆面工作,配合亚运绍兴场馆建设,增加越城、柯桥监测车辆,新增上虞、嵊州、诸暨、新昌车辆覆盖,成为省内首个众包节点全市域覆盖的地级市(无线电监测众包模式指除无线电管理部门自有移动监测车以外,利用社会公共交通平台搭载无线电监测设备进行移动监测,实现无线电电磁环境在空域上的无缝监测和数据采集)。年内,绍兴市众包监测系统共完成监测里程 40.38 万千米,监测时长 1085979.5 分钟,总覆盖率 99%,依托众包监测平台查处干扰 12 起。

【重大考试的无线电保障】 2021 年,绍兴市无线电管理局完成公务员考试、高考、工程监理师、建造师、造价师、法律职业资格证等重大考试无线电保障任务 22

场次，累计保障 43 天，出动 140 余人次，出动监测车 80 余次，启用各类监测设备 300 余台次。

【查处航空 GPS 干扰】 2021 年，绍兴市无线电管理局根据浙江省无线电监测中心转来的民航空管无线电干扰申诉，利用直升机空中平台对萧山机场周边航路的 GPS 干扰开展空中监测，对空中发现的 GPS 信号异常点进行地面追踪排查。在进化镇、航坞山、萧山杭州乐园等地查获 5 个干扰源，及时消除干扰隐患。

【推进 5G 执照发放】 2021 年，市无线电管理局有序推进绍兴电信、移动、联通 3 家运营商开展基站申报工作，对网上申报进行协助和指导。协调做好中广电与绍兴移动联合建设 700M 基站建设工作。年内，共核发 3 家运营商的 5G 基站扇区执照 22363 个（含中国广播电视网络集团有限公司 700M 基站扇区 339 个）。

【“韵味杭州”亚运测试赛无线电保障】 2021 年 10 月 27—31 日，市无线电管理局完成“韵味杭州”2021 年全国大学生篮球邀请赛无线电保障工作。共出动工作人员 25 人次、10 车次，启用固定监测设备 2 套，移动监测设备 3 套，监测时长 65 小时，检测 39 套设备，发放 38 个标签，受理 13 个频率申请。

（市无管局 / 提供）

2021 年 10 月 27—31 日，开展“韵味杭州”2021 年全国大学生篮球邀请赛无线电保障工作

（市无管局 / 提供）

通　信

【中国电信绍兴分公司】 2021 年，中国电信绍兴分公司全年完成电信业务收入 17.84 亿元。电话用户数（含小灵通）74.58 万户，下降 7.96%。移动电话用户数（通话用户）138.26 万户，增长 3.03%。互联网用户数（不含手机上网用户）96.97 万户，增长 5.26%。新增千兆光网端口 11152 个、新增 5G 基站 1042 个，累计安装 5G 基站 3136 个，实现各区、县（市）主城区及重点乡镇 5G 商用网络连片覆盖。建成 80 家“爱心翼站”建设，2 家核心营业厅被授予绍兴市“消费教育基地”称号。推进中小企业提速降费，惠及中小企业 43439 家。

累计参与数字化改革应用 20 个，参与项目获省级“揭榜挂帅”、省教育领域数字化改革第一批创新试点项目等。建设 5G+ 数据采集、5G+AGV 调度、5G+ 移动巡检、5G+AR/VR、5G+ 机器视觉等技术应用，并获第四届“绽放杯”全国总决赛二等奖、工业专题赛一等奖等荣誉；执行应急通信任务 50 余次，出动应急通信保障 1200 余人次，网络安全保障 200 余人次，装备 300 余台次；为上虞区突发新冠肺炎疫情提供精准高效技术支撑；完成集团天翼云“一城一池”在绍兴的部署；开设绍兴市首个线下亚运特许商品零售专区；菲凡创新工作室被共青团绍兴市委评为四星级青工技能工作室。

（中国电信绍兴分公司 / 提供）

【中国移动绍兴分公司】 2021 年，中国移动绍兴分公司实现通信服务收入 41.6 亿元，增长 15.8%，创 10 年来新高，获评绍兴市 2021 年度工作目标责任制考核优秀单位、“改革开放创新发展突出贡献奖”经济建设领域成绩突出集体。做好疫情通信保障，保障指挥部、隔离点、核酸检测点、医院等重点区域的通信网络通畅，重点保障孙春兰副总理在绍兴调研指导疫情防控工作视频会议，保障省委书记袁家军召集的全省新冠疫情防控工作视频会议。发送防疫短信 1400 万余条，提供智慧门磁、灵瞳 1.7 万余套。加速 5G 新基建，

2021 年 9 月 23 日，绍兴电信分公司举行亚运会特许商品零售店揭牌仪式

（中国电信绍兴分公司 / 提供）

建设5G基站3003个，累计建成超8000个，实现城区、县城、乡镇连续覆盖，50%行政村覆盖。落地5G+项目33个，获“绽放杯”5G应用征集大赛5项荣誉，其中“枫桥式5G+平安小镇”基层治理项目获全国赛优秀奖。5G终端客户超150万户，渗透率35%。助力数字化改革。承建无废城市、智慧物业等标志性成果开发，获浙江移动2021年数字化改革奋进奖。推进省人民医院越城院区数字化医院建设，承建“绍兴市数字馆”。做好亚运服务保障，完成轻纺城体育中心、绍兴蔡江村棒垒球场专网建设，承建排球馆智能场馆、智慧停车、轨道交通5G定位、柯桥公共视频安全、联勤警务站等项目。践行为民服务，联合市公安局建成“微访问新域名反诈模型”，识别处置涉诈网站30万余个，预警劝阻受害人35万余名，止损6700余万元，获评浙江省互联网协会2021年度反诈先进集体奖。发布银龄服务十大承诺，开展“银龄跨越数字鸿沟”科普行动。

（中国移动绍兴分公司／提供）

2021年5月17日，绍兴市数字馆正式开馆　（中国移动绍兴分公司／提供）

【中国联通绍兴分公司】 2021年，中国联合网络通信有限公司绍兴市分公司设有越城区分公司、柯桥区分公司、诸暨市分公司、上虞区分公司、嵊州市分公司、新昌县分公司在内共20个部门和经营单位。完成主营收入6.9亿元，比2020增长15.7%，预算完成率102.3%。

累计开通5G网络基站4716个(其中共享电信2288个)，5G网络人口覆盖率80%。新开通4G基站127个，累计开通3598个，4G网络人口覆盖率92%，4G全网良好覆盖率96%。完成杭绍城际铁路4G/5G网络建设。建设开通联通系统内全国首个全球定位系统基站。完成嵊州新昌电联4G一张网和绍兴平水镇、王坛镇，上虞汤浦镇、永和镇，诸暨应店街镇、五泄镇等6个乡镇的4G一张网建设。持续打造千兆标杆小区，深化双优及千兆小区运营。宽带日均产能维稳在53户，较年初提升122.5%。聚焦数字乡村建设，实现签约乡镇7个，数字乡村85个，覆盖移网用户2297户，宽带用户近80户，实现整转村1个。

坚持全面数字化转型，中标“绍兴市越城区、柯桥区一体化智能化公共数据平台数据安全项目”等项目50个。“新昌县医共体5G智慧医疗”“绍兴市急救中心5G院前急救系统”“越城区生态环保局5G智慧巡河平台”被列入《2021年绍兴市5G应用优秀案例名单》。参与抗击上虞突发新冠肺炎疫情网络通信保障工作。

（中国联通绍兴分公司／提供）

【中国铁塔绍兴分公司】 2021年，铁塔绍兴分公司新建、改造移动通信基础设施5070处，其中新建基站1065处，存量基站改造4005处。完成5G基站和室分系统新建及改造投资超2亿元。新建铁塔共享率89%，其中5G建设中97%以上站址通过共享实现。至年末，有通信基站7513座，实现全市核心城区、风景区、亚运村(场馆)等重点区域5G高质量覆盖。

配合市经信局参与省经信厅第二批数字经济系统多跨场景应用的“揭榜挂帅”，入选“多杆合一”省级应用项目示范试点单位。全面推广“多杆合一”“酷玩小镇特型塔”“镜湖棒垒球馆特型塔”等新模式的5G通信基站。

推进铁塔视联发展，开放共享1192个站址，服务水利、环保、应急、执法、渔政、气象、人防、交通等重点行业。发挥铁塔新能源共享优势，打造换电基础精品网络，为5924位快递小哥、外卖骑手提供低速电动车换电服务。

（中国铁塔绍兴分公司／提供）

商贸流通·商务服务业

综　述

【概况】 2021年，全市服务业在疫情防控常态化的背景下实现平稳增长，全年服务业增加值规模3340亿元，居全省第4位。服务业占全市地区生产总值的49.2%。服务业税收收入470.17亿元，增长9.8%，占全市税收收入的54.5%。有规模以上（限额以上）服务业企业3821家，年营业收入3763.18亿元，增长29.4%；年营业利润72.62亿元，增长9.2%。

金融业持续发展，增加值增长7%。年末金融机构存贷款余额保持快速增长，存款余额12290.58亿元，增长12.4%；贷款余额11716.73亿元，增长15.6%。交通运输、仓储和邮政业增加值150.33亿元，增长8.3%。邮政行业业务总量82.9亿元，增长28.2%，其中快递服务企业业务量8.87亿件，增长32.2%。

文旅行业加速恢复，全市接待游客2757.8万人次，比2020年增长5.1%，实现旅游总收入380.8亿元，增长15.8%。网络消费蓬勃发展，全市网络零售总额856.5亿元，增长14.6%；居民网络消费总额813.5亿元，增长8.2%；跨境电商出口额118.6亿元，增长30%。

推进6个省级消费重点项目建设，完成投资9.2亿元，完成年度计划的109.5%。居民人均消费支出37448元，增长18.5%，其中城镇居民人均消费支出42766元，增长14.5%；农村居民人均消费支出27471元，增长18.7%。

中国轻纺城数字贸易、上虞区数字文娱、诸暨珍珠数字贸易创建成省级现代服务业创新发展区；绍兴港现代物流园创建成提质增效试点，浙江世纪联华物流配送有限公司新业态新模式试点通过省级物流创新发展试点验收；上虞港、柯桥区供销合作社联合社成为2021年度省级物流创新发展试点。

【印发《绍兴市服务业“十四五”发展规划》】 2021年6月1日，市政府发布《绍兴市服务业“十四五”发展规划》。规划由发展基础、总体要求、发展重点、空间布局、重点工程、保障措施等6部分组成。提出到2025年，绍兴市要实现服务业总量不断扩大、结构持续优化、质量稳步提升，初步形成功能完善、支撑有力的服务业高质量发展新格局的总体目标。

【实施服务业“百项千亿”重大项目工程】 2021年，绍兴市服务业“百项千亿”重大项目共141个，完成投资额364.45亿元，实际完成年度计划的126.5%。按区域分，越城区完成投资38.9亿元，柯桥区完成99.2亿元，上虞区完成25.3亿元，诸暨市完成62.5亿元，嵊州市完成7.1亿元，新昌县完成17.3亿元，滨海新区完成1.3亿元，镜湖新区完成92.7亿元。

【发布2021年促进消费十件实事】 2021年4月，市发改委发布2021年促进消费十件实事，包括推进新型消费培育、促进消费平台升级、落实行政性限制消费“减法”工作、完善乡村物流服务体系建设、开展“数字生活新服务”2.0工程、促进实物消费增长、活跃服务消费市场、推广新消费联动新制造、强化消费者权益保护、提升居民消费能力。

【现代服务业高质量发展政策修订兑现】 2021年9月，绍兴市开展新一轮现代服务业高质量发展政策修订兑现，166个政策事项实现“越快兑”一网通兑，兑现资金达1.8亿元，1300余家服务业企业享受政策奖励或补助。

（市发改委／提供）

商贸流通

【概况】 2021年，绍兴市实现社会消费品零售总额2477.1亿元，比2021年上升6.7%，按区、县（市）分，越城区实现社会消费品零售总额722.6亿元，上升3.2%；柯桥区实现社会消费品零售总额383.6亿元，上升8.3%；上虞区实现社会消费品零售总额402.1亿元，上升8%；诸暨市实现社会消费品零售总额500.5亿元，上升8.2%；嵊州市实现社会消费品零售总额285.4亿元，上升7%；新昌县实现社会消费品零售总额182.7亿元，上升10.1%。

【商贸流通项目投资建设情况】 2021年，绍兴市有投资额1000万元以上商贸流通项目55个，总投资额622.44亿元。2021年计划投资额128.33亿元，完成投资131.9亿元，完成率102.8%。其中，市直有投资项目2个，年度计划投资23.5亿元，完成投资20.41亿元，完成率86.85%；越城区有投资项目11个，年度计划投资额19.34亿元，完成投资24.91亿元，完成率128.8%；柯桥区有投资项目9个，年度计划投资额27亿元，完成投资27.03亿元，完成率100.11%；上虞区有投资项目14个，年度计划投资额13.64亿元，完成投资13.64亿元，完成率100%；诸暨市有投资项目8个，年度计划投资额28.43亿元，完成投资29.1亿元，完成率102.36%；

2021 年各区、县(市)社会消费品零售总额一览表

表 28

区域 \ 项目	社零(亿元)	增长(%)	限上社零(亿元)	增长(%)
全　市	2477.1	6.7	800.3	7.9
越城区	722.6	3.2	342.7	1.7
柯桥区	383.6	8.3	133.8	13.6
上虞区	402.1	8.0	98.9	2.3
诸暨市	500.5	8.2	151.2	22.5
嵊州市	285.4	7.0	47.4	3.7
新昌县	182.7	10.1	26.1	26.6

2021 年各区、县(市)商贸项目有效投资完成情况表

表 29

区域 \ 项目	2021 年累计(亿元)	2021 年计划(亿元)	投资进度(%)
全　市	131.90	128.33	102.80
市　直	20.41	23.50	86.85
越城区	24.91	19.34	128.80
柯桥区	27.03	27.00	100.11
上虞区	13.64	13.64	100.00
诸暨市	29.10	28.43	102.36
嵊州市	9.29	8.90	104.38
新昌县	7.54	7.52	100.27

嵊州市有投资项目 5 个,年度计划投资额 8.9 亿元,完成投资 9.29 亿元,完成率 104.38%;新昌县有投资 6 个,计划投资额 7.52 亿元,完成投资 7.54 亿元,完成率 100.27%。

【2021 "越惠悦生活"系列促消费活动】 2021 年,绍兴市举办 2021 "越惠悦生活"系列促消费活动。此次系列活动由"越惠悦生活·消费促进月""越惠悦生活·金秋购物节"组成。4—6 月,举办"越惠悦生活·消费促进月"活动,包括品牌消费、新兴消费、大宗消费、餐饮消费、文旅消费、信息消费七大促消费行动。市商务局发动全市 7 条特色商业街、12 个大型商圈、100 家以上重点企业、1000 家以上门店及各大电商平台等参与,推出 240 多项促销惠民让利特色活动。9—11 月,举办"越惠悦生活·金秋购物节"。通过举办系列促消费活动,在全市形成"1+6+N"("越惠悦生活"一条主线,品牌消费、新兴消费、大宗消费、餐饮消费、休闲消费、信息消费等六大重点消费领域,贯通线上线下、涵盖商品服务、面向城市乡村、融合商旅文娱的 N 场特色促消费活动)促进消费新格局。

【省级现代商贸特色镇和商贸发展示范村创建】 2021 年,经省商务厅评定,绍兴市的越城区皋埠街道、柯桥区马鞍街道、上虞区崧厦街道和章镇镇、诸暨市大唐街道、嵊州市黄泽镇、新昌县七星街道等 7 个镇(街道)以及 10 个村(其中越城区 1 个、柯桥区 2 个、上虞区 1 个、诸暨市 2 个、嵊州市 2 个、新昌县 2 个)入选第二批省级现代商贸特色镇和商贸发展示范村。

【省级绿色商场创建】 2021 年 12 月,省商务厅公布 2021 年浙江省绿色商场名单,绍兴市 4 家企业 4 个门店入选省级绿色商场,分别是浙江万风商业集团有限公司(新天地购物中心)、浙江宜佳向阳超市有限公司(山下湖店)、浙江诸暨第一百货购物中心有限公司(第一百货)和浙江上百集团有限公司(万和城)。

(市商务局 / 提供)

电子商务

【概况】 2021 年,绍兴市累计实现网络零售总额 856.5 亿元,比 2021 年增长 14.6%,增速居全省第 5 位;累计实现居民网络消费总额 813.5 亿元,比 2021 年增长 8.2%。各区、县(市)网络零售额增长情况相差较大。从绝对值看,诸暨市、嵊州市相对较高,分别为 263.2 亿元、217.6 亿元;从增速看,越城区增速远高于全市平均增速,增长 42.7%。

2021 年绍兴市各区、县(市)网络零售一览表

表 30

区域 \ 项目	网络零售额(亿元)	占比(%)	增长(%)
全　市	856.5	100.0	14.6
越城区	138.6	16.2	42.7
柯桥区	110.0	12.8	14.2
上虞区	85.9	10.0	0.9
诸暨市	263.2	30.7	13.2
嵊州市	217.6	25.4	8.7
新昌县	41.3	4.8	14.4

2021 年全省网络零售和居民网络消费基本情况表

表 31

项目 区域	网络零售（亿元）	占比（%）	增长（%）	居民网络消费（亿元）	占比（%）	增长（%）	顺差（亿元）
全　省	25230.3	100.0	11.6	12276.3	100.0	10.9	12954.0
杭　州	9951.5	39.4	10.7	3629.1	29.6	12.7	6322.4
宁　波	2814.2	11.2	12.0	1771.7	14.4	9.2	1042.5
温　州	2199.8	8.7	8.4	1546.1	12.6	8.2	653.6
湖　州	966.3	3.8	17.6	538.9	4.4	13.5	427.4
嘉　兴	2057.6	8.2	10.8	965.7	7.9	12.4	1092.0
绍　兴	856.5	3.4	14.6	813.5	6.6	8.2	43.0
金　华	3955.3	15.7	10.1	1257.0	10.2	11.3	2698.3
衢　州	504.0	2.0	29.6	245.9	2.0	6.2	258.1
舟　山	106.5	0.4	32.1	207.1	1.7	6.7	−100.6
台　州	1227.3	4.9	11.1	1002.4	8.2	13.5	225.0
丽　水	591.1	2.3	22.8	298.9	2.4	8.1	292.3

【发布《绍兴市电子商务发展“十四五”规划》】 2021 年 10 月，市发改委、市商务局发布《绍兴市电子商务发展“十四五”规划》。规划提出，到 2025 年，跨境电商综合试验区、综合保税区基本建成，国家级市场采购贸易方式试点深入推进，成功创建数字生活新服务先行市，推动绍兴由“电商小市”向“电商大市”“电商强市”转变，将绍兴打造为全国领先的特色电子商务产业基地、全国跨境电商集群制造服务示范区和电子商务发展区域中心城市目标。部署夯实跨境电商发展新动能、打造工业电商发展新高地、建设农村电商发展新标杆、创建数字生活服务新样板、培育供应链竞争新优势、打造电商产业发展新梯队、优化电商产业发展新环境等七大工作任务。

2021 年 11 月 5 日，2021 绍兴好物嘉年华暨“双百”行动进绍兴启动仪式举行（市商务局／提供）

【2021 网上年货节】 2021 年 1 月 20—2 月 18 日，由市商务局牵头的“绍兴味道·网上年货节”活动举行。“网上年货节”包括“新春送福餐·在家年味香”“甄选好物·匠心出好味”“嗨过云上绍兴年”三大活动。年货节期间，全市 2000 余家商家参与饿了么、口碑以及各类自建平台的年货节活动，总销售额破亿元。

【全国“数商兴农”走进浙江（新昌）活动】 2021 年 7 月 30 日，2021 全国“数商兴农”暨电子商务公共服务惠民惠企走进浙江（新昌）活动举办。本次活动以“数商兴农、共同富裕”为主题。在活动中，“数商兴农”浙江专家服务团正式成立，举办浙江省“国家电子商务进农村综合示范县”授牌仪式、浙江省电子商务公共服务“双百”行动启动仪式。商务部电子商务和信息化司、省商务厅、新昌县政府和全省各地市商务主管部门负责人，以及高等院校、行业组织、电商企业代表共 200 余人参会。

【“云购绍兴 乐享生活”绍兴好物嘉年华系列活动启动】 2021 年 11 月 5 日，由省电子商务促进中心、市商务局主办的“云购绍兴 乐享生活”2021 绍兴好物嘉年华暨“双百”行动进绍兴系列活动正式启动。在仪式上，举行绍兴市电子商务直播培训基地授牌、聘请绍兴好物推荐官、绍兴原产地商品官方旗舰店上线仪式等。系列活动从 11 月初持续到春节。

【省级新零售示范企业创建】 2021 年 12 月 6 日，省商务厅公布 2021 年浙江省新零售示范企业，浙江巴鲁特服饰有限公司、浙江洁丽雅电子商务有限公司等 13 家绍兴企业入围，新增数量居全省首位。

（市商务局／提供）

供　销

【概况】 2021 年，绍兴市供销社系统实现经营收入和销售收入分别为 309.82 亿元、225.02 亿元。其中，市本级 82.56 亿元、64.43 亿元；柯桥区供销社 36.23 亿元、18.85 亿元；上虞区供销社 146.22 亿元、

96.92 亿元;诸暨市供销社 1.57 亿元、1.57 亿元;嵊州市供销社 42.16 亿元、42.16 亿元;新昌县供销社 1.08 亿元、1.08 亿元。

流通和为农服务能力进一步增加,全市批零贸易业实现销售总额 148.35 亿元,其中乡村销售 12.05 亿元、连锁销售 37.81 亿元、电商销售 6.74 亿元。实现农资销售 7.08 亿元,增 14.56%,其中化肥 4.17 亿元、农药 2.38 亿元,增 17.13% 和 25.26%;实现化肥销售 16.94 万吨,增 4.11%,农药销售 8215 吨,增 6.14%。

下达农合联扶持资金 1155 万元,创设农民合作基金 3000 万元、供销合作发展基金 1000 万元用于支持农合联发展。开发"蔬菜贷""香榧贷""打面贷"等专项贷款产品 10 余个,累计授信额度达 100 亿元。联合农信联社为全市 2421 名会员发放贷款 28.98 亿元。依托已建 68 家特色产业农合联,推出种植险、价格指数险、雇主责任险等试点险种,投保面积 1720.07 公顷,保费 516 万元,赔款支付 550 万元。

绍兴市供销总社获评 2021 年全省供销系统综合业绩考核优秀市级社。

【争创省级"三位一体"改革示范市】 2021 年,绍兴市以创建省级"三位一体"改革示范市以及示范区、县(市)为载体,按实体化、制度化、数字化、品牌化、融文化标准,高水平健全农合联组织。组织召开全市农合联大会;供销社和农合联建设工作被列入市委常委会工作要点和市委市政府对区、县(市)的目标责任制考核,被列入全市乡村振兴年度重点工作考核指标体系;编制全市创建方案,启动农合联组织体系建设倍增计划,柯桥、上虞、嵊州、新昌等作为首批改革示范县创建单位,率先启动创建工作。

至年末,全市改造升级薄弱基层社 11 家,新建现代农业综合服务中心 3 个,新建村级综合服务社 34 个,完成土地全托管 3953.53 公顷、农业社会化服务面积 98.64 万亩次。累计建成产业农合联68家,其中市级 21 家,县级 47 家;新增市级 20 家,县级 31 家,基本覆盖全市主要农业主导产业,涵盖粮油、水果、花卉、家禽等九大类 31 种特色产业,吸纳单位会员 3000 余家,辐射带动近 3 万农户,联结各类生产基地 20 万公顷,基本形成绍兴特色农业产业服务体系全覆盖。

2021 年 7 月 21—23 日,2021 年(第四期)绍兴市供销合作总社中级网络营销师培训班在诸暨夜猫子电商学院举办 (市供销社/提供)

【超额完成市政府民生实事项目】 2021 年,市供销社全力推动市政府民生实事项目——农村再生资源回收利用网络体系建设。制订民生实事年度计划,指导各区、县(市)开展回收体系建设。至年末,全市完成乡镇再生资源收购站 60 个(目标数 52 个)和村级再生资源回收站点 863 个(目标数 797 个)的建设,共回收各类废旧物品 100.13 万吨,累计兑换金额 950 万余元。

【供销系统疫情保供】 2021 年 12 月,上虞区突发新冠肺炎疫情,全市供销社系统在党委政府统一领导下,发挥优势、主动作为、服务大局。市社下属主要农贸市场、"大江鲜生"网上菜篮子以及各级供销社所属农产品市场、连锁超市在疫情期间"不停业、不囤积、不涨价",稳定市场和物价。上虞区供销总社全力做好民生和防疫物资保障工作,承接百官、驿亭 66 个封控小区(村)、22 万余名居民的生鲜物资和全区 34 个集中隔离点及 11 个防范区镇街日用消费品的上门配送任务,累计配送 90 余万份、1000 余吨生鲜食材,2530 万元日用消费品;英特大通医药采购调配医用防护服 8.9 万件、隔离面罩 15.3 万个、医用口罩 130 万只;东海燃气公司每天配送 3000 瓶液化石油气,保障全区 20 万名城乡居民用气需求;百官、东关等供销社加油站 24 小时保供应,保障 2297 辆疫情联防联控应急车辆油品供应,累计供应65.1吨。

【服务乡村振兴】 2021 年,市供销社系统积极构建"专家团队 + 产业农合联"的新型农技推广服务体系,与浙江农业商贸职业学院签订联合建立新型职业农民培训合作协议,就农村实用人才培训、"三位一体"改革工作等开展战略合作,探索新型职业农民培训工作新模式。至年末,全市培训农产品经纪人、庄稼医生、电子商务师等各类农村实用人才 1.5 万人次,建成各类农合联文化主题馆 11 个,建立"专家 + 产业农合联 + 合作社"技术推广示范模式 6 个。

【打造区域公共品牌】 2021 年,市供销总社联合市食品药品检测研究院,对入驻农产品公共品牌企业的 77 个产品开展质量核查;提升已建成的 10 家"会稽山珍""鉴湖河鲜"实体店、共建体验点,进一步打响公共品牌知名度;开展市级公共品牌运行情况调研,构建品牌指导生产、开拓市场、提升价值的服务机制;在每个市级产业农合联建设一个公共品牌共建示范点,搭建展示助销平台 10 余个,共建体验点 20 余个,发展专需客户近千名,市级品牌销售额约 3 亿元;开展 2 次至 3 次以上符合产业特点、会员需求的特色产业农合联的农事活动。至年末,成功打造"山居岭南""舜阳红心猕猴桃""诸暨次坞打面"等知名品牌 10 余个。

【提升特色产业文化】 2021 年,全市供销社系统充分发挥传统特色农耕文化,深挖茶文化、酱文化、香榧文化、小吃文化等特色产业文化内涵，重点依托越茶博物馆、绍兴中国酱文化博物馆、中国香榧博物馆、新昌特色小吃馆等载体，打造新兴农合联。柯桥区酱文化产业农合联，酱制品会员达93家，酱制品年产量40万千克，在安昌古镇开设的酱文化旅游景点，每年累计游客284万人次。上虞区建成全省首家民宿产业农合联，累计投资超1亿元，每年吸引游客超1000万人次。

【参与对口支援助销工作】 2021年，全市供销社系统落实“浙产西进”（新疆阿瓦提）、“绍品北进”（辽源）项目，200余种特色农副产品在阿瓦提县“品味疆南馆”、辽源市“绍兴馆”展销。绍兴市8个对口合作地区农产品参加网上农博年货节、“越惠悦生活·古城潮购季”、全省秋季优质农产品选品会等活动。在全省供销社系统首家入驻政采云“832专区”，开展政府采购脱贫地区农副产品销售工作。至年末，全系统全资和控股企业助销对口地区农产品4900余万元。

【推进农产品市场的提质扩面和升级改造】 2021年，市供销总社以安全、便利、平价为目标，开展农贸市场扩面提质和粮批市场升级改造。与镜湖新区合作，按五星级市场标准投资1000万元开展镜湖澄港市场、合心市场装修建设。大兴市场完成复市提升改造；成立四季鲜农产品配送有限公司，开展半成品菜配送业务。完成市粮食批发市场“五化”改造并通过验收，启动实施粮油检站二期建设；实施“营改仓”措施，改建19间营业房，为市场7家经营户新增近500吨粮食储备仓容。

【市级产业农合联建设启动仪式暨市名优茶产业农合联成立大会召开】 2021年5月24日，绍兴市20家市级产业农合联建设启动仪式暨绍兴市名优茶产业农合联成立大会在平水日铸茶品牌管理服务中心举行。绍兴东方茶叶有限公司总经理钱宝良当选市名优茶产业农合联理事长，市名优茶产业农合联首批会员企业64家，覆盖全市6个区、县（市）。

【葡萄产业农合联成立】 2021年6月22日，绍兴市葡萄产业农合联成立大会在上虞区举行。绍兴市葡萄产业农合联由上虞区农合联执委会（供销社）牵头，联合37家葡萄会员单位组建。会上，选举产生第一届理事会、监事会，授予绍兴市葡萄产业农合联铜牌及绍兴市农产品区域公共品牌共建体验店铜牌，农商银行给予葡萄产业农合联5亿元授信。

【年糕产业农合联成立】 2021年6月23日，绍兴市年糕产业农合联成立大会在新昌县举行。绍兴市年糕产业农合联由新昌县农合联执委会（供销社）牵头，联合31家年糕企业组建。会上，选举产生第一届理事会、监事会，授予绍兴市年糕产业农合联铜牌及绍兴市农产品区域公共品牌共建体验店铜牌，新昌县农商银行向市年糕产业农合联给予5亿元授信。

【粮油产业农合联成立】 2021年6月23日，绍兴市粮油产业农合联成立大会在越城区陶堰街道举行。绍兴市粮油产业农合联由越城区农合联执委会（供销社）牵头，联合66家粮油企业组建。会上，选举产生第一届理事会、监事会，授予产业农合联铜牌及绍兴市农产品区域公共品牌共建体验店铜牌，恒信农商银行代表全市5家农商银行向市粮油产业农合联给予5亿元授信。

【樱桃产业农合联成立】 2021年6月24日，绍兴市樱桃产业农合联成立大会在诸暨市举行。绍兴市樱桃产业农合联由诸暨市农合联执委会（供销社）牵头，联合46家樱桃会员单位组建。会上，选举产生第一届理事会、监事会，授予绍兴市樱桃产业农合联铜牌及绍兴市农产品区域公共品牌共建体验店铜牌。

【农机服务产业农合联成立】 2021年6月29日，绍兴市农机服务产业农合联成立大会在嵊州市三界镇（高新园区）举行。绍兴市农机服务产业农合联由嵊州市农合联执委会（供销社）牵头，联合29家农机会员单位组建。会上，选举产生第一届理事会、监事会，授予农机服务产业农合联铜牌。嵊州市农商银行代表全市6家农商银行给予该产业农合联5亿元授信。

【禽类产业农合联成立】 2021年6月30日，绍兴市禽类产业农合联成立大会在诸暨市举行。绍兴市禽类产业农合联由诸暨市农合联执委会（供销社）牵头，联合27家禽类企业组建。会上，选举产生第一届理事会、监事会，授予产业农合联铜牌及绍兴市农产品区域公共品牌共建体验店铜牌。

【蔬菜产业农合联成立】 2021年8月10日，绍兴市蔬菜产业农合联成立大会在越城区举行。绍兴市蔬菜产业农合联由越城区农合联执委会（供销社）牵头，联合50家蔬菜会员单位组建。会上，选举产生第一届理事会、监事会，授予绍兴市蔬菜产业农合联铜牌及绍兴市农产品区域公共品牌共建体验店铜牌。

【蓝莓产业农合联成立】 2021年8月11日，绍兴市蓝莓产业农合联成立大会在诸暨市举行。绍兴市蓝莓产业农合联由诸暨市农合联执委会（供销社）牵头，联合33家蓝莓企业组建。会上，选举产生第一届理事会、监事会，授予产业农合联铜牌及绍兴市农产品区域公共品牌共建体验店铜牌。

【猕猴桃产业农合联成立】 2021年8月12日，绍兴市猕猴桃产业农合联成立大会在上虞区章镇镇举行。绍兴市猕猴桃产业农合联由上虞区农合联执委会（供销社）牵头，联合 家猕猴桃会员单位组建。会上，选举产生第一届理事会、监事会，授予绍兴市猕猴桃产业农合联铜牌和绍兴市农产品区域公共品牌共建体验点铜牌。

【炒货产业农合联成立】 2021年8月13日，绍兴市炒货产业农合联成立大会在新昌县举行。绍兴市炒货产业农合联由新昌县农合联执委会（供销社）牵头，联合25家炒货企业组建。会上，选举产生第一届理事会、监事会，授予产业农合联铜牌及绍兴市农产品区域公共品牌共建体验店铜牌，新昌县农商银行给予炒货产业农合联 5 亿元授信。

【鲜桃产业农合联成立】 2021 年 8 月 18 日，绍兴市鲜桃产业农合联成立大会在嵊州市举行。绍兴市鲜桃产业农合联由嵊州市农合联执委会（供销社）牵头，联合 45 家鲜桃会员单位组建。会上，选举产生第一届理事会、监事会，授予绍兴市鲜桃产业农合联铜牌和绍兴市农产品区域公共品牌共建体验店铜牌。

【草莓产业农合联成立】 2021 年 8 月 20 日，绍兴市草莓产业农合联成立大会在诸暨市举行。绍兴市草莓产业农合联由诸暨市农合联执委会（供销社）牵头，联合 23 家草莓种植单位组建。会上，选举产生第一届党支部、理事会、监事会，授予绍兴市草莓产业农合联铜牌和绍兴市农产品区域公共品牌共建体验点铜牌。

【市粮批市场“五化”创建工作受省表扬】 2021 年 8 月 23 日，省市场监管局印发《关于 8 月份第三周我省“五化”改造商品市场督查情况的通报》，绍兴市粮食批发市场“五化”创建工作受到省市场监管局表扬。这是 5 月份市粮食批发市场接受省“五化”考核组现场验收取得满分成绩后，再一次获省市场监管局肯定。

【花卉产业农合联成立】 2021 年 8 月 26 日，绍兴市花卉产业农合联成立大会在柯桥区举行。绍兴市花卉产业农合联由柯桥区农合联执委会（供销社）牵头，联合 26 家花卉企业组建。会上，选举产生第一届理事会、监事会，授予产业农合联铜牌及绍兴市农产品区域公共品牌共建体建点铜牌，瑞丰银行代表全市 6 家农商银行向市花卉产业农合联给予 5 亿元授信。

【传统小吃产业农合联成立】 2021 年 9 月 17 日，绍兴市传统小吃产业农合联成立大会在诸暨市同方酒店举行。绍兴市传统小吃产业农合联由诸暨市农合联执委会（供销社）牵头，联合 28 家企业组建。会上，选举产生第一届理事会、监事会，授予产业农合联铜牌及绍兴市农产品区域公共品牌共建体验店铜牌。

2021 年 8 月 18 日，绍兴市农业生产资料有限公司交接仪式举行　（市供销社 / 提供）

【传统酱文化产业农合联成立】 2021 年 9 月 18 日，绍兴传统酱文化产业农合联成立大会在绍兴至味食品有限公司举行。绍兴市传统酱文化产业农合联由柯桥区农合联执委会（供销社）牵头，联合全市 42 家酱制品产加销相关企业组建。会上，选举产生第一届理事会、监事会，授予绍兴市传统酱文化产业农合联铜牌及绍兴市农产品区域公共品牌共建体验店铜牌。

【烧酒产业农合联成立】 2021 年 10 月 27 日，绍兴市烧酒产业农合联成立大会在诸暨市举行。市烧酒产业农合联由诸暨市农合联执委会（供销社）牵头，联合 80 家烧酒会员单位组建。会上，选举产生第一届理事会、监事会，授予绍兴市烧酒产业农合联铜牌及绍兴市农产品区域公共品牌共建体验店铜牌。

【市粮油检测站获 CMA 计量认证（扩项）证书】 2021 年，市供销总社启动实施粮油检站二期建设，增资 400 万元采购相关设备。12 月 18 日，取得省市场监督管理局核发的检验检测机构 CMA 计量认证（扩项）证书，扩项内容涉及稻谷、小麦、大米农药残留项、真菌毒素残留 4 项、重金属残留项以及储存指标 2 项共计 49 个参数扩项的资质认定评审，可对稻谷、小麦、大米中的 71 项参数进行检验，基本实现政府储备粮检测业务全覆盖。

【市农资公司交接仪式举行】 2021 年 8 月 18 日，绍兴市农资公司交接仪式举行，市供销总社与市农资公司原股东签订收购协议，实现对农资公司的全资控股。绍兴市八达投资控股集团有限公司出资 3800 万元，完成对绍兴市农业生产资料有限公司 95% 股权收购，实现 100% 控股经营。

【特色农副产品首次亮相阿瓦提】 2021 年 5 月，首批 200 余种绍兴特色农副产品在阿瓦提县“品味疆南馆”展示销售，产品涵盖黄酒、茶叶、酱味品、水产加工品、林果制品等五大类，展现绍兴“酒乡、水乡、酱缸”饮食文化、农产品加工水平。这是绍兴市推动“浙产西进”工程，促进“东西部”农产品双循环的工作举措之一。

【市供销合作总社监事会一届六次会议召开】 2021 年 4 月 28 日，绍兴市供销合作总社监事会一届六次会议召开。会上，徐守仁代表一届监事会做 2020 年度工作报告；改选监事会监事，选举市社党委委员、二级调研员魏金钢同志为监事会主任，增选监事会办公室主任李勇为监事会监事；魏金钢部署 2021 年工作。

【深化“三位一体”改革工作会议暨农合联理事会扩大会议召开】 2021 年 3 月 9 日，全市深化“三位一体”改革工作会议暨农合联理事会扩大会议召开。会上，通报市农合联理事、监事等人员调整名单，董友庆代表农合联执委会做工作报告，5 家农合联代表发言。农合联理事会理事、监事会监事，区县市农合联理事长、监事长，农信机构负责人，有关产业农合联代表，市供销总社有关人员参加会议。

（市供销总社／提供）

粮食供应

【概况】 2021年，绍兴市全面实施省政府早稻订单全覆盖、晚稻分品种收购分仓储存和余缺调剂政策，订单收购粮食15.9万吨，区、县（市）间调剂粮食20602吨，助农增收1029万元。安排政府储备粮轮换13.4万吨，订单粮食收购数量占当年补库及新增计划86.74%，比2020年提高1.61%。新增地方储备粮规模1.925万吨。实现粮食监管事项覆盖率100%，粮食收购实现"一车一检"。

至年末，全市有四星级粮库1家、三星级3家、二星级2家；12座骨干粮库监控系统纳入省级监控平台，66座粮库73.7万吨仓容被列入省级国有粮食流通基础设施保护清单。地方储备规模库存40.485万吨，其中应急成品粮2.179万吨，达到主城区15天、县（市、区）10天以上供应量，晚稻储备占比35%以上。

【开展全市粮食流通"亮剑2021"专项执法行动】 2021，绍兴市粮食管理部门开展粮食流通"亮剑2021"专项执法行动，累计检查企业183家次，出动检查人员269人次，下发责令改正通知书1例，警告处罚1例，是近年来省内第一个开展粮食行政处罚的地市。

【强化保供稳价】 2021年，绍兴市粮食管理部门快速反应、及时化解平息11月上旬突击购粮现象。疫情防控Ⅰ级响应期间，紧急启动市级成品粮加工763吨，落实2.179万吨储备成品粮，确保全市粮食供应充足、市场价格稳定。

【完善粮食安全应急保障】 2021年，绍兴市粮食管理部门加强粮食市场监测预警，强化应急管理措施，做到应急粮源、应急监测点、应急供应网点、应急加工运输能力和应急管理经费"五落实"，提升应对突发事件处置能力。12月，举行全市粮食安全应急演练。

（市发改委／提供）

盐业专营

【概况】 2021年，绍兴市盐业有限公司履行国企责任，合理安排食盐调度，优化产品结构，保障人民群众食盐消费安全。累计实现营业收入8529万元，实现利润419万元，销售各类盐产品39642吨。其中，小包装食盐13596吨，海盐销量占比50.4%、井矿盐占比49.6%；食品加工用盐14009吨；小工业用盐11721吨。全市采购各类盐产品39613吨，其中小包装食盐16095吨、食品加工用盐11308吨、小工业用盐12210吨。各类盐产品库存14575吨，其中小包装食盐6156吨、食品加工用盐6822吨、小工业盐1597吨。至年末，绍兴市盐业有限公司有自营网点3975家。

【食盐放心消费"四进"活动】 2021年，绍兴市盐业有限公司及各区、县（市）分公司累计组织开展食盐放心消费"四进"（进机关、进学校、进企业、进社区）活动41场，参加员工122人，覆盖3万余人。市盐业有限公司在大中型商超开展雪涛江南雪系列、健康运动系列、自然鲜晒系列等"浙食链"新品的宣传推广工作，累计设立"浙食链"产品专柜21个。

（市盐业公司／提供）

烟草专卖

【概况】 2021年，绍兴市卷烟销量20.88万箱，与2020年基本持平。实现批发销售额110.1亿元，增长4.33%；单箱销售额5.27万元，增长4.35%；税利32.83亿元，增长4.62%。绍兴市烟草专卖局（公司）下辖诸暨市、上虞区、嵊州市、新昌县4个县级局（分公司）。至2021年底，共有职工832人，辖区内有卷烟零售户32531户。

年内，绍兴市烟草专卖局（公司）优化行政审批服务效能，简化许可证新办办理流程，提供许可证延续办理"零跑三服务"，受理各类申请17690件，网上办证率98%以上。

【烟草市场监管】 2021年，绍兴市烟草专卖局（公司）推进卷烟市场智慧化监管，优化升级打假打私、市场监管、内管监督、政务服务，提升专卖管理效能。共破获案件2929起，与2020年基本持平，查获卷烟26.28万条，增长47.5%。破获网络案件11起，其中符合特级网络案4起，一级网络案4起。联合杭州、南宁海关破获"9·16"特大走私卷烟网络案，抓捕26人，查获卷烟4500余条，涉案金额近亿元。实施新版《绍兴市烟草制品零售点合理布局规定》。

【烟草市场营销】 2021年，绍兴市烟草专卖局（公司）推进卷烟市场生态化建设，持续保持良好市场状态。重点品牌销

2021年5月15日，在市行政中心举行"5·15"防治碘缺乏病日活动　（市盐业公司／提供）

量 19.68 万箱，较 2020 年增长 1.44%，销量占比 94.27%。推进市场平台化运营，“香溢购” 98.96%，“香溢通” 覆盖面 34.09%，“香溢坊” 78.43%，“香溢家” 月活跃度 92.50%。推进农网建设和数字化门店建设，实施 “双轨” 评价机制，安装人脸支付设备 4112 户、智慧门店电子价签 449 户，累计建成现代终端 7757 家，占比 25.60%，其中香溢加盟终端 472 家。

【烟草企业管理创新】 2021 年，绍兴市烟草专卖局（公司）谋划 “数字绍烟” 发展战略，发布绍兴市烟草系统 “十四五” 规划，实施 “一景三优五新” 路径。试点完成全省烟草专卖商业系统内部管理 “最多跑一次” 改革，深化以事项为中心体系建设，上线 119 个流程审批数据产品，事项 “网上办” 占比 90%。印发 “八五” 普法规划，制定 “法治烟草” 建设评价细则。建立 “金字塔” 形创新体系，推动面向团队的重大创新、面向班组的数据掘金和面向岗位的微创新、微改进，创新项目获全省二、三等奖各 1 个，开展 “金名片” 项目 524 个，评选发布十大 “金名片” 项目。

[市烟草专卖局（公司）/ 提供]

邮政 · 快递

【概况】 2021 年，绍兴市邮政企业、快递服务企业累计完成业务收入 57.83 亿元（不含邮政储蓄银行直接营业收入），比 2020 年增长 21%；业务总量累计完成 82.90 亿元，增长 28.2%。（2021 年邮政行业业务总量计算使用 2020 年不变单价。）

邮政服务业务总量累计完成 12.65 亿元，增长 23.7%；邮政寄递服务业务量累计完成 24814.0 件，增长 18.8%；邮政寄递服务业务收入累计完成 280024.9 万元，增长 14.5%。

邮政函件业务累计完成 184.0 万件，下降 41.4%；报纸业务累计完成 11766.7 万份，保持不变；杂志业务累计完成 283.2 万份，增长 15.3%；汇兑业务累计完成 2.1 万笔，下降 11.3%。

快递服务企业业务量累计完成 88702.9 万件，增长 32.2%；业务收入累计完成 462738.9 万元，增长 23.8%。其中，同城业务收入累计完成 22779.5 万元，增长 4.1%；异地业务收入累计完成 281967.8 万元，增长 29.2%；国际及港澳台业务收入累计完成 62896.6 万元，增长 8.4%。

同城、异地、国际及港澳台快递业务收入和其他快递业务收入分别占全部快递收入的 4.9%、60.9%、13.6% 和 20.6%；业务量分别占全部快递业务量的 8.7%、91.0% 和 0.3%。与 2020 年同期相比，同城快递业务量占比下降 0.4 个百分点，异地快递业务量占比上升 0.6 个百分点，国际及港澳台业务量占比下降 0.2 个百分点。

落实《国务院办公厅关于推进电子商务与快递物流协同发展的意见》，邮政快递行业支撑绍兴市网络零售额约 856.5 亿元，增长 14.6%。支撑绍兴市网络居民消费额约 813.5 亿元，增长 8.2%。快递与包裹服务品牌集中度指数 CR8 为 82.9。

【邮政普遍服务创新发展】 2021 年，绍兴市持续巩固全市建制村 100% 直接通邮成果，巩固县城主城区党报 100% 的当日见报率。绍兴邮政公司开展香榧、上虞猕猴桃、嵊州桃形李等近 20 个本土农产品进城项目，农特产品寄递业务量 121.43 万件，寄递业务收入 479.4 万元。继续开展 “政邮” “税邮” “警邮” 合作，累计建成警税法邮等邮政政务服务网点 102 个。

【农村邮政便民服务】 至 2021 年末，绍兴市有村邮站 1759 个（其中信息化村邮站 731 个），便民服务站 119 个。信息化村邮站叠加移动、电信、联通话费充值，水、电、燃气、有线电视费代缴等服务项目。累计办理便民服务 58.09 万笔，金额 6024.94 万元；便民服务站累计完成交易 11.08 万笔，交易金额 1073.48 万元。

【快递进村、进厂、出海工作】 2021 年，全市快递服务乡村覆盖率 100%，主要快递品牌平均进村率 98.1%。全市农村地区年均快递业务量超 6000 万件，建设电子商务专业村 85 个，累计培育业务量 10 万件以上本土农特产品项目 6 个，带动农产品总值超 12.8 亿元。累计培育重点应用产业 1 个、重点园区 15 个、重点项目 70 个、协作企业 182 家。开通东南亚、中东国际专线等海外专线 10 余条，建设海外仓 21 个。全市跨境快递业务量 215.7 万件，月均支撑跨境零售额超 2.8 亿元。柯桥 “交邮供销融合发展” 入选交通运输部首批农村物流服务品牌名单，嵊州 “三级服务网络打通农村公共物流 ‘最后一公里’” 项目

2021 年 12 月绍兴市分区、县（市）快递业务发展情况表

表 32

项目 / 区域	快递业务量				快递业务收入			
	12 月完成（万件）	增长（%）	全年累计（万件）	增长（%）	12 月完成（万元）	增长（%）	全年累计（万元）	增长（%）
越城（市本级）	812.9	-8.7	9567.2	8.6	13311.8	11.9	136976.3	10.8
柯桥区	1238.4	10.2	10618.5	15.7	8830.9	-16.0	99086.3	25.6
上虞区	209.7	-74.7	8763.3	26.9	1456.9	-76.1	64238.8	21.2
诸暨市	5447.3	-3.1	56727.9	42.5	11366.8	-5.8	131235.0	40.6
嵊州市	233.1	35.8	2087.3	46.3	1654.9	-1.2	19254.5	22.5
新昌县	68.6	-30.7	938.7	-4.6	678.7	-27.9	11948.0	29.3
合　计	8010.0	-8.3	88702.9	32.2	37300.0	-13.6	462738.9	23.8

注：部分数据因四舍五入原因，存在着与分项合计不等情况。

2021年12月绍兴市邮政行业发展情况表

表33

指标名称	单位	12月	增长(%)	本年累计	增长(%)
一、邮政行业业务收入	万元	47633.1	-7.8	578310.3	21.0
1. 邮政寄递服务	万元	3752.1	84.2	28024.9	14.5
2. 快递业务	万元	37300.0	-13.6	462738.9	23.8
二、邮政行业业务总量	万件	78202.5	2.7	828960.0	28.2
1. 邮政寄递服务	万件	2859.3	58.9	24814.0	18.8
其中:函件	万件	10.1	-56.8	184.0	-41.4
包裹	万件	0.7	0.0	7.6	18.9
订销报纸累计数	万份	985.3	-3.0	11766.7	0.0
订销杂志累计数	万份	28.1	41.5	283.2	15.3
汇兑	万笔	0.1	-50.0	2.1	-11.3
2. 快递业务	万件	8010.0	-8.3	88702.9	32.2
其中:同城	万件	803.3	24.9	7760.0	27.4
异地	万件	7187.0	-10.9	80727.2	33.0
国际/港澳台	万件	19.7	-25.5	215.7	-33.6

注:1.2021年邮政行业业务总量计算使用2020年不变单价。
2. 邮政行业业务收入中未包括邮政储蓄银行直接营业收入。
3.12月国际及港澳台收入出现负数,系个别品牌企业规范收入口径调整全年数据所致。

获评农业农村部和国家发改委评选的第三批全国农村公共服务典型案例。

【关爱快递小哥】 2021年,绍兴市成立快递行业联合工会,在全市设立300多个爱心驿站。组织行业团工委开展"我在异乡路上与你相遇""关爱快递小哥,义诊送温暖"等专场服务与慰问,开设面向从业青年子女的公益夏令营和爱心课堂,组织从业青年参与社会公益与志愿服务。市邮政管理局、市人力社保局印发《转发省邮政管理局、省人力社保厅〈关于进一步推动基层快递网点参加工伤保险工作〉的通知》,指导寄递企业办理单一工伤保险参保。诸暨市、嵊州市印发"暖心十条"关心关爱快递小哥,上虞区成立1000万元寄递行业关爱基金,新昌县农商银行授信1亿元支持快递企业发展。

【寄递行业疫情防控】 2021年,绍兴市寄递行业坚持疫情防控常态化,在国际快递企业中落实"暴露人员定期核酸检测"工作,组织疫苗接种,寄递行业从业人员1万余人全部完成疫苗接种,符合条件人员完成加强针接种。组织指导寄递行业从业者开展抗疫志愿服务。越城区邮政、顺丰、中通等企业,累计为上虞区运送各类防疫和生活物资500余吨,参与为赴虞志愿者家属配送慰问物品等志愿活动。上虞区邮政快递企业在当地邮管部门的指导下组建志愿者队伍,参与抗疫志愿服务工作。

【县级邮政监管机构全覆盖】 2021年,越城区、上虞区、嵊州市、新昌县获国家邮政局批复同意成立邮政管理局,并全部成立邮政业发展(安全)中心。绍兴市实现县级邮政监管机构全覆盖。

【寄递渠道监管】 2021年,绍兴市邮政管理部门加强行业综合治理,开展邮政快递行业护航建党百年"百日攻坚"行动、"平安护航建党百年"安全隐患大排查大整治等行动。累计出动检查人员3111人次,对企业、网点开展各种形式检查1517家次,发现包括行业治理在内的问题、隐患811个,全部完成整改,立案88起。

【非公快递企业党建工作】 2021年,绍兴市成立市县两级快递物流行业党委,建立"一企三员"制度。新增快递行业党组织12个,累计15个。打造"一路嵊风"等党建品牌,推进快递进村工作,为群众增收124万元。组织全市邮政快递行业党员、团员青年成立"邮驿先锋"突击队,组建志愿服务队伍,开展物资运送、守好"小门"等志愿服务。

2021年12月6日,上虞邮政管理局挂牌 (市邮政管理局/提供)

【快递包装绿色治理工程】 2021 年，绍兴市邮政管理部门开展邮政快递行业包装减量和包装循环利用等工作。45 毫米瘦身胶带使用率 100%、电商件不再二次包装 90% 以上、循环中转袋使用率 95% 以上、符合标准的包装材料应用比例 90%、按照规范封装比例 90% 以上。全年累计开展绿色环保专项执法检查 1192 家次，涉及绿色环保案由立案查处 8 家。新增各类新能源车辆 250 余辆。全市邮政快递网点推广使用可降解塑料袋。

【市第八届邮政快递行业职业技能竞赛】 2021 年 7 月 29 日，市邮政管理局、市人社局、市总工会、共青团绍兴市委举办市第八届邮政快递行业职业技能竞赛。竞赛由理论知识与操作技能比赛两部分组成。市邮政公司、顺丰、中通、韵达等 25 家企业 66 名选手参加比赛。中国邮政速递物流股份有限公司绍兴分公司获团体一等奖，阮海良获个人第一名，邹勇锋等 11 位选手获“绍兴市快递技术能手”称号。

【获全国邮政行业职业技能竞赛第一名】 2021 年 10 月，第三届全国邮政行业职业技能竞赛在无锡市举行。绍兴市邮政分公司阮海良获第一名。

【建成市首家红色主题邮局】 2021 年 9 月 17 日，全市首家主题邮局——鲁迅故里主题邮局开业。主题邮局分绍兴名人馆、亚运主题馆、绍兴特色馆和邮政服务区、网红休闲区、互动体验区，为民众提供集“邮政普服 + 红色旅游 + 集邮文创 + 休闲生活”于一体的用邮服务。邮局位于越城区中兴南路 171 号，是全市首家红色主题邮局。

（市邮政管理局 / 提供）

法律服务

【概况】 至 2021 年末，绍兴市有律师事务所 110 家，其中，合伙所 88 家，分所 11 家，个人所 11 家。有律师 1909 人(比 2020 年增长 13%)，其中专职律师 1464 人，兼职律师 24 人，公职律师 380 人，公司律师 25 人，法援律师 16 人。其他从业人员 445 人(其中实习律师 190 人，辅助人员 255 人)，担任公职律师 350 人，每万人口律师比为 3.62。有基层法律服务所 50 家，基层法律服务工作者 283 名。律师队伍中，大学本科以上学历 1861 人，占总数 97.49%。其中博士后和博士 25 人，合计占律师总数 1.31%；硕士 191 人，占律师总数 10.01%;法律专业本科 1377 人，占律师总数 72.13%；其他专业本科 268 人，占律师总数 14.04%。在职称评定方面，专职律师中有一级律师 16 人，二级律师 46 人，高级职称律师合计占专职律师总数 4.2%。在高端律师人才方面，能够提供涉外法律服务的律师共 8 人，其中进入全国涉外律师人才库的 1 人、全省涉外律师人才库 7 人。

【启动律师党建“三年创优 整体跃升”工程】 2021 年，绍兴市实施律师党建“三年创优、整体跃升”工程，持续深化“三强双进”“五星双强”创建工作。至年末，全市有党员律师 866 名，其中专职律师 557 名，兼职律师 15 名，公职律师 275 名，公司律师 8 名，法援律师 11 名，共培养入党积极分子 25 名，发展预备党员 10 名。有独立党支部 59 家，联合党支部 17 家，覆盖 53 家律师事务所。

【市场主体法律顾问网格化全覆盖工作】 2021 年，中共绍兴市委全面依法治市委员会办公室印发《绍兴市开展市场主体法律顾问服务网格化全覆盖工作方案》，全市共划分法律顾问服务网格 2488 个，覆盖市场主体 658947 家，市场主体覆盖率 100%。该项工作被列入 2021 年市政府民生实事项目，提供财政经费 999 万元。

【农村法律顾问工作】 2021 年，全市有农村法律顾问 798 名，律师走访村 2.23 万次，提供法律咨询 1.07 万人次，开展村务法律体检 4213 次，代办法律援助或服务引导 354 件。

【实施公司律师培育工程】 2021 年，绍兴市在省内率先实施公司律师扩面试点行动，对符合开展公司律师试点的民营企业实现应设尽设。至年末，有开展公司律师工作试点企业 6 家，其中 5 家为民营企业。

（市司法局 / 提供）

公证服务

【概况】 至 2021 年末，绍兴市有公证机构 7 家，分别为市司法局本级直属的国信公证处以及隶属各区、县(市)司法局的越州公证处、柯桥公证处、上虞公证处、诸暨市公证处、嵊州市公证处和新昌县公证处。有公证工作人员 235 名，其中执业公证员 46 名，公证员助理 66 名，工作人员 123 名。有一级公证员 3 名，二级公证员 2 名，三级公证员 11 名，四级公证员 4 名。共办理各类公证事项 63618 件。

2021 年 9 月 17 日，鲁迅故里主题邮局开业　（市邮政管理局 / 提供）

【实现公证服务全程网办】2021年，绍兴市国信公证处制定大数据减证便民、简易事项立等可取等11项便民升级措施。推出“受理通”远程视频在线公证服务平台，实现全程网办，当事人零次跑。至年末，受理上门办证45件、代为办理房产登记9件、办理邮寄服务48件，认证15件，调查取证156件。

【全面推行证明事项告知承诺制】2021年，市国信公证处根据《浙江省司法厅关于试行公证证明事项告知承诺制的指导意见》，对当事人确有困难无法提供相应证明材料的情况，试行承诺制。至年末，有51位当事人签订承诺书。

【办理首例居住权合同公证】2021年，市国信公证处办理全市首例居住权合同公证，居住权经公证后具有更高的证据效力，保障居住权的实施。至年末，办理居住权合同公证4件。

【首创全年无休工作模式】2021年，绍兴市柯桥公证处在市内首创办证新模式，双休日、节假日正常受理业务，全年365天为市民提供公证法律服务。

【推进“公证＋行政执法”协同治理模式】2021年，绍兴市上虞公证处为政府重大民生议题决策、重点项目实施落地、社会公共资源分配提供点对点社会稳定风险评估服务。至年末，办理各类行政活动公证8361件，行政争议案件不到总量的1‰，同公证参与前相比，争议率平均下降20%以上。推动公证深度参与土地、房屋征收等矛盾纠纷高发的政府行政活动，提前剥离被征收人权利不适格的法律风险。至年末，与10个部门、20个镇街签订公证服务行政活动（执法）合作协议，因家庭内部产权争议引发的行政争议从公证参与前的3%下降至0.2%。

【上虞公证处“共享法庭”成立】2021年9月9日，绍兴市第二批“共享法庭”启用仪式暨上虞区驻点“共享法庭”揭牌仪式举行，上虞公证处“共享法庭”正式成立。通过加强公证处和法院综合解决纠纷的合作，深化司法辅助协同创新暨金融纠纷诉源治理联动工作，被省公证协会评为2021年度“浙江公证十大典型案例”。

【司法辅助终本案件】至2021年末，诸暨市公证处累计出具《被执行人财产状况尽职调查报告》489份，协助诸暨市人民法院追缴罚款执行款等计173.7万余元。2020年6月起，诸暨市公证处与诸暨市人民法院合作开展终本案件司法辅助工作。

（市司法局／提供）

会计服务

【概况】2021年，绍兴市有会计师事务所33家。其中，有限责任公司事务所11家，合伙会计师事务所21家，分所1家。全年会计师事务所业务收入24443.88万元，比2020年增长6.45％，其中审计收入16230.87万元，验资收入1979.48万元，咨询服务收入2409.88万元，其他收入3823.65万元。

年内，全市有2.9万余人参加初级、中级、高级会计师职称及注册会计师、资产评估师考试。其中，报考初级、中级、高级会计师职称23700余人，报考注册会计师职称考试4975人，报考资产评估师342人。3人获正高级会计师资格，67人获高级会计师资格。全市累计有正高级会计师12人，高级会计师1052人。市会计学会首次被评为市AAA级社会组织。

【市会计学会换届】2021年3月29日，绍兴市会计学会换届选举暨第七届会员代表大会召开。大会审议通过会计学会第六届理事会工作报告、学会财务管理办法和章程修订草案，选举产生绍兴市会计学会第七届理事会。其间，召开第七届理事一次会议并选举产生新一届会计学会领导机构，骆伟当选第七届绍兴市会计学会会长。

【市注册会计师协会完成换届】2021年3月29日，绍兴市注册会计师协会第五届会员代表大会召开。大会审议通过协会第四届理事会工作报告、协会章程修订和会费管理办法修订草案，选举产生绍兴市注册会计师协会第五届理事会。蔡文良当选绍兴市注册会计师协会会长。

【会计界组队参加公祭大禹陵典礼】2021年4月20日，2021年公祭大禹陵典礼在绍兴大禹陵祭祀广场举行。市财政局、正高级会计师、会计专家、会计高端人才、高校财会教师、会计中介机构等代表39人组成绍兴会计界方阵参加祭禹典礼，纪念会计鼻祖——大禹。

【市注册会计师协会聘请法律顾问】2021年10月28日，市注册会计师协会聘请法律顾问服务签约仪式举行。市注册会计师协会聘请浙江大公律师事务所为市注册会计师协会及各会员单位提供法律咨询服务，维护绍兴地区注册会计师、资产评估师行业的合法权益，增强行业依法维权意识，提升行业机构执业质量。

【《绍兴市会计人员信用评价办法（试行）》施行】2021年12月1日，《绍兴市会计人员信用评价办法（试行）》施行。评价办法由市财政局制定，共17条。评价指标由激励性指标、约束性指标和一票否决指标3部分组成，会计人员信用等级分为优秀、良好、中等、较差、差5个等级，信用评价结果在参加高端会计人才选拔、会计类专家库成员遴选，优先参加有关培训、高级会计师评审等方面予以应用。

（市财政局／提供）

节会

展会

【第三届绍兴人力资源发展大会】 2021年5月28日，以“人才协同产业 数字创赢未来”为主题的第三届绍兴人力资源发展大会举行。国务院参事室特约研究员、中国劳动学会会长、人社部原党组副书记、副部长杨志明，市委副书记、市长盛阅春出席开幕式并致辞。会上，发布绍兴三大“万亩千亿”产业发展蓝图、人才需求预测和《2020绍兴市人力资源服务业发展白皮书》，举行绍兴名士乡人才发展有限公司、长三角留学生就业创业联盟浙江基地、绍兴市人力资源服务协会揭牌仪式，进行绍兴市2020年综合十强人力资源机构授牌仪式，为全市首届HR冠军挑战赛获奖选手颁奖。全国56家知名人力资源机构和72家职业院校与绍兴市300余家重点企业开展洽谈，签订合作协议28份，达成人力资源服务合作意向73项，校企合作意向242项，引进落地3家市外人力资源服务机构。

（市人力社保局／提供）

【2021年中国农民丰收节绍兴庆丰收活动】 2021年9月23日，由市农业农村局主办，诸暨市农业农村局、供销合作总社、枫桥镇人民政府承办的“庆丰收、感党恩、奔共富”2021年中国农民丰收节绍兴庆丰收活动在诸暨市枫桥镇杜黄新村举行。丰收节以绍兴特色民俗地域农产品为载体，展示绍兴农业农村发展丰硕成果，呈现新时代新农民的精神风貌，传承弘扬中华农耕文明和优秀文化传统。活动现场进行杜黄新村“农耕印象文化艺术摄影展”作品征集、“田上杜黄”卡通人物发布、“稻你心田”合作企业认购仪式。

（市农业农村局／提供）

【2021绍兴虞舜文化旅游节】 2021年10月29日，由省文旅厅、市文广旅游局、柯桥区委宣传部指导，柯桥区文广旅游局、兰亭文旅度假区管委会、王坛镇人民政府联合主办的“国遗盛会 舜德王坛”——2021绍兴虞舜文化旅游节开幕式在柯桥区王坛镇舜王庙广场举行。开幕式上，举行祭舜大典，启动尧舜禹文化资源调查，聘任首批尧舜禹文化资源调查组专家5名，发布《绍兴舜迹简图》、国遗“绍兴舜王庙会”文旅IP及共同富裕联盟签约仪式等。旅游节为期1个月。

（市文广旅游局／提供）

【2021年中国国际黄酒产业博览会暨第27届绍兴黄酒节】 2021年11月7—9日，由中国酒业协会、绍兴市人民政府共同主办的2021年中国国际黄酒产业博览会暨第27届绍兴黄酒节在绍兴奥体中心举行，该届博览会采取线上线下相结合的方式进行。

11月7日，在博览会开幕式上，举行开酿节舞蹈表演，进行祭酒神、诵祭文、冬酿礼、齐开酿等环节；举行全国技术能手表彰仪式；绍兴黄酒集团与敏实控股有限公司、会稽山股份有限公司与绍兴清泽农

2021年9月23日，2021年中国农民丰收节绍兴庆丰收活动开幕　（市农业农村局／提供）

业科技发展有限公司，分别签订糯稻种植合作协议等。市委副书记、市长盛阅春，中国酒业协会理事长宋书玉先后致辞。摩尔多瓦大使杜米特鲁·贝拉基什、日本驻中国大使馆总务部长冈田胜及相关国际组织、企业、协会代表视频致贺。

（市地方志编纂室／提供）

会议（论坛、峰会）

【第四届中日韩工商大会】 2021年5月24—26日，绍兴市人民政府与中国国际商会、中国日本商会、中国韩国商会、浙江省贸促会主办的第四届中日韩工商大会暨“对话绍兴”经贸合作洽谈会在绍兴举办。大会以“新挑战 新变革 新机遇”为主题，采用线上线下相结合模式举行。大会期间，韩国前总理韩升洙、日本众议院经济产业委员会前委员长东祥三等日韩政治家在线致辞，日韩地方政府和企业家代表进行项目分享、产品宣介，探讨中日韩三国工商界协作共赢，紧抓区域全面经济伙伴关系协定(RCEP)签署后的重大发展机遇，深化在“一带一路”国际合作倡议下的“中日韩+X”合作。400余名中日韩工商界代表参会。

（市商务局／提供）

【2021中国·绍兴“名士之乡”人才峰会】 2021年9月，绍兴市举办以“才聚绍兴 智创未来”为主题的2021中国·绍兴“名士之乡”人才峰会。本届峰会包括开幕式及“群贤集——走进绍兴、青春赋——筑梦绍兴、思想荟——引领绍兴、创享季——共建绍兴”四大篇章16项系列活动。峰会期间，邀请17位中外院士、1800余名高层次人才，与1000余家企业对接洽谈。现场签约平台项目94个、达成合作意向项目122个；中国蓝TV直播平台181万人在线观看开幕式，新华社、人民网、《浙江日报》等累计刊登报道184篇（次），阅读量近300万人次。

9月25日，通过线上线下方式举办人才峰会开幕式。开幕式上，绍兴市人才新政与“人才管家”数字化改革成果发布，10个重点合作项目现场签约，5个服务人才、集聚人才、培育人才的重要平台集中授牌，举行创新创业大赛颁奖典礼、特聘专家聘任仪式、新业态人才颁奖与青年人才倡议活动。300余位院士专家、青年才俊和企业家参加开幕式。

（市委组织部／提供）

【2021长三角天然药物化学研讨会暨博士后对接活动】 2021年9月24—26日，2021长三角天然药物化学研讨会暨博士后对接活动在绍兴举行。来自国内外药学领域高校、科研院所的专家、学者、研究人员共200余人参会。中国科学院上海药物研究所院士陈凯先、中国科学院上海有机化学研究所院士林国强出席会议并作学术报告。其间，专家结合研究心得，帮助企业分析原因，提出思路，并解答企业提出的具体问题。会后，参会代表考察浙江医药股份有限公司。

（市人力社保局／提供）

【2021城市建设与建筑业发展鉴湖峰会】 2021年9月23日，以“历史建筑保护传承和现代建筑创新发展”为主题的2021城市建设与建筑业发展鉴湖峰会在绍兴阳明酒店举行，来自国内各高等院校、建筑学会及城乡规划设计领域的专家学者参加峰会。开幕式上，举行中国建筑学会合作项目——“醉艺江南”2021中国·黄酒小镇雕塑作品征集活动启动仪式。开幕式后，举行以“建筑设计创新与城市更新实践”“历史环境再生、再思、再谈”“城市生长印记与持续活力”“转型发展与城乡风貌整治提升”为主题的主旨报告会。

（市建设局／提供）

【第十届中国医药生物技术论坛暨第二届绍兴生命健康产业峰会】 2021年10月23日，以“促进技术创新、加速成果转化”为主题的第十届中国医药生物技术论坛暨第二届绍兴生命健康产业峰会在绍兴市越城区举行。生命健康领域权威专家及企业代表200余人参会。除主旨论坛外，还设置新型疫苗与产业、临床研究体系建设、细胞治疗与RNA技术等12个分论坛。

开幕式上，进行绍兴滨海新区高端生物医药“万亩千亿”新产业平台推介，发布

2021年5月24日，在第四届中日韩工商大会上举行项目签约仪式　　（袁　云／摄）

绍兴国际生命健康科技产业新城战略构想，举行珍宝岛长三角总部及研发生产基地、斯丹姆大健康产业基地、mRNA 药物开发平台、脑胶质瘤治疗创新药产业化基地、创新药物总部及研发生产基地、认知数字药总部及产业化基地、微生物快速检测产业化、智能康复产业化等 8 个总投资达 110 亿元的项目集中签约。生命健康领域权威专家、企业代表 200 余人参加峰会。

（市经信局、滨海新区管委会 / 提供）

【第三届中非经贸合作发展绍兴峰会】 2021 年 10 月 23—24 日，由省商务厅、市人民政府、绍兴文理学院主办，以“携手共发展 越非同前行”为主题的第三届中非经贸合作发展绍兴峰会以线上线下模式举行。非盟组织代表，非洲国家大使、总领事等使节团官员及非洲企业家代表，商务部、省商务厅及有关专家学者及国内企业家代表近 300 人参会。在 10 月 24 日峰会开幕式上，举行“中非长三角研究院”成立揭牌仪式，市贸促会与乌干达驻华大使馆、绍兴文理学院与北大新结构经济学研究院、绍兴市开放型经济服务联盟与合作单位签订合作协议，北京大学新结构经济学研究院发布《加强绍兴与非洲地区产能合作的政策研究》报告，林毅夫做主旨演讲。峰会期间，举行中非经贸合作论坛、中非企业家对接、经贸文化考察等活动。

（市商务局 / 提供）

【2021 阳明心学大会】 2021 年 10 月 29—31 日，由绍兴市人民政府、国际儒学联合会、中国哲学史学会主办，以“阳明心学与东亚文化”为主题的“2021 阳明心学大会”在绍兴饭店举行。大会分一个主论坛（开幕式）、四个分论坛及阳明文化周系列配套活动。

在 10 月 30 日的开幕式上，国际儒学联合会会长刘延东发来贺函。国际儒学联合会与绍兴市共同发布将于 2022 年举办“阳明先生诞辰 550 周年系列纪念活动”信息；发布东亚阳明文化旅游地图；来自国内的阳明学著名专家学者以主旨演讲、稽山论道等形式，共话阳明心学与东亚文化。

大会期间，举办“东亚文化之都与阳明心学暨‘阳明文化标识建设成果共享’”“天泉会讲——东亚世界的阳明学研究”“阳明心学与共同富裕”“第二届全国大学生知行合一传习论坛”4 个分论坛。举行仪式与阳明遗迹重要地联盟成立仪式；绍兴、余姚、贵阳、赣州通过线上线下方式，签署“阳明遗迹重要地联盟”绍兴倡议书，成立“阳明遗迹重要地联盟”；发布阳明文化 LOGO 等活动。

【“全国美术高峰论坛暨徐渭诞辰 500 周年纪念活动”】 2021 后 5 月 19 日至 21 日，由中国美术家协会、浙江省文学艺术界联合会、绍兴市人民政府主办，中国美术家协会理论委员会、浙江省美术家协会、中共绍兴市委宣传部、绍兴市文学艺术界联合会、绍兴市新闻传媒中心承办，绍兴文理学院艺术学院、绍兴市美术家协会、绍兴书画院协办的“全国美术高峰论坛暨徐渭诞辰 500 周年纪念活动”在绍兴举办。本次论坛由“美术思潮与学术方位”“美术创作”“美术理论”“绍兴美术专场”四部分组成。许江、张晓凌、于洋、李豫闽、孟繁玮、屈波、王平等国内著名美术理论家、评论家围绕论坛主题发表演讲。

5 月 19 日，举行论坛开幕式。中国文联党组书记、副主席、书记处书记李屹出席开幕式并宣布论坛开幕。中共绍兴市委书记马卫光，中国美术家协会主席、中央美院院长范迪安，浙江省文联党组书记、副主席陈瑶，中国美术家协会理论委员会主任尚辉致辞。中国美术家协会分党组书记、驻会副主席徐里为全国美术高峰论坛主办城市绍兴授牌。市委副书记、市长盛阅春主持开幕式。

【2021 年绍兴元培峰会】 2021 年 7 月 16 日至 18 日，由北京大学元培学院主办、绍兴市教育局承办，以“东亚文明与通识教育的视野”为主题的“2021 年绍兴元培峰会”举行。本次峰会设八个专题会场，聚焦通识教育、拔尖人才、交叉学科、住宿书院等本科教育重要议题，邀请国内外相关领域的专家学者开展学术交流。

7 月 17 日，绍兴元培峰会举行开幕式。绍兴市人民政府市长盛阅春，北京大学校长助理、秘书长孙庆伟，北京大学元培学院党委书记吴艳红，北京大学蔡元培研究会会长、北京大学教育学院副研究员蔡磊砢依次致欢迎词。北京大学教务部部长傅绥燕主持开幕式。在开幕式上，签订《绍兴市人民政府、北京大学元培学院战略合作框架协议》，发布“绍兴倡议”。

【第二届中日旅游论坛】 2021 年 12 月 7 日，由文化和旅游部主办，日本国土交通省协办，绍兴市人民政府、浙江省文化和旅游厅承办，以“后疫情时代利用高科技手段促进中日旅游业的恢复和发展”为主题的第二届中日旅游论坛在绍兴举行，日本东京中国文化中心设立分会场。在

2021 年 10 月 24 日，在第三届中非经贸合作发展绍兴峰会上，“中非长三角研究院”成立揭牌仪式举行

（章　斌 / 摄）

本次论坛上，中、日两国旅游业代表以线上线下方式，就后疫情时代两国旅游业进一步加强合作互动进行主旨发言；发布《中日旅游绍兴宣言》；下一届论坛举办地日本和歌山县知事仁坂吉伸发表视频欢迎词。

文化和旅游部副部长张旭、浙江省政协副主席吴晶在开幕仪式上致辞，日本国土交通大臣齐藤铁夫、驻华大使垂秀夫发表视频致辞，日本驻华使馆参赞笈田雅树宣读中日旅游论坛日方最高顾问、日本众议院议员、自民党前干事长二阶俊博贺信。来自中国有关文化和旅游厅（局）、历届东亚文化之都当选城市代表、文化和旅游企业、行业协会，日本驻华使领馆、国家旅游局驻华办事处、有关都道府县驻华办事处、驻华旅游和航空企业代表等百余人出席活动。

（市委宣传部／提供）

赛　事

【中国·绍兴“万亩千亿”新产业人才全球创新大赛】 2021年4—10月，由中共绍兴市委人才工作领导小组主办，市委人才办、市人力社保局承办的2021中国·绍兴“万亩千亿”新产业人才全球创新大赛举行。大赛分集成电路、生物医药、先进高分子材料和其他产业4个行业。近200位海外人才报名参赛。9月18日，举行2021中国·绍兴“万亩千亿”新产业人才全球创新大赛总决赛，评出一等奖1名，二等奖2名，三等奖5名。至年末，已落地成果4项。

（市人力社保局／提供）

【中国·绍兴首届“乡村人才振兴”全球创新创业大赛】 2021年9—11月，由绍兴市委组织部、绍兴市农业农村局主办的中国·绍兴首届“乡村人才振兴”全球创新创业大赛举办。大赛以“农业双强　才聚乡村”为主题，围绕农业科技、农机装备、种子种苗、基因技术、数字农业、文化创意等涉农产业，向全球征集特色鲜明、创意独特、竞争力强的创业创新项目，共征集到海内外涉农产业项目159个，举办4场行业分站赛，14个项目进入总决赛。

9月9日，创新创业大赛举行启动仪式。中国工程院院士、发展中国家科学院院士陈剑平做题为《面向城乡融合共同富裕的乡村振兴综合集成技术研发与典型示范》的交流分享。

（市农业农村局／提供）

【皮划艇邀请赛暨东方水城嘉年华系列赛】 2021年10月6—31日，绍兴市组织开展由全国桨板公开赛、全国公开水域游泳团体接力赛、全国铁人两项精英赛、龙舟邀请赛、嘉年华、全国休闲皮划艇邀请赛等6项赛事活动组成的“皮划艇邀请赛暨东方水城嘉年华系列赛”，为全国水上运动爱好者提供优秀的竞技平台及参赛体验。

（市体育局／提供）

节庆活动

【第三十七届兰亭书法节】 2021年4—11月，由绍兴市人民政府主办，中共绍兴市委宣传部、绍兴市文联、绍兴市文化旅游集团有限公司、兰亭文化旅游度假区管委会承办的第三十七届兰亭书法节举行。除开幕式外，本届书法节还举行“笔墨纸砚”文房用具文创展销会、纸上金石——《兰亭序》拓片精品展、越中金石大展等活动。4月14日，书法节开幕式暨第七届中国书法兰亭奖颁奖典礼在兰亭景区天章寺广场举行。在开幕式上，宣布第七届中国书法节兰亭奖各奖项获得者名单，段成桂、沈定庵获“中国文联终身成就艺术家”荣誉。孙晓云、沈定庵、段成桂为本届书法节开笔。知名书法家、书法爱好者等近300人出席活动。开幕式后，在兰亭书法博物馆报告厅举行“兰亭论坛”。

（市文旅集团／提供）

2021年4月20日，2021年公祭大禹陵典礼在祭禹广场举行　（市文旅集团／提供）

【2021年公祭大禹陵典礼】 2021年4月20日，2021年公祭大禹陵典礼在绍兴大禹陵祭禹广场举行。典礼包括现场祭祀和网上公祭，现场祭祀典礼分为肃立雅静、奏乐、击鼓撞钟、敬献花篮、恭读祭文、行礼、献祭舞、颂唱大禹纪念歌、礼成等九项仪程。省人大常委会副主任姒健敏，副省长刘小涛，省政协副主席张泽熙，水利部太湖流域管理局副局长徐洪，市委副书记、市长盛阅春，省海促会台商台企专委会主任委员、敏实控股集团董事会主席秦荣华为主祭人。市委常委、宣传部部长丁如兴任祭典司仪。

（市文旅集团／提供）

交通运输

综　述

【概况】 2021年，绍兴市全力推进高水平交通强市建设，加快交通“融杭联甬接沪”步伐，为奋力打造“重要窗口”、建设共同富裕示范区提供有力的交通支撑。统筹推进68个实施类项目和28个前期类项目，完成综合交通建设投资327.2亿元，超额完成年度计划，争取“稳投资抓项目”激励资金2700万元。综合交通投资数、道路、水路运输周转量等纳入地区生产总值核算的关键指标继续保持增长；“两客一危”智控指数、城乡交通一体化发展水平、交通治堵等评价指标居全省前列；“数字打非”、客运危货专项整治、农村公路管养体制改革等工作获交通运输部、浙江省领导批示肯定；破获跨12个省市非法营运案件；轨道交通1号线柯桥段、杭绍台铁路开通等获央视、《人民日报》《光明日报》、新华社等媒体报道；承办全省“数字打非”工作推进现场会等。

【印发《绍兴市综合交通运输发展“十四五”规划》】 2021年9月，市政府发布《绍兴市综合交通运输发展“十四五”规划》。规划提出，到2025年，统筹推进全市铁路、轨道交通、公路、水运、管道等多种运输方式全面发展，构建便捷、经济、绿色、智能、安全的现代化综合交通体系。构建“336”交通圈（市域30分钟、杭甬30分钟、上海60分钟），实现市区10分钟上高速及30分钟通勤圈，实现“县县通高铁、三区智慧路、镇镇联高速”，推动形成“杭州—绍兴”联合枢纽。形成以交通装备制造为特色，交通建筑、交通运输、交通关联服务业协调发展的全市综合交通产业体系，健全综合交通运输管理体制，为奋力打造“重要窗口”绍兴风景硬核成果贡献交通力量。

【交通运输数字化改革工作】 2021年，市交通运输局加快推进交通数字化改革工作，完成交通数据大枢纽项目基本功能建设，归集公交车、巡游出租车、网约车、公共自行车等10个行业数据。依托数字化手段破获一起跨12省市、涉案金额5000万元的客车非法营运案件，全市道路客运案件处罚数增长52.56%，其中非法营运大客车查处案件增长183%。推动自动驾驶应用，组建联席工作小组和专家委员会，制定《智能网联车辆道路测试和示范应用管理实施细则（试行）》。至年末，全市5个应用入选省交通运输厅改革场景试点，3个项目入选省交通运输厅基层和社会改革实践试点，非法营运车辆数字化监管、数字治超项目获省交通运输厅“最佳实践”项目称号，其中非法营运车辆数字化监管系统入选2021年度全省有辨识度有影响力法治建设成果名录，在市委第二次数字化改革全体会议、全省“数字打非”工作推进会上做典型案例介绍。

【印发《绍兴市交通数字化改革行动方案》】 2021年7月，市交通运输局发布《绍兴市交通数字化改革行动方案》。方案提出，到2025年，交通整体智治体系全面形成，基本建成“整体智治、唯实惟先”的现代政府部门，交通数字化改革制度规范体系成熟定型，交通数字化改革为市委市政府理论体系构建提供生动实践素材，争创交通强市建设的重大标志性成果。提出建设一体化智能化基础平台、推进党政机关整体智治、打造现代政府部门、发展数字经济、建设数字社会、完善数字法治、推进数字交通理论体系建设、推进数字交通制度体系建设八大重点任务，并明确打造营商环境活力、工程管理综合、运输监管集成、设施养护智慧、交通执法数字、出行服务协同、未来交通创新七大应用。

【运输结构调整】 2021年，市交通运输局加快运输结构调整工作，常态化开行宁波舟山港北仑港站至绍兴皋埠、钱清站、诸暨站的集装箱海铁联运班线；发展“四港”联动联盟成员单位2家，道路、水路运输周转量增速分别为16.2%和4.4%。加大对水运、网络货运、农村物流等扶持力度，推进诸暨店口综合港区、嵊州港区中心作业区，以及11个社会企业自备码头建设，新落地网络货运企业2家，专项扶持政策惠及企业36家，奖补资金1110万元。杭金衢高速联络线取消收费，开展市区高速公路差异化收费和“十四五”综合运输转型升级发展研究，继续延续、落实鲜活农产品运输绿色通道等政策，累计降低物流企业成本3.5亿元，推出定制客运班线12条。

【交通运输行业疫情防控工作】 2021年，绍兴市交通运输部门继续严守出租车、公交车、车站等八大重要关口，优化公交车“红黄码”乘客应急处置机制，制定出租车“六查”要求，建立铁路疫情防控协调机制，补齐冷链运输监管短板，落实交通运输环节闭环管理，开展冷链运输车辆定位装置安装，完成两阶段境外入浙人员转运工作。应对上虞区突发新冠肺炎疫情，完成构筑环虞护城河、封控稳定、运输保障、人员转运等工作，全市累计组织320名驾驶员、160辆大客车成功转运医护人员、隔离人员2.4万人次。

2021 年，绍兴市交通运输部门严守重要关口　（市交通运输局 / 提供）

【推进综合交通产业培育工作】 2021 年，市交通运输局开展上虞、诸暨、嵊州、新昌等通用航空项目前期研究工作，推进柯桥区萧山机场异地货站建设，诸暨路空一体研究院完成场地装修。开发“通航 + 文旅”项目，围绕浙东空中唐诗之路主题，开通到大佛寺、天姥山、穿岩十九峰、小黄山 4 条空中旅游线路，全年共飞行 4000 人次。推进交通建筑业发展，杭绍甬上虞预制基地、越城中亚管片与柯桥永利管片生产基地建成投产。

【市交通运输系统首届综合行政执法大比武系列活动】 2021 年 4 月 8—9 月 8 日，市交通运输局举办全市首届交通运输综合行政执法大比武系列活动。系列活动包括理论考试、队列会操、“以案释法”微课堂、案卷质量评查和知识竞赛等 5 项内容。全市交通运输系统 6 支队伍 600 人次参加比武。市交通运输综合行政代表队获团体第一名。

【全市“平安百年品质工程”专项推进行动】 2021 年 3 月 30 日，全市交通建设领域“平安百年品质工程”创建专项行动座谈会暨安全生产工作会议召开。会上，解读《绍兴市交通建设“平安百年品质工程”创建专项行动实施方案》和落实工作任务清单，交流平安百年品质工程创建工作经验，传达省、市安全生产工作会议和相关文件精神，部署落实下阶段交通在建工程安全生产工作等。市交通运输局及下属交通执法队、交通工程管理中心、公运中心，各区、县（市）交通运输局及下属交通执法队等交通质监机构、杭州湾环线高速公路（杭甬段）柯桥互通改扩建工程等项目参建单位约 70 人参会。

“平安百年品质工程”创建专项行动从 2021 年持续至 2023 年，覆盖全市交通在建工程，由 7 家行业主管单位牵头落实 48 项工作任务清单，依托 10 余个工程项目探索 6 类质量通病治理，并推广应用机制砂、固化土等。

陆上交通设施建设和管理

【概况】 至 2021 年末，全市公路总里程 10442.95 千米。按行政等级分，国道（含高速）681.79 千米，省道（含高速）452.04 千米，县道 2399.87 千米，乡道 1589.12 千米，专用公路 16.15 千米，村道 5303.98 千米；按技术等级分，高速公路 550.7 千米，一级公路 552.48 千米，二级公路 1047.86 千米，三级 921.75 公路千米，四级公路 7370.19 千米；二级及以上公路里程为 2151 千米，占公路总里程的 20.6%。

诸暨市创建成“四好农村路”全国示范县，嵊州市创建成国家电子商务进农村综合示范县，新昌县获评省级“四好农村路”示范县。

绍兴“四好农村路”三级路长制管理体系建设试点项目被评为交通强国省级优秀试点项目，嵊州市加强农村公路信息化开发应用被列入省级深化农村公路管养体制改革试点，嵊州市农村物流项目入选第三批全国农村公共服务典型案例。

【7 条规划高速纳入省高速公路网布局规划】 2021 年，绍兴市境内的柯桥至诸暨高速公路、嵊州至诸暨高速公路、甬金衢上高速公路等 7 条高速纳入《浙江省高速公路网布局规划（2021—2035）》，预计增加高速里程约 200 千米。至年末，绍兴市已建成杭甬高速公路、常台高速公路等 7 条高速公路；高速路网密度 6.46 千米 / 百平方千米，高于全省的 4.83 千米 / 百平方千米，成为全省率先实现县县通 3 条以上高速的地级市。

【群贤路东延三期工程通车】 2021 年 1 月 1 日，群贤路东延工程三期通车。群贤路东延三期工程是群贤路东延工程的最后一期，西起道墟街道钱上村（西接群贤路东延二期工程终点），东至上虞区人民西路和南北中心大道交叉口，穿越道墟、曹娥 2 个街道，途经庙桥、钱上、云里、积山、沥泗、茅家、国庆 7 个村，跨越绍诸和常台 2 条高速，下穿在建杭绍台高铁，全长 4.9 千米，主线全程高架，是上虞区首条高架大通道，总投资 13.7 亿元。项目于 2019 年 3 月动工建设，2020 年 12 月 25 日完成主体建设，12 月 31 日主线工程通过交工验收。

【诸暨至上海南城际列车开行】 2021 年 4 月 10 日起，诸暨至上海南城际列车正式开行，6 趟列车全部为复兴号“绿巨人”。其中，诸暨站始发 4 趟、上海南始发终到诸暨 2 趟。杭州至诸暨市域铁路、绍兴至嵊州至新昌市域铁路纳入国家发改委发布的《长江三角洲地区多层次轨道交通规划》。

【上虞至北京始发高铁开行】 2021 年 4 月 10 日起，绍兴北—北京南 G166 次高速动车组列车调整至绍兴东站始发终到并开通运营。G166 次列车可与诸暨站始发进京的 G36 次列车相互配合，实现绍兴始发进京 G 车覆盖市内现有的全部高铁站。

【镜水路快速化改造工程完成勘测设计招标】 2021年5月21日，镜水路（钱滨线—329国道段）快速化改造工程完成勘测设计招标。道路起于钱滨线（杭甬高速柯桥北互通），主线以高架形式沿现状钱滨线、现状壶瓶山路展线，经柯北大道，上跨柯海大道，接现状镜水路，向南延伸至329国道南侧，全长约7千米。项目投资估算约60亿元。

【杭台高铁试运行】 2021年11月26日，全国首条民营资本控股的高速铁路——杭台高铁试运行。杭台高铁北起杭州东站，利用杭甬高铁至绍兴北站，之后新建正线至台州市温岭站。绍兴境内设绍兴北、上虞南、嵊州北、嵊州新昌站，全线长266.9千米，其中新建线路226千米、设计时速350千米，是中国首条民营资本控股的高速铁路。首趟试运行列车车次为G5501，8:22从绍兴北站出发，沿途停靠嵊州北、天台山、临海、台州站，终点温岭站。

【金甬铁路建设】 2021年，金甬铁路完成建设投资22亿元，形象进度至50%。甬金铁路由沪昆铁路义乌站引出，设东阳站，经嵊州、新昌、奉化等地后至宁波，线路长约188.3千米，设运营时速160千米/时，预留200千米/时，沿途设9个车站。6月15日，金甬铁路戚家村隧道贯通；10月16日，位于嵊州市金庭镇的金庭江特大桥贯通；12月6日，位于嵊州市长乐镇境内的邵家坪隧道贯通。

【杭绍台高速柯岩互通至鉴湖枢纽段通车】 2021年12月24日24时，杭绍台高速柯岩互通至鉴湖枢纽段正式通车。通车段全长约16千米，设柯岩、福全2个收费站，柯岩服务区1处。其中，柯岩至福全枢纽约6.4千米，福全至鉴湖枢纽约9.5千米。杭绍台高速全程24小时禁止危险货物运输车辆通行。

【杭绍甬高速杭州至绍兴段建设】 2021年，杭绍甬高速完成建设投资45.3亿元，形象进度至40.7%。杭绍甬高速路线杭州绍兴段全长约53千米，采用双向六车道高速公路标准建设。起点位于杭州市萧山区南阳街道，在红山村附近接红十五线和拟建的杭州中环（国道104线）。

【柯桥至诸暨高速公路通过项目核准】 2021年11月，柯桥至诸暨高速公路获省发改委项目核准。项目为杭绍台高速、诸永高速联络线，起于杭绍台高速福全枢纽，向西南途经福全、漓渚、店口、姚江等镇（街），接诸永高速姚江枢纽，终于诸暨三环线。路线全长约36.5千米，总投资估算约153.4亿元。项目同步建设漓渚互通、店口互通连接线。12月6日，项目通过省发改委、省交通运输厅组织的初步设计审查。

【杭甬高速孙端互通启用】 2021年12月24日24时，杭甬高速孙端互通建成启用。项目改造杭甬高速公路主线约1.3千米，互通匝道总长约2.4千米，互通连接线全长约3.5千米。收费站位于孙端街道新河村畈里周自然村，收费标准按照现行杭甬高速收费标准。

【杭甬高速柯桥北互通启用】 2021年9月，杭甬高速柯桥北互通建成启用。项目位于杭州湾环线高速公路K205+490附近，在柯桥互通原位基础上扩建改造，新增的北侧互通有五进五出10个车道。

【推进杭州中环柯桥段建设】 2021年，杭州中环柯桥段完成建设投资17.5亿元。杭州中环柯桥段涉及5个镇街，总长25.9千米，总投资约95亿元。高架桥改建工程总投资约53亿元，分钱陶公路、湖安路和轻纺城大道高架段，高架总长约13.7千米，设互通立交5处（新建互通4处，改造互通1处），形象进度至51%；地面道路工程总投资42.98亿元，分104国道绍兴柯桥钱清至柯岩改建工程、329国道上虞至临安公路柯桥钱清至萧山界段改建工程两个项目，全长25.9千米。地面部分于5月21日获省发改委初步设计批复，12月31日开工建设。杭州中环项目总长约191千米，总投资约1100亿元，涉及杭州市萧山区、余杭区、富阳区、绍兴市柯桥区、嘉兴市海宁市等5个县（市、区）。

【104国道绍兴东湖至蒿坝段改建工程前期工作】 2021年，104国道绍兴东湖至蒿坝段改建工程完成稳评、规划选址和用地预审等工程可行性报告前置专题批复。项目主线全长约28.8千米，同步建设人民东路连接线长约2.2千米，329国道及站前大道连接线长约4.4千米。项目主线和连接线均按一级公路标准设计，总投资约113.9亿元。

【104国道新昌茬前至关岭段改建工程前期工作】 2021年，104国道新昌茬前至关岭段改建工程完成稳评、规划选址和用地预审等工程可行性报告前置专题批复。项目主线全长约21.27千米，同步建设104国道与527国道、209省道连接线约4.53千米。设互通2处，综合公路服务站1处。项目主线和连接线均按一级公路标准设计，总投资约41.5亿元。

【329国道上虞盖北至道墟段改建工程建设】 2021年，329国道上虞盖北至道墟段改建工程完成建设投资9.5亿元，总体形象进度1.8%，取得建设用地批复。项目总投资估算约32.6亿元。其中，主线约19.4亿元，连接线约13.2亿元，主线及连接线均按一级公路标准设计。

【235国道杭州至诸暨公路萧山河上、诸暨安华段改建工程建设】 2021年，235国道杭州至诸暨公路萧山河上、诸暨安华段改建工程完成投资12.2亿元，总体形象进度22%。主线全长54千米（其中，诸暨段52.9千米），同步建设诸暨互通连接线6.4千米，总投资约66.9亿元。项目主线和连接线均按一级公路标准设计。

【527国道新昌嵊州段建设】 2021年，527国道新昌大市聚至嵊州黄泽段完成投资7亿元。其中，嵊州段总体形象进度60%，新昌段总体形象进度70%。项目全长37.99千米，其中主线全长约23.86千米（新昌段长约19.58千米、嵊州段长约4.28千米）。总投资约32.7亿元。主线采用一级公路标准设计，连接线按二级公路标准设计。

【国省道路况水平提升】 2021年，全市完成高速公路路面大中修工程累计150.9千米（含预防性养护和病害处治），总投资约1.87亿元，高速公路路面技术状况指数PQI均值为94.95，优良路率100%。完成普通国省道养护大中修工程46.55千米，总投资0.89亿元，普通国省道公路路面技术状况指数PQI均值92.76、优良路率98.77%。高速公路、普通国省道PQI值排名均从2020年全省第6位升至第3位。

【持续推进“四好农村路”建设】 2021年，市政府办公室印发《关于深化农村公路管理养护体制改革实施意见》，落实市级专项奖补资金3000万元。柯桥区深化农村公路“路长制”。推进“村村通公交”向较大自然村延伸，推出兰亭至漓渚、王坛的2条特色旅游公交，全市AAA级以上景点公交覆盖率100%，城乡交通一体化发展水平保持在最高的5A级。至年末，全市新改建农村公路102.3千米，完成农村公路养护工程458.7千米，农村公路提升改造131.6千米，农村公路亮化工程278千米。“四好农村路”全国、省级示范县达到2/3，美丽经济交通走廊示范县达到50%，达标县达到100%。

【公路事故隐患整治】 2021年，全市完成1处省级挂牌事故多发点、2处省级挂牌重点路段、28处市级挂牌事故多发点以及33个国省道一级公路平面交叉整治。完成全市高速公路标志标牌规范整治及6处事故多发点段治理，提升改造“94护栏”90.32千米，全市普通国省道2.5米以上落差路段、农村公路4米以上落差路段和临水临崖路段基本实现安防设施全覆盖。安装普通国省公路中央隔离设施17.9千米。指导完成嘉绍大桥结构健康监测系统提升改造，争取车购税资金补贴267万元。改造农村公路危桥7座，普通国省道危病桥4座。完成6座国省道隧道监控安装。至年末，全市有高速公路一、二类桥梁743座，占比100%；普通国省道一、二类桥梁449座，占比94.7%。

【杭甬高速绍兴服务区获评“全国高速公路旅游主题服务区”】 2021年10月，杭甬高速绍兴服务区被中国公路学会评为全国高速公路旅游主题服务区，成为全省首个旅游主题服务区。服务区位于杭甬高速绍兴段，在建筑风格及经营特色上融合绍兴酒文化、名士文化、民俗文化等，打造多点融入沉浸式场景，为旅客带来独特体验。

2021年10月，杭甬高速绍兴服务区被评为全国高速公路旅游主题服务区

（市交通运输局/提供）

【无人值守便民服务岗亭投用】 2021年8月19日，省交通集团高速公路首个无人值守“智在行”便民服务岗亭在杭甬高速绍兴收费站出口正式启用，为司乘人员提供临时休憩、智慧查询、自助购物、ETC发票打印、免费借用工具等一站式智能化便捷服务。

【新增智慧管控系统】 2021年7月，杭甬高速绍兴入口新增智慧管控系统。系统由亭外AI智能摄像头可视系统、现场Wi-Fi局域网、双面显示多用屏和报警终端设备（智能手环）等硬件设备和亭内计算机行人非机动车管控软件系统组成。如出现行人、非机动车或摩托车等闯入管控设定区域情况，系统会发出警示性语音播报。同时，现场管控人员通过屏显及智能手环振动提醒及时介入处理。

【绍诸高速公路鉴湖服务区获评“司机之家”】 2021年3月，交通运输部公布2020年验收合格“司机之家”建设项目名单，绍诸高速公路鉴湖服务区“司机之家”入选名单。服务区位于越城区鉴湖镇龙虎山畔，S24绍诸高速28K+200处，是省内首个设置在高速公路单侧的综合性服务区，2016年获“浙江省四星级文明服务区”称号，2017年获“全国优秀服务区”称号。

水上交通设施建设和管理

【概况】 至2021年末，绍兴市共有航道117条，航道总里程1121.17千米。其中，等级航道735.92千米，准七级以下航道385.25千米。等级航道中四级航道177.1千米，五级航道15.23千米，六级航道282.42千米，七级航道261.17千米。以杭甬运河、曹娥江、浦阳江为主的“H型”骨干航道网初步形成。绍兴市美丽航道创建工作通过验收考核。

【推进曹娥江上浦船闸及航道项目建设】 2021年，曹娥江上浦船闸及航道项目完成建设投资1.3亿元，总体形象进度91%，其中船闸主体工程完成至82.9%，总投资完成至93.7%；土方、混凝土、钢结构、航道疏浚施工；房建工程完成至60%；信息化工程完成至83%。总投资额约6.23亿元。

【推进曹娥江清风船闸及航道项目建设】 2021年，曹娥江清风船闸及航道项目完成建设投资1.6亿元，总体形象进度17.6%。项目按照天然及渠化河流Ⅳ级标准改造屠家埠至三界航道约16.4千米，新建清风船闸按照Ⅳ级标准建设，总投资约6.73亿元。

【开展水上交通专项整治】 2021年，绍兴市交通运输部门开展船舶进出港报告专项整治巩固提升、游艇及公务船舶专项整治、客渡运安全专项治理、农(林)自用船舶通航安全专项治理行动、内河水上无线电秩序管理专项整治、内河长期逃避海事监管船舶专项整治、船舶碰撞桥梁隐患治理等七大专项行动。累计查处“未按规定向海事管理机构报告”违章110起；摸排游艇34艘，公务船舶94艘次，查处违章4起；检查客运企业62家次，渡口61个次，检查客渡船73艘次，发现并整改问题隐患26项；查获劝离小划船253艘；辖区船舶AIS开启使用率95%以上；全市450艘灭失船舶集中注销；完成国高网、省骨干航道122座桥梁的桥区航道、水上交通安全风险隐患排查。

【港航安全监管】 2021年，绍兴市交通运输局委托第三方安全机构对全市10家重点港口企业进行安全检查。累计检查港口企业194家次，出动执法人员669人次，发现整改一般问题隐患76处，整改率100%。核查水运企业34家，船舶管理企业2家，内河个体经营者船368艘、101608总吨，核查率100%。

【渔船检验】 2021年，绍兴市开展全省首批社会化船检检验试点工作，累计实施社会化船舶检验499艘次，图纸审查62套。探索无接触检验方式，利用在线视频、摄像录制等途径，实现船舶年度检验及船用产品的远程检验。至年末，共检验船舶1536艘次、282401总吨。其中，建造检验客货船30艘、11663总吨，乌篷船341艘、341总吨；完成船舶图纸审查22套，船用产品检验601套；完成内河渔船检验54艘，完善补充图纸54套。

【航道养护】 2021年，绍兴市投入航道养护资金3985万元，增长约34%。其中，航道例行养护资金1135万元，航道专项养护资金2850万元。主要实施破损护岸修复、管理码头维修维护、浅点疏浚、绿化养护、助航标志标牌更新维护等。等级航道年通航保证率90%以上。其中，骨干航道年通航保证率98%以上；护岸、绿化完好率95%以上；助航标志维护正常率99%以上。

【美丽航道创建工作通过验收考核】 2021年1月11—12日，省港航管理中心考核组到绍兴开展美丽航道创建验收考核工作。考核组踏看杭甬运河柯桥及越城段美丽航道、运河文化公园、富恩水驿、杭甬运河上虞段美丽航道，在上虞区召开绍兴段美丽航道创建考核验收工作会议，听取绍兴市美丽航道创建工作情况汇报。考核组充分肯定绍兴市三年来在美丽航道创建中所做的工作，认为绍兴市美丽航道创建依托地方政府，结合“五水共治”、美丽乡村等开展了美丽航道建设工作，成绩显著；注重沿线历史文化挖掘，与老百姓需求相结合，建设运河沿线景点，大大增加老百姓参与感、获得感；保质保量开展航道养护、生态环保、码头整治等重点工作；应用无人机航道巡航、智能救生圈水上应急救援、智能称重分类垃圾箱等新技术。绍兴市美丽航道以104.5分通过验收考核。

【杭甬运河智慧航道桥梁主动防御系统建设】 2021年6月，绍兴市公路与运输管理中心在越城区富恩大桥、上虞区上三高速桥开展智慧航道桥梁主动防御系统建设试点，总投资100万元。该系统运用图像识别、激光检测及“沉浸式引导”技术，对杭甬运河上的越城富恩大桥、上虞上三高速桥开展超高和偏航检测，通过VHF、短信、电话、手机App等方式对船员发布预警，实现桥梁“主动防御”。12月，智慧航道桥梁主动防御系统投入试运行。

客货运输与管理

【概况】 2021年，全市客运量760万人，较2020年下降25.7%；旅客周转量86250万人千米，下降41.9%。全市货运量17754万吨，增长10.6%。货物周转量1457787万吨千米，增长11.7%。

至年末，全市有港口企业29家(其中普货25家、危货1家、客运1家，水上加油点2家)。实现货物吞吐量2103万吨，下降13.7%。其中，进港货物1981.7万吨，下降8.8%；出港货物122万吨，下降53.8%；集装箱吞吐量实现9.1万标箱，下降8.3%。有水路货运企业39家(其中内河货运企业29家、沿海货运企业2家、客运企业8家)，运输船舶871艘，464338载重吨，3418客位，内河货运船舶平均吨位540吨。全年完成水路客运量77.2万人，完成货运量1828.8万吨，内河集装箱运输量44028标箱，客货运周总转量38.5亿吨千米。

【2021年春运】 2021年春运共40天(1月28—3月8日)，全市道路运输累计投入客车运力18693辆次，投入加班车230辆次，道路客运量37.8万人，较2020年下降63.2%；完成周转量3931.2万人千米，下降57.2%，其中全市二级以上客运站共发送旅客22.5万人次。全市日均投入公交车3410辆次，共运送乘客2005.7万人次，上升47.1%，其中市区有1129.3万人次乘坐公交出行。

【继续开展道路危险货物运输专项整治】 2021年，全市继续开展道路危险货物运输专项整治工作，按照“五统一”标准进行“回头看”，未发现挂靠经营车辆，督促1家异地经营企业(上虞蓝盾物流)在安徽宣城完成备案。完成全市1300多辆危货车辆和2000多名司押人员全覆盖检查；完成全市341辆常压罐车辆信息录入和审核，停业整顿公司1家(绍兴申圆物流有限公司)，整改隐患车辆11辆，清退不合规驾驶员3名；车辆安全检查、驾驶员安全教育、企业资质复核均为100%。

【长途班车和旅游包车专项整治】 2021年，全市开展长途班车和旅游包车专项整治，排查105家经营范围包含“道路旅客运输”但未取得道路运输经营许可证的企业，有车企业100%完成经营范围核减；整顿84辆登记性质为“公路客运”“旅游客运”但未取得客运经营资质的10座(含)以上客车。

【普货行业“分类”整治】 2021年,全市开展普货行业“分类”整治,清理超过6个月承诺期的无车业户和其他应当注销道路运输经营许可业户4851家,注销不合规车辆道路运输证1322本;对全市94家一类、二类普货运输企业实施全覆盖检查,并督促落实企业主体责任;查处冷链车辆13辆,办理“一超四罚”案件8起,挂牌督办重点运输企业8家。

【机动车驾驶员培训专项整治】 2021年,全市开展机动车驾驶员培训专项整治,制定制止不真实异地转校逃避学时监管办法,常态化开展集中排查,对4所“学时造假”性质恶劣的驾校、15名教练员处以停止新增学员报名(或执教)不少于一个月的处罚,并列入重点监管名单。指导督促各区、县(市)每月对驾培机构教学日志进行随机抽查,全市人工审核比例60.35%。全市每月开展驾培行业集中执法行动,处罚驾培机构57家、教练员307名。

【制定57座(含)以上营运客车提前淘汰运力置换办法】 2021年2月,市交通运输局印发《绍兴市57座(含)以上营运客车提前淘汰运力置换办法》。办法明确置换范围、置换标准、置换要求(时间要求、车辆要求、客座要求)、工作流程和工作要求等,鼓励57座(含)以上大型营运载客汽车提前报废退出。至年末,共淘汰57座以上营运客车89辆,发放补助537.6万元。

【制定重点大型客运车辆提前淘汰补助办法】 2021年2月,市交通运输局、市公安局、市财政局、市生态环境局、市商务局联合印发《2021年绍兴市重点大型客运车辆提前淘汰补助办法》。办法明确淘汰补助范围、淘汰补助标准、补助申请流程。对符合条件的车辆每车一次性补助2.2万元。至年末,累计淘汰重点大型客车170辆,累计发放补助374万元。

【破获跨省市客车非法营运案件】 2021年3月,诸暨市公安局、诸暨市交通运输局破获一起由非法营运构成的非法经营案件。2020年12月,诸暨市交通运输局通过“数字打非”系统研判,发现江西省抚州新国线汽车服务有限公司所属的赣F11500大型普通客车有在绍兴地区非法营运的重大嫌疑,并在诸暨市西施故里被查获。经查,江西抚州新国线汽车有限公司法人代表李某为非法获取挂靠费,伙同胡某在江西抚州注册该公司(公司未取得道路客运运输资格),李某介绍陈某等人购买不符合营运条件的大客车,并让车辆挂靠该公司名下,从事非法经营活动,共涉及17辆大客车。在浙江、安徽、河南、云南、福建、贵州、江西、江苏、广东、湖南、广西、上海等12个省(市)拉客营运,非法经营额5000余万元。至3月6日,17辆涉案车辆全部追查到位,涉案人员17人采取刑事强制措施,5人移交当地交通部门处置。

【完成治超非现场执法省级示范区创建】 2021年,市交通运输部门上线应用“数字治超”系统,利用“车脸识别”技术,破解超限大货车遮挡牌照、绕道等逃避处罚的手段。91处356个非现场执法车道建成投用,36家重点货运源头企业完成数据接入,全部实现与省治超监管平台的数据直传。全年查处超限超载违法车辆17728辆,卸载货物30.01万吨,对986辆非法改装车辆进行强制恢复原状。高速公路、普通公路超限率分别降至0.004%和1.24%,远低于全省平均水平。基本建立起以企业为主体、以信息为导向、科技与治超深度融合的数字化执法体系,违法超限超载运输行为得到遏制,完成治超非现场执法省级示范区创建。

【鉴湖直升机场举行首飞仪式】 2021年1月1日,位于柯桥区鉴湖度假区内的鉴湖直升机场举行首飞仪式。机场占地面积6.67公顷,总建筑面积4万平方米,为亚洲最大公务直升机场,是浙中地区的核心直升机基地,由中青国际航空俱乐部投资运营。机场配备直升机5架,飞行半径辐射环柯桥200千米范围。

公共交通

【概况】 至2021年底,全市共有公交车辆4058辆,公交运营线路898条,运营线路总长度17832.08千米(农村客运线路改造为公交)。新增更新公交车辆561辆,建设改造公交首末站6个,公交停靠站232个,乡镇公共充电站10个,公交电子站牌67个。

【发布《绍兴市城市轨道交通管理条例》】 2021年11月25日,经省第十三届人民代表大会常务委员会第三十二次会议批准,《绍兴市城市轨道交通管理条例》(简称《条例》)正式发布。《条例》共7章53条,对轨道交通规划、建设及运营管理等相关各方的权利义务进行规范,明确了适用范围和各级政府、相关部门的职责分工。《条例》于2022年1月1日起正式实施。2021年6月,《绍兴市轨道交通1号线柯桥段运营管理暂行办法》颁布。

【印发《绍兴市轨道交通安全检查的指导性意见》】 2021年6月,市公安局、市交通运输局印发《绍兴市轨道交通安全检查的指导性意见》,对轨道交通安全检查的总体原则与方针、运营单位及安检企业职责、安检工作站(点)设置及设备、人员配备、安检工作程序、禁(限)带物品的处理、安检特别处理等方面进行明确,规范轨道交通安全检查工作,提升安全防范能力和水平。

【印发《绍兴市城市轨道交通乘客守则》】 2021年6月,市交通运输局印发《绍兴市城市轨道交通乘客守则》。守则共14条,对进入绍兴市城市轨道交通各车站出入口、通道、站厅、站台和列车车厢的人员,就上下车、禁止行为等进行明确。

【印发《绍兴市城市轨道交通运营服务规范》】 2021年6月,市交通运输局印发《绍兴市城市轨道交通运营服务规范》。规范就市交通运输主管部门和城市轨道交通运营单位职责分工,行车服务规范、客运服务规范、票务服务规范、服务设施管理、服务人员管理等事项进行明确。

【印发《绍兴市网络预约出租汽车经营服务管理实施办法》】 2021年11月,市人民政府办公室印发《绍兴市网络预约出租汽车经营服务管理实施办法》。办法在《绍兴市网络预约出租汽车经营服务管理实施细则(试行)》的基础上修订完善,包括总体要求、监管职责、网约车平台公司审批管理、网约车车辆审批管理、网约车驾驶员审批管理、规范网约车经营行为、监督检查等七部分内容,重点调整网约车三项准入要求,进一步明确平台主体责任。

【印发《绍兴市公共汽车乘坐规则》】 2021年11月8日,市交通运输局印发《绍兴市公共汽车乘坐规则》,并于公布之日起30日后施行。规则共18条,对适用范围、乘客权利义务、禁止行为、禁止携带物品、公共卫生要求、票务规定、特殊乘客、应急处置和相关法律责任进行规定。为适应国家人口生育政策的调整,规则将乘客免费携带儿童身高由“不足1.2米”调整为“1.3米”。

【开展居民出行调查】 2021年6月,市交通运输局组织开展绍兴市居民出行调查。调查覆盖越城区、柯桥区、上虞区6周岁以上的常住及暂住居民,共计10222户家庭,总人口28838人。调查工作设立市、区、街镇三级调查工作小组,覆盖54个街道(乡镇),是绍兴市有史以来规模最大、覆盖地域最广、调查内容最全的居民出行调查。调查数据经综合分析后,为交通规划模型、交通规划设计工作提供数据基础,为编制《绍兴市公共交通专项规划》提供定量依据。

【“绍兴云公交”微信小程序上线】 2021年8月10日,“绍兴云公交”微信小程序上线。小程序整合“公交移动支付”“个性化定制出行”两大主要功能,市民可根据出行需求在小程序中定制线路。

【区域型动态公交开行】 2021年3月,绍兴市在越城区开行“越巴士·云公交”微0002路、微0003路区域型动态公交。该公交具有线路定站不定线特点,可根据乘客需要动态匹配线路。微0002路运营区域为城东至银泰,微0003路运营区域为城东至迪荡商圈,运营时间6:50—21:00。

2021年3月,越巴士·云公交在越城区开行 （市交通运输局／提供）

【诸暨市“无障碍”公交车上线】 2021年11月,诸暨市首批66辆无障碍公交车正式上线。第一批率先投放在快2路、22路和31路。无障碍公交车上设有一级踏步、全平地板、轮椅导乘板、轮椅固定装置等无障碍通道和设施,为行动不便的特殊人群或是老孕病弱群体提供方便。

【上虞区出租车电子发票服务开通】 2021年11月,上虞区完成所有310辆出租车“智慧码”电子发票功能计价器等车载设备安装,开通电子发票服务功能。乘客扫描车内“智慧码”,即可预先提交发票请求,行程结束后,电子发票直接发送至乘客指定的邮箱中。

【开通旅游巴士专线】 2021年9月16日,兰亭度假区旅游巴士专线开通。设置4辆大巴,分“平王稽专线”和“兰滴专线”,串联起国家A级旅游景区、全国文保单位、省AAA级景区村庄以及部分省休闲旅游示范村、省银宿级民宿等标志性文旅资源点。“平王稽专线”长75千米,全程220分钟;“兰滴专线”长57千米。

【开通甬绍跨市公交】 2021年7月,由宁波市奉化区溪口镇至绍兴市新昌县沙溪镇的公交578路开通。该线路全程27.3千米,设40个站点,运行时间约75分钟。

（市交通运输局／提供）

轨道交通

【概况】 2021年,绍兴市轨道交通集团以“项目建设攻坚年”为载体,在工程建设、项目报批、运营筹备、物产开发、要素保障、企业管理等方面实施攻坚行动,完成投资74.37亿元。

【轨道交通1号线柯桥段开通运营】 2021年6月28日,杭州都市区轨道交通“互联互通”项目集中通车仪式在杭州举行,绍兴市轨道交通1号线柯桥段开通初期运营。杭州、绍兴地铁实现“一张网”互联互通、付费区“一次购票、一轮安检、一站换乘、一票通行”模式,开创全国地铁运营先河。绍兴轨道交通1号线柯桥段开通首月总运量突破百万人次大关。至年末,共输送旅客416.8万人次。

【轨道交通1号线主线启动联调联试】 2021年,绍兴轨道交通1号线推进车站、区间、附属结构施工,主线逐步实现“洞通、轨通、电通”三大重要节点。11月,启动热滑及联调联试,累计实现69个附属结构封顶、完成27个联络通道施工。

2021 年 7 月 16 日,长三角城市轨道交通企业领导人第十一次圆桌会议举行 （市轨道交通集团 / 提供）

【轨道交通 2 号线一期项目全面推进】 2021 年,绍兴轨道交通 2 号线一期进入区间施工阶段,累计实现 5 座车站主体封顶,4 座车站开展主体施工,2 个区间双线贯通,3 个区间盾构掘进施工中。基本完成车辆、信号、工艺设备和网络安全等机电项目招标,完成行车组织研究报告、试运行行车组织方案、行车组织规则等编制工作。开展 2 号线一期站名征集,完成中英文车站站名评审。

【绍兴城际线运营】 2021 年 3 月,绍兴、宁波两地城际票务系统正式上线运行,实现两地票、卡、码互认互通。优化城际线"进杭"列车时刻,全年客发 43.5 万人次。推进绍兴城际线二期工程站点加密,迪荡站站房实现主体结构封顶,完成相关铁路设备设施改造;柯桥站完成管线迁改,开展桩基工程施工;百官站加快开工筹备,完成拆迁和施工图设计、审查。

【轨道交通 TOD 项目持续建设】 2021 年,轨道交通 TOD 项目梅山广场北区完成主体封顶及二次结构,开展机电安装和装修施工,南区完成地下室结构施工,开展酒店和双中心主体施工;鉴湖停车场及上盖完成边坡削坡施工,开展综合楼主体结构施工;火车站东广场 5 号、6 号、7 号基坑开展围护结构和桩基施工;震元堂地块、城南大道广场地块完成站点一体化方案编制、房屋拆除,落实地块控规修编和规划设计条件书编制等工作。

【市轨道交通集团发行首期非公开发行绿色公司债券】 2021 年 4 月 29 日,绍兴市轨道交通集团首期 2021 年非公开发行绿色公司债券(专项用于碳中和)成功发行,规模 7 亿元,期限 3+2 年,票面利率 4.00%,全场认购倍数 2.41 倍。将全部用于绿色项目建设、偿还绿色项目借款以及补充流动资金。

【长三角轨道交通企业领导人第十一次圆桌会议举行】 2021 年 7 月 16 日,长三角城市轨道交通企业领导人第十一次圆桌会议在绍兴举行,参会人员围绕城市轨道交通"安全生产风险管控""财务可持续保障机制和路径"主题,结合各城市轨道交通经验与做法进行深入交流探讨。上海、浙江、江苏、安徽等 4 省(市)16 个城市的城市轨道交通企业负责人参会。

【轨道交通 1 号线主线首列电动客车下线】 2021 年 4 月 27 日,绍兴轨道交通 1 号线主线首列电动客车在河北京车智能制造基地下线,标志着 1 号线电客车各项技术指标已满足运营使用要求,可以开展批量列车的生产制造及交付。首列电动客车在车头外观和客室内饰上,使用了代表热情包容的"笑脸"形象,融入了"兰花""王羲之白鹅"等体现水乡、桥乡、书法之乡的绍兴元素。

（市轨道交通集团 / 提供）

进出口贸易

综　述

【概况】 2021年，绍兴市实现自营进出口2993.03亿元，比2020年增长16.1%。其中，出口2756.63亿元，增长15.54%；进口236.4亿元，增长23.1%。绍兴市获2020年度省进出口公平贸易考核一等奖，新昌县获二等奖，柯桥区、上虞区获三等奖。

【市开放型经济服务联盟成立】 2021年5月10日，绍兴市开放型经济服务联盟成立仪式在市行政中心举行。市商务局、市税务局、绍兴海关、人行绍兴市中心支行、中信保绍兴办事处主要负责人签署绍兴市开放型经济服务联盟合作备忘录。联盟以"加强沟通、深化合作、增进友谊、共谋发展"为原则，通过党建引领聚合力，以资源共享促发展，充分发挥联盟部门的整合优势，形成"发展同济共促，创新同谋共解，难题同力共破，企业同心共助"的基层党建工作格局。市委常委、组织部部长王琴英、副市长邵全卯为联盟成员单位授牌。

【绍兴外贸数字化公共服务平台正式上线】 2021年10月1日，由绍兴市商务局开发建设的"绍兴外贸数字化公共服务平台"正式上线。平台包括网上交易会、数字公共服务、数字商业服务等八个板块。至年末，市商务部门组织439家外贸企业通过平台参加2021年中国(墨西哥)贸易博览会、2021年中国(印度尼西亚)贸易博览会、2021年中国(阿联酋)贸易博览会等6场线上展会。

【第四届进博会绍兴团签下大单】 2021年11月7日，第四届中国国际进口博览会浙江省交易团进口采购集中签约式在上海举行。会上，绍兴市的浙江海亮股份有限公司与新加坡托克、三星贸易签约总额60亿元，在全省所有交易分团中蝉联第一。绍兴交易分团44家企业合计完成88个进口采购项目意向签约，累计意向成交额突破8800万美元。

2021年，中国轻纺城跨境电商市场采购监管中心　　（市商务局／提供）

【迪拜世博会"浙江周·绍兴城市主题日"活动】 2021年11月16日至19日，由绍兴市人民政府、中国国际贸易促进委员会浙江省委员会主办的迪拜世博会"浙江周·绍兴城市主题日"活动，以线上线下结合的方式举行。本次活动以"魅力绍兴 智赢未来"为主题，包括开幕式、经贸交流推介会、世博国际经贸代表团走进绍兴、线上展会等系列活动。11月16日举行开幕式，参会嘉宾以视频的方式游览世博会中国馆，领略世博会中国馆"绍兴城市主题日"的精彩内容；举办绍兴招商环境和绍兴文旅产业专项推介会；欣赏绍兴"非遗"及文化展演。

【绍兴市首个市场采购贸易方式基地市场授牌】 2021年10月20日，中国轻纺城国际面料采购中心"中国轻纺城市场采购贸易方式基地市场"正式授牌，成为绍兴市首个市场采购贸易方式基地市场。

【绍兴市场采购贸易实现扩量提质】 2021年，作为第五批国家级市场采购贸易方式试点单位的绍兴柯桥中国轻纺城建成国际面料采购中心、坯布市场等专业基地市场，诸暨市交通物流海关监管作业场所启用。至年末，备案市场主体1805家，中国轻纺城市场海关监管作业场所、诸暨交通物流海关监管作业场所实现日通关集卡合计230辆，累计实现出口2.4万票，出口148个国家和地区，出口货值143亿元。折合22.16亿美元，领跑全省同批试点。

【7家绍企入选浙江本土民营企业跨国经营50强】 2021年12月20日，省商务

厅公布2021年浙江本土民营跨国公司经营50强榜单。海亮集团有限公司、三花控股集团有限公司、卧龙控股集团有限公司、浙江阳光照明电器集团股份有限公司、浙江盛泰服装集团股份有限公司、浙江龙盛集团股份有限公司、万丰奥特控股集团有限公司7家绍兴企业入选。

【省级产业集群跨境电商试点创建】 2021年12月，省商务厅发布《关于在乐清市等16个县（市、区）开展第三批产业集群跨境电子商务发展试点的通知》，越城区休闲纺织产业集群入选试点。

【首届浙江（绍兴）机床展暨国际智能制造及工业机器人展览会举行】 2021年5月15—17日，由市商务局、市贸促会、上海华墨展览集团有限公司主办的首届2021浙江（绍兴）机床展暨国际智能制造及工业机器人展览会在中国轻纺城国际会展中心举行。日本马扎克、海天精工、国盛集团、精功机器人等国内外近300家企业参展，设展位800多个，参展面积15000平方米。会展期间，吸引来自杭州、宁波、金华等周边城市以及绍兴本地约32000名专业观众，达成意向成交额1.56亿元。

【"浙"里有"援"外经贸法律服务走进绍兴】 2021年5月，由省商务厅、市商务局举办的"浙"里有"援"——2021年浙江省外经贸法律服务月新嵊站活动在新昌县举办。活动邀请浙江外经贸法律服务律师团为新嵊两县（市）外经贸企业提供法律培训，帮助企业提升防范化解相关法律风险的意识和能力；企业与律师就外贸业务中遇到的一些实际问题进行交流与探讨。活动共服务新昌县、嵊州市对外贸易预警点和外经贸企业120余家。

【企业上榜2020年度"浙江出口名牌"】 2021年2月，省商务厅公布2020年度"浙江出口名牌"名单，绍兴市28家企业上榜，其中机械电子行业9家、化工医药行业7家、纺织服装行业5家、轻工工艺行业4家，建材冶金行业1家，农副产品行业2家。

（市商务局/提供）

对外贸易

【概况】 2021年，全市加工贸易进出口158.42亿元，增长34.06%，其中加工贸易出口122.11亿元，增长38.63%，占全市出口总额的4.43%；加工贸易进口36.32亿元，增长20.68%，占全市进口总额15.36%。全市一般贸易出口2490.25亿元，增长8.4%；一般贸易进口185.69亿元，增长19.93%。至12月底，有出口实绩企业10996家（包括三资企业），比2020年增加475家，其中出口超6500万元企业1004家。

【美越印列出口贸易伙伴国家前三位】 2021年，全市有进出口贸易国家和地区217个，其中出口超6500万元的国家和地区128个。在15个主要出口国家和地区中，出口前三位国家为美国、越南、印度，分别出口345.63亿元、124.1亿元、120.68亿元。增幅排在前列的分别是：阿联酋、孟加拉国、墨西哥，分别增长63.8%、60.87%和51.04%。"一带一路"沿线国家进出口1247.17亿元，增长20.01%，其中出口1200.47亿元，增长21.17%。

【传统产业出口占主导地位】 2021年，全市机电产品出口571.97亿元，增长1.17%，占全市出口总额的20.75%；高新技术产品出口73.54元，增长11.93%，占全市出口总额的2.67%；化工产品出口235.5亿元，增长10.77%，占全市出口总额的8.54%；纺织服装出口1441.57亿元，增长23.55%，占全市出口总额的52.29%，其中对美国出口157.3亿元，增长11.01%；对欧盟出口155.73亿元，增长9.98%；对中东出口202.76亿元，增长27.96%。

【组织参加外贸新业态新模式专题培训】 2021年9月9—10日，市商务局组织有关单位参加商务部外贸新业态新模式线上专题培训。培训内容包括，《国务院办公厅关于加快发展外贸新业态新模式的意见》解读；海关监管、税务监管、外汇监管、出口信保、服贸基金等相关政策和措施介绍；亿邦智库对外贸新业态前沿动态进行分析。市、县两级相关部门负责人及行业、企业代表共50余人参加专题培训。

【组织外贸企业参加商务部RCEP线上专题培训】 2021年3月22—23日，市商务局组织有关单位参加商务部举办的《区域全面经济伙伴关系协定》(RCEP)第二次线上专题培训班。培训内容包括RCEP对中国经济、贸易和投资发展的作用和影响解读，原产地规则和通关实务讲解，农业、轻工、纺织、机械、电子信息、石化等行业面临的机遇和挑战解读。市、县两级相关部门和外贸出口重点企业代表共100余人参加专题培训。

2021年绍兴市各区、县（市）自营进出口一览表

表34

项目 地区	进出口总值（万元）		出口（万元）		进口（万元）	
	1—12月	增长（%）	1—12月	增长（%）	1—12月	增长（%）
全市	29930310	16.1	27566338	15.54	2363972	23.1
越城区	6648872	8.45	5880348	3.76	768524	65.74
柯桥区	11118034	24.46	10884925	25.92	233109	−19.2
上虞区	3538518	13.78	3021730	8.59	516788	57.95
诸暨市	6164335	16.89	5379691	19.63	784644	1.01
嵊州市	733278	−9.54	715471	−9.8	17808	2.64
新昌县	1727273	13.48	1684173	14.16	43099	−7.89

2021 年绍兴市进出口贸易方式情况表

表 35

项　目 内　容	进出口总额（亿元）	占总额（%）	出口额（亿元）	增长（%）	占出口额（%）
合　计	29930310	100	27566338	15.54	100
1. 一般贸易	26759409	89.41	24902502	8.4	90.34
2. 加工贸易	1584239	5.29	1221068	38.63	4.43
其中：来料加工	130492	0.44	107906	48.2	0.39
进料加工	1453747	4.86	1113162	37.77	4.04
3. 其他贸易	1586662	5.3	1442769	27368.48	5.23

2020 年度"绍兴市出口名牌"企业一览表

表 36

序号	企业类别	企业名称	品　牌	地　区	新增 / 复核
1	纺织服装	绍兴金阳纺织有限公司	康德芬	柯桥区	新增
2	机械电子	绍兴中科通信设备有限公司	ZKTel	越城区	新增
3		浙江雷贝斯散热器有限公司	ROPAS	柯桥区	复核
4		浙江越隆缝制设备有限公司	YUEMEI	诸暨市	复核
5		浙江锋龙电气股份有限公司	FLYLONG	上虞区	复核
6		晨辉光宝科技股份有限公司	CH	上虞区	复核
7	化工医药	浙江医药股份有限公司	浙江医药 ZMC	越城区	新增
8	建材冶金	浙江奇爱实业有限公司	奇 GA 爱	诸暨市	新增
9	其他类	浙江锦盛新材料股份有限公司	JSFL	越城区	新增
10		浙江欧尔赛斯科技有限公司	ALWSCI	越城区	新增
11		绍兴上虞升辉摄影器材有限公司	升辉	上虞区	新增
12		绍兴上虞格林尔数码摄影器材有限公司	GREEN.L 格林尔	上虞区	新增

2021 年绍兴市进出口主要市场一览表

表 37

项　目 地　区		出口（万元）	增长（%）	进口（万元）	增长（%）
	亚洲	11873598	17.33	1179698	13.50
	非洲	3121966	15.43	171479	−34.99
	欧洲	5068322	9.00	335369	52.71
	拉丁美洲	3294602	46.14	156273	−21.56
	北美洲	3851299	2.09	474440	188.82
	大洋洲	356551	−0.61	46700	37.29
区域（经济）组织	欧盟	3826531	16.53	223159	32.99
	东盟	4217175	13.04	167725	−1.64
	中东	3080887	19.63	89120	−42.01
	独联体	811270	8.50	17330	−19.96
	"一带一路"	12004745	21.17	466914	−3.83

续表 37

主要出口国家和地区	出口（万元）	增长（%）	主要进口国家和地区	进口（万元）	增长（%）
美国	3456328	1.32	日本	466463	41.69
越南	1241002	11.36	美国	454907	223.20
印度	1206830	49.86	韩国	154000	-11.16
印度尼西亚	921965	40.82	刚果(金)	116813	-43.02
阿联酋	893756	63.80	英国	85763	239.71
巴西	891991	35.36	德国	82237	68.50
德国	877703	13.66	印度	70011	56.14
孟加拉国	806727	60.87	哈萨克斯坦	61362	9.86
墨西哥	723367	51.04	智利	55562	-64.10
韩国	664676	-19.85	马来西亚	43677	90.52
日本	636992	-6.49	澳大利亚	41127	27.82
巴基斯坦	575856	35.66	泰国	38042	26.88
泰国	571910	13.14	新加坡	37156	19.95
马来西亚	570790	-1.03	卡塔尔	34761	-56.35
尼日利亚	568676	16.42			

2021年绍兴市进出口主要商品一览表

表 38

主要出口商品					
品　名	出口额（万元）	增长（%）	品　名	出口额（万元）	增长（%）
一、纺织品及服装	14415743	23.55	纺织机械及零件	241289	39.97
（一）纺织纱线织物及制品	11783528	28.24	汽车零件	190570	12.33
其中：纺织纱线	567606	40.62	滚动轴承及零件	281380	39.51
纺织面料	9496280	36.32	摩托车及自行车零附件	107985	-3.96
化纤布	8522292	37.31	太阳能电池	11826	-29.30
棉布	781503	39.02	阀门	141738	24.53
麻布	41623	16.69	三、化工及相关产品	2355016	10.77
纺织制品	1719642	-5.44	其中：维生素	437149	21.43
刺绣品	288799	42.19	医用敷料	80145	-0.64
成品家纺	874280	31.43	有机合成染料	240908	21.22
（二）服装及衣着附件	2632216	6.15	氮化合物	171216	28.89
其中：织物制服装	1404590	-1.65	四、农副产品	444910	13.90
衬衫	151104	5.72	其中：珍珠及制品	20857	176.96
裤子	281136	8.42	茶叶	130234	9.29
T恤衫、汗衫、背心等	72258	11.44	水果罐头	19859	-17.54
套头衫	137265	18.63	黄酒	9085	-6.44
织物制袜子	889635	21.38	五、其他产品		
领带及领结	54045	9.66	铜管	158127	51.36
织物制手套	95882	10.23	弹簧床垫、寝具及类似品	181440	29.76
二、机电产品	5719724	1.17	六、高新技术产品	735387	11.93
其中：灯管、灯泡	28453	-21.08	集成电路	46093	302.96

续表 38

主要进口商品					
品　名	进口额（万元）	增长（%）	品　名	进口额（万元）	增长（%）
铜废碎料	591076	224.93	其他精炼铜阴极	61362	7.31
精炼铜阴极(铜含量 >99.9935%)	313010	-45.68	初级形状的聚丙烯	49728	35.12
液化丙烷	163081	43.65	1,2- 乙二醇	42355	25.02
钴湿法冶炼中间产品	80649	308.14	其他制造半导体器件或集成电路用的机器及装置	42172	217.13
丙烯	75672	22.83	对二甲苯	40079	-73.67

2021 年浙江省各市（地）自营出口情况一览表

表 39

地　区	进出口总额（万元）	增长（%）	其中：出口（万元）	增长（%）
全省合计	414290854	22.4	301212519	19.7
杭州市	68993992	24.5	44607624	27.2
宁波市	119261153	21.6	76243187	19.0
温州市	24111937	10.1	20358152	8.4
嘉兴市	37838294	24.0	28007920	23.3
湖州市	14909275	31.8	13561886	32.3
绍兴市	29930310	16.1	27566338	15.5
金华市	58800646	20.8	53263383	15.5
舟山市	23548685	41.8	7739080	31.6
台州市	23993637	26.4	21970924	24.8
衢州市	4914424	36.4	3157749	24.6
丽水市	3292826	-4.1	2873711	-4.3
全　国	391008.5 亿元	21.4	217347.6 亿元	21.2

（市商务局 / 提供）

服务贸易

【概况】 2021 年，全市实现服务进出口总额（剔除外管数据）131.73 亿元，比 2020 年增长 7.23%。其中，服务出口 111.9 亿元，增长 8.22%；服务进口 19.83 亿元，增长 1.96%。服贸总额占全市对外贸易总额的比重约为 4.22%。运输服务，个人、文化和娱乐服务，旅行服务列全市服务贸易进出口总额前三位，占比分别为 50.8%、13.5% 和 11.8%。

【国际服务外包】 2021 年，全市承接国际服务外包离岸合同 26771.8 万美元，增长 8.4%，其中离岸执行额 17681.7 万美元，下降 5%。发包地主要来自美国、日本等国家和地区，接包企业注册地主要集中在越城区、新昌县。

【"一带一路"沿线国家和地区服务出口】 2021 年，全市对"一带一路"沿线国家和地区服务出口总额 36.39 亿元，占全市服务出口总额的 31.56%。其中，建筑服务出口 1.86 亿元，占对"一带一路"沿线市场服务出口总量的 5.11%；服务外包出口 2.74 亿元，占对"一带一路"沿线市场服务出口总量的 7.52%。服务出口总额前三位的国家为印度、印度尼西亚、阿联酋，分别出口 3.755 亿元、3.271 亿元和 2.842 亿元。

2021 年绍兴市服务贸易进出口情况一览表

表 40

项目／内容	进出口			其中：出口			进口		
	1—12 月	占比（%）（万元）	增长（%）	1—12 月（万元）	占比（%）	增长（%）	1—12 月（万元）	占比（%）	增长（%）
总值	1317293	—	7.23	1119027	—	8.22	198266	—	1.96
运输	669572	50.83	16.72	621344	55.53	16.08	48228	24.32	25.61
旅行	155672	11.82	-21.17	66976	5.99	-25.17	88696	44.74	-17.86

续表 40

内容 \ 项目	进出口			其中：出口			进口		
	1—12 月	占比（%）（万元）	增长（%）	1—12 月（万元）	占比（%）	增长（%）	1—12 月（万元）	占比（%）	增长（%）
建筑	74095	5.62	-20.52	73261	6.55	-21.03	834	0.42	83.30
保险服务	89	0.01	-30.47	6	0.00	-79.31	83	0.04	-16.16
金融服务	1907	0.14	30.98	0	0.00	—	1907	0.96	30.98
电信、计算机和信息服务	119217	9.05	-7.61	117849	10.53	-7.18	1368	0.69	-33.91
知识产权使用费	2239	0.17	0.99	168	0.02	236.00	2071	1.04	-4.43
个人、文化和娱乐服务	178247	13.53	8.63	177338	15.85	8.32	909	0.46	147.01
维护和维修服务	381	0.03	17.59	73	0.01	65.91	308	0.16	10.00
加工服务	56496	4.29	88.29	44003	3.93	203.39	12493	6.30	-19.40
其他商业服务	59313	4.50	61.19	18009	1.61	61.46	41304	20.83	61.07
政府服务	65	0.00	58.54	0	0.00	-100.00	65	0.03	71.05
2021 年 1—12 月占全市服务和货物比重	4.22			3.90			7.74		
2020 年 1—12 月占全市服务和货物比重	4.55			4.15			9.20		

注：本表数据由浙江省商务厅、国家外汇管理局绍兴市中心支局、绍兴市旅游委员会、绍兴市邮政管理局、绍兴市商务局提供的数据综合整理。进出口项目基本遵循商务部、国家统计局 2018 修订的《国际服务贸易统计制度》和浙江省商务厅、浙江省统计局联合制定的《浙江省国际服务贸易统计方案》。根据省商务厅统一要求，2016 年 1 月起采用人民币作为计价单位。其他服务中含外国人服务 6.36 亿元。

（市商务局 / 提供）

投资与合作

【概况】 2021 年，全市新批外资项目 216 个，合同利用外资 19.42 亿美元，实到外资 7.59 亿美元，比 2020 年增长 5.3%。从全省核准数据来看，绍兴实到外资总量居第 5 位。新批二产项目 23 个，合同外资 3.06 亿美元，实到外资 1.5 亿美元；新批三产项目 193 个，合同外资 16.36 亿美元，实到外资 6.09 亿美元。全年新批境外投资企业 28 家，增资 1 家，总投资额 50476.8 万美元，中方投资额 34804.3 万美元，下降 14.13%。

【开展处置境外经贸类纠纷和突发事件应急演练】 2021 年 4 月 13 日，市商务局牵头组织开展处置境外经贸类纠纷和突发事件应急演练。此次演练以绍兴市某国资建筑企业在某国承接境外承包工程，因拒绝向当地非法组织交纳高额保护费而遭到当地非法组织武装攻击，造成中方人员伤亡为模拟背景，演练通过启动响应，境内处置，境外处置，以及后续救助等处置阶段开展全面系统的处置工作。市应急管理局、市建设局等 13 个小组成员单位，市民政局、市卫健委 2 个相关部门以及越城区处置境外经贸类纠纷和突发事件应急领导小组参与演练。

【埃塞俄比亚驻沪总领事访绍】 2021 年 12 月 3 日，埃塞俄比亚驻沪总领事魏澜、副总领事阿耶勒到绍兴访问。双方交流深化第二届中非合作发展绍兴峰会成果，表达进一步加强经贸合作和友好往来的意愿。10 家纺织、医药等外贸外经企业与魏澜总领事一行进行交流座谈。

2021 年绍兴市各区、县（市）直接利用外资情况一览表

表 41

区域 \ 项目	合同外资		实到外资	
	1—12 月（万美元）	增长（%）	1—12 月（万美元）	增长（%）
全市	194242	-33.7	75929	5.3
越城区（滨海新区）	23383	-61.9	13174	-8.8
柯桥区	68249	-23.2	25693	23.6
上虞区	79752	-26.8	19509	-14.5
诸暨市	20791	-22.6	13509	20.0
嵊州市	1912	-50.1	1829	-8.9
新昌县	155	-95.3	2215	175.8

注：原市直管企业已于 2013 年 11 月按企业所在地划归当地主管部门管理，相关资金变动计入当地主管部门的实绩数。

2021年绍兴市外资企业类型分类一览表

表42

企业类型	项目数（个）	合同外资（万美元）	增长（%）	占总量比例（%）	实到外资（万美元）	增长（%）	占总量比例（%）
合计	216	194242	-33.7	100.0	75929	5.3	100.0
合资	76	22902	-31.4	11.79	20974	22.3	27.62
合作	0	84	0	0.04	84	0	0.11
独资	114	100917	-49.6	51.95	45880	-3.2	60.42
股份制	1	57586	137.2	29.65	264	-73.4	0.35

2021年绍兴市外商投资行业分类一览表

表43

产业（行业）名称	项目数	合同外资		实到外资	
	1—12月（个）	1—12月（万美元）	增长（%）	1—12月（万美元）	增长（%）
第一产业	0	0	—	0	—
农业	0	0	—	0	—
第二产业	23	30614	-36.6	15017	-45.6
纺织业	4	3119	-16.0	1115	-71.4
化工业	2	-647	-141.7	260	-93.5
医药制造	1	9369	33.4	0	-100.0
机械	9	9376	-37.3	9261	136.4
电子及通信	1	-706	-116.7	3056	1822.0
其他制造业	0	2	-99.8	213	—
第三产业	193	163628	-33.2	60912	36.7
信息服务和软件业	24	81880	43.6	4201	39.2
批发零售	99	39612	-37.4	25049	62.3
房地产	1	15	-99.9	8157	4.4
科学研究和技术服务业	46	31233	-67.5	12375	23.4

2021年绍兴市外资来源国家（地区）一览表

表44

国家和地区	项目数	合同外资		实到外资	
	1—12月（个）	1—12月（万美元）	增长（%）	1—12月（万美元）	增长（%）
新加坡	9	10400	269.6	7182	66.7
英国	4	1882	-39.5	4676	161.2
意大利	2	-761	-120.8	2873	406.7
毛里求斯	1	500	0	250	0
日本	4	258	0.8	188	-74.5
美国	8	516	180.4	137	-65.2
萨摩亚	0	0	-100	72	0
开曼群岛	0	37	42.3	49	-84.4
越南	1	43	-95.7	22	0

2021年绍兴市各区、县（市）新批境外投资企业一览表

表45

项目 / 区域	1—12月新批			
	企业（家）	总投资额（万美元）	中方投资额（万美元）	增长（%）
全市	28	50476.75	34804.35	-14.13
越城区（袍江、高新、滨海区）	6	5609.05	5149.05	243.63
柯桥区	7	1507	1507	26.95
上虞区	5	12096	1274.35	-75.83
诸暨市	3	8749.104	4358.346	-82.71
嵊州市	1	2.9	2.9	-99.87
新昌县	6	22512.7	22512.7	343.86

（市商务局/提供）

海　关

【概况】 2021 年，绍兴市实现外贸进出口 2993 亿元。绍兴海关征收两税（入库）4.6 亿元，监管货运量 10.7 万箱次。

开展实蝇、舞毒蛾、外来杂草等国门生物安全监测，落实羊毛、进出口饲料安全风险监控，截获检疫性有害生物 6 种次、一般性有害生物 22 种次，分别增长 200%、100%。开展国门生物安全“三进”活动，发放宣传册 1000 余份，推动国门生物安全社会共治。实施危化品“全流程封闭式”监管，监管出口危化品 5442 批次，增长 29.1%。开展出口茶叶、进出口危化品安全风险大调研大排查，梳理风险隐患 6 项，查发为瞒报危险品案件 2 起。

【支持“四大开放平台”建设】 2021 年，绍兴海关推动绍兴“四大开放平台”建设，助力绍兴综合保税区（一期）于 2021 年 12 月 2 日通过海关总署等八部委验收。实现“提前适用政策”在浙江省内首次落地，帮助企业享惠 1300 余万元。推动新设诸暨海关监管作业场所，拓展市场采购贸易企业覆盖面。2021 年市场采购出口 150 亿元，业绩居全国同批试点前列，拉动全市出口增长 6 个百分点。

【深化“放管服”改革】 2021 年，绍兴海关在省内率先启动“企业集团加工贸易监管”和“加工贸易残次品销毁处置”两项改革，为企业减负 3500 余万元。推进 10 家属地纳税人管理试点，新增 3 家汇总征税企业，减少企业资金占用 6000 万元。争取“长三角一体化海关真空包装等高新技术货物布控查验协同试点”，破解芯片企业高精设备查验难题，助推集成电路等先进制造业发展。与市市场监督管理局开展联合执法，采取“双随机、一公开”模式合并抽查，实现“进一次门、查多项事”。

【打造绍兴海关“三服务”2.0 版】 2021 年，绍兴海关推进便利通关模式改革，进、出口通关时间较 2017 年均压缩 85% 以上。编制并发放《“十四五”期间自贸协定享惠指南（绍兴市分册）》，推行“两证合一”原产地证自助打印、原产地证书智能审核等便利措施。落实减免税政策，为绍兴市企业减免国内两税 1.2 亿元。培育海关高级认证企业 5 家，新增数量位居杭州关区第一。参与组建绍兴市开放型经济服务联盟，与市市场监督管理局签署合作备忘录，举办宣讲会 30 余场，解决企业难题 44 个。

【“国门利剑 2021”“蓝天 2021”行动】 2021 年，绍兴海关开展“国门利剑 2021”“蓝天 2021”专项行动，打击洋垃圾、濒危物种及其制品、重点涉税商品、涉枪涉毒、农产品等走私，打击防疫物资、疫苗非法出境，深化反走私综合治理，立案侦查涉嫌走私犯罪案 11 起，抓获犯罪嫌疑人 23 名。立案调查行政违法案件 18 起。推进知识产权保护工作，办结知识产权侵权案件 15 起。

（绍兴海关 / 提供）

绍兴综合保税区

【概况】 绍兴综合保税区位于绍兴滨海新区袍江片区，2020 年 9 月 10 日由国务院批复设立。综合保税区四至范围：东至越兴路，西至陶畈江，南至群贤路，北至于越路，总规划面积 1.72 平方千米，分两期建设，计划总投资 57.79 亿元，其中一期市政配套和海关监管设施工程计划投资 11.5 亿元。主要建设海关办公区、主次卡口、海关围网、巡逻道、查验区等海关监管设施。2020 年 11 月 6 日，绍兴综合保税区正式揭牌。

【封关验收】 2021 年 1 月 5 日，绍兴综合保税区正式开工建设。至 6 月底，一期市政基础设施工程和海关监管设施工程全面完工，7 月 28 日市政府向省政府申请验收，9 月 8 日省政府向海关总署申请验收，11 月 17 日通过省级八部门联合预验收，12 月 2 日通过国家八部委联合验收，成为全省首个“当年开工、当年竣工、当年验收”的综保区，跑出了在“一片白地”上建设综保区的“绍兴速度”。

【共建新型电力系统零碳综合保税区】 2021 年 9 月 1 日，绍兴滨海新区与国网绍兴供电公司举行新型电力系统零碳综合保税区建设战略合作签约仪式。根据协议，滨海新区与国网绍兴供电公司将合作共建“绿色低碳”综保区，双方围绕贯彻国家“节约、清洁、安全”生态能源发展目标和“碳达峰、碳中和”战略目标，在绍兴综保区内开展电动汽车的“光充储”一体化、分布式光伏的“光储”一体化、综保区数智开关站、电力设施托管运维服务等四个分项建设。

（综保区管理办公室 / 提供）

2021 年 11 月 26 日，绍兴海关助力绍兴综合保税区（一期）国家级验收准备工作

（绍兴海关 / 提供）

中国(绍兴)跨境电商综试区

2021年5月18日,绍兴市跨境电子商务学院正式成立 (市商务局/提供)

【概况】 中国(绍兴)跨境电子商务综合试验区于2019年12月正式设立,是绍兴对外开放领域的首个国家级战略平台。绍兴综试区聚焦"集群制造+跨境电子商务""专业市场+跨境电子商务"两大特色,通过政策扶持、机制创新、主体培育、服务赋能等方式,构建线上综合服务平台(六体系)和线下"1+6"公共服务中心,形成以越城休闲纺织、柯桥纺织、上虞伞业、诸暨珍珠、嵊州领带等产业集群为基础的绍兴特色跨境电商新模式。2021年,全市实现跨境电商出口118.6亿元,居全省第6位,增长20.6%。

【印发跨境电子商务综合试验区发展规划】 2021年12月,中国(绍兴)跨境电子商务综合试验区建设及市场采购贸易方式试点工作领导小组印发《中国(绍兴)跨境电子商务综合试验区发展规划(2021—2025)》。规划提出,绍兴综试区将在功能和空间布局上采取"一网双核六结点"的发展模式。一网即以长三角城市群为主体、承接粤港澳优质要素流动的"创新协同网络";两核即制度与技术双轮驱动的线上综合服务平台以及创新服务于传统产业转型的线下公共服务中心;六结点即以各区、县(市)特色产业集群为基础的六大跨境电商园区。至2025年,要努力把绍兴跨境电商综试区建设成为全国跨境电子商务和制造业集群融合发展样板的总目标。明确实现跨境电商交易额年均增长30%以上,跨境电子商务进出口总额达到250亿元,培引2—3家具有一定影响力的跨境电商平台,打造50家以上年销售规模逾亿元的"金牌卖家"和2000家以上出口活跃网店,跨境电子商务知名品牌达到20个以上,打造10个跨境电商产业集群,引育100家以上跨境电商龙头企业,新增3000家以上跨境电商企业,培引10000名以上跨境电商人才的具体目标。

【绍兴市跨境电商学院成立】 2021年5月18日,绍兴市跨境电商学院成立大会在绍兴职业技术学院举行。成立仪式上,为绍兴文理学院、浙江越秀外国语学院、绍兴职业技术学院、浙江工业职业技术学院、浙江工业大学之江学院五大跨境电商学院分校区授牌,向24位绍兴市跨境电子商务学院专家颁发聘书,专家团成员单位与浙江工业大学之江学院签署校企战略合作协议。绍兴市跨境电商学院,是以跨境电商综试区为依托,由市综试采购领导小组联合在绍主要高校、主流跨境电商平台、跨境电商龙头企业以及跨境电商园区共同创建的新机制联盟,致力于培养跨境电商人才,打造"绍兴模式"。学院办公室设在绍兴职业技术学院。

【2021绍兴市跨境电子商务直采大会启动仪式举行】 2021年7月29日,以"深越链接 诚选优品"为主题的2021绍兴市跨境电子商务直采大会暨综合保税区项目签约启动仪式在绍兴举行。大会汇聚5家跨境电商主流平台,20家以上深圳等地优质服务商,100多家本地传统企业,搭建了主流电商平台、跨境服务商、绍兴特色好货等主题展区,通过优质资源线下展示对接、跨境电商主题交流分享等方式,在深圳与绍兴之间打造一条资源共享、优势互补、合作共赢的新通道。活动现场还举行综保区五大功能建筑启动仪式,共16个综保区、综试区项目签约。

【中国(绍兴)跨境电商综试区线上综合服务平台(六体系)启动建设】 2021年8月,绍兴综试区线上综合服务平台(六体系)正式启动建设。系统的政务管理端主要包括统计监测、电商信用、风险防控等内容。旨在通过整合政务数据与关、汇、税等跨境监管服务部门的数据及应用合作,支持地方主管部门对本市跨境电商态势了解,摸清底账。系统的企业服务端主要包括数字金融、跨境服务、智能物流、政策兑现、人才培育、线上展会、互动交流等内容。旨在通过小场景切入,整合跨境优质生态服务产品,帮助本地企业快速、便捷、一键应用,搭建政府与企业触达的桥梁。

【绍兴市跨境电子商务公共服务中心成立】 2021年8月,绍兴市跨境电子商务公共服务中心正式成立。公共服务中心将整合金融、物流、平台、供应链等跨境电商全链路资源,通过线上线下的运营模式,为企业提供培训应用、资源撮合、政策咨询、人才对接等服务。

(市商务局/提供)

金融业

综　述

【概况】 2021年，全市金融系统认真贯彻落实灵活精准、合理适度的货币政策，促进经济与金融良性循环、健康发展。金融运行总体呈现总量持续稳健增长、资源配置趋向合理、融资成本持续下降、资产质量继续改善的良好态势。

至年末，全市社会融资规模新增3068.0亿元，比2020年增加288.8亿元；各项存款余额12290.6亿元，较年初新增1357.1亿元，比2020年增加5.8亿元，余额增长12.4%，增速较2020年同期回落1.7个百分点；全市各项贷款余额11716.7亿元，较年初新增1581.9亿元，增加15.3亿元，余额增长15.6%，增速较2020年同期回落2.7个百分点。

普惠小微企业、制造业贷款分别较年初新增499.8亿元和234.3亿元，分别增加38.1亿元和64.2亿元，余额增长27.3%和11.1%，均保持10%以上的增长速度。

金融机构不良贷款余额84.4亿元，较年初减少6.9亿元；不良贷款率0.72%，较年初回落0.18个百分点，不良贷款率总体保持近年来低位。

跨境收支总额467.1亿美元，增长39.2%，其中跨境收入383.2亿美元，增长34.6%；支出83.9亿美元，增长64.5%。收支顺差299.3亿美元，增长28.1%，收支顺差规模创历史新高。

证券资金账户191.58万户，较年初增加15.49万户，比2020年增长8.80%；证券交易金额6.68万亿元，增加0.72万亿元，增长12.08%。

实现保费收入196.72亿元，增长2.35%，其中产险收入69.32亿元，增长1.03%；寿险收入127.4亿元，增长8.59%。各类保险赔偿70.55亿元，比2020年增加6.03亿元。

【货币信贷管理】 2021年，人民银行绍兴市中心支行推动货币政策工具精准落地，累计发放再贷款再贴现322.5亿元，发放两项直达实体经济政策工具激励资金34.3亿元。推动银行机构贷款市场报价利率改革(LPR)深化落地，持续降本减负，全市一般贷款利率5.01%，比2020年下降0.12个百分点。至年末，共发行债务融资工具517.3亿元，增加237.9亿元，发行量居省内同类地市第二位。“本币优先”持续推广跨境人民币使用，跨境人民币结算406亿元，增长43.6%。

推动金融支持传统产业2.0版，至年末，全市五大传统产业贷款余额1276.4亿元，增长8.6%；出台新兴产业信贷指引，累计向743家高端装备、电子信息、现代医药、新材料四大新兴产业企业发放贷款395.7亿元。

推动碳排放权、用能权、用水权、排污权“四大”环境权益类创新贷款落地，累计发放贷款62.8亿元；筛选电力保供企业“白名单”997家，推动金融机构精准对接，保障重点企业不因资金问题影响正常生产经营。

创新推广“科创金融三张清单”，召开全市金融支持科创大走廊建设推进会，落实重大科技项目三年1000亿元信贷资金安排。至年末，累计向1456家科技奖补企业发放优惠贷款583.47亿元，科创贷款余额较2020年增长12.5%。

【金融风险防控】 2021年，人行绍兴市中心支行完善《绍兴市金融突发事件应急预案操作手册》。组织法人银行机构开展2021年度流动性风险突发公共事件应急演练。开展金融风险“排雷”专项行动，落实清单制、动态化的法人银行风险管理机制，推动“亚健康”银行机构风险化解；建立涵盖五大类23个指标的大型民营企业风险监测预警体系；坚持股权质押风险“名单制管理”，防范企业短期流动性风险；全面深化存款保险制度加固金融安全防护堤坝，完善金融稳定协调机制。

【经理国库业务】 2021年，人民银行绍兴市中心支行支持疫情防控，助力社保体制改革，推动减税降费政策精准落地，做好储蓄国债到期提醒兑付工作及非税收入征管职责划转等各业工作。至年末，组织办理各类国库收支业务1599万笔、9468.1亿元；开辟绿色通道，升级疫情防控应急预案和处置措施，加快拨付突发公共卫生事件应急支出2.7亿元；完成个人所得税综合所得汇算清缴退税2.0亿元，惠及40.3万名纳税人，办理增值税留抵退税1642笔、60.1亿元；累计提醒储蓄国债到期兑付888笔、4764万元。助力社保体制改革，上划省级养老保险统筹资金181.6亿元，归集市级医疗保险统筹资金120.5亿元；成功实施跨省异地电子缴税业务，国库资金退拨业务电子化率99.9%。

【外汇金融服务】 2021年，国家外汇管理局绍兴市中心支局推动外汇政务服务网上办理系统推广实施，办理行政许可审批1993件，其中名录登记业务及收付汇事前审批等经常项目行政许可审批1846件，外债、境外放款等资本项目行政许可审批136件，结售汇业务许可审批11件。

全市544位外汇联络员通过微信、电话、走访等方式服务企业4218家；向企业赠送《银行汇率避险产品手册》1万余本；组织开展座谈会71场，分享动态信息2524篇。落实跨境贸易投资便利化措施，有序推动7家银行、101家企业参加省货物贸易收支便利化试点；参加省资本项目收支便利化试点，办理便利化业务1066笔，金额5.28亿美元；指导银行建立特殊个人外汇业务处置机制，办理留学和薪酬便利化业务85.88万美元、特殊外汇处置业务61.38万美元。

【全面推广"越贸贷"融资业务】 2021年，国家外汇管理局绍兴市中心支局全面推广"越贸贷"融资业务及跨境金融服务平台增量扩面。至年末，全市已有17家银行拓展该项业务，累计发放贷款资金6.55亿美元；全市547家企业通过平台开展应收账款贸易融资8.54亿美元，办理出口信保保单融资业务109笔、金额1342.9万美元。

【支付结算管理】 2021年，人民银行绍兴市中心支行汇集金融机构、银联资源，凝聚合力推动移动支付在交通、餐饮、零售、文旅、教育、医疗、公共缴费等民生领域的广泛应用。推进支付"放管服"改革，督导银行机构降低开户费、支付手续费等，惠及46800余家小微企业和个体工商户。至年末，全市移动支付交易笔数和交易金额分别增长20.3%和11.1%。

【打击新型电信网络诈骗和跨境赌博】 2021年10月1日—12月31日，人民银行绍兴市中心支行组织开展打击新型电信网络诈骗和跨境赌博"百日攻坚"专项行动。聚焦账户源头治理，全面提升技术反制能力，有效提高劝阻拦截有效性，严格落实奖惩机制，深化反诈防骗宣教，全年立案数和涉案账户数均低于全省平均，案件数量稳步下降。

【"1+4+N"农村金融服务新模式】 2021年，人民银行绍兴市中心支行持续创新提升普惠金融服务模式，创建"1+4+N"农村金融服务的特色品牌。即探索"枫桥式"金融服务站可持续发展路径，按照"枫桥立点、各县树样、全市推进"三个步骤，强化便民支付一项核心功能，加载调解金融纠纷、参与信用评审等4项拓展功能，根据形势变化赋予N项新功能。至2021年末，共创建75个"枫桥式"农村金融服务站，各地因地制宜，着力打造"精而美"的升级版农村金融服务站示范点。

【深化"越信融"金融信用信息服务平台】 2021年，人民银行绍兴市中心支行持续加强"越信融"金融信用信息服务平台建设，全年撮合融资超1400亿元，有力支持中小微企业发展。同时，持续推广中小微企业"一平台两系统"应用，实现应收账款融资251亿元，动产和权利担保登记笔数比2020年增长100%以上。

【开展金融为民系列活动】 2021年，人民银行绍兴市中心支行切实贯彻执行央行"五项金融为民新举措"，围绕实体经济高质量发展和共同富裕示范区建设，创新开展"改革惠民、信贷富民、支付便民、征信为民、发行利民"等系列主题实践活动。全年梳理"我为群众办实事"清单57项，落实民生事项160余件；出台加快实现"四个率先"的"24条"，台风"烟花"灾后金融服务"12条"、疫情防控金融服务"19条"等系列措施。同时，创新推出数字化社保贷，出台农民住房财产权抵押贷款业务指引，开展新一轮村级集体经济巩固提升金融支持专项行动，推出房地产预售资金封闭式监管，常态化整治拒收现金等。

（人行绍兴市中心支行/提供）

银　行

【概况】 2021年，绍兴银行业发展稳中有升，资产负债规模持续扩张。至年末，绍兴银行业表内资产余额14713亿元，比2020增长11.12%。负债余额14106亿元，增长10.92%，连续三年保持两位数高速增长。各项贷款余额11716.73亿元，增长15.6%。从期限看，中长期贷款占比稳步提升，余额7259亿元，占比62.0%，高于2020年同期2.8个百分点。

2021年末投资业务余额1389亿元，增长14.4%，低于2020年同期1.8个百分点，其中债券投资余额982亿元，占投资规模的70.7%。2021年末全市同业资产（存放同业、拆放同业、买入返售）余额267亿元，增加13.6%，高于2020年同期0.9个百分点。其中，存放同业资产贡献了同业资产增量的68.2%，2021年末余额182亿元。投资增速逐渐趋缓，同业资产增速加快。

至年末，绍兴银行业表外业务余额5126亿元，比年初增加555亿元，增长12.14%，高于2020年同期增速3.3个百分点。表外业务相当于表内资产的34.8%，高于2020年同期0.3个百分点。担保类表外业务余额1182亿元，增长17.0%，较2020年同期上升16.1个百分点。表外业务、担保类业务增速加大。

至年末，全市不良贷款余额84.40亿元，比年初减少6.91亿元，不良率0.72%，比年初下降0.18个百分点。全市银行机构综合运用重组、转让、追偿、核销等手段，加快存量不良贷款处置。2021年累计处置不良贷款85.34亿元。信用风险防控有力有效。

全市银行业累计实现净利润184亿元，增加25亿元，增幅为15.7%，较2020年同期上升15.1个百分点。利息净收入稳步增长。至年末，绍兴银行业实现利息净收入339亿元，增加36亿元，增幅11.9%。净利润增速大幅回升，经营效益稳步提升。

持续加大小微企业信贷投放，保持融资利率处于合理水平。至年末，辖内普惠型小微企业贷款余额2377亿元，较年初增长27.7%，高于各项贷款增速12.2个百分点；新发放的普惠型小微企业贷款利率5.16%，较年初下降0.17个百分点。着力推动无还本续贷、信用贷款增量扩面。至年末，辖内无还本续贷余额592.26亿元，较年初增长101.51%，居全省第一位；小微企业信用贷款余额443.01亿元，较年初增长38.27%。

加快完善绿色金融产品和服务体系，以排污权抵押"贷"动印染企业绿色转型。推广应用浙江省金融综合服务平台，构建金融赋能"产业大脑"数字平台。至年末，辖内制造业贷款余额2792亿元，增长14.8%；绿色信贷余额924.39亿元，增长40.06%，高于各项贷款平均增速24.45个百分点。

【政策性银行】 2021年末，农业发展银行绍兴市分行各项存款余额62.29亿元，比年初增加9.06亿元；各项贷款余额211.32亿元，比年初增加3.4亿元。全力支持脱贫攻坚成果同乡村振兴有效衔接，吸收40家企业纳入工商联"万企帮万村"台账，涉及贷款金额75.53亿元。成功获批全省首笔嵊州三溪水库6.5亿元重大项目前期贷，对接三峡集团获批当地首个PPP融资模式重大水利项目，探索金融支持联合贷款新模式。

【国有商业银行】 2021年末，全市国有大型商业银行各项存款余额5277亿元，比年初增加604亿元，增长12.9%；存款余额占全市存款余额的42.9%，比2020年同期上升0.2个百分点。各项贷款余额5104亿元，比年初增加761亿元，增长17.5%；贷款余额占全市贷款余额的43.6%，上升0.7个百分点。

工商银行绍兴分行加大对制造业、民营、普惠、绿色金融投放，通过"三服务""百行进万企"等活动，提升服务实体经济质效。至年末，各项贷款余额1120亿元，较年初增加182亿元，其中公司贷款余额650亿元，较年初增加82亿元，增幅14.5%。农业银行绍兴分行成功落地全国国有大型商业银行首单碳排放配额抵押贷款，年末绿色贷款余额247.6亿元，比年初增加92.1亿元，增速59.2%，高于全行各项贷款增速44.7个百分点。中国银行绍兴市分行普惠贷款新增57.08亿元，增幅55.24%；与市农业农村局共同发布"支持乡村振兴金融服务十条"，创新推出"乡村振兴共富贷"，涉农贷款已占贷款总额的近1/3；持续增强对重大项目的支持力度，实现投放175.97亿元，较2020年增长162.68%。建设银行绍兴分行主动融入共同富裕示范区建设，推动"蓝领公寓"租赁住房项目，取得全省首张保障性租赁住房项目认定书；倡导普惠业务的数字化经营，增速高于60%，远超监管要求；成功落地全国市场首单"乡村振兴、共同富裕"债权融资计划。交通银行绍兴分行成功落地全国首单文旅IP质押业务；在上虞突发新冠肺炎疫情期间在同业中率先紧急出台金融助企"10条举措"，支持复工复产；普惠"两增"贷款66.4亿元，比年初净增19.8亿元，增幅达42.49%；年末存贷款规模分别达到402.95亿元、446.99亿元，存贷总量均创新高。邮储银行绍兴市分行当年实体贷款增速17.3%；通过线上线下模式发放三代社保卡，年发卡25万余张；创新推出"惠农经营贷"，落地1.01亿元。

【股份制商业银行】 2021年末，全市股份制商业银行各项存款余额1832亿元，比年初增加13.8亿元，增长12.9%。存款余额占全市存款余额的14.9%。下降1.7个百分点。各项贷款余额2326亿元，比年初增加198亿元，增长9.3%。贷款余额占全市贷款余额的19.9%，下降1.1个百分点。

中信银行绍兴分行债券承投首次突破双百亿大关。全年债券承销发行份额104.35亿元，增幅230.68%，债务融资工具市场占比20.75%。各项贷款余额417.8亿元，比年初增加62.76亿元，贷款总量及增量在绍兴股份制同业中均排名第一。光大银行绍兴分行制造业贷款余额32.38亿元，较年初增加4.36亿元，增速15.55%，发行全市首单权益出资型票据，创下省内近三年同级别、同期限、同类型最低利率，实现绍兴市创新型债务融资工具零突破。华夏银行绍兴分行普惠型小微企业贷款超41亿元，创历史新高；持续打造普惠"民企通"品牌，批复10亿元的小微园区综合金融服务方案，累计放款超2亿元；实现轻纺循环贷信用贷款落地，丰富知识产权质押贷款、融资担保和无还本续贷业务模式。广发银行绍兴分行普惠小微余额73047万元，较年初增长15490万元，增幅26.91%，高于各项贷款平均增速；小微企业信用贷款增速和无还本续贷增速分别为94.82%、152.07%。平安银行绍兴分行普惠型小微企业贷款净增4.02亿元，增速51.27%；为某大型半导体集成电路企业开立国际信用证(折合人民币1.5亿元)。招商银行绍兴分行当年新增贷款35.81亿元，增幅21.87%；制造业贷款当年新增16.09亿元，增幅47.39%；对全市集成电路产业投放超40亿元；普惠型小微企业贷款当年增长27.58%。浦发银行绍兴分行重点支持战略新兴产业投资、传统制造业升级改造、小微企业融资等需求，当年新增各类融资近60亿元。兴业银行绍兴分行成功落地全省首笔经节能主管部门确权登记的用能权抵押贷款业务；年末绿色贷款余额84.9亿元；普惠小微企业客户312户，较年初增加156户，增幅100%；普惠小微贷款余额12.97亿元，较年初增加6.75亿元，增幅131.07%。民生银行绍兴分行通过浙江省金融综合服务平台贷款申请93笔，授信完成85笔，授信总金额5亿元。恒丰银行绍兴分行于2021年7月完成升格分行工作。推广"易抵贷""好房快贷""小微园区贷"等标准化产品，年末普惠贷款余额3.55亿元，较年初增加2.21亿元，增幅165%。印染产业集群授信新增获批9.14亿元。浙商银行绍兴分行制造业贷款余额新增142亿元，年末制造业贷款占比较年初再提升2个百分点；普惠贷款余额100亿元，全年普惠贷款增幅12%，高于分行全年资产平均增速10个百分点。渤海银行绍兴分行建立常态化的金融知识普及和老年人帮扶机制，提升老年人金融服务的安全感，助力跨越"数字鸿沟"。

【城市商业银行】 2021年末，全市城市商业银行各项存款余额1774亿元，比年初增加291亿元，增长19.6%。存款余额占全市存款余额的14.4%，比2020年同期上升0.8个百分点。各项贷款余额1703亿元，比年初增加307亿元，增长22.0%。贷款余额占全市贷款余额的14.5%，比2020年同期上升0.7个百分点。

绍兴银行年末制造业贷款余额368.55亿元，较年初增加90.45亿元；推进普惠金融转型发展，普惠贷款余额286.75亿元，较年初增加77.24亿元；48家集镇支行覆盖绍兴全域中心集镇。杭州银行绍兴分行制造业贷款增加9.75亿元，增幅27.59%；科技金融增加6.16亿元，增幅49.32%；绿色信贷增加6.3亿元，增幅241.95%；推出新型线上供应链产品“云e信”、纯信用全线上化的出口贸易融资产品“出口易贷”。北京银行绍兴分行1000万元以下普惠金融贷款余额27.54亿元，较2020年增长6.79亿元；通过“京管家”App、京信链平台为企业提供银税贷、普惠速贷、京信融资等线上产品，年末线上金融余额7302万元。上海银行绍兴分行以“上行e链”提升中小企业金融服务质效，累计为100余户小微企业发放线上供应链贷款，发放金额逾1亿元。民泰银行绍兴分行金融支持乡村振兴工作，准入村居50个，新增涉农贷款3.42亿元，新增普惠型涉农贷款1.74亿元；满足小微企业复工复产融资需求，发放政策性贷款283户2.69亿元。嘉兴银行绍兴分行助力制造业改造升级，支持科技金融，发展绿色金融，年末各项存款余额66.24亿元，较年初增长40.82%，各项贷款余额72.56亿元，较年初增长27.78%。宁波银行绍兴分行实现小微企业授信线上预审，结合线下网格化服务，年末普惠型小微企业贷款余额38.24亿元，较年初增长61.64%；年末制造业贷款余额49.42亿元，较年初增长45%。泰隆银行绍兴分行推进绿色信贷、推广知识产权、排污权质押贷款，拓宽小微企业融资渠道，年末绿色信贷余额1.13亿元，增速38.18%，高于各项贷款增速2.37%，当年累计发放知识产权质押贷款61户，金额1.05亿元，实现小微企业“融资+融智”。台州银行绍兴分行增强金融对小微企业的支持力度，发放信用贷款28.09亿元，发放制造业贷款14.20亿元。温州银行绍兴分行创新推出具有线上申贷、手机提款、随借随还的信用快产品“温信贷”，至年末已精准有效对接1150余户小微企业主及个体工商户等信贷主体，提供超2.58亿元融资需求服务。稠州银行绍兴分行累计签约78个整村授信村，签约418笔，提款202笔，贷款余额2373.95万元。

【农村中小金融机构】 2021年末，全市农村中小金融机构各项存款余额3163亿元，比年初增加316亿元，增长11.1%。存款余额占全市存款余额的25.7%，比2020年同期提高0.7个百分点。各项贷款余额2372亿元，比年初增加308亿元，增长14.9%。贷款余额占全市贷款余额的20.2%，比2020年同期提高0.9个百分点。

恒信农商银行发放全省首笔碳排放权抵押贷款6000万元；推出“首贷易”产品，累计发放“首贷易”24.86亿元，惠及小微企业1010户，获“绍兴市群众最满意普惠金融产品”奖；累计对24.13亿元普惠性小微企业贷款实施延期还本付息政策，惠及企业1036户。瑞丰银行成为浙江首家上市农商银行；创新推出“两员一顾问”机制，派出132名金融指导员、金融特派员，聘请300多名普惠金融顾问，通过帮企、帮村、帮农、扶困“三帮一扶”机制助力农民脱贫致富。上虞农商银行全面推广农村集体经济数字管理系统，完成全区335个行政村及沥海街道22个行政村的基础数据、财务管理模块的上线应用；年末数字贷款占比69.58%，比年初提高24.90个百分点。诸暨农商银行发放全省首笔950万元同山烧原酒抵押供应链贷款；发放全市首笔1000万元“投贷联动”贷款；全年累计发放绿色贷款2.8亿元，《激扬“党建+金融活水”浇灌“新时代文明实践”之花》案例入选全国金融系统党建百优案例。嵊州农商银行创新推出“越美·强村贷”，独家支持启动“村级集体经济发展提升基金”，为村集体经济发展提供强有力的资金“后盾”；累计向乡村振兴领域投入金融支持70.09亿元，对全市241个行政村授信12亿元，对134个相对经济薄弱村发放“越美·强村贷”6.7亿元。新昌农商银行涉农贷款余额122.59亿元，比年初新增11.61亿元，其中为205个经济薄弱村发放促增收“强村贷”6.13亿元；累计向各类企业发放绿色贷款1.28亿元。天津滨海农商行绍兴支行创新并完善“房抵贷”等小微产品，新增普惠小微业务41户、1.19亿元；跨境人民币业务、外币贸易融资项下贷款等多项国际业务实现良好发展。义乌农商银行绍兴柯桥支行加大对实体经济支持力度，新增经营性贷款3.73亿元，增幅49.51%。村镇银行践行支农支小宗旨，各项存款余额115亿元，比年初增加3.8亿元，增长3.5%；各项贷款余额116亿元，比年初增加10.5亿元，增长10%。

【外资银行】 2021年，华侨永亨银行绍兴分行利用海外融资的低成本优势，帮助企业避免汇率风险以及利率波动风险，有效降低企业财务成本。联合集团母行新加坡华侨银行，为“走出去”浙江企业提供约合人民币4.89亿元授信总额，企业根据实际经营需求提款人民币2.99亿元。

（绍兴银保监分局/提供）

资本市场

【概况】 2021年，绍兴市实施促进经济高质量发展“凤凰行动”计划2.0版，深化上市公司引领产业发展示范区试点建设，推进企业对接多层次资本市场。浙江迎丰科技股份有限公司、浙江春晖智能控制股份有限公司、浙江泰坦股份有限公司、浙江绍兴瑞丰农村商业银行股份有限公司、浙江新中港清洁能源股份有限公司、国邦医药集团股份有限公司、浙江新柴股份有限公司、远信工业股份有限公司、浙江盛泰服装集团股份有限公司成功上市；浙江金道科技股份有限公司过会待发。至年末，“绍兴板块”累计实现上市企业92家，其中境内77家、境外15家，居全省地级市首位，全国同类地市第4位；新增首发上市融资额65.67亿元，再融资67.86亿元，累计实现上市融资1320.94亿元。

【印发《绍兴市“十四五”金融业发展规划》】 2021年6月，绍兴市人民政府印发《绍兴市“十四五”金融业发展规划》，明确“十四五”期间绍兴市金融发展的总体目标、主要任务以及有关保障措施等。提出到2025年将绍兴打造成为融资畅通工程深化提升示范区、上市公司高质量发展示范区、产业金融创新发展示范区、地方金融治理现代化示范区的总体目标；立足金融服务实体经济高质量发展，聚焦绍兴产业体系重构，聚焦金融改革创新，聚焦金融风险防控，聚焦治理体系治理能力提升，提出7方面主要任务。

【上市公司并购重组】 2021年，绍兴市有13家上市公司开展16起并购重组，涉及资产价值32.48亿元。至年末，全市累计54家上市公司开展并购重组303次，涉及金额1423.87亿元，其中跨境并购52次，涉及金额232.7亿元。

【产权交易】2021年，绍兴市本级公共资源交易中心累计完成各类产权交易17宗，成交15宗，46个标的，底价(起拍价)4965.34万元，成交额5437.51万元，增幅9.51%。

【证券期货业】至2021年末，绍兴市有112家证券营业部，1家期货公司(大越期货)和14家期货营业部；全市证券开户数为1915774户，期货开户数为26834户。全年，全市完成证券交易金额66801.23亿元、期货交易金额21750.13亿元。

2021年绍兴市新增上市企业一览表

表46

公司简称（股票代码）	总股本（万股）	流通股本（万股）	上市时间、地点	募资总额（万元）
泰坦股份(003036)	21600.00	5962.00	2021/1/28，深圳	30888.00
迎丰股份(605055)	44000.00	9894.74	2021/1/29，上海	38560.00
春晖智控(300943)	13588.00	8010.64	2021/2/10，深圳	33286.00
瑞丰银行(601528)	150935.49	15093.55	2021/6/25，上海	122559.62
新中港(605162)	40045.10	8009.02	2021/7/7，上海	48614.75
新柴股份(301032)	24113.34	6028.34	2021/7/22，深圳	29960.85
国邦医药(605507)	55882.35	8382.35	2021/8/2，上海	273013.14
远信工业(301053)	8175.25	1839.60	2021/9/1，深圳	24262.28
盛泰集团(605138)	55556.00	5556.00	2021/10/27，上海	55393.32

2021年绍兴市证券营业部交易金额一览表

单位：亿元

表47

营业部	交易金额	营业部	交易金额
财通证券绍兴分公司	141.80	开源证券绍兴营业部	343.86
财通证券绍兴人民路营业部	1966.81	国金证券绍兴营业部	108.31
财通证券绍兴袍江营业部	343.79	金元证券绍兴营业部	116.43
财通证券绍兴解放大道营业部	1284.04	国融证券绍兴营业部	185.13
海通证券绍兴营业部	2942.56	民生证券绍兴营业部	35.15
银河证券绍兴营业部	4441.14	平安证券绍兴营业部	326.55
方正证券绍兴营业部	1718.43	国海证券绍兴营业部	43.64
浙商证券绍兴分公司	3442.14	华西证券绍兴营业部	83.76
浙商证券绍兴平江路营业部	194.64	首创证券绍兴营业部	37.87
浙商证券解放北路营业部	1380.65	信达证券绍兴解放大道营业部	159.08
中信证券绍兴分公司	4302.60	中金财富证券绍兴营业部	0.03
中信证券绍兴中兴南路营业部	176.13	华鑫证券绍兴营业部	6.29
广发证券绍兴营业部	1304.07	财通证券柯桥营业部	2239.61
光大证券绍兴营业部	788.93	浙商证券柯桥营业部	1074.64
华泰证券绍兴营业部	3659.88	中信证券柯桥营业部	1334.01
中泰证券绍兴营业部	1425.00	国元证券柯桥营业部	631.90
山西证券绍兴营业部	326.68	银河证券柯桥营业部	447.69
万联证券绍兴营业部	745.43	山西证券柯桥营业部	116.40
国泰君安绍兴营业部	570.81	华林证券柯桥营业部	143.81
银泰证券绍兴营业部	217.10	光大证券柯桥营业部	182.23
中信建投证券绍兴营业部	380.22	东北证券柯桥营业部	233.55
招商证券绍兴营业部	97.09	东方财富证券柯桥营业部	54.33
华安证券绍兴营业部	321.64	方正证券柯桥营业部	72.01
国信证券绍兴分公司	883.37	国信证券柯桥营业部	194.76
万和证券绍兴营业部	201.90	华福证券柯桥营业部	31.81

续表 47

营业部	交易金额	营业部	交易金额
中山证券绍兴营业部	148.34	开源证券绍兴分公司	11.43
申万宏源证券绍兴营业部	595.10	开源证券柯桥营业部	32.36
长江证券绍兴营业部	155.99	财通证券柯北大道营业部	208.99
恒泰证券绍兴胜利路营业部	141.63	兴业证券柯桥营业部	0.17
恒泰证券绍兴中兴南路营业部	45.78	联储证券柯桥营业部	4.39
国元证券绍兴营业部	101.42	财通证券钱清营业部	927.76
东方财富证券绍兴营业部	118.66	浙商证券钱清营业部	193.84
兴业证券绍兴分公司	258.43	财通证券柯桥福全营业部	62.10
中天证券绍兴营业部	78.48	天风证券柯桥福全营业部	176.34
国盛证券绍兴营业部	323.27	财通证券上虞营业部	1040.76
东方证券绍兴营业部	390.91	海通证券上虞营业部	2367.04
华福证券绍兴分公司	236.96	银河证券上虞营业部	599.17
华福证券绍兴人民路营业部	24.32	中信证券上虞营业部	2216.69
浙商证券上虞营业部	233.31	东方财富证券诸暨营业部	98.48
东方证券上虞营业部	367.07	华福证券诸暨营业部	85.32
五矿证券上虞营业部	320.50	海通证券嵊州营业部	1774.75
光大证券上虞营业部	81.49	中信证券嵊州营业部	641.44
国元证券上虞营业部	70.88	国信证券嵊州营业部	295.02
宏信证券上虞营业部	32.66	财通证券嵊州营业部	208.52
中信证券诸暨营业部	2679.25	国元证券嵊州营业部	125.94
中信证券诸暨大桥路营业部	129.88	光大证券嵊州营业部	111.62
财通证券诸暨营业部	544.96	浙商证券嵊州营业部	325.89
财通证券诸暨店口营业部	179.42	方正证券嵊州营业部	34.14
财通证券诸暨大唐永新路营业部	15.70	财通证券新昌营业部	2486.79
海通证券诸暨营业部	344.85	海通证券新昌营业部	216.09
广发证券诸暨营业部	1041.75	方正证券新昌营业部	550.67
方正证券诸暨营业部	256.10	银泰证券新昌营业部	91.14
浙商证券诸暨营业部	866.10	华龙证券新昌营业部	22.81
国元证券诸暨营业部	135.47	上海证券新昌营业部	110.55
银河证券诸暨营业部	232.17	银河证券新昌营业部	43.26
山西证券诸暨营业部	10.19	兴业证券新昌营业部	117.03
合计	66801.23		

2021 年绍兴市期货机构（营业部）交易金额一览表

表 48　　单位：亿元

机　构	交易金额	机　构	交易金额
浙江大越期货股份有限公司	8434.4	华泰期货绍兴营业部	2577.85
永安期货绍兴分公司	2375.15	国海良时越城营业部	1873.53
中信期货绍兴营业部	1577.85	国海良时诸暨营业部	927.17
浙商期货绍兴营业部	607.42	永安期货诸暨营业部	1452.06
南华期货绍兴营业部	856.29	大地期货诸暨营业部	645.11
新世纪期货绍兴营业部	423.30		
合　计	21750.13		

注：浙江大越期货股份有限公司全年交易金额含下属的柯桥、上虞、诸暨三家营业部的交易金额。

（市金融办／提供）

保险业

【概况】 至2021年末，全市有各类保险机构326家，其中市级机构60家（财产险28家、人身险32家），县级及以下机构266家（财产险161家、人身险105家）。市级机构包括市级分公司2家、中心支公司53家、营销服务部4家、办事处1家，县级及以下机构包括支公司105家、营业部34家、营销服务部127家。

实现保费收入202.71亿元，比2020年增长5.46%，其中财产险公司保费收入69.29亿元，增长1.03%；人身险公司保费收入133.42亿元，增长7.92%。全市保险企业提供27.02万亿元风险保障，其中财产险公司保障21.43万亿元，人身险公司保障5.59万亿元。累计支付各类赔款和给付72.84亿元，增长14.08%，其中财产险公司赔款金额48.04亿元，增长9.51%，人身险公司赔付金额24.79亿元，增长24.12%。

保险业进一步加大互联网＋技术、大数据、云计算、AI技术等应用，推广“空中客服”和“无接触”线上服务，运用视频连线、远程认证等手段，创新发展非现场核查、核保、核签等方式，引导消费者通过互联网、手机App、微信公众号等途径办理保险业务。创新推出“区块链＋线上商保理赔”保险理赔操作方式，浙江省首个理赔案例在上虞区完成。

【财产险公司业务】 2021年，绍兴市财产险公司保费收入69.29亿元，比2020年增长1.03%，其中车险保费收入49.51亿元，下降7.94%；非车险保费收入19.78亿元，增长33.62%。全市财产险公司赔付支出48.04亿元，增长9.51%，赔付率69.33%。其中，车险赔款支出37.85亿元，增长9.83%，赔付率76.45%；非车险赔付支出10.19亿元，增长8.31%，赔付率51.52%。全市实现承保利润27912.44万元，其中车险盈利18534.3万元，非车险盈利9378.14万元。全市27家公司中的13家实现盈利，盈利面48.15%。全市综合成本率、综合赔付率、综合费用率、手续费率分别为95.52%、73.67%、21.85%、7.77%，其中车险综合成本率、综合赔付率、综合费用率、手续费率分别为96.07%、76.1%、19.96%、4.72%；非车险综合成本率、综合赔付率、综合费用率、手续费率分别为93.83%、66.12%、27.21%、15.41%。

财险公司车险保费收入占比71.45%，减少6.95个百分点；非车险业务发展相对较快，其中健康险、保证险、货运险、责任险、信用险、意外险、农业险、船舶险和企财险分别增长103.79%、84.16%、68.94%、46.37%、29.65%、24.77%、15.33%、0.6%和0.04%，工程险和家财险分别下降18.61%、17.97%。中国人民财产保险股份有限公司绍兴市分公司、中国太平洋财产保险股份有限公司绍兴中心支公司和中国平安财产保险股份有限公司绍兴中心支公司发展较为稳定，公司保费收入增长2.14%，增速高于市场平均水平1.11个百分点，市场占比75.96%，比2020年同期上升0.83个百分点。此外，保费规模在1亿元以上的公司4家，较上年减少3家，保费收入下降24.26%，增速低于市场平均水平25.29个百分点，市场占比13.73%，下降4.58个百分点；其余20家公司保费收入增长58.94%，增速高于市场平均水平57.91个百分点，市场占比10.31%，上升3.76个百分点。

2021年绍兴市各财产险公司基础数据一览表

表49

项目 公司	保费收入（万元）	增长（%）	赔款金额（万元）
人保财险	279491.51	6.23	198509.04
太平洋产险	112782.06	−1.64	75749.40
平安产险	134263.81	−2.53	89699.01
天安财险	8832.59	−3.63	6767.80
华泰财险	3141.02	−0.37	2721.43
中华财险	23703.44	12.01	12790.31
大地保险	9840.56	−25.53	8243.04
华安财险	1964.72	48.20	1026.55
永安保险	5878.36	12.52	3477.59
太平财险	9711.85	−3.26	6649.63
大家财险	1085.12	−60.09	2213.07
都邦保险	1885.62	21.38	1384.26
安盛天平	2431.32	−26.73	2014.89
阳光财险	10279.45	−18.21	9317.81
亚太财险	1398.61	−21.65	1056.47
国寿财险	46977.65	10.19	31058.65
中银保险	4762.57	−8.90	3646.65
永诚保险	1673.28	7.18	136.91

续表 49

项目 / 公司	保费收入（万元）	增长（%）	赔款金额（万元）
渤海财险	398.56	−39.86	652.01
长安责任	7542.10	−30.97	6308.64
安诚财险	2300.20	−7.47	1574.51
太安农险	558.21	96.76	205.14
浙商保险	14196.69	−5.93	9313.21
紫金财险	1049.99	11.44	804.84
国任保险	1460.92	8.43	1564.93
英大财险	3627.10	41.73	1576.93
众诚保险	1928.74	16.72	1408.53
中国信保	—	—	—
合　计	693166.05	1.03	479871.26

2021 年绍兴市财产险公司保费收入一览表

表 50

项目 / 地区	保费收入（亿元）	排名	增长（%）	排名	占比（%）
越城区	24.01	1	−0.54	4	34.65
诸暨市	12.91	2	−1.95	5	18.63
柯桥区	10.75	3	2.10	3	15.52
上虞区	10.47	4	9.84	1	15.11
嵊州市	6.36	5	−2.79	6	9.18
新昌县	4.80	6	2.42	2	6.92
合　计	69.32	—	1.03	—	100.00

【人身险公司业务】 2021 年，绍兴市人身险公司保费收入 133.42 亿元，比 2020 年增长 7.92%。人身险公司赔付支出 24.79 亿元，增长 24.12%，其中满期给付 8.77 亿元，增长 5.13%；赔款支出 5.1 亿元，增长 83.29%；年金给付 5.37 亿元，增长 12.57%；死伤医疗给付 5.56 亿元，增长 36.07%。

分产品看，2021 年全市人身险公司人寿险、健康险、意外险保费收入分别为 99.16 亿元、25.52 亿元、2.72 亿元，分别增长 7.29%、16.2% 和 −7.49%，业务占比分别为 77.83%、20.03% 和 2.13%。分渠道看，全市人身险公司个险、银保、团体和新渠道实现保费收入分别为 88.29 亿元、31.33 亿元、7.25 亿元和 0.52 亿元，分别增长 2.21%、24.34%、40.47% 和 −9.57%，业务占比分别为 69.3%、24.59%、5.69% 和 0.41%。分新单看，全市人身险公司新单保费 41.19 亿元，增长 12.43%，业务占比 32.33%。新单期缴率 54.13%，下降 3.61 个百分点。续期保费占比 67.67%，下降 1.1 个百分点。有保费收入亿元以上的公司 18 家，增加 2 家，保费收入增长 9.22%，增速高于市场平均水平 0.63 个百分点，市场占比 96.66%，上升 0.56 个百分点；保费收入亿元以下 1000 万元以上的公司 12 家，增加 3 家，保费收入下降 3.02%，增速低于市场平均水平 11.61 个百分点，市场占比 3.33%，下降 0.4 个百分点；保费收入 1000 万元以下的公司 1 家，减少 4 家，保费收入下降 90.78%，增速低于市场平均水平 99.37 个百分点，市场占比 0.01%，下降 0.17 个百分点。

2021 年绍兴市各人身险公司基础数据一览表

表 51

项目 / 公司	保费收入（万元）	增长（%）	赔付金额（万元）
中国人寿	244117.39	3.64	43269.85
太平洋寿险	125062.80	13.00	38001.50
平安人寿	234975.48	−3.65	39381.22
泰康人寿	165241.95	2.01	26398.46
新华保险	57857.01	2.75	18306.55
民生保险	1333.52	−5.28	364.07
太平人寿	66284.09	12.99	5518.03

续表 51

项目 公司	保费收入（万元）	增长（%）	赔付金额（万元）
富德生命	29116.08	65.48	2479.23
中宏人寿	17465.82	1.44	2135.67
中德安联	189.35	12356.96	64.57
光大永明	1550.06	62.51	117.50
农银人寿	15610.34	14.72	1728.74
合众人寿	2760.43	11.23	166.84
华泰人寿	7371.24	−3.85	918.69
平安养老	7944.90	70.98	4887.18
国华人寿	11842.71	−31.77	573.27
人保健康	1051.95	−10.29	233.25
人保寿险	57638.26	84.61	7343.23
阳光人寿	29894.25	11.70	3955.43
大都会人寿	6515.30	13.83	773.54
中信保诚	4323.67	34.03	55.86
信泰人寿	64103.45	−3.52	1149.05
工银安盛	29334.05	48.26	1307.67
招商信诺	12069.58	−3.73	296.58
华夏保险	45556.77	20.38	23055.23
大家人寿	15195.41	72.04	2734.67
长生人寿	1360.71	98.25	21.42
和谐健康	3324.79	6609.69	15.04
英大人寿	10010.89	17.00	38.54
同方全球	1094.93	201.87	0.23
平安健康	3760.89	—	344.47
合　计	1273958.07	8.59	225635.58

2021 年绍兴各地区人身险公司保费收入一览表

表 52

项目 区域	保费收入（亿元）	排名	增长（%）	排名	占比（%）
越城区	62.52	1	13.75	1	49.07
诸暨市	23.27	2	4.35	4	18.27
上虞区	14.22	3	7.51	3	11.16
柯桥区	11.78	4	−0.47	5	9.24
嵊州市	10.96	5	8.91	2	8.60
新昌县	4.65	6	−5.77	6	3.65
合　计	127.40	—	8.59	—	100.00

【企业财产保险】 2021 年，绍兴保险业共为 2.41 万余家企业提供财产保障。为绍兴市轨道交通 1 号线、2 号线工程提供风险保障 219.34 亿元，为杭绍甬高速杭州至绍兴段工程 PPP 项目提供风险保障 163 亿元，为杭金衢至杭绍台高速联络线提供风险保障 65 亿元；为绍兴高铁北站综合体项目提供风险保障 34.26 亿元，为浙大邵逸夫医院绍兴院区建设项目提供风险保障 15.95 亿元；为杭绍城际铁路提供 75 亿元综合保险保障，为嵊州市、新昌县公路提供 70.92 亿元综合保险保障；继续为嘉绍大桥以及地方支柱产业和重点企业提供财产风险保障，为重大技术装备、首台套、重点新材料首批次应用等提供保险服务；为万余家小微企业提供风险保障 1000 亿余元。

【出口信用保险】 2021 年，中国出口信用保险公司绍兴办事处、中国人民财产保险股份有限公司绍兴市分公司、中国太平洋财产保险股份有限公司绍兴中心支公司为绍兴市出口企业提供 778.67 亿元出口信用保险，报损金额 3608.57 万美元，共支付赔款1659.13万美元，追偿海外欠款约合1475.49万美元。在各区、县（市）分别建立政府小微联保平台，保费由财政全额支付，受益小微企业9277家次；联合相关职能部门支持企业“走出去”，定期、免费发布咨讯服务，为企业进行政策和防范风险培训400余场次，为企业提供资信调查和评估近3600个。

【“三农”保险】 2021年，绍兴保险业继续开展水稻、生猪、林木等19个品种的政策性农业保险，包括茶叶低温气象指数保险、淡季蔬菜成本价格保险、家庭农场综合保险（柯桥区）、杨梅气象指数保险（上虞区）、花卉苗木保险（柯桥区）、桃形李种植保险（嵊州市）、水蜜桃种植保险（上虞区）、香榧高温干旱气象指数保险（诸暨市）等12个地方特色品种保险和生猪强制扑杀保险、水稻收获期损失补失保险、现代农业生产主体种植业保险等7个商业性农业保险业务，新增开展“生猪贷”惠农创新型信用担保保险等业务。政策性农业保险金额32.79亿元，向受灾农户支付赔款9827.54万元；农房保险金额229.28亿元，赔付1172.58万元。

【首个“乡村振兴”试点项目落地外婆坑村】 2021年6月，中国平安财产保险股份有限公司绍兴中心支公司首个“乡村振兴”试点项目在新昌县镜岭镇外婆坑村落地，从整体建设、招商引资等对外婆坑村提供系列支持，为特色产品玉米饼定制专项保险，为有机茶园制定数字化溯源系统，通过公司网络渠道帮助地方特色优质农产品销售。

【商业大病养老保险和特殊人群意外伤害保险】 2021年，绍兴市扩大“大病再保险”项目，各区、县（市）全面开展商业大病保险工作，覆盖约479.41万人。同时，支持政府购买服务，开展基本医疗保险经办业务，覆盖各区、县（市）约479.41万人；继续开展上虞区基本医疗保险意外伤害保险经办业务，覆盖约73万人；创新开展上虞区和新昌县工伤保险政保合作项目，分别覆盖29.71万人和14.51万人。开展专属商业养老保险试点工作，探索服务新产业、新业态从业人员和各种灵活就业人员以及广大农村群体的养老需求。保险业为全市10万余名残疾人提供90.51亿元的人身意外伤害保障，为40余万人次老年人提供近1400亿元出行平安意外保障。中国人寿保险股份有限公司绍兴分公司为全市4.26万余名低收入农户建档立卡，提供120.62亿元的健康保障，为5300名计生特殊困难家庭人员提供健康保障。中国太平洋财产保险股份有限公司绍兴中心支公司继续向绍兴退役军人捐赠见义勇为团体意外险。

【“越惠保”上线】 2021年1月7日，由中国太平洋人寿保险股份有限公司浙江分公司为主承保人，中国人民财产保险股份有限公司绍兴市分公司、中国人寿保险股份有限公司绍兴分公司、中华联合财产保险股份有限公司浙江分公司、平安养老保险股份有限公司浙江分公司为共同保险人，绍兴市首款政府指导的普惠型商业补充医疗保险产品——“越惠保”正式上线，缴费标准为每人每年100元，全年参保人数3068466人。6月、10月、12月对产品责任进行调整完善，为61101个家庭，34万余人次减轻医疗费用负担27634.17万元，资金赔付率90.06%，提升患病群众医保保障综合保障水平5.74个百分点。

【责任保险】 2021年，绍兴保险业在全市继续推广校园方责任险，覆盖全市700余所大、中、小学校和幼儿园，保障金额345.53亿元；开展公路客运和道路危险货物承运人责任保险，保障金额1207.74亿元；为106家医疗机构提供医疗责任保险，为越城区、柯桥区、上虞区和嵊州市的投保人支付赔款1283.89万元；组建共保体统一推广电梯安全责任险，承保电梯8291台，保障金额约352.12余亿元；开展食品安全责任保险，保障金额12.17亿元；探索“承保＋减损＋赋能＋理赔”新商业模式，组建危化品生产企业，矿山、烟花爆竹、金属冶炼企业，建筑产业和安全生产等4个责任保险共保体，为近千家企业和项目提供200亿余元风险保障；继续开展与环境污染、火灾、燃气管道、道路、雇主、重点新材料首批次应用等相关责任保险。

【发挥资金融通功能】 2021年，国华人寿保险股份有限公司绍兴中心支公司、华夏人寿保险股份有限公司绍兴中心支公司等6家公司联系总公司，引进总公司保险资金支持绍兴经济社会发展，通过信托、购买企业债券、债权投资计划等形式，累计投资余额36.69亿元。中国人民财产保险股份有限公司绍兴市分公司将保证保险电子保单引入公共资源交易领域，全年共出具保单3.57万余笔，释放建筑企业保证金77.53亿元；与全市住建系统农民工工资保证金管理机构签署合作协议，承保项目251个，为建筑业企业释放农民工工资保证金8.85亿元。中国出口信用保险公司绍兴办事处、中国人民财产保险股份有限公司绍兴市分公司与银行签订信保融资合作协议，利用保单为企业提供融资增信，累计提供增信金额22.74亿元。通过建设工程综合保险、关税保证保险等保证保险，为企业释放流动资金。人身险公司推出保单借款服务，共有21家公司达成10.53万余件保单借款，涉及款项38.16亿余元；多家公司持续推出借款人意外伤害保险，解决借款难问题。

【“事故快处通”平台建设】 2021年2月，“交通便民‘一件事’集成改革”被绍兴市八届人大六次会议列为2021年度绍兴市民生实事项目。“‘事故快处通’轻微物损交通事故便捷服务平台建设项目”由市保险行业协会、市公安局交通管理局、绍兴辖内各财产保险公司搭建，通过一键视频报案、视频连线、远程定责、自动触发保险报案、平台互动、现场直赔等线上智能服务，实现非伤人轻微交通事故现场处理，实现轻微物损交通事故“现场快撤、责任快定、损失快赔”。平台自建设运行以来，共受理视频报案28万余件，贯通保险理赔数据106万余条。该平台被列为浙江省数字社会“揭榜挂帅”项目。

（绍兴银保监分局／提供）

开发区

综　述

【概况】 2021年，全市省级以上开发区实现规模以上工业总产值7159.5亿元，比2020年增长19.3%，与全市增幅持平，占全市的84.6%；营业收入6605.5亿元，比2021年增长21.2%，与全市增幅持平，占全市的85.4%；利润526.2亿元，增长12.3%，比全市增幅低1.0个百分点，占全市的89.7%；利税总额690.8亿元，增长11.8%，比全市增幅低2.0个百分点，占全市的86.6%。

全市省级以上开发区完成自营出口21707349万元，增长10.2%，比全市增幅低5.3个百分点，占全市的78.7%。合同利用外资136530万美元，下降31.5%，比全市降幅低2.2个百分点，占全市的70.3%；实到外资71766万美元，增长2.2%，比全市增幅低3.1个百分点，占全市的94.5%。

【开发区进位争先成绩优异】 2021年，在商务部综合评价排名中，柯桥经济技术开发区列第45名，蝉联全国前五十强；杭州湾上虞经济技术开发区列第72名，保持全国第一方阵；袍江经济技术开发区列第77名，保持高进位速度。在全省排名中，诸暨经济开发区列第7位，是全省进位最快经开区，获"比学赶超效果突出"荣誉；嵊州经济开发区列第8位，与上年持平；新昌经济开发区列第48位，上升5位。柯桥区、诸暨市、嵊州市经济开发区入围全省16家"2021年浙江开发区'优等生'"名单，绍兴市为全省入围"优等生"最多地市。

【开发区产业链"链长制"试点】 2021年，绍兴市在全省范围内率先开展"链长制"试点，在全省产业"链长制"评审中，柯桥(时尚纺织)、杭州湾上虞(新材料)、嵊州(高端智能厨电)入选"链长制"示范试点单位，袍江(集成电路)、诸暨(新汽车)、新昌(生物医药)入选"链长制"试点单位，其中，杭州湾上虞经开区获产业链"链长制"优秀示范单位(全省共8家)。

【开放平台共建工作】 2021年，绍兴市省级以上经济开发区与山区26县开放平台共建发展取得突破。袍江经济技术开发区与开化、仙居，柯桥经济技术开发区与江山经济开发区产业飞地建设加快推进；杭州湾上虞经济技术开发区与景宁经济开发区签订《共建协议》，探索"双链长制"试点模式，共建产业链生态圈；柯桥经济技术开发区(与江山经济开发区)获产业链"双链长制"省级试点单位。

（市商务局／提供）

绍兴滨海新区

【概况】 绍兴滨海新区位于杭州湾南岸、绍兴市北部，2019年11月25日获省政府批准设立，2019年11月29日正式揭牌，是浙江省首批省级新区之一。规划面积430平方千米，包括江滨区块、袍江区块、高新区块和镜湖区块等四大片区，常住人口约60万人，托管10个街道。新区定位"一极三区"：大湾区发展重要增长极、全省传统产业转型升级示范区、杭绍甬一体化发展先行区、杭州湾南翼生态宜居新城区。2021年，完成地区生产总值806亿元，比2020年增长9.5%；财政收

2021年绍兴市省级以上开发区主要指标一览表

表53

名　称	合同利用外资		实际利用外资		自营出口	
	实绩（万美元）	增长（%）	实绩(万美元）	增长（%）	实绩（万元）	增长（%）
合计	136530	−31.5	71766	2.2	21707349	10.2
滨海新区(绍兴高新技术产业开发区、袍江经济技术开发区）	23383	−61.9	13173	−7.7	5880348	3.8
柯桥经济技术开发区(柯桥区滨海工业区)	68267	−21.3	28215	35.7	7540439	13.8
杭州湾上虞经济技术开发区(上虞经济开发区)	23004	−11.7	17408	−22.8	2081532	6.6
诸暨经济开发区	20047	4.6	8857	94.9	2346426	17.9
诸暨现代环保装备高新技术产业园区	0	—	0	−100.0	1293000	14.3
嵊州经济开发区	1829	−51.9	1913	−4.7	668684	1.1
新昌高新技术产业园区	0	−100.0	0	−100.0	1287557	7.4
新昌经济开发区	0	—	2200	—	609363	27.6

入 119 亿元，增长 18.5%；规模以上工业总产值 1356 亿元，增长 25%；固定资产投资 653 亿元，增长 38.6%。

累计签约 10 亿元以上项目 30 个，总投资近 700 亿元，其中集成电路产业项目 9 个，生物医药产业项目 14 个。实施重点产业项目 159 个，完成投资 380 亿元，中芯绍兴一期实施扩产、二期项目启动建设，长电绍兴一期通线生产；入选第一批省重大产业项目 6 个，占全市 30.8%，7 个市县长项目工程全部开工入库。多渠道筹措新增建设用地指标 295.6 公顷，出让产业用地 20 宗，面积 117.53 公顷。国有企业完成融资 512 亿元，争取政府专项债券 72.26 亿元，规模居全市第一位。

滨海新区列入省首批高能级战略平台培育名单。绍兴袍江经济技术开发区和绍兴高新技术开发区全国排名分列第 77 位、81 位。绍兴综保区正式封关运行，为全省首个“当年开工、当年竣工、当年验收”的综保区。集成电路、高端生物医药两大平台分获全省考核第二名、第三名。

开展沥海城市副中心、袍江城市更新、国际生命健康科技产业新城等重点区域的城市设计和规划研究。建设沥海城市副中心，推进城市水街、乡贤聚落、未来社区等重点区块的招商建设，其中城市水街达成意向投资项目 6 个。肿瘤医院、金融学院等重大项目开工建设。保障杭绍甬智慧高速、越东路连接线、329 国道等重大交通建设工程，开展交通对接深化专题研究，谋划对接与钱塘区、前湾新区互联互通道路建设。

滨海科技城完成整体规划编制，深检集团华东总部基地启动设计方案招标；推进绍芯实验室建设，签约引进杭州电子科技大学集成电路科学与工程学院、西安电子科技大学宽禁带半导体国家工程中心等项目。推进人才管理改革试验区建设，在全省率先探索实施青年科学家“免评审”、高层次人才“双聘制”等 4 项首创特色制度，首批认定“双聘”“免评”人才各 10 名。入选国家、省级引才计划人数列全市第一位。创新“三个一”审批滨海模式和投资服务“一件事”改革，建立“做地”“净地”标准管理体系，创造中芯二期项目从土地摘牌到开工用时 7 天的新纪录。

2021 年 3 月 1 日，杭州电子科技大学集成电路科学与工程学院（杭电绍兴校区）项目签约仪式举行　　（滨海新区管委会／提供）

【杭州电子科技大学集成电路科学与工程学院落户】 2021 年 3 月 1 日，杭州电子科技大学集成电路科学与工程学院（杭电绍兴校区）落户签约仪式举行，绍兴市政府、杭州电子科技大学、绍兴滨海新区签订合作框架协议，建设以人才培养、科技创新和成果转化于一体的新型高等教育载体。

【签订共建山海协作“产业飞地”框架协议】 2021 年 4 月 14 日，绍兴滨海新区与衢州市开化县签订共建山海协作“产业飞地”框架协议。根据协议，双方在滨海新区合作共建超 100 公顷的“飞地”产业园，按照一次规划、分期建设的方法实施。一期“产业飞地”启动区块面积不少于 3.33 公顷，重点布局和发展生物医药、集成电路、高端装备等。

【绍兴沥海城市副中心（上海）推介会举行】 2021 年 4 月 28 日，“共叙乡情　共建沥海”绍兴沥海城市副中心（上海）推介会举行。沥海城市副中心规划总面积约 29 平方千米，其中核心区 5 平方千米。规划从水城特色、产城关系、交通系统为切入点，定位为“一座产城深度融合的先锋智城、一座可持续生长的未来水城”，总体结构为“十字城脊、三环链网、组团生长”。

【省“万亩千亿”新产业平台建设现场推进会召开】 2021 年 5 月 18 日，浙江省“万亩千亿”新产业平台建设现场推进会在越城区召开。会上，滨海新区高端生物医药平台与省民企联合投资、省金控公司达成产业基金战略合作。（详见 P152）

【绍兴长电中道先进封装生产线项目一期主体工程结顶】 2021 年 6 月 28 日，长电集成电路（绍兴）有限公司 300 毫米集成电路中道先进封装生产线项目一期主体工程结顶仪式举行。项目总投资 120 亿元，其中一期投资 80 亿元，主要建设年产 300 毫米 eWLB、A-eWLB 产品 48 万片的封装测试生产线。

【第十届中国医药生物技术论坛暨第二届绍兴生命健康产业峰会举行】 2021 年 10 月 23 日，以“促进技术创新、加速成果转化”为主题的第十届中国医药生物技术论坛暨第二届绍兴生命健康产业峰会举行。（详见 P183）

【绍兴综保区（一期）通过国家正式验收】 2021 年 12 月 2 日，海关总署、国家发改委、财政部、自然资源部、商务部、国家税务总局、国家市场监管总局、国家外汇管理局等部委联合验收组，同意绍兴综保区（一期）通过验收。

【列入首批省高能级战略平台培育名单】 2021 年 12 月，浙江省推进“四大建设”工作联席会议办公室印发《关于公布首批浙江省高能级战略平台培育名单的通知》，绍兴滨海新区是全市唯一一个入选平台。

（滨海新区管委会／提供）

柯桥经济技术开发区

【概况】 柯桥经济技术开发区位于杭州湾南岸湾区经济带的核心区域，是绍兴柯桥的北大门，西临杭州，距萧山国际机场25千米，东连宁波，北接上海，杭州湾环线高速、沪杭甬高铁、嘉绍跨海大桥和浙东大运河贯穿互通。经过20多年发展，开发区拥有全国生产规模最大、产业链最完整、市场销量最大和设备最先进的大纺织产业集群，基本形成了PTA（化纤）、纺织印染、新材料（薄膜、碳纤维）、金属制造（装备机械、汽车核心配件）和环保能源等五大主导产业。

2021年，柯桥经济技术开发区实现规上工业总产值1766亿元，比2020年增长10.97%；限额以上批零销售额1044.85亿元，增长35.93%；固定资产投资178.53亿元，增长12.35%，其中工业投资134.68亿元；规模以上工业增加值424.43亿元，增长22.5%；财政总收入149.11亿元，增长17.1%；自营出口754.04亿元。辖区内入驻企业4.4万余家，其中规模以上工业企业789家，国家重点扶持的高新技术企业378家。

【跻身全省"前五强"】 2021年8月，省商务厅公布2020年度浙江省经济开发区综合考评成绩，柯桥经济技术开发区列第5位，首次挺进全省国家级经开区"前五强"；蝉联全市省级以上功能区考核"四连冠"。获评浙江省"两业"融合发展试点单位、浙江省开发区产业链"链长制"示范试点单位、浙江省先进开发区。

【平台建设整体提升】 2021年，柯桥经济技术开发区实施以商引商、产业链精准招商，加快柯桥"健康岛"、杭州湾"数智港"和新材料集群三大新兴产业平台建设；深化山海协作，成立"江山—柯桥飞地产业园"，签约引进华天光学膜百亿元项目。全年签约引进5亿元以上大项目36个，其中20亿元以上3个、50亿元以上1个，100亿元以上1个。在6月11日召开的省山区26县开放平台共建发展对接会上，柯桥经济技术开发区做分享发言。

【跨区域集聚印染组团投产】 2021年，柯桥经济技术开发区树立全市"一盘棋"理念，全力推进市区印染企业跨域集聚提升五大印染组团项目建设。年内，七色彩虹、国周纺织、一川纺织、宜滨印染四个组团完成试生产，鸿大印染组团主体结顶，累计完成固定资产投资28.5亿元。

【企业上市步伐加快】 2021年，柯桥经济技术开发区深化企业上市引育，坚定不移实施"凤凰行动"。1月29日，浙江迎丰科技股份有限公司在上海证券交易所上市，股票代码605055，成为全市首家上市印染企业，也是A股近20年来首家以印染服务为主营业务的上市公司。9月16日，浙江金道科技股份有限公司IPO顺利过会，拟创业板上市。

【城市能级提质升档】 2021年，柯桥经济技术开发区抢抓亚运城市建设机遇，全速推进上方山大道、羊山区块环境综合提升工程等亚运攀岩场馆周边配套建设；加快柯北城市有机更新步伐，完成拆迁41万平方米，做地56.67公顷，土地出让金14.88亿元；羊山未来社区、柯北高中、马鞍医院等重点民生配套设施建设推进。

【实施"项目＋人才"双激计划】 2021年，柯桥经济技术开发区实施"项目＋人才"双激计划，成功举办全国第十届药物毒理学年会暨"柯桥英才"生物医药专场评审会，引进迈亚塔菌检、君万微电子、耘芯医联等高端人才项目7个；引进工程院院士1人；自主申报入选省"引才计划"人才1人。引育的联芯致康项目领军人物郭劲宏教授获区长奖。

（柯桥区府办／提供）

杭州湾上虞经济技术开发区（浙江省上虞经济开发区）

【概况】 杭州湾上虞经济技术开发区成立于1998年12月，2013年升级为国家级经济技术开发区。上虞经济开发区成立于1992年10月，1993年批准为省级开发区。2019年1月23日，杭州湾上虞经济技术开发区（浙江省上虞经济开发区）（国家级开发区）挂牌成立。

2021年，杭州湾上虞经济技术开发区实现经济总量1850亿元，实现规模以上工业产值1363.93亿元，比2020年增长19.2%，全区占比71.23%；财政总收入69.46亿元，增长28.87%；16家企业税收破亿元，127家企业税收超千万元。

列全国国家级经济技术开发区综合发展水平考核第72位，2021年中国化工园区30强第12位。列2020年度全省国家级经济开发区综合考评第9位，质效排名全省第2位，全省高新区综合考评第4

2021年，柯桥经济技术开发区全貌　　（柯桥经开区管委会／提供）

位。先进高分子材料入选首批省级"新星"产业群培育名单。获评省制造业四星级园区和浙江省亩均领跑者(高新区)、2020年度高新区建设突出贡献集体。

【聚焦项目大抓落实】 2021年,杭州湾上虞经济技术开发区围绕"4+3+1"产业发展方向,深化产业链精准招商,聚力"万亩千亿"平台打造,全年签约项目36个、总投资489亿元,其中10亿元以上18个、50亿元以上2个、100亿元以上1个。致力于产业链精准培育,8个签约落地类项目成功落地,12个落地推进类项目全部开工,竹子制药、宏达新材等一批优质项目陆续投产,5个"市县长工程"100%入库,圆锦等11个项目成功申报省重点项目。

【体制机制逐步完善】 2021年6月,杭州湾经开区控股集团成立,并建立杭州湾上虞经济技术开发区管委会、杭州湾综管办、杭州湾经控集团联办机制,释放杭州湾上虞经济技术开发区"头部效应",提升平台整合效能。11月,上虞区人大常委会杭州湾上虞经济技术开发区工作委员会挂牌成立。年内,区人大常委会杭州湾上虞经济技术开发区工作委员会组织辖区内人大换届选举工作,新建人大代表联络站,助推杭州湾上虞经济技术开发区工作高质量高水平发展和民主政治建设。

【创新驱动战略落实】 2021年,位于杭州湾上虞经济技术开发区内的中科院杭州湾新材料创新基地、产教融合创新园建成投用,产业协同创新中心二期、天大研究院、浙大邵逸夫医院绍兴院区等项目加快建设。电机产业大脑建设经验在全省会议上做交流,卧龙电驱入选省级未来工厂试点。

【安全环保设施建设】 2021年,杭州湾上虞经济技术开发区安全环保应急指挥中心成立,危化品运输综合服务中心一期基本建成,绿色安全创新中试平台、实训中心等公共安全配套建成投用。省发改委公布对全省15个省级循环化改造示范试点单位终期验收结果,杭州湾上虞经济技术开发区被评为优秀等级。

(杭州湾上虞经济技术开发区/提供)

2021年3月29日,中科院杭州湾新材料产业创新基地启动仪式举行

(杭州湾上虞经开区/提供)

浙江诸暨经济开发区

【概况】 浙江诸暨经济开发区成立于1992年,1994年升级为省级经济开发区。2021年4月,与诸暨现代环保装备高新技术产业园区实现"两区合一"。调整"三定"方案,在设立招商处、人才科技处统筹招商引智的基础上,按照产业集群发展思路设立投资环境促进、新兴产业、智造产业、数字产业、服务业、重大项目等6个服务中心。12月6日,发布《开发区招商选资项目全生命周期服务机制》,进一步完善招商引资工作体制机制,提升招商引资工作效率和服务水平。发挥两区整合优势,对标国家级开发区争创标准编制三年行动计划,谋划申报省机器视觉"万亩千亿"新产业平台,推动平台扩容提质、进位晋级。

全年,开发区(含原高新区)实现制造业投资107.2亿元;财政收入71.02亿元,增长8.6%;基础设施投资16.15亿元,增长47.04%;出口总额363.9亿元,增长16.6%;规模以上工业增加值230.5亿元,增长27.9%;全年实现规模以上工业总产值1042.8亿元,占全市的74%,增长27.6%,成为"千亿级"大平台。新增省级众创空间1家[启迪之星(诸暨)众创空间]、绍兴市级孵化器1家(诸暨瑞祥孵化器)、省级高新技术企业研究开发中心13家。建成投运集成电路产教融合基地、九栖科创中心等一批科创平台。中俄科技人才交流国际科技合作基地、高端滑动轴承研发与应用国际科技合作基地等2家企业基地被认定为省级国际科技合作载体。中俄联合(诸暨)国际实验室签约落地。9月16—17日,在北京举办首届中国先进复合材料产业及发展论坛。10月19—21日,在诸暨温德姆酒店举办2021第四届半导体才智大会暨"创芯中国"集成电路创新挑战赛总决赛。

列省级开发区2020年度综合考评位第7名,上升16位(全省上升最快)。

【推进"双招双引"工作】 2021年,诸暨经济开发区围绕产业链精准招商,重点聚焦数智安防、新材料、生命健康、航空航天等战略性新兴产业项目招引。全年新引进项目61个,总投资超250亿元,其中50亿元以上项目2个,10亿元以上项目10个,科技型项目30个。总投资15亿美元的新宜中国数字装备智慧产业园、总投资50亿元的北京璞剑产业化项目等重大项目签约落地。实际到位内资32.32亿元,实到外资3506万美元,引进合同外资约2.3亿美元。入选"诸暨英才"人才计划人才14名,申报绍兴"名士之乡英才计划"人才30名,申报国家引才计划人才2名、省级引才计划人才10名,申报入选省级海外工程师2名,引进落地国家级、省级重点人才计划人才创业项目15个。

【新兴产业集群建设】 2021年，诸暨经济开发区围绕“一核一廊五园”建设，重点推动数智安防、半导体、生命科学、航空航天等新兴产业集群发展。共有在建工业及服务业项目98个（其中新建44个，续建54个），智能制造和节能环保、生命科学、半导体等新兴产业集聚园区建设稳步推进。新开工亿元以上项目30个，8个项目参加全省高质量发展建设共同富裕示范区重大项目集中开工，开工率100%。建成投运帕瓦新能源、幄肯新材料、至美环境等一批重点项目。新宜中国、篮球中心、国际商业航天飞控中心、零碳工厂装备制造基地等项目开工建设。新增县市长项目4个、省级笼子项目4个。数智安防产业基地被评为省二季度“红旗”项目。

【“诸暨岛”建设】 2021年，诸暨经济开发区在杭州、上海等地设立“诸暨岛”，在本地建设“杭州港”，承接沪杭都市区溢出效应，形成“异地研发孵化—本土转化生产”的产业协同发展模式。飞地模式进一步深化，中韩科创中心建成投运，上海、深圳“诸暨岛”落地运行，各飞地平台累计新引进人才科技项目26个。诸暨岛—杭州港区域联动创新园申报为2021年杭州都市圈共同富裕先行示范创新样本，“诸暨岛—杭州港”创新园汇聚两地企业80多家、省级以上人才22名，带动两地就业1000余人。

【产城融合发展】 2021年，诸暨经济开发区坚持产城一体化融合发展理念，推进“杭绍同城”，以七大城市客厅建设为主抓手，加大基础设施投资，完善城市功能配套。累计完成基础设施投资超15亿元。诸暨至上海南绿巨人通勤列车开通，宝龙广场建成投运，华夏金石学馆、人力资源服务产业园等一批城市地标项目落成，篮球中心、崇真初中、温德姆二期等一批高端配套项目实施。

【“创芯中国”集成电路创新挑战赛总决赛举行】 2021年10月19—21日，2021第四届半导体才智大会暨“创芯中国”集成电路创新挑战赛总决赛在诸暨市举行。会上，发布《中国集成电路产业人才发展报告(2020—2021年版)》。中科院院士杨德仁、集成电路产教融合发展联盟常务副理事长严晓浪分别以《半导体材料产业现状及人才培养》《产教融合　创新创业》为题做专题报告。诸暨市与4家公司签署项目合作协议，并就集成电路产业发展做生态推介。其间，举办2021“创芯中国”集成电路创新挑战赛总决赛，50多支团队参赛，评出一等奖6名、二等奖11名、三等奖17名。

【首届中国先进复合材料产业及发展论坛举办】 2021年9月16—17日，由中国复合材料工业协会主办，诸暨市人民政府、浙江省诸暨经济开发区管理委员会等协办的首届中国先进复合材料产业及发展论坛在北京友谊宾馆召开。闫楚良院士、相关领域机关领导、嘉宾、先进复合材料专业委员会30余位知名专家及国内先进复合材料领域企业代表、一线科研人员等200余人参会。

（诸暨市史志研究室／提供）

嵊州经济开发区

【概况】 浙江嵊州经济开发区创建于1992年，1994年7月被批准为省级经济开发区。2020年5月，嵊州经济开发区整合提升，不再与浦口街道办事处合署办公。2021年5月19日，位于三界镇的高新工业园区并入嵊州经济开发区，总面积223平方千米，核心区面积171平方千米，总人口约28万人。嵊州经济开发区是长三角开发区协同发展联盟理事会成员，浙江省数字化示范园区、省美丽园区示范园区。在2020年度浙江省经济开发区考评中获得第7名，获评省级先进开发区。嵊州高端智能厨电集群产业链入选浙江省开发区产业链“链长制”试点示范单位，城北化工园区被认定为省级化工园区。

2021年，嵊州经济开发区完成规上工业产值360.2亿元，比2020年增长14%；固定资产投资80.1亿元，增长87.6%，规模以上工业产值占嵊州市的70%以上。新签约亿元以上项目35个，总投资526亿元，其中100亿元以上项目2个，20亿元以上项目4个，10亿元以上项目3个，1亿—10亿元以上项目26个。实施重点工业项目69个，基础设施项目18个，商贸项目1个，完成投资80.1亿元，增长87.6%。推进与上海漕河泾开发区、青田经济开发区、上海东方美谷、怀远县等战略合作。

【比亚迪动力电池项目落户】 2021年8月19日，比亚迪新能源动力电池项目正式签约，落户嵊州经济开发区。项目签约到一期土地挂牌仅用20天，9月29日完成土地摘牌即开工。开发区(高新园区)“一站式”服务保障项目签约落地获嵊州市2021年第三批“奔跑奖”。

【打造“一室引领、一城支撑、多点协同”联动平台】 2021年，开发区(高新园区)围绕打造“一城一室”创新策源地目标，初步形成“一室引领、一城支撑、多点协同”的科技创新空间联动平台。“一室引领”（巴贝实验室）：巴贝实验室长期聚焦工厂化养蚕技术革新，自主研发了育种、防病、饲养等系统和设备，已申报成功国家专利数十项。在欧洲、美国等地开辟10余处海外市场，并实现盈利。“一城支撑”（艇湖科技城）：按照“一心居中、三区联动、两翼乐居”功能结构，以实现首位度最高的产城融合区为目标，探索形成“多层次、全覆盖、高品质”生活性服务体系，配套建设中国唐诗之城、镇海中学嵊州分校、第二人民医院、浦口城市综合体等民生工程，打造嵊州智核。“多点协同”：厨具电器创新服务综合体和真丝·领带创新服务综合体两个行业创新平台均被列入省级创建名单；北航(嵊州)科创园打造成浙东科技新高地、人才聚集地；浙江工业大学创新研究院设有先进设计与制造研发中心、智能技术与物联网研发中心、工业设计研发中心等平台。

【举办首届中国·嵊州“5G+智能制造”产业数字化转型高峰论坛】 2021年3月28日，由中共嵊州市委、嵊州市人民政府主办，嵊州经济开发区、浙江赛创未来承办的中国·嵊州“5G数字化产业”高峰论坛举行，近百名专家学者参加论坛。在活动现场，发布《嵊州市5G产业园发展规划》、剡溪创新带发展规划；中国·嵊州“5G数字化产业”创投联盟揭牌成立；相关专家带来5G行业主题分享。

（嵊州市府办／提供）

新昌高新技术产业园区（浙江新昌经济开发区）

【概况】 新昌高新技术产业园区（浙江新昌经济开发区），2021年5月经省政府批准，由原新昌高新技术产业园区（2001年12月省政府批准设立）和新昌经济开发区（2019年1月省政府批准设立）整合提升而成。园区总面积198.68平方千米，辖新昌高新园区、新昌经济开发区、浙江（新昌）境外并购产业合作园等3个省级园区（开发区）和新昌智能装备小镇、新昌万丰航空小镇等2个省级特色小镇。辖塔山片区、南岩片区、潜溪片区、梅澄片区、拔茅片区、沃洲片区、大明市片区和儒岙片区等八大片区。获“浙江省先进基层党组织”“国家外贸转型升级基地”，入围“2021年全省高新区亩均效益领跑者”名单，捷昌驱动入围“2021年全省制造业重点行业亩均效益领跑者”名单。

园区有入园企业3000余家，其中规上工业企业318家，A股上市企业14家。实现工业总产值541亿元。完成规上工业总产值541.47亿元，增长25.88%；完成工业增加值144.44亿元，增长25.01%；亿元企业完成工业总产值444.24亿元，增长24.88%；完成亿元以上工业增加值122.37亿元，增长25.27%。实现利润总额70.62亿元。完成新产品产值292.04亿元，增长11.28%；完成研发费用12.32亿元，增长20%；完成规上工业战略性新兴产业增加值93.54亿元，增长19.94%。新昌县高新园区投资集团有限公司和新昌县工业园区投资发展集团有限公司营收超14亿元，其中新昌县高新园区投资集团有限公司营收6.1亿元，实现翻番。园区维生素A、维生素E、四通换向阀等15个产品全球占有率第一，智能转杯纺纱机、叉车变速箱传动系统等20个产品国内行业第一。

有续建、新建产业项目74个，其中投产14个，竣工19个，在建41个。日发精机产业园已完成初验，准备规划验收；捷昌智能家居物联网产业园一期工程主体完成，准备初验；新和成生命健康产业园建设项目（一期）主车间、厂区道路、场地施工、厂区绿化已完成建设；SKF球轴承新昌生产基地及研发中心项目（二期）已完成规划验收。

新签约亿元以上项目30个，总投资106.09亿元，其中1亿—5亿元项目24个，5亿—10亿元项目4个，10亿元以上项目2个。2021年，实际利用外资2200万美元。2020年签约项目48个，已落地39个，落地率81.25%，2021年新签约项目30个，已落地11个，落地率36.7%。云雀计划（亿元以上）落地项目28个，一期投资70亿元，预计产值160亿元。奥斯力特高端晶振智能制造项目创造了产业项目落地投产的“新昌速度”，宁波念初机械项目是新昌近年来落地的最大台商投资项目。园区集聚国务院特殊津贴专家4人，省级创新型领军企业1家，省级创新型企业8家，人才引进培育体系不断健全。研发经费支出占园区生产总值比重6.28%，每万人发明专利拥有量125件。

完成产业项目做地84.57公顷，完成率127%；完成土地农转用征收报批29宗，用地面积92.96公顷；完成土地供地51宗，用地面积127.01公顷，其中产业项目供地87.87公顷，完成率132%；消化批而未供面积122.93公顷，完成率103%；共有产业项目熟地55.13公顷，完成率103%。新昌县高新园区投资集团有限公司和新昌县工业园区投资发展集团有限公司完成融资66.28亿元，完成率147%；完成转贷16.09亿元，完成率268%；实现营业收入3.46亿元，实现净利润7000万元。

【省制造业高质量发展先进名单“双上榜”】 2021年，新昌高新技术产业园区（浙江新昌经济开发区）与智能装备小镇“双上榜”浙江省制造业高质量发展先进单位名单。其中，新昌高新技术产业园区（浙江新昌经济开发区）连续2年被评为省高新区亩均效益领跑者，智能装备小镇连续3年被评为省特色小镇亩均效益领跑者。

【新昌县轴承产业供应链集采平台】 2021年5月12日，在全省数字化改革数字经济系统应用场景大赛上，“新昌县轴承产业供应链集采平台”获二等奖。该平台通过整合轴承行业企业在原材料采购业务过程中的企业信息流、资金流和业务流的三流合一，实现集采业务的贸易额度评估、企业画像及信用体系建设、原材料供应合同和交付、业务资金的流转与结算、开票等平台化业务监控，通过行业工业互联网平台对企业资质的初选、推荐，撮合工业互联网平台企业利用自身企业数据信用通过原材料数字化供应链平台进行贸易服务，使广大中小企业实现降本增效，提高竞争力。

【双城国际新昌科创飞地建成投运】 2021年，新昌县高新园区投资集团有限公司在杭州购置双城大厦，开辟新昌在杭拥有自主产权的首个“科创飞地”，为新昌企业探索异地借智新模式提供场地保障。

（新昌县府办／提供）

区域合作·对口支援

综 述

【概况】 2021年，绍兴市实施各类对口支援、协作项目150个，资金33761万元，其中对口支援新疆项目33个，资金14911万元；对口支援西藏项目54个，资金902万元；对口支援青海项目8个，资金1030万元；落实重庆涪陵项目5个、资金316万元；划拨东西部协作援建、援助资金15045万元，与对口帮扶地区共同开展协作项目50个；山海协作划拨援建资金1557万元。协作项目投向安居富民、产业就业、文化教育、医疗卫生等民生实事。绍兴市向对口支援、协作地区选派党政干部32人，专技人才145人。

杨曙方（浙江蓝美技术股份有限公司董事长兼总裁）、王怡（绍兴市秀水小学教师）获评全国脱贫攻坚先进个人，中共柯桥区委、新昌县镜岭镇外婆坑村委会、海亮集团、乐山片区帮扶工作组获评全国脱贫攻坚先进集体。

【全市对口工作领导小组会议】 2021年6月22日，绍兴市召开对口工作领导小组会议。市委书记、市对口工作领导小组组长马卫光强调，深入学习贯彻习近平总书记关于东西部协作和对口支援工作的重要论述精神，认真贯彻落实中央和浙江省委省政府关于对口工作和山海协作的新

2021年绍兴市对口和山海协作结对关系表

表54

对口类型	支援方	受援方
东西部协作	绍兴市	四川省乐山市
	越城区	马边县
	柯桥区	峨边县
	上虞区	金口河区
	诸暨市	沐川县
对口支援	绍兴市	新疆阿克苏地区阿瓦提县
		西藏那曲地区比如县
		青海海西州大柴旦行委
对口支援三峡库区（涪陵区）	绍兴市	涪陵区
	柯桥区	荔枝街道
	诸暨市	南沱镇
	上虞区、嵊州市、新昌县	珍溪镇
山海协作	绍兴市	衢州市
	越城区	衢州市开化县
	柯桥区	衢州市江山市
	上虞区	丽水市景宁县
	诸暨市	丽水市遂昌县
	嵊州市	丽水市青田县
	新昌县	衢州市衢江区
对口合作	绍兴市	吉林省辽源市
	越城区	龙山区（市定结对）
	柯桥区	西安区（市定结对）
	诸暨市	东辽县（市定结对）
	嵊州市、新昌县	东丰县（市定结对）
	上虞区	辽源经济开发区（市定结对）

部署新要求，大力弘扬脱贫攻坚精神，继续以高标准高要求把各项工作做得更加扎实到位，打造对口工作和山海协作工程升级版，与对口地区携手创造共同富裕美好社会。绍兴市领导盛阅春、杜旭亮、陆维、王琴英、沈志江参加。

【开展援青援藏项目推进情况联动监督】 2021 年 5 月 27 日—6 月 2 日，驻市发改委纪检监察组到青海大柴旦、西藏比如县，开展 2018—2020 年度援青援藏项目联动监督。督查组听取大柴旦、比如县相关部门、部分项目单位的情况介绍，详细了解项目实施进展情况。认真查阅 2018 年以来两地 41 个对口支援项目建设的相关档案资料，重点包括全额投资项目的政策制定、计划任务、资金安排和使用，以及项目推进验收、项目成效等相关资料，实地踏看大柴旦行委防风林、大柴旦行委中心学校教学仪器设备购置和比如县茶曲乡文成公主广场、羊秀乡旅游基础设施建设等项目。

（市发改委 / 提供）

2021 年 9 月 24—28 日，绍兴市供销系统代表团赴阿瓦提县考察学习交流

（市供销社 / 提供）

对口援疆

【概况】 2021 年，绍兴市投入援疆资金 14911 万元，实施项目 33 个，完成省定各项援疆目标任务。选派援疆干部 10 人、人才 42 人。"组团式"教育援疆示范点阿瓦提县鲁迅小学、产业援疆助推乡村振兴示范点托万克喀格木什村（葡萄村）列入第八次全国对口支援新疆工作会议现场观摩点，年度援疆工作在阿克苏地区综合考评中获第一名。实现产业援疆示范园（棉纺制造产业园区）"三年基本建成"目标，2021 年园区工业生产总值达到 10.98 亿元。

【民生援疆】 2021 年，绍兴市坚持巩固拓展脱贫攻坚成果与乡村振兴有效衔接，打造索克满村、葡萄村、幸福村等 5 个乡村振兴样板村。支持建设规范化村级阵地 10 个、党群服务中心和新时代文明实践中心 1 个。推动"最多跑一次"政务服务向镇村延伸，建设"枫桥式公安派出所"样板点，实施"千匠万岗"工程加强就业援疆。制作投放 65 座惠农销售亭，帮助当地农民增收。

【产业援疆】 2021 年，绍兴市助力阿瓦提县签约招商项目 31 个，协议资金 67.6 亿元，到位资金 30.33 亿元，其中浙江项目 8 个，协议资金 44.35 亿元，到位资金 15.65 亿元。在绍兴开设"十城百店"门店累计 74 家，帮助销售新疆农林产品 10787 吨，销售额 3.09 亿元。推进上虞盖北镇与阿瓦提阿依巴格镇等强镇强村开展"产业联盟"共建，建立葡萄示范种植基地、胡安娜杏示范基地、湖羊特色良繁基地和羊肚菌试种等高效生态农业基地。

【文化润疆】 2021 年，绍兴市援疆指挥部引入"契约化共建""五星 3A"等党建品牌，帮助阿瓦提县建设党群服务中心和新时代文明实践中心（站），丰富城乡基层文化设施；组织"我爱浙疆"之"戏曲浙疆"演出 8 场；实施浙阿"百校十万'石榴籽'"青少年融情工程；引导绍兴市各界开展"疆愿越领""点亮万个'微心愿'""暖冬行动"等爱心公益活动，募集爱心物资 800 万余元。

【构建"五大教育新平台"】 2021 年，绍兴市打造智力援疆"五大教育新平台"，围绕"教师、医生、干部、警察和高技能人才"五个重点人才群体，完成县名师发展中心、临床技能实训基地、党校网络教育平台、警务实训中心、技工学校实训中心建设，强化人才培养全生态链。

【阿瓦提县鲁迅中学（初中）动工建设】 2021 年 6 月，新疆阿克苏地区重点项目——阿瓦提县鲁迅中学（初中）正式动工。该校为全寄宿制初级中学，占地约 8 公顷，建筑面积 29000 平方米，规划办学规模 36 个班、1800 名学生，计划总投资 9015 万元，由绍兴援疆指挥部全额投资援建，是绍兴市对口援疆指挥部在受援地投资建设的第三所以"鲁迅"冠名的学校。

（市委组织部、市发改委、市援疆指挥部 / 提供）

对口援藏

【概况】 2021 年，绍兴市与宁波市在西藏自治区那曲市比如县实施对口支援西藏项目 16 项，安排统筹资金 1.3 亿余元，绍兴工作组另实施计划外项目 54 个，实际帮扶资金 900 万余元。轮换教育专业技术人才 2 人。增派赴班戈县医疗组团干部 1 人，人才 7 人。

【产业援藏】 2021 年，绍兴市以"公司＋合作社＋农户"的经营方式，在比如县建设总量约 4 公顷、包含藏贝母和绿萝花在内的藏药种植培育基地。投资引进羊秀乡平措康桑酒店，完成"萨普冰川"精品酒店、怒江沿岸观景台等旅游项目设计和建设;促成西藏自治区昌都市八宿县云知礼行农牧科技有限公司芫根蕨白压片糖果生产项目落户那曲市拉萨"飞地产业园",至年末,已完成厂房设计。

【教育援藏】 2021年,绍兴市在比如县实施比如二小信息化建设提升工程,开展两地班队、教师研修等云上交流活动;帮助比如县教育局建设完成教育信息指挥中心1个;推动诸暨市草塔初中—比如一中、上虞外国语学校—比如二中、上虞区职业中等专业学校—比如县公共职业技能实训基地、上虞上德小学—比如达塘小学等4对8校建立结对共建关系;引荐比如部分教师加入绍兴名师工作室;2名援藏教师深入开展学科教研活动。

【医疗援藏】 2021年,绍兴援藏医疗队协助班戈县人民医院在各乡镇开展大骨节病筛查工作。联合北京对口医院对班戈县及周边乡镇1万余名儿童进行心超筛查、治疗。开展口腔异物取出术、皮下埋植断端异物取出术、四肢骨折手法复位等医疗帮扶,开展免费送医送药、结对帮扶等工作。

【交流交往】 2021年,绍兴党政代表团与比如实行互访,共青团绍兴市委、绍兴市教育局、上虞区教体局、上虞区体育总会等代表团赴比如考察。比如教育系统信息化技术培训部、党建工作者培训班赴绍兴上虞培训。举办2021绍兴·上虞曹娥江半程马拉松比如分站赛。

【公益援藏】 2021年,绍兴市在比如县实施爱心公益项目35个,实际帮扶资金300万余元。开展山凤凰筑梦计划项目基金、浙江吉泰新材料股份有限公司比如助学关爱基金、上虞新生代企业家商会奖教基金发放;牵线内地爱心企业和爱心人士结对资助127名贫困学子;牵线价值80万元的新式高科技净水设备落户比如县。上虞企事业单位、个人开展爱心帮扶活动;诸暨市委组织部和企业,实现学生微心愿1298个,开展困难后勤职工慰问。

(市委组织部、市发改委、市援藏工作组/提供)

对口援青

【概况】 2021年,绍兴市在青海海西蒙古族藏族自治州大柴旦行政区共实施计划内浙江支援项目6个,投入资金954万元。协调实施计划外项目2个,资金76万元。浙江援青大柴旦工作组组长轮换,市经信局党组成员、副局长孙嘉江任大柴旦工作组组长、大柴旦工委委员、行委副主任。大柴旦工作组现有干部2人,选派柔性援青人才5人次。

【产业援青】 2021年,绍兴市落实专职招商人员开展驻点招商工作,发挥绍兴青海商会作用,协调推进中环联生物科技有限公司产业项目(绍兴企业)建设施工,项目总投资5亿元。

【文旅援青】 2021年,绍兴市帮助整合大柴旦旅游产业信息资源,投资490万建设完成大柴旦智慧旅游项目。开展大柴旦旅游景点和市场资源调查研究,形成"发展大旅游 创建示范区"旅游发展调研报告。牵头抓好"柴达木精神陈列馆"项目规划、设计和推进工作。在绍兴举办大柴旦·绍兴经贸合作暨文化旅游推介会;常态化开展农特产品促销、职工来柴疗休养等工作。

【医疗教育援青】 2021年,绍兴市选派5名医生赴大柴旦开展对口支援工作,实施大柴旦行委人民医院首批医生"导师制"。首次为60多名学生免费进行窝沟封闭。成立浙江省特级教师叶燕芬名师名校长工作室,并开展对口支援交流。协助大柴旦工行委创建国家义务教育优质均衡发展县(区)工作。

【交流交往】 2021年,绍兴市委市政府和大柴旦工行委各级领导、部门、社会组织开展双向交流互访11批次240余人。举行"百名浙商进海西""全省对口援青工作组现场交流会"等活动。组织大柴旦文化旅游产业培训班、大柴旦党支部书记及党务干部专题学习培训班、大柴旦党政干部赴绍考察交流。争取浙江援青慰问金11.7万元,慰问哈萨克族少数民族村、困难党员、环卫工人74人。

(市委组织部、市发改委、市援青工作组/提供)

东西部协作

【概况】 2021年,绍兴市承担四川省乐山市金口河区、沐川县、峨边县、马边县结对帮扶工作,累计拨付东西部协作计划内援助资金15045万元,实施援川项目50个。各类社会组织向结对地区捐款捐物3200万余元。选派党政干部8名、专业技术人才88名。

【产业合作】 2021年,实施东西部协作产业帮扶项目12个,建设乐山(犍为)产业园。引导69家企业赴结对地区投资,实际到位投资额超42亿元,吸纳农村劳动力就业5336人。援建帮扶车间60个,吸纳农村劳动力3421人。

【智力支援】 2021年,绍兴市加强结对地区乡村振兴干部人才培训,开展"枫桥经验进乐山"系列培训,传授基层治理经验,全年开展党政培训9080人次,专技人才培训10512人次。为结对帮扶地区培养教师、医生、农业及科技等领域学科带头人,打造一支"带不走的帮扶工作队"。

【劳务协作】 2021年,绍兴市与部分东西部协作劳务输出地签订劳务协作框架协议,帮助四川省脱贫人口到绍兴市就业1164人。建设帮扶车间,设立爱心岗位,帮助脱贫人口就近就业5208人,到其他地区就业1366人。

【消费帮扶】 2021年,绍兴市通过举办2021年绍兴市"越惠悦生活消费促进月"活动、建立"小吃串门、越嘉有味"小吃联盟,设立"消费帮扶馆"营销、"商超专柜"助销、"食堂专供"购销、"专场推介"展销等措施,加强东西部协作地区传统美食、农副产品的销售,帮助销售农副产品近3.3亿元。

【"蓝鹰工程"启动】 2021年10月10日，绍兴—乐山东西部协作"蓝鹰工程"启动仪式在沐川县举行。启动仪式上，诸暨市技师学院与沐川县中等职业学校签订校校合作协议，浙江海亮股份有限公司、浙江申科控股集团有限公司、浙江万安科技股份有限公司、浙江和瑞酒店管理有限公司分别与诸暨市技师学院和沐川县中等职业学校进行三方签约，4个"蓝鹰工程"冠名班——诸暨海亮集团班、诸暨万安集团班、诸暨和瑞温德姆班、诸暨申科控股集团班的班主任和合作企业负责人共同为冠名班揭牌。

【市党政代表团赴乐山市开展东西部协作交流】 2021年6月16—17日，市委书记马卫光率党政代表团到乐山市考察。其间，两市举行东西部协作工作联席会，签署《深化绍乐东西部协作和交流合作框架协议》，举行扶持资金捐赠仪式。根据新一轮东西部协作结对关系，绍兴市与乐山市金口河区、沐川县、峨边县、马边县结对。党政代表团一行考察金口河区东西部协作产业园、峨边彝族自治县北部沙（坪）—新（场）农文旅融合发展区、浙江—四川东西部协作乐山（犍为）产业园、沐川县东西协作特色产业园区和马边彝族自治县第一初级中学。

（市发改委、市驻乐山帮扶工作队／提供）

对口合作

【概况】 2021年，绍兴市按照"建机制、搭平台、抓项目、出政策"要求，推进辽源—浙江（绍兴）产业园建设，开展"精准扶贫、携手共赢"对口地区农特产品推介等活动，推动绍兴市、辽源市各领域合作。

【产业合作】 2021年，绍兴市推进东辽县冷链物流园项目建设，基本完成土建；双天集团一期年出栏5万头东辽黑猪项目建成达产；辽源天语纺织项目完成2栋标准化厂房主体建设；辽源浙江（绍兴）产业园一期投入1900万元，基本实现"七通一平"，达到企业入驻标准；绍兴市、辽源市供销部门签署《深化农产品供销合作协议》，绍兴黄酒集团在东丰县设立绍兴黄酒原料万亩基地；上虞春晖能源与东丰县达成投资建设生物质发电项目合作意向。

【交流交往】 2021年，诸暨海亮教育集团与辽源显顺琵琶学校达成合作办学意向。天圣集团与吉林大学合作启动东辽黑猪优质基因育种研究项目，培育优质纯种东辽黑猪。吉浙合作高端智库成员、绍兴市委原副书记尹永杰带领绍兴市有关部门赴辽源考察调研，形成调研成果供两地领导决策参考。

（市发改委、市驻辽源工作组／提供）

山海协作工程

【概况】 2021年，绍兴市向衢州、丽水结对县（市）拨付计划内援建资金1157万元，计划外资金400万元，产业项目合作到位资金8.47亿元。选派10名干部赴结对地区挂职。

【平台合作建设】 2021年，绍兴市优化布局"产业飞地"，滨海新区—开化、滨海新区—仙居、柯桥—江山、上虞—文成等4个"产业飞地"完成合作协议签订，其中滨海新区—开化"产业飞地"系全省新一轮首个签约，清华大学建筑设计院建筑产业化项目为全省首个签约落户项目。对柯桥—江山、上虞—景宁、嵊州—青田等3个省定"消薄飞地"实施迭代升级，拨付返利资金804万元，带动146个集体经济薄弱村"消薄"。

【扶助乡村振兴】 2021年，绍兴市按照"产业兴旺、生态宜居、乡风文明、治理有效、生活富裕"要求，细化落实《杭州市、绍兴市、衢州市共建山海协作乡村振兴示范点合作协议》，实现省定结对县（新增省定除外）乡村振兴示范点全覆盖，并拓展建设市级层面乡村振兴示范点2个。共建设乡村振兴示范点8个，实施村庄整治、公共服务配套、农业产业发展等乡村振兴示范项目14个，完成投资2048.37万元。

【消费帮扶】 2021年，绍兴市通过举办农特产品展销会、农博会、建立政采云采购平台、开设协作地区农产品直营店等形式，扩大结对地区优质农产品销量，累计帮助销售衢州、丽水农副产品4430.26万元，完成年度任务的138.45%。《人民日报》2021年4月2日头版头条刊文"浙江——高质量发展建设共同富裕示范区"，其中上虞区通过"飞柜""飞网"山海协作新平台开展消费帮扶，成为其中的典型案例。

【医疗教育合作】 2021年，柯桥、上虞、嵊州等地与结对县（市、区）签订医疗卫生合作协议3项，新增结对医院9家。组织开展联合办学和远程教育，越城—开化、新昌—衢江等新增省定结对关系双方签订教育领域合作协议5项，实现教育资源共享。柯桥区教育局向江山市教育局捐赠50万元用于礼贤小学校园整体改造。

（市发改委／提供）

2021年4月14日，滨海新区管委会与衢州市开化县人民政府签订共建山海协作"产业飞地"框架协议签约仪式举行

（滨海新区管委会／提供）

水资源利用与管理

综　述

【概况】2021年，绍兴市平均降水量1965.0毫米，比历年平均多33.7%，比2020年偏多16.4%。总水资源量101.7亿立方米，比历年平均(63.02亿立方米)多61.4%，比2020年多29.7%。19座大中型水库年末蓄水总量5.48亿立方米，比2020年末增加36.6%，占正常库容的64.0%。总用水量17.48亿立方米，比2020年增加0.8%。

在全省率先推行“河(湖)长制”标准化管理，基本建成全市域“污水零直排区”，嵊新水资源综合利用和污水协同处理4个重大项目完成年度目标，县控及以上断面Ⅰ类至Ⅲ类水比例和功能区达标率均达到100%。在省内率先实现县域“节水型社会”“节水型城市”全覆盖。“以点促治”推进河湖“清四乱”常态化规范化，排查销号“四乱”问题108个。开展涉水建设项目专项执法行动，查处问题并落实整改26个，拆除涉水违建面积1.5万平方米。推进水土流失治理，新增治理面积30平方千米，新昌县创建全国水土保持生态县。水文化建设不断加强，《水利志》出版，首批4个区、县(市)水文化遗产调查全部通过省级验收。

开发建设绍兴市水平台水旱灾害防御、河湖长制、美丽河湖、“越水情”等场景应用。聚焦曹娥江流域现代化试点，完成《曹娥江流域管理办法》调研报告，《绍兴市水资源保护条例(修改)》通过省人大常委会审议，《曹娥江流域水利治理体系和治理能力现代化规划》完成编制。聚焦水利工程“三化”改革，规模以上水利工程产权登记率和物业化管理率分别为36.3%和60%。

绍兴市获全国全面推行河湖长制先进集体，“十三五”期末实行最严格水资源管理制度考核优秀地市，省“十三五”实行最严格水资源管理制度成绩突出集体，2020年度省“五水共治”(河长制)工作优秀市“大禹鼎”银鼎，省2021年度农业水价综合改革绩效考核评价优秀市，诸暨市、上虞区、柯桥区获省2021年度农业水价综合改革绩效考核优秀县。越城区、上虞区被列入省2022年幸福河湖建设试点县名单，全市累计3个区、县(市)入选省级幸福河湖试点县。市治水办(河湖长办)获评全国工人先锋号，绍兴市曹娥江大闸枢纽工程获省十大“最美水利工程”称号。绍兴市水利局、诸暨市水利局获评省“五水共治”工作先进集体，陈春雷获评省“五水共治”工作先进个人。绍兴市重点生产建设项目水土流失防治工作调查与技术评估项目获省水土保持学会第二届优秀设计成果一等奖。

【印发《绍兴市水安全保障“十四五”规划》】2021年6月，市政府印发《绍兴市水安全保障“十四五”规划》，明确“十四五”期间全市水安全保障的总体布局、发展目标、主要任务及保障措施等。提出到2035年，建成与经济社会发展和生态文明建设要求相适应，领先于绍兴现代化水平的水旱灾害防御、水资源节约利用和优化配置、水资源保护和河湖生态健康、涉水事务监管等四大体系，构建“江河安澜、饮水安全、河湖美丽、水利智管、水文交融”绍兴水网，彰显江南水乡、东方水城独特韵味。

【印发《绍兴市水文事业发展“十四五”规划》】2021年8月，市水利局印发《绍兴市水文事业发展“十四五”规划》(简称《规划》)。《规划》明确“十四五”期间的工作重点和主要任务，提出要进一步完善“两江一网”站网建设，提升水文预测预报水平，转变水文建设运行管理模式，拓宽水文社会服务领域，显著提升绍兴市水文测报信息化、自动化、智能化水平，加快推进水文事业现代化建设，坚强有力支撑水利和经济社会发展。

【推进海塘安澜工程建设】2021年，绍兴市持续推进海塘安澜工程，完成提标加固海塘22.31千米，防御洪潮标准提升至300年一遇。“一县一方案”全省率先全面完成批复，其中越城区、上虞区完成项建受理、可研审查等工作；市本级海塘安澜工程(曹娥江大闸段)完成项建受理；柯桥区海塘安澜工程完成可研审查，应急加固工程先行开工建设。柯桥区、上虞区海塘安澜工程获2021年省海塘安澜千亿工程优秀组织工作成果奖。

【持续巩固提升农村饮用水达标提标成果】2021年，绍兴市在2020年完成农村饮用水达标提标三年行动的基础上，持续巩固提升达标提标成果，建成城乡供水数字化管理平台，完成6家供水企业“浙水好喝”服务端入驻。柯桥区供水管网调度及漏损检测平台、上虞区农村饮用水数字化运管系统入选省厅数字化改革试点。至年末，建成省级规范水厂4座，新增改善受益人口65434人，成功抵御2021年冬春连旱。全市农村饮用水达标人口覆盖率99.9%，农村饮用水水质合格率97.4%，城乡同质化供水覆盖率96%。

【持续深化农业水价综合改革】2021年，绍兴市在实现农业水价综合改革

100% 覆盖基础上，巩固“八个一”村级改革成效，提升泵站机埠、堰坝水闸 100 座，其中 32 座机埠堰坝、基层站所成功创建省级“五个一百”优秀典型案例。至年末，累计下达精准补贴 244.95 万元，发放节水奖励 14.14 万元。

【涉水工作体制机制改革创新】 2021 年，市水利局创新涉水工作体制机制，深化“最多跑一次”改革，延伸扩面区域水影响评价“三合一”改革，政务服务 2.0 平台 94 个办事事项完成上线配置。推进“互联网 + 监管”，开展“双随机”抽查活动，实现掌上执法率、主项覆盖率等指标 100%。开展水资源管理、取用水审批、涉河审批、水库山塘验收等水利“三服务”1000 余人次，解决、办理事件 800 余件，办结率、满意率均为 100%。

【市首届水利行业（水文勘测工）技能竞赛举行】 2021 年 6 月 23—25 日，由市水利局、市人力社保局主办的绍兴市首届水利行业（水文勘测工）技能竞赛在嵊州市举行。竞赛分理论考核、技能实操两部分，考核水文相关专业理论及雨量计、采集器安装调试、水文三等水准测量等内容。市水利局和 5 个区、县（市）水利部门的 6 支队伍 30 余名选手组队参赛。市水利局代表队张文治获个人第一名，嵊州市水利局代表队获团体第一名。评选出绍兴市技术能手 1 名、绍兴市水利技术能手 6 名。

【开展全市水文站网功能评价项目】 2021 年，市水利局投资 10 万元开展全市水文站网功能评价项目。至年末，全市建成各类水文测站 721 个，覆盖“两江一网”、中小流域等重点区域，涵盖流量、水位等 7 种监测要素，形成水文全要素监测网络；全市 40 余条流域面积 50 平方千米以上河流水雨情监测覆盖率 90% 以上；小(2)型以上水库水雨情监测覆盖率 85% 以上。

【完成重要水文化遗产调查成果验收】 2021 年 12 月 28 日，以省、市、县三级视频连线形式召开绍兴市重要水文化遗产调查成果验收会。省、市、县三级专家与被验收单位通过视频连线和“浙水安澜”水文化数字化平台实现数据审核、交流会商、成果验收全程数字化。经专家组综合评定，首批参评的越城区、柯桥区、诸暨市、新昌县全部通过验收，为全省首个全部通过验收的地市，其中诸暨市、越城区获得优秀等次。至年末，全市共调查重要水文化遗产 837 项，其中水利工程类 407 项。

【全省水利监督工作座谈会召开】 2021 年 10 月 22 日，省水利厅在上虞区召开水利监督工作座谈会，贯彻落实全国水利监督工作会议精神。会上通报检查及稽查发现的问题，解读“浙江水利监督数字化应用”，各市及试点县围绕“综合查一次”改革试点、“数字监督”、“十四五”时期水利监督目标任务作交流发言。省、市水利部门相关领导、“强监管改革试点县”分管负责人参加会议。

【第六届绍兴曹娥江蓝印时尚小镇摩托艇公开赛举行】 2021 年 10 月 16—17 日，由市人民政府主办，市体育局、市水利局、滨海新区管委会、柯桥经济技术开发区管委会承办的第六届绍兴曹娥江蓝印时尚小镇摩托艇公开赛举行。30 支代表队、120 余名运动员参赛。该届赛事设立式水上摩托 1500 毫升公开级竞速赛（公开组）、坐式水上摩托 1800 毫升限制级竞速赛（公开组）等 5 个组别。

【全市美丽河湖建设工作推进会召开】 2021 年 7 月 12 日，全市美丽河湖建设工作推进会在诸暨市召开。会议通报美丽河湖建设各项工作半年度进展情况，部署下半年重点工作；诸暨市水利局做典型发言。会后，与会人员考察枫溪江美丽河湖创建、山下湖农村池塘整治和水系连通工程。省钱塘江流域中心有关领导，市及各区、县（市）分管领导、责任科室负责人及业务骨干参加会议。

【“数字治水”工作】 2021 年，市水利局紧扣数字化改革主题，围绕“1+5+2”工作体系，推进绍兴水平台建设。专题开发建设水旱灾害防御专题应用，采用“工作平台 + 场景大屏 + 汇报大屏 + 浙政钉移动看板”模式开发建设，对标钱塘江平台并结合绍兴实际进行细化深化；集成并实现河湖长制管理平台的单点登录；开发以美丽河湖“四个一”建设为要素的美丽河湖专题应用。

水资源利用

【概况】 2021 年，绍兴市总用水量 17.48 亿立方米，比 2020 年增加 0.8%。钦寸水库向宁波市供水 1.19 亿立方米，汤浦水库向慈溪市供水 0.60 亿立方米，上虞区从四明湖水库调水 0.04 亿立方米。万元地区生产总值用水量（可比价）、万元工业增加值用水量（可比价）分别为 27.0 立方米和 18.3 立方米，较 2020 年下降 7.3% 和 4.6%，用水效率提升。

柯桥区、上虞区、诸暨市、新昌县获国家级节水型社会建设达标县（区）称号。绍兴市公用事业集团“数字赋能　打造‘智’能供水新模式”入选省 2021 年度“节水行动十佳实践案例”，浙江乐高实业股份有限公司“推进无水印染引领纺织行业绿色发展”入选省 2021 年度“节水行动优秀实践案例”。

【用水量】 2021 年，绍兴市总用水量 17.48 亿立方米，其中农田灌溉用水量 6.7 亿立方米，林牧渔畜用水量 1.51 亿立方米，工业用水量 4.59 亿立方米，城镇公共用水量 1.24 亿立方米，居民生活用水量 2.73 亿立方米，生态环境用水量 0.72 亿立方米，环境配水 1.7 亿立方米。

【耗水量】 2021 年，绍兴市总耗水量 10.96 亿立方米，平均耗水率 62.7%，其中农田灌溉耗水量 5.26 亿立方米，占总耗水量的 48%；林牧渔畜耗水量 1.28 亿立方米，占 11.7%；工业耗水量 1.99 亿立方米，占 18.2%；城镇公共耗水量 0.53 亿立方米，占 4.8%；居民生活耗水量 1.27 亿立方米，占 11.6%；生态环境耗水量 0.63 亿立方米，占 5.7%。

【加强取用水监督管理】 2021 年，绍兴市开展取用水管理专项整治整改提升行动。对不符合规范的 435 个项目建立整改台账，按照"退出一批、整改一批"要求，取缔非法取水项目16个；对419个农村饮用水和农田灌溉项目开展水资源论证并依法办理取水许可。完成39个农业灌区、14个公共供水户、404个工业、24个服务业用水统计调查对象名录库建设及用水统计调查数据信息填报。全面实施取水许可电子证照，新批取水许可全部实现电子证照办理，存量纸质取水许可完成电子证照转换。对818家自备水用水户下达取水计划，计划用水覆盖率100%；对年取水量5万立方米以上的取水户开展实时监控。加强水资源费征收，共征收水资源费1.5亿元。落实水资源费阶段性减免政策，减免水资源费1623万元。

2021年3月22日，市水利局组织开展节水宣传活动　（市水利局/提供）

【印发节约用水"十四五"规划】 2021年12月，市水利局印发《绍兴市节约用水"十四五"规划》（简称《规划》）。《规划》在分析总结全市节约用水成效、存在问题和面临形势基础上，提出"十四五"期间节水政策法规、标准体系、市场机制基本完善，技术支撑能力不断增强，用水效率指标持续向好，全社会形成良好节水风尚等目标和全市节约用水重点领域节水任务及保障措施。各区、县（市）分别印发区域节约用水"十四五"规划。

【实施节水行动】 2021年6月，市水利局等12个部门联合印发《绍兴市节水行动2021年度实施计划》，明确年度工作任务，落实工作责任。至年末，完成45家节水型企业创建、138家省级节水型企业复评、95家企业清洁生产审核和49家省级节水标杆（其中酒店8家、校园8家、社区13家、企业20家）创建，超额完成省厅下达的建设任务。完成绍兴市柯桥区农业农村局等15家单位水利行业节水型单位创建工作；6个区、县（市）全部实现省级县域节水型社会标准。

【"世界水日""中国水周"宣传活动】 2021年3月，在"世界水日""中国水周"期间，绍兴市水利局围绕"启航新征程 共护幸福水"主题，组织开展"八个一"［开展一次媒体集中宣传、制作一个宣传视频、组织一次知识大赛、举办一场法规培训、组织一次党史（水利发展史）学习教育、开展一次政策服务、进行一次志愿活动、开展一次节水服务进社区］系列宣传活动。3月22日，绍兴市暨越城区"世界水日""中国水周"宣传活动启动仪式在市行政中心举行。在仪式上，宣读节水倡议书，向省节水教育基地、节水标杆单位代表授牌，向绍兴舜江源保护志愿先锋队授旗，发放《浙江省水资源条例》《绍兴市水资源保护条例》，扫码答题等活动。

水资源管理

【概况】 2021年，绍兴市落实最严格水资源管理制度，深化水资源消耗总量和强度双控行动，建立市、县两级水资源管理职责、目标考核等机制。严格执行曹娥江流域、钱塘江流域绍兴段水量分配及生态流量水量保障实施方案，优化水利工程调度，保障流域基本生态用水需求，确保流域主要控制下泄水量，黄泥桥断面、东沙埠断面均达到断面生态流量目标值。完成8个县级以上饮用水水源地安全保障达标评估工作。平水江电站、泉安电站、石壁电站、丰潭电站、钦寸水库水电站、石门水库一级电站被水利部命名为2021年度绿色小水电站。新昌县成功创建2021年度国家级水土保持示范县。

开展全市河湖"清四乱"常态化、规范化工作，排查发现"四乱"（乱占、乱采、乱堆、乱建）108个。至年末，完成整改销号108个，销号率100%，其中上级督查问题28个，自查上报问题80个。共排查核实40条240.5千米拟创建河道的50处531.2平方米违建，全部完成拆除。至年末，全市县级以上河道全部完成"无违建河道"创建。

【公布市级重要水域名录】 2021年11月，市水利局公布市级重要水域名录。此次由绍兴市人民政府负责划定公布的重要水域为市直管河道、市级河道，中型水库，跨区、县（市）的小（Ⅰ）型小型水库，面积0.5平方千米（含）至1平方千米的湖泊，由市级直接管理的国家和省级风景名胜区核心景观及省级以上自然保护区内的水域。公布的市级重要水域包含五类47个对象，包括22条市级河道、12个中型水库、2个跨县小型水库、6个湖泊、1个饮用水水源保护区，总水域面积82.0492平方千米。

【修正《绍兴市水资源保护条例》】 2021年，绍兴市水利局开展《绍兴市水资源保护条例》贯彻执行情况调研，完成《绍兴市水资源保护条例》修正案。本次修改共涉20余个条款，主要是根据机构改革情况，调整部分职能部门名称和职能；进一步明确基层在水资源保护工作中的职责；根据实际工作增减相关条款或内容；修改部分与上位法相抵触的条款。11月25日，经省第十三届人民代表大会常务委员会第三十二次会议批准，绍兴市第八届人民代表大会常务委员会于12月8日公布施行。

【推进灌区管理工作】 2021年，全市完成125处大中型灌区计量设施安装，进一步提升数字化管理水平。组织开展25座大中型灌区运行管理情况大排查，累计排查出问题33个，全部完成整改。召开全市农田灌溉水有效利用系数测算工作培训会，完成2021年度农田灌溉水有效利用系数测算报告编制，农田灌溉水有效利用系数从0.599提高到0.605。

【深化美丽河湖建设】 2021年，绍兴市加快推动美丽河湖向幸福河湖迭代升级。市水利局、市治水办印发《绍兴市“水美乡镇”建设验收管理办法》，编制《绍兴市幸福河规划》及38条省级美丽河湖电子地图，以健康码形式跟踪发送河湖健康动态。至年末，完成美丽河湖建设18条（个），建设长度（面积）195.32千米（平方千米），其中17条（个）被评选为省级“美丽河湖”，入选数量居全省第一位。建成水美乡镇15个，水美乡村82个，开展农村池塘整治110个。

【严防严查水事违法行为】 2021年，绍兴市全面开展严防严查水事违法行为，开展涉河违障和行洪不畅风险排查整治工作，有效打通水上堵点。

至年末，全市水利部门累计组织巡查5800余人次，巡查河道1.9万余千米；开展掌上执法检查399户次，其中“双随机”抽查31户次，跨部门联合监管率32.25%，应用信用规则率100%；处理各类投诉举报396起，累计向综合行政执法部门移送案件100起，已做出行政处罚46起。

【开展“天地一体化”监管工作】 2021年，全市水利部门开展4次高清遥感影像调查，并结合无人机航测等手段进行现场复核，解译扰动图斑501个，现场复核（含新发现）图斑520个。其中，生产建设项目扰动图斑375个，非生产建设项目扰动图斑145个。复核检查生产建设项目323个，其中285个项目判断为合规，38个项目判断为未批先建。就复核检查中发现的疑似“未批先建”等违规生产建设项目交由属地开展相应的查处、督查。

【水电站安全生产标准化创建和复评工作】 2021年11月，对全市7座农村水电站开展安全生产标准化复评工作。评审专家按照《浙江省农村水电站安全生产标准化达标评级实施办法》，经现场和台账检查，棣山电站、巧英一级电站再次评审为农村水电站安全生产标准化二级单位。

【全市水利工程运行管理培训班举办】 2021年10月27—28日，市水利局举办全市水利工程运行管理工作培训班。省咨询中心和省水科院专家就水利工程应急抢险技术和案例分析、水利工程运行管理和巡查发现的典型问题进行剖析，对水库系统治理和水利工程“三化”改革等方面内容进行授课。各区、县（市）水行政主管部门水利工程运行管理科室负责人，各大中型水库运行管理单位负责人及业务骨干40余人参加培训。

【全市水政执法业务培训】 2021年9月10日，市水利局组织开展2021年度全市水政执法业务培训。市委党校、绍兴文理学院专家围绕全媒体时代与社会生态、突发事件与全媒体、法学理论和实践案例等方面为学员授课。市综合行政执法局，市曹娥江大闸运行管理中心、市水政执法支队，各区、县（市）水利部门等执法人员参加培训。

【印发小型水库系统治理工作方案】 2021年3月，市政府办公室印发《绍兴市小型水库系统治理工作方案》（简称《方案》）。《方案》明确，到2024年，所有水库产权归属清晰，安全管理责任人及职责明确，均实现道路通、电力通、通信通和有人员、有资金、有制度、有预案、有物资、有监测设施、有放空设施、有管理房。安全鉴定和除险加固实现常态化。县级国有和无管理单位的小型水库全部纳入县级统管，符合不动产登记条件的水库登记率达到100%，物业管理覆盖率达到85%，水雨情自动监测率达到95%，视频图像监控率达到90%。基本构建功能定位适宜、产权归属清晰、责任主体明确、工程安全生态、管理智慧高效的小型水库治理体系。同时，争取财政资金补助，根据2021—2022年安全鉴定和除险加固投资计划，对财政相对薄弱的区、县（市）和任务重、推进力度大的地区进行奖补。

水利工程建设

【概况】 2021年，绍兴市完成各类水利建设投资47.5亿元。其中，重大水利项目完成投资12.9亿元。争取省级以上补助资金5.4亿元。完成中小河流治理7.64千米，完成率127%；完成干堤加固13.6千米，完成率110%；完成水库安全鉴定170座，小型水库除险加固28座，山塘65座；曹娥江大闸完成调度191次，开闸运行151天，累计排水48.34亿立方米。实现水利行业安全质量监管“移动”App全覆盖，对全市111个项目开展质监活动237次，出具质监意见202份，提出意见991条，整改回复率100%。

【开展海塘安澜等重大水利工程建设】 2021年，绍兴市推进“海塘安澜”等重大水利建设，完善水利基础设施网络。曹娥江大闸维修加固工程、曹娥江综合整治工程（柯桥段）、上虞区虞东河湖综合整治工程、嵊州市澄潭江（苍岩段）防洪能力提升应急工程等4个重大水利项目完工。镜岭水库、兰亭江流域综合治理、型塘江流域综合治理、新三江闸排涝配套河道拓浚工程（柯桥片）、浦阳江治理三期工程、三溪水库、曹娥江流域防洪能力提升工程（东桥至丽湖段）、陈蔡水库加固改造工程、马山闸强排及配套河道工程等项目有序推进。

【开展水库系统治理】 2021年，市政府办公室印发《绍兴市小型水库系统治理工作方案》，成立水利、发改、财政、生态环境、自然资源和规划等部门组成的水库核查评估工作组，制定“一库一策”“一县一方案”，争取市级奖补资金7500万元，高标准实施水库系统治理工作。至年末，共

2021 年 8 月，曹娥江大闸枢纽工程被评为省十大最美水利工程 （市水利局／提供）

完成水库安全鉴定 176 座，实现超期存量清零；完成病险水库除险加固 28 座，完成 555 座水库核查评估。

【推进山塘系统治理工作】 2021 年，绍兴市全面开展山塘安全评定和需求排查，摸排规模以上山塘安全状况和基础信息，建立“一塘一档”。全市完成 2145 座山塘安全评定和 65 座山塘综合整治工程，创建“美丽山塘” 100 座。

【深化水利工程管理“三化”改革】 2021 年，绍兴市继续深化水利工程管理“三化”（产权化、物业化、数字化）工作，全市规模以上水利工程确权颁证率 36.3%，办出部分不动产权登记证；规模以上水利工程物业化管理覆盖率 60%；规模以上水利工程百分百纳入水平台工程运管应用。越城区、柯桥区、诸暨市作为省级试点完成《水利工程管理“三化”改革实施方案（2021—2022 年）》编制和政府批复。柯桥区、新昌县获评 2021 年全省小型水库系统治理和水利工程“三化”改革成绩突出集体。

【开展水利行业监管工作】 2021 年，市水利局印发《绍兴市水利行业“强监管”工作实施方案》，组建 8 个工作专班，制定工作任务清单，明确工程建设运行、农生实事等 10 个大项 36 个子项的监管内容及检查抽查次数。至年末，全市开展“强监管” 192 次，930 余人次参与检查，发现问题 952 个，落实问题整改 952 个，整改率 100%。

【曹娥江大闸枢纽工程被评为省十大最美水利工程】 2021 年 8 月 3 日，在全省水利高质量发展助推共同富裕示范区建设会议暨市级水利局局长会议上，公布 2021 年浙江省十大“最美水利工程”和提名工程名单。曹娥江大闸枢纽工程被评为浙江省十大“最美水利工程”。曹娥江大闸枢纽工程是国家批准实施的大（I）型水利项目，是中国第一河口大闸，是浙东引水工程的重要枢纽，先后获中国建设工程鲁班奖、中国水利工程优质（大禹）奖、中国土木工程詹天佑奖、大禹水利科学技术奖特等奖、“国家水土保持生态文明工程”、“国家水利风景区”等。

防汛抗旱

【概况】 2021 年，绍兴市遭遇“冬春连旱”“暴力梅”“倒黄梅”和“烟花”“灿都”台风等袭击。全市水利部门提前部署，及时预警，精细调度，实现全市流域性洪水、重大险情“零发生”，人员“零伤亡”。在防御“烟花”台风期间，19 座大中型水库累计拦蓄洪水 2.65 亿立方米，曹娥江大闸候潮抢排 10.1 亿立方米，诸暨高湖蓄滞洪区滞纳洪水 530 万立方米，有效发挥水利工程防灾减灾效益。

越城区、诸暨市水利局和 5 名个人获评 2021 年度水旱灾害防御工作成绩突出集体和个人。

【汛前准备】 2021 年，市水利局完成《曹娥江干流超标准洪水防御方案》《浦阳江干流超标准洪水防御方案》修编，督促指导各地开展超标准洪水防御方案的修编工作。全面落实水库大坝、水闸、泵站、堤防和引调水工程安全管理责任制，分级公布 5498 名各类责任人。汛前，全市水利系统共派出 11663 人次，检查工程 6081 处，发现并整改问题 220 处。入汛后，结合“强监管”“平安护航建党百年水利安全隐患大排查大整治专项行动”等活动，对水利工程隐患问题进行“回头看”。梅汛期和台风防御期间，各地累计投入工程检查巡查 11.6 万人次，检查水利工程 4.32 万处次。

调整充实市、县两级防汛抢险技术专家库，落实抢险技术专家 92 名，在梅雨台风期间全市共派出专家组 339 组次、949 人次。全市水利系统共储备防汛草包（麻袋、编织袋、草袋）45.23 万条、土工布（编织布）5.68 万平方米、块石和砂石料 5.5 万立方米等各类防汛抢险物资。组织开展 2021 年山洪灾害防御演练、2021 年水利业务（水旱灾害防御）培训班等。市、县两级共组织各类培训 19 次，培训人数 2047 人；组织各类演练 9 场，参演人数 1322 人。

【"冬春连旱"灾情】 2020年10月15日至2021年3月1日，全市平均降水量160.4毫米，比多年同期(321.1毫米)少50%，为历史第三少(1963年最少、1979年第二少)，全市大中型水库蓄水量(除陈蔡水库外)最低减至3.18亿立方米，蓄水率为40%，较常年同期少47.2%。535座小型水库蓄水量最低降至0.895亿立方米，蓄水率42.6%，较常年同期少47.7%。

【"暴力梅"灾情】 2021年6月10日，绍兴入梅，与常年持平(常年6月10日)，7月5日出梅，较常年早(常年7月10日)，梅期25天。梅雨期遭遇三轮强降水过程，6月9日20时至7月5日8时，全市平均梅雨量275.5毫米，比常年多一成，其中诸暨325毫米、嵊州273毫米、上虞267毫米、柯桥266毫米、新昌260毫米、越城248毫米，最大降水站点为诸暨祝园598.3毫米，小时最大雨强为诸暨五泄水库100.5毫米(超百年一遇)。

【台风"烟花"灾情】 2021年7月25日12时30分，第6号台风"烟花"在舟山普陀沿海登陆，受其影响全市域普降暴雨到大暴雨。7月22日8时至28日8时，全市平均面雨量315.8毫米，其中柯桥405.1毫米、上虞349.1毫米、诸暨346.3毫米、越城324.6毫米、嵊州298.0毫米、新昌263.7毫米，最大降雨站为嵊州牛团仓896.0毫米。曹娥江东山站7月26日11时20分出现最高水位11.06米，超保证水位1.06米；绍兴平原南门站7月26日20时出现最高水位4.98米，超保证水位0.48米，为实测历史第二高水位；虞北平原小越上站7月26日19时出现最高水位3.59米，超保证水位0.09米。浦阳江诸暨太平桥站7月25日16时25分出现最高水位11.94米，超警戒水位1.30米；湄池站7月26日7时5分出现最高水位10.58米，超保证水位0.87米，为历史最高水位。

【山洪灾害防御工作】 2021年，全市水利部门落实防御责任，及时下发责任告知书，加强责任人履职抽查；加强与气象部门会商，密切监视水雨情、工情，发挥山洪灾害防御数字化应用平台和群测群防体系作用，及时发布预警信息并叫应，确保预警信息传递到基层责任人员。在汛期，市、县两级共发布山洪灾害预警100期，触发山洪预警4796次，推送各类预警短信26.8万条次，实现山洪灾害人员零伤亡。

2021年，绍兴市开展山洪灾害防御演练　　（市水利局／提供）

【第一次全市自然灾害(水旱灾害)风险普查工作】 2021年，绍兴市以"摸清水旱灾害风险隐患底数，查明区域防洪抗旱能力"为中心，开展第一次全市自然灾害(水旱灾害)风险普查工作。至年末，市及各区、县(市)均已完成干旱灾害致灾调查、水利工程洪水灾害隐患调查、重点集镇山洪风险调查、中小河流淹没图绘制等任务并提交省级审核。

【建成全市水文防汛决策支持系统】 2021年，市水利局投入25万元，建立全市水文防汛决策支持系统，实现多源数据有效汇集、数据整合、水文分析计算及分析成果多场景展示。同时，在绍兴水利微信公众号上线"越水情"，展示实时水雨情信息、气象信息、综合预警信息等内容，方便群众即时查看水雨情信息。

【应对梅雨台风】 2021年汛期，全市共启动及调整应急响应22次。其中，6号台风"烟花"期间提升应急响应至Ⅰ级、14号台风"灿都"期间提升应急响应至Ⅱ级，下发通知56个、调度指令79份。在防御梅雨强降雨，"烟花""灿都"等台风和"倒黄梅"期间，水利部门针对性开展水库河网预泄预排，统筹调度大中型水库拦洪。其中，梅汛强降雨期间，曹娥江大闸、绍虞平原累计排水6.61亿立方米和3.18亿立方米，19座大中型水库累计预泄2.15亿立方米，拦蓄洪水2.53亿立方米。台风"烟花"防御期间，曹娥江大闸累计排水10.1亿立方米，绍虞平原排水3.69亿立方米，19座大中型水库累计预泄1.2亿立方米，拦洪2.65亿立方米，90小时内28次密集调度汤浦水库，时隔59年再次启用高湖蓄滞洪区分洪。实现曹娥江全流域降雨近20年一遇的恶劣条件下，未发生流域性洪水，浦阳江流域干流堤防未发生重大险情。

【袁家军到柯桥检查指导防汛救灾】 2021年7月27日，省委书记袁家军到汛情严重的绍兴市柯桥区慰问受灾群众和奋战在防汛救灾一线的基层干部和广大官兵，检查指导防汛救灾工作。

【郑栅洁到绍兴检查防台防汛工作】 2021年7月26日，省长郑栅洁到绍兴检查指导防台防汛工作，向奋战在一线的广大干部群众表示感谢和慰问。

（市水利局／提供）

生态环境

综 述

【概况】 2021年，绍兴市全面优化自然生态体系，持续高位提升生态环境质量，环境空气质量持续改善，城市$PM_{2.5}$浓度27微克／立方米，比2020年下降6.9%，AQI（空气质量指数）优良天数比例93.4%，增加2.1个百分点。全市中度及以上污染天气同比减少8天，未出现重度污染天气。11个国控、25个省控、128个县控断面Ⅰ类至Ⅲ类水比例和功能区达标率均为100%，全市县级及以上饮用水水源地水质达标率100%，污染地块安全利用率和受污染耕地安全利用率均为100%。全面启动国家级生态文明建设示范市和“绿水青山就是金山银山”实践创新基地创建工作。全面完成全国“无废城市”试点工作任务，统筹推进全省全域“无废城市”建设。全市50%的区、县（市）成功创建国家生态文明建设示范区，83.3%的区、县（市）成功创建省级生态文明建设示范区。上虞区陈溪乡、光大环保能源（嵊州）有限公司、浙江诸暨八方热电有限责任公司入选第十一批浙江省生态文明教育基地。绍兴市生态环境公众满意度85.41，连续4年超过85。

绍兴市再次被省政府评为打好污染防治攻坚战成效显著、生态环境建设指标优良的督查激励地市，再次获美丽浙江建设考核优秀市。

【生态环境工作数字化改革】 2021年，绍兴市生态环境局全面搭建生态文明数字化改革框架，研究对接“四个体系”和数据指标，逐步完成数字政府生态文明和党政机关整体智治框架体系建设。完成“医疗废物全过程监管”“固体废物交易撮合”应用场景开发和上线，揭榜挂帅“固废风险管控中心”“固废多源数据分析”等11个省级二级子场景，占全省二级子场景的73.3%，排名全省第一，绍兴市“无废城市”信息化平台被评为“2020年浙江省改革创新最佳实践案例”并入选省“观星台”优秀应用，被列入全省“重要窗口”蓝箱清单、全省数字化改革一本账。参与建设的“无废城市浙江探索”获得2021年度浙江省改革突破奖“银奖”。推动生活垃圾焚烧、火电、水泥、造纸四个重点行业自动监测数据标记和电子督办“大数据监管工程”，落实省行政执法监管（互联网＋监管）平台和“浙政钉”掌上执法App应用，掌上执法检查率100%。

【生态文明体制改革】 2021年，绍兴市高标准推进生态文明体制改革，完成改革项目19个，重点领域试点项目14个。推进省级监测事权上收，完成四大类33个省级监测事权上收站点运维服务和运维监管项目招标。

深化生态环境损害赔偿制度改革，印发《绍兴市资源环境案件违法责任与损害赔偿责任“一案双查”实施办法（试行）》《绍兴市大气污染生态环境损害赔偿管理办法（试行）》，组织开展生态环境损害评估案件17个，完成损害赔偿案件15个，获赔生态环境损害赔偿金约6880万元。其中浙江嘉业化工有限公司生态环境损害赔偿诉讼案件经省高级人民法院终审判决，获赔偿金5101万元，是省内迄今涉及金额最大的生态环境损害赔偿案件。

【印发高水平建设新时代美丽绍兴规划纲要】 2021年4月，绍兴市委、市政府印发《深化生态文明示范创建高水平建设新时代美丽绍兴规划纲要（2020—2035年）》（简称《纲要》）。《纲要》设置2025年近期目标为生态环境质量明显改善，率先走出“山水为体，人文为魂，生态塑韵”的城

2021年，绍兴市循环生态产业园　　（市生态环境局／提供）

市高质量发展之路;2035年远期目标为生态环境治理体系和治理能力现代化全面实现,人与自然和谐共生,全面建成生态良好、生活宜居、社会文明、绿色发展、文化繁荣的美丽绍兴。《纲要》明确构建集约高效绿色的美丽国土空间、形成绿色循环低碳高质量发展的美丽现代经济、守护自然和谐共生的美丽生态环境、打造宜居宜业宜游的美丽幸福家园、弘扬具有古越韵味的美丽生态文化、完善科学高效完备的美丽治理体系等任务。

【印发市生态环境保护"十四五"规划】 2021年7月,市政府印发《绍兴市生态环境保护"十四五"规划》(简称《规划》)。《规划》主要设置了全市2025年细颗粒物($PM_{2.5}$)浓度、空气质量优良天数比例、地表水县控以上断面水质Ⅰ—Ⅲ类的比例等22项目标,绿色生态示范、应对气候变化、大气污染防治任务等11项重点工作任务。

【全域"无废城市"建设】 2021年,绍兴市在高质量完成国家"无废城市"建设试点任务后,高标准推进全域"无废城市"建设,完成全域"无废城市"四张清单(目标清单64项、责任清单47项、任务清单183项、项目清单69项)工作任务。建成十二大类"无废细胞"401个,其中浙江医药股份有限公司昌海生物分公司、浙江新和成药业有限公司入选全省第一批"无废工厂",绍兴市人民医院被评为省"无废细胞""无废医院"。

【生态环境保护督察整改工作】 2021年,绍兴市持续深化第二轮中央生态环境保护督察整改工作。至年末,第二轮中央生态环境保护督察反馈绍兴市具体问题13项,完成整改销号5项;交办绍兴市588件信访件完成整改销号586件,销号率99.7%,其中12件重点信访件全部完成整改销号,销号率100%。收到省委生态环境保护专项督察组交办绍兴市15批73件信访件,其中属实5件,部分属实60件,不属实8件,全部落实责任单位,完成整改52件。

【建设新时代美丽绍兴暨中央生态环境保护督察整改工作推进会召开】 2021年6月7日,绍兴市建设新时代美丽绍兴暨中央生态环境保护督察整改工作推进大会召开。市委书记马卫光出席会议并讲话,市委副书记、市长盛阅春主持。会上,通报2020年度美丽绍兴建设(生态文明示范创建行动)考核结果。会议以视频形式举行。

环境质量

【概况】 2021年,绍兴全市环境空气质量综合指数平均为3.32。各区、县(市)环境空气质量综合指数:越城区3.56、柯桥区3.72、上虞区3.22、诸暨市3.25、嵊州市3.12、新昌县2.88。各区、县(市)环境空气质量指数(AQI)达到优良的天数比例:越城区92.1%、柯桥区89.9%、上虞区95.9%、诸暨市95.6%、嵊州市98.1%、新昌县98.6%。

全市大气中二氧化硫(SO_2)年均浓度为6微克/立方米,与2020年持平;二氧化氮(NO_2)年均值28微克/立方米,上升3.7%;可吸入颗粒物(PM10)年均值47微克/立方米,与2020年持平;细颗粒物($PM_{2.5}$)年均值27微克/立方米,下降6.9%;臭氧(O_3)第90百分位浓度138微克/立方米,下降1.4%;一氧化碳(CO)第95百分位浓度0.9毫克/立方米,下降10%。

【水环境】 2021年,全市主要河流水质总体状况为优,70个市控及以上断面水质均达到或优于Ⅲ类标准,且水质类别均满足水域功能要求。其中,Ⅱ类水质断面46个,占65.7%;Ⅲ类水质断面24个,占34.3%。与2020年相比,Ⅰ类至Ⅲ类水质断面比例持平,保持无劣Ⅴ类水质断面,满足水域功能要求断面比例持平,总体水质保持稳定。曹娥江水系、浦阳江及壶源江水系、鉴湖水系和绍虞平原河网等四大水系水质状况均为优,总体水质保持稳定。

全市27个跨行政区域河流交接断面中,Ⅱ类水质断面16个,占59.3%;Ⅲ类水质断面10个,占37.0%;Ⅳ类水质断面1个,占3.7%。除越城区(滨海新区)水质达标率为92.9%外,其余区、县(市)达标率均为100%。

【集中式生活饮用水水源地水质】 2021年,全市8个县级以上集中式生活饮用水水源地(实测7个,陈蔡水库自2020年11月起停测),除平水江水库为Ⅰ类水质外,其余均为Ⅱ类水质,水质达标率100%。对7个水源地开展的109项水质指标监测,基本项目及特定项目指标全部达标。

【声环境】 2021年,全市区域环境噪声(昼间)平均等效声级值(面积计权)为57.2分贝,与2020年相比上升4.3分贝,总体水平等级为"一般";市区(越城区、柯桥区、上虞区,下同)平均等效声级值57.9分贝,上升5.0分贝,总体水平等级"一般"。

全市各类声环境功能区噪声均存在不同程度的超标现象,昼间噪声达标率范围在88.9%—98.5%,夜间噪声达标率范围在30.6%—85.3%。1类标准区昼间和3类标准区昼间达标率有所上升,其余功能区昼间和夜间达标率均有所下降。

全市城市道路交通噪声(昼间)平均等效声级值(路长计权)为67.6分贝,低于国家70分贝的控制要求,总体水平为"好",上升0.5分贝。路长超标率为22.3%,上升0.8个百分点。市区平均等效声级值为68.8分贝,上升0.3分贝,路长超标率为28.9%,下降1个百分点。

【生态环境】 2021年,绍兴市对2020年度全市卫星遥感影像进行野外核查和解译。2020年,全市生态环境状况指数(EI)78.4,生态环境状况等级为优,与2019年相比,总体生态环境状况略微变好。各区、县(市)的EI值分布在67.1—81.8,按EI值降序排列依次为:诸暨市、新昌县、嵊州市、柯桥区、上虞区、越城区。其中,诸暨市、新昌县、嵊州市的EI值高于全市EI值。除越城区生态环境状况等级为良外,其余5个区、县(市)均为优。

【辐射环境】 2021年,各区、县(市)的环境γ辐射空气吸收剂量率(瞬时)平均值范围在54.9—122纳戈瑞/小时之间,平均值为 81.1 纳戈瑞 / 小时，与全国天然放射性水平调查时绍兴市的测量值处于同一水平。环境电磁辐射水平和电磁辐射设施周围电磁辐射水平均低于相关标准要求。

污染防治

【概况】 2021 年，绍兴市生态环境局制定并实施 2021 年空气质量巩固提升行动方案和考核办法，着力突破工业废气治理难事；统筹水环境治理和水生态环保，继续加强重点断面和不稳定断面水质治理的指导；开展土壤污染“源解析”试点，抓好重点项目地块治理修复工程，污染防治工作取得新进展。

【水污染防治】 2021 年，绍兴市新建成 16 个“污水零直排”工业园区，改造提升 4 个，设置代表性监测断面开展园区水质定期监测评价。园区和企业分别完成雨污分流管网新建、整改长度 55 千米和 85.4 千米。新建甘霖镇污水处理厂、长乐镇污水处理厂、崇仁镇污水处理厂，完成儒岙污水处理厂清洁排放技术改造，完成城镇污水管网建设 108.6 千米。推动农业面源污染治理，新建 43 家水产健康养殖示范场，建设 9 条农田氮磷生态拦截沟，对 2211 个农村生活污水处理设施开展标准化运维。新设 16 个湖库、河流水质自动监测站开展水质变化实时监测。探索治水新途径，创建 6 个水生态涵养区，完成河湖生态缓冲带划定，完成水生态修复建设共 16.95 千米。

【大气污染防治】 2021 年，绍兴市创新开发全省首个扬尘监管小程序“绍兴蓝天”，印发《2021 年绍兴市空气质量巩固提升行动方案》《2021 年大气污染防治考核办法》，编制新考核国控点“一点一策”方案，落实《绍兴市大气污染防治工作责任追究办法（试行）》要求，对空气质量排名落后区、县（市）和乡镇（街道）实施约谈。制定印染行业废气治理“一本书一张表”，起草《绍兴市纺织印染工业废气管控技术规范》，将 15 项废气无组织排放控制措施载入印染企业排污许可证。深化移动源污染防治，推进移动源绿色化改造和分类分级管理，延长非营运小微客车排气环保免检年限至十年，累计核发移动源分类码 4687 份。各区、县（市）均划定高排放非道路移动机械禁用区，累计完成非道路移动机械上牌 14811 台。常态化开展柴油货车路检路查，共检查抽测车辆 822 辆。

【土壤污染防治】 2021 年，全市污染地块安全利用率达 100%。越城区、柯桥区作为绍兴市受污染耕地“源解析”试点区，开展“源解析”工作，浙江健力股份有限公司原厂址地块污染土壤治理修复项目完工并通过验收。4 个国考点位地下水水质保持稳定，完成 2 个重点化工园区地下水专项调查评估和 3 个沿江沿河重点工业园区地下水污染扩散排查工作。越城区皋埠街道塘东湖村里陈江等 3 条农村黑臭水体完成治理销号，销号比例 100%，其中越城区富盛镇义峰村徐家池农村黑臭水体整治典型案例推荐上报生态环境部。

【编制市土壤、地下水和农业农村污染防治“十四五”规划】 2021 年 11 月，市生态局牵头编制完成《绍兴市土壤、地下水和农业农村污染防治“十四五”规划》（简称《规划》）。《规划》全面贯彻土壤污染防治法，持续推进土壤污染源头管控，实现农用地精细化分类管理，强化建设用地土壤污染风险管控和修复，全面落实“谁污染、谁治理”的主体责任，建立健全土壤污染防治标准体系和监测网络建设，推进土壤污染治理体系和治理能力现代化，全力打好升级版污染防治攻坚战，形成政府主导、企业施治、市场驱动、公众参与的土壤污染防治机制，切实解决关系人民群众切身利益的突出土壤环境问题，促进土壤资源永续利用。

【编制市畜禽养殖污染防治“十四五”规划】 2021 年 12 月，市生态环境局、市农业农村局牵头编制完成《绍兴市畜禽养殖污染防治“十四五”规划》（简称《规划》）。《规划》提出采取源头减量、分区施策、精准治污、科学治污、智慧治污等主要方式。到 2025 年，全市畜牧业总体布局科学、结构合理，产业层次得到较大提升，完成省下达的化学需氧量、氨氮减排任务。

【固体废物管理】 2021 年，绍兴市开展

2021 年，嵊州市嵊新首创污水处理厂 （朱丽亚 / 摄）

工业固体废物大排查大整治工作，排查工业固废产生企业25000余家，3900余家涉危废企业在省固废管理信息系统申报2021年管理计划。持续完善小微产废企业危废统一收运和一般工业固废收运体系建设。推动列入省利用处置设施建设规划项目建设，新增危险废物利用处置能力13万吨/年。完成73家危险废物产生单位的规范化考核，其中包括28家危险废物经营单位，考核合格率100%。完成重点行业重金属全口径清单更新，完成尾矿库清单及信息核对，完成持久性有机污染物、汞及汞化合物统计调查工作。累计处置医疗废物及其他参照医疗废物管理的涉疫废物6805.62吨，医疗废物安全处置率100%。

【编制市“十四五”固体废物污染防治规划】 2021年12月，市生态环境局编制完成《绍兴市“十四五”固体废物污染防治规划》（简称《规划》）。《规划》以全域“无废城市”建设为抓手，以提高资源利用效率为核心，全面提升工业固体废物污染防治水平。规划共设置固体废物污染防治指标20项，涵盖减量化、资源化、无害化、收运体系和监管体系五大领域，具体涉及推进固体废物源头减量、加强固体废物分类收集、拓宽固体废物综合利用渠道、提升固体废物利用处置能力、健全固体废物闭环监管体系五大规划任务。规划目标为，到2025年，绍兴市全域“无废城市”建设成果得到进一步巩固，城市建设管理水平和群众满意程度不断提高。

【辐射源防治】 2021年，绍兴市通过核技术利用单位自查、监督性监测和“双随机”检查相结合模式，开展辐射安全隐患大排查。实施现场核查329家次，出动人员689人次，责令整改28家。帮助关停和技术替换更新企业的放射源收贮，及时消除风险隐患。至年末，有登记在册辐射工作单位437家，辐射安全许可证持证率100%；在册放射源应用单位50家，放射源507枚（Ⅳ类266枚，Ⅴ类241枚）；在册射线装置应用单位392家，射线装置1009台。

【碳减排工作】 2021年，绍兴市完善应对气候变化工作机制，编制《绍兴市应对气候变化“十四五”规划》，制定各区、县（市）2021年度碳强度下降目标。建立碳排放重点企业清单，督促开展碳报告填报，推进碳账户建设，开展297家非碳交易重点企业核查。会同人行绍兴支行印发《绍兴市碳排放权抵押贷款业务操作指引（试行）》，完成全省第一笔碳排放权抵押贷款授信，全市累计办理碳排放权抵押贷款7笔约1.3亿元。各区、县（市）开展低（零）碳试点工作，全市列入省级低（零）碳试点乡镇（街道）1个、村（社区）24个，减污降碳协同试点1个。

【印发市应对气候变化“十四五”规划】 2021年11月，市气候办印发《绍兴市应对气候变化“十四五”规划》（简称《规划》）。《规划》主要设置了单位地区生产总值二氧化碳排放降低、单位地区生产总值综合能耗、非化石能源占比等15项目标，有效控制温室气体排放、提高气候变化治理能力、开展二氧化碳排放达峰行动等7项重点工作任务。

【开展环境污染责任保险试点】 2021年4月，开展越城区和诸暨市污染责任保险试点。越城区以固体废物环境监管为切入口，以危险废物环境污染风险防控为核心，采取企业突发环境风险等级等方法评估企业环境风险，研究建立“保险+信用+监管”环境风险防控新体系。诸暨市对接多家保险公司和企业代表，共同推动环境污染责任保险提质扩面工作，完成参保46家企业，落实出险赔付工作，完成赔付约40万元。此外，探索制定《环境污染责任保险服务规范》地方标准。

【市生态环境系统碳达峰碳中和暨数字化改革工作推进会召开】 2021年9月16日，市生态环境局组织召开全市生态系统碳达峰碳中和暨数字化改革工作推进视频会，贯彻落实全省生态环境系统碳达峰碳中和暨数字化改革工作推进会会议精神，研究部署下阶段工作。省、市有关领导和专家参加会议。柯桥区、上虞区、新昌县、诸暨市山下湖镇、市无废专班分别围绕碳达峰碳中和、数字化改革工作进行交流发言。

【特定类别危险废物定向“点对点”资源化利用】 至2021年末，全市累计有1.68万吨工业废酸、废盐等特定类别危险废物，通过定向“点对点”利用模式进行资源化利用。绍兴市自2020年开始在全国范围内率先试点开展特定类别危险废物定向“点对点”利用制度，将特定企业产生的危险废物作为另外一家企业的生产原料进行定向利用，解决工业废酸、废盐等危险废物的利用处置。

环境监管执法

【概况】 2021年，绍兴市加大环境执法监管力度，严厉打击各类生态环境违法行为，共立案查处424件，处罚款4474万元，办理五类案件76件，责令整改企业1157家，关停取缔企业45家。推动污染源“双随机、一公开”执法监管常态化、制度化，完成抽查检查企业2669家次。开展百日攻坚、绿剑等专项行动，对印染、化工及工业园区等重点行业重点企业进行专项执法检查。开展年度重大环境隐患摸排化解行动，共摸排化解重大环境隐患和突出环境问题9个，各级政府部门共开展环境应急演练8次。

【组织推进生态环境法治建设】 2021年，市生态环境局印发2021年法治绍兴（法治政府）建设重点工作清单、2021年法治绍兴（法治政府）建设补短板重点工作任务清单等文件，完成全市生态环境系统行政执法证换证工作，229人领取新版行政执法证。

【环境监测】 2021年，绍兴市完成环境监测数据19.1万个，各类报告及报表4349份。完善监测网络水环境和大气环境自动监控网络体系，建有地表水自动站162个、环境空气自动站167个。完成全市不少于5%的已核发排污许可证企业执法监测和企业自行监测监督检查。完成市对县应急监测能力评估，组织完成全市范围内的应急监测演练，增强各区、县

表 55　2021 年绍兴市办结生态环境损害赔偿案件信息公开一览表

单位：万元

序号	案件名称	赔偿义务人	赔偿金额	赔偿协议时间	赔偿方式	赔偿资金缴入账户
1	绍兴市上虞区王 ** 等人非法倾倒、填埋生活垃圾污染土壤生态环境损害赔偿案	王 ** 等 13 人	173.19	2021 年 3 月	货币赔偿	上虞区国库
2	绍兴市柯桥区付 ** 等人非法倾倒定型机废气处理油水混合物污染水环境生态环境损害赔偿案	绍兴 ** 针纺有限公司等 8 家企业	528.90	2021 年 6 月	货币赔偿 + 原位修复	柯桥区国库
3	绍兴市上虞区浙江 ** 材料有限公司非法处置危险废物污染生态环境损害赔偿案	浙江 ** 材料有限公司	230.09	2021 年 8 月	货币赔偿	上虞区国库
4	绍兴市上虞区 ** 化工有限公司非法倾倒废液污染水环境生态环境损害赔偿案	绍兴市上虞区 ** 化工有限公司	10.34	2021 年 6 月	货币赔偿	上虞区国库
5	绍兴市诸暨市浙江 ** 新能源股份有限公司渗漏排放水污染物污染水环境生态环境损害赔偿案	浙江 ** 新能源股份有限公司	20.40	2021 年 3 月	货币赔偿	诸暨市国库
6	绍兴市越城区浙江 ** 有限公司火灾污染大气环境生态环境损害赔偿案	浙江 ** 有限公司	17.50	2021 年 11 月	货币赔偿	越城区国库
7	绍兴市诸暨市杨 ** 非法狩猎生态环境损害赔偿案	杨 **	0.30	2021 年 11 月	货币赔偿	诸暨市国库
8	绍兴市越城区绍兴市 ** 印染有限公司非法排放废水污染水环境生态环境损害赔偿案	绍兴市 ** 印染有限公司	0.60	2021 年 10 月	货币赔偿	越城区国库
9	绍兴市越城区绍兴市 ** 科技有限公司非法排放废水污染水环境生态环境损害赔偿案	绍兴市 ** 科技有限公司	4.53	2021 年 10 月	货币赔偿	越城区国库
10	绍兴市诸暨市浙江 ** 纺织印染有限公司超标排放水污染物污染水环境生态环境损害赔偿案	浙江 ** 纺织印染有限公司	33.17	2021 年 8 月	货币赔偿	诸暨市国库
11	绍兴市诸暨市浙江 ** 印染有限公司超标排放水污染物污染水环境生态环境损害赔偿案	浙江 ** 印染有限公司	105.11	2021 年 10 月	货币赔偿	诸暨市国库
12	绍兴市诸暨市蒋 ** 等人非法砍伐山林及破坏农用地生态环境损害赔偿案	蒋 **、王 **	60.55	2021 年 11 月	货币赔偿	诸暨市国库
13	绍兴市嵊州市嵊州 ** 砖瓦厂非法倾倒危废污染土壤环境生态环境损害赔偿案	嵊州 ** 砖瓦厂	640.81	2021 年 12 月	货币赔偿 + 原位修复	嵊州市国库

(市)应急协同作战水平。开展 2021 年度社会环境检测机构监督检查，对备案登记并已在绍兴市范围内开展业务的 10 家检测机构进行现场检查，对检查结果进行通报。

【涉环境信访】 2021 年，全市受理涉环境信访 4181 件，比 2020 年下降 6.69%，其中大气污染信访 2495 件，噪声污染信访 643 件，水污染信访 457 件，固废污染信访 73 件，建设项目类信访 109 件，其他类(环境保护建议等)信访 404 件。

【推进生态环境普法宣传】 2021 年，市生态环境局印发《绍兴市生态环境法治宣传教育第八个五年规划(2021—2025 年)》《关于做好 2021 年度生态环境普法教育培训工作的通知》。会同公安、检察院、法院等部门开展 2021 年生态环保法律警示教育培训，全市 172 家土壤污染重点企业负责人参加培训。组织全市执法人员学习《中华人民共和国行政处罚法》等法律法规。每月发布重点法律学习提示，做好宪法、民法典的普法宣传。在局门户网站开辟“普法与以案释法”专栏，2021 年共发布以案释法案例 16 篇。

【规范专职法律顾问管理】 2021 年，市生态环境局印发关于统筹提升生态环境系统法律顾问服务工作的通知，完善专职法律顾问服务模式，提升法律顾问服务水平。年内，联合法律顾问开展基层走访服务工作，收集生态环境问题 14 个，逐个落实整改措施研究解决。

行政审批许可管理

【概况】 2021 年，全市生态环境部门继续深化“放管服”改革，推进环评与排污许可衔接融合，提升“区域环评 + 环境标准”覆盖面，开展环评改革区域内印染行业建设项目环境影响报告表模板化编制。贯彻落实《排污许可管理条例》，全面开展排污许可证核发、质量检查和全市环评监管行动。完成现有排污单位“十四五”初始排污权核定分配和注册登记。

【环保服务高质量发展】 2021 年，绍兴市生态环境部门落实环保服务经济高质量发展“三张清单”制度，制定出台《关于进一步推动环保产业发展实施意见》，深化推进“三服务”和环保服务企业“十百千”行动，定点定期服务 120 家企业，实行问题收集、交办、跟踪、销号等全过程闭环管理。至年末，全市生态环境部门服务企业 1714 家次，帮助企业解决问题 558 个。组织开展环保咨询日活动 26 次，服务企业 549 家(次)，解决问题 218 个。

【建设项目环评审批】 2021 年，全市共审批(含备案)建设项目 1777 个，其中审批环境影响报告书的项目 82 个，环境影响报告表的项目 799 个，登记表网上备案项目 896 个。

【排污许可管理】 2021 年，全市办理排污许可证 680 本，其中首次申请 152 本，重新申请 75 本，整改后申请 29 本，变更

357本，延续25本，注销42本。

【辐射许可管理】 2021年，全市共审批涉辐射建设项目17个，办理辐射安全许可证229本，其中首次申请67本、重新申请51本、变更72本、延续28本、注销11本；办理放射性同位素转让审批6件；办理放射源省内跨设区市异地使用报告2份。

【危险废物经营许可管理】 2021年，全市共受理危险废物经营许可事项21件，已变更或新发放经营许可证21份。至年末，有33家企业取得浙江省生态环境厅发放的危险废物经营许可证。

（市生态环境局/提供）

节能减排

【概况】 2021年，绍兴市在全省率先开展全域能效综合创新试点，首创推行能耗指标增减与发展绩效挂钩。落实能耗双控工作督查推进机制和“红黄绿”预警制度，落实0.52吨标准煤/万元的能效准入标准，从严控制新建高耗能项目准入。

规模以上工业能耗1570.92万吨，增长7.6%，规模以上工业增加值能耗下降7.1%。全社会用电量515.79亿千瓦时，增长13.76%；工业用电量393.62亿千瓦时，增长14.43%。规模以上工业（不含统调发电）煤炭消费827.0万吨，减少19.6万吨。

创建市级绿色工厂46家，绿色园区1个；创建省级绿色工厂7家；国家级绿色工厂3家，绿色设计产品13个。92家企业通过省级清洁生产审核验收。新认定市级智能工厂7家、智能制造示范车间46个、智能化生产线106条，累计分别为13家、79个和341条。

实施绿色建筑268项，建筑面积1685万平方米。其中实施二星级绿色建筑132项，建筑面积1030万平方米；实施三星级绿色建筑49项，建筑面积166万平方米。全面完成既有公共建筑节能改造17.01万平方米，完成可再生能源建筑应用291.7万平方米，实施高星级绿色示范项目9项。

新增或更新清洁能源出租车2657辆，新增或更新新能源公交车502辆，淘汰国三及以下营运柴油货车1054辆。全市公共交通机动化出行分担率32.3%，绿色出行比例70%。完成港口岸电设施建设41套，实现港口码头岸电设施全覆盖，锚泊服务区安装岸电设施14套。

绍兴市通过国家餐厨废弃物资源化利用和无害化处理试点城市终期验收，杭州湾上虞经济技术开发区获2021年省级循环化改造试点园区验收优秀，新昌县升级为2021年省级资源循环利用创建类示范城市。212家单位被命名为首批节约型机关，创建比例38.76%，其中市本级52家单位，创建比例46%。

【制定《绍兴市全域能效综合创新行动方案（2021—2025年）》】 2021年，绍兴市制定《绍兴市全域能效综合创新行动方案（2021—2025年）》。方案提出，要在全市域全领域推广能效综合创新工作，重点建设柯桥区全区能效提升试点和上虞区化工产业能效提升试点两大平台，加快实现能源结构、能效水平、能源治理、节能社会突破。明确供给侧结构性改革、消费侧能效提升、治理侧机制改革的重点任务，争取到2025年各领域能效水平全面提升，形成安全保障更加可靠、结构更加优化、基础设施更加完善、产业更加智慧、管理更加科学的清洁低碳、安全高效的现代能源体系。

【制定《绍兴市能源发展“十四五”规划》】 2021年8月10日，市政府印发《绍兴市能源发展“十四五”规划》。规划包括发展基础、总体思路、主要任务和保障措施4个部分，提出到“十四五”末，绍兴市初步构建起能源体系更加健全、能源安全保障更加可靠、能源结构更加优化、能源基础设施更加完善、能源产业更加智慧、能源管理更加科学的清洁低碳、安全高效的现代能源体系，为全市碳达峰奠定坚实基础，更好支撑经济社会高质量发展。

【印发《绍兴市塑料污染治理三年攻坚行动计划（2021—2023年）》】 2021年，绍兴市发改委、市生态环境局等9部门联合印发《绍兴市塑料污染治理三年攻坚行动计划（2021—2023年）》。行动计划明确以不可降解塑料袋、一次性塑料餐具、宾馆酒店一次性塑料用品、快递塑料包装为重点，从消费、流通、生产、处置等4个环节实施塑料污染治理工作，有序有效治理塑料污染。

【响应“风光倍增”计划】 2021年，绍兴市响应省政府“风光倍增”计划，推动屋顶分布式光伏、抽蓄电站、新型储能等绿色低碳项目建设。新增光伏发电项目并网容量26万千瓦，完成省下达目标的163%；

2021年，诸暨市珍珠小镇向文旅融合、商贸服务发展，有效降低工业碳排放

（市生态环境局/提供）

2021年8月，绍兴市100兆瓦屋顶分布式光伏项目建设集中开工仪式举行（市发改委/提供）

与万科、融创等大型房产合作打造“全电小区”，与绍兴文理学院合作打造“绿色校园”；推进上虞鸿雁未来社区建设，从项目规划源头部署用户侧“光伏＋储能”、充电桩、集中供冷供热等设施。

【向违规用能企业开出“罚单”】 2021年，市发改委组织各区、县（市）发改局以交叉检查的形式，对30家重点用能企业用能情况进行检查，并对8家淘汰落后设备不到位的企业督促整改。其中，嵊州新剡东印染股份有限公司、诸暨大象新型材料有限公司、浙江八达铜业有限公司整改不力或拒绝整改。市能源监察中心按照处罚流程启动立案调查程序，对3家企业做出各处罚3万元的决定。

【开展处置大面积停电事件应急演练桌面推演】 2021年4月29日，市发改委在市指挥中心组织开展绍兴市处置大面积停电事件应急演练桌面推演。此次推演模拟220千伏雅致变、浦口变在检修方式下，突然遭遇极端恶劣强对流天气，导致故障全停，损失负荷达到减供负荷40%以上，造成电网大面积停电事件。桌面推演分先期处置、应急响应、响应终止及应急结束四个阶段。

【市政府与浙能集团签订战略合作框架协议】 2021年8月9日，绍兴市政府与浙江省能源集团有限公司签订战略合作框架协议。根据协议，双方共同推进区域综合能源服务、可再生能源、产业集聚区热电联产等项目的开发建设，共同深化天然气体制改革，加快石油储运设施建设，深入开展在综合供能服务站、能源领域浙江省实验室基地培育建设等方面的合作。

【碳排放权抵押贷款助企政策】 2021年6月，浙江省首批重点单位碳排放配额下达，涉及绍兴企业14家。绍兴市参照排污权抵押贷款管理办法，依托全国碳交易平台，制订《绍兴市碳排放权抵押贷款业务操作指引（试行）》，明确相关市场主体的碳排放权可进行抵押贷款，并确立5家银行开展试点工作。7月2日，恒信农商银行向绍兴中成热电有限公司发放绿色金融贷款6000万元，这是全省首笔碳排放权抵押贷款。7月30日，农行绍兴分行向浙江春晖环保能源股份有限公司发放1000万元的市场碳排放配额抵押贷款，这是国有大型商业银行全国首单碳排放配额抵押贷款。

绍兴市碳排放权抵押贷款助企政策入选2021年全省生态环境系统“最佳制度供给、最佳服务项目、最佳组织举措”典型案例。

【省节能宣传周云发布会启动仪式】 2021年8月23日，由省发改委（省能源局）和绍兴市政府联合举办的2021年浙江省节能宣传周云发布会启动仪式在绍兴举行。在启动仪式上，绍兴市发布《全域能效综合创新行动方案（2021—2025年）》。景宁县政府、国家绿色技术交易中心（国网浙江双创中心）、中国石化镇海炼化公司、华汇工程设计集团股份有限公司等7家单位做节能典型案例现场讲演。

【绍兴在全省率先发布全域能效综合创新行动方案】 2021年8月23日，2021年浙江省节能宣传周启动仪式在绍兴举行，绍兴在省内率先发布全域能效综合创新行动方案。方案明确供给侧结构改革、消费侧能效提升、治理侧机制改革等3方面的重点任务，提出到2025年，各领域能效水平全面提升，形成安全保障更加可靠、结构更加优化、基础设施更加完善、产业更加智慧、管理更加科学的清洁低碳、安全高效的现代能源体系的发展目标。“十三五”期间，绍兴是全省唯一一个完成能耗强度和能耗总量控制目标的地市。

（市发改委、市生态环境局/提供）

城乡建设与管理

综 述

【概况】 2021年，绍兴市深入贯彻中央、省关于住房和城乡建设各项工作要求，以"城市让生活更美好、乡村让人们更向往、住房让百姓更满意"为目标，不断加快城乡基础设施建设，以城乡风貌整治提升为新起点，推动城乡面貌焕然一新。扎实开展城市有机更新，深入实施美丽城镇建设，加快民生实事推进，城乡融合脚步不断加快。

【全市2021年建设工程"安全生产月"启动仪式举行】 2021年5月28日，绍兴市建设工程"安全生产月"启动仪式暨现场观摩会在市公安局业务技术用房建设项目工地召开。会议分析当前全市建设工程安全生产形势，部署下步工作，并启动"安全生产月"活动。市建设局、市公安局、镜湖新区开发办、市城投集团有关领导，各区、县（市）相关业务工作负责人及施工、监理单位负责人等共计500余人参加。

【市建设工程造价咨询及招标代理行业协会第五届会员大会召开】 2021年9月10日，绍兴市建设工程造价咨询及招标代理行业协会第五届会员大会暨第五届理事会第一次会议召开。大会审议通过《绍兴市建设工程造价咨询及招标代理行业协会第四届理事会工作报告》《绍兴市建设工程造价管理协会第四届理事会财务收支情况报告》，表决通过《绍兴市建设工程造价咨询及招标代理行业协会章程》《绍兴市建设工程造价咨询及招标代理行业协会财务管理制度》，选举产生协会第五届理事单位、常务理事单位和协会新领导层。袁小雷当选会长，马洪明当选常务副会长，张金花等9人当选副会长，顾全兴当选秘书长，林伟堂当选常务副秘书长。

【市城建档案学会召开第六届第一次会员代表大会】 2021年8月12日，绍兴城建档案学会召开第六届第一次会员代表大会暨换届会议。会议表彰2020年度城建档案工作先进集体和城建档案工作先进个人。黄玉燕理事长作《绍兴市城建档案学会第五届理事会工作报告》；姚琪秘书长作《绍兴市城建档案学会第五届理事会期间会费收支情况报告》；会议审议通过五届理事会工作报告、会费收支情况报告；选举产生绍兴市城建档案学会第六届理事会理事。

（市建设局／提供）

城乡规划

【概况】 2021年，绍兴市以新一轮国土空间总体规划(2019—2035)编制为抓手，以构建"一心两翼九组团多节点"的网络大城市发展格局为目标，统筹谋划、确立"框定一个总量，确保四个子项"的国土空间优化体系，科学推进"三区三线"（根据城镇空间、农业空间、生态空间三种类型空间，分别对应划定城镇开发边界、永久基本农田保护红线、生态保护红线三条控制线）划定。

完成绍兴市国土空间总体规划报批稿（含市区分区规划和滨海新区国土空间总体规划），完成前两轮"三区三线"划定并上报。划定过渡期市区城镇开发边界841.27平方千米，占市区总面积28.4%，新增市区建设用地规模4066.67公顷。

完成绍兴市曹娥江两岸规划实施评

2021年9月23日，2021年绍兴市测绘应急演练在上虞区章镇镇举行

（市自然资源和规划局／提供）

估、市区城市客厅城市阳台规划布局研究、古城历史街区外风貌管控导则等重要规划研究 17 项。核发建设项目用地预审与选址意见书 302 个，建设工程规划许可 978 个，建设项目竣工规划核实 767 个。

完成 0.2 米航空影像获取、数字正射影像图(DOM)和 1:2000 比例尺数字线划图(DLG)全市域更新，完成 1:500 比例尺数字线划图(DLG)更新 846.1 平方千米；建立与更新城市三维模型 140.6 平方千米。参加省级测绘应急演练并获三等奖，组织市级测绘应急演练 1 次。

启动 115 个行政村编制“多规合一”实用性村庄规划，漓渚镇棠棣村等 14 个村庄规划纳入首批省级试点。启动绍兴市城市展示馆布展工作。

【自然资源数字化改革】 2021 年，绍兴市“市级数据目录与合仓建设”“三维立体一张图(BIM/CIM 方向)应用功能”和上虞区“码上有地”应用场景、“全链路网络安全监管”空间组件等 4 个项目入选首批全省数字国土空间建设试点。以协同推进国土空间基础信息平台迭代深化、省域空间治理数字化平台地方节点建设为重点，制定实施《绍兴市“数字国土空间”建设方案》，全年归集整合 122 类、555 项数据资源，累计数据调用量 422 万次，夯实全市空间数据“底座”，赋能市域空间治理科学化、精细化和智能化水平。

【市区新增建设用地规模】 2021 年，省自然资源厅下发全省各市 2021—2035 年国土空间规划建设用地规模数据。绍兴市区新增建设用地规模 4066.67 公顷，城乡建设用地规模 5.63 万公顷，列全省第三位。

【完成年度国土空间规划城市体检评估工作】 2021 年，绍兴市作为 108 个报国务院审批总体规划城市之一，首次面向全市域开展多要素空间性综合评估。结合全国国土调查、年度变更调查等数据成果，分 6 个一级类别、18 个二级类、107 个三级指标开展评估。

【全省率先推进“多验合一”优化营商环境】 2021 年，绍兴市以上虞区为试点，率先在省内试行开展建设工程竣工规划核实与用地复核“多验合一”工作。总结推广“123”工作法，即坚持一个事项一个部门统筹，一个阶段同类事项整合“1”个原则；推行一次受理、联合踏勘“2”项举措；建立预告知、五到场、预验收“3”项制度。至年末，为 80 余家企业提供合并办理，减少申请材料 6 项，缩短审批时间 14 个工作日。

【发行省内首套红色地图】 2021 年 4 月，上虞区制作发行《上虞红色地图》，共有地图 10 张，除介绍上虞区的行政区划、综合交通、城市变迁、抗日战争及解放战争期间重大战役外，还标注 6 条红色“毅行线路”，为徒步参观红色景点提供了线路参考。该地图是省内首套红色地图。

【市区第二批历史建筑名单公布】 2021 年 6 月 3 日，市政府公布绍兴市区第二批历史建筑名单，大焦庙等 180 处历史建筑入选，其中越城区入选 22 处，柯桥 106 处，上虞区 52 处。至此，全市共有历史建筑 752 处，其中市区 333 处。

【省测绘地理信息行业职业技能竞赛创佳绩】 2021 年 9 月 6—8 日，“南方测绘杯”浙江省第二届自然资源系统测绘地理信息行业职业技能竞赛在金华举行。全省 11 个地市的 26 名选手参赛，绍兴市获团体二等奖、个人第 4 名。

【《绍兴市区城市地下综合管廊建设专项规划》获批】 2021 年 9 月 9 日，《绍兴市区城市地下综合管廊建设专项规划》获市政府批复同意。根据规划，绍兴市将建设地下综合管廊 171.5 千米，覆盖越城区、柯桥区、上虞区规划建成区，管廊集纳热力、给水、排水(雨水、污水)、电力、通信、燃气等 6 类管线。12 月，市区首个大型地下综合管廊项目：镜水路—大越路—尹大线—西郊路项目启动规划建设，总长约 10.8 千米。

（市自然资源和规划局 / 提供）

城市建设

【概况】 2021 年，绍兴市围绕“设施完善、功能齐全、绿色生态、文化深厚的品质之城”目标，深入推进“建设布局合理、区域统筹、城乡一体化”的住房和基础设施体系，为绍兴融杭联甬接沪、促进三区深度融合提供强有力的支撑，在道路提升、给水排水、海绵城市、园林绿化、绿道建设等方面成效显著。至年末，完成第四批未来社区申报及市级评审工作，8 个项目成功入选省级第四批未来社区名单。柯桥大渡社区入选省厅社区场景运营“最佳实践”优秀案例名单。

【市区智慧快速路建设】 2021 年，绍兴市全力推进续建的越东路、二环北路、

2021 年，二环西路建设现场　（市建设局 / 提供）

G329、二环西路、越东路北延、二环南路、杭州中环柯桥段、杭绍甬高速杭州至绍兴段越东路互通连接线工程等8条智慧快速路建设，动工建设绿云路智慧快速路。

至年末，越东路（一期）当年累计完成投资21.8亿元，形象进度至93%；二环北路当年累计完成投资10.1亿元，形象进度94%；329国道市区段当年累计完成投资18.5亿元，形象进度97.5%；二环西路当年累计完成投资16.5亿元，一期形象进度85%，二期形象进度45%；越东路北延当年累计完成投资4.15亿元，形象进度62%；二环南路当年累计完成投资16.35亿元，形象进度61%；越东路二期当年累计完成投资3亿元，形象进度18%；杭绍甬高速杭州至绍兴段越东路互通连接线工程当年累计完成投资3.7亿元，形象进度17%；绿云路于2021年11月开工建设，当年完成投资5330万元。

市快路办共组织召开协调推进会议7次，出具会议纪要5份，协调明确事项30项。打造智慧快速路综合管理应用，完成数据集成方案初稿和BIM系统在快速路施工阶段的实际应用，建立健全BIM数据标准体系。

【城市路网建设】 2021年，全市实施道路项目122个（其中续建84个、新建38个），完成投资181.45亿元，推进常禧路南延一期（原文渊路一期）及配套工程、袍江望海路东延段建设工程、香樊路新建工程、舜江西路延伸段建设工程等项目，新增城市道路31.428千米。

【绿化绿道建设】 2021年，全市新增绿地143.44公顷，开展绍兴绿地系统规划（2021—2035）、绿线规划、生物多样性规划、城市公园体系规划方案编制工作。新建各类绿道250.14千米，开展绍兴市域绿道网规划（2021—2035）编制工作，印发《绍兴市省级绿道建设实施方案》。

迪荡公园环湖绿道、环布谷湖景观绿道、十九峰生态沿江绿道、浦阳江绿道评为第二届“绍兴最美绿道”；迪荡公园环湖绿道获评省第五届“全省最美绿道”。配合省建设厅开展省第三届“绿道健走大赛”暨“绿道健身月”活动。

【市政公用设施建设】 2021年，全市新建供水管网60.93千米，改造供水管网35.36千米。推进嵊州市崇仁污水厂，甘霖镇、长乐镇污水处理厂建设。完成供排水专项规划、燃气专项规划初稿。落实“古城内河”市级河长联系部门及“贺家池”市级湖长联系部门，每月两次开展日常巡查工作。

【“海绵城市”建设】 2021年，全市建成海绵城市15平方千米，完成8个示范项目建设。印发《关于进一步加强城镇建设项目落实海绵城市建设要求的通知》，完善海绵城市施工图图审要点、海绵城市质量管理办法，修编海绵城市规划设计导则。柯桥区华著小区申报2021年省海绵城市典型案例。

【交通治堵】 2021年，全市完成新增停车位10136个，其中公共停车位1371个，完成4条联网路连通工程建设。完成市区老城区停车场建设规划、绍兴市推进停车发展实施意见编制工作。

【老旧小区改造提升】 2021年，全市完成老旧小区改造项目107个（示范改造项目40个），其中，越城区61个、柯桥区4个、上虞区12个、诸暨市8个、嵊州市11个、新昌县11个。完成8个“邻里中心”试点建设，其中越城区3个，其余区、县（市）各1个。完成“最美老旧小区改造案例”评选，汇编老旧小区改造典型案例，完成老旧小区改造五年规划编制。

【未来社区建设工作职能移交】 2021年8月3日，市建设局与市发改委就未来社区建设工作职能进行移交。移交后，市建设局建立未来社区建设工作网络以及项目进度月报制度，完成2021—2023年全市未来社区创建项目摸排工作，新增8个省级未来社区创建项目，10个试点（创建）项目，全年累计完成投资50亿元。

【市第三批未来社区创建整合提升类项目实施方案评审会召开】 2021年9月17日，市建设局组织召开绍兴市第三批未来社区创建整合提升类项目实施方案评审会，越城外滩社区、柯桥大渡社区、上虞南丰社区3个项目通过评审并上报省建设厅备案。

【绿色社区建设】 2021年，市建设局与市发改委、市民政局等7部门联合编制《绍兴市绿色社区建设行动实施方案》，组织各区、县（市）开展绿色社区创建行动。至年末，全市40%以上的城市社区参与建设行动并达到要求。共创建成绿色社区134个，其中越城区43个、柯桥区40个、上虞

2021年，绍兴市已完成改造的老旧小区　（市建设局／提供）

区21个、诸暨市13个、嵊州市10个、新昌县7个。

【亚运城市基础设施提升】2021年，市建设局制定《绍兴市亚运城市基础设施提升行动方案》和工作清单、项目清单，形成配套设施保障、信息网络覆盖、城市风貌提升、未来社区试点、环境综合整治、公共厕所提升、国际标识改造、无障碍设施维护、城市道路建设、特色空间构建等十大行动，制定29项工作，排定51个项目，总投资583亿元。制定“百日攻坚”行动方案和道路工作计划表，明确道路环境整治项目41项涉及道路73条。

2021年，新昌县梅渚村老街（市农业农村局／提供）

【历史文化名城名镇名村保护】2021年，市建设局制定年度历史文化街区划定和历史建筑确定工作方案，建立历史文化名城名镇名村推进工作通报制度。至年末，全市新增历史建筑180处、完成历史建筑挂牌152处、历史建筑测绘65处、历史建筑建档12处，完成9处名镇名村街区保护规划编制。

【启动城乡风貌整治提升工作】2021年8月，市建设局启动《绍兴市城乡风貌整治提升行动实施方案》起草、筹建领导小组和工作专班，建立常态化工作机制。确定拟创建样板区50个，其中2022年首批15个城乡风貌样板区(9个城市风貌样板区、6个县域风貌样板区)列入省级试点建设名单。完成“1+6”行动方案编制(1个市级方案、6个县级方案)，柯桥区、上虞区、新昌县行动方案获评省级优秀方案。2021年度设区市城乡风貌整治提升工作综合评价中，绍兴市被评为优秀。柯桥区城乡风貌整治提升工作获省政府激励。市委组织部、市建设局、市委党校在浙江大学联合举办城乡风貌整治提升和未来社区建设专题研修班。

镇村建设（美丽乡村建设）

【概况】2021年，绍兴市委、市政府高度重视美丽城镇建设工作，围绕“五美”（环境美、生活美、产业美、人文美、治理美）目标，将美丽城镇建设写入市政府工作报告，列入对区、县(市)党委、政府考核，落实市、县、镇三级指标评价体系和统筹协调联动等工作机制。

全域推进新时代美丽乡村建设。启动新一轮“五星3A”迭代升级三年行动，修订完善相关验收标准，落实县级领导联系制度和月度部门调度会议制度。重点开展“五星3A”先行村创建，成功创建首批8个单位(11个村)，面向全国招引乡村运营团队。推进农村人居环境优化提升，全面实施每月村庄清洁日、常态化季度巡查等行动。修改完善季度巡查测评方法和成效标准，每季度通过实地检查测评及复评。推进农村生活垃圾精准分类，开展示范片区常态化检查。深化新时代美丽乡村“五美联创”，全面推进省级标杆县、示范乡镇、特色精品村、美丽乡村达标村创建工作，推进历史文化村落提质扩容。

至年末，全力推进省级样板创建镇18个、基本达标镇13个。“五美”建设项目完工427个，完成投资额321.9亿元，新增等级幼儿园21个、综合室内体育场馆33个、星级农贸市场24个、居家养老服务中心45个、邻里中心5.7万平方米、田园综合体15个、星级酒店12个、商贸综合体65万平方米、绿道212千米、公园52个、智慧应用场景61个。培育发展数字经济、高端装备、新材料、生物医药等新兴产业，新增市级以上创新创业基地10个、高端装备制造工程17个、国家级发明专利、实用新型专利645个。

累计创建“五星达标村”1509个、“3A示范村”174个；累计创建省级美丽乡村示范县3个(柯桥区、诸暨市、上虞区)、标杆县1个(柯桥区)；累计创建省级美丽乡镇53个、省级特色精品村155个、省级新时代美丽乡村达标村1262个、市级美丽乡镇103个、市级特色精品村330个；累计申报省级风景线25条；诸暨市“十亩之间”风景带创建成省共同富裕美丽乡村示范带；农村生活垃圾分类处理、农村规范化公共厕所、“三线”整治实现规划保留村100%全覆盖。

【省级美丽城镇建设获佳绩】2021年12月21日，省城乡环境整治工作领导小组公布2021年度全省新时代美丽城镇建设工作考核结果。绍兴市申报的31个乡镇(街道)全部通过2021年度美丽城镇达标验收，达标率100%。其中，越城区孙端街道，柯桥区齐贤街道、兰亭街道，上虞区上浦镇、小越街道；诸暨市大唐街道、枫桥镇；嵊州市三界镇；新昌县镜岭镇、澄潭街道获评省级样板；21个乡镇(街道)获评省级达标。

【农村危旧房治理改造】2021年，绍兴市全面完成农村房屋安全隐患排查鉴定工作，累计完成农村房屋安全隐患排查录入1058641户，其中用作生产经营性自

2021 年，上虞区东澄村 （市农业农村局 / 提供）

建房完成排查录入 34329 户。共有 C、D 级农村危房 1179 户，其中 C 级危房 1124 户，D 级危房 55 户。全市完成 C、D 级危房整治 1179 户，整治完成率 100%；完成重点整治 146 户，重点整治完成率 100%。全面部署四类重点房屋“回头看”工作，建立健全农村危房常态化治理长效机制。

【农房建设】 2021 年，绍兴市推进农房设计落地省级试点，组织开展省级农房设计落地试点地区申报，诸暨市、嵊州市申报成试点城市。落实农房设计服务，推广农村住房通用图集应用，引导农户按图建设，全市 6 个区、县（市）均已完成修编工作。

【五星达标、3A 争创工作】 2021 年，绍兴市新创建“五星达标村”107 个，“3A 示范村”23 个。启动新一轮乡村振兴“五星 3A”迭代升级三年行动，推进 13 个“五星 3A”先行村创建培育。

【深化“五美联创”工作】 2021 年，绍兴市开展美丽乡村示范县、示范乡镇（街道）、风景线、特色精品村和美丽庭院创建工作。柯桥区创建为省级美丽乡村标杆县，创建省级特色精品村 26 个、省新时代美丽乡村达标村 414 个、市级美丽乡镇 9 个、市级特色精品村 30 个。继续推进美丽乡村风景线建设，在巩固提升已申报 25 条省级风景线的基础上，新建第一批共同富裕新时代美丽乡村示范带。推进美丽庭院创建工作，累计创建美丽庭院 39.5 万户。

【农村历史文化保护】 2021 年，绍兴市以《历史文化村落保护利用工作负面清单》为指导，重点推进第七、八批历史文化村落 4 个重点村、11 个一般村保护建设，启动第九批保护利用工程建设，完成顶瓦修补 1.3 万平方米，墙体加固 1.5 万平方米，立面改造 0.8 万平方米，构建修复 305 个，古道修复 3.3 千米。

【农村人居环境整治】 2021 年，绍兴市修改完善《2022 年度农村人居环境整治提升常态化评估办法》，常态化开展以“一分两清三化”（垃圾分类，清理乱堆乱放、清理空倒房，公厕洁化、庭院美化、三线序化）为重点的整治提升活动。清理乱堆乱放 5.3 万处、整治问题公厕 1321 座、拆除（利用）空倒房 1835 幢。继续开展公厕服务提升，建立健全农村公厕“所长制”，新建省级星级公厕 240 座、省级示范性公厕 20 座。

【农村生活垃圾分类】 2021 年，绍兴市继续实施农村生活垃圾分类处理三年行动，累计创建省、市农村生活垃圾分类示范村 79 个、119 个，市垃圾分类示范片区 12 个，分类准确村率 41.8%，农村生活垃圾分类处理覆盖率、资源化利用率、无害化利用率均为 100%。

【美丽宜居示范村建设】 2021 年，绍兴市推进省级美丽宜居示范村专项建设规划编制，充分结合自然环境、历史文化、土地利用、社会经济等要素，展现美丽宜居示范村特色，启动创建的 14 个美丽宜居示范村全部完成规划编制，项目总投资额 9091.3 万元。争取 2021 年省级美丽宜居示范村建设专项资金 1765.4 万元，组织预申报 2022 年美丽宜居示范村 15 个。指导各区、县（市）扎实推进“绿化、香化、美化、净化、亮化”等为主要内容的项目实施。

【全省美丽城镇现场会召开】 2021 年 5 月 20 日，全省美丽城镇建设工作现场会在绍兴市柯桥区召开。会议传达省委书记袁家军在全省建设新时代美丽浙江暨中央生态环境保护督察整改工作推进大会上关于美丽城镇建设的讲话精神；通报 2020 年度全省美丽城镇建设优秀市、县（市、区）名单并授牌，绍兴市柯桥区、诸暨市被评为 2020 年度新时代美丽城镇建设优秀县（市、区）；嘉兴市、柯桥区、磐安县、淳安县姜家镇作交流发言。其间，与会代表考察绍兴市柯桥区安昌街道、杭州市萧山区瓜沥镇美丽城镇建设工作。省级相关单位、有关部门业务处室负责人，各市、县（市、区）美丽城镇办负责人参加会议。

【国家乡村振兴局到绍兴调研】 2021 年 9 月 25 日，中央农办副主任、农业农村部党组成员、国家乡村振兴局局长王正谱率调研组到绍兴调研农村人居环境整治等工作。调研组先后到诸暨市枫桥镇枫源村、柯桥区漓渚镇棠棣村，就人居环境、乡村治理、厕所革命、乡村产业等进行考察。省农业农村厅、绍兴市领导等参加调研。

（市建设局、市农业农村局 / 提供）

城市管理

【概况】 2021 年，绍兴市综合执法部门以城管品质提升年为抓手，抓实“五张清单”落实，全面完成各项目标任务。

全市完成建设雨水管道73.22千米、提标改造管网65.07千米、雨污分流管网79.60千米、清淤排水管网3004.29千米，分别完成年度任务的105%、108%、114%和162%。提升应急抽排能力0.51万平方米/时、新建改造排水防涝智慧化项目20处、易涝区域改造9个、积水点改造16处，分别完成年度任务的170%、105%、100%和160%，有效提升城市内涝防治能力。

全市完成“三改”（旧住宅、旧厂区、城中村改造）面积1076.75万平方米，完成年度任务的289.60%。其中，旧住宅区改造551.59万平方米，旧厂区改造99.94万平方米，城中村改造425.22万平方米。排查各类违法建筑10428宗，面积713.71万平方米；完成违法建筑处置面积348.49万平方米，完成年度任务的157.69%。推进萧甬铁路沿线29个景观提升项目。

全市生活垃圾分类覆盖率99.69%，垃圾总量增幅-4.97%；资源化利用率、无害化处理率100%。232条商业街、1014个小区开展“定时定点”分类投放清运，分别完成年度目标任务的118%和100%。完成省级高标准生活垃圾分类示范小区建设66个。绍兴市在“2021垃圾分类(广州)高峰论坛”上做《绍兴市深耕生活垃圾资源化利用，助推“全国生活垃圾治理先行区”建设》介绍。

全市普速铁路沿线437处安全环境问题点位全部完成销号，高铁、普铁沿线安全环境“回头看”中403处点位，整体销号率100%。完成D级桥梁整治3座、“桥头跳车”治理53座，分别完成年度任务的100%和241%。

新增省级园林居住区(单位)7个、省级优质综合公园6个、省级绿化美化示范路6条、省级街容示范街6条。完成公厕提升改造130座，建设城管驿站18个。

2021年3月5日，绍兴市政府召开2021年市城市管理委员会第一次会议

（市综合执法局/提供）

【市城市管理委员会第一次会议召开】 2021年3月5日，市政府召开2021年市城市管理委员会第一次会议。市长盛阅春出席会议并讲话。会上，部署2021年城市管理工作，通报2020年度城市管理先进单位，市城管办、越城区政府、市城投集团、柯桥区柯桥街道办事处做交流发言。市城市管理委员会成员单位主要领导参加会议。会议以视频形式举行，各区、县(市)设分会场。

【2021年“智慧城管事件TOP10”情况统计】 2021年，据绍兴智慧城管平台统计，暴露垃圾、机动车乱停放、无照经营游商、非机动车乱停放、道路不洁、乱堆物堆料、绿地脏乱、非法小广告、施工废弃料、沿街晾挂等问题列城市管理问题前10位。

【全市智慧城管业务培训班举行】 2021年10月25—26日，市综合行政执法局在市委党校举办绍兴市智慧城管业务培训班。培训邀请杨雪锋、吴坚、戴子君等专家学者，围绕“‘十四五’城市管理重点发展方向”“数字化改革下的智慧城市管理”“‘越美指数’使绍兴更美”等课题开展专题讲座，市综合执法指挥中心专题介绍市“智慧城管考核”“数字化改革多跨场景应用”情况。各区、县(市)智慧城管中心负责人及业务骨干、市级部门智慧城管平台负责人、市综合执法指挥中心和市局相关处室(单位)负责人及业务骨干共65人参加培训。

【发布绍兴市亚运城市景观提升导则】 2021年6月18日，市综合行政执法局召开新闻发布会，发布《绍兴市亚运城市景观提升导则》。导则编制围绕“紧扣标准、国际水平，对接杭州、服务亚运，远近兼顾、服务民生，针对短板、有的放矢，文化引领、特色突显，以人为本、公众参与”的原则展开。借助亚运赛事的举办，统筹推进绍兴市区城市基础设施建设与环境景观的提升，提升绍兴城市形象，发扬绍兴地域文化，彰显绍兴时代风貌，全力推进绍兴城市建设。

【市首个“城管驿站”启用】 2021年7月13日，绍兴市上虞区“城管驿站”高铁新城站正式启用，成为绍兴市建成启用的首个“城管驿站”。该“城管驿站”以“1+2+7”(1个商业核心圈，高铁绍兴东站和上虞客运中心2个交通枢纽，臻尚府、水璟府、城市之光等7个居民小区)为总体架构，辖区辐射有居民2345户，约5030人。“城管驿站”建筑面积350平方米，集休憩、咨询代办、党建、志愿孵化、宣传教育、数智管理于一体的服务型综合驿站。

【2021年度城管“关键小事”】 2021年，市综合行政执法局公布城管年度“关键小事”，规范店面招牌设置、乱堆乱放清理、“美丽公厕”提升行动、城区“裸土复绿”行动、非机动车道停车秩序管理、规范城区洗车店经营乱象、城市道路深度保洁和坑洞修复、绿化带保洁与管养、“最乱街区”整治和“最美街区”打造、集镇市容秩序提升等入选。

【抗击台风“烟花”】 2021年7月23—

26日，全市城管队员和工作人员连续奋战抗击台风“烟花”，累计出动巡查抢险人员22443人次，出动巡查抢险车辆5426辆次；排查雨水管网2826.7千米，疏通雨水管网154.35千米；排查雨水窨井43110口，清掏雨水窨井10979口；广告招牌整改1277处，维修路灯486个；处理积水422处；加固支撑树木5465棵，清理树木倾倒2585棵。

【全面提升城市精细化管理水平】2021年，绍兴市以“城市管理应该像绣花一样精细”为目标，以“数字化”改革为牵引，标准化、智能化、法治化、人本化、社会化并举，全面提升城市精细化管理水平。年内，全市共发现上报各类城市管理问题1033892件，其中立案派遣646310件，快速结案286847件，其他100735件。在立案派遣城市管理问题中，结案642839件，结案率99.46%，按时结案635324件，按时结案率98.3%。

【全市城市管理实务培训举行】2021年11月16—18日，市城管局举办绍兴市城市管理实务培训班。培训内容包括自然灾害风险普查、城市桥隧安全风险排查和评估、城市内涝防御应急工作、植物病虫害防治、城市绿地土壤的理性特征及改良技术等内容，来自全市市政管理、园林绿化条线工作人员共65人参加培训。

【“越·美”城市管理指数发布】2021年11月19日，市综合行政执法局召开新闻发布会，发布“越·美”城市管理指数。该指数评价通过统计年鉴的发布数据和智慧城管平台的运行数据归集，采用人工和平台对比相结合的方式，监测城市管理全流程中生成的各项数据，客观反映绍兴市城市管理水平，为相关考核、评估、指导工作提供数据依据，助力推进绍兴城市管理工作从“数字城管”向“智慧城管”迈进。年内，“越·美”城管指数被评为绍兴市创新破难最佳实践案例。

【全市“三改一拆”工作会议召开】2021年3月25日，市“三改一拆”办公室组织召开全市“三改一拆”工作会议。会议总结回顾2020年工作成效，部署2021年“三改一拆”“无违建”创建工作任务。市“三改一拆”工作领导小组成员单位分管领导，各区、县(市)“三改一拆”办主任、专职副主任和市“三改一拆”办全体干部参加会议。

【省“三改一拆”办对绍兴市开展专项督查】2021年6月8—9日，省“三改一拆”办公室对绍兴市治违除患促安全违法建筑专项整治摸排处置工作开展督查。督查组检查越城区、柯桥区、上虞区部分乡镇(街道)，利用卫星影像选取检查区域和点位，对存在安全隐患违建排查处置情况进行实地检查，发现部分乡镇(街道)存在违法建筑没有全部排查入库现象。在随后召开的座谈会上，督查组对绍兴市治违除患促安全违法建筑专项整治提出要求，要加强违建排查力度，确保上报数据真实性；要加快违建处置工作，对存在安全隐患的违建要加快处置进度；要加强问责力度。

【全省“四边三化”工作会议召开】2021年12月7日，全省“四边三化”2021年度工作会议在绍兴市上虞区召开。会上，省“三改一拆”办回顾总结全省“四边三化”全年工作，对各地工作进行点评，并就补齐短板提出具体要求和意见；各市作经验交流并汇报2022年工作思路。

【发布加强工程渣土(泥浆)处置管理工作实施意见和处置规范】2021年3月16日，市综合行政执法局召开新闻发布会，发布《关于进一步加强绍兴市工程渣土(泥浆)处置管理工作的实施意见》《绍兴市工程渣土运输处置(水路)规范(试行)》《绍兴市工程渣土运输处置(管道)规范(试行)》，进一步强化工程渣土(泥浆)源头管控、运输过程监管、规范消纳管理、加大打击力度，以制度化、精细化、常态化管控渣土(泥浆)处置工作。

【省首届环卫清扫职业技能竞赛举行】2021年10月25日，浙江省首届环卫清扫职业技能竞赛在绍兴市举行。比赛由理论考试、操作技能两部分组成，在技能操作竞赛环节，又分“道路人工清扫”“道路机械清扫”两项。来自省、地市的12支环卫工人队伍共30位队员参赛。

【省第25个环卫工人节庆祝表彰大会召开】2021年10月26日，浙江省第二十五个环卫工人节庆祝大会在绍兴市召开。副省长高兴夫出席会议并讲话。省政府副秘书长董贵波主持会议。会上，表彰杭州路通环境科技有限公司湖滨步行街项目部等25个省市容环卫工作成绩突出集体和肖勇华等100名市容环卫工作成绩突出个人，向省首届环卫清扫职业技能竞赛获奖者颁奖。会后，与会代表考察仓桥直街历史街区和徐渭艺术馆清扫保洁、垃圾分类、城管驿站等工作。城市市容环境卫生工作成绩突出集体和个人代表，省首届环卫清扫职业技能竞赛获奖个人和团体代表，11个设区市市容环卫主管部门分管负责人、市容环卫工作相关负责人、环卫协会主要负责人等参加会议。

【“小桔灯·橙公益”环卫公益平台开通】2021年10月27日，“绍兴城市管家｜绍兴综合执法”微信公众号“小桔灯”环卫捐赠平台正式开通。平台集心愿发布和领取，公益项目发起和众筹，钱物、爱心捐赠等功能于一体，旨在组织发动社会各界爱心人士向环卫工人献爱心，帮助环卫工人解决实际困难。至年末，平台发布心愿120个，募集捐赠总价值3万元的保温杯和被子。

【垃圾分类管理达人(技能)挑战赛举行】2021年11月22日，由市文明办、市分类办主办，绍兴市体育局协办的“美好生活，分类时尚”垃圾分类管理达人(技能)挑战赛绍兴城市决赛在奥体中心举行。此次比赛包括专业知识竞答和沉浸式模拟管理比赛，6个区、县(市)分别组队参赛。新昌县队、上虞区队和嵊州市队分获一、二、三等奖。嵊州市选送的《点赞城市美容师》获文艺汇演第一名，并代表绍兴市参加省垃圾分类达人挑战赛文艺汇演。

【开展城市管理“利剑”集中统一行动】2021年6月22日，市综合行政执法局在全市范围内开展城市管理“利剑”集中统

2021 年，城市管理志愿者开展志愿服务（市综合执法局 / 提供）

一行动。共出动执法人员 776 人次，其中综合执法部门 498 人次，公安部门 110 人次，交通运输部门 98 人次，建设部门 70 人次；检查工地 119 个，设立卡点 61 处，检查车辆 1053 辆，依法暂扣违法车辆 42 辆，拟立案 29 件，拟罚款 17.71 万元。

【发挥“城管＋志愿”品牌引领作用】 2021 年，全市综合行政执法部门不断发挥“城管＋志愿”品牌引领作用，新招募“I· 绍兴”城管志愿者 1300 余名，比 2020 年提升 30%。开展各类城管志愿活动 130 场，2400 余人次参与活动，总服务时长 15500 小时。通过专题汇演、实地参观、趣味互动等形式，开展 12 场“城市管家进社区”系列活动。

【推进“养犬一件事”制度改革】 2021 年，市综合行政执法局探索养犬全生命周期管理，推动《养犬管理条例》立法调研，完善智慧城管养犬管理子系统功能。至年末，全市共捕捉流浪犬 6203 只，登记办证 4822 件。

【抓实渣土（泥浆）监管】 2021 年，全市综合行政执法部门严格落实渣土（泥浆）处置管理办法及实施细则，拓展渣土水陆联运模式，推进消纳场所规划建设，有效运行渣土智慧监管系统。加强“三区”跨区处置运输管理，审核审批全市 40 家企业开展跨区运输。共办理工程渣土类案件 3882 件，上升 104.5%，罚款金额 2549.2 万元，增长 276.4%。

【城市管理数字化改革工作】 2021 年，市综合行政执法局优化“综管服”平台建设，汇聚专题数据 237.57 万余条，基础数据 106.88 万余条，运行数据 2.2 亿余条，实现省、市、县三级城市管理数据联网。绍兴市城市综合管理服务平台被纳入省级试点。“搬家一件事”在全市路演推进会上进行专题汇报，并列入《全市多跨场景重大应用“一本账”S_0》的智能速办项目；“智慧城管和综合执法一体化平台”列入“省指导办多跨应用场景建设”子场景；“宠物（犬类）监管一件事”列入省指导办“监管一件事”场景应用试点项目；建筑垃圾全过程监管、生活垃圾焚烧厂运行监管场景应用被省建设厅定为试点单位。供水智能化建设部试点经验在国家级期刊上发布。推进城市管理问题闭环式运行，全市完成 1307 路视频和市“雪亮工程”视频共享，通过视频智能巡查发现问题 139888 件，通过“小蓝热线”发现问题 71695 件。

（市综合执法局 / 提供）

城镇燃气供应

【概况】 至 2021 年末，绍兴市有实际经营的管道燃气企业 13 家（其中越城区 3 家，柯桥区 2 家、上虞区 1 家、诸暨市 2 家、嵊州市 2 家、新昌县 3 家），燃气管网总长度 7039 千米（其中高 / 次高压 172 千米、中压 3216 千米、低压 3651 千米），居民用户数约 76.67 万户、年用气量约 1.17 亿立方米，非居民用户数 6854 户、年用气量约 20.20 亿立方米；瓶装燃气企业 43 家（其中越城区 6 家、柯桥区 6 家、上虞区 9 家、诸暨市 11 家、嵊州市 8 家、新昌县 3 家），供应站 4 家，瓶装燃气登记居民用户数约 100.29 万户、年用气量约 8.22 万吨，非居民用户数约 1.2 万户、年用气量约 3.79 万吨；车用燃气企业 8 家（其中越城区 3 家，柯桥区、上虞区、诸暨市、嵊州市、新昌县各 1 家），车用燃气用户约 2.28 万户、年用气量约 2.55 万吨。

年内，全市整改燃气安全隐患问题 3872 个，完成率 100%。排查 20 年以上燃气管道 217.36 千米。完成老旧燃气管网改造 22.9 千米（其中越城区 11 千米、柯桥区 2.5 千米、诸暨市 7 千米、新昌县 2.4 千米）。

【燃气安全管理人员继续教育培训】 2021 年 9 月 17 日起，市综合行政执法局组织全市城镇燃气行业从业人员培训考核和从业人员继续教育培训。全年共有 1959 名燃气从业人员参加培训考核，同时各区、县（市）乡镇街道燃气管理人员参加燃气安全教育培训，累计培训 118 人。

【开展瓶装燃气非法储存、非法充装整治行动】 2021 年，综合行政执法部门在全市范围内开展瓶装燃气非法储存、非法充装整治行动，累计出动整治人员 39307 人次，检查送气工住址 3216 个（次），查处非法储存点 113 个（其中非法充装窝点 6 个），查扣钢瓶 1543 个，立案查处 80 起，处罚金额 103.27 万元，传唤违法嫌疑人 15 人，行政拘留 7 人。

【开展燃气安全大排查大整治行动】 2021 年，在“6·13”湖北十堰燃气事故发生后，绍兴市紧急开展天然气管道、城市燃气管网、液化气储配站等安全隐患大排查大整治，以及集贸市场、综合体商场等十方面人员密集区域的燃气设施、用气情况整

2021 年，绍兴市开展瓶装燃气运输安全检查　　（市综合执法局 / 提供）

治。各区、县（市）共上报隐患清单3872个，整改完成率 100%，立案查处 74 起。

【开展车库车棚管道燃气私拉乱接整治】 2021 年 7 月，市综合行政执法局组织开展住宅小区车库车棚管道燃气私拉乱接和违规使用瓶装液化气问题整治，通过新闻媒体发布整治通告，按照“边摸排、边整治”原则，逐一开展核实整改工作，核实用户 1591 户并全部完成整改。各区、县（市）共摸排问题 102 处，其中管道燃气私拉乱接问题 38 处，违规使用瓶装燃气问题 64 处，全部完成整改。

【燃气行业安全管理工作】 2021 年，绍兴市按照省建设厅制定的评估标准，组织做好 13 家管道燃气企业和 43 家瓶装燃气企业的安全评估和城镇燃气重大安全风险点辨识。加强从业人员资格培训和继续教育工作。充实完善市级燃气安全管理专家库，建立健全常态化燃气安全检查工作机制，提升行业监管水平。

【安全用气宣传工作】 2021 年，全市综合行政执法部门共发放餐饮业规范使用瓶装燃气温馨告知书 8.3 万余份，发送用气安全提示短信 36.8 万余条，报纸专版宣传安全用气知识发放 5.2 万余份。在新闻媒体上播放安全宣传动画和语音作品。开展燃气安全“进学校、进企业、进机关、进社区、进家庭、进商场、进宾馆（酒店）、进窗口”服务活动，发放安全宣传手册 5.5 万余份。

（市综合执法局 / 提供）

供水用水

【概况】 至 2021 年末，绍兴市有城镇生活用水水厂 22 家（其中越城区 2 家、柯桥区 2 家、上虞区 5 家、诸暨市 8 家、嵊州市 2 家、新昌县 3 家），工业用水水厂 4 家（其中越城区 1 家、柯桥区 2 家、嵊州市 1 家），景观水厂 1 家，总供水设计规模 326.8 万立方米 / 日，DN75 以上供水管道长度约 15328.21 千米。2021 年，供水总量 60641.84 万立方米（生产运营用水 32242.36 万立方米、公共服务用水 5038.22 万立方米、居民家庭用水 18764.07 万立方米、其他用水 563.48 万立方米、漏损水量 4033.71 万立方米），用水户数 1772662 户，其中居民家庭 1563414 户（二次供水服务户数 439647 户）、非居民用水户 209248 户。

年内，全市改造节水器具 2130 套，完成年度任务的 106.5%；创建省级节水型单位（小区）56 个，完成年度任务的 122%。完成二次供水设施改造项目 34 个（其中越城区 5 个、柯桥区 3 个、上虞区 5 个、诸暨市 6 个、嵊州市 4 个、新昌县 11 个），年度目标任务完成率 100%；新建改造智能化水表 16439 个，完成年度目标任务的 149.4%。

【召开国家节水型城市复查迎检工作动员部署会】 2021 年 6 月 1 日，绍兴市国家节水型城市复查迎检工作动员部署会召开。会议要求，要始终坚持目标导向、问题导向，精心组织、精准施策、密切配合，高质量完成各项迎检工作；要算好“民生账”，以“科学节水”保障“用水安全”；要聚焦“常态化”，把“复检”当“起点”继续前进。副市长陶关峰，越城区、柯桥区、上虞区政府分管领导、市执法局、市发改委、市经信局等 25 个部门（单位）的负责人参加会议。

【农村生活污水处理设施运行维护管理工作培训会召开】 2021 年 11 月，绍兴市召开农村生活污水处理设施运行维护管理工作培训会。会上，省建设厅、杭州市城乡建设管理服务中心、浙江工业大学工程设计集团有限公司的专家就浙江省农村生活污水治理“强基增效双提标”行动方案（2021—2025）、农村生活污水治理年度工作无纸化考核要点、标准化运维工作要点、处理设施建设改造设计要点等进行分析和讲解。上虞区综合行政执法局，越城区、柯桥区、诸暨市、嵊州市、新昌县建设局业务科室负责人、经办人，各乡镇政府（街道办）业务科室负责人、各区、县（市）第三方运维企业负责人及标准化运维管理负责人、农村生活污水处理设施改造设计单位项目负责人等参加会议。

【日常水质监管】 2021 年，市综合行政执法局督促各地做好每日出厂水指标（3 项），每月出厂水常规指标（42 项）、管网水指标（7 项），每半年出厂水非常规指标（64 项）水质情况上传审核工作。在政府网站、微信公众号、报纸等媒体进行每月水质公开。

【特殊时期保供水】 2021 年初，绍兴市受旱情影响，汤浦、幸福、上游水库水位降幅较快，出现库存供给不足的情况，给局部地区供水带来压力。市本级及各地供水主管部门相继制定抗旱保供水“一城一策”实施方案，通过备用水源应急供水、工业企业及工程建设用水限供，铺设应急管道远程调水等手段，有效解决供水问题。

台风“烟花”期间，督促各地有效落实企业安全生产责任制、执行领导带班值班制度、落实24小时值班制度，发现并消除隐患113处。确保重大节假日期间居民生活用水安全，发现隐患及时整改。

（市综合执法局/提供）

古城保护与利用

【概况】 2021年，绍兴市历史文化名城保护办公室依据《绍兴古城保护利用条例》，坚持全城申遗导向、“文商旅”一体化发展思路、非古城功能疏解和综合整治提升要求，基本编制完成绍兴古城保护利用“十四五”规划，开展八字桥片区、古城水系等8个规划研究，确定古城保护利用清单项目49项，“古城有机更新项目群”有序实施。

至年末，鲁迅故里高品质步行街建成开业；古城入口、“风越里”等“文商旅”重点项目按期推进；古城内55处历史建筑完成挂牌和测绘建档工作；古建民间工匠库建成，首批入库15人；徐渭艺术馆、绍兴师爷馆、古城数字馆建成开放；古城内49个老旧小区完成改造；环城河步行道全部贯通，内河累计引水3300余万立方米，出水口水质保持一类水标准；《鲁迅故里及周边区域有机更新研究暨城市设计》获2021年度浙江省优秀国土空间规划设计一等奖。

【古城保护利用数字化改革工作】 2021年，市名城办围绕古城保护、规划建设、民生服务、经济发展、社会治理等核心应用，重点开发绍兴古城信息管理系统。运用CIM、物联网、遥感测绘、大数据等多种数字技术，通过对古城全域化扫描、矢量化建模，集成数据资源302类，以“1”个三维实景地图＋“N”个资源数据图层，打造“数字孪生”古城。该系统打通跨部门、跨层级系统25个，对接数据接口27个，归集250余类数据194393条。至年末，系统已收录14787幢房屋影像及功能属性，包括文保单位91处，历史建筑55处，历史（传统）民居140处，名人故居14处，台门132个；已辅助重点项目决策17个，规划研究涉及面积30万平方米；接入文物、消防等8个应用，“城市地下管线综合管控应用”纳入浙里城市生命线及地下空间综合治理应用子场景；“绍兴古城”App成为绍兴市首批上架“浙里办”的重点应用，累计下载1.5万人次。古城保护利用数字化改革相关经验做法被《住房和城乡建设部信息专报》《浙江政务信息（专报）》《浙江信息（增刊）》《决策参考》等刊录。

【市历史文化名城保护委员会第三次会议召开】 2021年3月9日，市历史文化名城保护委员会第三次会议召开。会议听取市名城办关于2020年古城保护利用工作情况汇报，审议2021年工作清单及加强历史建筑和传统民居保护利用工作的建议，确定2021年古城保护利用工作清单。市长、市名城委主任盛阅春参加会议并讲话。

2021年7月15日，在“绍兴古城保护日”主题活动现场，举行“古城守护官”授杯颁证仪式

（市名城办/提供）

【鲁迅故里高品质步行街建成开业】 2021年4月30日，鲁迅故里高品质步行街正式“开街”。作为浙江省第一批省级高品质步行街之一，鲁迅故里高品质步行街全长1130米，分为鲁迅文旅区、市集美食区、古越风情区3个功能区块。仅国庆假期，就吸引游客超467万人次。

【徐渭诞辰500周年纪念暨徐渭故里开放仪式举行】 2021年5月19日，徐渭诞辰500周年纪念暨徐渭故里开放仪式在徐渭艺术馆举行，中国文联党组书记、副主席李屹，市委书记马卫光，中国美术家协会主席、中央美院院长范迪安为徐渭雕像揭幕，徐渭故里正式开放。市委副书记、市长盛阅春主持仪式。徐渭故里综合保护项目总投资10亿元，新建徐渭艺术馆、绍兴师爷馆、青藤广场，场馆总建筑面积1.92万平方米。

“畸人青藤——徐渭书画作品展”在徐渭艺术馆开展。该展汇集中国30余家文博单位和古籍收藏单位的徐渭书画作品、徐渭及其师友所著古籍文献、徐渭后学书画作品等相关文物100余件。

【中国共产党绍兴历史展陈开放】 2021年6月30日，“中国共产党绍兴历史展陈”正式对外开放，市领导马卫光、盛阅春、谭志桂、魏伟、陈澄等参观展陈。该展陈由原园林绿化管理局办公楼改造，总投资1756.65万元，改造建筑面积1864.03平方米，涉及配套功能完善、场外景观改造和布展陈列，共展出520余幅图片，配有大量珍贵实物、影像资料，免费向市民开放。

【“绍兴古城保护日”主题活动暨古城信息展示中心开馆】 2021年7月15日是第3个“绍兴古城保护日”，绍兴市举行以“百年辉煌奋斗路、千年古城新征程”为主题的“绍兴古城保护日”活动暨绍兴古城信息展示中心开馆仪式。此次活动包括100个绍兴古城文旅故事发布、北京完美世界品牌IP数字化项目场景展示、“绍兴古建民间工匠”“古城守护官”授杯颁证仪式、绍兴古城信息展示中心开馆仪式等。市长盛阅春出席活动。

【古城信息展示中心(数字馆)投运】 2021年7月15日,古城信息展示中心(数字馆)开馆。该馆是以综合数据库资源为基础建成的"数字孪生"古城。古城信息展示中心位于府山脚下,面积1066.85平方米。展馆分序厅、主厅,序厅展示绍兴千年古城风情画卷,是复古复原古城风貌创作而成;主厅安装绍兴古城保护数字化城市"大脑"——绍兴古城"数字孪生"系统,还原古城格局、风貌、空间、建筑外形与色彩,做到"一屏观古城,一网管古城"。古城信息展示中心是越城区委统战部在绍兴古城设立的唯一一处数字化改革引用场景展示基地。至年末,接待团体72个,访客3000人次以上。

【城乡历史文化保护传承培训班举行】 2021年7月29—30日,由住建部建筑节能与科技司主办,中国建设文化中心承办,市名城保护办协办的城乡历史文化保护传承培训班在绍兴举行。培训围绕城乡历史文化保护传承体系、历史文化名城价值与保护规划方法、文化引领下的历史城市整体保护方法等多个主题,结合南京、永新、杭州、绍兴等国内多个历史文化名城的保护利用实践案例,分别对前沿理论、创新方法和成功经验进行深入阐述和交流。33个省(直辖市、自治区、建设兵团等)的90多名学员参加培训。

【历史建筑挂牌和测绘建档工作】 2021年11月30日,绍兴古城内第一批历史建筑挂牌和测绘建档工作完成,共挂牌和测绘建档历史建筑55处,涵盖古城内八片历史文化街区。按住建部、省建设厅文件要求,55处历史建筑分简略测绘(2处)、典型测绘(15处)、全面测绘(38处),绍兴市在工作中全部按照全面测绘开展建档,共测绘建档面积约43000平方米,成果录入住建部历史文化街区和历史建筑数据信息平台。

【古城保护利用主题系列宣传活动】 2021年4月28日,由团市委、市名城办主办的"共爱古城 契越你我"主题团日活动在越城区举行,100余家单位、近3000人共同完成巨型拼图,近百名青年签订契约共建志愿服务书。5月7日,是绍兴古城解放72周年纪念日,市名城办党工委、越城区委宣传部、越城区委直属机关工委主办"重走古城解放之路"主题活动,线路为"坡塘—南门—塔山—府山",全长约9.1千米,160余名青年党员参加。10月17日,由市体育局、市名城办主办的绍兴地铁2021皮划艇邀请赛暨东方水城嘉年华系列赛——2021绍兴古城桨板赛在迎恩门水街举行,是绍兴市首个古城桨板赛,比赛分花式桨板赛和200米折返赛,来自全国各地的200余位选手参赛。

(市名城办/提供)

房地产业

【概况】 2021年,绍兴市始终坚持"房住不炒"的定位精神,全面落实因城施策,围绕稳地价、稳房价、稳预期,努力促进房地产市场平稳健康发展。房地产开发投资1027亿元,增长14%;商品房销售面积1122万平方米,下降10.2%;房地产业税收213亿元,下降1.9%。

【房地产市场监管】 2021年,绍兴市编制完成房地产"十四五"规划,围绕"一城一策",制定新房市场调控政策2个、二手房市场调控政策1个,建设二手房监管系统,印发《2021年绍兴市房地产市场调控评价考核办法》。限定出让土地的最高备案均价,实行价格"双备案"。全面摸排风险隐患,实行"一楼一策"风险处置方案,强化预售资金管理,建立预售资金"应入尽入"机制,建立房地产市场信息定期发布机制,助力市场健康发展。

【物业企业管理】 2021年,市建设局制订《绍兴市物业管理条例》相关配套政策,起草《业主大会和业主委员会指导文书》28个示范文本,悬挂《绍兴市物业管理条例》宣传横幅1500余条、张贴系列漫画1000套、发放手册2000份。与市委组织部在全市26个住宅小区开展"红色物业"试点工作,协调各类问题541个,化解矛盾纠纷231起。深入推进城市社区党建引领物业、既有住宅加装电梯等工作。启动"越"智慧物业管理应用建设,完成"浙里办"移动端开发。

【房屋征收管理】 2021年,绍兴市有序开展市区国有土地上房屋征收工作,征收住宅1979户,面积172976.74平方米,非住宅193户,面积750905.07平方米。制定并上报国有土地上房屋征收程序的《规范化指引》,实施依法征收。修订市区征收政策,完成《绍兴市区国有土地上房屋征收与补偿实施办法》修改。

(市建设局/提供)

2021年,柯桥区房地产管理中心与红建社区举行"党建契约化"共建签约仪式

(市建设局/提供)

教育

综 述

【概况】 至2021年末，绍兴市有各级各类全日制学校和幼儿园1100所，其中，普通高校12所，各类中等职业学校18所，普通高中55所，初中139所，小学314所，幼儿园585所，特殊教育学校7所，有职业培训机构970所。有教职工72179人，专任教师60817人，幼儿园、小学、初中、高中、中职专任教师学历本科率分别为64.40%、88.05%、98.36%、99.85%、97.50%。有在校全日制大、中、小学生和在园幼儿811802人，其中，全日制普通高校在校学生127376人(含研究生1335人)，中等职业学校在校学生45439人，普通高中在校学生88401人，初中在校学生128161人，小学在校学生278322人，在园幼儿142947人，特殊教育在校学生1156人。幼儿园、小学、初中、高中、职校校均规模分别为244.35人、886.38人、922.02人、1607.29人、2524.39人。义务教育段外来务工人员随迁子女小学在校生78237人，比2020年增加2095人；在初中就读的随迁子女28286人，增加3069人。义务教育段学龄人口入学率、巩固率均为100%，盲、聋哑、智障少儿入学率100%。初中毕业生升入高中段比率99.17%。普通高校毕业29343人。全市实施83个中小学和幼儿园校舍改(扩)建项目，完成项目总投资35亿元，增加学位24895个。

【印发《绍兴市教育事业发展“十四五”规划》】 2021年7月20日，市政府发布《绍兴市教育事业发展“十四五”规划》。提出到2025年，绍兴市要总体实现教育现代化。各区、县(市)达到省教育现代化县评估标准，市域教育现代化水平保持在全省第一方阵。学前教育更加优质普惠，实现全国学前教育普及普惠县(市、区)全覆盖。义务教育更加优质均衡，实现全国义务教育优质均衡发展县(市、区)全覆盖。高中教育更加优质多元、普职协调，基本形成“分类办学、特色发展”局面。高等教育实现规模扩张、内涵提升，绍兴文理学院更

2021年绍兴市各级各类学校概况一览表

表56

项　目	学校数（所）	班级数（个）	招生数（人）	毕业生数（人）	在校学生数（人）	2022年预计毕业生数（人）	教职工数（人）	
							计	其中：专任教师
合计	2100	30832	244681	959142	1464795	222117	72179	60817
一、基础教育	1100	18038	165998	162809	638987	161019	55357	47424
1. 普通中学	194	5516	70018	72877	216562	73736	22536	19772
普通高中	55	2145	27648	28574	88401	30303	9659	8205
普通初中	139	3371	42370	44303	128161	43433	12877	11567
2. 小学	314	7381	50864	42098	278322	41525	16175	16817
3. 幼儿园	585	4998	44908	47564	142947	45577	16426	10631
4. 特殊教育	7	143	208	270	1156	181	220	204
二、中职教育	18	—	13025	14259	45439	16073	3550	3238
三、高等教育	12	—	65658	45743	178570	45025	8562	6421
1. 普通高校	12	—	40993	29343	127376	37106	8562	6421
2. 成人高校	—	—	10494	5174	18472	7919	—	—
3. 远程教育	—	—	14171	11226	32722	—	—	—
电大	—	—	841	1712	2973	—	—	—
远程	—	—	13330	9514	29749	—	—	—
四、成人教育	970	12794	—	736331	601799	—	4710	3734
职业培训机构	970	12794	—	736331	601799	—	4710	3734

2021 年绍兴市各级各类学校办学效益情况表

表 57

学校类别	校均规模（人）	生均占地面积（平方米）	生均建筑面积（平方米）	生均图书（册）	生师比	人机比
幼儿园	244.35	17.86	12.56	18.84	7.37	—
小学	886.38	24.59	11.61	43.15	16.55	4.50
初中	922.02	44.99	22.13	61.71	11.08	3.01
普高	1607.29	58.43	31.43	69.31	10.77	3.10
中职	2524.39	42.51	24.50	42.53	14.03	2.55

名绍兴大学，基本建成高等教育强市。

【教育经费】 2021 年，绍兴市投入教育经费 220.69 亿元，比 2020 年增长 8.62%。其中，国家财政性教育经费 165.32 亿元（其中一般公共预算安排教育经费 158.11 亿元，政府性基金预算安排教育经费 7.07 亿元，其他国家财政性教育经费 0.15 亿元）；民办学校中举办者投入 0.23 亿元；捐赠收入 0.38 亿元；事业收入 41.95 亿元；其他教育经费 12.82 亿元。

【深化党组织领导的校长负责制改革】 2021 年 7 月，绍兴市教育局组织召开深入推进全市中小学校党组织领导的校长负责制专题研讨会。各区、县（市）教体局全面指导试点学校制定“一校一策”。市教育局党委提交的《议事立起“硬规矩”决策绷紧“制度弦”——深化中小学校党组织领导的校长负责制改革》项目入选全市基层党建项目品牌化建设 TOP10 计划。至年末，有省、市级试点学校 382 所，试点覆盖率 89.5%，其中市直试点学校已全部制定落实党组织领导的校长负责制“一校一策”。

【教育系统开展党史学习教育】 2021 年，绍兴市教育系统以“小系列大参与”掀起党史学习教育学习热潮，组织“建党百年”学习，“红色根脉”“六讲六做”宣讲，“薪火相传”教育，“教育惠民”实践等系列活动，全市 80 万师生参与党史学习教育。在高校开展“走读绍兴 · 越享未来”系列活动，在中小学举办“越讲越响 · 师生说”思政教育“七个一百”系列活动。市教育局被评为省党史知识大赛优秀组织奖。越城区教育部门的相关做法入选全国优秀基层党建案例、省教育厅首批中小学党建精品案例。

【推进清廉学校建设】 2021 年 3 月、10 月两次召开全市深化清廉学校建设推进会，制定清廉教育年度工作清单，印发《绍兴市深化清廉教育建设实施方案》《绍兴市清廉学校建设标准》《绍兴市清廉学校考核标准》。至年末，创建清廉学校示范校 40 所，申报省级清廉学校示范校 9 所。绍兴一中清廉学校建设做法作为全省中小学唯一代表在“全省清廉学校建设推进会”做交流发言。

【教育数字化改革工作】 2021 年，绍兴市教育局完成绍兴教育开放互联平台一期建设，成为省教育领域第一批数字化改革试点项目，纳入市数字化改革重大应用“一本账 S_0”和市级单位数字化重点改革项目。上虞区“教育码”应用集成系统列入省教育领域数字化改革第一批创新试点项目，配合省教育厅实施“浙学码”建设。6 个区、县（市）6 个场景入选省厅数字社会未来教育重点场景先行建设试点；6 个案例入围“浙江省教育领域数字化改革实践案例”。

【学校基础设施建设】 2021 年，绍兴市继续推进校舍新建、续建、改扩建项目建设 83 个。投用新（改、扩）建学校 38 所（项目），完成投资 35 亿元，其中幼儿园 20 所，增加学位 8370 个；中小学 18 所，增加学位 16525 个。完成省民生实事项目——新（改、扩）建农村普惠性幼儿园 7 所、中小学 6 所。继续推进教室灯光改造和升降课桌椅的年度采购改造任务，至年末，完成灯光改造 2393 间、更换升降课桌椅 57000 套。继续开展义务教育教室空调安装 700 台，完成“绍兴市公办义务教育阶段学校教室空调安装工程”，三年累计安装空调 1.92 万台。

【全市教育资助经费情况】 2021 年，绍兴市学前教育实行保育费减免，资助幼儿 3030 人次，资助金额 589.34 万元。义务教育实行“两免一补”政策和营养餐补助政策，营养餐资助 17154 人次，资助金额 1151.65 万元，非寄宿生生活补助学生 13668 人次，资助金额 365.33 万元，寄宿生生活补助 1173 人次，资助金额 71.99 万元。普通高中教育实行免学杂费政策，落实国家助学金政策，资助学生 8258 人次，资助金额 825.01 万元，其中普通高中国家助学金 3794 人次，资助金额 425.95 万元；普通高中免学费 2467 人次，享受资助金额 335.62 万元；普通高中免杂费 1197 人次，资助金额 63.45 万元。中职教育免学费、落实国家助学金政策，其中享受中职国家助学金学生 4180 人次，资助金额 417.64 万元。全市共资助各级各类学校学生 47463 人次（不含义务教育免教科书费、免杂费和中职免学费），金额 3420.96 万元。

【绍兴市首个直播电商职业教育集团正式成立】 2021 年 6 月 8 日，绍兴市直播电商职业教育集团成立大会在中国轻纺城跨境电商产业园召开，并通过集团章程。该教育集团由柯桥区职业教育中心牵头，联合有关企业、学校、行业协会共同成立。

【2021 年绍兴市中小学生艺术节现场展演举行】 2021 年 7 月 6—7 日，由市教育局主办的“民族魂 · 中国梦——阳光下成长”2021 年绍兴市中小学生艺术节现场比赛在柯桥区文化馆举行。来自全市各中小学校选送的群舞、戏曲、朗诵、器乐、声乐等 44 个节目参加展演。

【全市儿童青少年近视防控暨体质健康工作推进会召开】 2021 年 5 月 28 日，市政府召开儿童青少年近视防控暨体质健康推进工作会，贯彻落实中央、省、市有关会议精神，部署全市儿童青少年近视防控和体质健康工作。会上，公布“绍兴市袍江小学教育集团”等7所首批“绍兴市儿童青少年健康护眼教育试点学校”名单。上虞区卫健局、越城区袍江小学、诸暨市教体局、柯桥区鲁迅中学做典型交流。会议以视频形式召开，各区、县（市）设分会场。

【上虞区获评全国义务教育课后服务典型推广案例】 2021年6月22日，教育部遴选公布首批23个义务教育课后服务典型推广案例单位，绍兴市上虞区入选名单。上虞区在全区小学实现校内托管服务全覆盖，形成政府补助、国企运行、家长自愿、学校实施、社会参与的“五位一体”运行机制。

学前教育

【概况】 2021年，绍兴市有幼儿园585所，其中公办幼儿园388所，民办幼儿园196所。拥有三班及以上的幼儿园549所，占总数94%；省三级及以上幼儿园584所。在园幼儿142976人，3—6周岁幼儿入园率100%，其中省等级幼儿园在园幼儿142976人，占在园儿童总数的100%。有教职工19444人，其中园长479人，专任教师10628人。园长及专任教师学历合格率100%，其中大专及以上学历99.51%，获职称者占86.13%，持资格证者占100%。

【学前教育优质普惠发展第四轮行动计划启动】 2021年，市政府印发《绍兴市加快学前教育优质普惠发展第四轮行动计划(2021—2023年)》，明确绍兴市学前教育长远发展目标和近期重点任务，计划到2023年，全市学前教育水平持续提高，各类学前教育体制机制更加完善，全市“全覆盖、高品质、多样化”公益普惠性学前教育公共服务体系更加健全，基本满足人民群众对优质学前教育资源的需求，为绍兴市学前教育优质普惠发展提供坚强保障。

【加大学前教育财政性投入】 2021年，绍兴市加大城区公办幼儿园建设步伐，新增公办幼儿园17所，增加学位7230个，全市公办幼儿园在园儿童覆盖面69%，各区、县(市)公办幼儿园在园儿童覆盖面均在50%以上。越城区、柯桥区、上虞区、诸暨市公办幼儿园生均公用经费达到当地小学生生均财政拨款标准。公办幼儿园劳动合同制教师年收入均不低于同职级在编教师基础工资与绩效工资之和，全市幼儿园劳动合同制教师平均年收入提增13000元左右。

【“双普”创建省级通过率第一】 2021年，绍兴市6个区、县(市)以全国学前教育普及普惠县创建(“双普”创建)为契机，通过严格对照创建清单，把握补短、申报、扩面、提质四个节点，加强资金保障和资源配置，探索创新城乡学前教育共同体建设，补齐学前教育短板，学前教育整体育人质量不断提高。越城区、柯桥区、上虞区、诸暨市通过全国学前教育普及普惠县省级评估验收，占全省的4/9，省级通过率居全省第一位。

【完善普惠性民办幼儿园管理】 2021年，全市持续完善普惠性民办幼儿园认定、管理办法和生均公用经费补助政策。其中，越城区、柯桥区、上虞区、诸暨市、嵊州市通过购买服务、减免租金、师资培训等多种方式，持续完善对民办幼儿园管理，普惠性民办园的财政经费补助水平不低于同等级公办幼儿园标准。

【增加优质幼儿园资源供给】 2021年，全市新增省一级幼儿园8所、省二级幼儿园20所，省二级及以上幼儿园在园儿童覆盖面76.13%。推进名园集团化办园模式，新增省一级幼儿园分园11所，增加学位4321个。

【完善阳光招生政策】 2021年，市教育局在全面梳理与调研基础上，针对各地入园报名系统存在的问题与短板，指导并完善各区、县(市)“入园一件事”网上办理流程，确保孩子入园申报(报名)、录取等工作通过浙江政务服务网及“浙里办”App进行。

【农村幼儿园提质】 2021年，市教育局完善《绍兴市农村幼儿园提质二十条》考核评估办法与细则，完成绍兴市农村幼儿园提质评估系统平台建设，所有农村幼儿园完成办园质量自评。至年末，农村省二级及以上幼儿园在园儿童覆盖面70.86%，比2020年增长1.9%。

【农村学前教育质量提升工作研讨会召开】 2021年11月12日，绍兴市农村学前教育质量提质工作研讨会在嵊州市召

2021年10月10日，绍兴市越城区鉴湖街道中心幼儿园举行“喜迎冬奥我运动我快乐”活动 （市教育局／提供）

开。研讨会回顾近年来绍兴市学前教育事业发展及农村学前教育质量提升工作，各区、县（市）进行工作交流。与会人员参观嵊州市五爱幼教集团屠家埠村五爱农场。绍兴市、县教育系统代表60余人参加研讨会。

【开展学前教育宣传月活动】 2021年，在第十个全国学前教育宣传月及《3—6岁儿童学习与发展指南》发布10周年之际，绍兴市开展以"砥砺十年　奠基未来"为主题的宣传活动。全市教育系统在中国学前教育网、浙江学前教育网、绍兴教育网等开展宣传，开设"'砥砺十年 奠基未来'绍兴学前教育十年展播"宣传专栏。

【推进学前教育课程建设与改革】 2021年，市教育局遵循幼儿园"以游戏为基本活动"的原则，组织幼儿园游戏课程系列研讨与评比活动3次，提高幼儿园专任教师对幼儿游戏的观察分析能力及指导水平。组织全市首届农村幼儿教师优质教学活动评比。柯桥区中心幼儿园教师王秋华获浙江省幼儿园优质课比赛一等奖。

义务教育

【概况】 2021年，绍兴市有初中139所，在校学生128161人，专任教师11567人；小学314所，在校学生278322人，专任教师16817人；特殊教育学校7所，在校学生1156人，专任教师204人。义务教育段流动人口随迁子女入学106523人，其中小学78237人、初中28286人。省义务教育标准化创建率99%。柯桥区、诸暨市通过全国义务教育优质均衡发展县省级督导评估，柯桥区通过省级复查。柯桥区管宁实验小学入选"浙江省百年名校"。

【义务教育阶段学校课后服务实现全覆盖】 2021年9月，市教育局等10部门联合印发《关于进一步做好义务教育阶段学校课后服务工作的通知》，全面推进义务教育阶段学校课后服务。至年末，全市453所义务教育阶段学校（不含教学点）秋季开学后全部开展课后服务，学生课后服务参与率91.46%，教师课后服务参与率96.2%，实现义务教育学校全覆盖、有需求的学生全覆盖。印发《关于有序引进校外优质资源全面提升校内课后服务质量的指导意见》，引入校外资源助力提升校内课后服务质量。"双减"工作学生满意率98.74%、家长满意率98.81%，均列全省第二位。上虞区入选全国首批义务教育课后服务典型案例单位，《绍兴市做好"课后服务"三个答题》优秀案例选送教育部，"小学一二年级学生不背书包回家"等多项"双减"工作方法在央视、人民网、凤凰网等媒体报道。

【推动作业"减负"】 2021年9月，市教育局印发《义务教育阶段学校减轻作业负担行动方案》，围绕校外减培训、校内减作业"双减"行动目标，开展校内作业"减负"行动。制定作业管理禁止性、规范性、倡导性"30条"指标，明确实施步骤，建立工作保障，统筹推进"细则管、标杆领、督查促"等工作措施，推动"作业管理细则"落地和"作业量"控制性指标的有效落实。

【继续推进基础教育共同体建设】 2021年，绍兴市全面实施《绍兴市全面推进基础教育共同体建设实施方案》，新增融合型、共建型教育共同体54所，超过省定指标26个百分点。至年末，全市有基础教育共同体426家，其中融合型78家、共建型209家、协作型139家，教共体占比93.1%。新昌县实现共建型教共体全覆盖。加快组建名校集团化办学、名校领办新校工作。新增名校领办新校9所，实现新建学校高起点办学、满计划招生。

【"互联网＋义务教育"结对扩面】 2021年，绍兴市推进"互联网＋义务教育"结对帮扶扩面提质工作，新增"互联网＋义务教育"结对学校45所。至年末，共有364所学校参与"互联网＋义务教育"结对帮扶，实现农村中小学全覆盖。

加大教育援疆帮扶力度，开展"互联网＋"远程教学，向阿瓦提县学校捐赠图书60万余册，12所中小学开展"互联网＋"结对帮扶。

【初中补短提质发展】 2021年7月，绍兴市教育局发布《关于全面开展初中基础性学科分层走班教学的实施意见》，在全市105所（占学校总数的75%）的学校1487个（占班级总数的54.3%）班级开展分层走班教学实验，并遴选17所作为市级试点学校。实施初中教育质量"一校一策"培优提升行动，遴选51所初中为首批三年一轮的"提升行动"培育学校，探索评价改进、资源优化、专家引领的补短实践。至年末，绍兴市昌安实验学校等6所学校创建成省级现代化学校。

2021年，绍兴市塔山中心小学学生参加课后服务拓展课程——劳动实践课

（市教育局／提供）

特殊教育

【概况】 2021年，绍兴市围绕《绍兴市特殊教育第三期提升计划（征求意见稿）》目标要求，聚焦提升十五年特殊教育普及水平，推进特殊教育学校现代化建设，提升全市特殊教育服务水平。至年末，全市持证残疾儿童少年入学率学前段98.9%、义务段100%、高中段92.33%。所有特殊教育学校均通过省标准化学校评估认定。

【在特殊教育学校实施高中段职业教育】 2021年，绍兴市在全部特殊教育学校实施高中段职业教育。其中，绍兴市聋哑学校实施"党建共建育工匠，产教融合促发展"工程，2名学生通过实习期考核正式签约国企，产教融合课题获市级立项；越城区育才学校投资60万余元开辟现代化种植基地；柯桥区育才学校"大拇指"洗车坊被媒体宣传推介；嵊州市育才学校开设种植、家政等课程。

【推进"普特"融合教育】 2021年，绍兴市进一步完善残疾儿童学前教育保障，选择区域内"名园"支持"普特"融合教育。加大普通幼儿园特教设施设备建设，新增拥有特殊设施资源的教室10个。绍兴市聋哑学校与越城区东风幼儿园、鲁迅幼托中心、继昌幼儿园等达成合作意向。越城区育才学校在机关幼儿园曦之湖园区设置学前卫星班。至年末，所辖区、县（市）特殊教育学校均设立学前卫星班。

【完善送教上门机制】 2021年，绍兴市县两级教育部门、特殊教育指导中心及相关学校继续推进送教上门工作。其中，柯桥区对送教上门工作实施动态管理；上虞区组建送教专业队伍，以课题带动个别化康复课程及社区融合课程建设，帮助送教对象提高融入社会的能力；越城区利用政府购买服务，加强送教工作保障，有关工作多次受省市领导批示肯定。

【加强残疾儿童随班就读保障】 2021年，绍兴市全面加强残疾儿童普通学校随班就读管理，新增资源教室20个，实现乡镇（街道）全覆盖。市、县两级加大资源教师培训力度，共培训160余人次。保障随班就读学校公用经费，落实普通学校资源教师工作量和绩效配套。柯桥区特教教师沉浸式指导随班就读工作被列入省特殊教育2021年亮点工作。

【省特殊教育学校职业教育研训活动举行】 2021年11月18—19日，以"弘扬非遗文化　传承匠心精神"为主题的2021年浙江省特殊教育学校职业教育研训活动，以线上线下相结合形式在绍兴举行。绍兴市围绕特殊教育教学、特教学校标准化创建、产教融合、"非遗"就业等，在研讨会上做经验介绍。其间，与会人员参观古越龙山股份有限公司工艺浮雕酒分公司、绍兴市聋哑学校校外基地、绍兴市残疾人职业技能培训孵化基地等，观摩绍兴市聋哑学校"非遗"花雕职业教育课和学生实训操作。省教育厅、省残联、省特殊教育指导中心，市教育局、市残联，省特殊教育职业学院、各聋哑学校以及已经开展"非遗"文化项目的特殊教育学校的专家、项目负责教师、骨干教师等60余人参加研训活动。

高中教育

【概况】 2021年，绍兴市持续落实"普高提质50条"，切实提升学校管理水平。印发《绍兴市直普通高中优质多样发展经费使用管理办法》，加大高中教育提升发展经费保障。高考总分进全省前100位学生数列全省第三位。北大、清华录取万人比例和浙大上线百万人口比例均居全省前列，其中清华、北大录取45人，比2020年增14人。

至年末，有普通高中55所，在校学生88401人，专任教师8205人。全市有中等职业学校18所，在校学生45439人，专任教师3238人。全市初中毕业升入高中段比例99.17%。绍兴一中在北斗时空智能主机创新应用、实物类创新产品研发制作项目中取得一等奖2个、二等奖4个、三等奖3个。柯桥中学被团中央认定为2021年度"认定授牌"类"小平科技创新实验室"建设学校。

【继续做好公办普通高中班额控制】 2021年，绍兴市有公办普通高中高一年级686个班级、高二728个班级、高三731个班级，班额均控制在45人及以内。

【实施公民同招】 2021年，绍兴市实施普通高中公民同招、属地招生。在全省率先使用全市统一的高中招生管理系统。实现中考报名、考务管理、成绩查询、市区高中统一招生志愿填报、录取结果查询等"一网"管理。民办学校线下招生纳入线上管理，解决一生多报、重复录取等管理漏洞。实施以招生系统录取名单作为高一新生学籍注册唯一依据。

【学科竞赛成绩优异】 2021年，绍兴市高中生在数学、物理、化学、生物、信息学五大学科竞赛中成绩优异，获奖人数创新高。获全国一等奖76人次，其中9人进入省队，在全国决赛获7枚金牌、9枚银牌、5枚铜牌。在第十五届亚洲和太平洋地区信息学奥林匹克竞赛（APIO2021）中，绍兴一中获11枚金牌、15枚银牌、19枚铜牌，金牌总数、奖牌总数均列全国第一位。

【招飞工作】 2021年，绍兴市高考招飞工作再创优异成绩，向空军、海军输送飞行学员6名，其中，1名学生成为北京大学"双学籍"飞行学员。

【举办高中生物学科"教学关键问题"专题研讨活动】 2021年11月25日，绍兴市高中生物学科"教学关键问题"专题研讨活动在春晖中学举行。研讨活动中，春晖中学季素琴、新昌中学吴仓丽分别以"种群具有一定的特征""细胞通过分裂增殖"为题，展示课堂教学；柯桥区教师发展中心沈盛梁、上虞区教师发展中心汪增富分别做"新课程背景下课堂教学转型的若干理解与思考""新课程背景下的教师专业成长"讲座。各区、县（市）生物学科教研员和教师代表150余人参加研讨。

【浙江高中通用技术学科教学评审活动】 2021年10月20—22日，由省教育厅教研室主办的2021年浙江省高中通用技术学科教学活动评审及观摩活动在绍兴市高级中学举行。活动包括现场教学活动评审、技能评审两部分。12堂优质课体现了新课标所倡导的在情境中学习、实践中学习、项目中学习、基于大概念学习的理念,反映了技术核心素养导向的通用技术教学。中国教研网进行了全网直播。绍兴市阳明中学向勇获一等奖。

【市英语高考读写教学研讨活动】 2021年3月17日,2021年绍兴市英语高考读写教学研讨活动在春晖中学举行。研讨活动围绕"基于学科核心素养的高三主题读写教学"主题,由教师个人实践主题论坛、如何有效实施高三语言读写教学专题报告、现场观摩与评析三部分组成。各区、县(市)教研员、全市高中学校高三英语骨干教师参加研讨活动。

高等教育

【概况】 2021年,在绍高校落实立德树人根本任务,推进课程思政建设,组建在绍高校课程思政建设联盟、在绍高校课程思政教研中心,开展绍兴市高校首届课程思政说课大赛和优秀案例征集评选活动,推动课程思政建设水平不断提升。

开展高等教育内涵建设项目中期检查、评审立项工作,立项及在建项目共136项。教育局、财政局印发《关于组织开展高水平职业院校和专业(群)建设工作的通知》,开展在绍高职院校高水平专业(群)建设项目立项评审,立项市级高职院校高水平专业(群)10个。

组织开展"走读绍兴·越享未来"、第六届大学生寝室文化节等系列活动。开展大学生文创产业与艺术设计、服装设计、乡村振兴、大数据应用创新等学科技能竞赛项目14项,助推教学改革,全面提升人才培养质量。

至年末,绍兴市有全日制普通高校12所,其中本科院校7所,高职院校5所,有在校学生127376人。绍兴高校数量在全省11个地市中列第三位。

【高校引进与建设】 2021年,绍兴市政府、杭州电子科技大学、绍兴滨海新区签订合作框架协议,杭州电子科技大学集成电路科学与工程学院(杭电绍兴校区)项目落户绍兴。浙江金融职业学院绍兴校区项目建设有序推进,浙江建设职业技术学院上虞校区、浙江树人学院杨汛桥校区办学规模进一步扩大。

【镜湖高教园区建设】 2021年,绍兴市镜湖高教园区有入园高校3所,分别为绍兴文理学院元培学院、浙江越秀外国语学院、浙江工业职业技术学院镜湖校区,园内有大学生2.5万人。

【绍兴大学创建工作】 2021年,绍兴市教育局继续全力协助绍兴文理学院做好绍兴大学创建工作,协助做好教育部专家组进校考察前期准备、更名大学相关指标数据审核等工作,及时跟进绍兴文理学院校园改扩建工程进度,做好绍兴文理学院元培学院转设筹备工作。

【绍兴市第五届大学生文创产业与艺术设计大赛举行】 2021年7—9月,由市教育局、市文明办、市人力社保局、市文广旅游局、市商务局联合主办的绍兴市第五届大学生文创产业与艺术设计大赛举行。大赛以"产业与设计"为主题,分纺织品纹样设计、海报设计、插画设计、包装设计、产品设计5个类别。收到来自在绍高校的437件参赛作品,决出一等奖35项,二等奖65项,三等奖110项。2021年9月27日,设计大赛颁奖典礼在绍兴职业技术学院举行。

【绍兴文理学院】 2021年,绍兴文理学院有全日制本科生12302人,研究生1335人,专科生1163人。完成学校"十四五"规划编制发布工作。新增硕士点3个,总量达到16个,覆盖全校90%以上本科专业。工程科学学科ESI国际学科排名继续进入全球前1%行列。新增国家一流专业、省一流专业各2个,通过专业认证专业2个、接受考察3个。引进高层次人才105人,其中国家级领军人才5人、省级领军人才4人,获市2021爱才重才"伯乐奖"。获批省工程研究中心、省软科学研究基地、省铸牢中华民族共同体意识研究基地、省社会科学普及基地各1个,立项省部级以上课题81项(国家级22项,首获浙江文化研究工程重大项目立项),获省部级以上科研成果奖14项。获评省高校网络信息化建设先进单位。新增国(境)外合作高校4所,加入浙江—中东欧国家智库联盟。累计完成校园改扩建投资37.24亿元。附属医院顺利通过三级乙等综合医院评审。

获省教学成果奖一等奖2项、二等奖4项,获"全国优秀教材二等奖"1项,获批省一流课程60门。入选省级课程思政示范校,获批省级课程思政项目14项。获评省高校先进基层党组织、市先进基层党组织各1个,入选省高校首批"研究生样板党支部"培育创建单位1个、第二批全省高校党建工作样板支部培育创建单

2021年,绍兴文理学院组织学生开展思政课暑期社会实践活动 (绍兴文理学院/提供)

位 3 个。

【浙江越秀外国语学院】 2021 年，浙江越秀外国语学院有全日制本科生 15183 人，专科生 1466 人。举办建校 40 周年庆祝大会暨第 20 届亚洲大学校长论坛。列全国民办高校第 12 位、省民办高校第一位(艾瑞深中国校友会“中国民办大学排行榜”)。新增省级一流本科专业建设点 2 个，新增本科专业 2 个，新增省级一流本科课程 42 门。完成国家出版基金项目《远东国际军事法庭庭审记录・全译本》(第二辑第 11 至 25 卷)出版和首发工作。非洲大湖区研究中心立项为教育部国别与区域研究备案基地。新增省部级以上课题 20 项(国家级科研项目 7 项)。引进高级职称教师 37 人。

学生获国家级 A 类学科竞赛奖项 24 项，省级 A 类奖项 166 项。获评 2021 年度绍兴市“改革开放创新发展突出贡献奖先进集体”。

【浙江工业大学之江学院】 2021 年，浙江工业大学之江学院有全日制本科生 9984 人。新增省级一流本科专业建设点 1 个。绍兴工业互联网学院(研究院)实验室入选柯桥区重点共建创新平台、绍兴市重点实验室建设项目。立项教育部产学合作协同育人项目 28 项、省级产学合作协同育人项目 1 项、省级课程思政教学项目 5 项，学科竞赛总成绩列省内同类院校第一位。获国家级科研项目立项 3 项，全年纵向科研项目立项总经费 204.3 万元，横向科研到款 2418.2 万元，近 50% 的合同来自绍兴市的政企单位。绍兴、柯桥“揭榜挂帅”关键核心技术攻关项目 4 项，科技攻关项目 1 项；以技术拍卖形式转化技术成果 1 件，转化金额 90 万元。

学院教师首获浙江省高校青年教师教学竞赛一等奖；教师团队首获国家级领导批示。田径队获第 20 届中国大学生田径锦标赛女子团体总分第八名，获全国体育道德风尚奖。

【浙江农林大学暨阳学院】 2021 年，浙江农林大学暨阳学院有全日制本科生 7973 人，联合培养研究生 24 人，成教学生 268 人，列武书连全国独立学院第 18 位，省第三位。获批省一流本科课程 10 门、省虚拟仿真实验教学项目 3 项、教育部高教司产学合作协同育人项目 3 项、省产教合作育人项目 1 项。获批省课程思政教学改革项目 2 项、示范课程 1 门、基层教学组织 1 个。全职引进浙江省“151”人才第 2 层次 1 人，成功申报教育部长江学者项目 1 个，获批省高校领军人才培养计划青年优秀人才 2 人。获批国家自然基金青年项目立项 2 项，省部级及以上科研项目立项 16 项，比 2020 年度增长 1 倍。“加拿大皇家学会院士赵月枝及其创新团队”获批院士领衔专家工作站，“植物景观与生态康养重点实验室”获批市培育建设重点实验室，“植物纤维功能材料实验室”认定为市重点实验室，与浙江准时网络科技有限公司联合成立“浙江农林大学暨阳学院双碳研究院”。总投资约 2.4 亿元、建筑面积 5.9 万平方米的学生公寓和食堂项目投入使用。学院校园建筑面积由原来的 26.7 万平方米增加至 32.6 万平方米。

“数字枫桥与治理创新研究中心”为诸暨民政局开发“智慧民政”系统被列入省数字化改革社会系统建设专班公布的首批“揭榜挂帅”名单。《智治平台激发“枫桥经验”新动能》案例入选省高校党史学习教育“三为”实践活动“最佳案例”，是本次入选高校中唯一一所独立学院。

【绍兴文理学院元培学院】 2021 年，绍兴文理学院元培学院有全日制本科生 9807 人。毕业生考研录取 123 人，创历史新高。成立哈工海渡机器人学院绍兴分院。新增省级一流专业建设点 1 项。获批省部级以上课题 11 项，厅市级 32 项；发表期刊论文 114 篇，出版专著 8 部；授权专利 61 项，成果转化 17 项；获批教育部产学合作协同育人项目 23 项。服装服饰数字化设计与智能制造重点实验室获批 2021 年度市级重点实验室。大学生创业园获批省大学生创业孵化示范基地。1 名教师入选市“名士之乡”特支计划教育拔尖人才，医药与健康分院教工党支部获省级样板支部培育对象。学生获国际、国家级学科竞赛奖项 20 项，省级奖 126 组；获国家级课题立项 9 项，省级新苗人才计划课题立项 5 项，创历史新高；获省第四届“卡尔・马克思杯”大学生理论知识竞赛一等奖。

【浙江树人学院杨汛桥校区】 2021 年，浙江树人学院杨汛桥校区有全日制本科生 6899 人，专科生 1643 人。首届护理学本科专业学生 100% 一次性通过国家护士资格考试。学院制定“十四五”发展规划，印发申硕行动方案，开启申硕建设工程。试行目标定岗、以岗定量的学院、机关人员经费分配制度改革。试行考教分离教师教学评价，109 门课程实施教考分离。入选教育部高校思想政治工作创新中心，入选全国党建标杆院系 1 个，新增全国样板支部 1 个，获批全国民办院校唯一一个教育部高校思想政治工作精品项目，获批研究生招生单列指标和教育部面向港澳台地区招收本科学生资格备案，获批家政学本科专业。首次开展本科专业质量评价，9 个专业入选省一流本科专业建设点。入选省“五个一批”省级产教融合联盟 1 个，入选省首批现代产业学院 1 个。获国家级项目 10 项、省部级以上项目立项 33 项；5 项社科要报获省级及以上领导批示，其中 1 项获国家领导人批示。“浙江省污染暴露与健康干预重点实验室”获批省重点实验室培育建设立项，科研经费超过 8200 万元。引进博士 108 名，入选省“万人计划”科技创新领军人才 2 人，3 位教师入选绍兴市“名士之乡”计划。省平安校园等级考评跃级获得 AAAA。

姚攒同学在东京残奥会上获 1 枚金牌、1 枚铜牌；校男篮获省大学生篮球联赛男子甲组冠军；学校获省第四届“卡尔・马克思杯”大学生理论知识竞赛一等奖、“之江杯六中全会精神知识竞赛”省属高校第一名。

【浙江理工大学科技与艺术学院】 2021 年，浙江理工大学科技与艺术学院有全日制本科生 8711 人。成立课程思政教学研究中心，举办“深耕责任田　构筑同心圆”绍兴市高校课程思政教研中心工作会、“竹隐杯”绍兴市首届大学生广告创意设计竞赛。获批教育部产学合作协同育人项目 17 项、省级产学合作协同育人项目 1 项、虚拟仿真实验教学项目1项，10门课程被认定为省一流本科课程，2门课程获市高等学校精品（在线开放）课程建设立项，获立项省部级项目4项、厅局级项目7项。推出"教授圆桌会"教学发展品牌活动。完成学院机构设置改革和中层干部换届选任工作，干部队伍硕博学历提升至93.8%。

学生获市级及以上奖项231项，泽木社团话剧《囚笼》获全国高校心理情景剧展演二等奖。获浙江高校公寓服务疫情防控"先进集体"1项，"先进个人"1项。深入开展党史学习教育、革命老物件素描作品展、百年党史百米长卷现场绘制等活动，被省级媒体和"学习强国"学习平台报道8次。

【浙江工业职业技术学院】 2021年，浙江工业职业技术学院有全日制专科生15694人。学校再次入选世界技能大赛数控车项目中国集训基地。入选省职业院校产教融合项目7个，成立并运行绍兴知识产权学院，获批省首批退役军人就业创业基地。新增市重点实验室1个，列"2021全国高职高专院校科研与社会服务竞争力排行榜"（神针高教观察发布）浙江省第7位、全国第27位，处于A+层级。《数控机床操作技能实训》获评教育部课程思政示范项目，团队成员认定为课程思政教学名师和教学团队。

机电一体化技术团队获国家级职业教育教师教学创新团队，获批省标杆院系1个、样板支部1个，获评全省高校先进基层党组织1个、优秀共产党员1名，获"新时代浙江工匠"2人、浙江青年工匠3人、浙江省黄炎培职业教育杰出教师奖1人，入选市"名士之乡"计划教育拔尖人才1人、青年拔尖人才1人。学生获省级及以上竞赛奖项232项，包括全国职业院校技能大赛一等奖2项、"挑战杯"全国大学生课外学术科技作品竞赛"黑科技"专项赛二等奖1项、全国大学生数学建模竞赛一等奖1项、中国大学生田径锦标赛1金2银4铜。吴乐辉同学获国家奖学金省级特别评审奖1项。

【绍兴职业技术学院】 2021年，绍兴职业技术学院有全日制专科生14085人。发布学校"十四五"发展规划及6个专项规划。列"2016—2020全国普通高校学科竞赛排行榜（高职，TOP300）"（中国高教学会发布）第136位、全省第13位，列全国民办高职第3位、全省第1位。据省教育考试院数据，2020届毕业生职业发展与人才培养质量、2018届毕业生毕业三年后就业竞争力均列全省高职院校第18位。教学业绩考核列全省高职院校第20位、民办高职院校第1位。2个项目获浙江省教学成果奖二等奖。获批中药学、城市轨道交通通信信号技术2个新专业并首届招生。获批护理专业中外合作办学项目，与室内艺术设计专业（中外合作办学）同时首届招生、开班。新挂牌或落户浙江省建筑业现代化绍兴产业学院、绍兴市跨境电商学院等7个社会服务平台。开展非学历技术技能培训3.85万人次，其中线上培训19582人次、占全市线上培训规模近30%。在泰国格乐大学、马来西亚林肯大学学院创设海外"越医学堂"，与两校签约互设"留学生培养基地"。

1个党总支入选全省高校党建工作标杆院系，1个党支部入选全省高校党建工作样板支部并推荐申报全国高校党建工作样板支部。范蠡创业园入选"浙江省省级创业孵化示范基地"。

【浙江邮电职业技术学院】 2021年，浙江邮电职业技术学院有全日制专科生7773人。毕业生初次就业率98.15%，自主创业22人，占比1.23%，就业率、创业率均创历届最高。新增3个数字化领域新专业，"电商快递专业群""人工智能技术应用专业群"获批市"双高"专业群。申请6个职业技能等级证书试点，完成1+X考证计划319人次，228人考取证书，6名学生获华为认证互联网专家证书（HCIE证书）。学院分别与万国数据、科大讯飞、浙江晶盛、杭州安恒、深信服等行业头部企业共建产业学院9个。

【浙江农业商贸职业学院】 2021年，浙江农业商贸职业学院有全日制专科生8282人。1项课题获批教育部2021年度高校思想政治理论课教师研究专项立项；思政课改革创新成果被《中国教育报》"职教周刊·'双高'建设"专题报道；立项省级课程思政示范课程3门、教学研究项目4项、示范基层教学组织1项；《中国茶文化》入选教育部课程思政示范课程，实现学院国家级课程零突破；完成"中华茶文化"国家教学资源库建设任务，主持教育部《茶艺与茶文化》专业标准审定通过；立项省级实习实训基地建设项目1项，省级产学合作协同育人项目2项。投资3005万元、建筑面积8000平方米的现代农业教学实训基地项目建成投用。

马克思主义学院丁菁教授负责的思政课名师工作室入选全国高校思政课名师工作室，实现国家级教学团队项目的新突破；1人入选浙江省"万人计划"教学名师、1人获第三届黄炎培职业教育奖杰出教师奖；1名教师担任"浙江省高校领军人才培养计划'首批思政理论课培养人员'"评审专家、省本科高校思政课教学指导委员会委员。

【浙江建设职业技术学院上虞校区】 2021年，浙江建设职业技术学院上虞校区有全日制专科生5076人。学校智能建造技术团队立项第二批国家级职业教育教师创新团队，国家级教师团队数量居全国高职院校第一方阵；《建筑力学》教材获全国优秀教材（职业教育与继续教育类）二等奖；智慧建造虚拟仿真实训基地确定为首批国家职业教育示范性虚拟仿真实训基地培育对象；心理健康教育指导中心获评"第20届全国青年文明号"；连续第8年获省教育厅教学业绩考核A级；《建筑构造与识图》《园林规划设计》等6门课程思政示范课与"三全育人"视域下高职公共基础课"课程思政"建设路径探究等6项课程思政教学研究项目获省教育厅第一批省级课程思政教学项目建设立项；原创舞蹈"筑青春"系列作品获2022年度省高校思想政治工作原创文化推广行动作品项目立项；学生技能竞赛获全国职业院校技能大赛二等奖、省级职业技能竞赛一等奖3项、二等奖1项、三等奖1项。学校与绍兴市建设局、上虞区政府共同成立校地合作工作领导专班，建立校地合作工作联席会议制度，形成校地合作年度工作计划任务清单，务实推动校地合作。

职业教育

【概况】 2021年,绍兴市提出全市域共建跨界融合教学“共同体”,持续推进中职教改的新思路,以“双高”建设及各项提质培优项目计划为引领,稳步推进各类改革试点探索。共建83个“1+4+N”教学团队,培育11所市高水平学校、33个市高水平专业。

柯桥区职教中心“绍兴市纺织职教集团”再获国家级示范性职教集团。在2021年度职业院校产教融合项目认定中,绍兴市商贸旅游业产教融合联盟被认定为省级职业院校产教融合联盟,绍兴市职教中心、绍兴中等专业学校、诸暨市职教中心、诸暨技师学院、绍兴护士学校等5所学校的实训基地被认定为省级职业院校实习实训基地,柯桥区职教中心、上虞职业中专、上虞区职教中心、绍兴财经旅游学校等4个项目被认定为省级职业院校产学合作协同育人项目,绍兴市职教中心、绍兴中专、新昌职高等4个教学团队入围2021年全国职业院校技能大赛教学能力比赛现场决赛,绍兴财经旅游学校边宸雪入选中等职业教育国家奖学金获奖学生代表名录。

至2021年末,绍兴市有中等职业学校18所,其中国家级改革发展示范校4所,省级改革发展示范校7所,浙江省中职名校6所,浙江省现代化学校5所,浙江省高水平学校建设单位5所,有在校学生50188人(其中中职学生45439人,技工学生4749人),较2020年增加2340人。2021年毕业学生14259人,招收新生15972人(其中中职学生13025人,技工学生2947人)。

【制定“双高”建设政策】 2021年,市教育局、市财政局联合印发《关于组织开展高水平职业院校和专业(群)建设工作的通知》,规定市高水平职业院校和专业(群)建设为期三年,每年市财政拨给市直高水平学校及高水平专业建设资金共1000万元,各区、县(市)参照执行。市教育局成立第二届绍兴市中等职业教育专业建设指导委员会,负责人才培养、校企合作、教学大纲、队伍建设、教学研究等方面的指导、督查、评审工作。至年末,评选出11所市高水平学校(5所为省高水平学校直接认定)、33个市高水平专业(26个专业为省高水平专业直接认定)。

【落实职业教育提质培优行动】 2021年,绍兴市有16所中职学校在教育部平台申报提质培优行动建设项目,并结合“双高”建设,开展具体建设工作。至年末,绍兴市职业教育中心“微电子虚拟仿真实训基地”被评为省职业教育示范性虚拟仿真实训基地,4个教师教学创新团队(绍兴中专3个、柯桥区职教中心1个)被省厅推荐参加第二批国家级职业教育教师教学创新团队评比,绍兴技师学院《基于“1+1+N”产教融合平台的微电子专业跨界融合课程建设》、绍兴市中等专业学校《中职生态课堂层圈模型研究》、诸暨市职业教育中心《多措并举,为新型教师队伍建设助推加力》分获省提质培优赋能增值典型案例二、三等奖。

【中职专业设置注重针对性与实用性】 2021年,绍兴市中等职业教育新设置云计算技术应用、跨境电子商务、增材制造技术应用、装配式建筑施工、服装表演、园艺技术、纳税事务、数控技术应用、直播电商服务、电子材料与元器件制造等10个与绍兴经济关联度较为密切的急需紧缺专业。市教育部门编制审核中高职五年制一体化培养计划,共有15所中职学校与28所高职院校联合开展中高职一体化五年制办学,有4所中职学校与4所高职或本科院校联合开设“五年制学前教育大专班”,有4所中职学校与2所高校开展“中本一体化”培养试点。

【中职招生制度改革】 2021,全市除一所中职学校外,其余职校均实行中考后招生,其中市区(越城区、柯桥区、上虞区)中职学校招生实现“全纳入、同平台、一体化”录取。全年计划招生17513人,实际招生15972人。

【印发深化产教融合重点任务分工方案】 2021年9月,绍兴市职业教育工作联席会议办公室印发《绍兴市深化产教融合推进职业教育高质量发展的重点任务分工方案》,明确落实“双高”创建、产教融合“五个一批”工程、国际交流与合作等39项重点工作,深化职业教育体制机制改革,推进职业教育产教融合校企协同育人。

【支持职校开展社会技能培训工作】 2021年,市人力社保局、市教育局、市财政局联合印发《关于完善职技院校社会职业技能培训所得收入奖励分配的意见》,推动职业院校组织社会技能培训工作。至年末,全市职技院校完成社会培训98.74万人次,其中职业学校培训13.48万人,成人学校培训85.26万人次。

【职教参与对口支援合作】 2021年,市教育局组织8所中职学校参与对口东西协作职业教育扶贫工作,与新疆阿克苏、

2021年5月13日,绍兴市第九届职业教育成果展在市文化科技广场举行(市教育局/提供)

青海、四川省、贵州、云南等东西部地区的省市接对教育扶贫。对453名学生开展职业培训，选派12人到地支教，接收东西部学校8人到绍兴挂职学习，招收352名学生到绍兴学习，其中188名学生为建档立卡家庭。

【职业教育活动周和职教成果展示活动举办】 2021年，市教育局组织开展职教成果展、校园开放日、特色服务、三美宣传、最美职校生评选、"跨界融合"教学现场会等六大系列职教活动周活动。在市科技文化广场举办以"技能：让生活更美好——百年奋斗，匠心筑梦"为主题的绍兴市第八届职业教育成果展，23所中高职院校参展，通过线下展示、现场体验、线上直播、回看直播及线上VR观展等多种方式进行展示。云犀直播平台全程直播展会情况，全国关注点击量70万余次。

【国家级立项课题开题论证会举行】 2021年10月28日，国家社会科学基金"十四五"规划课题开题论证会在绍兴市职教中心举行。《结构化 融合式 跨界型：中职"1+4+N"教学创新团队建设的研究与实践》是2021年全国规划办立项的唯一一项中职类国家社会科学基金"十四五"规划课题。会上，课题负责人戴智敏汇报开题报告。评议专家通过研读课题方案文本，现场听取汇报，对课题组汇报要点逐项进行可行性评估，并提出意见和建议。

【学生参加竞赛获优异成绩】 2021年，绍兴市中职学生在省中职学生技能大赛暨国赛选拔赛中夺得10张国家比赛入场券，出线率占全省25%，入围数居全省第一位。在全国职业院校技能大赛中，绍兴市选手获4枚金牌、4枚银牌、1枚铜牌，同口径排名居全省第一。

成人教育

【概况】 2021年，绍兴市有省级现代化成人学校33所，有县级社区教育学院6所，省级社区教育示范校7所；乡镇成人文化技术学校103所，全部为省级标准化成人学校。

2021年3月，柯桥区举行老年人智能技术普及推广员培训 （市教育局／提供）

发挥中职学校及社区教育机构的作用，完善面向社会的各类技能培训体系，超计划完成省教育厅布置的年度培训任务。制定《关于完善职技院校社会职业技能培训所得收入奖励分配的意见》，提高职业院校组织社会技能培训的积极性。完成老年教育年度培训计划，编印教材13本，制作培训视频283个，累计投入资金300万余元。

【社区教育进农村文化礼堂三年行动计划继续开展】 2021年，全市进一步拓展工作思路，丰富服务内容，加强社区教育机构与农村文化礼堂设施统筹、信息共享、服务联动，促进全市农村文化礼堂内涵建设。至年末，全市有社区教育进农村文化礼堂1656家，覆盖率98%。开展活动7867场，累计参与43.8万人次，其中，新型职业农民培训880场，参与培训50710人次；青少年校外学习活动2226场，参与活动176569人；开展符合老年需求的学习活动3363场，老年学习成果展示421场，参与活动210508人次。全市组建393支家庭教育导师队伍及志愿者队伍，开展家风家训教育977场，开设家庭教育专题栏目215个。创建社区教育进农村文化礼堂品牌154项，建设特色课程267门，优化农民培训数字化学习资源580个。

【职业技能培训】 2021年，绍兴市根据全省"面向企业职工等社会人员开展职业技能培训100万人次"的为民办实事要求，全市各职业学校、社区学院和成人学校面向社会人员开展职业培训98.74万人次，其中面向"两后生"（未升学初、高中毕业生）职业技能培训4295人次、退役军人培训2981人次、家政服务业从业人员等重点人群培训60267人次。

【开展老年人运用智能技术培训】 2021年，绍兴市各职业学校、社区学院和成人学校面向老年人群体，开展智能技术培训专场1755场，参加培训老年人55077人次。全市建设视频教学资源283个，累计投入经费348.41万元。

【成人双证制教育培训】 2021年，绍兴市继续做好成人"双证制"教育培训工作，全市新招收学员3669人，毕业3440人，毕业生职业技能等级证书获取人数5373人。毕业生职业技能等级证书获取率75.06%。

民办教育

【概况】 2021年，绍兴市有民办普通高中17所，在校生24939人，占普通高中在校生总数的28.2%。民办中等职业学校3所，在校生5058人，占中等职业教育在校生总数的11.13%。民办普通初中7所，在校生13691人，占普通初中在校生总数的10.68%。民办普通小学10所，在校生18468人，占普通小学在校生总数的 6.63%。民办幼儿园 197 所，在园幼儿 44246 人，占在园幼儿总数的 30.95%。全市民办学校专任教师总数 8026 人，占专任教师总数的 15.84%，其中：幼儿园 3161 人，普通小学 811 人，普通中学 3842 人，中职 212 人。完成“绍信培”校外培训一体化服务平台建设，249 家由教育部门审批的学科类校外培训机构全部入驻平台，统一监管。

【开展减轻校外培训负担行动】 2021 年 9 月 10 日，中共绍兴市委教育工作领导小组印发《绍兴市进一步减轻义务教育阶段学生作业负担和校外培训负担行动方案》，对减轻义务教育阶段学生过重校外培训负担提出目标及任务。通过排查治理行动、广告集中清理行动、营改非行动等，推动方案落实。至年末，全市营利性学科类校外培训机构压减率在省内率先达到 100%，学科类校外培训机构压减率 72.8%。

【停止审批学科类校外培训机构】 2021 年 7 月起，绍兴市不再审批新的面向义务教育阶段学生的学科类校外培训机构、面向学龄前儿童的校外培训机构和面向普通高中学生的学科类校外培训机构。

【明确非学科类培训机构监管部门】 2021 年，绍兴市对体育、文化艺术、科技等非学科类培训机构，明确由体育、文化和旅游、科技等行业主管部门实施归口管理，牵头负责审批与监管。

【开展校外培训机构排查治理行动】 2021 年，绍兴市教育部门对面向中小学生和幼儿园儿童的校外培训机构开展排查治理。对机构安全稳定和风险防控情况、机构运营资质和营业行为、机构教师资质、机构培训时间、机构预收费管理、机构办学行为以及变异形态培训等开展重点排查和治理。对全市范围所有学科类校外培训广告开展集中清理整治。

【校外培训日常监管纳入“基层治理四平台”】 2021 年，市教育局、市委政法委、市市场监管局、市综合执法局联合印发《关于发挥“基层治理四平台”在校外培训日常监管中作用的通知》，明确全面建立校外培训机构日常监管机制。构建以属地综合信息指挥室为协同处置中心，校外培训机构网格管理员、镇街全科网格员、市场监管联络员滚动排查，教育、市场监管和综合执法部门联动处置的闭环机制。

【实行学科类培训政府指导价】 2021 年，市发改委、市市场监管局、市教育局联合制定绍兴市义务教育阶段线下学科类校外培训收费标准，以 45 分钟为标准课时长，10 人以下班型 55 元 / 课时人次，10—35 人班型 40 元 / 课时人次，35 人以上班型 30 元 / 课时人次，同时规定不得在培训费外另行收取费用。

【建立义务教育阶段校外培训课程鉴别及复核机制】 2021 年，绍兴市教育部门对义务教育阶段校外培训机构学科类和非学科类项目实行区、县（市）鉴别和市级复核相结合的工作机制。各区、县（市）义务教育阶段校外培训课程鉴别专家委员会负责受理本地培训机构学科类和非学科类项目鉴别的自主申请。培训机构对本地鉴别结论有异议的，可向市级义务教育阶段校外培训课程复核专家委员会提出复核申请。

素质教育

【概况】 2021 年，绍兴市教育系统扎实推进“五育并举”（德育、智育、体育、美育、劳育），促进学生全面发展。开展德育微创新“4+1”评比活动，打造中小学德育“一校一品”；全面实施体质健康监测，大一新生体质测试优良率、合格率全省排位明显提升；加强劳动教育，开展劳模工匠精神宣讲活动，诸暨市入选省中小学劳动教育实验区；深化中小学研学实践教育，成立全市研学实践教育协会；加强心理健康教育，推进省一级心理辅导站创建，推动社会心理服务和教育进学校，有 2 所学校提升为省中小学一级心理辅导站，3 所学校通过省一级心理辅导服务站复评，全市累计有省级中小学心理辅导等级站 32 个（一级站 28 个），全市教师中小学心理健康教育 C 证持有率 87% 以上，实现独立法人学校至少有 1 位校级领导持有中小学心理健康教育 B 证。

绍兴市入选全国儿童青少年近视防控改革试验区，诸暨市入选省中小学劳动教育实验区。柯桥华舍中学获全国“2020 年度网络学习空间应用普及活动优秀学校”，诸暨市海亮初中获评 2020—2021 赛季中国初中篮球联赛总冠军，柯桥中学获全国中学生乒乓球锦标赛团体冠军。

【“明眸亮睛”工程】 2021 年，绍兴市以入选全国儿童青少年近视防控改革试验区为契机，制定绍兴市“全国儿童青少年近视防控改革试验区”工作方案，推进近视防控取得实效，考核评议居全省第 4 位。发布儿童青少年近视防控指南，制订政府、学校、家庭、社会参与青少年近视防控的举措，开展近视防控示范校创建。召开全市近视防控工作会议，实施《绍兴市儿童青少年近视综合防控工作考核办法近视综合防控考核评议办法》。开展一年度两次视力普查，开展用眼行为干预和健康护眼教育学校试点，健康教室可调节课桌椅、灯光改造已分别完成三年计划的 100%、90%。年内，命名 7 所健康护眼基地学校，遴选市级近视防控示范性学校 9 所、省级近视防控特色学校 10 所。据普查资料显示，全市儿童青少年综合近视率比 2020 年度下降 1.06 个百分点。

【中小学生体质健康监测体系建设】 2021 年，绍兴市召开全市青少年体质健康提升工作推进会，建立市对县中小学体质健康考核评议制度；成立绍兴市中小学生体质健康工作领导小组，建立体质健康监测中心并以专班形式运作；市教育局、体育局印发《关于进一步加强中小学生体质健康工作的实施意见》；建立中职学校与在绍高校体质健康管理联系机制，建立中职学校毕业生当年度体质健康一人一档建档跟踪机制。

【中小学心理健康教育推进会暨关键问题研讨活动举行】 2021 年 4 月 23 日，由绍兴市教育教学研究院与社会心理服务指导中心主办的绍兴市心理健康教育推进会暨关键问题研讨活动在绍兴市第一初级中学教育集团镜湖校区举行。活动由开幕式、专家讲座、经验交流三个部分组成。相关单位领导及专兼职心理教师代表共210余人参加会议。

【未成年人思想道德建设】 2021年，绍兴市教育部门深入开展德育微创新4+1评比活动，评选出40个优秀成果，打造中小学德育“一校一品”；实施“五好学生”评比试点工作，选树“新时代好少年”20人；开展班主任基本功比武，命名4个市级“名班主任工作室”；组织召开全市文明校园创建推进会，推荐5所学校申报全国文明校园，22所学校申报省级文明校园，30所学校申报市级文明校园。

【“越讲越响·师生说”中小学思政教育系列活动】 2021年，绍兴市在全市中小学开展“越讲越响”思政品牌建设，组织开展100场以上思政理论集中宣讲，推荐、展示100堂可看可学的思政教育优质课，评选100位优秀宣讲员队伍，推荐100个红色教育资源，遴选100篇国旗下讲话优秀作品并汇编成册，评比100节优秀班团队课，评选100篇优秀思政德育案例的“七个一百”“越讲越响·师生说”中小学思政教育系列活动。

【研学实践教育】 2021年，绍兴市教育局印发《进一步加强中下学研学实践教育工作的意见》《研学实践教育基营地复核管理办法》，召开研学基（营）地座谈会和研学实践教育工作推进会。建立与“浙里研学”无缝对接的“绍兴研学”系统平台，实现研学线上管理全市域覆盖、一网纳入。10家基（营）地被认定为第三批市级中小学研学实践教育基（营）地；评选出10门研学精品课程。

至年末，全市中小学生共3405批次147.38万人参加研学实践教育活动；29家市级及以上基（营）地接待总量833.94万人次，总营业收入21943.62万元，其中基（营）地服务业规上企业营业收入10765万元。

【加强中小学劳动教育】 2021年，市教育局起草《绍兴市关于全面加强新时代中小学劳动教育的实施意见（讨论稿）》，从落实劳动教育课程、建设劳动教育基地、强化劳动教育作业、完善劳动教育评价、加强劳动教育师资等方面加强绍兴市中小学劳动教育。市教育局、市总工会、市关工委联合开展劳模工匠进校园宣讲活动，《浙江绍兴七千师生，“开学第一课”讲劳动》在《人民日报》刊登。建设中小学劳动实践基地暨职业体验基地，新培育省级劳动教育实践基地7家。诸暨市《举全社会之力建基地 创特色化课程推劳育》案例入选省中小学劳动教育十大典型案例。

2021年3月18日，绍兴市大中小学思政课一体化建设试点工作启动仪式举行

（市教育局/提供）

【学校体育艺术工作】 2021年，绍兴市成立中小学生体质健康工作领导小组，建立体质健康监测中心，并以专班形式运作。落实小学每天增加一节户外活动课和中小学每天30分钟大课间、体育锻炼时间不少于1小时制度。2020学年，全市大一新生体质健康优良率和合格率全省排位均较2019学年跃升4个位次。组织开展第四届中学生军体运动会、全市中小学艺术节。

师资管理

【概况】 2021年，绍兴市贯彻落实《关于全面深化新时代教师队伍建设改革的实施意见》要求，强化教师队伍建设。“五权下放”改革纳入各区、县（市）和市直学校年度考核。组织全市中小学班主任基本功大赛、市直高中段教师基本功比武，比武范围首次覆盖到中职学校教师。继续保持职称自主评聘改革走在全省前列的良好态势，2021年试点学校达到67所，实现从农村到城市、从幼儿园到高中各学段、从公办到民办、各区、县（市）都有试点的“四个全覆盖”。讲好师德故事、弘扬师德楷模，组织开展绍兴市庆祝第37个教师节暨“最美教师”风采展示活动。开展中小学有偿补课和教师违规收受礼品礼金问题专项整治。

2021年，教育系统获市改革开放创新发展突出贡献奖先进集体2个、先进个人7名；市“担当作为好干部”1名、经济发展突出贡献奖先进个人8名、疫情防控工作先进党组织2个、先进党员2名、抗疫最美家庭2个。绍兴文理学院伍法权、绍兴市第一中学王月琴获“绍兴市劳动模范”荣誉。

【“最美教师”选树】 2021年6月，绍兴市教育局发布2021年绍兴市“最美教师”名单和2021年绍兴市“最美教师（提名）”名单。邹专勇（绍兴文理学院）、吕旺力（绍兴市职业教育中心）、胡蔚（绍兴市花园幼儿园）、杨军（浙江省柯桥中学）、俞和军（绍兴市柯桥区华舍中学）、田方娴（浙江省春晖中学）、吴妙芳（诸暨市岭北镇中

2021年9月7日，绍兴市举行第37个教师节暨"最美教师"风采展示活动（市教育局/提供）

心学校）、魏红妃（嵊州中学）、徐萍（嵊州市剡山小学教育集团）、杨天生（新昌县礼泉小学）选树为2021年绍兴市"最美教师"。吴世玲（绍兴职业技术学院）等20名教师选树为2021年绍兴市"最美教师（提名）"。

【名师培养】 2021年，绍兴市落实《关于全面深化新时代教师队伍建设改革的实施意见》要求，强化教师队伍建设。开展市级名师工作室建设，组建第二批市级名师工作室29个，吸纳成员371个。选派156位教师参加卓越校长领航、浙派名师名校长培养等各类国培、省培项目。持续推出赴沪杭甬名校挂职学习举措，外派两批合计13人。引进省外正高和特级教师5名、其他名师7名，省内其他名师3名。选拔、培养第三届"绍兴名师"87人，推荐省教坛新秀20人，新聘任正高级三级岗4人。

【印发深化"五权下放"改革的实施意见】 2021年11月，市教育局、市委编办、市财政局、市人力社保局联合印发《关于深化"五权下放"改革的实施意见》。下放教师招聘权，按照岗位需求合理制定招考条件，促进"人岗相适、人尽其才"。下放岗位设置权和职称评聘权，中小学教师副高级及以下职称自主评聘权逐步向全学段、全区域覆盖。下放干部任用权，建立以品德和能力为导向、以岗位需求为目标的人才使用机制。下放绩效考核权，绩效考核由学校自主考核确定。确保到"十四五"末，"五权下放"稳妥推广，改革顺利完成并取得实效。

【市直学校"县管校聘"工作】 2021年，市教育局印发《关于继续深化市直学校教师"县管校聘"管理改革实施方案》，各校按照组建机构、谈心谈话、制定校聘方案并经教代会通过、公布跨校竞聘岗位、个人申报竞聘、选择聘用并公示等程序，有条不紊开展相关工作。市直1586位教师参加"县管校聘"，直聘152人、首轮竞聘本校1418人、首轮跨校竞聘12人，教师竞聘参与率99.75%（4人放弃首轮竞聘申报），所有人员均一次性完成聘用。

【教师职称评聘】 2021年，全市重点推进中小学教师职称自主评聘改革，试点学校数达到67所，实现城乡、学段、公民办和县域试点四个"全覆盖"，实现全市中等职业学校全覆盖。67所试点学校完成职评自主评聘改革，评聘高级223人，中级310人。开展中小学校专业技术二级、三级岗位推荐竞聘，2人新竞聘为二级岗，4人新竞聘为三级岗。教师自主评聘改革的绍兴经验在全省中小学教师工作会议上推广，在《中国教育报》《浙江教育报》上刊登。

教育设施

【概况】 2021年，绍兴市坚持"信息技术与教育教学深度融合"核心理念，发布《绍兴市教育信息化"十四五"发展计划》，建立绍兴市中小学首席信息官（CIO）制度体系，推进智慧教育工程。发布《绍兴市中小学数字校园基本标准》《绍兴市智慧校园标杆学校基本标准》，实现全市中小学数字校园（基本标准）覆盖率80%以上和非薄弱学校智慧校园覆盖率85%以上。

全市504所普通中小学校教育技术装备投入共5.21亿元，58.33%学校配备移动学习终端，共计33087台，主要教学区域无线网络覆盖率100%。所有学校均已万兆接入省教育计算机网，千兆通达教室和办公室。71.23%的学校建有创新实验室，共计532个；67.26%的学校建有学科教室，共计1420个。

诸暨市教体局和上虞区实验小学、柯桥区平水镇中学、绍兴市阳明中学、绍兴市越州中学、绍兴市第一中学等5所学校通过省区域、学校整体推进智慧教育综合试点验收。华舍中学被评为网络学习空间应用普及活动全国优秀学校。

【网络学习空间"人人通"建设】 2021年，市教育局发布2021年"人人通"推进方案，落实20条工作清单，设置差异化的两套评价指标体系，举办绍兴市网络空间应用学校主题研讨活动等，推进网络学习空间人人通建设。在省专业教学空间评比活动中，绍兴市选送的55个专业教学空间全部获奖，绝对数列全省第二位。

【全面提升教师信息素养】 2021年，市教育局全面推进教师信息素养提升。对校级领导、教技专业、学科骨干等开展培训，实现教技专业培训全覆盖，组织开展市级教育技术系列专业培训10余项，参加省级及以上培训20余项。创新开展教技竞赛项目裁判员专业资格培训，在省内率先推进CIO制度及体系化培训。推进省名师网络工作室建设，戴智敏、周学东两位老师入选省名师网络工作室排名前10位。柯桥区"'四位一体'中小学教师混合研修模式研究"课题获中央电教馆第一批在线教育课题立项，"云上智创空间助力学生信息素养全面提升"入选中央电化教育馆在线教育应用创新典型案例。

【学生信息素养提升】 2021年,绍兴市、县两级教育部门对学生信息素养提升措施有力、成效显著。在全国学生信息素养提升实践活动中获创新之星2项,交流作品2项,市教育局获省优秀组织奖。上虞区被评为省 Pepper 机器人教育教学应用优秀区域。

【教学信息化成果优异】 2021年,绍兴市教学信息化工作在全省、全国比赛中屡获佳绩。在全国"中国梦行动有我——成语中国"活动中,绍兴市6个作品入围(全省共11个);在全国教师教育教学信息化交流活动中,绍兴获奖数列全省第二位;在"之江汇"网络同步课程建设活动中获优秀课程一等奖8个,二等奖22个;在省数字史料馆建设中,文理学院附属小学获省优。

绍兴市教育技术中心、柯桥区教育发展中心获"之江汇"网络同步课程建设活动优秀组织奖。

【教技融合创新】 2021年,绍兴市教育部门通过搭建平台、创设活动、建立团队,16位老师入选省级讲师团。在省教育技术论文评比中获全省唯一100%获奖设区市;在全省中小学优秀自制教(学)具比赛中,获一等奖6个,二等奖6个,三等奖9个,柯桥区安昌中心小学教师蒋水根获省自制教具能手称号;上虞区获评虚拟实验项目浙江省实验区(全省唯一)。

【中央电化教育馆中小学虚拟实验教学应用启动研讨会举行】 2021年9月23日,中央电化教育馆中小学虚拟实验教学应用上虞区启动研讨会举行。会议内容包括专家报告、课堂观摩与点评、分学科主题式教学研讨等。会上,武汉市汉阳区教育局电化教育馆与绍兴市上虞区电化教育馆签署结对协议。中央电教馆基础教育教学资源部、中央电化教育电子音响出版社、华中师范大学、湖北省武汉市汉阳区电教馆的领导、专家出席会议。

教育教学研究

【概况】 2021年,全市组织开展教育教学主题论文评比,32个学科和12个项目参与市级评比,获奖论文总计1311篇;推荐16个学科参加省级评比,获一等奖10篇,二等奖17篇,三等奖66篇。高中14个学科组织市直录像课评比,评出一等奖37节,二等奖47节。3个学段39个学科组织市级品质课堂录像课评比活动,评出一等奖115节,二等奖150节,三等奖183节。6月,组织绍兴市第十批普通高中精品选修课程评选活动,评出52门精品选修课程。9月,组织第十届"绍兴市义务教育精品课程"评选活动,评出37门精品课程。10月,组织绍兴市普通高中课程建设与管理研讨活动,研讨"双新""双减"背景下学校课程建设与管理,深入推进全市普通高中课程改革。组织省教研课题申报,上报75项,立项重点项目4项、普通项目26项。组织全国教育科学规划2021年度课题申报,申报3项,立项1项。组织绍兴市课程思政案例评比,参评案例135篇,评出一等奖13篇,二等奖20篇,三等奖32篇。组织第3期教学改进主题报告征集和评审,征集报告165篇,评出优秀报告44篇。

"制度与机制建设"类案例"教育信息化2.0驱动提升工程2.0区域推进"(上虞区)入选"2020年全国中小学教师信息技术应用能力提升工程2.0典型案例"。

诸暨市店口镇弘毅小学小学综合实践教研组、嵊州市剡山小学教育集团小学语文教研组、嵊州市城南小学小学语文教研组等14个教研组获评浙江省先进教研组。

【教师技能比赛成果丰硕】 2021年,绍兴市在省中职教师教学能力大赛暨国赛选拔赛中,4个团队入围全国职业院校技能大赛教学能力大赛(数量居全省第一位),占全省入选国赛数的1/4。4个团队全部进入国赛现场赛(绍兴市职教中心2个,绍兴中专和新昌技师学院各1个),获一等奖3个(绍兴市职教中心2个,绍兴中专1个)、二等奖1个(新昌县技师学院),成绩列全省第一位。

在全省教师信息化说课比赛中,绍兴市获一等奖5个(其中2个第一名),排名全省第二。绍兴市中职教师获省教学成果奖一等奖1个(入围参加全国教学成果奖评选资格),二等奖3个。6个典型案例入选省职业教育改革典型案例,3个获省职业教育改革优秀案例。

【教学研训工作】 2021年,绍兴市教育部门贯彻落实《浙江省中小学教师专业发展培训若干规定》,全面实施教师全员培训。组织开展"三教"改革背景下教师教学能力提升、中职工美专业教师美术高考教学培训、中职管理干部领导力提升培训、中职班主任综合素养提升培训、疫情下中职教师健康与营养、职校教师信息化教学培训及专业课90学时培训等一系列具有针对性和实效性的教师培训。年内培训648人次,总学分24460分,平均学分37.4分,超过500人次年培训计划,达到省考核优秀指标。

【中职班主任在全国大赛中获奖】 2021年,绍兴市中职班主任参加省中职班主任能力大赛暨国赛选拔赛中,绍兴护士学校教师刘冰获全省一等奖第一名,新昌技师学院教师张优雅获二等奖。在全国大赛中,刘冰、张优雅分获全国二等奖,总成绩列全省第二位。

【跨界融合研究打响品牌】 2021年,绍兴市中职学校继续开展深化跨界融合教学,推出跨界融合联合教研活动56场,开出系列公开课155节。围绕跨界融合教学开展网络同步课程、优秀教学创新团队、"三师型"教师、"三匠型"学生等12项评比活动。绍兴市跨界融合的教学成果在省"提质培优共同发展"系列活动丽水、台州专场中展示。"区域推进职业教育跨界融合的创新实践"获省级教学成果奖一等奖,并推荐参评全国教学成果奖;"中职'1+4+N'教学创新团队建设的实践研究"立项为2021年全国中职唯一的社科基金课题。

【省中等职业学校跨界融合教学研讨活动举行】 2021年6月27—28日,2021年浙江省中等职业学校跨界融合教学研讨活动在绍兴中专举行，研讨活动采用线下线上结合模式举行。绍兴市6所中职学校通过线上直播推出10堂教学展示课，有关专家围绕教学创新团队建设、跨界融合课程改革、跨界融合课堂革命、产教融合校企合作、信息化与人工智能等课题，以分论坛的形式进行展示和研讨。教育部职业技术教育中心研究所副所长曾天山、华东师范大学职业教育与成人教育研究所所长徐国庆等参加线上研讨。

2021年4月29日，全市语言文字工作会议在市行政中心召开　（市教育局/提供）

【开展“品质课堂”深化行动项目研究专家指导活动】 2021年6月，绍兴市“品质课堂”深化行动项目研究专家指导活动开展，由大学教授、中小学正高级特级教师组成的专家组，对跨校、学校整体、学科等三个层级的项目实施分学段指导并进行集中反馈指导。活动总结首批57个项目的研究进展情况，明确项目实施的目标任务。10月，组织完成第一轮品质课堂项目研究结题评审和新一轮品质课堂深化行动项目研究立项评审工作，59项项目中评出一等奖8项，二等奖12项，三等奖17项。2021年12月，开展新一轮“品质课堂”深化行动项目研讨活动。

语言文字工作

【概况】 2021年，绍兴市组织开展第24届全国普通话推广宣传周系列活动、中华经典诵读、《浙路诗心》诗词大会、中国诗词大会等活动，推进国家通用语言文字普及和语言文字事业发展。诸暨市通过浙江省语言文字工作督导评估，绍兴市首轮语言文字督导评估圆满收官。

【第三届诗词讲解大赛全国总决赛举行】 2021年10月18—19日，第三届“迦陵杯·诗教中国”诗词讲解大赛全国总决赛在诸暨市举行。本届诗词讲解大赛历时7个月，经初赛、复赛、半决赛，来自国内23个省、市、自治区的161位选手入围总决赛。

【浙江诗词大会】 2021年，市教育局、市语委办联合凤凰网、华数传媒主办浙江诗词大会绍兴市级赛，全市大中小学生共69557人线上报名参加活动。经市赛选拔、省赛角逐，绍兴市培新小学周雅菲获浙江诗词大会第二届总冠军、特等奖，甄心怡等3名同学获二等奖，魏悠仁获三等奖，总成绩全省第一名。

【经典诵读】 2021年，绍兴市语委办、绍兴文理学院承办中华经典诵读竞赛省决赛。绍兴市选手在省赛中获“诵读中国”经典诵读大赛一等奖10个，二等奖20个，三等奖20个；“笔墨中国”汉字书写大赛一等奖9个，二等奖20个，三等奖38个。市教育局被评为第三届中华经典诵读优秀组织奖。

【第24届全国推广普通话宣传周活动】 2021年9月12—18日是第24届全国推广普通话宣传周，本届推普周的主题是“普通话诵百年伟业，规范字写时代新篇”。市、县两级语委及相关部门运用官网、公众号、公益广告、城市电子屏等载体，宣传推广普通话和规范汉字。9月14日，在绍兴市蕺山小学教育集团举行绍兴市第24届全国推广普通话宣传周开幕式活动。在仪式上，推普志愿者发出倡议，争做推广普通话的学习者、宣传者、监督者和志愿者；新疆阿瓦提鲁迅小学、四川马边民族小学、绍兴市蕺山小学教育集团的老师和同学们通过电子大屏幕，进行推普“云端”互动。

【对口帮扶汶川县语言文字骨干培训活动】 2021年10月，市语委办、汶川县语委办联合举办汶川县语言文字骨干培训，由柯桥区语委办承办。培训包括专家引领、实地考察两部分。汶川县语委办成员、教育研究培训中心人员以及各中小学校（幼儿园）语言文字骨干教师44人参加培训。

（市教育局/提供）

科学技术

综　述

【概况】 2021年，绍兴市全面落实人才强市、创新强市首位战略，聚焦“互联网+”、生命健康和新材料三大科创高地，推进高水平创新型城市建设，各项工作取得新突破。全市规模以上工业企业研发费用259.4亿元，比2020年增长31.4%；高新技术产业增加值1118.95亿元，列全省第4位，增长13.8%，占规上工业增加值比重57.9%，提高4.2个百分点；高新技术产业投资增长30%，高于全省平均9.5个百分点，列全省第三位。

【国家创新型城市建设工作通过科技部验收】 2021年，绍兴市科技局落实市人大常委会对高水平创新型城市建设工作情况的专题审议意见，编制实施科技创新“十四五”规划，进一步明确高水平建设创新型城市目标体系、重大项目、重点平台和主要任务。围绕创新平台引领力、创新主体竞争力、创新成果转化力、创新人才集聚力、创新惠民支撑力、创新环境吸引力等六大提升行动，完成国家创新型城市建设总结评估报告，顺利通过科技部对绍兴市国家创新型城市建设期满验收评估。

“成立市委科技创新委员会”“揭榜挂帅构建重点项目攻关常态化模式”典型经验入选科技部《国家创新型城市创新能力评价报告》。

【市委召开科技创新委员会全体会议】 2021年4月6日，市委召开科技创新委员会会议（科创大走廊建设领导小组会议），讨论审议2021年市委科创委工作要点、科技进步目标责任制考核办法、科技企业“双倍增”行动计划（2021—2025）和绍芯实验室、鉴湖实验室组建方案，听取市科创大走廊建设领导小组办公室关于科创大走廊建设工作要点和年度重点项目建设计划的情况汇报。市委书记马卫光主持会议并讲话，市领导盛阅春、王琴英、王继岗、金辉、邵全卯参会。

【召开全市科技创新大会】 2021年9月18日，绍兴市召开科技创新大会。市委书记马卫光出席会议并讲话。会上，宣读省科学技术奖获奖单位和科技创新优秀单位名单，为2020年度绍兴市高新技术企业创新能力10强、企业研发投入10强、产业创新研究院和产业创新服务综合体优秀单位授牌。市委副书记、市长盛阅春主持会议，市领导谭志桂、魏伟、杜旭亮、王琴英、沈志江、王继岗、邵全卯参会。

【杭电绍兴校区项目签约仪式举行】 2021年3月1日，杭州电子科技大学集成电路科学与工程学院（杭电绍兴校区）项目签约仪式在市行政中心举行。市委书记马卫光、杭州电子科技大学党委书记王兴杰出席仪式并讲话。签约仪式上，市政府、杭州电子科技大学、绍兴滨海新区签订合作框架协议，杭州电子科技大学集成电路科学与工程学院（杭电绍兴校区）落户越城区。市委副书记、市长盛阅春主持仪式。

【长三角高职院校应用技术协同创新联盟研讨会召开】 2021年6月9—11日，长三角高职院校应用技术协同创新联盟2021年研讨会“科技创新与产业发展深度融合”在绍兴召开。教育部、绍兴市政府、联盟理事单位、全国高职院校、行业企业领导和专家等200余名代表参会。

【举办集成电路科技成果对接会】 2021年9月23日，2021“大院名校绍兴行”之集成电路科技成果对接会在绍兴举行。活动采取线上线下结合的模式，省内人员现场参会，西安交通大学等省外领导、专家采取视频连线方式参会。会上，浙江大学信息与电子工程学院院长杨建义教授做“硅基光电子集成技术的发展”主题讲座；绍兴市推介集成电路“万亩千亿”新产业平台；开展“射频微系统智能设计”“芯片量子频标器件研发与产业化”等17个创新项目路演。浙江大学、西安交通大学、杭州电子科技大学的40多名集成电路领域的专家和绍兴市、越城区、滨海新区、市级部门、集成电路企业负责人共100余人参会。

【举办“外国专家绍兴行”2021新材料专场对接活动】 2021年9月27日，由市委人才办、市科技局承办的“外国专家绍兴行”2021新材料专场对接活动举行。意大利技术研究院、比利时根特大学、乌克兰国家科学院等科研机构与高校的15位外国高端专家携19个技术项目参加活动，主要涉及太阳能电池材料、纳米抗菌材料以及微纳米器件等领域。在“云对接”环节，60余家企业观摩线上项目路演，浙江康洁丝新材料科技有限公司、浙江建业幕墙装饰有限公司以及诸暨华海氨纶有限公司等21家企业与相关专家达成初步合作意向。本次活动是2021中国·绍兴“名士之乡”人才峰会的分活动之一。意大利、比利时、澳大利亚、乌克兰等国家的15名高端专家以视频连线方式参加活动。

【第六届中国创新挑战赛（浙江）举行】 2021年10月29日，第六届中国创新挑战赛

(浙江)暨2021年浙江省技术需求“揭榜挂帅”大赛数字经济行业现场赛在绍兴举行。经解决方案阐述、挑战者PK提问、评委提问、现场竞价等环节,杭州拓深科技有限公司获一等奖,入围大赛总决赛,参与“金点子”奖角逐。于慧敏团队、杭州拓深科技有限公司、新昌中国大佛龙井研究院三支团队分别与浙江力嘉电子科技有限公司、浙江宇旷泽然智能科技有限公司、新昌县均一机械有限公司签订意向合作协议。

【初步建成一站式仪器开放共享服务平台】 2021年,市科技局牵头申报的绍兴市“大型科研仪器设备开放共享一指办”数字化应用场景,获批省“大型科研仪器设备开放共享”应用场景建设先行试点。至年末,已归集单台价值30万元以上大型科研仪器设备479台,仪器总价值超过5.5亿元。已有166台大型科研仪器加入共享物联网,年度开机时长总数达到215432小时。

科创平台建设

【概况】 2021年,绍兴市按照“整体统筹、核心驱动、串珠成链”的原则,聚焦高能级科创平台打造、高端创新要素集聚,高水平建设镜湖科技城、越城智汇芯城、滨海科技城、金柯桥科技城、曹娥江科技城,谋划建设东鉴湖科技城,协同推进诸暨G60创新港、嵊州剡溪创新带、新昌智造科创走廊建设,集中力量推动科创大走廊建设成为湾区创新高地。建立健全实验室体系,推进创业孵化平台建设,推进高新区整合提升、要素集聚,首次实现全市6家高新区全部进入全省综合排名前百分之五十,1家高新区列全省第4位,并获2020年度浙江省高新区建设突出贡献集体,2家高新区入选全省高新区亩均效益领跑者名单。向全市1841家享受科技政策的企业配套发放贷款213亿元。

绍兴科创大走廊被列入省“十四五”规划纲要,柯桥现代纺织技术创新中心入选首批省技术创新中心建设名单,上海大学绍兴研究院、浙江大学绍兴微电子研究中心入选2021年度省级新型研发机构名单。

【绍兴科创大走廊建设现场推进会召开】 2021年3月10日,绍兴科创大走廊建设现场推进会在中关村·绍兴水木湾区科学园召开。会议传达市委、市政府主要领导调研科创大走廊有关指示精神,总结2020年度科创大走廊推进建设情况,通报2020年度建设目标责任制考核优胜单位,交流重大平台建设经验和做法,研究部署2021年重点工作和主要任务。

【推进绍兴科创大走廊重点项目建设】 2021年,绍兴市聚焦创新平台提升、创新要素集聚、新兴产业示范、创新服务优化“四大工程”,滚动实施“百项千亿”重点项目。实施标志性工程9项、重点建设项目83项,年度计划投资156.06亿元,完成投资174.93亿元,完成年度计划的112%,加快推进迪荡湖科技CBD、镜湖金融活力城、滨海科技城精准医学产业园、柯桥东盛慧谷创新园、杭州湾协同创新中心、新昌县高端科创园等一批标杆性项目建设。

【推动区域创新合作】 2021年,市科技局贯彻落实长三角一体化和“融杭联甬接沪”发展战略,深化与G60、杭州城西、宁波甬江等科创走廊签订战略合作协议,推进滨海与杭州在生物医药领域、上虞与宁波在新材料领域、诸暨与G60科创走廊在航空材料领域等的产业创新合作。

【全市金融支持科创大走廊建设推进会召开】 2021年8月18日,全市金融支持科创大走廊建设推进会在绍兴水木湾区科学园召开。会上,人行绍兴支行部署科技金融工作重点,工商银行绍兴市分行、农业银行绍兴市分行、绍兴银行、瑞丰银行、宁波银行围绕加强科技金融工作做交流发言。绍兴市、越城区有关领导和市科技、人才、发改、经信、财政、金融办等部门及滨海新区、镜湖开发办分管负责人,市级各银行业金融机构主要负责人参加会议。会前,与会人员调研迪荡高创园,参观绍兴科创大走廊展示馆。

【绍兴科创平台创新合作推进会召开】 2021年12月3日,以“创新驱动、开放合作”为主题的绍兴科创平台创新合作推进会在柯桥区东盛慧谷创新服务综合体举行。会上,绍兴水木湾区科学园、东盛科技创新研究院、恒生凤凰数字经济产业园等科创平台做经验分享;东盛科技创新研究院与绍兴微源生物医药科技有限公司、绍兴柯桥恒汇凤凰数字科技有限公司与绍兴洁西科技有限公司等8个合作项目现场签约;海虹集团董事长陈海贤做《关于促进民营园区招商引资》主旨演讲;便携式环境装备的产业化、液体栓塞剂(HEMA)项目等5个项目进行路演;参会企业与科创平台、金融机构、投资机构进行对接。

市科创大走廊建设领导小组、市科技局领导,越城区、柯桥区、上虞区科创平台代表及专家学者、企业家代表、金融机构、投资机构负责人参会。

2021年3月10日,绍兴科创大走廊建设现场推进会召开　(市科技局/提供)

【中国·绍兴集成电路产业联盟启动仪式举行】 2021年7月13日，中国·绍兴集成电路产业联盟启动仪式暨院士专家论坛"对话绍'芯'"活动举行。(详见P167)

【实验室体系建设】 2021年，绍兴市主动对标省实验室和省技术创新中心标准，推进鉴湖现代纺织、绍芯集成电路、曹娥江新材料等三大实验室建设。绍芯实验室设立专门运营机构，引入邱爱慈、郝跃院士团队，与西安电子科技大学共建宽禁带半导体国家工程研究中心绍兴分中心；鉴湖实验室成立创建工作专班，聘请陈文兴院士为首席科学家，聘请俞书宏等4位院士为科学家，与浙江理工大学签订共建战略合作协议；曹娥江实验室完善建设方案，特种工程塑料研究中心、生命健康材料研究中心、电子化工材料研究中心挂牌。2021年，认定市重点实验室13家、培育7家。

【推进创业孵化平台建设】 2021年，绍兴市完善科创园、孵化器、众创空间等多主体协同创新和全链条孵化体系，推进创新创业环境优化，鼓励建设市场化、专业化、集成化、网络化的各类科技企业孵化器和众创空间。至年末，全市累计建设众创空间155家，其中国家级4家，省级以上89家(全省第2)；建设科技企业孵化器37家，其中国家级5家、省级以上9家，孵化场地总面积约170万平方米。全市孵化器(众创空间)在孵企业2275家，从业人员20000余人，累计毕业企业735家，其中培育国家高新技术企业160余家，省科技型中小企业300余家，获各类风险投资超40亿元。

【省大院名校创新载体合作对接交流会举行】 2021年5月31日，由省科技厅、绍兴市政府共同举办的浙江省大院名校创新载体合作对接交流会在绍兴举行，活动征集到科技成果222项、企业需求89项。在对接会上，北京航空航天大学、中科院基础医学与肿瘤研究所(国科大肿瘤医院)、北京大学信息技术高等研究院、万向集团研究院、绍兴市科技局代表分别做典型发言；中国信息学会科学数据专委会副会长金霞做主题讲座；绍兴市介绍集成电路、高端生物医药、先进高分子材料等三大省级"万亩千亿"新产业平台。召开浙江省大院名校创新载体工作座谈会。省科技厅、绍兴市政府领导，清华大学、北京大学、北京航空航天大学、复旦大学、上海交通大学、中科院上海硅酸盐所等14所知名高校院所的相关负责人，全省科技系统、绍兴市有关部门、省内优秀创新载体、创新型企业的有关负责人参会。

科技管理和服务

【概况】 2021年，绍兴市新增省级重点企业研究院3家，累计29家；新增省级企业研究院15家，累计151家；新增省级高新技术企业研究开发中心62家，累计568家；新认定市级企业研究开发中心115家。全市受理"揭榜挂帅"科技项目需求127项，成功揭榜93项，揭榜总金额1.15亿元，可带动全社会研发投入超5.9亿元。

【科技创新数字化改革】 2021年，市科技局按照"一体化、闭环化、简洁化"要求，推进"众创共享科创云平台'揭榜挂帅'""科研仪器设备开放共享一指办""成果转化追踪"等3大省试点应用建设，均被列入省数字经济系统第一批优秀应用名单。其中，"一指办"应用列入国家发改委、科技部"2021年度全面创新改革任务揭榜清单"和全省优秀制度成果；新昌"小县大科技"的县域创新发展典型模式入选国家"十三五"科技创新成就展。

【修订绍兴科技新政】 2021年，绍兴市修订完善"科技创新政策"18条，支持企业研发投入、科创平台建设。全年共兑现科技政策资金6.73亿元。

落实企业研发费用税前加计扣除、高新技术企业所得税减免、技术成果投资入股递延纳税等创新普惠性政策，全市企业研发经费加计扣除119.98亿元，比2020年增长7.87%；高新技术企业所得税减免26.29亿元，比2020年增长20.05%。

【实施科技企业"双倍增"计划】 2021年，绍兴市实施科技企业"双倍增"计划。培育创新型领军企业和高新技术企业，支持企业建设研发机构，对创新型领军企业给予50万元奖励，对高新技术企业奖励资金由20万元提高至40万元；对企业研发机构给予20万—40万元奖励；对首次小升规且研发投入占比达到3%的规下企业，给予5万元奖励。至年末，新增创新型领军(培育)企业3家，高新技术企业421家，新增科技型中小企业1146家，12家企业入围全省高新技术企业创新能力百强；规上工业企业研发活动覆盖面76.5%，提高6.3个百分点。

【开展"揭榜挂帅"制科技项目攻关】 2021年，绍兴市进一步改革优化"揭榜挂帅"管理流程，探索构建"征榜、选榜、发榜、揭榜、评榜、奖榜、验收"闭环式全流程管理，搭建全市科技项目"谁能干就让谁干"赛场。围绕集成电路、生命健康、新材料、高端装备制造、优势传统产业攻关、乡村振兴、生态环保、社会治理等八大领域，摸排筛选127项榜单面向全球发布，其中93项成功揭榜，揭榜总金额1.15亿元，可带动全社会研发投入超5.9亿元。市统一评选的43项榜单中，33项成功揭榜，经

2021年绍兴市科技创新主要指标完成情况表

表58

考核指标	完成情况
规上工业研发费用(亿元)	259.45
高新技术产业投资额增长(%)	30.0
高新技术产业增加值增长(%)	13.8
新增高新技术企业数(家)	421
新增科技型中小微企业数(家)	1146
新增省级新型研发机构(家)	2
技术交易总额(亿元)	144.77
引进共建研究院(家)	4

专家评审奖榜 18 个项目，奖榜资金 2079 万元，项目平均获财政补助资金超 115 万元，奖榜项目共带动全社会研发投入近 1.2 亿元。

【推广应用科技创新券】 2021 年，市科技局、市财政局发布《绍兴市科技创新券改革先行试点方案》，推进科技创新券改革，打造创新券“无感直兑”机制。至年末，发放创新券 4070 万元，为 768 家企业提供检验检测、科技查新、研发设计等各类创新服务 1972 次，创新券服务金额 1780 万元。

科技成果与奖励

【概况】 2021 年，绍兴市以引进集聚创新资源、促进科技成果转移转化为主线，拓展区域合作，加强研究院建设，高质量开展科技对接活动。组织推荐 2020 年度省科技奖 42 项。获国家科学技术进步奖二等奖 1 项，获省科学技术奖 20 项。

【推进产业创新研究院建设】 2021 年，绍兴市以国家创新型城市创建为契机，实施“大院名校引进工程”。探索实施规范化管理、绩效化考核、联盟化运作、精准化服务的研究院“四化”管理模式，开展研究院年度绩效评价，将评价结果抄送母体高校，对评价优秀的研究院在全市创新大会上予以激励，发挥研究院集群优势，成立全市研究院联盟，出台《建立共建研究院联系服务制度 推动科技人才平台能级提升的实施方案》，建立市县领导专项联系服务制度。

【“大院名校绍兴行”科技对接活动】 2021 年，绍兴市聚焦重点产业领域，提炼企业技术需求 221 项，组织举办全省大院名校创新载体合作交流对接会、数字经济“揭榜挂帅”现场赛、“大院名校绍兴行”等科技对接活动 16 场，邀请浙江大学、西安交通大学、中科院微系统所知名高校院所 100 多名专家教授与绍兴 800 余家企业开展对接，发布科技成果 292 项。通过“浙企中科行”“招才专列”等活动，赴上海、青岛、西安、长春、杭州、宁波等地重点高校院所合作对接，累计走访对接高校院所 36 家，发放绍兴科技新政 1000 多份，达成意向合作项目 69 项。

【成果获国家科学技术二等奖】 2021 年 11 月 3 日，2020 年度国家科学技术奖励大会在人民大会堂举行。浙江日发纺机技术有限公司与浙江理工大学共同完成的《高性能无缝纬编智能装备创制及产业化》项目获 2020 年度国家科学技术进步奖二等奖。

【省科学技术奖再创佳绩】 2021 年 6 月 15 日，2020 年度浙江省科学技术奖励大会在省人民大会堂召开。由绍兴市企事业单位牵头或参与完成的 20 项科技成果获奖，其中一等奖 2 项、二等奖 6 项、三等奖

2021 年国家科学技术奖获奖项目（绍兴部分）一览表

表 59

项目名称	完成单位	完成人员	获奖等级
高性能无缝纬编智能装备创制及产业化	浙江理工大学、浙江恒强科技股份有限公司、浙江日发纺机技术有限公司、泉州佰源机械科技有限公司	胡旭东、彭来湖、吴震宇、向忠、袁嫣红、何旭平、汝欣、史伟民、胡军祥、傅开实	二等奖

2021 年省科学技术奖获奖项目（绍兴部分）一览表

表 60

项目名称	完成单位	完成人员	获奖等级
负载型催化剂微纳结构调控关键技术创新及产业化	浙江新和成股份有限公司、浙江大学、上虞新和成生物化工有限公司	王勇、毛善俊、于丽丽、吕国锋、王哲、马啸	一等奖
露天矿山岩体参数精细快速获取与边坡稳定性定量评价	宁波大学、绍兴文理学院、矿冶科技集团有限公司、同济大学	杜时贵、杨小聪、刘文连、夏才初、雍睿、李泽、胡云进、罗战友、陈凯、王秀庆、沈佳轶、黄曼、叶军	一等奖
低能耗铜材制造新技术的开发	浙江力博实业股份有限公司	徐高磊、陈国权	二等奖
骨质疏松的基础与应用研究	绍兴市人民医院	钱宇、杨万雷、贾烨炜、张坛、韩维奇、金聪、鲁轩源、李修成、何伟	二等奖
复杂环境－荷载作用下滨海软土地基灾害防控技术及应用	温州大学、绍兴文理学院、东南大学、同创工程设计有限公司	余闯、王伟、李博、邓永锋、吴则祥、钱彪、李仁民、李娜、蔡晓庆	二等奖
三叉神经痛的微创介入治疗技术创新及推广应用	嘉兴市第一医院（嘉兴学院附属医院）、温州医科大学附属第二医院、宁波市第一医院、浙江大学医学院附属第一医院、绍兴市人民医院、浙江省人民医院	黄兵、姚明、占恭豪、林慧丹、谢可越、过建国、冯智英、陈栋樑、罗永香	二等奖
液态物质的微纳胶囊化及其在纺织品功能整理中的应用	浙江理工大学、新天龙集团有限公司、杭州万事利丝绸科技有限公司、义乌中力工贸有限公司、江南大学、浙江英凡新材料科技有限公司	戚栋明、章金芳、马廷方、张国庆、王春霞、吴金丹、周岚、金黔宏、陈智杰	二等奖
燃煤烟气脱硝催化剂提质降耗关键技术与应用	华电电力科学研究院有限公司、浙江大学、浙江浙能技术有限公司、华北电力大学、浙江德创环保科技股份有限公司	彭桂云、朱跃、秦刚华、杜振、陆强、吴卫红、张杨、赵博、曲艳超	二等奖

续表 60

项目名称	完成单位	完成人员	获奖等级
交错桁架钢结构体系建筑成套关键技术与应用	浙江绿筑集成科技有限公司、中南大学、重庆大学、浙江精工钢结构集团有限公司、浙江省建筑设计研究院、同济大学	蒋路、周期石、徐国军、甘丹、陈劲、李杰、常康辉	三等奖
弓形虫病的诊断、防治与基础研究	温州医科大学、诸暨市人民医院、温州医科大学附属第二医院	谭峰、胡昕、骆方军、李小龙、郑丽娜、陈小剑、刘文权	三等奖
高效节能低噪声电机系统关键技术及产业化应用	卧龙电气驱动集团股份有限公司、浙江大学、杭州易泰达科技有限公司	严伟灿、沈建新、方卫中、姜泽、王苗森、孙军建、王建乔	三等奖
基于数字光处理技术的齿科3D打印机开发与产业化	浙江迅实科技有限公司、浙江大学医学院附属口腔医院	金良、陈勇、金伟刚、陈悦、包海峰、张靖、张思财	三等奖
第三代百万千瓦级核电机组轴承系列国产化研制与应用	浙江申发轴瓦股份有限公司、浙江工业大学	许永利、彭旭东、沈卫英、孟祥铠、朱铭锋、徐高欢、郭中外	三等奖
深度脱硫除尘净化塔技术与装备	浙江菲达环保科技股份有限公司	张永、王少权、周超炯、王辉、黄志祥、郭柳成、李刚	三等奖
低温烟气选择性催化脱硝关键技术开发及应用	浙江海亮环境材料有限公司、绍兴文理学院、北京利德衡环保工程有限公司	刘雪松、陈洪锋、马艳峰、陈勇、卢佳楠、王耀光、陆和炜	三等奖
基于集成式智能模块控制的多种厨房电器组合关键技术及产业化	浙江亿田智能厨电股份有限公司	孙伟勇、陈月华、谢钱波、夏曙、陈兴波、许智康、金松成	三等奖
蜂窝高速加工中心	浙江日发航空数字装备有限责任公司、杭州电子科技大学	张小雨、陆平山、于保华、王浩亮、黄其煜、叶红仙、何晓锋	三等奖
新能源汽车用高耐热冲击钕铁硼关键制备技术及其电机应用	中国计量大学、浙江凯文磁业有限公司、卧龙电气驱动集团股份有限公司	张朋越、卢阳春、陶姗、郑小美、强傲生、徐梁、孙鑫	三等奖
基于倾斜摄影技术的1:500地形图测图技术研究与应用	浙江省测绘科学技术研究院、新昌县地理信息中心	俞志强、俞建人、黄桦、吴彬卓、申淑娟、吉渊明、祝彦敏	三等奖
大环内脂类抗生素质量控制关键技术创新及应用	浙江省食品药品检验研究院、浙江国邦药业有限公司、浙江震元制药有限公司	王建、洪利娅、金勇、刘贵君、王帆、王奇伟、谢升谷	三等奖

12项，增长17.6%。会上，新昌县获2020年度“科技创新鼎”，上虞区获2020年度市县党政领导科技进步目标责任制考核优秀单位，柯桥区获2020年度市县党政领导人才工作述职评议考核优秀单位。

【打造科技大市场3.0版】 2021年，绍兴市以技术交易、人才引进、服务企业等为核心，强化科技大市场入驻机构绩效考核；以“互联网＋技术交易”为核心，及时发布高校、科研院所科技成果。全市网上技术市场发布技术难题644项，提供研发经费8.9亿元，发布科技成果6932项，增长30%以上；建立全市技术交易额月报制，实现技术交易额144.8亿元。

【推进科技成果转化应用】 2021年，绍兴市完成科技成果登记1223项。举办全市技术经纪人、创新方法工程师等培训，培训技术经纪人120名，创新方法工程师307名。实施发明专利产业项目225项，完成年度计划的173%。

【推进高新园区整合提升】 2021年，市科技局按照“一个平台、一个主体、一套班子、多块牌子”的原则，会同绍兴国家高新区等6家高新园区制定整合提升方案，理顺园区体制机制，除诸暨高新区外，其他高新区已实现与相邻经开区或产业园整合。

全市首次6家高新区全部进入全省综合排名前50%，其中上虞高新区居全省综合排名第4位（全省45家高新区参评），并获2020年度浙江省高新区建设突出贡献集体，柯桥高新区、新昌高新区、绍兴国家高新区、嵊州高新区和诸暨高新区分列第12、13、14、19、20位。上虞、新昌两家高新区入选全省高新区亩均效益领跑者名单，入选数居全省第二位。

科技人才与交流

【概况】 2021年，绍兴市聚焦“互联网＋”、生命健康和新材料三大科创高地，以“高端引领、紧缺急需”为导向，引育国内外科技创新人才，新引进培育高端科技创新人才（团队）118个。其中，省海外工程师入选63人，居全省第二位；省领军型创新创业团队入选6个，居全省第三位；省高层次特支计划科技人才入选6人，居全省第三位。国家级引才计划入选8人，国家高层次特支计划入选3人，省级引才计划入选21人。

【持续推进引才引智平台建设】 2021年，市科技局在发挥省级外国专家工作站试点经验基础上，组织企业创建外专工作站，择优推荐9家企业申报，2家入选，入选数居全省第二位。支持浙江（绍兴）外国高端人才创新集聚区建设，指导集聚区1家企业成功创建省级外专工作站。至年末，全市已设省级外专站企业73家，176位外国专家执行相关引智项目，柔性引进海外工程师355人次。

【开展科技人才服务】 2021年，绍兴市科技局开展科技人才计划执行监督、检查验收以及绩效考核等管理服务工作。择优推荐外国专家申报国家“友谊奖”、市“荣誉市民”。牵头开展集成电路、黄酒产业人才服务专项计划科技人才相关工作，开展市级特支计划科技拔尖人才遴选。

2021 年 4 月 24 日，"科创之江"百人会成立大会暨浙江省全球先进制造业基地建设科学家企业家智库圆桌会在柯桥区举行
（市科协 / 提供）

开展外国人工作许可、居留许可"一件事"办理事项改革。至年末，办理外国人工作许可 2816 件，为 379 名高端人才提供工作许可绿色通道服务。

【省海外高层次生命健康人才交流对接会举行】 2021 年 6 月 8 日，由省科技厅、市政府主办的浙江省海外高层次生命健康人才交流对接会暨"外国专家绍兴行"2021 生命健康专场活动在绍兴举行。会上，浙江申发轴瓦股份有限公司、浙江新和成股份有限公司省级外国专家工作站设站授牌；美国、韩国、乌克兰等国的 13 位外国专家分别与绍兴市企业签署人才落户协议；50 位海外高层次人才与绍兴市引才需求企业通过"屏对屏"方式开展对接洽谈，31 家企业与相关人才达成技术项目初步合作意向。

防震减灾服务

【概况】 2021 年，绍兴市抓好地震监测预警、风险防治、科普服务、法治建设等工作，注重科普宣传和地震应急能力提升，推进地震应急、震害防御和地震监测工作体系建设，防震减灾综合能力得到增强。

【监测预警和风险普查】 2021 年，市科技局落实地震台站运维管理主体责任和分级分类运维管理，全年运行率保持在 99% 左右，诸暨东和台、新昌七星台获 2020 年度资料质量第一名。完成全省地震台站普查和地震台站通信专线安装。开展绍兴塔山地震台报停及异地迁建工作。市及区、县（市）科技局组织业务培训 7 次，培训人员 40 余人次。完成第三方普查服务机构招标，招标总金额 412.5 万元。

【震灾预防能力建设】 2021 年，市科技局完成全市 2021 年新建建设工程和区域地震安全性评价抗震设防要求落实情况检查，督促未提标的 32 所学校、4 家医院做好建设工程地震安全监管检查整改。至年末，开展各类执法检查 40 余次。举办全市防震减灾助理员培训班 1 期，全市聘任防震减灾助理员 143 人。

【举办防震减灾助理员培训班】 2021 年 8 月 27 日，由市防震减灾办公室、市科技局、新昌县科技局举办的绍兴市防震减灾助理员培训班在新昌县举行。省地震局专家结合地震灾害风险现状、如何降低灾害风险以及防震减灾法律法规体系、《浙江省防震减灾条例》等对学员进行培训。参加培训学员获"绍兴市防震减灾助理员"聘书。省地震局、市科技局有关领导，新昌县各乡镇街道、科技部门、高新园区的工作人员和科普员，教体系统团队干部，科协、红十字会的志愿者参加培训。
（市科技局 / 提供）

气象服务

【概况】 2021 年，全市气象部门始终坚持人民至上、生命至上理念，聚焦重大灾害、重点地区、重点领域、重点对象，坚守气象防灾减灾"第一道防线"，各项工作取得成效。气象预警工作助力党委政府精准转移人员 7.8 万人，成功避险 11 处，获国家防办工作组、省政府领导肯定。完成重大社会活动气象保障服务，气象安全工作首次纳入市安委办对区（县、市）政府安全生产巡察清单。全市气象部门落实重大气象灾害"预通报""叫应""预响应"等制度，建立精细到乡镇的风险"五色图"业务，重大气象灾害应急响应累积时长 640 小时，完成气象灾害风险普查年度任务。市、县气象台共发布预警信号 1000 多次，红色预警信号 26 次。新建气象防灾减灾标准化村（社区）355 个，覆盖率 56.9%。实现人影作业单位县级全覆盖。"推动气象预警叫应服务向政府防灾工作规则转变"获全省气象部门创新工作，"推动绍兴政府与国家气象战略合作实现多方共赢发展"获全省气象部门创优工作。

绍兴市获评中国气候宜居城市、"最受关注的天气预报城市宜居宜游"称号。诸暨市马剑镇、柯桥区夏履镇、上虞区岭南乡青山村入选首批"浙江省气候康养乡村"；建设"树童部落"田园综合体、绍兴柯桥东方茶业有限公司等 6 个市级气象服务示范基地；4 部作品在省气象部门法治动漫微视频作品大赛中获奖。

2021 年，全市平均气温 18.7℃，比常年异常偏高 1.3℃，创历史最高纪录，各月平均气温除 7 月、8 月外，均比常年同期偏高；高温日数较常年少；日照时数较常年少；降水量较常年同期多，但时空分布极不均匀。强对流天气频发，出现强雷电、雷暴大风和短时强降水，特别是 2 月 14 日、4 月 30 日、9 月 10 日多地还出现冰雹。梅期 25 天，梅雨量全市平均 283.4 毫米。影响绍兴市的较大台风有 7 月下旬"烟花"、9 月 12—16 日"灿都"。12 月 29 日下午至 30 日受强寒潮影响，出现大范围雨雪、大风和强降温天气，日平均气温过程降温幅度 10℃—12℃。

年内主要气象灾害有强对流（强雷暴、冰雹、大风、短时强降水等）、暴雨、连阴雨、高温、台风、大雾和霾等。

表 61

2021 年绍兴各站气象要素表

项目 地区	气温（℃）			降水量（毫米）			降水日数（天）			日照（小时）		
	2021 年	2020 年	常年	2021 年	2020 年	常年	2021 年	2020 年	常年	2021 年	2020 年	常 年
柯桥	19.2	18.7	17.6	2053.7	1684.3	1518.6	169	158	155.9	1651.8	1436.1	1787.6
诸暨	18.9	18.4	17.5	1940.0	1685.5	1427.1	170	164	156.2	1452.4	1298.4	1719.8
上虞	18.6	18.3	17.5	1774.2	1696.4	1526.1	164	167	155	1713.2	1512.1	1676.1
新昌	18.4	18.2	17.2	1772.8	1380.7	1422.5	169	159	157.3	1682.3	1555.1	1767.2
嵊州	18.4	18.1	17.3	1843.9	1385.8	1355.1	165	159	152.4	1662.4	1532.5	1695.9
全市	18.7	18.4	17.4	1870.9	1566.5	1449.9	167.4	161	155.4	1632.4	1466.8	1729.3

注：本文采用的气象资料常年值为 1991—2020 年。

【气温】 2021 年，全市平均气温 18.7℃，比常年高 1.3℃，创历史最高纪录。年极端最高气温 38.4℃（柯桥 7 月 14 日），年极端最低气温 -8.3℃（嵊州 1 月 9 日）。极端最高气温≥ 35℃的高温天数全市平均为 30.6 天，比常年平均值(32.8 天）偏少 2.2 天，其中最多为诸暨气象站 42 天。极端最低气温低于 0℃的冰冻天数平均为 18.4 天，低于常年平均值(23 天)，其中最少为柯桥气象站 13 天。

2021 年柯桥气象站终霜日出现在 2 月 20 日，比常年平均提前 31 天；初霜日出现在 11 月 24 日，比常年平均偏迟 2 天。连续 3 天日平均气温≤ 20.0℃的秋季低温出现在 10 月 11 日，比常年推迟 5 天。稳定通过 10℃的初日出现在 3 月 8 日（以绍兴全市计算），回暖比常年平均早 14 天。

全年各月平均气温除 7 月、8 月外均比常年同期高，其中 4 月、6 月、11 月高 0℃—1℃，1 月、3 月、5 月、10 月、12 月高 1℃—2℃，9 月高 2.8℃，2 月高 4.1℃。

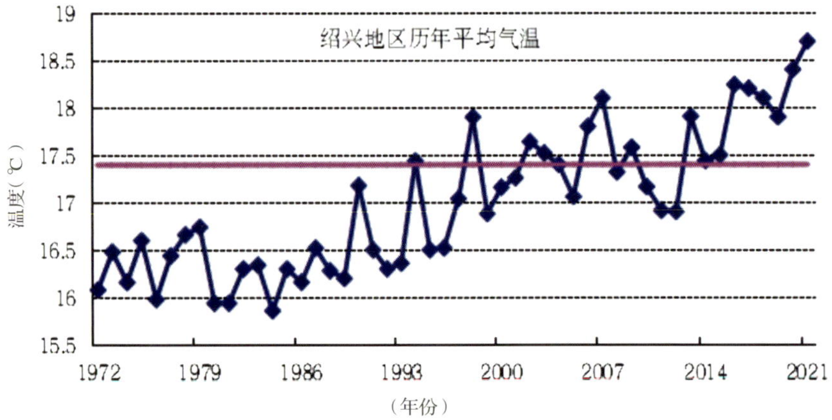

绍兴市历年年平均气温

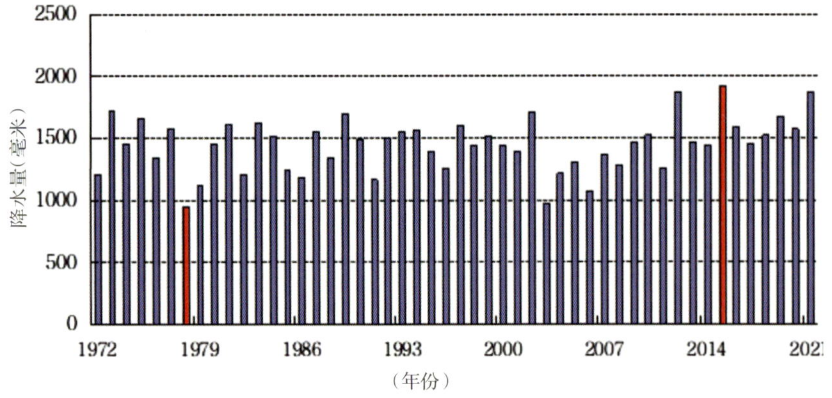

绍兴市历年年平均降水量

【降水】 2021 年，绍兴市平均降水量 1870.9 毫米，与常年相比多近三成。全市总雨量时空分布不均匀，各月相差较大。其中 3 月、5—8 月、10 月较常年多，其他月份少。降水日数平均 167.4 天，较常年多 12 天，比 2020 年多 6 天。年总降水量在 1744—2053 毫米之间，各地分布不均，西北多东南少，最多为柯桥 2053.7 毫米，较常年偏多超三成，最少为上虞 1744.2 毫米，较常年多一成多。

全年共出现暴雨 53 站次，最大日降水量 191.4 毫米，出现在柯桥站(7 月 24 日）。

【日照】 2021 年，绍兴市平均总日照时数 1632.4 小时，较常年略少。其中 2 月、3 月、4 月、5 月、6 月、7 月、8 月、10 月较常年偏少，1 月、9 月、11 月、12 月较常年多。年总日照时数在 1452—1713 小时之间，各地分布不均，呈东多西少，最多为上虞 1713.2 小时，较常年多 2.2%，最少为诸暨 1452.4 小时，较常年少一成多。

【风】 2021 年，绍兴市平均风速 1.7 米 / 秒。极大风速 36.7 米 / 秒，出现在新昌罗坑山(7 月 25 日）。以柯桥气象站为例，年平均风速 1.5 米 / 秒，最多盛行风向为东北偏东风。

【酸雨】 2021 年，绍兴市酸雨率 18.7%，低于历史值，降水 pH 酸碱度年平均 6.14，降水酸度减弱。

【霾】 2021 年，绍兴市平均霾日数 17.4 天，比 2020 年(44.4 天）减少 27 天。从时间分布上看，第一季度霾日数最多(8.2 天)，第三季度霾日数最少(0.6 天)，第二季

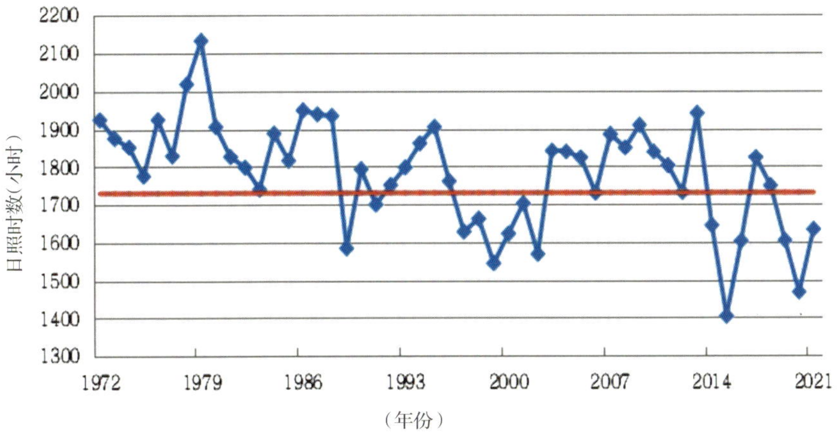

绍兴市历年日照时数

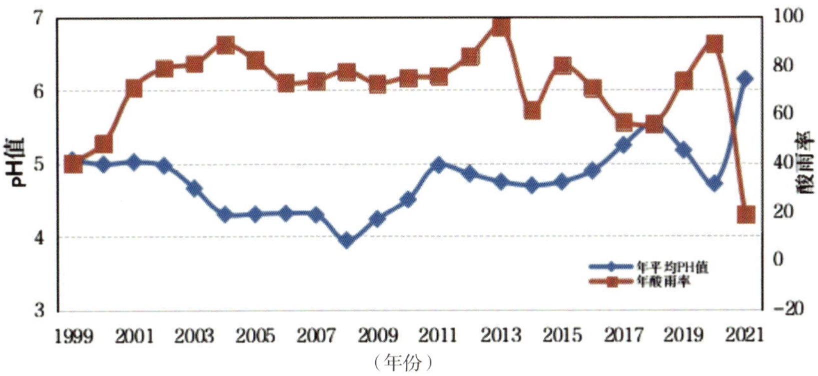

酸雨率和平均 pH 值逐年变化图(柯桥气象站)

度霾日与第四季度分别为 2 天和 7.2 天。

【印发《绍兴市气象事业发展“十四五”规划》】 2021 年 12 月,绍兴市气象局印发《绍兴市气象事业发展“十四五”规划》。规划提出,到 2025 年,基本建成与绍兴经济社会发展相适应的监测精密、预报精准、服务精细的气象现代化体系,实行全市行政村、重点区域气象监测无盲区,暴雨预报颗粒度细化到乡镇(街道),灾害性天气监测率达到 96%,短时强降雨、雷雨大风等突发强天气有效预警时间平均提高到 60 分钟,公众气象服务满意度保持在 94 分左右,天气预报准确率、公众气象服务满意度走在全省前列,防灾减灾救灾“第一道防线”水平和服务保障发展的能力进一步提升,形成一批具有绍兴辨识度的气象工作标志性成果,基本实现高水平气象现代化。

【气象工作服务乡村振兴】 2021 年,市气象局指导柯桥、上虞区气象局开展省级美丽乡村示范点建设。新昌县气象局建设茶山数字化监测站,开展茶叶品质溯源,编制数字化技术规范,助力产业发展。诸暨市、柯桥区气象局联合编制香榧服务手册。诸暨市气象局试点民宿气象保险、嵊州市气象局开展桃形李气象指数保险。至年末,全市 8000 余家新型农业经营主体实现直通式气象服务全覆盖。

【提升气象工作科技创新能力】 2021 年,绍兴市通过“揭榜挂帅”、班下科研、导师帮带、局校合作等多举措激励科技创新。市气象局与南京信息工程大学联合开展 1 项科研课题,6 个省局科技项目、5 个地方科技项目获立项。全市气象科研人员发表论文 13 篇,其中 SCI 1 篇、核心期刊 3 篇。新入选研究型业务人才(第三层次)2 名,新增正高级岗位数 4 个(列全省地市级第一位)。4 人入选省级导师库,1 人获全省优秀导师称号。

【气象工作数字化改革】 2021 年,绍兴市全面推进气象数字化改革,4 个项目纳入省局数字化改革任务清单,3 个县级项目纳入政府数字化改革应用场景建设。推进防雷检测活动全过程溯源数字化监管系统建设。依托智能网格产品,推动绍兴市地质灾害气象风险预警系统迭代升级,试点搭建交通气象服务数字化场景。完善大中型水库、曹娥江和浦阳江流域面雨量预报产品,融入曹娥江数字流域预报调度一体化场景建设。

【建设新一代天气雷达】 2021 年,绍兴市持续推进嵊州西白山新一代天气雷达建设。至年末,雷达塔楼、配套业务用房完成主体结构建设,雷达天线和主机设备吊装完成。

【建立黄酒酿造气象指数】 2021 年,市气象局通过研究黄酒酿造过程中各项工艺流程与气温、湿度等气象条件的关系,建立标准化的黄酒酿造气象指标并向相关黄酒企业发布,为企业选择适宜成产时段、提升黄酒品质提供支撑。

【通过央视气象媒体宣传绍兴】 2021 年,绍兴市以央视一套《新闻联播》后的天气预报为核心资源,同时在央视新闻频道、二套、四套,中国天气频道,凤凰卫视等频道资源的天气预报栏目,配置专窗展示“老绍兴新形象”,实现早、中、晚全天黄金时段全覆盖。

【打造人工增雨立体化作业矩阵】 2021 年,绍兴市气象部门针对供水保障、生态修复、林火预防等需求,实施火箭作业 53 次、发射炮弹 326 枚,创历年之最。完成 8 套烟炉作业设备建设,全年作业 53 次,增水 2338 万吨。

【“平安护航建党百年”气象安全隐患专项行动】 2021 年,绍兴市气象部门针对重点单位、学校、基层镇街、防雷检测机构、气球升放企业开展五大类 459 个安全隐患问题排查整治行动,共排查发现隐患问题 72 个,发放整改通知 62 份。600 余家重点单位完成“防雷安全风险码”赋码和“一企一档”信息化建设,掌上执法检查率、覆盖率 100%。落实气球升放资质单位认定和雷电防护装置设计审核的告知承诺制改革。

【"中国天气"助力美丽中国建设资源发布会举行】 2021 年 4 月 15 日，由中央气象台、华风气象传媒集团主办的"中国天气"助力美丽中国建设资源发布会在绍兴举行。会上，绍兴市获"最受关注的天气预报城市——宜居宜游"称号。中国气象局专家以及来自全国气象部门、各省市区政府代表 150 余人出席会议。

（市气象局 / 提供）

科学普及

【概况】 2021 年，绍兴市新确定国家级科普教育基地 3 个，市级科普教育基地 16 个，市级基层特色科普馆 13 个，市级农村科普示范基地 22 个。举办中科院老科学家巡回科普报告 92 场。组织开展全国科普日系列活动。绍兴市科协被中国科协评为 2021 年全国科普日活动优秀组织单位。

【印发《绍兴市"十四五"科普事业发展规划》】 2021 年 4 月，绍兴市科协印发《绍兴市"十四五"科普事业发展规划》。规划由发展背景、总体要求、重点任务、保障措施四部分组成，规划提出到 2025 年，绍兴市全民具备科学素质的比例达到 18.5% 以上，位于全省地市前列的主要目标，以及到 2035 年绍兴市全民具备科学素质的比例突破 30%，达到中等发达国家水平的远景目标。

【地方特色科普展】 2021 年，市科协、绍兴科技馆自主策划实施的"中华国酿——绍兴黄酒"科普展在绍兴、杭州、新疆展出；与新疆阿瓦提县合作援建签约，援助科普展品 20 件和黄酒科普展固定展 1 套；自主策划"古韵桥乡——绍兴古桥科普展"在绍兴科技馆展出，参观 10 万余人次。

【青少年科技教育活动】 2021 年，市科协、市教育局联合举办绍兴市青少年机器人竞赛、绍兴市中小学生编程比赛、绍兴市中小学生信息学培训暨信息学辅导教师研修活动，累计 3000 余名师生参加。绍兴市在第七届全国青年科普创新实验赛暨作品赛（浙江赛区）中，获 9 个奖项；在第 17 届浙江省青少年电脑机器人竞赛、第 35 届浙江省青少年科技创新大赛中，获一等奖 7 个、一等奖 11 项；绍兴科技馆获评 2020 年青少年科学调查体验活动优秀组织单位。绍兴科技馆全年累计 40.38 万人次参观。

【"银龄跨越数字鸿沟"科普专项行动】 2021 年 4 月起，市科协、市委老干部局、市教育局、市卫健委、市文明办等 8 部门开展"银龄跨越数字鸿沟"科普专项行动，围绕交通出行、线上就医、网上消费、金融理财、办事服务、文体活动等智能服务应用，计划用 3 年时间对全市 60 岁以上老年人进行 20 万人次以上智能手机应用科普培训。其中，2021 年、2022 年、2023 年分别完成培训目标 5 万人次、7 万人次、8 万人次以上。4 月 17 日，在市科协七届五次全委会上举行"银龄跨越数字鸿沟"科普专项行动启动暨科技志愿服务队授旗仪式。2021 年，全市建立"银龄跨越数字鸿沟"教学网点 271 个，注册科技志愿者 942 名，开展培训活动 1516 场次，累计培训 80180 人次。

【"中华国酿——绍兴黄酒"科普展】 2021 年 4 月 29 日，由市科协、绍兴科技馆自主策划开发的"中华国酿——绍兴黄酒"科普展在省科协科学会堂展出。展览以磁悬浮、幻影成像、显微镜观察等方式，配合科学表演、兰亭雅集、江南水乡小桥流水的场景互动、网红打卡场景设置，从绍兴黄酒的"历史远流长""人无我独有""健康亦养生"三方面讲述绍兴黄酒故事，普及黄酒科普知识，弘扬黄酒传统文化。

【老科学家绍兴巡回科普报告活动】 2021 年 5 月 10—20 日，市科协邀请中国科学院老科学家科普演讲团的刘大禾、王俊杰、陈贺能、陈洪、韩莉、陆龙骅、许木启 7 位成员，到绍兴市直及 6 个区、县（市）有关单位、学校、社区开展 92 场专题科普报告，线上线下听众超 8 万人次。

【全国科普日系列活动】 2021 年全国科普日期间（9 月 11—17 日），市科协围绕"百年再出发，迈向高水平科技自立自强"主题，组织各区、县（市）科协，市级有关部门、单位，市级有关学会开展"绍兴云上科普日"、广场科普宣传咨询、"科学大讲堂"专题科普报告、"送科技、医疗服务下乡"、"走进科普教育基地"、"院士进校园"、"茶与您共享品质生活"、"银龄跨越数字鸿沟"等 10 余项群众性科普活动。

【"双百"助力"双减"科普专项行动启动】 2021 年 11 月 5 日，绍兴市科普教

2021 年全国科普日期间，绍兴市举行广场宣传活动 （市气象局 / 提供）

育基地联盟成立暨“双百”助力“双减”科普专项行动启动仪式在绍兴科技馆举行。在仪式上，通过《绍兴市科普教育基地联盟章程》，选举首届联盟理事会会长单位（绍兴东方山水科普教育基地）、副会长单位（绍兴科技馆、上虞博物馆、诸暨米果果小镇农业科普教育基地、浙江虎居动物园、新昌万丰航空特色小镇科普教育基地），公布绍兴市科普助力“双减”专项行动百家科普教育基地名单和百名专家名单，举行市科普助力“双减”专项行动百名专家聘任仪式。近百位全市科普教育基地联盟成员单位负责人、科普助力“双减”专项行动专家代表，各区、县（市）科协科普工作分管领导和科普部负责人参加活动。

年内，市科协、市教育局印发《关于开展绍兴市科普助力“双减”专项行动的通知》，编制《绍兴科普地图》（2021 版）。市科技馆“馆校结合”专项行动列入省科普事业发展“十四五”规划。

2021 年 11 月 5 日，绍兴市科普教育基地联盟成立暨“双百”助力“双减”科普专项行动启动仪式举行 （市科协 / 提供）

【科技活动周】 2021 年 5 月 22—28 日，市科技局联合市委宣传部、市卫健委、市科协、市市场监管局等 11 个部门举办以“百年回望：中国共产党领导科技发展”为主题的 2021 年绍兴科技活动周。活动周期间开展广场科普宣传咨询活动、我和我的祖国——中国科学家精神主题展、高校实验室开放活动。累计发放各类宣传品 9000 余份，1.5 万人次参观科普宣传咨询和中国科学家精神展。

【防震减灾科普宣传】 2021 年，绍兴市科技局举办各类防震减灾知识讲座 15 场，开展防震减灾科普知识“六进”活动 30 场次，开展“防灾减灾千场讲座进学校活动”6 场，培训 300 余人。组织申报国家防震减灾科普教育基地 1 家、省防震减灾科普教育基地 2 家。组织参加第五届全国防震减灾科普讲解大赛浙江省选拔赛，5 位选手全部获奖，其中一等奖 1 名、二等奖 2 名、三等奖 2 名，市科技局获优秀组织奖。施寒雪、董晶晶在第五届“全国防震减灾科普讲解大赛”总决赛中获一等奖、三等奖，施寒雪被授予“全国防震减灾科普大使”称号。

【“走进科普教育基地—探究气象奥秘”活动】 2021 年 5 月 16 日，柯桥区气象局与绍兴市科协、中广（绍兴）有限信息网络有限公司联合开展“走进科普教育基地探究气象奥秘”活动，吸引了 50 名小学生参与互动项目、观看 4D 气象灾害视频、气象小主播等环节。

【“3·23”世界气象日宣传活动】 2021 年 3 月 23 日，市气象局联合越城区气象局在气象博物馆举办世界气象日大型专题科普展，在常规科普展览板和馆内展品陈列外，增设趣味打卡答题环节，气象主播通过微博现场直播“云参观”气象博物馆，开设沉浸式气象穹幕影院，架构 DIY 气象科学实验，参观气象雷达车、气象应急车，科普天气预报、人工增雨的奥秘，吸引 500 余人次观展。

（市气象局 / 提供）

文化·旅游

综　述

【概况】 2021年，绍兴市文化旅游工作持续锚定“重塑城市文化体系，打造最佳旅游目的地，争创文旅融合样板地”目标，推进文化和旅游高质量发展再上新台阶。绍兴市成为“2021东亚文化之都”，入选“国家文化和旅游消费试点城市”，获评“2021研学旅行十大热门城市”。越城区、柯桥区、上虞区、诸暨市、嵊州市、新昌县文物局挂牌，绍兴市文物局增设文物安全监管处、革命文物处、市文保所。绍兴市文广旅游局获2021年绍兴市改革开放创新发展突出贡献奖。嵊州市越剧团获“全国文化和旅游系统先进集体”称号，柯桥区、新昌县入选第二批“浙江省戏曲之乡”。绍兴市文化和旅游工作获省级以上荣誉200余项，其中国家级40余项。

至年末，全市有文化馆（站）103个；公共图书馆7个；博物馆61个（含国有、非国有），其中登记备案的50个；接待游客2758.1万人次，实现旅游总收入380.9亿元，分别增长5.1%、15.8%。

【入选“国家文化和旅游消费试点城市”】 2021年10月27日，文化和旅游部、国家发展改革委、财政部公布第二批国家文化和旅游消费试点城市名单，绍兴市入选名单。围绕创建工作，绍兴市先后举办“国家文化和旅游消费试点城市创建暨绍兴文化旅游消费季启动仪式”“发布100项文旅消费系列活动”“越潮·越好——梦幻文旅消费夜”“越菜新吃”“全国招募百名城市体验官”“‘越惠券’文旅消费补贴发放”“‘百县千碗·绍兴佳肴’——金秋美食节”“‘越’动金秋 文旅先行——万人金秋游绍兴”“2021全国百家旅行商走进绍兴暨文旅采购活动”“全国网红广电主播绍兴采风活动”等一系列重大活动。各区、县（市）分别举办2021首届越城区文化旅游嘉年华启动仪式、柯桥区“浪漫烟花秀”活动、上虞风情街夜市、“沪上域见·好美诸暨”2021诸暨文旅长三角（上海）推介会、“越传统 越经典”艺术嘉年华活动、梅渚古村旅游嘉年华活动等。

2021年9月29日，2021绍兴文化旅游消费季系列活动正式启动　（市文广旅游局/提供）

【2021年“东亚文化之都·中国绍兴活动年”】 2021年3月31日至12月7日，以“文脉千年·寻梦绍兴”为主题的2021年“东亚文化之都·中国绍兴活动年”系列活动举行。系列活动采用“10+x”模式，即举办10项重点活动，分11个越风篇章，围绕绍兴大禹、王阳明、鲁迅、黄酒、书法五张“金名片”，整合协同相关活动60余项。（详见P12）

【中国国际文化交流中心国际文化交流基地落户兰亭】 2021年5月19日，中国国际文化交流中心国际文化交流基地在市兰亭书法博物馆揭牌成立。该基地旨在为弘扬中华民族优秀传统文化艺术，助力国家“一带一路”文化建设，进一步提升绍兴市传统书法艺术的国际影响力，打造具有国际文化视野和中国传统文化特色的品牌项目奠定基础。

【夏文化研究中心落户大禹陵】 2021年4月19日，以“夏文化与中国古代文明”为主题的中国·大禹陵首届夏文化学术峰会在绍兴召开，晋保平、宋镇豪、宫长为等专家学者参会。“中国先秦史学会夏文化研究中心”正式挂牌大禹研究院。年内，完成《大禹陵现存碑版研究》《河南、山西禹迹田野调查报告》。

【2021大师对话——故乡对话大会举行】 2021年9月24日，由鲁迅文化基金会、中国社会科学院文学研究所、绍兴市文化广电旅游局和北京语言大学鲁迅与世界文化研究院主办的2021大师对话——故乡对话大会在绍兴举行，中、日、韩三国专家学者以故乡和乡愁为纽带，共话东亚文化与世界文化的“精神故乡”。会上，鲁迅长孙、鲁迅文化基金会会长周令飞和日中

友好议员联盟干事长近藤昭一、韩国驻华大使馆公使衔参赞金辰坤分别在现场和通过视频致辞；并举行“故乡使者”证书颁赠仪式。

【兰亭文化研究活动】 2021年，绍兴市文旅集团完成增订毛万宝著“书学论集”系列五卷，即《书法美学概论》《书法美的现代阐释》《20世纪书法史绎》《当代书坛批判》《兰亭学探要》；举办纸上金石——《兰亭序》拓片展、越中金石大展等文化研究活动，完成《关于兰亭学的研究对象问题》《兰亭学》《书法美学》等书稿。

（市文广旅游局、市文旅集团／提供）

文化艺术

【概况】 2021年，绍兴市文化艺术创作繁荣发展，创排《核桃树之恋》《喀喇昆仑》《云水渡》《祝家庄里的年轻人》《后山叶芽》等8部大型舞台艺术精品。其中，越剧《核桃树之恋》入选庆祝中国共产党成立100周年优秀舞台艺术作品展名单，成为全国唯一晋京展演的越剧作品并获2021第十七届中国戏剧节优秀剧目奖。新编绍剧现代戏《喀喇昆仑》入选全省舞台艺术创作重点题材项目。3部剧目入选2021“浙江省经典保留剧目”大型剧目（全省共14部）、1部入选小型剧目。11部舞台艺术作品入选浙江省庆祝中国共产党成立100周年优秀舞台艺术作品展演。传统精品复排计划重点扶持作品《孙悟空三打白骨精》（绍剧）完成结项演出并入选《百部优秀剧作典藏》。绍剧电影《孙悟空大战红孩儿》首映。倪锦锦获国家艺术基金2020年度青年艺术创作人才资助项目舞台艺术表演立项，蒋一帆（作品《“镜”界》）获第四届中国舞台美术展新锐设计师奖。应林锋、张琳入选2021年浙江省舞台艺术“1111”人才计划。组织申报2022年度国家艺术基金项目19个。

【剧目创作与改编】 2021年，全市专业院团创排上演新编大戏8部。其中，创排革命题材作品《英雄颂》（越剧明星版）、《江姐》（越剧），新编原创现代戏《喀喇昆仑》（绍剧）、《核桃树之恋》（越剧）、《云水渡》（越剧）、《祝家庄里的年轻人》（越剧）、《后山叶芽》（新昌调腔）、《梁柏台》（新昌调腔）。12部作品入选2021年度绍兴市精神文明建设“五个一工程”文艺精品创作扶持项目。“绍兴有戏”原创系列主题歌之《好戏》参加2021“东亚文都 绍兴有戏”戏曲折子戏大赛荟萃展演之“戏·聚青春”（第一季）专场演出。“绍兴有戏”累计原创系列主题歌4部。大型实景影画剧《鲁镇社戏》在绍兴柯岩鲁镇新建成的实景演艺剧场首演。

2021年4月29日，绍兴首台大型实景影画剧《鲁镇社戏》在柯岩鲁镇剧场首演（袁　云／摄）

【文化交流】 2021年，绍兴市本级组织重大演出活动10次，包括东亚文都·绍兴有戏“东亚文化之都城市戏曲经典荟萃”、第二十届嵊州·中国民间越剧节、2021公祭大禹陵典礼、第十九届越剧大展演、庆祝中国共产党成立100周年文艺演出、鲁迅戏剧周、纪念毛泽东同志为绍剧《孙悟空三打白骨精》题诗60周年系列纪念活动等。新编绍剧现代戏《喀喇昆仑》在新疆阿拉尔市、阿瓦提、阿克苏等地巡演5场。2021“绍兴有戏”走进嵊州市石璜镇西白山村。

（市文广旅游局／提供）

公共文化

【概况】 2021年，绍兴市公共文化服务工作以“强化职能，完善体系，提升效益”为目标，不断创新服务供给方式，完善服务体系，推进数字化改革，努力优化公共文化服务质量，以文化的力量激发古城新活力，各项工作取得成效。

印发绍兴市《高质量推进城市公共文化服务体系建设三年行动计划(2021—2023)》《绍兴市高质量推进公共文化服务现代化工作清单(2021—2025)》，建成城市书房11家；“送演出”下乡1796场，“送图书”下乡29.61万册，“送讲座、展览”下乡491场，“文化走亲”90场，“文化大巴”70场，“越乡莲歌”48场。开展线上服务1400场次，参与近815万人次。7家公共图书馆全部创成“满意图书馆”。新增省级文化示范户30户、文化能人80个。

至年末，全市有文化志愿者队伍409支，志愿者人数超2.5万人；有各类文艺社团3568个，人数超5.2万人；有“三团三社”（艺术团、合唱团、民乐团，书画社、摄影社、文学社）757个。

柯桥区创建成省公共文化服务现代化先行县；嵊州市文广旅游局“打造越剧文化圈　高质量推进公共文化服务一体化建设”被列入省公共文化服务现代化领航项目；绍兴图书馆、柯桥区安昌街道、上虞区道墟街道等被评为省首批公共文化场馆服务功能拓展先行先试单位；上虞区道墟街道、柯桥区安昌街道创建成省级文化强镇；诸暨市东和乡十里坪村、新昌县澄潭街道梅渚村、柯桥区王坛镇上王村创建成省级文化示范村；嵊州市甘霖镇（越剧）、新昌县（调腔）、柯桥区安昌街道（安昌古镇腊月风情节）评为2021年度“浙江省民间文化艺术之乡”；绍兴莲花落《核桃树下》

获"迎建党百年　享美好生活"省第十一届群众曲艺大赛金奖;群舞《酿》获"迎建党百年　享美生活"省第三十一届群众舞蹈大赛金奖;《核桃树之恋》(女声独唱)、《乌托邦的夜》(女声独唱)获"迎建党百年　享美好生活"省第二十届群众音乐大赛金奖。

【公共文化服务品牌建设】 2021年,绍兴市深化提升"文旅融合·绍兴有戏"公共文化服务品牌建设。重点打造"街艺角""文艺播撒乡镇行""我的艺时光""文艺专家门诊"等子品牌,共组织各类培训、演出67期,服务群众30万余人次。

【省"文化基因解码"工程建设】 2021年,绍兴市完成浙江文化基因解码"查""解"任务,完成文化元素普查入库3087个,形成128项重点文化元素清单,编制完成文化基因解码报告。梳理编制"阳明文化""黄酒文化""鲁迅文化""孝德文化""越剧""西施文化""浙东唐诗名城"等项目五年行动计划,推荐申报浙江省文化标识培育项目。

【"阳明文化标识"建设】 2021年,省文旅厅印发《阳明文化、和合文化、南孔文化研究、保护和文旅融合发展行动计划(2021—2023)》。绍兴市围绕培育"阳明故里,心学圣地"目标,实施专题文化标识资源普查。梳理阳明文化元素170个,筛选阳明文化重点元素清单"一张表"(阳明文化基因解码元素表),撰写解码报告"一本书"(《绍兴阳明文化基因解码报告》)。围绕陈溪阳明祖居、稽山书院、新建伯府、王阳明墓等九大重点元素,形成转化利用方案15项、转化建议30余项。绍兴市、余姚市、贵州省修文县、江西省赣州市等四地文旅部门组建"阳明遗迹重要地联盟"。

【公共文化服务空间拓展】 2021年,绍兴加速构建"15分钟品质文化圈",基本形成公共阅读市、县、乡镇、村四级网络。新增城市书房11家,累计建成85家,覆盖60余个乡镇(街道),书房总面积20000余平方米,藏书近100万册,阅读席位8000余个。绍兴图书馆建设科技、文创、医学等主题分馆11家,新建2家民宿图书馆、4家近邻书屋,建成各类图书流通点104个。103家乡镇(街道)文化分馆普及率、综合文化站面积达标率100%,40%以上村级基层综合文化中心、农村文化礼堂纳入图书馆业务管理。有乡镇图书分馆66家,覆盖率65%。

【公共数字文化建设】 2021年,绍兴市文化馆完成"省—市—区、县(市)"三级公共文化云平台对接,搭建"线上授课+线下分组教学"服务模式,开展优质慕课资源建设。绍兴图书馆推广"信阅"服务,提升数字服务能力,逐步实现办证、借阅、活动预约等一站式数字化服务;"浙里办"图书馆应用升级到2.0;对2万余条馆藏老报纸资源进行内容标识标引建设;面向创新创业人员推出科技查新、查收查引等科技信息服务。

【阅读推广活动】 2021年,绍兴图书馆推出"百年百场"7个专题28项系列活动,"我们永远的大先生"主题阅读活动被省文旅厅评为"'建党百年主题阅读活动'优秀领读项目"。启动以"阅读颂百年·书海启征程"为主题的第五届阅读节,开展4个系列30余场活动。举办首届"越读越有味·全民读好书"全民阅读盛典,开展"学党史　读经典"主题征文活动,并集萃出版优秀征文集《书香阅味》,同步推出阅读盛典之书香展会。打造以"树兰"命名的阅读品牌,全年开展阅读推广活动800余场,参与市民逾60万人次。

【"阳明文化"巡讲巡展】 2021年,绍兴市开展"阳明文化"巡讲巡展活动,深化中国大运河、阳明之路2条路线,重新推出"东亚文化之都　阳明心学圣地——千年文脉,寻梦绍兴"主题展览,增加线上直播,部分讲座单场直播观看人数1万余人次,相继在扬州、无锡、淮安、上杭、漳州、渭南、海盐等7城市举办讲座或展览13场次。

【古籍与地方文献工作】 2021年,绍兴图书馆重点做好馆藏珍贵古籍的数字化工作,完成45778页馆藏古籍地方文献的拍摄。配合全省古籍数字资源共建共享工作,整理30种、60册馆藏古籍地方文献目录。参与全市中华版本资源专题征集工作,累计呈缴2487件,提交名人古籍书影5000余张、历代名家书《兰亭序》拓片和历届兰亭书法节资料等2700余件。

【旅游驿站建设】 2021年,绍兴市开展旅游驿站建设,形成以一级驿站为引领,二级驿站为主干,三级驿站为补充的城乡旅游驿站格局。15家单位参评省级驿站,其中,上虞区曹娥江旅游驿站、新昌县新昌旅游集散中心旅游驿站获评省一级旅游驿站;柯桥区安昌古镇旅游驿站,上虞区石笋山旅游驿站、覆卮山旅游驿站获评省二级旅游驿站;越城区六和藏院旅游驿站,柯桥区酷玩王国旅游驿站,诸暨市古博岭旅游驿站、西皇旅游驿站,嵊州市清风旅游驿站、星期八旅游驿站,新昌县澄潭旅游驿站获评省三级旅游驿站。

【省"文化基因解码工程"暨文化标识建设工作推进会召开】 2021年8月4—5日,全省"文化基因解码工程"暨文化标识建设工作推进会在绍兴召开。会议总结全省"文化基因解码工程"取得的基本成果和主要经验,部署下一阶段重点工作。杭州市上城区、绍兴市越城区、湖州市南浔区、嘉兴市秀洲区等6家单位在会上做交流发言。省文旅厅党组书记、厅长褚子育出席会议。全省市、县(市、区)文化和旅游局相关负责人,部分文旅研究机构负责人和专家学者参加会议。

【"身临史境·走进典籍里的绍兴"系列活动启动】 2021年11月13日,由市文广旅游局主办,绍兴图书馆、越城区教育局承办,绍兴市塔山小学教育集团协办的"身临史境·走进典籍里的绍兴"系列活动启动仪式在绍兴图书馆举行,30名五年级的小学生和家长们成为亲子"越史班"的首批成员。"身临史境·走进典籍里的绍兴"系列活动包括亲子"越史班"外、"身临史境"研学游、"我所知道的越史"短视频演讲比赛、"典籍里的绍兴"情景小剧场等。

(市文广旅游局/提供)

文物考古

【概况】 2021年，绍兴文物工作坚持"保护为主、抢救第一、合理利用、加强管理"方针，以文旅融合为统领，围绕重塑城市文化体系战略目标，完善文物体制机制建设，加强文化遗产保护利用。制定加强新时代文物工作的实施意见，部署实施全市名人故居激活行动、文物安全大排查大整治大提升攻坚行动，完成文物修缮、革命文物专项调查等工作。"宋六陵"被列入国家文物局《大遗址保护利用"十四五"专项规划》，兰亭野生动物园一期墓地考古发掘入选2021年度浙江考古重要发现，55处革命文物入选全省第一批革命文物名录，推荐范文澜故居等15处文物保护单位申报第八批省级文物保护单位。

至年末，全市有各级文物保护单位428处，其中国家级32处、省级73处、县(市)级323处。

【文物体制机制建设】 2021年8月，各区、县(市)文物局挂牌成立。绍兴市文物局增设文物安全监管处、革命文物处和市文物保护所，分别增加行政编制2名、事业编制6名；引进考古专业高层次人才1名。市本级文物安全专项经费增加1000万元。

【印发《关于加强新时代文物工作的实施意见》】 2021年9月，绍兴市委、绍兴市政府印发《关于加强新时代文物工作的实施意见》。意见提出，全市文物工作围绕"各类文物资源保护进一步加强，博物馆现代公共文化服务体系进一步健全"的总体目标，明确加强"世界文化遗产、不可移动文物、文物保护规划编制和实施、部门协调、城乡建设中的文物保护"等工作，强化安全监管和执法督查，推进文物合理利用，完善文物事业保障四方面落实具体举措。

【文物保护修缮】 2021年，全市编制完成华堂王氏宗祠、崇仁村建筑群(四期)、省保灵鹅王氏纯节坊、嵊县古城墙(三期)、古驿道核心段等维修工程设计方案；实施徐锡麟故居、陶成章故居、鲍氏旧宅建筑群(小洋房、老宅院)养护工程；开展钱业会馆、善庆学校旧址、丰惠钱氏大宅院、越剧之家等60余处修缮项目；推进崇仁村建筑群安防工程、马寅初故居、小黄山遗址、越剧诞生地旧址、马寅初墓、王羲之墓、瞻山庙、长乐钱氏大新屋、鹿门书院等文物消、安防提升工程。

省级文物保护单位修缮许可(含方案重要内容变更审批)事项委托下放至绍兴市文物局后，受理嵊县古城墙、东湖饮渌亭、鹿门书院等3处省级文物保护单位修缮审批。

【名人故居激活行动】 2021年8月，市政府办公室印发《绍兴市名人故居激活三年行动计划(2021—2023年)》，对全市107处名人故居落实保护利用措施。刘宗周旧居、宣中华故居等4处新增为县级文保点；周恩来祖居、俞秀松故居等3处申报省级、国家级文保单位。完成徐锡麟故居、陶成章故居等14处名人故居修缮保养工作，申请国家修缮资金7000余万元。新增开放名人故居8处。绍兴名人故居激活行动被列入2022年省文化和旅游厅年度重点工作，在全省推广。

【《稽山红遍——绍兴市不可移动革命文物保护利用图集》出版】 2021年7月，市文广旅游局、市文物局主编的《稽山红遍——绍兴市不可移动革命文物保护利用图集》由浙江摄影出版社出版，图集收录绍兴市147处不可移动革命文物保护利用情况介绍。

【全市文物安全工作会议召开】 2021年9月18日，在全省文物安全会议(视频会议)结束后，绍兴市召开全市文物安全工作会议。市长盛阅春出席会议并讲话，要求各级各部门要以习近平总书记关于文物工作重要论述为指引，本着对历史、对人民、对未来高度负责的态度，切实提高工作标准、加大工作力度，牢牢守住文物安全底线，为重塑城市文化体系、彰显城市文化魅力提供有力支撑。市委常委、宣传部部长丁如兴，副市长胡敏出席会议，市级相关部门(单位)参加主会场会议，各区、县(市)政府主要领导、分管领导，党委分管领导，相关部门(单位)负责人参加各区、县(市)分会场会议。

【文物安全大排查大整治大提升攻坚行动】 2021年，绍兴市文物局牵头建立文物安全联系制度，对全市427处各级文物保护单位、7家国有博物馆落实文物安全责任人公告公示制度，并完成挂牌。全市428处各级文物保护单位和6家国有博物馆完成安全监测评估，形成安全监测评估档案。开展绍兴文物消防安全标准化管理体系试点。市文物行政部门和执法部门组织开展文物安全检查，出动检查1668人次，检查单位743家，行政处罚立案调查3件，办结案件5件，罚款90万元。市文物局、市公安局联合开展为期一年的打击防范文物犯罪专项行动。

【建设用地考古前置】 2021年，绍兴市

2021年8月6日，绍兴市柯桥区文物局挂牌　　(过伟明/摄)

本级投入100万余元对绍兴古城内府山、塔山、府学宫及中医院东与环城河西中间地带等4个地块部分绿化带区域进行文物考古调查勘探，勘探面积33557平方米。越城区开展建设用地考古前置调查、勘探48项，累计面积约1417万平方米，已完成35项。此外，实施完成黄酒小镇、绍兴高新技术产业开发区、绍兴袍江经济技术开发区文物保护区域，评估总面积约7264万平方米。嵊州市开展527国道考古调查勘探工作，勘探面积约12.5万平方米，发现遗迹现象63处，其中墓葬54处，窑址7处，石块范围1处，红烧土范围1处。

2021年，绍兴市兰亭野生动物园一期墓地考古发掘 （冯向源／摄）

【考古遗址公园建设】 2021年，绍兴市《宋六陵考古遗址公园规划》经省文物局审核通过。绍兴市联合省文物考古研究所投资193万元实施平水盆地越国王陵区二期考古调查勘探工作，勘探面积约200万平方米，为建设越国遗址公园奠定基础。

【宋六陵二号陵园三期考古发掘】 2021年，省、市文物考古研究所依托“浙东考古基地”，推进宋六陵二号陵园三期考古发掘工作，从已发现的夯土建筑台基向东、南两方向扩大发掘范围，完整揭示东侧殿及附属建筑基址，摸清南侧宫殿的范围及局部墙基。初步判断二号陵园应为某帝陵攒宫的辅助陵园——下宫遗址。

【兰亭野生动物园一期墓地考古发掘】 2021年，绍兴市联合省文物考古研究所对绍兴兰亭野生动物园一期墓地进行考古发掘。墓地位于兰亭街道兰亭村东侧。至年末，发掘面积约1.1万平方米，清理墓葬55座，年代为战国至明清，其中以六朝及唐墓居多，出土各类随葬品68件。该考古成果入选2021年度浙江考古重要发现。

【大湖头遗址考古发掘】 2021年，省文物考古研究所对大湖头遗址考古发掘正式启动。遗址位于越城区东湖景区旁、龙池山南侧，是绍兴地区第一次大面积发掘的春秋战国时期越文化遗址。至年末，发掘面积约5000平方米，清理灰坑、灰沟等遗迹200多个，发现一些柱洞、木桩等建筑相关遗存，出土大量陶片和500多件器物。

（市文广旅游局／提供）

博物馆

【概况】 2021年，全市博物馆以线上线下相结合的形式，举办各类展览（活动）629场，观众260余万人次。徐渭艺术馆、绍兴师爷馆建成开放。至年末，全市登记备案国有博物馆12家，非国有博物馆38家，其中国家二级博物馆4家，三级博物馆

2021年绍兴市博物馆重要展览活动一览表

表62

开展日期	主办、协办、承办单位	展览名称	承展单位
4月9日	浙江省文物考古研究所、越城区文化广电旅游局主办	重华在亭山——越城区常禧路考古成果展	绍兴博物馆
4月9日	绍兴市文化广电旅游局主办，兰亭书会、日本华人文联、韩国书艺团体总联合会、兰亭书会东京研究院、兰亭书会首尔研究院协办	欣于所遇——2021东亚文化之都中日韩书法邀请展	绍兴博物馆
4月14日		第三十七届兰亭书法节暨第七届中国书法兰亭奖作品展及颁奖活动	绍兴市兰亭书法博物馆
4月25日	绍兴市历史文化名城保护办公室、绍兴博物馆主办	映像蠡城——绍兴古城百年变迁影像展	绍兴博物馆
5月19日	绍兴市人民政府主办，中共绍兴市委宣传部、绍兴市文化广电旅游局、绍兴市文化旅游集团有限公司协办，绍兴博物馆承办	畸人青藤——徐渭书画作品展	徐渭艺术馆
5月20日	绍兴市文联、绍兴市书法家协会主办	首届绍兴书法双年展暨书法“青藤奖”“新锐奖”优秀作品展	绍兴博物馆
5月22日		红色新昌　百年印记——建党100周年特展	新昌县博物馆
6月11日		“山河赤子心　岁月峥嵘行——鲁迅与共产党人”主题展览	鲁迅纪念馆

续表 62

开展日期	主办、协办、承办单位	展览名称	承展单位
6月28日		百年印记　不忘初心——柯桥区革命文物展	柯桥区博物馆
6月29日	中共绍兴市委党史研究室、绍兴市文化广电旅游局主办	"立心铸魂——红色精神谱系中的绍兴基因"图片展	绍兴博物馆
6月29日		党的光辉照我心——迎接中国共产党建党100周年主题展	越剧博物馆
6月30日		庆祝建党100周年红心向党诸暨市百人书画作品邀请展	诸暨市博物馆
7月1日		"红色百年"革命文物展	上虞博物馆
8月4日		汉风唐韵——敦煌绍兴历史文物展	绍兴博物馆
10月20日		唐诗之路·全国著名书法家作品展	新昌博物馆
12月1日		"畸人青藤——徐渭的故事"全国巡展第一站	贵阳孔学堂艺文馆

6家。国有博物馆收藏可移动文物83626件/套，其中珍贵文物3013件/套；非国有博物馆备案藏品34749件/套。

新昌博物馆被评为2020浙江文化和旅游总评榜"浙江十佳影响力博物馆"；"畸人青藤——徐渭书画作品展"列中博热搜榜"十大热搜展览"第三名，绍兴博物馆"返朴归真——徐生翁书画精品展"、新昌县博物馆"鼓山书院历史文化陈列"获"十五届(2020年度)全省博物馆陈列展览精品项目"优秀奖，绍兴博物馆"岁时节庆民俗文化体验活动"被评为全省博物馆十佳青少年教育项目推介活动"优秀青少年教育项目"，绍兴博物馆《线上绍博：居有定所——从馆藏文物看越地建筑》入选全国文化遗产云传播十佳"云讲堂"项目，绍兴博物馆《线上绍博——文明初现：古越人的信仰与习俗》短视频被评为全省博物馆"十佳新媒体短视频"。

【"5·18"国际博物馆日系列活动】 2021年，绍兴文博系统推出"5·18"国际博物馆日七大系列活动，包括主场活动启动仪式、民间收藏"鉴宝"、"红色会稽"党史学习公开课、"红色印记"研学游说课比赛、"从绍博出发——寻访红色印记"、"红色会稽"线上展示和特展活动。5月18日，2021年"5·18"国际博物馆日绍兴市旅游宣传推介主场活动在绍兴博物馆启动，现场播放绍兴市打造"没有围墙的博物馆"工作巡礼片，举行中国共产党成立100周年见证物捐赠和绍兴博物馆志愿者聘书颁发仪式，《稽山红遍——绍兴市馆藏可移动革命文物图集》《稽山红遍——绍兴市不可移动革命文物保护利用图集》上线发布，"欣于所遇——2021东亚文化之都"中日韩书法邀请展线上展览开展，"从绍博出发——寻访红色印记"活动启动等。

（市文广旅游局/提供）

2021年"5·18"国际博物馆日主场活动启动仪式　（市文广旅游局/提供）

非物质文化遗产

【概况】 2021年，全市"非遗"工作以"融合、转化、创新、服务"理念和"以文促旅、以旅彰文、文旅融合"工作思路为指引，聚焦"非遗"高水平保护、高质量发展要求，加强基础建设、制度建设和机制保障，提高"非遗"保护水平，促进融合发展，有计划、有重点地开展各项工作，努力构建新时代"非遗"传承发展新局面。制定《非遗研学游基地认定要求》《非遗形象门店管理规范》地方标准，完成《绍兴市非物质文化遗产保护条例》立法调研。在《浙江省非物质文化遗产保护发展指数评估指标数据(2020年度)》中列第二位，绍兴市本级列第三位，柯桥区、诸暨市和嵊州市在全省89个县(市、区)中分列第6位、第14位和第17位，设区市和市本级连续四年居全省前三。

传统医药类项目"绍派伤寒"、民俗类项目"绍兴舜王庙会"入选国家级非物质文化遗产名录，58人入选市级"非遗"保护专家库。至年末，有国家级非物质文化遗产名录26项、省级名录86项、市级名录261项；国家级"非遗"代表性传承人21人、省级代表性传承人134人、市级代表性传承人365人。

【"祝福·绍兴古城过大年"活动】 2021年1月20日至2月26日，由市委宣传部主办，市文广旅游局、市名城办、越城区政府、市文旅集团承办的2021"祝福·绍兴古城过大年"系列活动举行。其间，组

2021 年 6 月 11 日，2021 年"文化和自然遗产日"绍兴市主场（嵊州）系列活动启动

（市文广旅游局 / 提供）

织线上线下文化活动 100 余场，参与 64.7 万人次，消费额 3.48 亿元。

【"文化和自然遗产日"绍兴市主场活动启动仪式】 2021 年 6 月 11 日，由省文广旅游厅、市文广旅游局、嵊州市委宣传部主办，以"人民的非遗，人民共享"为主题的 2021 年"文化和自然遗产日"绍兴市主场（嵊州）系列活动启动仪式在嵊州市崇仁镇举行。现场发布《非遗研学游基地认定要求》《非遗形象门店管理规范》地方标准，举行《绍兴市非物质文化遗产保护条例》《浙东唐诗之路文化保护发展条例》立法调研专家聘请仪式，举行市首批乡村"非遗"体验基地授牌仪式，举行红色研学游说课比赛颁奖仪式，举行 6 个区、县（市）"绍兴有戏——非遗兴乡大巡游"授旗仪式。新华网、中国新闻网、凤凰网、《光明日报》、浙江新闻等省内外 23 家媒体对活动做报道，阅读点击量超百万人次。

【第十届"绍兴师爷讲故事"活动】 2021 年 9 月 11 日，第十届"绍兴师爷讲故事"暨徐文长故事大讲赛在绍兴市非遗馆举行，比赛分成人组和少儿组，31 位选手参加比赛。评出一等奖 5 名、二等奖 9 名、三等奖 17 名；越城区非遗保护中心、柯桥区非遗保护中心、上虞区非遗保护中心、诸暨市非遗保护中心、嵊州市非遗保护中心、新昌县非遗保护中心获组织奖。在开幕式上，举行"越有故事——绍兴民间故事传承传播团"成立仪式，首批成员 26 位。

【2021 绍兴虞舜文化旅游节】 2021 年 10 月 29 日，"国遗盛会 舜德王坛"——2021 绍兴虞舜文化旅游节开幕式在绍兴市柯桥区王坛镇舜王庙广场举行。（详见 P182）

【第七届绍兴"非遗"集市】 2021 年 12 月 6—8 日，宋韵流芳 绍兴有戏——第七届绍兴非遗集市在城市广场开市。本届非遗集市汇集 100 多项绍兴"非遗"项目，另有农（渔）船制作技艺等多项市外"非遗"项目参展。首次设置区级文旅专场推介活动。在开市仪式上，市文化馆（市非遗保护中心）与市文化创意设计协会、绍兴市工业设计协会、绍兴市工业设计基地签署《共同推动绍兴非遗保护工作合作书》，举行首批"绍兴市非遗研学游基地"授牌。

（市文广旅游局 / 提供）

文化旅游资源

【概况】 2021 年，全市文化旅游资源工作以"三大文化带"建设、全域旅游创建、重大项目建设、红色旅游打造等为重点，提升全市文旅资源开发水平，持续推进文旅资源转化工程。至年末，全市有 AAA 级及以上旅游景区 58 家，其中 AAAAA 级旅游景区 1 家、AAAA 级旅游景区 18 家、AAA 级旅游景区 39 家；省级旅游度假区 6 家。等级民宿 48 家，其中白金宿 2 家，金宿 6 家，银宿 40 家，文化主题（非遗）民宿 3 家。

【实现省级全域旅游示范县（市、区）全覆盖】 2021 年，上虞区、诸暨市、嵊州市晋升为省全域旅游示范县（市、区），越城区完成省全域旅游示范县（市、区）公示，创建成功率 100%，在省内率先实现省级全域旅游示范县（市、区）全覆盖。

【旅游全域化基本形成】 2021 年，绍兴市实施"百城千镇万村"工程。至年末，有 AAAAA 级旅游景区城 2 家、AAAA 级旅游景区城 1 家，AAA 级旅游景区城 2 家；AAAAA 级旅游景区镇（乡、街道）8 家、AAAA 级旅游景区镇（乡、街道）19 家、AAA 级旅游景区镇（乡、街道）56 家；A 级旅游景区村庄 1146 家，其中 AAA 级旅游景区村庄 165 家。

【推进文化和旅游重大项目】 2021 年，绍兴市实施"一廊三带"、全域旅游和"四十百千"工程，一批新地标项目落地。入库全国文旅项目管理系统文化和旅游重点项目 229 个，计划总投资 1834.57 亿元。2021 年实际完成投资 282.46 亿元，当年完成率 118.49%，完成省厅年度任务指标 160 亿元的 176.54%，完成工作任务目标 200 亿元的 141.23%。

【推进旅游业"微改造、精提升"工作】 2021 年，全市 1487 个旅游业"微改造、精提升"项目入库省微改造项目全生命周期管理系统，总投资 34.57 亿元。全年计划投资 33.19 亿元，实际完成 34.05 亿元，完成率 102.59%，发现问题 10454 个，解决问题 10258 个。

【"红动绍兴"红色旅游品牌建设】 2021 年，绍兴市发掘梳理革命文物资源和红色文化内涵，推出"红动绍兴"红色旅游品牌。年内，举办"红动绍兴"红色研学旅行活动、红色旅游新闻对接会、红色遗迹图发布会、建党一百年临展、"红动绍兴"庆祝中国共产党成立 100 周年文艺精品展演、中国共产党成立 100 周年主题文艺巡演等"红动绍兴"主题系列文化和旅游活动 50 余场。公布绍兴市红色旅游基地 6 家，推出红色旅游线路 7 条。

【编制《中国禹迹图》《东亚禹迹图》】 2021年4月19日，市文广旅游局举行《东亚禹迹图》编制启动仪式暨禹迹图规范制定研讨活动。至年末，完成《中国禹迹图》资料整理，完成《日本禹迹图》翻译、《韩国禹迹图》绘制。

【绍兴禹迹标识牌安装】 2021年10月24日，市文广旅游局在宛委山举行禹迹标识揭牌仪式。64个禹迹点分布在越城区18个、柯桥区20个、上虞区7个、嵊州市7个、新昌县10个和诸暨市2个。其中，祭祀类23处，包括陵、庙、祠、寺、殿、像等类型；山体类20处，包括山、峰、穴、岩、石、台等类型；水体类13处，包括江、河、湖、溪、浦、塘、桥、井等类型；地名类6处，包括县、乡、村、坊等类型；歌舞类2处。

【旅游景区质量管理】 2021年10月，绍兴市旅游景区质量等级评定委员会宣布，对复核督查严重不达标或存在严重问题的7家国家AAA级旅游景区作出处理，其中2家摘牌，2家降级，3家责令限期整改。

【全国新闻媒体"跟着唐诗游绍兴"活动】 2021年9月17—18日，市文广旅游局主办"享诗路风华·品诗韵绍兴"——全国新闻媒体代表"跟着唐诗游绍兴"宣传推广活动。中央电视台、新华网、人民网、中新社、凤凰网、《中国日报》、《中国文化报》、《中国旅游报》、浙江电视台、《都市快报》等10多家主流媒体单位30余名代表参与包括唐诗之路绍兴采风、全国新闻媒体代表工作座谈、绍兴文旅形象IP发布签约、唐诗之路美食推介会等活动。

（市文广旅游局/提供）

文化旅游产业

【概况】 2021年，绍兴市从创建国家文化和旅游消费试点城市、文化和旅游"十四五"规划编制、文旅夜间消费集聚区建设、文创产品开发、文旅融合IP打造、经济运行统计分析、研学旅行发展等入手，推进文旅产业持续发展。绍兴市入选2021"全国研学旅行十大热门城市"。

柯岩鲁镇景区认定为"省级夜间文化旅游消费集聚区"，鲁迅路步行街(越城区)、安昌古镇(柯桥区)、飨街·越风(诸暨市)、吾悦美食街(嵊州市)、梅渚村(新昌县)认定为第二批"市级文旅夜间消费集聚区"，评定市级夜间经济特色门店(特色夜间书吧、特色夜间剧院、特色歌房、特色夜游景点)33家；认定第三批全市中小学生研学实践教育基地营地10家；越剧小镇、西施认定为省示范级文旅IP，新昌有新意、柯岩LOGO、四季仙果之旅、珍珠小镇新认定为省创建级文旅IP；鸿佑开颜谷文化养生旅游基地新认定为省中医药文化养生旅游示范基地，浙江百思寒羽绒股份有限公司、浙江同山醉美人酒业有限公司、喜临门家具股份有限公司新认定为省工业旅游基地，嵊州清溪漂流—覆卮山滑草—万年石浪、柯桥东方山水乐园—浙江国际赛车场—鉴湖直升机场新认定为省级运动休闲旅游精品线路，室内滑雪、峡洞漂流新认定为优秀项目。承办首届人民文创国际创意大赛颁奖盛典暨人民文创高峰论坛。实施全市旅游业高质量发展政策并兑现奖励资金918万元，兑付率97%。

【印发绍兴文化和旅游"十四五"规划】 2021年8月17日，市政府发布《绍兴市文化和旅游"十四五"规划》，提出实施文化遗产保护传承工程、公共文化和旅游服务提升工程、文化艺术繁荣发展工程、文化和旅游国际化推进工程、全域旅游示范创建工程、标志性文化和旅游项目建设工程、文化和旅游消费升级工程、文化和旅游数字赋能工程、文化和旅游品牌营销工程、文化和旅游协同合作等十大工程。《绍兴市文化和旅游"十四五"规划三年行动计划》同步印发。

【文旅企业培育】 2021年，绍兴市实施文旅企业梯度培育计划，认定省级领军型、骨干型、新锐型文旅企业18家。其中，绍兴金沙旅游发展股份有限公司评为2021年全市服务业重点行业规上企业亩产效益领跑者。落实市"小微企业三年成长计划"，开展"成长之星""优秀平台""优秀单位"评选认定工作，蔚蓝文化通过国家动漫企业评审。《小神驾到》入围中国文化艺术政府奖第四届动漫奖评审名单。

【绍兴市演艺集团揭牌】 2021年1月28日，绍兴市演艺集团揭牌仪式在绍兴工人文化宫举行。绍兴市演艺集团有限责任公司是经绍兴市委、市政府批准组建的市属大型国有文化企业，集团下设绍兴市演出有限公司、绍兴大剧院管理经营有限公司、绍兴越剧艺术发展有限公司、浙江绍剧艺术研究院、绍兴市演艺研究院、绍兴市文物有限公司、规划中的新绍兴大剧院及新组建的绍兴市歌舞剧院、绍兴市越剧团等单位。

【发布"十佳激活文化和旅游消费典型案例"】 2021年2月，市文广旅游局发布2020年度"十佳激活文化和旅游消费典型案例"。"周游绍兴·互游共通"系列活动、祝福·绍兴古城过大年、建立政企银机制推出金融帮扶政策、越城区"越宴十八味"美食品选、柯桥区夜鲁镇·周末市集、柯桥区欢乐酷玩·鉴湖之夜烟花音乐节、上虞区文化旅游风情街夜市、出台"杭州人免费游诸暨"政策&举办"同萍共振·荷力共赢"——2020杭州西湖·诸暨西施荷花会、嵊州"越剧千人唱"文化旅游活动、新昌鼓山夜市项目入选。

【2020浙江文化和旅游总评榜在绍兴颁奖】 2021年4月21日，2020浙江文化和旅游总评榜颁奖仪式暨"数智赋能文旅发展新时代"分享会在绍兴柯岩景区举行。现场发布浙江文旅融合高质量发展十佳县(市、区)、浙江十大数智景区、浙江十佳度假型酒店、浙江文旅促消费创新优秀案例等在内的十大榜单。绍兴市有15家单位、11个项目上榜。

【首届人民文创国际创意大赛颁奖典礼举行】 2021年5月18日，由《人民日报》、环球人物杂志社、人民文创(北京)文化发展有限公司主办的"美好生活 由我而创"首届人民文创国际创意大赛颁奖盛典暨人民文创高峰论坛在绍兴市上虞区举行。大赛自2020年9月25日启动，历时8个月，收到中国、德国、法国、奥地利等23个国家和地区的3269个机构及设计师的4255件参赛作品。评出银奖1名、铜奖6名、优秀作品奖8名、最受欢迎设计师奖1名、人气设计师奖10名、优秀组织奖13个、国际交流特别奖2个。在颁奖典礼上,《中国文创典鉴2020》举行首发及案例入典铭证仪式。当天,在上虞区举行人民文创华东中心落成仪式。

【参加第16届中国义乌文化和旅游产品交易博览会】 2021年9月25—27日,绍兴市参加第16届中国义乌文化和旅游产品交易博览会。绍兴馆以"水乡水韵"为主题,18家文旅企业参展,集中展现以纺织之都、同山烧之乡、原创动漫、大佛龙井、竹编工艺、黄酒为代表的文化和特色产品。绍兴市获"展会组织一等奖""优秀展台奖"。市文旅集团等7家企业获"优秀参展企业奖","妙色清声笔筒"等7件作品获"工艺美术奖"。

【2021年绍兴市文化和旅游商品征集大赛举行】 2021年9月30日至12月,市文广旅游局举办第6届绍兴市文化和旅游商品征集大赛,大赛以"历史名城·东亚文都""知行合一·大儒阳明""亚运游礼·创享绍兴"为主题。征集到文创产品、旅游商品、工艺美术品(非遗)、文博纪念品、本土特色产品、城市礼物、商务礼品、乡村及民宿伴手礼、亚运纪念品等作品350余件。评选出金奖6件、银奖7件、铜奖8件、优秀奖39件。其中,2件作品获中国旅游商品大赛铜奖,4件作品获"2021年省文化旅游总评榜·文创产品奖",3件作品获浙江特色旅游商品奖。

【中国研学旅行报告绍兴发布研讨活动】 2021年11月8—9日,由省文旅厅、中国旅游研究院、绍兴市政府、中国文化报社联合主办的"走读浙江"系列主题推广活动启动仪式暨中国研学旅行报告绍兴发布研讨活动举行。现场发布《2021中国研学旅行发展报告》《中国研学旅行发展的绍兴实践》《2021研学旅行热门城市&2021研学旅行企业案例》,成立浙江数字研学发展中心,举办"旅游业高质量发展与研学旅行的潜能""文旅融合与研学旅行的品牌化建设"研讨。绍兴会场与会人员参观"潮浙看"浙江八大文旅主题展和"绍兴研学旅行"主题展览。会议采取线上线下形式举行。国内研学旅行10位专家,全省11个地市文广旅游局分管领导,绍兴市文旅系统相关领导和负责人,中小学校和研学基地营地负责人,旅行商代表等100余人参加线下会议,线上15000余人进入直播平台参会。

2021年11月8日,"走读浙江 研学绍兴"——中国研学旅行报告绍兴发布研讨活动举行
(市文广旅游局/提供)

【文创产品开发】 2021年,绍兴市文旅集团开发文创产品38款,新增文创产品注册商标13个。完成"绍兴文旅IP共创营计划",开发文创产品设计20类近百件、活动策划方案8项、集团VI设计方案28种、古城VI设计方案11种。组织参加厦门红点展、"方寸之间汉字文创线上展"等活动。

(市文广旅游局、市文旅集团/提供)

广播电视

【概况】 至2021年末,绍兴市有广播电视播出机构6家(绍兴市广播电视台、柯桥区广播电视台、上虞区广播电视台、诸暨市广播电视台、嵊州市广播电视台、新昌县广播电视台),各广播电视台自办广播节目频率8个、电视节目频道8个,通过无线有线同步播出,全市电视台主频道均实现高标清同播。有有线电视网络公司6家[中广(绍兴)有线信息网络有限公司、中广(绍兴柯桥)有线信息网络有限公司、中广(绍兴上虞)有线信息网络有限公司、新昌华数数字电视有限公司、诸暨广电网络有限公司、嵊州市广电信息网络有限公司]。年内,未发生安全播出事故。

有线电视用户保有量161.15万户,广播电视综合覆盖率100%,总入户率92%。其中,镇乡农村用户72.28万户,入户率88.7%;城乡有线网络双向化率99.3%,其中城区双向化率99.7%、农村双向化率97.2%,有线网络双向化覆盖用户174.93万户,开通交互式用户27.94万户,互联网用户16.34万户。有线电视网络业务创收98879.34万元,广播电视台广告等业务创收14342万元,其他收入36558万元。

有线电视覆盖率100%,有线广播通响率100%,农村应急广播覆盖率100%。广播播出总时长45787.5小时,电视播出总时长43434小时。每周播出对农广播栏目43档,总时长7940分钟;每周播出对农电视栏目20档,总时长732分钟;市、县两级广播电视播出机构自办对农涉农栏目63档。为用户免费提供无线数字电视节目90余套,全面实现低保户有线电视免费覆盖和免费看电视。

【广播电视管理】 2021年,绍兴市文广旅游部门组织开展广电执法166次,出动执法人员595人次,取缔非法销售点17个,收缴非法卫星接收天线68个,拆除非法境外卫星电视接收设施621座,没收35套,行政处罚立案调查4件,发出整改通知书41份,宣传政策法规122次,发放《非法卫星电视接收设施专项整治行动宣传册》等资料6000余份。完成7项重大时间节点和重要活动期间安全播出保障任务。开展非法境外卫星电视接收设施整治、查处“黑广播”和违法违规广播电视广告清理等专项整治。落实电视台主频道、主频率早7点播放国歌、转播中央人民广播电台《中国之声》及《新闻和报纸摘要》节目专项督查工作。

【广播电视监测】 2021年，绍兴市广电监测中心完成监测天数365天，实时监测总量220套/天，实时监测时长总计1927200小时；巡检监测总量859套/天，巡检监测时长总计350400小时。处置广播电视监管平台报警188718条（广播报警680条，数字电视报警188038条），监测处置3起播出传输机构因技术故障引起的播出异态情况，连续6年呈下降趋势。

【广播电视评审评议】 2021年，市文广旅游局组织开展2020年度绍兴市广播电视节目奖、广电科学技术奖、视听评议评优等评审活动，共收到广播电视节目奖作品313件，经推荐，39件作品在省级评选中获奖，含一等奖2件，二等奖13件，三等奖24件。建立视听评议员队伍，组织编印《绍兴视听评议》12期。

【亚运频道落地】 2021年9月30日，绍兴市实现杭州电视台亚运频道信号全覆盖，确保绍兴市民收听收看2022年杭州亚运会。

【广电技能竞赛获佳绩】 2021年9月，在全省广播电视职业技能竞赛中，绍兴市获3个一等奖、3个二等奖、6个三等奖，11名参赛选手获“2021年全省广播电视技术能手”称号，2名选手推荐为“浙江金蓝领”奖候选人。市文广旅游局获“2021年全省广播电视技术能手竞赛优秀组织奖”。12月下旬，冯鹏钰代表浙江省参加全国比赛，获全国广播电视技术能手竞赛网络安全专业二等奖。

【广电“三服务”工作】 2021年，市文广旅游局深入开展“三服务”活动，梳理“最多跑一次”改革广电事项64件。帮助越城区融媒体中心和上虞区融媒体中心申报许可证。至6月底，绍兴7家新媒体平台全部获正式批文和证书。

【疫情防控宣传引导】 2021年12月初，上虞区突发新冠肺炎疫情，全市应急广播系统自12月7日起全面启动应急宣传，至12月末，总计投入12907个露天广播终端，覆盖101个乡镇（街道），1835个行政村，约239万人口。播放疫情防控信息1121条目、13171次，共计2375个小时。

（市文广旅游局/提供）

文化旅游市场管理

【概况】 2021年，绍兴市文广旅游系统全面实行政务服务2.0平台审批服务，审批办结事项966件；2个事项实现全省通办。全面实行“一网通办”“全城办”，群众测评满意率100%。至年末，绍兴市有登记在册的文化市场经营单位4138家，其中，网吧323家、游艺娱乐场所55家、歌舞娱乐场所270家、文物经营22家、印刷业1189家、出版物1183家、广播电视经营213家、电影71家、艺术品经营32家、文艺表演团体309家、演出经纪机构12家、演出场所46家、打字复印189家、艺术水平考级1家、网络文化71家、地卫21家、新闻出版企业报121家、其他10家。有旅游企事业单位205家，其中，星级饭店37家（五星级11家、四星级11家、三星级12家、二星级3家）；旅行社168家（出境社19家），其中品质旅行社43家（五星级1家、四星级23家、三星级19家）。在全省大赛中获二等奖2个、三等奖6个、优胜奖6个和工装表演赛三等奖。

【文旅市场主体培育】 2021年，绍兴市实施文旅企业梯度培育计划，新增省级金桂品质饭店2家、金树叶级旅游饭店2家、省采摘旅游体验基地28家。6家旅行社成为省百强旅行社，5家旅行社成为省融合创新旅行社。1名导游成为全国“金牌导游”，1名导游入选全国“金牌导游”培育名单。

【文旅市场安全生产工作】 2021年，市文广旅游局以旅游领域遏重大攻坚行动为重点，开展专项整治行动10余次，开展专题会议和培训7次，行业应急演练3次。安全生产责任状签订率100%。通过集中攻坚，100%落实重大风险管控措施，100%落实风险较大A级旅游景区流量管控措施。市、县两级A级旅游景区风险普查现场核验率100%。市级挂牌督办隐患82处，整改完成率100%；加强汛期安全监管，及时发布各类预警信息360次。文化和旅游市场平稳、有序，守住安全“红线”。

【文旅市场专项整治】 2021年，绍兴市文广旅游部门推进“护苗2021”专项行动、“绿叶”专项整治行动等，日常巡查出动25099人次，检查出动11341家次，查处违规54家次；举报（督查）受理15件；行政处罚立案调查189件，办结案件199件，办理重大案件4件，全年文旅市场零事故。1家单位入选2020年度查处重大侵权盗版案件有功单位。

【全市旅游饭店服务技能大赛】 2021年11月2—3日，由市文广旅游局、市人力社保局、市总工会、团市委以及市旅游协会主办的2021年绍兴市旅游饭店服务技能大赛在绍兴饭店举行。大赛设“迎亚运”特色服务设计、中餐宴会摆台、“迎亚运”主题宴会设计、中式铺床客衣服务4个项目。全市28支参赛队伍，135名选手参加。许建超、章小丽、梁佳成、赵永才分获各项目第一名。经市人力社保局、市总工会、团市委等单位核准，获奖选手分别被授予“绍兴市技术能手”“绍兴金蓝领”“市青年岗位能手”称号及晋升技师职业技能等级、晋升高级工职业技能等级。

（市文广旅游局/提供）

文旅推广交流

【概况】 2021年，绍兴市采用线上线下模式开展文化旅游推广交流，线下参加“第16届中国（义乌）文化和旅游产品交易博览会”“舌尖上的相遇——中东欧美食与‘诗画浙江·百县千碗’人文交流活动”“2021‘诗画浙江·百县千碗’旅游美食推广活动”“2021 杭州都市圈春季大联展”“浙东南联合体（江西）营销”“第17 届海峡旅游博览会”“2021 中国—东盟博览会旅游展”等推广活动，线上开展绍兴市文旅形象代言“兰小白”投放活动、“全国网红广电主播（百万‘粉丝’）绍兴采风活动”等，提升绍兴文旅影响力。

【文化旅游创新性宣传推广】 2021 年，绍兴市运用文旅 IP 代言形式，开展绍兴市文旅形象代言“兰小白”投放武汉东湖的宣传推广活动，获人民网等国家级媒体报道 4 篇；开展“全国网红广电主播（百万‘粉丝’）绍兴采风活动”。围绕“东亚文都”“红色旅游”“研学旅游”“亚运城市”等主题，在高铁、高铁站、公交站台、重点城市街区、超市智慧矩阵媒体等宣传载体开展宣传推广。协助 CCTV-10 拍摄《跟着书本去旅行》（绍兴仿古系列 6 集、鲁迅的绍兴岁月系列 7 集）、协助 CCTV-2 拍摄《回家吃饭》（绍兴美食 2 集）等。

【拓展市外省外文旅营销市场】 2021 年，绍兴市文广旅游部门组织参加“‘诗画浙江 · 百县千碗’农都美食小镇重点项目推介”“第三届大运河（苏州）文化旅游博览会”“第 17 届海峡旅游博览会”“2021 中国—东盟博览会旅游展”“2021 浙江省第十届运动休闲旅游节”等推广活动 9 次，展示绍兴特色文旅产品。与台州、温州等六地旅游部门联合向宁波市民推出旅游惠民“暖心大礼包”，助力浙东冬季文化旅游市场消费提档升级。

【建设“诗画浙江 · 百县千碗 · 绍兴佳肴”体系】 2021 年，绍兴市制定《“百县千碗 · 绍兴佳肴”“十个一”工作方案》，举办首届美食讲解员大赛，开展“十佳冷盘”“十佳小吃”评选活动，建设“诗画浙江 · 百县千碗 · 绍兴佳肴”数字驾驶舱，开通绍兴电视台《绍兴文旅行》专栏宣传“诗画浙江 · 百县千碗 · 绍兴佳肴”。至年末，全市认定市级美食体验店（示范店、旗舰店）36 家；获评省级美食体验店 17 家，省级美食街区（镇）1 个。

【全国摄影名家走进绍兴活动】 2021 年6 月 19 日，由市文旅集团有限公司主办的“稽山秀水古越景 百船百幅展百年”全国摄影名家走进绍兴活动在东湖景区启动。活动受到《人民日报》、新华社、人民网、《光明日报》、中新社、《中国青年报》、《中国旅游报》、《文汇报》、《新民晚报》澎湃新闻等媒体聚焦报道。

（市文广旅游局、市文旅集团 / 提供）

新闻出版

【概况】 2021 年，全市新闻出版和扫黄打非工作围绕“庆祝中国共产党成立 100 周年”主题主线，落实“最多跑一次”改革、“证照分离”改革、“互联网 + 监管”等工作要求，做好新闻出版行业行政审批等相关政务服务工作，打击各类非法有害内容和信息传播活动，持续推动软件正版化，严抓全市网络游戏领域监管治理，保障全市文化市场健康有序。市文化市场综合行政执法队董科获全国扫黄打非先进个人称号。

据 2021 年新闻出版年度核验报告统计，全市有出版物发行单位 654 家，其中批发类 25 家、零售类 629 家；公开发行报纸 7 家；印刷企业 1006 家；内部资料性出版物 91 家。开展新闻出版抽样统计调查，了解掌握新闻出版管理对象情况。

【扫黄打非专项行动】 2021 年，绍兴市持续加强内部资料性出版物监管，聘请专人审读，资料名称中无使用“报”“刊”“杂志”等问题，进一步规范版面标注，坚持积极正面内容导向；严控总量，落实集约化管理。部署开展“秋风”“净网”“护苗”等扫黄打非专项行动，严厉打击非法出版物、印刷品及有害信息，突出互联网主战场，开展网络游戏、网络文学、网络直播等专项整治。年内，市扫黄打非办公室组织专项检查 20 余次，检查场所 320 余家次，查处问题 35 个。加强宗教场所出版物管理。

【扫黄打非进基层】 2021 年，绍兴市持续推进扫黄打非进基层规范化标准化建设。柯桥区杨汛桥街道和门程村被评为扫黄打非进基层省级示范标兵，越城区斗门街道、上虞区小越街道倪梁村、诸暨市浣东街道陶湖社区、嵊州市剡湖街道、新昌县七星街道塔山村等 5 个基层单位被评为扫黄打非进基层省级示范点，入选数量列全省首位。

【案件查办】 2021 年，全市公安机关共查处扫黄打非类案件 25 起，成功申报全国挂牌督办案件 9 起，文化市场综合行政执法部门查处扫黄打非类案件 92 件次，有效形成对非法出版和有害信息传播活动的威慑。

【企业帮扶】 2021 年，“鼓励实体书店创新发展、创新经营模式纳入”写入绍兴市《关于促进文化产业发展的若干政策》的帮扶范围，设置专项资金，对符合条件的实体书店，每年给予实际房租 50% 的补助（最高不超过 50 万元，连续补助 3 年）。年内，累计发放补助资金 169.49 万元。组织实体书店参与省委宣传部购买阅读服务活动，绍兴人文图书有限公司、浙江柯桥新华书店有限公司入选。

（市委宣传部 / 提供）

精神文明建设

【概况】 2021 年，绍兴市精神文明建设工作以习近平新时代中国特色社会主义思想为指导，深入培育践行社会主义核心价值观，深化新时代公民思想道德建设，推进全域化文明城市创建，形成新时代文明实践示范品牌。

新昌县入围全国文明城市创建提名城市；柯桥区承办全省文化礼堂 2.0 版建设暨新时代文明实践中心建设工作现场会，“文明轻骑兵行动”获省委主要领导批示肯定；诸暨市入围浙江高质量发展建设共同富裕示范区首批试点城市，新时代文明实践中心建设经验先后被中改办简报《改革情况交流》和中央文明办简报《精神文明建设》刊发报道，省委主要领导两次批示肯定。

4 家志愿服务组织入选“河南省防汛救灾优秀志愿服务先进典型”，居全省第一位。4 个项目入围全国新时代文明实践志愿服务展示交流暨全省志愿服务项目大赛并获奖。“厕所革命”——解决农村低保“空巢”老人“如厕难”等3个志愿服务项目获2021年浙江省青年志愿服务项目大赛金奖,列全省第二位。柯桥区华舍中学俞和军获“全国岗位学雷锋标兵”称号。

【深化文明城市创建】 2021年8月,绍兴市召开深化创建全国文明城市工作推进会,修订完善《2021年绍兴市城市文明程度指数测评发布方案》。组织相关业务培训,解读国测、省测标准,修订《文明城市实地测评主要点位类型测评要求(2021年版)》,完善33种国测点位类型要求和省测点位卡片。建立市领导、市级部门、创建办三级督查工作机制,累计督查、通报、整改问题6000余个。组织文明创建专项考核测评,委托第三方开展文明程度指数测评,建立全市排名通报机制,督促问题清单整改落实,累计编发创建简报25期。启动文明城市创建“你拍我改”监督平台,累计发现并整改问题193个,新闻专题报道11篇。发挥绍兴电视台《今日焦点》《直播绍兴》栏目监督作用,拍摄专题暗访督查报道8篇,发布曝光专栏15期。

【开展“文明好习惯养成”系列活动】 2021年,绍兴市开展“文明好习惯”养成系列活动。印发《绍兴市“迎亚运讲文明树新风”活动方案》,开展“文明出行”“文明旅游”“文明礼仪”“文明窗口”“迎亚运做志愿”等六大专项行动。举办“文明出行”巡回宣传月、“迎亚运 讲诚信 促和谐——文明共建诚信社会”主题志愿服务等活动。以“迎亚运 讲文明 树新风”“礼让斑马线 云上看文明”等主题性文明实践活动为载体,持续推进十大文明好习惯养成工程。其中,“礼让斑马线 云上看文明”慢直播开通当天,最多同时观看直播人数达7.7万余人,累计观看42万余人次。

深入开展“践行文明餐桌 制止餐饮浪费”主题宣传教育活动和“公筷公勺”推广行动。推出《绍兴好人代言制止餐饮浪费》《公筷公勺·制止浪费——餐饮文明从家庭做起》等视频短片,在市、县两级主流媒体和1500余块电子显示屏展播倡导文明健康生活方式主题公益广告。发动9所省级文明校园自主拍摄创意短视频,组织道德模范、绍兴好人等先进人物开展制止餐饮浪费代言。

2021年8月14日,迎亚运 讲文明 树新风 文明城市创建“你拍我改”活动启动仪式举行

(市文明指导中心/提供)

【提升公益广告品质】 2021年,绍兴市创新公益广告原创设计和定位,开展公益广告标准化督查行动,有效提升公益广告标准和品质,邀请专家与红点设计学院共同探讨绍兴城市精神,统筹全市公益广告形象设计,完成《绍兴城市品牌视觉定位报告》《绍兴城市(公益广告)传达设计导则》;印发《绍兴市2021年文明城市建设公益广告宣传工作要点及责任分解》,广泛刊播展示庆祝中国共产党成立100周年、亚运文明城市等相关主题公益广告。部署开展公益广告征集评比活动,收到参赛作品影视类53件,平面类103件,广播类22件,网络类31件,墙体类7件,评比产生88件优秀公益广告作品。组织专班人员开展专项督查,更新、整治、清理不符合测评标准的公益广告6000余处。

【基层文明创建常创常新】 2021年,绍兴市启动新一轮(2021—2023年度)文明村镇、文明单位创建规划和申报。研发文明单位创建动态管理系统,对市级以上文明单位实行分级别、分属地量化考核赋分,实现一网到底,整体智治。组织“爱心驿站”、“我为群众办实事”文明单位志愿服务、结对共建送温暖等活动,倡导文明单位在文明城市创建中发挥示范引领作用,倡导文明单位主办、承办文明创建主题活动,促进文明村镇、文明单位晒比学。

【家庭家教家风建设】 2021年,市委办公室印发《关于开展六大行动推进家庭家教家风建设工作的通知》,家庭家教家风建设内容纳入全域文明创建,纳入意识形态考核。在全市推进新时代家庭观进户入心行动、党员干部清廉家风示范行动、文明家风培育弘扬行动、好家庭创树引领行动、家庭教育质量提升行动、家庭平安法治促进行动等六大行动。同时,在绍兴媒体上开设家庭家教家风宣传专题专栏开展公益宣传;在城乡社区普遍设立新时代家庭观宣传栏,制作刊播公益广告;组织“千村万户亮家风”、“越文明越风尚”家书传情、“好家风春联”送万家、“好家风好乡风”说唱等主题活动;家庭家教家风建设纳入移风易俗工作,健全红白理事会工作制度,完善村规民约、社区公约、家宴中心准入等措施,抵制餐饮浪费;抵制婚嫁陋习、天价彩礼、薄养厚葬等不良社会风气,引导群众在改陋习树新风中涵育文明乡风、良好家风、淳朴民风。

【新时代文明实践】 2021年,绍兴市印发《2021年绍兴市文明实践指数测评工作方案》,发布“文明实践指数”,委托第三方对全市100余个新时代文明实践中心、所(站)开展新时代文明实践指数测评,完成问卷调查600份,形成文明实践指数测评报告。完善市委宣传部联系区、县(市)文明实践中心工作制度,每季度至少开展一次指导协调工作。与市慈善总会合作建立绍兴市精神文明建设(新时代文明实践)基金,与市红十字会建立“文明实践·人道公益”志愿服务项目基金,实现全市新时代文明实践县级基金建设全覆盖,村级基金建设完成60%以上。邀请省内外专家、学者来绍兴开展现场教学、结构化研讨等，提升新时代文明实践中心建设能力水平。组织省内外媒体集中采风报道绍兴市新时代文明实践中心建设情况，拍摄制作文明实践专题片，常态化开展宣传活动。编印《新时代文明实践在绍兴》创新案例集，征集推选50个年度最佳工作案例。

【志愿服务】 2021年，绍兴市印发《2021年绍兴市开展志愿服务活动的实施意见》，开展“迎亚运做志愿”、“银龄跨越数字鸿沟”科普志愿服务、“迎亚运·讲诚信·促和谐”等主题志愿服务活动。探索主城区“15分钟志愿服务圈”建设，发挥雷锋广场、雷锋驿站等阵地场所作用，组织开展雷锋广场志愿服务活动6场，服务群众7000多人次。

【文明榜样选树】 2021年，绍兴市完善市、县、镇、村四级联动机制，推动身边好人推荐评议活动实现全覆盖。至年末，共选树绍兴好人84例，推荐上榜浙江好人24例，中国好人4例。李斌、王贤琴入选第七届浙江省道德模范。编印《绍兴好人故事集》1000册，拍摄《好人故事》专题片12部，组织好人事迹巡讲巡演活动10场。朱文美、章建利等参加浙江好人发布会和中国好人发布会。

【未成年人思想道德建设】 2021年，绍兴市继续深化文明校园创建，开展市级文明校园评选活动，加强对文明校园的动态管理，全面推动未成年人思想道德建设。至年末，累计开展“红色基因传承”“红色经典阅读”“红色根脉宣讲”“红色印记寻访”等活动1500余场次；打造“红色网上游”“跟着足迹学党史”“枫桥经验青少年传承教育”等具有地方特色的红色研学实践教育品牌；推进乡村“复兴少年宫”建设，在越城区马山街道新时代文明实践所成立全市首家乡村复兴少年宫；举办童心向党·2021年绍兴市“新时代好少年”颁奖典礼，评选表彰20名2021年绍兴市“新时代好少年”。

（市文明指导中心／提供）

地方志编纂

【概况】 2021年，绍兴市地方志部门聚焦中国共产党成立100周年和党史学习教育，全面推进“存史、资政、教化”各项工作。

据不完全统计，全市共出版县级志书1部［《绍兴县志(1990—2013)》］，乡镇村志6部(《大和村志》《桑渎志》《陶朱街道志》《燕窠村志》《儒一村志》《石溪村志》)，部门(行业、专题)志3部〔《绍兴市越城区教育志》《剡溪志》《万丰志(1994—2020)》〕；出版地方综合年鉴7部〔《绍兴年鉴(2021)》《越城年鉴2021》《柯桥年鉴(2021)》《上虞年鉴(2021)》《诸暨年鉴(2021)》《嵊州年鉴(2021)》《新昌年鉴(2021)》〕，部门年鉴1部〔《绍兴统计年鉴(2021)》〕。深化志书编纂成果应用，《绍兴市志(简本)》进入出版程序，启动《绍兴抗日战争志》编纂工作。试点启动《越城区志》编纂工作。

继续做好地方志资源开发利用工作，编写出版《奋进的足迹——新昌百年纪事》《绍兴城市文化论丛》《胡卜村文化记忆》等地情资料书籍。数字方志工作不断推进，市史志室开发掌上“绍兴史志”小程序，上线“绍兴史志”公众号；柯桥区史志室新增数字化整理成果容量1.03G，扩充志书检索系统数据，新增整本识别数据文本81个、36968页、数据容量233GB。

【《绍兴城市文化论丛》出版】 2021年1月，由市委党史室(市地方志编纂室)编、任桂全著的《绍兴城市文化论丛》由中国文史出版社出版发行。全书收录有关绍兴城市文化的研究性文章32篇、约40万字，以绍兴城市历史为经纬，既有贯通千年的宏观论述，也有着眼细节的细致考证，以此为读者理解和体悟绍兴城市文化的深度与广度、个性与魅力提供新的视角。该书是市史志室引入社会力量，开展绍兴城市历史发展和城市文化研究形成的研究成果。

【《绍兴年鉴(2021)》撰稿业务培训会举办】 2021年3月26日，绍兴市地方志编纂室在市行政中心会议中心举办《绍兴年鉴(2021)》撰稿业务培训会。《绍兴年鉴》近百名撰稿人及各区、县(市)史志办年鉴业务处室人员参加培训。会上，唐剑平研究员以“深化‘点面结合’的编撰思路，继续提升‘条目编撰’质量”为题，以《绍兴年鉴(2020)》为例，对如何提升年鉴条目编撰质量进行授课。

【《绍兴年鉴(2021)》正式发行】 2021年12月，市地方志编纂室编纂、方志出版社出版的《绍兴年鉴(2021)》出版。全鉴由卷首、百科、卷尾三部分组成，按类目、分目、条目3个层次框架编排。卷首设彩页、地图、目录、特载、专记、大事记和市情概要；百科部分按事物属性设35个类目、274个分目，有表格89张，图7张，随文照片208幅；卷尾设索引。集中反映2020年度绍兴市中心工作和年度新事、特事、大事、要事，展现了地域特色和发展盛况，突出年鉴服务现实的功能。本鉴首制数字版，读者可通过微信扫码在手机上阅读。

【《绍兴年鉴(2020)》获全国市级综合年鉴一等奖】 2021年12月31日，中国地方志指导小组、中国地方志学会印发《关于对第八届全国地方志优秀成果(年鉴类)的通报表扬》，《绍兴年鉴(2020)》获市级综合年鉴一等奖。

（市地方志编纂室／提供）

档　案

【概况】 至2021年末，全市档案局(馆)总建筑面积102574.6平方米。其中，库房面积37894.63平方米。有馆藏档案2232个全宗、3390457卷，音像影片档案11629盘，照片档案309291张。其中，绍兴市档案馆馆藏档案567个全宗、1010369卷，音像影片档案368盘，照片档案78372张。全市档案馆共有机读目录3496.89万条(案卷级目录339.10万条、文件级目录3157.79万条)。全市馆藏纸质档案数字化成果2350474卷。其中，绍兴市档案馆馆藏纸质档案数字化成果422655卷。

全市累计开放档案456384卷。其中，绍兴市档案馆全年累计开放档案8242卷。累计利用档案68415人次、180760卷(册、件)次。其中，绍兴市档案馆全年累计利用档案11235人次、12778卷(册、件)次。

编写参考资料8种约241.7万字，举办档案文化展览25次(其中，绍兴市档案馆4次)，接待观众78305人次(其中，绍兴市档案馆25000人次)。编纂出版《记忆绍兴2020》《初心如磐——绍兴市红色档案选粹》《绍兴台门》等书籍。

推出"红色档案故事汇"课堂60余场次，接待青少年学生1500余人次；推出《献礼建党100周年——档案里的"红色会稽"人物》《越里乡愁·家谱档案》《历史上的今天·绍兴档案日历》等微信公众号栏目。

全市综合档案行政管理部门共有专职档案干部13人，均为大专以上文化程度。全市档案部门有专职档案干部109人，其中大专以上文化程度108人。

【推进档案数字化改革】 2021年，绍兴市档案局、市档案馆以档案数字化改革为牵引，推进档案治理体系现代化。基本实现全市婚姻登记数据化，完成100万对婚档数据初步治理；推进"云协同零纸质"档案出证服务项目，并通过国家档案局科技项目立项；推行党政机关电子文件单套归档和电子档案单套管理；抓实政务服务事项电子化归档；市本级新创建示范数字档案室6家，85%达到规范化数字档案室标准。教育、卫生系统新增规范化及以上数字档案室20家。

【开展"三地一窗口"档案资源征集工作】 2021年，市档案局、市档案馆广泛开展"八八战略"档案、脱贫攻坚档案、疫情档案、院士档案、地方名人档案、红色档案等专项征集工作，建设特色档案数据库。向市委党史室、新四军研究会和各区、县(市)档案馆，有关革命历史纪念馆，民间红色文物藏品馆征集红色档案资料500余件，建立红色档案特色数据库。开展纪念辛亥革命110周年档案专项征集活动，收集蔡元培相关数字化论文817篇，征集到蔡元培题碑、楹联、书画等珍贵档案。接收漓渚铁矿破产企业档案1394卷、2319件；接收市疫情防控指挥部疫情防控档案2156件。常态化开展企业退休职工档案、婚姻档案、公证业务档案、医学出生证明等民生档案收集整理工作。至年末，市档案馆累计接收各类档案3074卷、26335件。

2021年5月7日—12月31日，"建党百年　初心如磐——长三角红色档案珍品展"在绍兴市档案馆举行
（市档案馆／提供）

【提升档案利用服务水平】 2021年，市档案局、市档案馆切实加强疫情防控常态化下的档案公共服务。实施电话预约、线上线下服务相结合，引导社会公众通过"浙里办"App、"绍兴档案"微信公众号进行查档预约和咨询；开通"机关查档直通车"，基本实现部门查档"跑零次"；深度参与长三角地区民生档案"一网通办"工作，民生档案共享共用得到充分拓展；进一步升级优化远程利用系统，提高市域115个远程出证点工作人员业务能力和服务水平；开展"我为群众办实事"档案进社区活动，在斗门街道昌明社区便民服务中心设立档案查阅点。至年末，新增向社会开放档案2.9万件，累计接待查档9770人次，查阅档案7176卷(件)，通过档案服务网网上查档5639件。

【"建党百年　初心如磐——长三角红色档案珍品展"】 2021年5月7日—12月31日，市档案馆举办"建党百年 初心如磐——长三角红色档案珍品展"。展览精选浙江、江苏、安徽、上海长三角"三省一市"20余家档案及文博部门珍藏的近500件革命历史档案文献和影像资料，分"开天辟地宏图起""革命洪流风云咤""中流砥柱御外侮""天翻地覆慨而慷""融杭联甬接沪"五部分，展示了中国共产党团结带领长三角区域人民坚守初心使命，谋求民族独立和人民解放的壮阔图景。共接待参观人员2.5万余人次，团队讲解470余场。

【编写《初心如磐——绍兴市红色档案选粹》】 2021年，市档案馆编著《初心如磐——绍兴市红色档案选粹》。该书以图文并茂的形式，以原始档案史料为依托，精选编录了中国共产党在绍兴从早期马克思主义的传播，到大革命和土地革命时期、抗日战争时期、解放战争时期的部分国家综合档案馆馆藏革命历史档案，同时也收录一些散存在全市各地英烈纪念馆以及革命烈士亲属、社会收藏人士珍藏的革命历史档案，共300余件。

（市档案馆／提供）

著述书目提要

【人物传记与研究】

《胸中海岳　笔底风雷》 鲁迅著，平装16开本，中国文史出版社2021年3月第1版。该书是"百年中国记忆之文学家自述丛书"之鲁迅本，精选鲁迅回忆性文章若干篇，分"童年与故乡""求学之路""杭州—北京""厦门—广州""上海岁月"五辑。

《徐文长与青藤书屋》 吴传来著，平装 32 开本，西泠印社出版社 2021 年 3 月第 1 版。该书是作者以往发表的徐文长和青藤书屋故事的汇编。

《大禹传》 李永鑫编著，平装 16 开本，中国文史出版社 2021 年 4 月第 1 版。该书梳理了大禹的生平事迹、治水功绩、建国治国功勋等基本情况。

《衢虞岁月》（增订本） 毛士英著，平装 16 开本，中国文化出版社 2021 年 4 月第 2 版。该书系回忆录。其中，大量篇幅涉及 20 世纪 70 年代以来上虞水利建设与发展。

《蒋智由全集》 王敏红、钱斌、丁胜编注，平装 16 开本，浙江大学出版社 2021 年 10 月第 1 版。首次将蒋智由的诗文汇编成集，分诗集、著作集、文集三部分，展示蒋智由人生轨迹和在思想、艺术等方面取得的成就。

《夏丏尊年谱》 薛玉琴、陈才著，精装 32 开本，浙江大学出版社 2021 年 11 月第 1 版。该书以谱牒学为学术方法，记载夏丏尊生平事迹、思想与活动轨迹，并撰写分年大事记。

《天地放翁——陆游传》 陆春祥著，精装 16 开本，作家出版社 2021 年 12 月第 1 版。该书以散文笔法描写陆游人生不同阶段的性格多面性和人生低潮落拓时的心理负累。

【文艺类】

《向年年》 陈三月著，平装 16 开本，浙江文艺出版社 2021 年 3 月第 1 版。该书描写一个“80 后”女孩的成长史，从打工妹到轻纺城风云布商，虽尝尽人情冷暖，但依然向阳而生的故事。

《草丛小小花——徐建达诗歌散文集》 徐建达著，平装 16 开本，团结出版社 2021 年 3 月第 1 版。该书集作者 300 余篇诗、词、散文，以创作时间先后排序。

《四十不错》 陈三月著，平装 32 开本，北方文艺出版社 2021 年 4 月第 1 版。该书分两辑，共 30 篇随笔，描述了人到四十，在天真和成熟间徘徊游离的状态。

《过往》 艾伟著，精装 32 开本，浙江文艺出版社 2021 年 7 月第 1 版。该书讲述的是一位“另类母亲”的故事。

《“清白泉”杯全国清廉诗歌散文大赛获奖作品选(2019—2021)散文卷》 中共绍兴市纪律检查委员会编，精装 16 开本，浙江文艺出版社 2021 年 9 月第 1 版。该书从三年参赛作品中评选出 26 件获奖散文集结而成。

《从西陵渡到天台山》 东方浩著，平装 32 开本，北京燕山出版社 2021 年 10 月第 1 版。该书撷录作者 140 余首短诗，展示浙东唐诗之路上的精华风景，抒发作者行走在唐诗之路上的心路历程。

《被尖叫刺穿》 金晓磊著，平装 16 开本，宁波出版社 2021 年 11 月第 1 版。该书被编入“鲁迅故乡作家文库”第三辑，收录作者的 12 篇中短篇小说。

《痴人街》 陈文超著，平装 16 开本，宁波出版社 2021 年 11 月第 1 版。小说描写了一群小人物面对不断改变的命运时所产生的无奈和困惑。

《人间喜句》 陈天政著，平装 32 开本，敦煌文艺出版社 2021 年 12 月第 1 版。该书由 15 个短篇构成，分为“咫尺远”“浮世绘”“无穷尽”三部分。

《越地诗章散文集》 邢增尧著，平装 32 开本，中国书籍出版社 2021 年 12 月出版。作者尽可能还原历史现场和时代温度，采撷当事人尚未被人揭示过的沧桑之美。

【地情资料类】

《泛舟若耶》 傅建祥等编著，平装 32 开本，浙江工商大学出版社 2021 年 1 月第 1 版。该书较为系统地介绍了以若耶溪、云门寺为中心的绍兴的地理文化景观，挖掘若耶溪、云门寺等地标的历史文化内涵。

《桥——“枫桥经验”的风雨历程》 衣向东著，精装 16 开本，中国言实出版社 2021 年 2 月第 1 版。该书对“枫桥经验”55 年发展历史上的人、事进行溯源采访和梳理。以“枫桥经验”践行者、亲历者的个体故事，对“枫桥经验”精神内涵和价值所在进行诠释。

《诸暨人的性格脾气》 金星著，平装 16 开本，吉林文史出版社 2021 年 2 月第 1 版。该书分析了诸暨人的性格脾气，对其成因进行了试析。

《西施艺文作品录》 郦圆编著，平装 16 开本，吉林文史出版社 2021 年 3 月第 1 版。该书是有关西施的艺文作品种类的资料汇编本，以诸暨图书馆收集的有关西施艺文作品为限。

《书香阅味》 绍兴图书馆编，平装 16 开本，国家图书馆出版社 2021 年 3 月第 1 版。该书遴选“越读越有味·全民读好书”主题征文活动的 102 篇优秀文章集结而成，分“记忆中的经典”“难忘的读书地”“好书伴我成长”“书人书事书缘”“我的读后之感”五辑。

《堕民史料选编（上、下）》 谢一彪编，平装 16 开本，北京燕山出版社 2021 年 4 月第 1 版。该书从档案资料、契约文书、地方志、明清笔记小说、民国报刊、田野调查资料、民间歌谣谚语等历史文献资料中搜集和整理有关堕民的起源、分布、人口、姓氏及堕民行当的研究等内容。

《百年回眸》 中共绍兴市委宣传部、绍兴市文学艺术界联合会主编，平装 16 开本，浙江工商大学出版社 2021 年 5 月第 1 版。该书收录绍兴 11 位作家的 8 篇小说和 2 篇纪实文学作品，既有描写战争年代的烽火硝烟，又有描写普通民众的觉醒抗争，对改革开放年代社会各领域的发展也着墨甚多。

《江湾往事》 叶坚著，平装 16 开本，中国言实出版社 2021 年 9 月第 1 版。该书描写改革开放初期江湾百姓的生活状态，主人公的坚持正义与不甘堕落。

《与成语跳舞》 吕群芳著，平装 32 开本，浙江少年儿童出版社 2021 年 5 月第 1 版。该书以 66 个短小的故事引出相关的成语，展开联想，畅叙古人的幽怀和自己的感悟。

《柯桥文学十年作品选》 绍兴市柯桥区作家协会编，平装 32 开本，经济日报出版社 2021 年 8 月第 1 版。该书编选柯桥本土 36 位作家 2010—2020 年间创作的 70 余篇文学作品，按小说、散文、诗歌文体分类，反映柯桥的发展和民众的心声。

《乡村女支书杭兰英》 陈秀春著，平装 16 开本，浙江工商大学出版社 2021 年 6 月第 1 版。该书分十个篇章，展现杭兰英同志为新农村建设锐意进取，担当奉献的历程。

《春风里相逢:上虞文学十年散文卷》 丁志强主编,平装32开本,文汇出版社2021年12月第1版。该书分“虞山舜水”“乡土人文”“风情风物”“岁月钩沉”“世事随想”五部分。

《英雄的旗帜》 顾志坤著,平装16开本,浙江文艺出版社2021年7月第1版。作家在第一手资料基础上,创作和讲述了上虞章镇抗战英雄观杰的生平事迹。

《王厚之集》 (南宋)王厚之著,诸暨文丛编辑委员会编,精装16开本,浙江古籍出版社2021年5月第1版。该书从南宋诸暨人王厚之仅存的《复斋钟鼎款识》《汉晋印章图谱》中,征集国内最好的版本予以影印,并辑录相关诗文而成。

《彩裳》 唐堂著,平装16开本,研究出版社2021年4月第1版。该书通过真实的历史事件,展现改革开放40年间中国轻纺城走向世界的历程和一代人的命运。

《上虞特藏故事》 上虞区档案馆编,精装16开本,西泠印社出版社2021年5月第1版。该书以“上虞区档案馆特藏库”2700余件特藏档案中筛选出的38件(组)珍贵档案作为核心主线,展示上虞人民自强不息,奋勇前进的精神。

《绍兴有意思》 冯建荣著,精装32开本,浙江工商大学出版社2021年5月第1版。作者用500个短小精悍的段子,勾勒出一个生动有趣、多元立体的绍兴形象。

《金萧烽火》 诸暨市新四军历史研究会编,精装16开本,人民日报出版社2021年5月第1版。该书图文并茂记录抗战时期新四军浙东游击纵队金萧支队从建立到发展壮大,领导金萧地区人民为保家卫国、赢得民族的独立解放而进行的艰苦卓绝、英勇奋斗的历史事实。

《创新思维与文旅融合发展》 傅建祥著,平装32开本,浙江人民美术出版社2021年5月第1版。该书是《新文旅丛书》之一,对中国旅游业发展存在问题进行剖析,提出解决路径,特别对旅游休闲、文旅融合、绍兴文旅创新提出见解。

《网络文学与旅游IP打造》 傅蓁著,平装32开本,浙江人民美术出版社2021年5月第1版。该书是《新文旅丛书》之一,通过网络小说旅游IP打造的探索与实践,提供文旅融合的绍兴样本。

《唐诗之路与全域旅游创建》 傅建祥著,平装32开本,浙江人民美术出版社2021年5月第1版。该书是《新文旅丛书》之一,从绍兴“稽山鉴水唐诗路”切入,就激活会稽山文化,做深做足水文章,以及绍兴人文山水、跟着唐诗去旅游等问题进行阐述。

《兰亭书法与休闲度假建设》 傅建祥、王致涌、金泽民著,平装32开本,浙江人民美术出版社2021年5月第1版。该书是《新文旅丛书》之一,对“兰亭雅集”的历史背景,《兰亭集序》的文化价值以及对后世的影响作全新诠释,对兰亭书法之旅、兰亭休闲与度假发展提出见解。

《新时代伟大工程的绍兴探索》 中共绍兴市委党校编著,平装16开本,浙江人民出版社2021年6月第1版。该书从政治建设、思想建设、组织建设、作风和纪律建设、制度建设五个方面,采取叙论结合方式,呈现新时代以来伟大工程的绍兴探索。

《初心如磐——绍兴市红色档案选粹》 绍兴市档案馆编,精装8开本,中国文史出版社2021年7月第1版。该书精选编录中国共产党在绍兴从早期马克思主义的传播,到大革命和土地革命时期、抗日战争时期、解放战争时期的部分国家综合档案馆馆藏革命历史档案,也收集了一些散存的革命历史档案。

《稽山红遍:绍兴市不可移动革命文物保护利用图集》 绍兴市文化广电旅游局、绍兴市文物局编,平装16开本,浙江摄影出版社2021年7月第1版。该书集合全市147处革命文物保护利用的有关情况,向人们展示中国共产党波澜壮阔的百年征程及伟大历史贡献。

《鲁迅与他的乡人末编》 绍兴鲁迅纪念馆编,平装16开本,上海社会科学院出版社2021年8第1版。该书由原绍兴鲁迅纪念馆馆长裘士雄撰著,主要分为“鲁迅与绍兴(续编)”“鲁迅与他的乡人末编”及作者所写的部分序与跋。

《绍兴台门》 徐瑾、周筱芳著,绍兴市档案馆编,平装16开本,中国文史出版社2021年8月第1版。该书基于绍兴全域台门建筑的调查研究工作,筛选、整理形成60多个绍兴台门建筑档案。

《浙江清廉思想史——绍兴卷》 中共绍兴市纪律检查委员会编,平装16开本,浙江人民出版社2021年9月第1版。该书梳理了绍兴清廉思想发展历史,研究挖掘清廉人物故事、清廉思想理论与清廉制度举措,提炼清廉文化内涵和特质。

《新时代基层监督的“枫桥经验”绍兴的探索与实践》 中共绍兴市纪委 市监委编著,精装16开本,中共中央党校出版社2021年9月第1版。该书阐述绍兴创造性发展运用“枫桥经验”探索出一条自上而下专责监督与自下而上群众监督相结合的基层纪检监察监督新路径。

《万化根源总在心·王阳明心学智慧与生平行迹》 李永鑫著,平装16开本,浙江教育出版社2021年10月第1版。该书分上、下两册,上册选取《王阳明全集》中200句心学智慧语言,展现阳明心学智慧的四大架构。下册展示王阳明余姚到北京的求学之路,北京到贵州的贬谪之路,贵州到江西、北京、南京、两广的事功之路。

《2021年绍兴发展研究报告》 何云伟、李俊、罗新阳、葛斐等编著。平装16开本,国家行政管理出版社2021年11月第1版。该书设市域篇、县域篇、改革篇,26个专题,展现2020年绍兴市经济发展的实践,提出推动2021年发展的对策建议。

《风起越城——口述历史》 绍兴市越城区档案馆编,平装16开本,西泠印社出版社2021年11月第1版。该书是越城区档案馆“声动越城”口述历史征集建档工作成果之一,运用口头叙事和音视频录制的方式,整理和记录越城区发展过程中的轶闻史事。

《树兰文丛》 绍兴图书馆编,平装16开本,国家图书馆出版社2021年12月第1版。该书是为纪念古越藏书楼创建120周年而成,收录“图情论坛”文章13篇,“学术研究”文章9篇,“越地人文”文章7篇,“书苑风雅”文章6篇。

【史志鉴类】

《绍兴市水利志》 邱志荣主编,平装16开本,中国水利水电出版社2021年3月第1版。该书全面梳理记录了约10万年(地球第四纪晚更新世至2013年)间,绍兴地区自然环境沧海桑田的变迁,越民族顺应自然、改造自然的巨大努力，以及历代水利建设的艰辛历程、伟大成就、深远影响。

《剡溪志》 嵊州市政协剡溪志编纂委员会，精装16开本，中国文史出版社2021年7月第1版。该书是记述剡溪流域2000多年历史的文化专志。

《万丰志(1994—2020)》 陆秀雅编著，精装16开本，中国社会科学出版社2021年7月第1版。该志以年份的局部叙事为章节结构，侧重于史料记述，用文字还原万丰集团从车轮起步、走向产业不断转型升级及多元化、国际化的艰辛与曲折，构成了一部完整的创业史。

《崧厦镇志》 王胜坚主编，精装16开本，方志出版社2021年11月第1版。本志书记述了崧厦不同时期的经济、社会、文化、环境等历史和现状，收集、整理了大量崧厦的历史、文化、名贤的资料，纵述史实，明古详今，述而不论。

《绍兴年鉴2021》 绍兴市地方志编纂室编，精装16开本，方志出版社2021年11月第1版。该鉴全面、系统地记载绍兴市现有行政区划内2020年自然、经济、政治、文化、社会等方面的基本情况。

《柯桥年鉴(2021)》 柯桥区史志室编，精装16开本，方志出版社2021年12月第1版。该鉴记述柯桥区2020年度经济、政治、文化、社会和生态文明的基本面貌及发展状况。

【学术研究】

《绍兴一中·养新书藏文献丛刊》 马学强、朱雯主编，精装16开本，商务印书社2021年1月第1版。该书选取绍兴一中保存珍贵古籍图书中的20余种，分5卷出版，每一文献前配有专家导读，介绍版本情况、主要内容与文献价值等。

《浙江堕民研究》 谢一彪著，平装16开本，中国社会科学出版社2021年3月第1版。该书对宋以来区域性贱民——堕民的起源、分布及其人口、入籍脱籍，内婚制及其向外婚制的蜕变，固定服役的对象——主顾的起因、买卖、租赁及其继承、堕民的多神信仰，区别于平民的衣食住行等，作较为深入的探讨。

《海上观云集初编》（清）蒋智由著，平装16开本，中国文化出版社2021年4月第1版。该书为诸暨市店口镇乡贤文化研究会主编丛书之一。该书由作者撰写的人类学、社会学、民俗学的文章集成该书，旨在传播和宣扬新文化，开启民智，爱国救国。

《矜式百世：绍兴史学史》 罗衍军著，平装16开本，中国社会科学出版社2021年5月第1版。该书探究自《越绝书》《吴越春秋》始，至民国时期绍兴史学的内容、发展历程、影响，探究绍兴史学演变的复杂脉络及深层缘由。

《中国越学第十二辑》 汪俊昌、潘承玉主编，平装16开本，中国社会科学出版社2021年5月第1版。该书是浙江省哲学社会科学重点研究基地——绍兴文理学院越文化研究中心主办的定期出版物。主要研究江南及两浙文化、越地文化。

《绍兴禹迹标识导读》 何俊杰、邱志荣、张卫东等主编，平装16开本，中国文史出版社2021年11月第1版。该书包括绍兴禹迹标识牌、《绍兴禹迹标识图》、正编、副编等，正编汇总了各区、县(市)的禹迹点，副编收集国内外学者研究大禹文化的最新发现和成果。

《堕民行当研究》 谢一彪著，平装16开本，浙江大学出版社2021年12月第1版。该书首次对绍兴堕民吹打班和清音班进行考察，首次对堕民婚丧、寿庆及迎神赛会的礼俗音乐进行考察，对堕民行当的新生等进行探讨和研究。

【书画艺术类】

《畸人青藤：徐渭书画作品集》 绍兴博物馆、徐渭艺术馆编，精装8开本，上海书画出版社2021年4月第1版。该书收录“畸人青藤：徐渭的故事”展览作品67件，包括书法、绘画、拓片三大类，概要地叙述徐渭艺术成就和对后世的影响。

《嵊州人——徐鄂麒钢笔人物速写》 徐鄂麒著，平装16开本，吉林文史出版社2021年10月第1版。

《栖凫村》 王晓明、王时雨著，精装12开本，西泠印社出版社2021年11月第1版。该书是一对爱好摄影的绍兴父子用镜头记录行将消失的村庄——栖凫村。

《百年回眸》 中共绍兴市委宣传部、绍兴市文学艺术界联合会编，精装16开本，浙江人民美术出版社2021年12月第1版。该书为绍兴市庆祝中国共产党成立100周年主题美术、书法(篆刻)优秀作品集。收录绘画作品38件，书法作品65件，篆刻作品30件。

《凿光留痕：郑兴国根雕艺术精品集》 浙江省博物馆编，平装16开本，浙江摄影出版社2021年9月第1版。该书收录了浙江省工艺美术大师、浙江省非物质文化遗产项目(嵊州根雕)代表性传承人郑兴国的近40件作品。

【教育类】

《我们现在如何做父母》 蔡朝阳著，平装32开本，上海社会科学院出版社2021年2月第1版。该书收录作者42篇教育随笔。

《稽府新荷》 绍兴市稽山中学编，平装16开本，海豚出版社2020年4月第1版。该书是“稽山中学国学培优丛书”优秀作品展示部分，收录了54篇作品，按照体裁不同分为“形散神聚”“虚实相生”“戏里人生”“诗者志也”四个篇章。

【谱牒类】

《浙江俞氏宗祠》 俞坚中主编，精装8开本，浙江古籍出版社2021年5月第1版，该图集是以省域范围和姓氏为主题的家族史料性汇编读本，记录了历史较为完好和近年来新建的俞氏祠堂129座，并载录了历史曾有但现已不存的206座俞氏宗祠名录。

《绵延瓜瓞：嵊地宗谱书目题要》 张小英主编，精装16开本，中国文史出版社2021年5月第1版。该书收录嵊州市图书馆所收集的嵊籍家谱，包括有分支徙嵊的周边县市家谱、家谱考订之作或有关家族历史的著述。

《山阴光相桥王氏宗谱》 张校军、释净芳总纂，平装16开本，广陵书社2021年10月第1版。该宗谱据光绪二十年王庸敬所纂《王氏通谱》《上菁李家踏王氏宗谱》《开元王氏宗谱》《姚江王氏宗谱》等原谱，参考《王阳明全集》，采用“欧苏遗式”而成。

（市文广旅游局／提供）

卫生健康

综　述

【概况】 2021年，绍兴市深入实施健康中国战略，聚焦“全面提升传染病防治能力、全力打造区域医学高地、全心创建综合医改先行区、全速提升健康绍兴品质、全域提升医疗卫生健康治理能力”目标，全面提升全国城市综合经济实力30强卫生指标，高分通过第五次国家卫生城市复审，被评为全国健康城市建设样板市。

至年末，有各级各类医疗卫生机构2864家，其中等级医院30家(三级16家，二级14家)，疾病预防控制机构7家，卫生健康监督机构7家，镇(乡、街道)社区卫生服务中心46家，社区卫生服务站541家，卫生院66家，村卫生室1002家。全市医疗机构实际开放床位32342张，平均每千户籍人口拥有床位7.24张。有卫生专业技术人员44228人，其中，执业医师和助理医师18108人，平均每千人4.05人；注册护士18899人，平均每千人4.23人。

【机构编制调整】 2021年，绍兴市撤销市卫生健康委下属单独设置的绍兴市干部保健中心，在绍兴市人民医院增挂绍兴市干部保健中心牌子，增设内设管理机构“干部保健办公室”。整合绍兴市继续医学教育中心、绍兴市医学学术交流管理中心，设立“绍兴市继续医学教育和医学学术交流管理中心”(市卫生健康委管理的公益一类事业单位)。绍兴市卫生健康行政执法队、绍兴市计划生育协会重新登记继续参照公务员法管理。

【印发卫生健康事业发展“十四五”规划】 2021年6月，市政府印发《绍兴市卫生健康事业发展“十四五”规划》。规划提出，到2025年，绍兴市基本建成与经济社会发展水平相适应、与城市功能定位相匹配的整合型、智慧化医疗卫生服务体系，重大疫情防控和公共卫生应急管理能力显著提升，人人享有更加公平可及、综合连续、经济有效的全方位全周期健康服务，居民主要健康指标持续保持在高收入国家水平，卫生健康综合实力进入全省“第一方阵”，卫生健康指标不断争先进位，奋力打造高水平健康浙江市域标杆的总体目标。部署打造公共卫生安全市、打造区域医学高地、打造整合型医疗服务体系样板、打造高品质健康城市、打造综合医改先行区、打造智慧健康示范区、打造全周期健康管理领航地、打造中医药特色鲜明示范区、打造健康产业集聚区等九大工作任务。

【印发突发公共卫生事件应急管理“十四五”规划】 2021年6月，市政府印发《绍兴市突发公共卫生事件应急管理“十四五”规划》。规划提出，到2025年，建成指挥高效、决策科学、运转有序、协同联动、整体智治、保障有力的公共卫生应急管理体系，将重大传染病疫情和突发公共卫生事件对人民生命健康和经济社会发展的影响降到最低，努力把绍兴建设成为全国公共卫生最安全的城市之一。部署完善突发公共卫生事件应急管理机制、健全公共卫生服务体系、提升公共卫生应急科技创新水平和提高应急保障能力四大工作任务。

【卫生健康服务“最多跑一次”改革】 2021年，绍兴市本级139项卫生健康政务服务事项全部实现“最多跑一次”，其中126项事项实现即办，占全部事项的89.21%。直接取消审批事项5项、审批改为备案1项、实行告知承诺4项、优化审批服务8项。至年末，共实现112个全省通办事项和5个事项跨省通办事项；母婴保健专项技术服务许可(人员注销)等6个事项实现申请智能“秒办”。市卫生健康窗口共办理各类行政审批和服务事项1580件，及时办结率100%，群众满意率100%。完成食品安全企业标准备案系统审核378件次，受理办结备案115件，顺利完成食品安全标准跟踪评价工作。

【卫生健康工作数字化改革】 2021年，绍兴市迭代升级“互联网+医疗”，推进“5G+院前急救”区、县(市)全覆盖，率先对接“浙江急救”云平台并正式运行，形成院前医疗急救可追踪可溯源、数智一体化的绍兴经验。老年数字健康服务等5个项目入选首批省卫生健康委创新项目储备库。探索建设疫情防控多点触发预警系统，覆盖1225所中小学校和幼托机构。建成全市12分钟医疗急救圈，平均急救反应时间缩短至11分35秒，比2020年提速24秒；构建区域AI辅助诊疗应用平台。至年末，“云急救”平台服务患者40983名，实时访问出车状态率79.4%，群众满意度99.6%；AI辅助诊疗应用平台累计完成绍兴市域病人诊断262525例，在东西部协作中提供诊断3113例。

【推动民生实事工程】 2021年，绍兴市卫生健康委开展省民生实事3项，新增村卫生室(社区卫生服务站)58个、实施传染病院(病)区改造项目25个、实施疾病预防控制中心标准化改造项目5个，均超计划完成。开展免费直肠癌筛查和结肠镜检查，完成50—74周岁重点人群结直肠癌筛查 188887 例、结肠镜检查 12504 例，检出结直肠癌 142 例、癌前病变 1520 例、其他良性病变 5164 例。为全市 151338 例重点人群免费接种流感疫苗和肺炎疫苗，完成市核酸检测基地（人民医院临江院区）建设和柯桥区、新昌县疾控中心实验室改造，推进市疾控中心实验楼、越城区公共卫生服务中心、诸暨市和嵊州市疾控中心建设，以及上虞区疾控中心实验室改造。具备实验室资质检测人员 927 名，核酸日检测能力 20 万管。

【卫健工作参与东西部扶贫协作和对口支援】 2021 年，绍兴市有 28 家医院参与援川医疗结对帮扶工作，其中越城区 6 家、上虞区 9 家、柯桥区 6 家、诸暨市 7 家，均超额完成帮扶任务。在对口支援中，医院结对帮扶援助贵州 3 家、新疆 2 家、青海 1 家，并以“以市包县、以院包科”模式，在西藏那曲市班戈县开展组团式帮扶。全市共派出医疗专家 70 多人次。

【全省“院前急救一件事”数字化改革工作推进会召开】 2021 年 8 月 18 日，省“院前急救一件事”数字化改革工作推进会在绍兴召开。会上，省急救指挥中心介绍省云急救平台功能及使用情况，衢州市、绍兴市、磐安县就院前急救云平台先行先试作经验交流。绍兴市急救中心现场急救出车演示 5G+ 院前“云急救”应用。

【“绍派伤寒”入选国家级非物质文化遗产代表性项目】 2021 年 6 月 10 日，国务院发布《国务院关于公布第五批国家级非物质文化遗产代表性项目名录的通知》，“绍派伤寒”入选代表性项目名录。

“绍派伤寒”发端于明代张景岳《景岳全书 · 伤寒典》，形成于清代俞根初《通俗伤寒论》。“绍派伤寒”历史悠久、脉络清晰，诊断方法独特，用药特色鲜明，还发明了一些特殊的炮制方法，创新了中医外感病理论，丰富了“四诊”内容，是中华传统医药文化的重要组成内容，至今仍发挥着治病救人、服务社会作用。

【全市首个国家级肿瘤患者营养指导中心建立】 2021 年 3 月，绍兴第二医院全国肿瘤患者营养指导中心建设项目通过验收，标志着绍兴市建成首个标准化国家级肿瘤患者营养指导中心。

2021 年 8 月 18 日，省“院前急救一件事”数字化改革工作推进会召开（市卫生健康委 / 提供）

疫情防控和应急管理

【概况】 2021 年，绍兴市报告突发公共卫生事件 20 起，处置聚集性疫情 132 起。报告甲、乙类传染病 7102 例，死亡 15 例，报告发病率 134.74/10 万，报告死亡率 0.28/10 万，病死率 0.21%。

【传染病疫情】 2021 年，绍兴市报告甲、乙、丙类法定传染病 21 种 35541 例，年报告发病率 674.28/10 万，较 2020 年下降 6.65%；死亡 15 例，死亡率 0.28/10 万，较 2020 年下降 37.42%；病死率 0.04%，较 2020 年下降 32.98%。甲、乙类传染病中发病数前五位依次为淋病、肺结核、梅毒、乙肝和新型冠状病毒性肺炎。丙类传染病中发病数前五位依次为其他感染性腹泻病、手足口病、流行性感冒、流行性腮腺炎和急性出血性结膜炎。

【霍乱疫情】 2021 年，绍兴市未报告霍乱疫情。全市设肠道门诊的医疗机构登记腹泻病人 19134 例，培养霍乱弧菌 18901 例，检测率 98.78%，未检出霍乱阳性标本。全市采集海产品、水样、熟肉制品等外环境标本 1374 份，检测结果均为阴性。

【登革热疫情】 2021 年，绍兴市报告登革热为零。

【手足口病疫情】 2021 年，绍兴市报告手足口病例 6661 例，无重症、死亡报告。实验室确诊手足口病例 231 例(EV71 1 例、Cox A16 44 例、其他肠道病毒 186 例)，其他肠道病毒为绍兴市 2021 年流行优势毒株。全市报告发病率 126.37/10 万，较 2020 年上升 107.55%。

【流感】 2021 年，绍兴市报告流行性感冒病例 2319 例，报告发病率 44.00/10 万，较 2020 年下降 84.62%。3 家哨点医院采集流感样病例标本 3715 份，开展核酸检测 3715 份，其中阳性 306 份，阳性率 8.24%。检出的阳性标本均为乙型 Victoria 系。

【艾滋病监测与干预】 2021 年，绍兴市各类人群 HIV 检测 1154585 人次，占常住人口数的 21.9%；累计报告艾滋病病毒感染者和病人(HIV/AIDS) 2998 例，累计报告死亡 245 例。当年新增报告 HIV/AIDS 302 例，比 2020 年上升 21.8%；传播途径以性传播为主，其中异性传播占 67.2%，同性传播占 32.1%。“治疗在医院、随访在社区、指导在疾控”的“三位一体”HIV/AIDS 随访管理模式得到全面落实。至年末，现住址为绍兴市存活在随访 HIV/AIDS 2342 例，随访检测比例 95.8%，符合治疗标准的 HIV/AIDS 治疗覆盖率 95.1%，HIV/AIDS 配偶检测率 93.3%。

全市共设立各类艾滋病监测哨点 17

个，其中国家级监测点7个，省级监测点2个，市级监测点8个，完成监测7319份，检出HIV抗体阳性20例，阳性检出率0.3%，检出梅毒抗体阳性123例，阳性率1.7%，检出HCV抗体阳性52例，阳性率0.7%。建立完善男男性接触人群“互联网+”干预检测模式，探索“一次也不用跑”HIV口腔黏膜检测试纸“家中自测”服务。2021年，全市完成“男男”艾滋病哨点监测400人份；开展“家中自测”服务3073人次。

【血吸虫病防控】 2021年，绍兴市共查螺576.6957万平方米，查出有螺面积约3.961万平方米，药物灭螺面积161.256万平方米。全市血清学查病9238人，查出血清学阳性12人，对血清学阳性者进行粪检，未发现粪检阳性病例。

【结核病防控】 2021年，绍兴市共报告结核病患者1608例。其中，报告肺结核患者1579例(含结核性胸膜炎)，报告肺结核发病率33.14/10万，报告涂阳肺结核患者988例。疑似肺结核患者转诊总体到位率98.47%。全市管理的肺结核病人中治疗满一年者1683例(含结核性胸膜炎)，成功治疗1552例，成功治疗率92.22%。耐多药肺结核高危人群筛查率97.93%，初治菌阳肺结核患者耐药筛查率95.46%。全市耐药可疑者中耐药筛查结果为利福平耐药的患者27例，耐药患者纳入治疗率92.59%。6月末痰菌阴转率74.07%，治愈率72.22%。

【麻风病防治】 2021年，绍兴市转诊麻风可疑线索症状者489人；新发现麻风病人1例；外省转入1例，判愈2人，现有现症病人4人；检查密切接触者30人；访视社会治愈存活者776人。

【慢性病综合防治】 2021年，绍兴市利用浙江省社区血脂异常综合防治试点项目经验，在两慢病全周期管理的基础上，选择12个项目点，在慢性病患者中开展基层“三高共管”适宜技术试点。共纳入管理对象1840例。柯桥区、上虞区通过省级慢性病综合防控示范区复审，首次开展学生伤害危险因素调查及干预。

收集本市户籍死亡个案32756例，估算年报告死亡率7.32‰，人均期望寿命81.47岁。4种慢性病本市户籍发病个案64394例，其中恶性肿瘤21986例，糖尿病20693例，冠心病急性事件2675例，脑卒中19040例。估算年报告发病率1438.22/10万。恶性肿瘤、糖尿病、冠心病急性事件和脑卒中估算年报告发病率分别为491.05/10万、462.17/10万、59.75/10万和425.25/10万。

全市报告登记高血压患者621342人，社区高血压患者报告发现率12.32%；报告高血压管理患者532591人，高血压规范管理患者401320人，规范管理率75.35%。全市报告血压控制达标高血压患者390970人，血压控制率73.41%；报告登记糖尿病患者187969人，糖尿病患者报告发现率3.73%。全市报告管理糖尿病患者150127人，报告社区规范管理糖尿病患者112121人，规范管理率74.68%。全市报告空腹血糖控制患者94053人，空腹血糖控制率62.65%。

【适龄儿童窝沟封闭】 绍兴市窝沟封闭项目办持续开展市适龄儿童窝沟封闭项目管理工作，2022年7月已完成第九轮窝沟封闭项目，覆盖363所学校，检查二年级学生44128人，复查三年级学生41565人；二年级应实施窝沟封闭学生15531人，实际封闭学生15103人，合计封闭牙齿34872颗，学校覆盖率100%，学生覆盖率99%，封闭率97%，完好率89%。

【精神障碍患者管理】 2021年，绍兴市登记在册严重精神障碍患者25228人，报告患病率5‰，管理率99.95%，规范管理率99.73%，面访率99.69%，服药率99.53%，规律服药率96.81%。开展全市已纳入社区管理的严重精神障碍患者排查、管控工作，共增加患者1000余人。至年末，全市严重精神障碍综合管理评分列全省第二位，其中规范管理率、规范服药率均升至全省前2位。

【完成全国社会心理服务体系建设试点工作】 2021年，绍兴市实现乡镇(街道)综治中心社会心理服务站建成率100%，完成国家试点工作评估。至年末，已建成市、县级社会心理服务中心10家，镇级社会心理服务站103家，村(社区)心理辅导室1906家，5家精神专科医院和22家二级以上综合医院均开设心理(精神)门诊。成立7支心理危机干预专家队伍，累计实施心理危机干预689人次，提供心理疏导51.3万人次；开通24小时心理援助热线，接听热线电话1856例。

【市心理健康云平台上线】 2021年10月10日，绍兴市心理健康云平台正式上线。至年末，通过线上平台完成老年痴呆、抑郁症等筛查110349人次、团体辅导5

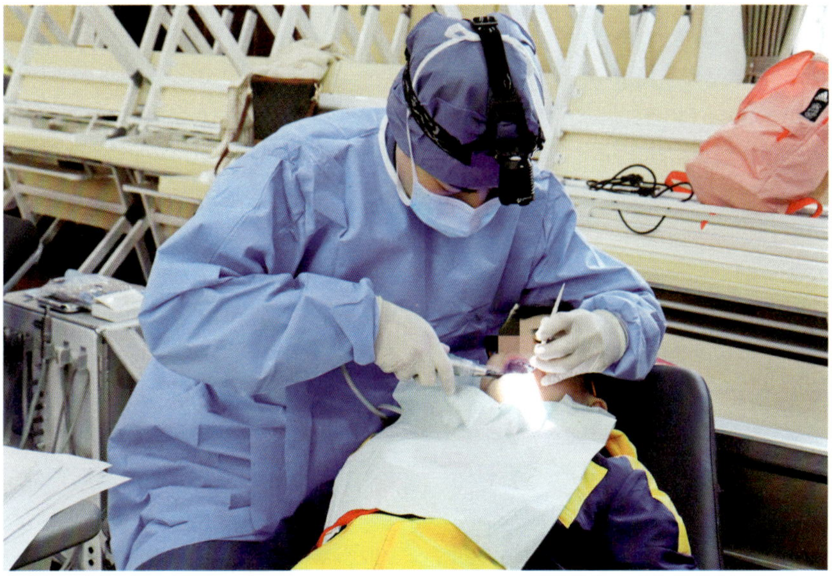

2021年3月，全市第九轮第二批适龄儿童免费窝沟封闭项目启动　(市卫生健康委/提供)

次、在线培训5场。市心理健康云平台有注册用户233245。

【实施扩大国家免疫规划】 至2021年末，绍兴市有三星级预防接种门诊54家、五星级预防接种门诊14家，全市基础免疫报告率、接种率均在95%以上。全市共为70周岁及以上老人接种省、市民生实事项目流感疫苗和肺炎疫苗各151338剂次。绍兴文理学院附属医院在全省范围内率先成功开展省预约摇号信息系统试运行。省、市、县三级疾控中心联合处置诸暨市一起患儿粪便中检出Ⅲ型脊灰疫苗高变异株事件。

【卫生应急管理】 2021年，市卫健委坚持三级应急响应激活状态，持续保持24小时值班值守，落实新冠肺炎疫情防控“源头查控＋硬核隔离＋精密智控＋快响激活”机制，在省内率先启动覆盖全市学校和幼托机构传染病学校症状监测预警系统建设，纳入省多点触发集成应用。强化疫情实时监测和预警，打赢上虞突发新冠性肺炎疫情阻击战。开展疫情防控政策传达和防疫知识培训47场48370人次。开展应急演练10场，参与人员700人次。有效应对流感禽流感、发热伴血小板减少综合征、诺如病毒感染胃肠炎等急性传染病疫情。

【卫生应急拉练活动】 2021年9月9—10日，绍兴市组织开展2021年度全市疾控系统新冠肺炎疫情防控应急处置拉练活动，拉练活动涉及业务培训、理论测试和实践操作三部分。柯桥区疾控中心获应急处置拉练活动一等奖，诸暨市、上虞区获二等奖，越城区、嵊州市、新昌县获三等奖。

【新冠病毒疫苗接种】 2021年，绍兴市率先完成全省18周岁以上人群第一剂次、全程接种任务，如期完成12—17岁青少年、3—11岁儿童接种任务，脱漏率持续位居全省最低水平。至年末，全市累计接种新冠病毒疫苗1130.62万剂次，其中454.51万成年人已完成全程接种，72.73万人已完成加强接种，28.16万名12—17岁青少年完成全程接种，35.92万名3—11岁儿童完成全程接种。

2021年4月，绍兴高校新冠疫苗方舱接种点　（市卫生健康委／提供）

医政管理

【概况】 2021年，绍兴市持续推进县域医共体建设，深化公立医院综合改革，加强医疗质量安全管理，做好常态化疫情防控及医疗救治等工作，医疗服务能力不断提升。诸暨市人民医院通过三级甲等综合医院评审，绍兴文理学院附属医院通过三级乙等综合医院评审，诸暨市中医医院三级甲等中医医院等级评审，新昌张氏骨伤医院通过三级乙等中医医院等级评审。全市发生医疗纠纷543起，第三方调解315起，调解成功311起，成功率98.7%，调解医患满意度100%。未发生重大医疗事故。至年末，全市有医院101家。

【公立医院综合改革】 2021年，绍兴市印发《关于进一步深化公立医院综合改革全面推动公立医院高质量发展的实施意见》，推进“三医联动”（医疗、医保、医药改革联动）、“六医统筹”（医保、医疗、医院、医药、医生和中医统筹）改革，加快建立维护公益性、调动积极性、保障可持续性的运行机制。开展三级公立医院绩效考核，开展公立医院综合改革重点指标监测，严控医药费用不合理增长，加强高值耗材和辅助用药管理，市直和各区、县（市）公立医院医疗费用控制重点考核指标基本达到控制目标。

【县域医共体建设】 2021年，绍兴市建成县域医共体12个，牵头医院均为二甲及以上综合医院或中医院，其中三级医院占比75%；县域医共体成员单位实现基层医疗卫生机构全覆盖，全市基层就诊率64.36%，县域内就诊率90.28%。嵊州市在医共体医疗服务价格调整方面取得重大突破，为全省提供有益经验。

【分级诊疗工作】 2021年，绍兴市依托县域医共体建设，进一步完善分级诊疗制度，双向转诊更加顺畅。医共体、医联体名医基层工作室建设基本实现全覆盖，全专科联合门诊广泛开展。医共体牵头医院在成员单位常态化排班达到3.8万人次，实际开设住院床位2828张，比2020年增长2.2%；牵头医院向成员单位下转65730人次，成员单位向牵头医院上转138050人次，基层首诊、双向转诊、急慢分治、上下联动的分级诊疗就医新模式初步形成。

【医疗质量管理】 2021年，绍兴市持续做好医疗质量管理，有序开展各项医疗质控工作。提高二级以上医院及规模较大的社会办医疗机构病案首页质量和编码管理水平。开展DRGs质量绩效分析排名，重点对CMI值、疑难病例治疗能力、外科能力、重点专科能力、临床学科发展均衡性等开展分析。开展各级各类医疗机构医疗质量联合检查及病历点评工作，加强麻醉药品和精神药品购用管理，开展全市特殊管理药品专项检查。加强医疗机构重点部门、重点环节、重点领域的医院感染预防和控制管理，常态化开展医疗机构院感防控专项督查。加大合理用药评价和处方点评，提高抗菌药物临床应用和细菌耐药监测水平。

【医学高地建设】 2021 年，绍兴市人民医院神经外科建设国家级临床重点专科；绍兴市人民医院神经外科、普外科、呼吸内科、神经内科和绍兴市妇幼保健院产科持续推进省级区域专病中心建设；绍兴市妇幼保健院、第七人民医院、中医院和文理学院附属医院分别建成并推进浙东区域产科专科联盟、浙东身心专科联盟、浙东骨伤科专科联盟、浙东脂肪肝专科联盟等跨区域专科联盟建设；绍兴市人民医院、第七人民医院、文理学院附属医院、口腔医院分别牵头推进基层呼吸专科联盟、创伤救治专科联盟、睡眠医学专科联盟、房颤中心联盟、口腔专科联盟、康复专科联盟、微创介入治疗联盟等 7 个市域专科联盟建设。开展“名医建名科”建设，强化“名医”引领作用，2020 年绍兴市十大“名医”制订本专业、本专科的三年提升计划，稳步提升专科、专病救治能力。全市建成院士工作站 7 个、国内名医专家工作室 259 个。

【血液管理、院前急救】 2021 年，绍兴市无偿献血 53483 人次，采血量 1749.39 万毫升，未发生血液安全事故。全国首创“抗体血浆筛选和制备 + 恢复期血浆采集”新模式。在全市范围内推广使用滤白血液制剂，提高输血安全性。市本级、诸暨市滤白红细胞使用率 100%。建设“孕产妇抢救用血保障系统”，落实浙江省无偿献血荣誉证电子化场景建设。

在全省率先建设云急救互联互通项目，构建 1 个市级急救中心、4 个县级急救分中心、43 个急救站点组成的三级院前急救网络，平均调度时间、出车时间、平均急救反应时间较 2020 年提速 7 秒、6 秒和 24 秒，急救满意度 99.6%。

【浙东地区脂肪肝专科联盟成立】 2021 年 11 月 8 日，浙东地区脂肪肝专科联盟在绍兴成立。该联盟由绍兴文理学院附属医院牵头，杭州、宁波、舟山、绍兴等地 10 家医疗机构共同参与，旨在通过多方通力合作和沟通交流，助推脂肪肝专科在医、教、研等领域共进步同发展。

【征兵、招生体检】 2021 年，绍兴市组建 6 个县级体检站，1 个中心体检组，选调医务人员 266 人，保障征兵、招生体检工作。

【医护人员准入管理】 2021 年，绍兴市完成第七轮医师定期考核工作，参加当年度医师定期考核 15754 人，考核合格 15729 人，不合格 25 人。2021 年执业医师考试实际参加实践技能考试 1094 人，合格率 82.82%；理论考试 1302 人，合格率 60.52%。完成护士资格考试 1167 名，合格人数 1118 名，合格率 95.8%。

2021 年 6 月 1 日，绍兴市人民医院干部大会暨蔡秀军名医专家工作室揭牌仪式举行

（市卫生健康委 / 提供）

【筑牢基层疫情防控网底】 2021 年，市卫生健康委围绕“三区”（封控区、管控区、防范区）分区分级分类健康管理和农村社区“8+4”基层疫情防控重点，筑牢全市基层疫情防控网。全市 74.8% 的乡镇卫生院（社区卫生服务中心）配备智能预检分诊机，按需激活驻村（社区）疫情防控指导员工作机制。

【乡镇（街道）医疗卫生机构建设】 2021 年，市卫生健康委成立由 125 名专家组成的市级专家库，按照国家卫生健康委发布的乡镇卫生院和社区卫生服务中心服务能力评审标准，对重点地区、基层医疗卫生机构进行现场指导；组建由三甲综合医院为主的市级评审专家组，负责基本标准单位和推荐标准的市级审核。至年末，全市 83 家基层医疗卫生单位达到基本标准，28 家达到推荐标准，5 家通过社区医院建设。

【村级医疗卫生机构建设】 2021 年，绍兴市按照“15—20 分钟服务圈”或常住人口超过 1000 人行政村（非卫生院所在地）设置村卫生室（服务站）的要求，累计投入资金 1244.724 万元，其中财政资金 871.116 万元，自筹资金 373.608 万元，新增规范化村卫生室（服务站）58 家。至年末，全市村卫生室规范化建设率 73.89%。

【基本公共卫生服务项目管理】 2021 年，市卫生健康委通过召开全市基本公共卫生服务项目督导布置会、业务指导会，举办全市基本公共卫生服务项目培训班等措施，加强基本公共卫生服务项目的管理。至年末，全市已为 417.45 万城乡居民建立规范化电子健康档案，规范化电子健康档案覆盖率 82.8%，健康档案开放率 81.73%，老年人健康管理率 72.65%，高血压患者规范管理率 75.35%，糖尿病患者规范管理率 74.68%。

【家庭医生签约服务】 2021 年，全市共组建家庭医生团队 1505 个，签约服务 249.21 万人，常住人口签约率 49.43%，10

类重点人群签约率 92.34%。

【老年慢病数字健康新服务】 2021 年，市卫生健康委成立老年慢病数字健康服务工作领导小组，建立专班和专家组，制定下发工作方案和任务清单，建设知健康、享健康、保健康、促健康、SOS 救援 5 类应用场景和 33 项核心应用，实现 11 个部门多跨协同。至年末，试点上线基层防疫、健康档案、贴心诊疗、数字家医、健康评估、SOS 救援、健康地图等 12 个应用。

妇幼保健

【概况】 2021 年，绍兴市继续提升妇幼健康服务机构能力，深化妇幼基本和重大公共卫生服务项目内涵，继续实施城乡妇女免费"两癌"检查项目，强化出生缺陷三级干预，深化 0—6 岁儿童健康管理服务内涵。绍兴市妇幼保健院列全省妇幼保健机构绩效考核三级妇幼保健医院第 4 名，诸暨市妇幼保健院、柯桥区妇幼保健院（柯桥区妇幼保健技术服务中心）分列全省 47 家二级及以下妇幼保健院第 4 名、第 5 名。

0—6 岁儿童健康管理率 97.69%，孕产妇全科签约率 77.74%，0—6 岁儿童全科签约率 78.35%。孕产妇死亡率 3.2/10 万，婴儿死亡率 1.8‰（全人群），5 岁以下儿童死亡率 2.8‰（全人群）。

【婴幼儿照护服务发展】 2021 年，绍兴市推进市、县两级婴幼儿照护服务指导中心和实训基地建设，绍兴市妇幼保健院成功创建省级婴幼儿照护实训基地，并成立全市第一家公建民营托育机构。嵊州市、新昌县、诸暨市政府办公室相继印发《3 岁以下婴幼儿照护服务发展工作实施方案》。至年末，全市有托位数 13351 个，千人托位数由 2020 年的 1.29 个增加到 2.53 个，总托育机构（含幼儿园办托）的镇（街）覆盖率 81.55%。

【出生缺陷三级干预】 2021 年，绍兴市完成妇女增补叶酸预防神经管畸形 13189 人，婚检人数 25720 人，婚检率 90.27%。国家免费孕前优生健康检查 23848 人，覆盖率 99.10%。产前筛查 25559 例，筛查率 91.33%，产前诊断 3282 人次，经产前诊断确诊异常胎儿 373 例，终止妊娠 123 例，流产 2 例，跟踪随访 248 例。新生儿遗传代谢病筛查 30840 例，筛查率 99.78%，其中多项筛查 30637 例，占比 99.34%；检出遗传代谢病 96 例。新生儿听力筛查 30809 例，筛查率 99.68%，查出阳性患儿 48 人。有开展先心筛查和诊断的助产机构 13 家，为 28923 名新生儿进行先天性心脏病筛查，完成 B 超检查 5413 人，发现有异常新生儿 464 例。

【预防艾滋病、梅毒和乙肝母婴传播】 2021 年，绍兴市继续推进艾滋病、梅毒和乙肝母婴阻断工作，完成项目内免费孕产妇艾滋病、梅毒、乙肝表面抗原筛查各 3.6 万人次，对 7 例艾滋病孕产妇及所生的儿童实施母婴阻断，完成 104 例梅毒感染孕产妇及所生儿童的随访管理，为乙肝阳性孕产妇所生 1268 名新生儿注射乙肝免疫球蛋白。

【城乡妇女免费"两癌"检查】 2021 年，绍兴市继续实施城乡妇女免费"两癌"检查项目，上虞区免费检查对象扩展到所有户籍适龄妇女，柯桥区检查周期由 5 年调整为 3 年 1 次。至年末，全市共完成宫颈癌检查 5.76 万例，乳腺癌检查 5.99 万例。查出宫颈癌 21 例，宫颈癌前病变 299 例，乳腺癌 53 例，乳腺癌前病变 2 例。

【儿童早期发展服务工作】 2021 年，绍兴市进一步推进儿童早期发展服务工作，全面开展养育风险筛查，深化 0—3 岁儿童发育监测与筛查工作，完善市、县、乡镇三级筛查转诊网络，实现基层医疗卫生机构发育筛查全覆盖。至年末，0—3 岁发育筛查人数 59206 人，筛查率 87.79%，发现可疑异常 7355 人。

【0—6 岁儿童眼保健和视力检查】 2021 年，绍兴市继续提高儿童眼保健和视力检查项目覆盖率，完成 20.36 万名 0—6 岁儿童眼保健和视力检查，覆盖率 96.34%；对 3.21 万名 6 岁儿童进行视力检查，检出视力不良儿童 1479 名。

【婴育服务数字化改革】 2021 年，绍兴市卫健系统推进出生"一件事"掌上办，所有助产机构实现全覆盖，实现省内联办，市域内掌上办理率 98%。同时，开展全市妇幼信息系统升级改造工作。

【全国首台物联网血液冷藏箱在柯桥区投入试运营】 2021 年 5 月 21 日，全国首台通过搭载物联网技术的血液冷藏箱在柯桥区妇幼保健院投入试运营。该血液冷藏箱由绍兴市中心血站和柯桥区妇幼保健院共同创立，通过物联网技术实现 24 小时无人值守，最多可储存 144 单位红细胞。从医院向血站申请用血到血液出库，仅需要 2 分钟，实现全流程追溯和冷链监管。

中医中药

【概况】 2021 年，绍兴市中医药工作以争创省中医药综合改革先行市为抓手，传承"越医"经典，实施中医药扶持倾斜政策，加强中医药服务体系建设。印发《绍兴市贯彻落实〈中共浙江省委　浙江省人民政府关于促进中医药传承创新发展的实施意见〉的通知》，起草绍兴市中医药"十四五"专项规划。"绍派伤寒"入选国家非物质文化遗产名录。中医药专家组全程参与上虞区突发新冠肺炎疫情治疗，疫情预防方剂累计发放 16 万余贴。

越城区通过全国基层中医药工作先进单位评审，实现市、县两级国家级先进单位全覆盖。绍兴市中医院、诸暨市中医医院通过第四轮中医医院等级评审，达到三级甲等中医医院标准，在国家公立中医医院绩效考核中均列全国前百位，诸暨市中医医院入选全省前 10 位。诸暨市鸿佑开颜谷文化养生旅游基地列入省级中医药文化养生旅游示范基地，绍兴市秀水小学列入省级中医药进校园建设单位。

至年末，全市有国家中医重点专科 1 个，农村中医特色专科 7 个，省级中医重点学科、专科、示范中医科 34 个，绍兴市中医药重点学科、创新学科、临床专科（专病）27 个。有国家中医药文化教育基地试点建设项目 1 个，省级中医药文化宣传

2021 年 9 月 13 日，市卫生健康委开展中医药进农村文化礼堂活动 （市卫生健康委 / 提供）

教育基地建设单位 1 个、具有中医药文化陈列室等宣教功能的单位 469 家。

全市有中医类别执业医师及"西学中"等人员 3524 名，占全市总执业(助理)医师的 23%，其中基层医疗机构有中医执业(助理)医师 921 名，占基层医疗机构总执业(助理)医师的 24%。全市公立中医医院拥有中医类别硕博士 353 名、本科学历 854 名，中医类别正高职称 160 名、副高职称 253 名、中级职称 373 名。全市共有全国"老中医药专家学术经验继承工作指导老师"5 名，全国"基层优秀名中医""农村基层优秀中医师""优秀中医临床人才"4 名，浙江省"名中医""基层名中医"19 名；市级各类名医 66 人。

【开展"致敬百年"中医药服务基层大行动】 2021 年，绍兴市把弘扬传播中医药文化和庆祝建党百年华诞紧密结合，开展"致敬百年"中医药服务基层活动 234 次，参与医护人员 1546 人次，服务群众 21600 余人次。

【传承弘扬"绍派伤寒"】 2021 年，由绍兴市中医院牵头，包括综合医院、中医医院、学校、博物馆在内的 13 家单位成为首批"绍派伤寒"传承基地。召开"绍派伤寒"传承创新论坛大会，深化对"绍派伤寒"等越医精华的传承、研究、发扬。

【中医药人才队伍建设】 2021 年，绍兴市落实《绍兴市"越医人才"培养计划实施方案》，完成第一批 20 名越医"新苗"遴选培养，启动第一批基层名中医遴选。7 人入选省中青年临床名中医项目培养对象，5 人入选省中医药"新苗"项目培养对象，1 人入选省中医护理优秀人才项目培养对象，1 人入选省名老中医专家传承工作室建设项目专家。

【印发贯彻落实中医药传承创新发展的实施意见】 2021 年 9 月，市委、市政府印发《中共绍兴市委办公室 绍兴市人民政府办公室关于贯彻落实〈中共浙江省委 浙江省人民政府关于促进中医药传承创新发展的实施意见〉精神的通知》，从推进中医药服务体系建设、强化中医药特色优势发展、推动中医药发展要素优化等方面，全力支持绍兴中医药事业产业发展。

健康绍兴建设

【概况】 2021 年，绍兴市印发《绍兴市 2021 年健康浙江行动推进重点工作任务》，制定 26 项健康绍兴行动，完善考核监测评价体系，推进省级健康影响评价试点，加快形成"共建共享、全民健康"社会共治格局，健康浙江考核连续三年获"全优"。广泛开展健康促进活动，实施健康知识普及行动，优化健康体检项目，培养健康生活方式，健康促进示范区实现"三区"(越城区、柯桥区、上虞区)全覆盖，健康促进医院、学校创建率分别为 90%、75.6%，创建健康社区(村、单位)575 家。创建"无废医院"35 家，绍兴市"无废医院"建设标准在全省推广，诸暨市职业健康保护行动优秀案例入选省 2021 年健康浙江行动示范样板。

2021 年，绍兴市年末户籍人口 446.85 万人，出生 24308 人，"二孩"及以上率 38.64%。

学习贯彻"三孩"生育政策，开展人口监测与形势分析，实施公共场所母婴室建设，落实计生家庭扶助政策。

诸暨市人民政府、绍兴市卫生健康委、绍兴市教育局、新昌县卫生健康局被省委、省政府评为 2018—2020 年健康浙江建设先进县(市、区)和先进集体。叶新春入选 2021 年浙江省计生协会系统"十佳会员"，诸暨市"暖心家园"入选省计生协会系统"十佳基地"。潘兴夫入选中国计生协会"暖心之星"。

【健康绍兴行动形象大使和"健康达人"】 2021 年，市卫健委组织评选健康绍兴行动形象大使和绍兴市"健康达人"各 3 名，沈彪、傅佳瑜获全省首届健康浙江行动"健康达人"称号。

【全市健康绍兴建设工作会议召开】 2021 年 10 月 9 日，全市健康绍兴建设工作会议召开。市健康办通报健康绍兴建设工作相关情况，部署下阶段任务。诸暨市政府、新昌县健康办、市生态环境局、市医保局等 4 家单位在会上做交流发言。市卫生健康委(健康绍兴办)主要及分管负责人，健康浙江涉考部门分管负责人，各区、县(市)政府分管负责人，健康办主任，市卫健委涉考处室及下属单位主要负责人参加会议。

【健康浙江建设考核再获"满堂红"】 2021 年 8 月，浙江省委、省政府健康浙江建设领导小组办公室发布 2020 年健康浙江建设考核结果，绍兴市及越城区、柯桥区、上虞区、诸暨市、嵊州市、新昌县获优秀等次，2018—2020 年，绍兴市本级和所有区、县(市)连续三年获省考核优秀，成为全省首批累计三年省考均获优秀的五个地市之一，以及区、县(市)三年省考优秀

2021 年 3 月 12 日，绍兴市接受 2020 年度健康浙江“省考”　（市卫生健康委 / 提供）

“满堂红”的五个地市之一。

【全市健康绍兴建设推进会召开】 2021 年 10 月 20 日，全市健康绍兴建设工作推进会召开。市健康办通报 2021 年健康绍兴建设重点难点指标梳理情况。市卫生健康委、市文明办、市发展改革委、市自然资源和规划局等部门汇报指标落实情况、存在问题和对策建议。健康绍兴办主要负责人，健康浙江涉考主要牵头部门分管负责人等参加会议。

【人口监测与家庭发展重点工作推进会召开】 2021 年 4 月 29 日，绍兴市召开人口与计划生育领导小组座谈会暨人口监测与家庭发展重点工作推进会。会议传达学习中共十九届五中全会精神和国家、省、市“十四五”规划相关内容及有关专家对“增强生育政策包容性”的解读，回顾总结 2020 年人口与计划生育、人口监测与家庭发展工作，点评 2021 年度重点工作推进情况。会议以视频形式召开。视频会议结束后，市人口与计划生育领导小组 18 个成员单位召开座谈会。

【母婴室建设】 2021 年，全市累计建成母婴室 172 家，全市二级以上医院全部建有母婴室。越城区、柯桥区作为第一批全省母婴室标准化建设区、县（市），全面完成母婴室省级标准建设达标。推进“互联网 +”的公共服务新模式，依托“浙里办”App，联合高德地图实现现有 172 家公共场所母婴设施导航搜索功能。

【计划生育家庭扶助】 2021 年，绍兴市确认奖励扶助对象近 11.9 万人，发放奖扶金近 1.14 亿元。特殊家庭扶助政策享受率 100%，计划生育特殊家庭联系人、家庭医生签约服务、优先便利医疗服务等“三项制度”落实率 100%，省确定的所有 8 家定点医院均按要求落实常态化优先便利服务措施。

【市计划生育协会机关挂牌】 2021 年 1 月 27 日，绍兴市计划生育协会机关正式挂牌。计生协会机关由与市卫生健康委合署办公调整为单独设置，撤销原绍兴市计划生育协会秘书处。计生协会机关承担组织开展计划生育宣传教育、生殖健康咨询服务、优生优育指导、计划生育家庭帮扶、权益维护和流动人口服务相关工作；推进生育关怀行动；参与家庭健康促进工作，推进计划生育基层群众自治，参与促进乡风文明与乡村振兴等工作，内设机构综合处 1 个。市计生协会机关挂牌标志着绍兴市计生协会已完成群团改革任务，是市编委办改革群团管理方式后成立的首家群团机关，也是全省首家。至年末，各区、县（市）计生协会均出台“三定”和群团改革实施方案。

【生育关怀保险】 2021 年，绍兴市生育关怀系列保险总保费 1332.86 万元，投保 13.49 万人，理赔 1182 人次，理赔金额 1071.56 万元。

【实施生育关怀项目】 2021 年，绍兴市新承接 3 个国家级、3 个省级生育关怀项目，继续实施 2 个国家级项目，累计吸纳国家、省资金 74 万元。其中，市本级承接中国计生协综合改革试点市、“沟通之道”家长培训项目。组织开展首期“沟通之道”师资培训和首期家长培训，培训家长和师资 60 余人，编印宣传册 2700 本。

【生育关怀品牌建设】 2021 年，绍兴市计生协会探索创建“孺子牛”计生协会服务品牌，建立“1+N”服务模式（1 支服务总队 +N 支专业服务团队）。至年末，已建立保障、健康、师资等 3 支专业服务团队。

【人口监测】 2021 年，绍兴市向省委省政府报送《绍兴市委绍兴市人民政府关于 2021 年绍兴市人口工作情况的报告》。落实人口监测统计报表及人口统筹应用管理平台数据直报工作。开发利用全国第七次人口普查数据资源，开展出生人口形势分析，完成《2021 年绍兴市人口与家庭发展报告》，全市共有 23874 对夫妇通过网上平台或手机 App 办理生育登记。

【“三孩”生育政策】 2021 年，绍兴市认真学习贯彻《中共中央　国务院关于优化生育政策促进人口长期均衡发展的决定》《浙江省人口与计划生育条例》，通过网站、微信、媒体等宣传“三孩”生育政策，实施三孩生育政策，及时开通网上“三孩”生育登记。市卫生健康委邀请 19 个市级部门，召开优化生育政策工作座谈会，分析形势，研究对策；与市发改委组成联合调研组，赴诸暨市、柯桥区开展优化生育政策工作专题调研。

综合监管

【概况】 2021 年，绍兴市全力推进卫生健康行政执法，加大执法办案力度，优化监督指导服务，卫生健康行政执法工作取得明显成效。全面应用省行政执法监管平台和浙政钉·掌上执法系统开展卫生行政执法监管，掌上执法率100%。

开展第19个《中华人民共和国职业病防治法》宣传周、世界无烟日等系列主题宣传活动。举办全市卫生法规培训班、全市医疗机构依法执业、全市放射工作人员放射防护、游泳场所卫生管理、公共场所集中空调通风系统卫生管理等专题培训。

至年末，卫生行政处罚4339起，罚没款1697万元，比2020年增加777起，增长21.8%，移送公安机关13起。

【医疗卫生行业综合监管】 2021年，绍兴市贯彻落实省2021年医疗卫生行业综合监管工作任务清单，印发2021年绍兴市改革完善医疗卫生行业综合监管制度工作方案，组织开展风险隐患排查与评估，部署开展医疗卫生行业重点领域专项治理行动。组织召开3次医疗卫生行业综合监管联席会议，对各区（县、市）医疗卫生行业综合监管开展书面督察。接受省医疗卫生行业综合监管第二督察组对绍兴市医疗卫生行业综合监管“回头看”实地督察。

【新冠肺炎疫情防控监督】 至2021年11月底（绍兴市因突发新冠肺炎疫情启动Ⅰ级响应前），监督检查各级各类医疗机构7145户次，责令整改、当场处罚1209户次，行政处罚488起，关停诊所34户次。绍兴市启动Ⅰ级响应后，全市卫生健康系统派出76名卫生监督人员负责隔离点日常管理。全市共督查集中隔离医学观察场所588家次，覆盖率100%。开展全市医疗机构疫情防控隐患排查专项行动，检查设置发热门诊（诊室）医疗机构114家，覆盖率100%，做出行政处罚14起。

【“双随机”抽查监管】 2021年，绍兴市、县两级卫生健康行政执法机构共受领“双随机”监管任务4282家，其中国抽1906家、省抽2376家，实际完成4155家，完结209家，及时执行率100%，移动执法终端录入率100%，行政处罚1561起。医疗卫生行业领域的信用等级评定结果纳入“双随机”抽查监管，实施分级分类监管，应用信用规则率100%，超过省定≥60%的指标要求。

【医疗卫生监督】 2021年，绍兴市查处医疗卫生类案件422起，罚没款626.9万元，其中有证医疗机构197家、卫技人员69人次、无证行医156户次。开展漠视侵害群众利益专项——医疗美容专项治理，检查无证医疗美容场所、生活美容场所等858户次，查处非法医疗美容案64起，罚没款303万元，没收药品器械40箱（件）。开展有证医疗美容机构依法执业提升行动，检查有证医疗美容机构61户次，立案处罚机构22户、医务人员3名，处罚金29万元。2796家医疗机构完成全面自查任务，完成率100%。

【传染病防治监督】 2021年，绍兴市开展实验室生物安全专项监督检查，检查医疗机构24家，立案处罚5起。开展预防接种单位专项监督检查，检查预防接种单位133家。开展全市60家设有手术室等重点科室的各级各类医疗机构监督监测，共抽取样本543份，合格524份，合格率96.5%，对监测不合格项的14家机构立案处罚。

【消毒产品卫生监督】 2021年，绍兴市开展消毒剂、消毒器械和抗（抑）菌制剂生产企业专项监督，检查消毒产品生产企业22家，立案处罚1起。开展整治抗（抑）菌制剂违法宣传疗效和添加激素等物质专项行动，检查生产企业14家，核查产品12种，立案查处1起，罚款0.1万元；排查辖区内112家经营单位建立消毒产品进货检查验收制度情况和经营销售情况，核查经营的抗（抑）菌制剂产品30个，立案处罚2起，罚款0.3万元。对122家消毒产品生产企业开展分类监督综合评价试点，其中优秀78家，合格44家。至年末，全市有申请备案消毒产品责任单位61家，备案产品208个，发布备案产品161个。

【职业病防治与职业放射卫生监督】 2021年，绍兴市开展7家职业健康检查机构与2家职业病诊断机构质量控制，开展存活尘肺病患者随访202例，接尘工人尘肺病筛查出尘肺样改变38人，接尘工人尘肺病主动监测487人，随访调查55例间皮瘤和5例肝血管肉瘤，职业病危害因素监测企业215家，放射诊疗机构基本情况调查168家，非医疗机构基本情况调查106家，点单式职业病防治培训进企业32场。

查处职业卫生违法案件349起，罚款505.78万元。全市职业病诊断13例，职业病鉴定1例。组织放射工作人员职业健康检查532人，放射防护与法律知识线上培训1210人。查处放射卫生违法案件54起，罚款9.02万元。

【公共场所卫生监督】 2021年，绍兴市开展公共场所“双随机”监督检查2617家，其中国抽1224家，省抽1393家，完成率100%。开展“四小行业”集中整治，检查单位2149家，立案查处243家，罚

2021年4月25日，绍兴市开展职业病防治法宣传周活动 （市卫生健康委/提供）

款15.35万元。开展夏季游泳场所卫生监督专项行动,抽检游泳池水451份,浸脚池水样品330份,行政处罚42家,罚款20.19万元。开展文身行业巡查专项整治行动,检查单位486家,对467家单位发放《文身风险提示单》《未成年人文身法律风险提示单》,责令整改46家,立案处罚24家。对8808家公共场所开展量化分级管理工作,评定A级单位26家,B级单位323家,C级单位8459家,不予评级单位258家,信息公示率100%。

【生活饮用水卫生监督】 2021年,绍兴市加强对生活饮用水卫生的监督监测,共监测生活饮用水集中供水单位末梢水水样501份,合格501份。开展二次供水单位"双随机"检查44家,抽检二次供水44份,合格44份。落实绍兴市居民龙头水监测数据公示制度,对103个市政供水末梢水监测点每季度进行检测并结果公示。开展涉水产品企业"双随机"检查57家,其中国抽企业12家,合格12家,监督抽检产品16个,合格16个;省抽企业45家,合格45家。开展日常监测涉水产品47份,立案查处涉水产品企业4家,共计罚款0.6万元。新发(延续)涉水产品卫生许可批件84件。

【学校卫生监督】 2021年,绍兴市开展学校卫生"双随机"监督检查154家,其中国抽110家、省抽44家,完成率100%,行政处罚36起。开展学校卫生综合监督评价175家,占全部学校的45.1%。开展托幼机构、校外培训机构采光照明"双随机"抽检工作,对33家托幼机构、58家校外培训机构进行检测,责令整改72家(托幼机构25家、校外培训机构47家)。加强浙江省学校卫生监督实训基地建设,完成省定实训任务。

【爱国卫生与控烟监督】 2021年,绍兴市承办爱国卫生行政处罚案件8起,罚款0.8万元。实施"公共场所控烟监督执法"国家试点项目,采用联合执法与巡查督促、专项执法与综合执法、常规执法与错时执法相结合的方式,提高控烟执法实效,全市控烟执法行政处罚177起,罚款10.3万元。

【餐饮具集中消毒卫生监督】 2021年,绍兴市以创建食品安全城市和量化等级评定为抓手,开展每季度一次集中消毒餐饮具卫生质量检测,共抽检餐饮具640份,合格640份。17家餐饮具集中消毒企业全部安装电子监控系统,安装率100%,监督执法建档率100%,企业年度自查报告提交率100%。

【互联网+卫生监督】 2021年,"绍兴市医疗废物智慧监管系统"实现迭代升级,覆盖全市242家乡镇卫生院、街道社区卫生服务中心以上医疗卫生机构,配备897套医疗废物收集智能终端。住宿场所消毒保洁智能监管系统上线115家宾馆酒店,口腔诊疗机构智能监管确定试点医疗机构150家,医疗机构医疗行为智能监管系统接入105家医疗机构。实施游泳场所水质卫生智能监管系统省级试点项目,42家游泳场所安装水质在线监测设备。

【食品安全风险监测】 2021年,绍兴市完成食品污染物监测5976份,每千人口风险监测量1.13件。医疗机构上报5667例特定病原体食源性疾病信息,可疑食物暴露史报告5667例,暴露信息史收集率100%。承担病原体检测的7家哨点医院上报2302例特定病原体食源性疾病信息,可疑暴露信息史报告2302例,暴露信息史收集率100%,采集病例样本2290份,实验室检测出阳性病原体516例,阳性率22.5%。调查处置11起食源性聚集性疫情。

【开展"无废医院"创建】 2021年,市卫生健康委印发《关于印发2021年度卫生健康系统全域"无废城市"建设工作清单的通知》,制定工作任务13项,推进卫生健康系统全域"无废城市"建设,推进"无废医院"创建。有242家民营医院、乡镇卫生院及以上等级的医疗卫生机构的医疗废物通过"绍兴市医疗废物智慧监管平台"采集终端,实现医疗废物实时、定位、定量监测,2509家村卫生室、社区卫生服务站和个体诊所实现医疗废物收集覆盖率100%、安全处置率100%。医疗卫生机构可回收物资源回收率99.5%以上。至年末,全市新创建"无废医院"35家,累计创建52家。

【医疗机构依法执业情况督查】 2021年10月,绍兴市开展医疗机构依法执业专项督查。督查采取现场明查方式,对6个区、县(市)22家医疗机构的诊疗科目设置、人员资质、医疗质量安全管理、医疗废物处置等内容开展监督检查,其中公立二级以上医疗机构5家、镇街医疗机构11家、民营医疗美容机构6家。发现违法违规线索46条,全部由各属地卫生健康行政执法队监督整改到位。

卫生教研

【概况】 2021年,绍兴市继续深化与省卫健委、浙江大学战略合作,推进区域医学高地建设。骨外科学等5个省市共建医学重点学科通过省级验收,其中2个取得优秀评价。腹部微创外科与肿瘤精准诊疗实验室、生殖健康实验室列入市级重点实验室建设计划。列入国家自然基金计划项目1项,省基础公益性基金计划项目19项,省医药卫生(中医药)科技计划项目115项,省级科技立项数创历年之最。

【推进科技创新平台建设】 2021年,绍兴市启动第三批省市共建医学重点学科建设,8个学科进入省级评审阶段,3个省第五批县级龙头学科通过期末验收。推进肿瘤功能分子成像与介入治疗、心脑血管疾病康复技术创新与应用市级重点实验室年度建设任务。完成省级实用新技术和适宜技术培育推广中心建设项目。选送12项成果参加省第四届卫生健康科技成果转化,1项参加现场路演,全年有7项成果实现转化。

【加强毕业后继续教育】 2021年,绍兴市完成住院医师规范化培训考核709人,382人住培结业考核。诸暨市人民医院内科学等7个专业基地通过国家住培基地建设增补验收。全市3.88万人次参加各级各类卫技人员培训考试，3.45万人次参加新冠肺炎相关诊疗知识与防控知识培训学习。从高中生中定向招收委托培养基层卫生人员128人。实施国家级医学继续教育项目17项，省级医学继续教育项目184项，市级医学继续教育项目269项。

【强化实验室生物安全管理】 2021年，市卫生健康委组织完成普法培训5600人次。制定绍兴市常态化疫情防控期间实验室生物安全应急预案，完成4次实验室生物安全监督检查，完成198名实验室技术人员生物安全上岗培训。

【高层次医卫人才培养】 2021年，绍兴市卫生健康系统有国家级人才3名，省级人才42名，市级人才2039名。新入选省级人才14名，其中新入选省卫生领军人才1名、省创新人才培养对象2名、省医坛新秀培养对象人选11名。评选绍兴市"名士之乡"特支人才，首批入选高级专家1名、科技创新拔尖人才1名、卫生健康拔尖人才29名、青年拔尖人才1名。继续实施"专技型、复合型""双型双百"优秀年轻干部人才培养计划，市本级确定专技型人才、复合型人才各100名。47人完成全科医生转岗培训并申请参加结业考核。

【医卫专技人员招录】 2021年，绍兴市招录卫生人才1360名(硕博士252名，双一流高校毕业生64名)。市本级开展院校招聘和公开招聘6次，录用547人，包括本科377人、硕士155人、博士7人、高级专家8人，招录人数比2020年增加10.32%，博士与高级专家招录人数增加275%。

爱国卫生

【概况】 2021年，绍兴市巩固国家卫生城市建设成果，抓实国家卫生城市复审、卫生创建、病媒生物防制等爱国卫生工作，推进健康教育和健康促进工作。完成"三区"国家卫生城市第五次复审、省级综合评审工作。7个乡镇申报创建国家卫生乡镇，复查确认省级卫生村216个，推荐省级卫生村创建245个。居民健康素养水平37.93%。

2021年1月21日，绍兴市国家卫生城市复审迎检动员大会召开　（市卫生健康委/提供）

【国家卫生城镇创建】 2021年，绍兴市国家卫生城市复审办公室及时调整完善市国卫复审迎检领导小组、制定《绍兴市迎接国家卫生城市复审工作方案》、召开市国卫复审迎检动员大会等，通过国卫复审省级复查、全国爱卫办暗访，完成国家卫生城市省级综合评审工作。诸暨市、嵊州市通过全国爱卫办暗访。7个(上虞区2个、诸暨市3个、嵊州市2个)乡镇申报创建国家级卫生乡镇，全部通过省级暗访，优良率85.7%。

【病媒生物防制】 2021年，绍兴市持续开展春秋两季灭鼠、夏秋季灭蚊蝇蟑、冬春季越冬蚊消杀，并委托第三方开展病媒生物防制效果评估。举办全市病媒生物防制职业技能选拔赛，并在全省病媒生物防制职业技能竞赛中获团体第4名。在45个村开展以灭蚊灭蝇为重点的"除四害村"建设，经评估，基本达到"除四害村"建设标准。

【健康促进】 2021年，绍兴市开展健康促进医院和学校创建，新创成健康促进医院8家，5家健康促进医院通过省级复评，新创成健康促进金牌学校12所，3所健康促进金牌学校通过省级复评，健康促进银牌学校53所(6所复评)。全市25个国家卫生乡镇、316个村(社区)、74家企业、2.2万余户家庭开展健康建设工作。

【农村改水改厕】 2021年，绍兴市采集农村集中式饮用水水样496份，合格水样483份，水样合格率97.4%；采集城市饮用水水样140份，合格水样140份，水样合格率100%。全市合格饮用水人口覆盖率99.9%，其中，城市合格饮用水人口覆盖率100%，农村合格饮用水人口覆盖率99.9%。加强对农村户厕的排摸整改和医疗卫生机构厕所改造提升。

【健康教育促进工作】 2021年，市卫生健康委投入30万元在市区增设124处健康教育宣传栏。开展健康素养进农村文化礼堂活动，开展健康讲座、活动和服务等7230次，服务45万余人次。诸暨市入选《浙江省健康素养进农村文化礼堂》优秀案例汇编。开展全国健康科普作品征集活动暨绍兴市健康科普作品比赛活动，收集作品285部，5部作品在全国获奖，10部作品在全省获奖，新昌县实验小学《将"健康"进行到底》获首届全国健康促进视频类作品优秀案例。

（市卫生健康委/提供）

体育

综述

【概况】 2021年，绍兴市体育工作围绕破解亚运筹备"难事"、推进体育消费试点"新事"、建设体育数字化改革"实事"三大任务，制定《绍兴市建设国家体育消费试点城市工作方案》《绍兴市全民健身计划实施意见(2021—2025年)》《绍兴市关于加强全民健身场地设施建设和管理的实施意见》《绍兴市关于鼓励社会力量办体育的实施意见》《绍兴市促进体教融合工作实施意见》《关于进一步加强新时代绍兴体育工作的若干意见》，推进群众体育、竞技体育和体育产业融合发展。

新建10个社会足球场、20个社区多功能运动场、8个村级全民健身广场、30个"体育+公园"项目、100个百姓健身房、500千米健身步道(骑行道)。人均体育场地面积2.88平方米，列全省第二位。全市14个大型公共体育场馆均落实低免开放补助。

举办"水马"、摩托艇公开赛、全国田径锦标赛等全国性赛事23项、省级赛事44项、市级赛事210项，入选省体育品牌赛事名录库5项，品牌赛事居全省第三位。4名运动员入选中国体育代表团，参赛东京奥运会。培养国家一级运动员52人次，国家二级运动员267人次，国际级裁判员5人，国家级裁判员36人。

柯桥区、上虞区创建成省首批体育现代化区。绍兴市体育局获2021年度浙江省体育工作考评优秀、2021年度省体育民生实事建设突出贡献奖、省参加第十四届全运会群众赛事活动突出贡献奖、2021年度省竞技体育突出贡献奖。

【数字体育建设】 2021年，绍兴市梳理体育部门核心业务，建立完善市智慧化数字体育公共服务平台("越·健康")，形成1个市级大平台和6个区、县(市)子平台建设，优化完善7个基础应用，汇总分析83项数据。创新"数智马拉松指挥管理系统""AI云健身"特色应用。

【体育消费试点城市建设】 2021年，绍兴市围绕体育消费试点城市建设，加大对体育产业的扶持力度，开展体育消费券发放、体育消费调查，各项工作有序推进。兑付2020年度市体育产业发展专项引导资金2000万元，惠及80个项目68家企业(单位)。其中，品牌赛事17项，奖补731.01万元；体育服务业示范企业44家，奖补545.74万元。开展"迎亚运·悦健身"绍兴市全民健身体育消费季活动，发放消费券113.5万张，带动消费7176万元，月均带动体育消费1800万元，累计核销2317.8万元。委托上海华顿经济管理咨询事务所执行绍兴试点期间居民体育消费调查工作。

【亚运会筹办工作】 2021年，绍兴市成立第19届亚运会绍兴市筹备委员会，建立专班工作机制。按照"一馆一方案"要求，完成4个赛事场馆指挥层和运行团队的组建，赛事运行组织架构基本建立。完成"亚运绍兴　越来越好"倒计时一周年活动、"迎亚运讲文明树新风"志愿服务活动、亚运篮球测试赛等活动。谋划棒垒球场馆赛时赛后运营模式，推动国家棒(垒)球集训中心落户绍兴，组建场馆化运营团队。

【各区、县(市)继续完善"一地一品"赛事】 2021年，各区、县(市)不断完善"一地一品"赛事。柯桥区、上虞区通过省体育现代化县(市、区)创建，其中，上虞区构建阳光体育赛事和运动项目嘉年华活动联合呈现体系，承办全国田径冠军赛暨奥运会选拔赛、绍兴上虞·千名博士暨青年人才马拉松赛、2021年全国木球锦标赛暨全国木球大奖赛、全国青少年木球锦标赛等大型赛事；诸暨市突出"首批全国篮球

2021年，新昌县七星街道西岭社区城区生态体育公园　　（市体育局/提供）

城市”优势，成为目前唯一一个承办 CBA 全赛季所有比赛的城市；嵊州市培育体育品牌赛事与体育产业特色项目，创建省级青少年户外体育活动营地 1 个，省运动休闲旅游精品线路 1 条，省运动休闲旅游优秀项目 2 个，省体育产业发展资金项目库项目 5 个，省体育产业发展资金项目库入库项目 1 个。

竞技体育

【概况】 2021 年，绍兴市做好体育后备人才培养，提升竞技体育水平。修订《绍兴市第十届运动会青少年部竞赛规程总则》，完善训练竞赛制度。稳妥推进计划内赛事活动，谋划新周期项目布局，探索竞赛体制改革。

完成年度青少年运动员新注册 6498 人，注册运动员总数 22510 人。完成裁判员注册工作，注册认定 1842 人，其中国际级 5 人，国家级 36 人，荣誉级 2 人，国家一级 520 人，国家二级 1085 人，国家三级 194 人；申报国家一级运动员 52 人次，国家二级运动员 267 人次。引进篮球项目优秀运动员 13 人、女子足球项目优秀运动员 3 人。向省以上运动队输送运动员 10 人以上，在国家队、省队训练的绍兴籍运动员达 120 人以上。开展田径、空手道等裁判员和教练等培训，培训人数 120 人；参加省级、国家级教练人员和竞技体育管理人员培训，参训人数达 40 余人。创建成“2021—2024 周期浙江省重点高水平体育后备人才基地”6 所，“2021—2024 周期浙江省体育传统项目学校阳光体育后备人才基地”4 所。

4 名绍兴籍运动员入选中国体育代表团，参加东京奥运会，获 2 枚铜牌。55 名运动员参加陕西全运会比赛，获 7 枚金牌、9 枚银牌、8 枚铜牌。绍兴籍运动员在年度全国性其他赛事中获金牌 14 枚、银牌 12 枚、铜牌 3 枚，省青少年比赛金牌 180 枚。运动员吴卿风、何峻毅、万济圆，教练员孟关良、朱志根、汪海波分别被授予“浙江省劳动模范”和荣立个人一等功。

【实现浙江在奥运会篮球项目奖牌零的突破】 2021 年 7 月 28 日，在 2020 东京奥运会三人篮球女子组比赛中，万济圆（绍兴籍）代表中国队参赛并获铜牌，实现了浙江在奥运会篮球奖牌零的突破。

2021 年绍兴籍运动员参加全国级及以上比赛成绩（前三名）一览表

表 63

姓名	比赛名称	项　目	组　别	名次	比赛时间
陈磊炀	中华人民共和国第十四届运动会	排球	成年组	3	2021 年 8 月
陈巧铃	2021 年全国田径锦标赛	田径	撑竿跳高	3	2021 年 6 月
陈巧铃	2021 年全国田径锦标赛暨全运会资格赛	撑竿跳高	女子组	3	2021 年 6 月
陈巧铃	中华人民共和国第十四届运动会	撑竿跳高	女子组	3	2021 年 9 月
陈依婷	2021 年全国田径冠军赛暨奥运会选拔赛	田径	女子 4×100 米接力	1	2021 年 6 月
陈依婷	2021 年全国田径锦标赛暨全运会资格赛	田径	女子 4×100 米接力	3	2021 年 6 月
程帅彭	中华人民共和国第十四届运动会	篮球	男子 U22 组	3	2021 年 9 月
董　赢	2021 年全国帆船冠军赛	470 级长距离	成年组	2	2021 年 12 月
董　赢	2021 年全国帆船冠军赛	470 级场地赛	成年组	3	2021 年 12 月
方潇潇	中华人民共和国第十四届运动会	足球	女子 U18 组	2	2021 年 9 月
葛迦立	2021 年全国赛艇秋季冠军赛	赛艇	男子八人单桨有舵手水上 12 千米	2	2021 年 1 月
葛迦立	2021 年全国赛艇秋季冠军赛	赛艇	男子八人单桨有舵手水上 6 千米	2	2021 年 1 月
葛迦立	2021 年全国赛艇秋季冠军赛	陆上赛艇 5 千米竞速赛	男子乙组	3	2021 年 12 月
何峻毅	2021 年全国夏季游泳锦标赛暨全运会预选赛	游泳	男子 100 自接力	1	2021 年 6 月
何峻毅	2021 年全国游泳锦标赛暨东京奥运会选拔赛	游泳	男子 100 自接力	1	2021 年 5 月
何峻毅	2021 年全国游泳锦标赛暨东京奥运会选拔赛	游泳	男子 100 自接力	1	2021 年 5 月
何峻毅	2021 年全国游泳锦标赛暨东京奥运会选拔赛	游泳	男子 100 混接力	1	2021 年 5 月
何峻毅	中华人民共和国第十四届运动会	游泳	男子 100 自接力	1	2021 年 9 月
何峻毅	中华人民共和国第十四届运动会	游泳	男子 100 自接力	1	2021 年 9 月
何峻毅	中华人民共和国第十四届运动会	游泳	男子 100 混合泳接力	1	2021 年 9 月
胡佳妮	中华人民共和国第十四届运动会	国际象棋	女子	1	2021 年 7 月
黄竹风	中华人民共和国第十四届运动会	象棋	男子	1	2021 年 8 月
李林峰	中华人民共和国第十四届运动会	篮球	男子 U22 组	3	2021 年 9 月
陆敏佳	2021 年全国田径冠军赛	田径	女子跳远	1	2021 年 6 月
吕陆辉	2021 年全国皮划艇激流回旋秋季冠军赛	挑战赛男子单人皮艇	成年组	1	2021 年 12 月
吕陆辉	2021 年全国皮划艇激流回旋秋季冠军赛	短距离男子单人皮艇	成年组	2	2021 年 12 月

续表 63

姓名	比赛名称	项　目	组　别	名次	比赛时间
吕陆辉	中华人民共和国第十四届运动会	皮划艇激流回旋男子极限激流	成人	3	2021 年 9 月
马成娜	2021 年全国田径冠军赛暨奥运会选拔赛	田径	女子 4×100 米接力	1	2021 年 6 月
马成娜	2021 年全国田径锦标赛暨全运会选拔赛	田径	女子 4×100 米接力	3	2021 年 6 月
潘旦旦	2021 年全国赛艇春季冠军赛	双人双桨水上 2 千米	女子轻量级	1	2021 年 4 月
潘旦旦	2021 年全国赛艇秋季冠军赛	单人双桨水上 12 千米	女子轻量级	1	2021 年 1 月
潘旦旦	2021 年全国赛艇秋季冠军赛	单人双桨水上 6 千米	女子轻量级	1	2021 年 1 月
潘旦旦	2021 年全国赛艇秋季冠军赛	陆上赛艇 5 千米	女子轻量级	1	2021 年 1 月
潘旦旦	2021 年全国赛艇秋季冠军赛	个人全能	女子轻量级	1	2021 年 1 月
舒熠云	2021 年全国赛艇秋季冠军赛	女子八人单桨水上 6 千米	女子公开级	2	2021 年 1 月
舒熠云	2021 年全国赛艇秋季冠军赛	女子八人单桨水上 12 千米	女子公开级	2	2021 年 1 月
万济圆	东京奥运会	三人篮球	女子组	3	2021 年 7 月
万济圆	中华人民共和国第十四届运动会	三人篮球	女子组	1	2021 年 9 月
王传琦	中华人民共和国第十四届运动会	排球	男子组	3	2021 年 8 月
王　昊	中华人民共和国第十四届运动会	游泳	200 米自由泳接力	2	2021 年 9 月
王　吉	2021 年全国皮划艇静水秋季冠军赛	6000 米 WK1	成年组	1	2021 年 1 月
王　吉	2021 年全国皮划艇静水秋季冠军赛	1000 米 WK1	成年组	3	2021 年 1 月
王　吉	2021 年全国皮划艇静水秋季冠军赛	个人全能	成年组	3	2021 年 1 月
王椋瑶	2021 年国际雪联洲际杯赛	女子 HS97	成年	2	2021 年 8 月
王椋瑶	2021 年全国跳台滑雪锦标赛	混合团体	成年	2	2021 年 3 月
王椋瑶	2021 年全国跳台滑雪锦标赛	女子个人标准台	成年	3	2021 年 3 月
王森炳	中华人民共和国第十四届运动会	排球	U20 组	2	2021 年 9 月
王岳丰	2021 年全国射击冠军赛(步枪项目)	射击步枪	10 米气步枪混合团体	2	2021 年 5 月
王岳丰	2021 年全国射击锦标赛(步枪项目)	射击步枪	男子 10 米气步枪个人	2	2021 年 6 月
王岳丰	中华人民共和国第十四届运动会	射击步枪	男子 10 米气步枪混合团体	2	2021 年 9 月
王岳丰	中华人民共和国第十四届运动会	射击步枪	男子 10 米气步枪团体	2	2021 年 9 月
吴卿风	2021 年全国游泳锦标赛暨东京奥运会选拔赛	游泳	女子 100 自接力	1	2021 年 5 月
吴卿风	2021 年全国游泳锦标赛暨东京奥运会选拔赛	游泳	女子 50 自接力	2	2021 年 5 月
吴卿风	2021 年全国游泳锦标赛暨东京奥运会选拔赛	游泳	女子 100 自接力	2	2021 年 5 月
吴卿风	中华人民共和国第十四届运动会	游泳	女子 100 混合泳接力	1	2021 年 9 月
吴卿风	中华人民共和国第十四届运动会	游泳	女子 100 自接力	1	2021 年 9 月
吴卿风	中华人民共和国第十四届运动会	游泳	女子 100 自接力	3	2021 年 9 月
谢天峰	2021 年全国赛艇秋季冠军赛	陆上赛艇 10 千米竞速赛	男女混合接力	1	2021 年 12 月
谢天峰	2021 年全国赛艇秋季冠军赛	赛艇	八人单桨水上 6 千米	2	2021 年 1 月
谢天峰	2021 年全国赛艇秋季冠军赛	赛艇	八人单桨水上 12 千米	2	2021 年 1 月
谢震业	2020 东京奥运会	田径	男子 4×100 米	3	2021 年 8 月
谢震业	2021 年全国田径冠军赛	田径	男子 200 米	1	2021 年 6 月
谢震业	2021 年全国田径冠军赛	田径	男子 100 米	2	2021 年 6 月
谢震业	2021 全国田径锦标赛	田径	男子 100 米	1	2021 年 6 月
谢震业	中华人民共和国第十四届运动会	田径	男子 4×100 米	1	2021 年 9 月
谢震业	中华人民共和国第十四届运动会	田径	男子 100 米	2	2021 年 9 月
谢震业	中华人民共和国第十四届运动会	田径	男子 200 米	2	2021 年 9 月
徐　峰	2021 年全国赛艇秋季冠军赛	赛艇	八人单桨水上 6 千米	2	2021 年 1 月
徐　峰	2021 年全国赛艇秋季冠军赛	赛艇	八人单桨水上 12 千米	2	2021 年 1 月

续表 63

姓名	比赛名称	项　目	组　别	名次	比赛时间
徐娅妮	2021 年全国帆船冠军赛	场地赛	混合 470 级	1	2021 年 12 月
徐娅妮	2021 年全国帆船锦标赛	帆船	帆船 470 场地赛	1	2021 年 6 月
徐娅妮	2021 年全国帆船锦标赛	帆船	帆船 470 长距离赛	2	2021 年 6 月
徐娅妮	中华人民共和国第十四届运动会	帆船	帆船 470 场地赛	3	2021 年 9 月
许豪良	2021 年全国赛艇秋季冠军赛	单人双桨水上 500 米	男子轻量级	2	2021 年 12 月
许豪良	2021 年全国赛艇秋季冠军赛	陆上赛艇 5 千米 竞速赛	男子轻量级	3	2021 年 12 月
叶依妮	2021 年全国赛艇秋季冠军赛	女子八人单桨水上 6 千米	女子公开级	2	2021 年 1 月
叶依妮	2021 年全国赛艇秋季冠军赛	女子八人单桨水上 12 千米	女子公开级	2	2021 年 1 月
余浩楠	2021 年全国射击冠军赛	10 米气步枪混合团体	混合组	1	2021 年 5 月
余浩楠	2021 年全国射击锦标赛	10 米气步枪团体	男子组	1	2021 年 6 月
余浩楠	中华人民共和国第十四届运动会	10 米气步枪团体	男子组	2	2021 年 9 月
张可凡	2021 年全国皮划艇秋季冠军赛	激流男子皮艇陆上赛艇 2 千米	成年组	2	2021 年 12 月
张燕华	2021 年全国赛艇秋季冠军赛	女子八人单桨水上 6 千米	女子公开级	2	2021 年 1 月
张燕华	2021 年全国赛艇秋季冠军赛	女子八人单桨水上 12 千米	女子公开级	2	2021 年 1 月
章佳洁	2021 年全国女子拳击锦标赛	拳击	+81 千克	2	2021 年 4 月
甄炜杰	2021 年全国跳台滑雪锦标赛	男子团体	跳台滑雪	1	2021 年 3 月
甄炜杰	2021 年全国跳台滑雪锦标赛	混合团体	跳台滑雪	2	2021 年 3 月
郑怡钗	2021 全国射箭(室外)锦标赛	射箭	女子团体淘汰赛	2	2021 年 12 月
周　炯	2021 年全国赛艇秋季冠军赛	赛艇	男子八人单桨有舵手水上 12 千米	2	2021 年 1 月
周　炯	2021 年全国赛艇秋季冠军赛	赛艇	男子八人单桨有舵手水上 6 千米	2	2021 年 1 月

【备战第十七届省运会】 2021 年，绍兴市确定组织参加 2022 年浙江省第十七届运动会，完成报项及运动员大名单报名，报名参赛 29 个大项、45 个分项，共计 1798 名运动员，参赛项目、参赛人数创历史新高。

【体育人才培养和引进】 2021 年，绍兴市加大优秀竞技体育人才培养和引进。引进足球、篮球、体操、拳击、田径、射击、高尔夫球等项目运动员 30 名，安置退役优秀运动员 29 人。向省队输送运动员 10 名，3 名冬季项目运动员在国家队集训。52 人次运动员获国家一级运动员称号，267 人次运动员获国家二级运动员称号。引进优秀教练员及团队 6 个，其中柯桥区 1 人，上虞区 1 人，诸暨市 1 人，嵊州市 1 人，新昌县 2 人(团队)。

【皮划艇邀请赛暨东方水城嘉年华系列赛】 2021 年 10 月 6—31 日，“皮划艇邀请赛暨东方水城嘉年华系列赛” 在绍兴举行。(详见 P185)

2021 年 10 月，绍兴地铁 ·2021 皮划艇邀请赛暨东方水城嘉年华系列赛举行

（市体育局 / 提供）

群众体育

【概况】 2021 年，绍兴市全面加强基层体育场地建设，越城区体育中心二期、新昌县体育中心、诸暨市体育中心完成改造。完善全市域全民健身服务体系，编制《绍兴市公共体育设施建设和管理办法》。在绍兴市智慧化数字体育平台推出“一分钟” 健身圈，场馆公益开放数量列全省前列。完成健康浙江考核任务，完成 2021 年省、市体育领域 “民生实事” 工程。举办各级各类群众体育赛事活动超 2100 场。

全市有登记注册的体育社团 196 个(市级体育社团 44 个)，其中 AAA 以上体育社团 24 家，有注册会员 83.22 万人，全市体育社会组织总量 1322 个。有注册在编社会体育指导员 16782 人，培训二级社会体育指导员 1100 余名（取得证书 958 人）、三级社会体育指导员 2534 人，推荐 6 人参加国家级社会体育指导员培训。

绍兴市体育局获评“2017—2020 年度全国群众体育先进单位”，市体育总会获评“2021 年度浙江省设区市体育总会建设先进单位”。

【完成健康浙江考核任务】 2021 年，绍兴市组织开展健康浙江国民体质监测工作，有效样本数（17702 例）及合格率、优秀率均达到考核标准。成立体育教育、运动康复训练和体育科学研究宣讲团队，举办 12 次“健身大讲堂”活动，参加人数 2000 余人。坚持在社区、农村、企事业单位为群众提供免费体质测试服务。同时，针对不同人群开展个性化测试，开具个性化“运动处方”。

【开展体卫融合试点】 2021 年，绍兴市全民健身指导中心与绍兴文理学院附属医院合作开设“运动康复门诊”，围绕青少年生长发育与脊柱侧弯筛查评估项目、“体医融合助力糖尿病运动康复管理”主题开展 4 次“迎亚运·惠民生”绍兴市国民体质检测暨“体医融合”促健康公益系列活动，惠及群众 1200 余人。

【市第十一届老年人运动会举行】 2021 年 5 月 26 日，“迎亚运、展风采”绍兴市第十一届老年人运动会在越城区城东体育馆举行开幕式。市委副书记、市长盛阅春宣布开幕。该届市老年人运动会包括台球、健身气功、棋类、门球、健身球操、气排球等 24 个项目，参赛运动员、教练员、裁判员共 3000 余人，赛事从 4 月开始至 10 月结束。绍兴市老年人运动会五年举办一次。

【健身气功队伍进全运会决赛】 2021 年 8 月 7 日，第十四届全运会群众赛事健身气功展演活动比赛（决赛）视频上传工作开启。本届展演比赛设健身气功·易筋经、健身气功·五禽戏、健身气功·八段锦、健身气功·气舞 4 个项目。8 月 8—9 日，浙江省网络录制工作分别在绍兴市和衢州市进行。越城区代表队、上虞区代表队和上虞区东关镇代表队入围全运会群众赛事健身气功展演活动比赛决赛，占浙江省的 1/3。

【制定《绍兴市公共体育设施建设和管理办法》】 2021 年 12 月 28 日，市政府办公室印发《绍兴市公共体育设施建设和管理办法》，对公共体育设施建设、公共体育设施使用、公共体育设施管理等方面作出规定。厘清部门职责和属地具体职责，明确公共体育设施向社会公众开放的要求，规定公共体育设施投入使用前应当明确管理单位。

体育产业

【概况】 2021 年，绍兴市以建设国家体育消费试点城市为重点，积极打造体育消费城市品牌，坚持差异化发展，围绕打造国际赛会目的地城市，彰显体育赛事新经济特色。累计销售体育彩票 11.3979 亿元，增长 26.22%，共有销售渠道 923 家。绍兴上虞大康体育健身设施制造有限公司、万丰航空工业有限公司被认定为国家体育产业示范单位；绍兴市入选省重点培育体育品牌赛事名录库 5 项；新昌沃洲万丰航空运动乡镇被列入省第四批运动休闲乡镇培育名单；上虞区获评省级运动休闲基地；创建浙江省运动休闲旅游示范基地、精品线路、优秀项目，获评 2 条精品线路，3 个优秀项目。

【《绍兴市建设国家体育消费试点城市工作方案》印发】 2021 年 3 月 18 日，市政府办公室发布《绍兴市建设国家体育消费试点城市工作方案》。方案明确了绍兴市建设国家体育消费试点城市的建设目标、基本原则、范围时限、实施步骤和重点任务；成立了由市长任组长，三位副市长任副组长，25 个市级相关部门和 6 个区、县（市）政府一把手为成员的工作领导小组，领导小组办公室设在市体育局。

【发布《绍兴市 2020 年度居民体育消费调查报告》】 2021 年 7 月 14 日，国家体育消费试点城市居民体育消费调查工作视频交流会召开。会上，绍兴市发布《2020 年度绍兴市居民体育消费调查报告》。2020 年绍兴市居民体育消费总规模 135.72 亿元，人均体育消费 2574.93 元，占当年绍兴市居民人均消费支出的 8.15%，其中城镇居民人均体育消费 3063.48 元，占消费支出的 8.42%；农村居民人均体育消费 1667.63 元，占消费支出的 7.21%。绍兴市居民人均体育消费水平接近先进省市水平。

【发放体育消费券】 2021 年，绍兴市与支付宝合作，开展“迎亚运·悦健身”全民健身体育消费季活动，通过支付宝、口碑、饿了么和高德分五轮面向全国发放 3000 万元体育消费券。首轮于 8 月 8 日“全民健身日”发放，至 12 月活动结束，活动触达人群超百万人，带动体育消费 7176 万元。全市 606 家门店参与活动，覆盖游泳、滑雪、卡丁车等 17 项类目。

【浙江飞峰体育羽毛球第六次被指定为省运会比赛用球】 2021 年 11 月 10 日，浙江省第十七届运动会官方供应商签约仪式在柯桥区兰亭街道办事处举行，浙江飞峰体育成为省运会市场开发签约的首家官方赞助商。这是浙江飞峰体育羽毛球第六次被指定为省运会比赛用球。

（市体育局 / 提供）

社会事务

社区治理和社会工作

【概况】 2021年，绍兴市推进党建引领城乡社区治理体系建设，探索基层治理新模式，基层治理能力显著提升。越城区“五邻社”国家级实验区和上虞区“善伴邻”省级实验区顺利结项；诸暨市创新“五社联动”机制入选省级试点，上虞区列入智慧社区省级试点，诸暨市枫桥镇枫源村列入民政部村级议事协商创新实验试点；发布《村规民约制修订工作规范》省级地方标准。建设9个体现绍兴特色的未来社区“居民会客厅”，实现社区服务能力的整体提升。28个村入选第四批省级引领型农村社区。

至2021年末，绍兴市有城市社区326个，其中越城区108个，柯桥区81个，上虞区53个，诸暨市41个，嵊州市25个，新昌县18个；有居委会229个，其中越城区43个，柯桥区44个，上虞区29个，诸暨市77个，嵊州市23个，新昌县13个；有行政村1587个，其中越城区201个，柯桥区214个，上虞区281个，诸暨市397个，嵊州市241个，新昌县253个。

【《村规民约制修订工作规范》发布】 2021年6月25日，省市场监督管理局发布《村规民约制修订工作规范》省地方标准，为全省各地村规民约制（修）订工作的开展、管理、监督等提供“操作手册”。该标准由诸暨市枫桥镇人民政府、浙江省标准化研究院、绍兴市民政局、中共诸暨市政法委、诸暨市民政局、浙江旅游职业学院共同起草。

【社会工作】 2021年，全市社会工作职业水平考试成绩合格975人。新建成乡镇（街道）社会工作站52家，在困难群体等领域开展服务项目247个，服务44844人次；新增社工岗位490个，新增社会工作服务机构25家。开展社工人才系列培训，覆盖1005名社工，培养市级督导5名，评选优秀社会工作案例11个，社会工作拔尖人才首次列入“名士之乡”高层次人才类型之一，并遴选出5名。逐步建立一支有专业能力梯队的社工人才库。加强对社会工作者协会的联系指导，科学参与疫情防控，开通援助热线16条，建立心理援助群24个，服务9000余人次；紧扣“汇聚社工力量 助力乡村振兴”主题，开展社会工作主题宣传活动，扩大社会工作知晓度、参与面和影响力。

【举办市级单位新派驻社指导员培训会】 2021年5月26日，绍兴市“三驻三服务”专班、市民政局举办市级单位新派驻社指导员培训会。市民政局业务负责人、市“三驻三服务”专班工作人员、市委党校专家及五邻社秘书长等先后作业务辅导，优秀驻社指导员和社区书记代表作经验分享。全市30名市级机关企事业单位2021年新派驻社指导员参加培训。

【越城区全国社区治理和服务创新实验区结项】 2021年12月，民政部发布《关于确认全国社区治理和服务创新实验区结项评估结果的通知》，确认绍兴市越城区等31个实验区顺利完成各项实验任务。自2019年3月被民政部确认为全国社区治理和服务创新实验区以来，越城区探索完善社区共建共治共享工作机制，调动社区在职党员、驻社区机关企事业单位、志愿者等社区治理参与主体积极性，完善清单管理、积分兑换等激励机制，汇聚社区治理合力，有序推进实验区建设工作，形成了特色鲜明的创新成果。

【志愿工作】 2021年，绍兴市有志愿服务组织59家（数据来源于中国志愿服务网）。开展志愿服务有效活动3950次，活动场次4487次，活动总时长近32万小时，活动人数约6.9万人，活动7万人次。

（市民政局/提供）

民政事务

【概况】 2021年，全市民政系统以数字化改革为牵引，全面落实省、市“民政30条”、民政“十四五”规划，抓实抓细重点工作和民生实事，社会救助提标扩面，养老服务提档升级，公益慈善再起高潮，基层治理创新推进，社会事务优化服务，奋力打造精准保障、幸福颐养、人人慈善、和谐自治、暖心服务五个“标杆区”的市域范例。绍兴市社会福利院被列入浙江省智慧养老院试点。

【印发《绍兴市民政事业发展“十四五”规划》】 2021年7月26日，市发展改革委、市民政局印发《绍兴市民政事业发展“十四五”规划》。规划提出绍兴市建设高质量的社会福利、社会救助、基层治理、公共服务、民政队伍和数字民政等六大体系目标任务，设置主要发展指标12个，安排重点项目13个，总投资约19.7亿元。含《绍兴市社会福利事业“十四五”规划》《绍兴市社会救助“十四五”规划》《绍兴市民政基层治理“十四五”规划》子规划。

【慈善事业发展】 2021年，全市慈善系统收到捐赠款物2.75亿余元，救助支出2.2亿元，惠及近25万人次，其中市本级收到捐赠款物4747.6万元，救助支出4051.42万元，惠及超过2.3万人次。在全市东西部协作工作中落实社会帮扶资金捐赠3200万元。全市设立5单慈善信托，完成率居全省第一位，其中，柯桥区1单，上虞区1单，诸暨市3单，慈善信托规模累计1172万元。

据2020年度浙江城市慈善发展指数报告显示，绍兴城市慈善发展指数排名全省第三位。地市级所属区县市慈善发展指数平均排名列第二位，其中，诸暨市、柯桥区在全省区、县（市）慈善发展指数排名中分列第一位和第三位。

【全市首个慈善信托正式成立】 2021年4月16日，由柯桥区慈善总会联合浙江爱利斯染整有限公司发起的全市首个慈善信托——爱利斯慈善信托正式成立。爱利斯染整有限公司捐赠100万元设立爱利斯慈善信托，主要用于开展特定困难人群及其他符合信托目的的捐助项目。在仪式上，向首批6名受助对象每人捐助5000元。绍兴成为杭州、宁波之后，省内成立慈善信托的第三个城市。

【出台《关于加快推进慈善事业高质量发展的实施意见》】 2021年10月12日，市委办公室、市政府办公室印发《关于加快推进慈善事业高质量发展的实施意见》，提出今后五年慈善事业发展目标和措施。到2025年，绍兴市基本实现组织化、多元化、专业化、智慧化、规范化的新时代慈善事业高质量发展新格局，经登记认定的慈善组织突破120家，绍兴市各地志愿者实名注册人数达到常住人口的17%以上，持证社会工作专业人才达到1万人。

【2021年绍兴市公益创投项目】 2021年2月，绍兴市公益创投项目活动启动，“便民服务乡村行”等8个项目被确定为公益创投资助项目。创投资助项目涵盖为老服务、特殊儿童服务、扶贫帮困等方面。10月，2021年公益创投项目全面完成，项目总资金41.82万元，资助资金29.63万元，累计开展各类活动近200场，服务人数近2万人次。

嵊州市慈善阳光社会工作服务中心“造血型”救助项目、绍兴市炉峰禅寺慈善联合会“致敬抗战老兵”关爱活动、诸暨市向日葵社会工作服务中心“星守护——ASD儿童家庭支持计划”、嵊州市爱心义工团“便民服务乡村行”、诸暨市德林社会工作服务中心“守护少年的你——‘家庭处境遇挫环境适应不良未成年人’关怀计划”、上虞区杭州湾曙光救援队“曙光行动——护航生命”项目获评2021年度绍兴市公益创投优秀项目。

【社会救助】 至2021年末，全市新增社会救助4225人，取消6554人，累计救助各类困难对象5576户10192人，其中低保对象2220户2983人（收入型1446户1951人，支出型低保171户423人，残疾人单列施保558户564人，重病单列施保45户45人）；低保边缘276户672人（收入型178户502人，支出型低边98户170人）；特困供养133户133人（集中供养124户124人，分散供养9户9人）；临时救助2947户6404人（本市户籍2929户6367人，非本市户籍18户37人）。

【连续四年提高社会救助保障标准】 2021年1月1日起，全市低保标准由月人均850元统一提高到890元，增幅4.7%，成为全省首批完成最低生活保障统调的地市之一。市区特困人员基本生活供养标准由月人均1602元统一提高到1620元，其中诸暨市、嵊州市、新昌县分别由月人均1434元、1163元、1347元提高到1460元、1179元、1358元，全市特困平均标准1476元，全部达到民政部要求的不低于低保标准1.3倍目标值。提高最低救助水平，城乡最低补差额由原人均255元提高到267元。

【革命老区审核工作】 2021年，绍兴市对1254个原革命老区村进行重新调整认定，其中因行政村撤并调整减少700个，重新认定1个，补报1个，12个原革命老区村因水库移民、下山脱贫等原因整村搬迁，异地重建后未保留原名称的不再认定为革命老区村。最终调整确认革命老区村（居、社区）543个，主要涉及四明山游击队、金萧支队在绍兴市活动范围的区、县（市），其中越城区7个，上虞区191个，诸暨市284个，嵊州市47个，新昌县14个。确认镇级革命老区38个。

【春节慰问】 2021年，绍兴市开展春节慰问活动，市领导走访5家敬老院，每家发放慰问金2万元；走访困难群众15户，每户发放慰问金2000元和500元慰问品。全市各级政府共慰问困难群众6.46万人，支出慰问资金3996万元。

2021年9月24日，“民建益德助学基金”捐赠仪式在绍兴文理学院举行

（市民政局／提供）

【《绍兴市居家养老服务条例》实施】 2021年12月1日起，《绍兴市居家养老服务条例》施行。《绍兴市居家养老服务条例》共8章39条，明确居家养老服务各方责任主体和主要职责，对高质量提供居家养老服务供给、高标准建设居家养老服务设施、高水平加强居家养老服务扶持保障及高要求强化居家养老服务监管等作出规定。

【召开养老服务联席会议】 2021年1月20日，绍兴市召开养老服务联席会议暨国家居家和社区养老服务改革试点工作总结电视电话会议。会议由市政府副秘书长孟志军主持会议，副市长、绍兴市养老服务联席会议召集人陈德洪做讲话。会议总结三年来国家居家和社区养老服务改革试点成果，研究部署当前和今后一个时期绍兴市养老服务高质量发展重点任务，并于全省率先建立养老服务联席会议制度。越城区政府、诸暨市政府作试点工作交流发言，市建设局、市卫生健康委作高质量推进养老服务发展发言，养老服务联席会议市级单位成员在市主会场参加会议，各区、县（市）参会人员在分会场参会。

【养老服务机构等级评定】 2021年，市民政局依托市智慧养老综合服务平台养老服务机构等级评定模块，通过“线上申报＋综合评估”模式，评定三星级养老机构11家；乡镇（街道）级居家养老中心五星级23家，四星级37家。

【家庭适老化改造和康养联合体建设】 2021年，绍兴市完成困难老年人家庭适老化改造2683户，建设康养联合体试点9个。

【发布《老年人评估工作规范》】 2021年12月30日，市市场监管局批准发布DB3306/T042—2021《老年人评估工作规范》市级地方标准。标准规定了老年人评估工作的基本要求、评估类型、评估形式、评估流程、评价和改进等内容，是省内首个老年人评估工作规范地方标准。标准由绍兴市社会福利院、绍兴市智慧社会福利评估服务中心、浙江省标准化协会、

2021年7月17日，2021夏日亲情关爱“小候鸟”心理健康公益行动在越城区蕺山社区举行
（市民政局/提供）

中关村思德智能健康养老产业联盟起草。

【召开未成年人保护工作委员会第一次会议】 2021年11月11日，绍兴市召开未成年人保护工作委员会第一次会议。会议深入学习贯彻习近平总书记关于未成年人保护工作的重要指示批示精神，落实国务院和浙江省未成年人保护工作委员会第一次全体会议精神及有关工作要求，分析全市未成年人保护工作形势，研究部署下阶段全市未成年人保护工作重点任务。

【孤儿及困境儿童基本生活保障】 2021年，绍兴市对市区孤儿基本生活费发放标准进行调整，福利机构养育孤儿基本生活费调至每人每月2062元，社会散居孤儿基本生活费调至每人每月1650元，困境儿童的基本生活费同步调整。

【遗体火化】 2021年，绍兴市火化遗体33354具，火化率100%。其中，绍兴市殡仪馆火化遗体10062具，上虞区殡仪馆火化遗体6000具，诸暨市殡仪馆火化遗体7879具，嵊州市殡仪馆火化遗体6097具，新昌县眠山开发有限公司火化遗体3316具。

【婚姻登记】 2021年，绍兴市办理结婚登记19087对，比2020年减少6332对，下降24.91%；办理离婚登记5554对，减少3369对，下降37.76%；补发婚姻证39360件，增加31401件，增加394.53%；出具（无）婚姻登记记录证明8份，与2020年持平。办理内地居民结婚登记19062对，下降24.91%，其中，初婚28755人，再婚9369人（含复婚2664人）。办理内地居民离婚登记5549对，下降37.78%。办理涉及外国人结婚登记25对，涉及香港居民结婚登记2对，涉及澳门居民结婚登记2对，涉及台湾居民结婚登记4对；初婚41人，再婚9人。办理涉及外国人离婚登记4对、涉及台湾居民离婚登记1对。

【离婚冷静期制度初见成效】 2021年1月1日，《中华人民共和国民法典》正式实施，离婚登记设置了30日的“冷静期”。年内，全市受理离婚申请9998对，冷静期结束后仍未共同到婚姻登记处办理离婚手续的有3537对，实际办理离婚登记手续5554对，离婚登记比2020年下降37.76%。

【流浪乞讨人员救助管理】 2021年，绍兴市6个救助管理站共救助流浪乞讨人员2000人次，其中救助精神障碍、危重病人、肢体残障人员1595人次。提供返乡乘车凭证、现金后自行离站270人次，自愿离站77人次。联系其亲属、单位、流出地民政部门接领53人次，各区、县（市）救助管理站工作人员护送返乡90人次。滞留99人。未发生流浪乞讨人员非正常死亡事件。

【获省首届"幸福杯"社会救助业务竞赛团体冠军】 2021年11月7—8日，全省首届"幸福杯"社会救助业务竞赛在杭州召开，11个地市代表队参加比赛。竞赛设置理论测试、实务操作和案例答辩环节。绍兴市代表团获团体冠军，3名参赛队员全部获"救助业务能手"称号，占全省6个获奖名额的50%，其中越城区社会救助科陈琪瑜获全省"救助业务能手"第一名。

【福利彩票发行】 2021年，绍兴市累计销售各类福利彩票8.90亿元，其中电脑票6.81亿元、即开票2.09亿元，完成年度考核任务目标的118.64%。筹集公益金2.73亿元，其中全市筹集可用公益金0.75亿元，市本级筹集可用公益金4812.51万元。发布《2020年绍兴福利彩票社会责任报告》。

【水库移民】 2021年，绍兴市有大中型水库后期扶持移民100636人，其中直补移民70738人，项目扶持移民29898人，发放直补资金4253.42万元。越城区（含滨海新区）有后扶移民5193人，包括直补移民4671人，项目扶持移民522人，发放直补资金186.24万元（不含滨海新区）；柯桥区有后扶移民8211人，包括直补移民7378人，项目扶持移民833人，发放直补资金442.6万元；上虞区有后扶移民9991人，包括直补移民7797人，项目扶持移民2194人，发放直补资金561.84万元；诸暨市有后扶移民34724人，包括直补移民25608人，项目扶持移民9116人，发放直补资金1545.265万元；嵊州市有后扶移民11399人，包括直补移民10074人，项目扶持移民1325人，发放直补资金604.44万元；新昌县有后扶移民31118人，包括直补移民15210人，项目扶持移民15908人，发放直补资金913.035万元。

全市计划实施移民扶持项目192个，总投资15820.28万元，其中移民资金11529.8159万元。到年末，项目完工169个，拨付移民资金（含预拨）5845.6799万元。

（市民政局／提供）

2021年，福彩快乐8 一周年健康公益跑活动 （市民政局／提供）

社会保险

【概况】 2021年，绍兴市基本养老保险参保368.93万人（其中企业职工基本养老保险263.43万人，城乡居民基本养老保险88.33万人），绍兴市户籍法定人员基本养老保险参保率99.65%。全市工伤保险、失业保险参保人数分别为183.9万人、136.87万人。企业职工养老金实现17连涨。

全市基本医疗保险参保人员479.41万人，其中职工医保（生育保险）230.38万人、城乡居民医保249.03万人；全市户籍人口参保率99.78%。有定点医疗机构273家，其中公立医疗机构192家、民营医疗机构81家，另医务室51家、社区卫生服务站76家；定点零售药店787家。

【企业职工基本养老保险参保扩面】 2021年，绍兴市选取越城区、诸暨市、嵊州市开展参保扩面试点，新昌县开展夯实缴费工资基数试点。至年末，全市户籍人口基本

表64 2021年上虞区与越城区管理体制调整前后水库移民后期扶持人数情况变动表 单位：人

调整	区域	所属乡镇（街道）	后期扶持人数：合计	省和中央全额承担人数	省地各半承担人数	地方全额承担人数	2021年复核人数	历年核减人数
调整前	上虞区	沥海街道	1767	1737	30	0	1567	200
		其他20个乡镇（街道）	9991	9769	202	20	7797	2194
		合计	11758	11506	232	20	9364	2394
	越城区	16个乡镇（街道）	3426	2248	514	664	3104	322
调整后	上虞区	20个乡镇街道（街道）	9991	9769	202	20	7797	2194
	越城区	原16个乡镇（街道）	3426	2248	514	664	3104	322
		沥海街道	1767	1737	30	0	1567	200
		合计	5193	3985	544	664	4671	522

养老保险参保率99.65%，比2020年增加0.18个百分点，列全省第三位。全市企业职工基本养老保险参保缴费人数179.26万人，比2020年底增加近5万人。

【城乡居民基本养老保险基础养老金标准调整】 2021年1月1日起，全市城乡居民基本养老保险基础养老金标准由每人每月215元调整到245元。

【开展未参保贫困人员"清零"行动】 2021年，绍兴市落实贫困人口参保优惠和代缴补贴政策，累计2.71万名困难人员享受城乡居民基本养老保险财政代缴政策。

【开展社保基金监督检查】 2021年，绍兴市人力社保系统围绕社保基金监管数字化改革，以人社、税务、财政、民政等数据共享为基础，聚焦社保基金管理风险环节，组织开展全覆盖拉网式社保基金管理问题专项整治，严厉打击各类欺诈骗保行为，累计排查风险点191个，核查疑点人员14799人，确认问题18人，涉及基金364.58万元，追回基金364.58万元，基金追回率100%。

高效落实失业保险扩围政策，累计发放失业保险金2.8亿元、失业补助金7944.2万元，为7.36万人发放就业困难人员灵活就业社保补贴2.66亿元。

【医疗保险基金收支情况】 2021年，全市职工医保（生育保险）基金收入120.3亿元，支出92.59亿元，当年结余27.71亿元，累计结余181.45亿元，支付能力23.52个月；城乡居民医保基金收入37.33亿元，支出35.74亿元，当年结余1.59亿元，累计结余23.61亿元，支付能力7.93个月；大病保险基金收入3.07亿元，支出2.10亿元，累计结余5.93亿元，支付能力33.84个月。开展医疗救助104.04万人次，支出资金11647.8万元，资助困难人员参保70345人，资助金额3657.9万元。

【医保基金监管信用国家试点工作】 2021年，绍兴市医疗保障局建立"1+3+1"医保信用监管体系，通过开发一套评价体系，探索建立"智慧医保+云上智治""智慧

2021年10月23日，第一届绍兴市医保知识竞赛暨第二届"越美医保"业务技能大比武举行

（市医保局／提供）

医保+纪法协同""智慧医保+枫桥经验"三大监管模式，联通一个信用信息应用平台，初步建立"信用引领、云上智治"信用数字化监管模式。绍兴医保行业信用数字化改革场景获评全省"信用数字化改革应用十大示范案例"（全省医保系统唯一、绍兴市唯一获奖项目），获评第三届"新华信用杯"全国优秀信用案例，并以总结评估"优秀"成绩通过国家医保基金信用监管试点验收。

【基本医疗保险市级统筹省级试点】 2021年，市医保局通过开展基金归集、统支节流等"七大行动"，完成清单任务38项，在全省率先实现"制度政策统一、基金统收统支、管理服务一体"，完成基本医保市级统筹省级试点工作。5月26日，全省基本医疗保险市级统筹现场推进会在绍兴市柯桥区召开，会上对绍兴市基本医疗保险市级统筹省级试点工作经验加以推广。

【公立医疗机构服务价格改革】 2021年，绍兴市调整县级以上公立医院医疗服务价格3331项，实现县级以上公立医院医疗服务价格全市统一。推进基层医疗服务价格改革省级试点，统一全市基层价格，在总量范围内下调985项、上调3226项，解决部分价格倒挂、价格过低等问题。同时，明确基层价格与公立医院价格的合理比价关系，建立联动机制。

【推出首款商业补充医疗保险】 2021年，由政府部门全程指导，各承保单位承办，推出绍兴市首款商业补充医疗保险——"越惠保"。2021年全市共参保306.8万人、参保率67%，分别居全省第二位和第三位。累计赔付33万人次、61255人，赔付金额27920万元，赔付率91%。

【医保数字化改革取得突破】 2021年，市医保局开发"浙药易购"智慧医保云药店平台多跨场景应用纳入全省"浙里医保应用"子场景，"云药智控"平台纳入"医保基金智控在线"项目子场景，纳入全省数字化改革重大应用"一本账"。"云药智控""浙药易购""基层医疗服务价格检测平台"三个项目纳入全省医保系统"一地创新、全省共享"应用项目首批试点。完成全国第一个两朵"云"双活容灾智慧医保系统，实现多个国内"首次"，成功避免一次重大安全事故。

【举办市首届医保知识竞赛】 2021年10月23日，由市医保局主办的第一届全市医保知识竞赛暨第二届"越美医保"业务技能大比武举行。全市7支代表队、42名干部职工参赛，经过"业务实操""演讲比赛""知识竞赛"3个环节，诸暨市代表队获团体第一名，柯桥区代表队获团体第二名，越城区代表队获第三名。

（市人社局、市医保局／提供）

住房保障

【概况】 2021年，绍兴市贯彻落实国务

院办公厅《关于加快发展保障性租赁住房的意见》要求，明确“十四五”期间全市新增保障性租赁住房6.1万套的目标任务。拟定《关于加快发展保障性租赁住房实施意见》，完成存量住房对象摸排，形成各区县存量保障性租赁住房项目清单。完成供需测算，向省建设厅上报绍兴市保障性租赁住房“十四五”建设计划。

绍兴市缴存住房公积金123.17亿元，增长5.5%；提取住房公积金97.97亿元，下降2.5%；发放住房公积金贷款12885户、50.58亿元，分别增长13.0%、8.8%。至年末，全市实缴职工61.34万人；缴存总额934.83亿元、余额272.99亿元；贷款总额495.54亿元、余额248.32亿元，逾期贷款294.19万元，逾期率0.12‰；资金存贷比91.0%；个人贷款风险准备金余额21.79亿元，风险准备金充足率8.8%；住房公积金首次贷款利率，五年期以上住房公积金贷款利率3.25%，五年期以下（含五年）2.75%，二次贷款利率提高到基准利率的1.1倍。年内，全市住房公积金缴存限额仍执行2020年标准，其中，单位职工月最低缴存额分别为单位和个人各209元；个人托管缴存职工的月最低缴存额670元。全市缴存单位和职工住房公积金缴存基数均为2020年职工个人月平均工资，缴存比例单位和职工最高各为12%，最低各为5%。经营有困难的企业，在与单位职工充分协商的基础上，可自主选择按5%的比例缴存或申请缓缴住房公积金，其中申请缓缴期限不得超过一年。

2021年绍兴市住房公积金缴存情况表

表65

项目 区域	缴存单位（个）			缴存人数（人）			当年缴存额（万元）	历年累计缴存额（万元）	缴存余额（万元）
	实缴单位数	当年新开户单位数	当年净增数	实缴职工数	当年新开户职工数	当年净增数			
市本级	4721	5807	504	191732	48315	17092	378663	3105151	838744
柯桥区	2858	8194	365	87895	20542	8340	184859	1455772	416704
上虞区	3790	4033	423	109454	22079	7554	201523	1404806	441754
诸暨市	2855	8392	343	102090	23000	4451	256639	1804798	542582
嵊州市	1426	2551	−15	53167	10921	3167	98567	775758	233811
新昌县	1381	1773	123	69018	13687	2774	111472	801992	256340
合　计	17031	30750	1743	613356	138544	43378	1231723	9348277	2729935

2021年绍兴市住房公积金提取情况表

表66

用途 区域	住房消费提取额（万元）				非住房消费提取额（万元）				当年提取总额（万元）
	购买、建造、翻建、大修自住住房	偿还购房贷款本息	租赁自住住房	其他	离退休	完全或部分丧失劳动能力以及遇到其他突发事件造成家庭生活严重困难	出境定居	其他	
市本级	85872.23	144387.33	13020.72	0	23608.71	123.87	0	23544.5	290557.36
柯桥区	45824.2	72855.36	6477.19	0	11063.76	2856.17	0	5279.53	144356.21
上虞区	56297.26	64936.4	6872.44	0	12014.76	2002.08	0	8833.38	150956.32
诸暨市	82468.63	102431.32	5940.93	0	17789.11	1729.19	0	6559.01	216918.19
嵊州市	29244.76	37745.98	2288.14	0	8979.63	814.85	0	3070.64	82144
新昌县	33356.14	43277.41	4548.56	0	9211.95	1414.73	0	2916.94	94725.73
合　计	333063.22	465633.8	39147.98	0	82667.92	8940.89	0	50204	979657.81
占比(%)	34.0	47.5	4.00	0	8.5	0.9	0	5.1	100

2021年绍兴市住房公积金贷款情况表

表67

区域 项目	市本级	柯桥区	上虞区	诸暨市	嵊州市	新昌县	合　计
当年贷款发放笔数(笔)	3637	705	2403	3173	1325	1642	12885
累计个贷发放笔数(笔)	46045	15319	26216	30182	16154	17080	150996
当年个贷发放额(万元)	141386	31148	88194	136370	45796	62926	505820
累计个贷发放总额(万元)	1558283	591809	833792	1032019	475858	463626	4955387
当年个贷回收额(万元)	89308	37610	51750	75559	35534	34278	324039
个贷余额(万元)	741325	288796	430457	555601	238034	228999	2483212

续表 67

项目 \ 区域	市本级	柯桥区	上虞区	诸暨市	嵊州市	新昌县	合 计
个贷率(%)	88.39	69.30	97.44	102.40	101.81	89.33	90.96
逾期贷款(万元)	133.30	60.75	56.78	29.02	13.73	0.61	294.19
个贷逾期率(‰)	0.18	0.21	0.13	0.05	0.06	0.003	0.12

2021 年绍兴市住房公积金业务收支情况表

表 68

项目 \ 地区	市本级	柯桥区	上虞区	诸暨市	嵊州市	新昌县	合 计
一、业务收入(万元)	27489	12394	14155	17895	8153	8027	88113
二、业务支出(万元)	15080	6322	8004	10218	4830	3990	48444
三、增值收益(万元)	12409	6072	6151	7677	3323	4037	39669
增值收益率(%)	1.59	1.55	1.51	1.49	1.49	1.65	1.55

2021 年绍兴市住房公积金增值收益分配情况表

表 69

项目 \ 区域	市本级	柯桥区	上虞区	诸暨市	嵊州市	新昌县	合计
可分配增值收益(万元)	12409	6072	6151	7677	3323	4037	39669
提取风险准备金(万元)	7446	3643	3690	4606	1994	2422	23801
提取管理费(万元)	3464	599	1095	552	438	600	6748
提取廉租房补充资金(万元)	1499	1830	1366	2519	891	1015	9120

2021 年绍兴市住房公积金“扩面”任务完成情况表

表 70

区域 \ 项目	年初计划		2021 年完成情况		
	新增职工人数(人)	净增 6%计划数(人)	新增职工人数(人)	净增正常缴存职工人数(人)	净增率(%)
市本级	26500	10478	48315	17092	9.79
柯桥区	12000	4774	20542	8340	10.48
上虞区	15300	6114	22079	7554	7.41
诸暨市	14700	5858	23000	4451	4.56
嵊州市	7500	3000	10921	3167	6.33
新昌县	10000	3975	13687	2774	4.19
合 计	86000	34199	138544	43378	7.61

(市公积金管理中心/提供)

【公积金惠民政策】 2021 年,绍兴市住房公积金管理中心以惠民利民为目标导向,稳妥审慎推出公积金缴存、提取和贷款新政,开展“公转商”贴息贷款,保障缴存职工刚性住房消费需求。取消新市民个人缴存公积金须为绍兴户籍的条件限制,取消租房提取对户籍地无自有产权住房的条件限制,取消异地贷款职工本人或配偶须有一方为绍兴户籍的条件限制,住房公积金二次贷款利率提高到基准利率的 1.1 倍。通过内部资金调剂提高资金使用效益的基础上,按需引入“公转商”贴息贷款业务。年内,全市内部调剂资金 8.2 亿元,缓解上虞、诸暨、嵊州分中心资金压力;新增“公转商”贴息贷款 4.74 亿元,保障 1302 户缴存职工家庭住房贷款需求。

【公积金管理数字化改革】 2021 年,市公积金管理中心落实省、市数字化改革目标任务,推进住房公积金整体智治基础平台建设,全力打造“数字公积金”。协同市场监管、人力资源和社保、法院等多部门开发建成并落地企业开办、大学生就业、人才管理、法院执行、职工退休等多项“一件事”应用场景,实现一个系统入口、多部门协同完成的闭环式业务办理。利用全国住房公积金小程序、长三角“一网通办”、省政务服务网和浙里办 App 等公积金业务“网上办”的全国性、区域性和综合性平台,推出多项异地业务办理服务事项。至年末,信息查询、缴存使用证明出具、退休提取等 8 项业务实现“跨省通办”。长三角公积金异地购房线上提取办事服务、绍兴市住房公积金政务服务 2.0 大厅版上线运行。建成并上线“数字社会·公积金”“住房公积金 · 党政智治”微门户,基本构建完成住房公积金整体智治基础框架。

【加强行业治理】 2021 年,市公积金管

2021 年，嵊州市盛都花苑北区开展电梯加装　　（市建设局 / 提供）

理中心全面排查超龄缴存、一人多户等业务问题，严把业务材料审核关，规范业务操作，共排查出一人多缴、一人多贷、超龄缴存等风险条目 959 条，整改落实 824 条；落实公积金骗提骗贷整治常态化工作机制，严厉打击骗提套取公积金行为。至年末，全市共查处住房公积金骗提案件 58 件，追回骗提资金 153.2 万元。

【棚户区改造】 2021 年，绍兴市聚焦城市核心区、重大项目前期、城市有机更新，棚户区改造年度任务于 6 月份提前完成，新开工 1408 套，完成率 142.8%；基本建成 2564 套，完成率 119.7%。至年底，全市拆改完成签约 12140 户、427 万平方米，完成拆除 7955 户、288.08 万平方米。

【公租房保障】 2021 年，绍兴市发放租赁补贴 3682 户，完成率 175.33%，其中新就业无房大学生 2413 人，住房保障覆盖率 1.45%，全市 4 个区、县（市）公租房实现专业运营。市建设局启动低保低边家庭主动保障，排摸低保低边家庭 506 户，符合条件的 39 户家庭建档立卡。制定《关于加强市区公租房租赁补贴保障工作的通知》，提高单位补贴金额、分档比例、保底标准，全面提升保障水平。持续推广公租房后续运营管理国家级试点，选聘专业品牌企业参与运营管理，覆盖市内 4 个区、县（市）8000 多套公租房。

【既有住宅加装电梯】 2021 年，绍兴市加装电梯工作在模式和进度上取得明显成效。结合老旧小区改造，在柯桥精功广场、嵊州盛都花苑北区成功试点整体成片加装电梯模式，并面向全市逐步推广。在嵊州市组织召开住宅加装电梯现场推进会。全市累计建设加装电梯 502 台。

【城镇危房治理改造】 2021 年，绍兴市全力推进危房实质性解危，印发全市城镇危房解危三年行动方案，线上定期发布通报进度，线下成立督查小组赴各地开展检查，实地踏勘治改情况。全市建设系统持续强化特殊天气期间的安全防范，在台风期间完成 15914 名危房在住人员安全转移；开展全市危房人员居住使用情况核查，所有 D 级、存量 C 级应撤离危房均完成人员撤离和腾空封存，危房现场做好硬隔离措施。

【白蚁防治】 2021 年，全市共接收新建房屋白蚁预防工程 102 个，面积 623 万平方米，完工面积 300 万平方米。全面实施新建房屋白蚁预防新技术应用，加快白蚁防治方式转型升级。印发《绍兴市传统村落和历史文化名城名镇名村白蚁防治专项工作三年行动计划》，开展 21 个传统村落白蚁综合治理。成立绍兴市传统村落和历史文化名城名镇名村白蚁防治专家组，评审白蚁综合治理技术方案 21 件。全面开展名城建设白蚁防治工作，治理完成面积 5.3 万平方米，开展治理面积 13.2 万平方米，白蚁综合治理率 100%。

（市建设局、市公积金中心 / 提供）

社会组织

【概况】 至 2021 年末，全市有社会组织 24682 家，经民政部门登记注册的社会组织 5431 家（市本级 765 家），其中社会团体 2022 家（市本级 437 家），民办非企业单位 3381 家（市本级 119 家），基金会 28 家（市本级 15 家）；备案城乡社区社会组织 19251 家，其中城市社区社会组织 6149 家，农村社区社会组织 13102 家。

2021 年绍兴市本级新登记社会团体一览表

表 71

序号	单位名称	统一社会信用代码	法定代表人	住　所	业务主管单位
1	绍兴市复合材料学会	51330600MJ948256XM	程　凯	绍兴市城南大道 900 号绍兴文理学院南山校区 4 号楼	绍兴市科学技术协会
2	绍兴市龙舟协会	51330600MJ9482455L	刘凤森	浙江省绍兴市上虞区江东路 469 号（现江东路 159 号）	绍兴市体育局
3	绍兴市社会应急力量协会	51330600MJ9482586G	梁春锋	绍兴市袍江越商大厦 1305 室	绍兴市应急管理局
4	绍兴市智能制造产业协会	51330600MJ9482578M	裘升东	浙江省绍兴市越城区山阴路 526 号	直接登记
5	绍兴市山东商会	51330600MJ9482594B	翟建国	浙江省绍兴市越城区斗门街道中兴大道 187 号综合楼 B 楼 102 室	绍兴市工商业联合会
6	绍兴市马术运动协会	51330600MJ94826071	楼秋珍	绍兴市越城区大滩坤和壹号大厦 815	绍兴市体育局

续表 71

序号	单位名称	统一社会信用代码	法定代表人	住　所	业务主管单位
7	绍兴市人力资源服务协会	51330600MJ9482615U	吴永生	浙江省绍兴市越城区曲屯路 368 号 2 号楼 208-1 室	绍兴市人力资源和社会保障局
8	绍兴市绍兴菜研究会	51330600MJ9482623N	张　亮	浙江省绍兴市越城区劳动路 101 号 2 号楼 102 室	绍兴市社会科学界联合会
9	绍兴市青少年生涯发展研究会	51330600MJ9482631H	朱建良	绍兴市越城区曲屯路 151 号浙江工业职业技术学院 3 号教学楼 104 房间	绍兴市社会科学界联合会
10	绍兴市甲骨文学会	51330600MJ948264X9	王水土	浙江省绍兴市越城区云东路 942 号	绍兴市文化广电旅游局

2021 年绍兴市本级注销社会团体一览表

表 72

序号	单位名称	统一社会信用代码	法定代表人	住　所	业务主管单位
1	绍兴市政工师协会	51330600502304573X	陈景海	胜利西路 163 号	中共绍兴市委宣传部
2	绍兴市思想政治工作研究会	51330600502304848B	刘孟达	灵芝镇曲屯路 286 号	中共绍兴市委宣传部
3	绍兴市财贸职工权益研究会	51330600502305939A	阮明山	市劳动路 100 号	绍兴市总工会
4	绍兴市工程车辆运输协会	51330600502307678Q	张关荣	绍兴袍江开发区东江小区	绍兴市交通运输管理局
5	绍兴市文明单位管理协会	51330600502303669X	王玉宝	原机关大院信访楼 213 室	中共绍兴市委宣传部
6	绍兴出入境检验检疫协会	5133060050230328X7	陈勤伟	市区延安东路 301 号	绍兴出入境检验检疫局
7	绍兴市国有资产管理研究会	513306005023065527	钟华华	市区胜利西路 355 号	绍兴市国资委
8	绍兴市职业培训联合会	51330600502307141K	王良春	市镜湖新区曲屯路 151 号	绍兴市人力社保局
9	绍兴市法学会	51330600502302789E	马永定	市胜利西路 258 号	绍兴市社科联
10	绍兴市对外文化交流协会	51330600502303028L	谭志桂	胜利西路 163 号	中共绍兴市委宣传部
11	绍兴市环保志愿者协会	51330600502307555P	胡保卫	绍兴市树下王路 38 号	绍兴市环境保护局
12	绍兴市民间工艺美术家协会	513306005023070535	徐晓阳	市区府山西路武勋坊 18 号 L 楼	绍兴市文联
13	绍兴市理论宣传研究会	51330600502305015Q	杨坚祥	胜利西路 163 号	中共绍兴市委宣传部
14	绍兴市电机工程学会	51330600502304450W	陈梅铭	城东热电厂内	绍兴市科协
15	绍兴市招标代理行业协会	513306005023058169	孟新昌	绍兴市延安东路 511 号凌盛大厦 516 室	已脱钩

2021 年绍兴市本级民办非企业单位新登记一览表

表 73

序号	单位名称	统一社会信用代码	法定代表人	住　所	业务主管单位
1	绍兴市金国胜雕塑艺术馆	52330600MJ9494181D	金国胜	绍兴市柯桥区兰亭街道宝地景苑 21 幢 104 室	绍兴市文化广电旅游局
2	绍兴市孟剑东油画艺术馆	52330600MJ949419X5	孟建东	上虞区曹娥街道中华孝德园中华孝德文化馆南侧	绍兴市文化广电旅游局
3	绍兴市周清纪念馆	52330600MJ9494202X	周华剑	浙江省绍兴市越城区富盛镇宋六陵	绍兴市文化广电旅游局
4	绍兴市兰渚书院	52330600MJ9494210Q	俞迪昌	绍兴市柯桥区漓渚镇棠一村贾山头 106 号	绍兴市文化广电旅游局
5	绍兴市中邦消防安全职业技能培训学校	52330600MJ9494229M	曹亚阔	浙江省绍兴市越城区斗门镇中兴大道 187 号	绍兴市人力资源和社会保障局
6	绍兴市平和经济文化交流中心	52330600MJ9494237G	陈　佳	越城区好望大厦 2 幢 2304 室	绍兴市商务局
7	绍兴市越律先锋普法调解中心	52330600MJ9494245B	陈　雷	绍兴市越城区北海街道木业大厦 1018 室 -1	绍兴市司法局
8	绍兴市越州文都文化院	52330600MJ94942536	孙耿慧	浙江省绍兴市越城区西河沿 31 号	绍兴市文化广电旅游局
9	绍兴市越州交通技工学校	52330600MJ94942611	李建民	绍兴市越城区马山街道育贤东路 1515 号	绍兴市人力资源和社会保障局
10	绍兴咸亨黄酒博物馆	52330600MJ949427XQ	张桑铭	绍兴市柯桥区兰亭镇阮江村	绍兴市文化广电旅游局
11	绍兴市新时代人大文化交流中心	52330600MJ9494288Q	黄文雅	浙江省绍兴市二环南路小亭山下（永和庄园）	绍兴市人民代表大会常务委员会办公室
12	绍兴市越兴京剧社	52330600MJ9494296K	徐小英	绍兴市中兴北路 666 号中金大厦 2 幢 701 室	绍兴市文化广电旅游局

2021 年绍兴市本级民办非企业单位注销一览表

表 74

序号	单位名称	统一社会信用代码	法定代表人	住　所	业务主管单位
1	绍兴市铭越青铜研究院	52330600090970843Y	马彼得	市区迪荡湖路昆仑国际中心 2 号 1102-3 室	绍兴市科技局
2	绍兴市新时代越商大学堂	52330600MJ9494106L	王志华	浙江省绍兴市越城区卧龙路 1 号裕众大厦北 5 楼	中共绍兴市委组织部
3	绍兴市稽山青少年体育俱乐部	52330600573966056N	史纪方	绍兴经济开发区平江路（市稽山小学内）	绍兴市体育局
4	绍兴市越青堂越窑青瓷培训学校	52330600MJ9493832U	周统鉴	绍兴市越城区树下王路 15 号楼 9 幢	绍兴市人力资源和社会保障局

2021 年绍兴市本级新登记基金会一览表

表 75

序号	单位名称	统一社会信用代码	法定代表人	住　所	业务主管单位
1	绍兴市职教中心教育基金会	53330600MJ94824639	陈徐丹	绍兴市平江路 579 号图书综合楼 507 室	
2	绍兴市中等专业学校教育基金会	53330600MJ94824714	钱鸣红	绍兴市越城区绍兴市中等专业学校城南众香路 901 号	

【社会组织管理】 2021 年，绍兴市民政部门开展 2020 年度市本级社会组织年检工作，年检社会组织 452 家，其中社会团体年检通过 352 家、民非单位年检通过 87 家、基金会年检通过 13 家。

年内，获省品牌社会组织 2 家，省社会组织领军人物 14 名，培育扶持绍兴市品牌社会组织 10 家、市级品牌项目（活动）10 个、市级社会组织领军人物 20 名。评估 AAAAA 级社会组织 2 家，AAAA 级社会组织 4 家，AAA 级社会组织 7 家，2A 级社会组织 2 家，A 级社会组织 2 家。

【社会组织党建工作】 2021 年，市民政局印发《2021 年全市社会组织综合党委党建工作要点》。以党的政治建设为统领，结合全市“2021 规范提升年”总体安排，抓好中央巡视反馈问题整改，建立四张清单，扎实推动社会组织党建工作迭代升级、整体建强，着力助推社会组织高质量发展。

【行业协会商会收费专项清理】 2021 年，市民政局按照“能免则免、能减则减”原则，引导协会商会主动减免经营困难会员企业会费和其他收费项目，切实减轻企业负担。至年末，有 100 个行业协会商会推出减免收费举措，涉及企业 6062 个，减免金额 927.668 万元。有 14 个行业协会商会推出降低收费举措，涉及收费项目 79 个，减轻企业负担金额 340.19 万元。

对全市 425 家行业协会商会开展收费规范工作，对 93 家行业协会商会进行实地检查。有 42 个行业协会商会规范会费标准和程序，减轻企业负担金额 156.525 万元，规范经营服务性收费标准的项目 35 个。

会同市场监管等部门，抽查检查行业协会商会 92 个，查处违法违规收费协会 2 个，查处违法违规收费金额 0.9 万元。与税务局联合开展 2021 年绍兴市“税协助企”专项行动，收集整理 19 家具有代表性的行业协会，摸排汇总近 400 个理事成员单位信息。

【“双减”专项工作】 2021 年，绍兴市按照“严格审批、压减存量、杜绝增量”原则，整合民政、教育、市场监管等部门资源，6 个区、县（市）均设立“营转非”一窗受理专线窗口。聚焦培训机构压减率提升，优化工作方式，平稳推进营利性学科类校外培训机构转登工作。至年末，全市 206 家意向非营利性培训机构全部完成“营转非”登记。梳理 103 家民政存量校外培训机构，对符合续办条件的 43 家机构。完成章程修改、完善管理制度，继续从事非营利性学科类培训；20 家完成变更登记，39 家注销登记，1 家撤销登记流程中。

【打击整治非法社会组织专项行动】 2021 年，市民政局等 21 个部门联合印发《绍兴市进一步打击整治非法社会组织专项行动方案》，成立全市打击整治非法社会组织专项行动工作专班，广泛开展舆论宣传，提升全社会警惕防范意识。至年末，共打击整治非法社会组织 117 家，其中劝散 111 家，取缔 3 家，引导登记备案 3 家。市本级整治 2 家，越城区整治 4 家，柯桥区民政局整治 39 家，上虞区民政局整治 12 家，诸暨市民政局整治 34 家，嵊州市民政局整治 18 家，新昌县民政局整治 8 家。

【“僵尸型”社会组织专项清理】 2021 年，市本级梳理出近两年年检年报不规范市级“僵尸组织”91 家。经规定程序后，确定 44 家社会组织为僵尸社会组织并列入信用信息灰名单，同时启动符合撤销条件的社会组织进入撤销处理办案程序。至年末，在此次“僵尸型”社会组织清理整治中，全市筛选“僵尸型”社会组织 426 家，完成撤销登记 21 家、注销登记 51 家，拟撤销登记 185 家，拟注销登记 79 家，90 家社会组织进行整改。

【社会组织参与抗击新冠肺炎疫情】 2021 年，全市 4449 家社会组织发布倡议书、通知 3200 余份，680 余家社区社会组织出动 3300 余次，服务 470 个社区、农村疫情防控点。95% 以上的社会组织承诺本年度会费和相关服务性收费只降不增。354 个行业协会组织参与企业复工复产，提供咨询、就业帮助、招工、政策咨询等服务 1779 次，协助 1327 家企业解决防疫安全盲点、开工注意事项等 1587 个问题。

（市民政局／提供）

居民收入与消费

【概况】 2021 年，据居民收支与生活

2021 年绍兴市全体居民家庭收支基本情况表

表 76 单位：元

	全市	越城区	柯桥区	上虞区	诸暨区	嵊州区	新昌县
人均可支配收入	62509	61345	71074	60095	64766	56242	55543
1. 工资性收入	35239	36231	38188	40824	32107	25646	33752
2. 经营净收入	13364	10732	20149	9870	20531	15238	10385
3. 财产净收入	6011	6511	6537	3318	4922	6633	4824
4. 转移净收入	7896	7870	6199	6083	7206	8725	6582
人均生活消费支出	37448	36691	39070	35211	36612	28372	32170
1. 食品烟酒	10290	10154	10590	10675	10467	8073	9069
2. 衣着	2580	2704	2948	3951	2077	1944	2122
3. 居住	9641	9340	9497	6463	9383	6967	6987
4. 生活用品及服务	1706	1743	1796	1886	1653	1613	1696
5. 交通通信	5782	5398	5928	5119	6343	4857	5424
6. 教育文化娱乐	4017	4125	4363	4324	3529	2610	3494
7. 医疗保健	2515	2369	2505	2007	2468	1893	2507
8. 其他用品和服务	917	858	1443	787	692	415	869

状况调查，绍兴市居民人均可支配收入 62509 元，比 2020 年增长 10.4%，两年平均增长 7.7%，其中城镇常住居民人均可支配收入 73101 元，增长 9.6%，两年平均增长 6.9%；农村常住居民人均可支配收入 42636 元，增长 10.2%，两年平均增长 8.6%。全体居民人均生活消费支出 37448 元，比 2020 年增长 18.5%。其中，城镇常住居民、农村常住居民人均生活消费支出分别为 42766 元、27471 元，分别增长 17.5%、18.7%。

【耐用消费品拥有情况】 至 2021 年末，绍兴市居民人均住房建筑面积 59.1 平方米。其中，城镇常住居民人均住房建筑面积 53.6 平方米，农村常住居民人均住房建筑面积 69.4 平方米。每百户居民家庭拥有家用汽车 66.2 辆，比 2020 年末增加 4.94 辆；拥有计算机 73.9 台，减少 7.73 台；移动电话 260.4 部，增加 3.39 部；热水器 103.4 台，减少 0.58 台；洗衣机 101.9 台，增加 4.68 台；电冰箱(柜) 112.8 台，增加 3.89 台；彩色电视机 197.8 台，增加 0.17 台；空调 233.8 台，增加 12.96 台。城镇常住居民恩格尔系数 26.6%，比 2020 年下降 0.6 个百分点，农村常住居民恩格尔系数 29.9%，比 2020 年下降 0.3 个百分点。

（市调查队 / 提供）

老年健康服务

【概况】 2021 年，绍兴市建设老年健康服务示范点 10 家，老年人健康管理率 72.65%。65 家医疗机构被评为老年友善医疗机构，其中三级医疗机构 12 家，二级医疗机构 5 家，基层医疗卫生机构及以下医疗机构 48 家。诸暨市颐和养老中心、绍兴市社会福利院列入老龄健康医养结合远程协同服务国家级试点。

【"敬老月"系列活动】 2021 年，绍兴市开展以"实施积极应对人口老龄化国家战略，乐享智慧老年生活"为主题的"敬老月"系列活动，累计慰问老年群体 31.9 万人，开展为老志愿服务 1330 余次，开展健康咨询和义诊 1000 余场，实施"智慧助老"行动 320 余次，开展老龄化国情宣讲 210 余场。

【"全国示范性老年友好型社区"创建】 2021 年 10 月，国家卫生健康委、全国老龄办公布 2021 年全国示范性老年友好型社区名单，越城区府山街道越都社区、柯桥区漓渚镇棠棣村、上虞区曹娥街道舜杰社区入选。

【老年健康宣传周活动】 2021 年 7 月 12—18 日，绍兴市开展"关注口腔健康，品味老年幸福"为主题的老年健康宣传周活动。全市举办老年健康宣讲和咨询服务 231 场，参与活动 2432 人，发放宣传资料 35628 份，服务群众 21284 人次。

【"智慧助老"行动】 2021 年，绍兴市卫健委、市老龄办分别印发《关于切实解决老年人在就医服务中运用智能技术困难的实施方案》《关于开展"智慧助老"行动的通知》，推动老年人享受智能化服务更普遍、传统服务方式更完善，全社会适老化程度有效提高。市老龄办与市科协、市委老干部局等部门联合开展"银龄跨越数字鸿沟"科普专项行动，全市老年电大教学点开展科普专项行动培训 18198 人次。

【老年电大教学】 2021 年，绍兴市老年大学依托省老年活动中心（省老年电大）平台，学员顺利完成《国学经典新读》《家庭常见急症处理指南》《智享未来——老年数字生活新体验》《跟我学烘焙》4 门课程学习，7 个老年电大教学点成为省老年活动中心远程教育学院华数平台样板教学点。各分校参与省老年活动中心（省老年电大）的各类活动，诸暨市老年电大陶朱街道联合村教学点"课前讲新闻：老年人听了就想走进电大课堂"获 2021 年度优秀教学案例，1 位朗诵者入围庆祝中国共产党成立 100 周年全省老年朗诵比赛省决赛。全市共征订春、秋季教材 37220 套。

（市卫生健康委 / 提供）

民族·宗教

【概况】 绍兴市是少数民族散杂居地区，没有民族镇(乡)、村。至2021年底，全市少数民族人口27万人，其中户籍人口在绍兴的少数民族2.89万人。从县域分布看，诸暨市、柯桥区、越城区和上虞区少数民族人口较多，占全市少数民族人口的89%，嵊州市和新昌县相对较少。从少数民族成分构成看，少数民族人数居前五位的是苗族、布依族、土家族、彝族、壮族，其中人数最多的是苗族，有66473人。从职业分布看，主要从事商业、交通运输、特色餐饮和其他辅助性工作，主要分布在物流、纺织等工商业发达的镇街，如柯桥街道、华舍街道、大唐街道、店口镇等。

绍兴市共有五大宗教，佛教、基督教、天主教、道教和伊斯兰教。至年末，共有登记在册的宗教活动场所486处，其中佛教场所287处、基督教堂点184处、天主教堂点6处、道教宫观9处，另有5处伊斯兰教临时聚会点和1458处登记编号的民间信仰活动场所。有宗教教职人员756人，其中佛教543人、基督教85人、道教121人、伊斯兰教4人、天主教3人。有宗教团体24个，其中市级宗教团体5个，分别为市佛教协会、市基督教协会、市基督教"三自"爱国会、市天主教爱国会、市道教协会。

【民族团结进步示范创建】 2021年，绍兴市围绕铸牢中华民族共同体意识主线，以培育创建民族团结进步示范单位、培育省级示范单位、争创全国级示范单位为载体，民族团结工作取得新成绩。大禹纪念馆被确定为省第一批民族团结进步教育基地，嵊州市三江街道阮庙学校被评为第九批全国民族团结进步示范单位，上虞区盖北镇中心小学等6家单位被确定为第四批省级民族团结进步创建重点培育单位，绍兴文理学院被确定为第一批浙江省铸牢中华民族共同体意识研究基地。

【"五教同心行·共圆中国梦"书画作品展开幕】 2021年5月11日，"五教同心行·共圆中国梦"绍兴市宗教界庆祝中国共产党成立100周年书画作品展在绍兴市博物馆举行。作品展得到全市宗教界人士的积极响应。市委统战部领导，各区、县(市)民宗干部、各宗教团体负责人和宗教界信众代表、书画界代表等80余人参加开幕式。

【第五届孝文化节举办】 2021年5月20日，由中共上虞区委、上虞区人民政府、中国新闻社浙江分社主办，以"孝行天下·不忘初心"为主题的中国·绍兴(上虞)第五届孝文化节在上虞区开幕。该次孝文化节包括上虞孝德文化考察、举办"以孝鉴治"文化峰会和孝女曹娥祭祀大典、签约共建上虞孝德文化数字化未来社区等内容。

【举办"学习党史颂党恩·中华民族一家亲"知识竞赛】 2021年6月19日，市委统战部举办"学习党史颂党恩·中华民族一家亲"知识竞赛活动。市本级及区、县(市)共7支队伍参赛。竞赛围绕党史、民族知识内容，包含必答题、轮答题、抢答题和风险题4大类型。嵊州市队获第一名。

【举行"和谐宗教·法在心中"宗教法治面对面活动】 2021年7月7日，省"普法用法·五教同行"系列活动之"和谐宗教·法在心中"宗教法治面对面活动在绍兴市炉峰禅寺举行。该次活动是2021浙江省"普法用法·五教同行"系列活动之一，以"争当宗教领域治理现代化先行省"为主题，围绕习近平法治思想、"八五"普法规划、数字化改革、互联网宗教、共同富裕示范区等议题开展，旨在进一步提高宗教工作法治化水平。省民宗、司法系统干部，宗教界人士及专家学者90余人参加。

【举办铸牢中华民族共同体意识培训班】 2021年9月17—18日，由市委统战部主办，市少数民族联谊会承办的铸牢中华民族共同体意识培训班举行。培训内容包括围绕"铸牢中华民族共同体意识"开展学习交流，观摩劳模工匠馆、黄酒博物馆。市和区、县(市)分管民族工作领导、干部，民族团结进步创建单位代表，市少数民族联谊会理事成员等100余人参加培训。

【举办推进宗教领域治理现代化建设研讨会】 2021年10月21日，新昌—佛教中国化重要发祥地暨推进宗教领域治理现代化建设高端研讨会在新昌县举行。研讨会上，专家学者、佛教界代表等围绕坚持宗教中国化方向、推进宗教领域治理现代化建设等开展研讨交流；"新昌县佛教中国化发祥地研究院"授牌成立。来自北京、上海、山东、江苏、浙江等地的专家学者、佛教界代表等80人参加会议。

【浙江省《绍兴市宗教活动场所建设与管理规范》地方标准发布】 2021年11月23—24日，浙江省《绍兴市宗教活动场所建设与管理规范》地方标准发布会暨"互学互促"活动在绍兴市举行。市质量监督局发布《绍兴市宗教活动场所建设与管理规范》地方标准DB3306T041—2021，越城区、上虞区介绍宗教活动场所标准化管理工作经验，绍兴市全域启动宗教活动场所标准化建设。其间，与会人员参观绍兴市炉峰禅寺、越城区龙华寺、柯桥区基督教堂等宗教活动场所标准化管理创建重点场所。省、市、县民宗干部，宗教界人士共90余人参加活动。

（市委统战部／提供）

人物

新任市领导

【盛阅春】 男，汉族，1968年3月生，浙江杭州人，1990年6月加入中国共产党，1990年8月参加工作，大学学历。曾任杭州市下城区委常委、副区长，杭州市西湖区委副书记、区长，杭州市萧山区委副书记、区长，杭州市委常委、萧山区委书记，绍兴市委副书记、市长。2021年11月，任中共绍兴市委书记。

【施惠芳】 男，汉族，1969年7月生，浙江余姚人，1990年9月加入中国共产党，1987年8月参加工作，中央党校研究生学历。曾任慈溪市委副书记、市长，宁波市委常委、秘书长。2021年12月，任绍兴市委副书记、市政府党组书记、副市长、代市长。

（市委组织部／提供）

道德模范

2021年绍兴市获评“浙江省道德模范”一览表

表77

姓　名	职业（职务）
李　斌	柯桥区马鞍街道蓝印突击队队长
王贤琴	嵊州市三江街道仙湖社区居民

2021年绍兴市获评“中国好人”“浙江好人”“绍兴好人”一览表

表78

称　号	姓　名	职业（职务）
中国好人	朱文美	柯桥区福全街道新对旗山村对二村村民
	李　斌	柯桥区马鞍街道蓝印突击队队长
	王贤琴	嵊州市三江街道仙湖社区居民
	王　怡	绍兴市秀水小学教师
浙江好人	李　斌	柯桥区马鞍街道蓝印突击队队长
	王贤琴	嵊州市三江街道仙湖社区居民
	徐健萍	上虞区陈溪乡卫生院院长
	袁国锦	绍兴联发化工有限公司董事长、绍兴宝马印染化工技术开发有限公司董事长
	周美庆	诸暨市大唐街道蒲岱村村民
	夏伍华	上虞区崧厦街道中心小学校长
	张　旗	嵊州市逸夫小学教师
	沈幼炳	柯桥区柯岩街道海山居委会党总支书记、主任
	裘怿钊	曾任绍兴市人民医院院长、名誉院长
	王建江	柯桥区华甫中学教师
	方　霁	绍兴市消防救援支队嵊州大队专业技术一级指挥员
	陈洪虎	绍兴市索密克汽车配件有限公司员工
	王　怡	绍兴市秀水小学教师
	周继承	越城区孙端街道新河村党支部书记、村委主任

续表 78

称　号	姓　名	职业（职务）
浙江好人	陈爱香	上虞区章镇镇张村村村民
	李文娥	柯桥区齐贤街道丈午村村民
	梁青林	博大环境集团有限公司常务副总经理
	何铁威	诸暨市禾铝门窗有限公司负责人
	杜国庆	上虞区邮政局章镇支局邮递员
	曹森森	绍兴金阳纺织有限公司负责人
	史祁巍	嵊州恒满益贸易有限公司
	杜永祥	上虞人防蓝天救援队队长
	徐阿土	越城区东湖街道后堡村村民
	孙忠良	诸暨市次坞镇凰桐村村民
绍兴好人	马苏亚	嵊州市暖心养老服务有限公司负责人
	韦重校	绍兴市吉庆工程渣土运输有限公司洒水车员工
	袁国锦	绍兴联发化工有限公司、绍兴宝马印染化工技术开发有限公司董事长
	俞国荣	诸暨联合村镇银行党总支书记
	武小红	上虞区上浦镇戚山村郑黄村村民
	章　萍	上虞人民医院重症医学科护士
	陈添鑫	绍兴市金禾农业有限公司总经理
	黄江东	绍兴市消防救援支队新昌大队七星站班长
	何子方	越城区北海街道联湖社区居民
	王　雷	柯桥区行政审批局综合评估科科长
	张　旗	嵊州市逸夫小学教师
	丁文亚	越城区鉴湖街道栖凫村村民
	裘怿钊	曾任绍兴市人民医院院长、名誉院长
	楼新苗	诸暨市齐邦纺织有限公司负责人
	艾合麦提·斯迪克	柯桥区柯桥街道阿凡提工作室调解团成员、石榴籽爱心基金会发起人
	王建江	柯桥区华甫中学教师
	王贤琴	嵊州市三江街道仙湖社区居民
	方　霁	绍兴市消防救援支队诸暨大队中级专业技术职务，专业技术三级指挥长
	吕永红	新昌康利得制冷配件有限公司职工
	蒋　标	浙江棠棣园林绿化有限公司负责人、绍兴市苗木行业协会会长
	陈洪虎	越城区东浦街道清水闸居民
	楼铁良	浙江味源贸易有限公司负责人、诸暨市孝德文化研究会副会长
	王　怡	越城区秀水小学教师
	陈爱香	上虞区章镇镇张村村村民
	俞武明	嵊州市覆卮山度假村负责人
	周继承	越城区孙端街道新河村党支部书记、村委主任
	梁青林	博大环境集团有限公司常务副总经理、正高级工程师
	张国华	柯桥区综合行政执法局原市政管理中心副主任
	李文娥	柯桥区齐贤街道丈午村村民
	张　炯	柯桥区综合行政执法局工作人员
	石远兴	新昌县城南乡姚宫村村民

续表 78

称 号	姓 名	职业（职务）
绍兴好人	何铁威	诸暨市禾铝门窗有限公司负责人
	张 剑	柯桥区税务局柯桥税务分局副局长
	曹阿婉	越城区稽山街道鹤池社区居民
	斯菊梅	诸暨市天马小学副校长
	叶冬明	柯桥区奥克斯空调售后服务人员
	方丽莉	嵊州市越为首食品有限公司总经理
	池建方	柯桥区公安分局刑事犯罪侦查大队大队长
	张福香	上虞区道墟街道新屯南村村民
	马定根	柯桥区柯桥街道柯亭社区乡贤参事会名誉会长
	徐海东	新昌狼牙纵队户外救援队队长
	曹森森	绍兴全阳纺织有限公司负责人
	孟柳霞	诸暨市司法局社区矫正管理科副科长
	徐忠孝	嵊州市仙岩镇天竺村（白岩）村民
	陈琳军	柯桥区兴越综合市场经理
	傅滢科	嵊州市公安局刑侦大队民警
	史祁巍	嵊州市恒满益贸易有限公司市场部负责人
	杜永祥	上虞区人防蓝天救援队队长
	李祝英	新昌县南明街道挂帘山村村委干部
	陈国明	柯桥区杨汛桥街道芝塘湖村乡贤会会长
	骆柏康	越城区北海街道胜利社区居民
	徐阿土	越城区东湖街道后堡村村民
	刘育平	曾任上虞区文联副主席、上虞区摄影家协会主席
	孙忠良	诸暨市次坞镇凰桐村村民
	邵小红	新昌县人民医院员工服务中心主任兼新昌县心理卫生协会会长
	裴泽晨	顺丰速运柯桥分公司钱清营业部快递员
	顾关林	上海林伟建筑工程有限公司负责人
	周 峰	越城区陶堰街道人武部副部长
	张秀荣	柯桥区齐贤街道迎驾桥社区居民
	沈国定	越城区东浦街道南村党总支副书记
	成 峰	绍兴市戎马汽车零部件有限公司经理
	金宏民	绍兴市岸沚稻汀农业科技有限公司负责人
	丁亚娣	绍兴第二医院大外科护士长
	徐勇涛	绍兴市公安局柯桥区分局政治处副主任
	沈柏峰	柯桥区夏履镇夏禹社区党支部书记
	阮兴祥	上虞区新经济与新社会组织党务工作者协会志愿服务队队长
	马宏丽	上虞第二人民医院副主任护师
	唐 燕	上虞区情暖夕阳志愿服务大队队长
	成明华	上虞区百官街道城南社区党总支书记、主任
	袁 铨	上虞人民医院放射科主任
	陈佰明	上虞区曹娥街道秀水苑小区志愿队队长
	夏 英	诸暨市爱之手志愿者服务中心理事长

续表 78

称　号	姓　名	职业（职务）
绍兴好人	朱小勇	诸暨市人民医院肿瘤内科二病区科主任
	寿国均	诸暨市公安局警务督察大队民警
	俞　泽	嵊州市人民医院检验科医生
	魏德锦	嵊州市公安局鹿山派出所教导员
	黄　淮	嵊州市崇仁镇妇联副主席
	王国光	新昌县公安局治安管理大队民警
	张棋滨	新昌县人民医院团委书记、脊柱外科主治医师
	楼勇煜	新昌县协诚口腔门诊部院长
	李明晖	绍兴市人民医院感染性疾病科主任
	魏剑锋	绍兴市中医院纪检监察室（内审科）主任、援西藏那曲市班戈县人民医院医疗队队长、班戈县人民医院院长、第三批支援上虞核酸检测采样队领队
	潘波艇	绍兴文理学院附属医院医务处处长
	王吉玲	绍兴市疾病预防控制中心传染病防制科副科长

劳动模范

绍兴市获 2021 年全国五一劳动奖状一览表

表 79

单位名称	单位名称
振德医疗用品股份有限公司	浙江浙能绍兴滨海热电有限责任公司
三花控股集团有限公司	浙江万安科技股份有限公司

绍兴市获 2021 年全国五一劳动奖章一览表

表 80

姓　名	单　　位
王　飞	浙江天洁环境科技股份有限公司班长
赵　洪	嵊州市农业技术推广中心主任
胡水清	绍兴市水务产业有限公司责任抢修技师

绍兴市获 2021 年全国工人先锋号一览表

表 81

单位名称	单位名称
浙江旭日轴承有限公司 QC 推进组	诸暨市大唐袜业科技创新服务有限公司接待组
绍兴市旅游投资发展有限公司运营管理部	浙江省绍兴市五水共治工作领导小组（河长制）办公室
绍兴黄酒小镇（东浦）开发建设管理委员会综合管理处	

绍兴市获 2021 年浙江工匠一览表

表 82

姓　名	性别	单　　位	姓　名	性别	单　　位
薛建平	男	绍兴市天龙锡材有限公司	孙银军	男	浙江博力机电制造有限公司
金建江	男	中粮孔乙己酒业有限公司	茹利军	男	嵊州市叶峰科技有限公司
鲁江锋	男	国网浙江省电力绍兴供电公司越城分公司	吕春燕	女	麦地郎集团有限公司
石小婧	女	浙江医药股份有限公司	郑杰灵	男	绍兴市三久农机有限公司

续表 82

姓 名	性别	单 位	姓 名	性别	单 位
冯国华	男	浙江仁本物业管理有限公司	黄元林	男	浙江迅泽智能科技有限公司
孙国樑	男	绍兴市咸亨酒店有限公司	刘利斌	男	浙江万丰摩轮有限公司
潘兴祥	男	浙江塔牌绍兴酒有限公司	丁圆圆	女	达利丝绸(浙江)有限公司
陈 泉	男	浙江精工钢结构集团有限公司	吴冬钢	男	国网浙江新昌县供电有限公司
张其峰	男	绍兴水处理发展有限公司	陈 斌	男	浙江新柴股份有限公司
孙国昌	男	会稽山绍兴酒股份有限公司	陈林军	男	浙江五洲新春集团股份有限公司
应城亮	男	绍兴柯桥中国轻纺城管道燃气有限公司	杨 洁	女	浙江新和成股份有限公司
余树峰	男	中广(绍兴柯桥)有线信息网络有限公司	吴玉梅	女	新昌县七星街道梅苑茶座
顾伟娣	女	浙江闰土股份有限公司	鲁建华	男	绍兴市公共实训基地
沈君标	男	浙江晶鸿精密制造有限公司	张三祥	男	绍兴市公共交通集团第一有限公司
王立锋	男	浙江宏达新材料发展有限公司	阮建昌	男	绍兴市水务产业有限公司
胡志明	男	绍兴女儿红酿酒有限公司	王国仁	男	中国电信股份有限公司绍兴分公司
林 琴	男	卧龙电气驱动集团股份有限公司	金关华	男	绍兴文理学院附属医院
冯荣根	男	上虞城北柒公大酒店	潘 军	男	绍兴技师学院(筹)
杜祺琪	女	浙江龙盛集团股份有限公司	孙纪标	男	绍兴市柯桥区高级技工学校
秦进飞	男	浙江薪人机电科技有限公司	任城龙	男	绍兴市上虞区职业教育中心(上虞区技工学校)
汤和平	男	浙江罗速设备制造有限公司	陆旭东	男	绍兴市上虞区职业教育中心(上虞区技工学校)
郭周镔	男	浙江海亮股份有限公司	宋海军	男	诸暨技师学院
楼铁良	男	浙江金厨来供应链管理有限公司	舒 勇	男	新昌技师学院
鞠肆利	男	申科滑动轴承股份有限公司	陈永祥	男	国网浙江绍兴市上虞区供电有限公司
于光远	男	诸暨市鸿源电力机械有限公司	赵江平	男	浙江新宝汽车电器有限公司
楼丹均	男	浙江鹏鸣游乐设备有限公司	赵国伟	男	绍兴柯桥排水有限公司
赵钦光	男	浙江申发轴瓦股份有限公司	周鸽慧	男	浙江盾安机电科技有限公司
屠永坚	男	浙江巴贝领带有限公司	相学东	男	浙江双鸟锚链股份有限公司
陈国东	男	浙江万丰科技开发股份有限公司	吕 勇	男	浙江昌海制药有限公司
厉法荣	男	浙江新中港热电股份有限公司			

2021年“绍兴工匠”一览表

表 83

姓 名	性别	单 位	姓 名	性别	单 位
马 麟	男	绍兴京越地铁有限公司运营分公司	杨春艳	女	浙江新宝汽车电器有限公司
马彼得	男	绍兴市上铸文化艺术有限公司	吴家雄	男	浙江世纪华通车业有限公司
马金星	男	绍兴水乡纺织科技有限公司	吴立丙	男	浙江申科滑动轴承科技有限公司
马宇锋	男	绍兴市社会保障市民卡服务有限公司	余铁均	男	浙江海亮股份有限公司
王建荣	男	振德医疗用品股份有限公司	沈雪峰	男	浙江震元制药有限公司
王鹏飞	男	绍兴柯桥供水有限公司	严文斌	男	国网绍兴供电公司
王银友	男	绍兴市柯桥区富丽华大酒店	罗 栋	男	上虞雷迪森万锦大酒店
王高清	男	浙江鸿盛化工有限公司	周统鉴	男	浙江越青堂文化传播有限公司
王良初	男	浙江新和成特种材料有限公司	周宇峰	男	诸暨宇峰海鲜宫大酒店
王 剑	男	浙江中益机械有限公司	郑剑平	男	卧龙电气驱动集团股份有限公司
王少春	男	国网绍兴供电公司	卓建华	男	绍兴市中等专业学校

续表 83

姓 名	性别	单 位	姓 名	性别	单 位
边鉴新	男	会稽山绍兴酒股份有限公司	杭美丽	女	浙江素茗茶文化发展有限公司
孙军利	男	绍兴市柯桥区塘闸管理中心	施刚伟	男	绍兴旭日绵轴承有限公司
叶小江	男	浙江双鸟机械有限公司	俞关松	男	绍兴咸亨酒业有限公司
厉　明	男	浙江亿田智能厨电有限公司	俞福均	男	诸暨市城北福均画廊
卢　鑫	男	国网浙江电力有限公司新昌县供电公司	俞来德	男	绍兴市公共交通集团第一有限公司
过诗妍	女	嵊州市创远职业技能培训学校有限公司	赵　敏	男	浙江迪艾智控科技股份有限公司
田利群	女	绍兴市职业技能开发指导中心	赵维岳	男	浙江吉峰农业科技服务有限公司
吕　钢	男	绍兴三花新能源汽车部件有限公司	赵媛斌	女	诸暨市水业技术检测有限公司
吕洋明	男	绍兴市越匠文化创意有限公司	郭海鹏	男	诸暨市涂装大师装饰设计工作室
李　明	男	浙江古纤道绿色纤维有限公司	洪伟伟	男	绍兴市职业技能指导开发中心
李　铭	男	浙江省嵊州市长运集团有限公司嵊州元途汽车有限公司	洪国丽	女	富润控股集团富润老年康乐中心
许　解	男	国网绍兴市上虞区供电公司	费杭松	男	诸暨市科力物位仪有限公司
许　波	男	浙江申发轴瓦股份有限公司	宣国强	男	诸暨技师学院
许以清	男	绍兴市柯桥区柯桥标榜美发店	胡苗忠	男	嵊州市五石头岗茶叶专业合作社
阮华丰	男	浙江春晖智能控制股份有限公司	胡一初	男	万丰奥威汽轮股份有限公司
阮海良	男	中国邮政集团有限公司绍兴市分公司	胡晓华	男	沈永和酒厂
刘灶荣	男	浙江捷昌线性驱动科技股份有限公司	茹水平	男	绍兴黄酒文化产业发展有限公司
安　吉	女	嵊州市中等职业技术学校	倪　利	男	国网浙江省电力有限公司嵊州市供电公司
张　权	男	绍兴职业技术学院	钱　斌	男	浙江古越龙山绍兴酒股份有限公司
张水江	男	浙江盛洋科技股份有限公司	徐　明	男	绍兴市越城区明越珠宝首饰行
张文炯	男	嵊州市中等职业技术学校	徐　杰	男	浙江华发茶业有限公司
张志远	男	浙江五洲新春集团股份有限公司	高国明	男	柯桥区职业教育中心
张永华	男	绍兴市公共交通集团第二有限公司内修厂	陶剑江	男	绍兴市上虞电力电容器有限公司
张利缘	男	绍兴技师学院(筹)绍兴市职教中心	梁　皓	男	柯桥供电分公司
张　娟	女	绍兴柯桥城乡水质检测有限公司	梁　亮	男	绍兴市汤浦水库有限公司
张　悦	女	中国电信股份有限公司绍兴分公司	黄学忠	男	中化蓝天氟材料有限公司
陈　云	男	浙江新柴股份有限公司	黄照明	男	浙江新和成股份有限公司
陈俊贤	男	浙江医药股份有限公司昌海生物分公司	盛惠江	男	三花控股集团有限公司
陈国荣	男	绍兴御茶村茶业有限公司	董　明	男	绍兴中芯集成电路制造股份有限公司
陈栋梁	男	浙江精工钢结构集团股份有限公司	谢立明	男	绍兴市柯桥区轨道交通集团有限公司
陈立峰	男	浙江腾锦鉴定评估有限公司	谢小义	男	浙江同山醉美人酒业有限公司
陈炉钢	男	绍兴禅悦轩雕刻有限公司	蒋炯威	男	浙江凯达机床股份有限公司
陈光明	男	新昌技师学院	傅雨露	男	浙江省诸暨市职业教育中心
陈利军	男	浙江西密克轴承股份有限公司	傅志刚	男	绍兴市水务产业有限公司
陈素娟	女	浙江闰土股份有限公司	韩红斌	男	浙江绍兴安邦护卫有限公司
劳雪纯	女	喜临门家具股份有限公司	斯利燕	女	浙江省景森环境科技有限公司
杨　军	男	绍兴德之林汽车有限公司	蔡　瑜	女	新昌县留白文化发展有限公司
杨　羽	男	柯桥区职业教育中心	潘志旦	男	浙江医药股份有限公司新昌制药厂
杨美玲	女	永农生物科学有限公司	魏　瑞	女	浙江金科日化原料有限公司

2020 年 4 月至 2021 年绍兴籍军人荣立二等功及以上个人一览表

表 84

姓 名	职 务	简要事迹
郑苗锋	某部指挥长，上校	安全飞行超 4500 小时，2020 年被部队记二等功 1 次
徐剑波	某部飞行员，少校	业务能力强，连续保障安全飞行 900 小时，被部队记二等功 1 次
王建行	某部机械技师，四级军士长	安全保障战机飞行 900 小时，排除故障 120 余起，被部队记二等功 1 次
丁申华	某部副连长，上尉	2020 年全军人机对抗决赛第一名，被部队记二等功 1 次
楼鲁炯	某部飞行员，中校	业务能力强，成绩突出，2020 年 8 月被部队记二等功 1 次
朱泽波	某部工程师，少校	业务能力强，成绩突出，2020 年 12 月被部队记二等功 1 次
张江林	某部飞行员，上校	安全飞行超 3600 小时，2020 年 11 月被部队记二等功 1 次

新当选院士

【郑津洋】 男，汉族，1964 年 11 月生，绍兴嵊州人，中共党员，1992 年 8 月参加工作，浙江大学化学工程学系化工设备与机械专业毕业，研究生学历，博士。现任浙江大学能源工程学院副院长，教授，博士生导师。兼任国际标准化组织氢技术委员会(ISO/TC97)副主席，国际氢能协会规范标准专委会(IAHE-CSD)主席，中国机械工程学会常务理事，压力容器分会主任委员，全国氢能标准化技术委员会副主任委员，《压力容器》副主编等。

获国家科技进步一等奖 1 项和二等奖 2 项、省部级科技奖励一等奖 6 项，省部级教学成果一等奖 2 项、中国优秀专利奖 2 项、中国标准创新贡献奖 3 项。在储氢高压容器、深冷压力容器、柔性高压复合管等方面，从理论、技术、标准、检测到产品研发和应用取得系统性创新成果。以第一作者出版中英文著作 9 部(其中专著 2 部)；以第一发明人获授权发明专利 58 件；以第一或通讯作者发表 SCI 论文 120 篇。

2021 年当选中国工程院院士。

逝世人物

【王文娟】 女，1926 年 12 月至 2021 年 8 月，绍兴嵊州人，中共党员，著名越剧表演艺术家，越剧“王派”艺术创始人。王文娟是国家级非物质文化遗产传承人，唱腔委婉典雅、秀美深沉，行腔自然流畅、朴实淳厚，表演文武兼备、细腻传神，注重女性情感世界的深度刻画，塑造了众多经典舞台形象，形成了独树一帜的“王派”表演艺术。

【崔煜忠】 男，1970 年 3 月至 2022 年 1 月，绍兴上虞人，中共党员，生前系中共绍兴市上虞区委全面深化改革委员会办公室常务副主任、四级调研员。崔煜忠岗位工作成效突出，牵头推动实施的闲置农房激活、改革观察员制度、“不见面”招投标等改革经验做法在全省推广；上虞区的改革工作连续两年获省优秀等次。在 2021 年底上虞突发新冠肺炎疫情防控阻击战中，崔煜忠连续 23 天坚守岗位，先后到梁湖、小越等街道指导帮助开展抗疫工作，疫情态势平稳后又转战上虞区疫情防控指挥部，参与疫情复盘总结、长效机制优化、加快复工复产等工作。2022 年 1 月 1 日上午，崔煜忠被发现倒在工作岗位上，救治无效，不幸去世。2022 年 1 月 21 日，浙江省委追授崔煜忠“浙江省优秀共产党员”称号；1 月 3 日，绍兴市委市政府追授崔煜忠“绍兴市优秀共产党员”称号、“最美绍兴人”特别奖，追记二等功。

(市委组织部 / 提供)

区 市 县

越城区

【概况】 越城区地处杭州湾南岸，是绍兴市政治、文化中心，市委市政府所在地，现辖1个镇16个街道，实辖面积538.6平方千米，年末总户数29916户，户籍人口829078人，常住人口111.5万人。列全国综合实力百强区第51位，与浙江省首批“四大新区”之一绍兴滨海新区双向赋能、协同发展。2021年，越城区“深化党建‘契约化’共建引领基层治理现代化”入选中国改革地方全面深化改革年度典型案例。连续16年获省平安县（市、区）称号，获评全省首批平安“一星金鼎”。成功创建全省新时代美丽城镇建设优秀县（市、区）、浙江省全域旅游示范区。滨海新区入选首批浙江省高能级战略平台培育名单。绍兴集成电路产业平台、绍兴滨海新区高端生物医药产业平台分列“万亩千亿”新产业平台年度得分全省第二位、第三位。实施拆迁类信访问题大起底大化解专项行动，化解率80%以上，得到省主要领导批示肯定，经验做法在全省推广。

2021年，越城区实现地区生产总值1185.26亿元，按可比价增长8.8%，其中第一产业增加值16.58亿元，比2020年增长2.5%，第二产业增加值495.51亿元，增长12.3%，第三产业增加值673.71亿元，增长6.6%。三次产业结构1.4∶41.8∶56.8。全年财政总收入154.56亿元，增长18.7%；一般公共预算收入93.17亿元，增长19.8%；税收收入83.44亿元，增长18.5%，占一般公共预算收入的89.6%；非税收入9.73亿元，增长31.9%。城镇、农村常住居民人均可支配收入分别达到67772元和42508元。

实现农林牧渔业产值36.99亿元，增长3.4%。农林牧渔业增加值16.84亿元，按可比价增长2.6%。重点抓好农业产业提升“2020”计划升级项目建设一景生态牧业投资1420万元养殖场提升改造项目。实施新建高标准农田项目1493.33公顷，建设规模1494.33公顷，总计划投资5012.24万元，其中高效节水42公顷，项目获省、市批复。全区粮食播种面积1.03万公顷，粮食总产量7.03万吨。新创建2个市级乡村振兴先行村、2个区级乡村振兴先行村、3个3A示范创建村、9个五星达标创建村。

共有规模以上工业企业592家，实现规模以上工业增加值364.42亿元，增长12.7%，完成规模以上工业总产值1696.98亿元，增长23.7%。建筑业资质等级企业159家，完成建筑业总产值827.2亿元，增长19.8%；主营业务收入654.16亿元，增长12.5%；利润13.68亿元，增长12.1%。长电科技、芳原馨生物、三花新能源等顺利投产。其中，集成电路“设计—制造—封装—测试—设备及应用”产业链基本成型。生物医药产业大脑与杭州市联建成功列入全省首批30个行业“产业大脑”建设揭榜挂帅试点之一，生物医药产业集群新智造试点和浙江医药分别列入省级“未来工厂”试点。实施数字经济“一号工程”2.0版，新建5G基站1515个，完成传统产业智能化改造136家，新增“上云”企业515家、工业机器人485台，战略性新兴产业产值增长17.6%，规模以上数字经济核心产业制造业增加值增长22.6%，新动能培育获省政府督查激励。印染化工产业跨域集聚提升取得重大成效，33家

2021年，美丽越城　　（越城区史志室/提供）

印染企业、7家化工企业关停退出，五大印染组团基本建成。

实现固定资产投资增长34.3%，分产业看，第二产业投资增长31.9%，第三产业投资增长34.7%，房地产投资增长49.1%，生态环保和公共设施投资增长21.2%，高新技术产业投资增长32.5%，民间投资增长31.4%，交通投资增长45.8%。新签约10亿元以上项目30个，总投资近700亿元；7个市县长项目全部开工，总投资317亿元；列入省重点建设项目10个，总投资281.22亿元。

实现第三产业增加值673.17亿元，按可比价增长6.6%，第三产业增加值占地区生产总值比例56.8%。有规模以上服务业企业962家（含贸易，不含电信邮政），营业收入1337.43亿元，增长21.97%，其中限额以上批发零售业法人单位702家，限额以上住宿餐饮业法人单位94家。实现社会消费品零售额722.61亿元，增长3.2%；限额以上批发业销售额1200.3亿元，增长43.3%；限额以上零售业销售额266.6亿元，下降7.8%；限额以上住宿业营业额9.8亿元，增长28.6%；限额以上餐饮业营业额17.6亿元，增长44.6%。全年实现进出口总额665.18亿元，增长8.2%，其中自营出口额588.55亿元，增长3.6%；进口额76.63亿元，增长65.6%。

全面推进数字化改革，一体化智能化公共数据平台建成投用，24个数字化改革项目进入省级试点，古城信息管理平台成为全省地方特色最佳应用平台，重大决策社会风险评估应用全省推广。编制争当共同富裕示范区排头兵实施方案、指标体系、改革清单，成立社会建设委员会。启动全国农村宅基地制度改革试点，实施新一轮村级集体经济巩固提升行动，出台支持东部“一镇两街”高质量发展专项政策，全区村集体经济收入增长10%，低收入农户人均可支配收入增长13.3%。实施科技型企业“双倍增”计划，认定国家高新技术企业178家、省科技型中小企业240家，全社会研发经费投入占比增长35.1%。启动绍芯集成电路实验室建设，落户西安电子科技大学宽禁带半导体国家工程中心，引进浙江大学、天津大学等校地共建研究院，总量达到10家，列全市第一位。

完成省、市、区三级民生实事。累计在民生事业投入62.3亿元，较2020年增长10.9%。开展职业培训5.8万人，新增城镇就业5.3万人。基本养老保险、基本医疗保险参保率均达99.5%，低收入农户健康保险实现全覆盖。改造老旧小区61个，加装电梯88台。实施适老化改造478户。新建智安小区200个、社区微型消防站25个。迪荡中学等5所新校顺利开学。教育“双减”扎实推进。“健康浙江”考核蝉联优秀。基本完成第二轮中央生态环保督察反馈问题整改，空气质量优良天数比例92.1%，$PM_{2.5}$年平均浓度28微克/立方米，重点河湖水质保持在Ⅲ类及以上。

中共越城区委员会书记　金晓明

越城区人大常委会主任　徐　荻

越城区人民政府 区长　袁　建

政协越城区委员会 主席　金百富

中共越城区纪律检查委员会（区监察委员会）书记（主任）　盛学东

【全省首个人才管理改革试验区创建】 2021年3月3日，绍兴滨海新区发布《关于建设绍兴滨海新区人才管理改革试验区的意见》（简称《意见》），标志着绍兴人才试验区建设进入实质性推进阶段。《意见》围绕人才招引、人才评价、人才创业、人才服务等4个方面，出台“免评审”“双聘制”等20条改革举措。至年末，新引进集聚高层次人才157名，入选国家、省级引才计划11人、9人，省“特支计划”4人，省海外工程师13人，入选省领军型创新团队1个；新增高技能人才1.5万名、高校毕业生3.3万名。开工人才房2700余套，惠及人才451名，兑现资金2.83亿元。入选2021年绍兴市“揭榜挂帅”项目11个，榜额超3000万元。

【获评全省新时代美丽城镇建设优秀县（市、区）】 2021年，越城区启动编制国土空间规划，持续深化袍江、城南、城西等片区研究。亚运城市行动计划中九大类44个项目有序推进。全年共完成拆迁165万平方米，实施两轮“拔钉清障”攻坚行动，保障高速高铁、高架地铁、亚运场馆等重点项目建设。浙江金融职业学院绍兴校区、国科大附属肿瘤医院绍兴院区正式开工，杭州电子科技大学绍兴校区顺利落地。徐渭艺术馆、党史展陈、气象博物馆、绍兴师爷馆等落成开放，鲁迅故里省级高品质步行街建成开业。完成农村人居环境整治“三改”面积173万平方米，拆除违章建筑61.9万平方米，通过国家文明城市、国家卫生城市复审。2022年1月，获全省新时代美丽城镇建设2021年度优秀县（市、区）称号。

【创建成省级全域旅游示范区】 2021年，越城区成功创建浙江省全域旅游示范区，并通过AAAA级旅游景区城汇报评审。年内，制定《关于加快推进越城区全域旅游发展的若干政策意见》，编制《越城区全域旅游发展规划》《东部片区旅游发展专项规划》。建立健全旅游标识系统，完成全域手绘地图制作，举办2021首届文旅嘉年华系列活动，公布全新的宣传口号和标志，发布十大全域精品游线和五条红色游线，举办吼山桃花节、富盛油菜花节等“全域任你游”主题宣传活动，推出“清凉一夏”过夜游补助政策和“百县千碗·越宴十八味”促消费系列活动，做强越城“全域旅游”品牌。推进“百城千镇万村”景区化工作。斗门街道、陶堰街道、鉴湖街道成功创建省AAA级景区镇，46个村完成A或AA级景区村创建。至年末，全区共有AAAA级景区镇1个，AAA级景区镇6个，AAA级景区村17个，AA级景区村14个，A级景区村95个，AAA级旅游厕所4个。

【滨海新区入选首批省高能级战略平台】 2021年12月，浙江省推进“四大建设”工作联席会议办公室公布首批省高能级战略平台培育名单，绍兴滨海新区入选。绍兴滨海新区系省大湾区首批“四大新区”之一，规划面积约430平方千米，拥有绍兴袍江经济技术开发区、绍兴高新技术产业开发区、绍兴综合保税区、中国（绍兴）跨境电子商务综合试验区等4个国家级平台和省级人才管理改革试验区，已培育集成电路和高端生物医药2个省级“万亩千亿”新产业平台。

【绍兴综合保税区(一期)通过国家级验收】 2021 年 1 月 5 日,位于绍兴滨海新区袍江片区的绍兴综合保税区开工建设,总规划面积 1.72 平方千米,计划总投资 57.79 亿元。(详见 P14)

【越城区沥海街道设立】 2021 年 2 月 21 日,浙江省政府批复同意变更越城区和上虞区部分行政区域界线,将上虞区沥海街道的管辖区域划归越城区。至此,越城区行政区域东至上虞区,南、西至柯桥区,北至钱塘江,辖 16 个街道、1 个镇,行政区域 538.6 平方千米,户籍人口 81.8 万人。4 月 28 日,越城区沥海街道举行揭牌仪式,街道区域面积 57 平方千米,户籍人口近 6 万人,下辖 22 个行政村、2 个社区。街道办事处驻海滨路 41 号。

（越城区史志室 / 提供）

柯桥区

【概况】 柯桥区位于绍兴市西北部,为绍兴市市辖区,区域面积 1066 平方千米,辖 5 个镇、11 个街道,341 个村(社区),包含 1 个国家级开发区、2 个省级开发区,拥有 1 个中国聚合度最高的大纺织产业集群和 1 个全球规模最大的轻纺市场。2021 年末,全区户籍人口 69.8 万人,暂住人口 64.1 万人。

2021 年,柯桥区实现地区生产总值 1748.0 亿元,增长 9.6%。第一产业 39.8 亿元,增长 2.5%;第二产业 874.7 亿元,增长 11.9%;第三产业 833.4 亿元,增长 7.8%。财政总收入 223.5 亿元,增长 10.6%;一般公共预算收入 147.1 亿元,增长 7.2%;研发经费支出占生产总值比例 2.8%;城乡常住居民人均可支配收入分别增长 9.9%、10.5%;新增城镇就业 8.52 万人。完成上级下达的节能减排任务。获评全国脱贫攻坚先进集体,入选中国高质量发展十大示范县市,综合实力跻身全国十强区。

全年实现农林牧渔业总产值 58.6 亿元,增长 3.4%。粮食播种面积 1.29 万公顷、增长 3.6%,粮食总产量增长 8.9%。水稻良种覆盖率超过 97%,乐田农业获得市级“越香好稻米”称号。累计创建五星达标村 214 个、AAA 级景区化建设示范村 25 个、省市级特色精品村 84 个,荣膺绍兴首个浙江省“新时代美丽乡村示范县”。创建美丽城镇省级样板 2 个,承办全省美丽城镇建设工作现场会。

国土绿化造林面积 146.6 公顷,建成高标准农田 209 公顷,完成退苗还粮整治 1360.1 公顷。累计打造各类农民专业合作社 234 家,山娃子香榧专业合作社被认定为国家农民专业合作社示范社。香林花语·冬酿醉香精品线路(田园村韵)、日铸茶文化休闲精品线路列入 2021 年全省休闲农业和乡村旅游精品线路 100 条。

开启传统产业改造提升 2.0 版,加快印染产业全域全面改造提升,五大越城区跨区域集聚组团中 4 家实现试生产,建成全国最大绿色印染基地。按照“六个一批”标准整治“低散乱污”工业厂区,关停小微企业 352 家,基本实现主城区内无污染。加速数字产业化、产业数字化,织造印染大脑入选全省第一批行业产业大脑试点,建成数字市场一期,新增工业机器人 373 台套。加速建筑产业现代化,实现产值 843 亿元,装配式占比 40.5%。缔造时尚产业,建成重大时尚平台 1 个,创意设计带动服务对象形成销售收入超 400 亿元。推动柯桥经开区和临空经济示范区绍兴片区、未来之城等新老平台招大引强,累计引进重大新兴产业项目 50 个、总投资 567 亿元,6 个项目被列入省“市县长项目”,生物医药、泛半导体等优势产业加速集群。

抢抓数据化改革风口,完成“城市大脑”一期开发,20 项典型应用上线运行,23 个数字化改革项目列入省级试点,5 个应用获省委、省政府领导批示肯定,实现全省数字化改革三连优。推进“最多跑一次”改革,投资项目验收压缩至“最多 80 天”,萧山—柯桥政务服务加速一体化,1420 个事项纳入“全省通办、跨省通办”。迭代亩均论英雄改革,推动土地、能耗、排污等要素精准直达优质企业,规上企业亩均税收 15.9 万元、增长 7%。更高标准打造金柯桥科技城,“2+1+N”开发区(园区)体系更具活力,集聚落户现代纺织鉴湖实验室、碳中和实验室、中科大、西光所等一批重大创新平台,引聚省级以上领军人才 51 名,落地人才项目 116 个。“揭榜挂帅”攻克“卡脖子”技术 71 项,基本形成“应用研究 + 技术攻关 + 成果转化 + 人才支撑”创新生态链。迭代进化轻纺市场,深化“布满全球·丝路柯桥”行动,接续举办第四届世界布商大会,启动“柯桥优选”品牌计划,市场群线上线下总成交额首次突破 3000 亿元。外贸出口突破 1000 亿元大关,达到 1088 亿元,市场采购贸易和跨境电商 2 个试点,拉动全区出口增长 14.3 个百分点。

坚持交通先行,地铁 1 号线柯桥段开通运营、日均客流量超 2 万人次,杭绍台高速、镜水路南延顺利通车,杭州中环柯桥段、杭金衢至杭绍台联络线全面开工,迈入与杭同城新时代。坚持民生互联,落地建设浙大二院柯桥院区,235 个事项纳入杭绍一体化受理,方便两地市民群众沟通相融。拉开城市版图,实施“成片规划、成片拆改、成片建设”,全年拆迁 174.5 万平方米,处置违建 94.8 万平方米。创新开展鉴湖国际竞标,优化设计小赭等区块,全面启动柯北有机更新,城市架构从“两湖”拓展至“三山”。成功投用总面积 37 万平方米的国际会展中心、高度 218 米的中纺时代大厦等地标建筑,城市更具国际范、虹吸力。

推进生态文明建设,全面整改销号第二轮中央环保督察信访件 80 件。开展 $PM_{2.5}$ 和臭氧“双控双减”专项行动,全年 $PM_{2.5}$ 浓度 30 微克 / 立方米,空气质量优良率 90%,创历史最好成绩。深化“五水共治”,健全“河湖长制”,区控及以上断面水质达标率 100%。压实土壤环境重点监管单位落实污染防治责任,严查各类土壤污染行为,区污染地块安全利用率 100%。深化饮用水水源地保护工作,4 个农村集中式饮用水水源地水质每月均保持在Ⅱ类及以上,农村集中式饮用水水源地水质达标率 100%。创建成为省级生态文明建设示范区。

公共财政用于民生支出 105.1 亿元。高质量完成省、市、区三级民生实事。抓住高质量就业根本,实施“扩中提低”行动,城镇登记失业率降至 1.8% 的较低水平。兜底社会保障,社保、医保参保率稳定在 99% 以上。打好教育减负提质“组合拳”，新(扩)建幼儿园、中小学 12 所，“双减”工作获央视点赞，高考一段上线率高出全省平均 8.8 个百分点。深化“医共体”改革，基层首诊率、区域内就诊率提升至 66.2% 和 90.7%。浙大二院柯桥院区落地建设，高分通过国家卫生城市、“健康浙江”考核。基本建成羊山攀岩中心等 3 个亚运场馆，组织“迎亚运、共参与”系列活动 300 场，参与市民 22.5 万人次。实施乡村文物资源振兴三年行动计划，舜王庙会入选国家级非物质文化遗产项目。传承经典曲艺文化，创排精品剧目曲艺 11 个，文化下乡进企 282 场次。积极应对 12 月初严峻复杂的疫情防控形势，1000 多名医护人员、公安干警第一时间支援上虞。27 小时完成全员核酸检测，3 天启用马鞍医学隔离点，为多名上虞、北仑、萧山及境外集中隔离人员提供暖心服务。

深化“县乡一体、条抓块统”改革，推进“大综合一体化”执法改革，2021 年综合行政执法事项扩面至 22 个方面、573 项。133 件省级重复信访件全部化解，174 件市级积案化解率 87.8%，赴省以上走访总量下降 66.7%。安全生产事故起数与 2020 年持平。常态化开展扫黑除恶行动，办理涉黑案件 1 起、涉恶案件 7 起。成功打赢“烟花”“灿都”台风防御战、安全生产攻坚战、建党百年护航战，稳妥高效处置独立学院转设、瓶装天然气非法窝点整治等，连续十六年创建成为省“平安区”。

中共柯桥区委员会书记　陈　豪

柯桥区人大常委会主任　朱晓董

柯桥区人民政府代区长　袁　建

政协柯桥区委员会主席　孟柏千

中共柯桥区纪律检查委员会(区监察委员会)书记(主任)　李　东

【与浙江大学医学院附属第二医院合作协议签署】 2021 年 4 月 6 日，浙江大学与柯桥区人民政府战略合作协议、浙江大学医学院附属第二医院与柯桥区人民政府合作协议签约仪式在鉴湖大酒店会议中心举行。双方达成战略合作，共建浙江大学医学院附属第二医院柯桥院区，进一步推动校地合作向纵深发展。

【科创之江百人会成立大会举行】 2021 年 4 月 24 日，以“科技引领数字赋能——科技创新助力制造业高质量发展”为主题的科创之江百人会成立大会暨浙江省全球先进制造业基地建设科学家企业家智库圆桌会在柯桥举行。聘请杨玉良、苏纪兰院士等 18 位知名学者专家为百人会首批顾问，将围绕全省重点产业集群、标志性产业链的发展需求，通过技术路演、成果对接、产业研判、咨询交流、趋势研究、智库对话等举措，推进创新链、产业链、人才链深度融合。

【第九届柯桥时尚周暨中意青年未来时尚设计大赛启动】 2021 年 5 月 6 日，2021 第九届柯桥时尚周暨中意青年未来时尚设计大赛启动仪式在中纺 CBD 东方米兰国际时尚发布中心举行。此项赛事以“传承与创新”为主题，旨在传达人文价值与时尚内涵兼具的“艺技美、生态美、生活美”，推行“传承与发展传统文化、鼓励与保护原创设计、跨界与融合多元时尚”的时尚文化观。

【绍兴市柯桥乡贤总会成立大会暨重大招商项目签约仪式举行】 2021 年 6 月 13 日，绍兴市柯桥乡贤总会成立大会暨重大招商项目签约仪式在鉴湖大酒店会议中心举行。250 余名乡贤参会，现场集中签约 39 个重大项目。

【瑞丰银行上交所主板上市】 2021 年 6 月 25 日，浙江绍兴瑞丰农村商业银行股份有限公司在上海证券交易所上市，成为柯桥区第 22 家上市企业。这是浙江省首家上市农商行。

【绍兴轨道交通 1 号线柯桥段通车】 2021 年 6 月 28 日，杭州、嘉兴、绍兴三地共同举行杭州都市区轨道交通“互联互通”项目集中通车仪式。绍兴轨道交通 1 号线柯桥段线路全长 20.3 千米，共设站 10 座(高架站 4 座，地下站 6 座)，途经萧山区境内的姑娘桥站和衙前站，柯桥境内由西往东设杨汛桥站、前梅站、钱清站、西沙路站、临杭大道站、鉴水路站、越州大道站和中国轻纺城站，设计最高速度 100 千米/时，单程行车时间约 26.5 分钟。

【第六届中国设计智造大奖颁奖典礼举行】 2021 年 10 月 12 日，由浙江省政府支持，中国美术学院、绍兴市政府主办的 2021 第六届中国设计智造大奖颁奖典礼在柯桥区东方米兰国际时尚发布中心举行。颁奖典礼揭晓年度获奖佳作 327 项，包括产业组金、银、铜奖和概念组明日之星奖、设计新锐奖等奖项。DIA 中国设计智造大奖自启动全球征集以来，共征集到海内外报名作品 7815 件，“概念组”吸引了世界一流大学排名上榜院校、双一流高校设计团队申报。

【第四届世界布商大会主题大会启幕】 2021 年 10 月 26 日，为期 3 天的 2021 第四届世界布商大会主题大会在绍兴国际会展中心启幕。本届大会以线上线下结合方式举行。以“布”为媒，围绕“数字赋能·绿色共生”主题，共话数字技术赋能产业转型升级，探寻产业与环境和谐共生的可行路径。

【2021 世界创意经济峰会“绍兴柯桥”国际论坛举行】 10 月 27 日，2021 世界创意经济峰会“绍兴柯桥”国际论坛在金沙东方山水酒店举行。以“布满全球·衣遇创意”为主题，围绕“创意新国风”“绿色新产能”“数字新经济”等纺织领域热点议题，探讨如何构建长三角数字设计驱动的纺织绿色时尚创意服务价值链新篇章。来自长三角地区领导、嘉宾，设计师、创新机构代表以及青年精英等参加论坛。

【第五届运动休闲时尚周开幕】 10 月 30 日，2021 柯桥区第五届运动休闲时尚周在瓜渚湖北岸公园开幕。此届运动休闲时尚周贴合杭州亚运特色，注重群众参与。

(柯桥区府办/提供)

上虞区

【概况】 上虞区地处绍兴市东北部，区域面积 1362 平方千米，辖 7 个街道、10 个镇、3 个乡，281 个行政村、62 个社区。2021

年末，全区有户籍人口71.71万人，人口自然增长率-2.29‰。

2021年，上虞区实现地区生产总值1135.68亿元，增长7.2%，其中第一产业增加值52.02亿元，增长2.4%；第二产业增加值571.03亿元，增长7.5%；第三产业增加值512.63亿元，增长7.3%。实现财政总收入170.53亿元，增长14.9%。其中，一般公共预算收入首破百亿元，达到100.1亿元，增长13.0%。实现社会消费品零售总额402.15亿元，增长8.0%。实现外贸进出口总额354.08亿元，增长13.8%。

实现农林牧渔业总产值73.80亿元，按可比价计算增长3.5%。全区粮食播种面积3.68万公顷，粮食总产量2.23亿千克，连续5年获"全省产量大县"称号。年内生猪出栏8.41万头、牛出栏147头、羊出栏1.67万头、禽出栏104.78万只，肉类产量0.94万吨，禽蛋产量0.13万吨，水产品产量2.68万吨，水果产量15.68万吨，茶叶产量0.21万吨。全区财政对农林水事务投入12.30亿元，增长1.2%，建成高品质绿色科技示范基地3个、省级水稻千亩高产创建示范区6个、高标准农田1766.67公顷，新增农创客主体240个、国家地理标志农产品1个，入选省级"三农"新型基础设施集成试点县、省级"肥药两制"改革综合试点，创成省级特色农产品优势区。完成粮食功能区"非粮化"整治1193.33公顷。

实现社会消费品零售总额402.15亿元，增长8.0%，其中限额以上社会消费品零售总额98.91亿元，增长2.3%。批发零售业实现销售额985.16亿元，增长18.2%，其中限额以上单位销售额473.57亿元，增长20.0%。住宿餐饮业实现营业额50.96亿元，增长21.4%，其中限额以上单位营业额11.92亿元，增长9.6%。新增(跨境)电商主体231家，实现网络零售额85.87亿元。有实体市场41个，实现成交额112.03亿元，其中绍兴大通集团公司农副产品批发交易市场和浙江石狮商贸城年成交额占比51.2%。

实现规模以上工业产值1914.82亿元，增长19.1%，其中规模以上工业增加值449.09亿元，增长11.5%。从轻重工业看，规模以上轻工业实现产值399.73亿元，增长9.7%；规模以上重工业实现产值1515.09亿元，增长21.8%。从行业看，机械装备业实现规模以上产值416.04亿元，增长25.2%；医药化工业实现规模以上产值641.97亿元，增长13.7%；轻工纺织业实现规模以上产值182.90亿元，增长12.7%；照明电器业实现规模以上产值43.51亿元，下降9.9%。全年工业用电量56.10亿千瓦时，增长10.6%。新旧动能转换加快，实现新产品产值845.81亿元，增长23.0%，实现数字经济核心产业制造业增加值55.81亿元，增长20.8%，绿色化工集群新智造试点列入省产业集群(区域)新智造试点名单。杭州湾上虞经济技术开发区实现经济总量1850亿元，其中规模以上工业产值1364亿元，增长19.2%，先进高分子材料产业群列入省首批"新星"产业群培育名单，在全省经济开发区综合考评中排名第9位、中国化工园区30强排名第12位。新引进亿元以上项目42个，完成固定资产投资266.74亿元，增长13.3%。

房屋施工面积605.29万平方米，增长7.0%，商品房销售面积140.29万平方米，下降4.4%，实现建筑业税收13.2亿元，增长19.1%，获国家级奖项30项，其中鲁班奖5项、国家优质工程奖6项、全国优秀建筑工程装饰奖19项等，连续三年获省建筑业工业化优秀县(市、区)，列入省第二批建筑工业化示范城市名单。规模以上工业企业万元产值能耗0.0901吨标准煤，下降7.0%，入选省首批低碳试点县创建单位。

实现外贸进出口总额354.08亿元，增长13.8%，其中进口总额51.90亿元，增长58.2%；出口总额302.17亿元，增长8.6%。新办外商投资企业20家，新批外商增资项目20个。实现合同利用外资7.98亿美元，实际利用外资1.95亿美元，实际利用外资完成率和总量均居全市第二位。

完成老旧小区改造48万平方米、城中村征迁改造48.7万平方米、危房治理222户，新建改造城市道路12千米、管网37.79千米，新增停车位2119个，鸿雁未来社区建设获省政府督查激励，通过全国文明城市复评。新型城镇化加快推进，崧厦伞艺小镇建设、章镇小城市培育、丰惠"千年古城"复兴计划全面实施，列入省首批城乡风貌样板区试点建设名单3个，创成美丽城镇省级样板2个、省级园林城镇1个。乡村振兴深入实施，建成"锦绣虞村"重点村7个，新增"五星达标"村14个、"3A示范"村4个，东澄村列入全省首批未来乡村试点，获评省深化"千万工程"建设新时代美丽乡村工作考核优秀县。实施闲置农房激活2.0计划，累计激活闲置农房面积129.9万平方米，带动村集体增收2498万元，村均经营性收入81.35万元，增长12.4%。

接待游客478.5万人次，旅游总收入66.8亿元。举办首届人民文创国际创意大赛、全国田径冠军赛暨奥运选拔赛，创成省首批体育现代化县(市、区)、首个中国廉德文化之乡，入选首批长三角高铁旅游小城。

数字化改革引领各项改革，创新实施"一证准营""拿地即开工""结顶预验收"等改革举措，40个特色应用列入省级揭榜试点项目，电机产业大脑建设经验在全省会议上交流，南丰社区"健康小屋"应用场景登上央视《新闻联播》。"曹娥江科创走廊+省级实验室+产业创新服务综合体"创新体系建设加快推进，新增国家级众创空间2家、省级众创空间5家、市级众创空间5家；新增国家技术创新示范企业1家、高新技术企业78家、科技型中小企业167家；新认定省级重点企业研究院1家、省级企业研究院2家、省级高新技术企业研发中心10家；入选省"尖兵""领雁"项目8个，新列入省级新产品试制计划项目254个；新增发明专利650件，引育高层次人才132名，全市唯一的"鲲鹏计划"人才落地上虞区，全区综合创新指数跃升至全省第7位，获评省科技进步优秀县(市、区)。

有小学47所，在校学生38890人；普通中学32所，在校学生29002人；中等职业学校2所，在校学生7174人，接收义务教育阶段新居民子女入学15554人，入学率100%，占全区义教段学生总数的27.7%。新建改建中小学和幼儿园17所，实施名校集团化办学1个，引育名师名班主任名校长133名，全国学前教育普及普惠区通过省级验收，教育现代化发展水平监测指数居全省前列。拥有区级医院4家，民营医院10家，乡镇卫生院（街道卫生服务中心）19家，村卫生室92家，社区卫生服务站96家，共有床位4051张，医疗卫生技术人员5449人。人民医院科技综合楼、城南医用综合中心一期建成投用，创成全国健康促进区，通过国家卫生城市复评。建立电子健康档案72.91万人，建档率90.47%。65岁老年人体检12.03万人，农民健康体检27.46万人。建成标准化母婴室28家。完成70岁以上老年人流感疫苗接种2.25万针次。全区计划生育率98.49%。社会保障进一步加强，启动区级康养中心异地新建，基本养老保险、医疗保险参保率分别为99.64%、99.97%。全年城镇常住居民人均可支配收入74589元，增长9.2%；农村常住居民人均可支配收入41952元，增长10.3%，城乡居民人均收入比为1.78。

完成化工2.0版环保对标整治企业85家、涉水清洁化改造企业21家，空气质量优良率95.9%，$PM_{2.5}$颗粒浓度24.5微克/立方米。市考断面水质百分百达标，美丽浙江建设工作考核优秀，连续三年获全省五水共治“大禹鼎”，创成省级“清新空气”示范区、国家级生态文明建设示范区。

中共上虞区委员会书记　陶关锋

上虞区人大常委会主任　陈　坚

上虞区人民政府区长　金进富

政协上虞区委员会主席　顾世明

中共上虞区纪律检查委员会（区监察委员会）书记（主任）　许建超

【首届人民文创国际创意大赛举办】2020年9月至2021年5月，由《人民日报》《环球人物》杂志社、人民文创（北京）文化发展有限公司主办的首届人民文创国际创意大赛举行。（详见P279）

【2021年全国田径冠军赛暨奥运会选拔赛举办】2021年6月11—13日，“潮起上虞·2021年全国田径冠军赛暨奥运会选拔赛”在上虞区举行。6月11日举行开幕式，中国田径协会主席段世杰等致辞并观看开幕式表演。苏炳添、谢震业等来自国内27个省近600名运动员参加比赛。

2021年5月18日，“美好生活　由我而创”首届人民文创国际创意大赛颁奖盛典暨人民文创高峰论坛举行

（上虞区府办/提供）

【打赢新冠肺炎疫情防控遭遇战】2021年12月7日，上虞区突发新冠肺炎疫情。国务院副总理孙春兰、省委书记袁家军、省长王浩、市委书记盛阅春先后赴上虞区指导疫情防控工作，省市相关部门和兄弟县市区鼎力支持，完成14轮1000余万人次核酸检测、40万名封控区群众民生保供，用10天时间实现“村社清零”，25天实现全域解封，30天恢复正常秩序。

【浙江上虞曹娥江经济开发区设立】2021年12月30日，省政府批复同意上虞区9个乡镇工业园区整合，设立浙江上虞曹娥江经济开发区，实行省级经济开发区政策。规划面积23.25平方千米，涉百官、东关、道墟、小越、梁湖、崧厦、丰惠7个镇街，分江西、江东、虞东3个区块，是上虞区第二个工业发展平台。

（上虞区府办/提供）

诸暨市

【概况】诸暨市位于绍兴市西南，区域面积2311平方千米。辖5个街道、17个镇、1个乡。2021年末，全市有户籍人口107.95万人，其中男性人口53.84万人，女性人口54.11万人；城镇户籍人口46.54万人，乡村户籍人口61.41万人。全体居民人均可支配收入64766元，增长10.2%；城镇常住居民人均可支配收入77473元，增长9.5%，人均生活消费支出41293元，增长17.8%；农村常住居民人均可支配收入46535元，增长10.0%，人均生活消费支出29897元，增长18.7%。

2021年，诸暨市实现地区生产总值1546.62亿元，按可比价格计算，增长9.8%。其中，第一产业增加值53.59亿元，增长2.5%；第二产业增加值734.51亿元，增长12.2%；第三产业增加值758.53亿元，增长8.2%。三次产业增加值结构为3.5∶47.5∶49。

财政总收入154.83亿元，增长6.4%；其中一般公共预算收入100.2亿元，增长10.9%；一般公共预算支出119.11亿元，其中财政八项支出90.88亿元，民生支出88.48亿元，占一般公共预算总支出的74.3%。

农林牧渔业增加值增长2.6%，农林牧渔服务业增加值增长15.5%。粮食种植面积3.45万公顷，粮食总产量23.2万吨，获评省粮食增产保供成绩突出集体。年末生猪存栏14.49万头，增长40.7%，出栏15.51万头，减少15.7%。实施农业产业提升“2020”计划升级版，落地同山烧、珍珠两个省级农业产业集成创新示范项目，打响“西施石笕”茶区域公共品牌知名度，创成赵家香榧省级特色农业强镇、短柄樱桃省级农产品优势区。农业科技贡献率68%，主要农作物耕种收综合机械化率超81.3%，主要农作物测土配方施肥技术覆盖率95.2%。

工业增加值增长13.9%，其中规模以上工业增加值314.87亿元，增长21.4%，居全市第一位。全市规上工业装备制造、高新技术、战略性新兴产业和数字经济增加值分别增长 29.7%、22.7%、32.5% 和 33.0%。规模以上工业企业新产品产值 685.81 亿元，增长 38.5%。环保新能源、智能装备制造、铜加工及新型材料、纺织服装、袜业和珍珠业等主导行业合计产值增长 26.4%，占全市规上工业企业总产值的 80.5%。建筑业上缴税收 14.5 亿元，占全市税收总数的 10.4%。新开工装配式民用建筑 166.52 万平方米，占新开工民用建筑的 63%。

固定资产投资增长 13.4%，第一产业投资下降 41.4%，第二产业投资增长 29.2%，第三产业投资增长 8.4%；从重点领域看，民间投资增长 16.3%，交通投资增长 42.4%，生态环保和公共设施投资下降 4.5%，高新技术投资增长 42.4%。房地产开发投资 166.34 亿元，增长 13.0%，其中住宅投资 137.65 亿元，增长 19.6%。商品房销售面积 231.81 万平方米，下降 11.9%。

社会消费品零售总额 500.54 亿元，增长 8.2%。网络零售额 263.2 亿元，增长 13.2%，总量继续列各区、县（市）第一位。是绍兴市唯一入选全省首批数字生活新服务样板县。

完成进出口总值 616.43 亿元，增长 16.9%，其中出口 537.97 亿元，增长 19.6%，增速列绍兴市第二位；进口 78.5 亿元，增长 1.0%。建成投运海关监管场所，市场采购出口申报货值超 3 亿美元，大唐袜业成为省首批内外贸一体化改革试点。"诸暨—宁波舟山港" 海铁联运全年累计承运 7436 标箱，增长 154%。实到外资 13508 万美元，内资到位资金 130.7 亿元。引进亿元以上项目 82 个，其中 10 亿元以上项目 14 个、50 亿元以上项目 2 个，总投资 432.1 亿元。

拥有境内公路总里程 2796.43 千米，其中高速公路 162.53 千米。全年客运量 157.48 万人，周转量 14543.94 万千米。全年货运量 2958.46 万吨，上升 11.3%；货物周转量 243603.46 万吨千米，上升 12.3%。快递企业业务量累计完成 56727.9 万件，增长 42.5%；业务收入累计完成 131235 万元，增长 40.6%。完成官弦线、高湖大桥工程建设。创建成全国"四好农村路"示范县。完成各类行政审批服务事项 10750 件，办理行政处罚 2278 件。

旅游总共（新口径）457.3 万人次，旅游总收入 63.4 亿元。陈宅镇、岭北镇、璜山镇、牌头镇创成浙江省 AAA 级景区镇。举办"五彩唤醒・好美诸暨" 2021 春季旅游节。推出"红动诸暨" 讲解员大赛颁奖、诸暨红色旅游经典线路发布、"浙里红" 红色教育基地授牌、"浙里红・潮" 红色文旅直播等活动。开展 2021 年诸暨市金秋惠游季系列活动。

年末全市金融机构本外币存款余额 2064.03 亿元，增长 12.4%，其中住户存款余额 1214.81 亿元，增长 10.3%；贷款余额 1836.62 亿元，增长 19.4%。新增股份公司 48 家，居绍兴市第一位。人民法院受理金融案件数下降 49.9%。

新增高新技术企业 87 家，新认定省科技型中小企业 242 家。2021 年度省级新产品试制计划立项 223 项，2022 年度省级"尖兵""领雁" 研发攻关计划立项 6 项。举办中国设计红星奖珍珠设计大赛和第六届中国创新挑战赛生物医药现场赛。认定省级众创空间 2 家、市级众创空间 3 家，市级孵化器 1 家。新增省高企研发中心、省企业研究院等省级研发机构 19 家，市级企业研发机构 40 家、诸暨市企业研发机构 189 家，中俄（诸暨）国际实验室签约落地。发放创新券 894 万元，兑现本级科技政策资金 1.27 亿元、惠及企业 900 余家。

有中小学（幼儿园）275 所，其中普通高中 17 所、中职学校 4 所、初中 35 所、小学 96 所、幼儿园 122 所、特殊教育学校 1 所。在校中小学生 151296 人，在园幼儿 31853 人，在职教职工 16000 余人。通过全国学前教育普及普惠县（市）和全国义务教育优质均衡发展县（市）省级督导评估。

累计建成浣江书房 15 家，文化下乡巡演 100 场次、文化走亲 6 场次、举办潮涌浣江系列展览 10 场、送电影下乡 7296 场次、周末剧场演出 24 场。市民学堂、抖音直播课程、微课视频等活动全年免费培训市民超 1 万人次。"诸暨市文物局" 挂牌成立。

有各类医疗卫生机构 902 家（所）。全市每千人口医疗机构床位数、医生数分别为 6.22 张、3.79 人，医疗机构实际开放床位 7575 张，有卫生专技人员 9268 人。开放"浙里办" 健康诸暨专区和浙政钉—智慧医生，实现互联网 + 服务 56271 人次。

完成市体育中心场馆提升改造工程及 31 项基层体育设施升级项目，人均体育场地面积达 2.98 平方米。成为首个承办 CBA 联赛全赛季比赛的城市。

成立推进长三角一体化发展工作领导小组，明确"2021 年诸暨与萧山区合作事项清单""2021 年诸暨与柯桥区合作事项清单"。

全市 AQI 优良天数比例 95.6%，$PM_{2.5}$ 平均浓度 26.85 微克 / 立方米，浦阳江诸暨段出境水质保持Ⅲ类及以上水质，17 个县控及以上考核断面达标率 100%，集中式饮用水水源水质达标率 100%。入选全国水系连通及水美乡村建设试点县、省级幸福河湖试点县，获浙江省第 22 届

2021 年 10 月，世界淡水珍珠博物馆 （诸暨市山下湖镇 / 提供）

水利“大禹杯”金杯奖，第四次获浙江省“五水共治”（河湖长制）工作“大禹鼎”。全面推进全域“无废城市”建设。全市各类生产安全事故发生起数、死亡人数同前两年平均数相比分别下降25.6%、41.9%，未发生较大及以上生产安全事故。

有各类参保人员140.31万人次，其中参加企业职工基本养老保险50.63万人、城乡居民基本养老保险28.29万人、机关事业养老保险3.48万人，实现户籍人口基本养老保险参保率99.86%，居绍兴市第一位。有最低生活保障对象10563人，最低生活保障资金支出9734.73万元。

中共诸暨市委员会书记　沈志江

诸暨市人大常委会主任　姚汉松

诸暨市人民政府代市长　张昆仑

政协诸暨市委员会主席　郭浩良

中共诸暨市纪律检查委员会（市监察委员会）书记　李海裕

【新时代“枫桥经验”写入中国共产党的决议】 2021年11月11日，《中共中央关于党的百年奋斗重大成就和历史经验的决议》（简称《决议》）在中国共产党第十九届中央委员会第六次全体会议上正式通过。《决议》在第四项第八条中指出：“坚持和发展新时代‘枫桥经验’，坚持系统治理、依法治理、综合治理、源头治理，完善信访制度，健全社会矛盾纠纷多元预防调处化解综合机制，加强社会治安综合治理，开展扫黑除恶专项斗争，坚决惩治放纵、包庇黑恶势力甚至充当保护伞的党员干部，防范和打击暴力恐怖、新型网络犯罪、跨国犯罪。”

【成为浙江高质量发展建设共同富裕示范区首批试点】 2021年7月，省高质量发展建设共同富裕示范区领导小组办公室组织完成共同富裕示范区建设首批试点遴选工作，确定28个试点。诸暨市入选为打造精神文明高地领域共同富裕示范区建设首批试点。

【被命名为平安中国建设示范县】 2021年12月15日，在北京召开的平安中国建设表彰大会上，诸暨市被授牌命名为平安中国建设示范县，同时还被授予全国平安建设最高奖——“长安杯”。这是诸暨在平安县市建设工作领域首次获得两项国家级荣誉。在表彰大会上，诸暨市委还作为4个代表之一，做书面典型发言。

【省内首个“浙里办”县级城市频道上线】 2021年11月22日，全省首个“浙里办”县级城市频道“好美诸暨”上线。至年末，共有注册用户74.6万余人，百万人口日活跃8.25万人。创设《诸事办》《诸事查》《诸事报》3个特色栏目和健康诸暨、教育就业、生活服务、社保专区4个热门服务专区，提供师生防疫打卡、实时公交、每日一袋、来诸返乡申报、高速免费申请、乡村公分等16个特色服务。

【高湖蓄滞洪区再次启用】 2021年7月22—28日，第6号台风“烟花”影响诸暨市。该台风雨量指标破极值，赵家镇钟家岭站达649.3毫米，为诸暨有气象记录以来最强台风，雨量创历史极值。7月26日上午，诸暨市人民政府发布《关于高湖蓄滞洪区开闸分洪的公告》，定于26日9时启用高湖蓄滞洪区。同时开启2个孔，利用一区局部空间蓄水调节，以减轻浦阳江防汛压力，这是高湖蓄滞洪区时隔59年来再次启用分洪。

（诸暨市史志研究室／提供）

嵊州市

【概况】 嵊州市位于绍兴市东南部，曹娥江上游，东邻奉化和余姚，南毗新昌、东阳，西连诸暨，北接上虞，与新昌同处嵊新盆地，是全国第一批沿海经济开放县（市），总面积1789平方千米，下辖15个乡镇（街道）、275个村、34个社区（其中城市社区24个），户籍总人口71.94万人，流动人口8.6万人。

2021年，嵊州市实现地区生产总值658.39亿元，比2020年增长7.2%；三次产业比例调整为6.3∶44.8∶48.9。财政总收入和一般公共预算收入80亿元和52亿元，分别增长12%、13.5%；城乡居民人均可支配收入分别为69692元和37876元，分别增长9.3%、10.2%，城乡收入比缩小到1.84。

实现农林牧渔业总产值61.66亿元，增长3.4%。其中，农、林、牧、渔和服务业总产值分别增长3.4%、-10.6%、9.5%、-3.4%和16.3%。据粮食监测数据推算，全年粮食播种面积2.08万公顷，粮食总产量13.14万吨。年末生猪存栏69.22万头，出栏22.75万头，猪肉产量1.89万吨，能繁育母猪存栏6.25万头；年末家禽存栏1205.27万只，出栏1082.92万只；全年肉类产量3.80万吨。开展城乡风貌整治提升活动，剡溪宜居城市新区风貌区、“剡中越韵”县域风貌区列入全省第一批城乡风貌样板区试点，三界镇成为美丽城镇省级样板，推动施家岙村争创乡村振兴先行村。启动生物多样性保护专项行动，全面落实“林长制”，创建省级“一村万树”示范村5个。

全市618家规模以上工业企业累计实现产值543.73亿元，增长17.7%；累计实现工业增加值130.62亿元，增长11.6%。规模以上工业装备制造、高新技术、战略性新兴、数字经济核心产业和高端装备制造增加值分别增长25.9%、18.0%、20.4%、23.0%和17.7%，占规模以上工业增加值的比例分别为51.2%、62.2%、34.7%、6.2%和21.8%。规模以上工业企业营业收入实现530.2亿元，增长20.8%；利润总额31.72亿元，增长62.0%。新中港、盛泰集团A股上市，入选省“放水养鱼”培育企业33家，被列入省“未来工厂”试点企业1家，新增股改企业29家，完成企业数字化改造106家，获评中国集成智能厨房产业转型升级先行区。全市建筑业省内总产值实现131.65亿元，增长15.2%；建筑业总产值实现194.73亿元，增长4.0%。

完成固定资产投资229.76亿元，增长13.7%。分产业看，第二产业完成投资额60.02亿元，增长20%；第三产业完成投资额168.96亿元，增长12%。重点领域看，民间投资完成投资额172.37亿元，增长26.9%；交通投资完成投资额34.73亿元，增长19.6%；生态环保和公共设施投资完成投资额27.71亿元，增长33.4%；高新技术产业投资完成投资额28.32亿元，增长12.4%。实施招大引强“1330”工程，亿元以上项目新签约58个、开工31个、投产

30个。比亚迪新能源动力电池项目高效落地，晶越半导体、长鸿生物建成试产，贝达药业、科元精化、金达视讯推进顺利，市县长项目全部落地。杭台高铁开通运营，争取到嵊州始发北京"越剧诞生地、嵊州更有戏"冠名班列；"四港"联动枢纽节点城市建设项目成为全省交通强国建设试点；创建普通国省道全生命周期养护省级试点县。中欧(义新欧)班列"春力号——嵊州茶叶专列"首发开通；中国(浙江)自贸试验区绍兴联动创新区嵊新片区成功创设。杭绍台铁路G5501次首趟运行试验列车从绍兴北站出发，途经嵊州，嵊州进入"高铁时代"倒计时。

嵊州文化博物馆群、嵊州市博物馆、唐诗之城、温泉城二期、文化传媒中心等重大项目建设进展顺利。实施旅游业"微改造、精提升"五年行动计划，实施项目91个，完成投资1.67亿元。举办第十八届书法朝圣活动；完成越剧现代戏《核桃树之恋》晋京演出；推动浙东唐诗之路核心区建设，做好"享诗路风华　品诗路韵兴"全国新闻媒体代表"跟着唐诗游绍兴"嵊州唐诗之路段推广宣传活动。

进出口总额73.28亿元，下降9.7%，其中出口71.5亿元，下降10%，进口1.78亿元，增长2.6%。加工贸易进出口总值2.54亿元，增长15.8%，其中出口2.06亿元，增长18.5%，进口0.48亿元，增长5.5%。

金融机构本外币存款余额1123.62亿元，增长11.5%；金融机构本外币贷款余额为910.41亿元，增长10.3%。新增存款、贷款116.24亿元和152.81亿元。全社会用电量35.20亿千瓦时，增长16.7%。工业用电量22.43亿千瓦时，增长21.5%。

实施科技企业"双倍增"行动，高新技术企业通过专家评审93家，新增科技型中小企业115家。新增绍兴市级众创空间3家、市级科技企业孵化器1家，科创中心新增入孵企业12家，在孵企业62家。北航(嵊州)科创园入驻企业37家，嵊州创新中心(驻杭研发"飞地")入驻企业11家。省级厨具电器产业创新服务综合体完成搭建嵊州市浙工大创新研究院、国家级检验检测机构"方圆检测"和5个中心；省级真丝·领带产业创新服务综合体完成搭建真丝原材料研究院和3个中心。

有小学49所，在校生32367人，专任教师1938人；初中25所(其中九年一贯制10所)，在校生15392人，专任教师1792人；普高7所，职高3所，在校生合计15257人，专任教师1344人。高考成绩稳中有升，全市一段线上线率和二段线上线率分别超省平均水平3.49个百分点和9.7个百分点。

成立嵊州市"非遗"中心(嵊州市越剧文化研究中心)，加快推动越剧"申遗"工作。原创越剧现代戏《核桃树之恋》入选庆祝中国共产党成立100周年优秀舞台艺术作品展演，成为全国唯一的晋京演出的越剧舞台艺术作品；《永远的船娘》入选"学习强国"建党百年歌曲展播——浙江原创歌曲选集。原创越剧现代戏《傲雪芬芳》作为"风华再现——百越文创首届越剧优秀剧目邀请展"在杭州做开幕首场演出。举办民营剧团共庆"建党100周年"优秀剧目展演活动，52个民营剧团参演，共27天，逾5万观众现场观看。

有医疗卫生机构443个，其中医院17家(二级及以上公立医院4家)，社区卫生服务中心(站)134家，卫生院17家，门诊部24家。有卫生技术人员5069人，其中：执业医师和执业助理医师2010人，注册护士2124人。有医疗卫生机构床位3974张，其中医院3133张(二级及以上公立医院1700张)，社区卫生服务中心124张，卫生院617张。加快妇幼保健院(嵊州市第二人民医院)及疾控中心异地新建工程、中医院公共救治能力提升工程、市人民医院放疗中心建设项目、浦口街道社区卫生服务中心提档升级工程建设。新注册运动员1139名，引进优秀运动员3名和高水平教练员1名，安置省队退役优秀运动员4名。在14届全运会上，嵊州籍运动员获银牌2枚、铜牌1枚，7人进前8名，参赛人数和成绩为历届之最。举办"浙东唐诗之路"山水挑战赛。

新增城镇就业20882人，城镇失业人员再就业5588人，城镇登记失业率2.85%。全市基本养老保险参保率98.88%。

$PM_{2.5}$年均浓度26微克/立方米，下降10.3%，改善率列绍兴市第一位；AQI优良率98.1%，提升1.4个百分点，超出市定目标7.1个百分点。15个地表水常规监测断面达标率100%。完成全域"无废城市"建设年度任务，创建"无废细胞"57个。

中共嵊州市委员会书记　徐建役

嵊州市人大常委会主任　孙海荣

嵊州市人民政府市长　裘建勇

政协嵊州市委员会主席　柴理明

中共嵊州市纪律检查委员(监察委员会)书记、主任　李英豪

【招大引强"1330"专项行动】 2021年，嵊州市围绕"全年亿元以上项目签约30个、动工30个、投产30个"工作目标，开展招大引强"1330"专项行动，实体化运转招商选资工作团队，深入推进乡贤招商、蹲点招商、产业链招商。全年累计外出招商207余次、举办招商系列活动41次、开展大型乡贤系列活动9次，收集乡贤项目有效信息151条，实现亿元以上产业项目新签约58个、开工31个、投产30个。其中，比亚迪新能源动力电池生产基地、长鸿全生物降解新材料产业园等一批龙头效应明显、带动能力强劲的重大产业项目落地，推动嵊州产业转型升级和现代产业体系构建。

【推进标志性首创性数字化改革】 2021年，嵊州市全面推进一体化智能化公共数据平台建设，累计登记各类系统657套，归集数据总量超65.4亿条，共享目录2806个，开放目录2472个，整合视频2.2万路。按照"四横四纵两门户"总体架构，创新建立"首席数据官"制度，全省率先完成87个自建应用目录梳理，实现五大综合应用"一屏概览"、优秀应用"集中展示"、公共数据平台及IRS系统"入口集成"，列入IRS平台建设首批试点县市。分类梳理45个多跨场景应用，编制全市重大应用"一本账"S_0版，共有6个应用场景纳入全省"一本账"S_1清单，13个项目成为省级部门试点，应用数量及质量均排在绍兴市首位。其中，"校食安"获省政府主要领导批示肯定，"枫桥式"协同治理应用平台有关做法获《人民日报》刊文推广，"民情通"被《浙江日报》头版报道。

2021 年，嵊州市艇湖公园胜景

（嵊州市府办 / 提供）

【建设“四港”联动枢纽节点城市】 2021年，嵊州市坚持“四港”联动枢纽节点城市发展战略定位，推进“十网千亿”交通强市建设，交通有效投资增长 27.81%。杭台高铁、绍兴港嵊州港区中心作业码头、上三高速隔音屏建成，正式迈入公路、铁路、水路综合运输新时代。嵊州“四港”联动枢纽节点城市建设试点项目列入省交通强国建设试点，完成全省首个县级层面的“四港”联动发展规划编制并通过规划评审。纳入省厅“聚焦联运关键节点、打造 4+1+N 个多式联运枢纽”规划的两个节点县市之一。畅通“四港”联动内循环，成功打通农村物流最后一公里，全年为偏远山村收寄快递量超 56 万件，增长 40%。其经验做法被评为全国农村公共服务典型案例。

【持续推进“强村富民”行动】 2021 年，嵊州市深入开展强村富民行动，通过整合优化政策、资金和土地等资源，全面激活镇、村级“造血”功能，将“不动死资产”变成“流动活股份”；推进黄泽小微工业园等“飞地抱团”项目建设，通过市级统筹、跨村发展、股份经营、保底分红等发展模式，提升村集体经济内生发展动力。实施村级集体经济发展提升基金项目，每年为每个行政村提升约 13.25 万元经营性收入。实施农民素质提升工程，全年培育高素质农民 102 人、农村实用人才 1192 人次。至年末，实现年经营性收入 30 万以下薄弱村和 9000 元以下困难户动态清零。

【对政府（国企）投资新建项目实行“169”行动】 2021 年，嵊州市印发《2021 年度投资项目“169”行动方案》，明确参与对象、审批节点、职责任务等，要求新建政府（国有企业）投资项目 2 月份完成项目建议书批复（赋码），3 月份完成可研批复（审查）和施工设计招标公告，5 月份完成初步设计批复（概算审核），6 月份完成施工招标公告，9 月底动建并入库。新建工业、商贸服务业项目供地后 3 个月内动建并入库。同时，深入推行“三级联审”“限额设计”“一库三制”“分级管理”，强化概算控制提高项目投资绩效，全年共核减 4.13 亿元。

【越剧现代戏《核桃树之恋》晋京展演】 2021 年 7 月，由嵊州市越剧团、浙江小百花越剧院（浙江越剧团）联合创排的原创越剧现代戏《核桃树之恋》晋京演出。《核桃树之恋》以一位核弹人与妻子之间平凡而又动人的爱情为主线，用温馨浪漫的笔触，书写出一代无名英雄的强国之梦。该剧获第十七届中国戏剧节优秀剧目奖、第三十五届田汉戏剧奖剧目入围奖，入选 2020 年度浙江省舞台艺术创作重点题材扶持项目、浙江文化艺术发展基金 2020 年度资助项目、2021 年度浙江优秀原创舞台艺术作品、2020 年度绍兴市精神文明建设“五个一工程”扶持项目。

【获评“中国集成智能厨房产业转型升级先行区”】 2021 年 11 月 23 日，嵊州市被中国五金制品协会正式认定为目前中国厨具行业唯一的“中国集成智能厨房产业转型升级先行区”。嵊州市拥有厨具电器及配套企业近 500 家，销售的厨具系列产品数量占国内市场的 30% 左右，集成灶产量占全国的 65% 以上，是中国最大的集成灶生产集群基地，连续四届通过“中国厨具之都”复评。

（嵊州市府办 / 提供）

新昌县

【概况】 新昌县位于绍兴市东南部，东邻奉化、宁海，南接天台，西南与东阳、磐安接壤，西、北两面与嵊州毗邻，总面积 1213 平方千米。全县下辖羽林、南明、七星、澄潭 4 个街道，镜岭、回山、儒岙、沃洲、小将、沙溪 6 个镇，城南、东茗 2 个乡，18 个社区，行政村 253 个。年末，全县户籍总人口 43.03 万人。列“2021 中国最美乡村百佳县市”第 21 位。

2021 年，新昌县实现地区生产总值 517.4 亿元，比 2020 年增长 8.2%，其中第一产业增加值 23.58 亿元，增长 2.4%；第二产业增加值 260.99 亿元，增长 9.3%；第三产业增加值 232.83 亿元，增长 7.7%。三次产业增加值结构为 4.6∶50.4∶45。按常住人口计算，人均生产总值 119299.05 元。

财政总收入 74.34 亿元，增长 5.8%，其中一般公共预算收入 44.95 亿元，增长 2.8%，占财政总收入的 60.46%。一般公共预算支出 69.79 亿元，其中民生支出 55.24 亿元，占预算支出的 79.15%。城镇和农村常住居民人均可支配收入分别为 68710 元、36269 元，增长 9.4% 和 10.4%。

农林牧渔业总产值 32.19 亿元，增长 3.4 %。粮食总产量 4.72 万吨。“茶、果、菜、药、鱼”为重点的五大特色优势产业链逐渐完善，茶叶产量5860.1吨，产业产值13.36亿元，茶产业链总产值92亿元。“农业产业大脑（茶叶）”初步建成，中国龙井茶博物馆完成EPC招标并动工，大佛龙井连续第十二次入选中国茶叶区域公用品牌价值十强，品牌价值47.74亿元，列第七位。获“茶叶百强县”“三茶统筹先行县域”称号，入选“全国区域特色美丽茶乡”“百条红色茶乡旅游精品路线”。“炒年糕富民工程”继续推进，新增门店110家，以“新昌炒年糕”为主的特色小吃全产业链产值11亿元，“新昌炒年糕”获“省农家特色小吃组金奖”。梅渚村入选“中国美丽休闲乡村”。创建省级美丽乡村示范乡镇2个（累计9个）、省（市）级特色精品村5个（累计5个）、新时代美丽乡村达标村83个（累计228个），完成253个美丽村庄“三线”整治，获“2021年度全省深化‘千万工程’建设新时代美丽乡村（农村人居环境提升）工作优胜县”。

规模以上工业总产值588.77亿元，增长25%；规模以上高新技术产业增加值142.81亿元，增长14.6%，占规模以上工业增加值90.76%；规模以上工业新产品产值297.97亿元，规模以上工业新产品产值率50.61%；规模以上工业数字经济核心产业增加值27.99亿元，增长5.3%，居全市第二位；规模以上工业战略性新兴产业增加值85.80亿元，占比54.5%，增长8%。新增上市企业4家，累计有上市企业14家，居全市第二位，总市值居全市第二位。

固定资产投资增长6.2%。其中，第二产业投资增长18.0%，第三产业投资增长2.0%。新引进亿元以上项目28个，总投资达117亿元，争取省级重点项目11个，资金86.52亿元。全年综合交通投资完成21.2亿元，列全市第一位。杭绍台高铁新昌段建成通车。

接待游客420.5万人次，旅游总收入61.1亿元。新昌5A级景区城入选全省首批16颗大花园“耀眼明珠”之一（全市唯一）。“国家全域旅游服务标准化试点项目”通过验收；创建成“国家全域旅游标准化服务示范县”；列入浙江省旅游业“微改造、精提升”行动试点县；《浙东唐诗之路学术文化编年史》《浙东唐诗之路唐诗总集》等著作出版。继续举办“诗画新昌·天姥文化季”“健康游新昌”等系列活动。创建市级研学营地2家、研学基地2家。

进出口总额172.73亿元，增长13.5%，其中出口168.42亿元，增长14.2%；进口4.31亿元，下降7.9%。机电出口93.56亿元，增长23.4%，占55.6%；医药化工产品出口47.75亿元，增长15.6%，占28.3%；高新技术产品出口10.03亿元，增长5.1%，占6%。出口前三位的国家是美国、德国、印度。实际利用外资2215万美元，实施13个境外并购项目，并购金额超10亿美元。

金融机构存款余额813.55亿元，增长12.9%；贷款余额748.44亿元，增长10.3%，贷款不良率0.4%。规模以上工业企业单位数308家，资产总计1186.1亿元，增长17.3%。工业用电量18.53亿千瓦时，增长19.8%。社会消费品零售总额182.74亿元，增长10.1%，其中限额以上消费品零售额26.13亿元，增长26.6%。全县进出口总值172.77亿元，增长13.6%，其中进口总值4.31亿元，增长-7.9%；出口总值168.46亿元，增长14.3%。

研发经费支出占地区生产总值的比重连续7年保持在4%以上。全县专利授权数3880件，其中发明专利622件。规模以上企业产学研合作覆盖率95%，列中国城市创新百佳示范县市第一位、中国创新百强县第6位，获全省首批“科技创新鼎”，新昌创新驱动发展经验获全国推广。新增省级研发机构11家，开发（备案）省级及以上新产品160项。

有小学21所，在校学生21843人。小学教育学龄人口入学率和巩固率均为100%；普通初中16所，初中学龄人口入学率100%，巩固率100%，初中毕业升入高中阶段的比例99.40%。全县普通高中5所，招收新生2195人，在校学生7080人，毕业学生2260人。城北幼儿园、天姥幼儿园、南岩小学扩建工程项目建成投用，学科类培训机构压减工作成效列全市第一位，“1+5+X”模式锻造县域教育共同体的经验做法被列为省城乡义务教育共同体区域和学校典型案例。

有艺术表演团体1个，艺术学校1个，文化馆1个，乡镇文化站12个，公共图书馆总藏量58.4万册。开展“阳光文化进礼堂”活动5场，绍兴市农村文化礼堂文艺汇演走进乡村2场、“行走乡村 文化润乡”新昌县文艺工作者走基层演出6场。

有各级各类医疗卫生机构264家，其中：三级医院3家，急救中心1家，妇幼保健院（所）2家，乡镇卫生院12家，社区卫生服务站50家，门诊部10家，诊所25家，卫生所、卫生站、医务室29家，村卫生室126家，民营医院6家。有床位2695张，千人床位6.43张，执业（助理）医师1464人，千人医师3.49人，护士1632人，千人护士3.89人。建成0—3岁婴幼儿照护服务机构2家、托位228个。成为健康浙江行动省级示范试点地区，获评第一批累计三年健康浙江考核单位。医学检验检查互认共享应用（全市唯一以县平台整体纳入）实现医疗机构间医学影像检查资料和医学检验结果互认共享；生命第一档智慧服务集成应用被评为全国“首届数字医疗健康创新服务”优秀案例。慎终如始抓好疫情防控，未发生本地传播病例和境外输入病例。七星体育公园建成投用。

新增城镇就业7116人，城镇登记失业率始终控制在3%以内。全县基本养老保险参保率99.34%，基本医疗保险参保率99.7%。企业职工人均退休养老待遇标准提高到2641元/月，低保救助标准提高到890元/月，农村特困人员基本生活标准提高到1358元/月。

空气质量综合指数2.88，优化0.16；空气质量优良天数比率（AQI）98.6%，细颗粒物$PM_{2.5}$平均浓度25微克/立方米，臭氧（O_3）平均浓度118微克/立方米。新昌江、澄潭江、黄泽江“三江”交接断面水质均值达到地表水Ⅱ类水质标准，市级14个水环境质量考核断面达标率100%，县城、乡镇饮用水水源地水质达标率100%。

中共新昌县委员会书记　黄旭荣

新昌县人大常委会主任　求子平

新昌县人民政府代理县长　王奇洲

政协新昌县委员会主席　罗国安

中共新昌县纪律检查委员（县监察委员会）书记、代理主任　田　欣

【数字化改革见成效】 2021年，新昌县按照“1+10+7”总体框架，推动数字化改

革、10个重大改革项目和七大领域改革任务。争取到省级试点或揭榜项目18个，五大系统已上线新昌特色典型应用16个，“一照通用”被列入全省数字社会第二批最佳应用。“浙里产学研联动”入选数字经济系统第一批优秀省级重大应用。“天姥管家”被评为全省首批数字便民服务应用及先行示范点和全省商务系统数字化改革“优秀案例”。“轴承产业大脑”“一照通用”入选全省数字化改革成果展绍兴馆市级重点展示应用。

2021年7月20日，新昌县康乐广场启用　　（俞晓委/摄）

【浙江省缩小收入差距领域共同富裕示范区建设试点】 2021年，新昌县获批全省缩小收入差距领域共同富裕示范区建设首批试点，编制《新昌县共同富裕（缩小收入差距领域）试点三年行动计划（2021—2023年）》《新昌奋力打造浙江高质量发展建设共同富裕示范区县域标杆行动方案（2021—2025）》，印发《科技人员倍增行动计划（2021—2025）》。农村宅基地制度改革试点扎实推进，完成2个试点乡镇（街道）宅基地基础信息调查工作，修订《新昌县农村宅基地制度改革试点工作三级联动制度》《新昌县农村宅基地制度改革试点领导小组工作调度机制》等。科技人员“扩中”经验做法在全省共同富裕重大改革专题会议上做典型发言。

【2021中国茶叶大会暨第十五届新昌大佛龙井茶文化节】 2021年4月12日，以“转型升级、全链提升、价值再造”为主题的“2021中国茶叶大会暨第十五届新昌大佛龙井茶文化节”在中国茶市开幕。文化节旨在统筹茶文化、茶产业、茶科技，打造具有全球影响力的高端茶叶盛会。开幕式上举行茶产业创新服务综合体、中国大佛龙井研究院揭牌。该届茶文化节还开展“天姥论茶——2021茶叶精深加工技术创新与高质量发展研讨会”“2021中国（新昌）茶旅发展‘云上’交流会”“电商直播助推新昌茶产业活动”“大佛龙井·天姥红茶·天姥云雾春茶交易会”“国际茶日活动·百城同饮一杯好茶——大佛龙井”“问茶新昌——中国知名茶企六大茶山行”等活动。

【斯凯孚新昌球轴承生产基地及研发中心】 2021年4月18日，斯凯孚新昌球轴承生产基地及研发中心建设正式启动。这是新昌县近年来最大的外商投资项目，是斯凯孚在中国投资建设的最大球轴承生产基地。总投资7.7亿瑞典克朗，用地面积约13万平方米。

【中国县域创新发展新昌论坛】 2021年5月31日，中国县域创新发展新昌论坛启幕，论坛以“智汇融通，云创未来”为主题，以“构建县域数字经济发展新格局”为重点。新昌县与工信部中小企业发展促进中心签订共建中小企业数字经济产业发展联盟协议，进行2020年度新昌县数字经济发展突出贡献奖、第六届“科技·创新”浙江大学校友创业大赛——数字经济专场获奖项目颁奖。

【绍兴首个“碳中和”生态修复警示教育基地】 2021年6月2日，绍兴市首个“碳中和”生态修复警示教育基地在沃洲镇黄坛村东山地长诏林场揭牌。“碳中和”生态修复警示教育基地由新昌县人民法院牵头设立。出台《关于破坏森林资源案件生态公益补偿的若干规定》。

【首届天姥法治论坛——“梁柏台与法治精神”研讨会】 2021年6月18日，由浙江省人民检察院、浙江省司法厅和浙江大学共同主办的“百年党史中的梁柏台”座谈会及首届天姥法治论坛——“梁柏台与法治精神”研讨会在新昌举行。与会专家学者围绕“梁柏台在当代中国法制史中的地位”“梁柏台与中央苏区时期立法”“梁柏台与当代中国法治建设”主题展开交流研讨。

研讨会上，举行“全国法治宣传教育基地”授牌仪式，新昌县政府与浙江大学签订“梁柏台法治精神与基层治理研究中心”合作协议。中国社会科学院、中国人民大学、浙江大学、南开大学、武汉大学、厦门大学、华东政法大学、西北政法大学等十余所高校、院所的专家学者参加论坛。

【康乐广场启用】 2021年7月20日，市民公园项目（康乐广场）正式启用，该广场东西面宽120米、南北进深150米，总投资7.67亿元，总用地面积4.75万平方米，主要由广场、大剧院、城市阳台、特色文化街区以及地下停车场组成。广场东侧尹桂芳大剧院同时启用，剧院总建筑面积2.73万平方米，建筑高度约23米，分为主楼及两侧炮楼，大厅可容纳1200人观看演出。

（新昌县府办/提供）

附录

文献

从党的百年奋斗历程中汲取智慧力量 在新时代新征程上展现新气象新作为

市委书记盛阅春在诸暨市宣讲党的十九届六中全会精神讲话摘要

党的十九届六中全会于11月8日至11日胜利召开，全会听取和讨论了习近平总书记所作的工作报告，审议通过了《中共中央关于党的百年奋斗重大成就和历史经验的决议》《关于召开党的第二十次全国代表大会的决议》。习近平总书记就《决议（讨论稿）》向全会作了说明，并在第二次全体会议上发表了重要讲话。六中全会胜利闭幕以来，市委密集开展了一系列学习宣传贯彻活动，11月17日，市委召开全市领导干部会议进行传达学习，对我市学习宣传贯彻工作作出初步安排；24日，市委常委会班子集体学习六中全会精神，参观了中共绍兴历史展陈和周恩来风范园，重温入党誓词；25日，召开了全市贯彻落实省委“六讲六做”大宣讲活动动员部署会，对宣讲工作作出全面部署；29日上午，市四套班子领导集体参加了中央宣讲团报告会，29日下午，市委召开了六中全会精神专题学习会，进行研讨交流；昨天下午，市委常委会召开扩大会议，传达学习省委十四届十次全会精神，对我市学习宣传贯彻六中全会和省委全会精神进行了再部署、再落实。

下面，我与大家交流三个方面学习体会。

一、深刻把握十九届六中全会精神的核心要义和丰富内涵，从党的百年奋斗历程中汲取智慧和力量

学习贯彻六中全会精神，是当前和今后一个时期的重大政治任务。在座不少同志新进县乡领导班子，岗位十分重要，承担的责任也十分重大，必须有更高的站位、更宽的眼界。大家要把学习贯彻六中全会精神作为一堂政治必修课，按照“学懂弄通做实”的要求，努力提高自己的政治素养和理论水平，更好担负起主政一方的重要职责。

第一，学懂六中全会的里程碑意义。六中全会是在我们党成立一百周年的重要历史时刻，在党和人民胜利实现第一个百年奋斗目标，向着全面建成社会主义现代化强国的第二个百年奋斗目标迈进的重大历史关头召开的一次具有里程碑意义的重要会议，必将有力推动全党实现政治上空前团结、思想上空前统一、组织上空前有力、作风上空前过硬、战略上空前清醒，对于党团结带领全国各族人民夺取新时代新的伟大胜利，具有重大现实意义和深远历史意义。

第二，弄通六中全会的核心要义和丰富内涵。重点是“七个深刻把握”：

1. 深刻把握“一个根本问题”。《决议》指出，“全党要牢记中国共产党是什么、要干什么这个根本问题。”“是什么”：中国共产党是中国工人阶级的先锋队，是中国人民和中华民族的先锋队，是中国特色社会主义事业的领导核心；“要干什么”：为中国人民谋幸福、为中华民族谋复兴。“是什么、要干什么”，这是党的初心使命、性质宗旨、理想信念、奋斗目标的集中体现，是党的历史定位。我们党之所以能够在近代以后各种政治力量反复较量中脱颖而出、赢得人民信任、取得重大成就，根本原因就是我们党在坚持初心使命上矢志不渝、坚如磐石。1919年末，20岁的俞秀松最后一次回到家乡，与家人分别时说：“我这次回去，什么时候回来是没有数的。我要等全国的老百姓都有饭吃，等讨饭佬也有饭吃，我才回来。”22岁的梁柏台留给父老乡亲的最后一句话就是“待到世界大同日，筑路架桥把家还……”我们现在杭绍台高速有一座梁柏台大桥，代这位先烈圆了为家乡筑路架桥的夙愿。只有牢记这个根本问题，牢记党的性质宗旨和初心使命，才能看清楚过去我们为什么能够成功，弄明白未来我们怎样才能继续成功。

2. 深刻把握“两个确立”的决定性意义。《决议》指出，确立习近平同志党中央的核心、全党的核心地位，确立习近平新时代中国特色社会主义思想的指导地位，反映了全党全军全国各族人民共同心愿，对新时代党和国家事业发展、对推进中华民族伟大复兴历史进程具有决定性意义。确立习近平同志党中央的核心、全党的核心地位，使全党有了定盘星、全国人民有了主心骨，引领中国行稳致远；确立习近平新时代中国特色社会主义思想的指导地位，使中华民族伟大复兴有了思想旗帜、理论武装和锐利武器，为推进民族复兴伟业提供了科学行动指南。“两个确立”是深刻总结党的百年奋斗、深刻总结党的十八大以来的伟大实践得出的重大历史结论，是六中全会的重大观点、重大论断，是党的十八大以来我们党最重要的政治成果、实践成果和理论成果。

3. 深刻把握“四个历史时期”的伟大成就。《决议》全景式展现了党在新民主主义革命、社会主义革命和建设、改革开

放和社会主义现代化建设、中国特色社会主义新时代四个历史时期取得的伟大成就。在新民主主义革命时期，党领导人民实现了中国从几千年封建专制政治向人民民主的伟大飞跃。在社会主义革命和建设时期，党领导人民实现了中华民族有史以来最为广泛而深刻的社会变革，实现了一穷二白、人口众多的东方大国大步迈进社会主义的伟大飞跃。在改革开放和社会主义现代化建设新时期，党领导人民实现了人民生活从温饱不足到总体小康、奔向全面小康的历史性跨越，推进了中华民族从站起来到富起来的伟大飞跃。在中国特色社会主义新时代，党领导人民创造了新时代中国特色社会主义的伟大成就，中华民族迎来了从站起来、富起来到强起来的伟大飞跃。改革开放40多年来，中国取得年均9.2%的经济增长速度，这是人类经济史上的一个奇迹。2010年中国经济规模超过日本。2014年，按照购买力平价，中国经济规模超过美国，成为世界经济第一大国，其间8亿多人摆脱绝对贫困。2020年底，中国胜利完成脱贫攻坚任务，人均GDP超过1万美元，已成为一个中等偏上收入国家。《决议》还从13个方面，分领域总结了新时代党和国家事业取得的历史性成就、发生的历史性变革，鲜明昭示了新时代在百年党史、中华人民共和国发展史、中华民族发展史、世界社会主义发展史、人类社会发展史上的历史坐标和历史地位。

4.深刻把握“三次理论飞跃”的原创贡献。《决议》指出，毛泽东思想是马克思主义中国化的第一次历史性飞跃；中国特色社会主义理论体系实现了马克思主义中国化的新的飞跃；习近平新时代中国特色社会主义思想，坚持把马克思主义基本原理同中国具体实际相结合、同中华优秀传统文化相结合，提出了一系列原创性的治国理政新理念新思想新战略，是当代中国马克思主义、二十一世纪马克思主义，是中华文化和中国精神的时代精华，实现了马克思主义中国化新的飞跃。关于这一伟大思想的核心内容，《决议》在十九大报告提出的“八个明确”基础上，进一步凝练概括为“十个明确”，新增了“明确基本经济制度”“明确党的建设总要求”这两条，并将“明确本质特征”放到首位，对另外几个明确赋予新内涵，形成了更加系统完备的思想体系。11月29日，中央宣讲团报告中梁书记讲到，习近平新时代中国特色社会主义思想在国际上的影响非常深刻。我们在工作中也有深刻体会，这几年我们连续举办中非合作论坛绍兴峰会，感觉非洲国家对我们地级市组织的活动非常重视，都是派大使来参加，他们想了解我们党是怎么治理国家的，想知道像我们这样一个地级市是怎么推进市域治理的。

5.深刻把握“五个维度”的历史意义。《决议》从人民命运、道路选择、理论创新、世界影响、自我革命这五个维度，集中总结了党百年奋斗所作出的历史性贡献：一是从根本上改变了中国人民的前途命运；二是开辟了实现中华民族伟大复兴的正确道路；三是展示了马克思主义的强大生命力；四是深刻影响了世界历史进程；五是锻造了走在时代前列的中国共产党。这五条概括，既立足中华大地，又放眼人类未来，体现了中国共产党和中国人民、中华民族的关系，体现了中国共产党和马克思主义、世界社会主义、人类社会发展的关系，贯穿了中国共产党百年奋斗的历史逻辑、理论逻辑、实践逻辑。

6.深刻把握“十个坚持”的历史经验。《决议》总结了一百年来党领导人民进行伟大奋斗，积累的宝贵历史经验：一是坚持党的领导；二是坚持人民至上；三是坚持理论创新；四是坚持独立自主；五是坚持中国道路；六是坚持胸怀天下；七是坚持开拓创新；八是坚持敢于斗争；九是坚持统一战线；十是坚持自我革命。自我革命是跳出历史周期律的第二个答案。1945年7月，党的七大刚刚闭幕，国民参政员黄炎培应邀访问延安，留下了党史上著名的“窑洞对”，就是毛泽东同志给出的第一个答案：“只有让人民起来监督政府，政府才不敢松懈。”经过百年奋斗，我们党又给出了第二个答案，这就是自我革命。党的十八大以来，党中央以坚强的决心、空前的力度推进全面从严治党，发扬彻底的自我革命精神，以敢于刀刃向内的勇气向党内顽瘴痼疾开刀，管党治党宽松软状况得到根本扭转。这“十个坚持”是系统完整、相互贯通的有机整体，揭示了党和人民事业不断成功的根本保证，揭示了党始终立于不败之地的力量源泉，揭示了党始终掌握历史主动的根本原因，揭示了党永葆先进性和纯洁性、始终走在时代前列的根本途径，是我们党经过长期实践积累的宝贵经验，是党和人民共同创造的精神财富，具有根本性和长远指导意义。

7.深刻把握“一个伟大号召”。《决议》围绕在新时代新征程上展现新气象新作为，从强化理论武装、站稳人民立场、推进伟大工程、抓好后继有人等四个方面，向全党全军全国各族人民发出了“为实现第二个百年奋斗目标、实现中华民族伟大复兴的中国梦而不懈奋斗”的伟大号召，充分展现出我们党在新的赶考之路上保持的历史自信和清醒笃定，从以史为鉴、开创未来、实现伟大梦想的维度，有力回应了中国共产党“是什么”“要干什么”这个根本问题，必将指引我们进一步增强使命自觉，在新时代新征程上创造更大的奇迹。

11月30日—12月1日，省委召开十四届十次全会，听取和讨论了袁家军书记所作的报告，审议通过了省委《关于深入学习贯彻党的十九届六中全会精神　坚定不移做“两个确立”忠诚拥护者“两个维护”示范引领者的决议》。市委常委会已经召开扩大会议进行了传达学习，接下去还要召开市委全会、市第九次党代会，对我市贯彻落实工作作出系统部署。各地各部门也正在开展传达学习，要把学习贯彻六中全会精神，与贯彻落实省委全会精神结合起来，切实把思想和行动统一到中央和省委决策部署上来。

第三，做实“六讲六做”大宣讲活动。一段时间以来，全市上下按照省委、市委关于大宣讲活动的统一部署，积极开展多种形式的学习讨论活动，初步兴起了学习宣传贯彻的热潮。希望大家持续深入推进“六讲六做”，推动形成人人学、人人讲、人人做的生动局面。具体要做到“五个学出”：一要学出更加坚定的理想信念。坚守共产党人的精神追求，筑牢信仰之基、补足精神之钙、把稳思想之舵，更好坚持和发展中国特色社会主义，努力做崇高理想的信仰者、追随者、实践者。二要学出更加忠诚的政治品格。增强“四个意识”、坚定“四个自信”、做到“两个维护”，始终在政治立场、政治方向、政治原则、政治道路上同以习近平同志为核心的党中央保持高度一致。三要学出更加真挚的为民情怀。牢记江山就是人民、人民就是江山，坚持一切为了人民、一切依靠人民，着力解决发展不平衡不充分问题，推动共同富裕迈出坚实步伐，更好满足人民日益增长的美好生活需要。四要学出更加坚毅的责任担当。永葆斗争精神、提高斗争本领，坚持底线思维、增强忧患意识，敢于斗争、善于斗争，以前所未有的意志品质，战胜前进道路上的一切风险挑战。五要学出更加强大的战略定力。增强政治自觉、坚持自我革命，在为谁执政、为谁用权、为谁谋利上做到头脑特别清醒、立场特别坚定，做到不变质、不变色、不变味。

二、扎实推动党的十九届六中全会精神落地生根，奋力谱写绍兴现代化建设新篇章

学习贯彻六中全会和省委全会精神，不仅要学习历史经验，更要以史为鉴、开创未来，从中充分汲取智慧和力量，扛起守好“红色根脉”的使命担当，主动塑造变革性实践、突破性进展、标志性成果，聚合新动能、放大新优势，着眼绍兴未来五年乃至更长一个时期的发展，忠实践行“八八战略”、奋力打造“重要窗口”，秉持“胆剑精神”，聚焦“五个率先”，突出“先”的导向、强化“争”的意识，建设网络大城市、打造共同富裕地，率先走出争创社会主义现代化先行省的市域发展之路。

（一）聚焦聚力“五个率先”这一战略目标。“五个率先”是省委立足全省大局赋予绍兴的重大使命和奋斗目标。去年11月18日，省委袁家军书记在省委十四届八次全会期间，专门用半天时间参加了绍兴组的讨论，鼓励我们“率先走出争创社会主义现代化先行省的市域发展之路”，并提出了实现“四个率先”的具体要求。今年10月15日，袁书记专程到绍兴调研，在“四个率先”基础上，结合共同富裕示范区建设新任务，又对我们提出了“率先走出以人为本、全面进步的共同富裕之路，在现代化先行上争树标杆”的新要求。从“四个率先”到“五个率先”，是一以贯之、迭代升级的，是系统考虑、整体布局的。“五个率先”完全符合“八八战略”总纲领总方略，是指导绍兴贯彻“八八战略”的根本行动指南。在我的印象中，省委从未对一个地市提出过这么系统、这么明确、这么精准的目标定位，所赋予的使命之光荣、期望之厚重、责任之重大，前所未有、非比寻常，这充分体现了省委对绍兴发展的高度重视、对绍兴未来的殷切希望，也充分反映出绍兴在全省的战略地位正在不断提升、日益凸显。我们要聚焦“五个率先”战略目标，进一步明确目标体系、工作体系、政策体系、评价体系，构建完善以年度评估报告为标志的“五个率先”抓落实机制，清醒认识我们的优势和存在的短板，聚焦重点难点，找准“牵一发动全身”的突破口，抓牢“一子落满盘活”的关键点，加快取得突破性进展、打造标志性成果、创造普遍性经验，切实把“率先”之路变成探索领跑之路、改革创新之路、高质量跨越式发展之路。

第一，率先走出“腾笼换鸟、凤凰涅槃”的智造强市之路，在综合实力上争先进位。绍兴是工业大市、制造业强市。这些年来，历届市委市政府都把产业转型升级作为重中之重，也取得了良好成效，实现了“五个转变”。一是“三缸”到“三片”的转变。2020年，全市战略性新兴产业占比提高到43.8%，高于全省10.7个百分点，居全省第二位。二是“中低”到“中高”的转变。规上工业研发经费占主营业务收入比重、规上工业营业收入利润率、规上工业增加值率分别跃居全省第一、第二、第三位。三是“制造”到“智造”的转变。产业数字化指数提高到98，居全省第二位。四是“碎片”到“连片”的转变。“万亩千亿”新产业平台入选数量、考核评价均居全省前列。五是“长高”到“长壮”的转变。上市企业数量居全省第三位，国家单项冠军企业居全省第三位，国家高新技术企业居全省第5位。但也存在“一快两低”问题：“一快”是指工业份额下降快。与宁波、嘉兴等制造业强市相比，近几年，绍兴工业增加值占GDP比重降幅相对较大，制造业是我们的立市之本、强市之基，我们必须把工业比重保持在合理区间，确保制造业强市地位不动摇。“两低”是指亩均产出和单位能效较低。虽然我市企业总体质量效益较好，但集约用地、节约用能还有较大空间，相关指标全省排名还比较靠后。省委提出这一目标，就是希望绍兴发挥制造业强市基础优势，抓住新一轮“腾笼换鸟、凤凰涅槃”行动机遇，加快新旧动能转换，推动经济发展质量变革、效率变革、动力变革，努力在全省第二方阵中脱颖而出，早日跻身第一方阵。

第二，率先走出面向全国、走向全球的高效循环之路，在服务构建新发展格局上争当节点。绍兴是靠吃改革饭、走开放路发展起来的。改革开放以来，我们积极发挥改革开放先发优势，形成了内外兼修的经济发展模式，为争当服务构建新发展格局的战略节点奠定了坚实基础。一是开放先行优势。2020年，外贸出口占全国份额提升到13.1‰、居全省第4位；近三年累计引进10亿元以上重大项目151个，其中50亿元以上29个，拥有世界500强投资企业12家，居全省第4位；6家企业入选全省本土民营企业跨国经营50强，居全省第二位。二是市场区位优势。绍兴地处长三角金南翼，融杭联甬接沪，区位优越、交通便利、市场广阔，是融入新发展格局的重要节点。特别是杭台高铁年底前将正式开通，我市将实现“县县通高铁”，形成“市域半小时、杭甬半小时、省域一小时、上海一小时”交通圈，区位优势更加明显。三是平台能级优势。近年来成功获批综保区、跨境电商综试区、市场采购贸易、自贸区联动创新区等重量级开放平台，特别是综保区经过13个月建设，已完成预验收，今天进行正式验收。同时，也有一些老大难问题：一是出口商品向价值链高端攀升不够快。纺织服装等劳动密集型产品出口占比还比较高，机电和高新技术产品出口占比较低。二是消费潜力向发展动能转化不充分。城乡居民可支配收入水平全省靠前，但消费倾向全省靠后，特别是网络新兴消费培育不足，制约了消费动力的充分释放。省委提出这一目标，就是希望绍兴在新发展格局中，发挥改革开放先发优势，积极融入“一带一路”、长三角一体化等重大战略，深化“融杭联甬接沪”，高标准打造沿湾城市连绵带、产业带、创新带，为唱好杭州宁波“双城记”当好“金扁担”。

第三，率先走出以人为本、全面进步的共同富裕之路，在现代化先行上争树标杆。绍兴是全省乃至全国居民收入最高、城乡发展最均衡的地区之一，推动共同富裕的基础更加扎实。一是经济总量较大、均衡性较好。2020 年，全市生产总值达到 6001 亿元，居全国第 36 位，6 个区、县（市）中有 4 个突破 1000 亿元；全市所有行政村集体经济总收入均达到 30 万元以上。二是居民收入较高、倍差较小。2020 年，全体居民人均可支配收入居全省第三位、全国第 11 位，6 个区、县（市）收入水平全部进入全国 30 强，全市及 6 个区、县（市）城乡收入倍差均小于全国和全省平均水平。三是公共服务较优、均等化程度较高。全国义务教育发展基本均衡县、省级教育基本现代化县、国家卫生城市、省级卫生乡镇、城乡社区居家养老服务照料中心都实现了全覆盖，基本公共服务均等化实现度超过 99%。但也存在一些弱项：如在消除集体经济薄弱村和促进低收入群众增收致富上，要保持政策连续性，不断提升工作精准性，确保共同富裕路上一个也不掉队，全市还有 333 个年经营收入 30 万元以下的相对薄弱村，全部集中在嵊州、新昌。再如，不少公共服务领域存在明显城乡差距，要从一体化角度推动优质公共服务加快向乡村普及、向山区倾斜。省委提出这一目标，就是希望我们发挥均衡发展比较优势，聚焦群众急难愁盼问题，创新体制机制，努力找到共性问题的破解之道、引领变革的先行之路，加快打造具有全国影响、突破效应、普遍意义的共同富裕标志性成果，努力在市域层面作出标杆、作出示范。

第四，率先走出人文为魂、生态塑韵的城市发展之路，在人民城市建设上争做样板。“历史 + 人文”是绍兴最大的优势和特色，“稽山鉴水”是绍兴发展的绿色生态本底。这些年来，市委市政府统筹推进文化绍兴和美丽绍兴建设，取得了明显成效。一方面，千年古城的韵味更加彰显。“一廊三带”布局不断完善，一批重大文旅项目加快建设，“两节一典礼”、水陆国际“双马”等重大文化活动和赛事影响力持续提升，文化产业增加值占 GDP 比重提升至全省第 4 位，实现全国文明城市创建“三连冠”，摘得“东亚文化之都”殊荣。另一方面，稽山鉴水的底色持续擦亮。全市空气质量优良率达到 90.7%，$PM_{2.5}$ 平均浓度降至 28 微克 / 立方米，县控及以上水质断面Ⅰ—Ⅲ类比例达 100%，连续六年获得“大禹鼎”，成为全省唯一“无废城市”建设国家试点。但也存在一些不足：比如，文化资源厚度转化为文化产业发展高度还不够快，虽然有着丰富的资源，但缺乏强大的“注意力”，游客留不久，旅游收入攀升较慢。又如，生态环境依然比较脆弱，绿色生产方式、生活方式还需进一步形成。再如，生态与人文深度融合、相得益彰不够，在发挥“人文 + 生态”叠加优势上有待探索创新。省委提出这一目标，就是希望我们发扬人文生态优势，进一步厚植文化气质，提升生态颜值，做优城市特质，持续擦亮历史文化名城、东亚文化之都“两张金名片”，加快创建全国生态文明建设示范城市，彰显山清水秀、人文厚重的城市特色。

第五，率先走出全域覆盖、上下贯通的整体智治之路，在改革发展环境上争创一流。“枫桥经验”是全国基层治理的重要法宝，也是绍兴历久弥新的金字招牌。这些年来，我们坚持把新时代“枫桥经验”的基本精神运用于社会治理各领域各方面，加快建设人人有责、人人尽责、人人享有的市域社会治理共同体，为高质量发展提供了有力支撑。一是社会治理“主心骨”日益强健，党统揽全局、协调各方的领导核心作用更加彰显，市、县、乡三级平安建设领导机制和协调机制更加健全。二是社会治理“法治路”不断夯实，初步构建形成较为完善的市域法律规范体系、法治实施体系、法治监督体系、法治保障体系。三是社会治理“安全感”持续提升，连续 13 年成功创建“平安市”，实现区、县（市）“平安金鼎”满堂红。四是社会治理“智能化”逐步显现，政务事项掌上可办理率达 95% 以上。五是社会治理“共同体”有效构筑，基层社会矛盾在镇村化解比例达 99%，省级民主法治村（社）覆盖率全省领先。同时，也有短板需要补齐：党建统领“四治融合”的基层治理体系有待完善；全民学法用法意识尚未完全树立，个别党政机关和党员干部法治思维不强，行政案件败诉率仍然较高；干部队伍素质与“整体智治”要求匹配度还不够高。省委提出这一目标，就是希望我们扛起“枫桥经验”发源地的使命担当，坚持党建统领、“枫桥经验”引领，突出数字化、网格化、法治化、社会化，加快打造新时代“枫桥经验”全市域升级版，争当全国市域治理现代化示范市。

（二）谋深做实网络大城市建设这一战略路径。实现“五个率先”战略目标，是一项系统工程，必须找到切合实际的战略路径和有效载体，才能把各项目标落到实处、抓出实效。前期，结合绍兴发展实际和区域发展规律，我们专门对网络大城市进行了研究。所谓网络大城市，就是以互连互通、共治共享为理念，以高质量发展、共同富裕为目标，以数字化改革为牵引，以区域一体化、城乡一体化发展为基础，以交通、信息和市政公用设施等为网络，以要素功能各具特色、有机联系、优势互补为动力，多主体互动、多层次和谐、多特色互补、多空间拓展的内聚外联的网状结构形态城市。之所以进行网络大城市研究，主要基于以下两点：

一方面，中央和省委有要求。习近平总书记在 2020 年 11 月 1 日《求是》杂志发表的《国家中长期经济社会发展战略若干重大问题》中指出，“要推动城市组团式发展，形成多中心、多层级、多节点的网络型城市群结构”，为我国的城市化战略指明了方向。2004 年 8 月 24 日，习近平总书记在浙江工作期间考察绍兴时，也明确指示我们：“自觉、主动地统筹城乡发展，率先实现城乡一体化。”我们谋划建设网络大城市，也是贯彻落实总书记重要指示精神和省委要求的具体举措。同时，袁家军书记在省委十四届十次全会上指出：“统筹推进‘四大’建设，统筹推进新型城镇化和乡村振兴，统筹协调大中小城市（镇）组团式协同式发展”“高质量做好国土空间规划和管控，组团式打造全省域美丽大花园、做强美丽城市圈”等等，“三个统筹”“国土空间规划和管控”“组团式打造全省域美丽大花园、做强美丽城市圈”都与建设网络大城市有着紧密的内在联系。

另一方面，绍兴发展有需求。主要表现在四个方面：一是建设网络大城市是新型城镇化的必然选择。目前，绍兴常住人口城市化率为71.02%，潜力很大，机遇也很大，按照特大城市80%的要求，我们还有近10个百分点的提升空间，还有近10年的城市化发展的道路要走。我们要实现这一目标，必须通过建设网络大城市，提高综合功能，进而承载更多产业、集聚更多人口。二是建设网络大城市是构建现代产业体系的客观要求。过去绍兴的发展主要靠块状经济，比如大唐袜业、柯桥轻纺等，各区、县(市)以及镇乡(街道)之间的分工和联系相对较弱。近年来，产业链不断拉长，跨界融合不断加强，区域产业分工日益细化，单靠块状经济、县域经济已经无法适应，必须通过建设网络大城市，依托比较优势和专业化分工，在全市域乃至更大区域内进行产业链和产业体系构建。三是建设网络大城市是乡村振兴的基础条件。现在，城乡差距还比较大，主要是公共服务由城市向乡村延伸辐射还不够，需要通过网络大城市建设，统筹城乡基础设施、公共服务设施布局，加快推动公共服务优质共享，提高乡村现代化水平。四是建设网络大城市是共同富裕的题中之意。推动共同富裕，关键要缩小区域、城乡、收入"三大差距"，必须在全市范围内进行一体化、网络化布局，逐步缩小发展差距，促进共同富裕。

在这样的大背景下，发展市域网络化城市应成为地市级城市的重要选择，通过便捷的交通、高效的信息网络以及党委政府以数字化改革理念实行扁平化整体智治模式，来有效降低交易成本和行政成本，推动产业链现代化和产业集群的形成，以此在市域范围内破解行政区划对一体化发展的体制机制障碍，推动"县域经济"向"市域经济"转型，进而实现区域协同发展。研究发现，网络大城市建设与"五个率先"目标有高度的关联与切合。"五个率先"涉及产业、开放、城市、共富、治理等五个方面，而这五个方面正是网络大城市建设的五大领域和骨架所在。形象地说，如果把网络大城市比喻为一个"人"的话，那么产业就是"血"，开放(循环)是"脉"，城市是"体"，共富是"本"，治理是"络"。纲举目张，举网络大城市之纲，张"五个率先"之目，就是我们今后的战略抓手和关键举措所在。

第一，强化网络大城市"活力"建设，着力在"链"上下功夫，把率先走出"腾笼换鸟、凤凰涅槃"的智造强市之路落到实处。聚焦"集群 + 产业链 + 企业 + 项目"产业生态，加速创新链、产业链、资金链、人才链融合，深入实施"双十双百"集群制造行动计划，全面提升产业基础高级化和产业链现代化水平，加快打造现代产业体系。资本的积累以及第四次工业革命的到来，在资本密集、分工细化时代，要形成有效的产业集群，往往不是一个狭小区域能够做到的，而是需要在更大的经济范围或区域内进行优势互补，通过区域一体化，形成有竞争力的产业集群，才能将比较优势更好地转变为竞争优势。不会再像过去那样"一乡一品""一县一品""一市一品"，而是跨地域的，各地区按照比较优势，组合形成一个有效的产业集群，变成全国或全世界的竞争优势。如波音系列飞机的零部件由70多个国家的供应商生产，其中波音747大飞机总共有450万个零部件，不可能全部在一个县、一个市、一个省、一个国家完成，实际上是由6个国家的1500家大公司、15000家中小企业共同生产；C919国产大型客机是由16家外资、合资公司提供零部件，国内22个省份、200多个企业、36所高校参与设计研发完成的。一是构筑智造大平台。聚力系统性重构、创新性变革，协同打造杭州湾南翼智造走廊，以构筑绍兴滨海新区高能级平台为核心引领，全力构建"2+7+N"开发区(园区)平台体系。积极融入沪杭甬湾区经济创新区，推动绍兴滨海新区对外与杭州钱塘新区、宁波前湾新区全方位对接，对内与杭绍临空经济一体化发展示范区、柯桥经济技术开发区、杭州湾上虞经济技术开发区深度协同联动，集中力量重点培育一批"千亿级规模、百亿级税收"高能级战略平台。二是构筑科创大走廊。积极参与全球和区域科技协同创新，深化与G60、杭州城西、宁波甬江等科创走廊战略合作，高水平打造镜湖科技城、滨海科技城等重大平台，建设绍芯集成电路、鉴湖现代纺织、曹娥江新材料等高能级实验室(技术创新中心)，持续提升绍兴科创大走廊创新能级。三是构筑协同产业群。深化"双十双百"培育行动，紧盯产业链关键紧缺环节，高标准建设集成电路、高端生物医药、高分子材料等"万亩千亿"产业平台和新兴产业链，全力打造国家集成电路产业创新中心。深化全产业链精准招商，因地制宜培育海洋新材料、新一代人工智能、5G+AR等产业链。注重招大引强，争取有千亿级产业项目突破。四是构筑人才强磁场。锚定"人才总量指数级增长、人才竞争力指数级增强"目标，深入实施"名士之乡"英才计划和特支计划、青年才俊"奔越"等系列引才计划，迭代升级人才招引政策，探索人才柔性流动机制，打造人才创业最温暖城市。建设高教园区(研究院集聚区)和国际人才社区，打响新时代"名士之乡"人才高地品牌。

第二，强化网络大城市"畅通"建设，着力在"联"上下功夫，把率先走出面向全国、走向全球的高效循环之路落到实处。自觉承担起"在服务构建新发展格局上争当节点"的历史使命，大力推进区域一体化和市域一体化发展，构筑多层次、多节点、开放型的内聚外联网络型城市空间体系，提升网络型大城市开放、融合、现代、时尚成色。一是打造全域协同新格局。打造"以大城市主城区为核心，以诸暨市和嵊新区域建成区为两翼，以开发区、新城新区、中心镇(小城市)、微城市、产城融合综合体等为节点"的空间布局。深入推动三区相向融合，不断提高市区、诸暨、嵊新组群紧密度，谋划推动交界区域联动发展。二是打造融杭联甬城市带。坚持"融杭联甬接沪"，扛起为唱好"杭甬双城计"当好"金扁担"的责任担当。高标准建设杭绍临空经济一体化发展示范区绍兴片区、义甬舟嵊新临港经济发展区、杭绍一体化萧诸绿色发展先导区、甬绍四明山生态文旅休闲体验区等平台。三是打造高能开放活力区。高标准建设综保区、跨境电商综试区、市场采购贸易、自贸区绍兴联动创新区等高能级开放平台，争创自由贸易试验区，推动形成杭绍甬开放带。全面融入"一带一路"，用好RCEP红利，培育数字贸易、进口商品免税店等新业态新模式，争创国家级进口贸易促进创新示范区。以承办国际赛事和亚运会为契机，按照"办好一个会，提升一座城"理念，建设国际赛会目的地城市。四是打造综合基础设施网。以全域整体优化、协同融合为导向，高质量建设5G网络，加快实现行政村以上5G网络全覆盖。以“三网两港”为骨架，构建“336”交通圈，加快市区10分钟上高速及30分钟通勤圈建设，实现“县县通高铁、三区智慧路、镇镇联高速”，加快建设金甬铁路、城市轨道交通、杭绍甬高速，谋划沪嘉绍城际、诸嵊虞高速等重大工程，形成内外畅通“两横两纵两联结”总体布局。

第三，强化网络大城市“固本”建设，着力在“统”上下功夫，把率先走出以人为本、全面进步的共同富裕之路落到实处。以人的全生命周期需求为导向，全域构建优质共享民生保障网，全面提升人口总量势能、结构红利和素质资本，构建网络型公共服务体系，建设共富共享优质生活圈。一是统筹全市一体就业服务网。聚焦“扩中”“提低”，着力构建以中等收入群体为主体的橄榄型社会结构。健全城乡一体就业公共服务体系，推进农村转移人口市民化，努力增加就业岗位和创业机会。二是统筹全市一体社会保障网。健全全市统一的多层次、多支柱养老保险体系，做实基本医疗保险市级统筹，推行市民卡、医保卡、交通卡“一卡通”，提升全市域共享水平。深入推进经济薄弱村帮扶工作，实施农民收入万元新增工程，推动城乡低收入群体精准识别机制落地见效。三是统筹全市一体服务生活圈。建设一批服务全市域的重大公共服务项目，推进“15分钟复合宜人社区生活圈”建设。探索“教育大脑+智慧学校”，推动学前教育优质普惠、基础教育优质均衡发展。全面推广“5G+智慧医疗”，促进优质医疗资源有效扩容、均衡布局、精准下沉、互动融合。实现城市和行政村社区“15分钟健身圈”全覆盖。四是统筹全市一体市政服务网。完善全市域供水、燃气等设施网络布局，特别是要加快规划建设镜岭水库，构建以镜岭水库、汤浦水库等为主体，全市域水库群联网联调的大供水体系，让全市人民都能喝上优质水、放心水。

第四，强化网络大城市“特质”建设，着力在“优”上下功夫，把率先走出人文为魂、生态塑韵的城市发展之路落到实处。擦亮历史文化名城和东亚文化之都“金名片”，绘好全市域“美丽图”，形成具有国际影响、中国气派、江南韵味、绍兴气质、古今辉映、市域一体的文化生态体系。一是做优品质。对照“一线城市”标准，贯彻“未来城市”理念，坚持城市基础设施社区化，提升城市核心功能。对标世界文化遗产标准加强古城保护利用，高品位推进“古城有机更新项目群”建设，打造世界级古城IP。加快镜湖国际化品质新城建设，谋划“三江汇”区块的整体有机更新，提升大城市集聚辐射带动功能。深化全国宅基地制度改革整市试点，全域推进城乡风貌、未来社区和未来乡村建设。二是做优气质。依托历史文化底蕴，从全市域视角，强化串珠成链，着力招引龙头企业、建设具有强大“注意力”的文旅融合项目，形成“一城一山为核心，一廊三带为主体”基本框架，实现从文化高地向文化高峰蝶变。所谓“一城一山”，就是千年古城与稽山山脉；所谓“一廊三带”，就是文创大走廊和浙东唐诗之路文化带、浙东运河文化带、古越文明文化带。三是做优本底。依托“稽山鉴水”自然生态禀赋，深入践行“绿水青山就是金山银山”理念，绘好“一心、三江、四绿廊”绿网蓝脉风景线，彰显“山清水秀+文化底蕴”的新时代特色。所谓“一心”，就是突出全域共享的会稽山生态绿心。所谓“三江”，就是以钱塘江、曹娥江和浦阳江为轴线，串联山水资源，打造蕴含水乡特色的蓝色开敞空间。所谓“四绿廊”，就是建设龙门山、天姥山、四明山和沿杭州湾“四大生态绿廊”，筑牢全市生态安全屏障。

第五，强化网络大城市“善治”建设，着力在“准”上下功夫，把率先走出全域覆盖、上下贯通的整体智治之路落到实处。坚持发展新时代“枫桥经验”，全方位、系统性重塑市域治理体系和治理能力，打造一批数字化、参与式、体验型治理场景，形成多元主体共建、共治、共享的治理体系。一是坚持社会化协同。强化党建引领，吸引各类主体广泛参与社会建设与治理，实现共建共治共享，推动社会和谐稳定、群众安居乐业。积极争取、精心筹备“枫桥经验”60周年纪念大会，创造新经验、赋予新内涵，擦亮金字招牌。二是坚持网格化管理。全面开展“县乡一体、条抓块统”改革，迭代升级基层治理“一中心四平台一网格”功能，畅通社会成员参与社会治理渠道。精准织密基层治理网格，配齐建强网格员队伍，主动发现化解矛盾纠纷，不断打通为群众服务“最后一公里”，提升基层治理效率与群众满意度。三是坚持数字化改革。市级层面要以问题为导向、以场景为依托，集中力量推出发展所需、群众所盼、未来所向的重大应用，特别要高度重视上下贯通、复制推广，在谋划和开发过程中就要把这个问题考虑进去。县级层面要大力推动“152”体系与“141”体系有机衔接。要推行大数据驱动下的现代警务模式，构建全市域网上网下防控体系，打造全国最具安全感城市。四是坚持法治化建设。加大法治宣传力度，强化权力运行制约监督，切实维护群众合法权益，提升党委、政府公信力，建设信仰法治、公平正义、守法诚信、和谐有序的法治社会，不断增强人民群众获得感、幸福感、安全感。

（三）夯实筑牢党的建设这一战略保障。六中全会对新时代党的建设新的伟大工程作出新的部署，我们要认真贯彻落实，坚定不移加强党的全面领导和全面加强党的建设，扎实推动政治建设、思想建设、组织建设、作风建设、纪律建设，为“聚焦‘五个率先’，建设网络大城市”提供坚强保障。重点是抓好三个方面：

一是学好用好“一个宝贵财富”。把深入学习贯彻习近平新时代中国特色社会主义思想作为首要政治任务，学好用好习近平总书记对绍兴工作重要批示指示精神这一宝贵财富，紧密结合新的实际和中央、省委的新部署新要求，从中找思路、找答案、找办法，与时俱进推动总书记重要批示指示精神落地生根、开花结果，不断打开各项事业高质量发展的新通道。

二是持续擦亮“三张金名片”。习近平总书记在浙江工作期间以及到中央工作后，先后对我市驻村指导员、“民情日记”、社区党建“契约化”共建作出了重要指示批示，我们要坚持不懈把这三项工作传承好、弘扬好、发展好，与时俱进创新思路、创设载体、创出成果，把其中蕴含的理念、方法、机制与时俱进运用到实践中，体系化、制度化、长效化推动三项工作出新出彩。特别是要结合“县乡一体、条抓块统”改革，纵深推进“三驻三服务”活动、民意感知系统建设、信访积案化解等工作，打造具有绍兴辨识度、群众认可度的绍兴党建“金名片”。

三是切实抓好“七张问题清单”整改。今年，省委坚持抓党建带全局，以问题清单为抓手，构建了重大巡视问题、重大督查问题、重大环保督察问题、重大审计问题、重大安全问题、重大网络舆情问题、重大信访问题等“七张问题清单”。绍兴是全省“七张问题清单”贯通应用试点，市委参照省委模式，对各区、县(市)下发了问题清单，各级各部门要把“七张问题清单”作为抓党建带全局的重要抓手，树牢党建统领、整体智治的理念方法，构建形成“问题发现靠党建、问题发生查党建、问题解决看党建”的党建工作新格局。特别是要理旧账、打硬仗，对遗留问题，对于急难险重问题，敢于直面、敢于破难，展现新班子新担当。

三、充分发挥党员领导干部示范带头作用，以新的作风和能力创造新业绩、展现新作为

推动中央和省委全会精神落地生根、取得实效，关键要靠党员干部，特别是领导干部。希望大家始终学在前、谋在前、干在前，以优良作风和过硬素质，推动高质量发展迈上新台阶，不断提升在全省、全国的位次，为绍兴走好率先之路作出更大贡献。

(一)增强四种观念。观念决定思路，思路决定出路。无论在哪个岗位上，树立正确的价值观念都是第一位的。

一是树立大历史观。习近平总书记强调，“了解历史才能看得远，理解历史才能走得远”。希望大家将历史和现实、理论和实践紧密结合，充分认识历史发展的连续性和阶段性，善于探究历史规律，探寻时代之需，提出应对策略，不断增强工作的系统性、预见性、创造性，努力交出无愧于光荣历史、无愧于革命先辈的高分答卷。诸暨是一座光荣的城市，俞秀松、张秋人、宣中华、宣侠父等耳熟能详、令人敬佩的革命先辈都是诸暨人，希望诸暨的党员干部，从诸暨百年奋斗史中汲取智慧和力量，以史为鉴，开创更加美好未来。

二是强化宗旨观。习近平总书记强调，“老百姓衷心拥护中国共产党，就是因为中国共产党始终全心全意为人民服务、为各民族谋幸福”。市县乡三级书记要率先垂范，带头走群众路线，做到“三个走遍”，即届期内市委书记要走遍所有镇乡(街道)，县(市、区)委书记要走遍所有的行政村，镇乡(街道)党(工)委书记要走遍所有的自然村(社区)和困难户。要坚持人民至上，俯下身子，深入基层，走近群众，以脚步丈量民情，以真心沟通民意，以行动贴近民心，久久为功办好事关人民群众切身利益的民生大事、关键小事、急盼难事，不断增强人民群众的获得感、幸福感、安全感。

三是增强全局观。每一位领导干部都要有“身在兵位，胸为帅谋”的意识，自觉跳出一时一地一事一己的局限，不因局势纷繁复杂而迷失方向，不以局部小有成就而沾沾自喜，不为损失眼前利益而倍感纠结，使每一项工作都为全局增光添彩，实现以局部成全大局、以大局惠及局部的良性循环。

四是端正干事观。各级领导干部要坚持苦干实干加巧干，把心思集中在“想干事”上，把胆识体现在“敢干事”上，把能力展现在“会干事”上，把目标落实在“干成事”上，努力创造更多经得起检验的业绩。

(二)养成“四气”境界。习近平总书记在浙江工作期间，曾多次就弘扬“胆剑精神”作出重要指示，强调“绍兴正是因为弘扬了‘胆剑精神’精神，才从一个农业小市发展成为今天这样的工业新兴城市”，要求我们“大力弘扬卧薪尝胆、奋发图强，敢作敢为、创新创业的‘胆剑精神’，谱写新时期的‘胆剑篇’”。省委袁家军书记要求我们秉持与时俱进的浙江精神、“胆剑精神”，加快实现“五个率先”。我们要深入领会和践行“胆剑精神”，不断赋予新的时代内涵，努力谱写新时期的“胆剑篇”。

一是胸怀“小干部干大事业”的豪气，干大事要“奋发图强”。在国家治理体系中，职级上我们都是“小干部”，但承担着基础性的作用，发挥着推动中央决策部署落地见效的重要作用。如新冠肺炎疫情发生后，无论道路管控、入户排查，还是居家隔离、核酸检测，这些工作都靠基层广大干部夜以继日扛起来的，铸就了固若金汤的“环绍护城河”，夺取了疫情防控和经济社会发展“双胜利”，应该说小干部干成了大事业。希望大家秉持“小干部”的低姿态，凝聚干大事业的大气魄，努在平凡的岗位上创造出不平凡的业绩。

二是鼓足“办法总比困难多”的勇气，扛逆境要“卧薪尝胆”。当前，我们正面临百年未有之大变局，许多工作都面临新形势、新挑战。以怎样的心态、用怎样的态度去应对困难？我始终认为，“办法总比困难多”。辩证法也告诉我们，矛盾无处不在、问题无时不有，只要我们敢于揭露矛盾，就能找到解决之道，最后必然柳暗花明、前途光明。这就是“知者行之始、行者知之成”。如市区印染化工产业搬迁集聚工程，开全国“跨域整合”先河，阻力之大、任务之重、困难之多，令人难以想象。但经过五年的不懈努力，目前五大印染组团已全部开工建设，其中四大组团今年农历年底前建成投运；18个化工集聚项目全部签约，半数进入实质性建设，还谋划生成圆锦新材料这个我市单体投资规模最大的制造业项目。因此，千难万难，只要重视就不难；大路小路，只有行动才有出路。没有比人更高的山，珠穆朗玛峰也爬得上去；没有比脚更长的路，红军两万五千里长征也能走完。只要秉持“办法总比困难多”的勇气，以斗争精神破除发展的障碍，以奋斗精神保持韧劲狠劲，就能化危为机、开创新局。我最喜欢孟子的一段话：“天将降大任于斯人也，必将苦其心志、劳其筋骨、饿其体肤，空乏其身，行拂乱其所为，所以动心忍性，曾益其所不能。”作为领导干部必须做几回“热锅上的蚂蚁”。

三是坚定“在表扬声中干工作”的志气，抓机遇要“敢作敢为”。在表扬声中干工作不仅能够让人心情愉快，更是因为表扬能带来生产力、凝聚正能量，不断提高影响力和关注度，进而变成强大的注意力经济。袁家军书记常说的“滚雪球效应”就是这个道理。如我们超前谋划、抢先布局、担责担险，通过引进中芯国际，不仅解决了集成电路部分领域的“卡脖子”问题，也为后续引进长电等“头部”企业、建设国

家集成电路产业创新中心、争取集成电路项目“窗口指导”创造了良好条件，得到了上级的肯定、群众的认可、周边城市的羡慕，为绍兴集成电路产业发展营造了良好氛围。希望大家坚持快干实干，始终先人一步、快人一拍，“谋事提一级、做事沉一级”，争取在表扬声中干好工作，建立健全崇尚实干、带头担当、加油鼓劲的正向激励体系，持续激发创造性张力，助推绍兴在激烈的区域竞争中继续勇立潮头、走在前列。

四是涵养“功成不必在我”的大气，绘蓝图要“创新创业”。习近平总书记强调，“领导干部要以正确的政绩观为指导，抓好各项工作。‘功成不必在我’，要甘于做铺垫性工作，甘于抓未成之事。”就是要求我们发扬钉钉子精神，一张蓝图绘到底、一任接着一任干、一以贯之抓落实，久久为功推动事业发展。如绍兴地铁建设，从“十二五”开始酝酿，“十三五”启动建设，“十四五”梦想成真。2011 年，两会上一个提案引起与会代表的关注，那就是“绍兴要向杭甬看齐，建地铁”。2017 年 7 月 10 日总投资 238.73 亿元的 1 号线开工，2021 年 6 月 28 日地铁 1 号线柯桥段启用。十年磨一剑，梦想照进现实，靠的就是大家担当作为、接续奋斗。我们要一锤接着一锤敲、一仗接着一仗打，积小胜为大胜，不断谱写发展新篇章。

（三）提升四种能力。“聚焦‘五个率先’、建设网络大城市”，必须具备与之相匹配的能力素质。尤其是各级“一把手”，岗位十分关键，作用十分重要，要在提升能力素质上当好“头雁”。

一是提升学习力。学习不仅是个人的爱好问题，更关系到工作的推进、事业的发展。要把学习作为一种习惯、一种追求，坚持干什么学什么、缺什么补什么，带着问题、有针对性地进行学习，直到学懂弄通，“干中学、学中干”，争做“内行”领导。

二是提升谋划力。思考战略问题对领导者有双重意义：一方面使自己的工作自觉服从服务于战略全局，为整体形势的改观贡献自己的力量；另一方面使自己善于驾驭自己工作的战略全局，调动方方面面的力量，谋求局部的大发展。

三是提升执行力。一分部署、九分落实。战略目标确立后，关键是执行。我们市县乡三级都是中央、省委省政府决策部署的执行人，都在为中央、省委站岗放哨。执行贵在快、重在实，对于早晚都要干的既定工作，要开足马力、马上就办、办就办成，尽早形成看得见、摸得着的成果，赢得主动权；对于各项重点任务、重大项目，要尽快确定路线图、制定任务书、明确时间表，以最大力度突破障碍、解决问题、释放效能。

四是提升变革力。在大变革时代，认识变革、适应变革、引领变革、塑造变革的能力，是领导干部十分重要的能力素质。一个具有变革力的领导往往能给一个团队、一个组织带来突破性的变革状态，如乔布斯、马斯克、任正非都是在商业领域典型的变革型领导。要把提升变革力摆在展现新作为、开创新局面的重要位置，勇闯“无人区”、拓展“新蓝海”，善于从更大场景、更深层次谋划改革，推进经济社会深层次、系统性、制度性重塑，当好在深刻变革中脱颖而出的开路先锋。

同志们，让我们从党的百年奋斗历程中汲取智慧和力量，更加紧密地团结在以习近平同志为核心的党中央周围，秉持“胆剑精神”，聚焦“五个率先”，加快建设网络大城市，全力打造共同富裕地，为率先走出争创社会主义现代化先行省的市域发展之路而不懈奋斗。

（市委办公室 / 提供）

政府工作报告

2022 年 3 月 30 日在绍兴市第九届人民代表大会一次会议上

绍兴市人民政府代市长　施惠芳

各位代表：

现在，我代表市人民政府，向大会作工作报告，请予审议，并请市政协委员和其他列席人员提出意见。

一、2021 年和本届政府工作

2021 年是中国共产党成立 100 周年，是“十四五”开局之年。市政府坚持以习近平新时代中国特色社会主义思想为指导，全面贯彻党的十九大和十九届历次全会精神，坚决执行上级重大决策，自觉扛起“五个率先”使命，统筹推进疫情防控和经济社会发展，克难攻坚、砥砺奋进，完成了市八届人大六次会议确定的目标任务。全年实现地区生产总值 6795 亿元，增长 8.7%；完成财政总收入 954.7 亿元、一般公共预算收入 603.8 亿元，增长 11.9% 和 11.1%；城乡居民人均可支配收入 73101 元和 42636 元，增长 9.6% 和 10.2%，实现了“十四五”良好开局。

一是共富示范扎实启动。坚持把推动共同富裕作为现代化先行重大实践，编制出台共同富裕示范区市域范例行动方案，制定实施重点任务、突破性抓手、重大改革、最佳实践等“四张清单”，全面建立上下贯通、全域一体、分类推进工作机制。市级共同富裕现代化基本单元建设、诸暨打造精神文明高地、新昌缩小收入差距等 3 项实践入选省首批试点。37 个解民忧、惠民生、促民富项目参加省共同富裕重大项目集中开工仪式，“扩中”“提低”“一老一小”和缩小三大差距等重点任务稳步推进。

二是智造强市全面发力。深入推进“双十双百”集群制造培育行动，实现规上工业增加值增长 15.8%，战略性新兴产业增加值增长 17%。有序推进市区印染化工产业跨区域集聚提升，4 大印染组团建成投产，18 个化工项目开工建设，袍江 33 家印染企业关停退出。着力推进智能制造五年提升行动，新增市级以上智能工厂 10 家、数字化车间 53 个，“电机产业大脑”成为全省首家上线平台。中芯二期、长电一期等项目加快推进，三大“万亩千亿”新产业平台产值超 1500 亿元。稳步推进制造业企业“长高长壮”行动，新增上市公司 9 家，培育“隐形冠军”企业 10 家、“小巨人”企业 18 家。全面启动开发区（园区）工业全域治理，创设应用“一码管地”“园区管家”，整治低效企业 842 家，盘活工业用地 1.08 万亩，新增省级小微企业园 33 个。纵深推进产业链精准招商，引进投资 50 亿元以上项目 15 个，其中 100 亿元以上 5 个。

三是创新活力有效释放。绍兴科创大走廊纳入省级战略布局，鉴湖实验室创建为省现代纺织技术创新中心。实施科技型企业“双倍增”计划，规上工业企业研发经费支出增长 32%，新增高新技术企业

421家、省科技型中小企业1147家、省级企业研发机构80家。开展关键核心技术“揭榜挂帅”,带动企业研发经费6亿元,获国家和省科学技术奖21项。引进浙大绍兴研究院,成立全市研究院联盟。实施“名士之乡”系列重大人才工程,入选国家引才计划数量居全省第二位,“鲲鹏计划”实现零突破,新增就业大学生14.2万人。

四是改革动力不断增强。构建数字化改革“152”工作体系,建成市、县门户与一体化智能化公共数据平台,“人才管家”等75个多跨应用全省试点,数字经济系统建设综合评价优秀。推广政务事项跨区域通办,网上办、掌上办实现率达97.3%和95.5%,项目投资审批“最多80天”全覆盖。深化重点领域改革,推进要素市场化配置改革,精心组织农村宅基地制度改革国家级试点。实施国企改革三年行动,经营性国有资产基本纳入统一监管,资产规模增长17.9%。启动区域信用体系监测评价,越城、上虞成为全省“信用+社会治理”试点。

五是城市品质加快提升。扎实推进亚运城市行动计划,高标准建设棒(垒)球中心、攀岩中心、鉴湖足球场等亚运场馆。深化融杭联甬接沪,谋划推进杭绍临空经济一体化发展示范区绍兴片区。地铁1号线柯桥段与杭州地铁5号线实现贯通,杭绍台高铁、杭绍台高速开通运营,金甬铁路、杭绍甬智慧高速等建设顺利推进。加快越城、柯桥相向融合,促进上虞“拥江西进”,推动诸暨“杭绍同城”、嵊新融合发展。全面推进二环南路等8条智慧快速路建设,建成绍兴南部综合交通枢纽。古城“项目群”、国际金融活力城、高铁北站TOD综合体等有序推进。实施道路交通“精治工程”,深化未来社区建设,处置违建348.5万平方米,基本实现生活垃圾分类全覆盖。加快乡村全面振兴,挂牌成立乡村振兴局,坚持以农业“双强”促“双增”,着力整治耕地“非农化”“非粮化”,加大粮食、蔬菜主要农产品供给。深入实施美丽城镇“五大提升”行动,推进乡村振兴先行村和未来乡村省级试点建设,建成美丽城镇项目427个,编制村庄“多规合一”实用规划97个。基本消除年经营性收入30万元以下相对薄弱村,低收入农户人均可支配收入增长13.3%。

六是生态文明积极推进。系统谋划碳达峰碳中和政策体系,实施能耗“双控”百日攻坚行动,全面推进“两高”项目治理,完成省下达能耗“双控”任务。加强环境突出问题整改,推进中央生态环保督察反馈问题、长江经济带生态环境问题清单销号。开展空气质量巩固提升行动,$PM_{2.5}$浓度降至27微克/立方米,AQI优良天数达93.4%。加快城镇“污水零直排区”建设,落实断面“一点一策”治理,县控及以上断面Ⅰ—Ⅲ类水比例100%,县级及以上饮用水水源地水质全面达标。强化土壤、地下水、重金属等污染管控,污染地块和受污染耕地安全利用实现全覆盖。全域推广“无废”建设,建成“无废细胞”401个。加大自然生态保护力度,推进会稽山国家森林公园、兰亭野生动物园建设,上虞创成国家级生态文明建设示范区。

七是民生福祉切实改善。坚持财政支出向民生倾斜,高质量完成省、市民生实事。实施“就业援助”专项行动,城镇新增就业27.2万人。深化基本医保市级统筹,推广“越惠保”,完成医保基金信用监管国家试点。发布居家养老服务条例,完成困难老年人家庭适老化改造2683户。促进房地产市场平稳发展,及时处置风险楼盘,保交楼、保民生。活化利用“一廊三带”文化资源,全面推进浙东唐诗之路建设,徐渭艺术馆、绍兴师爷馆等落成开放,举办纪念徐渭诞辰500周年、“东亚文化之都·绍兴年”活动。聚焦教育优质均衡发展,精准落实“双减”举措,义务教育学校课后服务全覆盖。推进职教跨界融合,投用38所新建(改扩建)学校,市聋哑学校、绍兴技师学院、市儿童福利院完成易地新建。深化县域医共体、城市医联体和基层医疗服务价格体系等综合改革,邵逸夫医院等4家省级医院绍兴院区落地建设,高分通过国家卫生城市复审。积极发展竞技体育和群众体育,全运会金牌数居全省第4位。

八是社会稳定持续向好。圆满完成平安护航建党百年维稳安保任务,健全风险闭环管控大平安机制,建设重大决策社会风险评估工作指导中心。众志成城打赢上虞疫情防控遭遇战阻击战歼灭战。加强常态化疫情防控,截至3月24日,累计接种新冠疫苗1397.5万剂次。坚持和发展新时代“枫桥经验”,不断巩固扫黑除恶专项斗争成果,完善提升民意感知体系,全域拓展枫桥警务模式,命案、五类案件保持全破。打好“遏重大控较大”攻坚战,全国首推生产安全事故问责标准,全域建成“15分钟应急救援圈”,健全基层应急管理责任体系,成功防御台风“烟花”。深入开展普法宣传,建成梁柏台红色教育基地,枫桥学院正式投用。优化退役军人管理保障体系,积极落实就业安置。深化国家食品安全示范城市创建。扎实做好民族宗教、审计、统计、外事侨务、对台事务、档案、史志、气象等工作,支持驻绍部队建设,国家安全、国防动员、人民防空工作得到新加强,全市老龄、工会、妇女儿童、青少年、残疾人、慈善、红十字、关心下一代等事业取得新成绩。

一年来,我们坚持全面从严治党,狠抓政府自身建设,扎实开展“六讲六做”,推动党史学习教育走深走实。依法接受人大监督,自觉接受民主协商,办理人大代表建议233件、政协提案413件。强化府院、府检联动,加大行政败诉问责力度,法治政府考核排名进位。开展政法队伍教育整顿,深化综合行政执法改革。深入推进“三驻三服务”,打造“越阳光”政务公开品牌,为基层解决问题5000余个、为企业减负275.5亿元,8个事项获省政府督查激励。严格落实中央八项规定精神,享乐主义、奢靡之风有效遏制,干部作风进一步转变。

各位代表,耕耘才有收获,奋斗创造美好!过去五年,是极不平凡的五年,是艰难险阻中不断奋进的五年,也是高质量发展取得显著成绩的五年。五年来,我们坚持一张蓝图绘到底、一任接着一任干,顺应大势、抢抓机遇,锐意进取、狠抓落实,在绍兴高质量发展的新征程上,书写精彩华章,交出高分答卷。

这是综合实力显著增强的五年。五年来,全市地区生产总值年均增长6.7%,人均生产总值超1.9万美元,规上工业总产值达到8458亿元,重返城市综合经济实力全国“30强”。一般公共预算收入、规上工业企业利润年均增长9.1%和

13.7%，城乡居民可支配收入全国第11位，存贷款余额双超万亿元。累计引进投资100亿元以上项目11个，发行企业债券251.9亿元，固定资产投资、社会消费品零售总额年均增长8.4%和7.3%。累计新增市场主体25万家，上市公司总数达92家，"世界500强"企业实现零突破。

这是转型升级重大突破的五年。三次产业之比优化为3.3∶47.5∶49.2。滨海新区入围全省高能级战略平台，三个国字号开发区排名大幅提升，集成电路、高端生物医药、先进高分子新材料成为省"万亩千亿"新产业平台，281个省级以下开发区整合为24个。实施传统产业改造提升省级试点，建成全国最大绿色印染基地，入选国家集成电路产业创新中心培育对象，高新技术产业、战略性新兴产业增加值占比57.9%和39.2%。研发经费支出占地区生产总值比重达2.9%，高新技术企业2205家，发明专利授权量年均增长28.6%，科技创新指数列全省第4位，成为国家创新型城市、质量强市示范市。

这是发展动能加快释放的五年。机构改革、三区同权改革、部分行政区划调整顺利推进。"放管服"改革成效显著，迭代实施营商环境"10+N"便利化行动。健全"1+9"政策体系，"越快兑"实现全市域统一兑付。全国首推新生儿落户、身份证首申跨省通办和电子居住证"一指办理"。农村宅基地制度改革全国试点有序推进，"闲置农房激活"成为全国样板。落地全国首个地级市基金债、全省首笔碳排放权抵押贷款。"华越""漓铁""平铜"改制转型。对外开放步伐加快，综合保税区一期通过验收，获批国家跨境电商综试区、市场采购贸易方式试点、中国（浙江）自贸区联动创新区，荣获国际友好城市交流合作奖。圆满举办绍兴发展大会、"绍兴周"等系列活动。全面完成对口工作、山海协作任务，援川帮扶工作获全国先进。

这是城市能级不断跃升的五年。全域纳入长三角一体化中心区规划，杭绍甬一体化上升为省级战略，成为杭州都市圈杭绍主中心。绍兴城际线进杭联甬，迈进"地铁时代"，实现县域高铁全覆盖。群贤路全线贯通，市区快速路联网运行在即。城市更新、TOD建设等加速推进，18个项目入选省未来社区试点，棚户区改造获国务院督查激励，常住人口城镇化率71.5%。乡村振兴深入推进，"五星3A"迭代升级，建成省级美丽乡村示范县3个、示范乡镇53个、特色精品村155个，城乡居民收入比由1.80∶1缩小至1.71∶1，城乡均衡发展走在全省前列。

这是城市魅力充分彰显的五年。聚焦聚力"山水＋人文"城市特质，加快重塑城市文化，全面优化自然生态。深入推进"一廊三带"建设，成功举办阳明心学大会，宋六陵列为"十四五"国家大遗址，入选全国首批研学旅游目的地城市，新晋东亚文化之都，蝉联全国文明城市。举办水陆国际"双马"、女排世俱杯等赛事。完成"无废城市"全国试点，打好"蓝天、碧水、净土"保卫战，$PM_{2.5}$平均浓度下降40%，连续六年夺得"大禹鼎"，森林覆盖率超过55%，成功创建省级生态文明建设示范市、"美丽山水城市"。

这是民生保障持续提升的五年。财政民生支出累计2330亿元，占一般公共预算支出76.4%。人均预期寿命达到82.87岁，获评全国居家和社区养老服务改革试点优秀城市，发布全国首个儿童福利地方规范。社会保障水平不断增强，全市基本养老、医保参保率升至99.7%和99.8%。教育发展进入新阶段，高校在校生达12.6万人，居全省第三位。健康浙江考核连续三年获市、县优秀"满堂红"，新增三甲医院2家，每千人执业（助理）医师数提高到3.39人。平安建设有力推进，生产安全事故死亡人数下降76.5%、刑事案件下降22.8%，夺得省"平安金鼎"，获评平安中国建设示范区。

各位代表，五年来取得的重大成就来之不易、令人鼓舞。这是以习近平同志为核心的党中央领航掌舵的结果，是省委省政府坚强领导的结果，是市委带领全市人民团结奋斗的结果。在此，我代表市人民政府，向全市人民，向人大代表、政协委员、各民主党派、工商联、人民团体和社会各界人士，表示衷心的感谢！向驻绍部队、武警官兵和省部属驻绍单位，向所有关心和支持绍兴发展的海内外朋友，表示衷心的感谢！

在看到成绩的同时，我们也清醒地认识到，我市经济社会发展中仍然存在不少短板和问题，面临不少困难和挑战。外部环境不稳定不确定因素较多，经济下行压力依然较大；产业结构、经济结构与绿色低碳发展要求还有差距，战略性新兴产业、生产性服务业支撑不足；城市能级品质亟须进一步提升，中心城市首位度不高，公共服务供给存在短板，对高端项目、高层次人才吸引力和承载力有待增强；公共安全、生产安全等领域风险管控体系还不完善，本质安全水平有待提高；部分干部缺乏进取意识和担当精神，作风不实、形式主义等问题还不同程度存在。知不足而后进，我们一定要高度重视，正视问题、直面挑战、敢于担当，采取有力有效措施，尽心竭力改进工作，不负人民期待！

二、今后五年发展目标任务

当前，我国经济发展面临需求收缩、供给冲击、预期转弱三重压力，但向稳向好态势没有改变，绍兴正处在爬坡过坎实现跨越式发展、奋力争先推动高质量崛起的关键时期。我们要牢记重要嘱托、扛起使命担当，认真落实习近平总书记对绍兴工作重要指示批示精神，因地制宜、因势而变，埋头苦干、担当有为，努力在应对挑战中抢抓机遇、在把握变局中开创新局。

新一届政府工作指导思想是：坚持以习近平新时代中国特色社会主义思想为指导，立足新发展阶段，贯彻新发展理念，服务构建新发展格局，坚持稳中求进工作总基调，以高质量发展为主题，以数字化改革为牵引，以满足人民日益增长的美好生活需要为根本目的，忠实践行"八八战略"、奋力打造"重要窗口"，秉持"胆剑精神"，聚焦"五个率先"，认真落实市第九次党代会精神，加快建设高水平网络大城市，全力打造新时代共同富裕地，为全国全省发展作出新的更大贡献。

主要目标是：到2026年，力争地区生产总值突破1万亿元，人均生产总值达到发达经济体中等水平，一般公共预算收入突破1千亿元，力争全体居民人均可支配收入突破10万元，率先走出争创社会主义现代化先行省的市域发展之路。

一是致力争先进位，加快建设充满活力的创新之城。坚持人才强市、创新强市首位战略，聚焦产业链、创新链、人才链深度融合，推进产业基础高级化和产业链现代化，提高市域产业网络韧性。研发经费支出占地区生产总值比重达到3.5%，高新技术产业增加值占规上工业增加值比重达到三分之二，产业数字化、数字产业化水平跃居全省第一方阵，率先走出"腾笼换鸟、凤凰涅槃"的智造强市之路。

二是致力争当节点，加快建设内聚外联的开放之城。重塑全市空间布局，深化融杭联甬接沪，拓展拥湾发展新空间，加快形成"市域一体协同、全域深度开放"发展格局，强化内需支撑作用，完善综合基础设施，常住人口城镇化率达到75%，城市融合度、贸易开放度、消费活跃度、要素集聚度、通道顺畅度全面提升，率先走出面向全国、走向全球的高效循环之路。

三是致力争树标杆，加快建设温暖幸福的生活之城。坚持以人的全生命周期美好生活需要为导向，突出扩中提低、城乡协同、全域均衡，构建高水平一体化的公共服务体系。全市城乡居民收入倍差缩小至1.6，地区人均可支配收入最高最低倍差缩小至1.2，低收入农户的收入占农民收入比重达到50%以上，形成中等收入群体为主体的橄榄型社会结构，率先走出以人为本、全面进步的共同富裕之路。

四是致力争做样板，加快建设近悦远来的品质之城。厚植"蓝脉绿网"纵横交错、文化瑰宝"串珠成链"的优势，积极推进古城"申遗"，擦亮历史文化名城、东亚文化之都和稽山鉴水"金名片"，加快人文生态资源向发展优势转化，文化产业增加值占生产总值比重位居全省第一方阵，生态颜值全面彰显，成为全域文明城市、国家生态文明建设示范市，率先走出人文为魂、生态塑韵的城市发展之路。

五是致力争创一流，加快建设高效和谐的善治之城。坚持和发展新时代"枫桥经验"，全面深化各领域改革，纵深推进数字化改革，建设智慧城市，实现城市运行"一网通管"，着力优化营商环境，群众安全感满意度保持全省前列，打造全国市域治理现代化示范市，率先走出全域覆盖、上下贯通的整体智治之路。

三、2022年主要工作

今年是党的二十大召开之年，是"十四五"规划承上启下之年，也是新一届政府开局之年，做好全年工作意义重大。建议全市经济社会发展主要预期目标为：地区生产总值增长7.5%；一般公共预算收入增速达到7.5%以上；固定资产投资增长10%，社会消费品零售总额增长8%，出口占全国份额保持12.5‰以上；居民消费价格指数涨幅3%左右；城镇新增就业22万人，调查失业率控制在5.5%以内；城乡居民人均可支配收入增速不低于GDP增速，以优异成绩迎接党的二十大胜利召开。

重点做好以下八方面工作。

（一）聚力提质增效，塑造产业发展优势。深入推进新一轮"腾笼换鸟、凤凰涅槃"攻坚行动，重塑制造业高质量发展政策体系，推动先进制造业与现代服务业融合互促，提升产业链供应链现代化水平，力争规上工业增加值增长8.5%。

打响"智造强市"品牌。健全重点产业链（集群）培育发展机制，加快市区印染化工产业跨域集聚提升，打造现代纺织国家先进制造业集群，推进黄酒、珍珠等历史经典产业传承创新。高质量建设集成电路产业创新中心，加快建设国际生命健康产业城，布局氢能源、超高清视频(5G+8K)、第三代半导体等未来产业，战略性新兴产业增加值占比40%。提升"2+7+N"开发区（园区）体系，推进滨海新区产城融合，加快杭绍临空经济一体化发展示范区绍兴片区建设，做大做强"万亩千亿"新产业平台，推进开发区（园区）工业全域治理，盘活工业用地2万亩，单位GDP能耗等完成省下达目标。完成900家规上企业智能化改造，建成省级"未来工厂"2家、市级智能工厂20家。健全省市县长等重大项目"五比五赛"机制，构建驻外招商网络，加快推进比亚迪新能源、圆锦新材料等项目，引进50亿元以上项目9个，制造业投资增长18%、工业技改投资增长12%。推进建筑业做优做强。深化质量强市建设，新增"浙江制造"标准30项、"品字标"品牌企业30家。

壮大数字经济产业。深化数字经济"一号工程"，推进数字经济五年倍增计划，数字经济核心产业增加值占生产总值比重6%以上。推动数字经济与实体经济深度融合，加快建设"产业大脑＋未来工厂"，深化工业互联网平台体系建设，打造特色产业数智化转型资源池。加强数据中心体系建设，谋划建设高标准数据要素市场，培育壮大数字技术服务商，培育多层次数字人才，新增5G基站3000个，优化数字经济发展生态。

推进现代服务业发展。实施现代服务业"百项千亿"工程，争创省级现代服务业创新发展区，服务业投资增长8%以上。发展生产性服务业，新增省级以上工业设计中心5家。举办第十八届中国会展经济国际合作论坛，打造会展经济新高地。推动生活性服务业向高品质和多样化升级，激发夜间经济消费潜力，鼓励新能源汽车、绿色家电消费，深化数字生活新服务行动，争创省级新型消费示范城市。

发挥龙头企业带动作用。深入实施制造业企业"长高长壮"培育行动，推进中小企业培育"521"工程，激发形成雁阵式企业梯队。引导龙头企业和"隐形冠军"企业加强产业链主要环节资源整合，鼓励优势企业强强联合，支持上下游配套中小企业发展。新增上市公司5家、规上工业企业500家、"专精特新"中小企业200家、"小巨人"企业10家。开展企业管理现代化对标提升行动，规上工业全员劳动生产率提升至33万元／人。

（二）强化创新驱动，激发内生增长动力。实施高水平建设创新型城市三年行动，加强"卡脖子"技术攻关，不断提升科技创新策源能力。

提升区域创新平台。全面融入沪杭甬湾区经济创新区，联动推进绍兴科创大走廊与G60、杭州城西、宁波甬江科创大走廊创新协同，一体推进迪荡湖科技CBD、镜湖科技城、越城智汇芯城、滨海科技城、金柯桥科技城、上虞曹娥江科技城建设，谋划推进东鉴湖科技城建设，协同推进诸暨G60创新港、嵊州剡溪创新带、新昌智造科创走廊建设。扎实推进绍芯集成电路、鉴湖现代纺织、曹娥江高分子新材料实验室建设，加快推进长三角碳中和实验室落地，力争培育省级以上重点实验室（工程中心）2家。积极创建标杆型产业创新服务综合体,新增省级以上众创空间5家。

壮大创新企业集群。深入实施科技企业"双倍增"和科技"小巨人"企业培育计划,新增高新技术企业370家、科技型中小企业800家。着力推进关键核心和基础性技术攻关,促进创新链产业链融合发展,实施"揭榜挂帅"项目100个、发明专利产业化项目200个。全力支持企业建设高水平研发机构,实施创新联合体专项,新建省级企业研究院(研发中心)50家,推进研发机构、技术创新活动"两个全覆盖"。

优化科技创新生态。探索深化科技"一件事"集成改革,健全科技创新基金体系,完善以知识价值导向的分配机制,确保财政科技投入增长15%以上。支持新昌迭代科技创新经验,开展科技创新支撑共同富裕试点。深层次探索滨海新区人才管理改革试验区建设,实施"百院千企引万才"行动,深化重点产业人才服务专项计划,高品质建设人才服务综合体,引进培育省级以上领军人才250名、青年大学生12.5万名以上。便利化推进知识产权证券化和质押融资。

(三)致力改革开放,打造一流营商环境。以数字化改革为总牵引,加快破除制度障碍,有效激发主体新活力,全面提升开放水平,不断增创发展新优势。

纵深推进数字化改革。坚持目标导向,围绕"1612"体系架构,着力推进数字化改革、全面深化改革、共同富裕示范区重大改革一体融合。系统推进跨部门跨层级跨领域业务流程优化,不断健全"县乡一体、条抓块统"治理模式。坚持需求导向,高标准建设公共数据平台和重大应用实现平台,打造最佳应用。坚持效果导向,深化电子证照应用国家试点,推出更多标志性应用、通用性组件,力争"一地创新、全省推广"。提升"数字绍兴"门户,推广"越行证"平台,完善浙里办城市频道建设,强化重大应用"一本账"管理,坚决防止低水平重复建设。

高质量推进重点领域改革。稳步推进共同富裕示范区重大改革,丰富"浙里兴村(治社)共富"场景应用,谋划实施系统集成改革措施。深化要素市场化配置改革,迭代"亩均论英雄"改革,完善标准地、"一码管地"应用,规上工业亩均税收增长12%以上。深入推进混合所有制改革,支持国企股改上市,全面完成国企改革三年行动计划。坚定不移支持民营经济发展,深化"枫桥式"护企优商模式,依法推进平台经济规范健康发展。推进政府采购支持绿色建材国家级试点建设,撬动建筑产业工厂化绿色化转型。

高效率推进惠企便民。不折不扣落实国家、省新一轮组合式减税降费政策,迭代升级"1+9"政策体系,加快打造"越快兑"3.0,优化企业纾困解难机制,力争为市场主体减负230亿元以上。深入推进融资畅通工程,健全涉企政策意见反馈和更新机制,搭建"亲清直通车"政企沟通平台,精准滴灌企业发展需求。倡导契约精神,强化恶意拖欠中小企业账款和逃废债治理,清理政府采购、招投标等不合理限制。深化审批服务"四办",推动高频民生事项好办易办。

高水平推进对外开放。抢抓区域全面经济伙伴关系协定(RCEP)实施等重大机遇,放大国家级开放平台效应,推广跨境电商、海外仓等新业态,确保出口占全国份额稳中有升。积极扩大先进技术设备、关键零部件、紧缺资源进口,推动高水平"优进优出"。深度参与"一带一路"建设,健全走出去风险防范机制,优化对外投资保障体系。完善外商投资服务体系,提高利用外资质量,实到外资10亿美元。争取柯桥钱清设立铁路海关监管点,开通国际货运班列。高标准推进对口工作、山海协作,扎实开展外事、对台、港澳和侨务工作,举办2022中国绍兴国际友城大会。

(四)深化一体协同,提升城市能级品质。坚定实施高水平网络大城市发展战略,持续提升全市域高质量一体化发展水平,不断增强城市综合承载力和集聚带动力。

持续深化融杭联甬接沪。全面融入长三角一体化、杭绍甬一体化,有效发挥杭甬"双城记"的"金扁担"作用。促进区域互联互通,推进金甬铁路、杭绍甬智慧高速、杭州中环柯桥段、527国道嵊州新昌段建设,开工杭绍台铁路二期,开展诸义高速、沪嘉绍城际铁路前期,打造杭绍甬高品质1小时通勤圈。推动杭州湾产业协同发展,支持诸暨融杭发展,建设义甬舟嵊新临港经济发展区,项目化推进公共服务领域交流协作,健全城际深度合作交流机制,不断开拓合作空间。

深入推进全域一体发展。编制完善市县新一轮国土空间总体规划。加快三区融合发展,在交界区域谋划开发一批片区化社区化项目,启动曹娥江两岸风光带规划研究。促进柯诸联动融合、嵊新组团协同发展,强化小城市、特色小镇等功能节点建设,构建多主体互动、多层次和谐、多特色互补、多空间拓展的未来城市形态。适度超前布局基础设施,开展专项债券项目储备行动,实施城市地下综合管廊、城乡一体燃气系统、镜岭水库、安华水库扩容提升等项目建设,基础设施投资增长10%。开展轨道交通二期建设规划报批,推进轨道交通2号线一期、柯诸高速等建设,建成投运轨道交通1号线主线、越东路等6条智慧快速路。

全力提升中心城市品质。完成新一轮历史文化名城保护规划编制,加快古城北入口等"项目群"建设,提升"三山"亮化景观,统筹非古城功能疏解与特色化产业导入,打造古城全域未来社区。强化镜湖核心区高端产业培育和城市功能配套,推进高铁北站TOD综合体、国际金融活力城建设,建成中心广场、九流渡滨河商业街,推动大城市核心区积厚成势。深化城市更新,推进78个城镇老旧小区改造,建成43项亚运城市基础设施,建设首批城市风貌样板区9个,新增24个省级未来社区创建项目。加强市容环境治理,提升城市道路交通、用水用气安全运行能力,规范户外广告、背街小巷、物业、犬类管理。优化应用"越·美城市管理指数",构建城市管理问题快速发现、处置、反馈、协调的精细化闭环机制。

(五)优化"三农"服务,推进乡村全面振兴。聚焦农业农村现代化先行,联动实施农业"双强"、乡村建设、农民共富行动,推动农业高质高效、乡村宜居宜业、农民富裕富足。

深化农业"双强"行动。强化"科技+",加强农业关键核心技术攻关,培育壮大现代种业,推进"肥药两制"改革,农产品质量合格率98%以上。强化“机械+”,加强适用农机研发推广,建成8家农机服务中心,推进16家全程机械化应用基地、4家农机创新试验基地建设。强化“人才+”,深入实施“两进两回”,推进“乡土、乡贤、乡创”人才工程,新培育农创客2000名。严守粮食安全底线,强化粮食和重点农产品安全供给保障。落实最严耕地保护制度,坚决遏制耕地“非农化”、基本农田“非粮化”,建成高标准农田6.5万亩,粮食产量稳定在15.8亿斤以上,提升“菜篮子”产品自给率,优化生猪产能调控,确保生猪、蔬菜主要农产品稳产保供。

打造美丽乡村示范。深化小城市试点,大力推进特色小镇2.0版,创建美丽城镇省级样板7个。深入实施新时代“千万工程”,打造“五星3A”升级版,开展第二批“乡村振兴先行村”建设,推进28个省级未来乡村建设,新时代美丽乡村覆盖率90%以上。持续改善农村人居环境,完善农村基础设施配套,加强农村垃圾资源化利用。优化乡村治理体系,加快“四治融合”,构建乡村善治格局。

加快农民增收致富。健全农村集体经济收入稳定增长机制,探索组建强村公司,推动村企合作与帮促共富,力争全面消除集体经济年经营性收入40万元以下薄弱村。大力培育新型农业经营主体,建成5个以上产业扶贫基地,鼓励发展农村电商,多渠道促进农民增收。在全国率先开展农村宅基地“三权三票”确权赋权活权改革试点,有序开展农业转移人口市民化集成改革,打造“闲置农房激活”2.0样板,促进城乡要素平等交换、双向流动。

(六)坚持绿色发展,提升生态环境颜值。全面推进国家生态文明建设示范市创建,打好生态环境巩固提升持久战,让天更蓝、地更绿、水更清。

巩固提升环境质量。强化大气污染综合治理,大力推进源头替代,$PM_{2.5}$平均浓度低于29微克/立方米,AQI优良天数90%以上。深化“五水共治”碧水行动,推行“河(湖)长制”标准化管理,巩固“污水零直排区”建设成果,确保县控及以上断面Ⅰ—Ⅲ类水比例100%、县级及以上饮用水水源地水质全面达标。开展小微源危险废物精细化管理国家试点,推进受污染耕地“源解析”,污染地块安全利用率94%以上。健全环境突出问题整改长效机制,强化“双随机、一公开”监管,严厉打击环境违法行为。

加快绿色转型步伐。实施碳达峰行动,开展低碳工业园区建设和“低(零)碳”体系试点,坚决遏制“两高”项目盲目发展。有序开展全域能效综合创新试点,强化用能预算管理,加快新型电力系统建设,推进新型储能发展,提高清洁能源比重。深化建设全市域“无废城市”,统筹有机废弃物处理、塑料污染治理,提升固废无害化资源化处置水平。推进全面节约战略,建成绿色工厂50家、清洁生产企业75家,中心城区绿色出行比例70%以上。

加强生态修复保护。强化“三线一单”管控硬约束,开展新增万亩国土绿化行动,开工建设绍兴植物园,建成兰亭野生动物园。优化河湖岸线设计,新增美丽河湖12条,创建水美乡镇12个。探索水生态价值转换新机制,深化生态清洁小流域建设,新增水土流失治理33平方公里。打造乡村全域土地整治工程2.0版。支持柯桥、嵊州创建国家生态文明建设示范区。

(七)突出人文为魂,建设文化文明高地。高水平推进新时代文化绍兴建设,彰显文化铸魂塑形赋能的强大力量,构建文化发展新格局,增强城市软实力。

擦亮城市文化标识。推进绍兴文化研究,启动编纂《绍兴大典》。实施“宋韵文化传世工程”,谋划建设宋六陵遗址公园。办好王阳明诞辰550周年纪念活动,加快名人故居修缮提级,新增开放名人故居5家以上。推进越剧小镇建设,推动越剧申报人类非物质文化遗产代表作,承办中国越剧艺术节,组织纪念袁雪芬诞辰100周年等活动。深化文物安全大排查大整治,全面提高文物安全协同监管能力。

推动文旅深度融合。深入推进“一廊三带”建设,加快方特文旅乐园等建设,重塑古城环城河、陆游故里等文化标识,打响“运河文化”“诗路文化”“古越文化”品牌。促进文化与金融、科技、商业、体育等融合发展,壮大数字文化、创意开发等行业,上线运营文创设计区域平台。精心筹办“两节一典礼”等高品质节会。高标准建设全域旅游示范地,实现旅游业年总收入410亿元,接待游客2900万人次以上。

扩大公共文化供给。深化新时代文明实践中心建设,推进全国文明城市高质量常态化创建,打造“15分钟文明实践服务圈”,奏响“越文明越风尚”动人旋律。完善公共文化设施网络,加快绍兴城市展示馆、绍兴博物馆新馆、绍兴美术馆建设。深入推进全民阅读,优化城市书房布局,提升30家乡村图书馆,新增40家乡村博物馆。支持文艺精品创作与人才引育,广泛开展群众文化活动,推动更多优秀作品进村入社。

高标准协办亚运会。扎实推进亚运场馆建设、管理和运营,周密做好比赛项目组织、疫情防控、维稳安保,确保赛事顺利举行。精心策划亚运主题活动,做深亚运“后半篇”文章。加快发展竞技体育,推进新市体校建设。积极促进全民健身,推进场馆设施开放,发展健身休闲体育产业,扩大大众体育消费,争创国家体育消费示范城市。

(八)保障改善民生,提高共同富裕成色。坚持以人民为中心的发展思想,尽力而为、量力而行,主动回应群众“急难愁盼”,让改革更有温度、发展更有获得感。

完善社会保障体系。全面落实援企稳岗扩就业政策,加强高校毕业生、退役军人等重点群体就业创业服务,确保城镇零就业家庭动态清零。推动企业职工基本养老保险扩面,促进灵活就业人员和新就业形态劳动者参保。深化基本医保市级统筹,健全医疗服务价格动态调整机制。加强困难群体救助,实现低保对象应保尽保。落实“三孩”生育政策及配套措施。易地新建老年大学,支持专业性养老服务机构建设,完善社区居家养老服务网络,新增认知症照护床位600张。积极防范化解风险,促进房地产市场平稳健康发展。坚持租购并举,建设筹集2.68万套保障性租赁住房。

加快教育提质发展。推进全国义务教育优质均衡发展县、全国学前教育普及普惠县创建。巩固扩大“双减”成果,支持和规范民办教育发展,全面提升教育质量和课后服务水平,不断增强中小学生体质健康。完善各级教育资源布局,新建(改扩建)幼儿园13所,新培育城乡义务教育共同体 20 个。推进普通高中多元发展、职业教育产教深度融合。支持绍兴文理学院更名大学，稳妥推动独立学院转设，加快浙江金融职业学院绍兴校区建设，谋划建设高等教育园区。设立绍兴开放大学。全面创建"枫桥式"平安校园。

推进健康绍兴建设。实施基层卫生能力提升三年行动，完善县域医共体发展机制，加快建设市人民医院镜湖院区、市妇保院、市中医院、国科大附属肿瘤医院绍兴院区。强化名院名医名科支撑，新增省市共建重点学科 5 个、名医工作室 10 家以上，争创公立医院高质量发展省级试点。擦亮越医品牌，加快建设中医药综合改革先行市。巩固国家卫生城市建设成果，推动国家卫生乡镇全覆盖。

创造和谐稳定环境。坚持"外防输入、内防反弹"工作要求，进一步完善"七大机制"，压实"四方责任"，加强应急能力建设，慎终如始抓好疫情防控。坚持和发展新时代"枫桥经验"，深入推进基层治理"一件事"改革，开发"枫桥式"协同治理应用，提升矛盾纠纷多元化解体系平台和机制建设，攻坚化解信访积案。深入开展扫黑除恶斗争，建设"公安大脑"，完善现代警务体系，健全反诈工作体系，争创全国社会治安防控体系建设示范城市、全国禁毒示范城市。完成第二轮安全生产综合治理三年行动计划，深化交通综合治理改革，生产安全事故、死亡人数实现"双下降"。加强自然灾害防治基础建设。健全食品药品全链条质量安全保障体系，加强食品药品安全智慧化监管，建成国家食品安全示范城市。

各位代表，为民办实事是高质量发展建设共同富裕示范区的重要内容，市政府将继续按照"群众提、代表定、政府办"的理念，突出群众有感、普遍受益、能快则快，用心"用情"用力办好十方面民生实事。同时，支持驻绍部队建设，推进国家安全、国防动员、双拥、人防、民族宗教、外事侨务、对台事务等工作，支持工会、共青团、妇联、科协、残联、红十字会等人民团体建设。

四、加强政府自身建设

各位代表，进入新时代，肩负新使命，对治理体系和治理能力提出了新的更高要求。我们一定要把党的领导贯穿政府工作各方面全过程，以更大力度打造"整体智治、唯实惟先"现代政府，努力建设人民满意的服务型政府。

强化政治引领。全面贯彻习近平新时代中国特色社会主义思想，胸怀"两个大局"，牢记"国之大者"，坚定不移做"两个确立"忠诚拥护者、"两个维护"示范引领者。严格遵守政治纪律、政治规矩，不断提高政治判断力、政治领悟力、政治执行力，做到"总书记有号令、上级有部署、绍兴见行动"，以实际行动和扎实成果彰显对党的绝对忠诚。

强化依法履职。实施法治政府补短提升工程，完善公共安全等领域建章立制，推进乡镇(街道)合法性审查全覆盖。依法接受人大法律监督、工作监督，自觉接受政协协商议政、民主监督，高质量办好人大代表建议、政协提案。深入推进"八五"普法。全面推进"大综合一体化"行政执法改革，健全完善全覆盖的整体政府监管体系、全闭环的行政执法体系，加快构建全方位的监管执法协同体系。加强统计基础建设。深化政务公开，推进审计全覆盖。

强化能力建设。坚持生成性学习，深化调查研究，加强业务培训，不断提升干部队伍的专业精神、专业素质、专业能力，进一步增强工作本领。激发创造性张力，综合运用数字赋能、改革破题、创新制胜等办法提高协同治理能力。塑造变革型组织，健全"项目化实施 + 专班化推进"运作方式，打造清单化闭环管理链条，持续提升工作效能。

强化实干担当。树立"今日事今日再迟完成也是早、明日再早完成也是迟"的理念，推动"案无积卷、事不过夜，马上就办、办就办好"。深化"三驻三服务"，开展干部绩效比拼活动，全面营造争先创优、比学赶超浓厚氛围。完善重大事项协同推进机制，着力化解一批历史遗留问题。积极防范化解政府隐性债务风险。健全激励、问责和容错机制，旗帜鲜明保护干事、支持担当。

强化廉洁自律。认真贯彻全面从严治党要求，深化政府系统党风廉政建设，坚持"零容忍"惩治腐败。坚决纠治形式主义、官僚主义，强化精文简会，持续为基层松绑减负。重视抓好意识形态工作，巩固发展风清气正的良好政治生态，让铁规铁纪成为政府工作人员的自觉遵循。严格执行中央八项规定精神，坚持政府过紧日子，强化预算管理与支出约束，确保非刚性、非重点项目支出只减不增，把有限的资源和财力用在推动发展、改善民生上，着力建设人民满意的清廉绍兴。

各位代表，绍兴有 1 万年的稻作文明史、2500 多年的建城史，创造了一个又一个辉煌。我们相信，历史赋予我们的光荣使命，一定会在我们手上发扬光大、继往开来！让我们更加紧密地团结在以习近平同志为核心的党中央周围，在中共绍兴市委坚强领导下，紧紧依靠全市人民，凝心聚力、同心同德，锐意进取、开拓创新，全力建设高水平网络大城市、打造新时代共同富裕地，坚定走好争创社会主义现代化先行省的市域发展之路，以优异成绩迎接党的二十大胜利召开！

(市政府办公室 / 提供)

地方性法规

绍兴黄酒保护和发展条例

(2021 年 6 月 25 日绍兴市
第八届人民代表大会常务委员会
第三十八次会议审议通过
2021 年 7 月 30 日浙江省第十三届人民
代表大会常务委员会第三十次会议批准)

目 录

第一章 总 则

第一条 为了弘扬绍兴黄酒历史文化，传承绍兴黄酒酿制技艺，促进绍兴黄酒产业高质量发展，根据有关法律、法规，结合本市实际，制定本条例。

第二条　本条例适用于本市行政区域内绍兴黄酒的保护、发展及相关监督管理等活动。

本条例所称绍兴黄酒，是指始创并根植于绍兴，经历史传承和发展，采用传统酿制工艺，在本市行政区域内生产的地理标志产品绍兴酒和符合黄酒国家标准的其他黄酒。

第三条　市人民政府应当加强领导，编制绍兴黄酒保护和发展规划，组织制定和实施相关政策措施，建立统筹协调机制，完善绍兴黄酒标准化体系建设，加强知识产权保护，推进绍兴黄酒产业振兴。

经济和信息化部门负责绍兴黄酒保护和发展的统筹协调和组织推进，指导绍兴市黄酒行业协会工作。生态环境、文广旅游、市场监督管理等有关部门应当按照各自职责做好相应工作。

第四条　绍兴市黄酒行业协会应当协助行政主管部门编制行业发展战略和规划，组织实施行业和产品整体宣传和品牌塑造，制定行业行为规范，引导会员自律，维护会员权益，服务绍兴黄酒产业发展。

第五条　绍兴黄酒生产企业和经营者应当加强自律，诚信经营，守正创新，扩大绍兴黄酒影响力。

第二章　保护传承

第六条　绍兴黄酒应当经过浸米、蒸饭、前发酵、后发酵、压榨、煎酒、陈贮等主要工艺流程酿制而成；传统手工酿制的绍兴黄酒还应当保持生麦曲为糖化剂、淋饭酒母为发酵剂和低温发酵等核心环节。

地理标志产品绍兴酒应当以优质糯米、小麦和鉴湖水为主要原料，并符合地理标志产品绍兴酒国家标准的相关要求。

第七条　市人民政府应当建立绍兴黄酒历史文化保护名录。国务院、省和市人民政府已经批准公布为保护对象的，直接列入保护名录。

下列与绍兴黄酒历史文化相关的历史文化资源，经申请可以列入保护名录，并向社会公布：

（一）反映传统酿制技艺的老作坊、贮酒场所、古遗址等各类建（构）筑物；

（二）具有历史文化价值的黄酒生产经营、饮用等器具；

（三）传统酿制技艺、制作工艺及其代表人；

（四）反映绍兴黄酒历史文化的民俗、礼仪，以及文献、手稿、影像资料等；

（五）其他需要保护的绍兴黄酒历史文化资源。

市文广旅游部门应当会同相关部门制定名录的列入程序、管理制度和具体保护措施，报市人民政府批准后实施。

第八条　市和县（市、区）人民政府应当依法对绍兴黄酒酿制技艺等非物质文化遗产代表性项目的代表性传承人和代表性传承单位开展传承活动予以支持。

鼓励绍兴黄酒酿制技艺等非物质文化遗产代表性项目的保护责任单位和传承基地组织开展常态化传承培训和技能实践教学活动，培养传承人才，夯实传承基础。

第九条　依法取得地理标志专用标志使用权的地理标志产品绍兴酒生产企业，应当按照相应标准和管理规范组织生产，并在其产品上规范标示地理标志专用标志。

第十条　绍兴黄酒生产企业可以向证明商标注册人绍兴市黄酒行业协会申请使用证明商标。符合条件的，绍兴市黄酒行业协会应当依法准许其使用并发放证明商标使用证。

证明商标使用人应当严格按照使用管理规则等规定规范完整使用证明商标，在产品包装的明显位置突出标注并标明商标注册标记。

已获准使用证明商标的绍兴黄酒生产企业，存在不符合证明商标使用规定的情形时，绍兴市黄酒行业协会应当按照证明商标使用管理规则处理。

第十一条　绍兴黄酒生产企业和经营者应当加强自主创新，依法申请注册商标、专利，开展著作权登记、知识产权海关保护备案，对商业秘密采取合理保护措施，维护自身合法权益。

第十二条　市人民政府应当设立以地理标志产品绍兴酒的保护范围为重点的绍兴黄酒生产环境保护区，建立地理标志产品绍兴酒酿制用水管理制度，落实相应保护措施，确保鉴湖水域水质。

第十三条　绍兴黄酒生产企业应当按照其公开执行的标准组织生产。鼓励绍兴市黄酒行业协会、绍兴黄酒生产企业制定实施具有国际国内先进水平的团体标准、企业标准。

支持绍兴黄酒生产企业建立优质糯米、小麦种植基地，完善绍兴黄酒食品安全追溯体系，确保产品质量安全。

第十四条　从事绍兴黄酒生产经营活动，禁止下列行为：

（一）在地理标志产品绍兴酒酿制中添加工业酶制剂的；

（二）冒用或者伪造地理标志专用标志的；

（三）未经许可在产品包装上使用与证明商标相同或近似的商标的；

（四）违反食品标识管理规定，以虚标酒龄、冒用绍兴黄酒酿制技艺等方式欺骗、误导消费者的；

（五）其他违反法律、法规的行为。

第三章　创新发展

第十五条　市和县（市、区）人民政府应当加强"中国黄酒之都、世界美酒产区"建设，设立绍兴黄酒产业发展基金，完善产业发展所需的土地、资金、技术、人才等各类要素的配置，优化营商环境，营造公平竞争、规范透明的市场秩序，推动绍兴黄酒产业规范有序发展。

第十六条　市人民政府应当制定绍兴黄酒产业发展行动方案，强化产业协同，推动集群发展。

市和县（市、区）人民政府应当推进绍兴黄酒文化与旅游、商业融合发展，鼓励绍兴黄酒生产企业和商贸企业、旅游企业合作开发商贸、旅游产品，推行个性化定制，发展服务型制造。

支持绍兴黄酒生产企业依法进行资产重组、兼并收购，完善生产、研发、资源和服务体系，实现优势互补，提升绍兴黄酒品牌辨识度，增强产业核心竞争力。

第十七条　市和县（市、区）人民政府应当支持绍兴黄酒生产企业与高等院校、科研机构合作，深化研发设计、生产制造、经营管理、市场服务等环节的数字化应用，加强对黄酒原料、酿造工艺、发酵机理、保健因子、食品安全等基础性研究，推进黄酒产业新技术、新工艺、新装备等研究和开发。

第十八条 鼓励绍兴黄酒生产企业研发适应不同消费需求的新型黄酒和功能性黄酒，开发黄酒衍生产品，加快新包装材料、新包装容器在黄酒包装上的应用和形象上的塑造，推进绍兴黄酒产品多样化发展和品质化提升，拓展消费群体和消费区域。

第十九条 市和县（市、区）人民政府应当利用大数据、人工智能等现代科技手段，建立绍兴黄酒产业数智平台。支持绍兴黄酒生产企业和经营者、行业协会在大中型以上城市设立绍兴黄酒品鉴馆、旗舰店，依托重大节会活动整体推介绍兴黄酒。

鼓励绍兴黄酒生产企业和经营者创新营销理念，探索新型营销模式，完善营销网络，拓展销售渠道，扩大市场份额。

第二十条 市和县（市、区）人民政府应当加强对绍兴黄酒历史文化遗产的活化利用，在黄酒小镇、特色街区、主题公园等规划建设中融入绍兴黄酒历史文化元素。

鼓励和支持绍兴黄酒生产企业设立黄酒产品和文化展示中心，宣传和弘扬绍兴黄酒历史文化。

第二十一条 每年农历立冬所在周为绍兴黄酒周，市和县（市、区）人民政府应当组织开展宣传活动。

第二十二条 市和县（市、区）人民政府应当支持有条件的高等院校和中职学校加强黄酒相关专业学科建设，支持绍兴黄酒企业与高等院校和中职学校开展合作，培养绍兴黄酒专业技术人才和高技能人才。

第四章 监督管理

第二十三条 发展和改革、经济和信息化、生态环境、市场监督管理等部门应当依法将绍兴黄酒生产企业和经营者的产品质量、环保信用评价、地理标志专用标志和证明商标的使用等纳入信用信息管理系统。

第二十四条 市场监督管理等部门应当加强对绍兴黄酒产品质量、知识产权等的监督管理，通过双随机抽查等方式，组织开展有针对性的专项检查并公布结果。

第二十五条 市场监督管理部门对地理标志产品绍兴酒的产地范围、产品名称、产品质量特色、产品的标准符合性、专用标志使用等方面进行日常监督管理。

获准使用地理标志专用标志的绍兴黄酒生产企业，有以下情形之一的，市场监督管理部门应当依法提请停止其专用标志使用资格，并予以公告：

（一）未按照相应标准、管理规范组织生产的；

（二）存在制假、售假等重大违法行为的；

（三）企业因解散、宣告破产等情形终止的；

（四）两年内未在受保护的地理标志产品上使用专用标志的；

（五）其他依法应当停止其使用资格的情形。

第二十六条 发展和改革、经济和信息化、公安、生态环境、农业农村、市场监督管理、海关等部门应当建立联动协作机制，在监督管理中发现绍兴黄酒生产经营者违反本条例规定情形且不属于本部门管辖的，应当及时通报，相应部门应当依法作出处理。

第二十七条 绍兴市黄酒行业协会应当依法制定和完善证明商标使用管理规则，加强对证明商标使用的管理和证明商标商品的检验监督，协助相关部门开展地理标志使用管理。

第二十八条 鼓励和支持单位和个人参与绍兴黄酒质量安全、知识产权、环境保护等监督，畅通投诉渠道，落实举报奖励。

第五章 法律责任

第二十九条 违反本条例规定的行为，法律、行政法规和省的地方性法规已有法律责任规定的，从其规定。

第三十条 违反本条例第十四条第一项规定，在地理标志产品绍兴酒酿制中添加工业酶制剂的，由市场监督管理部门责令停止生产、销售，没收违法生产、销售的产品，并处违法生产、销售产品货值金额一倍以上三倍以下的罚款；有违法所得的，并处没收违法所得。

第三十一条 违反本条例第十四条第二项规定，冒用或者伪造地理标志专用标志的，由市场监督管理部门责令改正，没收违法生产、销售的产品，并处违法生产、销售产品货值金额等值以下的罚款；有违法所得的，并处没收违法所得。

第六章 附 则

第三十二条 本条例自2021年10月1日起施行。

（市人大办公室／提供）

绍兴市居家养老服务条例

（2021年8月6日绍兴市
第八届人民代表大会常务委员会
第三十九次会议通过
2021年9月29日浙江省第十三届人民
代表大会常务委员会第三十一次会议批准）

目 录

第一章 总 则

第一条 为了促进居家养老服务高质量发展，满足居家老年人的养老服务需求，根据《中华人民共和国老年人权益保障法》等法律、法规，结合本市实际，制定本条例。

第二条 本市行政区域内开展居家养老服务及其监督管理工作，适用本条例。

本条例所称居家养老服务，是指在家庭成员承担赡养、扶养义务的基础上，由政府基本公共服务、企事业单位和社会组织专业化服务、基层群众性自治组织和志愿者公益互助服务共同组成的，为居家老年人提供的养老服务。

第三条 市和县（市、区）人民政府应当加强对养老服务工作的领导，建立与经济社会发展相适应的财政保障机制，制定相应的产业政策和措施，推进居家养老与机构养老融合发展，积极培育养老服务业。

民政部门主管居家养老服务工作，组织推进居家养老服务体系建设，负责居家养老服务工作的指导、监督和管理。

卫生健康、医疗保障等政府其他部门和人民团体、社会组织按照各自职责或者章程，做好居家养老服务相关工作。

第四条　乡镇人民政府、街道办事处负责辖区内居家养老服务工作，履行下列职责：

（一）落实政府购买居家养老社会服务、经费补贴等政策措施；

（二）建设、运营、维护、管理居家养老服务设施；

（三）指导村（居）民委员会和社会组织参与居家养老服务；

（四）协助养老服务指导中心做好居家养老服务需求评估、服务质量评估和检查等工作；

（五）依法应当履行的其他职责。

第五条　村（居）民委员会协助乡镇人民政府、街道办事处做好居家养老服务工作，收集辖区内老年人基本信息，调查居家养老服务需求，向居家老年人告知居家养老服务政策，定期巡访困难老年人，调解养老纠纷，组织开展居家养老服务公益活动和有利于老年人身心健康的文化体育活动。

第六条　全社会应当广泛开展尊老、爱老、敬老、助老宣传教育，树立良好社会风尚。

鼓励公民、法人和其他组织以投资、捐赠、捐助、志愿服务等方式支持居家养老服务工作。

第二章　设施建设

第七条　民政部门会同自然资源和规划部门在编制养老服务设施专项规划时，应当按照城乡一体、就近可及、相对集中、医养康养结合的原则，以辖区内常住老年人口数量、服务需求和服务半径为主要依据，统筹布局居家养老服务设施。

养老服务设施专项规划应当与卫生健康事业发展等专项规划相衔接，并在国土空间有关详细规划中加以落实。

第八条　自然资源和规划部门应当在新建住宅小区土地出让前将居家养老服务用房配套建设要求纳入规划条件，并在审查建设工程设计方案中的居家养老服务用房的面积、位置和结构等具体配置要求时，征求民政、住房和城乡建设部门以及乡镇人民政府、街道办事处的意见。

新建住宅小区的居家养老服务用房应当符合国家和省规定的居家养老服务设施配套建设标准，优先设置在地上最低层，设有独立出入口。

第九条　新建住宅小区应当按照套内建筑面积不少于地上住宅总建筑面积千分之二的比例且单处面积不少于三十平方米的标准建设居家养老服务用房，与住宅小区同步规划、同步建设、同步验收、同步交付使用。

已建成住宅小区应当按照每百户套内建筑面积不少于二十平方米的标准配置居家养老服务用房；未达到标准的，县（市、区）人民政府应当通过新建、改建、扩建、购置、置换、租赁等方式配置到位。

在考虑养老服务便利性和服务半径等因素的基础上，可以按照套内建筑面积不少于地上住宅总建筑面积千分之二的比例且单处不少于三百平方米的标准，在相邻小区集中配置居家养老服务用房。

乡镇人民政府、街道办事处应当结合农村地区实际需求配置居家养老服务用房，每个行政村至少集中配置一处。

第十条　建设单位应当在新建住宅小区竣工验收合格后三个月内按照土地使用权出让合同等约定将居家养老服务用房及其建筑工程资料全部无偿移交给乡镇人民政府、街道办事处。镇人民政府、街道办事处应当进行现场查验后签订移交协议，并将交房信息及时报送民政部门。

居家养老服务用房应当及时依法进行产权登记；乡镇人民政府、街道办事处应当加强运营管理，不得闲置。

任何单位和个人不得擅自拆除居家养老服务用房或者改变其使用性质、用途。因城乡建设需要，经有关部门依法批准拆除或者改变用途的，乡镇人民政府、街道办事处应当按照不少于原有建筑面积的要求就近建设、置换。

第十一条　乡镇人民政府、街道办事处应当按照养老服务设施专项规划要求，合理设置乡镇（街道）级居家养老服务中心与村（居）级居家养老服务中心。

住房和城乡建设部门、消防救援机构应当指导乡镇人民政府、街道办事处在运营、管理居家养老服务中心时严格落实房屋使用安全、消防安全等要求。

第十二条　市和县（市、区）人民政府应当依法整合利用闲置房屋、场地和设施，建设居家养老服务设施；调整属于国有资产的公共服务设施或者城乡社区公共资源用途的，应当依法优先用于养老服务。

第十三条　市和县（市、区）人民政府应当加快推进已建成住宅小区的公共出入口、坡道、电梯、楼梯、公厕等公共设施的适老化、无障碍改造。

鼓励和引导老年人家庭根据老年人身体状况、康复辅助器具需求、居住环境等特点，对住宅以及日常生活设施进行适老化、无障碍改造。

第三章　服务供给

第十四条　居家养老服务主要包括下列内容：

（一）托养服务、生活照料、家政服务、康复辅助器具租赁等日常生活服务；

（二）家庭护理、保健指导、医疗康复、安宁疗护等医疗卫生健康服务；

（三）关爱探访、情绪疏导、心理咨询、生活陪伴等精神慰藉服务；

（四）安全指导、紧急救援、法律咨询等安全保障服务；

（五）文化娱乐、体育健身、技能培训等文化教育服务。

第十五条　具有本市户籍且居住在本市的老年人按照下列规定享受由政府提供的服务：

（一）定期免费常规体检、健康评估；

（二）为七十周岁以上老年人提供养老服务补贴；

（三）为八十周岁以上老年人发放高龄津贴；

（四）为符合特困供养、最低生活保障、最低生活保障边缘救助标准的老年人进行能力评估，根据不同类别提供无偿或者低收费托养服务、医疗救助；

（五）为符合最低生活保障、最低生活保障边缘救助标准的高龄、失能、残疾老年人家庭提供适老化改造；

（六）为有需求的失能、失智和高龄老

年人提供配送餐服务；

（七）为享受国家定期抚恤补助优抚对象、县级以上劳动模范以及计划生育特殊家庭老年人优先安排入住公办养老机构；

（八）国家、省和市规定的其他居家养老服务。

前款规定服务项目的实施办法由市人民政府制定。

市和县（市、区）人民政府应当根据人口老龄化程度、经济社会发展水平和养老服务供给状况，逐步增加居家养老服务项目、提高服务标准、扩大服务保障对象。

第十六条　乡镇（街道）级居家养老服务中心与村（居）级居家养老服务中心应当错位发展、相互补充，满足居家老年人对养老服务的多样化需求。

乡镇（街道）级居家养老服务中心应当兼具日间照料和全托服务功能，为老年人提供生活照料、康复护理、托养、家庭指导、心理疏导、康复辅助器具租赁等服务。

村（居）级居家养老服务中心应当根据老年人需求，在中心为老年人提供生活照料、休闲娱乐、健康护理和精神慰藉等日托服务或者上门为居家老年人提供照护服务。

第十七条　居家养老服务中心、养老机构和其他养老服务组织应当建立健全制度，配备与服务项目相符的场所、设施设备和工作人员，按照居家养老服务质量规范和有关标准开展服务，并在服务场所显著位置公示人员信息、服务项目、服务内容以及收费标准。

居家养老服务中心、养老机构和其他养老服务组织及其从业人员应当了解老年人身体、精神状况，维护老年人的尊严，保护老年人的隐私，不得侵害老年人的合法权益。

居家养老服务中心、养老机构和其他养老服务组织的护理人员、餐饮服务人员应当持有有效健康证明；患有影响老年人身体健康疾病的，不得从事老年人照护、餐饮等相关服务。

第十八条　市和县（市、区）人民政府应当支持发展为老年人服务的志愿服务组织，建立志愿服务激励机制。志愿者或者其直系亲属进入老龄后，可以将其储蓄的养老志愿服务时间兑换相应的养老服务。

乡镇人民政府、街道办事处可以根据老年人分布情况，依托居家养老服务用房设置互助式、志愿式养老服务睦邻互助点，推动互助养老服务。

鼓励低龄健康老年人帮扶高龄老年人。支持社会组织开展养老志愿服务，培育优秀养老志愿服务项目。

第十九条　市人民政府应当整合养老服务、户籍、医疗、社会保险、社会救助等资源，建立全市统一的智慧养老综合服务平台，定期公布政府提供的基本养老服务项目、居家养老服务中心名录等信息，为老年人提供政策咨询、信息查询、服务呼叫、健康管理、应急救援、辅助出行、远程照护、居家安全监测等服务，并依托平台做好居家养老服务质量监督评价工作。

鼓励社会力量参与智慧养老服务工作，推动人工智能、物联网、大数据等信息技术在养老领域的应用，重点开发安全防护、照料护理、健康促进、情感关爱等领域的智能产品、服务以及支持平台，提升老年人生活品质。

第四章　医养康养结合

第二十条　市和县（市、区）人民政府应当整合医疗卫生、康复护理和养老服务资源，推进医养康养融合发展。

推动综合性医院和具备条件的基层医疗卫生机构开设老年病科、康复中心。

支持养老机构依法设立老年康复医院、老年护理院、安宁疗护中心等医疗机构。

鼓励社会力量依法开设老年康复机构、社区护理站、安宁疗护中心，为居家老年人提供医疗护理、康复指导等服务。

鼓励医疗机构、康复机构、护理机构与养老机构建设医养康养联合体，为居家老年人提供治疗期住院、康复期护理、稳定期生活照料以及临终关怀一体化的医疗、养老和护理服务。

医疗机构、康复机构、护理机构应当与居家养老服务中心建立业务协作机制，为居家老年人提供基本医疗、康复服务。

第二十一条　卫生健康部门应当增强基层老年人医疗资源的配置，完善基层医疗卫生机构老年健康服务体系，指导并督促基层医疗卫生机构为老年人提供健康管理、建立健康档案等基本公共卫生服务；落实家庭医生签约服务制度，为行动不便的老年人提供上门诊治、家庭病床、互联网远程医疗、转诊预约等服务。

卫生健康、医疗保障等部门应当完善基层医疗卫生机构的用药管理、药品供应和医保报销政策，为居家老年人治疗、用药、费用结算等提供便利。

第二十二条　支持养老机构和其他养老服务组织为符合条件的老年人设置家庭养老床位，提供专业服务。

县（市、区）人民政府应当对家庭养老床位及其所服务的老年人给予适当补贴。

第二十三条　市和县（市、区）人民政府应当按照国家和省的统一部署推进长期护理保险制度，为符合条件的老年人的基本生活照料和与基本生活密切相关的医疗护理提供资金保障。

鼓励商业银行、商业保险机构开发推广养老服务金融保险产品，引导商业保险机构开发与长期护理保险相衔接的保险产品。

第五章　扶持保障

第二十四条　市和县（市、区）人民政府应当制定和完善居家养老服务扶持政策，鼓励和支持医疗机构、养老机构和物业服务人、家政服务企业以及其他社会组织和个人参与居家养老服务。

第二十五条　市和县（市、区）人民政府应当加大对居家养老服务资金的投入，统筹安排各类养老服务补助资金，提高财政资金的使用效益。

按照规定的比例用于养老服务的福利彩票公益金应当主要用于居家养老服务。

第二十六条　乡镇人民政府、街道办事处应当加强居家养老服务工作力量，确定至少一名负责养老服务工作的人员，配备与辖区内老年人口数量相适应的养老服务工作辅助人员。

第二十七条　市和县（市、区）人民政府应当支持普通高等学校、职业院校（含技工院校）和专业培训机构开设养老服务相关专业或者课程，开展养老服务人员的职业技能培训和职业道德教育。

市和县（市、区）人民政府应当健全养老服务人才引进、激励评价机制，逐步提高养老护理人员待遇。

市和县(市、区)人民政府应当对从事养老服务工作的高等学校毕业生按照规定给予就业补贴;对创办养老机构和其他养老服务组织的高等学校毕业生,按照规定给予自主创业补贴。

第二十八条　居家养老服务中心、养老机构依法享受下列优惠政策:

(一)税费和用水、用电、用气、用热等方面的优惠;

(二)投保综合保险的保费补助;

(三)建设补助和日常运营补贴。

第二十九条　倡导家庭成员与老年人共同生活或者就近居住,支持开发老年人宜居住宅和代际亲情住宅。

市人民政府应当探索建立护理照料假制度。老年人患病住院期间,赡养人、扶养人所在单位应当支持其护理照料老年人,给予适当陪护时间。

第六章　监督管理

第三十条　市和县(市、区)人民政府应当建立居家养老服务综合监管制度,制定居家养老服务监管责任清单,明确各相关职能部门的职责分工,督促落实居家养老的政策和措施。

第三十一条　市人民政府应当建立健全居家养老服务需求评估制度。需求评估确定的类型和等级,作为老年人享受由政府提供的居家养老服务、申请家庭养老床位或者家庭病床等保障政策的依据。

第三十二条　市民政部门应当会同市市场监督管理等相关部门完善居家养老服务质量规范,对居家养老服务中心、养老机构以及其他养老服务组织的管理水平、服务质量等进行综合评估。综合评估结果应当向社会公开,并作为财政补贴、政府购买服务的依据。

第三十三条　市和县(市、区)人民政府应当加快推进养老服务领域社会信用体系建设,加强养老服务信用信息的记录、归集和共享,对列入严重失信名单的居家养老服务中心、养老机构和其他养老服务组织以及从业人员采取相应的惩戒措施。

第三十四条　市和县(市、区)人民政府应当建立健全养老服务领域分级应急管理机制,加强居家老年人突发事件的预报、预警和监测工作,强化居家养老的安全和应急保障。

居家养老服务中心、养老机构和其他养老服务组织应当落实应急管理业务培训,提升应急处置能力。

第三十五条　民政部门应当会同财政、自然资源和规划、住房和城乡建设等部门对居家养老服务用房的配置和使用情况、政府提供的居家养老服务项目绩效情况等进行监督检查,监督检查结果应当每年向本级人民政府报告并向社会公示。

第七章　法律责任

第三十六条　违反本条例规定的行为,法律、行政法规和省的地方性法规已有法律责任规定的,从其规定。

第三十七条　违反本条例第十条第三款规定,未经批准擅自拆除居家养老服务用房的,由民政部门责令限期改正;逾期不改正的,处五万元以上五十万元以下罚款;情节严重的,处五十万元以上一百万元以下罚款。

第三十八条　违反本条例第十七条第三款规定,居家养老服务中心、养老机构和其他养老服务组织安排未取得有效健康证明的护理人员从事老年人照护服务的,由民政部门责令限期改正;逾期不改正的,处一万元以上三万元以下罚款;情节严重的,处三万元以上十万元以下罚款。

第八章　附　则

第三十九条　本条例自2021年12月1日起施行。

(市人大办公室/提供)

绍兴市城市轨道交通管理条例

(2021年10月29日绍兴市第八届人民代表大会常务委员会第四十一次会议审议通过
2021年11月25日浙江省第十三届人民代表大会常务委员会第三十二次会议批准)

目　录

第一章　总　则

第一条　为了加强城市轨道交通管理,保障城市轨道交通建设和运营安全,维护各方合法权益,促进城市轨道交通事业高质量发展,根据有关法律、法规,结合本市实际,制定本条例。

第二条　本市行政区域内地铁、轻轨、市域快速轨道等城市轨道交通的规划、建设、运营及其监督管理活动,适用本条例。

第三条　市人民政府应当加强领导,将城市轨道交通纳入国民经济和社会发展规划,统筹协调解决规划、建设、运营及监督管理中的重大事项;加强与相邻城市人民政府协商,确定相连城市轨道交通线路的具体管理事项。

城市轨道交通沿线县(市、区)人民政府应当落实城市轨道交通的土地、资金等要素保障,按照规定职责做好监督管理工作。

市交通运输部门是城市轨道交通的行业主管部门,负责城市轨道交通运营的监督管理工作;市自然资源和规划、市住房和城乡建设部门分别负责城市轨道交通规划、工程建设的监督管理工作。其他有关部门按照各自职责做好城市轨道交通相关监督管理工作。

第四条　市人民政府依法确定的城市轨道交通建设单位(以下简称建设单位)、城市轨道交通运营单位(以下简称运营单位)分别负责城市轨道交通建设、运营工作。

供电、供水、供气、供热、排水、通信等相关单位应当保障城市轨道交通正常建设和运营需要。

第五条　城市轨道交通发展所需资金以政府投资和社会投资相结合的方式筹集,鼓励公民、法人和其他组织依法投资城市轨道交通的建设和运营。

城市轨道交通及其配套设施用地进行综合开发的,应当保证乘客通行、候车环境不受影响，并事先在规划条件中明确用于商业、办公或者居住的用地范围、建筑面积、使用期限、收益用途等事项。具体办法由市人民政府制定。

城市轨道交通的建设和运营按照有关规定享受政策支持和资金补助。市人民政府应当建立城市轨道交通运营补贴机制并制定具体实施办法。

第二章 规划与建设

第六条 市人民政府应当组织编制城市轨道交通规划，将其纳入综合立体交通网规划，并与生态环境保护、历史文化保护、公共交通、公共服务、产业布局等相关规划相衔接。

城市轨道交通规划应当合理安排城市轨道交通与铁路、航空、公路和其他交通方式之间，以及城市轨道交通不同线路之间的换乘衔接。

第七条 市自然资源和规划部门应当按照城市轨道交通规划在城市轨道交通沿线及车站周边划定规划控制区，报市人民政府批准并向社会公布。

市自然资源和规划部门在规划城市轨道交通车站用地时，应当保障换乘枢纽、公共汽车站点、停车场等公共设施用地。

城市轨道交通规划控制区内新建、改建、扩建建筑物、构筑物的，自然资源和规划部门在作出许可决定前，应当征求建设单位或者运营单位意见。

第八条 城市轨道交通的出入口、通风亭、冷却塔、无障碍电梯等设施应当与周边建筑、环境、风貌相协调，并进行整体设计。

城市轨道交通周边地块的建设工程需要与城市轨道交通通道、出入口等设施连接的，相关规划应当预留必要的衔接空间。

城市轨道交通涉及公共安全、公共服务等方面的设施设备和场地、用房，应当与城市轨道交通车站同步规划、同步设计、同步建设、同步验收、同步投入使用。

第九条 建设单位可以在城市轨道交通建设项目可行性研究阶段，依法对建设项目的安全生产条件、安全风险及其对周边环境影响进行论证和安全预评价。

第十条 城市轨道交通建设应当符合国家和省、市的技术规范及标准，执行基本建设程序，保证工程质量和安全生产。

建设单位、施工单位应当根据文明施工相关规定和行业管理标准，负责做好施工区域现场管理。

城市轨道交通沿线的县（市、区）人民政府应当组织有关部门对城市轨道交通建设进行日常监督管理，发现有影响生态环境、城市管理、道路通行等问题的，应当督促建设单位、施工单位及时处理。

第十一条 因地质条件、施工作业等客观原因，城市轨道交通工程与其相邻拟建物业的地下基础设施需要整体施工的，可以由建设单位作为统一的实施主体先行建设；建成后，在相邻物业建设用地使用权出让时，依法将该地下工程一并出让，并在规划条件和土地出让合同中明确。

第十二条 建设单位应当对城市轨道交通沿线的地质状况、建筑物、构筑物、管线以及建设活动进行查勘、检测和监测。发现有安全隐患的，应当及时采取相应措施。

因城市轨道交通建设需要，建设单位查询地下管线资料、气象和水文观测资料、相邻建筑物和构筑物的有关资料时，有关部门或者单位应当予以配合。

第十三条 城市轨道交通建设工程应当按照有关规定确定建设工期。建设单位应当严格执行，不得任意压缩。

第十四条 城市轨道交通建设工程对城市交通可能造成影响的，公安机关交通管理部门应当制定交通疏解方案，向社会公布后实施。

建设单位应当根据城市轨道交通建设工程施工和道路交通流量的具体情况，在施工区域合理设置交通标志、标线、防撞护栏以及其他交通安全设施。公安机关交通管理部门应当做好施工区域道路交通疏导工作。

第十五条 城市轨道交通建设依法使用相邻土地地表、地下、地上空间的，有关单位和个人应当提供必要的便利。需要迁移或者改造杆线、管线、管廊以及其他公用设施的，产权单位或者使用单位应当予以配合。建设单位应当会同产权单位制定合理的迁移、改造方案，依法办理相关手续并组织实施。

城市轨道交通出入口、通风亭和冷却塔等设施需要与周边建筑物、构筑物结合建设的，建筑物、构筑物的所有权人、管理人、使用权人应当配合。

第十六条 城市轨道交通建设工程完工后，应当按照国家有关规定进行验收、试运行和初期运营。

初期运营期满一年并且通过正式运营前安全评估的，方可依法办理正式运营手续。

第三章 保护区管理

第十七条 城市轨道交通沿线设立控制保护区和特别保护区，控制保护区和特别保护区统称为保护区。

住房和城乡建设部门、交通运输部门分别负责城市轨道交通建设和运营期间的保护区保护管理工作。

城市轨道交通控制保护区范围如下：

（一）地下车站主体结构、区间隧道外边线外侧五十米内；

（二）地面车站、高架车站以及线路轨道结构外边线外侧三十米内；

（三）车辆段、出入口、通风亭、变电所等建筑物、构筑物结构外边线外侧十米内；

（四）城市轨道交通过江、过河隧道结构外边线外侧一百米内。

控制保护区内的下列区域为特别保护区：

（一）地下工程（车站、隧道等）结构外边线外侧五米内；

（二）高架车站及高架线路工程结构水平投影外侧三米内；

（三）地面车站及地面线路路堤或者路堑外边线外侧三米内；

（四）高压电缆沟水平投影外侧三米内。

第十八条 市自然资源和规划部门应当会同市住房和城乡建设、市交通运输、市公安机关交通管理等有关部门按照本条例第十七条规定，结合实际情况划定保护区具体范围，报市人民政府批准后向社会公布。开通初期运营前，建设单位应当根据保护区范围设置保护区标志、警示标志和边界界桩，任何单位和个人不得毁坏或者擅自移动。

建设单位或者运营单位可以根据特殊的工程和水文地质或者特殊的外部作业等情况，提出调整城市轨道交通控制保护区范围的方案，经市自然资源和规划部门会同市住房和城乡建设、市交通运输、市公安机关交通管理等有关部门审核并报市人民政府批准后实施。

第十九条　禁止在城市轨道交通特别保护区内进行除下列工程以外的建设活动：

（一）交通设施、水利设施、市政公用设施、城市绿化、环卫设施、人防设施的新建、改建、扩建工程；

（二）特别保护区划定前已经取得规划许可的建设工程；

（三）已有建筑物、构筑物的改建、扩建工程；

（四）城市轨道交通相关物业建设、连通工程。

第二十条　城市轨道交通控制保护区内不得进行硐室爆破、深孔爆破等药量较大的爆破作业。过水段轨道交通结构控制保护区内不得进行采砂、抛锚或者拖锚等水下作业。

在城市轨道交通控制保护区内开展下列作业活动应当遵守本条例的规定：

（一）新建、改建、扩建、拆除建筑物、构筑物；

（二）挖掘、爆破、地基加固、打井、基坑施工、桩基础施工、钻探、灌浆、喷锚、地下顶进作业；

（三）敷设或者搭架管线、吊装等架空作业；

（四）取土、采石、采砂、疏浚河道；

（五）堆载、取土等大面积增加或者减少载荷的活动；

（六）电焊、气焊和使用明火等具有火灾危险的作业；

（七）其他可能影响城市轨道交通设施安全的活动。

第二十一条　作业单位或者个人在城市轨道交通保护区内进行本条例第十九条、第二十条规定的活动的，应当按照有关规定编制安全防护方案。依法需要办理施工许可的，受理许可的部门应当就安全防护方案书面征求建设单位或者运营单位的意见；依法不需要办理施工许可的，作业单位或者个人应当在作业前就安全防护方案征得建设单位或者运营单位同意。

作业活动对城市轨道交通安全有较大影响的，可以在安全防护方案中明确由作业单位或者个人委托具备相应资质的专业机构进行安全评估。

第二十二条　作业单位或者个人在作业前应当与建设单位或者运营单位签订相关安全生产管理协议，落实安全防护责任，并对作业影响区域进行动态监测。

作业单位或者个人应当严格按照安全防护方案作业。作业过程中出现危及城市轨道交通安全情形的，应当立即停止作业，采取应急安全保护措施，并报告住房和城乡建设部门或者交通运输部门。

作业结束后，作业单位或者个人应当会同建设单位或者运营单位及时评估，并将评估报告报送住房和城乡建设部门或者交通运输部门。评估认为作业活动影响城市轨道交通安全的，作业单位或者个人应当及时采取必要措施。

第二十三条　城市轨道交通沿线县（市、区）人民政府应当定期组织住房和城乡建设、交通运输等部门开展保护区巡查工作。

建设单位或者运营单位应当开展保护区日常巡查，可以进入保护区内作业施工现场查看。发现有危及或者可能危及城市轨道交通建设、运营安全的行为，应当及时制止，要求作业单位或者个人采取措施消除危害，并报告住房和城乡建设或者交通运输等部门，相关部门应当依法处理。

第二十四条　运营单位应当对城市轨道交通地面线路、车辆段、停车场实行封闭管理，在高架线路设施上设置警示标志。

建设单位或者运营单位应当在城市轨道交通高架线路桥下空间设置隔离设施或者按照隔离要求进行绿化。

因公共利益需要对高架线路桥下空间进行使用的，不得危害城市轨道交通建设、运营安全，并应当为高架线路设施日常检查、检测和养护维修预留条件。

第四章　运营管理

第二十五条　市交通运输部门应当依法制定城市轨道交通运营服务规范，并向社会公布。

运营单位应当按照运营服务规范向乘客提供安全、公平和便捷的客运服务，保障乘客的合法权益。

运营单位应当规范设置城市轨道交通公共信息标识。已有国际通用标识的，应当使用国际通用标识。

第二十六条　运营单位应当为乘客提供良好乘车环境，履行下列义务：

（一）保持车站和车厢环境整洁、卫生，落实卫生管理措施；

（二）按照规定落实卫生防疫、污染防治措施；

（三）在车站内配备医疗急救箱、体外除颤仪等设备；

（四）合理配置卫生间和母婴设施；

（五）合理设置自动售票设施和人工服务窗口，引导乘客购票、乘车，及时疏导客流；

（六）保持售票、检票、通风、照明等设施和自动扶梯、车辆正常运行；

（七）保持出入口、通道畅通以及引导标志齐全、易识别；

（八）保持无障碍设施完好、畅通，在列车内为老、弱、病、残、孕和携带婴幼儿的乘客设置专座；

（九）组织开展巡查，维护乘车秩序，及时制止违法、违规行为；

（十）宣传安全、文明乘车知识，及时播报运营线路、站点；

（十一）法律、法规规定的其他义务。

第二十七条　运营单位应当提供下列信息服务：

（一）在车站醒目位置公布首末班列车运营时间、城市轨道交通线网示意图、进出站指示、换乘指示、列车运行状况提示、票价信息；

（二）提供列车到达时间、间隔时间、安全提示、无障碍通行以及气象灾害预警信号和防御指南等信息；

（三）提供问询、查询、失物招领服务；

（四）及时发布运营计划调整等信息。

运营单位应当推进数字化运用，为乘客提供信息查询、移动支付、网络充值、投诉处理等服务。

第二十八条　城市轨道交通票价依法实行政府定价。

市场监督管理部门应当对城市轨道交通票价、票价优惠政策等执行情况进行监督检查。

现役军人、消防救援人员、残疾人、老年人、未成年人等特殊群体，按照规定享受乘车优惠。

第二十九条　市交通运输部门应当制定城市轨道交通乘客守则，并通过便于公众知晓的方式进行宣传。

乘客乘坐城市轨道交通应当遵守乘客守则。违反乘客守则的，运营单位应当予以劝阻和制止。

行动不便的老年人、学龄前儿童以及不能辨认或者不能控制自己行为的精神疾病患者、智力障碍者乘坐城市轨道交通，应当由其监护人、监护人委托的人或者对其负有管理、保护职责的人带领。

第三十条　乘客应当持有效乘车凭证乘车，不得使用伪造、变造的乘车凭证。运营单位有权查验乘客的乘车凭证。

乘客无乘车凭证或者持无效乘车凭证乘车的，应当补交票款，运营单位可以按照规定加收票款。

乘客超程乘车的，应当补交超过部分相应票款。

第三十一条　城市轨道交通设备设施发生故障的，运营单位应当及时排除。暂时无法恢复正常运营的，运营单位应当及时组织乘客换乘或者疏散，并向市交通运输部门报告。

城市轨道交通因故障等原因未完成运输任务的，乘客可以持有效乘车凭证要求退还票款。

第三十二条　市交通运输部门应当对运营单位服务质量进行监督考评。对发现的问题，运营单位应当及时整改。

第三十三条　市交通运输部门和运营单位应当分别建立投诉处理制度。接到乘客投诉后，应当及时处理，并将处理结果告知乘客。

第三十四条　禁止下列危害或者可能危害城市轨道交通运营安全的行为：

（一）拦截列车或者阻断列车运行；

（二）强行上下车；

（三）擅自操作有警示标志的按钮、开关装置，在非紧急状态下动用紧急或者安全装置；

（四）妨碍或者破坏车门、站台门；

（五）擅自进入控制室、车辆驾驶室、轨道、桥梁、隧道、通风亭等禁入区域；

（六）攀爬、翻越隔离围墙、护栏、护网、闸机、列车等城市轨道交通设施；

（七）在城市轨道交通车站出入口五米范围内停放车辆、乱设摊点等，妨碍乘客通行和救援疏散；

（八）在通风口、车站出入口五十米范围内存放有毒、有害、易燃、易爆、放射性和腐蚀性等物品；

（九）在出入口、通风亭、变电站、冷却塔周边躺卧、留宿、堆放和晾晒物品；

（十）在地面线路或者高架线路两侧各一百米范围内升放风筝、气球、航空模型、无人机等空飘物和低空飞行器；

（十一）在轨道上放置、丢弃物品，向列车、工程车、轨道、通风亭、接触网等城市轨道交通设施投掷物品；

（十二）在城市轨道交通线路两侧修建影响行车视线的建筑物、构筑物或者种植有碍行车视线的植物；

（十三）在车站、列车、通风亭等城市轨道交通设施内吸烟、用火；

（十四）在运行的自动扶梯上逆行；

（十五）其他影响城市轨道交通运营安全的行为。

第三十五条　禁止下列危害城市轨道交通设施设备安全的行为：

（一）损坏隧道、轨道、路基、高架、车站、通风亭、冷却塔、变电所、管线、护栏、护网、隔离围墙等设施；

（二）损坏车辆、机电、电缆、自动售检票等设备，干扰通信、信号、监控等系统的正常运行；

（三）擅自在高架桥梁及其附属结构上钻孔打眼，搭设电线或者其他承力绳索，设置附着物；

（四）损坏、移动、遮盖安全标志、监测设施及安全防护设备；

（五）其他危害城市轨道交通设施设备安全的行为。

第三十六条　禁止下列影响或者可能影响城市轨道交通公共秩序、公共场所容貌和公共环境卫生的行为：

（一）擅自在车站内摆摊设点；

（二）在车站或者列车内兜售商品或者派发广告单等物品；

（三）在车站或者列车内随地吐痰、便溺，乱扔果皮、纸屑、包装物等废弃物；

（四）在列车内进食（婴儿、病人除外）；

（五）在车站、列车或者其他城市轨道交通设施上任意涂写、刻画、张贴、悬挂物品等；

（六）在车站或者列车内躺卧、乞讨、卖艺及歌舞表演，大声喧哗、吵闹，使用电子设备时外放声音等；

（七）在车站或者列车内骑行平衡车、电动车（不包括残疾人助力车）、自行车，使用滑板、溜冰鞋等；

（八）其他影响城市轨道交通公共秩序、公共场所容貌、公共环境卫生的行为。

第三十七条　禁止携带下列物品进站乘车：

（一）枪支、弹药、管制器具和爆炸性、毒害性、放射性、腐蚀性物质或者传染病病原体等危险物质及其他违禁品、管制物品；

（二）易燃性、有严重异味、外表尖锐或者其他易污染、损坏设施、易损伤他人的物品；

（三）活禽和猫、狗等宠物以及其他可能妨碍城市轨道交通运营的动物，盲人携带的导盲犬及执行任务的军警犬除外；

（四）重量、体积等超过城市轨道交通乘客守则规定的物品；

（五）其他禁止携带进站的物品。

运营单位应当在车站内醒目位置公示禁止携带的物品目录。禁止携带的物品目录由市公安机关会同市交通运输部门制定并向社会公布。

运营单位应当设置必要的安全检查设施，按照有关标准和操作规范，对乘客及其携带的物品进行安全检查，乘客应当予以配合。拒绝接受安全检查或者在安全检查中被发现携带禁止携带物品的乘客，不得进站、乘车。发现携带本条第一款第一项规定的违禁品、管制物品的，运营单位应当予以扣留，并立即报告公安机关。

公安机关应当加强对安全检查工作的指导、检查和监督，依法处理安全检查中发现的违法行为。

第三十八条　在城市轨道交通运营区域内设置广告设施或者商业网点，应当符合城市轨道交通车站规划布局方案和消防要求，不得影响城市轨道交通运营安全。

运营单位应当加强对广告设施、商业网点的安全检查。

第五章　安全与应急管理

第三十九条　建设单位和运营单位应当配备专门的安全生产管理机构和人员，建立安全生产管理制度和操作规程，落实安全防范措施，保障建设和运营安全所必需的资金投入。

运营单位应当按照规定对从业人员进行安全生产教育和培训。从业人员应当熟悉有关安全运营规章制度和操作规程，掌握本岗位的安全操作技能。

运营单位主要负责人、安全生产管理人员等应当经过安全培训，并经市交通运输部门对其安全生产知识和管理能力考核合格。列车驾驶、调度、行车值班等岗位的工作人员还应当按照国家有关规定通过安全背景审查，方可上岗。

单位或者个人发现城市轨道交通建设、运营安全受到危害的，应当向公安机关或者建设单位、运营单位报告。经查证属实的，由建设单位或者运营单位按照规定给予奖励。

第四十条　建设单位、运营单位应当按照有关规定配置灭火、防汛、防爆、防毒、报警、救援、疏散照明、逃生、防护监视等安全设施设备。

运营单位应当加强设施设备的日常检查、养护维修和更新改造，组织专业机构对城市轨道交通关键设施设备进行长期监测。城市轨道交通车站的公共区域及重点部位的视频监控系统应当与公安机关有关系统连接，视频图像信息保存期限不得少于九十日。

第四十一条　市和县（市、区）人民政府应当组织制定完善城市轨道交通突发事件应急预案，建立应急处置联动机制，明确有关部门和单位的职责分工和处置要求，并定期开展联动应急演练。

第四十二条　建设单位、运营单位应当按照城市轨道交通突发事件应急预案，制定综合应急预案、专项应急预案和现场处置方案，开展突发事件应急演练，并组织社会公众参与，引导社会公众正确应对突发事件。

建设单位、运营单位应当加强应急救援队伍建设，配齐、配足应急救援设备和物资，提高应急救援能力。

第四十三条　发生突发事件的，建设单位或者运营单位应当按照应急预案，根据现场情况采取有效措施，开展救援，并及时向市和县（市、区）人民政府及有关行政主管部门报告。市和县（市、区）人民政府以及有关部门、单位应当启动相应级别应急预案并组织实施。

第四十四条　运营单位应当加强城市轨道交通客流监测。因节假日、大型活动等原因造成客流量增加的，应当采取增加运力等措施疏解客流。因客流量增加可能影响运营秩序或者运营安全的，运营单位可以采取限流、甩站、封站等措施。

因自然灾害、事故灾难、公共卫生事件、社会安全事件以及其他原因危及运营安全时，运营单位可以暂停部分区段或者全线网的运营，根据需要及时启动相应应急预案，做好客流疏导和现场秩序维护。

运营单位采取限流、甩站、封站、暂停运营措施应当及时告知公众，其中封站、暂停运营措施还应当向市交通运输部门报告。

第六章　法律责任

第四十五条　违反本条例规定的行为，法律、行政法规和省的地方性法规已有法律责任规定的，从其规定。

第四十六条　作业单位和个人有下列行为之一的，由综合行政执法部门责令改正，处二千元以上二万元以下罚款；情节严重的，处二万元以上二十万元以下罚款：

（一）违反本条例第二十一条第一款规定，未按照规定编制安全防护方案或者依法不需要办理施工许可的作业活动未在作业前就安全防护方案征得建设单位或者运营单位同意的；

（二）违反本条例第二十二条第一款规定，未对作业影响区域进行动态监测的；

（三）违反第二十二条第二款规定，未按照安全防护方案作业的；

（四）违反第二十二条第二款规定，出现危及城市轨道交通建设或者运营安全的情形，未立即停止作业、采取应急安全保护措施或者未履行报告义务的；

（五）违反第二十二条第三款规定，未及时组织评估并报送评估报告，或者未按照评估报告要求及时采取必要措施的。

第四十七条　违反本条例第二十三条第二款规定，建设单位或者运营单位未开展保护区日常巡查的，或者发现有危及或者可能危及城市轨道交通建设、运营安全的行为未报告的，由住房和城乡建设部门或者交通运输部门责令改正，处一万元以上十万元以下罚款。

第四十八条　违反本条例第二十四条第一款规定，运营单位未对城市轨道交通地面线路、车辆段、停车场实行封闭管理，或者未在高架线路设施上设置警示标志的，由市交通运输部门责令改正，处一万元以上十万元以下罚款。

违反本条例第二十四条第二款规定，建设单位或者运营单位未在城市轨道交通高架线路桥下空间设置隔离设施，或者未按照隔离要求进行绿化的，由住房和城乡建设部门或者交通运输部门责令改正，处一万元以上十万元以下罚款。

违反本条例第二十四条第三款规定，使用高架线路桥下空间时危害城市轨道交通建设、运营安全，或者未为高架线路设施日常检查、检测和养护维修预留条件的，由住房和城乡建设部门或者交通运输部门责令相关责任人和单位限期改正、消除影响；逾期未改正的，对个人处五百元以上五千元以下罚款，对单位处五千元以上三万元以下罚款。

第四十九条　运营单位有下列行为之一的，由市交通运输部门责令限期改正；逾期未改正的，处一千元以上一万元以下罚款：

（一）违反本条例第二十六条规定的行为之一，未履行为乘客提供良好乘车环境的义务的；

（二）违反本条例第二十七条规定的行为之一，未按照要求向乘客提供信息服务的；

（三）违反本条例第三十三条规定，未建立投诉处理制度，或者未及时处理并将处理结果告知乘客的；

（四）违反本条例第三十七条第二款规定，未在车站内醒目位置公示禁止携带的物品目录的；

（五）违反本条例第三十八条第一款规定，未按照要求设置广告设施、商业网点，或者设置的广告设施、商业网点影响城市轨道交通运营安全的。

第五十条　运营单位有下列行为之一的，由市交通运输部门责令改正，处一万元以上十万元以下罚款，并可对其主要负责人处二千元以上一万元以下罚款：

（一）违反本条例第三十一条第一款规定，未及时组织乘客换乘或者疏散，或者未履行报告义务的；

（二）违反本条例第四十四条第一款规定，未采取疏解客流措施的；

（三）违反本条例第四十四条第三款规定，未及时告知公众，或者未履行报告义务的。

第五十一条　违反本条例第三十四条、第三十五条规定行为之一，实施危害城市轨道交通运营或者设施设备安全的行为的，运营单位有权予以制止；构成违反治安管理行为的，由公安机关依法处理；尚未构成违反治安管理行为的，由交通运输部门责令改正，可以对个人处五百元以上五千元以下罚款，对单位处五千元以上三万元以下罚款。

第五十二条　违反本条例第三十六条第一项、第二项规定的，由交通运输部门责令改正；拒不改正的，可以处五十元以下罚款。

违反本条例第三十六条第三项、第四项、第六项、第七项规定的，交通运输部门可以处二十元以上五十元以下罚款。其中，在车站或者列车内随地便溺的，交通运输部门可以处五十元罚款。

违反本条例第三十六条第五项规定的，由交通运输部门责令限期清除；逾期不清除的，可以处五十元以上三百元以下罚款。

第七章　附　则

第五十三条　本条例自2022年1月1日起施行。

（市人大办公室／提供）

组织机构名录

（2021年12月）

中共绍兴市第八届委员会

书　　记　盛阅春

副 书 记　施惠芳　杜旭亮

常务委员　盛阅春　施惠芳　杜旭亮　陈　灿　叶卫红（女）　丁如兴　陆　维　王琴英（女）　沈志江　蒋明球　陶关锋

委　　员　丁如兴　马永定　马国灿　王水君　王芬祥　王荣彪　王浩萍（女）　王琴英（女）　王慧琴（女）　邓港林　叶卫红（女）　邢南艳（女）　吕　丙　朱建和　朱晓董　刘孟达　杜旭亮　李　宁　何俊杰　邹欢昂　应良波　汪俊昌　沈志江　张校军　陆　维　陈　灿　邵全卯　金　辉　赵浪平（女）　施惠芳　闾小锋　袁立江　陶关锋　黄　坚　黄奇凡　盛阅春　蒋明球　裘凯音（女）　谭志桂　魏　伟

候补委员　刘建明　张永明　朱润晔　陈泉标　赵　铭　孙　君　黄文刚　潘旺明　王　辉　王永明　张德胜

秘 书 长　陆　维

市委工作机构及直属部门

市纪律检查委员会（市监察委员会）

书记（主任）　陈　灿

副书记（副主任）　孙建焕　陈　可

常务委员　陈　灿　孙建焕　陈　可　叶伟明　柴凌凌（女）　徐晓军　赵　毅

委　　员　丁松勇　马立远　王　刚　王法根　叶伟明　许建超　孙建焕　孙炳方　杨　娣（女）　杨文龙　杨成林　吴海洋　张文英（女）　陈　可　陈　灿　陈建光　陈理平　陈雪军（女）　金水法　周　春　周巧米（女）　赵　毅　施　彪　袁海峰　柴凌凌（女）　钱武生　徐凯盛　徐晓军　高建国　黄伟英（女）　戚建文　盛学东　董慧珍（女）

监委委员　柴凌凌（女）　徐晓军　俞志平　宋越琳（女）

市委办公室（市委政策研究室）

主　任　马国灿

市委组织部（市委“两新”工委）

部　长　王琴英（女）

市委宣传部（市委外宣办、市新闻办）

部　长　丁如兴

市委统战部

部　长　叶卫红（女）

市委政法委

书　记　杜旭亮

市委编办

主　任　王　辉

市台办

主　任　周巧米（女）

市直机关工委

常务副书记　黄伟英（女）

市委巡察办

主　任　叶伟明

市信访局（市统一政务咨询投诉举报平台管理办公室）

局　长　钱　程

市委老干部局

局　长　邢南艳（女）

市委党史室（市地方志编纂室）

主　任　朱全红

市文明指导中心

主　任　寿建华

市委党校

常务副校长　黄奇凡

绍兴市新闻传媒中心（传媒集团）

党委书记、主任、董事长、总经理　冯立中

市档案局（市档案馆）

党组书记、局长（馆长）　丁卓芬（女）

绍兴市第八届人民代表大会常务委员会

主　　任　谭志桂

副 主 任　丁晓燕（女）　王继岗　孙云耀　傅陆平　王水君　金　辉　朱建和

秘 书 长　袁立江

委　　员　丁生产　丁晓燕（女）　王水君　王继岗　方朝阳　石　璐（女）

石春法　吕智飞（女）　朱建和
朱耿才　许　晋　孙云耀
杨　娣（女）　陈小伟（女）
陈爱莲（女）　陈爱霖
卓秋萍（女）　金　辉
周凤娟（女）　周仕信
郑　杰（女）　单国君　项　良
赵浪平（女）　胡仲飞　俞锦宾
骆学新　袁立江　钱伟平
高建国　章　辉　章柏顺
蒋明球　傅陆平　谢　胜
楼灿忠　裘红波　蔡　微（女）
谭志桂　潘　浩　魏鹏程

党组书记　谭志桂
党组副书记　王继岗

绍兴市第八届人民代表大会专门委员会

法制委员会
主任委员　胡仲飞
监督和司法委员会
主任委员　石春法
财政经济委员会
主任委员　楼灿忠
教育科技文化卫生委员会
主任委员　吕智飞（女）
民族宗教外事侨务委员会
主任委员　谢　胜
农业与农村委员会
主任委员　章柏顺
城乡建设与环境资源保护委员会
主任委员　丁生产
社会建设委员会
主任委员　魏鹏程

绍兴市第八届人民代表大会常务委员会各工作机构和工作委员会：

市人大常委会办公室
主　任　项　良
研究室
主　任　朱耿才
法制工作委员会
主　任　胡仲飞
监察和司法工作委员会
主　任　石春法
财政经济工作委员会
主　任　楼灿忠
教育科学文化卫生工作委员会
主　任　吕智飞（女）
民族侨务工作委员会
主　任　谢　胜
农村经济工作委员会
主　任　章柏顺
城乡建设环境保护工作委员会
主　任　丁生产
社会建设工作委员会
主　任　魏鹏程
代表工作委员会
主　任　俞锦宾

绍兴市人民政府

代市长　施惠芳
副市长　陶关锋（常务）　陈德洪
　　邵全卯　俞流江　胡　敏（女）
党组书记　施惠芳
秘书长　王芬祥

市政府工作机构及派出机构：

市政府办公室
党组书记　王芬祥
主　任　闾小锋
市发展改革委（市物价局、市粮食局）
党组书记、主任　何坚刚
市经信局
党组书记、主任　孙　君
市教育局
党委书记、局长　姚国海
市科技局
党组书记、局长　徐丽东
市公安局
党委书记、局长、督察长　俞流江
市民政局
党委书记、局长　吴绍庆
市司法局（市行政复议局）
党组书记、局长　黄文刚
市财政局
党委书记、局长　金水法
市人力社保局
党组书记、局长　张荣社
市自然资源和规划局（市林业局）
党委书记、局长　陈伟军
市生态环境局
党组书记、局长　方林苗
市建设局
党委书记、局长　毛红卫
市交通运输局
党委书记、局长　张永明
市水利局
党组书记　张建良
局　长　张宪疆
市农业农村局
党委书记、局长　王浩萍（女）
市商务局
党委书记、局长　金立耿
市文广旅游局（市文物局）
党委书记、局长　何俊杰
市卫生健康委
党委书记、主任　王宏达
市退役军人事务局
党组书记、局长　陈永葆
市应急管理局
党委书记、局长　黄立枫
市审计局
党组书记、局长　金水法
市外办（市港澳办）
党组书记、主任　金　莉（女）
市国资委
党委书记、主任　徐　洪
市市场监管局（市知识产权局）
党委书记、局长　王永明
市金融办
党组书记、主任　夏九英（女）
市体育局
党组书记、局长　钱勇军
市统计局
党组书记、局长　丁美玲（女）
市医保局
党组书记、局长　裘凯音（女）
市人防办（市民防局）
党组书记、主任（局长）　王　凯
市综合执法局
党委书记、局长　丁松勇
市大数据局
党组书记、局长　何　建
滨海新区管委会
党工委副书记、管委会常务副主任
　胡文炜
镜湖新区开发办
党组书记、主任　赵建国
驻北京联络处
副主任（主持工作）　冯国强
驻上海联络处
主　任　何洪亮

市政务服务办

党委书记、主任　周　巍

政协绍兴市第八届委员会

主　　席　魏　伟

副 主 席　冯建荣　胡少云(女)　倪善贵
何小玲(女)　余利明(女)
陈国阳　华小洋　凌　芳(女)
吕　丙

常务委员　丁立清　王　佳(女)　王少军
王永苗　王旭波　王晓玲(女)
王惠中　方武术　冯吉祥
冯建荣　吕　丙　任洁芳(女)
华小洋　刘国铭　汤晓幸
阮建明　寿景兴　李维萍(女)
吴一笑　吴勤波　何小玲(女)
余　丹(女)　余利明(女)
张　洁(女)　张小华　张建功
张荣社　陈　洁(女)　陈　滨
陈三妹(女)　陈国阳
陈国芬(女)　邵肖梅(女)
邵德夫　周　萍(女)　周永利
周建平　周筱芳(女)　郑小平
赵　洪　赵秀芳(女)　赵爱庆
胡少云(女)　俞　平(女)
俞志慧　洪安龙　姚冬而
钱肖华　钱增扬　倪　婷(女)
倪森林　倪善贵　倪锦锦(女)
徐　泳　徐爱华(女)
徐雅敏(女)　翁培雄
凌　芳(女)　唐志坚(女)
陶关兴　黄柏江　黄浙平
阎晓勤(女)　释净芳　虞伟庆
魏　伟

秘 书 长　王旭波

党组书记　魏　伟

党组副书记　冯建荣

政协绍兴市委专门委员会及办公室、研究室

提案委员会

主　任　江　波

经济委员会

主　任　钱增扬

人口资源环境委员会

主　任　姚冬而

教文卫体委员会

主　任　冯吉祥

法制和民族宗教委员会

主　任　阮建明

文化文史和学习委员会

主　任　陈皆烨

港澳台侨委员会

主　任　张　洁(女)

农业农村委员会

主　任　周筱芳(女)

委员工作委员会

主　任　徐雅敏(女)

政协绍兴市委办公室

主　任　倪森林

政协绍兴市委研究室

主　任　潘亚军

市中级人民法院

代院长　姚海涛

市人民检察院

代检察长　程曙明

绍兴市民主党派、工商联

民革绍兴市委员会

主　委　余利明(女)

民盟绍兴市委员会

主　委　凌　芳(女)

民建绍兴市委员会

主　委　陈德洪

民进绍兴市委员会

主　委　华小洋

农工党绍兴市委员会

主　委　徐　泳

九三学社绍兴市委员会

主　委　张宪疆

市工商联(总商会)

党组书记　周志刚

主　　席　徐爱华(女)

部分群众团体

市总工会

党组书记　陈泉标

主　　席　傅陆平(兼)

团市委

书　　记　赵浪平(女)

市妇联

党组书记、主席　杨　娣(女)

市科协

党组书记、主席

市社联

党组书记、主席　王静静(女)

市文联

党组书记、主席　魏建东

市侨联

主　　席　张小华

市残联

党组书记　徐善斌

理事长　王少军

市红十字会

党组书记、常务副会长、执委会主任
华　珺(女)

其他部门和单位

市国安局

局　长　汪开羽

市税务局

党组书记、局长　边宏庆

绍兴海关(海关缉私分局)

党组书记、关长　梁　升

市气象局

党组书记、局长　王德鸿

绍兴电力局

党委书记　方旭初

局　　长　黄武浩

市烟草局(省烟草公司绍兴分公司)

党组书记、局长(经理)　沈伏恒

绍兴调查队

党组书记、队长　张国苗

市邮政局

党委书记、总经理　丁　亮

市公积金管理中心

党委书记、主任　陈多珍(女)

市机关事务服务中心

党委书记、主任　袁　乐(女)

市供销总社

党委书记　周晓东

主　　任　董友庆

部分金融机构

人行绍兴市中心支行

党委书记、行长　孔祖根

绍兴银保监分局

党委书记、局长　林祖松

工商银行绍兴分行

党委书记、行长　张仕乾

农业银行绍兴分行

党委书记、行长　俞　铁

中国银行绍兴市分行

党委书记、行长　王　澍

建设银行绍兴分行

党委书记、行长　邢国亮

农发行绍兴市分行

党委书记、行长　琚建蓓（女）

交通银行绍兴分行

党委书记、行长　沈建伟

省农信联社绍兴办事处

主　任　俞俊海

（市委组织部／提供）

统计调查资料

绍兴市第三次全国国土调查主要数据公报

绍兴市第三次国土调查领导小组办公室
绍兴市自然资源和规划局
绍兴市统计局

（2022年1月13日）

绍兴市于2018年9月起全面开展第三次全国国土调查工作，以2019年12月31日为标准时点汇总数据。

（一）耕地123136.88公顷(184.71万亩)。其中，水田95073.65公顷(142.61万亩)，占77.21%；旱地28063.23公顷(42.09万亩)，占22.79%。全市范围内耕地集中分布于北部平原与三大盆地地区。全市耕地面积前三位的区、县（市）为诸暨市、上虞区、嵊州市，占全市耕地的70.59%。

位于2度以下坡度（含2度）的耕地73472.41公顷(110.21万亩)，占全市耕地面积59.67%；位于2—6度坡度（含6度）的耕地17128.83公顷(25.69万亩)，占13.91%；位于6—15度坡度（含15度）的耕地20276.44公顷(30.41万亩)，占16.47%；位于15—25度坡度（含25度）的耕地10139.78公顷(15.21万亩)，占8.23%；位于25度以上坡度的耕地2119.42公顷(3.18万亩)，占1.72%。

（二）园地96349.09公顷(144.52万亩)。其中，果园25274.82公顷(37.91万亩)，占26.23%；茶园30761.36公顷(46.14万亩)，占31.93%；其他园地40312.91公顷(60.47万亩)，占41.84%。全市园地面积前三位的区、县（市）为嵊州市、新昌县、上虞区，占全市园地的72.78%。

（三）林地392417.43公顷(588.63万亩)。其中，乔木林地276968.68公顷(415.45万亩)，占70.58%；竹林地87298.11公顷(130.95万亩)，占22.25%；灌木林地14383.33公顷(21.57万亩)，占3.66%；其他林地13767.31公顷(20.65万亩)，占3.51%。全市林地面积前三位的区、县（市）为诸暨市、嵊州市、新昌县，占全市林地的73.19%。

（四）草地4519.49公顷(6.78万亩)，全部为其他草地。全市草地面积前三位的区、县（市）为上虞区、柯桥区、诸暨市，占全市草地的79.45%。

（五）湿地455.37公顷(0.68万亩)。湿地是“三调”新增的一级地类。我市湿地绝大部分为内陆滩涂和沿海滩涂454.50公顷(0.68万亩)，占99.81%；另有灌丛沼泽0.87公顷，占0.19%。全市湿地面积前三位的区、县（市）为诸暨市、上虞区、柯桥区，占全市湿地的93.62%。

（六）城镇村及工矿用地104525.86公顷(156.79万亩)。其中，城市用地23271.34公顷(34.91万亩)，占22.26%；建制镇用地24572.06公顷(36.86万亩)，占23.51%；村庄用地54105.36公顷(81.16万亩)，占51.76%；采矿用地1413.71公顷(2.12万亩)，占1.35%；风景名胜及特殊用地1163.39公顷(1.75万亩)，占1.12%。全市城镇村及工矿用地面积前三位的区、县（市）为诸暨市、柯桥区、上虞区，占全市城镇村及工矿用地的64.81%。

（七）交通运输用地22538.01公顷(33.81万亩)。其中，铁路用地1057.13公顷(1.59万亩)，占4.69%；轨道交通用地40.32公顷(0.06万亩)，占0.18%；公路用地13465.21公顷(20.20万亩)，占59.74%；农村道路7885.85公顷(11.83万亩)，占34.99%；港口码头用地74.07公顷(0.11万亩)，占0.33%；管道运输用地15.43公顷(0.02万亩)，占0.07%。全市交通运输用地面积前三位的区、县（市）为诸暨市、上虞区、嵊州市，占全市交通运输用地的64.08%。

（八）水域及水利设施用地75098.71公顷(112.65万亩)。其中，河流水面35922.46公顷(53.88万亩)，占47.83%；湖泊水面1201.07公顷(1.80万亩)，占1.60%；水库水面7827.42公顷(11.74万亩)，占10.42%；坑塘水面24951.31公顷(37.43万亩)，占33.23%；沟渠1934.67公顷(2.90万亩)，占2.58%；水工建筑用地3261.78公顷(4.89万亩)，占4.34%。全市水域及水利设施用地前三位的区、县（市）为上虞区、诸暨市、柯桥区，占全市水域及水利设施用地的72.84%。

2021年绍兴市国民经济和社会发展统计公报

绍兴市统计局
国家统计局绍兴调查队

2021年是建党百年，也是“十四五”规划的开局之年。面对严峻的全球新冠肺炎疫情和复杂的国际形势，全市坚持以习近平新时代中国特色社会主义思想为指导，忠实践行“八八战略”，奋力打造“重要窗口”，聚焦高质量发展，扎实推进全市经济社会发展和改革工作，全力打造浙江高质量发展建设共同富裕示范区市域范例。经济运行稳中有升，民生福祉保障有力，市域治理体系和治理能力现代化水平持续提升。

一、综合

初步核算，2021年全市生产总值(GDP)6795亿元，按可比价格计算，比上年增长8.7%；与2019年相比，两年平均增长6.0%。分产业看，第一产业增加值227亿元，增长2.5%，两年平均增长2.3%；第二产业增加值3228亿元，增长10.7%，两年平均增长6.2%；第三产业增加值3340亿元，增长7.4%，两年平均增长6.2%。人

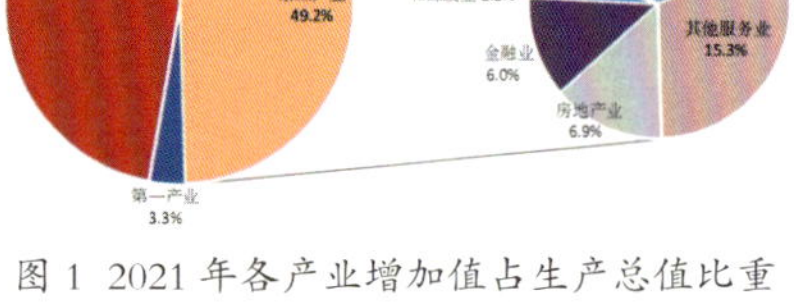

图1 2021年各产业增加值占生产总值比重

均地区生产总值为127875元(按年平均汇率折算为19821美元),比上年增长7.9%。三次产业结构由上年的3.7∶45.4∶50.9调整为3.3∶47.5∶49.2。

全年财政总收入955亿元,比上年增长11.9%。其中,一般公共预算收入604亿元,增长11.1%。一般公共预算支出714亿元,比上年增长7.1%。其中,民生支出528亿元,增长6.1%,占比73.9%。兑现减税降费政策资金共计308亿元,增长24.0%。

居民消费价格比上年上涨1.4%。八大类消费品价格同比"七涨一跌"。其中,上涨的有:交通通信3.2%、教育文化娱乐2.6%、食品烟酒2.3%、生活用品及服务0.7%、居住0.4%、衣着0.1%、医疗保健0.1%;其他用品及服务价格下降4.2%。工业生产者出厂价格上涨7.5%,购进价格上涨15.1%。

全年新设在册市场主体10.06万户。其中,企业3.06万户,比上年下降2.5%;个体工商户6.99万户,下降0.3%。"个转企"2346家。年末在册市场主体68.07万户,比上年末增长3.9%。其中,企业22.94万户,增长6.9%。

二、农业和农村建设

全年农林牧渔业总产值341.22亿元,按可比价格计算,比上年增长3.5%。粮食作物播种面积123.06千公顷,增长0.9%。其中,冬小麦种植面积8.64千公顷,增长19.5%;早稻面积13.55千公顷,下降17.3%;晚稻面积67.50千公顷,下降3.9%。冬油菜籽播种面积10.95千公顷,增长10.0%。粮食总产量79.29万吨,增长0.4%。茶叶总产量4.23万吨,增长0.8%。年末生猪存栏54.97万头,比上年末增长7.0%,其中能繁母猪存栏5.14万头,下降23.9%。水产品产量12.74万吨,增长3.5%。

建立省级水稻绿色高产创建示范区12个、攻关方3个,建立旱粮示范区7个,建成省级数字农业工厂13家。年末共有农民专业合作社3905家,家庭农场3276家,省级以上农业龙头企业48家。

全市村级集体经济经营性收入26.95亿元,增长11.5%。基本消除集体经济年经营性收入30万元以下相对薄弱村。低收入农户人均可支配收入18472元,增长13.3%。全面消除家庭人均收入9000元困难农户现象。实施"闲置农房激活计划",带动农户就业29863人,分别带动村集体、农民年增收3.36亿元、6.25亿元。

新认证绿色食品34个,有效期内的绿色食品166个,无公害农产品522个,地理标志登记保护农产品17个,绿色优质农产品认证率58.8%。农作物秸秆综合利用率96.8%,农药废弃包装物回收率90.0%、处置率100%,农村生活垃圾分类覆盖率96.0%。

2021年居民消费价格指数

表1

指　标	上年=100	指　标	上年=100
居民消费价格	101.4	3. 烟酒	100.7
一、食品烟酒	102.3	4. 在外餐饮	104.9
1. 食品	101.8	二、衣着	100.1
粮食	100.7	三、居住	100.4
菜及食用菌	107.2	四、生活用品及服务	100.7
畜肉类	83.5	五、交通通信	103.2
水产品	114.9	六、教育文化娱乐	102.6
干鲜瓜果类	104.8	七、医疗保健	100.1
2. 茶及饮料	100.4	八、其他用品及服务	95.8

2021年农业生产情况

表2

指　标	单　位	绝对数	比上年增长(%)
一、农林牧渔业总产值	亿元	341.22	3.5
二、农作物播种面积	千公顷	218.64	0.4
粮食作物播种面积	千公顷	123.06	0.9
三、主要农产品产量			
粮食总产量	万吨	79.29	0.4
油料作物	万吨	3.60	3.7
棉花	吨	356	−7.3
甘蔗	万吨	2.30	25.7
园林水果	万吨	31.05	1.2
茶叶	万吨	4.23	0.8
蚕茧	吨	1540	—
水产品	万吨	12.74	3.5

三、工业和建筑业

全年规模以上工业增加值1934亿元,按可比价格计算,比上年增长15.8%,两年平均增长10.2%。规模以上工业35个行业大类中,25个行业增加值比上年增长;18个行业两年平均增速在10%及以上。增加值总量前十位行业中,纺织业、通用设备制造业增加值分别增长22.2%、27.6%,两年平均分别增长10.1%、18.9%;化学原料和化学制品制造业增加值下降23.4%,两年平均下降9.6%。

规模以上工业中,高新技术产业增加值比上年增长13.8%,占比57.9%;装备制造业增加值增长31.0%;数字经济核心产业制造业增加值增长17.2%。规模以上工业五大传统产业增加值增长7.8%。

规模以上工业利润总额586亿元,比上年增长13.3%。其中,化学纤维制造业、黑色金属冶炼和压延加工业、纺织业分别增长108.1%、92.4%、39.3%。规模以上工业营业收入7739亿元,比上年增长21.2%,营业收入利润率7.6%。

有资质等级的总承包和专业承包建

2021年主要工业产品产量

表3

产　品	单　位	产　量	比上年增长（%）
纱	万吨	18.43	11.9
布	亿米	13.28	17.7
印染布	亿米	246.80	8.9
领带	万条	1587.04	−19.3
袜子	亿双	29.23	19.8
家具	万件	810.81	44.0
染料	万吨	66.03	4.5
合成纤维聚合物	万吨	110.34	−8.2
化学药品原药	万吨	14.65	29.7
化学纤维	万吨	423.60	0.6
塑料制品	万吨	167.76	10.2
水泥	万吨	1058.15	3.8
平板玻璃	万重量箱	831.27	−0.7
钢材	万吨	211.64	−5.6
滚动轴承	亿套	10.40	34.1
光电子器件	亿只	244.11	−21.7
集成电路	亿块	19.70	22.3
电子元件	亿只	21.05	22.5
工业机器人	套	816	−7.5
交流电动机	万千瓦	2828.84	10.8
太阳能电池	万千瓦时	2.71	−89.1
电光源	万只	6752.20	−52.7

2021年主要产业增加值情况

表4

产　业	增加值（亿元）	比上年增长（%）	占比（%）
高技术产业	215.51	15.0	11.1
高新技术产业	1118.95	13.8	57.9
装备制造业	640.02	31.0	33.1
战略性新兴产业	758.98	17.0	39.2
数字经济核心产业制造业	149.00	17.2	7.7
节能环保制造业	228.49	14.3	11.8
健康产品制造业	110.96	2.0	5.7
时尚制造业	220.62	−0.2	11.4
高端装备制造业	326.56	15.3	16.9
文化制造业	65.46	3.1	3.4

筑业企业全年实现总产值4881亿元，比上年增长7.9%。新开工装配式建筑1008.24万平方米，增长7.6%，占新建建筑比例32.7%。

四、固定资产投资和房地产业

全年固定资产投资比上年增长12.3%，两年平均增长9.5%。其中，民间投资增长12.5%，生态环保、城市更新和水利设施投资增长7.8%，高新技术产业投资增长30.0%，制造业投资增长23.9%，交通投资下降1.9%。

房地产开发投资1027亿元，比上年增长14.0%，两年平均增长11.5%。其中，住宅投资782亿元，增长14.2%。商品房销售面积1121.53万平方米，销售额1734亿元，分别比上年下降10.2%、4.5%，两年平均分别增长0.7%、13.8%。

75个省重点建设项目、9个省集中攻关在建项目投资完成率分别达136.0%、126.0%，居全省前列。74个省“4+1”重大项目和255个省“六个千亿”投资工程项目投资完成率分别达114.4%、119.3%。29个省市县长项目开工率100%。

上年增长14.6%；实现居民网络消费总额814亿元，增长8.2%。

五、国内贸易

全年社会消费品零售总额2477亿元，比上年增长6.7%，两年平均增长2.6%。按经营地统计，城镇、乡村消费品零售额分别增长5.6%、10.0%，两年平均分别增长1.7%、5.1%。按消费类型统计，限额以上单位商品零售额、餐饮收入额分别增长6.8%、25.2%，两年平均分别增长1.3%、15.9%。

在限额以上批发零售企业商品零售额中，按占比从高到低，汽车类零售额比上年下降1.1%；石油及制品类增长41.4%；服装、鞋帽、针纺织品类增长47.9%；家用电器和音像器材类下降21.8%；粮食、食品类增长15.0%；中西药品类增长66.3%；金银珠宝类增长40.6%；通信器材类下降56.8%。

全年实现网络零售总额857亿元，比上年增长14.6%；实现居民网络消费总额814亿元，增长8.2%。

年末纳入统计的商品交易市场302家。其中，成交额超亿元市场59家，超十亿元市场15家，超百亿元市场6家。全年商品市场成交额3906亿元，比上年增长3.2%。其中，消费品市场成交额2614亿元，增长4.8%，生产资料市场成交额1292亿元，与上年基本持平。

六、对外经济

全年货物进出口2993亿元，比上年增长16.1%。其中，出口2757亿元，增长15.5%；进口236亿元，增长23.1%。按贸易方式分，加工贸易进出口158亿元，一般贸易进出口2676亿元，其他贸易进出口159亿元。有进出口国家和地区217个。"一带一路"沿线国家进出口1247亿元，比上年增长20.0%。其中，出口1200亿元，增长21.2%。

实现服务进出口总额132亿元，比上年增长7.2%。其中，服务出口总额112亿元，增长8.2%；服务进口总额20亿元，增长2.0%。对"一带一路"沿线国家和地区服务出口总额36亿元，增长21.3%，占服务出口总额31.6%。

跨境电商出口119亿元，增长20.6%。

全年新批外资项目216个，合同外资19.42亿美元，比上年下降33.7%。实到外资7.59亿美元，增长5.3%。新引进总投资亿美元以上项目5个，实到外资3000万美元以上制造业项目、5000万美元以上服务业项目4个。

七、交通运输、邮电和旅游

全年货物运输总量1.96亿吨，比上年增长10.1%。其中，公路货物运输总量1.78亿吨，增长10.6%；水运货物运输总量1828.77万吨，增长5.5%。货物运输总周转量184.27亿吨公里，增长10.1%。其中，公路货物运输周转量145.78亿吨公里，增长11.7%；水运货物运输周转量38.49亿吨公里，增长4.4%。全年累计完成港口集装箱吞吐量91080标箱，下降8.3%。

旅客运输总量837.23万人次，比上年下降22.5%。其中，公路旅客运输总量760万人次，下降25.7%；水运旅客运输总量77.23万人次，增长35.9%。旅客运输总周转量8.66亿人公里，下降41.7%。其中，公路旅客运输周转量8.63亿人公里，下降41.9%；水运旅客运输周转量353.10万人公里，增长70.3%。

年末机动车保有量181.70万辆，比上年末增长6.8%。其中汽车166.69万辆，增长6.1%。

杭甬高速孙端互通、镜水路南延、诸暨官庄至弦腔公路建设工程等项目建成通车，绍兴南部综合交通枢纽完成整体竣工验收。轨道交通1号线柯桥段开通运营，绍兴进入"地铁时代"。杭绍台铁路建成，实现"县县通高铁"。

全社会用电量515.79亿千瓦时，比上年增长13.8%。其中，城乡居民生活用电量54.95亿千瓦时，增长5.1%。工业用电量393.54亿千瓦时，增长14.4%。全社会最高负荷919.82万千瓦，增长12.0%。

2021年社会消费品零售总额

表5

指 标	绝对数（亿元）	比上年增长（%）
社会消费品零售总额	2477.06	6.7
一、按销售单位所在地分		
城镇	1867.94	5.6
乡村	609.11	10.0
二、按行业分组		
批发业	388.12	25.5
零售业	1836.97	1.5
住宿业	50.47	22.3
餐饮业	201.49	24.8

2021年货物进出口主要分类情况

表6

指 标	绝对数（亿元）	比上年增长（%）
货物进出口总额	2993.03	16.1
一、货物出口额	2756.63	15.5
一般贸易	2490.25	8.4
加工贸易	122.11	38.6
纺织品及服装	1441.75	23.5
机电产品	571.97	1.2
化工及相关产品	235.50	10.8
高新技术产品	73.54	11.9
农产品	26.11	2.6
二、货物进口额	236.40	23.1
一般贸易	185.69	19.9
加工贸易	36.32	20.7

建成投产杭绍台铁路浙江绍兴东关牵引站220kV外部供电配套工程、110千伏梅渚输变电工程等15项重点工程。全年建成城市公共充电站30座，充电桩198台。充电量比上年增长57.5%。全年完成电网投资22亿元，绍兴电网110千伏及以上变电站达202座。

全年邮电业务收入76.50亿元，比上年增长13.6%。年末电话用户数（含小灵通）97.91万户，下降7.7%。移动电话用户数（通话用户）642.32万户，增长6.6%。固定电话普及率21.91号线/百人，下降7.6%。移动电话普及率143.74部/百人，增长6.8%。互联网用户数（不含手机上网用户）239.57万户，增长8.9%。

全年新增5G基站5049个，年末共有5G基站12652个，基本实现全市主城区和重要镇街5G网络全覆盖。

全市共接待游客2757.8万人次，比上年增长5.1%，实现旅游总收入380.8亿元，增长15.8%。其中，接待国内游客2757.1万人次，国内旅游收入380.6亿元，分别增长5.1%、15.8%。我市当选“第二批国家文化和旅游消费试点城市”。

年末全市有A级旅游景区85个。其中，AAAAA级旅游景区1个，AAAA级旅游景区18个，AAA级旅游景区39个。

八、金融、证券和保险

年末金融机构本外币存款余额12291亿元，比上年末增长12.4%。其中，住户存款5705亿元，增长8.4%。金融机构本外币各项贷款余额11717亿元，增长15.6%。其中，中长期贷款余额7259亿元，增长21.1%，短期贷款余额4076亿元，增长6.4%。

全年保费收入191.23亿元，总赔付金额71.77亿元，分别比上年增长5.6%、12.3%。其中，财产险公司保费收入68.38亿元，赔付金额47.85亿元，分别增长1.3%、7.2%；人身险公司保费收入122.85亿元，赔付金额23.92亿元，分别增长8.2%、23.9%。

全年新增股份公司178家，新增上市公司9家。年末累计实现上市公司92家，其中A股上市公司77家。全年共实现股权融资133.53亿元，比上年增长12.2%。证券交易额66801亿元，增长12.1%。

2021年末金融机构本外币存贷款

表7

指　标	绝对数（亿元）	比上年末增长（%）
金融机构本外币存款余额	12290.58	12.4
住户存款	5704.92	8.4
金融机构本外币贷款余额	11716.73	15.6
短期贷款	4075.69	6.4
中长期贷款	7259.40	21.1
票据融资	342.16	12.0

九、教育和科学技术

年末有普通高校12所，普通本专科在校生12.7万人，比上年增长8.8%。中等职业教育学校（不含技工学校）18所，在校生（不含一年级技工生）4.54万人。普通高中55所，在校生8.84万人，下降1.9%。初中139所，在校生12.82万人，下降2.9%，初中毕业生升学率99.2%。小学314所，在校生27.83万人，增长3.8%，小学毕业生升学率100%。幼儿园585所，在园幼儿14.29万人，增长0.3%。专任教师6.05万人，增长1.8%。

全市“双减”工作学生满意度98.7%，家长满意度98.8%，均位列全省第二。

全国高中五大联赛，斩获金牌7枚。在第十五届亚洲和太平洋地区信息学奥林匹克竞赛（APIO2021）中获得金牌11枚。

新认定高新技术企业421家、省科技型中小企业1147家。12家企业荣膺2021年度浙江省高新技术企业创新能力百强，上榜数居全省第三。新认定省级技术创新中心1家、省级新型研发机构2家、省级重点企业研究院3家、省级企业研究院15家、省级高新技术企业研究开发中心22家。获省“尖兵”“领雁”研发计划23项。21项科技成果获省级以上科技奖，其中国家科技进步二等奖1项，省技术发明一等奖1项，省科技进步一等奖1项、二等奖6项、三等奖12项。

积极引进培育高端科技创新人才（团队），国家级和省级科技人才计划入选数居全省前列。63名外籍人才入选省海外工程师，2家企业入选省级外国专家工作站，均居全省第二。

实施发明专利产业化项目225项，实现技术市场交易额144亿元。新增省国际科技合作基地3家、海外研发中心1家。新引进共建浙江大学绍兴研究院、上海交通大学绍兴研究院、天津大学浙江国际创新设计与智造研究院、西安交通大学浙江宽禁带半导体研究院等4家研究院。

全年专利授权量38293件，比上年增长7.6%，其中发明专利授权量4137件，增长15.5%。

全年全社会研究和试验发展（R&D）经费支出与生产总值之比预计为2.9%。

十、文化、卫生和体育

年末全市有公共图书馆7家，其中6家公共图书馆列入全省第一批“满意图书馆”。博物馆61家（含国有非国有）。全市每万人拥有公共文化设施面积达1800.03平方米。全年送戏下乡1796场，送书下乡296054册，送展览下乡491场，文化走亲90场，文化大巴70场，“越乡莲歌”48场。开展线上服务场次1400场，参与人次近815万次。

年末有卫生机构2864个（含村卫生室1002个），比上年末增加32个。其中，医院101个，卫生院及社区卫生服务中心（服务站）653个。卫生机构床位数32342张，增长1.0%。其中，医院床位25503张，增长5.8%。医生数18108人，注册护士数18899人，分别增长1.6%、9.9%。每万人拥有医疗床位72.38张，比上年增加0.87张；每万人拥有医生40.52人，比上年增加0.69人。新建村卫生室57家，定向培养村医128人，全市基层就诊率64.4%，县域内就诊率90.3%。建成托育机构342家，千人托位数由2020年的1.29个增加到2.53个，建成母婴室172家。

基层医疗机构“哨点”建设全覆盖，

闭环管理发热病人 27.1 万人次。全市累计接种新冠疫苗 1127.1 万剂次，脱漏种率持续保持全省最低。建成标准化传染病院（病）区 25 个，完成 5 家疾控机构标准化改造，日检测能力达 30 万份，新增 1 家三甲综合医院。为 15 万余名老年人接种流感疫苗和肺炎疫苗，完成重点人群结直肠癌筛查 20.9 万例、结直肠镜检查 1.3 万例。

全年新建 10 个社会足球场、20 个社区多功能运动场、8 个村级全民健身广场、30 个“体育 + 公园”项目、100 个百姓健身房、500 公里健身步道（骑行道）。积极创建浙江省运动休闲旅游示范基地、精品路线、优秀项目，获评 2 条精品路线，3 个优秀项目。全年实现体彩销售 11.40 亿元。

全年共举办水马、摩托艇公开赛、全国田径锦标赛等 23 项全国性赛事、44 项省级赛事、210 项市级赛事，入选省体育品牌赛事名录库 5 项，品牌赛事居全省第三位。4 名运动员入选中国体育代表团参赛东京奥运会。培养国家一级运动员 33 人，国家二级运动员 165 人，新注册青少年运动员 6498 人，国际级裁判员 5 人，国家级裁判员 36 人。

十一、人口、人民生活和社会保障

根据 5‰人口变动抽样调查，年末常住人口 533.7 万人，比上年末增加 4.6 万人。城镇化率 71.5%，比上年提高 0.5 个百分点。出生率 5.9‰，死亡率 6.4‰。

年末户籍总户数 165.58 万户，比上年增加 1.57 万户。户籍人口 446.85 万人，比上年减少 0.79 万人。其中，男性 221.91 万人，女性 224.94 万人。

据居民收支与生活状况调查，全年全体居民人均可支配收入 62509 元，比上年增长 10.4%，两年平均增长 7.7%。其中，城镇常住居民人均可支配收入 73101 元，增长 9.6%，两年平均增长 6.9%，农村常住居民人均可支配收入 42636 元，增长 10.2%，两年平均增长 8.6%。

城乡居民收入差距缩小。城乡居民人均可支配收入比值为 1.71，居全省第四位，比上年缩小 0.01。低收入农户人均可支配收入与农村居民人均可支配收入之比为 0.43，比上年增加 0.01。

2021 年城乡居民收入增长情况

表 8

指 标	全体居民		城镇居民		农村居民	
	绝对数（元）	比上年增长（%）	绝对数（元）	比上年增长（%）	绝对数（元）	比上年增长（%）
人均可支配收入	62509	10.4	73101	9.6	42636	10.2
一、工资性收入	35239	10.1	40709	9.2	24976	10.2
二、经营净收入	13364	11.3	14050	11.3	12076	10.8
三、财产净收入	6011	11.6	8557	9.9	1233	9.6
四、转移净收入	7896	9.5	9785	8.5	4352	8.4

全体居民人均生活消费支出 37448 元，比上年增长 18.5%。其中，城镇常住居民、农村常住居民人均生活消费支出分别为 42766 元、27471 元，分别增长 17.5%、18.7%。

年末全体居民人均住房建筑面积 59.1 平方米。其中，城镇常住居民人均住房建筑面积 53.6 平方米，农村常住居民人均住房建筑面积 69.4 平方米。

年末每百户居民家庭拥有家用汽车 66.2 辆、计算机 73.9 台、移动电话 260.4 部、热水器 103.4 台、洗衣机 101.9 台、电冰箱（柜）112.8 台、彩色电视机 197.8 台、空调 233.8 台。城镇常住居民恩格尔系数 26.6%，比上年下降 0.6 个百分点，农村常住居民恩格尔系数 29.9%，比上年下降 0.3 个百分点。

当年新增城镇就业人员 27.2 万人，城镇失业人员实现再就业 21.2 万人，城镇登记失业率 2.02%，比上年提高 0.3 个百分点。

年末基本医疗保险参保人数 479.41 万人，比上年末增长 1.7%。基本养老保险参保人数 368.93 万人，比上年末下降 0.1%；企业职工养老保险参保人数 263.43 万人，增长 2.3%。城镇失业保险参保人数 136.87 万人，比上年末增长 4.1%。

当年推出首款政府指导的商业补充医疗保险产品——“越惠保”，全市参保人数 306.8 万人，参保率达 67%，分别居全省第二、第三位。

当年建成乡镇（街道）级居家养老中心 16 家。建设老年健康服务示范点 10 家。完成 9 个康养联合体试点建设，2683 户生活困难老年人家庭完成适老化改造。

年末在册低保对象 38442 人。其中，城镇 4989 人，农村 33453 人。低保资金支出 3.4 亿元。城乡最低生活保障标准为每人每月 890 元。全年救助临时困难群众 6404 人次，支出临时救助金 911.0 万元，分别比上年增长 16.2%、51.2%。

福利彩票销售 8.90 亿元，比上年增长 2.4%。筹集公益金 0.75 亿元。公益金支出 0.93 亿元，增长 9.4%。

青少年近视防控工作稳步推进。年末青少年近视率为 54.7%，比上年下降 1.0 个百分点。

当年棚户区改造住房新开工 1408 套，基本建成 3200 套。完成城中村和城市旧住宅区拆迁（征收）14174 户、523.45 万平方米。10 个乡镇（街道）成功创建美丽城镇省级样板。

十二、资源、环境保护和社会安全

年末有国家气象观测站 5 个，区域自动气象观测站 398 个。国内首家综合性气象博物馆已正式对公众开放。

全年平均气温 18.7℃，比常年偏高 1.3℃，创历史最高记录。年日照时数 1632.4 小时，比常年偏少 5.6%。年降水量 1870.9 毫米，比常年偏多 29.0%，历史第三多。

全年共完成国土绿化造林面积 2.02

万亩，森林质量精准提升面积 6.85 万亩，新建省级森林城镇 3 个，“一村万树”示范村 23 个。在省内率先实现永久基本农田保护“田长制”全市域覆盖。

完成水利建设投资 47.5 亿元。水利工程年供水量 17.48 亿立方米，比上年增长 0.8%。年末已有水库 554 座，水库总容量 15.47 亿立方米。深化农村饮用水达标提质工作，改善受益人口 6.5 万人，建成省级规范水厂 4 座，农村饮用水水质合格率 97.4%。完成水土流失治理 31.27 平方公里。

全市空气质量综合指数 3.50。空气质量优良天数比例达 93.4%，比上年提高 2.1 个百分点。$PM_{2.5}$ 浓度 27 微克 / 立方米，下降 6.9%。

全市 11 个国控断面均达到年度目标要求，Ⅰ—Ⅲ类水比例为 100%；25 个省控断面Ⅰ—Ⅲ类水比例、功能区达标率均为 100%；128 个市级考核断面Ⅰ—Ⅲ类水比例、功能区达标率均为 100%；交接断面考核保持优秀；县级及以上饮用水水源水质达标率保持 100%。

生态文明建设取得成效。上虞区被生态环境部命名为“国家生态文明建设示范区”，柯桥区被省政府命名为“省级生态文明建设示范区”。

年末全市城镇生活垃圾分类覆盖率达到 99.7%，城乡生活垃圾总量降幅达到 5.0%。城镇资源化利用率 100%，城镇回收利用率 60.4%，城镇无害化处理率达到 100%。

全市规模以上工业能耗总量比上年增长 7.6%，单位工业增加值能耗下降 7.1%。其中，八大高耗能行业单位增加值能耗下降 1.6%。

全年发生各类生产安全事故 69 起、死亡 57 人，分别比上年下降 5.5%、增长 3.6%。发生 3 起较大生产安全事故。

注释：

[1] 本公报所列 2021 年各项数据为年度初步统计数据。部分数据因四舍五入原因，存在与分项合计不等的情况。

[2] 地区生产总值(GDP)和各产业增加值绝对数按现价计算，增长速度按不变价格计算。

[3] 农林牧渔业总产值增速按可比价计算。农作物播种面积及主要农产品产量使用全面农业统计数据。

[4] “一带一路”沿线国家具体包括印度、俄罗斯、越南、印度尼西亚、伊朗、泰国、土耳其、巴基斯坦、马来西亚、波兰、菲律宾、沙特阿拉伯等 64 个国家。

[5] 规模以上工业统计范围为年主营业务收入 2000 万元及以上法人工业企业。

[6] 限额以上批发业统计范围为年主营业务收入 2000 万元及以上法人单位。

[7] 限额以上零售业统计范围为年主营业务收入 500 万元及以上法人单位。

[8] 限额以上住宿业、餐饮业统计范围为年主营业务收入 200 万元及以上法人单位。

[9] 各类生产经营性事故包括工矿商贸企业、道路运输、水上运输、渔业船舶、铁路运输、农业机械、海上交通事故。

[10]2021 年充电量数据为绍兴电力投资的站桩和充电量口径，包含主业、集体、电动汽车三类投资，不含其他社会企业投资建设的量。

资料来源：

本公报中财政数据来自市财政局；新增城镇就业、登记失业率、社会养老保障数据来自市人力社保局；医疗保障数据来自市医保局；粮食生产功能区、农业龙头企业、低收入农户、绿色食品等数据来自市农业农村局；市场主体、商品交易实体市场和交易额数据、专利等数据来自市市场监管局；货物进出口总额、一般贸易和加工贸易进出口额来自绍兴海关；产品进出口、服务贸易进出口、国外经济合作、网络零售额等数据来自市商务局；利用外资数据来自市招商投资促进中心；公路里程、货物周转量、旅客周转量等数据来自市交通运输局；户籍人口、机动车保有量等数据来自市公安局；邮政业务数据来自市邮政局；电话用户、互联网用户等数据来自电信绍兴分公司、移动绍兴分公司、联通绍兴分公司；公共图书馆、文化馆、博物馆、艺术表演团体、广播、电视、旅游等数据来自市文广旅游局；货币金融数据来自人民银行绍兴分行；上市公司数据来自市金融办；保险业数据来自绍兴银保监分局；教育数据来自市教育局；企业技术中心、高新技术企业等数据来自市科技局；卫生等数据来自市卫健委；体育、体育彩票数据来自市体育局；低保、社会服务和救助、福利彩票数据来自市民政局；水资源、水利建设投资数据来自市水利局；耕地面积、森林资源等数据来自市自然资源和规划局；气象数据来自市气象局；环境监测数据来自市生态环境局；保障性安居工程住房数据来自市建设局；各类事故发生起数、死亡人数来自市应急管理局；生活垃圾、城镇资源化利用率等数据来自市综合执法局；价格、城乡居民收支、家庭耐用品拥有量等数据来自国家统计局绍兴调查队；其他数据均来自市统计局。

统计表格

2021年绍兴市分区、县(市)生产总值一览表

单位:万元

表85

指标	全市	越城区	柯桥区	上虞区	诸暨市	嵊州市	新昌县
地区生产总值	67952629	11852567	17479840	11356766	15466198	6583908	5174032
第一产业	2271493	165767	398337	520201	535884	418071	235781
第二产业	32277700	4955132	8747139	5710304	7345059	2946371	2609937
工业	26971552	3715938	7527645	4810648	6072534	2554988	2322077
建筑业	5316239	1240773	1221154	900808	1276959	392376	288133
第三产业	33403436	6731667	8334363	5126261	7585256	3219466	2328314

说明:本表按当年价格计算。

2021年绍兴市分区、县(市)生产总值增长速度一览表

单位:%

表86

指 标	全市	越城区	柯桥区	上虞区	诸暨市	嵊州市	新昌县
地区生产总值	8.7	8.8	9.6	7.2	9.8	7.2	8.2
第一产业	2.5	2.5	2.5	2.4	2.5	2.5	2.4
第二产业	10.7	12.3	11.9	7.5	12.2	8.5	9.3
工业	12.0	9.7	14.3	9.1	13.9	10.4	10.9
建筑业	4.8	21.0	-1.2	-0.2	4.8	-2.5	-2.2
第三产业	7.4	6.6	7.8	7.3	8.2	6.8	7.7

注:本表按可比价格计算。

2021年末绍兴市人口基本情况一览表

表87

指标	全市	越城区	柯桥区	上虞区	诸暨市	嵊州市	新昌县
一、年末总户数(户)	1655770	299166	235483	266185	423656	254511	176769
二、年末户籍人口(人)	4468479	829078	698109	717061	1079524	714469	430238
1. 按性别分							
男性(人)	2219069	403855	340043	352721	538451	364491	219508
女性(人)	2249410	425223	358066	364340	541073	349978	210730
2. 按城乡分							
乡村人口(人)	2162876	285968	268400	331973	614069	416503	245963
城镇人口(人)	2305603	543110	429709	385088	465455	297966	184275
三、年平均人口(人)	4472453	800386	695350	747301	1081262	716953	431203

2021年绍兴市分区、县(市)社会消费品零售总额一览表

单位:万元

表88

指标	全市	越城区	柯桥区	上虞区	诸暨市	嵊州市	新昌县
社会消费品零售总额	24770555	7226077	3836152	4021487	5005381	2854106	1827352
(一)按销售地区分							
1. 城镇	18679444	7073582	2418146	2760214	3265845	1688684	1472973
其中:城区	14918266	6782206	1707238	2034438	3089228	1305156	
2. 乡村	6091111	152496	1418006	1261273	1739535	1165423	354379

2021 年浙江省各市主要经济指标一览表

表 89

	年末常住人口（万人）	地区生产总值（亿元）	人均国内生产总值（元）	规模以上工业增加值（亿元）	工业用电量（亿千瓦时）	社会消费品零售总额（亿元）	自营出口总额（亿元）	实际利用外资（亿美元）	一般公共预算收入（亿元）	年末金融机构本外币存款余额（亿元）	城镇常住居民人均可支配收入（元）	农村常住居民人均可支配收入（元）
全　省	6540	73516	113032	—	3768	29211	30121	183.39	8262.57	170816	68487	35247
杭州市	1220	18109	149857	3641	443	6744	4647	81.71	2386.59	61044	74700	42692
宁波市	954	14595	153922	4639	675	4649	7624	32.74	1723.14	27229	73869	42946
温州市	965	7585	78879	1306	293	3808	2036	5.45	657.55	16536	69678	35844
嘉兴市	552	6355	116323	2525	490	2275	2801	10.59	674.80	12060	69839	43598
湖州市	341	3645	107534	1169	248	1556	1356	30.43	413.52	6862	67983	41303
绍兴市	534	6795	127875	1770	394	2477	2757	7.59	603.80	12291	73101	42636
金华市	712	5355	75524	1072	311	2882	5326	4.29	492.32	12469	67374	33709
衢州市	229	1876	82174	518	161	839	316	0.77	163.93	3530	54577	29266
舟山市	117	1704	146611	625	98	552	774	4.14	180.70	2774	69103	42945
台州市	666	5786	87089	1405	260	2606	2197	4.83	455.43	12050	68053	35419
丽水市	251	1710	68101	344	85	773	287	0.86	163.97	3972	53259	26386
绍兴位次	7	4	4	4	4	6	5	5	5	5	3	5

注：人均地区生产总值口径为按常住人口计算的人均地区生产总值。

（市统计局 / 提供）

重要文件目录

【中共绍兴市委及其办公室重要文件目录】

1. 中共绍兴市委　绍兴市人民政府关于印发《深化生态文明示范创建高水平建设新时代美丽绍兴规划纲要(2020—2035年)》的通知
2. 中共绍兴市委　绍兴市人民政府关于印发《绍兴市中长期青年发展规划(2021—2025年)》的通知
3. 中共绍兴市委关于深入学习贯彻习近平总书记"七一"重要讲话精神奋力打造浙江高质量发展建设共同富裕示范区市域范例的决议
4. 中共绍兴市委　绍兴市人民政府关于深化医疗保障制度改革的实施意见
5. 中共绍兴市委　绍兴市人民政府关于印发《绍兴奋力打造浙江高质量发展建设共同富裕示范区市域范例行动方案(2021—2025年)》的通知
6. 中共绍兴市委办公室　绍兴市人民政府办公室关于印发绍兴市坚决制止餐饮浪费行动方案的通知
7. 中共绍兴市委办公室　绍兴市人民政府办公室关于印发绍兴市知识产权保护行动计划的通知
8. 中共绍兴市委办公室关于成立绍兴市数字化改革领导小组的通知
9. 中共绍兴市委办公室　绍兴市人民政府办公室关于沥海街道划转有关政策的通知
10. 中共绍兴市委办公室　绍兴市人民政府办公室印发《关于坚决打赢遏重大控较大生产安全事故攻坚战的实施方案》的通知
11. 中共绍兴市委办公室　绍兴市人民政府办公室关于印发《2021年度重点工作清单》的通知
12. 中共绍兴市委办公室　绍兴市人民政府办公室关于印发绍兴市农村宅基地制度改革整市试点实施方案的通知
13. 中共绍兴市委办公室　绍兴市人民政府办公室关于印发《绍兴市开发区(园区)高质量发展总体方案》的通知
14. 中共绍兴市委办公室 绍兴市人民政府办公室关于印发《绍兴市镜湖开发集团有限公司改组及实体化运作实施方案》的通知
15. 中共绍兴市委办公室　绍兴市人民政府办公室关于印发《2021年度工作目标责任制考核办法》的通知
16. 中共绍兴市委办公室　绍兴市人民政府办公室关于印发《绍兴市党政领导干部防范和惩治统计造假弄虚作假责任制和问责制实施办法(试行)》的通知
17. 中共绍兴市委办公室　绍兴市人民政府办公室印发《关于加快首台(套)产品发展的实施方案》的通知
18. 中共绍兴市委办公室　绍兴市人民政府办公室印发《关于深化教育教学改革全面推进义务教育高质量发展的实施意见》的通知
19. 中共绍兴市委办公室　绍兴市人民政府办公室印发《关于改革和完善市域药品安全治理与高质量发展体系的意见》的通知
20. 中共绍兴市委办公室关于印发《绍兴市2021—2025年党史和地方志工作规划》的通知
21. 中共绍兴市委办公室　绍兴市人民政府办公室关于加快推进慈善事业高质量发展的实施意见
22. 中共绍兴市委办公室　绍兴市人民政府办公室印发《关于加强行政服务中心建设的实施方案》的通知
23. 中共绍兴市委办公室　绍兴市人民政府办公室印发《关于加快建设新时代"名士之乡"人才高地的若干政策》《关于促进文化产业发展的若干政策》《关于加快推动"三农"高质量发展的若干政策》的通知

(市委办公室/提供)

【绍兴市人民政府及其办公室重要文件目录】

1. 绍兴市人民政府关于印发绍兴市2021年市级政府投资项目计划的通知
2. 绍兴市人民政府关于印发绍兴市国民经济和社会发展第十四个五年规划和二〇三五年远景目标纲要的通知
3. 绍兴市人民政府关于下达2021年绍兴市国民经济和社会发展计划的通知
4. 绍兴市人民政府关于印发绍兴市服务业"十四五"发展规划的通知
5. 绍兴市人民政府关于印发绍兴市社会信用体系建设"十四五"规划的通知
6. 绍兴市人民政府关于印发绍兴市人力资源和社会保障事业"十四五"发展规划的通知
7. 绍兴市人民政府关于公布绍兴市区第二批历史建筑的通知
8. 绍兴市人民政府关于印发绍兴市卫生健康事业发展"十四五"规划的通知
9. 绍兴市人民政府关于印发绍兴市突发公共卫生事件应急管理"十四五"规划的通知
10. 绍兴市人民政府关于印发绍兴市金融业"十四五"发展规划的通知
11. 绍兴市人民政府关于印发绍兴市应急管理"十四五"规划的通知
12. 绍兴市人民政府关于印发绍兴市教育事业发展"十四五"规划的通知
13. 绍兴市人民政府关于印发绍兴市生态环境保护"十四五"规划的通知
14. 绍兴市人民政府关于印发绍兴市质量发展"十四五"规划的通知
15. 绍兴市人民政府关于印发绍兴市科技创新"十四五"发展规划的通知

16. 绍兴市人民政府关于调整全市最低工资标准的通知
17. 绍兴市人民政府关于印发绍兴市文化产业发展“十四五”规划的通知
18. 绍兴市人民政府关于印发绍兴市文化和旅游“十四五”规划的通知
19. 绍兴市人民政府关于印发绍兴市商务发展“十四五”规划的通知
20. 绍兴市人民政府关于印发绍兴市人口发展“十四五”规划的通知
21. 绍兴市人民政府关于印发绍兴市综合交通运输发展“十四五”规划的通知
22. 绍兴市人民政府关于印发绍兴市妇女发展“十四五”规划和绍兴市儿童发展“十四五”规划的通知
23. 绍兴市人民政府关于为黄祖茂等8位见义勇为同志记二等功的决定
24. 绍兴市人民政府关于公布市级重要水域名录的通知
25. 绍兴市人民政府关于印发绍兴市突发公共卫生事件应急办法的通知
26. 绍兴市人民政府关于公布绍兴会稽山古香榧群保护范围及核心区界线的通告
27. 绍兴市人民政府关于为楼建勇同志追记二等功的决定
28. 绍兴市人民政府关于公布绍兴市新增综合行政执法事项统一目录的通告
29. 绍兴市人民政府办公室关于印发绍兴市加快学前教育优质普惠发展第四轮行动计划(2021—2023年)的通知
30. 绍兴市人民政府办公室关于印发绍兴市推进教育现代化建设五大创建行动计划(2021—2025年)的通知
31. 绍兴市人民政府办公室关于加快推进绿色建筑和新型建筑工业化发展的实施意见
32. 绍兴市人民政府办公室关于贯彻落实浙江省政务公开五年行动计划(2021—2025年)的通知
33. 绍兴市人民政府办公室关于印发市政府2021年重点工作责任分工的通知
34. 绍兴市人民政府办公室关于印发绍兴市加快推进集成电路产业发展若干政策(试行)的通知
35. 绍兴市人民政府办公室关于印发绍兴市建设国家体育消费试点城市工作方案的通知
36. 绍兴市人民政府办公室关于印发绍兴市推进政务服务“跨省通办”“全省通办”工作实施方案的通知
37. 绍兴市人民政府办公室关于印发绍兴市小型水库系统治理工作方案的通知
38. 绍兴市人民政府办公室关于公布2021年度市政府重大行政决策事项目录的通知
39. 绍兴市人民政府办公室关于印发绍兴市人民政府2021年立法计划的通知
40. 绍兴市人民政府办公室关于印发绍兴市科技企业“双倍增”行动计划(2021—2025年)的通知
41. 绍兴市人民政府办公室关于印发绍兴市轨道交通1号线柯桥段运营管理暂行办法的通知
42. 绍兴市人民政府办公室关于印发绍兴市药品安全事件应急预案的通知
43. 绍兴市人民政府办公室关于印发绍兴市道路交通事故应急预案和绍兴市高速公路突发事件应急预案的通知
44. 绍兴市人民政府办公室关于印发绍兴市城市轨道交通运营突发事件应急预案的通知
45. 绍兴市人民政府办公室关于印发绍兴市名人故居激活三年行动计划(2021—2023年)的通知
46. 绍兴市人民政府办公室关于印发坚决制止耕地“非农化”防止耕地“非粮化”稳定发展粮食生产实施方案的通知
47. 绍兴市人民政府办公室关于印发绍兴市智能制造五年提升行动方案(2021—2025年)的通知
48. 绍兴市人民政府办公室关于印发绍兴市区户外广告和招牌设置管理规定的通知
49. 绍兴市人民政府办公室关于印发绍兴市开发区(园区)工业全域治理行动方案的通知
50. 绍兴市人民政府办公室关于印发绍兴市小微企业三年成长计划(2021—2023年)的通知
51. 绍兴市人民政府办公室关于印发政府性融资担保机构体系改革发展实施方案(2021—2023年)的通知
52. 绍兴市人民政府办公室关于印发绍兴市制造业企业“长高长壮”行动方案的通知
53. 绍兴市人民政府办公室关于印发绍兴市切实解决老年人运用智能技术困难实施方案的通知
54. 绍兴市人民政府办公室关于全面推进人防工程产权制度综合改革的实施意见
55. 绍兴市人民政府办公室关于印发绍兴市生产安全事故报告和调查处理实施办法的通知
56. 绍兴市人民政府办公室关于印发加快推进工业经济高质量发展等五个政策的通知
57. 绍兴市人民政府办公室关于印发绍兴市网络预约出租汽车经营服务管理实施办法的通知
58. 绍兴市人民政府办公室关于贯彻落实《浙江省人民政府办公厅关于加快农业保险高质量发展的实施意见》的通知
59. 绍兴市人民政府办公室关于深化农村公路管理养护体制改革的实施意见
60. 绍兴市人民政府办公室关于印发绍兴市个人诚信分管理办法(试行)的通知
61. 绍兴市人民政府办公室关于印发绍兴市公共体育设施建设和管理办法的通知
62. 绍兴市人民政府办公室关于印发绍兴市集中式地表水饮用水水源地突发环境事件应急预案的通知
63. 绍兴市人民政府办公室关于进一步深化公立医院综合改革全面推动公立医院高质量发展的实施意见

(市政府办公室/提供)

名词解释

1. 五个率先：即率先走出"腾笼换鸟、凤凰涅槃"的智造强市之路；率先走出面向全国、走向全球的高效循环之路；率先走出以人为本、全面进步的共同富裕之路；率先走出人文为魂、生态塑韵的城市发展之路；率先走出全域覆盖、上下贯通的整体智治之路。

2. 缩小三大差距：指缩小地区差距、城乡差距、收入差距。

3. "双十双百"集群制造培育行动：指构建十大现代制造业集群（现代纺织、绿色化工、集成电路、现代医药、金属加工、装备及关键零部件、珍珠饰品、智能厨电、现代住建、黄酒）和十条标志性产业链（新材料、汽车整车及零部件、人工智能、节能环保、食品及添加剂、时尚服饰、数字5G、绿色包装、智能电机、医疗器械），加快100家以上标杆企业升级和100个以上制造业重大项目建设，支撑推动产业集群和产业链培育提升。

4. 电机产业大脑：该平台立足于电机及驱控系统产业，利用物联网、云计算、区块链等新一代数字技术与制造技术深度融合，面向电驱上、中、下游全产业链提供多场景的数智化产品和业务运营整体解决方案。

5. 三大"万亩千亿"新产业平台：即集成电路、高端生物医药、先进高分子材料三大省级"万亩千亿"新产业平台。

6. "小巨人"企业：全称为专精特新"小巨人"企业，是由工信部认定的专注于细分市场、创新能力强、市场占有率高、掌握关键核心技术、质量效益优的排头兵企业。

7. 一码管地：借鉴自然人身份证号码、法人统一社会信用代码，在宗地形成时即设定单元、编制代码，通过不动产单元代码贯穿土地管理全生命周期。

8. 园区管家：是集地理信息、经济监管、行政审批、企业服务等领域功能于一体的智慧应用系统。

9. 科技型企业"双倍增"计划：指到2025年，全市实现高新技术企业数、科技型中小企业数倍增。

10. 鲲鹏计划：指2020年浙江省正式启动实施的顶尖人才"鲲鹏计划"，力争未来5年在高新技术领域集聚100位左右具有全球影响力的"灵魂人物"。

11. "152"工作体系："1"即一体化智能化公共数据平台；"5"即5个综合应用，分别是党政机关整体智治综合应用、数字政府综合应用、数字经济综合应用、数字社会综合应用和数字法治综合应用；"2"即数字化改革的理论体系和制度规范体系。

12. 人才管家：通过政府侧、企业侧、社会侧三种途径，建设数据交互、资源共享的人力资源数据仓，涵盖各类人才资源、集成各项人才服务、综合各种分析决策的数字化平台。

13. 项目投资"最多80天"：指50天内完成新赋码项目的开工前审批（即项目赋码到取得施工许可证）；收到竣工验收申请后，30天内完成竣工验收阶段审批。

14. 上虞"拥江西进"：着力研究曹娥江以西区域的空间、产业、基础设施和公共配套等城市规划设计，注重建筑、城市与自然环境的有机融合，加快推进上虞西进与绍兴市区无缝对接。

15. 道路交通"精治工程"：在整合"道安办""治堵办""铁拳办""治超办"等基础上，建立全要素精准感知、全时空精确分析、全链条精细管控、全领域精心治理的道路交通安全闭环管理新体系，实现道路交通管理的高效联动、整体智治。

16. 农业"双强"促"双增"：指通过实施科技强农、机械强农"双强"行动，加快实现农业增效、农民增收。

17. 美丽城镇"五大提升"行动：指美丽城镇设施提升行动、服务提升行动、产业提升行动、品质提升行动、治理提升行动。

18. 未来乡村：以党建为统领，以人本化、生态化、数字化为建设方向，打造未来产业、风貌、文化、邻里、健康、低碳、交通、智慧、治理等场景。到2025年，全省建成1000个以上未来乡村。

19. "两高"项目：指高耗能、高排放行业的项目。

20. AQI：全称 Air Quality Index，是环境空气质量指数。

21. 越惠保：专门针对绍兴市基本医保参保人员开发的定制型商业补充医疗保险，由政府部门全程指导，统一保费金额、保障范围和待遇标准，与基本医疗保险无缝衔接。

22. 一廊三带："一廊"指绍兴文创大走廊，是以"绍千年名城·兴中国文化"为总体定位目标的高知识性、高附加值、高融合性的带状文化创意产业集合区；"三带"即浙东运河文化带、浙东唐诗之路文化带、古越文明文化带。

23. 县域医共体：是指以县级医院为龙头，整合县乡医疗卫生资源，实施集团化运营管理。

24. 城市医联体：分为紧密型和松散型，以1家三级医院为牵头单位，联合若干城市二级医院、康复医院、护理院以及社区卫生服务中心，构建"1+X"医联体，纵向整合医疗资源，形成资源共享、分工协作的管理模式。

25. 民意感知体系：每次公安执法服务活动结束后，智慧民意感知系统就会通过短信、电话等多种形式，实时感知群众的满意度。对未回复或回复"不满意"的群众，第一时间进行电话回访，筛选、登记其中的"不满意"事项，下发责任单位并限期整改。

26. 五类案件：指强奸、绑架、放火、爆炸、投毒等五类案件。

27. 六讲六做：即讲好党的百年奋斗历程，做红色根脉的坚定守护者；讲好新时代的辉煌成就特别是"两个确立"对新时代党和国家事业发展、对推进中华民族伟大复兴历史进程的决定性意义，做"两个维护"的示范引领者；讲好百年奋斗的宝贵经验，做新时代"重要窗口"的优秀建设者；讲好总书记深厚的为民情怀，做人民至上的不懈奋斗者；讲好总书记在浙江的故事，做"八八战略"的忠实践行者；讲好总书记赋予浙江的重大历史使命，做高质量发展促进共同富裕的先行探路者。

28. 三驻三服务：指以市县乡机关企事业单位选派干部到一线担任驻村指导员、驻社指导员、驻企服务员，用情用心用力服务企业、服务群众、服务基层，推动干部向一线下沉，工作在一线落实,难题在一线破解。

29. 3 个国字号开发区:指袍江、柯桥、杭州湾上虞国家经济技术开发区。

30. 营商环境“10+N”便利化行动:指省发改委、省市场监管局等 9 部门于 2020 年推出的《浙江省实施优化营商环境“10+N”便利化行动方案(2.0 版)》。“10+N”包括开办企业、办理建筑许可、获得电力、获得用水用气、不动产登记、获得信贷、跨境贸易、执行合同、纳税、办理破产、企业注销、知识产权保护、证照分离等涉企 13 项改革任务。

31. “1+9”政策体系:“1”指促进民营经济高质量发展的纲领性政策文件,“9”指三农、工业、服务业、建筑业、人才、科技、文化、金融、开放型经济 9 大政策。

32. 越快兑:“越快兑”平台是用于我市“1+9”惠企政策高效兑现的综合性服务平台,形成全市政策体系、政策兑现和应用平台“三统一”,实现扶持政策“一网发布”、奖补申请“一网受理”、政策兑现“一网智办”。

33. 五星 3A:全称为乡村振兴“五星达标、3A 争创”工作,“五星达标”指发挥党组织核心引领作用,党建、富裕、美丽、和谐、文明“五星”联创,“3A 争创”指建设达到国家 3A 级旅游景区标准的美丽乡村。

34. 水陆国际“双马”:指绍兴国际马拉松赛、绍兴皮划艇马拉松世界杯。

35. 蓝脉绿网:指依托“稽山鉴水”自然生态禀赋的风景线,彰显“山清水秀 + 文化底蕴”的新时代江南水乡特色。

36. “2+7+N”开发区(园区)体系:“2”是指做强绍兴滨海新区、杭绍临空经济一体化发展示范区绍兴片区两大引领型平台。“7”是指做优柯桥经济技术开发区、杭州湾上虞经济技术开发区、上虞曹娥江经济开发区、诸暨经济开发区、诸暨高新技术产业园区、嵊州经济开发区、新昌高新技术产业区 7 个开发区(园区)高质量骨干平台。“N”是指做精一批小微企业园、创业创新园、特色小镇等“专精特新”特色化基础平台。

37. 重大项目“五比五赛”机制:聚焦重大项目谋划盯引、前期协同、建设实施、建成投产,在各区、县(市)和市级国企(平台)中开展“比招引、赛质量,比谋划、赛前期,比开工、赛进度,比投产、赛效益,比服务、赛作风”(简称“五比五赛”)活动,以重大项目增量促进投资总量增长、结构优化、效益提升。

38. 现代服务业“百项千亿”工程:即每年推进 100 个左右、总投资规模在 1000 亿元以上的现代服务业重点项目。

39. 中小企业培育“521”工程:以“专精特新、制造强市”为主题,力争全年新增 500 家规上工业企业、200 家省专精特新中小企业、10 家以上“小巨人”企业,建立形成以“小升规”“专精特新”“小巨人”为核心的中小企业梯度培育机制。

40. 研发机构、技术创新活动“两个全覆盖”:指争取产值 5 亿元以上制造业企业研发机构覆盖,产值 1 亿元以上制造业企业研发活动覆盖。

41. “1612”体系架构:第一个“1”即一体化智能化公共数据平台(平台 + 大脑),“6”即党建统领整体智治、数字政府、数字经济、数字社会、数字文化、数字法治六大系统;第二个“1”即基层治理系统,“2”即理论体系和制度规范体系。

42. “越行证”平台:目前在“浙里办 App”和支付宝市民中心上线,可进行无证住宿、网吧认证、图书馆等应用场景认证功能,“越行证”还可申领电子居民身份证、驾驶证等证件。

43. 重大应用“一本账”:指数字化改革的重大项目总清单。

44. “浙里兴村(治社)共富”场景应用:为全省数字化改革重大应用子场景和省委组织部重点培育多跨应用场景。通过全面梳理的涉镇街、涉村社事项,把所有镇村工作归为党建统领共富、平安共富、文明共富、美丽共富、发展共富、民生共富六大类,把抓人促事、以事评绩有机统一起来,形成乡村运行核心业务管理闭环。

45. 审批服务“四办”:指审批服务“马上办、网上办、就近办、一次办”。

46. “三山”亮化景观:即府山、蕺山、塔山“三山”亮化工作。

47. 两进两回:是指科技进乡村、资金进乡村,青年回农村、乡贤回农村。

48. 四治融合:指自治、法治、德治、智治“四治”融合的乡村治理体系。

49. 三权三票:指宅基地集体所有权、农户资格权、宅基地使用权和“集体权票”“保障权票”“保留权票”。

50. “低(零)碳”体系试点:根据《浙江省关于开展低(零)碳试点建设的指导意见》(浙双碳办〔2021〕5 号),鼓励多领域、多层级、多样化低碳零碳化发展模式,包括储能电站建设试点、减污降碳协同试点、低碳试点县、低(零)碳试点镇村等。

51. 三线一单:指生态保护红线、环境质量底线、资源利用上线和环境准入负面清单。

52. 宋韵文化传世工程:省委提出在打造以宋韵文化为代表的浙江历史文化金名片上不断取得新突破,实施宋韵文化传世工程。绍兴将立足古城、宋六陵等方面优势,不断实现宋韵文化研究和宋韵文化打造的新突破。

53. 调查失业率:指通过劳动力调查或相关抽样调查推算得到的失业人口占全部劳动力(就业人口和失业人口之和)的百分比。

54. 基层治理“一件事”改革:指以“县乡一体、条抓块统”改革试点为契机,从高频事项、高权重事项、群众企业需求事项出发,通过意见征求、现场交流、意见反馈等多次论证,将跨部门、跨领域、跨层级县乡联办的事项集成。

55. 信用建设“531X”工程:是指聚焦企业、自然人、社会组织、事业单位和政府机构 5 类主体,构建公共信用指标体系、信用综合监管责任体系、公共信用评价及信用联合奖惩体系等 3 大体系,完善全省统一的公共信用信息平台,推进信用体系在若干重点领域创新应用。

56. SC 认证:指食品生产许可认证。

57. GMP:一般指药品生产质量管理规范。

58. PQI:指干线公路路面使用性能指数。

索 引

说 明

1. 索引分正文索引和表格索引两部分。采用标题索引法编制，按标引词首字的汉语拼音字母(同音字按声调)顺序排列，音节、音调相同按总笔画数从少到多排列(笔画数相同按该字横、竖、撇、点、折笔画顺序排列)。首字相同，则比较第二字，方法同前，依次类推。

2. 标引词后的数字表示内容所在页码，数字后的字母(a、b、c)分别表示该页的左、中、右栏。标引词后有多个页码，表示该内容出现在多个位置。

3. "特载""专记""大事记""附录"不编索引。

正文索引

0—9

A

B

C

D

H

J

K

L

S

T

W

X

Y

Z

表格索引

W

X

Y

Z

图书在版编目（C I P）数据

绍兴年鉴. 2022 / 绍兴市地方志编纂室编. —北京：方志出版社，2022.12
ISBN 978-7-5144-5380-5

Ⅰ. ①绍… Ⅱ. ①绍… Ⅲ. ①绍兴— 2022 —年鉴 Ⅳ. ① Z525.53

中国版本图书馆 CIP 数据核字 (2022) 第 238924 号

责任编辑：王娜
责任校对：刘玉霞
责任印制：梅中英
出 版 者：方志出版社
地　　址：北京市朝阳区潘家园东里 9 号（国家方志馆 4 层）
邮　　编：100021
网　　址：http://www.zgfzcb.cn
发　　行：方志出版社图书营销中心（010-67110500）
印　　刷：绍兴市越生彩印有限公司
开　　本：889 毫米 ×1194 毫米 1/16
印　　张：26.25
字　　数：1125 千字
版　　次：2022 年 12 月第 1 版
印　　次：2022 年 12 月第 1 次印刷
定　　价：280.00 元